Albert L. CAILLET I. C.

++++++++++

MANUEL BIBLIOGRAPHIQUE
des
SCIENCES
PSYCHIQUES
ou
OCCULTES

++++++++++

Sciences des Mages. — Hermétique. — Astrologie
Kabbale. — Franc-Maçonnerie
Médecine ancienne. — Mesmérisme. — Sorcellerie
Singularités. — Aberrations de tout ordre
Curiosités

Sources Bibliographiques et Documentaires sur ces sujets
Etc.

TOME II — E.-L.

« Quærite et Invenietis... »
Matth. VII, 7.

PARIS
LUCIEN DORBON, libraire
6, Rue de Seine, 6
1913

MANUEL BIBLIOGRAPHIQUE
des
SCIENCES PSYCHIQUES
ou
OCCULTES
✢✢✢✢✢

Albert L. CAILLET I. C.

MANUEL BIBLIOGRAPHIQUE
des
SCIENCES
PSYCHIQUES
ou
OCCULTES

Sciences des Mages. — Hermétique. — Astrologie
Kabbale. — Franc-Maçonnerie
Médecine ancienne. — Mesmérisme. — Sorcellerie
Singularités. — Aberrations de tout ordre
Curiosités

Sources Bibliographiques et Documentaires sur ces sujets
Etc.

TOME II — E.-L.

« *Quærite et Invenietis...* »
MATTH. VII, 7.

PARIS
LUCIEN DORBON, libraire
6, Rue de Seine, 6
1912

Manuel Bibliographique
des
SCIENCES PSYCHIQUES
ou
OCCULTES

3405 E. C. — Ephémérides perpétuelles, permettant de déterminer les différentes coordonnées des planètes pour toute époque passée et à venir, par E. C...... ancien élève de l'Ecole Polytechnique.

Paris, Chacornac, 1909, in-4° (5 fr.).

Cet ouvrage est d'autant plus précieux pour ceux qui s'occupent d'astrologie qu'il vient combler une lacune. Il permet de déterminer rapidement, et à l'approximation d'un degré, les différentes coordonnées fixant la position des astres, pour une époque quelconque, dans le passé ou dans l'avenir, ce qu'on ne pourrait trouver dans la "*Connaissance des temps*", puisque cet ouvrage-ci date à peine de trois siècles et qu'il ne donne pas l'avenir.

3406 E. C. — L'influence électro-dynamique des Astres.

Paris, 1904, gr. in-8°. Avec 3 figures. (1 fr. 50).

3407 E. F. — Lettre d'un bordelais au Père Hervier en réponse à celle que ce savant a écrite aux Bordelais à l'occasion du magnétisme animal.

Amsterdam, 15 Mars 1784, in-8° 10 pages. (2 fr.).

Cette lettre est signée E. F., Bordeaux 15 Mars 1784. L'auteur critique divers passages de cette lettre, cherchant à mettre le P. Hervier en désaccord avec lui-même.

(D. p. 21)

3408 E. M. C. M. — Palingénésie de l'esprit et de la matière : Les vies mystérieuses et successives de l'être humain à l'être terre, considérées analogiquement au point de vue spirituel

Sc. psych. — T. II. — 1.

fluidique et matériel. Publiées par E. M. C. M.

Première partie : L'esprit.

Paris, Ghio, 1885, in-8° (6 fr.).

(G-1037

3499 EBERS (Georges Maurice) égyptologue et romancier allemand. Professeur à l'Université de Leipzig. Né à Berlin en 1837. — Ouarda, roman de l'antique Égypte, tiré des papyrus de Thèbes, traduit de l'allemand.... par C. d'HERMIGNY.

Paris, Firmin-Didot, 1882, 2 vol. in-12, X-364 et 280 p. (5 fr.).

[8° Y². 5244

Intéressant roman antique.

M. Ebers a aussi donné " *La Fille du Pharaon* " *Liège, Sandoz et Fischbacher,* 1878, 3 vol. in-12 (6 fr.).

Réédité :

Paris, H. Gautier, 1892, in-8°, paginé 145-180.

[8° Z. 10658

3500 EBERS (Georges Maurice) — Le Papyrus Ebers, le Livre Hermétique des Médicaments des anciens Égyptiens, en écriture Hiératique, publié, avec un Sommaire et une Introduction analytique, par Georges EBERS, avec un glossaire hiéroglyphique et latin, par Louis STERN. [*Titre traduit de l'Allemand*].

Leipzig, Wilhelm Engelmann, 1875 2 vol. gr. in-4° de VIII-30 pp. et LXIX planches en couleurs et 63 pp. avec les planches LXX-CX.

[Fol. T¹³⁹. 90

Le Sommaire et l'Introduction sont en langue allemande, les planches reproduisent le manuscrit avec ses couleurs originales, et tout le glossaire hiéroglyphique et sa préface sont en latin.

Nombreux autres ouvrages du même au Catalog. Gén. de la Bib. Nat^{le}.

3501 EBRARD (N.). — Du suicide considéré aux points de vue médical, philosophique, religieux et social, par N. EBRARD.

Avignon et Paris, Séguin aîné, 1870, in-8°, 504 pp.

[8° Td⁸⁶. 201

Maladies normales. — Tristesse. — Ennui. — Fatalisme. — Vice et Folie. — Sensualité, plaisirs, folles joies. — Les crimes, etc.

3502 ECCHELLENSIS (Abraham) savant Maronite, né à Eckel, en Syrie, mort en Italie en 1664. Docteur en Théologie de Rome, il travailla, en France, à la Bible Polyglotte de Lejay. Professa le Syriaque et l'Arabe. — Abrahami Ecchellensis, de Proprietatibus ac Virtutibus medicis Animalium, Plantarum ac Gemmarum, Tractatus triplex.

Parisiis, 1647, in-8°.

[S. 1107 et Te¹⁸⁸. 84

Traduction d'un ouvrage arabe ou persan par ABD AL RAHMAN ibn ABOU BAKR, AL SOUYOUTI.

(S-3374

3503 ECHO DU MERVEILLEUX (L'). — Revue bi-mensuelle. Directeur Gaston MÉRY.

Paris, du 15 Janvier 1897, in-4°.

3504 ECHO DU MONDE OCCULTE (L'). — Revue bi-mensuelle de Vulgarisation des Sciences Occultes et Divinatoires. Directeur Lucien BODIN. Rédacteur en chef René SCHWAEBLÉ.

Paris, Bodin, du 5 Novembre 1905 au 20 Mars 1906, 10 N^{os} in-4°.

[F° R. 516

Singulière publication où se retrouvent, au XX° Siècle, tous les errements des Grimoires anciens. Curieux d'ailleurs au point de vue anecdotique et psychologique.

3505 ECK de SULTZBACH (Paul). Alchimiste du XV° siècle, Inventeur de l'arbre de Diane et de la célèbre expérience de Lavoisier sur la calcination du Mercure (HŒFER, Hist. de la chimie, I-446). — Pauli Eck de Sultz-bach Clavis philosophorum, ludus puerorum et labor mulierum, anno 1489 ; dans *Theatrum chemicum*, IV (161) 1137-40.

Se trouve aussi dans : « *De Lapide Philosophico Tractactus gemini..*, » FRANCOFURTI, 1004, in-8°

[R. 40355 (1)
(O-1013

3506 ECKARTSHAUSEN (le Conseiller d') — Dieu est l'amour le plus pur. Ma prière et ma contemplation. Nouvelle édition revue entièrement et corrigée.

Münich. J. *Lentner*, 1791. in-8° pièces limin. 243 pp. (10 fr.).

[D. 58312

Ouvrage rare d'un des plus célèbres écrivains mystiques de l'Allemagne. Recueil théosophique de prières, d'élévation pouvant rivaliser avec l'Imitation de J. C.
Ce livre écrit sous une forme chrétienne cache le plus pur déisme.

Autres éditions :

Paris, 1805, in-18.
Paris, 1860, in-16.
Vienne, Bauer. in-18, 1813.
Paris, S. D. (vers 1820). in-18.
Paris, Guitel, 1823. in-32.
Bale, S. D. in-32.
Lille, chez Castiaux. S. D. nombr. gr. h. t.

La Biblioth. Nat° offre 22 réimpressions de 1809 à 1858. cotées :

[D. 33437 à 52. etc.

3507 ECKARTSHAUSEN (le conseiller d'). — La nuée sur le sanctuaire ou quelque chose dont la philosophie orgueilleuse de notre siècle ne se doute pas.

Paris, *Maradan*. 1819. in-16. VII-188 pp. (12 fr).

[R. 34760

« Très rare et extrêmement fort. —

C'est le dernier ouvrage du théosophe de Münich. » (S. de G.).— Avec un frontispice curieux.

(G-599

3508 ECKER UND ECKHOFFEN (Hanns Karl von). — Der Freymaurer im Gefängnisse ein Original Schauspiel in III Aufz ; von H. K. Frhrn. von Ecker und Eckoffen.

Hamburg, 1778.

(O-395

3509 [ECKER VON ECKHOFFEN]. — Carl Hubert Lohreich von Plumenoek (sed Hanns Carl von ECKER VON ECKHOFFEN) geoffenbarter Einflusz in das allgemeine Wohl der Staaten der ächten Freymaurerey, aus dem wahren Endzweck ihrer ursprünglichen Stiftung erwiesen,..... Samt dem klar-und deutlichen Unterricht, das ware Rosenkreutzerische Astralpulver ächt zu bereiten, und zum Besten des gemeinen Wesens wider fast alle Krankheiten zu gebrauchen. II-te Auflage.

Amsterdam, s. adr. (Regensburg, Montag). 1779. gr. in-8° de 160 pp.

Voir au Cat. Gén¹ de la Bib. Nat¹° deux ouvrages du même, en allemand, sur les " *Chevaliers de la divine Providence* ", et " *Les Juifs sont-ils et peuvent-ils être reçus Franc-Maçons* "

[H. 14235
[H. 13012
(O-1548

3510 ECKERT (Eduard Emil). — La Franc-Maçonnerie dans sa véritable signification, ou son organisation, son but et son histoire. Traduit de l'allemand, disposé dans un nouvel ordre et considérablement augm. de documents authentiques sur la Franc-Maçonnerie belge et française, par l'abbé GYR.

Liège, J. G. *Lardinois*, 1854, 2 vol. in-8° (12 fr.

[8° H. 0809

Avec une planche contenant les alphabets et hiéroglyphes maçonniques.

Un des ouvrages les plus importants sur la F.·. M.·. L'auteur possédait tous les rituels maç.·. suivis en Allemagne de 1848 à 49. il donne des documents sur les loges de la plus grande authenticité.

3511 ECKERT. — Lettre sur l'histoire de la Franc-Maçonnerie. Traduit de l'allemand par l'abbé Gys.

Bruxelles. 1854. in-8° (1 fr. 25).

3512 ECKHART. — Des Getreuen Eckharts entlauffener Chymicus. in welchem vornemlich der Laboranten und Procesz-Kramer Boszheit und Betrügerey, wie dieselben zu erkennen und zu fliehen ; hernach bewähr teste Arszney-Mittel in allerhand Kranckheiten und Zufällen menshlichen Leibes zu gebrauchen ; dann sonderliche, philosophische, politische, medicinische am meisten aber chymische Anmerckung und Process ; wie auch eine gründliche Erörterung vieler zweiffelhaffter Vorträge......

Augspurg und Leipzig, Lorentz Kroniger, 1696, in-8° de XIV-1120 pp. avec 1 front.

(O-571

3513 [ECORCHEVILLE], avocat, né à Marseille en 1826.—Justin Dromel.— La Loi des Révolutions. Les générations, les Nationalités, les Dynasties, les Religions,

Paris, Didier et Cie. 1862. fort in-8° de 580 pp.

[R. 34085

Lois des générations, leurs Harmonies, leurs fatalités, le passé, l'avenir, les Religions, leurs durée. Les Révolutions futures.

Dans cette œuvre de penseur, Dromel révèle les grandes lois de la fatalité qui poussent la religion et les peuples vers une transformation inévitable.

3514 EDARD (Guillaume), né à la Raumieux (Gers) en 1830. Arpenteurgéomètre ; puis Magnétiseur-électricien à Paris. — Une page nouvelle de magnétisme. — Sorcier malgré lui.

Paris. l'auteur. 1870. in-12 170 pp.

[8° Th^bit. 272. A

Avec une lettre du baron du Potet à l'auteur. — Contient la relation du procès intenté à l'auteur pour ses cures par le magnétisme.

3515 EDARD (G.). — La vie par le magnétisme et l'électricité, par G. Edard, professeur d'électro-magnétisme curatif.

Paris, Georges Carré, Bruxelles, Manceaux. 1885. in-8° de XVI-508 p. (6 fr.).

2° et dernière édition ornée de portraits de Mesmer, du Marquis de Puységur de Deleuze, du Baron du Potet et de celui de l'auteur.

Cures magnétiques du marquis de Gilbert, de Charpignon et de Du Potet. Phénomènes magnétiques. — Clef du système électro-magnétique. — Action du magnétisme sur les végétaux. — Épreuves imposées à la doctrine magnétique. — Hypnotisme. Suggestion. etc...

Autre :

Paris. l'auteur. 1884. in-8°. XVI-550 pp. fig. et portr.

[8° Th^bit. 263
(G-1342

3516 EDARD (Guillaume). — Vitalisme Curatif par les Appareils Electro-Magnétiques du Professeur G. Edard, Membre fondateur de la Société Internationale des Electriciens, Membre de la Société Mesmérienne de Paris... Membre de la Société Théosophique de Madras (Inde).

Paris, 22 Rue Durban, Passy. 1885 in-8° de LXXXII-166 p. Figures. (2 fr. 50).

[8° Te^15. 167

Bizarre ouvrage décrivant les ingénieux appareils du Professeur Edard, contre le Mal de Mer, les Affections nerveuses, etc. Avec d'innombrables témoignages de leur efficacité : du Dr Péladan de Nîmes, entre autres ; puis de l'ancienne gouvernanle d'Alfred de Musset, Adèle MARTELLET; de l'abbé VALETTE, rédacteur au " Kosmos " ; de LÉVY-BING, l'Orientaliste ; enfin (170ᵉ Observation), de la Comtesse A. de NOAILLES.

3517 EDDAS (les). — Saemeendarhinns Froda. Edda rhythmica seu antiquior vulgo Saemundina dicta.

Hafniae. [Copenhague]. 1787. 3 forts vol. in-4° (30 fr.).

Pars I : Odas mythologicas, a Resenio non editas continens, cum interpretatione latina, lectionibus variis, notis, glossario vocum et indice rerum.

Pars II : Odas mythico-historicas continens cum interpretatione latina, etc...

Pars III : Carmina Voluspa, Hamaval et Rignual : ex codice bibliothecæ regiæ hafniensis pargameno, cum interpretatione latina, glossario vocum, etc...

3518 EDDAS (les). — Les EDDAS traduites de l'ancien idiome scandinave par M. Du PUGET.

Paris, 1865, in-8°.

[YI. 557

Excellente édition et traduction française de ce fameux recueil des traditions mythologiques et légendaires des peuples du Nord, antérieures à J. C., certains prétendent qu'elles sont contemporaines d'Homère. Il y a dans la poésie sauvage des Eddas, une âpreté saisissante, une rudesse où éclot parfois, comme une fleur entre deux pierres, quelque pensée vraiment tendre : c'est la beauté sévère qui caractérise ce monument de l'antique génie des races scandinave et germanique. A remarquer particulièrement les Poèmes d'Odin et le Chant diffamatoire de Loke.

EDDY (Mary, née BAKER). — Célèbre fondatrice de la " CHRISTIAN SCIENCE ", en 1866. Ses noms complets (?) sont : Mary A. Morse Baker Glover Patterson EDDY ; elle est née à Bow (New Hampshire) en 1821, morte à Boston en 1910, et a eu trois époux, MM. George Washington GLOVER, qui la laissa veuve après six mois de mariage ; le D' Daniel PATTERSON, un dentiste de qui elle divorça, et enfin le Dr Asa Gilbert EDDY, qui mourut en 1882. En 1862, sous le nom de Mrs PATTERSON, elle fit la connaissance du grand Guérisseur Mystique QUIMBY (q. v.), qui la guérit en trois semaines d'une maladie " *incurable* " de genre hystérique qui menaçait ses jours. Après la mort de QUIMBY (1866) elle interpréta à sa manière la Doctrine de son Maître, cessa de le reconnaître pour tel, et fonda la *Christian Science*. Cette secte possède aujourd'hui *neuf cents Temples*, tant en Amérique qu'en Europe ; il en existe un à Paris même.

Pour plus de détails, consulter les ouvrages de MM. CUTTEN et DRESSER, et aussi nos articles QUIMBY, CHRISTIAN SCIENCE, NEW THOUGHT, et MILMINE.

3519 EDDY (Mrs Mary, née BAKER). — Science and Health, with Key to the Scriptures, by Mary Baker G. EDDY.

Lynn (Massachussetts), 1875, in-10 (?)

Édition originale de cet ouvrage si bizarre qui, en 1898, en était à sa *Cent Quarantième* édition ; en voici quelques autres :

3ᵐᵉ édition : *Lynn (Massachussetts)* 1881, in-12.

24ᵉ : *Boston*, 1896.

140ᵉ : *Boston, J. Armstrong*, 1898 in-10, XII-603 pp.

[D². 17841

La dernière en date :

Boston. U. S. A. Allison V. Stewart, 1911, in-16 de XII-700 pp. les cent dernières étant des attestations de Patients guéris par ce Système.

C'est l'ouvrage classique de la " *Christian Science*."

3520 EDDY (Mary Baker Glover). — Miscellaneous Writings, 1883-1896, by Mary Baker G. EDDY... 67th Edition.

Boston, J. Armstrong, 1906, in-16 XVI-471 p., port. de l'aut.

[D². 17991

3521 EDELGEBORNE (Die) Jungfer Alchymia, oder eine durch Rationes viele Exempla und Experimenta abgehandelte Untersuchung, was von der Alchymia zu halten und vor Nutzen daraus zu schöpflen seye, nebst einem Zusatz von der Medicina Universali Universal - Process und einigen Kunst-Stücken, aus der Alchymie.
Tübingen, Cotta. 1730, in-8° de XXIV-424 pp.

(G-1455

3522 EDMOND. — La Chiromancie d'Edmond.
S. l. [Paris, 1885] in-8° de CCXVI pages (sic).

[R. 34882

Imprimé à Amiens, par Alfred Caron fils, S. D, [1868]. (o fr.).

Ouvrage peu commun, destiné à des Chiromanciens déjà instruits dans cet art, composé de qq. feuillets d'avant-propos et de 214 pages représentant chacune une main chiromantiquement analysée avec explication au bas. Large encadrement en sanguine (gravé par Lacoste) à chaque page.

" L'auteur reçoit de 1 h. à 4 h. 30 rue François Ier, Champs Elysées. Paris " (p. V.).

G-1779

Autres ouvrages du même au^r Cat. Gén. de la Bib. Nat. XLVI-819.

3523 EDOUX (E. V.). Médium. — Spiritisme pratique. Appel des vivants aux esprits des morts. Guide vademecum du Medium et de l'Evocateur contenant des considérations générales sur le Médium, la formation du médium pyschographe ou écrivain ; la méthode à suivre dans cette médiumnité; les évocations particulières, l'identité des esprits : le langage à tenir avec les invisibles : les contradictions : les écueils et les épreuves.

Lyon, Librairie Moderne. — 1863, in-8° 36 pp. (3 fr.).

[R. 34911

L'auteur éditait la Tribune Universelle.

Lyon, 1re année 10 Mars [25 Août] 1867, in-f°.

[R. 8004

EFFERARIUS, Efferari ou Ferrari, Moine Alchimiste, sans doute de la fin du XIIIe Siècle : voir: FERRARI.

3524 EFFROYABLES PACTIONS faictes entre le diable et les prétendus Inuisibles. Avec leurs damnables Instructions, perte déplorable de leurs Escholiers, et leur misérable fin.
S. L. 1620, pet. in-8° de 20 p. (o fr. 50).

3525 EFFROYABLE RENCONTRE (de deux hommes de feu), apparue proche le chateau de Lusignan en Poitou, aux soldats de la garnison du lieu, et à quelques habitans de la dite ville, la nuit du mercredi 22 juillet 1620. (Paris, Nic. Robert, 1620) ; dans Lenglet-Dufresnoy : Recueil de dissertations..... (1752), I, part. II. 125-20

(O-1703

3526 EGGER (Victor) professeur à la Faculté des Lettres de Nancy, né à Paris en 1848. — La Parole intérieure... Thèse...
Paris, Germer Baillière, 1881, in-8° 320 p. et errata.

[8° R. 3602

Bibliothèque de Philosophie Contemporaine.

La parole intérieure comparée à la parole extérieure. — Variétés vives de la parole intérieure. — Les voix de Jeanne d'Arc. — Les dieux d'Homère. — Faits psychiques. — La pensée etc...

Table analytique à la fin.

3527 EGGERS (Mathias-Simon). — Maurerische Ansichten in periodischen Votragen von Matthias Simon Eggers, derzeitigem Redner der Loge zum Pelikan in-Hamburg.

Altona. s. adr. 1817, gr. in-8° de XXXII-404 pp. avec un titre gravé.

(O-376)

3528 ÉGYPTIEN (L'), ou traité des songes, d'après les Égyptiens et les Perses ; applicable aux numéros de la Loterie. Avec une instruction sur son origine.

Alexandrie en Egypte, s. d. (vers 1810). in-12 (7 fr.).

Petit ouvrage fort rare.

(G-278)

3529 ÉGYPTIENS et SÉMITES. — " *Collection Papyrus* ". L'Évolution des Lettres et des Arts. Textes Originaux, Égyptiens et Sémites. Illustrations de Calbet et Mittis.

Paris, L. Borel, 1905, in-10 allongé de 318 p. Jolies illustrations : Moïse de Michel-Ange. Buste d'Isis. Taureau Ailé, etc. (1 fr. 50).

Textes Hébreux : Ruth. Juges. Prophètes. Suzanne, Le Cantique des Cantiques.
Textes Égyptiens : Histoire des deux Frères. L'Aventure de Satni. Les Mémoires de Sinouhit.
Textes Assyriens : Tuklat-Pal-Asar : Poème Magique ; Hymne au Soleil : Istar.

3530 EHRENRETTUNG der hermetischen Kunst, durch solche chymisch-physikalische Beweise dargethan, die abermahls jeder, auch nur mittelmäszige Kenner und Künstler leicht einsehen, selbst nachmachen, und daraus erkennen kann und soll ; dasz Alchymia et Chrysopoeia keine leere Einbildung mesziger Köpfe, und noch weniger gelehrte Windmacherey sey.

Erfurt, Georg Adam Keyser, 1785-86, 3 vol. in-8° de 62, 72, et 116 pp. rel. ensemble.

(O-1525)

3531 EHRMANNS (Dr Christian). — Onirus, als Schutzpatron der Träumer beheilkundet bei Gelegenheit der Aufnahme des Jünglings G. Burkh. Franz Kloss, in die Maurer — zur Einigkeit die Wözelsche Senckenbergische und des verfassers Dr. (Christian). Ehrmanns. Erscheinung der Verstorbenen.

Frankfurt-a-M. September, 1805, in-8° de XII-50 pp. avec 1 pl.

(O-442)

ELBÉ (Louis) pseudonyme de : *BACLE* (Louis) q. v.

3532 ELBHE (Clément d'). — L'Interpolator. — Histoire de Satan, ce qu'il fut, ce qu'il est.

Paris, 1866, in-12.

3533 ELDIR (Alina d'), dame Mercier. — Méditations en prose (la Magie; la Physionomie; le Sphinx : le Destin ; l'Arbre céleste : l'Arbre prodigieux; Immortalité de l'âme, etc...)

Paris, 1828, in-8° (5 fr.).

L'auteur aurait été enlevée de bonne heure à ses parents dans l'Inde, et élevée en France. Elle fut liée avec les grands personnages d'alors qui s'occupaient du magnétisme et se mit à magnétiser elle-même, et avec succès.

3534 ELDIR (M°° Alina d'). — Méditations philosophiques et morales, par Mme Alina Drdir, sultanne indienne.

Paris, chez l'auteur, 1835, in-8° (5 fr.).

Livre curieux peu commun, publ. par les soins du Marquis de Fortia.

ELDIR (Alina d'). Voir aussi : *PILLET*.

3535 ÉLÉMENTS de chiromancie, art de deviner et d'expliquer l'avenir par les signes de la main, selon les méthodes d'Hortensius, de Patrice, d'Indagine, etc. auxquels, on a joint un essai de physiognomonie, une étude de phrénologie, la Roue de Pythagore, etc.

Paris, s. d. (vers 1800), in-16, (4 fr.).

Nombreuses figures hors et dans le texte.

(G-612)

3530 ELEMENS de la philosophie du Ciel.

Paris, Barrois, 1806, in-8° (6 fr.).

" Synthèse de la doctrine de Swedenborg. Rare. Mystique ". (S. de G.)

(G.-1343)

3537 ELICH (Philipp. Ludwig). — M. Philippi Ludwigi Elich... Daemonomagia, sive libellvs EPΩTHMATI-KOΣ de Daemonis, Cacurgia cacomagorum, et Lamiarum energiâ.

Francofurti, G. Nebenius, 1607, in-8°, 217 pp. (10 fr.).

[R. 34007]

Très curieux traité de Démonologie, peu connu.

(S-3142 b)

ELIE L'ARTISTE. — Ce personnage n'est pas toujours un auteur déguisé comme on pourrait le croire. Il est en général la Réincarnation (prophétisée par les Frères de la Rose ☩ Croix) du Prophète Elie, qui, on le sait, n'est jamais mort, mais a été enlevé au ciel sur un Char de feu.

Cette Réincarnation annoncée fait le sujet de nombreux ouvrages d'Alchimie, parmi lesquels nous décrirons les suivants :

3538 ELIE L'ARTISTE. — Disquisitiones de Helias Artista, in qua de Metallorum Transformatione disseritur.

Marpurgi (Marpurg), 1012, in-8° (?).

(S-3386)

3539 ELIE L'ARTISTE. — R. E. J. D. Elias der Artist, eine Abhandlung von der künstlichen Metallverwandlung : dans Neue alchym. Bibliothek, de Schröder (1772), I, 1re partie, 181 à 200 ;

Il y a un pseudo-Elie l'artiste qui a publié Erläuterung etlicher Schriften vom Weisenstein Hamburg, 1663 in-8°.

Il y a de cet écrivain alchimiste un ou plusieurs traités que nous ne connaissons pas, mais on trouvera au nom N. Niger Happelius et Heliophilus a Pereis des " Disquisitiones " sur son traité sur la transmutation. Ces " Disquisitiones " ont été imprimées dès 1612, donc Elie l'artiste doit-être au moins contemporain de ces commentateurs ; or comment faire accorder ce fait avec la déclaration de Brumore (pseud. de GUYTON), Traité curieux des charmes de l'amour conjug. (p. 14), et de Catteau-Calleville (XLIV - 253 de la Biogr. univ. Michaud) qui disent que Elie l'artiste fut le bailleur de fonds de Swedenborg dans ses libéralités qui étonnaient tout le monde ; Swedenborg étant né en 1688, c'est un espace de près de 100 ans qui sépare ces deux personnages. Voilà donc encore une assertion à ranger dans la catégorie des petites erreurs historiques.

En voulant rectifier une grosse erreur de deux écrivains, qui ne mettaient aucune critique dans un fait avancé à la légère, il se pourrait bien que je n'aie pas plus raison qu'eux ; car nous trouvons dans J. Alb. Fabricivs (Codex pseud. Vet. Test. 1772 I. 1077-78). Elias Artista sive Chymicus. " Quemadmodum adventum Eliae in cassum praestolantur Judaei, ita Chymici quoque Eliam prefectum artistam a Theophrasto Paracelso promissum frustra expectant exspectabuntque..... " Guyton et Catteau-Calleville auraient alors dit une bêtise et j'aurais tort de vouloir rectifier leurs assertions sur un personnage imaginaire. [Note de M. LADRAGUE].

(O-556)

3540 ELIAS ARTISTA. — Das Geheimnisz von dem Salz, als dem edelsten Wesen der höchsten Wohlthat Gottes in dem Reich der Natur, beides in seinem Wesen und in seinem Eigenschaften aus eigener Bemühung untersucht. Göttlicher Weiszheit zum Lobe und den begierigen Forschern zum Vortheil geschrieben und herausgegeben von Elias Artista Hermetica. Sine l., 1770.

In-8° de 142 pp. cartonné.

(O-1415-1416

ELIPHAS LEVI. Voir :
CONSTANT (l'abbé A. L.).

3541 ELLENBERGER (H.). — Révélations, cabale, magnétisme et spiritisme, chaîne une et continue, avec supplément. Traduit de l'allemand et annoté par Streiff de Maxstadt.

Paris, Impr. de Moquet, 1881. in-8° 68 pp.

[8° R. 3513

3542 ELLIES DU PIN (Louis), né en Normandie ou à Paris, vers 1657, mort vers 1710. Historien ecclésiastique et docteur en Sorbonne. — Analyse de l'Apocalypse, contenant une nouvelle explication simple et littérale de ce livre. Avec des dissertations sur l'état des âmes après la mort, sur le Purgatoire, sur le jour du Jugement, et sur d'autres matières importantes de la religion.

Paris, de Nully, 1714. in-12. (5 fr.).

(G-280

3543 [ELLIES-DUPIN (L.)]. — L'histoire d'Apollone de Tyane convaincu de fausseté et d'imposture [par E-L. Dupin].

A Paris, chez Pierre Giffard, 1705 in-12 de XXII-170 pp. (4 fr.).

[J. 18066

3544 [ELLIES-DUPIN]. — Mémoires historiques pour servir à l'histoire des Inquisitions.

Cologne, D. Slebus, 1716. 2 vol. in-12 de 281 pp. et 2 f°s et 409 p. et 5 f°s, planches. (15 fr.).

[E. 4598

Intéressant ouvrage orné de 9 curieuses figures gravées, représentant les cérémonies et supplices de l'Inquisition, les costumes des accusés, etc...

Planches sur l'Inquisition à Madrid : la torture, (p. 189) ; le Jugement sur " la Plaça Mayor de Madrid " (p. 200). Le T. II est tiré de Dellon, q. v.

(O-608

3545 ELLIES DU PIN (Louis). — Traité philosophique et théologique sur l'amour de Dieu, par Mr L. Ellies Dupin.

Paris, J. Vincent, 1717. in-8° pièces limin. et 722 pp.

[D. 18294

— Continuation du Traité de l'Amour de Dieu....

Ibid. Id., 1717. in-8°; 31 pp.

[D. 33551
(S-882

3546 ELLIOT (W. Scott). — L'Histoire de l'Atlantide, par W. Scott-Elliot, traduit de l'anglais.

Paris, Art Indépendant, 1901. in-8° écu Avec 4 cartes coloriées. (3 fr.).

3547 ELLIVAN (E). — Emmanuel Swédenborg.

Paris, 1897, in-8°.

Extrait.

ELMOTTE (Poulthier d'). — Voir :
POULTHIER D'ELMOTTE.

ELOY d'AMERVAL. — Voir :
AMERVAL (Eloy d').

3548 ELZEVIR. — Catalogus Librorum Danielli Elzevirii.

Amstelodami, 1841, in-12.

Incomplet :

[Q. 8948

Réimpression :

[8° Q. 1519]

Abondante collection du même catalogue à la Bibliothèque Nat¹ᵉ depuis l'an 1628 (reproduction) jusqu'en l'an 1681.

(S-6780)

3549 EMBLEMES. — Emblèmes sacrés avec leurs explications nouvelles.

Auxerre, 1687, in-8°.

Jolies figures.

(S-673)

3550 EMERIC-DAVID (Toussaint Bernard) archéologue et artiste, né à Aix en Provence vers 1755, mort à Paris en 1850. — Jupiter. — Recherches sur ce dieu, sur son culte et sur les monuments qui le représentent. Ouvrage précédé d'un essai sur la Religion grecque.

Paris, Imprimerie Royale, 1833. 2 forts vol. in-8°. Frontispice et deux pl. h. t. (15 fr.).

[J. 25480-7]

L'introduction à l'étude de la mythologie (296 p), qui précède ce magnifique travail, jouit d'une grande faveur auprès des spécialistes et est très recherchée. En ce qui concerne Jupiter, l'auteur a épuisé son sujet et levé tous les voiles en poussant le symbolisme jusqu'à ses dernières limites. Cet ouvrage eut l'honneur d'être édité par l'Imprimerie Royale.

Origine du culte de Jupiter. — Essence de ce Dieu. — Identité de Dis et d'Ammon. — Différence primitive entre Dis et Zeus. — Institution de leurs cultes. — Confusion survenue dans le culte de Zeus. — Maintien de la religion grecque. — Distinction permanente entre Zeus, Dieu Soleil et Zeus, Dieu Æther et Dieu Suprême. — Caractères propres à chacun de ces dieux.

3551 EMERY (le Père). — Dissertations sur les prolégomènes de Uvalten.

Lyon, 1090, in-8° (8 fr.).

Ouvrage de la plus grande rareté et du plus haut intérêt pour les Kabbalistes car il disserte longuement des lettres, de leur origine, de la langue hébraïque, de son antiquité, de son changement, de ses anciens caractères, de la massera Keri Ketib, de la Cabale, des différentes versions de la Bible : Septante, Vulgate, Samaritaine, Syriaque, Arabique, Ethiopienne, Persane, etc... et renferme un traité des Hébraïsmes et des proverbes de la Sainte Ecriture : " ce majestueux livre, dit l'auteur, difficile à ouvrir, car sept sceaux semblent en interdire l'ouverture à tout mortel ".

3552 EMERY (D'), autre orthographe de Nicolas LEMERY, q. v. — Recueil des Secrets et Curiosités rares et nouvelles des plus admirables effets de la Nature et de l'Art. Composé de quantité de beaux Secrets Gallans et autres : dont quelques uns ont été tirez du Cabinet du Marquis de l'Hospital.

Leyde (?) *Van der Aa*, 1685. 2 parties, in-16. Titre-Frontispice gravé (10 fr.).

Autres éditions :

Paris, Trabouillet, 1689, in-12.
A Leyden, chez Pierre Van der Aa, 1688, 2 vol. pet. in-12 de 488 et 388 p.

Recettes curieuses et qui semblent aujourd'hui des plus bizarres, de médecine, de cuisine, de patisserie, ainsi que de nombreux procédés de ce que nous appelons " les mille petits métiers ".

Recueil de curiosités " les plus rares et admirables de tous les effets que l'art et la nature sont capables de produire, augm. de plus de moitié, de merveilleux et beaux secrets, gallands et autres, très utiles et nécessaires à tous ceux qui sont curieux de conserver leur santé : expérimentez et approuvez par gens de qualité ".

EMILE SOLDI. — Voir :
SOLDI (Emile).

3553 [EMILIANE (G. d') pseud. d'Antoine GAVIN]. — Histoire des Tromperies des Prestres et des Moines de l'Eglise Romaine, où l'on découvre les artifices dont ils se servent pour tenir les peuples dans l'Erreur et l'abus des Choses qu'ils font de la Religion, contenue en 8 lettres écrites par un

Voyageur pour le bien du Public [par Gabriel d'ÉMILIANE].

Rotterdam, 1693. 2 vol. in-8°. (5 fr.).

Autre édition :

Amsterdam. 1693. 2 parties in-12. Réimprimé en 1708 et 1719, avec le nom de l'Auteur.

3554 EMMERICH (Anne-Catherine), Voyante allemande, né à Flansk (duché de Münster) en 1774, morte en 1824, Religieuse chez les Augustines de Dulmen. — La douloureuse passion de N. S. J. C., d'après les méditations trad. de l'allemand. 2me édit. belge entièrement conforme à la 3e édit. allemande.

Paris et Louvain. 1837. in-8° (4 fr.).

Célèbre ouvrage mystique de cette extatique qui l'écrivit d'après ses visions et à l'état d'extase. — (La dernière cène de N. S. J. C. — Instructions secrètes et consécrations de J. C. La Douloureuse Passion. — Ecce Homo. Apparition des morts. — Apparition lors de la mort de Jésus. — La Résurrection, etc.).

Autre :

Paris, Debécourt. 1835, in-8°, LXVII-394 pp.

[D. 33577

20 réimpressions indiquées à la Bib. Natle, de 1836 à 1880 cotées :

[D. 33577 bis à
[D. 33592, etc.

3555 EMMERICH (Anne-Catherine). — Vie de la Sainte-Vierge.

Paris, Sagnier et Bray. 1854, in-18, XXVII-578 pp. (4 fr.).

[D. 33596

On ignore généralement la valeur des révélations de cette grande mystique. Ses écrits sont surprenants. Ils confirment ce que la société théosophique a révélé sur les loges blanches de l'Himalaya, les Mahatmas dont se réclamait Blavatsky, et leur rôle occulte dans les événements de ce monde. Entre autres choses singulières, ce volume contient une pratique qui procure aux femmes grosses une heureuse délivrance, et fournit des détails originaux sur les Esséniens et leurs traditions secrètes. La Sainte-Vierge, d'après la voyante faisait partie de cette secte célèbre.

10 rééditions à la Bib. Nat. :

[D. 33507 à
[D. 33602, etc.

EMMERICH (Anne-Catherine). — Voir :
SCHMŒGER (le P.).
DULEY (R. P. Jos. A).

ENCAUSSE (Dr Gérard), pseud. PAPUS. — Le Dr Gérard Encausse est né en 1865 à la Corogne (Espagne), d'un père français et d'une mère espagnole ; il a fait ses études au Collège Rollin et sa médecine à Paris. Son pseudonyme " PAPUS " est pris du génie de la première heure du Nuctéméron d'Apollonius de Tyane. Le Dr ENCAUSSE est un des maîtres les plus en vue du mouvement Spiritualiste et Maçonnique moderne en France ; ses ouvrages sont recherchés au plus haut point ; en grande partie épuisés, ils atteignent des prix extraordinaires, même en tenant compte de leur valeur scientifique très réelle.

Il existe une Biographie de PAPUS publiée par PHANEG, q. v. Elle est fort élogieuse et représente le Dr PAPUS comme le médecin parfait. Elle se termine par une Bibliographie assez peu détaillée de ses Livres, et d'ailleurs incomplète et peu exacte.

Le Dr ENCAUSSE est le fondateur du *Groupe Indépendant d'Etudes Esotériques*, Branche, dit-on de l'Ordre maçonnique Martiniste, dont cet auteur est Grand-Maître.

Nous ne connaissons pas de bonne Bibliographie de cet important occultiste.

Certains envois autographes du Dr Encausse sont signés : " *Jacques*

Papus ". (Notamment le N° 3575).

3556 ENCAUSSE. — L'Absorption Cutanée des médicaments, d'après le Système de Louis ENCAUSSE, inventeur. Expériences faites dans les Hôpitaux de Paris et rapport officiel au Ministre de l'Intérieur. Rapport sur les Expériences faites en Espagne... par le Dr Gérard ENCAUSSE.

Paris. Chamuel. 1894. in-18 de 64 p.

Très rare.

[8° Te⁷. 291

Réimprimé en 1900.

Ibidem. Idem. in-18 de 62 p.

[8° Te⁷ 377

3557 [ENCAUSSE].— Almanach de la Chance. pour..... publié sous la Direction du Dr PAPUS.

Paris. depuis 1905 (ou avant ?), in-16.

Les premières années (?) 1905 et 6. (2 à 3 fr.).

Publication analogue à l'Almanach du Magiste, qui avait cessé de paraître en 1899.

Cote de l'année 1910 [1000].

[8° R. 23478

3558 [ENCAUSSE].— Almanach du Magiste contenant l'Agenda Magique pour tous les jours de l'année.

Paris. Chamuel. de 1894 à 1899. dernière année. 6 v. in-12, avec Figures et Portraits. (1 fr. à 1 fr. 50 l'année).

(La 1ʳᵉ année vaut 5 à 6 fr.).

1ʳᵉ année :

[8° R. 12195

Résumé de la Magie Cérémonielle. — Le Miroir Magique. — La Liste des Herbes. des Pierres et des Correspondances Magiques. — Les Expériences d'Éliphas Lévi. — L'Ordre de la Rose ✝ Croix Cabalistique. — La Psychométrie. — Le 6ᵉ sens dans les recherches d'Hyperphysique. — Pensées choisies du Phil.·. Inc.·. (Claude de St-MARTIN.). — Tableau des 33 degrés de la Maçonnerie. — Etc..

Voir la Notice d'YVE-PLESSIS. Bibliographie. n° 1137 p. 144.

3559 [ENCAUSSE]. — PAPUS. — L'Ame humaine avant la naissance et après la mort: Constitution de l'Homme et de l'Univers : Clef des Evangiles ; Initiation évangélique d'après *Pistis Sophia*: avec Quatre figures et des Tables explicatives de *Pistis Sophia*.

Paris, Chamuel. 1898. in-12 de 88 p. Figures et des Tables (2 fr.).

[8° R. 16013

Etude gnostique sur " *Pistis Sophia* " qui a été traduit du Copte en Français par M. AMÉLINEAU q. v.

3560 [ENCAUSSE]. — PAPUS. — Anarchie. Indolence et Synarchie. Les Lois physiologiques d'organisation sociale et l'Esotérisme.

Paris. Chamuel. 1894. gr. in-8°. 28 p. (2 fr.).

Rare.

[4° R. Pièce 875 et 876

Contient le Résumé de la *Loi Synarchique* révélée par le marquis de SAINT YVES d'ALVEYDRE. et développée par F-Ch. BARLET.

(G-1944

3561 ENCAUSSE. — L'anatomie philosophique et ses Divisions. suivie d'une Analyse détaillée de la Mathèse de Malfatti de Montereggio.

Paris, Chamuel. 1894. in-8°. (4 fr.).

[8° Ta¹. 21

Ce doit être un tirage à part de la Thèse de Doctorat en médecine du célèbre occultiste, dont voici le Titre :

L'Anatomie Philosophique et ses Divisions. Précédée d'un traité de Classification méthodique des Sciences anatomiques.

Ibid. Id. Même format.
(G-1930)

3562 [ENCAUSSE]. — Papus. — Les Arts divinatoires : Graphologie, Chiromancie, Physiognomonie, Influences Astrales. Petit Résumé pratique.

Paris, Chamuel, 1895, in-12, 50 p. Figures. (1 fr.).

2 ex :

[8° R. 14245
[8° R. 15112

C'est la réunion des articles publiés sur les Arts divinatoires dans le " Figaro ". Contient en outre quelques pages inédites.

(G.-1940)

3563 [ENCAUSSE]. — Bulletin trimestriel. — Avril-Mai-Juin 1892. Bibliographie Méthodique de la Science occulte (Livres Modernes). Etude critique des principaux ouvrages par un groupes d'Occultistes sous la direction de Papus, Président du *Groupe indépendant d'Etudes ésotériques*, directeur de *l'Initiation*. Abonnement. Un an : 50 c.

Paris, Librairie du Merveilleux, Chamuel, éditeur, 1892, de 112 p. et Errata. Frontispice. (2 fr.).

[8° Q. 1039
(G-1948

3564 [ENCAUSSE]. — Papus. — Le Cas de la Voyante de la Rue de Paradis, d'après la Tradition et la magie.
Paris, L'initiation. 1866, in-12 (1 fr.).

[8° R. 10010

Sur Mlle Couédon, qui a été abondamment étudiée par Gaston Méry, q. v.

3565 [ENCAUSSE]. — Papus. — Catholicisme, Satanisme et occultisme.

Paris, in-18 (0 fr. 50).

[8° R. Pièce 7550

A propos de Léo Taxil. A rapprocher de la Brochure : " *Le Diable et l'Occultisme* ".

3566 [ENCAUSSE]. — Papus. — Les Classiques de la Kabbale : le Sepher Jésirah. Les 32 Voies de la Sagesse. Les 50 Portes de l'Intelligence.

Paris, Carré. 1888, in-8° Planche hors texte (1 fr. 50).

Assez rare.

Autre édition (sans l'avant titre : " Les Classiques de la Kabbale ").
Tours, Arrault. 1887, in-8°.

[8° R. Pièce 4144
(G-1941

3567 [ENCAUSSE]. — Clef absolue de la Science Occulte. Le Tarot des Bohémiens, le plus ancien Livre du Monde. A L'Usage exclusif des Initiés, par Papus.

Paris, Georges Carré. 1889.

En épigraphe : " Toute lumière Intellectuelle comme toute lumière Physique vient d'Orient et c'est aussi d'Orient que je viens avec elle. " Narad, le Bohémien "

In-8° de 372 p. Fig. dans le texte, 9 Planches hors texte, plus un Tableau plié, paginé 237 à 260.

[8° R. 9007

(Publié à 9 f. Se vend couramment de 40 à 70 fr. et davantage).

Certainement l'Etude la plus remarquable sur l'ésotérisme du Tarot. Rapproche le Mot Sacré " Iévé " de l'ésotérisme des Nombres et des Lames du Tarot groupées en Couleurs. Analyse les Arcanes Majeurs.

Dans une seconde partie, donne un Historique, puis un Résumé général du Symbolisme.

Ouvrage capital, sous tous les rapports.

Réédité tout dernièrement :

Paris, Henri Durville fils. 1910, in-8° (9 fr.).

(G-1950

3568 [ENCAUSSE]. — Dr Papus. — Comment est constitué l'Etre humain ? Le Corps, l'Esprit et leurs Correspondances ; les Auras Humaines. Clef des Constitutions à Neuf. Sept et Cinq Eléments.

Paris. Chamuel, 1900. in-18 37 pp. avec 3 tableaux et 20 Figures. (1 fr. 50).

[8º R. Pièce. 8822

3569 [ENCAUSSE]. — PAPUS. — Comment on lit dans la Main.

Voir : *Premiers Eléments de Chiromancie.*

[8º R. 18092

3570 ENCAUSSE. — Conférences ésotériques.

Paris, Libr. du Magnétisme, 1908, gr. in-8º (8 fr.).

Sur la constition de l'homme, le plan astral chez l'homme. La terre et la nature, les races et la terre, les grandes traditions. Etc...

Orné de pl. h. t. et fig.

3571 [ENCAUSSE]. — PAPUS. — Le Conflit Russo-Japonais et les Nombres Magnétiques.

Paris. S. D.. in-12. (2 fr.) Hors commerce.

Intéressante Plaquette sur les grandes Lois de l'Histoire et de l'Evolution des Peuples.

3572 [ENCAUSSE]. — PAPUS. — Considérations sur les Phénomènes du Spiritisme : rapports de l'Hypnotisme et du Spiritisme : nouvelles Règles pratiques pour la formation des Mediums ; Influence du Périsprit dans la Production des Phénomènes Spirites.

Paris, 1890. in-8º de 30 p. 4 planches. (1 fr. 50).

[8º R. Pièce 4612

3573 [ENCAUSSE]. — Le Diable et l'Occultisme. Réponse aux publications " *Satanistes* ", par PAPUS.

Paris, Chamuel, 1895, in-18 de 84 p. (1 fr.).

[8º R. 13252

C'est la réponse au " *'Diable au XIXe siècle* " du Dr Charles HACKS, pseud. BATAILLE, et au " *Lucifer démasqué* " de J. DOINEL, pseud. KOSTKA.

PAPUS n'a guère de peine à faire ressortir l'inexactitude notoire des accusations portées contre la cause spiritualiste moderne.

(G-1942

3574 [ENCAUSSE]. — PAPUS. — Les Disciples de la Science Occulte : FABRE d'OLIVET et St YVES d'ALVEYDRE.

Paris, Carré, 1888. in-8º de 24 p. (2 fr.).

[8º R. Pièce 4145

Etude sur la Doctrine purement sociale de St-Yves d'ALVEYDRE, et celle toute philosophique de FABRE D'OLIVET.

(G-1943

3575 [ENCAUSSE]. — PAPUS. — Les 10 Sephiroth et les 22 lettres. Clef du Sepher Jesirah et de la Kabbale.

Vers 1892. pièce in-4º.

Planche de la plus grande rareté. L'exemplaire de Guaita portait : « Ce tirage spécial n'a été exécuté qu'à 12 exemplaires. Je me fais un plaisir d'en offrir un comme souvenir affectueux à Stanislas de GUAITA. Jacques PAPUS. »

(G-416

3576 [ENCAUSSE]. — Dr G. ENCAUSSE. — La Dosimétrie, Méthode Physiologique et Philosophique.

Paris. 1895. gr. in-8º (1 fr. 25). Hors commerce.

3577 [ENCAUSSE]. — PAPUS. — Enseignement Méthodique de l'Occultisme. Adaptation, Théorie et Réalisation des données de la Tradition Esotérique sur l'Univers, l'Homme et Dieu.

Paris Ollendorff. 1901-2, in-18. (1 fr.).

C'est le Pogramme de l'*Ecole Hermétique.*

3578 [ENCAUSSE]. — PAPUS. — Esotérisme du Pater Noster.

Paris, 1895, in-8°.

Extrait de l'*Initiation* (?)

Curieux et très rare.

A été publié dans l'*Initiation*. 24° Volume, 8-190

3579 [ENCAUSSE]. — Papus. — Essai de Physiologie Synthétique. Complément de tous les Traités analytiques de Physiologie, suivi de la Classification Méthodique des Sciences Anatomiques.

Paris, 1909, in-8° 35 Schémas et Tableaux.

C'est la meilleure des introductions à l'Etude de la Physiologie, en même temps que le plus impressif et le mieux ordonné des Mémentos.

La première édition date de 1891.

Paris. Geo. Carré, in-8°. 130 pp. fig.

[8° R. 10507

3580 [ENCAUSSE]. — Papus.— De l'Etat des Sociétés secrètes à l'époque de la Révolution française.

Paris. Chamuel. 1894, gr. in-8° 8 pp. (2 fr.).

[4° Lb³⁹. 11545

Rare.

(G-1944

3581 ENCAUSSE. — Dr Gérard Encausse. — De l'Expérimentation dans l'Etude de l'Hypnotisme à propos des prétendues expériences de contrôle de M. Hart de Londres.

Clermont, 1893. gr. in-8°, pièce (1 fr. 50) Hors commerce.

[8° T⁽ˡˡ⁾. 170

3582 ENCAUSSE (Président du Groupe Indépendant d'Etudes Esotériques). — *Groupe Indépendant d'Etudes Esotériques*. Statuts et Règlements.

Paris, 1891, in-12. Hors commerce.

3583 ENCAUSSE (Gérard). — Hypothèses.

Paris. Cocroz, 1884. in-18 51 pp. (3 fr.).

[8° R. 6236

Brochure peu commune. C'est le premier ouvrage publié par le Maître de l'Occultisme actuel.

(G-1349

3584 [ENCAUSSE]. — Papus. — L'Illuminisme en France (1771-1803). Louis Claude de Saint-Martin. Sa Vie, sa Voie Théurgique, ses Ouvrages, son Œuvre, suivi de la publication de 50 Lettres inédites, avec la Reproduction d'une lettre autographe de St Martin et de Documents inédits.

Paris, 1902, in-8° Fac-similés et Tableaux (3 fr.).

La Reconstitution de l'Ordre du Martinisme est le plus important des Travaux de l'Auteur, qui est donc tout spécialement autorisé à mettre en lumière ces faits généralement mal connus.

3585 ENCAUSSE. — L'Illuminisme en France (1767-1774) : Martinès de Pasqually, sa Vie, ses Pratiques Magiques, son Œuvre, ses Disciples. Suivis des Catéchismes des Elus Coëns.

Paris. Chamuel, 1895. pet. in-8° ou in-18. (4 fr.).

[8° Ln²⁷. 43321

Intéressante étude sur Martinès de Pasqually, qui fut l'Initiateur de Claude de St-Martin et du comte de Divonne.

(G-792 et 1946

3586 [ENCAUSSE]. — Papus. — La Kabbale (Tradition secrète de l'Occident). Résumé Méthodique. Ouvrage précédé d'une Lettre d'Ad. Franck de l'Institut, et orné de 20 figures et Tableaux et 2 Planches hors texte.

Paris, Georges Carré, 1892, in-8° de 188 p. Fig. Tableaux et 2 Pl. h. t. (5 fr.).

[A. 20737

Édition originale de cet excellent traité qui expose aussi brièvement et nettement que possible ce qu'est réellement la Kabbale. Peu de systèmes Théurgiques sont à la fois aussi connus et aussi méconnus que le sujet de cet ouvrage.

Renferme une remarquable — et la seule de son genre à ma connaissance — *Bibliographie de la Kabbale*, p. 141-176, avec *deux* excellentes Tables, l'une par *Noms d'Auteurs*, l'autre par *noms des Ouvrages*. Plus de 200 noms cités, et 307 ouvrages.

(G-1945)

3587 [ENCAUSSE]. — Papus. — La Cabbale. Tradition secrète de l'Occident. Ouvrage précédé d'une lettre d'Ad. Franck de l'Institut et d'une Étude par Saint-Yves d'Alveydre. 2ᵐᵉ Édition considérablement augmentée, renfermant de nouveaux Textes de Lenain, Eliphas Levi, Stanislas de Guaïta, Dʳ Marc Haven, Sedir, Jacob, Saïr et une Traduction complète du *Sepher Ietzirah*. Et suivi de la Réimpression partielle d'un *Traité Cabbalistique* du Chev. Drach.

Paris Chacornac, 1903, gr. in-8° de VI-357 pp. Fig. et Pl. (14 f.).

[A. 21017

Ouvrage aussi précieux par ses Documents que par l'enseignement qu'il comporte. A peu près indispensable à connaître pour juger sainement de la Kabbale.

3588 [ENCAUSSE]. — Papus. — Le Livre de la Chance, bonne ou mauvaise. Horoscope individuel de la Chance. Les Secrets des Talismans. Les Secrets du Bonheur pour soi ou pour les autres.

Paris, S. D. in-12 de 150 p. Nomb. Fig. (2 fr.).

Comment on détermine la Chance. — Le Nombre de la Chance. — Influence Planétaire de la Date de Naissance. — La Main de Fatime, Clef Orientale attribuée à Cagliostro. — Le Tarot des Bohémiens. — Calendrier perpétuel très simple. Etc.

3589 [ENCAUSSE]. — Le Livre des Mystères et les Mystères du Livre. Le Tarot Divinatoire. Clef du Tirage des Cartes et des Sorts. Avec la Reconstitution complète des 78 Lames du Tarot Egyptien et de la Méthode d'Interprétation. Les 22 Arcanes Majeurs et les 56 Arcanes Mineurs par le Dʳ Papus. Dessins de Gabriel Goulinat. Reproductions de Planches rares ou inédites d'Ettilla et d'Eliphas Levi.

Paris, Librairie Hermétique, 1909, in-8° de 188 p. et 78 Pl. hors texte (Jeu de Tarots). (6 fr.).

3590 [ENCAUSSE]. — Papus. — Lumière Invisible, Médiumnité et Magie. Rayons X et Lumière Astrale. L'Electrographie de M. Ionko. L'Extériorisation de la vie et les Mouvements sans Contact. Avec trois Planches électrographiques.

Paris, Initiation. Tours, Imprimerie de E. Arrault, pet. in-8° ou in-16 (2 fr.).

[8° R. 13581

Le Titre ci-dessus est celui de la Couverture. Le véritable Titre, dans l'intérieur du volume, est : »

Papus. — Les Rayons invisibles et les dernières Expériences d'Eusapia devant l'Occultisme.

3591 [ENCAUSSE]. — La Magie et l'Hypnose. Recueil de Faits et d'Expériences justifiant et prouvant les Enseignements de l'Occultisme, par Papus. Docteur en Médecine de la Faculté de Paris, Docteur en Kabbale. Président du Groupe Indépendant d'Etudes Esotériques. Avec 8 Planches Phototypiques et plusieurs dessins de : Ange Bossard ; L. Bouchet ; L. de Waldner, et L. Delfosse.

Paris, Chamuel, 1897, in-8° de 385 p. Planches en Glyptographie dont une pliée. (6 fr.).

[8° R. 16522

L'Homme Astral. — Magie et Suggestion. — Des Stigmates. De la Psychurgie — Médecine Hermétique. — L'Envoûtement et le Désenvoûtement. — Le Plan Astral. — Sorcellerie. — Des Élémentals — Enseignements de la Magie.

Réédité :

Paris, Chacornac, in-8° Figures. (5 fr.).

3592 [ENCAUSSE]. — Papus. — La Maison hantée de Valence-en-Brie. Étude critique et historique du Phénomène.

Paris, L'Initiation, 1896, in-18e (1 fr. 50).

[8° Lk⁷. Pièce 31719

3593 [ENCAUSSE]. — Dr Papus. — Martinésisme, Willermosisme, Martinisme et Franc-Maçonnerie, avec un Résumé de l'Histoire de la Franc-Maçonnerie en France, de sa Création à nos jours et une Analyse nouvelle de tous les Grades de l'Écossisme, le tout éclairé par de nombreux Tableaux synthétiques.

Paris, Chamuel, 1899, in-8° ou in-10 de 119 p. (3 fr.).

[8° H. 9551

De la Bibliothèque Martiniste.

Apologie du Martinisme, par son Grand-Maître en France.

3594 [ENCAUSSE]. — Papus. — L'Occulte à l'Exposition.

Paris, L'Initiation; Ollendorff, 1901, in-12 de 280 pp. Planche pliée. (1 fr.).

[8° R. Pièce 9095

Étude sur les Aïssaouahs et les Ouled Naïl.

3595 [ENCAUSSE]. — L'Occultisme, par Papus.

Paris, Librairie du Magnétisme, 1890, in-16 de 15 pp.

[8° R Pièce 4520

3596 [ENCAUSSE]. — L'Occultisme Contemporain, par Papus.

Paris, Georges Carré, Tours, Imp. Arrault, 1887, in-18 Jésus de 36 pages (2 fr. 50).

[8° R. Pièce. 3735

Nouvelle bibliothèque des Théosophistes, des Enfants de la Veuve, des Kabbalistes et des Occultistes.

Contient les Biographies de Louis Lucas. — Wronski. — Éliphas Lévi. — St-Yves d'Alveydre. — Mᵐᵉ Blavatsky.

3597 ENCAUSSE. — Papus. — L'Occultisme et le Spiritualisme. Exposé des Théories philosophiques et des Adaptions de l'Occultisme.

(Bibliothèque de Philosophie Contemporaine.)

Paris, J. Alcan, 1902, in-16 de 188 p. fig. et tableaux. (2 fr. 50).

[8° R. 18014

Un des meilleurs Résumés exposant complètement la Théorie de l'Occultisme.

3598 [ENCAUSSE]. — Papus. — Peut-on envoûter ? Étude historique, anecdotique et critique sur les plus récents travaux concernant l'envoûtement.

Paris, Chamuel, 1895, in-16. Planche inédite, représentant un Pacte d'Envoûtement au XIXᵉ siècle. (2 fr.).

[8° R. Pièce. 7806 (G-793.

3599 ENCAUSSE. — La Pierre Philosophale. Preuves irréfutables de son existence.

Paris, 1889, pet. in-8°. (2 fr. 50).

[8° R. Pièce 4101

Hors commerce.

3600 [ENCAUSSE]. — Papus. — Le Plan Astral. L'État de trouble et l'Évolution posthume de l'Être humain. Avec 12 figures.

Paris, Chamuel, 1894, in-8° (3. fr.).

[8° R. Pièce. 5744

Rare.

Exposition aussi claire que possible des faits qui s'étendent depuis le commencement de l'Agonie, jusqu'au mo-

Sc. psych. — T. II. — 2.

ment ou l'Élémentaire est définitivement constitué.

3601 ENCAUSSE (Dr Gérard) — Préface de : *Au Pays des Esprits, ou Roman vécu des mystères de l'Occultisme*. Voir :

BRITTEN (Emma Hardinge).

[8° Y² 54551

3602 [ENCAUSSE]. — Papus. — Premiers éléments d'Astrosophie (introduction à tous les traités d'Astrologie)

Paris, Publications de l'École Hermétique, 1010, in-8°, 60 pp.

[8° R. 23868

Astrologie. Astronomie. Hermétisme Astral. Cours professé à l'École des Sciences Hermétiques. 1910.

3603 [ENCAUSSE]. — Papus. — Premiers éléments de Chiromancie, renfermant en une série de Leçons didactiques la Chirognomonie, la Chirosophie, la Chiromancie physique et astrologique, et précédés du traité Synthétique de Chiromancie.

Paris, Carré, 1899, in-18 de 228 pp. Couv. Ill. 62 Figures. (3 fr.).

[8° V. 14858

Deuxième édition sous un titre différent :

Comment on lit dans la main (Premiers éléments de Chiromancie).

Paris, Ollendorff, 1902, in-12 avec 62 figures de mains.

Un des Traités les plus clairs et les plus scientifiques sur cet Art divinatoire. L'Auteur a vérifié expérimentalement les données des maîtres qui l'ont précédé et n'avance rien qui ne soit fondé sur les faits.

(G-1947

3604 [ENCAUSSE].—Premiers éléments de Lecture de la Langue Sanscrite (caractères dévanagari), par le Dr Papus.

Paris, Chamuel, 1898, in-18 jésus (1 fr.).

[8° X Pièce. 1294

Université libre des Hautes Études, Paris, Faculté des Sciences Hermétiques. Abécédaire fort utile pour apprendre les Caractères Dévanagari et qui permet d'aborder plus fructueusement la Méthode de MM. Burnouf et Laspol pour une étude plus avancée.

3605 [ENCAUSSE].— Papus.— Qu'est-ce que l'Occultisme? Psychologie Métaphysique, Logique, Morale, Théodicée, Sociologie, Pratique, Traditions et Bibliographie de l'Occultisme.

Paris, Chamuel, 1901, in-16 de 80 p. (1 fr.).

C'est dit-on la meilleure brochure de Papus.

La 1re édition est de 1900.

[8° R. 17243

Ibid. Id. in-10 de 80 p.

Réédité en 1905 :

Paris, Chacornac, in-12 de 72 pages.

[8° R. 20007

Bibliothèque de propagande occultiste, publiée sous la direction de l'Ordre Martiniste.

3605 bis [ENCAUSSE]. — Papus.— Les Rayons invisibles et les dernières expériences d'Eusapia devant l'Occultisme.

Tours, impr. E. Arrault, 1896, in-16, 50 pp. fig.

[8° R. 13581

3606 [ENCAUSSE]. — Papus. — La Science des Mages et ses applications théoriques et pratiques.

Paris, Chamuel, 1892, in-12, (1 fr. 50).

[8° R. 11222

Deuxième édition :

Papus. — La Science des Mages et

ses Applications Théoriques et Pratiques. La Trinité. Le Microscome ou l'Homme. Le Corps Astral. Le Plan Astral. Évolution et Involution. Occultisme et Spiritisme. Etc.

Paris, 1902, in-12 de 72 p. Avec 4 figures schématique de Delfosse. (1 fr. 50).

(G-1048)

3607 [ENCAUSSE]. — Papus. — Les Sept Principes de l'Homme au point de vue Scientifique. (Les Doctrines Théosophiques).

Paris, 1880, in-8°. (2 fr. 50).

[8° R. Pièce 4242
(G-1940

3608 [ENCAUSSE].— Le Spiritisme, par Papus.

Paris, 1890, in-18. (0 fr. 50).

[8° R. Pièce 4602

Résumé des Théories de la Science Occulte dans ses grandes lignes.

ENCAUSSE. — Le Tarot des Bohémiens: voir : " *Clef absolue de la Science occulte* ".

Le Tarot divinatoire, voir : « *Le Livre des Mystères*. »

3609 [ENCAUSSE].— Papus. — Traité élémentaire de Magie Pratique. Adaptation, Réalisation, Théorie de la Magie avec Appendice sur l'Histoire et la Bibliographie de l'évocation magique et un dictionnaire de la Magie des Campagnes, Philtres d'Amour, etc. 2° édition (?).

Paris, Chamuel, 1893 in-8° de 560 p. avec 158 Fig. Pl. et Tabl. (10 fr.).

[8° R. 11756

Livre fondamental de l'Occultisme Moderne et profondément intéressant par son étude approfondie de la Constitution de l'Homme, cette Base antique de la Magie. Malheureusement l'auteur y émet des idées, parfois, qui cessent d'être d'accord avec la meilleure tradition. On aurait d'ailleurs mauvaise grâce à lui en faire un reproche sérieux, puisque " *Ce Livre doit être considéré comme ne répondant PLUS aux idées actuelles de 'Papus*" (p. 40 de sa Biographie par Phaneg). Sa Magie était un peu noire par endroits, si j'ose dire.

3610 [ENCAUSSE]. — Papus. — Traité élémentaire de Magie Pratique. Adaptation, Réalisation, Théorie de la Magie, avec un appendice sur l'Histoire et la Biographie (*sic*) de l'Évocation Magique, et un dictionnaire de la Magie des Campagnes, des Philtres d'Amour, etc. Ouvrage orné de 158 figures, planches et tableaux. Illustrations de Louis Delfosse. Deuxième édition revue et augmentée d'une Étude sur la défense contre l'Envoûtement.

Paris, *Bibliothèque Chacornac*, 1906, in-8° de 584 p. Fig. Pl. et Tab. (10 fr.).

[8° R. 20609

Cette deuxième ou troisième ? édition diffère uniquement de la 1re-seconde en ce que la dédicace à F. Ch. Barlet est supprimée au commencement. La pagination même est identique à 3 ou 4 feuillets près. Il manque à cette deuxième édition (page 314) le " *Signe à graver sur le Burin* " qui a été omis par inadvertance, sans doute.

La " *Défense contre l'Envoûtement* " ajoutée m'a tout l'air d'être un extrait du livre de S. de Guaita, le Temple de Satan, avec quelques vers (que nous espérerons inédits) d'Eliphas Lévi.

3611 [ENCAUSSE]. — Papus. — Traité élémentaire de Science occulte mettant chacun à même de comprendre et d'expliquer les Théories et les Symboles employés par les Anciens, par les Alchimistes, par les Astrologues, les E∴ de la V∴, les Kabbalistes Huitième édition augmentée d'une Troisième Partie sur l'Histoire secrète de la Terre et de la Race Blanche, sur la Constitution de l'Homme et le Plan Astral.

Paris, 1903, in-8° écu de 630 p. Portraits, Planches et Tableaux. (6 fr.).

Excellent et curieux ouvrage, sorte d'encyclopédie de l'Occultisme, Portraits de St-Yves d'Alveydre, Éliphas Lévi, Guaita, Cagliostro, Louis Lucas, St-Martin, Fabre d'Olivet, Poisson, Arnauld de Villeneuve, Fauvety, Eugène Nus. Contient, in extenso : " Sur la Secrète Philosophie ; brève Considération ", par Philippe de Gamalle, à laquelle est jointe pour la première fois, La Confession de la Fraternité Rose ⊕ Croix, mise au jour :

Cassel, 1615, 24 p.

A la fin, Table Alphabétique de tous les noms cités.

C'est la dernière édition (la plus complète et la plus recherchée) de cet ouvrage qui a paru chez
Geo Carré, 1888.

[8°. R. 8301

Cote de la 5ᵐᵉ édition.

Paris. Chamuel, 1898, pet. in-8°.

[8° R. 15184

3612 [ENCAUSSE.] — Traité méthodique de Science occulte, par Papus, Directeur de l'Initiation, Président du Groupe indépendant d'Études Ésotériques, Officier d'Académie. Lettre-Préface de Ad. Franck, Membre de l'Institut, Président de la Ligue Nationale contre l'Athéisme.

Paris, Georges Carré, 1891. in-8°, de XXXVI-1092 p. Planches et figures. (50 à 80 fr.) Des plus rare et recherché.

[8° R. 10508

Il faut renoncer à décrire comme il le mériterait ce magnifique monument de l'Occultisme contemporain. C'est une véritable encyclopédie de tout ce qui touche aux Sciences magiques : Kabbale, Théosophie, Spiritisme, Alchimie, Franc-Maçonnerie, Arts Divinatoires . tout, en un mot, s'y trouve.

C'est la base de toute Bibliothèque Magique moderne.

Renferme, outre un portrait frontispice d'Éliphas Lévi sur son lit de mort. une très remarquable reproduction phototypique d'une belle gravure de M. James Tissot, " Apparitions Médiaunimiques ".

3613 [ENCAUSSE]. — Papus. — Traité Synthétique de Chiromancie, complément indispensable de tous les ouvrages analytiques spéciaux, avec 25 grandes Figures explicatives.

Paris, 1801, in-8° (3 fr.).

Lecture des Signes. — Des Évènements. — De la Chance. — De la Vie Physique et des Maladies. — De l'Amour Sensuel. — De la Volonté. — De l'audace et de la Réussite. — De la Vie Sentimentale. — De la Fortune. — De la Science. — De l'Argent. — Etc.

3614 ENCAUSSE. — Du traitement Externe et Psychique des Maladies Nerveuses. Aimants et Couronnes Magnétiques. — Miroirs. — Traitement Diététique. — Hypnotisme. — Suggestion. — Transferts, par le Dr Gérard Encausse, de la Faculté de Paris, ex-chef du Laboratoire d'Hypnothérapie du Dr Luys à la Charité, Officier d'Académie, Officier du Medjidié, Chevalier de l'Ordre de Bolivar, etc. Avec 17 gravures par L. Delfosse.

Paris. Chamuel, éditeur, 1897. in-12 de 208 p. fig. (3 fr.).

[8° Tᵉ⁶⁵ 302

Curieux ouvrage de médecine occulte moderne. Retour à l'emploi des aimants comme à l'époque de Mesmer. Courants électriques. Miroirs tournants hypnotiques, etc.

3615 ENCAUSSE et CHABOSEAU. — Papus et Chaboseau. — Petit Glossaire des principaux termes techniques couramment employés dans les Livres et Revues traitant d'Occultisme, de Théosophie, de Kabbale, de Franc-Maçonnerie, de Spiritisme, etc. par Papus (pour la Tradition Occidentale) et Chaboseau (pour la Tradition Orientale).

Paris, 1892. gr. in-8° (1 fr. 30).

[8° R. Pièce 5129

Très utile au débutant en Occultisme constamment arrêté dans sa lecture par la non-compréhension d'un terme technique.

Contient, entre autres articles intéressants, les *Vers Dorés de Pythagore*.

3016 ENCAUSSE et DELIUS. — PAPUS et DELIUS. — Anatomie et Physiologie de l'Orchestre, avec une Planche et de nombreux tableaux.

Paris, Chamuel. 1804. in-8° écu. 24 p. fig. (1 fr.)

[8° V. Pièce 10336

Sur la loi analogique du Quaternaire.

3017 ENCAUSSE et TIDIANEUQ. — PAPUS et TIDIANEUQ. — L'Occulte à l'Exposition de 1900.

Paris. [sans doute 1900]. in-12. avec une grande Pl. pliée représentant les *Aïssaouahs* dans leurs exercices magiques.

ENCAUSSE (sur). — Voir : PHANEG.

3018 ENCAUSSE (Louis) père du célèbre occultiste de ce nom. — De l'Absorption cutanée des Médicaments, à l'aide du générateur Encausse; suivi d'un Exposé du Système de Médication appliqué à l'Institut Electro-Balnéo-Thérapique de Paris.

Paris, 57, rue Rochechouard. 1882, in-8° 91 pp. (1 fr. 50).

[8°. Te¹. 8. A

La première éd. est de

Ibid. l'auteur. 1860, in-8° de 72 pp.

[8°. Te¹. 8.

3019 ENCHIRIDION. — Manuel ou Enchiridion de Prières contenant les sept Pseaumes et diverses Oraisons Mystérieuses de LÉON Pape, contre les Périls du Monde et pour acquérir divers Secrets Merveilleux.

Lyon, 1584. in-24.

Autre édition :

Lyon, Jullieron, 1601. in-24.

Bien que le Titre soit en Français, le texte est en Latin.

(Y-P-1063)

3620 ———— LEONIS papæ serenissimo imperatori Carolo Magno. Enchiridion du pape LÉON, envoyé comme un rare présent à l'empereur Charlemagne.

A Rome, chez le père Angelo de Rimini, s. d. [1847]. in-16 de 180 pp. (30 fr.). Avec un frontispice symbolique à l'eau forte et des figures sur bois.

———— Enchiridion Leonis papæ serenissimo imperatori Carolo Magno in munus pretiosum datum. Nuperrime mendis omnibus purgatum.

Moguntiæ, 1633. in-16.

Edition ancienne avec figures sur bois de ce Grimoire fort rare : une autre édition publiée en cette même ville et sous la même date diffère totalement de celle-ci sous tous les rapports : texte figures impression. qui dans l'une est en deux couleurs (rouge et noir) tandis que l'autre est entièrement en noir.

L'édition de Rome chez le Père Angelo de Rimini date du commencement du XIX° siècle, et n'a rien de commun avec les contrefaçons postérieures. Elle est enrichie de 10 curieuses pl. h. t. représentant des talismans, sceaux magiques, inscriptions cabalistiques, pantacles, caractères de plantes, génies divers, systèmes du monde etc.? Ce très curieux manuel de magie comprend, entre autres sujets intéressants, des prières mystérieuses pour conjurer et guérir toutes sortes de maladies, contre les charmes, envoûtements, empêchement maléfique du mariage, possessions et tout ce qui peut arriver par les maléfices des sorciers. Les 72 noms du Seigneur tirés de l'Ecriture Sainte. — Portr. de Notre Seigneur J. C., etc...,

Autres :

Moguntiæ, 1623.

Romæ, 1660, in-16. [Réimprimé vers 1840].

Anconæ, 1667, in-16.

Rome, 1740, in-12.

Rome, 1777. in-12.

Romar, 1800. in-16.

(G. 282-1250 à 53

ENCHIRIDION DU PAPE LÉON. — Voir :

Bibliographie. d'YVE-PLESSIS. N°s 1063 à 1066.

ENCHIRIDION ou MANUEL DES ANABAPTISTES. — Voir :

ANABAPTISTES.

3621 ENFANTIN (le Père Barthélemy-Prosper) né à Paris en 1796, mort dans la même ville en 1864. Polytechnicien, Courtier en vins, employé de banque et Saint-Simonien célèbre. — Correspondance philosophique et religieuse. 1843-1845.

Paris, Imp. de Lacrampe, 1847. in 8°. 217 pp. (7 fr.).

[Z. 8716

Correspondance du célèbre harmoniste avec Guizot, Quinet, Michelet, etc... et terminée par la Correspondance des révolutions intellectuelles, et des révolutions politiques.

(G.-1354

3622 ENFANTIN. — Religion St. Simonienne : Lettre du père Enfantin à Ch. Duveyrier. — Lettre du P. Enfantin à François et à Peiffer, chefs de l'Eglise de Lyon. — Le prêtre, l'homme et la femme.

Paris. Imp. de Everat.[1831?]. in-8° 22 p. (7 fr.).

[8° Ld¹⁹⁹. 37

Autre éd. de 1834 :

[8° Ld¹⁹⁹. 7
(G-283

3623 ENFANTIN. — Réunion générale de la Famille, séance des 19 et 21 nov. 1831. Enseignements faits par le Père Suprême : transformation du dogme St. Simonien, réhabilitation de la chair.

Paris, Bureau du Globe, 1832. in-8°. (7 fr.)

(G-283

3624 ENFANTIN. — La vie éternelle, passée, présente, future.

Paris, E. Dentu. 1861. gr. in-8°. V-115 pp. (5 fr.

[R. 7389

Excellent ouvrage du célèbre Père Enfantin, chef des Saint-Simoniens, sur l'éternel devenir, et d'une grande portée philosophique : Foi, dogme et culte des morts. — La vie présente germe de la vie à venir. — Symbolisme de la Communion chrétienne. — L'androgynéité mystère de la Vie en Dieu, dans la nature dans l'humanité, etc.... Les effets de la prière sur soi et les autres, etc....

(G-613

3625 ENFANTIN et SAINT-SIMON. — Science de l'homme. Physiologie religieuse.

Paris, V. Masson. 1858. gr. in-8°, XXI-487 pp. (6 fr.).

[R. 7300

Rare ouvrage de ces fondateurs du St-Simonisme. Sur la Physiologie, Cabanis. — La vie éternelle. — Dogme philosophique. — Civilisation égyptienne. — Pythagore. — Evocation de Socrate. — Sensation du dernier homme. etc..,

(G.-1355

ENFANTIN (sur). — Voir :

RECURT (M).

3626 ENGELBERT ou ENGELBRECHT (*Jean* ou *Hans*) célèbre Mystique né à Brunswick vers 1559, mort dans la même ville en 1642. Fils d'un tailleur. Chassé de sa ville natale il revint y mourir. — Divine Vision et revelation des trois Etats, l'Ecclésiastique, le Politique et l'Economique, laquelle moy jean Engelbert de Brunswic, ay vue de mes yeux, et veillant, étant à Winsem, au païs de Lunebourg...

Amsterdam, P. Arentz. 1680. in-8° XXXVI-124 pp.

[D². 4152 (27)]

Voir aussi à BOURIGNON, n° 29 (dans le T. XIX de la description de l'exemplaire *Ouvaroff* par M. LADRAGUE).

(O-66
(S-1729

3627 ENGESTROM (Gustav von). — H. Gustav von Engeström's Beschreibung eines mineralogischen Taschen-Laboratoriums und insdefondere des Nutzens des Blaserohrs in der Mineralogie ; aus dem Schwedischen übersetzt und mit Anmerkungen verse- von D. Christ. Ehrenfr. Weigel.

Greissvald, Ant. Ferd. Röse. 1774. in-8° de V-83 pp. avec 2 pl.

[S. 20783
(O-1408

3628 ENOCH fils de JARED. Père de MATHUSALEM et aïeul de NOÉ. — LE LIVRE D'ENOCH traduit en français avec les variantes des manuscrits éthiopiens et grec, et des notes critiques par M. François MARTIN et les membres de la conférence d'Ethiopien de l'institut catholique de Paris.

Paris, in-8°, cavalier de CLII-320 pp. (7 fr. 50).

C'est ici le fameux livre kabbalistique d'ENOCH, traduit pour la première fois, Bible occulte, pleine de mystère, antérieure aux livres de Moïse, à laquelle l'initié Guillaume POSTEL fait souvent allusion et où ELIPHAS LÉVI a découvert tous les arcanes sacrés du Grand Œuvre.

Cette version éthiopienne complète a été rapportée en Angleterre par le voyageur BRUCE vers la fin du XVIII° siècle.

3629 ENOCH. — LE LIVRE D'ENOCH sur l'Amitié, traduit de l'hébreu par Auguste PICHARD et accompagné de notes relatives aux antiquités à l'histoire, aux mœurs, aux coutumes, à la langue, ainsi qu'à la littérature des Israélites anciens et modernes.

Paris, 1838. in-8°. (10 fr.).

Cette traduction du Livre d'HÉNOCH, ouvrage absolument cabalistique, est accompagnée d'un grand nombre de notes puisées dans les écrits rabbiniques et les traditions du Talmud. On y trouve des renseignements précieux sur le symbolisme des mots hébraïques, l'angélologie rabbinique, l'astrologie, etc.

3630 ENOCH (Frère) F∴ M∴ — Le Vrai Franc-Maçon, qui donne l'origine et le but de la Franc-Maçonnerie, les réponses aux principales objections contre cette société, et les réceptions, cérémonies, ouvrages et usages de tous les grades francs-maçonniques ; par frère ENOCH, membre dignitaire de la loge des Vrais-Maçons.

Liège, aux dépens de la compagnie, 1772/3, in-8° de 270 pp. (4 fr.).

(G-1781
(O-402

3631 ENTDECKTE (Der) Orden der afrikanischen Bauherren-Loge, nebst Beweise dasz sie sich auf Kenntnisse der Alterthümer, besonders der Einweihungen legen.

Constantinopel (...), 1800. gd. in-8° de 118 et 51 pp. avec 5 pl.

(G-403

3632 ENTWICKLUNG einiger Grundsätze nach den geheimen Lehrbegriffen des Pythagoras und aller ächten Liebhaber der Weisheit des Alterthums; dans Ueber geheime Wissenschaften (1787), II, 155-78.

(O-189

3633 EOBANUS HESSUS (Helius), poète et historien né à Bockendorf en Hesse, en 1488, mort en 1540. Il fut un moment médecin. — De Tuenda bona valetudine, libellus EOBANI HESSI, commentariis doctissimis à Joa. PLACOMO, professore medico quondam in academia Regiomontana illustratus.

Francofurti, apud hæred. Chr. Egen [olphi], 1582, pet. in-8°. Figures sur bois. (20 fr.).

Edition rare de ce curieux recueil d'hygiène, d'histoire naturelle et de médecine.

Autre éd. : Ibid. *apud C. Egenolphum*, 1551, in-8°, 116 ff.

[S° Te¹¹. 24

3034 ÉON de BEAUMONT (Charles-Geneviève-Louise-Auguste-André-Timothée, dit le Chevalier, ou la Chevalière), diplomate, ex-officier de dragons, de sexe incertain, né à Tonnerre (Yonne) en 1728, mort à Londres en 1810. — Mémoires pour servir à l'Histoire des Finances, par Mlle Déon de Beaumont.

Amsterdam, 1760, in-8°.

Un des premiers ouvrages de cet énigmatique personnage, qui semble avoir été un hermaphrodite de marque. Voir sur les hermaphrodites les ouvrages des Docteurs Laurent, Laupr, etc.

(S-3095

Autre : *Londres, L. P. Mortier*, 1758, 2 vol. in-8°.

[S° L.fr⁶. 10

3635 ÉPERNON (Jean-Louis de Nogaret de la Valette, duc d') pair et amiral de France, né dans le Languedoc en 1544, mort à Loches en 1642. —

1) — La Grande Diablerie d'Espernon.

2) — Dialogue de Henry le T---- et du grand Sorcier d'Espernon.

3) — Histoire Tragique de Gaverston.

4) — L'Ame de d'Espernon.

In-8°.

Rarissimes Pièces sur ce favori de Henri III, comme lui accusé de Sorcellerie.

Autres pièces du même genre à l'article Charmes et Caractères

(S-5815

EPHEYRE (Charles), pseudonyme du Docteur RICHET (Charles), q. v.

3036 ÉPICTÈTE, Stoïcien du I⁰ˢ siècle ap. J. C. né à Hiérapolis en Phrygie. Son nom même est inconnu : Epictète n'est qu'un surnom : ἐπικτητος, acquis en plus. Il fut un des plus grands moralistes du monde. — Les Caractères d'Epictète, avec l'explication du Tableau de Cébès, par l'abbé de Bellegarde.

Trévoux, Imp. de E. Ganeau, 1700, in-12, XXVI-216 pp., etc.

[R. 18007
(S-2863

3037 ÉPICTÈTE. — Collection des Moralistes Anciens. Dédiée au Roi. Manuel d'Epictète, traduit par M. N. [Naigeon].

Paris, chez Didot l'Aîné et De Bure l'Aîné, M. DCC. LXXXII [1782], in-16 de 5 fol-130 p. sans table. (5 fr.).

[Rés. R. 2014

A la fin on voit : «Cette Collection... a été imprimée par Fr. Ambr. Didot, l'Aîné... avec des caractères gravés sous François I⁰ʳ par Claude Garamond et fondus par M. Fournier l'Aîné. »
Une des plus jolies impressions qui soit.

3038 ÉPICTÈTE. — Epicteti Enchiridion et Cebetis Tabula, graece et latine cum annotationibus Hieronymi Wolfii.

Coloniæ, 1605, in-8°.

(S-2862

3639 ÉPICTÈTE. — Enchiridion, hoc est, Pugio : sive Ars humanæ vitæ correctrix. Item Cebetis Thebani Tabula, qua vitæ humanæ prudenter instituendæ ratio continetur : graecé et latiné.

Antverpiæ, ex off. C. Plantini, 1585, in-16, 87 pp. (10 fr.).

[Rés. R. 2006

3640 ÉPICTÈTE. — Epicteti stoici philosophi Enchiridion. Item Cebetis tabula de vita humana prudenter instituenda. Accessere. Simplicii in eundem Epicteti libellum doctissima Scholia. Hieronymo Woltio. interprete.

Coloniæ, Arnoldi Mylii, 1695-96, 2 tomes. pet. in-8°. (6 fr.).

3641 ÉPICTÈTE. — Le Manuel d'Epictete avec des Réflexions, par Cocquelin.

Paris, C. Barbin, 1688, in-12, 356 pp. etc., front.

[R. 17988
(S-2865)

ÉPICTÈTE. — Voir aussi :

DESMARETS *de Saint Sorlin* (Jean).

NER (Henri) : Les Chrétiens et les Philosophes.

3642 ÉRASME (Didier), illustre érudit né à Rotterdam en 1407, mort à Bâle, en Suisse, vers 1536. Fils naturel. Ses deux noms, Didier Erasme sont les traductions en latin et en grec du nom de son père : Gérard. (Desiderius ἐράσμιος). Sa devise était : « Nulli cedo ». — L'Alchimie, trad. nouvelle par V. Develay.

Paris, 1872, in-32. Figures sur bois. (3 fr.).

3643 ÉRASME (Didier). — L'Éloge de la Folie. Composé en forme de Déclamation, par ÉRASME de Rotterdam : avec quelques Notes de LISTRIUS et les belles figures de HOLBENIUS : le tout sur l'Original de l'Académie de Bâle. Pièce qui, représentant au naturel l'Homme tout défiguré par la Sotise, lui apprend agréablement à rentrer dans le bon sens et dans la Raison : Traduite nouvellement en François par M. GUEUDEVILLE. Dernière Edition, revûë, corrigée et augmentée de nouveau, avec une Table des Matieres fort ample et tres-exacte.

A Leide, Chez Pierre Vander Aa... MDCCXV [1715], in-12 de 50 p. n. c.-304 p. Portraits d'*Erasme*, More et *Holbein*. Titre gravé, outre le titre imprimé. Vignette en taille-douce à la dédicace. 75 gravures (généralement grotesques) dans le texte ; 6 Planches hors texte pliées. (10 fr.).

[8° Y². 49323

Catalogue de Livres de Pierre *Van der Aa,* à la fin.

3644 ÉRASME. — L'Éloge de la Folie, trad. par GUEUDEVILLE, avec les Notes de G. de LISTRE et les belles figures de HOLBEIN.

Amsterdam, chez Fr. l'Honoré, 1728, pet. in-8°. (15 fr.).

[8° Y². 50138

Orné 1° d'un frontispice non signé, 2° d'un Titre rouge et noir avec fleuron de B. Picart ; 3° d'une planche de portraits ; 4° de 76 vignettes gravées dans le texte ; 5° de 6 gr. pl. pliées. Cohen qui ne signale pas cette édition, attribue une valeur de 15 à 20 fr. à celle parue chez le même éditeur en 1731, celle-ci est préférable, elle contient en plus la planche de portraits (ÉRASME, MORUS et HOLBEIN).

Autres éditions :

Paris, 1751, in-4°.

A Basle, J. J. Thurneysen le jeune, 1780, in-8°.

S. l. (Paris), 1757, in-12.

(S-4391)

3645 ÉRASME (sur). — Histoire d'Erasme, sa Vie, ses Mœurs, sa Religion, par de la Bizardie.

Paris, 1721.

Apologie, ou Justification d'Erasme, par l'abbé Marsollier.

Paris, 1713, 2 ouv. in-12.

(S-0945)

3646 ÉRASTUS (Thomas LIEBER, dit) médecin, théologien et philosophe né à Auggener (marquisat de Baden-Dourlach) en 1523, mort à Bâle en 1883. Adversaire de Paracelse. — Def. libelli Hier. Savonarolæ. de Astrologia divinatrice. adv. Chris. Stathmionem, in qva simvl declar., quae sit Divinatio ; quæ eius partes, ad quam præ notionis speciem pertineat, quomodo a licitis Diuinationibus differat.

Hanoviæ, 1610. in-12. (12 fr.).

Autre éd. :

[*Parisiis*]. *J. Le Preux et J. Le Petit*. 1509. in-4°, VIII-108 p.

[R. 7407

3647 ERASTUS (Thomas). — Thomae Erasti Repetitio disputationis de lamiis et strigibus.

Basileæ, apud P. Pernam, anno 77 [1577]. pet. in-8° (6 fr.).

Edition originale, rare.

Autre :

Ibid. Id... s. d. [1578]. in-8°. XVI-127 pp.

[R. 35209

Réédité dans le " *Flagellum Haereticorum* " du frère Nicolas JACQUIER, q. v.

3648 ERBAULICHE theosophische Send Schreiben eines in Gott getreuen Mitgliedes an der Gemeinschafft Jesu Christi unsers Herrn, ehemahls an seine vertraute Freunde geschrieben, und nun zum gemeinen Nutz das andere mahl mit noch drey Theilen vermehret in Druck gegeben von einigen Unparteyischen.

Belbulia, 1710. 5 vol. in-8° rel. en 2, de VIII-512, 200, 576, 616 et 672 pp.

(O-86

ERDAN (Alexandre). — Voir : JACOB (Alexandre-André).

3649 ERLAUTERTE und aus der Erfahrung erwiesene Wahrheit des Goldmachens, oder des so betitelten Lapis philosophorum : abgehandelt in einem angestellten Gespräche zwischen Vatter und Sohn, über ein Avertissement, welches unter dem 16 Hornung 1705. in der Frankfurter Sonnabends-Zeitung.....

Franckfurt und Leipzig. Joh. Paul Krausz, 1767. in-8° de 62 pp.

(O-1484

3650 ERNAULT (Louis). licencié en droit, né à St-Brieuc en 1805. — La Douleur du Mage, Poëme.

Paris, " Art Indépendant ", 1897, plaq. in-16 soleil, 31 pp. (2 fr.)

[8° Ye. Pièce 4519

3651 ERNY (Alfred). — Le Psychisme expérimental, étude sur les Phénomènes psychiques.

Paris, E. Flammarion, 1895. in-18 de III-232 pp.

[8° R. 12033

Etude impartiale ou l'auteur se tient à égale distance de la crédulité excessive des spiritualistes, et de l'incrédulité plus exagérée encore des matérialistes ou positivistes, qui ne voient pas plus loin que leur corps. Cet ouvrage ouvre des horizons complètement nouveaux en mettant en évidence des phénomènes positifs qui échappent à toutes les lois posées par la science matérialiste, et font entrevoir un " novum organum ".

Excellent résumé de tous les phénomènes spirites connus, choisis pour beaucoup, en dehors des spirites eux-mêmes. — Le " Corps psychique astral ", ou " Corps glorieux " (p. 85). — Curieuse description de la Mort, par le Voyant américain Jackson Davis (p. 95 et suiv.): le cerveau prend un éclat particulier, puis le corps fluidique se dégage. Cordon ombilical (p. 96). — Durée 2 heures. — Autres études du même genre (p. 98 99). Sérieuse étude de Katie King (p.134) — Curieux et intéressant, mais naturellement un peu vieilli, parce que tous ces documents ont été publiés à satiété et partout.

3652 EROFFNETE (Das) philosophische Vatter-Hertz an seinem Sohn, welches er, wegen hohen Alters, nicht länger wolte vor ihm verschlossen halten, sondern zeigete und erklärte demselben alle das, was zu der völligen Composition und Bereitung des Steins der Weisen vonnöthen war ; sonst in Französischer, nun aber in Teutscher Sprache publicirt durch Benj. Roth-Scholtzen; à la suite de G. Riplaei chymische Schrifften (1756) : 153-253.

(O-1472

3053 .... EROFFNETES philosophisches Vatterhertz, so bey heutiger Anszbreitung (nach Theophrastischer Auszfag) desz stern-flüssigen Blumengeruchs der hohen Göttlichen Gnadengab der universal Medicin nicht länger hat können verschlossen bleiben... ausz frembder Sprach übersetzet und aus Liecht gebracht, durch einen Liebhaber der Warheit.

Straszburg, Eberh. Zetzner, 1650, in-8° de IV-70 pp.

(O-1204

3054 ...... EROFFNUNG der Thüre des königlichen Pallasts, dasz sie sey das rohe Antimonium und Materia secunda Lapidis Philosophorum, welche vor denen mit Blindheit geschlagenen verdecket, und von denen Weisen unter doppelsinnigen Reden denen Unwürdigen verborgen gehalten worden...

Dresden und Leipzig, Gottfr. Lescben, 1718, pet. in-8° de XVI-160 pp.

L'anagramme de l'auteur Zelus ipsi.

(O-1438

3055 ...... ERSTLINGE eines einjährigen Schülers maurerischer Weisheit und Tugend : von einem Evangelischen Prediger.

S. l. ni. adr. (Berlin, Rottmann), 1785, in-8° de 70 pp.

(O-370

3056 ...... ES wirde alles Neu werden; enthält Auszüge und Aufsätze über wichtige Gegenstände der christlichen Religions, als : vom beständigen Gebete, von dem Wandel in der Gegenwart Gottes, von der Taufe, vom kürzesten Weg zur Seligkeit, etc, einer Abhandlung von dem Zustande der Menschen nach dem Tode, etc ; Voran geht eine Einleitung, was Mystik eigentlich ist, und was in den mystischen Schriften gelehrt wird.

Straszburg, Silbermann, 11 der franz. Republik (1802) 2 vol.in-8° de LXXXVIII-212-04, et IV-X-128 pp.

(O-154

3657 ESDAILE (Doctor James), Médecin colonial Anglais, célèbre par ses expériences Mesmériques dans les Indes, à Hooghly, près Calcutta, en 1845. — Mesmerism in India and its practical application in Surgery and Medicine. By James ESDAILE, M. D., Civil Assistant Surgeon, H. C. S. Bengal.

Chicago The Psychic Research Co, 1902, in-8° de 105 p. et Catalogue (5 shil.).

Réimpression Américaine d'un ouvrage paru vers 1846.

Cet ouvrage se trouve encore dans les Catalogues recents du libraire spécialiste anglais *L. N. Fowler et Co*, 7 Imperial Arcade, Ludgate Circus, London, Angleterre.

C'est l'œuvre devenue classique de ce Chirurgien militaire qui pratiquait dans l'armée anglaise des Indes voici plus de cinquante ans. On y trouve une description des plus claires des méthodes alors en vogue pour produire le " *Coma artificiel* ", ou insensibilité magnétique, dans le but d'exécuter sans douleurs toutes les opérations chirurgicales.

3058 ESLON (Charles d') mort en 1786. Régent de la Faculté de Médecine de Paris et 1er Médecin du Comte d'Artois. Célèbre Magnétiseur, élève et un moment rival de Mesmer.— Discours prononcé en l'assemblée de la Faculté de Médecine de Paris le 18 septembre, 1780.

Ce discours très mesuré et très ferme suivit le mémoire de ROUSSEL de VAUZESMES, et d'Eslon lut ensuite les propositions de Mesmer. On trouvera également ce document dans le Précis historique. C'est après cette lecture que d'Eslon fut engagé sous peine de radiation, à désavouer ses Observations, ce qu'il refusa de faire.

(D. p. 12)

3659 ESLON (D'). — Lettre adressée par M. d'Eslon aux auteurs du Journal de Paris et volontairement refusée par eux, concernant l'extrait de la Correspondance de la Société royale relativement au magnétisme animal, rédigé par M. Thouret et imprimé au Louvre [4 Mars 1785].

S. l. 1785, in-8°, 7 pages.

[4° Tb⁶². 1 (1)

L'auteur fait à Thouret les mêmes reproches que nous avons déjà mentionnés.

(D. p. 68)

3660 ESLON (d'). — Lettre de M. d'Eslon, docteur régent de la Faculté de Paris, et médecin ordinaire de Monseigneur le comte d'Artois, à M. Philip, docteur en médecine, doyen de la Faculté.

La Haye, 15 Mai 1782, in-8°, 144 ou 154 pages (2 fr. 50).

C'est la troisième tentative de d'Eslon près de la Faculté. Elle ne réussit........ qu'à le brouiller avec Mesmer, qui le désavoua dans une brochure suivante.

(D. p. 13)

3661 ESLON (d'). — Observations sur le magnétisme animal.

Londres et Paris, P. Fr. Didot, C.-M. Saugrain, Clousier, 1780, in-8°, 151 pages.

D'Eslon, docteur régent de la Faculté, premier médecin du comte d'Artois et par suite de cette dernière fonction, très répandu dans le grand monde, jouissait d'une réputation excellente. Témoin incognito d'une magnétisation faite par Mesmer chez un de ses clients, d'Eslon qui ne pouvait mettre en doute ce qu'il venait de voir, se lia avec Mesmer et devint bientôt son ami et son plus ardent adhérent. Ils se brouillèrent depuis, ainsi qu'on le verra plus loin. Son livre est très bien écrit. Il défend Mesmer sans exagération ni emphase, et se borne à raconter ce qu'il a vu. Il donne la relation de diverses cures faites sous ses yeux lui-même s'est bien trouvé du magnétisme. On trouve dans ce livre le premier fait d'automagnétisation, et c'est Mesmer lui-même qui en est le bénéficiaire.

(D. p. 11)

3662 [ESLON (d')]. — Observations sur le magnétisme animal.

1791, in-18.

Ce livre serait une seconde édition de l'ouvrage de d'Eslon, parue en 1780.

(D. p. 77)

3663 ESLON (d'). — Observations sur les deux rapports de MM. les commissaires nommés par Sa Majesté pour l'examen du magnétisme animal par M. d'Eslon.

Philadelphie, se trouve à Paris, chez Clousier, 3 Septembre 1784, in-4°, 31 pages, (4 fr.).

[4° Tb⁶². 1 (5)

Cette brochure est datée du 3 Septembre. L'avocat Gerbier aurait dit-on travaillé à sa rédaction. C'est une critique très bien conçue du rapport des commissaires et l'on y trouve des détails intéressants sur les expériences faites devant eux. L'auteur ajoute ensuite que la prohibition du magnétisme souhaitée par des commissaires ne peut être aussi facile qu'on se l'imagine. Pour sa part d'Eslon déclare avoir instruit 160 médecins. Il reproche ensuite à Mesmer de l'avoir accusé près du Parlement mais il ne rend pas moins justice à son confrère allemand.

(D. p. 41)

3664 ESLON (d'). — Requête au Parlement par d'Eslon.

1784.

Citée par quelques auteurs.

(D. p. 56)

3665 ESMAEL. — Manuel de Cartomancie, ou l'art de tirer les cartes mis à la portée de tous.

Paris, s. d., in-12 (2 fr.).

Illustré de 132 fig. explicatives représentant les 78 lames du grand livre de Thot avec ses 52 correspondants équivalents du jeu de cartes français. (Le grand jeu. Signification des 78 tarots du jeu de Thot. — Pratique du grand jeu. — Interprétations. — Réussites, etc....)

3666 ESPAGNE (Jean d'), né à Mizoen (Dauphiné) en 1591, mort à Londres en 1659. Pasteur à Orange et en Hollande. — Jean d'Espagne Ministre du St-Évangile de l'Église françoise de Londres. Essay des merveilles de Dieu en l'harmonie des temps qui ont précédé les jours de Christ et comme ils se rencontrent en luy sa généalogie. Et autres mystères préparatoires à son premier advenement.

Londres et se vend par Ol. de Varennes, 1608, in-8° (7 fr.).

Avec un portrait gravé de ce pasteur Dauphinois qui mourut à Londres où il prêchait la religion réformée.

(G-1308

3667 [ESPAGNET, le Président Jean d'] président au Parlement de Bordeaux et grand alchimiste du XVIIe siècle. Associé de de Lancre dans ses poursuites contre les sorciers du Sud-Ouest. — Enchyridion Physicæ restitutæ, cum Arcano Philosophiæ Hermeticae.

Paris, 1608, in-8°.

Cité par Lenglet-Dufrénoy (d'après un Catalogue de l'abbé Hourl., p. 12) comme la première édition de cet ouvrage très rare, mais bien connu.

(L-D

3668 ESPAGNET (d'). — Enchiridion Physicæ restitutæ; Tractatus alter inscriptus : Arcanum Hermeticæ Philosophiæ Opus. [Auctore J. D'ESPAGNET].

Parisiis, 1642, in-24.

Ouvrage de grande réputation parmi les Adeptes de la Philosophie Hermétique.

(St-Y-1262

3669 ESPAGNET (d'). — Das Geheime Werck der hermetischen Philosophie, worinnen die natürlichen und künstlichen Geheimnüsse der Materie des Philosophischen Steins, wie auch die Art und Weise zu arbeiten richtig und ordendlich offenbahret sind von Joannes d'ESPAGNET, anagr. e. in u. mut. :

Penes nos unda Tagi.

(Aus dem Lateinischen ins Deutsche übersetzet).

Leipzig, Valentin Adler, 1685, pet. in-8° de XII-90 pp.

(O-1129.

3670 [ESPAGNET (d')]. — La Philosophie naturelle restablie en sa pureté, où l'on void à découvert toute l'œconomie de la Nature, et où se manifestent quantité d'erreurs de la Philosophie ancienne, estant rédigée par canons et démonstrations certaines ; avec le traité de l'Ouvrage secret de la Philosophie d'Hermez, qui enseigne la matière, et la façon de faire la Pierre Philosophale (le tout trad. du latin de Jean d'Espagnet par Jean Bachou) ; avec cette épigraphe :

Spes mea est in agno.

Paris, Edme Pepingué, 1651, in-8° de XXXII-378-VI pp. (15 fr.).

L'ouvrage secret de la philosophie d'Hermez a un titre séparé, mais la pagination suit l'ouvrage précédent : ce second traité est orné d'un dessein colorié.

Cet ouvrage, dit Lenglet-Dufresnoy, passe pour être de la composition du Chevalier-Impérial. J. d'Espagnet n'en serait que l'éditeur.

Excellents traités précieux à consulter par tous ceux qui s'occupent de la pierre philosophale.

(O-1128
(G-233-234 et 1309

3671 ESPÉRANCE (Mme d') fille d'un Commandant de la marine marchande anglaise. — Au pays de l'Ombre, trad. de l'angl. par A. B.

Paris, Leymarie, 1899, in-18 de 336 pp. 28 planches (4 fr.).

[8° R. 15980.

Clairvoyance. — Visiteurs de l'autre monde. — Esprits matérialisés. — Photographies spirites. — La matière traverse la matière, etc...

Ouvrage singulier : voir surtout les Curieuses photographies spirites d'une grande netteté : entre autres : Lys d'or et le médium. — Ombres remarquables. Voir au sujet de ce remarquable Médium, l'Ouvrage d'AKSAKOW : " Dématérialisation partielle du Corps d'un Médium " : c'est de M*** d'ESPÉRANCE qu'il s'agit dans ce curieux Mémoire sur la disparition partielle du corps du Médium constatée par elle-même, et par tous les spectateurs.

3672 ESPIARD de COLONGE (Antoine-Bernard-Alfred, baron d') diplomate et philosophe, né vers 1815. Attaché à la légation de France en Bavière. — La chûte du ciel, ou les antiques météores planétaires : preuves, aperçus historiques sur les plus vieilles antiquités et traditions du monde occidental, archéologie des pierres et des monuments d'origine inconnue, astronomie, météorologie, géologie.

Paris, Dentu, 1865, in-8° de 586 p. Curieuses fig. reproductions de l'antique, et pl. se dépliant. (4 fr.).

[V. 37000

L'auteur prévoit la chûte du ciel, comme possible : c'est-à-dire le choc des météores avec notre planète....

Le Grand Dictionnaire LAROUSSE (IV-207) analyse longuement cet intéressant ouvrage : près de 9 colonnes, à l'article " Chûte ".

3673 ESPINOUSE (D^r). — Du Zoomagnétisme, son existence, son utilité en médecine rendues indiscutables par les faits.

Bordeaux, imp. de G. Gounouilhou, 1870, gr. in-8° 181 pp. (3 fr.).

[8° Th^{ui}. 270

Aperçu du magnétisme de 1784 à 1840. — L'Hypnotisme ou sommeil nerveux. — Observations personnelles, etc...

3674 .......ESPLICATIONE del Sacro Lenzuolo, ove fu involto il Signore.

In Bologna, 1599, in-4°.

(S-5154

3675 ESPOUVANTABLE (L') et prodigieuse vision des fantosmes, au nombre de douze mille, advenus au pays d'Angoulmois et veuz par les habitans de là en grande admiration.

Paris, 1608, in-8° de 10 pp. (2 fr.)

Réimpression à Lyon, chez Louis Perrin, vers 1875-76.

3676 ESPRIT (L'). Miroir de la Presse périodique.

Paris, chez l'éditeur, [H. Egmont], 1840, in-12, XIX-400 p. (2 fr. 50).

[Z. 48515

Renferme un article intitulé : La Magie en France, par Roger de BEAUVOIR ; une biographie très étendue de René CAILLIÉ, par Eugène Briffault, etc...

ESPRITS (Au pays des). — Voir : *BRITTEN* (Emma Hardinge).

3677 ESQUIEU (L.). — Notes Historiques. Les Templiers de Cahors.

Cahors, J. Girma, 1800, in-8° de 80 p. (3 fr. 50).

Tiré à petit nombre. Intéressant travail sur la culpabilité des Templiers, leurs Pratiques Magiques et leurs Rapports avec les Sociétés Secrètes.

Extrait du " *Bulletin de la Société des Études Littéraires Scientifiques et Artistiques du Lot* ".

Cahors, Impr. F. Delpérier, 1898-99, in-8° (Tomes XXIII et XXIV).

[8° Z. 1245

3678 ESQUIROL (J.). — Cherchons l'hérétique, roman.

Paris, P. V. Stock, 1902, in-16, 372 p.

[8° Y². 57865

Remarquable contribution à l'étude des sectes mystiques de la ville de Lyon. " *Lyon, où toutes les hérésies survivent* " a dit Huysmans. Pages étrangement révélatrices sur VINTRAS et ses adeptes : les abbés BOULAN et CHARVOZ si malmenés par GUAITA, et d'autres tout à fait inconnus sont mis ici en lumière. L'auteur, qui parait avoir subi certaines épreuves d'initiation dans divers centres occultes, en dévoile les mystères dans des chap. piquants qui complètent les différents travaux parus sur le même sujet.

3079 [ESQUIROS (Henri Alphonse)] né à Paris en 1814 ; poëte, romancier et homme politique, mort en 1876 à Versailles. — L'Evangile du Peuple.

Paris, Le Gallois, éditeur, 1840, in-12 de IX-353 p. (3 fr.).

[Réserve p. Lb⁵¹. 5134

Ouvrage saisi et condamné. A valu à son auteur 8 mois de prison. C'est un commentaire philosophique et démocratique de la Vie de Jésus.

3080 ESQUIROS. — L'évangile du peuple défendu par Alphonse Esquiros.

Paris, Le Gallois, 1841, in-12 de 130 p. (4 fr.).

[*E. 4201

La destruction de l' " Evangile du Peuple " fut ordonnée deux fois (en 1841 et en 1851) par arrêt de la cour d'assises de la Seine pour outrage à la morale publique et religieuse et l'auteur fut condamné à 8 mois de prison et 500 fr. d'amende.

Le présent opuscule est la défense de l'ouvrage en question, mais non pas l'ouvrage lui-même.

(G-1783

3081 ESQUIROS (Alphonse). — Le magicien. Deuxième édition.

Paris, Desessart, 1858. 2 vol. in-8° de 327-325 p. et table (7 fr.).

[Y². 53174-5

Edition originale.
Curieux roman, où il est question de Magnétisme, de Sorcellerie et de Fascination Magnétique.
Le Pandæmonium. — Prométhée. — La Prédiction. — La Tentation. — Ici l'on rajeunit. — Le Sabbat. — Initiation. — La Pierre Philosophale. — L'Exorcisme.

(G-285

3082 ESQUIROS (Alph.). — De la vie future au point de vue socialiste.

Marseille, 1850, in-8° (2 fr.).

(G-1119

3083 ESQUIROS (Alph.).
Nicolas Flamel, in-8° de 10 pp.

Extrait de la France littéraire. XXIII (1836). 231-40.

(O-550

3084 ESQUIROS (Adèle BATTANCHON, dame) née et morte à Paris (1810-1885), remarquable par sa beauté et son esprit. Elle écrivit sous le pseudonyme de CAROLINE L'ETENDARD. — L'amour..

Paris, 1860, in-12 107 pp. (3 fr.).

[R. 35203

3085 ESQUISSES de la vie maç.·. Suisse.

Lausanne, 1ʳᵉ, 2ᵐᵉ années : Octobre 1853 à Décembre 1855. 24 Nᵒˢ en un volume (12 fr.).

Rare et Intéressant.

3086 ESSAI sur la Providence et sur la possibilité physique de la résurrection. Trad. de l'anglois

La Haye, chez Isaac Vaillant, 1710, in-16 (10 fr.). Front. grav.

Petit ouvrage excessivement curieux et rare. De la nature et des attributs des Intelligences, et de l'homme en particulier. De la communication entre Dieu et les Intelligences, et de la liaison de nos âmes avec nos corps. Que notre âme peut remuer notre Corps et peut remuer aussi d'autres corps. Idée précise de la Providence. — Des Miracles. — Réflexions sur le magnétisme des Corps. — Que ce qui constitue l'Homme est un Germe impérissable ; de la Nourriture et de l'Accroissement ordinaire de ce Germe, et de la possibilité de son Accroissement subit et extraordinaire, par le moyen de l'Esprit Universel. — L'auteur émet au sujet de la longévité une remarque très curieuse, à savoir : que, avant le Déluge, l'air qui environnait la terre était plus pur et plus plein d'Esprit Universel (d'astral) ce qui faisait que les hommes vivaient plus longtemps.

ESSAI SUR LES MONTAGNES.—
Voir :
NOGARET (le comte de).

3687 ESSLIE. — Jésus de Nazareth. Traduction libre de l'Allemand, par ESSLIE, traducteur du " Renouveau d'Isis ".

Paris, Librairie des Bibliophiles, M DCCC LXXX [1880]. in-8° de 66 p. (2 fr.).

Forte étude Biblique, spécialement du Livre (apocryphe) d'ENOCH. Doctrine des Esséniens. — Jésus leur Disciple et leur continuateur.

A remarquer la Note, p. 8 :

« Je ne comprends ni n'admets la dis-
« tinction tout à fait arbitraire qu'il plaît
« à certains apologistes (notamment M.
« Meignan, Évêque de Châlons) d'établir
« entre ce qu'ils appellent un Mythe, et
« ce qu'ils appellent un Miracle. Ils ap-
« pellent " Mythes " les Miracles païens
« auxquels ils refusent de croire, et ils
« appellent "Miracles" les Mythes Hébra-
« ïco-Chrétiens auxquels ils veulent bien
« ajouter foi. »

3688 ESSLIE. — Le Renouveau d'Isis. par ESSLIE. Traduction libre de l'Allemand.

Paris, Librairie des Bibliophiles, M. DCCC LXXIX [1879]. in-8° de 76 p. (3 fr.).

[8° O³a. 709

Intéressante étude philosophique sur les Religions et essai de conciliation en un seul « *prototype original.* »
En Épilogue : Isis, Patronne primitive de Paris.
Antiquité de l'Isianisme égyptien. — Isis prototype du Jéhovah Hébraïque. — Mythe solaire d'Isis et d'Osiris. — Le Mystère d'Isis. — Idolâtrie sacerdotale. Culte d'Isis. — Etc.

3689 ESSLIE. — Le Trithéisme. Substance — Pensée — Force. Traduction libre de l'Allemand par ESSLIE, traducteur du « *Renouveau d'Isis* » et de « *Jésus de Nazareth* ».

Paris, Librairie des Bibliophiles, M DCCC LXXX [1880]. in-8° de 76 (3 fr.).

Étude Méthaphysique sur l'Ontologie Divine.
L'Être primordial. — Dieu subjectif, actif et objectif. — Échelle universelle.— Êtres supérieurs. — Fins prédestinées.— Incommunicabilité divine. — Anthropomorphisme. — Vie future. — Etc.

3690 ESTAMPES (Louis d'ESTAING d') et Claudio JANNET. La Franc-Maçonnerie et la Révolution.

Avignon, Seguin frères, 1884. in-12 de plus de 500 pages.

[8° H. 884

Cet ouvrage peu commun est l'abrégé de celui de DESCHAMPS : les Sociétés secrètes. Le problème de la Révolution. Les luttes de l'église, la Maçonnerie et le Judaïsme. L'organisation de la F∴ M∴ La légende et les rituels maçonniques. Les grades de Rose Croix et de Chevalier Kadosch. La propagation de la F∴ M∴ au XVIII° siècle. Les sociétés secrètes de 1814 à 1848. Le rôle de la maç∴ dans l'histoire moderne, etc.

3691 ESTIENNE (Henri II), seigneur de GRIERE, surnommé le GRAND, né à Paris en 1528, mort à Lyon en 1598. Illustre érudit et imprimeur à Genève. — Apologie pour Hérodote. par Henri ESTIENNE, avec les Remarques de le Duchat ou Traité de la conformité des merveilles anciennes avec les modernes. Nouvelle édit. faite sur la première, augm. de tout ce que les postérieures ont de curieux, avec en plus, une table alphabétique des matières.

La Haye, Henri Scheurléer, 1735, 3 vol. in-8°. Frontisp. et vign. sur les titres. (15 fr.).

[Z. 17179-81

Autre édition :

Paris, Liseux, 1879, 2 vol. in-8°.

[8° Z. 1140
(S-4052

3692 ESTIENNE (Henri II). — L'introduction au traité de la conformité des merveilles anciennes avec les modernes, ou traité préparatif à l'Apologie pour Hérodote. L'argument est pris de l'Apologie pour Hérodote, composée en latin par Henri Estienne, et est ici continué par luy-même.

S. l. [Genève, Estienne]. l'an 1566, au mois de nov., in-8°. (20 fr.).

[Z. 17172

Première édit. fort rare, de l'Apologie pour Hérodote, qui fut condamnée au feu.

Dans cet ouvrage poursuivi à la fois par les catholiques et les huguenots, H. Estienne trace le tableau de la Société de son époque et il en signale les erreurs, les bizarreries et les monstruosités qu'il compare aux récits d'Hérodote. La peinture en termes peu retenus de ces débordements, les anecdotes et l'histoire scandaleuse, les traits satiriques dirigés contre toute la société et surtout contre le clergé, excitèrent vivement la curiosité publique.

A remarquer les chap. qui suivent : De combien la paillardise est plus grande aujourd'huy qu'elle n'a esté. — Du péché de sodomie, et du péché contre nature en nostre temps. — Des blasphèmes de nostre temps et des maudissons d'iceluy, etc.

Autres éditions :

S. l., 1580, fort in-12.

Sur les Hasles, l'an 1607, pet. in-8°.

3603 ESTIENNE (Henri II). — La Foire de Francfort (exposition universelle et permanente au XVIe siècle), traduit en français, pour la première fois sur l'édit. originale de 1574, par Isidore Liseux, avec le texte latin en regard.

Paris, Liseux, 1875, in-18. (3 fr. 50).

[V. 37955

Edition originale : « Francofordiense emporium », 1574.

[Rés. Z. 2734

3604 ESTIENNE (Henri II). — La Précellence du Langage françois. Nouv. édit. accompagnée d'une étude sur H. Estienne et de notes philosophiques et littéraires par Léon Feugère.

Paris, Delalain, 1850, in-12. (7 fr.).

[X. 6714

Edition estimée et rare.

3605 ESTIENNE (Henri IV) sieur des Fossés, mort en 1647; marié à Jeanne Casaubon, sa cousine. — L'Art de faire des Devises, avec un Traicté des Rencontres ou Mots Plaisants, par Henri Estienne IV, Sieur des Fossés.

Paris, chez Jean Pasle, au Palais, 1645, in-8°.

[Z. 30149

Curieux ouvrage.

(St Y-2404

ESTOC (Martial d'). — Voir : *DUMONT (A.).*

3606 ETAT actuel du magnétisme animal.

Paris, in-8°.

Extrait du *Journal de magnétisme de* Ricard.

(D. p. 186

3607 ETAT (De l') et Mutation des Temps, prouvant par Autorités de l'Ecriture Sainte, et par raisons Astrologales la fin du Monde être proche.

Lyon, 1550.

(S-5471 (bis)

3608 ETAT MAJOR de la Franc Maçonnerie pour la France et les possessions Françaises.

Supplément pour l'Année 1902.

Comité anti-Maçonnique, 1902 à 1903, 2 vol. in-12.

Contenant les noms, grades et adresses des principaux Fr∴ Maç∴, en particulier de ceux qui sont Députés, Sénateurs, Maires, etc...

3699 [ETCHEGOYEN (Martin)], Colonel et Philosophe, né et mort à Billère, près de Pau (1786-1843), Polytech-

Sc. psych. — T. II. — 3.

nicien et Directeur du dépôt de l'artillerie de la Rochelle. — De l'unité ou aperçus philosophiques sur l'identité des principes de la science mathématique, de la grammaire générale et de la religion chrétienne. Par un ancien élève de l'Ecole Polytechnique.

Paris, Debécourt. 1836-39, 3 vol. in-8°.

[R. 33384-6

Pau. 1842, 4° volume. (12 fr.).

« Ouvrage rare et peu connu.— L'auteur est un disciple de Fabre d'Olivet ». (Note de St de Guaita).

Toutes les sciences sont les rameaux d'une tige, telle est le but de cette œuvre, synthèse magistrale basée sur les mathémathiques, le principe de triple égalité dans la physique céleste et terrestre, l'application de la loi universelle de la création d'après l'Immatérialité de Dieu et de l'âme et l'identité de la langue universelle des nombres et de la grammaire générale, etc... Nombreuses notes.

Très rare à rencontrer complet des *quatre volumes*.

(G-286

ESTIENNE (Jean d'). — Voir : KIRWAN (C.).

ETOILE (L'.) Revue mensuelle. — Voir :
CAILLIÉ (René).

ÉTOILE d'Orient. — Voir :
BtARLET (F. Ch.).

3700 ETOURNEAU. — Les Mormons, Préface de Pierre VINCARD.

Paris, Bestel, 1850, in-18. Portr. de Joe SMITH. (2 fr. 50).

ETTEILLA.— Voir :
ALLIETTE.

3701 ETTMULLER (Michel). né à Leipzig en 1648, mort en 1683. Professeur de Botanique à Leipzig. — La Pharmacopée de Schroder commentée par Michel ETTMULLER.

Lyon, Amaulry, 1008. 2 forts vol. in-8°. (12 fr.).

Le meilleur ouvrage d'ETTMULLER.

3702 ETTNER (Hans Christoph). — Rosetum chymicum, oder : chymischer Rosen-Garten, aus welchem der versichtige Kunst-Beflissene Voll-blühende Rosen, der unvorsichtige Laborant aber Dornen und verfaulte Knospen abbrechen wird : in sonderliche Garten-Better abgetheilet und vorgestellet von Hansz Christoph von ETTNER und Eiteritz.

Francfurt und Leipzig, Mich. Rohrlach, 1724. pet. in-8° de XII-504 pp.

(O-1361

3703 ETUDE sur la Flagellation à travers le Monde, aux points de vue historique, médical, religieux, domestique et conjugal : avec un Exposé documentaire de la Flagellation dans les Ecoles Anglaises et les Prisons Militaires. Dissertation documentée, contenant un grand nombre de faits absolument inédits avec de nombreuses annotations des Commentaires originaux [par HUGUES REBELL, qui a signé de son pseudonyme « JEAN DE VILLIOT ». la seconde édition, chez le même éditeur, 1901, in-8°. Voir REBELL.].

Paris, Carrington, 1899, gr. in-8° (20 fr.).

Tirage limité à 575 ex. tous numérotés.

Etude sur la Flagellation. — Les Flagellations de la Religion. — La Flagellation dans les Monastères et dans les Couvents. — Cercle privé de Dames Fouetteuses. — Flagellation dans les maisons de Tolérance.— Corrections Conjugales. — Correction des Femmes. — Etc.

3704 ETWAS aus dem Nachlasse eines Maurers ; nebst einem Anhange in Reden, die bei feierlichen...

Leipzig, Magasin für Industrie und Literat. s. date, in-8° de VIII-103 pp.

(O-370

3705 ETWAS üter den Hirten-Brief an die wahren und ächten Freymäurer alten Systems Hrn. D. J. S. Semler gewiedmet.

Germanien. s. adr. (Leipzig, Böhme). 5786, in-8° de XX-00 pp.
(O-1081

3706 ETWAS zum vernünftigen Nachdenken für die Freymäurer.

Deutschland, gedruck mit Mäurerisch Schriften. 1783, pet. in-8° de 02 pp. avec 1 pl.
(O-415

3707 EUCLIDE, géomètre célèbre, vivant vers 285 av. J. C. élève de Platon. — Le Livre de la Musique d'Euclide, traduit par P. Forcadel, lecteur du roy ès mathématiques.

A Paris, chez Charles Perier, 1566, in-8° de 24 ff. non chiffr. (40 fr.).

Opuscule de la plus grande rareté.

3708 EUCLIDE. — Œuvres en grec, en latin et en français, trad. par F. PEYRARD [Bibliothécaire à l'Ecole Polytechnique].

Paris, 1814-18, 3 vol. in-4". (35 fr.).

3709 EULER (Jean-Albert). Mathématicien russe, fils du grand Euler né et mort à St-Pétersbourg (1743-1800). J. Alberti ELLERI, Disquisitio de Causâ Physicâ Electricitatis.

Petropoli [St Pétersbourg]. S. D. in-4°
(S-3434

3710 EULER (Léonard), illustre Académicien de St-Pétersbourg et de Prusse, né à Bâle en 1707, mort à St-Pétersbourg en 1783. Fils d'un pasteur, et un moment Lieutenant de Vaisseau. — Lettres à une Princesse d'Allemagne, sur divers Sujets de Philosophie et de Physique.

Pétersbourg, 1768, 2 vol. in-8° (4 fr.).

Autres éditions :

Mietau et Leipsic, 1770-74, 3 vol. in-8".

Paris, Hachette, 1842, 2 vol. in-8°
Paris, Charpentier, 1866, 2 vol. in-12.
(S-3245 b

3711 EULER (Léonard). — Theoria motuum planetarum et cometarum continens methodum facilem ex aliquot observationibus orbitas cum planetarum tum cometarum determinandi. Una cum calculo, quo cometæ, qui annis 1780 et 1682, itemque ejus qui nuper est visus, motus verus investigatur.

Berolini, 1744, in-4° Frontispice, vignette et 4 tabl. de dessins géométriques gr. par Frisch. (5 fr.).

3712 EURENIUS (J.). — Atlantica Orientalis sive Νῆσος Atlantis a mvltis retro annis Svecanæ linguae idiomate descripta iam avtem latine versa.

Berolini, apud Langivm, 1764, in-12. (5 fr.).

Entr'autres chap. intéressants, on peut citer les suivants : De terra Hyperboræorum. — De Campis Elysiis et Beatorum insvla. — De Hesperia Arabvm. — De Amazonibus. — De Argonavtis, etc.

3713 ÉVANGILE (L') du Jour, pour servir d'éclaircissement aux Doutes d'un Provincial proposés à MM. les Médecins et Commissaires, etc...

S. l. [1784], in-8° 8 Pages sign. A2 (3 fr.).

Petite plaquette excessivement rare, elle n'a que 8 pages de texte et est écrite dans la forme d'un évangile. C'est un pamphlet des plus violents contre Mesmer et Servan. Quelques passages sont impossibles à reproduire .. en Français.
(D. p. 51

Il y a aussi sous ce titre 18 volumes in-8° publiés par VOLTAIRE (Londres [Amsterdam], 1769-1778) qui contiennent, entre autres choses " Le Taureau blanc " etc...(Voir BARBIER, II-328-31).

3714 EVANS (Henry Ridgley). — The Old and the New Magic, by Henry Ridgely (sic) Evans. Illustrated. Introduction by Dr Paul Carus.

London, Kegan Paul, Trench, Trübner et C° Ltd. 1906, in-8° de XXXII-348 p. -2 f^{os} Index et 16 p. de Catalog. Titre illustré. Portrait de Robert Houdin en Frontispice. Près de 100 fig. dans le texte (8 fr.).

Discute un assez grand nombre de phénomènes Spirites de Slade ; — de tours de Fakirs Hindous. — Réédite la Magie dans les Temples Anciens (Voy. de Rochas : reproduction des mêmes figures). — Essaye de faire rentrer toute la Magie dans la Prestidigitation. — Très intéressante étude sur presque tous les Escamoteurs de marque : Pinetti, de Grisy, Decremps, Cagliostro (!) Robertson, Maskelyne, Robert-Houdin, puis Comte, Philippe, Robin, Bosco, Heller, Dr Albert de Sarak (p. 254-270). Robinson dit Chung-Ling-Soo. Bualier de Kolta, Cazeneuve, Carl Hertz, Houdini, Trewey et tant d'autres.

Curieux et très intéressant.

3715 EVANS (Rev. Warren Felt), d'abord Ministre du Culte Swedenborgien, guéri par, puis Disciple de Quimby (q. v.). Son premier livre sur le traitement Mental a paru six ans avant celui de Mrs Eddy (q. v.). La Bibliographie d'Allibone, Supplément, Philadelphie, 1891. [Casier J. 441] signale 8 ouvrages de cet auteur de 1860 à 1880. Le Rev. W. J. Leonard a publié une brève notice sur le Rév. W. F. Evans : " The Pioneer Apostle of Mental Science ", Boston, 1903.

The Mental Cure : illustrating the Influence of the Mind on the Body, both in Health and Disease, and the Psychological Method of Treatment.

Boston, 1869. in-12.

Réédité.

Ibid, 1876.

3716 EVANS (Dr W. F.). — The Divine Law of Cure. A Standard Work on the Philosophy and Practice of the Mind Cure : a reliable Text Book in all the Schools of Mental Healing.

Boston. (?) 1881.

Omis par " Allibone ".

3717 EVANS (Dr W. F.). — Esoteric Christianity and Mental Therapeutics.

Boston. 1886. in-2.

3718 EVANS (Dr W. F.). — Mental Medicine. A Theoretical and Practical Treatise on Medical Psychology.

Boston, 1872. in-16.

3719 EVANS (Dr W. F.). — The Primitive Mind Cure : the Nature and Power of Faith : or Elementary Lessons in Christian Philosophy and Transcendental Medicine.

Boston. 1885. in-8°

3720 EVEQUE D'ORLÉANS (Mgr. l'). — Etudes sur la Franc Maçonnerie par Mgr l'Evêque d'Orléans.

Paris, G. Douniol. 1875, in-8° de 92 pp. (3 fr. 50).

[H. 14173

Hiérarchie, grades et langage maç... — Initiation maç., le Chevalier Kadosch, etc..., par Mgr F. A. P. Dupanloup : Voir notre N° 3580.

3721 [EVNO (Jules)] attaché à la Monnaie de Paris. Astrologue contemporain. — Julevno. — L'A. B. C. de l'Astrologie, enseignant à chacun le moyen de dresser son horoscope et de connaître facilement sa destinée.

Paris, Chacornac, 1900. in-8° 11 p. fig. (2 fr. 50).

[8° V. 31561

Intéressant ouvrage de vulgarisation du célèbre astrologue contenant les principes essentiels de la science astrologique.

3722 [EVNO (Jules)]. — Julevno. — Nouveau traité d'Astrologie pratique. — Avec tableaux, figures et tables astronomiques permettant d'ériger rapide-

ment un horoscope et d'établir très
facilement les dates des événements
de la vie.

Paris, Chacornac. 1906, in-8° 220
pp. fig. (5 fr.).

[S° V. 51432]

Dans ce nouveau Traité d'Astrologie,
l'auteur expose d'une façon claire et précise les règles en la matière que nous
ont laissées les anciens astrologues, en y
joignant les observations et les découvertes des maitres modernes.

C'est donc un traité complet de la
science Astrale, dont la division méthodique permet une facile et rapide interprétation de l'horoscope.

Au moyen des tables spéciales qui y
sont insérées, le lecteur pourra, sans difficulté aucune, établir promptement un
thème astrologique.

3723 [EVNO (Jules)]. — JULEVNO. —
Nouveau traité d'Astrologie pratique.
Tome II.

Paris: 1908, in-8° (5 fr.).

Ce volume est le complément du précédent. — Il contient la manière d'interpréter complètement l'horoscope et
de déterminer les directions et effets, avec
nombreuses figures horoscopiques et une
Table des Etoiles Fixes.

EVONYME PHILIATRE. — voir :
GESNER (Conrad).

3724 EWERBECK (D. Hermann). —
Qu'est-ce que la Religion ? d'après
la nouvelle philosophie allemande.

Paris, 1850, fort in-8° (5 fr.).

Cet ouvrage, qui fit sensation, expose
les théories de FEUERBACH, de DAUMER,
LUTZELBERGER et GHILLANY : Le Mystère
de la Trinité ; le mystère du Logos ; le
mystère de la Nature en Dieu ou du mysticisme ; le mystère de la Prière ; le mystère du Christ. — Conçue dans un esprit
critique, cette étude n'en remue pas
moins de très grandes idées et se fait remarquer par ses doctes recherches.

3725 EXAMEN (L') des Esprits, ou les
entretiens de Philon et Polialte.

Paris, 1672, in-12.

Inconnu à Barbier.

(S-3144 b

3726 EXAMEN raisonné des prodiges récents d'Europe et d'Amérique notamment des tables tournantes et répondantes, par un philosophe.

Paris, J. Vermot, 1854, in-8° 77
pages.

Plus spécialement consacré aux tables
parlantes qui, avec le magnétisme, sont
considérés par l'auteur comme étant des
effets de la puissance du démon.

(D. p. 152

3727 EXECRABLE cruauté de trois voleurs habillez en hermites, lesquels
tuoyent et desvalisoient tous les passagers et voyagers aux environs de
Nantes en Bretagne ; ensemble les
meurtre et violement d'une damoiselle de Poictiers, femme d'un riche
seigneur de la dicte ville, commis par
lesdits voleurs habillez en hermites.

S. L. 1625, in-8° (2 fr.).

Réimpression à Lyon, chez Louis Perrin, vers 1875-76.

3728 EXERCITATIO Philosophica in
quâ quid circâ vulgo dictos Sortiarios
sentiendum sit.

Genevæ, 1720, in-4°.

(S-3235 b

3729 EXORCISMES (Sur les) magiques
1740, in-4°, 8 pages (1 fr. 50).

Extrait.

(G-1360

3730 EXORCISMORUM atque conjurationum terribilium potentissimorum,
efficacissimorum cum Pratica probatissima...

Paris, 1606, pet. in-8° de 1272 pp.
plus la table (15 fr.).

Recueil rare, contenant : VALERII POLYDORI Patavini, Practica Exorcistarum. —
Ejusdem, Dispersio Dæmonorum. — Hic-

ron. Menci. Flagellum Dæmonum. — Ejusdem, Fustis Dæmonum. — Zachariæ Complementum artis Exorcisticæ. — Petri Antonii Stampæ, Fuga Satanæ. — Maxim. ab Eynatten, Manuale Exorcismorum.

Autre édit.

Coloniæ, L. Zetzneri, 1576, in-8º.

3731 EXPEDITION (L') d'Ecosse ou le retour du Prince de Galles en France. Tragi-comédie en vers français.

A Paris, à l'enseigne des Gasconnades maritimes, 1708.

LE RETOUR de Jacques II à Paris. Comédie.

Cologne, P. Marteau, 1696, in-12. (30 fr.).

Dans le retour de Jacques II il est beaucoup question de prédictions et il est fait allusion aux prophéties adulatrices du Comte de Bompart qui publiait alors ses ouvrages d'astrologie judiciaire à la gloire de Louis XIV.

(G-1784)

3732 EXPÉRIENCES publiques sur le magnétisme animal, etc.... augmentées de nouveaux détails sur la personne qui avait été l'objet de ces expériences, d'un précis des nouvelles observations sur le magnétisme faites dans presque tous les hôpitaux de Paris, des dernières délibérations de l'Académie de médecine sur le magnétisme, du mémoire de M. Foissac qui y a donné lieu, du rapport fait par M. Husson à ce sujet et des propositions adressées à l'Académie par J. du Potet.

Paris, Béchet, Dentu, l'auteur. 1826. (5 fr.).

2ème édition, 136 pages.

3ème édition, 170 pages.

La 3-ème édition contient une lettre très flatteuse pour l'auteur écrite par le docteur Paruset, secrétaire perpétuel au nom de l'Académie de médecine à l'occasion du don de la précédente édition des Expériences.

(D. p. 99)

Cet article aurait dû être classé à DI POTET.

3733 EXPOSÉ des différentes cures opérées depuis le 25 Août 1785 époque de la formation de la société fondée à Strasbourg sous la dénomination de *Société Harmonique des Amis Réunis*, jusqu'au 12 du mois de Juin 1786.

Strasbourg, 1786, in-8º 304 pages. (4 fr.).

Cet ouvrage est le premier volume des Annales de la Société de Strasbourg, il y a eu une seconde édition en 1787 (Voir le suivant).

(D. p. 70)

3734 EXPOSÉ des différentes cures opérées depuis le 25 Août 1785, époque de la formation de la société fondée à Strasbourg...

1787.

C'est la deuxième édition avec deux suppléments de l'ouvrage mentionné précédemment.

La Société de Strasbourg fut l'une des plus importantes de France. Des cures intéressantes furent contrôlées par les médecins et certifiées par eux.

(D. p. 72)

3735 EXTRAIT des registres de la Société de l'Harmonie de France.

30 Novembre 1786, in-12, 8 Pages

Procès verbal tiré à part.

(D. p. 60)

3736 EXTRAIT des registres de la Société de l'Harmonie de France.

Paris, 4 Janvier 1787, in-8º 7 Pages.

C'est encore un procès verbal ; nous avons déjà fait remarquer qu'un certain nombre de ces pièces furent ainsi publiées.

(D. p. 72)

3737 EXTRAIT du journal d'une cure magnétique ; traduit de l'allemand.

Rastadt, J. W. Dorner, impr. de la Cour, 1787, in-8º 136 Pages.

(D. p. 72)

3738 EXTRAIT des registres de la Faculté de Médecine de Paris, imprimé d'après un décret de ladite Faculté.

C'est le procès verbal de l'adoption des rapports pense M. Mialle (V. *Décret*) La Faculté est, en effet représentée dans la commission mixte, dont Bailly fut le rapporteur, mais comment a-t-elle pu adopter ce rapport et celui sans doute de Médecine (?) qui étaient destinés au Roi ?

S. L. (Paris, 1784). (2 fr.).

Pièce très rare. — C'est le procès verbal de l'adoption des rapports sur l'examen du Magnétisme animal des illustres MAJAULT, SAILIN, DARCET, GUILLOTIN, FRANKLIN, BAILLY, LAVOISIER, etc.

(D. p. 44

3739 EXTRAIT du Livre d'Or du S∴ Chap∴ Métropolitain sous le Rit le plus ancien connu et pratiqué en France.

Paris, 1807. in-8° (3 fr. 50).

Compte rendu de l'élection du prince CAMBACÉRÈS comme chef suprême de l'ordre métropolitain.

3740 EXTRAIT du livre d'or du suprême conseil pour la France des Souver∴ Grands Inspecteurs généraux du 33° et dernier degré du Rite Ecossais ancien accepté.

Portmann, 1807, in-8° (4 fr.).

Compte rendu de la nomination du Prince CAMBACÉRÈS à la dignité de chef du suprême conseil de la Franc Maçonnerie.

3741 EYBERT (Aurèle). — Les Martyrs de la Franc-Maçonnerie en Espagne, en 1853, avec un précis historique des persécutions exercées contre les Francs-Maçons dans toute la Péninsule depuis le règne de Philippe V, jusqu'à ce jour.

Paris, 1854, in-8° (3 fr.).

3742 EYMARD (Dr Sylvain). — Le loup et l'Agneau ou l'Académie de médecine et Mademoiselle PIGEAIRE, par le docteur Sylvain EYMARD, de Grenoble.

Grenoble, 1838, in-8°

Cette brochure très rare, est une critique assez vive des incidents de l'affaire PIGEAIRE, du prix BURDIN, etc... Il est aussi question dans cette notice de la cataleptique Sophie LAROCHE (de Virieu) dont nous reparlerons.

(D. p. 114

3743 EYMERIC (Nicolas). Inquisiteur Général du Royaume d'Aragon, né à Girone, vers 1320, mort vers 1399. Banni par le Prince Jean d'Aragon pour excès de zèle dans ses fonctions, il se réfugia à Avignon. — Directorium Inquisitorum, F. Nicolai EYMERICI, cum Commentariis Francisci PEGNE.

Venetiis, 1607, in-f°

Edition originale :

Barcelone, 1503.

(S-5373

3744 EYMIEU (Antonin). — Le gouvernement de soi-même. — Essai de psychologie pratique, 7-ème édit.

Paris, 1907, in-12.

Autre édit. en 1906.

Paris, Perrin, in-16, 330 p.

[8° R. 20613

Avec le " *Permis d'imprimer* " de M. P. FAGES, vicaire général. Paris 8 Décem. 1905.

3745 EYNARD (Charles). — Vie de Mme de KRUDENER.

Paris, 1849, 2 vol. in-8° (15 fr.).

Célèbre mystique du XIX-ème siècle, Mme de Krudener se crut appelée à régénérer le christianisme. — Elle parcourut l'Allemagne en prêchant le retour vers l'égalité primitive, annonçant la fin du monde et une nouvelle Jérusalem. En 1814, elle prit un grand ascendant sur l'empereur Alexandre qu'elle suivit en

Russie et où elle gouverna quelque temps avec Madame Bouché célèbre voyante d'Avignon.

3746 EYNATTEN (Max. ab.). — Manuale Exorcismorum : continens instructiones et exorcismos ad ejiciendos è corporibus obsessis spiritus malignos, et ad quaevis maleficia depellenda, et ad quascumque infestationes daemonum reprimendos : R. D. Maximiliani ab Eynattes... industria collectum : Reverendiss. aliquot Belgii Antistitum... recensitum et probatum.

Antverpiæ, ex officina Plantiniana apud Balthasarem Moretum, 1610. in-8° (7 fr.).

Manuel d'exorcismes rare.

Autres éditions.

Antverpiæ, Moreti, 1648, in-10. (Marque de Plantin sur le titre).

Bruxellis, apud J. de Smedt, 1713. in-10.

Fait aussi partie d'un recueil déjà cité à Exorcisme.

(S-322) b

EYNON.

Voir :

FAUCONNEY (Dr Jean).

3747 EYQUEM de MARTINEAU (Mathurin), philosophe hermétique de Bordeaux. — Eyquem de Martineau, Bourdelois. Le pilote de l'onde vive, ou le secret du flux et reflux de la mer ; contenant la cause de ses mouvements et celle du Point Fixe. Avec un voyage abrégé des Indes et une explication de la Quadrature du Cercle. Seconde edit. rev. et augm. de deux traitez nouveaux sur la philosophie naturelle.

Paris, d'Houry, 1680. in-12 de 7 f°s 224 et 84 p. (12 fr. bien complet)

[R. 12082-3]

Avec deux figures gravées : l'une de la Quadrature du Cercle ; l'autre de la Sphère droite. — A la fin se trouvent : '*Deux traitez nouveaux contenant le tombeau de Sémiramis nouvellement ouvert aux sages*" et la "*Réfutation de l'anonyme Pantaléon soy disant disciple d'Hermes*". qui manquent presque toujours.

Traité des marées, puis de Magie et de philosophie hermétique.

Ouvrage hermétique qui recèle dans ses profondeurs tous les arcanes du Grand Œuvre. Le titre en est tout symbolique et l'auteur prévient dans sa préface, qu'il parle allégoriquement. Le chap. I. fait connaître les nombres parfaits et mystérieux. — Comment on doit les entendre et en faire l'application. Chap. II. — De l'harmonie entre les causes célestes et terrestres. Chap. III. — Des éléments et de leurs mélanges.— Chap. IV.— De la disposition des Causes Centrales et Célestes.— Chap. V.— Explication du système par l'astrologie judiciaire, etc...

(G-290 et 291)

Autre édition.

Paris, 1678. in-12. figures.

3748 EZNIG, EZNIK, ou EZNAG, théologien arménien né en 397 à Koghp (Province de Daikh), mort vers 478. Evêque de la Province de Pakrevant. — Réfutation des différentes sectes des Païens, de la religion des Perses, de la religion des Sages de la Grèce, de la secte de Marcion. Trad. en franç. par le Vaillant de Florival.

Paris, chez l'auteur, 1853. in-8° (5 fr.).

Autre édition sous le Titre :

Destruction des restes des Païens, de la Religion des Perses, de la Religion des Sages de la Grèce et de la Secte de Marcion.

Smyrne, 1762. in-12.

(G-292

EZOUR VEDAM.

Voir :

SAINTE-CROIX (Baron de).

F*** (Louis).

Voir :

FIGUIER (Louis).

3749 F. C. R. N. G. I. A. — Prodromus Rhodo-stauroticus, Parergi Philosophici, das ist : Vortrab und Entdeckung, derer hocherleuchten, gottseligen und weitberühmten Brüderschafft vom Rosen Creutz, philosophischen Parergi, sonsten Lapis Philosophorum genandt...... sampt warhaftten Bericht von Spiritu Universi, und Harmonia Mundi ; alles in gewisse Canones getheilt, mit Figuren gezieret, und beschrieben, durch F. C. R. N. G. I. A.

S. l. s. nlr. 1620, pet. in-8º de XIV-78 pp. avec 14 fig. imp., dans le texte.

Les quatre premières pp. pour titre et préface datée de Prag. 24 mars 1620 les dix autres, aussi non chiffrées, contiennent Tractatus de Harmonia Mundi ; le reste du vol. est la reproduction sous d'autres titres de l'Aurelia occulta philosophorum qui forme la II-e partie de Occulta philosophia von den....... Geheimnüssen......

(O-1546

3750 F. D. P. — Lettre d'un médecin de la Faculté de Paris à M. COURT de GÉBELIN, en réponse à celle que ce savant a adressée à ses souscripteurs et dans laquelle il fait un éloge triomphant du magnétisme animal.

Bordeaux, Bergeret. 26 Avril 1784, in-8º 66 Pages.

[Th^{èi} 20

Cette lettre datée du 26 Avril, est signée F. D.P. Elle a pour but de démontrer à COURT de GÉBELIN qu'il n'était pas malade, ou si peu, que la nature seule l'a guéri et non Mesmer. Suit un passage curieux sur la puissance de la nature sur le corps humain, au printemps, et son rapport sur la maladie de Court.

L'auteur critique assez justement les 27 propositions de Mesmer, la conduite de celui-ci qui aurait dû mettre de côté toute idée d'argent, de secret, etc... publier sa doctrine, ses procédés, vider les hospices de bien des malades et peu se soucier des certificats de ses confrères.

(D. p. 22

3751 F. P. — Au 17 février 1874, le grand événement précédé d'un grand prodige, prouvé par le Commentaire le plus simple, le plus méthodique, le plus rationnel qui ait paru jusqu'à ce jour de la célèbre prophétie d'Orval.

Bar-le-Duc, 1873, in-8º (4 fr.).

3752 F. R. T. D. C. R. — Schlüszel der wahren Weisheit, unter einem Gespräch eines wohlerfahrnen Sophisten mit der Weisheit in dreyen Theilen, mit einem Supplement, worinn das ganze mineralische, animalische, vegetabilische und astralische Reich aufgeschloszen, und J. G. Toeltii Coelum reseratum chymicum von Capitel zu Capitel ausgelegt und erläutert wird.

Leipzig, Adam Friedr. Böhme, 1787, in-8º de VIII-440 pp.

Signé F. R. T. D. C. R. anno 1458 den 17 May.

(O-1573-1574

3753 FABART (F.). — Histoire philosophique et politique de l'occulte : magie, sorcellerie, spiritisme. Avec une préface de C. Flammarion.

Paris, Marpon, s. d., fort vol. in-12.

Les Mages. — L'Occulte chez les Hébreux, en Grèce, à Rome et dans les Gaules. — La sorcellerie au moyen âge. — L'alchimie. — Incarnation et désincarnation. — Magnétisme humain. — Les Druides. — Recettes cabalistiques, etc...

Autre édit.

Paris, Marpon, 1885, in-12.

18º R. 0898
(G-295

FABER (Petrus Johannes), Voir : FABRE (Pierre Jean).

3754 FABRE (Dr). — Le Magnétisme animal, satyre.
Paris, 1838, in-4° (1 fr.).
[Ye. 2781

Dans cette satire, pleine d'esprit et de verve, on voit défiler tout à tour Mesmer Dubois, Burdin, Bailly, Puységur, Deleuze Faria, Husson, Pigeaire, etc...

3755 FABRE. — Réflexions sur la chaleur animale, pour servir de supplément à la seconde partie des Recherches sur différents points de physiologie par Monsieur FABRE, professeur royal au Collège de Chirurgie, ancien commissaire pour les extraits de l'Académie.
Paris, Théophile Barrois, 1784. in-8° 31 Pages. (2 fr.).
[T³¹. 51

L'auteur consacre quelques pages (22 à 31) à l'examen et à la critique des idées émises par de JUSSIEU sur la chaleur animale, dans son rapport cité plus haut. FABRE, chirurgien distingué, n'était pas partisan du magnétisme ainsi qu'on peut s'en convaincre en lisant le dernier chapitre de ses recherches sur différents points de physiologie que nous retrouvons plus loin.

(D. p. 42

3756 FABRE (Ferdinand). — Un Illuminé.
Paris, Charpentier, 1890, in-12. (4 fr.).
[8° Y². 44370
Edit. originale.

3757 FABRE (Dr Pierre Honoré). — Manuel du Magnétiseur, explication physiologique des phénomènes magnétiques. Utilité du somnambulisme dans l'exercice de la médecine, par le docteur FABRE (Pierre Honoré).
Saint-Quentin, Impr. Doloy et Penel ainé, 1855, in-8°
[Th⁶³. 48
(D. p. 159

3758 FABRE (Pierre Jean) de Castelnaudary, ou il vécut durant la 1ʳᵉ moitié du XVIIᵉ siècle. Médecin de la Faculté de Montpellier. — L'abrégé des secrets chymiqves, ov l'on void la nature des animaux, végétaux et minéraux entièrement decouverte : avec les vertvs et propriétez des principes qui composent et conservent leur estre, et un traité de la medecine generale.
Paris, Billaine, 1636, in-8°
[Te¹³¹. 100
Idem.
Paris, Aut. de Sommaville, 1636. in-8°. (15 fr.).

Ouvrage du célèbre médecin spagyrique Fabre. De l'origine de l'Alchymie et de sa perfection de siècle en siècle. Que l'Alchymie est la vraye et unique philosophie actuelle. Des principes de l'Alchymie qui donnent à cognoistre l'intérieur de toute la nature, etc... De la médecine universelle. De quels sujets peut-on tirer et extraire cet esprit général du monde et cette médecine universelle. — En quel temps de l'année et en quels lieux l'on peut plus abondamment colliger la matière de nostre médecine universelle. — Par quel artifice chymique l'esprit général du monde se convertit en Astre, en Ciel, en Lune, en Soleil, etc... Par quel moyen nostre médecine générale peut guarir toutes sortes de maladies, etc.

(G-205 et 615

3759 FABRE (Pierre Jean). — Peter Ioan. Faber, doctor medicus philochymicus Monspeliensis. Alchymista Christianvs, in qvo Devs rervm avthor omnium, et quam plurima fidei Christianae mysteria per analogias chymicas et figuras explicantur, Christianorumque orthodoxa, doctrina vita et probitas non oscitanter ex chymica arte demonstrantur.
Tolosae Tectosagem, apud P. Bosc. 1632, pet. in-8° (o fr.).
[R. 35628
(G-204
(S-011

3760 FABRE (Pierre Jean). — Chirvrgia spagyrica.

Tolosæ, Bosc, 1638. in-8°

[Te¹¹³. 2. A

Autre édition.

Ibid, Id. 1626. in-8°

[Te¹¹³. 2

3761 FABRE (Pierre Jean). — Die hellscheinende Sonne am alchymistischen Firmament des hochteutschen Horizonts : das ist : Petri Joh. Fabri...... Manuscriptum, oder Sonderbares noch niemahlen Teutsch herausgegebenes Buch, welches er ehedessen an den Deurchleuchtigsten Fürsten und Herzu Friederich. Herzog in Holstein, gesendet... mit einer ungemeinen Deutlichkeit erklähret Anmerckungen, auch andern dergleichen raren Schrifften vermehret, und zum Druck befordert.

Nürnberg, Wolffg. Moritz, 1705. in-8° de LXVI-504-XXXII pp. avec des pl. grav.

L'ouvrage de Fabre se termine à la p. 184 ; le reste du vol. contient huit à dix courts opuscules, dont les principaux sont Ali Puli ; Centrum Naturae : Nosce te ipsum ; et Epistola monitoria avec la Responsio par Fred. Abrio.

(O-1009-1105-1200-1268

3762 FABRE (Pierre Jean). — Hercvles piochymicvs. In qvo penitissima tvm moralis philosophiæ tvm chymicæ artis arcana, laboribvs Hercvlis...

Tolosæ (Toulouse). P. Bosc, 1634. pet. in-8°

[R. 35629
(S-3387

3763 FABRE (Pierre Jean). — Hydrogaphvm, in qvo de mira fontium essentia origine et virtute tractatur.

Tolosæ, Bosc, 1639, en-8°

[R. 35630

3764 FABRE (Pierre Jean). — Insignes cvrationes variorvm morborvm quos medicamentis chymicis iucundissima methodo curavit P. J. Fabry.

Tolosæ Tectosagvm, apud P. Bosc 1627, in-8°

[Te¹³¹. 81

Réédité.

Ibid. Id. en 1628 et 46

[Te¹³¹. 81. A et B.

3765 FABRE (Pierre Jean). — Morborum omnivm diagnosim,prognosim et therapim iucundam certam et tutam complectens.

S. l. in-8°

3766 FABRE (Pierre Jean). — Myrothecium spagyricvm, sive Pharmacopœa chymica, occvltis Natvræ arcanis ex hermeticorum medicorum scrinijs depromptis abunde illustrata.

Tolosæ Tectosagvm, apud P. Bosc, 1628, in-8°

[Te¹³¹. 81

3767 FABRE (Pierre Jean). — Palladivm spagyricvm.

Tolosæ. Bosc, 1638, in-8°

[Te¹³¹. 77

3768 FABRE (Pierre Jean). — Panchymici sev anatomiæ totivs Vniversi, opvs in quo de omnibus quæ in cœlo et sub cœlo sunt spagyrice tractatur.

Tolosæ, Bosc. 1646, in-8°

[R. 35632-3

3769 FABRE (Pierre Jean). — Petri Jo. Fabri, Propugnaculum Alchymiæ, adversus qvosdam misochymicos, philosophos vmbratiles, naturæ humanæ laruas, qui se philosophos profiteri audent, dum Chymiam stulte rident, nec tamen brutorum genia tenent. Vbi an sit Lapis Philosophorum...

Tolosæ, Bosc. 1645, in-8°

[R. 35578
(S-3300

3770 FABRE (Pierre Jean). — P. J. Faber, medicus atque philosophus acutissimus.

I. Sapientia universalis quatuor libris comprehensa.

II. Propugnaculum alchimiae adversvs qvosdam mysochymicos, philosophos umbratiles, naturae humanae larvas, qui se philosophos profiteri audent dum chymiam stulte rident nec tamen brutorum genia tenant. Ubi an sit lapis philosophorvm, qui sit...

Francoferti, smnptibus Johannis Beyeri. M. DC. LVI [1656]. 2 parties, in-4° de 418 pp. etc et ?. (12 fr.).

La 1re [R. 7440
Et encore [R. 7445

3771 FABRE (Pierre Jean). — Traicté de la peste selon la doctrine des médecins spagyriques.

Tolosæ, Colomiez, 1629, in-8°.

[Te 140

3772 FABRE (Pierre Jean). — Universalis sapientiae seu Panchymici tomvs vltimvs in qvo natvra humana demunstratur.

Tolosæ, Bosc, 1648, in-8°.

Autre édition :

Tolosæ, Bosc, 1654, in-8°.

[R. 35635

3773 FABRE (Pierre-Jean). — Varia ac distincta arcana chymica ad aurum et argentum et mercurium extrahendum ex metallis imperfectis didicerunt.

S. l., in-8°.

FABRE D'OLIVET (Antoine). — Antoine FABRE, qui prit plus tard le nom complémentaire de d'OLIVET, nom de famille de sa mère, naquit à Ganges, Hérault, le 8 décembre 1768, et mourut à Paris le 25 Mars 1825. Il était cousin éloigné du célèbre Protestant Jean FABRE, « l'*Honnête criminel.* » Son père était un riche fabricant de Ganges. Dans sa jeunesse, il étudia un moment la Médecine, mais s'adonna surtout aux lettres et au théâtre : il composa, en vers, un « *14 Juillet* » pièce qui eut un certain succès. La Révolution ruina à peu près son père, et FABRE d'OLIVET collabora quelque temps à des périodiques. Il obtint une place dans les bureaux de la Guerre puis épousa, en 1806, Mlle A. WARIN, née près d'Agen. Une dizaine d'années plus tard, il eut à subir une sorte de persécution, pour avoir, n'étant pas médecin, guéri un jeune sourd-muet de naissance, Rodolphe GRIVEL. C'est vers cette époque que notre auteur, tantôt est bonapartiste, en apparence, tout au moins, et tantôt cesse complètement de l'être et le fait voir.

A sa mort il laissa une veuve et trois enfants, deux filles et un fils, dans une situation de fortune peu prospère.

La famille de sa mère, les d'OLIVET DE SAUVES, avait été presque totalement anéantie par les persécutions religieuses contre les Protestants, à la fin du règne de Louis XIV. Sa mère, Suzanne d'OLIVET, restait seule de son nom.

FABRE D'OLIVET avait tenté de reconstituer la Religion de PYTHAGORE, et avait voulu, pour ce faire, s'aider de la Voyance de sa femme, excellent Médium, dit-on. Malheureusement Mme FABRE d'OLIVET était fervente Catholique, et, blessée dans ses sentiments religieux, abandonna son mari.

Après cette infortune ou vers ce temps, Fabre d'Olivet fit la connaissance de Mme FAURE, née Virginie DIDIER, qui appartenait à une famille de Pamiers. Cette dame qui était son élève de musique alors que FABRE D'OLIVET donnait des leçons de cet art pour vivre, se passionna des Théories Pythagoriciennes de son Maître et devint son Disciple.

« Fabre d'Olivet est mort au pied
» de son autel, devant les statues de
» ses Dieux », nous dit M. FABRE DES ESSARTS, à qui nous empruntons ces

détails peu connus ; « est-ce bien,
» comme Pierre LEROUX l'a raconté, et
» comme d'autres l'ont redit après
» lui, une attaque d'apoplexie qui a
» mis fin à son existence ?... ce poi-
» gnard, ce cœur troué, ce vieillard
» étendu au fond d'un ténébreux
» sanctuaire, toutes ces lugubres cho-
» ses, que nous avons vues en quel-
» que endroit, — nous ne saurions
» dire où. — n'est-ce rien qu'une vi-
» sion ? ».

(FABRE DES ESSARTS. *Les Hiérophantes*, I-252 et 253).

FABRE D'OLIVET a laissé d'admirables
ouvrages — bien que peu appréciés
par LAROUSSE. — Les quelques mots
d'un préface de Louis MÉNARD, que
nous citons en décrivant ses « *Poé-
mes et Rêveries d'un Païen Mistiqe* »
élucideront cette attitude près des
lecteurs avertis. Pour les autres, il
n'y a nul inconvénient à ce qu'ils
adoptent le jugement de LAROUSSE :
c'est, sans aucun doute, celui de la
Majorité.

3774 FABRE D'OLIVET. — Caïn, mystère dramatique en trois actes de Lord
BYRON, trad. en vers français, et réfuté
dans une suite de remarques philosophiques et critiques ; précédé d'une
lettre adressée à Lord BYRON sur les
motifs et le but de cet ouvrage.

Paris, Servier, 1823, in-8° de 250
p. (35 fr.).

[Yk. 2180

Autre édition :

Paris, 1802, in-4°. [Extrait du Voile d'Isis].

L'un des ouvrages les plus rares de
FABRE D'OLIVET et, à coup sûr, le moins
connu de tous. — On y trouve l'éclaircissement de quelques points demeurés
obscurs dans la langue hébraïque restituée, touchant la Cosmogonie de Moïse,
et nommément le problème terrible de
l'origine du mal. (St. de G.)

La lettre à Lord Byron et la préface
sont deux pièces du plus haut intérêt au
point de vue cabalistique et au point de
vue poétique ; Fabre d'Olivet y montre
l'avantage qu'aurait la poésie française à
secouer le joug de la rime.

(G-296

3775 FABRE D'OLIVET. — Constitution intellectuelle, métaphysique, de
l'homme.

Paris, 13 p. in-4° autographiées.

(Extr. de l'Hist. phil. du genre humain).

3776 FABRE D'OLIVET. — De l'état
social de l'homme ou vues philosophiques sur l'histoire du genre humain précédées d'une dissertation introductive sur les motifs et l'objet de
cet ouvrage.

Paris, Brière, 1822, 2 vol. in-8°
(50 fr.).

[R. 35024-35625

Un éditeur le sieur BRIÈRE pour donner
en 1824 à cet ouvrage un faux air de
nouveauté lui fit une nouvelle couverture
avec un nouveau titre « *Histoire philo-
phique du genre humain ou l'homme considéré sous ses rapports religieux et politiques dans l'Etat Social à toutes les époques
et chez les différens peuples de la terre* »,
et y ajouta une planche.

L'œuvre admirable de FABRE D'OLIVET
« *De l'état social de l'homme ou vues philosophiques sur l'histoire du genre humain*,
etc... » reprise et continuée jusqu'à nos
jours par SAINT-YVES, se dresse comme
un monument impérissable au milieu des
productions de l'esprit humain. Dans une
dissertation introductive de 64 pp. l'auteur expose la constitution métaphysique
de l'homme, basée entièrement sur la
grande loi du Ternaire, qui se retrouve
partout dans l'Univers ; puis il définit
les 3 grandes puissances qui régissent
cet Univers « La Volonté humaine, le
Destin et la Providence », c'est sur ces
grands principes qu'il va baser toute son
œuvre. Voici d'ailleurs un extrait de la
table des matières qui en fera mieux ressortir l'intérêt qu'une analyse forcément
restreinte : Les quatre races apparues
tour à tour sur le globe. — Les quinze
révolutions successives dans l'état actuel.
— Apparition chez les Celtes, de Ram,
Envoyé divin ; il établit sur la terre l'empire universel appelé Synarchie. — Origine des Celtes. — Origines du Zodia-

que. — Influence de la musique comme science universelle. — Schisme d'Irshou. — Origine des Phéniciens. — Etablissement des Mystères. — Apparition du Conquérant politique : Ninus. — Krishnen. — Origine de la Magie chez les Chaldéens et de la Théurgie en Egypte. — Mission d'Orphée, de Moïse et de Fo-Hi. — Fondation de Troie. — Pythagore. — La doctrine secrète. — Lutte contre l'Asie et l'Europe. — Mission d'Odin, d'Apollonius de Tyane et de Jésus. — Mission de Mahomet. — La Féodalité. — La Chevalerie. — Histoire des principales nations de l'Europe. — Les Jésuites, leur but, etc...

(G- 1302 et 1303)

3777 FABRE D'OLIVET. — Etudes littéraires et philosophiques universelles. Littérature grecque.

Paris, Hachette, 1835, in-8°. (2 fr. 50).

[Yb. 5081

3778 FABRE D'OLIVET. — Un héritage royal, ou le prince Francisque Rakotzi.

Paris, Passard, 1852. 7 vol. in-8°. (20 fr.).

Rare roman historique, magistralement écrit.

Autre édition :

Ibid. id., 1847. 7 vol. in-8°.

[Y². 33515-21

3779 FABRE D'OLIVET. — Histoire Philosophique du Genre Humain, ou l'Homme considéré sous ses rapports religieux et politiques dans l'Etat social à toutes les Epoques et chez les différents Peuples de la Terre.

Paris, Brière, 1824, 2 vol. in-8°. (40 fr.).

[R. 4282-4283

Avec une Planche hors texte : « Constitution Métaphysique de l'Homme ».

C'est le même livre que « L'Etat Social de l'Homme » (voir plus haut), avec un titre cartonné et une planche ajoutée, sans doute pour mieux déguiser son identité.

Réimpression :

Paris, Chacornac, 1910, 2 vol. in-8° portr. pl.

[8° *E. 947.

3780 FABRE D'OLIVET. — La langue hébraïque restituée et le véritable sens des mots hébreux rétabli et prouvé par leur analyse radicale : Ouvrage dans lequel on trouve réunis : 1° une Dissertation introductive sur l'origine de la Parole, l'étude des langues qui peuvent y conduire et le but que l'auteur s'est proposé ; 2° une Grammaire Hébraïque, fondée sur de nouveaux principes et rendue utile à l'usage des langues en général ; 3° Une série de Racines Hébraïques... 4° un Discours préliminaire ; 5° une trad. en français des dix premiers chap. du Sépher, contenant la Cosmogonie de Moyse. — Cette traduction... est précédée d'une version littérale en français et en anglais, faite sur le texte hébreu présenté en original avec une transcription en caractères modernes et accompagnée de notes grammaticales et critiques, où l'interprétation donnée à chaque mot est prouvée par son analyse radicale et sa confrontation avec le mot analogue Samaritain, Chaldaïque, Syriaque, Arabe ou Grec, par Fabre d'Olivet.

Paris, Barrois, Eberhart, l'auteur, 1815-16. (Edit. originale), 2 vol. in-4° de XLVIII-108-138 p. et 350 p. (60 fr.).

[X. 1027

Réimpression :

Paris, Chacornac, 1905, 2 vol. in-8°.

(G-298, 616 et 1364

De jour en jour plus rare et plus recherché, cet ouvrage est pour ainsi dire le livre classique par excellence de tous ceux s'occupant de sciences occultes.

Tome I.

Dissertation introductive. — Origine de la Parole. — Langue Hébraïque. —

suite des révolutions du Sépher ; origine des Versions principales qui en ont été faites. — GRAMMAIRE HÉBRAIQUE. Alphabet, Signes, Signes produisant la Racine ; Nom ; Verbe ; Conjugaison, etc. RACINES HEBRAIQUES.

Tome II.

Discours préliminaire. — Cosmogonie. Texte original [du Sépher] : Versions littérales [en Français et en Anglais] : Notes. — TRADUCTION CORRECTE. — La Principation. — La Distinction. — L'Extraction. — La Multiplication divisionnelle. — La Compréhension facultative. — La Mesure proportionnelle. — La Consommation des Choses. — L'Entassement des Espèces. — La Restauration cimentée. — La Puissance aggressive et formatrice.

Cet ouvrage a été imprimé par J.-M. Eberhart, imprimeur du Collège de France sans doute avec des Caractères de l'Imprimerie Nationale, car, outre l'Hébreu, il comporte encore les alphabets Arabe, Éthiopien, Grec, Persan, Samaritain, Syriaque, etc. Quand on a voulu le rééditer, on a été obligé de clicher chaque page sur une reproduction photographique de l'édition originale.

3781 FABRE D'OLIVET. — Laure de Salmon.

Paris, Passard, 1845. 2 vol. in-8° (15 fr.).

[Y². 33511-33512

Édition originale.

3782 FABRE D'OLIVET. — Lettres à Sophie sur l'histoire par Fabre d'Olivet.

Paris, chez Lavillette et Cie, An IX-1801. 2 vol. in-8° de XXIV-302 p. et 388 p. (25 fr). Planche de Durand gravée par de Launay (p. 197), et grande carte pliée.

[Z. 15786-15787

Cet ouvrage contient des théories fort élevées, notamment celle qu'Adam ne peut être considéré que comme l'un des hommes échappés à la dernière catastrophe (ou déluge) du globe. Le frontispice représente Adam et Eve fuyant le Déluge dans une barque. — Grande carte pliée pour servir à l'histoire primitive du monde avec la ligne indiquée des voyages d'Adim (Adam).

Cet ouvrage est divisé en deux parties; la première contient, avec le système cosmogonique, les temps primitifs et ante-diluviens ; la seconde comprend l'histoire successive des trois premiers empires connus, des Assyriens, des Mèdes et des Perses, depuis le déluge de Xixoutros jusqu'à la mort de Cyrus. Au commencement de cet ouvr. se trouve un vocabulaire des mots abstraits et scientifiques, avec leur signification et leur étymologie. Chaque vol. se termine par des notes fort curieuses.

(G-209

3783 FABRE D'OLIVET. — Les montagnards des Alpes (1488).

Paris, 1857. 2 vol. in-8°.

[Y². 33513 et 4.

Ouvrage posthume de l'illustre auteur de la langue hébraïque restituée, qui, sous forme de roman, nous donne ici une très sérieuse étude de la secte Vaudoise et des guerres de religion.

(G-301

3784 FABRE D'OLIVET. — La Musique expliquée comme science et comme art, et considérée dans ses rapports analogiques avec les mystères religieux, la mythologie ancienne et l'histoire de la Terre. Œuvre posthume, publiée par les soins de René Philipon, avec 1 portr. de F. d'Olivet en frontispice.

Paris, 1898, in-8°. (12 fr.).

Cette œuvre est devenue rarissime, le tirage ayant été fait à 330 exemplaires seulement. Les systèmes musicaux des Chrétiens orientaux, des Chinois, des Grecs (Orphée, Pythagore), etc... y sont analysés longuement au point de vue de leurs effets occultes et de leur influence en général. Principes inconnus de la musique. Le nombres considérés comme principes musicaux, etc...

Autre édition :

Paris, Chamuel, 1896, in-8°.

[8° V. 26798

3785 FABRE D'OLIVET. — Notions sur le sens de l'ouïe en général et en particulier sur la guérison de Rodolphe Grivel, sourd-muet de naissance. *Paris, Bretin*, 1811, in-8°. (25 fr.).

[Te⁷⁰ 3

De tous les ouvrages de Fabre d'Olivet celui-ci est certainement l'un des plus rares. L'auteur persécuté par Napoléon à la suite de sa fameuse guérison de R. Grivel, selon la méthode des anciens prêtres Égyptiens, détruisit la plupart des exemplaires de son ouvrage qu'il rééedita plus tard, quand l'Empire fut tombé.

Idem :

Montpellier, Veuve Picot, 1810, in-8° de 151 pp. 2° édit.

Curieux détails privés des démêlés de l'auteur avec Napoléon qui l'avait emprisonné et proscrit.

[Te⁷⁰ 3.A
(G-302, 917 et 1300)

3786 FABRE D'OLIVET. — Le sage de l'Indostan, drame philosophique en un acte et en vers, mêlés de chœurs de musique, représenté à l'Institut national des Aveugles-Travailleurs, par les aveugles eux-mêmes en Thermidor an IV (1796). Précédé d'une lettre préface par Maur. de la Sizeranne et d'une notice sur Fabre d'Olivet.

Paris, Dorbon, 1894, in-8° de 52 p. portrait. (3 fr.).

[Yth. 20432

Ce vol. est intéressant particulièrement en ce qu'il renferme, outre le drame lui-même et deux autres pièces inédites, une longue bio-bibliographie de Fabre d'Olivet, et un superbe portrait de cet écrivain reproduit par l'héliogravure Dujardin d'après une miniature d'Augustin, exécutée en 1799.

Ouvrage tiré à petit nombre.

(G-303)

Édition originale :

Paris, Dufay, 1796, in-8° pièce.

[Yf. 5747

3787 FABRE d'OLIVET. — Le troubadour, poésies Occitaniques du XIII° s., trad. et publiées par Fabre d'Olivet.

Paris, Henrichs, an XI-1804, vol. in-8°. (25 fr.).

[Yc. 7344-7345

Ouvrage très rare, et à la fin duquel se trouvent des poésies anciennes en langue d'Oc et un vocabulaire Occitanique pour servir à leur intelligence.

Rossetti, Aroux, etc... ont prouvé, par leurs étranges découvertes que les Troubadours étaient les grands initiés du moyen-âge et sous le voile de leurs allégories, propageaient habilement la doctrine secrète de la Massénie du Saint Graal. Les cours d'amour étaient donc des réunions symboliques où le langage clair employé publiquement, cachait un sens philosophique des plus profonds. Il s'agit donc, pour pénétrer le sens interne de cet ouvrage, d'aller au dessous de l'écorce, et de plonger jusqu'au cœur du poème qui contient la fine perle gnostique. L'ouvrage de Fabre d'Olivet contient : la Cour d'Amour, chansons et jeux. — Tensons et sirventes, les tournois et arrêts, et des notes historiques.— La Petite sorcière, les amours de Rose et Ponce de Meyrueis. — Le chant royal. — Le Retour d'Ellys, etc...

(G-304)

3788 FABRE D'OLIVET. — Un médecin d'autrefois.

Paris, Ambroise Dupont, 1838. (Imprimerie de Locquin, à Paris). 2 vol. in-8° de près de 400 pp. chacun (ensemble 40 feuilles 1/2).

Manque à la Bibl. Nat. (N° 2152 du Journal de la Librairie de 1838).

Ouvrage intéressant à plus d'un titre le médecin d'autrefois c'est le grand Paracelse.

Résumé en 3 pages dans l'Écho des Feuilletons.

Paris, 1841, in-8° (p. 398-404).

[Y². 31690

Ce précieux ouvr. est entièrement consacré à la vie du grand Paracelse. « Un génie aussi vaste, dit l'auteur, aussi extraordinaire que le sien, ne peut être pénétré d'un coup d'œil, Il faut, pour le comprendre, l'avoir suivi pas à pas dans sa vie nomade et aventureuse, avoir étudié dans ses nombr. ouvr., ses opinions, ses principes, avoir approfondi toutes les pensées de cette vaste intelligence. C'est un homme à part, un homme qui n'imita personne, et que personne ne put imiter. Le connaîtra-t-on mieux après avoir lu cet ouvr. ? Je l'espère », etc... Fabre d'Olivet qui met ici en scène les Frères de la Rose-Croix et en retrace même une initiation, semble admettre que Paracelse était un des chefs de cette mystérieuse association qu'il considère comme la mère de la Fr.·. M.·. actuelle.

(G-500)

3789 FABRE D'OLIVET. — Les vers dorés de Pythagore expliqués et traduits pour la première fois en vers eumolpiques français, précédés d'un discours sur l'essence et la forme de la poésie chez les principaux peuples de la terre... par Fabre d'Olivet.

A Paris, chez Treuttel et Wurtz et à Strasbourg. 1813, in-8° de 410 p. (25 fr.).

[Yb. 1442

Très rare.

Autres éditions :

Paris, 1891, in-4°. [Extr. du Voile d'Isis].

Paris, Lucien Bodin, [1908], in-8°, 011 p.

Les vers dorés de Pythagore sont pour ainsi dire, le résumé de sa doctrine, mais n'ont pas été écrits par lui ; c'est Lysis qui en fut l'auteur. Fabre d'Olivet les a traduits en vers libres et les commentaires très étendus qu'il en a fait forment un véritable monument d'érudition de la plus grande importance pour l'étude de la philosophie phythagoricienne. Les vers dorés sont le plus beau monument de l'antiquité et furent le Credo des Adeptes et des Initiés.

L'édition donnée par Bodin en 1908 ne présente pas la particularité typographique intéressante des accents graves sur certains " ch ", particularité qui fait le sujet de la Note p. 71. A part cela elle est assez correcte.

En publiant Pythagore et ses deux grands commentateurs, le désir de bon nombre de savants et d'érudits a été comblé. Les Vers dorés, si remarquables par leur élévation morale sont le plus beau monument de l'antiquité dressé en l'honneur de la Sagesse. Hiéroclès donne une exposition succincte, mais complète des doctrines de Pythagore et son ouvrage est d'une certaine importance pour l'étude de la philosophie pythagoricienne. Le Commentaire de Fabre d'Olivet, est un prolongement de celui d'Hiéroclès, il résume clairement la philosophie et la théosophie comparées de tous ces systèmes ; il ouvre la pensée sur tous les horizons de la connaissance.

L'ouvrage de Fabre d'Olivet est réédité " in extenso " et absolument conforme à la première édition.

Cet ouvrage n'est tiré qu'à 500 exemplaires.

(G-1300

3790 FABRE DES ESSARTS, consacré Evêque Gnostique vers 1890 sous le nom de Synésius, par S. G. Valentin (Jules Stany Doinel). — A Saint-Yves.

Cosme, s. l. [1885], in-8°. (2 fr.).

[8° Ye. Pièce. 1023

Le grand esprit que fut le marquis de Saint-Yves d'Alveydre, l'apôtre des Missions, le révélateur de la Synarchie et de l'Archéomètre est mort récemment. Nous avons eu la bonne fortune de retrouver une superbe poésie devenue rarissime, dont l'auteur M. Fabre des Essarts fut un des meilleurs amis de Saint-Yves. Ces vers d'une haute envolée expriment toute l'admiration d'un fervent disciple envers le maître universellement regretté.

3791 FABRE DES ESSARTS. — L'abbé HOUSSAY (l'abbé JULIO), par Fabre des Essarts.

Laval, E. M. Lelièvre, 1904, in-12 25 p. portr. (1 fr.).

[8° Ln²⁷ 51213

3792 [FABRE DES ESSARTS]. — Synésius, Patriarche Gnostique. — L'Arbre gnostique.

Paris, in-18 de 86 pp. et tabl. (2 fr. 50).

[8° R. 16021

Ce curieux ouvrage, tiré à très petit nombre, est l'attachant exposé de toutes les doctrines gnostiques, depuis les origines jusqu'à nos jours.—Les Frères Moraves. — Le Christ gnostique. — La Gnose et l'Université. — Synésius (p. 43). — Montségur, la Rome des Gnostiques. (p. 51). Etc...

3793 FABRE DES ESSARTS. — Les Hiérophantes. — Etude sur les fondateurs de religion depuis la Révolution jusqu'à ce jour. 1re série [seule parue] illustrée de sept portraits.

Paris, Chacornac, 1905, in-12, 354 p. et la table, planches (3 fr.).

Intéressante biographie de Fabre d'Olivet, Robespierre, Vintras, Valentin Hauy, les Swedenborgiens, Aug. Comte, Tourreil, Doinel, Boullant, l'Abbé Julio, Sophronius, Synésius etc... que l'auteur considère à juste titre comme étant des fondateurs de religions.

L'auteur tend à démontrer dans cet ouvrage que toutes les tentatives de ces hiérophantes ont eu pour but de réaliser la religion naturelle et progressiste, en harmonie avec les besoins du peuple et les idées modernes.

Nombreux portr. et gravures.

3794 FABRE DES ESSARTS. — Mon Maître. — Réponse à Madame Claire Vautier (de l'Opéra).

Paris, 1887, in-12 (3 fr.).

Rare (Manque à la Bib. Natle).

C'est une réponse à l'ouvrage de Mme Claire Vautier intitulé : *M. le Marquis. Histoire d'un prophète*. Réponse systématique, s'il en fut, à toutes les argumentations de Mme Vautier. L'auteur de cette brochure insiste sur deux points qui " reposent dit-il sur un fonds de vérité : le mariage de St-Yves et son anoblissement " et la vérité se fait jour. Il termine en louant l'œuvre du Maître incontesté du mouvement occultiste contemporain.

3795 FABRE DES ESSARTS. — Le Secret d'Eleusis et la Gnose.

S. l. (1906), in-8° (1 fr.).

(Extr.).

3796 [FABRE-PALAPRAT (Bernard Raymond)]. — Lévitikon, ou exposé des principes fondamentaux de la doctrine des chrétiens catholiques primitifs ; suivi de leurs Evangiles, d'un extrait de la Table d'or, et du rituel cérémoniaire pour le service religieux, etc.

Paris, à la librairie des Chrétiens primitifs, 1831, in-8° de 310 pp. (10 fr.).

[Ld159. 4

Avec en frontispice, le grand sceau de gouvernement de l'Eglise Chrétienne. Dans l'Hist. de la Fr. maçonnerie de Clavel, il est longuement question de ce fameux Lévitikon et des pseudo-templiers de 1833.

Dans cet ouvrage, outre le résumé d'un dogme pseudo-johannite, on trouve une version, dite authentique, de l'Evangile selon St-Jean, seul adopté par cette Eglise, et la liste [des Pontifes johannites depuis le Christ et saint Jean jusqu'à nos jours, en passant par tous les Grand-Maîtres du Temple. D'après Guaita, ce culte a existé réellement dans le passé à l'état ésotérique et latent.

(G-307

3797 FABRE-PALAPRAT (B. R.). Grand-Maître des Templiers. — Recherches Historiques sur les Templiers et sur leurs croyances religieuses.

Paris, 1835, in-8° (3 fr.).

[Ld159. 12

Intéressant ouvrage. C'est une défense contre les absurdités des prétendus crimes imputés aux Templiers.

3798 FABRICE (Jacq.). — Preuve des Visions, c'est-à-dire, Sentiment chrétien appuyé de la Parole de Dieu, par Jacques Fabrice.

Amsterdam, 1050, in-8° (?).

(S-3403 b

3799 FABRICIUS (Jean André) (?) né à Dodendorf, près Magdebourg en 1606 mort à Nordhausen en 1769.—Théologie de l'eau ou essai sur la bonté, la sagesse et la puissance de Dieu, manifestée dans la création de l'eau, traduit de l'allemand.

La Haye, 1741, in-8° (5 fr.).

Ouvrage de Théologie singulier.

Il a aussi existé un autre FABRICIUS (Jean-Albert), célèbre érudit né à Leipzig en 1668, mort à Hambourg en 1736.

(G-308)

3800 FACTUMS. — Bibliothèque Nationale. Département des imprimés. CATALOGUE DES FACTUMS et d'autres Documents Judiciaires antérieurs à 1790, par A. CORDA, Sous Bibliothécaire au Département des Imprimés. [et SUPPLÉMENT par A. TRUDON DES ORMES].

Paris, E. Plon, Nourrit et Cie, 1890-1902, et 1905 p' le Supplément 9 vol. in-8° plus 1 pour le Supplément.

On y trouve les Titres in extenso et les Cotes de Classification de presque tous les Factums (environ 57.000 articles) publiés jusqu'en 1790, classés dans l'ordre alphabétique des Noms Propres des Personnalités ou des Localités qu'ils intéressent.

Ce Catalogue peut suppléments plus ou moins abondamment nos articles :

ANGRE (Mal d'). — BRINVILLIERS (Mme de). — CAMIÈRE (Catherine). — CAGLIOSTRO (voir COLLIER). — COLLIER. — GRANIER (Urbain). — Mesmer. — SORNIN (Marie de, n°452). — VALOIS (voir COLLIER). — etc., et, en général, la plupart des sujets de Causes célèbres que nous mentionnons.

3801 FAIT (Le), le grand mystère dévoilé ou solution complète de la cause de l'existence des corps connus qui occupent l'espace de l'univers en démonstrations physiques et métaphysiques contenant une entière et parfaite explication de leurs propriétés fondamentales, leurs opérations et leur coopération.

Paris, 1848, in-8° de 80 pp. (2 fr.).

3802 FALCIONI (Zeffirino). — Coup d'œil sur le christianisme par un franc maçon, disciple de la philosophie positive, ancien secrétaire de la Chapelle pontificale.

Paris, 1879, in-8° (5 fr.).

[8° H. 430

Ouvrage intéressant et recherché. Le christianisme et l'esclavage. — Dogmes et morale empruntés par le christianisme aux anciennes religions. — Etude comparée du Christianisme et des religions qui l'ont précédé. — Fictions, légendes, miracles, (christianisme et bouddhisme). — Le christianisme a-t-il purifié le monde ?

3803 FALCOMER (M. T.). — Introduction au spiritualisme expérimental moderne.

Paris, Leymarie, 1896, in-8° de 39 pp. (1 fr. 25).

[8° R. Pièce 6075

3804 FALCONNET de la BELLONIE. — La psycantropie ou nouvelle théorie de l'homme : Spectacle des esprits. — Spectacle des caractères. — Spectacle des vertus.

Avignon, Le Chambeau, 1748, in-12. (4 fr.).

[R. 13315-13317

Livre singulier dont l'auteur fut pendant un certain temps rédacteur du Courrier d'Avignon.

(G-311)

3805 FALCONNIER (R.) de la Comédie Française. — Les XXII Lames hermétiques du Tarot Divinatoire, exactement reconstituées d'après les Textes Sacrés et selon la Tradition des Mages de l'Ancienne Egypte. Dessins de Mme Otto Wegener.

Paris, Art indépendant, 1896, in-8° écu ou in-16 de II-58 pp. et 22 illustrations de Maurice Otto Wegener. (4 fr.).

[8° R. 13365

Orné de 22 pl. h. t. représentant les

22 arcanes majeurs du Tarot reconstitués d'après les monuments archéologiques, les caractères cunéiformes et les papyrus anciens, très finement exécutés et pouvant se découper.

De tous les travaux qui ont été faits sur le Tarot, au point de vue initiatique, celui-ci est certainement le plus beau, le plus complet et le plus sérieux, après l'ouvrage de Papus : *Le Tarot des Bohémiens*, avec lequel il ne fait pas double emploi et qu'au contraire il complète. Nous citerons pour tout commentaire quelques passages de cette œuvre magnifique que tout initié doit avoir méditée : " Le Tarot n'est autre chose que la synthèse théosophique du dogme primitif des religions, en même temps qu'une méthode simplifiée d'Astrologie, retrouvée par le Mage Hermès Trismégiste. Il était gravé sur 22 lames d'or portant en plus des figures de l'alphabet hiératique des Mages, les signes du Zodiaque et les planètes. Il était gardé dans le Temple par un prêtre appelé Pastophore qui en expliquait le sens symbolique seulement aux Néophytes ; les Clefs divinatrices n'étaient dévoilées qu'à ceux qui parvenaient aux plus hauts grades du Sacerdoce d'Isis, et sous peine de mort pour qui en révélerait les mystérieux arcanes. Les 22 lames disposées selon l'ordre de l'alphabet numérique donnent la définition complète du dogme de la Haute-Magie des Anciens ; lorsque l'on mélange toutes les lames entre elles, leur signification individuelle se trouve modifiée par celles qui les entourent et elles donnent alors une sentence sacerdotale et philosophique, ainsi qu'une réponse à toutes les questions que peut se poser un cerveau humain. Les transpositions de ces 22 lames dépassent plusieurs millions et les pronostics se réalisent dans une proportion de 30 à 40 0/0... "

Nous ne pouvons naturellement pas reproduire ici in-extenso la splendide préface de cet ouvr. qui constitue à elle seule un chef-d'œuvre, nous ajouterons seulement ces derniers mots de l'auteur " Éliphas Lévi a reproduit et complété le tarot de G. Postel, et, dernièrement S. de Guaita et O. Wirth en ont donné une édit. cabbalistique exacte, et Papus a écrit sur ce sujet un important ouvrage. J'ai essayé, quant à moi de reconstituer le Tarot primitif d'Hermès, au point de vue expérimental et archaïque. »

3806 FALIGAN (Ernest). — Histoire de la Légende de Faust.

Paris, 1887, fort vol. gr. in-8° (6 fr.).

[8° Yh. 207

Très important ouvrage sur ce fameux Docteur sorcier, et sur ses œuvres magiques. Il est terminé par une importante biographie de Faust.

3807 FALSCHER und wahrer Lapis Philosophorum, oder : eines vornehmen und christlichen Philosophi unschätzbaren Unterricht von allem demjenigen, was ihm bey kostbarster Suchung des Steins der Weisen begegnet ist, worinnen derselbe alle diejenigen Streiche, welche denen betrügerischen Laboranten nur immer möglich sind, auszuüben, aus eigener, mit vielen 1000 Ducaten Unkosten verknüpft gewesener vieljähriger Erfahrung, historich entdecket,...; hierauf aber die Wurcklichkeit des Steins der Weisen und durch was vor Mittel, unter göttlichem Beystand sowohl hierzu, als zu Verfertigund der herrlichsten Artzneyen zu gelangen.....

Franckfurt und Leipzig, in Commission zu haben bey Daniel Christian Hechtel, 1752, in-4° de XXIV-418 pp. avec 1 pl.

[R. 7480
(O-1471

3808 FAMA hermetica in Circulo conjunctionem Saturni et Solis sistens Januarius (et Februarius).

S. l. ni adr., 1714, pet. in-8° de 14 pp. non chiff. (pour Januar), 48 (pour Februar), pp.

(O-1435

3809 FAMA mystica hermetica von dem grossen Universal-Stein, oder Lapide Philosophorum der uralten Weisen, ein abgenöthigter Beweisz von desselben wahrhaftigen Daseyn ; als eine Antwort auf dasjenige Avertissement......

Franckfurt und Leipzig. Joh. Paul Kraust, 1772. in-8° de 88 pp.

(O-1502

3810 FAMA remissa ad Fratres Roseæ Crucis. Antwort auf die Famam und Confessionem der Löblichen Brüderschafft vom Rosen Creutz.

S. l. ni adr. 1616. pet. in-8° de 70 ff. non chiffr.

(O-1534

3811 FAMIN (Stanislas-Marie-César) diplomate et littérateur né à Marseille en 1799, mort en 1853. Chancelier de Légation et Consul. — Musée royal de Naples : peintures, bronzes et statues érotiques du cabinet secret avec notes explicatives de plusieurs auteurs.

Bruxelles et Paris. 1876. 2 vol. pet. in-4°. Ornés de 62 pl. (40 fr.).

Paris, Everat. 1832. in-4°.

[Enfer 901

Paris, Ledoux. 1830. in-4°.

[Enfer 002

Paris, Palais-Royal, 1857. in-4°.

[Enfer 004

3812 FANIANUS (Johannes Chrysippus) alchimiste allemand du XVIe siècle. — Johannis Chrysippi FANIANI, de Artis Alchemiae veterum auctorum et praesertim jurisconsultorum judicia et responsa ad quaestionem : an Alchimia sit ars legitima. Item de Arte metallicæ metamorphoseos ; dans *Theatrum chemicum.* 1613). I, 28 — 62 ;

La 1re édit. est de

Bâle. 1576.

(O-544

3813 FAREMONT (Dr H. de). — La Force d'amour. Sa nature ; les effets et les moyens d'acquérir sa puissance sont à la disposition de tous.

Paris. 1908. in-18 (1 fr. 75).

[8° R. Pièce 11590

L'amour est une force immense encore inconnue et indispensable à l'équilibre de la santé physique et morale de l'homme. Les définitions de ces forces et le moyen de les acquérir sont autant de secrets que l'auteur, un savant initié, livre sans réserve au lecteur.

La Foi. — La Volonté. — La Substance d'Amour. — L'Amour divin. — Attraction de la substance d'Amour. — Effets de la Force d'Amour. — La Respiration. — La Bonté. — L'Amour au Ciel. — L'Amour nu. — Formule d'Amour.

3814 FAREMONT (Dr H. de). — Pour corriger l'enfant de ses défauts et le rendre meilleur (par le magnétisme).

Paris, s. d., in-12 de 28 pp.

FARIA (l'abbé Joseph CUSTODI de) nommé par M. DUREAU " *Perotti* " (?) est né à Goa (Indes Orientales) de parents de sang noir, vers 1755. Il fit son éducation à Lisbonne et entra dans les Ordres à Rome. Il prit une certaine part à la Révolution Française mais acquit surtout de la réputation comme magnétiseur.

3815 FARIA (Abbé de). — De la cause du sommeil lucide ou étude de la nature de l'homme par l'abbé de FARIA, brahmine, docteur en théologie et en philosophie ex professeur de philosophie à l'Université de France, membre de la Société médicale de Marseille etc.

Paris. Mme Horiac. 1819. 3 vol. dont 1 seul paru, in-8°, 403 pages.

[Tb44. 113

Rien de plus accidenté que la vie de l'abbé PEROTTI de FARIA beaucoup plus connu du public par le roman de M. Al. Dumas que par sa vie active et aventureuse dont nous donnerons incessamment une notice pleine de faits inédits. L'abbé FARIA fut un instant le magnétiseur à la mode et ses séances furent recherchées. L'ovrage dont il est l'auteur devait avoir trois volumes ; le 1er seul a paru. [Note de M. DUREAU : la notice en question semble n'avoir jamais paru].

(D. p. 93

3816 FARIA (Abbé José Custodio de),

Bramine. — De la cause du sommeil lucide, ou étude de la nature de l'homme.

Paris, Jouve, 1906, in-12 de LXIII-302 p. (3 fr. 50).

[8° Th⁶⁴ 115 A

Réimpression de l'édit. inachevée de 1819, in-8°.

Célèbre ouvrage du légendaire abbé Faria, Brahmine, Dr en Théologie et Philosophie et fascinateur incomparable. Elle est précédée des opinions scientifiques des Docteurs Brown-Sequard, Liébault, Gilles de la Tourette, Pitres, Crocq, Vires, Bernheim, sur la Doctrine de FARIA, qui diffère totalement des autres systèmes et renferme une philosophie curieuse et captivante au plus haut degré. Terminologie (p. 32). — Procédé de massage, (p. 136-8).

(G-312

3817 FARRINGTON (M. L.). — Facing the Sphinx.

San Francisco, l'auteur, 1889, pet. in-8° (3 fr. 50).

Curieux front. représentant le Christ gnostique. Fig. cabalistiques dans le texte.

3818 FATACIOLI (abbé A.). — Le Jour de la colère, ou la main de Dieu sur un Empire. — Visions d'un voyant de Juda.

Paris, Garnier frères, 1850, in-12, (4 fr.).

[D. 34729

Sorte d'Apocalypse moderne des plus étranges, où le voyant prophétise les événements qui doivent se dérouler jusqu'à la fin des temps. Les terribles revers subis naguère par la Russie, les convulsions révolutionnaires qui agitent ce pays, donnent à ces sombres pages un accent véridique peu rassurant pour l'avenir.

3819 FAUCHE (Hippolyte). — Le Gita-Govinda et le Ritou-Sanhara, trad. du sanscrit en français pour la première fois.

Paris, 1850, in-12, (5 fr.).

[Ya. 702

FAUCONNEY (Dr Jean), mort vers 1909 ou 1910, à Paris. A écrit sous de nombreux pseudonymes dont les principaux sont : Dr CAUFEYNON, Dr EYNON, Dr X...

3820 [FAUCONNEY (Dʳ Jean)]. — X***. — L'Amour Saphique à travers les Ages et les Etres. Ouvrage documentaire sur la Physiologie, la Psychologie et la Pathologie de la Passion Homosexuelle Féminine, ou Amour Lesbien : ses causes, ses origines, ses effets et ses aberrations.

Paris, chez les Marchands de Nouveautés [Garnier, 1908], in-12 de XII-284 p. (7 fr.).

[Th⁷¹. 2⁹⁰

Cet ouvrage anonyme du Dʳ FAUCONNEY a été poursuivi en Cour d'Assises dès sa mise en vente. L'édition tout entière a été détruite par l'éditeur GARNIER quelque temps avant le procès.

Anatomie sexuelle féminine. — Définition du Saphisme. — Les Sociétés Saphistes au XVIII° Siècle. — L'Amour Lesbien moderne. — La Psychologie de l'Amour Lesbien. — L'Homosexualité féminine : la Femme Mâle, ou Invertie. — La Femme Hermaphrodite. — Les Attitudes de l'Amour Lesbien. — Les Aberrations Saphiques. — Les Artifices de la Volupté Lesbienne. — Le Saphisme Sadique. — Le Masochisme. — La Sodomie. — L'Amour Lesbien à travers le Monde. — La Volupté chez la petite fille. — Le Saphisme est-il un cas d'adultère ?

3821 [FAUCONNEY (Dʳ)]. — La ceinture de chasteté, son histoire, son emploi autrefois et aujourd'hui, avec de nombreuses gravures hors texte.

Paris, De Poorter, 1905, in-12.

[T⁶⁶⁴. 7

Curieux volume, illustré d'un frontispice, reproduction d'une estampe du xv° siècle, 14 dessins hors texte dont un de Apoux.

Cadenas et ceinture de chasteté, notice historique. Explication morale, édifiante et curieuse sur les vertus de la ceinture de chasteté. Plaidoyer de Freydier contre l'introduction des cadenas et des ceintures

— L'infibulation gardienne de la virginité et de la fidélité. — La ceinture aux temps modernes. — Divers types d'appareils, etc...

Autre édition :

Paris, Société Parisienne d'édition, 1904. in-16 de 125 p. 27 planches hors texte (7 fr.).

3822 [FAUCONNEY (Dr)]. — Dr CAUFLYNON. — Les curiosités de l'hystérie.

Paris, Libr. des connaissances médicales, s. d. in-16 de 240 p. Couv. ill.

[Td^{55}. 1380

Phénomènes hystériques. — Simulations. — Prétendues visions célestes. — Viols simulés. — Affaire La Roncière. — Hystériques aboyeuses et miauleuses. — Marque des sorciers. — Hystérie de Ste-Thérèse. — Incubes et succubes. — Madeleine Bavent. — Les possédées de Louviers. — Les convulsionnaires de St-Médard. — Les Ursulines de Loudun. — Louise Lateau, etc...

3823 [FAUCONNEY (Dr)]. — Dr EYNON. — Fouetteurs et fouettés : perversité masculine.

Paris, s. d., in-18. Couv. ill. de Léon Roze (4 fr.).

[Rés. p. Y^2 470

3824 [FAUCONNEY (Dr)]. — Docteur CAUFEYNON. — Histoire de la Femme ; son corps, ses organes, son développement au physique et au moral, ses séductions, ses attraits, ses aptitudes à l'amour, ses vices, ses aberrations sexuelles : saphisme, nymphomanie, clitorisme, les déséquilibrés de l'amour, inversion sexuelle, etc...

Paris, Soc. Parisienne d'édition, 1904. in-12. illustré de 2 pl. hors texte (3 fr. 50).

3825 [FAUCONNEY (Dr)]. — Dr EYNON. — Manuel de l'amour conjugal.

Paris, Libr. artistique et médicale, s. d. [1906]. in-12. Orné de 16 pl. hors texte (4 fr.)

[Th^{55}. 281

Contenant un curieux frontispice supprimé dès la mise en vente.

3826 [FAUCONNEY (Dr)]. — Docteur CAUFEYNON. — Les Monstres Humains. Histoire. — Superstitions. — Croyances populaires. — Formations. — Anomalies. — Phénomènes. Avec 55 Gravures.

Paris, J. Fort, s. d., in-12 de 175 p. et 16 p. n. c. de Catalogue. Couvert. ill.

Les Monstruosités. — Les Monstres et la Superstition. — Origine réelle des Monstruosités. — Les Monstres et les Lois. — Monstres Androgynes. — Anorchidie, Ectopie, les Monstres Castrats. — Gigantisme et Nainisme. — Enfants Phénomènes par leurs Fonctions Génitales. — Monstres Gynécomastes. — Phénomènes Célèbres. — Quelques Monstruosités des Ouvrages Anciens.

3827 [FAUCONNEY (Dr)]. — Dr CAUFEYNON. — La Procréation à volonté des filles et des garçons ; suivie de la Fécondation artificielle et de l'Ami des jeunes femmes, ouvrages contenant des instructions claires et précises sur les moyens que les jeunes femmes doivent employer pour être heureuses dans un ménage et pour donner naissance à des enfants sains et robustes.

Paris, Fort. [1903] in-12.

[Tb^{55}. 217

Histoire de la génération humaine. Destinations spéciales de la femme comparée à l'homme. Théories de la vigueur et de la faiblesse. La fécondation artificielle, etc...

3828 [FAUCONNEY (Dr)]. — Dr CAUFEYNON. — Les Vénus impudiques. La grande prostitution à travers les âges.

Paris, Chamuel. 1903. in-12 (2 fr. 50).

[8° G. 2077

3829 [FAUCONNEY (Dr)]. — Dr CAUFEYNON. — La volupté et les parfums. Rapport des odeurs avec le sens génital, le parfum de la femme.

Paris, C. Offenstadl, 1903, in-18, 243 p.

[Th³⁷. 11

3830 [FAUCONNEY] et JAF (Docteurs). — Les Messes noires. Le culte de Satan-Dieu.

Paris, Vanier, Libr. des publications populaires, 1905, in-12 (3 fr.).

[8° R. 20107

La démonomanie chez les anciens, les sectes hérésiarques et leurs cérémonies sacrilèges. — Fêtes licencieuses du XII° siècle. — Messes, cérémonies scandaleuses au XV°˟ siècle. — Assemblées sataniques. — Messe noire de sorciers, envoûtements, maléfices. — Les Convulsionnaires et leurs doctrines obscènes. — Maçonnerie Égyptienne. Cagliostro. — Messes noires modernes. — La débauche au bon vieux temps. — Les possédées de Louvain et de Louviers, etc.

3831 [FAUCONNEY] & JAF (Docteurs). — [Titre de la Couverture imprimée]. Les Secrets merveilleux du Grand et du Petit Albert. Toute la Magie Noire dévoilée.

L'art de se faire aimer. — Recettes secrètes pour l'Amour, la Fortune, le Bonheur, la Santé, la Puissance, la Domination, la jeunesse et la Virilité. — Tous les Moyens Magiques pour réussir dans la Vie. — Les Envoûtements. Pactes sataniques et Messes Noires. — La Divination par les Songes, les Mains, les Cartes, les Astres, le Marc de Café, etc. — L'Art des Sorciers.

Paris, Librairie des Ouvrages Pratiques, s. d., pet. in-8° de 285 p. Tableaux et Figures Cabalistiques. (3 fr. 50) 2 fr.

[8° R. 21754

C'est une Compilation du Grand et du Petit Albert ; des Secrets Magiques pour l'Amour (de Cousin) ; du Grand Grimoire ; etc. Assez curieux.

3832 FAUG (Balthasar). — Les vraies bases de la Philosophie.

Paris, 1882, in-16.

[8° R. 4350

Hypothèses de Descartes et de Laplace. — Théorie de Darwin. — Théorie de Haeckel. — Perfectionnement des êtres. — Le Panthéisme. — La Pensée. — Facultés mentales particulières. — Religions hindoues. — La Libre-Pensée, etc...

3833 FAUGÈRE (Comte de). — La Science Universelle. Anatomie et Physiologie de la Terre. Électricité. Magnétisme. Magnétisme Humain. Planche avec Figures.

Brioude (Haute-Loire), Imprimerie A. Watel, 1805, in-8° de 36 p. et table. Planche double page, Lithographiée, de 4 fig. (1 fr. 50).

[8° R. 12834

Brochure basée sur les principes de l'"Omnithéisme" par Arthur d'Ascelmosi, q. v.

3834 FAURAT ou FAVRAT (Ludovicus). — Aurea Catena Homeri.

Francofurti, Esslingen, 1702, in-12 ou pet. in-8°.

[R. 35722

Voir la note de M. Laeragne à l'article : *Aurea Catena Homeri*. Cet ouvrage a paru originairement en Allemand, et Louis Favrat, ou Faurat n'en est que le Traducteur en Latin.

Pour une Traduction française de ce même ouvrage, voir Descoursel.

3835 FAUSSETÉ (La) des miracles des deux testamens prouvés par le parallèle avec de semblables prodiges opérés dans diverses sectes. Ouvrage traduit du manuscrit latin intitulé "Théophrastus redivivus".

S. l. [circa 1750], in-12 (3 fr. 50).

Anonyme non cité par Barbier.

(G-1397

3836 FAUST (Jean Michel). — Joh. Michaelis Fausti Compendium alchymist. novum, sive Pandora explicata et figuris illustrata, das ist : die Edelste Gabe Gottes, oder ein Büldener Schatz, mit welchem die alten und neuen Philosophi. die unvollkommene Metall....

Franckfurt und Leipzig. Joh. Zieger, 1700. in-8° de plus de 800 pp. avec des fig. s. b. dans le texte.

Cet ouvr. est une réimpression de Pandora. das ist die edelst Gab Gottes....... avec un très ample commentaire extrait des œuvres des principaux alchimistes.

(O-1310)

3837 FAUST (sur Jean) Savant Kabbaliste. né à Knittlingen en Wurtemberg vers la fin du XVe Siècle et mort assassiné à Rimlich, près de Wittemberg (Prusse). — Les Aventures du Docteur Faust et sa descente aux enfers ; traduction de l'allemand (de Frédéric-Maximilien Klinger).

Amsterdam. chez les Libr. associées, 1798. pet. in-8° (20 fr.).

Figures curieuses;6 portr. en médaillon.

FAUST (sur la Légende de).

Voir :

CAYET.
GŒTHE.
FALIGAN (E.).
LAFFITE (Pierre).
SAUR et ST-GENIES.

3838 FAUX GRAND MAITRE (Le) du grand Orient de France...... comédie en 1 a. et en vers.....

Paris. 1815. in-8°.

(O-468)

3839 FAUVELLE le GALLOIS. — Le magnétiseur universel, recueil des progrès spiritualistes ou études sur les manifestations du spiritualisme moderne, par M. Fauvelle le Gallois. avec la collaboration d'écrivains spéciaux de tous les pays.

Paris. L'Auteur. 3. Rue J. J. Rousseau. 1864.

[R. 35719]

Devait former un ouvrage de 12 ou 15 livraisons paraissant mensuellement mais a été transformé en un journal in-4° à partir du 28 Octobre 1866; Paris : par an 8 francs, province et étranger le port en plus. La pagination se suit depuis le premier N° et le journal paraît à époques irrégulières. Monsieur Fauvelle le Gallois est très différemment apprécié par les magnétiseurs. les uns ne voient en lui qu'un rêveur, les autres le considèrent comme un oracle. lui-même se déclare chef d'école. C'est avant tout un excellent homme aux allures originales, un peu enthousiaste, trop confiant peut-être dans les phénomènes du somnambulisme, mais toujours disposé a faciliter aux autres soit à l'aide de ses malades. soit avec ses sujets, l'étude du magnétisme : qualité peu commune. — Collaborateurs du journal : MM. Maurice Valette, Thomas Morat, Mme Adèle Esquiros, MM. le Docteur Pinel de Golleville, J. A. Gentil, Paul Nollet. Peu d'articles scientifiques spéciaux, beaucoup de philosophie, humanitaire et de littérature.

(D. p. 177

3840 FAUVELLE le GALLOIS. — L'Avenir, almanach complémentaire du *Magnétiseur universel*. écho précurseur du monde magnétique spiritualiste et humanitaire. Exposé des soirées somnambuliques, expérimentales et scientifiques ; suivi d'un traité sur le merveilleux, la transmission de pensée, les songes, la lucidité, la divination, etc...

Paris. 1858. in-8°. (1 fr.).

3841 FAUVELLE LE GALLOIS (A.). — Le somnambule spiritualiste, mélodie; paroles de A. Fauvelle le Gallois. magnétiseur humanitaire.

Paris, chez l'auteur. 1854.

(D. p. 156

3842 FAUVETY (Charles). — Le Magnétisme au siècle de Paracelse.

Paris, 1850. in-8° de 25 pp.

Etude intéressante au plus haut degré non seulement sur *Paracelse*. mais sur *Van Helmont, Fludd, Kircher, Pomponace*. les Rose ✝ Croix. etc...

3843 FAUVETY (Charles). — Théonomie. — Démonstration scientifique de l'Existence de Dieu.

Nantes, 1894, in-16 (4 fr.).

[8° R. 11931

Dans ce volume de religion transcendante, le F∴ FAUVETY fait une magnifique démonstration rationaliste du Grand Architecte de l'Univers que la Maçonnerie moderne a expulsé des Loges. Les spiritualistes y trouveront des arguments très forts en faveur de leur thèse et les occultistes des aperçus originaux sur les lois secrètes de l'univers.

3844 FAVA (Mgr Armand Joseph). — Le secret de la Franc-Maçonnerie.

Paris, 1882, in-12.

Curieux ouvrage dans lequel l'auteur prétend que Fauste Socin fut le fondateur de la F∴ M∴. Détails sur Cromwell, Ashmole, Cagliostro, les Carbonari, Mazzini, etc...

Autre éd.

Lille, 1883, in-8°

[8° H. 617

3845 FAVRE (François). — Documents maçonniques.

Paris, Tessier, 1866, in-8° de 560 pp. (6 fr.).

Essai historique et philosophique sur la F∴ M∴. — Organisation des 33 degrés du Rite Ecossais. — Procès de Cazotte. — Histoire de la fondation du Grand Orient. — Fondation d'un S∴ C∴ pour la Républ. Mexicaine. — La Maçonnerie en 1861-62. — Introduction des H∴ G∴ Le Sup∴ cons∴ et le G∴ O∴ — Les Sociétés Secrètes en Allemagne. — Notice sur Martinez Pasqualis et St-Martin. — La Camorra. — Le Ribbonisme. — Rituel de protectorat maç∴ — Instructions pour les trois grades symboliques (30 p.) etc.

(G-1785

3846 [FAVRE (Dr Henri)]. — Batailles du Ciel. Manuscrit d'un vieux Celte.

Paris, Chamuel, 1892, 2 vol. in-8° de 420 et 445 p. etc... (10 fr.). (7 fr.).

[8° R. 11157

Le "*vieux Celte*" est le pseudonyme du docteur Henri FAVRE.

Véritable drame cosmogonique, cet ouvrage original et peu connu met en scène nombre de sujets les plus émouvants, relatifs à l'Occultisme et aux Théories ésotériques. Voici la reproduction de la table : Le grand mirage. — Dans l'Eden. — Le Pacte. — Un cycle à vol d'oiseau. — Frederis arca — Les sacrifices. — Babel. — Les nomades de Jéhovah. — L'Ennemi. — Les deux esprits. — Ecce Homo. Mission du Christ. — Hosannah ! A Béthanie. — Le mystère d'Esus. — L'Hostie sanglante. — Le Golgotha. — Le Verbe aux Enfers.

3847 FAVRE (Dr Henri). — Au Pays de l'occulte. — Les Coffrets de Famille.

Paris, F. R. de Rudeval, 1902, in-18 de 319 p.

[8° Y². 55503

"Notre peuple de France, dit l'auteur dans la Préface, soupçonne à peine l'existence du monde occulte. L'Occultisme a ses tenants et ses suppôts, naïfs ou enthousiastes, séduits par l'entraînement des conceptions émouvantes et étranges. Il suffit que la lumière s'élève dans le plein jour pour dissiper comme des fumées de visions folles, les hallucinations aliénantes qui surgissent du milieu des ténèbres de la grande nuit".

3848 FAVRE (Claude-Gabriel Jules) Avocat, Académicien et homme politique né à Lyon en 1809, mort à Versailles en 1880. — Affaire de la Salette et plaidoirie de Jules FAVRE.

Paris, in-12. (3 fr.).

Document recherché qui fixe un point curieux de l'histoire et de la mystique religieuse. L'affaire LA MERLIERS y est élucidée à fond, et le fait surnaturel se dégage admirablement de l'ensemble des preuves apporté à la barre.

3849 FAVRE (Jules). — Notes pour Monsieur Jules de Rovira, intimé, contre le Ministère public, appelant par Jules FAVRE.

Paris, Bernard, 1854, in-4° 1-pages (2 fr. 50).

Dans cet éloquent plaidoyer, Mr Jules Favre indique sa conviction personnelle. — Il croit à un fluide éthéré invisible et transmissible. Il croit que le second principe du magnétisme c'est la foi vive aux dogmes de l'immatérialité de l'âme ".

(D. p. 151)

3850 FAVRE (Jules). — Plaidoirie devant la Cour d'appel de Paris pour les héritiers de feu Ch. Guill. NAUNDORFF, décédé en Hollande, et inscrit sur les registres de l'Etat civil de la ville de Delft comme Charles-Louis, duc de Normandie, fils du Roi Louis XVI et de la Reine Marie-Antoinette, appelants, contre M. le Comte de Chambord, intimé, défaillant. Suivie de l'arrêt de la Cour.

Haarlem et Paris. 1874. in-12. (5 fr.).

(G-313)

—— Louis XVII, plaidoirie.

Paris, 1884. in-18.

[Ln27. 57645

3851 FAWCETT (E. D.). — Riddle of the Universe : the first Principle of Metaphysic. Consciousness.

London. ch. Arnold. 1893. in-8° (15 fr.).

3852 FAY (Barthélemy). — Bartholomæi Fay, Energumenicus. — Ejusdem. Alexiacus.

Lutetiæ. 1571. in-8°

(S-017 et 3210 b

3853 FAYE (Eugène de). — Clément d'Alexandrie. Etude sur les rapports du christianisme et de la philosophie grecque au II-e siècle.

Paris. Leroux. 1898. in-8° (7 fr. 50).

[D². 10893

3854 FAYE (H.). — Sur l'origine du Monde : théories cosmogoniques des anciens et des modernes.

Paris. Gauthier Villars. 1884. in-8° Figures. (4 fr.).

[8° V. 7173

La Science et l'idée de Dieu. — Idées cosmogoniques des premiers temps et des anciens. — Observatoires des temples. — Pythagore. Platon, le Timée, Aristote, le Ciel. — L'Univers stellaire de Kant. — Idées cosmogoniques du XIX-e siècle, etc...

3855 FAYOL (Jean-Baptiste). — L'Harmonie celeste, decouvrant les diverses dispositions de la Nature, ouvr. physique et matematique, necessaire à toutes sortes de gens, pour discerner les erreurs de M. Descartes ; connoitre la diversité des airs et leurs changements en tous les endroits du monde ; prevoir toutes les maladies jusqu'à la derniere difference,... et de distinguer les vertus de la matiere medicinale selon les influences des Astres, avec beaucoup d'autres curiositez utiles et agréables à lire : par Jean-Bapt. FAYOL, prieur commendataire de N. Dame de Donges.

Paris. Jean d'Houry. 1672. in-8° de XXIV-354 pp. (10 fr.).

Traité rare d'astrologie, avec 2 fig. symboliques, contenant : Des influences des astres. — Du prognotic (sic). — Des remèdes spécifiques des astres.

Idem.

Paris. Vendosme. 1674. in-8°

Paris, 1671. in-8°

(O-1806
(G-315-316

3856 FAX. — Des nombres mystérieux et en particulier du nombre Trois.

Paris, Ledoyen, 1850, in-12 de VIII-124 pp. (5 fr.).

[V. 50036

Les nombres chez tous les peuples : Grecs, Perses, Egyptiens, Israélites, Romains, Arabes, Ottomans, Chinois, Indiens, Celtes, Gaulois, Germains et Francs. Les anciens Francs Maçons et Templiers.

— Applications fantastiques ou absurdes. — Applications historiques, industrielles, etc... Remarque sur le nombre 9 etc...

(G-314

3857 **FEINKIND (Dr St.).** — Du somnambulisme dit naturel (Noctambulisme), ses rapports, avec l'hystérie et l'attaque hystérique à forme Somnambulique.

Paris, 1893, gr. in-8° (2 fr. 50).

Les Somnambulismes. — Hystérie. — Somnambulisme hystérique et noctambulisme, etc...

FÉLICITÉ (Ordre de la).

Voir :

O*R*DRE de la Félicité.

3858 **FÉLICITÉ (Joseph de).** — La Régénération du monde, opuscule dédié aux douze tribus d'Israël.

Courtrai, E. Beyaert. 1860, in-8° de 100 pp. (5 fr.).

|D. 30484

Qu'est-ce que la régénération du monde. La Langue hébraïque, la Trinité. — Présages et pronostics de la Régénération du monde. — L'Ante-Christ ou persécution. — Le Saint-Esprit, la Régénération et la transformation des hommes, etc... Ouvrage extrêmement curieux.

3859 **FELTMANN (Théodore).** — Theodori Feltmanni, Tractatus de Somno.

Breme, 1711, in-12.

(S-3341 b

3860 **FÉNELON (François de SALIGNAC de LA MOTHE).** prélat et mystique français né au château de Fénelon (Périgord) en 1651. Archevêque de Cambrai. Mort en 1715. — Lettres sur divers sujets concernant la Religion et la Méthaphysique (*sic*), par de Fénelon.

Paris, Estienne, 1718, in-12,

|D. 21416
(S-1138

3861 **FÉNELON.** — De l'existence et des attributs de Dieu. Entretiens sur la religion, discours philosophique sur l'amour de Dieu, lettres sur divers sujets de métaphysique et de religion, lettres sur les anciens et les modernes, etc...

Paris, Firmin Didot, 1861, in-12 de 570 pp. Portr. gravé. (3 fr.).

Autre édit :

Paris, Chaix, 1804, in-8°

|D. 55069

3862 **FÉNELON. Le P. LAMI et le COMTE de BOULAINVILLIERS.** — Réfutation des erreurs de Benoit de SPINOSA écrite par J. COLERUS, augmentée de beaucoup de particularités tirées d'une vie manuscrite de ce philosophe faite par un de ses amis.

Bruxelles, Foppens, 1731, in-12. (7 fr.).

|D². 5219
(G-1369

FÉNELON. — Voir aussi :

S*ALIGN*AC de la Motte de Fénelon.

3863 **FÉRÉ (Charles).** — Dégénérescence et criminalité. — Essai physiologique.

Paris, 1888, in-12 de 178 pp.

[T^(o). 100

3864 **FÉRÉ (Charles).** — La folie communiquée de l'homme aux animaux.

S. L. (1893) in-8° (Extr.). (0 fr.50)

3865 **FÉRÉ (Charles).** — Les hypnotiques, considérés comme sujets d'expérience en médecine mentale.

S. L. 1885, in-8°

Illusions, hallucinations, impulsions irrésistibles provoquées : leur importance au point de vue médico-légal.

3805 bis FÉRÉ (Charles). — Le Magnétisme animal.

[Sans autre indication].

[8° R. 81

3806 FÉRÉ (Charles). — Notes pour servir à l'histoire de l'hystéro-épilepsie de l'amblyopie croisée, et de l'hémianopsie d'origine cérébrale.

Paris, 1882, in-8° Figures.

3807 FÉRÉ (Charles). — Sensation et mouvement.— Études expérimentales de psychomécanique.

Paris, Alcan, 1900, in-12. Avec 44 graphiques dans le texte.

[Tb⁶⁵. 73

FERÉAL (V. de). — Voir :
SUBERWICK (Madame).

3808 FERJUS-BOISSARD. — Dante Révolutionnaire et socialiste, mais non hérétique. Deuxième édit. augm. d'une introduction sur l'état de la question.

Paris, Donniol, 1854, in-8° (8 fr.).

[K. 10013

2° édit. 1858.

[K. 10014

Répondant aux travaux d'écrasante érudition d'Aroux, l'auteur examine si le Dante fut vraiment affilié à une société secrète d'allure maçonnique et versa jamais dans les doctrines gnostiques professées par les Cathares de son temps. Il ne nous appartient pas de décider si Ferjus-Boissard a victorieusement réfuté dans ce volume les allégations d'Aroux, relatives à la Massenie du St-Graal, et à l'initiation du Dante. L'auteur fait beaucoup de concessions d'ailleurs, et convient que le chantre de la divine Comédie fut un défenseur courageux des Templiers ; mais quoi qu'il en soit, son volume offre un grand intérêt philosophique et fait connaître en France les travaux de Rossetti sur cette question palpitante du gnosticisme maçonnique du Dante.

FERNEL (Jean), surnommé *le Galien moderne*, Mathématicien. Astrologue et médecin de Henri II, et de Diane de Poitiers, naquit à Clermont-en-Beauvoisis ou à Montdidier, en 1497. Son père était originaire d'Amiens : c'est sans doute le motif pour lequel il prend lui-même le surnom d'Ambianus. " Il était, dit le Doct. Saucerotte, professeur éloquent, écrivain non moins élégant que disert, artiste dans l'art d'exposer et d'enchaîner avec lucidité les doctrines qu'il conciliait ".

3869 FERNEL (Jean), premier Médecin de Henry II.— La Pathologie, ouvrage très utile à tous ceux qui s'appliquent à la connaissance du corps humain : mis en françois.

Paris. 1660, fort in-8° (12 fr.).

La Pathologie de ce célèbre médecin, est son plus beau titre : elle est écrite avec une élégance rare.

En latin.

Parisiis. C. Le Groult. 1638, in-12

[Td³⁰. 53

3870 FERNEL (Jean), premier médecin du Roy Henri II.— Les VII livres de la physiologie. Traduits en françois par Ch. de St-Germain, Parisien.

Paris. Guignard. 1655, in-8° (8 fr.)

(G- 317

3871 FERNEL (Jean). — Joan. Fernelii Ambiani. Universa Medicina ; ab ipso quidem authore ante obitum diligenter recognita, et quatuor libris nunquam ante editis, ad praxim tamen perquam necessariis aucta. Nunc autem studio et diligentia Guil. Plantii edita. Adiectis indicibus locupletissimis.

Francofurti : apud Andreæ Wecheli hæredes, etc... 1592, in-fol. (10 fr.).

Autre édit :

Lugduni Batavorum, 1645, 2 vol. in-8°

[T³⁰, 9

Très curieux titre-frontispice gravé sur cuivre représentant FERNEL dans un hôpital parmi les malades.

FERNEL (sur Jean). Voir :

FIGARD (L).

3872 FERRAND (Jacques) médecin français né à Agen vers la fin du XVIe siècle. — De la maladie d'Amovr ov mélancholie érotiqve. Discours curieux qui enseigne à cognoistre l'essence, les causes, les signes et les remèdes de ce mal fantastique.

Paris, chez Denis Moreav, 1623, in-8°.

[Td⁸⁶. 7

Cet ouvrage rare n'est pas cité dans la dernière édition de la Bibliographie des ouvrages relatifs à l'amour. Il révèle une vaste érudition et un esprit fort original.

(G.-1371

3873 FERRARA (L.). — La survivance du corps. Transformation du corps humain en marbre.

Paris, 1898, in-8°. 12 curieuses gravures.

(Extr.)

3874 FERRARI, ou EFFERARI. Moine alchimiste. — Efferarii monachi, de Lapide philosophorum secundum verum modum efformando ; dans Theatrum chemicum (1613) III, 128-37.

Édition originale (?) :

Argentorati [Strasbourg], 1650. in-8°.

(O-745-746

3875 FERRAZ. — De la psychologie de Saint-Augustin.

Paris, Durand, 1862, fort in-8°. (7 fr.).

[C. 4696

3875 bis FERREIRA (Dom Alexandro). — Supplemento historico, ou Memorias, e Noticias da celebre Ordem dos Templarios... [Mémoires et Notices historiques du célèbre Ordre Militaire des Templiers...].

Lisboa Occidental, Joseph Antonio da Sylva, 1735. 2 vol. in-4°. Titre noir et rouge, frontisp.

[Rés. H. 701 et 2

Le Tome II est intitulé : *Memorias, e Noticias historicas, etc.*

Un des ouvrages les plus importants sur l'*Ordre des Templiers.*

3876 FERRERO (Guillaume). — Les lois psychologiques du Symbolisme ; traduit de l'italien.

Paris, F. Alcan, 1895, in-8° (5 fr.).

[8° R. 17402

Très intéressant ouvrage. — Psychologie du Symbolisme. — Symboles intellectuels, — Symboles émotifs. — Symboles mystiques. — Symboles de survivance.

Édition italienne :

Torino, 1893, in-8°.

[8° Z. 10705 (11, 19)

3877 FERRET (Abbé). — La cause de l'Hypnotisme. 2ᵐᵉ édition.

Paris, Tequi, 1891, in-12 de 300 pp.

[8° R. 10404

Curé d'Ars ; Douglas Home ; H. Delaage ; Dr Bertrand ; Dr Bérillon ; Braid ; Dr Bernheim ; Charcot ; Legrand du Saulle ; Dr Gibier, etc.....

Livre très curieux où l'auteur démontre que la volonté de l'homme, bonne ou mauvaise, retentit sur tout l'univers ; que les âmes des morts sont une cinquième sorte de voluptés substantielles, et que le monde invisible, par des agents mystérieux, agit sur l'homme et son ambiance d'une manière permanente. Les crimes de l'Hypnotisme aussi bien que ses miracles y sont examinés sincèrement. A signaler une extraordinaire séance de magie où le savant Arago joua un rôle prépondérant et au sujet de laquelle l'éminent astronome fit les aveux les plus complets.

3878 FERRI (Henri) — La sociologie criminelle.

Paris, Rousseau, 1803, in-8°. (5 fr.).

[8° F. 7508

3879 FERRIER (Auger). Astrologue et médecin français, né près de Toulouse vers 1513, mort vers 1588. — Des jugemens astrononiques svr les nativitez. Par Auger FERRIER medecin natif de Tolouze.

A Lyon, par Iean de Tovrnes, 1550 in-8° (50 fr.).

[V. 2413

Édition originale en caractères italiques d'un ouvrage d'astrologie dédié à Catherine Royne de France, et qui eut un succes énorme à la fin du XVIe S.

Autres éditions :

A Lyon, par Iean de Tovrnes 1582 in-10 de 180 p. et 2 ff. n. c.

[V. 2413. A.

A Lyon, par Benoist Rigaud, 1577 in-10.

(S-3440 b
(G-310-320-1787-88

3880 FERRIER (Jérémie). Pasteur né à Nimes, mort à Paris, vers 1626. Excommunié par les protestants, puis converti au catholicisme. — De l'Ante-Christ et de ses marques contre les calomnies des ennemis de l'Eglise Catholique, par Jér. Ferrier.

Paris, Sebart, 1615, in-4°.

]D. 4720
(S-560

3881 FESCH (l'abbé Paul). — Dossiers Maçonniques : La Franc-Maçonnerie contre l'Armée.

Paris, Clavreuil, 1905, in-12. Nombreux portraits et fac-similés.

Nombreux et curieux documents maçonniques; donnant les principaux vœux de la Maçonnerie relatifs à l'armée, un aperçu des Travaux des Loges, un résumé des campagnes de la Presse (Matin, Figaro, etc...) une liste des suspects, les indicateurs les plus en vue, une table des Loges, les brochures maç°. contre l'armée, la délation devant les chambres, etc... ; l'ouvrage se termine par une table des noms propres cités.

3882 FESCH (P). — Les souvenirs d'un abbé journaliste.

Paris, Flammarion, s. d. in-12.

[Lb⁵⁷. 12088

Documents sur la Franc-Maçonnerie, Léo TAXIL, etc.

3883 FESCH (P). — La Voyante de la place St-Georges (Mme Lay-Fonvielle).

Paris, 1000, in-8° (1 fr. 25).

Curieuse étude sur une célèbre voyante moderne.

3884 FRESSELIUS (Daniel). — Regnum Diaboli mysticum, das ist das geistliche Reich des Teuffels mit seinen lieben angenehmen Wercken und schädlichen Fruchten auss und nach der Schrift gezeiget von M. Daniele FESSELIO und M. David GLADOVIO Lutherischer Prediger in custrin.

Leipzig und Berlin, 1070-1699. 3 vol. in-4°. Curieux frontispice gravé. (7 fr.).

Répertoire alphabétique des mystères, paraboles, leçons et mots qui se trouvent dans l'Ecriture sainte, et qui expliquent l'œuvre, les tentations et les ruses du Diable.

3885 [FESSLER]. — Die Höchsten Grade des hochw. gr. M. L. R. Y. Z. Fr. [les hauts grades de la Gr.— Loge Royal-York de Berlin selon FESSLER],oder das non plus ultra der Freimaurerei.

Berlin, Joh. Wilh. Schmidt, 1804, in-8° de 204 pp. avec 1 pl.

(O-305

PEUCHTERSLEBEN (Edouard de) né à Vienne le 29 avril 1806. Son père était Conseiller Aulique, et se donna la mort en se noyant dans le Danube. Médecin de la Faculté de Vienne, après des débuts pénibles, notre auteur y professa la Médecine, et devint Doyen de la Faculté. En 1848 il fut Ministre de l'Instruction publique et ses réformes furent mal acceptées ; il donna sa démission et les Professeurs de l'Université signèrent une pétition pour obtenir sa révocation de la charge de Doyen. Il s'en démit spontanément, mais tomba gravement malade et mourut le 3 septembre 1849, tué par l'ingratitude des hommes.

3886 FEUCHTERSLEBEN (le Baron E. de). — Hygiène de l'âme. Hygiène Morale. — Introduction par le Dr Huchard de l'Académie de médecine. [Quatrième édit. en français].

Paris, Baillière et fils, 1904, in-18 VIII-351 p. (4 fr.).

Des effets de l'esprit en général. — La beauté est le reflet de la santé. — Facultés intellectuelles. — Imagination. — Culture intellectuelle. — Tempéraments, Etc...

On appréciera à sa juste valeur, dit le Dr Huchard, l'importance de cette étude sur l'art de se commander à soi-même, le commencement et la fin de la Sagesse. — Ce livre, qui révèle la puissance mystérieuse de la volonté, est indispensable aux médecins qui veulent guérir leurs malades, et à ceux-ci pour conserver leur santé.

Autres édit :

Paris, Baillière, 1870, in-12 (trad. de l'allemand sur la 24-ème édit. par le Doct. Schlesinger-Rabier).

Paris, 1853, in-12.

3887 FEVAL (Paul Henri Corentin) né à Rennes en 1817, mort à Paris en 1887. Romancier et auteur dramatique. — Tribunaux secrets, ouvrage historique. — Francs-Juges. — Fanatiques. — Thaumaturges. — Inquisiteurs. — Prophètes — Mall Maguires. — Enfants blancs. — Pieds noirs. — Rois. — Tribuns. — Esclaves. — Carbonari. — Templiers. — Chevaliers de Malte. etc... Origines mystérieuses, révélations historiques, revers des médailles illustres.

Paris, 1864. 8 tomes pet. in-4, nombreuses et jolies figures gravées sur acier, par Staal, Ferdinand et J. Moraine. (25 fr.).

[G. 5884-5805]

Autres édit :

Paris, s. d., Penaud frères, 8 vol. gr. in-8°.

Paris, Legrand, 1883, gr. in-8°.

3888 FEYTAUD (Urbain) journaliste et spirite descendant d'un fils naturel de Don Fayros ou Feyros, Dominicain et grand inquisiteur d'Espagne ; c'est le grand père maternel de Madame Vallette bien connue sous le pseudonyme de RACHILDE. — Le Spiritisme devant la conscience.

Paris, Chamuel, 1893, in-12 de 208 pp. (2 fr.).

Origine de la croyance aux esprits. — Pratique du Spiritisme. — La médiumnité. Inspiration, pressentiment, obsession. — Les démons ou esprits du mal. — La croyance à l'enfer, au purgatoire et au paradis. — Superstitions, etc...

3889 FIARD (Abbé Jean-Baptiste) Jésuite né à Dijon en 1736, mort en 1818. Célèbre Démonologue. — La France trompée par les magiciens, les démonolâtres, et les magnétiseurs du XVIIIe siècle (fait démontré par les faits) par l'abbé Fiard.

Paris, Grégoire et Thouvenin, 1803, in-8°, 200 pages. (7 fr.).

Inutile d'ajouter quelles sont les tendances du livre. Le démon y joue le principal rôle.

Ouvrage curieux et rare, donnant de nombreux documents sur Cagliostro, Mesmer, etc....

Le diable seul, au dire de l'auteur, a fait la Révolution française, à l'aide d'hommes et de femmes qui étaient ou des démons incarnés, ou des adorateurs du diable.

(D. p. 79)
(G-321)

3800 FIARD (l'Abbé). — Lettres magiques ou lettres sur le diable.

En France, 1791, in-12. (o fr.).

[R. 35004

1-re édition devenue fort rare de cet ouvr. réimprimé plus tard sous le titre de « *Lettres philosophiques sur la Magie* ».

(G-618)

3801 FIARD (Abbé J. B.). — Lettres philosophiques sur la magie, Edition corrigée et augmentée.

Paris, Grégoire, 1803, in-8°. (4 fr.)

[R. 41820

Réédition de l'ouvrage précédent ; c'est une critique de la magie et du magnétisme.

A la fin de ces Lettres, se trouve réimprimée la curieuse Requête du Parlement de Rouen au Roi, en 1670, par laquelle il demandait au Roi de laisser libre cours à la justice pour tout ce qui regarde les accusés de Magie et de Sortilège et de rapporter son ordonnance par laquelle il commuait la peine de mort en bannissement perpétuel. — Cet ouvrage est un document précieux de l'histoire de la Magie et de la Sorcellerie en France.

(G-322 et 1272)

3802 FIAUX (Jules). — Comment réussir dans la vie ?

Paris, H. Daragon, 1908, in-16, 92 p. (75 cent.).

[8° R. 22050

La volonté — Educations — L'Idéal — La peur, la timidité etc. — L'optimisme — La respiration profonde — Concentration de pensée. — Etc.

Traduit en anglais sous le titre : « *How to make Life a Success By Means of a Well Trained Will.* » (1 shil.)

Du même :

Néosophie: Théorie et applications. Vers la santé et la pleine vie.

Paris, P. Leymarie, 1900, in-16 de 206 p.

[8° T²¹. 807

3893 FICIN (Marcile) ou Marsiglio FICIN) savant philosophe platonicien et Médecin né à Florence en 1433, mort en 1400. Médecin de Côme et de Laurent de Medicis. Traducteur de Platon. — M. Ficinus Opera.

Venetiis, Aldi, 1516, in-fol. (20 fr.).

Cet ouvrage de superbe impression, porte sur le titre et à la fin la célèbre marque des Alde de Venise. Il contient de précieux traités de magie : Iamblichus De Mysteriis Ægyptiorum, etc... Proclus in Platon. Alcib. de anima adq Dermone. De Sacrificio et Magia. Porphyrius. De Divinis adq Dæmonibus. Psellus. De Dæmonibus. Pythagore. Aurea verba : Symbola. Xenocratis. Liber de Morte. Mercurii Trism. Pimander. Ficinus de tripli vita ; de voluptate; de Sole et lumine lib. ; lib. de magis : etc...

3894 FICIN (Marsile). — Aureum, planeque divinum opusculum Mercurii Trismegisti de Potestate ac Spientiâ Dei, interprete Marsilio Ficino.

Moguntia, per J. Schoeffer, 1603, in-4°.

Edition Princeps.

(S-3110

3895 FICIN (Marsile). — Marsilii Ficini Büchlein von Stein der Weisen, erstlich von dem Authore selbten in Lateinischer Sprach beschrieben, anjetzo aber allen Liebhabern und des Lateins Unkündigen zu lieb in die Teutsche Muttersprach übersetzet; dans Dreyfaches hermet. Kleeblatt (1667), 273-448.

(O-880

3800 FICIN (Marsile). — Discovrs de l'honneste amovr, sur le Banqvet de Platon. Tradvit de Toscan en Français par Gvy Le Fevre de la Boderie Avec vn traité de I. Picus Mirandulanus sur le mesme subject.

Paris, Abel l'Angelier, 1588, in-8º.

Ouvrage curieux et rare.

(G.-1373

3897 FICIN (Marsile). — Platonis Philosophi Opera, cum Commentariis et Argumento Marsilii Ficini.

Basileæ, 1561, in-fº.

(S-2678

3898 FICIN (Marsile). — Trois livres de la vie, composés en latin par Marsile Ficin, et traduits par Guy Lefèvre de la Borderie.

Paris, 1582, in-8º.

Autre :

Paris, pour A. L'Angelier, 1581.

[Tell 16
(S-2801

3899 FICIN (Marsile). — Marsilii Ficini florentini medici, de Vita libri tres ; hic accessit de ratione victus salubris opus nunc recens natum, autore Gul. Insulano Menapio Grevibrugensi. Epidemarium antidotus, tutelam quoque bonæ valetudinis continens, auctore Marsilio.

Basileæ B. Westhemerus, 1541 pet. in-8º. (10 fr.).

[Tell. 14

Curieux et très rare traité, dans lequel, la médecine et la philosophie sont heureusement adaptées.

3900 FICIN (Marsile). Marsilii Ficini, de Vitâ, Libri Tres.

Parisiis, Gaulterot, 1547, in-8º.

(S-3323 b
(St Y-1370

3901 FICIN (Marsile). — Marsilii Ficini, florentini medici, de Vita libri tres ; quorum I, De studiosorum sanitate tuenda, II. De Vita producendi, III, De Vita cœlitus comparanda.

Lugduni, Guil. Rouillius, 1566, in-16 (5 fr.).

[Tell. 14, B

3902 FICIN (Marsile). — De Vita libri tres, quorum : De Studiosorum sanitate tuenda, De vita producendi, De vita cœlitus comparanda.

Lugduni Batavorum, 1567, in-16. (25 fr.).

Marsile Ficin fut le plus grand philosophe platonicien de la Renaissance. Il traduisit et commenta les Ennéades de Plotin et fit revivre dans ses livres toutes les traditions de l'antiquité. Le présent volume contient une philosophie transcendante de l'astrologie, de l'influence du firmament sur les êtres et les choses. De la vertu magique de certaines paroles et incantations, de l'art de fabriquer les talismans et de se préserver de toute sorte de maladie.

3903 FICTULD (Hermann). — Hermann Fictulds Abhandlung von der Alchymie und derselben Sewiszheit.

Erlang. Joh. Carl Tetzschener, 1754, in-8º de VI-226 pp.

(O-1374

3904 FICTULD (Hermann). — Azoth et Ignis, das ist : das wahre elementarische Wasser und Feuer oder Mercurius Philosophorum, als das einige nothwendige der Fundamental-Uranfänge und Principiorum des Steins der Weisen. Aureum Vellus oder Foldenes Vliesz was dasselbe sey, sowohl in seinem Ursprunge, als erhabenem Zustande : denen Filiis Artis und Liebhabern der hermetischen Philosophie dargelegt, auch dasz darunter die Prima Materia Lapidis Philosophorum, samt dessen Praxi verborgen, eröfnet von Hermann Fictuld.

Leipzig, bey Mich. Blochberger, 1749, in-8º de II-380 pp. avec 1 pl.

(O-1375

3905 FICTULD (Hermann). — Her-

...ui FICTULDS chymische Schrifften, worinnen von dem Stein der Weisen gehandelt wird ; nebst Johann Samuel Carls, Prüfung der wahren und falschen Chymie ; und einer Nachrede von Eatis Chymicis ; mit einer kurtzen Vorrede ans Licht gestellet durch Friedr. Roth-Scholtz.

Franckfurt und Leipzig, Joh. Christoph Göpner. 1734, in-8° de VI-230 pp.

La derniere page porte le blason de Roth-Scholtz.

(O-1376

3905 FICTULD (Hermann). — Hermetica Victoria, das ist : vollkommen erleuchteter Vieg und Triumph, des welt-beruffenen und gleichwohl verachteteten Herma-phroditi, über die gantze Schaar der Götter und Patronen des Metallischen und Mineralischen Reichs ; ..... ; unter einem im Traum gesehenen Reichs-Tage und daselbst gehörten Gespräche vorgetragen, und zum Druck befördert durch Herman FICTULD.

Leipzig, Mich. Blochberger, 1750, in-8° de 224 pp.

(O-1377

3907 [FICTULD (Hermann)]. — Hermetischer Triumph-Vogen, auf zweyen Wunder-Säulen der grossen und kleinen Welt bevestiget ; das ist : zwey Tractätlein von der wahren, ewigen und einigen Weisheit zu des Menschen zeitlichem und ewigem Wohlseyn, das erste genannt Cabbala mystica Naturæ, handelnd von dem ferigen Liebes-Saltze der göttlichen Barmhertzigkeit, sonst genannt Lapis Philosophorum : und das zweyte, Occulta Occultissime, handelnd von der ersten Materia Lapidis Philosophorum, und von dem Menschen, sonderlich aber von ihrer Reinigung, um sie zu dem Endzweck der Weisheit zu befördern ; das erstemal zum Druck herausgegeben von H. F. [Hermann FICTULD].

Petersburg, Coppenhagen und Leipzig, bey Veraci Orientali Wahrheit und Ernst Lügenfeind. 1741, in-8° avec 1 pl.

Le vol. commence par XL ff. non chiffrés, comprenant un avis de l'éditeur (sur VIII ff.) signé : Tusius Svedamas Giebellinus, le reste des liminaires est rempli par une préface générale par Fictuld ; vient ensuite le 1er traité : Cabbala mystica naturæ, 112 pp. avec un titre particulier. Le vol. est terminé par le IIe traité : Occulta occultissime, 103 pp. avec titre particulier. Le nom de l'auteur est en toutes lettres sur les titres particuliers des deux traités.

(O-1378

3908 FICTULD (Hermann). — Turba philosophorum, das ist : gesammlete Sprüche der Weisen zur Erläuterung der hermetischen Schmaragd-Tafel, oder von dem Stein der Weisen, wie derselbige zu bereiten sey und erlangt werde, zu Ehren der kunstbeflissenen Söhne der Weisheit heraus gegeben, durch Herman FICTULD.

Sans l. et s. adr., 1763, in-8° de 184 pp.

(O-1379

3909 FICTULD (Hermann). — Der längst gewünschte und versprochene chymisch - philosophische Probier - Stein, auf welchem so wohl die Schrifften der wahren Adeptorum als auch der betrügerischen Sophisten seyn probiert worden.... in zwey Classen verfasset von [Hermann FICTULD.

Franckfurt und Leipzig, Mich. Blochberger, 1740, in-8° de 112-VII pp. avec 1 pl.

Ce n'est que la 1re classe de cette Bibliothèque, la seule parue à cette époque.

(O-539

3910 FICTULD (Hermann). — Der längst gewünschte und versprochene chymisch-philosophische Probier - Stein, auf welchem so wohl die Schrifften der wahren Adeptorum als auch der betrügerischen Sophisten seyn probiret Worden....... beschrieben in zweyen Classen, darvon die erste bereits heraus gegangen, gegenwärtig aber von dem Authore von neuem übersehen, corrigirt und von seinthero zu Handen gebrachten Authoren vermehret : die zweite Clasz aber hinzu gefügt worden ist, durch Herm. Fictuld.

Franckfurt und Leipzig, Ernst Lugenfiend, 1753. 2 vol. in-8° de XII-170, et 171 pp. rel. ensemble.

Les XII pp. du tome I contiennent un titre général et une préface générale, puis vient un titre particulier pour la 1re cl. portent : Zweyte und vermehrte Auflage, indication qui ne se trouve pas sur le titre du Tome II.

(O-540

3911 [FIELDING (Eduard)]. — Der Baum der Erkaentniss des Guten und Boesen, mit philosophishen Augen betrechtet von einem Welbürger [Eduard Fielding].

Berlin, s. adr., 1700. in-8° de XXIV-208 pp., avec titre gravé.

La dédicace est signée ; avant ce titre allemand, il y en a un en hébreu.

(O-132

3912 FIESSINGER (Dr Ch.).— La Thérapeutique des Vieux Maîtres.

Paris, 1897, in-8°.

[T¹. 104

Thérapeutique de Celse, d'Avicenne, de Paracelse, de Van Helmont, de l'école de Salerne, de Fernel, etc....

3913 FIGARD (L.). — Un médecin philosophe au XVIe siècle. — Etude sur la psychologie de Jean Fernel.

Paris, Alcan, 1903, in-8°.

[8° R. 18380

3914 FIGUIER (Guillaume-Louis). savant et littérateur né à Montpellier en 1819. Docteur en médecine, professeur à l'Ecole de Pharmacie de Montpellier et agrégé à celle de Paris. — L'Alchimie au XIXe siècle.

Paris, in-8° de 30 pp.

(Extr.).

3915 FIGUIER (L.). — L'alchimie et les alchimistes ou essai historique et critique sur la philosophie hermétique.

Paris, Lecou, 1854. in-12, de 38 p.(7 fr.).Première édit. peu commune, beaucoup plus nettement imprimée que les édit. récentes de Hachette.

Autres éditions :

Paris, Lecou, 1855, in-12.

Paris, Hachette, 1856, puis 1860 in-12.

[R. 3804

Exposé des doctrines et des travaux des alchimistes. — L'alchimie dans la Société du Moyen-Age et de la Renaissance. —Histoire des principales transmutations métalliques : Nicolas Flamel, Ed. Kelley, Van Helmont, Helvétius, le Cosmopolite, la Société des Rose-Croix, Philalethe, etc... — L'alchimie au XIXme siècle etc...

Cet ouvrage contient un exposé sommaire des opinions et des doctrines professées par les philosophes hermétiques, puis une étude historique de l'alchimie ; ensuite un résumé des événements étranges qui ont entretenu si longtemps en Europe la croyance aux doctrines de la science transmutatoire et il se termine par une étude sur l'alchimie au XIX siècle.

(G-523 et 1371

3916 FIGUIER (Louis). — Les Bonheurs d'outre-tombe.

Paris, Marpon, s. d., in-12, fig.

[8° R. 11200

C'est le complément presque indispensable du " *Lendemain de la Mort* ".

3917 FIGUIER (Louis). — Connais-toi toi-même. — **Notions de physiologie** à l'usage de la jeunesse et des gens du monde.

Paris, Hachette, 1879, in-8°. Orné par Gilbert Massard, de 50 portr. et gr. h. t. et de 118 fig.

[Tb⁷. 211

3018 FIGUIER (Louis). — Coup d'œil sur la doctrine et les travaux des Alchimistes.

Paris, s. d., in-8° de 50 pp.

3019 FIGUIER (Louis). — Exposition et Histoire des principales découvertes scientifiques modernes. (2ᵐᵉ édit.

Paris, Masson, 1853-1859. 4 vol. in-12. (10 fr.).

[R. 35070-079

3020 FIGUIER (Louis). — Histoire du merveilleux dans les temps modernes, par Louis Figuier. T. I. Introduction. — Les Diables de Loudun. — Les Convulsionnaires jansénistes. — T. II. La Baguette divinatoire. — Les Prophètes protestants. — T. III. Le Magnétisme animal. — T. IV. Les Tables tournantes. — Les Médiums et les Esprits.

Paris, L. Hachette et Cie, 1860-61, 4 vol. gr. in-18 de X-410, IV-428, IV-407, et IV-378 pp. (10 fr.).

[R. 35008-36001

Ouvrage estimé, très important à consulter pour l'histoire de l'occultisme, principalement dans les manifestations de l'Invisible et les diverses pratiques de la Magie. Le tome IV, consacré au spiritisme est le plus intéressant de tous : on y trouve l'histoire de Cagliostro qui occupe 100 pp. de texte ; il y est aussi parlé de Mesmer, Cazotte, Lavater, Dupotet, de Gasparin, Cahagnet, Eliphas Lévi, Guldenstubbe, Allan Kardec, Home, etc. L'ouvrage est enrichi d'un index de tous les noms cités.

Autres éditions :

Paris, Hachette, 1861-74. 4 vol. in-12.

Paris, Hachette, 1850. 4 vol. in-12 (édition originale ?).

(O-1660
(G-324-1375

3921 FIGUIER (Louis). — Histoire du merveilleux dans les temps modernes, par Louis Figuier. Tome III. Le Magnétisme animal.

Paris, Hachette, 1860, in-12, 407 pages.

Le livre de M. Figuier n'a contenté ni les partisans du magnétisme ni ses adversaires. La préoccupation de l'auteur de ne pas trop déplaire à la science officielle l'empêche de dire bien nettement sa pensée sur les faits du magnétisme aussi ne l'accusera-t-on pas de tendresse pour les magnétiseurs. D'un autre côté ses nombreuses lectures, sa mission même de vulgarisateur amènent de bonnes conclusions. Le livre pèche donc un peu par la logique. Monsieur Figuier a essayé de donner au public une histoire complète du magnétisme : il a lu ou parcouru un grand nombre de documents sur la question, mais, où il ne les cite que d'après d'autres auteurs, ce sont alors des sources de seconde main où il s'attache de préférence au côté critique de la question. Ce n'est plus un historien impartial avec des faits à examiner, c'est un juge prévenu par un réquisitoire. Plus d'une pièce importante d'ailleurs est passée sous silence ou incomplètement analysée... et l'histoire du magnétisme est encore à faire. Le travail de Monsieur Figuier n'en est pas moins très utile ; les gens du monde le liront avec fruit parce que le ton en est facile, et quelquefois enjoué. Les quelques contradictions scientifiques de l'auteur ne sont pas de nature à éloigner les lecteurs sérieux d'une étude plus approfondie des phénomènes dont on vient de leur parler.

[Note de M. Durrau, p. 172].

3922 FIGUIER (Louis). — Keppler, ou l'astrologie et l'astronomie. — Drame historique.

Paris, Tresse et Stock, 1889, in-12.

[Yth. 23747

Tableau dramatisé de la vie du grand astronome. On y voit sa mère accusée de sorcellerie, et traduite devant le tribunal de Stuttgart. L'Astrologie y est représentée par l'Italien Zéno qui en développe les savantes théories. Tout le XVIIᵉ siècle avec ses pratiques secrètes, ses persécutions cruelles, revit dans ces pages émouvantes.

3923 FIGUIER (Louis). — Le lendemain de la mort ou la vie future selon la science.

Paris, Hachette, 1871, in-12, accompagné de 22 figures d'astronomie.

1-ère Edition. Rare.

[R. 30002

Continué par " Les Bonheurs d'Outre-Tombe ".

(G- 619-1376 et 1789

3924 FIGUIER (Louis). — Le lendemain de la mort ou la vie future selon la science (5me édition).

Paris, Hachette, 1872, in-12. Avec 10 figures d'astronomie.

[R. 30004

C'est à la suite de la mort de son fils que l'auteur a écrit ce livre, qui pourrait s'appeler le spiritualisme démontré par la science.

Nature intime de l'homme. — Le corps, l'âme et la vie. — L'être surhumain. — Morts, résurrections et incarnations. — Le soleil séjour définitif des âmes. — L'homme planétaire. — Pluralité des existences humaines. — Souvenirs des existences antérieures. — Impressions des mourants.

Autre édition :

Paris, 1894, in-12.

(G-325

3925 FIGUIER (Louis). — Les mystères de la science.

Paris, S. D. [1893]. 2 vol. gr. in-8° de 700 pp. Avec nombr. portr. et fig. h. t. (20 fr.).

[4° R. 669

Résumé des sciences occultes.

Autrefois. Devins et Thaumaturges dans l'antiquité. — Les épidémies démoniaques du moyen-âge et de la renaissance. — Les possessions diaboliques au XVIII° siècle. — Les diables de Loudun. — Les convulsionnaires jansénistes. — Les prophètes protestants. — La baguette divinatoire.

Aujourd'hui. — Prodiges de Cagliostro.

— Magnétisme animal. — Magnétisme animal. — Magnétiseurs mystiques. — Fille électrique. — Escargots sympathiques. — Esprits frappeurs. — Tables tournantes et les médiums. — Les spirites. — L'Hypnotisme.

3926 [FIGUIER (Louis)]. — Le Secret d'Hermès. Par Louis F*** [Figuier]

Paris, Librairie Spirite, S. D. in-12 de 412 p. (3 f.).

Une autre édition, intitulée : Physiologie Universelle. Le Secret d'Hermès a paru sous la date de 1874. Ou bien est-ce la même différemment décrite ?

De la Société. — Du progrès. — De Dieu. — De la Création. — De la Progression des Etres. — De l'Homme. — Du Bonheur Universel.

" L'étude que nous entreprenons ", dit le célèbre chimiste, " pourrait s'appeler la Physiologie des choses et des êtres. La tâche est immense, mais l'amour de la vérité est la plus grande des forces." L'auteur tient parole, et dans ce curieux volume, lève le voile qui recouvre les grands mystères.

(G-2110

3927 FIGUIER (Louis). — La terre avant le déluge.

Paris, Hachette, 1860, in-8°, Orné de 25 paysages de l'ancien monde, dessinés par Riou. 322 fig. et 8 cartes géologiques coloriées. (5 fr.).

Autre :

Paris, 1883, in-8°

[8° S. 3189

3928 FIGUIER (Louis). — La terre et les mers, ou description physique du globe.

Paris, Hachette, 1860, in-8°. Orné de 181 vignettes par K. Girardet, Lebreton, etc... et 20 cartes de géographie physique. (4 fr. 50).

[S. 2710

3929 FIGUIER (Louis). — Vies des Savants illustres depuis l'antiquité jusqu'au dix-neuvième siècle, avec l'appréciation sommaire de leurs travaux.

Antiquité, 1 vol. — Renaissance, 1 vol. — XVIII° siècle. 1 vol. — XVIII° siècle. 1 vol.

Paris. Hachette. 1872-74. 4 vol. gr. in-8° (15 fr.).

[8° G. 106

3030 FIGULUS (Benoit). — Pandora magnalium naturalium : aurea et benedicta, de benedicto Lapidis philosophi Mysterio, darinnen Apocalypsis des hocherl. Aegypt. Kön. und Philos. Hermetis Trismegisti, von unserm Teutschen Hermete, dem Edlen... Trophr. Paracelso verdolmetschet... mit einer schönen Erklerung des... Alexandri von Süchten... zu nutz und gutem ietzo publiciret, durch Benedict. Figulum

Strazburg. Lazar Zetzner, 1008, pet. in-8° de XXXII-202 pp.

Petit recueil presque exclusivement composé de traités d'Alexandre von Süeten ; voici le détail :

1) Liber apocalypsis Hermetis. Th. Paracelso interprete 1-16.

2) Al. a Suchten : de Vera Medicina, ad Carolum Salisburgensem. 17-48 (en latin).

3) Al. Suchten Dialogus introducens duas personas interlocutrices, scilicet Alexandrum et Bernhardum. 49-111.

4) Al. a Suchten Ex libro de tribus facultatibus. 112-42.

5) " " " Explicatio tincturae physicorum Theophr. Paracelsi. 143-261.

6) Rythmi germanici, von diesem hogen Tinctur Werck anonymi authoris. 262-71.

7) Jac. Montanus : von der Krafft... Aurum potabile 275-92.

(0-008-937

3031 FIGULUS (Benoit). — Thesaurinella olympica aurea tripartita, das ist : ein himmlisch güldenes Schatzkämmerlin von vielen auszerlesenen Kleinodien zugerüstet, darinn der uhralte grosse und hochgebenedeyte Charfunckelstein und Tinctur-Schatz verborget, in drey unterschiedliche Cellulas auszgetheilet... wie auch zu Beforderung der edlen Alchimey anjetzo eröffnet und publicirt durch Benedictum Figulum Uthenhoviatem.

Franckfurt am M. Georg Wolff. 1682. in-8° de XIV-? pp. avec 1 pl. gravée.

Recueil de 20 petits traités en allemand, divisés en trois parties ou cellules ; la 1-re partie est composée de :

1) Paracelse : Secretum magicum......

2) Bernard Trevis : Symbolum apostolicum...

3) Koffskhy (Vinc.) ; Tinctus-Burtzel...

4) Melchior (Nicol.) Processus... sub forma Missæ.

La II-e partie

5) Lulle (Raym.) : Extrat vom philos. Stein.

6) Xamolxid Tract quem Dyrrachium vocavit.

7) Colloquium spiritus Mercurii.

8) Sendivog Gesprach der Natur des Mercurii.

III-e partie:

9) Lulle (Raym.) : de Benedicti lapidis praeparatione.

10) Arcanum de multiplicatione.

A la page 197, le recueil change de nom et devient Hortulus olympicus aureolus, dont voici les traités :

11) Paracelse : Das Büchelein mit der hunt. Saekpfeiff.

12) Hartung (Casp.) Tract. von der Bereitung...

13) Eine warhaffte und einfältige Auslegung.

14) Poysel (Ulr.) Spiegel der Alchymen.

15) Fueger (G) de Lapide philosophorum.

16) Pratica von Universal...

A la page 317, le recueil change encore de titre et devient Paradisus aureolus hermeticus fluens Nectare et Ambrosia, dont voici les traites :

17) Alphonsus, rex Cast : Liber Philosophiæ occult.

18) Aristoteles : Tractatus ad Alexandr. Magnum.

19) Epistola ad reverend. Hermannum.

20) Sendivog : Dialogus Mercurii, alchimistae et Naturae.

L'Hortulus... et le Paradisus... sont sans doute des réimpressions de petits recueils publiés précédemment par Figulus; l'édit. a disséminé de tous les côtés des dédicaces en vers allemands et latins.

(O-009-078-711-781-784-803
1009-1005-1283-1278-1270
1249-1105

3932 FIGURE d'un loup ravissant trouvé en la Forest des Ardennes et de la destruction par luy faicte en plusieurs bourgs, villages et dépendances d'icelle Forest.

S. L. 1587, in-8° Fig. s. le titre (2 fr.).

Réimpression textuelle à Lyon, chez Louis Perrin, vers 1875-76.

[8° G. 72 (55).

3933 FILACHOU (J. Emile). — La Clef de la Science en l'appareil THORE.

Paris, Montpellier, 1887, in-8° de 80 p.

[8° R. 8402

Voir l'article THORE.

Nombreux opuscules du même auteur au Cat. Gén. de la Bib. Nat° (1882-1894) " Cosmologie et vitalisme " ; Autre opuscule sur THORE :

[8° R. 8405

" La Lévitation " ; etc.

3934 FILESAC (Jean), théologien né et mort à Paris (1550-1638). — De Idolatria Magica dissertatio, Ioannis FILESACI, Theologi Parisiensis.

Parisiis, Apud. Seb. Cramoisy, 1609, in-8° (9 fr.).

[D. 13204

3935 FILIATRE (Jean). — Hypnotisme et Magnétisme, Somnambulisme, Suggestion et Télépathie, Influence personnelle. — COURS PRATIQUE, complet en un seul volume de 400 pages avec Gravures hors texte résumant d'après la Méthode expérimentale toutes les connaissances humaines sur les Possibilités, les usages et la pratique de l'Hypnotisme Moderne, du Magnétisme, de la Suggestion et de la Télépathie. — Résumé de tous les Traités et Cours par Correspondance publiés jusqu'à ce jour dans les Deux-Mondes. Prix 5 fr. 75.

Saint-Etienne, Librairie Genest. S. D. [1908], in-12 de 405 p. et 2 f^{os} de Pl.

[Te⁶⁵. 494

C'est le Traité Pratique le meilleur et le plus complet sur le sujet. Le titre indique bien l'allure encyclopédique de l'ouvrage, qui fait un louable effort pour dégager la vérité de la gangue où l'ont enchevêtrée les innombrables Créateurs de " Systèmes ".

3936 FILIATRE (Jean). — Le sciences utiles. — Hypnotisme et magnétisme, Somnambulisme, Suggestion et Télépathie, Influence personnelle. Partie Théorique. Pratique (Suite). Historique. OCCULTISME EXPERIMENTAL.

Bourbon l'Archambault. Librairie Genest S. D. [1908], in-10 de 318 p.

C'est la suite de l'Ouvrage précédent, qui est très loin d'avoir la même valeur. L'Auteur s'est adjoint des collaborateurs étrangers et l'ouvrage, qui devait paraître annuellement sous le Titre " Revue Générale Universelle de l'Hypnotisme et des sciences Psychiques, a cessé de voir le jour.

3937 FILLASSIER (Alfred).— Quelques faits et considérations pour servir à l'histoire du magnétisme animal, Thèse N° 243, par Alfred FILLASSIER, de la Martinique.

Paris, Didot, 1832, in-4° 91 pages (3 fr.50).

[Th. Tome 8, N° 243

Cette thèse soutenue à la Faculté de médecine est très rare. L'auteur indique comment il a été conduit à étudier le magnétisme. Elle contient un certain nombre de faits de somnambulisme artificiel, de phénomènes dits de transposition de sens, etc, M. FILLASSIER, devenu président de la Société de magnétisme de Paris, est encore l'un des présidents honoré de cette Société.

(D. p. 105

3938 FIN de SATAN (La).

Paris. Lemerre. 1874, in-12. (3 fr.).

Pièce qui n'est connue d'aucun bibliographe.

3939 FINARENSIS (David). — L'Epitome de David Finarensis, de la vraie Astrologie et de la réprouvée.

Paris. Groulleau. 1547, in-8°

|V. 21703
(S-3444

3940 FINDEL (J. G.). Geist und form der Freimaurerei. Instructionen für Maurer.

Paris. in-8° (5 fr.).

Cet ouvrage sur l'Esprit et la forme de la maçonnerie est ce que l'on peut appeler une " œuvre de moelle ". L'auteur, initié supérieur y traite du symbolisme avec une profondeur de vue remarquable et fait une exégèse savante des différents rites.

3941 FINDEL. (J. G.). — Histoire de la Franche-Maçonnerie depuis son origine jusqu'à nos jours. trad. de l'allemand par E. Tandel.

Paris et Bruxelles. A. Lacroix, Verboeckhoven et C-ie. 1866. 2 vol. in-8° de 475 et 400 pp. (30 fr.).

[8° H. 5396

L'Appendice contient des pièces fort intéressantes, ce sont :
A) Abrégé du statut des tailleurs de pierres allemands, du 25 avril 1419 ; 429-35.
Le texte de ce document se trouve dans Heldmann (q. v.) et dans Krause (q. v.).
B) Les documents maçonniques : 435-39.
C) Histoire et articles de la franc-maçonnerie : 429-48.
Cet art. complète l'article : La Littérature, qui se trouve dans le même vol. (185-220) et contient l'acte sur la franc-maçonnerie publié par Matthew Cooke, tiré du Polycronicon édité par Caxton, en 1482.
D) Ordonnances générales anciennes ; 448-61.
E) L'ordre des chevaliers du Temple et sa prétendue continuation : 461-78.

F) Le document de Cologne et son inauthenticité prouvée par des écrits ;
G) Le mensonge de l'ordre du rite écossais ancien et accepté ; 486-88.
H) Principes pour tout changement futur des formes de réunion de la franc-maçonnerie : 489-91.

(O-221

3942 FINDEL. (J. G.). — Meine Maurerische Büchersammlung. Ein Wegweiser durch die neuere und ältere Literatur der Fr. Mrei und zugleich ein Nachtrag zu G. Kloss Bibliographie.

Leipzig. 1866. in-8° (20 fr.).

[Manque à la Bibl. Nat.]

Intéressant catalogue d'une biblioth. maç.'. comprenant 526 numéros.

Forme la suite de celui de KLOSS (G) q. v.

3943 FINDEL. (J. G.). — L'ordre des chevaliers du Temple et sa prétendue continuation ; par J. G. Findel, dans son histoire de la Franc-M. (1866) II, 461-78.

Cet écrivain dans cet art. consciencieux est pour la culpabilité de l'Ordre. Il critique et prouve la fausseté des pièces données par Thory, et montre que Münster (Notitia cod. graeci Evangelium Johannis variatum continentis. — Havniæ, 1828, in-8°) et Grégoire (Hist. des sectes religieuses, chap. XXV. Templiers. II, 392-428) ont été abusés relativement à la transmission.

(O-476

3944 FINDEL. (J. G.). — Les Principes de la Franc-Maçonnerie dans la Vie des peuples.

Berne, 1884. in-8°

[8° H. 986

FINE (Oronce) et non pas FINÉ, mathématicien et astronome, né à Briançon vers 1494, mort à Paris vers 1555. Fut professeur au Collège Royal, et constructeur de pièces curieuses d'horlogerie et de mathématiques : sphères, etc. Un de ses élèves, Jean

Borrel, ou Buteo a laissé un Traité sur la Quadrature du Cercle.

Le nom d'Oronce Fine, en latin, est Orontius Finœus.

Son ouvrage " Les Canons et Documents très amples. ... " fut imprimé à Paris, chez Simon de Colines, en 1543, in-12, sans nom d'auteur. Il a 42 f^{ets} chiffrés. L'édition de 1557 (Ibid, chez Guillaume Cauellat) également in-12, ou plutôt petit in-8°, porte le nom de l'auteur et a 40 F^{os} non chiffrés.

3945 FINE (Oronce). — Les Canons et documens tres amples, touchant l'usage et practique des communs almanachz, que lon nomme ephemerides. Briefve et isagogique introduction, sur la indiciaire astrologie : pour sçauoir prognostiques des choses aduenir, par le moyen desdictes ephemerides.... le tout fidelement et tres clerement redigé en langage françois par Oronce Fine, lecteur mathematicien du roy en l'uniuersité de Paris.

Paris, Chez Guill. Cauellat, 1557, in-8° de 40 ff. non chiff. (30 fr.).

" Avec un traité d'Alcabice nouuellement adiousté, touchant les conionctions des planètes en chacun des 12 signes, et de leurs prognostications et reuolutions des années ".

On trouve au commencent, une épitre en vers de l'auteur à André Blondet.

Autre édition :

Paris, Regnauld Chaudière, 1551.

[V. 21376

3946 FINOT (Jean), directeur de " *La Revue* ". — Les hommes et les femmes à cornes.

Paris, 1898, in-8°. (10 gravures).

Très curieux.

3947 FINOT (Jean). — Les homoncules d'hier et d'après-demain. (Essai sur la création de l'homme en dehors de la femme).

Paris, 1897, in-8° (Extrait).

3948 FINOT (Jean). — La Philosophie de la Longévité.

Paris, Schleicher, 1901, pet. in-8°.

[Tb¹¹. 147

L'auteur, dont l'érudition est universellement connue, a condensé en ce volume ses patientes études sur les causes de la mortalité humaine et les moyens de prolonger la vie. Les mystères de la longévité. — Les limites de la vie. — Guérison de la vieillesse. — La vie dans le cercueil. — La religion des sépulcres. — Les terreurs de la vie. — Création artificielle des êtres vivants. — Des homuncules d'hier et d'après demain. — Création de la matière vivante. — La vie artificielle, les automates, etc...

Autres édit. :

Paris, Alcan, 1908, in-8°.

2-ème édit. définitive complétée et considérablement augm.

Paris, C. Reinwald, S. D. Neuvieme édition, pet. in-8° de XII-331 p.

3949 FINOT (Jean). — La photographie transcendante. Les esprits graves et les esprits trompeurs.

Paris, 1899, in-8° de 26 pp.

Très curieuse étude enrichie de 24 gravures.

(Extr.). (2 fr.).

[8° R. 15177

3950 FIORAVANTI (Léonard), célèbre Médecin et Alchimiste, inventeur du baume encore en usage qui porte son nom. Né à Bologne, où il mourut en 1588. — M. Leonardi Fioravanti algemeinen Welt (Spiegels drey Bücher : in deren erstem tractirt und gehandelt wird, von allen und jeden freyen und mechanischen Künsten, Geschäften, Handela und Handwercken, so in der gantzen Welt vorfallen : im andern aber, von vielen schönen und wunderbahren Betrachtungen der alten Philosophen : und dann im dritten, von etlichen desz Authoris eignen Inventionibus oder Erfindungen : erstlichen in Italianischer Sprach beschrieben..... an ietzo aber, nach der letzten Edition, allen den jenigen so ermeldter Sprach unkündig, zu lieb auffs trewlichst verteutscht.

Franckfurt am M. Lucas Jennis, 1625, in-8° de XXXII-655 pp.

(O-1010)

3051 FIORAVANTI (Léonard). — Compendium oder Ausszug der Secreten, Gehaymnissen und verborgenen Künsten Leonhardi FIORAVANTI. I. von Gehaymnissen der Medicin oder innerlichen Artzney : II. von Secreten der Chirurgy und wie dieselbige zuüben : III. von wahrem Bericht, Künsten und Proben der Alchimy : IV. von allerley Schmüncken, deren sich die Weiber zuvermehrung ihrer Schönheit zugebrauchen pflegen : V. von sonsten vielen bewehrten Stücken allerley unterschiedlichen Künsten ; .... aus dem Italianischen...... ins Teutsch versetzet.

Darmbstadt, Joh. Lembose, 1624, in-8° de 399 pp.

(O-1011)

3052 FIORAVANTI (Léonard). — Corona oder Kron der Artzney desz fürtrefflichen, hoch und weytberühmten Medici und Wandt Artztes Leonhardi FIORAVANTI von Bonomia, in vier sonderbare Bücher interscheiden : in dem I wirdt gehandelt von allerley untestchiedliched Zeichen natürlicher Ding :...... Erst newlich in italiänischer Sprach von dem Autore selbst in Truck verfertiget. Nunmehr aber in unsere hochteutsche Sprach mit allem Fleisz versetzet.

Franckfurt am M., Joh. Bermer, 1718, in-8° de VIII-512-XIII pp.

(O-1012)

3053 FIORAVANTI (Léonard). — Della Fisica, divisa in lib. IV (Nel primo si tratta della creatione de gli elementi delle quattero stagioni dell'anno, della cenatiòne de l'huomo ; e si discorrono molte cosi curiose e belle da sapere. Nel secondo si serie vn nuouo Antidotaria doue s'insigna fate varii et diuersi rimedii non mai pu intesi, ne letti et sono di mirabili virtu, et esperienza. Nel terzo... etc. Nel quarto si doscore sopra malte cose filosofiche, con bellissimi trattati di Alchemia, etc...

Venetia, 1078, in-12. (7 fr.).

Léonard FIORAVANTI, de Bologne, fut un savant médecin et un adepte possédant les plus secrets mystères de l'Hermétisme.

Autre :

Ibid. Heredi di Sessa, 1582, in-8°

[Tel]. 40

3054 FIORAVANTI (Léonard). — Leonhardi FIORAVANTI medeci von Bononia. Physica, das ist : Esperientz und Naturkündigung. I. von Erschaffung desz Menschen ausz den vier Elementen, dessen Complexion, Eygenschafften. Sinen und Krafften, ... II. von geheymen niemals erhörten Experimenten der Chirurgy und Artzney : III. von moncherley Kranckheiten desz Monschen und deroselben sur : IV. von allerhandt alchimitischen gewissen und probierten verborgenen hohen Stücken jetzund ausz dem Italianischen ob seiner unsaglichen Fürtreflichkeit, Hochheit unf Goheimnusz wegen ins Teutsch übersetzt.

Tranckfurt am M. Johann Bermer, 1618, in-8° de VIII-462-X pp.

(O-1009)

3055 FIORAVANTI (Léonard). — De Secreti rationali, lib. cinqve : nel primo di quali si tratta di secreti piu importanti nella professione medicinale. II. S'insegnano multi secreti appartinenti alla Cirugia, e simostra il moco d'esercitarla. III. Si contengono i secreti piu veri, e piu approvati nell'arte dell'Alchimia. IV. Si scriuono molti Belletti, che usano le donne per appare belli. V. Si comprendono i Secreti piu notabili in diverse arti, et essertii.

Vinegia, 1500, in-12 (8 fr.).

Les *Secrets* de ce célèbre médecin et alchimiste de Bologne, sont très recherchés. Fioravanti donne une origine singulière à la maladie vénérienne, prétendant que, durant la guerre de 1456, les vivres ayant manqué dans les deux armées, les vivandières préparèrent en secret des mets de chair humaine, ce qui répandit la maladie.

Autre, en anglais :

Rationall Secrets and Chirurgery. *London, W. Newland*, 1652. in-4°.

[Td³. 42

3956 FIORAVENTI (Leonard). — Il Tesoro della Vita humana, diviso in libri quattro, nel primo, si tratte delle qualità et cause di diverse infirmità, nel secondo, si descriuono molti esperimenti fatti da lui in diverse parti del mondo, nel terzo, vi sono diverse lettere dell' autore, nel quarto sono revelatii secreti più importanti di esso autore.

Venetia, Sessa, 1582, pet. in-8°. (10 fr.).

[Td³⁹. 30

3957 FIORAVENTI, ou Marquis Damis, ou Dammy. — Mémoires du Signor Fioraventi, connu sous le nom de marquis Damis, écrits par lui-même.

A Genève, aux dépens de l'auteur. 1700. 8 parties in-12.

Manque à la Bib. Nat¹º.

Voir aussi à Dammy.

3958 FIRMIANO (P). — Somnia sapientis.

S. l. n. d. (Paris, 1950). in-10, (2 fr. 25).

3959 FIRMICUS MATERNUS (Julius), érudit Astrologue Sicilien du IVᵉ siècle de notre ère. Il fut d'abord avocat, puis Prêtre, et se livra dès lors uniquement à l'étude des Sciences. — Ivlii Firmici Materni ivnioris, V. C. [Viri Clari], ad Mavortium Lollianum Astronomicôn (sic) Matheseos Libri VIII. per Nicolavm Pryckerum Astrologvm nuper ab innumeris mendis vindicati.

His accesserunt :

Clavdii Ptolemaei Pheludiensis Alexandrini Ἀποτελεσμάτων, quod Quadripartitum uocant, Libri IIII. — De inerrantium Stellarum significationibus, Lib. I. — Centiloquium eiusdem.

Ex Arabibus et Chaldeis :

Hermetis, vetustissimi Astrologi centum Aphorism. Lib. I.

Bethem, Centiloquium. — Eiusdem de Horis Planetarum Liber alius.

Almanzoris Astrologi, Propositiones ad Saracenum Regem.

Zahelis Arabis, de Electionibus Lib. I.

Messahalah, de Ratione Circuli et Stellarum et qualiter in hoc seculo operentur Lib. I.

Omar, de Natiuitatibus, Lib. III.

Marci Manili, Poetae disertissimi, Astronomicon Lib. V.

Postremo, Othonis Brunsfelsii, de Difinitionibus et Terminis Astrologiae Libellus Isagogicus.

Basileae, per Ioannem Hervagium... M. D. L. I. [1551]. in-f° de 5 f⁹ n. c. -244-227 p. figure sur bois.

[V. 1693-1694

« Cet ouvrage, divisé en Huit Livres, est un véritable Manuel pratique de l'Astrologie, rédigé d'après la Doctrine de Ptolémée de Péluse, et maintes fois recommandé dans les " *Commentaires* " de Junctis, comme une autorité de premier ordre en matière d'Occultisme. » *Histoire de la magie* par P. Christian [Pitois] (p. 12).

D'après *Larousse* l'édition originale serait de :

Venise, 1497, in-f°.

Un des beaux monuments de l'ancienne Astrologie.

3960 FIRMIN-DIDOT. — Les Chants de Tyrtée, trad. en vers français.

Paris, 1820, in-12 de 64 pp.

[Yb. 4870

3961 FISCH (Le F... J. C. A.). — Instruction maçonnique pour le grade d'apprenti.

Paris, chez l'auteur, 1813, in-12. (3 fr. 50).

[H. 14502

3962 FISCHER (la Doctoresse Anna).— La Femme médecin du Foyer. Ouvrage d'hygiène et de médecine familiales, concernant particulièrement les Maladies des Femmes et des Enfants, les accouchements et les soins à donner aux Enfants par la Doctoresse Anna Fischer. Ouvrage traduit par les Doctoresses Louise AZEMA et KAPLAN. [de la Faculté de Paris].

Paris, Muller, s. d., [1900], in-8° jésus de 900 p. 445 gravures et 26 pl. en couleurs. (10 fr.).

Un peu le genre de l'ouvrage du Dr PLATEN (q. v.) mais appliqué tout spécialement à la femme.

Autre édition (?)

Paris, E. Possell, s. d., [1905], in-8° de VIII-874 p. portraits, fig. et pl. en noir, pl. et couverture en couleurs.

[Te¹⁷. 346

3963 [FISCHER (J. C. K.)]. — Eleusinien des neunzehnten Jahrhunderts, oder Resultate vereinigter Denker über Philosophie und Geschichte der Freimaurerei (herausgegeben von J. C. K. FISCHER und Ignaz Aurelius FESZLER).

Berlin, Heinrich Frölich, 1802, 2 vol. in-8° de XII-251, et XVI-344 pp.

(O-140

3964 FISKE (John). — La destinée de l'homme.

Paris, Carrington, 1904, in-8° (3 fr.).

[8° R. 19366

Traduction et préface de Charles Grolleau.

3965 FISSCHER (Dr Engell Lorenz). — Paganisme et Révélation, études d'histoire religieuse, basées sur les travaux scientifiques les plus récents, et relatives au point de contact de la Bible et des plus anciens écrits sacrés des Indiens, des Perses, des Babyloniens, des Assyriens et des Egyptiens trad. par le Dr Prosper.

Lille, 1884, in-8°.

[8° H. 908

Traité remarquable de religions comparées. La Religion et les Religions; la doctrine des anciens Hindous; Mithra-Agni, le Logos indien. — Le monde invisible et visible. — Les anges, dans les divers cultes. — Histoire des études hiéroglyphiques.— Rite des anciens.—Métempsychose. — Réintégration, etc.....

FLAGELLUM HAERETICORUM FASCINARIORVM.... Voir :
JACQUIER. (le F. Nicolas).

3966 FLAMBART (Paul), ancien élève de l'Ecole Polytechnique. — Influence astrale ; essai d'Astrologie expérimentale.

Paris, 1901, in-8°. Nombr. fig. et pl. (3 fr.)

Un des meilleurs ouvrages sur l'astrologie. — L'astrologie comme science expérimentale. — Objections diverses contre cette science. — Atavisme astral. — Harmonies et dissonances en astrologie et en musique, etc....

Autre édit.

En 1902. Paris, in-8°.

3967 FLAMBART (Paul). — Le langage astral, traité sommaire d'astrologie scientifique, avec un recueil d'exemples célèbres.

Paris, Chacornac. in-8° (5 fr.).

[V. 29559

Se joint au précédent.

Démonstration claire et déductive, par un esprit scientifique, de la vérité de l'astrologie. Indication de la voie expérimentale à suivre pour vérifier la réalité scientifique de la science astrale.

3968 FLAMBART (Paul). — Etude nouvelle sur l'hérédité, accompagnée d'un recueil de nombreux exemples, et des dessins de l'auteur.

Paris, Chacornac, 1903, in-8°. (5 fr.).

[8° R. 18785

Suite des deux précédents.

Continuant à développer ses arguments l'auteur montre, dans ce troisième livre, complément des deux autres, les analogies héréditaires et la concordance de ces analogies avec la disposition des astres dans les thèmes de nativité d'une même famille. Et il fait la démonstration après avoir dans le 1-er vol. donné la marche à suivre pour arriver aux procédés de vérification, et dans le 2-ème, vérifié lesdits procédés. — Ces trois livres de M. Paul Flambart sont précieux pour tout étudiant ou maître en astrologie.

3969 FLAMBART (Paul). — Preuves et bases de l'astrologie scientifique. Méthodes, Applications, Conséquences psychologiques. Discussions diverses.

Paris, 1908, in-8°.

3970 FLAMEL (Hortensius) pseudonyme supposé de l'abbé CONSTANT (Alphonse-Louis), ou ELIPHAS LÉVI. — Le Livre d'Or, révélation des destinées humaines au moyen de la chiromancie transcendante, de la nécromancie, la physionomancie, la géomancie, la christallomancie et toutes les sciences divinatoires.

Paris, Lavigue, 1842, in-16. Figures. (7 fr.).

[R. 36080

« HORTENSIUS FLAMEL est [selon M. Lucien BOOIN] le pseudonyme de l'ex-abbé CONSTANT, qui à cette époque, étant dans un état de gêne très accentuée, publia qq. ouvrages de ce genre pour différents éditeurs; il venait de quitter les ordres.».

(G.-1379

3971 FLAMEL (Hortensius). — Le livre rouge, résumé du magisme, des sciences occultes et de la philosophie hermétique, d'après Hermès Trismégiste, Pythagore, Cléopâtre, Artéphius, Marie l'Egyptienne, Albert le Grand, Paracelse, Cornelius Agrippa, Cardan, Mesmer, Ch. Fourier, etc...

Paris, Lavigue, 1841, in-16. (10 fr.).

[R. 30081

« Ce serait là le premier ouvrage d'E-
« LIPHAS LÉVI sur ces matières (sous le
« pseud. d'H. Flamel). Du moins c'est ce
« que prétend Chuquet. Ce qui tend à
« faire croire qu'il a raison, c'est la trad.
« de l'Asch Mezareph, publiée ensuite
« par Eliphas dans la Clé des Grands
« Mystères. Mais le style du Livre Rouge
« n'est guère de l'abbé Constant. J'ai
« tout lieu de croire que l'auteur (un en-
« thousiaste de Fourier) n'est autre que
« le F∴ RAGON. Des pages entières de
« l'Orthodoxie maçonnique sont transcri-
« tes d'ici. » (St. de Guaita.).

C'est d'ailleurs un ouvrage du plus grand intérêt, enrichi de nombreuses gravures de talismans et de caractères cabalistiques. Voici ce qu'il contient de plus intéressant : Notice sur les principaux adeptes. Le Grand Œuvre. — L'Asch-Mezareph, traité de science hermétique et cabalistique d'après les manuscrits hébreux et chaldéens. — Exposition du système astrologique. — Influence de la Lune. — Secrets admirables et recettes diverses. — Des talismans de Paracelse, etc...

Autre édition :

Paris, 1842, in-12.

(G.-1377

3972 FLAMEL (Hortensius). — La Sibylle du 19° siècle. Dernières prophéties de Mlle LENORMAND, avec un commentaire et une notice biographique et anecdotique tirés des manuscrits inédits de cette illustre sibylle et de sa correspondance avec les personnages les plus célèbres de son époque : Napoléon, Joséphine, Barras, Mme de Staël, Fouché, Talma, Robespierre, Marat, Mirabeau, Talleyrand, Metternich, Lafayette, Bernadotte, Wellington, Charles X, la duchesse de Berry, etc..,

S. L. 1843, in-18, Portrait (3 fr.).

On pense qu'Hortensius Flamel n'était autre que l'ex-abbé Constant ou Eliphas Lévi (qui, à cette époque, venait de quitter l'habit ecclésiastique) et qui se trouvant dans une situation assez précaire publia qq. ouvr. de ce genre. D'ailleurs au verso de la couv. de l'ouvrage ci-dessus, son « *Assomption de la femme* » est annoncée.

3973 FLAMEL (Nicolas) Ecrivain Juré de l'Université de Paris et illustre alchimiste, né, croit-on, à Pontoise vers 1330 mort à Paris vers 1418. Sa vie et sa mort sont entourées de légendes curieuses : V. Larousse (VIII-420) et à la fin de l'énumération de ces ouvrages.— Annotata quædam in Dion. ZACHAARII Opusculum philosophiæ naturalis metallorum ; dans Theatrum chemicum (1613). I. 820-...

Lenglet-Dufresnoy dit que ces annotations ne sont pas de FLAMEL, et ceci avec raison, puisque ZACHAIRE vivait plus de 150 ans après FLAMEL.

(O-812

3974 FLAMEL (Nicolas). — Des berühmten Philosophi Nicolai FLAMELLI chymische Werke, als 1. das güldene Kleinode der hieroglyphischen Figuren ; 2. das Kleinod der Philosophiæ ; 3. Summarium philosophicum ; 4. die grosse Erklärung des Steins der Weisen zur Verwandelung aller Metallen ; 5. Schatz der Philosophiæ ; den Liebhabern der Kunst aus dem Französischen in das Teutsche übersetzt von J. L. M. C.

Wienn, Joh. Paul Kraus. 1751, in-8° de IV-200 pp. avec beaucoup de figures.

C'est la réimpression du vol. de 1669, y compris l'ouv. de Synesius, plus l'addition des traités 4 à 5 indiqués sur le titre.

(O-803

3975 FLAMEL (Nicolas). — Le Désir désiré de Nicolas FLAMEL ; dans Bibliothèq. des philosophes chimiq. T-e II (1741); 285-324.

(O-810

3976 FLAMEL (Nicolas). — Les Figures hiéroglyphiques de Nicolas FLAMEL ainsi qu'il les a mises en la quatrième arche qu'il a bastie au Cimetière des Innocents à Paris, entrant par la grande porte de la rue S. Denys, et prenant la main droite, avec l'explication d'icelle par iceluy FLAMEL, trad. par P. ARNAULD, Sieur de la Chevalerie ; dans Trois Traitez de la Philosophie naturelle (1659), 45-88, avec des fig. sur bois.

[R. 6894

On ne trouve pas dans cette édit. ni dans celle de 1612, l'Explication des figures du livre d'Abraham juif.

[Rés. Z. Fontanieu 142 (25)
(O-804

3977 FLAMEL (Nicolas). — Le Grand éclaircissement de la Pierre Philosophale, pour la transmutation de tous les métaux ; par Nicolas FLAMEL. (Nouv. édition).

Amsterdam, et se trouve aussi à Paris, Lamy. 1782, in-12 de IV-66 pp.

[Rés. Vélins 1988

Le faux titre porte : Supplément à la Bibliothèque des philosophes chimiques. II-e partie.

Paris, 1628. in-8° frontispice gravé de Bianchin.

[R. 36078

Idem :

Paris, Lourys Vendosmes. 1638, pet. in-8°. (17 ff.).

(O-813
(G-326 et 620

3978 FLAMEL (Nicolas). — Dasz Kleinot der Philosophie oder das Original der Begierde Nicolai FLAMELLI, ein fürtrefflich Werck, in welchen verfasset ist die Ordenung und die Manier welche der vorgenandte Flamell in der Composition des Werks der Natur gehalten hat, welche unter seinen Hieroglyphischen Figuren sind verstesket, ausz einem alten Ms.

S. l. ni jdr. 1600, in-8° de 11-111 pp.

[R. 36083

L'ouvrage est terminé par : ein kurtzer Tractat genant Summarium Philosophicum Nicolai FLAMELL. qui commence à la p. 45.

(O-811

3979 FLAMEL. (Nicolas). — Le Livre de Nicolas FLAMEL. contenant l'explication des figures hiéroglyphiques qu'il a fait mettre au cimetière des SS. Innocens à Paris, dans Bibliothèque des philosophes chimiques. T-e II (1741) 195-262.

Paru d'abord dans la 1-re édition (1672) et dans la II-e (1578). T-e I.

Cet ouvrage, et le Livre d'Artephius, ainsi que le Livre de Synesius, sont de la traduction et de la rédaction de P. Arnauld, sieur de la Chevallerie (1612 et 1659).

En tête se trouve l'Explication des figures du livre d'Abraham juif.

(8 fr.).

Curieuse pièce détachée d'un ouvrage du XVII° siècle, contenant une grande pl. sur bois et des vignettes.

(O-805

3980 FLAMEL. (Nicolas). — Petit Traité d'Alchymie, intitulé le sommaire philosophique de Nicolas FLAMEL, (en vers) : dans le Roman de la Rose, édition de Lenglet-Dufresnoy, t. III (1735) 235-58.

Même traité d'Alchimie, édition de Méon, t. IV (1814), 105-244.

[R. 20195 *bis*

Cette pièce a été collationnée sur l'exemplaire d'un amateur qui y avait ajouté les vers qu'on lira en plus dans cette édit. mais plusieurs de ces additions ayant été portées sur de petits carrés de papier détachés, se sont perdues, et on n'a pu qu'indiquer les endroits où il y a des lacunes.(Note de Méon).

Le même dans Bibliothéq. des philosophes chimiq. T-e II (1741), 263-84.

(O-806-807-8...

3981 FLAMEL. (Nicolas). — Thrésor de philosophie ou original du Désiré de Nicolas FLAMEL. Livre très excellent contenant l'ordre et la voye qu'a observé ledit Flamel en la composition de l'œuvre physique, comprise sous ses figures hiéroglyphiques. Extrait d'un ancien manuscrit.

Paris, chez Helpeau, 1629, pet. in-8°. (5 fr.).

[R. 5470?

Cet opuscule a été imprimé avec le Cosmopolite et le traité du sel de NUISMENT.

3982 FLAMEL. (Nicolas). — Zwey auserlesene chymische Büchlein, I. das Buch der hieroglyphischen Figuren Nicolai FLAMEL des Schreibers, wie dieselben stehen unter dem vierdten Schwiebbogen auff dem Kirchhofe der unschüldigen Kinder zu Parisz, wann man zur Pforten von S. Dionysii Strassen hinein gehet, zur rechten Handwerts, sampt derselben Bedeutung oder Erklärung durch gemelten Flamell, worinnen gehandelt wird von Transmutation oder Verwandelung der Metallen. II. Das warhaffte Buch des gelehrten Griechischen Abts Synesii, von Stein der Weisen..... zuvor noch nie in Teutschen gesehen, nun aber den Liebhaben der Kunst zu gutem ausz dem Französischen ins Hochteutsche übersetzet, und zum Druck befördert.

S. l. s. jdr., 1600, pet. in-8° de II-110 pp. avec 2 pl. dont 1 grande pour les fig. du portail.

[R. 30082

Ce volume est la traduction du vol. intitulé : Trois Traitez de la philosophie naturelle..... trad. par P. Arnauld, sieur de la Chevallerie, 1612 ou 1659, moins le traité d'Artephius.

(O-802-81...

FLAMEL (Nicolas) : Voir aussi :
VILLAIN (l'abbé) : Hist. critiq. de Nicolas Flamel....
LACOMBE.

3983 FLAMMARION (Camille) célèbre astronome, savant et philosophe, né à Montigny-le-Roi (Haute-Marne) en 1842. Élève astronome à l'observatoire de Paris. Professeur du Prince Impérial. — Astronomie populaire. Description générale du ciel.

Paris, C. Marpon et E. Flammarion, 1881, gr. in-8° de 485 p. 360 fig. et 8 planches (5 fr.).

[4° V. 1280

3984 FLAMMARION (Camille). — L'atmosphère, météorologie populaire.

Paris, Hachette, 1888, in-4°, 17 pl. en couleurs et 307 figures dans le texte. (o fr.).

[4° V. 2583

3985 FLAMMARION (Camille). — Clairs de lune.

Paris, Flammarion, [1903], in-18.

[8° Y². 21361

Curieux et rare petit ouvrage d'une lecture attachante, et instructif à tous les points de vue. — La voie de la nature. — Le mystère de la création. — Qu'est-ce que la vie. — Les parisiens il y a cent mille ans. — L'origine de l'homme et de la femme, etc...

3986 FAMMARION (Camille). — Contemplations scientifiques. 2e série.

Paris, Flammarion, s. d., [1887], in-10.

[8° R. 7886

3987 FLAMMARION (Camille). — Dieu dans la Nature.

Paris, 1867, in-12.

[S. 27120

Force et matière. — La Vie. — L'Ame. — Destination des Etats et des choses. — Différentes formes de l'idée de Dieu selon les hommes, etc.

3988 FLAMMARION (Camille). — La Fin du monde.

Paris, Flammarion, 1894, in-12, Nombr. illustrations.

[8° Y². 48876

La menace céleste. — Comment le monde finira. — La croyance à la fin du monde. — Les étapes de l'avenir. — Après la fin du monde terrestre, etc...

3989 [FLAMMARION (Camille)]. — Des Forces naturelles inconnues, à propos des phénomènes produits par les frères Davenport et par les médiums en général. Etude critique par Hermès.

Paris, Didier et Cie, Fred. Henry, Dentu, s. d. [1865], de 152 p.

[R. 38450

Daté (p. 144) " Paris 20-25 octobre 1865 ".

Ouvrage attribué à Camille Flammarion, sous le pseudonyme d'" Hermès ".

Relation très curieuse et très sincère des séances des Frères Davenport dont une, le 28 Octobre, au Château de Saint Cloud, devant Napoléon III.

3990 FLAMMARION (Camille). — Les Forces Naturelles Inconnues.

Paris, Ernest Flammarion, 1907, in-10 de XI-004 p. fig. et pl. couv. ill. d'un sphinx. Portr. d'Eusapia Paladino.

[8° P. 21554

Ce nouveau livre, au titre repris par l'auteur à son ouvrage sur les Frères Davenport est une mise au point des dernières Découvertes concernant les Sciences Psychiques.

Page VIII (Note) de la préface, l'auteur s'attribue le pseudonyme d'Hermès. Reproductions intéressantes de dessins spirites : Maison de Zoroastre sur Jupiter (par M. Sardou) entre autres.

3991 FLAMMARION (Camille). — Les Habitants de l'autre monde. Révélations d'outre-tombe publiées par Camille Flammarion, première et deuxième série. Communications dictées par coups frappés et par écriture médianimique au Salon Mont Tha-

Sc. psych. — T. II. — 6.

bor. Médium : Mademoiselle HUET.
Prix 1 franc [chaque volume].

Paris, Ledoyen, 1862, 2 vol. in-12
de 108 et 108 p. (5 fr.).

[R. 36002-03

De Montebello : Dispositions à apporter à l'Évocation. — Numa : Pratique de la Charité. — Christophe Colomb. Ch. Bonnet, Lamennais, le Sire de Joinville, Scarron, Fénelon, Zoroastre (!), St Vincent de Paul, Socrate, Massillon, etc.

3992 FLAMMARION (Camille). — Histoire du Ciel.

Paris, s. d. (1872), fort vol. gr. in-8°. Illustré de nombr. dessins et cartes. (8 fr.).

[V. 14703

Philosophie du ciel. — Les hiérophantes égyptiens. — Systèmes astronomiques. — La superstition des nombres. — Astrologues, alchimistes, sorciers, etc... L'Astrologie. La fin du monde, etc...

3993 FLAMMARION (Camille). — L'inconnu et les problèmes psychiques.
Paris, Ernest Flammarion, s. d., [1907], in-18, XIV-506 p.

[8° R. 10081

Manifestations de mourants, apparitions, télépathie, communications psychiques, suggestions mentales, vue à distance. — Le monde des rêves. — La divination de l'avenir.

3994 FLAMMARION (Camille). — Le monde avant la création de l'homme. Origine de la terre. — Origines de la vie. — Origines de l'humanité.

Paris, Marpon, 1886, fort vol. gr. in-8°, illustré de 400 gravures sur bois et 5 pl. en coul.

[4° S. 880

3995 FLAMMARION (Camille). — Les Mondes imaginaires et les mondes réels ; voyage pittoresque dans le ciel ; revue critique des théories humaines, scientifiques et romanesques, anciennes et modernes, sur les habitants des astres.

Paris, 1876, in-12. Figures.

[V. 3319

Du type humain sur les autres mondes et de la forme des êtres vivants. — Religions de Zoroastre, de Confucius, de Brahma. — Le Zohar. — Visions de l'autre monde. — Astrologues. — Alchimistes. — Habitants des comètes, etc...

3996 FLAMMARION (Camille). — La pluralité des mondes habités ; étude où l'on expose les conditions d'habitabilité des terres célestes, discutées au point de vue de l'astronomie, de la physiologie et de la philosophie naturelle. Deuxième édition.

Paris, Didier, 1864, in-12, XX-555 p. front. en coul. et pl.

[V. 3032

C'est le travail le plus sérieux, le plus documenté et le plus intéressant qui ait été fait sur la matière. En dehors des hypothèses scientifiques, l'auteur s'appuie sur les théories des meilleurs auteurs qui ont traité la question avant lui. Anaxagore. — Aristote. — Bailly. — Galilée. — Homère. — Laplace. — Leibnitz. — Newton. — Orphée. — Pezzani. - Platon. — Pythagore. — Swedenborg. — Virgile. — Zoroastre, et beaucoup d'autres qu'il serait trop long de rappeler ici.

Autres éditions :

Paris, 1876, fort vol. in-12.
Paris, s. d., [1886], in-32.

[8° V. 679

3997 FLAMMARION (Camille). — Récits de l'Infini. Lumen : entretien astronomique d'outre-terre ; histoire d'une âme : histoire d'une comète dans l'infini ; la Vie universelle et éternelle.

Paris, 1873, in-12. Illustrations de Lucien Rudaux.

[V. 3035

Récits ésotériques et scientifiques d'un grand penseur. — Lumen. — Histoire d'une comète. — La vie universelle et éternelle. — La pluralité des existences. — Pneumatologie, etc...

3998 FLAMMARION (Camille). — Stella.

Paris. Flammarion, 1807, in-18.

[8° Y². 50391

Roman d'un intérêt palpitant, rempli de science spiritualiste. Couverture complètement illustrée.

.... FLAMMARION (Camille). — La Terre et la Lune.

Limoges, s. d., in-4°. Figures. (1 fr.).

[8° V. 7533

La Terre dans le Ciel. — — La Terre Planète et monde. — Conditions d'habitabilité du monde lunaire. — Les influences de la Lune, etc...

4001 FLAMMARION (Camille). — Les Terres du Ciel : description astronomique, physique, climatologique, géographique des planètes qui gravitent avec la Terre autour du Soleil, et de l'état probable de la vie à leur surface.

Paris, 1877, fort vol. gr. in-8°. Avec 100 fig. dans le texte et nombr. cartes et photogr. hors texte. (4 fr. 50)

[8° V. 1125

L'abaissement des cieux ou l'élévation de l'homme vers les autres mondes. — Le Soleil et sa famille. — Les planètes Mercure, Vénus, Mars, Jupiter, Saturne, Uranus, Neptune, etc... La Terre et la Lune. — Les univers lointains. — La Vie dans l'infini. — Les habitants des Planètes, etc.

Autre édition :

Paris, Marpon, 1884, gr. in-8°.

4001 FLAMMARION (Camille). — Uranie. — Nombreuses illustrations de Bieler, Gambard et Myrbach.

Paris, Marpon et Flammarion, 1889, in-8° 288 p. Couv. en couleurs. (4 fr.).

[8° Y² 43912

Collection Guillaume. Édition du Figaro.

Beau roman astrologique.

Autres éditions :

Paris, Flammarion, 1891, in-12.
Paris, 1893, in-12.

4002 FLAMMARION (Camille). — Vie de Copernic et histoire de la découverte du système du monde.

Paris, Didier, 1872, in-12.

[M. 26224

Astronomie des anciens. — Système de Ptolémée. — Les astronomes du XV° siècle. — Copernic et ses travaux astronomiques, etc...

4003 FLANDIN (Ch.). — Traité des Poisons.

Paris, Bachelier, 1846-1853, 3 vol. in-8°, 2 pl. (10 fr.)

[T⁴ⁿ 65

4004 FLAUBERT (Gustave), né à Rouen en 1821, mort à Croisset, près Rouen en 1880. Sa vie a été abrégée par des attaques d'épilepsie. — Mémoires d'un fou, roman.

Paris, H. Floury, 1901, gr. in-8°. (80 fr.).

[4° Y² 5739

Édition originale du premier roman de Gustave FLAUBERT, écrit en 1842 et resté inédit.

Cet ouvrage, orné d'un portrait gravé par NARGEOT, a été tiré à 100 exemplaires numérotés, dont 50 seulement furent mis dans le commerce.

4005 FLAVIN (Melchior de). — De l'état des âmes après le trépas et comment elles vivent étant du corps séparées, par Melc. de Flavin.

Paris, 1579.

Autres éditions :

Rouen, R. de Beauvais, 1605, in-12.

[D. 35143

Rouen, R. de Beauvais, 1623, in-12.

[D. 35144
(S-669

4006 FLEISCHMANN (Hector). — Napoléon et la Franc Maçonnerie.

Paris, 1908. in-8°.

Brochure hors commerce à tirage limité pour l'auteur et ses amis.

4007 FLEISCHMANN (Hector). — Les Pamphlets libertins contre Marie-Antoinette, d'après les documents nouveaux et les Pamphlets tirés de l'Enfer de la Biblioth. Nat. 210 illustr. et reproduc. du Bol-Sein.

Paris, Les Publications Modernes. s. d. [1909]. in-16 de 315 p. Couv. illustrée en Couleurs. (Bol moulé sur le Sein de Marie-Antoinette).

Ouvrage des plus intéressants pour se faire une idée juste des Mœurs de la France sous Louis XVI. Dissipe beaucoup des obscurités de ces deux problèmes si embrouillés : l'Affaire du Collier et l'identité de Louis XVII. — La France galante et libertine à la fin du XVIII° siècle. — Les Distractions de la Dauphine et les Amusements de la Reine. — Un Pamphlétaire royal. — "La Messaline Françoise". — Les Pamphlets de l'Affaire du Collier. — Mme de Lamballe, ou l'embarquement pour Lesbos. — La Polignac, chef de tribu et intendante des Plaisirs clandestins. — Un brelan d'amants. — Sous le mépris... Sous la Hache. — Notice bibliographique sur le "Portefeuille d'un Talon-Rouge". — Réédition d'un libelle contre la Reine.

4008 FLERS (H. de). — Des hypothèses. Gnose.

Clermont (Oise), 1899. in-8° (25 fr.) 7 fr.

[8° R. 14028

Avec 4 pl. de figures géométriques.— Tiré à 200 exemplaires numérotés.

Autre édition :... synthétique, et réforme du savoir actuel.

S. L., 1908. gr. in-8° (8 fr.).

[8° R. 22372

Tiré à cent ex.

La Chûte. — Le Chaos. — La Monade. — Éther. — Origine des Êtres. — Anges et Démons. — L'Incarnation du Verbe.— L'Atlantide. — Mouvement perpétuel, etc.

4009 FLESSELLES (Comtesse de). Adolphe, ou Mémoires d'un illuminé écrits par sa femme.

Paris, Vernarel et Tenon, 182.. 3 vol. in-12 de X-214.228 et 211 pp. Front. à la manière noire (10 fr.)

[Y². 3...

Très curieux ouvrage où, comme dans le comte de Gabalis, on met en œuvre les traditions daïmoniques des Rose-Croix. Ce livre paraît écrit avec une parfaite sincérité. En somme, il peut compter dans la collection des ouvr. et mémoires sur l'Illuminisme. — Histoire au temps de la Révolution. — Mort du chartreux. — Scènes d'évocations magiques au T. III pp. 28 et suiv.

4010 FLETCHER (Ella Adelia). — The Law of the Rhythmic Breath, Teaching the Generation, Conservation, and Control of Vital Forces. By Ella Adelia Fletcher. Author of "The Woman Beautiful", "The Philosophy of Rest", etc.

London, William Rider & Son, S. D. [1909 ?]. in-8° de 372 p. et de Catalog. (10 fr. 80).

Intéressant ouvrage pratique sur "Science du Souffle" qui est comme le sait la base absolument indispensable de toute Culture Psychique quelconque. L'Auteur y expose la Théorie des Tatwas ou subdivisions de l'Ether, ainsi que les correspondances Astrologiques. Tout le Système est d'ailleurs conforme à ceux de parasjati, qui semble être la source commune de tous les ouvrages sur la Culture Psychique.

4011 FLETCHER (Horace) Américain résidant à Venise, inventeur du "Fletcherism" ou méthode rationnelle de mastication et d'absorption intégrale des aliments chez l'homme. — The A. B. — Z. of our own Nutrition. By Horace Fletcher. A. M. Author of "Menticulture", "Happiness", "That last Waif", "Glutton or Epicure", "Optimism", etc.

... American Association for the ... ncement of Science.

... ton. B. F. Stevens et Brown, S. ... [1908], in-8° de XXXV-426 p. ... et fac-similés (5 shill.).

... originale en 1903 ; réimpressions ... nouvelles depuis.

L'importance de cet ouvrage au point ... des Sciences Psychiques est beaucoup plus considérable qu'on ne serait ... de le croire au premier abord. Sans ... donner explicitement, l'auteur applique la théorie des " Yogis " Hindous, sur ... action intégrale de toute la vitalité, ou " Prana " contenu dans les aliments, par un séjour prolongé dans la bouche jusqu'à extraction du goût, c'est-à-dire jusqu'à absorption par les nerfs de la bouche de tout le "prana" qu'ils contiennent. Le livre ci-dessus est somme ... un traité de l'usage scientifique des aliments en contradistinction avec leur usage empirique et déraisonné habituel. ... est certainement le premier pas dans la direction du système alimentaire du Surhomme.

Voici un aperçu de la Table, traduit ... français

Explications. — La Psychologie de la Nutrition. — Méthode. — Le Véritable ... terminus de la Digestion au point ... Chimique. — Résumé de ce qui précède par un Expérimentateur d'un mois d'expérience. — Première apparition Scientifique des Principes de la Nutrition ... esquissés dans l'ouvrage : Gloria or Epicuri ... Luigi CORNARO ... raison ? par Ernest VAN SOMEREN. — Les Expériences de Cambridge. — Expériences sur la Nutrition, par Sir Michael Foster. — Plan d'un Laboratoire International pour les Recherches sur la Nutrition. — Économie Physiologique de la Nutrition, par le Professeur Russell H. Chittenden. — Conférences du Professeur Pawlow sur l'influence Psychique dans la digestion, etc. — Étude des mouvements alimentaires au moyen des Rayons X par le Dr W. B. CANNON. — Les Laboratoires de Battle Creek. — Expériences dans ... laboratoires, sous la Direction du D. J. H. KELLOGG. — Le Dr Edward Hooker DEWEY et la suppression du Premier Déjeuner. — Le Professeur JAFFA et les Végétariens. — Le Dr H. P. ARMSBY. — ... iption des "A. B. C. Life Series".

... l'ouvrage du Dr L. PASCAULT

(q. v.) : " Conseils Théoriques et Pratiques sur l'Alimentation", un " empirique français, le Capitaine MAURIES " a vulgarisé une méthode analogue « dès 1897, et la » fit connaître trois ans plus tard dans une » brochure maintenant assez répandue dans » le public. »

Voir notre article :
MAURIES.

4012 FLEUR (La) Lascive Orientale. Contes libres inédits, traduits du Mongol, de l'Arabe, du Japonais, de l'Indien, du Chinois, du Persan, du Malais, du Tamoul, etc.

Oxford. Imprimé par les Presses de la Bibliomaniac Society, 1882, pet. in-8°. Frontisp. gravé, par Fél. Rops (20 fr.).

[Enfer 33

Le Frontispice manque souvent.

4013 FLEURVILLE (de). — Étude sur le Magnétisme animal.

Paris, Fleury, 1876, in-12.

[Th⁰⁵. 55

Puységur. — Nombreuses guérisons par le Magnétisme. — Fluide vital. — Les rêves, etc...

4014 FLEURY (A), membre du Sup∴ Cons∴ du R∴ Ecoss∴ anc∴ et acc∴. — Humanité et divinité.

Bruxelles, Kistemaeckers, 1885, in-12 (4 fr.).

4015 FLEURY (le F∴). — Instructions philosophiques sur la Franc-Maçonnerie. 1ᵉʳ degré. — Initiation. 2ᵐᵉ degré. Compagnonnage. Protectorat maçonnique.

Bruxelles, Kistemaeckers, 1881, in-16 (4 fr.).

4016 FLEURY (A.), de la R∴ L∴ Les Philanthropes Réunis, Or∴ de Paris. — Raison et religion.

Bruxelles, Kistemaeckers, 1881, in-12 (4 fr.).

4017 FLEURY (le F∴ A.). — Revendications sociales. L'idée nouvelle.— Prolétaires et bourgeois. — Le Droit. — Droit et Justice. — Corporation.— Conférences.

Bruxelles, Kistemaeckers, 1880. in-12 (3 fr. 50).

4018 FLEURY (Dr Maurice de). — Introduction à la Médecine de l'esprit.

Paris. Félix Alcan. 1897. in-8°.

[T²¹. 627

4019 FLISCO (Maur. Comes de). — Comitis de Flisco. Decas de Fato. annisque fatalibus tam hominibus quam Regnis mundi.

Francofurti, apud Schönwetter, 1665. in-4°. Portr. gravé par Philippe Thélot ; nomb. fig. sur bois, tableaux et Horoscopes dans le texte (15 fr.).

[V. 8834

Curieux et très rare.

(S-3114

4020 FLORETUS. — Traum-Gesicht, welches Ben-Adam, zur Zeit der Regierung Rucharetz, des Königes von Adama gehabt, und an den Tag gegeben hat : FLORETUS A BETHABOR ; mit noch einem andern Tractätlein von der Reise Friederich Galli, nach der Einöde S. Michael.

Hamburg, Joh. Naumann, 1682. in-8° de 15 pp. non chiffrées.

(O-1111-1112

4021 FLORIAN-PARMENTIER. — La Sorcellerie devant les temps modernes.

Paris, S. D. in-8° (1 fr. 75).

Historique de la sorcellerie. — La messe noire. Occultisme et hermétisme. — Explication de tous les phénomènes de la sorcellerie. — Comment on peut jeter un sort. — Les possessions et métamorphoses. — Le mécanisme du surnaturel. — Comment correspondre avec le monde inconnu. — Comment on rend la vie aux morts. — La grande sorcellerie moderne.

4022 FLOTARD (Eugène), Doct. en Droit, ancien Magistrat. — La Religion primitive des Indo-Européens, par Eugène FLOTARD.

Paris, Joël Cherbuliez, 1864, in-8° de VIII-239 p.

[G.25809

Les Aryas : Aryas-Hindous, ou Indiens; Aryas-Perses, ou Iraniens. — Preuves de l'identité des deux religions, indienne ou iranienne. — Traits principaux de l'antique religion commune aux Indiens et aux Iraniens. — Lois du développement religieux des deux familles.

4023 FLOTTE (G. de). — Les Sectes protestantes, ou histoire des divisions survenues dans la Réforme depuis Luther jusqu'à nos jours.

Paris et Nîmes. Giraud. 1856, in-8° (4 fr. 50).

[H. 1458

Adamites. — Amies de la Lumière.— Anabaptistes. — Basse-Eglise. — Béguards. — Bœhmistes. — Bourignonistes. — Camisards. — Cathares. — Démoniaques. — Illuminés. — Moraves. — Mormons. — Quakers. — Swedenborgistes, etc.... La Papesse Jeanne, etc....

4024 FLOURENS (Pierre-Jean-Marie), Médecin et Académicien né à Maureilhan (Hérault) en 1794, mort à Montgeron (S. et O.) en 1867. Secrétaire perpétuel de l'Académie des Sciences. — De la longévité humaine et de la quantité de vie sur le globe.

Paris, Garnier, 1854, in-12 (2 fr.).

[Th°.

Ce que l'auteur a cherché à établir, c'est la loi physiologique qui met en évidence la grande force de vie qui est en nous, et que les exemples révèlent

Autre édition :

Paris, 1856, in-12.

4025 FLOURENS (P.). — Examen de la phrénologie.

Paris, Paulin, 1842, in-12 (1 fr.).

[Th°.

Savante et curieuse critique.

4026 **FLOURENS (P.).** — De la Phrénologie et des études vraies sur le cerveau.

Paris, Garnier, 1863, in-12 (2 fr. 25).

[Th³⁰. 108

4027 **FLOURENS (P.).** — Psychologie comparée.

Paris, 1864, in-12 (2 fr.).

[R. 30141

Instincts. — Intelligence des bêtes. — Raison de l'homme. — De la Phrénologie et de la folie. — Siège de l'âme, etc...

4028 **FLOURENS (P.).** — De la raison du génie et de la folie.

Paris, 1861, in-12 de 280 pp. (2 fr.).

4029 **FLOURNOY (Th.).** Docteur en Médecine, Professeur de Psychologie à la Faculté des Sciences de l'Université de Genève. — Genèse de qq. prétendus messages spirites.

Genève, 1899, in-8° (1 fr. 25).

4030 **FLOURNOY (T.).** — Le Génie religieux.

St-Blaise et Roubaix, [1905], pet. in-8° (1 fr. 25).

Curieuse étude de symbolisme et de mysticisme.

4031 **FLOURNOY (T.).** — Des Indes à la Planète Mars. — Etude sur un cas de somnambulisme avec Glossolalie, par T. Flournoy.

Paris, Genève, F. Alcan, Ch. Eggimann et Cie, 1900, gr. in-8° XII-420 p. (10 fr.).

[8° R. 21994

Autre édit. :

Paris, Alcan, 1900.

2-ème édit. ornée de 44 fig. dans le texte.

Enfance et Jeunesse de Mlle Smith. — Mlle Smith depuis son initiation au spiritisme. — La Personnalité de Léopold. — Le Cycle Martien. — Le Cycle Hindou. — Le Cycle royal. — Incarnations et messages spirites, etc...

Les expériences relatées dans ce livre offrent le plus grand intérêt. Le sujet, Mlle Smith, intelligente, distinguée, étant par surcroît d'une loyauté au-dessus de tout soupçon, les phénomènes dont sa personne psychique et physique est le véhicule deviennent un objet d'études sûres et fécondes. M. Flournoy les a conduites avec une perspicacité et une méthode rares. Il a élucidé en grande partie les causes de ces phénomènes. Par le jeu des forces psychiques, de la mémoire et de l'imagination subliminales, de la personnalité subconsciente, il a tout expliqué.

4032 **FLOURNOY (T.).** — Nouvelles observations sur un cas de Somnambulisme avec glossolalie.

Genève, 1902, gr. in-8°, 21 gravures, (5 fr. 50).

Subconscience. — Langues astrales. — Le Supra-normal.

FLOURNOY (sur). Voir :

METZGER (D.).

4033 **FLUDD (Robert)** ou plutôt Flood; en latin, Robertus de Fluctibus, illustre médecin et théosophe né à Milgate (Kent) en 1574 mort à Londres en 1637. Il fut aussi mathématicien, astrologue et mécanicien. — Anatomiæ Amphitheatrum Effigie triplici, more et conditione variâ designatum auctore Roberto Fludd.

Francofurti, 1623, in-f°. Figures par Théodore de Bry.

[Rés. R. 480 (1)
(S-3362 b

4034 **FLUDD (Robert).** — Etude du Macrocosme. — Traité d'Astrologie générale (De Astrologia). Traduit et annoté pour la première fois par Pierre Piobb.[Comte Vincenti].

Paris, H. Daragon, 1907, in-8° XXII-293 p. (10 fr.).

[8° R. 21659

Superbe ouvrage d'un grand initié qui,

par son génie, a été parmi les philosophes du commencement du XVIIe siècle celui qui a eu la compréhension la plus grande, la plus nette et la plus belle de l'Univers entier. Voici d'ailleurs l'éloge mérité qu'en fait son traducteur : " Robert Fludd est avant tout un philosophe, un mathématicien.... C'est ensuite un Kabbaliste : initié dans les cénacles de la Rose-Croix aux mystères de la cosmogonie et de la théosophie, il est féru de cet admirable système de philosophie qu'est la Kabbale. Il s'en sert comme d'un outil merveilleux à l'aide duquel il ouvre à ses lecteurs les portes de la Connaissance.... Avec cette première trad. de l'Astrologie, le lecteur se familiarisera avec la manière très simple de R. Fludd : il verra comment les astres gouvernent les événements et déterminent les êtres ; il possédera aussi certaines clefs, vainement cherchées jusqu'ici, des mouvements astraux et des correspondances planétaires , il pourra étudier tout à son aise et les expérimenter, puisque l'ouvr. lui expose une manière de dresser un thème de nativité, et quand, enfin, il possédera ces indispensables éléments de la science astrale, alors, il sera mûr pour aborder des sphères plus hautes "...

4035 [FLUDD (Robert)]. — Fasciculus Geomanticus in quo Varia Variorum opera Geomantica continentur [Rob. Fludd, H. de Pisis, Attarsi Arabici filii].

Veronæ, M.DC.LXXXVII [1687], pet. in-8° (15 fr.).

[V. 21845

Ouvrage fondamental de Géomancie, avec nombreuses figures et tableaux pliés hors-texte. Contient trois traités en tout.

(S-3450

4036 FLUD (Robert). — Rob. Fludd alias de Fluctibus. Philosophia Moysaica. In qua sapientia et scientia creationis et creaturarum Sacra vereque Christiana (vt pote cujus basis sive Fundamentum est unicus ille Lapis Angularis Iesus Christus) ad amussim et enucleate explicatur.

Goudæ excudebat Petrus Rammazenius anno 1638. in-f°. Avec des figures en taille douce et sur bois. (35 fr.).

[R. 808-000

Traité fort rare du célèbre médecin et théosophe anglais qui doit sa réputation à son grand système théosophique et cosmogonique. — Amalgamant les opinions de Paracelse et de Cornelius Agrippa, les idées cabbalistiques, les chimères de l'alchimie, les traditions hébraïques et néo-platoniciennes de Mercure Trismégiste, les complétant par son érudition et ses observations, il en forma un vaste système, étonnant mélange de vrai savoir et de charlatanisme. Ce système est un panthéisme matérialiste. Avec le secours de l'interprétation allégorique, Fludd le donne comme le sens véritable du Christianisme.

(G-1381
(S-3250

4037 FLUDD (Robert). — Mosaïcall (sic) philosophy grounded upon the essential truth or Eternal Sapience.

London, Moseley, 1659, pet. in-f° (30 fr.).

4038 [FLUDD (Robert)]. — Religio exculpata. Autore Arctomano religionis.

S. l. 1684, in-4° (40 fr.).

[D. 5732

Ouvrage de Fludd rare et presque inconnu.

4039 FLUDD (Robert). — R. de Fluctibus. Tractatvs apologeticvs integritatem societatis de Rosea Crvce defendens. In qua probatur contra D. Libavij et aliorum ejusdem farinæ columnias, quod admirabilia nobis a Fraternitate R. ✠ C. oblata, sine improba Magiæ impostura aut Diaboli præstigijs et illusionibus præstari possint.

Lgd. Batav. apud G. Basson, 1617, pet. in-8° (22 fr.).

[H. 14510

Tous les ouvrages de Robert Fludd sont rares et recherchés, particulièrement les écrits consacrés à la défense des Rose ☦ Croix, car ils n'ont point été réimprimés dans ses œuvres complètes. Celui-ci est le plus important.

(G-328
(S-5402 b.

4040 FLUDD (Robert). — Tractatus theologo-philosophicus, in libros tres distributus, quorum, I de vita. II de morte. III de resurrectione. Cui infenuntur nonnulla Sapientiæ veteris, Adami infortunio superstitis, fragmenta.... Fratribusque a Cruce Rosea dictis dedicata a Rudolfo Otreb. Britanno, anno ChristVs MVnDo VIta.

Oppenhemii typis H. Galleri, [1617], pet. in-4° (35 fr.).

|R. 8108

« Extrêmement rare. — Exposition et défense de la secrète doctrine des frères de la Rose-Croix, mysticisme avancé. Pour la rareté de cet ouvrage de Fludd, qui ne se trouve point dans ses œuvres complètes, voir De Bure. »
(St de Guaita).

(G-621

4041 FLUDD (Robert). — [Traités séparés parmi les 17 qui composent ses œuvres].

I. Tomi secundi Tractatus primi Sectio secunda de technica Microcosmi historia.

S. l. n. d., in-f° de 104 pp. (plus l'index) (20 fr.).

|V. 1559

II. Tomi secundi tractatus secundus de præternaturali utriusque Minoris historia.

Oppenheim, 1619, in-f° (20 fr.).

Avec de nombreuses fig. s. b. en taille douce par Théodore de Bry.

Fludd est le savant le plus extraordinaire de son temps.

4042 FLUDD (Robert). — Robertus Fludd, alias, de Fluctibus, Armiger et in medicinâ Doctor Oxoniensis Opera. Utriusque Cosmi, Maioris scilicet et Minoris metaphysica, physica atque technica historia : Tomus primus : de Macrocosmi historia in duos tractatus divisa : primus de metaphysico Macrocosmi et Creaturarum illius ortu : physico Macrocosmi in generatione et corruptione progressu : secundus de arte naturæ simia in Macrocosmo producta et in eo nutrita et multiplicata, cujus filias præcipuas hic anatomia viva recensuimus, nempe arithmeticam, musicam, geometriam, perspectivam, artem pictoriam, artem militarem, scientiam motus et temporis, cosmographiam, astrologiam, geomantiam.

Oppenhemii, ære J. Th. de Bry, typis Hier. Galleri, anno 1617-1623, 2 part. pet. in-f°. (35 fr.).

2 ex. : |Rés. R. 475-476
|Rés. R. 477-479

Traité fort rare et très recherché du Macrocosme de Robert Fludd avec de nombreuses gravures très belles et curieuses de Jean Théodore de Bry.

(S-2750
(G-1380

4043 FLUIDE (Le). Magnétiseurs et spirites.

Paris, 1808, in-10 (2 fr.).

Le banquet de Mesmer. — L'abbé Faria — La seconde vue. — Le zouave guérisseur (Jacob). — Pythagore magnétiseur. — Préceptes, etc.

4044 FLUIDUS. — Almanach magnétique par le docteur Fluidus.

Paris, 1854-1857 [4 années], in-16, 178 pages [1-ère année].

|T³¹. 3.

Écrit en faveur du magnétisme sous une forme enjouée, cet almanach paraît depuis chaque année avec de légères modifications.

(D. p. 151

4045 FODÉRÉ (Dr Joseph Benoît), né à St Jean de Maurienne (Savoie) en 1764, mort à Strasbourg en 1835. Célèbre médecin. — Essai théorique et pratique de pneumatologie humaine, ou recherches sur la nature, les causes et le traitement des flatuosités et de diverses vésanies,telle que l'Extase, le Somnambulisme, la Magimanie, et autres qui ont pour phénomène principal l'insensibilité, et qui ne peuvent s'expliquer par les simples connaissances de l'organisme.

Strasbourg, 1820, in-8° (5 fr.).

Manque à la Bib. Nat.
Cet ouvrage est rempli de faits étranges du domaine de l'Occulte. Nous signalerons spécialement le chapitre intitulé: Faits singuliers et incroyables, anciens et modernes qu'on ne saurait expliquer par nos connaissances médicales usuelles.

4046 FOE (Daniel de) romancier anglais, fils d'un boucher, né à Londres en 1663, mort en 1731, dans la plus grande misère. — Histoire du Diable trad. de l'anglais (de Daniel de FOE sur la IIe édit. par....). — T. I contenant un Détail des circonstances, où il s'est trouvé, depuis son bannissement du Ciel, jusqu'à la création de l'Homme, avec quelques Réflexions sur les erreurs de certains auteurs, touchant la raison et la manière de sa chûte. — T. II qui traite de la Conduite qu'il a tenue jusqu'à présent et des moyens dont il se sert pour venir à bout de ses desseins.

Amsterdam, aux dépens de la compagnie, 1729.

[8° Y². 57087

Amsterdam, aux dépens de la compagnie, 1730, 2 vol. in-12 de X-264. et IV-302 pp. Curieux frontispice gravé.

[Z. 17273-274

M. Grässe (Biblioth. magica, 11) s'est trompé en donnant cet ouvrage à Jer. Swinden, l'auteur des Recherches sur le feu de l'enfer. Cette Hist. du Diable est la traduction de History of the Devil, de De Foé.
Livre singulier et rare qui a été mis à l'index par la Cour de Rome le 29 avril 1744.

(G-622
(O-1674
(S-5148 b

4047 FOE (Daniel de). — Histoire du Diable, traduite de l'Anglois. Contenant un détail des circonstances où il s'est trouvé depuis son bannissement du Ciel jusqu'à la Création de l'homme... et traitant de la conduite qu'il a tenue jusqu'à présent et des moïens dont il se sert pour venir à bout de ses desseins.

Amsterdam, 1770, puis 1780. 2 vol. in-12.

Avec un frontispice gravé fort intéressant représentant " les Victoires que le diable a remportées sur le genre humain en commençant par Eve ".

(G-1582 et 1583

4048 FOE (Daniel de). — La vie et les aventures surprenantes de Robinson Crusoé... — Réflexions sérieuses et importantes de ROBINSON CRUSOÉ.

Paris, L. Prault, 1768, 2 vol. in-12. (4 fr.).

[Y². 11368-11373

Autres éditions :

1721, 1735, 1741, etc.

Daniel de Foë, était occultiste et voyant. Ce supplément philosophique de ROBINSON CRUSOÉ, très recherché contient: *La vision du Monde angélique et de la nécessité d'écouter les voies de la Providence*, traités remplis de faits surprenants et de communications avec le monde angélique, qui classent l'auteur parmi les meilleurs théosophes.

4049 [FOE (Daniel de)]. — Vision du monde angélique (trad. de l'angl. de Daniel de Foë, par....); dans Voyages imaginaires (1787), III, 355-403.

Traité sur les apparitions, songes, pressentimens, écrit dans un esprit beaucoup plus crédule que *l'Histoire du Diable* du même auteur.

(O-1788

4050 FOIGNE (J. de). — Le Sacre et Couronnement du Roi de France, avec les Cérémonies, Prières et Miracles, par J. de FOIGNE.

Reims, 1575, in-8°.

De la plus grande rareté, manque à la Bib. Nat.

(S-5575)

4051 FOISSAC (Docteur Pierre), né à Albert (Lot) en 1801. — La Chance et la Destinée.

Paris, Baillière, 1870, in-8° 662 p. et table.

[R. 30100

Des lois morales de l'humanité : la Providence et le libre arbitre. — Fatum ou le destin et la nécessité. — Alea : de la fortune ou du hasard. — Opinion de Louis XVIII sur le Masque de Fer. — De la fortune des livres ; des réputations. — De l'influence des noms sur la destinée. — De la chance heureuse, des jeux et des duels. — Des pressentiments. — Du calcul des probabilités. — Révélation sur la naissance de Gaspard Hauser, etc...

Intéressant ouvrage.

4052 FOISSAC (Docteur P.). — Hygiène des saisons.

Paris, 1884, in-8°.

[Tea. 71

Considérations générales sur la médecine Circumfusa (l'air vital), Habita (l'habitation), Ingesta (des aliments et des boissons), Excreta (déjections ou excréments), Applicata (vêtements, bains, cosmétiques, etc...), Gesta (Gymnastique), Percepta (Passions de l'âme). Hygiène de l'Hiver, du printemps, de l'été et de l'automne, etc...

4053 FOISSAC (Docteur P.). — Hygiène philosophique de l'âme.

Paris, J. B. Baillière, 1860, in-8°, 400 p. et cat. Baillière.

[R. 30101

Autre édition :

Paris, 1863, in-8°.

4054 FOISSAC (Docteur P.). — De l'influence des Climats sur l'homme et des agents physiques sur le Moral.

Paris, [1837], 2 vol. in-8° de 630 et 650 pp.

[Tea. 1

4055 FOISSAC (Docteur P.). — La Longévité humaine, ou l'art de conserver la santé et de prolonger la vie.

Paris Baillière, 1873, in-8° de 567 pages.

[Tss b. 30

Une mine d'anecdotes depuis l'antiquité jusqu'à nos jours. « Une grossesse de cinq enfants se rencontre 1 fois sur 1 million », p. 105. — Table de mortalité (297-301). — Des centenaires (359). — Sur l'art de prolonger la vie (428).

Ouvrage d'une vaste érudition et qui néglige un peu la pratique.

Transmission de la longévité. — Transmission des maladies. — Mariages consanguins. — Durée naturelle de la vie humaine. — Art de prolonger la vie. — Alchimie. — Médecins et médicaments. Opium et haschisch. — Du sommeil et de la veillée. — Durée de la vie dans les professions diverses.

4056 FOISSAC (Docteur P.). — Le Matérialisme et le Spiritualisme scientifiques, ou les localisations cérébrales.

Paris, 1881, in-8°. (2 fr. 25).

De l'Alchimie. — Causes finales. — Phrénologie. — Gall et Spurzheim. — Facultés de l'âme. — L'âme des bêtes. — Existence de Dieu et immortalité de l'âme. — Origine de l'homme, etc.

4057 FOISSAC (P.). — Mémoire sur le magnétisme animal adressé à MM. les Membres de l'Académie des sciences et de l'Académie de médecine, par P. Foissac, docteur médecin de la Faculté de Paris.

Paris, 1825, in-8°. 10 pages. (2 fr.)

[Tbea 124

C'est ce mémoire qui motiva après débats orageux à l'Académie de médecine la nomination d'une commission chargée d'examiner divers faits du magnétisme animal. Le docteur Foissac a rendu compte des travaux de cette commission dans un ouvrage que l'on trouvera plus loin : Que sont devenues ses anciennes convictions ?

(D) p. 98

4058 FOISSAC (Docteur P.). — De la météorologie dans ses rapports avec la science de l'homme.

Paris, 1854, 2 forts vol. in-8°. (8 fr.).

[Td 47

Étude consciencieuse des influences du macrocosme sur le microcosme ; de l'électricité animale ; du magnétisme terrestre ; de l'influence de l'aimant sur l'homme, etc...

4059 FOISSAC (P.). — Rapport et discussion de l'Académie royale de Médecine sur le magnétisme animal recueillis par un sténographe et publiés avec des notes explicatives par P. FOISSAC.

Paris, J. B. Baillière, 1833, in-8°, 564 pages. (4 fr.).

Ce volume contient les incidents des travaux des deux commissions de 1826 et 1831 et le rapport de M. Husson. L'auteur a ajouté des notes sur Mesmer, Deleuze, Puysegur, Bertrand, Virey, Husson, Récamier, sur divers faits de Catalepsie, de maladies nerveuses, sur l'opinion de Gall sur le magnétisme, les expériences de Broussais et de Frapart ; une liste de 76 médecins témoins de faits de somnambulisme artificiel ; des expériences sur l'imagination ; des considérations sur la thérapeutique du magnétisme, etc.... C'est un excellent ouvrage à consulter surtout pour la partie historique.

(D) p. 100
(G-2032

4060 FOISSAC (P.). Second mémoire sur le magnétisme animal. Observations particulières sur une somnambule présentée à la commission nommée par l'Académie royale de médecine pour l'examen du magnétisme animal, par P. FOISSAC, docteur en médecine de la Faculté de Paris.

Paris, l'auteur et Mme Lévi, 1828, in-8°, 37 pages. (2 fr.).

[Th 125

Autre édition :

Paris, 1826, in-8°.

Le docteur Foissac fit preuve d'une grande indépendance. Il dit dans sa brochure, que : sans prétendre faire du magnétisme un remède universel, il a pu depuis qu'il l'a joint, dans sa pratique, à la médecine ordinaire, guérir un grand nombre de maladies réputées incurables, soit en dirigeant l'action immédiate du magnétisme sur ces maladies, soit en les éclairant des lumières du somnambulisme (sic).

Quelle est l'opinion actuelle de l'auteur à qui nous devons des travaux considérables médico-psychologiques ?

(D) p. 105

4061 FOLET (Docteur H.). — Un médecin astrologue au temps de la Renaissance : Henri Cornelius Agrippa.

Paris, Nouvelle Revue, 1806, in-8°.

[8° M. Pièce 2102

4062 FOLET (Docteur H.). — La Révolution de la Chirurgie.

Paris, 1880, in-8° de 55 pp.

[Td fa. 34

4063 FOLLEY (Docteur A. E.). — Eki Ton-Mata Ouengha, père et Dieu des cruels humains.

S. l., 1874, in-8°. (2 fr.).

[Y². 30722

4064 FOLIE (La), la démonomanie : le Sabbat ; délire des religieuses ; Succubes ; les mystiques ; Exorcismes ; Extase ; Pactes ; tueries d'enfants. — La Folie-meurtre ; mangeurs d'enfants et de cadavres. — Érotomanie. Monomanes. — Maisons hantées. — Charenton, Bicêtre, la Salpêtrière, etc...

Paris, 1868, in-16. (2 fr.).

FOMALHAUT : pseudonyme de M. Charles NICOULLAUD, q. v.

4065 FONSSAGRIVES (E.). Commandant des troupes françaises pendant l'occupation des tombeaux en 1900-1901. — Si-Ling, études sur les tombeaux de l'ouest de la dynastie des Ts'ing.

Paris, Leroux, 1907, in-4°. (40 fr.)
[4° O². 619

Orné de nombreuses photographies et de reproductions en couleurs hors et dans le texte ; d'inscriptions, peintures, objets d'art, etc.

Tome XXXI (1ʳᵉ Partie) des Annales du musée Guimet. La seconde partie du même Tome XXXI est consacrée à l'ouvrage de M. Lucien FOURSEREAU sur « Le Siam ancien. »

4006 FONTAINE. — Mémoires pour servir à l'Histoire de l'Abbaye de PORT ROYAL, par M. FONTAINE.

Paris, 1753, 4 vol. in-12.

Autre édition :

Utrecht, 1736, 2 vol. in-12 (12 fr.)
[Ld². 87

Mémoires du plus vif intérêt pour l'histoire de Port Royal. Fontaine vécut en effet longtemps dans cette maison où il devint l'ami d'Antoine Arnauld, de Nicole, de Singlin, et surtout de Sacy, avec lequel il fut enfermé à la Bastille.

(S-533

4007 FONTAINE (Jacques). — Des marques des sorciers et de la réelle possession que le diable prend sur le corps des hommes. Sur le subject du procès de l'abominable et détestable sorcier LOUYS GAUFRIDY, prestre bénéficié en l'Eglise parrochiale des Accoules de Marseille, qui n'a guières a esté exécuté à Aix par arrest de la Cour de Parlement de Prouence.

Lyon, par Cl. Larjot, 1611, in-8°. (3 fr.).

Réimpression à petit nombre, devenue rare, exécutée par les soins de *Rousseau Lerar à Arras,* d'un livret presqu'introuvable.

Autres éditions :

Aix, J. Tholosan, 1611, pet. in-8°. (20 fr.). (Pièce originale).

(G-1385
(S-3162 b

4068 — Discours des marques des Sorciers et de la réelle possession....

Paris, Denis Langlois, M. D. C. XI. [1611], in-8° de 46 pp.

[Réserve R. 2442

4069 FONTAN et SEGARD (Docteurs). — Eléments de Médecine suggestive, hypnotisme et suggestion : faits cliniques.

Paris, 1887, in-18.

[Te¹³. 96

Hypnose et sommeil naturel. — Causes de l'hypnotisme. — Impulsions irrésistibles. — Les Suggestions. — Grandes névroses. — Automatisme, etc...

4070 FONTANE (Marius), né à Marseille en 1838. Secrétaire de Mr F. de Lesseps, puis de la Cie de Panama. — Histoire universelle. I. Inde védique (1800 à 800 av. J. C.).

Paris, Alph. Lemerre, 1881, gr. in-8° (3 fr.).

L'Histoire universelle de Fontane est très estimée surtout au point de vue philosophique. Ce volume comprend exclusivement l'histoire, les coutumes, les religions et les mœurs de l'Inde védique, de 1800 à 800 av. J-C.

L'ouvrage entier comporte 16 *volumes gr. in-8°. Cote de tout l'ouvrage :*

[8° G. 1131

4071 FONTANE (Marius). — Histoire Universelle [II]. Les Iraniens (Zoroastre) de 2500 à 800 avant J-C.).

Paris, Alphonse Lemerre, S. D. in-8° (3 fr.).

Edition originale.
Forme le tome 2 de l'Histoire Universelle.

4072 FONTANE (Marius). — Histoire Universelle [III]. Les Egyptes (de 5000 à 715 avant J. C.)

Paris, Alph. Lemerre, 1882, in-8° (3 fr.).

Edition originale.
Forme le tome 3 de l'Histoire Universelle.

4073 FONTANE (Marius). — Histoire Universelle [IV]. Les Asiatiques. Assyriens, Hébreux, Phéniciens) de 4000 à 550 avant J.-C.).

Paris, Alphonse Lemerre, 1883, in-8° de 513 p. 2 cartes hors texte (p. 503-5). (3 fr.).

Edition originale. — Index alphabétique annoté.

Forme le tome 4 de l'Histoire universelle, complète en 16 vol.

4074 FONTANE (Marius). — Histoire Universelle [XI]. La Papauté. Charlemagne (de 632 à 877 après J. C.).

Paris. Alphonse Lemerre. 1901. in-8° (2 fr. 50).

[8° G. 1131

Forme le tome XI de l'Histoire Universelle.

Voici le sujet des tomes que nous ne détaillons pas ; V-la Grèce. — VI-Athènes. — VII-Rome. — VIII-le Christianisme. — IX-les Barbares. — X-Mahomet. — XII-l'Europe. — XIII-les Croisades. — XIX-la Renaissance. — XV-la Réforme. — XVI-la Révolution. — XVII-le Dix-Neuvième siècle.

4075 FONTBERG (Dr D. de). — Révélations scientifiques et humanitaires.

S. l. in-8° Figures. (3 fr.).

Contient de nombreux secrets pour la beauté et vivre longtemps. Science de la Métoposcopie. Art de découvrir les nombres et les dates qu'il faut connaître et étudier pour être heureux dans la vie, ou science de Pythagore. Secret merveilleux pour conserver jusqu'à l'âge le plus avancé, la vigueur, et une grande puissance génitale près le sexe, etc...

4076 FONTENAY (Guillaume de). — A propos d'Eusapia Paladino. — Les séances de Montfort l'Amaury. Comppte-rendu. — Photographies. Témoignages et commentaires.

Paris, Société d'édit. scient. in-8° XXX-280 p. etc.

[8° R. 15148

Enquête approfondie sur les extraordinaires facultés d'Eusapia Paladino, le plus grand médium du monde, dont tous les savants s'occupent à cette heure. Guillaume de Fontenay retrace tous les phénomènes fantastiques qui se sont produits et en donne les clichés photographiques.

4077 FONTENAY (Guillaume de), Secrétaire général du Congrès Végétarien. — Congrès International Végétarien. Tenu à Paris du 21 au 23 Juin 1900. Comptes rendus sommaires par M. Guillaume de FONTENAY.

Paris Imprimerie Nationale MCM [1900]. gr. in-8° de 19 p.

[T⁷. 1827

Intéressant résumé des Travaux de ce Congrès sans doute le premier en date de son genre, et du plus heureux présage pour le perfectionnement physique et psychide la race humaine.

4078 FONTENAY (Louis-Abel de BONAROUS Abbé de), Jésuite, né près de Castres en 1737, mort à Paris en 1806 Compilateur assez médiocre. — Esprit des Livres défendus, ou antilogies philosophiques. Ouvrage dans lequel on a recueilli les morceaux les plus curieux et les plus intéressants sur la Religion, la Philosophie, les Sciences et les Arts, extraits des livres philosophiques les plus modernes et les plus connus.

Amsterdam, 1777, 4 forts vol. in-12. (12 fr.).

Compilation très rare et très curieuse de documents empruntés exclusivement à des ouvrages mis à l'index. Dans le but louable de tirer le bien du mal, l'auteur entre dans de longs détails sur la métaphysique des anciens, leurs croyances et leurs cultes. Dissertations intéressantes sur les superstions, les mystères du Paganisme, les sibylles et leurs fameux livres, les doctrines Egyptiennes, Hindoues Chinoises, etc... Recherches sur les Américains. Les pierres figurées, la magie les enchantements. Explication du mythe d'Orphée. Origine de la téorie : les Démons, les prophètes. Le Spinosisme des Indiens, des Chinois, des Japonais, etc...

4079 FONTENELLE (Bernard Le Bovier de), savant philosophe né à Rouen en 1657, mort à Paris en 1757

Fils d'un avocat de Rouen et neveu du Grand Corneille. Académicien pendant 66 ans. Philosophe et Mathématicien. — Entretiens sur la pluralité des Mondes.

Londres Vaillant, 1710, in-12. (3 fr.).

Autres éditions, dont la première :

Paris, Blageart, 1686, in-12.

[R. 13025

Paris, Brunet, 1698, in-12.

Paris, Brunet, 1724, pet. in-12.

Paris, Janet, 1826, in-8°

Cet ouvrage donna lieu à l'époque où il parut à de furieuses polémiques. L'auteur en somme, ne faisait que reprendre à son compte les théories du Cardinal de Cusa sur la pluralité des mondes habités.

(G-1386

4080 [FONTENELLE (de)]. — Histoire des Oracles.

Paris, G. de Luyne, 1687, in-12. (4 fr.).

[G. 32581

Edition originale très rare publiée sous le voile de l'anonyme.

Cet ouvrage est une adaptation, quant au fond, de celui de Van Dale, sur les oracles des anciens, écrit en latin et imprimé en Hollande. — Son succès fut considérable, mais non fait pour désarmer les gens d'Eglise, qui ne voyaient dans les religions anciennes que les prestiges du Démon. Fontenelle peut être revendiqué comme un précurseur de la Libre-Pensée.

On trouve en outre dans ce volume les poésies de Fontenelle : Pastorales, héroïdes, poésies diverses.

Autres éditions :

Paris, Brunet, 1698, in-12.

Paris, Brunet, 1707, in-12.

Paris, 1764, in-12.

Londres (Cazin), 1785, in-18.

(G-1387-1388-1791

4081 FONTENU (de). — Diverses conjectures sur le culte d'Isis en Germanie. — Discours sur Isis, adorée chez les Suèves sous la figure d'un navire avec qq. remarques sur les Navires sacrez des Anciens.

Paris, 1721, in-4° de 40 pp.

4082 FONTETTE SOMMERY (Comte de). — Lettre à M. d'Eslon, médecin ordinaire de Monseigneur le Comte d'Artois.

Glascow. Se trouve à Paris chez Prault, Imprimeur du Roi, quai des Augustins, à l'Immortalité, 6 Septembre 1784, in-8° 27 pages. (2 fr.).

[Tb^{us}.50

Cette lettre est datée du 6 Septembre et signée " le comte de FONTETTE SOMMERY."

(D. p. 39

4083 FONTILLE (Edmond). — Le Prophète national de la Pologne, par Edmond FONTILLE.

Paris, Humbert, 1864, in-12 de 150 p.

[M. 26270

Intéressantes prophéties d'Adam MICKIEWICZ, né à Novogorodeck (Lithuanie) le 24 Déc. 1798, et qui fut un moment professeur au Collège de France (Voir notre article à son sujet).

4084 FONVIELLE (Wilfrid de), journaliste, physicien et orientaliste, né à Paris en 1828. — Comment se font les miracles en dehors de l'Eglise.

Paris, Dreyfous. S. D. in-12 (4fr.)

Examen d'une fausse science, dit l'auteur qui méconnait l'existence des lois providentielles de l'évolution du monde. Auteur hostile, évidement, à la liberté de pensée.

4085 FONVIELLE (Wilfrid de). — Les Endormeurs. La Vérité sur les Hypnotisants, les Suggestionnistes, les Magnétiseurs, les Donatistes, les Braidistes, etc.

Paris, Henry du Parc S. D. [1887] in-18 de 308 p. (6 fr.).

[Te^{14}.92

La Sorcellerie Moderne (p. 163). — Critique amère du Livre de Charles Richet : " L'homme et l'Intelligence ". Mr Wilfrid de Fonvielle a une confiance grande, évidemment, dans ses propres lumières sur ces sujets... mais il peut être permis (et plus sûr) de ne pas partager cette confiance.

Puissance de l'imagination. — Médecine imaginaire. — L'art des somnambules. — Sorcellerie moderne. — Miracles du sommeil nerveux. — Calculs de probabilités dans les démonstrations hypnotiques. — L'Aiguille des hystériques, etc...

Autre :

Paris, 1007, in-8°

(Y-P-813)

4086 FONVIELLE (W. de). — Les miracles devant la science.

Paris, Dentu, 1880, in-12.

[8° R. 3131]

Les origines de la croyance aux géants. — Les eaux du déluge. La tour de Babel. — La physique de Moïse. — L'ânesse de Balaam. — Les animaux fabuleux de la Bible. — Les anges et les ascensions, etc...

4087 FONVIELLE (W. de). — La physique des miracles.

Paris, Dentu, 1872, in-12, illustr. de 13 fig.

[R. 30202]

Tables tournantes et esprits frappeurs. — Les guérisseurs de haut parage. — Le sanctuaire de N. Dame. — La sainte Robe d'Argenteuil. — Les saintes larmes — Les fraudes sacerdotales. — Le miracle de saint Janvier. — L'hostie sanglante de Vrigne-aux-Bois. — Stigmatisés et stigmatisées. — La Croix de Migné, etc...

4088 FONVIELLE (W. de). — Les Saltimbanques de la science. Comment ils font des miracles.

Paris, Deyfrous. S. D. [1884]. in-12 de 364 pp. (4 fr.).

[8° R. 5704]

Convulsionnaires de St-Médard. — Les successeurs de Mesmer. — La baguette divinatoire. — Allan Kardec. — Les guérisseurs, etc...

4089 FORBERG (Friedrich Karl érudit allemand né a Meuselwitz (en Saxe - Altenbourg) vers 1770, mort à Hildburghausen vers 1841. Professa la Philosophie à Iena. Conservateur de la Bibliothèque de Cobourg. — Antonii Panormit Hermaphroditus, primus in Germania edidit et Apophoreta adjicit Frid. Carol. Forberg.

Coburgi, sumptibus Meuselierus. 1824, in-8°

C'est l'édition définitive de l'Ouvrage d'Antonio Beccadelli, dit le Panormitain dont le mss fut découvert par Forberg dans la Bibliothèque Antique de Cobourg dont il était Conservateur. Les " Apophoreta ", ou " second Service " sont les érudites recherches auxquelles l'éditeur s'est livré à ce sujet.

4090 FORBERG (Friedrich Karl) — De Figuris Veneris. (Des formes du Baiser).

Paris, H. Daragon, S. D. [1907], in-8° et album de planches (40 fr.)

[Enfer. 1861 (1-2)]

Conforme à l'édit. de Cobourg, 1824.

Contient un album de 26 camées gravés de d'Hancarville, tirés du "Monument des Douze Césars " et du " Culte des Dames Romaines " cités par Forberg à l'appui de son texte.

4091 FORBERG (Fred). — Manuel d'érotologie classique (De Figuris Veneris). Texte latin et traduction littérale par le Traducteur des Dialogues de Luisa Sigea.

Paris, Imprimé à 100 exempl. pour Isidore Liseux et ses amis, 1882, 2 vol. in-8° (150 fr.).

[Enfer. 67 (0-7)]

Édition rarissime, impeccable tant au point de vue du fonds que de la forme.

4092 FORCATULA ou FORCATULUS ou Etienne Forcadel, jurisconsulte français né à Béziers, vers 1534, mort en 1573. Professa le Droit à Toulouse. Son frère, Pierre était professeur de Mathématiques au Collège de France.

Steph. FORCATULA. Prometheus, sive de raptu animorum.

Parisiis, 1578, in-8°.

(S-3140)

4003 FORCATULUS (Steph.). — Steph
FORCATELI. Necyomantia juris periti.
Vera Magia descriptio, per quam evo-
cati jurisconsulti in numeros Juris
civilis locos disertissime declarant.

Lugduni, 1544, in-4°

(S-3236 b)

4004 FOREL (Dr Auguste), de Chigny,
près Morges (Suisse). Professeur de
Psychiâtrie à l'université de Zurich.
— Etude médico-légale sur un cas de
Somnambulisme naturel, avec prédic-
tions et lucidité.

S. L. (1801), in-8° (8 fr. 75).

(Extr.)

4005 FOREL (Dr. A.). — Quelques remarques sur la Suggestion.

S. L. (1889) in-8° (0 fr. 00).

(Extr.)

4006 FOREL (Dr. A.). — Quelques
suggestions.

S. L. (1893) in-8° (0 fr. 50).

Extr.

4007 FOREL (Auguste). — La Question
Sexuelle, exposée aux adultes cultivés
par Auguste FOREL, ancien Professeur
de Psychiâtrie à l'Université de Zurich.

Paris, G. Steinheil, 1906, gr. in-8°
VIII-604 p. fig. 2 pl. en couleurs hors
texte (7 fr.).

[8° Tb⁷¹, 246

La reproduction des êtres vivants. Histoire du germe. — L'évolution, ou descendance des êtres vivants. — L'appétit
sexuel. L'amour et les autres irradiations
de l'appétit sexuel dans l'âme humaine.
— Ethnologie et histoire de la vie sexuelle de l'homme et du mariage. — Évolution et Pathologie sexuelles. — Rôle de
la suggestion : l'ivresse amoureuse.

Prostitution, Proxénétisme et concubinage vénal. — Influence du milieu sur la vie
sexuelle. Morale sexuelle. — La question
sexuelle dans la politique, — dans la pédagogie. — dans l'Art. — Coup d'œil ré-
trospectif et perspectives d'avenir.

4008 FORGAME. — De l'influence de
l'esprit philosophique et de celle des
sociétés secrètes sur le XVIII-e et le
XIX-e s.

Paris, Dentu, 1858, in-8° (5 fr.).

[R. 30200

Les Philosophes et les Jacobins. —
Origine de l'Ordre des Templiers. — Secret général des Franc-Maçons. — Code
des Illuminés. — Petits Mystères. — Les
grands Mystères. — Le Mage et l'Homme
roi. Théosophes et Martinistes. — La
Terreur, etc...

(G-330)

4009 FORGET (Jo.). — Artis Signatae
Fallacia, a Jo. Forget.

Nancei, Charlot, 1633, in-8°.

[R. 12688
(S-3102)

4100 FORICHON (Dr). — Le matérialisme et la phrénologie combattus
dans leurs fondements et l'intelligence étudiée dans son état normal et
ses aberrations ; dans le délire, les
hallucinations, la folie, les songes,
et chez les animaux.

Paris, Loss, 1840, in-8°. Planches.
(4 fr.).

[R. 36214

Suprématie de l'homme. — Hallucinations. — Perversion des sens. — Des
Songes, etc...

4101 FORNELLES (Albert). — Le Cantique des Cantiques.

Paris Labure, 1885, in-8° de V-60
p. et 2 f⁰⁵ (2 fr. 50).

[A. 20215

4102 FORSTER (Fr.). — Von der Be-
geisterung des Preuszischen Volkes
im Jahr 1813 als Vertheidigung unsers Glaubens ; von Fr. FÖRSTER.

Sc. psych. — T. II. — 7.

Berlin, Maurer, 1816, in-8° de 16 pp.

Förster, criblé de blessures gagnées sur les champs de bataille pour la défense du pays, dans son indignation, provoqua Schmalz à défendre ses opinions en lutte académique, mais ce dernier ne répondit pas.

[O-532

4103 FORTIA D'URBAN (Agricol-Joseph-François-Xavier-Pierre-Esprit-Simon-Paul-Antoine, Marquis de) est né à Avignon en 1756 et mort à Paris en 1843. D'abord officier en France, puis au service du Pape, il échappa à la Terreur à Paris et vers 1830 devint Académicien. Ses Œuvres forment environ cent volumes. — Essai sur l'origine de l'Écriture, sur son introduction dans la Grèce et son usage jusqu'au temps d'Homère, etc....

Paris, Fournier, 1832, in-8°. Orné de 4 gr. pl. pliées dont une en couleurs (2 fr. 50).

[X. 25278

4104 [FORTIA D'URBAN]. — Histoire d'Aristarque de Samos, suivie de la traduction de son ouvrage sur les distances du Soleil et de la Lune ; de l'hist. de ceux qui ont porté le nom d'Aristarque, etc...... par M. de F***.

Paris Ve Duminil-Lesueur, 1810, in-4° de 248-401 pp. (6 fr. 50).

[J. 18429

Aristarque, sur la grandeur et la distance du Soleil et de la Lune (Texte grec et trad. latine). — Scholie du Liv. d'Aristarque (grec et lat.) — Notices sur divers Aristarques (d'Égypte, de Marseille, de Tégée, de Sipallète, de Bizance, de Gironidès, d'Ambracie, de Moschus, de Tarente). — Philosophie ancienne, des Indiens, des Chinois, des *Chaldéens*, des *Égyptiens*, fragment de Sanchoniaton. — Thaut ou Hermès. — *Chimie Égyptienne*.

4105 FORTIA D'URBAN (Marquis de). — Histoire et théorie du Déluge d'Ogigès ou de Noé, et de la submersion de l'Atlantide.

Paris, Xhrouet, 1800, in-12 (4 fr.).

[G. 23013

4106 FORTIA D'URBAN (Marquis de). Nouveau sistème (sic) préadamit... ou conciliation de la Genèse avec l'antiquité de l'histoire, précédé de nouvelles observations sur l'antiquité de la Chine.

Paris, Xhrouet, 1809, fort in-12 (8 fr.).

[G. 23014

L'auteur prétend prouver, dans cet ouvrage très réputé, que la Genèse ne parle point d'une véritable création, qu'il n'y est question que d'un déluge plus ancien que celui d'Yao, et que l'ère d'Adam est subordonnée à une ère connue et encore employée aujourd'hui dans les Indes sous le nom d'ère de Caliougan. (Ce volume forme le tome X des œuvres de Fortia d'Urban, mais il est indépendant des autres et forme un tout complet des plus savants et des plus curieux.)

4107 [FORTIA de Piles, né à Marseille (1758) mort à Sisteron (1826), JOURGNIAC de SAINT-MÉARD, L. de BOISGELIN]. — Correspondance de MM... sur les nouvelles découvertes du baquet octogone, de l'homme baquet et du baquet moral, pouvant servir de suite aux aphorismes recueillis et publiés par MM. de F... J... et B...

Libourne et Paris, 1785, in-12. 107 Pages (3 fr.).

[Th⁵². 0

Très rare.

Cet ouvrage contre le magnétisme est de MM. Fortia de Piles, Jourgniac de Saint-Méard et L. de Boisgelin.

(D. p. 90

4108 FORTIN (l'abbé), Curé de Chalette (Loiret), mort en Juillet 1894 (Bosc, *Aimantation Universelle*, p. 90, Note). — Almanach de l'abbé Fortin pour 1892. Prix 1 fr.

Paris, 9, place de la Bourse, [1892], in-16 de 166 pp.

[8° V. 24784

contient des détails sur la construction du *Magnétomètre* de l'auteur ; il y indique la sensibilité de son appareil au Magnétisme animal (p. 102).

4109 FORTIN (l'abbé A.). Curé de Châtelle. — Le magnétisme atmosphérique ou prévisions du temps cinq ou six jours à l'avance par les agitations de l'aiguille du magnétomètre.

Paris, Georges Carré, 1899, in-12 XXV-300 p. Frontispice représentant le *Magnétomètre* de l'auteur. (2 fr. 25).

[8° V. 21053

4110 FOS (Mme Maria de). — Dieu c'est l'amour, par Mme Maria de Fos.

Paris, Dentu, 1860, in-12, 124 pages.

[R. 54708

La faveur des idées du comte SZAPARY, sur le magnétisme.

(D. p. 171

4111 FOSLARD (J.). — L'Anti-Sorcier ou les Préjugés dévoilés, tels que les Sortilèges, les Charmes, les Esprits, l'Art de prédire l'Avenir, et dire la Bonne Aventure, par le Désir d'en prévenir les funestes effets, ou les Prévenus de Silly et de Bassilly d'actes de Violences graves et d'Atentat à la Sûreté individuelle d'une pauvre femme, comme prétendûment Sorcière, ou d'avoir comencé à la pendre et à la brûler, le 28 Germinal An IX, par J. J. FOSLARD, juge de paix en la Ville d'Enghien, Département de Jemmapes, et ci-devant Avocat.

S. l., An IX (1801), in-8° de 32 p. (10 fr.).

[8° R. 21759

[Anonyme]. — Antidote salutaire contre le Poison moral du Diabolisme de la Consultation ci-jointe des Médecins MAUROY et BOURLARD de Mons, du 15 Vendémiaire An II (6 Octobre 1802), pour, ou plutôt contre les enfants du Charpentier GIROUX, ou Défense de l'Anti-Sorcier ci-joint. Comme servant aussi de Réfutation du Diabolisme de la Consultation, par le Desir d'en prévenir les Funestes effets. — « *Amore veritatis non convicii ductus* ».

S. l., An XI (1802), in-8° de 18 p. (10 fr.).

Ces deux pièces rares et curieuses sont écrites en Orthographe réformée. Elles ne sont citées nulle part, mais elles ont fort heureusement été offertes par M. Mickiewicz à la Bibliothèque Nationale, où elles sont cotées :

[8° R. 21759

4112 FOSSATI (Dr Jean) ou *Giovanni-Antonio-Lorenzo* né à Novare en 1786, Médecin Philosophe et Phrénologue italien ; vécut longtemps à Paris, où il fonda la Société Phrénologique. — Manuel pratique de Phrénologie, ou physiologie du cerveau, d'après les doctrines de Gall, de Spurzheim, de Combe et des autres phrénologistes, avec 37 portraits et 6 fig. d'anatomie intercalées dans le texte.

Paris, Baillière, 1845, in-12 (3 fr.).

[Tb⁵⁰. 78

4113 FOSSEY (Charles) Professeur d'Assyriologie au Collège de France, né à Cambrai en 1869. — La Magie Assyrienne. Etude suivie de Textes magiques transcrits, traduits et commentés. Thèse... par C. FOSSEY.

Paris, Ernest Leroux, 1902, in-8° de 474 p. (10 fr.).

[O²d. 407

Etude très complete sur la Magie Assyrienne, son but et ses Moyens. L'auteur montre que la Magie et la Religion marchaient de pair chez les Assyriens, et étaient pratiquées ouvertement. A la fin de l'ouvrage se trouve un recueil d'Incantations et les Formulaires des Rituels constituant les Textes Magiques. L'auteur a également donné un « *Syllabaire*

Cunéiforme » (Paris, Welter, 1901, 12 fr. 50) et en collaboration avec le Père Vincent Scheil, une « Grammaire Assyrienne » (Paris, Welter, 1901, in-8°, 10 fr.).

4114 FOUCART (Paul) archéologue né à Paris en 1836. Académicien et Directeur de l'École d'Athènes. — Les Grands Mystères d'Eleusis : personnel, cérémonies.

Paris, C. Klincksieck, Imprimerie Nationale, 1900, in-4° de 136 p. Plan de l'Enceinte d'Eleusis. (25 fr.).

[4° J. 449

Tirage à part des « Mémoires de l'Académie des Inscriptions et Belles Lettres » (Tome XXXVII).

Etude profondément intéressante sur la partie Historique de l'Esotérisme Grec. — Costume du Hiérophante (p. 32). — Liste des Hiérophantes antérieurs à l'empire (p. 43). — Le Dadouque (p. 46). — Son Costume (p. 49). — Le Ἱεροκῆρυξ (Héraut sacré) (p. 55). — Les Hiérophantides (prêtresses) (p. 63). — Les Mystagogues (p. 93).

L'Auteur renvoie aussi à son ouvrage : *Recherches sur l'Origine et la Nature des Mystères d'Eleusis.*

Paris, C. Klincksieck, 1895, in-4°.

[4° J. 340

(*Mémoires de l'Académie des Inscriptions et Belles Lettres*, Tome XXXV).

4115 FOUCAUX (Philippe Edouard), né à Angers en 1811. Elève d'Eugène Burnouf. Orientaliste. Professeur au Collège de France. — Le développement des jeux, contenant l'hist. du Bouddha Çakya-Mouni depuis sa naissance jusqu'à sa prédication ; traduit du sanscrit en français par Ph. Ed. Foucaux. 1re partie, trad. fr.

Paris, Leroux, 1884, in-4° (10 fr.).

[O². 619

Formant le tome VI des *Annales du musée Guimet* ; orné de 4 pl. hors textes et de nombreuses figures.

4116 FOUCAUX (Ph. Ed.). — Le Ma-

habharata, onze épisodes tirés de ce poème épique traduit du sanscrit.

Paris, Duprat, 1862, in-8° (12 fr.).

[Ya. 55

4117 FOUCAUX (Ph. Ed.). — Specimen du Gya-Tcher-Rol-Pa (Lalita Vistara) contenant la naissance de Çakya-Muni, texte tibétain traduit en français et accompagné de notes.

Paris, Duprat, 1841, in-8° de ... pp. (5 fr.).

[O². 619 (1-19)

Texte tibétain à la fin de l'ouvrage ; orné de 2 vignettes.

FOUCAUX (Mme Marie, née Fellon), plus connue sous son pseudonyme de Mary Summer, naquit à Paris en 1842. Sœur du Précepteur du Prince Impérial, elle a épousé M. Philippe Edouard Foucaux, Orientaliste, et Professeur au Collège de France. Ses ouvrages concernent surtout le Bouddhisme dans les Indes, ou les Mœurs du Premier Empire et de la Restauration, en France.

4118 [FOUCAUX (Mme Marie)]. — Mary Summer. — Les religieuses bouddhistes depuis Sakya-Mouni, jusqu'à nos jours.

Paris, 1873, in-16 (2 fr.).

[O². 10. 15

4119 FOUCHER D'ORSONVILLE, voyageur et naturaliste né à Montargis en 1734, mort en 1802. — Bagavadam ou doctrine divine, ouvrage indien canonique, sur l'Etre Suprême, les Dieux, les géans, les hommes, les diverses parties de l'Univers, etc.

Paris, Tilliard, 1788, in-8° (4 fr.).

Cet ouvr. selon Quérard aurait été traduit du Sanscrit d'après une version Tamoule, par un Malabare chrétien nommé Maridas Poullé.

(G-331

4120 FOUGERET de MONBRON né à

personne, mort en 1761. — Le Cosmopolite ou le citoyen du Monde. (Paris est ubicumque es bene).

Londres, 1753, pet. in-8° (3 fr.).

4121 FOULHOUZE (J.). Grand Commandeur du Rite Écossais ancien accepté pour l'État de la Louisiane. — Mémoire à consulter sur l'origine du Rite Écossais ancien accepté : sur les prétentions des Suprêmes Conseils Dalcho-Mackey de Charleston et Gourgas-Moore de Boston ; sur les droits du Suprême Conseil de l'État souverain et indépendant de la Louisiane, et sur les folies de Son Altesse Impériale et royale, le prince Lucien Murat, prétendant à la couronne de Naples, grand-maître pro tempore de l'ordre maçonnique en France.

Nouvelle Orléans, 1858, in-8° (15 fr.).

4122 FOUQUET (J.). — Nouvelle orientation de la pensée, permettant de capter de puissantes énergies psychiques dispersées dans les abîmes de l'inconscient, et d'arriver par leur emploi judicieux à réaliser des progrès d'une importance parfois incalculable.

Grasse, s. d. in-8° de 48 pp.

Très intéressant.

FOUQUET (Mme), auteur du " Recueil des Remèdes ". — Ce nom voile très probablement Françoise Athénaïs de ROCHECHOUART, demoiselle de TONNAY CHARENTE, puis marquise de MONTESPAN, célèbre par sa liaison avec Louis XIV, née en 1641 au château de Tonnay-Charente (Saintonge) morte en 1707 à Bourbon l'Archambault, Épouse d'Henri Louis de PARDAILLAN de GONDRIN, marquis de MONTESPAN.

Voir à ce sujet la savante étude de Mr Alexandre de ROCHE DU TEILLOY, qui cependant ne repousse pas non plus Mme FOUQUET, Mère du surintendant, comme auteur au moins partiel.

On sait que Mme de MONTESPAN s'était adonnée à des pratiques de sorcellerie (Messes noires entre autres). Les remèdes de ce recueil s'en ressentent fortement.

4123 FOUQUET (Mme). — Les Remèdes charitables pour guérir à peu de frais toutes sortes de maux invétérés, et qui ont passé jusqu'à présent comme incurables. Augmentés d'avis et de remarques nécessaires pour se servir utilement et plus sûrement de ces remèdes ; avec la manière de connaître les plantes et simples qui entrent dans leur composition.

Lyon, J. Certe, 1681, in-12, (8 fr.).

[Te¹⁸. 101

Cette Madame Fouquet serait aussi, pour beaucoup, Madame de Montespan. Ce précieux recueil de formules et de recettes secrètes de médicaments pour la guérison de tous les maux est universellement réputé et jouit encore actuellement d'un certain succès.

Autres éditions :

Lyon, 1677, 1 vol. in-12.

Dijon, 1679, 2 t. in-12.

Lyon, 1730, 2 vol. in-12.

Lyon, 1757, 2 forts vol. in-12.

Bruxelles, 1684, (?) in-16.

Dijon, 1690, 1 vol. in-12.

4124 FOUQUET (Mme). — Suite du Recueil des Remèdes faciles et domestiques, choisis, expérimentez et approuvez pour toutes sortes de maladies internes et externes, invétérées et difficiles à guérir, avec un régime de vie pour chaque complexion et pour chaque maladie ; et un traité du lait.

Dijon, 1689, in-12 (5 fr.).

[Te¹⁸. 100

Cette Suite est très rare à rencontrer isolée, elle contient d'excellents remèdes et recettes secrets.

FOUQUET (sur Mme). — Voir : ROCHE du TEILLOY (A. de).

4125 FOURCROY (Antoine François Comte de), conseiller d'État, commandeur de la Légion d'Honneur, Membre de l'Institut, né à Paris en 1755, mort en 1809. Docteur en médecine et illustre chimiste, professeur au Jardin des Plantes. — Elémens d'histoire naturelle et de chimie.

Paris, chez Cuchet, 1786. 4 vol. in 8º (8 fr.). 2ᵉ édit.

[R. 30295-30298

4126 FOURCROY (A. F.de). — La médecine éclairée par les sciences physiques, ou journal des découvertes relatives aux différentes parties de l'art de guérir.

Paris, 1791-92, 4 vol. in-8º. (5 fr.).

[Tᵃᵃ. 40

4127 FOURCROY (de). — Philosophie chimique ou vérités fondamentales de la chimie moderne.

Paris, 1800, in-8º de 376 pp. (4 fr.).

[R. 30314

Autre édit. :

An III, in-12 (2ᵉ édition).

4128 FOURCROY (A. F. de). — Système des connaissances chimiques et de leurs applications aux phénomènes de la nature et de l'art.

Paris, an IX, 10 vol. in-8º. (15 fr.).

[R. 36318-36328

4129 FOUREAU (le F∴). — Loge : La Prévoyante. — La mission Saharienne. — Conférence.

Paris, 1901, in-8º de 32 pp. (3 fr. 50).

[Lkⁿ. 1974

4130 FOURIER (François Marie Charles) illustre socialiste né à Besançon en 1772, mort en 1837. Fils d'un marchand de drap. — Œuvres complètes : I. Théorie de l'unité universelle. 4 vol. — II. Théorie des quatre mouvements et des destinées générales. 1 vol. — III. Le nouveau monde industriel et sociétaire, ou invention du procédé d'industrie attrayante et naturelle distribuée en séries passionnées. 1 vol.

Paris, Libr. Sociétaire, 1841-45, 6 vol. in-8º. (22 fr.).

[R. 36352-36358

Rare ainsi complet.

4131 FOURIER (Charles). — La Fausse industrie, morcelée, répugnante, mensongère et l'antidote l'industrie naturelle, combinée, attrayante, véridique, donnant le quadruple produit et perfection extrême en toutes qualités.

Paris, Bossange, 1835-36, 2 vol. in-8º. (12 fr.).

[R. 30337-38

Très rare, surtout avec le 2-e vol. que l'on ne rencontre presque jamais.

4132 FOURIER (Charles). — L'Harmonie universelle et le Phalanstère. Recueil méthodique de Morceaux choisis de l'auteur.

Paris, Libr. Phalanstérienne, 1849, 2 vol. in-12. (10 fr.).

[R. 36339-40

4133 FOURIER (Charles). — Le nouveau monde industriel et sociétaire, ou les séries passionnées.

Paris, Chez tous les libraires, 1830, 2 vol. in-12. (9 fr.).

Ouvrage recherché du célèbre sociétaire fondateur du phalanstère.

Analyse de l'attraction passionnée. — Dispositions sur la phalange d'essai. — Education harmonienne. — Mécanisme de l'attraction. — Equilibre général des

...assions. — Analyse de la civilisation. — Synthèse générale du mouvement.

Autres édit. :

Paris, Bossange père, 1829, in-8°.

[R. 36347

Paris, Bossange père, 1858, in-8°.

[R. 36348

4134 FOURIER (Ch.). — Théorie de l'Unité universelle.

Paris, 1843, 4 vol. in-8° (20 fr.).

[R. 36352-358

Ouvrage estimé.

Se trouve dans :

Œuvres complètes... 2ᵉ édit.

Paris, aux bureaux de la phalange, 1841-1845, 6 vol. in-8°.

Tome I. Théorie des quatre mouvements...

Tomes II-V. *Théorie de l'Unité universelle*...

Tome VI. Le nouveau monde industriel sociétaire.

4135 [FOURIER (Ch.)]. — Théorie des quatre mouvemens et des destinées générales. Prospectus et annonce de la découverte.

A Leipzig, [Lyon], 1808, in-8° (10 fr.).

[R. 24677

Premier essai du fameux utopiste(?)Ch. Fourier, le fondateur de l'école Phalanstérienne, qui le signa du nom de CHARLES de Lyon. C'est en réalité, l'exposé de sa doctrine. Très rare.

Autre édition :

Paris, 1841, in-8°.

(G-332

4136 FOURIER (Charles). — Publication des Manuscrits de Charles Fourier, année 1851.

Paris, Librairie phalanstérienne, 1851-1858, 4 vol. in-12.

[R. 36343-346

La secte des impossibles. — Cours du mouvement social. — Des groupes et séries. — Des transitions. — Politique et commerce. — Sur Napoléon. — Du système planétaire. — Action individuelle et incohérente. — Géométrie passionnelle, etc.

4137 FOURIER (Charles). — Sommaire de la Théorie d'Association domestique agricole, ou Attraction industrielle. Sommaires et annonces du Traité de l'Ass. domest. agr. ou attraction industrielle.

S. l. (Besançon), (1823), in-8°.

[R. 36300

Dans ces sommaires, Fourier a rassemblé en faisceau toutes les idées capitales qui constituent son système ; c'est un de ses écrits les plus importants et les plus condensés.

4138 FOURIER (Charles). — Traité de l'Association domestique agricole.

Paris, Bossange, 1822, 2 forts vol. in-8° (6 fr.).

[R. 20005-006

4139 FOURIÉRISME. — Bases de la politique positive, manifeste de l'Ecole Sociétaire fondée par FOURIER.

Paris, 1841, in-8° (2 fr. 50).

[R. 27747

Cet écrit est l'exposition des bases de la politique positive, ou la déduction des Principes constitutifs de la Science Politique.

FOURIER (sur Charles) Voir :

GIDE (Ch.).

PELLARIN (Ch.)

RENAUD (Hippolyte).

RENOUARD (P.).

4140 FOURMONT (Etienne). Orientaliste né à Herbelay, près St-Denis, en 1683, mort en 1745. Académicien professeur d'Arabe au Collège de France et auteur de la 1ʳᵉ grammaire chinoise en français.— FOURMONT L'AÎNÉ. — Réflexions sur l'origine, l'histoire et la succession des anciens peuples Chaldéens, Hébreux, Phéniciens, Égyptiens, Grecs, etc... jusqu'au tems de Cyrus.

Paris, De Bure, 1747, 2 vol. in-4°. (20 fr.).

[G. 4150-4151
(G-1580

4141 [FOURNEL] (Jean François) né et mort à Paris (1745-1820) Avocat et Bâtonnier en 1817. — Essai sur les probabilités du sommeil magnétique pour servir à l'histoire du magnétisme animal. Par M. F...

Amsterdam et Paris, 1785, in-8°, 70 pages, (3 fr.).

Excellent travail écrit avec beaucoup de modération et de sagesse comme tout ce qu'a donné l'avocat FOURNEL. Il constate que déjà en 1785 de faux somnambules s'exhibaient dans Paris.

(D. p. 64
(G.-1824

4142 FOURNEL (J. F.). — Mémoire pour le docteur Varnier par FOURNEL.

Paris, Vve Hérissant, 1785, in-4°.

[R. 3224

Très rare.

Le docteur VARNIER avait été rayé du tableau de la Faculté pour avoir pratiqué le magnétisme et appelant au Parlement ce décret, ne put réussir à faire admettre sa protestation.

(D. p. 65

4143 FOURNEL (J. F.). — Remontrances des malades aux médecins de la Faculté de Paris, par M. FOURNEL, avocat.

S. l. 1784-85, in-8°, 113 pages.

Cette brochure porte la date de 1785, mais nous pensons qu'il a dû en être fait une édition en 1784 puisque Bergasse la cite comme ayant précédé ses Considérations.

(D. p. 51

4144 [FOURNEL (J.F.)]. — Remontrances des malades aux médecins de la Faculté de Paris.

Amsterdam, 1783, in-8°, 103 pages, (2 fr. 50).

Cet ouvrage est dû à l'avocat FOURNEL, auteur de remarquables plaidoyers qui le firent classer parmi les érudits. Il fut bâtonnier de l'ordre des avocats en 1816. Ses remontrances sont une critique habile et spirituelle des rapports des commissaires.

(D. p. 50

4145 FOURNEL (François-Victor) né à Chappy près de Varennes en 1829. — Astrologues et souffleurs.

Paris, Revue Britannique, 1863, in-8° de 40 pp. 3 portr. (2 fr.).

(Extrait)

4146 FOURNEL (Victor). — Urbain Grandier; par Vict. FOURNEL ; dans Nouv. Biographie générale, XXI, 641-52.

(O-1811

4147 FOURNIÉ (Dr E.). — Contribution à l'étude de l'emploi des métaux, de l'électricité et du magnétisme en médecine.

Paris, 1881, gr. in-8°, (1 fr. 50).

4148 FOURNIÉ (Pierre) mystique français né vers 1738, mort, sans doute à Londres vers ou après 1820. — Ce que nous avons été, ce que nous sommes et ce que nous deviendrons. Par Pierre FOURNIÉ, clerc tonsuré, 1ʳᵉ partie. (Seule parue).

Londres, A. Dulau et Cie, 1801, in-8° VIII-375 p. et 1 d'errata. (90 fr.).

Ouvrage rarissime, de l'abbé FOURNIÉ, l'élève du fameux kabbaliste Martinez Pascalis et le condisciple de SAINT-MAR-

s. — " Ce livre devenu presque introuvable est le seul criterium qui nous reste des doctrines originales de Martinez que Saint Martin a notablement dénaturées, en les filtrant à l'usage des " hommes de désir ". Les a-t-il améliorées ou corrompues en les dénaturant? That is the question ". (S. de G.)

Ce que nous avons été, etc. etc... devait se composer de plusieurs parties. Les présentes 357 pp. sont tout ce qu'il en parut. Matter dit aussi, page 49 de son ouvrage sur Saint Martin : soit que je considère la vie, soit que j'examine les théories de l'abbé FOURNIER, je le trouve après Saint-Martin, l'homme le plus considérable de l'École (de Martinez Pasqualis); et il mérite incontestablement, non pas la seconde place dans les annales d'une œuvre qui jusqu'ici l'a à peine mentionné, mais la moitié de la première ".

Voir à MATTER une intéressante note de M. LADRAGUE sur l'abbé FOURNIER et son livre. (*St-Martin, le Philosophe Inconnu, sa vie...*).

4149 FOURNIER (Dr A.). — Une épidémie de sorcellerie en Lorraine aux XVIe et XVIIe siècles.

Nancy, 1891, in-8°, 50 pages. (2 fr.).

[L.**. 200
(G.-1500

4150 FOURNIER (Edouard). — Curiosités des inventions et découvertes.

Paris, 1855, in-12 (2 fr. 50).

[Z. 42005

Communication de la pensée. — Cures par l'eau, fécondités prodigieuses. — Cartes à jouer. — Paracelse. — Le Veau d'Or, etc...

4151 FOURNIER (E.). — Le rôle de la Papauté.

Paris, in-8° (3 fr.).

4152 FOURNIER (E.). — Le Vieux Neuf, histoire ancienne des Inventions et découvertes modernes. 2me édition.

Paris, 1877, 3 vol. in-12 (10 fr.).

[8° V. 1107

4153 FOURNIER (Michel). — Lettre à M. Mesmer et autres pièces concernant la maladie de la demoiselle Berlancourt, de Beauvais, par M. FOURNIER, Michel, trésorier de France.

Beauvais, Lescuyer, 4 Août 1781, in-4° 15 Pages.

L'auteur rend compte de la maladie de sa nièce affectée d'une " paralysie de la jambe gauche, du bras du même côté, de la langue et des yeux. " La maladie et la guérison due à Mesmer, sont attestées par l'évêque de Beauvais, un médecin, trois chirurgiens, les officiers municipaux, les chanoines de la ville et des officiers aux gardes. Voilà, assurément, un imposant cortège de témoins.

(D. p. 14

4154 FOVEAU de COURMELLES (Dr). — Comment on se défend contre la Neurasthénie.

Paris, L'Édition médicale, S. D. in-12 de 45 pp.

[T**. 50 (XXIX)

4155 FOVEAU de COURMELLES (Dr). — L'Hypnotisme.

Paris, Hachette, 1890, in-12, ill. de 42 fig.

[Te**. 144

Très bonne œuvre, où toutes les bonnes méthodes magnético-hypnotiques sont exposées. — Genèse de l'hypnotisme. — Écoles de la Salpêtrière, de Nancy et de la Charité. — Léthargie, catalepsie, somnambulisme. — Fascination. — Suggestion. — Magnétisme. — Polarité. — Sommeil provoqué, etc...

4156 FOVEAU de COURMELLES (Dr). — Le Magnétisme devant la Loi.

Paris, Georges Carré, 1890, pet. in-8° de 40 pp.

[Te**. 130

4157 FOWLER (L. N.), Phrénologue et Libraire spécialiste de Londres (7 Imperial Arcade, Ludgate Circus) dans le Catalogue duquel nous avons pris un grand nombre d'ouvrages anglais tout récents concernant surtout l'Éducation Psychique personnelle. Les Anglo-Saxons sont incontestablement nos maîtres sur ce point des Sciences Pyschiques. Leurs ouvrages, inspirés des Traditions Hindoues, sont sans équivalent en français.

L. N. FOWLER. — The Phrenological Dictionary.

London L. N. Fowler et Cie in-8° (o d.).

Ce petit ouvrage de poche donne l'explication de tous les termes usités en Phrénologie, et dans la partie de la Médecine qui la concerne.

Du même auteur. Tableau Phrénologique en Couleurs (*Fowler's Phrenological Chart*) donnant la position Phrénologique de tous les Centres.

Encore du même : Buste Phrénologique en porcelaine (*Fowler's New Phrenological Bust*) donnant plus de cent divisions Phrénologiques (Hauteur, une trentaine de centimètres).

4158 FRAGMENTE : für und wider die Freimaurerei.

Berlin, Aug. Mylius, 1782, in-8° de 125 pp.

(O-412)

4159 FRAGUIER. — Dissertation sur l'ironie de Socrate, sur son Démon familier et sur ses mœurs.

S. L. (1723). in-4° (1 fr.50).

Extr. des Mém. de l'Acad. des Inscript. et B. Let.

4160 FRAISSINET (Ed.). — Essai sur l'histoire de l'Ordre des Templiers, trad. de l'original allemand, publié à Leipzig en 1770, suivi de qq. observations sur cet ouvrage et sur diverses assertions de MM. Dubreuil et Reghellini [de Sio], dans leurs publications Maçonniques en 1838, 1839 et 1840 par un membre de l'Ordre.

Bruxelles, 1840, gr. in-8° (5 fr.).

Actes des Templiers. — Jacques Molay — Destruction des Templiers. — Tableau comparatif des séries des Grand-Maîtres. — Ordre de royale Arche en Ecosse, successeurs de Jacques de Molay, etc.

4161 FRANC-MAÇON (Le), revue mensuelle publiée par les FF.·. Dechevaux Dumesnil et J. Lavoine, avec la collaboration de FF.·. de divers Orients.

De l'origine, juin 1848 à Octobre 1866, 4 vol. in-8° (30 fr.).

4162 FRANC-MAÇON (Le), tel qu'il doit être, ou Avis fraternels à tous les Maçons qu'éclairent les quatre points cardinaux, de l'Occident à l'Orient et du Nord au Midi ; par un Agrny-yrny ; avec cette épigraphe: Insignis concordia Fratrum.

Jérusalem, au dépens des Loges associées, 2901. (Hollande), in-12 de 171 pp.

Divisé en 2 parties : le Faux Maçon ; le Vrai Maçon.

(O-450)

4163 FRANC-MAÇONNERIE (La), démasquée, son but, ses doctrines révolutionnaires et sataniques d'après les documents authentiques.

Belgique et France, 1880, in-8°. (2 fr.).

4164 FRANC-MAÇONNERIE (La) revue Mensuelle, 1re année.

Paris, 1884-85, in-8°

[8° H. 5007]

4165 FRANC-MAÇONNERIE (La) en dix demandes et réponses. Pour l'édification du peuple et de ses amis.

St Gall, 1865, in-8° (3 fr.).

4166 FRANC-MAÇONNERIE de l'Orient, trad. du Foreign Quartely Review ; dans la Revue Britannique, février 1820

(O-218)

4167 FRANC-MAÇONNERIE (sur la). Travaux de la R.·. L.·. de Sainte Thérèse des amis de la Constance.

Paris, 1805-18

Procès verbal de la tenue de la R.·. L.·. Saint Jean sous le titre distinctif des chevaliers de Saint Napoléon, O∴ de la Garde, le 24eme jour du premier mois de l'an de la V∴ L∴ 5810 dans le local du père de famille O∴ d'Angers.

Angers 1810.

Extrait du livre d'or de la Loge d'Emeth *Paris*, 1822.

Extrait du livre d'or de la Loge Saint Jean d'Ecosse. *Paris*, 1826.

La Loge Française de la Clémente Amitié, O∴ de Paris à tous les maçons réguliers. *Paris*, 1826.

Le Blanc de Marconnay. De l'incompétence de G∴ O∴ dans l'affaire de la Clémente Amitié. *Paris*, 1826.

A tous les Maçons, La loge Française de la Clémente Amitié. *Paris*, 1826.

Extrait du livre d'or de la R∴ L∴ écossaise chapitrale de la Rose du Parfait Silence. O∴ de Paris. *Paris*, 1826

Esquisse des travaux de la R∴ L∴ Ecossaise de Jérusalem de la Constance. *Paris*, 1827.

Col∴ grav∴ en la tenue de R∴ 18e degré des Souv∴ chap∴ sous les titres distinctifs de la Rose du Parfait Silence et des Amis de l'honneur Français, des vertus et des arts, à la Vallée de Paris en 1828. *Paris*. 1828.

Caignart de Mailly. De l'excellence de la Maçonnerie. Planche d'architecture présentée à L∴ de la Constance couronnée. s. d.

Recueil factice de 11 ouvrages en 1 vol.

In-10. (20 fr.).

4107 bis FRANC-MAÇONNERIE (Recueil de Pièces rares sur la). —

Tome I :

1) — Procès-verbaux de la "Grande Loge Nationale de France" (32 pp.).

2) — STATUTS *de l'Ordre Royal de la F∴ M∴ en France* (35 pp.).

Tome II :

1) — Arrêté du G∴ O∴ (XX pp.).

2) — Instruction et circulaire aux L∴ de Province (Etat des dépenses, Tableau des Loges, des Députés, etc. (33 pp.).

3) — Règlement pour la Cotisation des Officiers... (1 p.).

4) — Discours prononcé par le F∴ Leroy, Avocat au Parlement... à la St Jean d'Hiver 5774... (4 pp.).

5) — Arrêté du G∴ O∴ (14 pp.).

6) — Motifs du traité d'union entre le G. O. et les Directoires Ecossais (18 pp.).

7) — Tableau Alphabétique des Loges constituées... par le G∴ O∴ de F∴ (28 pp.).

8) — Tableau général des Officiers du G∴ O∴ de F∴ (32 pp.).

9) — Comptes... (20 pp.).

10) — Travaux du G∴ O∴ de F∴ ... au sujet de la L∴ de l'*Aimable Concorde* de Rochefort (23 pp.).

S. U. I. [*Paris* vers 1773]. 2 vol. in-4° reliés en maroquin rouge aux armes de Montmorency-Laval :

[Rés. H. 704-705

4108 FRANCS MAÇONS (Les) peints par eux-mêmes. Scènes de leur vie privée.

Bruxelles, 1854. in-8° Plaquette rare (3 fr.).

[H 14552

4109 FRANÇAIS (l'abbé J.). — L'Eglise et la Science. Précis historique.

Paris. Nourry. 1908, in-12 de 200 pp.

[8° H. 6050 (xx-xxi)

Le titre exact de ce livre eût été " l'Eglise contre la Science ". Ce n'est point cependant une œuvre de polémique mais d'histoire.

L'abbé Français reprend à nouveaux frais, avec une documentation plus franchement scientifique, l'œuvre des Fernese, des Draper, des Dupont White et les dépasse.

FRANCE (Anatole)

pseud. de :

THIBAULT (Anatole) q. v.

4170 FRANCHEVILLE. — Conformité des coutumes des Nègres de la Guinée avec celles des Juifs.

S. L. (1811). in-8° Extr. (1 fr. 50).

4171 FRANCHILLON (Charles de). — Discovrs | svr la Mort et | Condemnation de Charles de | FRANCHILLON, Baron de Cheue | nieres, executé en la place de Greue, par Arrest de la Cour | de Parlement de Paris pour | Crime de Sortilège et de Ma | gie, du Ieudy 14 May 1626.

A Paris, chez P. Mellayer, 1626, in-8° ou pet in-4° de 10 pages.

[Ln²⁷. 4168

Assez peu intéressant, rien de précis dans les accusations, et aucun détail.

(S-3437
(Y. P.-14303

4172 FRANCISCUS (Fr.). — Veritatis repertorium, aduersus hebraeos modernos.

Conimbricæ, (Coïmbre), 1507, in-4° (5 fr.).

Curieux ouvrage de kabbale. — Aussi recherché pour sa provenance typographique que pour l'ouvrage lui-même.

4173 FRANCK (Adolphe). Philosophe français de famille israélite, né à Liocourt (Meurthe) en 1809. Académicien, Professeur au Collège de France, Vice Président du Consistoire Israélite de Paris, Commandeur de la Légion d'Honneur. — Dictionnaire des sciences philosophiques par une société de professeurs et de savants.

Paris, Hachette, 1875, [la couverture porte : 1876] (2-eme édit), gr. in-8° de IV-1800 pp. sur 2 col. (20 fr.).

3e édit. 1885 [4° R. 1208.

Dictionnaire rédigé par Ad. Franck, Cournot, Charma, Vera, Hauréau, Barthélemy Saint Hilaire, Bersot, Renan, Suisset, Vacherot, Lélut, Pauthier, Matter, Jules Simon, etc.

Autre édit :

Paris, Hachette, 1844-1852, 6 vol. in-8°.

Il paraîtrait que cette édition originale en 6 volumes est plus complète que l'édition usuelle de 1875 en ce qui concerne la Philosophie Ancienne et la Philosophie Occulte. En tout cas cet ouvrage de M. Franck est pour ainsi dire indispensable à tout travailleur s'occupant de Philosophie. Il donne un Résumé clair et succinct de tous les Systèmes de Philosophie connus, et tous les renseignements possibles sur leurs Auteurs.

4174 FRANCK (Adolphe). — Etudes orientales.

Paris, Lévy frères, 1861, fort in-8° (7 fr. 50).

[O². 303

Ouvrage important pour l'étude des traditions et des religions des peuples et des races primitives, écrit avec la compétence que l'on sait à l'auteur de la "Kabbale". Le droit chez les anciennes nations de l'Orient. Les Doctrines religieuses et philosophiques de la Perse, de la Judée, etc… Moïse Maïmonide (Sa vie et sa doctrine). Avicébron (Salomon Ibn-Gérirbal). Les langues sémitiques. — Le Cantique des Cantiques. — Un nouveau système biblique.

4175 FRANCK (Adolphe). — L'Idée de Dieu, dans ses rapports avec la science.

Paris, 1861, in-8°

[8° R. 10013

4176 FRANCK (Ad.). — Jean Bodin devant la sorcellerie et la Révélation.

Paris, s. d. in-8° de 25 pp. (Extr.) (2 fr. 25).

4177 FRANCK (Ad.). — La Kabbale ou la philosophie religieuse des Hébreux.

Paris, Hachette. 1843, in-8° (8 fr.), 1-re édit. rare.

Autres édit.

Paris, Hachette. 1889 (7 fr.).

[A. 20498

Paris, Hachette, 1802, in-8° de VI-514 p.

Cet ouvrage est, avec celui de Papus, le mieux fait sur la question. Il est un résumé complet des doctrines principales contenues dans les deux livres fondamentaux de la Kabbale : le Zohar et le Sepher Jesirah. — La partie critique établissant l'origine scientifique de ces deux livres est remarquable.

(G-333 et 1301)

4178 FRANCK (Adolphe). — Mémoire sur la Kabbale, caractère, origine et principaux monuments de la Kabbale. (4 fr.).

4179 FRANCK (Adolphe). — Paracelse et l'Alchimie au XVI-e siècle.

S. l. 1855, in-4° (4 fr.).

[R. 10325]

Cette communication a été lue à la séance annuelle des cinq Académies, le 25 octobre 1853.

4180 FRANCK (Adolphe). — Philosophes modernes, étrangers et Français.

Paris, in-12. (3 fr. 50).

La Philosophie en Italie au XIX-e siècle. — Bernadino Telasio. — La Philosophie en Sicile. — En Angleterre. — En Allemagne. — Bautain. — Pierre Leroux. Jean Reynaud. — Charles de Rémusat. Paul Janet.

4181 FRANCK (Adolphe). — Philosophie et Religion.

Paris, 1866, in-12. (4 fr.).

Le Mysticisme chez les Grecs. — Le mysticisme et l'Alchimie. — Moïse expliqué par Spinoza. — L'Immortalité de l'âme au point de vue religieux, etc.

Autre édition.

Ibid, 1867, in-12.

[R. 36406]

4182 FRANCK (Adolphe). — Le Mysticisme et l'Alchimie : Paracelse ; dans son *Philosophie et religion* (1867) 57-81.

Mémoire lu dans une séance de l'Institut.

(O-363)

4183 FRANCK (Adolphe). — La philosophie mystique en France à la fin du XVIII-e siècle. St. Martin et son Maître Martinez Pasqualis.

Paris, Boillière, 1866, in-12. (5 fr.).

[R. 30391]

Ouvrage très recherché. — Vie et doctrine philosophique de Saint-Martin ; sa correspondance avec Kirchberger : sa discussion avec Garat ; sa doctrine politique ; système théocratique de Saint-Martin comparé à celui de J. de Maistre. A la fin de l'ouvrage se trouve le Traité sur la Réintégration des êtres dans leurs premières propriétés, vertus et puissances spirituelles et divines, par Martinez de Pasqualitz.

(G-334)

4184 FRANCK (R.). — Rabby Moses, or a Philosophical Treatise of the original [...] and productions of things, by R. Franck.

London, 1687, in-8°.

(S-2706)

4185 FRANCKENBERG (Abraham de, ou Saor de), alchimiste né à Ludwigsdorff (Silésie) en 1593, mort en 1652 ; il a signé souvent Franciscus Montanus. — Gemma magica oder magisches Edelgestein, dast ist eine kurtze Erklärung des Buschs der Natur, nach dessen grösten Blättern, auf welchen beydes die Göttliche und Natürliche Weiszheit, durch Gottes Finger hinein geschrieben, zu lesen ist : geschrieben von Abraham von Franckenberg... ; dans Schröder (F. J. W.) Neue Sammlung der Bibliothek für... Chemie (1776), II, 2-e p. 75-304.

La 1re édit. est d'*Amsterdam,* 1688, in-8°.

(O-1091-1708)

4186 [FRANCKENBERG (Abraham)].

— Des gotts... Jacob Böhmens alls Theosophische Wercken.. (Gründlich und Wahrhaffter Bericht von dem Leben und Abschied des in Gott Seeligruhenden Jacob Böhmens, dieser Theosophischen Schrifften, eigentlichen Authoris und Urhebers (Abraham von Franckenberg).

Amsterdam, 1682, pet. in-8°.

(O-54)

4087 FRANCKENBERG (Abraham de). — Mit Nach, dast ist : eine ernstliche und träwhertzige Ermahnung an alle Christliche Gemainden, zu heiligem und gottsehlichem Wandel in dem Forbilde und der Nachfolge Jesu Christi, durch eine Stümme in der Wüsten Matth. 3 V. 3., bereitet den Weg des Herren. machet seine Stege richtig; aufgesetzet von Abraham von Franckenberg.

Franckfurt am M. und Amsterdam Henr. Betkius, 1675. pet. in-8° de 144 pp. avec un front. allégorique gravé.

(O-78)

4188 FRANCKENBERG (Abraham de). — Raphael oder Artst-Engel. auff chmahliges Ersuchen eines Gottliebenden Medici. A. S. ; auffgesetzt von H. Abraham von Franckenberg, equite Silesio im Jahr 1639; ietzo aber durch zuthun guter Hertzen und Forderer verlegt und ans Licht gebracht.

Amsterdam, Jacob von Felsen, 1676 in-4° de II-47 pp. avec une pl.

[D. 7704

Cet ouvrage doit être bien difficile a comprendre; le texte est rempli de chiffres, de mots hébreux, de signes; les marges sont couvertes de figures plus bizarres les unes que les autres, etc; c'est une explication des passages de la Genèse relatifs aux anges.

(O-1726)

4189 FRANCKENBERG (Abraham de). — Via veterum Sapientum, das ist, Weg der alten Weisen. gezaiget in zweyen unterschiedenen Büchlein, deren das Erste. von der Durcht des Herren. und ihren Früchten ; das Andere... von der Weisheit Gottes und ihren Kräfften ; alles aus heilliger Göttlicher Schrift zusammen getragen durch Abraham von Franckenberg.

Amsterdam, *Christoff Cunradus*, 1675. pet. in-8° de 264 pp.

(O-1089)

4190 FRANKIUS (joh.). — Abyssvs mysteriorvm et beneficiorvm. Nova sed vera et orthodoxa interpretatio oraculi Esaiani Cap. IV.

Neo Brandenburgi. 1724. in-4°. (7 fr.).

(G-335

4191 FRANCKIUS (Joh.). — Epistola philologica ad Rev. et Emin. dominum Philippum Ouseel.

S. l. 1724, in-4° (7 fr.).

(G-335

4192 FRANCKIUS (Joh). — I. Spiritus sancti Dei omniscii et doctoris totius mundi infaillibilis systema ethices divinae...

Brandenburgi Meclenburg, 1724. in-4°. (7 fr.

Traité fort rare avec un portrait gravé de l'auteur.

(G-335

4193 FRANCO (le P. Jean Joseph). — L'Hypnotisme revenu à la Mode ; histoire et discussion scientifique ; trad. de l'ital.

Le Mans, 1888, in-12 (2 fr. 25).

[Te¹¹. 104

Faits hypnotiques de Donato et de Zanardelli. — Suggestions.— Phénomènes de divination. — Nature et état des démons. Possession. — Pactes. — Suggestions criminelles. — Fascinations. — Transposition des sens, etc...

4194 FRANCO (M.). — Les Sciences mystiques chez les Juifs d'Orient.

Paris, " l'Initiation " 1900, in-12 de 68 p. (2 fr.).

Intéressant travail dont voici un aperçu : Énumération des sciences mystiques. — Description des manuscrits. — But du mysticisme. — Le Spiritisme. — Le Cercle fatidique. — La suggestion et l'imposition des mains. — Influence des talismans. — Noms curieux des démons. — Confections des talismans. — Alphabets talismaniques. — La Chiromancie. — l'Astrologie. — La Kabbale (30 p.), etc...

Nombreux tableaux kabbalistiques, gravures, caractères hébraïques, etc...

4195 FRANCO (Pierre) habile chirurgien né à Turriers, près de Sisteron, en 1505. — Chirurgie de Pierre Franco de Turriers en Provence, composée en 1561. Nouv. édit. avec une introduction historique, une biographie et l'histoire du Collège de chirurgie par le Professeur Nicaise.

Paris, Félix Alcan, 1895, in-8° de 546 pp., planches (15 fr.).

[T.d¹¹⁹. 2. A

4196 FRANÇOIS (Jean). — Traité des influences célestes, où les Merveilles de Dieu dans les cieux sont déduites; les inventions des astronomes pour les entendre sont expliquées; les propositions des astrologues judiciaires sont démonstrées fausses et pernicieuses, par toute sorte de raisons, d'autoritez et d'expériences; par le P. Jean François, de la comp. de Jésus.

Rennes, Pierre Hallaudays, 1660. in-4° de VIII-258 pp. et une tabl., avec une quantité de figures astronomiques et astrologiques hors et dans le texte. (15 fr.).

[V. 8832

Dirigé contre l'Astrologie et la Divination.

(O-1871

4197 FRANÇOIS (Laurent). — Preuves de la Religion de J. C. contre les Spinosistes et les Deistes.

Paris, Vve Estienne et fils, 1751, 3 tomes in-12.

[D. 35374-35377

Ouvrage curieux d'un auteur qui, par ses écrits, excita la colère de Voltaire. La Révélation naturelle. — La Révélation faite à Moyse. — Doctrine de J.-C. — Révélation faite par J.-C.

4198 FRANÇOIS (René) [pseudonyme d'Etienne Binet]. — Essay des merveilles de natvre et des plus nobles artifices. Pièce très intéressante et nécessaire à tous ceux qui font profession d'éloquence.

Rouen, Jean Osmont, 1631, 8ᵉ édit. pet. in-8°. (8 fr.).

[Z. 19837

La Venerie. — Chasse graciesve d'un lieure charmé. — Fauconnerie. — Les oyseaux. — Les poissons. La marine. — La guerre. — Duel à cheval. — Jardinage. — Les armoiries. — Etc.

Autres éditions :

Paris, J. Dugast, 1632, fort pet. in-8°. 9ᵉ édit.

[Z. 19839

Lyon, chez Jacques Dugast, 1638. pet. in-8°. Avec vignettes sur bois représentant des blasons et des figures géométriques.

La 1ʳᵉ édit. est de :

Rouen, R. de Beauvais, 1621, in-4°.

[Z. 3990 (G-623

Paris, H. Legras, 13ᵉ édit. 1657, in-8°.

[Z. 19842 (S-3249

4199 FRANÇOIS de SALES (Saint) évêque de Genève, né au château de Sales, près d'Annecy en 1547, mort à Lyon en 1662. D'abord avocat à Chambéry, puis confesseur de Mme de Chantal, et ami de St Vincent de Paul. — Flore mystique, ou la Vie chrétienne sous l'emblème des plantes.

Paris, Palmé, 1874, in-32. (2 fr. 50).

[D. 03652

A la fin se trouve une table alphabétique des plantes, des fleurs et des fruits mentionnés.
Purification de l'Ame. — Désolations spirituelles. — Épreuves. — Amour divin. — Merveilleux effets. — Mystiques élans; du divin amour, etc...

Ce petit traité d'ascétisme est en même temps une œuvre éminemment littéraire; les plus délicates, les plus gracieuses et les plus frappantes des inimitables comparaisons qui émaillent les écrits de St. François de Sales étant celles qu'il emprunte à la nature.

FRANKLIN (Benjamin) Philosophe et Homme d'État, un des fondateurs de l'Indépendance des États-Unis né à Boston en 1706. D'abord apprenti imprimeur chez son frère James, puis imprimeur lui-même, il inventa le paratonnerre, signa la Déclaration d'Indépendance Américaine en 1776, et vint à Paris traiter avec la France, ce qui donna à Turgot l'occasion de composer le célèbre vers :

" *Eripuit Cælo Fulmen, Sceptrumque Tyrannis* "

en son honneur. De retour en Amérique, il fut Gouverneur de Pennsylvanie, et mourut à Philadelphie en 1790.

4200 |FRANKLIN (Benjamin)[. — L'art de se rendre heureux par les Songes, c'est-à-dire de se procurer telle espèce de Songe que l'on puisse désirer conformément à ses inclinations [attribué à Benjamin Franklin, par Barbier].

Francfort et Leipzig, 1740, in-8°.

|Manque à la Bib. Nat^{le}

On ignore sur quels renseignements repose l'attribution au célèbre américain de cet ouvrage singulier et fort rare, auquel Charles Nodier a consacré un article dans ses " *Mélanges extraits d'une p... Bibliothèque* ". p- 209-212 |Barbier].

(S-3 fr.)

4201 FRANKLIN (Benj.). — Essais de Morale et d'Économie politique. Traduits par Ed. Laboulaye.

Paris, Hachette, 1807, in-10 de 348 pp.

|R. 301 p.

4202 FRANKLIN (Benj.). — Mémoires complets. Œuvres morales et littéraires, dont la plus grande partie n'avait pas encore été publiée, trad. de l'Anglais avec des notes par J. Castéra.

Paris, Gosselin, 1841, in-12. (5 fr.).

[Z. 4915°

Œuvres complètes y compris *Avis nécessaire à ceux qui veulent devenir riches*. — *Moyen pour que chacun ait beaucoup d'argent dans sa poche*. — *Le chemin de la fortune ou la Science du bonhomme Richard*, etc...

Autre édit :

Paris, Buisson, an VI, 2 vol. in-8 portrait (10 fr.).

4203 FRANKLIN (Benj.). — Mémoires écrits par lui-même. Traduits et annotés par Ed. Laboulaye.

Paris, Hachette, 1866, in-10 de 400 pp.

[Pz. 100

4204 FRANKLIN (Benj.). — Mémoires sur la vie et les écrits de Benjamin FRANKLIN, publiés sur le mss. original rédigé par lui-même en grande partie, et continué jusqu'à sa mort par W. Temple Franklin.

Paris, Treuttel, 1818, 3 vol. in-8° (7 fr. 50).

[Pz. 99

Illustré d'un portrait et d'un frontispice. Le tome III est formé par la correspondance.

4205 FRANKLIN (Benj.). — La Science du Bonhomme Richard.

Paris, Libr. Franklin, 1872, in-18 (1 fr. 50).

[R. 30472

4206 FRAPART (Dr). — Lettres sur le magnétisme et le somnambulisme à l'occasion de Mademoiselle Pigeaire par le Docteur FRAPART.

Paris, Bourgeois Mage, 1839, in-8 100 pages (2 fr. 50).

[Th⁵⁵. 149

Il y a eu une nouvelle édition beaucoup plus complète publiée en 1840 et un certain nombre de lettres séparées imprimées en petit texte publiées en 1840, 41, 42. Il est presque impossible de compléter aujourd'hui ce recueil, chef d'œuvre de verve et de fines critiques. L'édition de 1840 est suffisante dans une bibliothèque. L'auteur a eu maille à partir avec la plupart des illustrations médicales de notre temps ; son livre contient des procès verbaux intéressants de séances de somnambulisme, etc... FRAPART était l'ami et secrétaire de BROUSSAIS qu'il convertit au magnétisme.

(D. p. 115

4207 FRAPART (Dr). — Lettres sur le magnétisme et le somnambulisme par le Docteur FRAPART.

Paris et Besançon, 1839-40-41-42. (4 fr.).

[Th⁵⁵. 150, 151, 152 et 154

Éditions les plus connues de ces lettres.

(D. p. 116

4208 FRAYSSE (C.). — Le Folk-Lore du Baugeois. — Recueil de Légendes Traditions, Croyances et Superstitions populaires.

Baugé, Impr. de R. Dangin. 1906, in-18 II-196 p.

[Li²ⁿ. 335

Très intéressant ouvrage. — Légendes historiques et locales, les trésors cachés, le Monde surnaturel, les fontaines, médecine superstitieuse, adjurations et conjurations, la sorcellerie, pronostics, talismans et présages, etc...

4209 FRAZER (J. G.). — The Golden Bough, a study in magic and religion.

London, Macmillan, 1900, 3 forts vol. in-8°. Frontispice au tome I. (15 fr.).

[8° H. 6400

4210 FRAZER (J. G.). — Le Rameau d'or, Etude sur la magie et sur la religion, trad. de l'anglais par Stiebel et Toutain.

Paris, Schleicher frères, 1903-08, 2 vol. in-8° de 400 et 000 pp. (10 fr.).

[8° H. 6633

Traduction du précédent.

I. Magie et religion — les tabous ;

II. Les meurtres rituels : périls et transmigrations de l'âme.

Œuvre extrêmement intéressante et très sérieusement documentée. Les rois prêtres, les rois dieux. — La magie sympathique et imitative. — Les images, les arbres, les animaux, les pierres et les vêtements magiques. — Magie des marées. — La Géomancie. — La magie dans ses rapports avec la science et la religion. — Les grands pouvoirs magiques. — La magie chez les divers peuples anciens et modernes. — Les Tabous, ou protections pour la vie et contre les maléfices ; leurs différents usages. — Les nœuds en magie. — Les meurtres rituels. — Sacrifices humains et autres chez les différents peuples. — Transfert et expulsion des maux. Les Boucs émissaires. — Expulsion des esprits mauvais ou démons : cérémonies magiques adéquates. — Périls et transmigrations de l'âme. — Le totémisme. Rite religieux du balancement. — Personnages isolés du ciel et de la terre, etc.

Réédité :

Ibid. Iid. 1910-1911. 3 vol. in-8°. (18 fr.).

Le 3ᵉ volume traite des Cultes agraires et Sylvestres.

4211 FREDAL. — Paracelse et ses œuvres.

Paris, 1888, in-8° de 20 p.

Extr.

4212 FREDERICUS (Joannes). — De vicinitate Extremi Judicii et Consummatione Sæculi, à Joanne FREDERICO.

Antverpiæ, 1604, in-8°.

(S-3470 b (bis)

4213 FREITAG (Arnold). — De Esculentorum Potulentorumque facultatibus liber, ab Arnoldo FREITAGIO.

Genevæ apud Philippum Albert, s. d., in-12. (5 fr.).

Abondant recueil de curieux Remèdes, tirés des Végétaux, des Fruits, des Animaux, etc.

4214 FREITAGIUS (Iohannes, ou Johann FREYTAG, médecin, né à Nieder-Wesel (duché de Clèves) vers 1581, mort à Groningue vers 1641. Elève du célèbre Henri MEIBOMIUS. — Novae Sectæ sennerto Paracelsicæ recens in Philosophiam et medicinam introductæ, quâ antiquæ veritatis oracula, et Aristotelicæ ac Galenicæ doctrinæ fundamenta convellere et stirpitus eruderare moliuntur Novatores, detectio et solida refutatio.

Amsterdam, 1637, in-8° de 1450 pp. (env). (12 fr.).

[T³. 27

Ouvrage rare de ce fameux médecin et hermétiste allemand, partisan outré de la secte chimique de Paracelse, et de la Philosophie d'Aristote.

4215 FREMONT (Abbé Georges). — Les Principes, ou essai sur le problème des destinées de l'homme.

Paris, B. Bloud, 1901-08, 10 vol. in-8°. (32 fr.).

[D. 84970

4216 FREPPEL (Abbé Charles-Emile), né à Obernay (Bas-Rhin) en 1827. Evêque d'Angers, Député de Brest, Prédicateur et Professeur de Théologie en Sorbonne. — DRUIDISME ET GNOSTICISME. — Saint-Irénée et l'Eloquence chrétienne dans la Gaule pendant les deux premiers siècles par M. FREPPEL.

Paris, Ambroise Bray, 1861, in-8° de XI-488 pp.

[C. 4505

Cours d'Eloquence sacrée, fait à la Sorbonne en 1860-61, en 21 leçons sous forme de discours.

Traité important où sont analysés les grands mouvements philosophiques dont la Gaule fut le théâtre à l'origine du Christianisme : Le Druidisme, sa valeur religieuse et morale, comparé avec la religion des anciens patriarches. — Rapports entre le Druidisme et le naturalisme panthéistique des Pélages. — La cérémonie du Gui, centre de la liturgie des Druides. — Signification probable. — Les Druides et l'immortalité de l'âme. — La Gnose. — Les Pneumatiques et les Psychiques. — L'enseignement exotérique et ésotérique. — L'idée de la Gnose dans l'Ecole juive d'Alexandrie et dans la Cabale. — La vraie Gnose et la fausse Gnose. — Les PHILOSOPHUMENA. — Doctrine de Valentin, sa théogonie. — La théorie des couples ou syzigies. — Sens philosophique de cette allégorie orientale. — Cosgomonie de Valentin. — Le mythe de Sophia Achamoth. — Sa signification. Christologie de Valentin. — La Rédemption identifiée avec la science absolue ou Gnose. — Saturnin et Basilide. — Marcion.— Le Mysticisme arithmétique de la Cabale et la numération symbolique de la Gnose. — Théorie philosophique et religieuse du ZOHAR rapprochée de Valentin. — Le Zend-Avesta comparé aux doctrines de Saturnin et de Basilide. — Œuvre considérable dont la table des matières demanderait plusieurs pages de texte.

4217 FRÈRE (Abbé). — Examen du magnétisme animal par l'abbé FRÈRE.

Paris, Gaume Frères, 1837, in-8°, 172 pages. (4 fr.).

[Th

Un des chapitres de cet ouvrage est ainsi conçu : « Similitude entre les œuvres magnétiques et les œuvres du démon. » Curieuse étude du magnétisme

... double point de vue scientifique et moral.

Thèse de l'ouvrage : « *Peut-on expliquer le magnétisme animal, les prophéties, les miracles, les extases, les possessions et les faits de la divination ?* »

(D. p. 112

4218 FRÈRES MORAVES. — Brieve et fidèle exposition de l'Origine, de la Doctrine, des Constitutions, Usages, et Cérémonies ecclésiastiques de l'Eglise de l'Unité des Frères connus sous le nom de Frères de Bohême et de Moravie, tirée de leurs Actes et Titres authentiques, par un Auteur impartial, Ami de la Vérité ; avec XVI planches en Taille douce, où le tout est représenté au naturel.

S. l., 1758, pet. in-8° de 87 p., 16 planches sur Cuivre à double page. (20 f.)

[D². 3241

Ouvrage singulier et très rare sur cette Confrérie connue, fondée en 1457 par des Hussites qui ne voulurent pas accepter les Décisions du Concile de Bâle.
Les Planches représentent : l'Ordination d'un Évêque, le Baptême des Enfants, l'Exorcisme parmi les Noirs, le Baptême des Indiens d'Amérique et des Groënlandais, etc.

(S-1555

4219 FRÈRES MORAVES. — Ratio Disciplinæ Ordinis Ecclesiastici in unitate Fratrum Bohemorum.

—, 1643, in-8°.

(S-5341

4220 FRÉRET. — OBSERVATIONS sur les oracles rendus par les âmes des morts.

Paris, 1750, in-4°.

4221 FRÉRET. — OBSERVATIONS sur les recueils de prédictions écrites, qui portaient le nom de Musée, de Bacis et de la Sybille.

Paris, 1756, in-4°.

4222 FRÉRET. — RÉFLEXIONS sur les prodiges rapportés par les anciens.

Paris, 1717, in-4°.

4223 FREY (Général H.). — Les Egyptiens préhistoriques identifiés avec les Annamites d'après les inscriptions hiéroglyphiques.

Paris, Hachette, 1905, in-8° 106 p. (2 fr. 50).

[O³a. 1132

Une sorte de clef magique a permis à l'auteur de surprendre le secret des mystères du Panthéon égyptien : ce talisman n'est autre que la langue annamite, parlée, il y a huit mille ans sur les rives du Nil.

4224 FREY (Jean-Cécile), médecin et Philosophe Suisse, né à Kaiserstuhl (Argovie) vers 1580 ; mort à Paris, de la peste, en 1631. Professeur de Philosophie et de Médecine, et médecin de la Reine Marie de Médicis. — J. Cæcillii Frey, Opuscula varia : Philosophia Druidarum ; Sibrum Philosophorum, etc.

Parisiis, 1646, in-8°.

(S-2668

4225 FREYMAURErEY Skizzirt in Lichte des Wahrheit.

Frankfurt am M. Varrentrapp sohn 1785, in-8° de 48 pp.

(O-420

4226 FREYMAURERISCHE Versammlungsreden der Gold-und Rosenkreutzer des alten Systems.

Amsterdam, s. adr., 1779, in-8° de XVI-304 pp. avec fig. symboliques sur le titre et en tête de chaque discours.

(O-1555-1556

4227 FREYSTADT (Docteur M.). — Philosophia Cabbalistica et Pantheismus ; ex fontibus primariis adumbravit atque inter se comparavit Docteur M. Freystadt.

Regimontii Prussorum, in commissis apud fratres Borntraeger. 1832, in-8º de XV-143 p. (3 fr.).

[R. 42407

4228 FREYTAG (Gustave), né à Kreuzbourg en Silésie, en 1816. — Le Diable en Allemagne au XVIe siècle, par Gust. Freytag, trad. de l'allem. (de ses : Bilder aus der deutschen Vergangenheit) ; dans la Revue Germanique, T-e X, Avril 1860.

(O-1084

4229 FRIEDLANDER (le Docteur). — Lettre au rédacteur de la Gazette de Santé par Friedlander, docteur médecin.

Paris, in-8º, 1817.

(D. p. 183

4230 FRIEDLANDER (Docteur). — Note sur l'état actuel du magnétisme en Allemagne par Friedlander, Docteur médecin.

Paris, 1817, in-8º.

(D. p. 183

4231 FRIEDRICHS (Docteur Ernest).— La Franc-Maçonnerie en Russie et en Pologne. Traduction de l'allemand.

Lausanne et Paris, 1908, pet. in-8º de 71 pp. (2 fr.).

Cette étude est jusqu'ici le seul ouvrage relatif à la Franc-Maçonnerie dans les pays slaves. — On y trouve l'historique de cette institution depuis son introduction en Russie, jusqu'à sa prohibition définitive en 1822. On y voit aussi la lutte que se livrèrent les rites allemands, anglais et suédois pour dominer la Maçonnerie Russe.

4232 FRIEDRICHS (Otto). — La Question Louis XVII. — L'identité de « Naundorff. » — Etudes historiques.

Paris. Soc. La Plume, 1900, gr. in-8º. (4 fr.).

Orné de 36 illustrations comprenant des reproductions de gravures du temps, des médailles et des portraits. — Un portrait en couleur, une lettre autographe, etc...

Nombreux autres ouvrages du même sur le même sujet au Cat. de la Bib. Nat. :

|8º Lb⁴¹ ...
|8º Ln²⁷ ...
|8º Lb⁵⁵ ...
|Ln²⁷ ...

4233 FRIMURARE ordens Calender för året 1810 ; på befallning utgifven af IX Prov. Loge Directorium.

Stockolm, tryckt hos Johan P. Lind, 1809, in-18 de XXVI-80 pp.

(O-204

4234 FRIMURARE ordens Calender för året 1821 ; på befallning utgifven af IX Prov. Loge Directorium.

Stockolm, tryckt hos Johan P. Lind, S. d., in-18 de XXVI-100 pp.

Klosz, Nº 113, en cite un pour 1807, mais pas ces deux ci.

(O-205

4235 FRINELLAN, démonographe. — Le triple vocabulaire infernal. Manuel du démonomane ou les ruses de l'Enfer dévoilées.

Paris, chez tous les libraires, s. d. (1844), in-16. (10 fr.).

Ou :

Paris. [1847].

[R. 30502

Très curieux ouvrage, conçu sous la forme d'un dictionnaire et divisé en 4 parties. — Illustré d'une quantité de gravures curieuses qui font de ce petit ouvrage une véritable musée démonologique.

I. Magie cabalistique, apparitions, exorcismes, oracles, prédictions, songes, etc... II. Art divinatoire.— III. Puissants et hauts seigneurs de l'empire Satanique. — IV. Bibliographie des auteurs qui ont écrit sur la démonolâtrie et livres qu'ils ont publiés. Nombreuses figures, dont deux en couleurs.

(G-330

4236 FRISCH (D. Geh). — Anatomia Synticæ quæ vniversalem viam et veræ Philosophiæ Hermeticæ doctrinam et divisiones exibet. Particulatim viam discursus problematicus exhibet. Alkahest sermone emblematico ventilatur. Ipsummet lapidem ejusque compositionem docet. Discernit vero de lapide physico, in qua præcipui authores, Geber, Comes Trevisanus, Arcanum Hermeticum, Sendivogius, Philaleta, Pantaleon, explicantur, etc...

S. L. 1090, in-12. (12 fr.).

[R. 50504

Ouvrage presque inconnu des adeptes et qui n'est cité dans aucune bibliographie. — Il contient entre autres Clavis Hermetica quâ per disceptationem de Lapide Physico Tumba Semiramidis ab Wamano, putatitio titulo, Hermetice Sigillata, stat aperta, etc.

4237 FRISZ. — Les tables et les têtes qui tournent, ou la fièvre de rotation en 1853. Cent et un croquis.

Paris, Libr. pittoresque, S. D. [1853?], pet. in-8° 24 planches. (3 fr.).

4238 FROEHNER (W). — Sur une amulette basilidienne inédite (avec sa contrefaçon).

Caen, Leblanc-Hardel, 1867, in-8° (1 P. 25.).

[R. 9188

4239 FROLOW (M). — Les carrés magiques.

Paris, Gauthier-Villars, 1886, in-8 (3 fr.).

[8° V. 8551

4240 FROLOW (M.). — Le Problème d'Euler et les carrés Magiques. Avec 10 Atlas. Traduit du Russe.

Saint Pétersbourg, 1884, 2 plaquettes (8° carré (4 fr.).

[8° V. 25557

2 autres plaquettes sur le même sujet signalées au Cat. gén¹ de la Bib Natᵉ :

| 8° V. Pièce 6333
| 8° V. Pièce 7595

4241 FROMMANN (Jo. Christianus). — Jo. Christiani Frommann, Tractatus de Fascinatione.

Norimbergæ (Nüremberg) 1675, in-4°

(S-3207

4242 FRONTIGNAN (Raoul de). — L'art de connaître le caractère de l'Homme et de la Femme par la Physionomie, la Main, l'Ecriture, et la Pose des Pieds en marche.

A Saint-Pé-d'Ardet (Haute-Garonne) Librairie Mondon, 1888, in-12 de 275 p. figures dans le texte. (5 fr.).

Curieux ouvrage par un professeur de Philosophie, profond observateur. — De la Physionomie. — Du Tempérament. — De la Main. — De l'Ecriture. — De la Pose des Pieds en Marche. — Angle ouvert, angle droit, angle aigu. — Etc.

4243 FROSSARD (Charles Louis, pasteur). — L'Eglise sous la croix pendant la domination espagnole. Chronique de l'Eglise Réformée de Lille par Charles Louis FROSSARD.

Paris, Grassart, Meyrueis, Lille Béghin, Minart, 1857, in-8° XX-336 pp. (5 fr.).

[Ld¹⁷⁵. 75

Fac-simile de 20 curieuses pl. à la plume que le greffier mettait en marge des sentences criminelles des tribunaux de Lille, et qui représentent les différents supplices auxquels furent soumis les Calvinistes qui refusèrent d'abjurer leur foi. — Ce martyrologe des Protestants est des plus importants pour l'histoire de nombreuses familles qui furent contraintes de se réfugier à l'étranger.

4244 FROTTÉ (Em.). — Une plaie professionnelle ou la médecine exploitée par le somnambulisme. Par E. M. Frotté, pharmacien.

Reims. Imp. Dubois. 1801, in-12, 53 pages.

(D. p. 175)

4245 FRUNCUS (Georgius). — Georg. Frunci, de Cornutis Tractatus.

Heidelbergiæ. 1676, in-4°

(S-2300)

4246 [FRYDAU (Jean Ferdinand de)]. — Licht des Lichtes, das ist Beschreibung und Beleuchtung des fürstlichen und monarchischen grossen Geheimnisses aller Geheimnisse, des Schatzes aller Schatze, des Steins des Weisen, den die Weiszheit Gottes aus Liebe und Gnade zum Wohlstand des menschlichen Geschlechts in das Reich der Natur gepflanzt, und, wie solcher zu erlangen sey, geoffenbaret durch Johann Ferdinand von Frydau.

Quedlinburg und Eisleben, Biesterfeld, 1763, in-8° de 136 pp.

(O-1393)

4247 [FRYDAU (J. F. de)]. — Sendschreiben an einen durchlauchtigsten Prinz eines hochfürstlichen Hauses des deutschen Reichs in welchem von dem groszen hermetischen Geheimnisz dem Stein der Weisen gehandelt wird : (von Herr von Frydau) ; nach dem Original gleichlautend zum Druck befördert.

Quedlinburg nd Leipzig, Biesterfeld, 1762, in-8° de 64 pp.

(O-1394)

FUCHS.

voir aussi :

FUSCH.

4248 FUCHSIUS (Samuel). — Samuelis | Fvchsii. Cus | lino Pomerani | Metoposcopia et Ophthalmoscopia. |

Argentinæ | excudebat Theodosius Glaserus | sumptibus Pauli Ledert; | M. D.C. X. V. [1615]. in-12. de 140 p. et pièces limin : Frontisp. [...] ches. (18 fr.).

[V. 218.]

Livre recherché et rare, orné d[e figu]res dans le texte finement gravées [...] forte et sur bois.

Voir " La Revue des Revues " [...] 1896, article de 10 pages du Dr A. [...] Neuville : " Un précurseur de [...] au XVII° Siècle " où cet ouvrage est ana[ly]sé en détail.

Sur l'" Ophthalmoscopie " [...] voir: Lane (Dr Henry Edward).

[S-314..]

4249 FUEGER (Georges). — De Lapi[de] philosophorum. Theoria brevis [Geor]gii Fuegeri, Suavicensis, cujus [au]Theophrasto (Paracelso) fuit famili[a]rissimus (germanice) ; dans Th[eat]rinella olimpica aurea.... (1682). pp. 300-07.

(O-1[...])

4250 FUGAIRON (Dr Louis Suph[...] né à Tenez (Algérie), le 21 Décem[bre] 1840. — Essai sur les phénomè[nes] électriques des êtres vivants compre[na]nt l'explication scientifique des ph[é]nomènes dits spirites.

Paris, Chamuel, 1804, in-12.

[8° R. [...]]

Fluide éthéré. — Effets physiologiq[ues] et psychologiques. — Nouvelle théo[rie] de l'Hallucination, etc.

4251 FUGAIRON (L. S.) et BRI[CAUD] — Exposition de la Religion Chrétienne Moderne, Scientifique et Philosophique, accompagnée des Analogies et des Différences qui se rencontrent dans la Religion des Époques Aryenne - Orientale, et Hellénique, par L. S. Fugairon, Dr ès-Sciences [et] Dr en Médecine et S. G. + Joha[nnes] Bricaud. Evêque Primat.

Paris, Chacornac (?) 1010 [...] 32 (2 fr. 50).

Traité de Gnose Moderne, do[nt le but] est d'exposer un Christianisme scient[ifique] et philosophique tel que puisse [l'ac] ur les savants et les philosophes spiritualistes modernes. L'Esotérisme, les Mystères de la Religion Chrétienne y sont révélés d'une façon précise. Les Auteurs sont deux des Chefs du mouvement Gnostique Moderne.

4252 FUGAIRON (L. S.). — La Survivance de l'âme, ou la Mort et la Renaissance chez les Êtres vivants. — Études de Physiologie et d'Embryologie philosophiques, avec planches et figures dans le texte.

Paris. Lib. du Magnétisme, 1907: puis 1909, in-12, 280 p. (4 fr.)

[S° R. 21420

Docteur ès-sciences et en médecine, l'auteur est muni de toutes les références nécessaires pour qu'on fasse crédit à sa parole autorisée. Son ouvrage est, en effet, un traité d'occultisme scientifique spécialisé, mais absolument transcendant, et dont il serait malaisé de faire une analyse en quelques lignes. A signaler, cependant, le chapitre consacré à l'aérosomme, déjà mentionné par Baraduc, et son rôle dans les phénomènes de bilocation, extériorisation, etc... Le monde visible et le monde invisible. — Leurs rapports, la faune des ombres. — Notions scientifiques du monde invisible. — Les Adonies. — Les Mythes de la mort et de la renaissance. — Les lois alternatives. — Le Grand problème.

4253 [FUMÉE]. — Du vray et parfait amour (prétendu) écrit en grec par Athenagoras, trad. (c-à-d. écrit) en françois (par Fumée).

Paris, Guillemot, 1612, in-12.

[Rés. Y². 1225

Il y a dans ce livre, dit Lenglet-Dufresnoy, un endroit fort curieux, pour arriver au but secret de la philosophie hermétique.

(O-1076

4254 FUMÉE (Jacques). — Origine des Chevaliers de Malthe, par Jacques Fumée.

Paris, G. Auvray, 1604, in-8°.

[H. 11204
[S-4091

4255 FUMOUZE (Dr). — Les spectres d'absoption du sang.

Paris, 1871, gr. in-4° Avec 3 gr. planches noires et coloriées. (3 fr.).

4256 FUNCK-BRENTANO (Frantz). — L'Affaire du Collier, d'après de nouveaux documents

Paris, Hachette, 1906, in-12, 14 planches h. t. (2 fr. 25).

Autre éd.

Ibid. Id. 1901, in-19 356 p. portraits, pl.

[Lb³⁹ 11860

4257 FUNCK-BRENTANO (Frantz). — Le Drame des poisons. — Préface de M. A. Sorel.

Paris, Hachette, 1900, in-12.

Autres édit.

Ibid. Id. en 1908, in-12.
Ibid. Id. 1909, in-16.

[Lb⁴⁷. 5201

Ouvrage des plus documentés et des plus intéressants, contient des études sur la vie, le procès et la mort de la marquise de Brinvilliers, le drame des poisons à la Cour de Louis XIV, les sorcières, Mad. de Montespan : la mort de Madame ; Racine et l'affaire des poisons ; la Devineresse, etc. Avec 9 reproductions hors texte d'après des documents de l'époque.

4258 FUNFF curieuse chymische Tractätlein, in welchen die allerdeutlichsten Ausdrücke derer, so jemals, als wahrhäftige Kunstbesitzer, von dem so sehr berufenen Stein der Weisen geschrieben haben, anzutreffen sind ; nebst einer Vorerinnerung von J. B. (.....).

Franckfurt und Leipzig, Joh. Georg Esslinger, 1767, in-8° de XXX pp. liminaires, chaque traité a une pagination séparée.

Collection de 5 traités, composée de Güldene-Rose ; Brunnen der Weiszheit ; Das Blutz der Natur ; Joh. de Monte Ra-

phaim : Verbothe... ; J. F. Helvetius :
« Vitulus aureus. Les trois premiers ont été
réimprimés sous le titre de : Drey curieuse chym. Tractati.

((.-0.1.0-1222-1344)

4259 FURST (Julius). — Bibliotheca
Judaica: Bibliographisches Handbuch
umfassend die " Druckwerke der Jü-
dischen Literatur " einschliesslich
der über Juden und Judenthum ve-
röffentlichten Schriften nach alfabetis-
cher Ordnung der Verfasser bearbeitet. Mit einer Geschichte der Jüdis-
chen Bibliographie sowie mit indices
versehen und herausgegeben von D.
Julius Furst, lehrer an der Universi-
tät zu Leipzig.

*Leipzig, Verlag von Wilhelm Engel-
mann*. 1863. 3 vol. in-8° (25 fr.).

[Q. 5130-5131]

Cité par Papus, " *La Kabbale* " p.145.

4260 FURSTER (Docteur Albin). —
Les meubles animés , moyen
infaillible de faire tourner les tables,
chapeaux, meubles, vases, etc...

*Paris, Lagny, imp. Vialat et Cie.
S. D.* (vers 1850). in-12. Figures.
(2 fr.).

[R. p. 15204]

4261 FUSCH (Léonard) ou FUCHS, botaniste et médecin, né à Wembdin-
gen (Grisons) en 1501, mort en 1566.
Professeur de Médecine à Tubingue.
— Commentaires tres excellens de
l'hystoire des plantes, composez pre-
mierement en latin par Leonarth
Fouscsh, medecin tres renommé : et
depuis nouvellement traduictz en
langue françoise.

Paris, J. Ciseau. 1540. in-fol.
gravures sur bois (25 fr.).

Edition rare d'un ouvrage fort recherché de ce célèbre médecin et botaniste allemand ; enrichi d'un nombre considérable de figures sur bois et de lettres
ornées des plus curieuses, remarquables
par leur naïveté un peu décousue. — Léonard Fusch dans ses commentaires énumère les vertus de chaque plante ; les
descriptions et les figures sont remarquables par leur exactitude.

4262 FUSCHIUS (Samuel). — Samue-
lis Fuschii Metoscopia (*sic*) et Ophtal-
moscopia...Mauvaise orthographe du
nom de Samuel Fucusius. (q. v.)
donnée par le Cat. Sépher (N° 3140 b).

4263 [FUSTIER (Abbé)]. — Le myste-
re des magnétiseurs et des somnambules dévoilé aux âmes droites et
vertueuses, par un homme du monde.

Paris, Legrand, 1815. in-8° 55 pages (4 fr.).

Cette brochure est de l'abbé Fustier,
grand vicaire de Tours (d'autres disent
l'abbé Tissot). Elle est habilement rédigée contre le magnétisme et " le charla-
tan Mesmer ". Dans une note l'auteur dit
avoir vu en 1787 " *une thèse en latin dans
laquelle on affirme que J-C. n'a opéré ses
miracles que par la vertu magnétique* ". Il
serait intéressant de retrouver cette thèse
probablement médicale.

Plaquette tout à fait curieuse et peu
commune. L'auteur y engage une polémique des plus piquantes avec le " savant et trop modeste Deleuze." Cet ouvrage fut aussi attribué à l'Abbé Fiard,
auteur des Lettres Philosophiques.

(D. p. 89)
(G-347 et 1372)

4264 FUZET (L'abbé). — Les Jansénistes du XVII-e siècle. Leur histoire et
leur dernier historien. M. Sainte-
Beuve.

Paris, Bray et Rétaux, 1876. in-8°
(4 fr.).

[Ld³. 205]

Edition originale de cette étude des
plus intéressantes.

FUZI (Antoine), docteur en Théologie, de l'Université de Louvain; s'enfuit à Genève et s'y fit protestant.

Voy : Brunet, *Fous Littér.* p. 78.
Il renvoie à MM. Du Roure, Dei-
pierre, et Niceron.

4265 FUSY (Ant.). — Le mastigopho-
re, ov préevrsevr dv Zodiaqve auquel
par maniere apologétique sont brisées
les brides a veaux de Maistre Ivvain
Solanicqve (Nic. Vivain), pénitent re-
penti, seigneur de Morddrecht et
d'Amplademus en partie du costé de
la Moüe.

S. l. 1609, in-8° (18 fr.).

Ouvrage étrange, plein d'insultes à l'adresse de Nic. Vivain, marguillier de Saint-Leu. Ce libelle rabelaisien, œuvre d'un prêtre, est tout au plus digne d'avoir pour auteur quelque dame de la Halle du XVII° siècle.

(G-338
(G-4514

4266 FYENS (Thomas) en latin, FIENUS, FIENSIUS, ou FYENUS. Médecin Belge, né à Anvers en 1567 ; mort en 1631. Professeur de Médecine à l'Université de Louvain et médecin de l'Archiduc Albert à Bruxelles.

Thom. Fiensi, de Cometa Dissertationes.

Antverpiæ. 1619, in-8° (?).

(S-3428 b

4267 FYENS (Thomas). — Thomas Fienus, de Formatrice Fœtûs.

Antverpiæ, 1620, 2 vol.

(S-3352

4268 FYENS (Thomas). — Th. Fiensi, de Viribus Imaginationis Tractatus.
Lovanii, G. *Rivius,* 1708, in-8°

Édition Originale d'un Traité remarquable, quoique assez peu connu, où l'Auteur étudie, pour la première fois scientifiquement, la Suggestion Mentale.

(S'Y-1125

4269 FYENS (Thomas). — De Viribus Imaginationis Tractatus. Authore Thoma Fieno, Antverpiano. Serenissimorum Belgii et Bavariæ Ducum quondam Medico Cubiculario. Editio Postrema.

Lugduni Batavorum. Ex *Officinâ Elzeviriana.* 1635, pet. in-16 de 377 pp. et 3 f°° d'index (18 fr.)

[R. 35044

Charmant Elzévir de Leyde, de belle impression. Écrit dans un latin de style clair et de lecture agréable et facile. Cet ouvrage est cité par le D° Gilles de La Tourette, dans son " *Hypnotisme* " (Plon 1887, in-8°, p. 281, note 2.) Il faut corriger ce renvoi et lire : p. 192, et non 132.

D'un grand intérêt pour les origines de la médecine Suggestive, peu à peu devenue le plus clair de l'Hypnotisme moderne. Nous disons Hypnotisme, et non pas Magnétisme, ce dernier étant réellement une épave de la Science des Mages.

S'applique beaucoup à la période de gestation des femmes (XII questions sur XXIV).

(S-3355 b
(S'Y-1124

4270 FYENS (Thomas). — De Viribus imaginationis tractatus, authore Thoma Fieno Antverpiano. — Editio nova.

Londini ex officina Rogeri Danielis, 1657, in-12, (4 fr.).

Véritable Elzevier d'*Amsterdam,* réimprimé sur l'édition pet. in-16 de Leyde, pour le compte d'un libraire de Londres. (Willems, Les *Elzevier,* n° 1214).

4271 FYOT (F. F.). ✠ Les Clavicules de Salomon. Traduit de l'Hébreux en langue Latine. Par le Rabin Aboguazar, et mis en langue vulgaire par M. Baracher Archevêque d'Arles. M. DC. XXXIV. [1634].

S. L. N. D. [Paris, Chamuel, 1892] in-8° couv. muette bleue, marbrée, grande étiquette-titre photographiée (reprod. du Titre). Figures.

[Dép. des Mss. Facs 331

Reproduction en Photographie (épreuves collées dos à dos) de 141 pages manuscrites d'Instructions et de Prières Cabalistiques dont quelques unes en Latin et en Français. Nombreuses Figures. Le Fleuron de la Page 4 porte : F. F. Fyot scripsit.

L'original se trouve aussi à la Bibliothèque Nationale, Département des Manuscrits, *Fonds Français* 25314.

Il donne, remarquablement purs, les Signes Cabalistiques à graver sur les Instruments Magiques (Épée, Bâton, etc.). Recueil de Secrets infiniment curieux : Pour l'Amour (62) — Pour se rendre invisible (65) — Maniere de faire tourner le Tamis (69) — de faire la Jarretiere (70) —le Tapis (71) — les Bagues Astronomiques (71) — *Pentacles* (85-130). — Les *Douze Anneaux* (131-139).

(Y-P.1077

4272 G.... Examen physique de l'hypothèse sur laquelle Mesmer et ses sectaires fondent la doctrine du magnétisme animal, par G... avocat.

Paris, 1785, in-8°.

(D. p. 182

4273 G***(de)— Deux Discours maçonniques du frère de G*** (.....) membre de la Loge militaire de l'Etoile flamboyante.

Berlin, Decker, 1777, in-8° de 47 pp.

I. Discours sur l'importance de la maçonnerie, prononcé dans la loge française Frédéric aux trois Séraphins le 9 avril 1776.

II. Discours sur les dangers du mauvais exemple prononcé.... à la réception de mon frère cadet, le 6 may, 1777.

(O-353

4274 G.... (Mme de). — Le Bouquet du sentiment, ou allégorie des plantes et des couleurs.

Chalon-s.-Saône, 1810, in-12, (2 fr.).

Nomenclature des sentiments exprimés dans l'Allégorie des Plantes.

4275 G.... (Mme de). — Les Sympathies ou l'art de juger par les traits du visage des convenances en amour et en amitié. Par Mme de G...

Paris, Saintain, 1813, In-12. (8 fr.).

Ouvrage orné de 32 planches de têtes en couleurs ; celles de femmes sont particulièrement intéressantes pour leurs coiffures et chapeaux.

4276 G. C. — Observations sur le Rapport par un Académicien.

Cette brochure est signalée par M. Mialle.

(D. p. 49

G. M... (le Chevalier de) voir :

DA GAMA MACHADO (le Chevalier Commandeur José Joachim).

GABANON (Léonard), pseudonyme de, et voir :
TRAVENOL (Louis).

4277 GABET (Gabriel), journaliste né à Dijon en 1763, mort en 1853. Fouriériste. — Traité élémentaire de la science de l'homme considéré sous tous les rapports.

Paris, Baillière, et au Bureau de la Phalange, 1842, 3 vol. in-8°, nombreuses fig. gravées hors texte. (10 fr.)

[R. 30630-

(G-

4278 GACHET d'ARTIGNY (Abbé Antoine), Chanoine de l'Eglise de Vienne (Dauphiné), ville où il est né en 1704 ; mort en 1788. — Nouveaux Mémoires d'Histoire, de Critique et de Littérature, par l'Abbé d'ARTIGNY.

Paris, Debure l'Ainé, 1749, 7 vol. in-12.

[Z. 28704-2880

Contient de nombreux cas de magie, Possession, etc...

(Y-P. 40

4279 GACHET d'ARTIGNY. — Apparitions du Comte de ROSEMONT ; dans l'abbé d'ARTIGNY :

Nouv. Mémoires d'Histoire, (1749) I. 345-40.

(O-1787

4280 GACHET d'ARTIGNY. —De quelques prétendus livres de magie.— Extraits des *Clavicules de Salomon*, par l'Abbé d'ARTIGNY dans ses *Nouv. Mémoires d'histoire*. (1749). I. 29-41.

On trouve aussi une liste d'ouvrages sur la magie dans les *Imaginations extravagantes de m. Oufle*, par BORDELON.

(O-

4281 GACHET d'ARTIGNY. — Remarques sur les prétendues prédictions et critiques d'un *Commentaire sur les Centuries de Nostradamus*, (par GUYNAUD) ; par l'abbé d'ARTIGNY ; dans ses *Nouv. Mémoires d'hist.* (1749), II, 285-313, et III, Avertissement, p. XXVI.

(O-1870

4282 GACHET d'ARTIGNY. — Détail critique de plusieurs faits douteux ou visiblement supposés ; par l'abbé d'ARTIGNY ; dans ses *Nouv. Mémoires d'histoire*, (1751, IV, 1-48).

Les sujets traités sont :

1. Génies souterrains dans les mines d'or et d'argent.

2. Génies gardiens de trésors cachés.

3. Chanoines métamorphosés en anguilles.

4. Le démon maitre impérieux, ami dangereux.

5. Rats ministres de la vengeance divine.

6. Attention pour juger les évènements.

7. Revenants trop accrédités dans qq. historiens.

8. Prodiges fabuleux réalisés dans l'histoire.

9. Faits anatomiques incroyables.

(O-1658

4283 GACHET d'ARTIGNY. — Recherche sur l'origine de la magie et des autres superstions. — Examen de plusieurs ouvrages concernant cette matière ; par l'abbé d'ARTIGNY ; dans ses *Nouv. Mémoires d'histoire*, (1749) I, 41-70.

Défense de l'article précédent ; nouv. éclaircissements sur cette matière ; par l'abbé d'ARTIGNY (1752) V, 102-55.

(O-1002

4284 GACHET d'ARTIGNY. — Sur Ruggieri et sur César ; par l'abbé d'ARTIGNY ; dans ses *Nouv. Mémoires d'histoire* (1753), XI, 39-44, et 44-9.

RUGGIERI et CÉSAR sont les nécromanciens dont il est question dans *Histoire espouvantable de deux magiciens qui ont été étranglés par le Diable* (Paris, 1615), sur laquelle on peut consulter une note du Catalogue LEBER, II, 266 (N° 4222).

M. Ed. FOURNIER a réimprimé l'*Histoire épouvantable*, dans le tome I, 25-34 de ses *Variétés histor. et littéraires*, en y joignant des notes curieuses.

(O-1087

4285 GACHET d'ARTIGNY. — Sur Saül et la Pythonisse ; par l'abbé d'ARTIGNY ; dans ses *Nouv. Mémoires d'histoire* (1750), III, 117-22.

Dissertation sur l'apparition de Samuel ; par l'abbé d'ARTIGNY, dans ses *Nouv. Mémoires d'histoire* (1750) V, 338-64.

(O-1730-1731

4286 GADBURY (John) Astrologue né à Wheatley près d'Oxford vers 1627, mort en 1691. Elève de LILLY, avec qui il se brouilla. — The Doctrine of Nativities, containing the whole Art of Directions, and annual Revolutions, also Tables for calculating the Planets' Places for any time, either Past, Present or To come. Together with the Doctrine of Horary Astrology. By John GADBURY.

London, 1658, (60 à 75 fr.).

(G. P. C.

4287 GADICKE (Christian). — Freimaurer-Lexicon, nach vieljährigen Erfahrungen und den besten Hülfsmitteln ausgearbeitet. Herausgegeben von Johann Christian GADICKE.

Berlin, Buchhandl. Gedr. Gädicke, 1818, in-8° de VIII-528 pp.

(O-550.

4288 GADON (Sylvain). — Dissertation sur le sommeil ; les songes et le somnambulisme par Sylvain GADON.

Paris, 1808, thèse in-4°, 34 pages.

[Th. P. 88 (98)

Les thèses avec le somnambulisme et le sommeil naturel pour sujets doivent figurer dans notre bibliographie en raison de leur parenté directe avec le magnétisme. La plupart d'ailleurs s'occupent de celui-ci, toutes sont utiles à consulter.

(D. p. 81

4280 GADROIS (C.). — Discours Physique sur les influences des Astres, selon les principes de M. Descartes ; où l'on fait voir qu'il sort continuellement des astres une matière par le moien de laquelle on explique les choses que les anciens ont attribuées aux influences occultes.

Paris, J. B. Coignard, 1074, in-18, figures gravées dans le texte. (5 fr. 50).

[R. 13700

Causes des différentes maladies qui règnent en certaines saisons. — Des Talismans et de leurs influences. — Influence des planètes sur l'homme. — De l'Astrologie Judiciaire et des horoscopes, etc...

4200 GADROIS (G.). — Le Système du Monde selon les trois hypothèses où conformément aux lois de la Méchanique, l'on explique dans la supposition du mouvement de la terre les apparences des Astres, la fabrique du Monde, la formation des planètes, la lumière, la pesanteur, etc...

Paris, G. Despre, 1075, in-12, figures (6 fr.).

[R. 13604

Ouvrage dans lequel il est traité de l'influence des astres, enrichi de nombreuses figures d'astronomie et de mécanique céleste.

4201 GAFFAREL (Jacques) Orientaliste et Kabbaliste, né à Mannes (Provence) vers 1601, mort vers 1681. Bibliothécaire de Richelieu, Aumônier du Roi, puis abbé de Sigonce, en Provence, où il termina ses jours. — Abdita divinæ Kabbalæ Mysteria, contra Sophistarum logomachiam defensa, auctore Jac. GAFFAREL, Juris canonici Doctore.

Amstelodami, 1676, 2 vol. in-12.

Bibliothèque Ste-Geneviève :

[V. 676-7

Autre édit :

Paris, Blageard, 1625, in-4°.

[A 3712

Cité par P. Christian [PITOIS] : *Hist. de la Magie,* p. 13.

4203 GAFFAREL (Jacques). — Curiositez inouyes sur la sculpture talismanique des Persans. Horoscope des Patriarches, et lecture des estoilles ; par m. (Jacques) GAFFAREL.

Paris, Hervé du Mesnil, 1620, in-8° de LII-644 pp. avec 2 gr. pl. (qui manquent à beaucoup d'exemplaires) (10 fr.).

[R. 30658

Edition originale. " C'est la seule qui soit imprimée en gros caractères et d'une lecture aussi aisée. C'est aussi la seule qui présente l'avantage d'une Table détaillée des Chapitres avec leurs sommaires, la seule qui possède un erratum, etc .. " Stanislas de Guaita dit encore de Jacques GAFFAREL : " Une de ces fortes têtes que l'on dirait sculptées en bronze de Corinthe, éclairé d'un reflet du soleil hellénique ".

Autres éditions :

Paris, Hervé Du Mesnil, 1631, in-8°.

S. l. 1637, in-8° Avec 2 pages d'alphabet hébreu céleste qui font souvent défaut.

[Rés. R. 2434
(O-1858
(S-3175 b
(G-340-1392 à 1396

4294 GAFFAREL (Jacques). — R. El-cha ben David. — De Fine Mundi. Ex Hebraeo in latinum, interprete Jacobo Gaffarello. Additis ab eodem notis.

Parisiis, apud Hervetum De Mesnil, 1629, in-8°. (18 fr.).

Très rare.

[R. 36659
(S-3173 b
(G-1304

4295 GAGNE (Paulin) Avocat et Poète né à Montoison (Drôme) en 1808. Mari de Mlle Elise Moreau, femme de lettres. Curieux article dans Larousse (VIII-010). — L'Histoire des Miracles renfermant une Dédicace à Mme GAGNE, un Préambule historique, l'histoire de ma mort, les mémoires de ma vie miraculeuse et le bonheur du Crucifiement et prouvant le Satanisme, ou l'intervention de Satan dans la Tournomanie, les Evocations aux Esprits, ou le Spiritisme, le Magnétisme, le Somnambulisme, la Chiromancie, la Cartomancie, l'Hypnotisme et autres magies, par Paulin GAGNÉ, avocat des Fous, auteur du "Suicide", Poème; de la "Monopanglotte ou Langue universelle"; du "Théâtre du Monde"; de l' "Unitéide", Poème en 12 Chants et 60 actes; Rédacteur en Chef de l' "Uniteur", Journal universel des Journaux.

Paris, l'Auteur, 1860, in-12 de 72 pages (2 fr.).

[D. 35513

Plaquette extrêmement rare, où l'auteur raconte en détail la Possession qui lui valut d'être interné à l'asile de Picpus.

(Y-P-662

4296 GAGNE (Paulin). — L'Unitéide, ou la Femme-Messie, Poème universel en douze Chants et en 60 Actes, avec Chœurs. Précédé d'un Prologue, et suivi d'un Epilogue par Mme GAGNE (née Elise Moreau de Rus.).

[Paris], *chez tous les libraires* s. d. [1857], in-8° de 726 p. (4 fr.).

[Ye. 22941

Trois lithographies.

Edition complète de ce curieux ouvrage qui renferme "environ vingt mille Vers": Les lithographies sont aussi curieuses que le texte, et d'un dessein étrange.

Singulier ouvrage d'un aliéné. Voici qq. titres d'actes : la Panarchie et la Cour infernale, l'Ane-Archide et la Cour terrestre; l'Aurithéocratie; la Rathiothéie; la Théophobie; la Concubiganie; la Débauche Omnivore; La Bestialorgie; la Vini-cultivrogne, etc...

Tout le poème est en outre mosaïqué de néologisme, propres à l'auteur : Soleilor, Lunargent, Raisonfol, le Concubigamoratoire, etc.....

4297 GAIL (J. F.) ancien professeur d'histoire à l'Ecole de St-Cyr, et au collège St Louis, à Paris. — Recherches sur la nature du Culte de Bacchus en Grèce et sur l'origine de la diversité de ses Rites... par J. F. GAIL.

Paris, Gail neveu, Treuttel et Wurtz, 1821, in-8° de XIV-368 p. (15 fr.).

[J. 10604

Les Pélasges et leurs divinités. — Du culte de Thrace, ou d'ORPHÉE et de celui des Egyptiens dans leurs rapports avec celui de Bacchus. — Usage de l' "Agnus Castus". — Les mystères Bachiques comparés à ceux d'Eleusis. — L'initiation. — Mystes et Epoptes. — Le Phallus dans les mystères. — ORPHÉE, les sectes Orphiques. — L'Œuf Orphique. — La Fureur Bachique et l'inspiration prophétique. — *Dionysiaques*, leur célébration. — Hymnes Phalliques. — Etc.

4298 GAILHARD (Docteur G.). — Darwinisme et spiritualisme.

Paris, Perrin, 1891, in-12.

[8° R. 10471
(G-1307

4299 GAILLARDET (F). — Mémoiresur la Chevalière d'EON. La Vérité sur les mystères de sa Vie par F. GAILLARDET.

Paris, Dentu, s. d. [1866], in-8° Portrait (4 fr.).

[Ln²⁷. 22700

Relatif à la Franc-Maçonnerie.

4300 GAILLET. — Contes diaboliques.

Paris, Librairie du Progrès, s. d. in-12, illustré de 15 dessins. (1 fr. 50).

(G.-1308

4301 GALART de MONTJOIE. — Essai sur la découverte du magnétisme animal.

1784, in-4° 9 pages.

(D. p. 45

4302 GALART de MONTJOYE. — Lettre sur le magnétisme animal, où l'on examine la conformité des opinions des peuples anciens et modernes, des savants et notamment de M. BAILLY, avec celles de M. Mesmer ; et où l'on compare ces mêmes opinions au rapport des commissaires chargés par le roi de l'examen du magnétisme animal adressé à Monsieur BAILLY de l'Académie des Sciences etc., par M. GALART DE MONTJOYE.

Paris et à Philadelphie. Se trouve à Paris, chez Duplain, 1784, in-8°. VII-136 p. (3 fr.).

[Th⁰¹ 57

Honnête défense du magnétisme. Il y a de tout dans cette lettre : de l'astrologie et de l'astronomie, de la métaphysique et de la psychologie. Hippocrate et Galien, les Comites et Newton sont tour à tour discutés par l'auteur. Il est plus habile quand il se borne à commenter le texte même du rapport des commissaires.

(D. p. 46

4303 GALATEAU. — Lettre [de GALATEAU] à Monseigneur le Mareschal d'Albret chevalier des Ordres du Roy Sire de Pons, Prince de Mortaigne,... Lieutenant général pour le Roy en Guyenne, sur la mort de Monsieur le Marquis de Rabat.

A Bourdeaux par G. de la Court, 1672, in-12 de 85 p.

[Ln²⁷ 10852

Mort empoisonné criminellement par des champignons vénéneux, et si subitement qu'on eût pu le croire frappé d'Apoplexie. Quelques mots sur la palingénésie spagyrique (p. 22).

(S-3322

4304 GALATINI (Pet. COLUMNÆ, a patria). De arcanis catholicæ veritatis libri duodecim, qvibus pleraqve religionis christianiæ capita contra Iydeos, tam ex scripturis Veteris Testamenti authenticis, quàm ex Talmudicorum commentariis, confirmare et illustrare conatus est. Item Iohannis REVCHLINI Phorcensis, De Cabala sev de symbolica receptione, dialogus tribus libris absolutus.

Francoferti, impensis Claudii Marnii hæredum, 1612, in-f°.

Autre éd. :

S. l. Apud Hæredes Andreæ Welcheli Claudium Marnium et Ioannem Aubrium. 1603, in-f° de 770 colonnes pièces limin.

[A. 1572

Francoferti, apud Claudium Marnium et hæredes Joannis Aubrii, in-f° 1602. (15 fr.).

L'Edition originale est de :

Orthonæ Maris, per Hier. Soncinum 1518, in-f°. Voir BRUNET, art. Galatini II-1447.

(G-1399 et 1400

4305 GALDER (Ch.). — L'or composé métallique. — Formation naturelle et production artificielle.

Paris, 1908, in-16 (0 fr. 75).

Considérations générales. — Un mot sur l'allotropie des métaux, les transmutations dans la nature des formules de laboratoire et conclusions.

4306 GALICHON (Claire). — Amour et maternité.

Paris, in-16 jésus.

4307 GALICHON (Claire). — Eve réhabilitée, plaidoyer " Pro Femina." Ouvrage complétant " *Amour et Maternité* ".

Paris, in-16 jésus de 460 pp.

Comme " *Amour et Maternité* ", ce nouveau volume de Mme Claire GALICHON qui complète l'ancien, est un livre qui surprend autant qu'il charme. — Le Féminisme, cet épouvantail de tant d'hommes, y paraît sous un aspect séduisant. Malgré ses nombreuses revendications, sa tendance à l'entière émancipation de la femme, rien n'y choque, car tout y est logique et harmonieux. — Loin d'être un cri de guerre, une révolte discordante, ce livre, malgré ses discussions serrées, est presque une épopée d'amour, d'amour dans le sens élevé du terme. *Eve réhabilitée* fait ce miracle. — Qu'on le lise, on s'en convaincra. [Prospectus].

4308 GALICHON (Claire). — Souvenirs et Problèmes spirites.

Paris, Chacornac, 1908, in-8°.

4309 GALICIER. — Théorie de l'Unité Vitale.

Paris, 1869, 2 vol. in-8° (4 fr. 50).

——— Vie de l'Univers, ou étude de physiologie générale et philosophique appliquée à l'univers.

Paris, 1873, in-8° de 660 pp. (4 fr.).

Cet ouvrage fait suite à l' " *Unité vitale* ".

4310 GALIEN (Claude), médecin Grec né à Pergame, dans l'Asie Mineure, vers 131. Fils du Sénateur Nicon. — Claudii GALENI Pergameni Methodi medendi, id est, de morbis curandis libri quatuordecim, denuo magna diligentia Martini Gregorii recogniti, Thoma Linacro Anglo interprete.

Parisiis, Chevallonius, 1538, pet. in-8° (10 fr.).

Paris, 1526, in-8°.

[Te17 2

4311 GALIEN. — GALENI Pergameni de naturalibus facultatibus libri tres. De pulsuum usu liber unus. Item et quædam PAULI Æginetæ de diebus criticis. Thoma LINACRO Anglo interprete. — Claudii GALENI Pergameni de motu musculorum libri duo, Nicolao Leoniceno interprete.

Parisiis, apud Simonem Colinæum, 1528, in-12 (25 fr.).

Autres édit. :

Paris, 1542, in-4°.

[Tb6 23

Lyon, 1550, in-12.

[Tb6 04

Toulouse, 1554, in-4°.

[Tb6 25

4312 GALIEN. — Œuvres Anatomiques Physiologiques et Médicales, traduites sur les textes imprimés et manuscrits par Ch. Daremberg.

Paris, J. B. Baillière, 1854-57, 2 vol. in-8° de 800 pp. (14 fr.).

[T20 57

Ext. table : Que le bon médecin est philosophe. — Exhortation à l'étude des arts; que les mœurs de l'âme sont la conséquence des tempéraments, du corps, des habitudes, etc.

GALIGAI (Léonora ou Éléonore DORI, ou Dosi, dite) femme de CONCINI, Maréchal d'ANCRE, née à Florence en 1580, décapitée et brûlée à Paris en 1617. Voir Bibliographie Yve-Plessis, Nos 1271-1283 p. 163-4.

Et aussi :

ANCRE (Maréchal et Maréchale d').

GALILÉE (Sur Galileo - GALILEI). Mathématicien et Astronome, né à Pise vers 1564, mort vers 1642.

Voir :

L'EPINOIS (H. de)
CHASLES (Philarète).

4313 GALL (Dr François-Joseph), né à Tiegenbrunn (Gd Duché de Bade) en 1758. Mort à Paris en 1828. Illustre inventeur de la Phrénologie. Docteur de la Faculté de Vienne. — Anatomie et physiologie du système nerveux en général, et du cerveau en particulier, avec des observations sur la possibilité de reconnaître plusieurs dispositions intellectuelles et morales de l'homme et des animaux par la configuration de leurs têtes, par MM. GALL et SPURZHEIM.

Paris, Schoell, 1810-1820, 4 vol. in-4° (50 fr.).

[Ta^{86} 20

4314 GALL. (Dr F. J.). — Craniologie, ou nouvelles découvertes concernant le cerveau, le crâne, et les organes, trad. de l'allem.

Paris, 1807, in-8°. Portr. et pl. gravée. (3 fr. 50).

4315 GALL (Dr F. J.). — Exposition de la Doctrine physionomique du Dr GALL, ou nouvelle théorie du cerveau considéré comme le siège des facultés intellectuelles et morales.

Paris, Henrichs, 1803, in-8° pl. (5 fr.).

Edit. Allemande :

Weimar, 1802, in-8°.

[Tb^{50} 4

4316 GALL (Dr F. J.). — Introduction au cours de physiologie du cerveau et précis analytique de la marche suivie par le docteur dans ses recherches.

Paris, 1808, in-8° (1 fr.).

4317 GALL (Dr F. J.). — Lettre du Dr GALL, en 1798, à Jos. F. de Retzer, relativement à son Prodrome (déjà terminé) sur les fonctions du cerveau chez l'homme et les animaux.

S. l. (1835) in-8° (1 fr.).

GALL. (Sur)

Voir :

BESNARD (Abbé).

4318 GALLAND (Antoine). Orientaliste et Antiquaire né à Rollot, près Montdidier, en Picardie, vers 1646. Mort à Paris en 1715. Académicien et professeur d'Arabe au Collège de France. — Les Mille et une Nuits, contes arabes trad. par A. Galland, suivis de nouveaux contes de Caylus et de l'abbé Blanchet, avec une préface historique par M. Jules Janin.

Paris, P. M. Pourat et Cie, 1857, 2 v. in-8° (50 fr.).

[Y^2 01110-0125

Edit. illustrée de 4 titres-frontispices gr. et de 18 fig. h. t. par Th. Fragonard, Marckl, Callow, etc... gr. sur bois et sur acier par J. Provost, Guillaumot, A. Bert, Revel, Pollet, etc...

Autres édit. :

Paris, Bourdin, s. d. (1840) 3 vol. gr. in-8°.

Paris, Libr. des Bibliophiles, 1881, 10 vol. in-12.

Edition originale :

Paris, 1704-1717, 12 vol. in-12.

[Y^2 8921-8932

4319 GALLIMARD (Edme) de St-Floren-

... — Traicté physiognomique par lequel chacun peut apprendre a se bien cognoistre, et aussi la nature, les mœurs et inclinations des autres.

Paris, Jean Borriquant, 1626, in-16 (8 fr.).

4320 GALLOIS (Léonard). — Histoire abrégée de l'Inquisition d'Espagne, par Léonard Gallois. 4ᵐᵉ Edition augmentée d'une Lettre de M. Grégoire ancien Evêque de Blois, à Don Ramon Joseph de Azer, Grand Inquisiteur d'Espagne.

Paris, Peytieux, 1824, in-8° (4 fr. 50).

[De 100

Des Hérésies et de l'Inquisition en général. — De l'Inquisition moderne. — Description des Supplices. — Procès curieux et extraordinaires jugés par l'Inquisition d'Espagne. — Etc.

Autres éditions :

Paris, 1823, 1 fort vol. in-18.

Paris, 1828, in-10 (2 fr. 50).

Avec une Notice sur la Vie et les Ecrits de Léonard, l'Historien Espagnol de l'Inquisition et la Lettre de l'abbé Grégoire.

4321 GALLONUS (Antonius), Galloni ou Gallonio, né a Rome, mort vers 1605. De la Congrégation de l'Oratoire. — Ant. Galloni Romani, de S. S. Martyrum Cruciatibus Liber, cum Instrumentis et Modis quibus iidem Martyres olim torquebantur, simul perspicuè descripta, et Tabulis æneis accuratissime expressa sunt.

Antverpiæ, sumptibus Andreæ Frisii, 1668, pet. in-12. Front. et 44 pl.

4322 GALLUS (Dr). — L'Amour chez les Dégénérés. Etude Anthropologique, Philosophique et Morale.

Paris, s. d. (?), in-18 (2 fr.).

La Dégénérescence, les Dégénérés, les Troubles de la Fonction sexuelle. — Les Dégénérés Sadistes. — Les Dégénérés Masochistes. — Les Dégénérés Fétichistes. — Les Dégénérés Erotiques, Impuissants, Erotomanes et Mystiques. — Les Dégénérés Uranistes. — Les Dégénérés Saphistes. — Les Dégénérés Exhibitionnistes. — Les Dégénérés Zoophiles, Nécrophiles et Misocopistes.

Ouvrage du genre de celui du Dʳ Sergi Paoli, q. v.

4323 GALOPIN (Augustin). — Excursions du Petit Poucet dans le corps humain.

Paris, Dentu, 1886, in-12 (3 fr.).

[Tʳˢᵗ 189

Plus sérieux qu'il n'en a l'air avec son titre un peu naïf, le livre fourmille de renseignements précieux. Signalons : Voyage a travers les maladies et les curiosités scientifiques du tube digestif ; les boulimiques et les avaleurs de sabres, et une foule d'anecdotes singulières et intéressantes.

GAMA MACHADO (le Chevalier de) Voir :

DA GAMA MACHADO (le Chevalier Commandeur José Joachim).

4324 GAMACHES (de), Chanoine de Ste Croix de la Bretonnerie. — Système du Philosophe chrétien, par de Gamaches, chanoine de Ste Croix de la Bretonnerie.

Paris, 1740, in-8°. (4 fr.).

Existence de Dieu. — Distinction de l'âme et du corps. — Lois de la Nature et lois des Juifs, leurs insuffisance. — Plan de la Religion Chrétienne.

4325 GAMBILIONIBUS (Angelus de) ou Ange Gambilioni, jurisconsulte italien, né à Arezzo, Toscane, mort vers 1645. Professa le Droit Romain a Ferrare. — Angelus de Gambilionibus de Aretio, Repertorium primi voluminis Maleficiorum quo continentur tractat. clarissimorum Angeli de Aretio, domini Alberti de Gandino ac dni Bonifacij de Vitellinis de Mantua, per ordinem numeri et alphabeti fabricatum. Superaddantur de novo quamplures alie utilissime additiones domini Hieronymi CHUCALON, Hispani, 1532.

[In fine :] *Lugd. in edibus seduli Impressoris Budicli Bouyn, impensis vero Jacobi Francisci de Giuncta et sociorum Florentini anno dni,* 1532. 3 parties, in-4° gothique. (45 fr.).

Recueil d'ouvrages fort curieux sur les maléfices et les sorciers imprimés à Lyon en caractères gothiques par Benoît BONYN pour les Florentins, Jacques et François de JUNTA. — Titres ornés avec la marque de ces libraires et une vignette sur bois représentant la torture de deux hérétiques en présence de leurs juges.

Le même auteur a aussi donné un « Tractatus de Maleficiis ». Mantoue. 1742, in-folio.

[Rés. E. 503
(G-1401

4326 GANDON (F. A.). — La Seconde vue dévoilée. Dernier coup porté aux sorciers et aux sortilèges. Ouvrage entièrement nouveau donnant à tout le monde la facilité de faire des expériences dites de Seconde Vue ou Double vue, par F. A. GANDON.

Paris, chez l'auteur, 1840, in-8°. (3 fr.).

[V. 39835

L'on entend par seconde vue les moyens de faire nommer par un compère les objets indiqués par le spectateur, ou désignés par l'opérateur : le sujet étant privé de la vue. Cette seconde vue est encore souvent présentée aux badauds comme du somnambulisme et la brochure de M. GANDON est intéressante à lire.

(D. p. 143
(G-1402 et 1703

4327 GANGES (Marie Elisabeth DE ROSSAN, Marquise de), née à Avignon en 1637. D'abord Marquise de CASTELLANE, puis remariée au Marquis de GANGES. Morte assassinée en 1667. — Récit de la mort tragique de la marquise de GANGES, empoisonnée et massacrée par l'abbé et le Chevalier de GANGES, ses beaux-frères.

Paris, 1676. in-4°.

Autre édition :

Paris, Gentil, 1077, in-4°.

[Ln²⁷ 8152

La plus exacte des Biographies de l'infortunée Marquise a été donnée par le Marquis de FORTIA D'URBAN (Paris, 1810, in-12). On peut consulter aussi les « Lettres Historiques et Galantes de Mme Dunoyer » et la « Marquise de Ganges » par M. de SAMES (Paris, 1813, 2 vol. in-12).

Etrange histoire de l'amour insensé et criminel inspiré par la malheureuse Marquise aux trois frères de GANGES.(Ganges, près Montpellier dans l'Hérault, ville natale de FABRE D'OLIVET).

(S-2034

4328 GANNAL. (Jean-Nicolas).né à Sarrelouis en 1791 mort en 1852. Chirurgien militaire, chimiste et inventeur du système d'embaumement par injection. — Histoire des embaumements et de la préparation des pièces d'anatomie normale, d'anatomie pathologique et d'histoire naturelle ; suivie de procédés nouveaux.

Paris. l'auteur ; Desloges, 1841, in-8° de VII-448 pp. (10 fr.).

[Ta⁶⁵ 7. A.

Histoire de l'art des embaumements, depuis la plus haute antiquité jusqu'à nos jours, et étude sur les procédés en usage pour la conservation des pièces d'anatomie normale, etc... avec les procédés de l'auteur.

4329 GANNAL (Docteur). — Mort apparente et Mort réelle. Moyens de les distinguer.

Paris, 1868, gr. in-8°. (0 fr.).

Danger des Inhumations précipitées.— Signes de Mort. — Sur la Mort. — Cessation des Fonctions du Cerveau. — Bibliographie de la Question. — Etc..

4330 GANTZNEUE (Die) eröffnete Pforte zu dem chymischen Kleinod oder einige vornehmste chymiche Arcana, aus unterschiedlichen zum Theil aus dem Lateinischen allhier ins Teutsche

...setzten Manuscriptis der berühmten Chymicorum, des gleichen
mancherley Schneidungs - Arten der
Metallen.... in Druck herausgegeben
von J. M. R.

*Nürnberg, Joh. Friedr. Rüdiger,
1728.* pet. in-12 de 294 pp.

(O-1451

GANZ neue Entdeckungen von
der Freymäurerey und deren Geheimnisse : nebst denen Theses metaphysic
oder Salominische Physik : herausgegeben im J. 1782.

Stockholm in Schweden [*Leipzig,
Böhme*]. pet. in-8º de 134 pp.

La thèse « Metaphysica Salomonis commence p. 99.

(O-287, 288 et 289

GANZE (Das) aller geheimen Or-
dens-Verbindungen. Ein Buch zur
Belehrung und Warnung für Nichtei-
geweihte und zur Uebersicht für
Ordens-Brüder : aus ächten Quellen
und den besten Schriften gezogen
von einem Freunde der Menschenvere-
dlung.

Leipzig, Heinrich Gräff, 1805. gr.
in-8º de XII-506 pp.

(O-312

4333 GARASSUS (le P. François) ou
GARASSE, Jésuite, pamphlétaire religieux, né à Angoulême en 1585, mort
à Poitiers en 1630. — La doctrine curieuse des beaux esprits de ce temps,
ou pretendvs tels. Contenant plusieurs
maximes pernicievses à l'Estat, à la
religion et aux bonnes mœurs.
Combattue et renversée, par le Père
François GARASSVS de la Compagnie
de Jésus.

Paris, chez Séb. Chappelet, 1623,
in-4º.

[Rés. D. 5733

« Livre rare et fort curieux du P. GA-
« RASSE, le grand ennemi des frères de
« la Rose † Croix qu'il appelle « *les gens
« de la Confrairie de la Croix des Roses.* »

« Au cours de cette doctrine curieuse il
« attaque à maintes reprises les Rose †
« Croix tantôt pour combattre leur fac-
« tion tantôt pour la tourner en ridicule.
« Quand parut ce livre il n'était bruit que
« des Frères de la Rose † Croix. Célèbres
« en Allemagne depuis une dizaine d'an-
« nées, leurs affiches placardées à Paris
« en cette même année 1623 avaient
« soulevé par toute la France une tem-
« pête de curiosité, » etc., etc. (S. de
G.).

Sur cet ouvrage, voir aussi :

OGIER (François).

(G-1403

4334 GARCÆUS (Jean), Astrologue et
Théologien, né à Hambourg, vers
1530, mort en 1575. Evêque protestant de Brandebourg. — Astrologiæ
Methodvs, in qva secvndvm doctrinam Ptolomæi, exactissima facilli-
maqve Genitvras qualescvncq. iudi-
candi ratio traditur ; ex probatissimorum artificum monumentis, de omni
bonorum et malorum genere siue
animo, siue corpori, fortunæue acci-
dant, de promptat in eq. certas classes digestas. Natiuitatibus insuper
quadringentis circiter, etc... accessit
huic ERASMI OSVALDI Schreckenfv-
chsii mathematici Opvs novvm nobil.
gentivm, vtpote roman., alexandr.
græcorum, ægyptiorvm, Persarum,
Arabum et Hebræorum, calendaria
demonstr. etc...

Basileæ [1576]. 1 fort vol. in-fº.
Nombreuses figures et tables astrologiques. (35 fr.).

[V. 1905

4335 GARCILASSO DE LA VEGA
(l'Ynca). — Histoire des Yncas, rois
du Pérou, depuis le premier Ynca
Manco Capac, fils du Soleil, jusqu'à
Atahualpa, dernier Ynca ; où l'on voit
leur établissement, leur religion, leurs
loix, leurs conquêtes, les merveilles
du Temple du Soleil ; et tout l'Etat
de grand Empire avant que les Espa-
gnols s'en rendissent maîtres. Avec
l'histoire de la Conquête de la Flori-
de.

Amsterdam, J. Fr. Bernard, 1737. 2 vol. in-4°. (3 fr.).

[Biblioth. Nat. Section de Géographie.

Avec frontispice et superbes figures de Bernard Picart gravées par Duflos et La Cave et des cartes repliées hors texte.

Autres éditions :

Paris, Prault, 1744. 2 vol. in-10.

[O] 770

Amsterdam, Kuyper, 2 vol. in-12.

[O] 775

Réimprimé :

Paris, Août 1830. 3 vol. in-8°. (12 fr.).

Exécuté aux frais du Gouvernement, pour procurer du travail aux Typographes après la Révolution de Juillet.

(G-1404 et 1794

4336 GARCIN (Docteur). — Le magnétisme expliqué par lui-même, ou Nouvelle Théorie des phénomènes de l'état magnétique comparés aux phénomènes de l'état ordinaire, par le docteur GARCIN.

Paris, Germer-Baillière, 1855. in-8° (3 fr.).

Ouvrage plus théorique que pratique. L'auteur admet deux fluides, l'un vital, l'autre nerveux.

(D. p. 157

4337 GARCIN DE TASSY (Joseph-Héliodore-Sagesse-Vertu) Orientaliste né à Marseille vers 1794. Mort à Paris en 1878. — Histoire de la Littérature Hindoue et Hindoustanie.

Paris, Labitte, 1870. 3 forts vol. gr. in-8°. (25 fr.).

[Z. 49331-333

Autre éditions :

Paris, 1872. 3 vol. in-8° de 000 pp.

Deuxième édit. très augm. de cet ex-cellent ouvrage, bio-bibliographie complète des auteurs indous et de leurs ouvrages.

Cette œuvre contient la description et l'analyse de tous les livres sacrés et profanes de l'Inde auxquels on est obligé se référer pour l'étude de la Tradition, qui contiennent la majeure partie des éléments de l'ésotérisme.

4338 GARCIN de TASSY. — Note sur les Rubā'iyāt de OMAR KHAYYAM.

Paris, impr. Nationale, 1857. in-8 (2 fr.).

Ce personnage fut un des poètes persans les plus célèbres et en même temps un astronome et un mathématicien distingué. Ses vers sont empreints du plus pur mysticisme.

Extrait de la Cinquième Série (Tome IX) du *Journal Asiatique ou Recueil de Mémoires*... Paris, 1857. in-8 p. 548-554.

[O] 88

4339 GARCIN de TASSY. — Science des Religions. — L'Islamisme d'après le Coran ; l'enseignement doctrinal et la pratique.

Paris, 1874. in-8°. (4 fr. 50).

Doctrine et devoirs de la religion musulmane. — Des livres inspirés. — De Mahomet. — De J.-C. — De la Résurrection. — Des Rites. — Euchologe musulman. — Fêtes et saints de l'Inde musulmane, etc...

4340 GARCIN de TASSY. — La poésie philosophique et religieuse chez les Persans d'après le Mantic Uttaïr, ou le langage des oiseaux de Farid-Eddin Attar.

Paris, Duprat, 1860. in-8° de 70 pp. (4 fr.).

[Y 505

4341 [GARDANE (Docteur)]. — Éclaircissements sur le magnétisme actuel.

Londres, février 1784. in-8°. 50 pages. (2 fr.).

Cet opuscule est attribué à ce docteur, l'un des médecins qui se sont le plus

...pes en ce temps-là d'électricité médicale. GARDANE ne nie pas les bons effets. Il ne croit pas que MESMER se soit rendu maître de l'agent universel et pense que l'imagination joue un rôle important dans la production des phénomènes.

(D. p. 20

4342 GARDNER (F. Leigh). — A Catalogue Raisonné of Works on the Occult Sciences, by F. Leigh GARDNER (Hon. Secretary Soc. Ros. in Anglia). Vol. I. Rosicrucian Books. With an Introduction by Doctor William Wynn WESTCOTT (M. W. Supreme Magus Soc. Ros. in Anglia).

London Privately Printed. 1903. in-8° de XVI-82 p. (10 fr.).

Contient 604 numéros d'Ouvrages en toutes langues, relatifs à la Rose ✠ Croix.

4343 GARDY (Louis). — Cherchons. — Réponse aux conférences de M. le Professeur Émile Yung sur le Spiritisme.

Genève, R. Burkhardt. 1899. in-12 (2 fr. 50).

Apparitions. — Médiums. — Psychographie. — Matérialisations. — Le Docteur Gibier. — Expériences du Docteur Cyriax. — Théories explicatives, etc...

4344 GARDY (Louis). — Daniel Dunglas Home. — Le Médium D. D. Home, sa vie et son caractère (Médiumnité. — Épreuves. Aperçu philosophique, etc...).

Genève, Paris, S. D. in-12. (1 fr. 50).

4345 GARINET (Jules) littérateur, né à Châlons-sur-Marne en 1797. Collaborateur de COLLIN DE PLANCY dans la " *Taxe des parties casuelles de la Boutique du Pape* " (v. COLLIN DE PLANCY). — Histoire de la Magie en France depuis le commencement de la monarchie jusqu'à nos jours ; par Jules GARINET.

133

Paris, Foulon et Cie. 1818. in-8° de LIV-364 pp. avec 1 fig. (9 fr.).

[R. 36841

Curieux. Orné d'un frontispice de Chasselat, gravé en taille douce par Prévost, et représentant le supplice de Jeanne d'Arc.

C'est un précis de la Magie ou Sorcellerie dans l'Histoire de France : Jeanne D'Arc (p. 93). Histoires de loups garoux, de Gaufredi, de Grandier, de Girard et la Cadière, de Magdeleine Bavent et de toutes les possessions connues...

Contient l'histoire complète du fameux et sinistre Maréchal Gilles de RAIZ, surnommé Barbe-Bleue qui fut condamné au feu, le 25 oct. 1440, comme assassin, sodomite, hérétique et sorcier.

(O-1682
(G-1405

4346 GARMANN (L. Christian Frédéric) né à Merseburg (Misnie) vers 1640, Médecin à Chemnitz. — De Miraculis Mortuorum...

Lipsiae, Impensis Chr. Kirchneri, 1670. pet. in-4° Vignette macabre sur le titre. (12 fr.).

Autre édit.

Lipsiae, Weidmannus, 1687. in-4°
[Tb⁷⁸. 8

Contient : De Capillorum augmento. Cadavera Glutientia — Risus. — De Cordis in Igne Duratione — De partu Cadaverum. — De Penis Erectione. — Etc.

4347 GARMANN (L. Christian Frédéric) — .... de Miraculis mortuorum libri tres, quibus praemissa dissertatio de cadavere et miraculis in genere. Opus physico-medicum curiosis observationibus, experimentis, aliisque rebus, qvae ad elegantiores literas spectant, exornatum, diu desideratum et expetitum, beato autoris obitu interveniente editum L. J. H. Garmanno.

Dresdae, sumplibus Zimmermanni, 1709. in-4° de 1500 pp. env. (le cat. Sépher dit 2 vol. in-4°). (12 fr.).

(S-3306

4348 GARNIER et POUSSIN. — Dictionnaire d'Ascétisme, résumant l'histoire générale de l'ascétisme, depuis l'origine du monde jusqu'à nos jours l'exposé et la solution de toutes les questions spéculatives et pratiques de la théologie mystique; les notices biographiques et bibliographiques des principaux auteurs ascétiques, orthodoxes, depuis J-C, jusqu'à nos jours, l'histoire sommaire des faux mystiques et de leurs erreurs, le catalogue général, par ordre chronologique des principaux auteurs et ouvrages mystiques, etc…

Paris, l'Abbé Migne, 1853-64, 2 vol. in-4" (15 fr.).

[D. 3620

Albert le Grand ; apparitions ; arcanes; Bourignonistes ; Enfer ; Esséniens ; exorcisme ; extase ; Fauste ; gnosticisme ; illuminisme ; mysticisme des Indes ; manichéisme, mysticisme, nudité contemplative, purgation des parties sensibles ; Em. de Swedenborg, Sainte-Thérèse, Trithème, etc…

4349 GARNIER (Florent). — L'Avenir par le marc de café, ou l'art du grand Agrippa, mis à la portée de tout le monde.

Paris, S. D. (1 fr. 75).

Peu commun. — Œuvre inédite résumant cet art divinatoire d'après les traditions bohémiennes. — Seul travail spécial sur cette question.
Composé d'un tableau avec dessins, plié dans un carton.

4350 GARNIER (Florent). — Le dragon noir, ou les forces infernales soumises à l'Homme. (Evocations, charmes et contro-charmes, secret merveilleux, la Main de Gloire, la Poule noire).

Paris, Chamuel, 1896, in-16. Avec 10 fig. cabalistiques. (4 fr.).

(Y-P-1095
(G-341

4351 GARNIER (Abbé J.). — Grammaire hébraïque et chaldaïque, suivie du premier chap. de Ruth, expliqué par deux traductions.

Leipzig, 1862, in-8" (2 fr.).

[8° X. 21
(G-342

4352 GARNIER (Dr P.). — L'Automatisme somnambulique devant les tribunaux : prévention de vol, rapport médico-légal, non-lieu.

Paris, 1887, in-8" (1 fr. 25).

4353 GARNIER (DrP.). — De la nécessité de considérer l'examen psycho-moral de certains prévenus ou accusés comme un devoir de l'instruction.

S. L. (1893, in-8° (0 fr. 60).

4354 GARNIER (Pierre), docteur en médecine. — Dissertation physique, en forme de lettre à Monsieur de Saxi, seigneur de Flecheres, dans lequel il est prouvé que les talens extraordinaires qu'a Jacques Aymar, de suivre avec une baguette les meurtriers et les voleurs à la piste, de trouver de l'eau, l'argent caché, les bornes transplantées, etc., dépendent d'une cause très naturelle et très ordinaire, par Pierre Garnier, docteur en médecine.

A Lyon, chez Jean-Baptiste de Ville M. D C. LXXXII [1692]. in-12 (15 fr.).

[Rz. 3

Sur le même sujet :

Histoire de la baguette de Jacques Aymar, pour faire toutes sortes de découvertes.

Paris, J. B. Langlois, 1693, in-12.
[Rz. 2821
(Ye-

4355 GARNIER (Dr Samuel). Médecin Directeur de l'Asile d'Aliénés de Dijon. — Barbe Buvée, en religion Sœur Sainte Colombe, et la prétendue Possession des Ursulines d'Auxonne (1658-1663). Etude Historique et médicale, d'après des Manuscrits de la Bibliothèque Nationale, et des Archives de l'Ancienne Province de Bourgogne. Préface de Mr le Dr BOURNEVILLE.

Paris, *Progrès Médical*, Félix Alcan, 1895, in-8° de XIX-93 p. (3 fr. 50).

[8° R. 8640

Bibliothèque Diabolique   Collection BOURNEVILLE.

Curieuse Étude sur les Maladies des Mystiques et sur les épidémies d'Hystéro-démonopathie, ou Hallucinations diaboliques et génitales qui ont si tristement marqué les deux premiers tiers du XVII° siècle.

(Y- P-668

4349 GAROFALO (R.). — La Criminologie. Étude sur la Nature du Crime et la Théorie de la Pénalité. Ouvrage traduit de l'italien et entièrement refondu par l'Auteur.

Paris, Alcan, 1888, in-8° (4 fr.).

[8° R. 8779

De la *Bibliothèque de Philosophie Contemporaine*.

4347 GARREDI. — Catholicisme et Judaïsme. Réponse à la France Juive.

Paris, S. D. [1888], in-12.

[Lb⁵⁷. 9533

Voir aussi GIRARD et GARREDI.

4348 GARRIGUE (L. B. de). — Notice scientifique sur le magnétisme par L. B. de GARRIGUE.

Paris, Ferard, 1846, in-8°

[Tb⁶⁵ 177
(D. p. 137

4349 GARSAULT (François-Alexandre-Pierre de), né en 1693, mort en 1778 Capitaine du Haras de France et Membre de l'Académie des Sciences. — Faits des causes célèbres et intéressantes augmentés de quelques causes.

Amsterdam, Chastelain, 1757, in-12. (4 fr.).

Le Faux Martin Guerre. Louis Gaufridy et Magdeleine Mandols de la Palud. — Urbain Grandier. La M°°° de Ganges. — La M°°° de Brinvilliers. — La Cadière. — etc... etc...

(G-1790

4350 *bis* GARSONNET (E.). — Port royal et la médecine aliéniste.

Paris, Dentu, 1808, in-8° de 32 p. (2 fr.).

[Te⁶⁵ 59

4351 *bis* GARZONI (Thomas) jurisconsulte italien, né à Bagna-Cavallo, en Romagne, vers 1549, mort en 1589, chanoine régulier de Latran. — L'Hospital des Folz incurables, où sont déduites les Folies et Maladies d'Esprit, tant des Hommes que des Femmes. traduit de l'italien de Th. Garzoni, par F. Clarier de Longval.

Paris, J. Julliot, 1620, in-8°(8 fr.).

Fous endormis et nonchalants. — Fous assoupis et demi-morts. — Fous glorieux. — Fous ridicules. — Des Lunatiques ou Fous par intervalles. — Fous gaillards, facétieux et aimables. — Fous obstinés comme un Mulet. — Prière à Pluton pour les Fous endiablés et désespérés. — Etc.

(S-4166

4352 *bis* GARZONI de BAGNACAVELLE.

1). — Il Serraglio del stupori del mondo, di Tomaso GARZONI de BAGNACAVELLO.

In Venetia, 1613.

2). La Sinagoga degl'ignoranti.

Ibid. 1617.

Autre édit.

Pavia, A. Viani, 1589.

[R. 30003

3). Il Theatro de varii et diversi cervelli mondani.

Ibid.

4). L'Hospitale de Pazzi incurabili.

Ibid. 1817. [pour 1017] puis 1580 in-4°

(S-3244)

4353 *bis* GASC-DESFOSSES (E). — Magnétisme vital : contributions expérimentales à l'étude par le galvanomètre de l'électro-magnétisme vital ; suivies d'inductions scientifiques et philosophiques ; préf. de Boirac.

Paris, Société d'éditions scientifiques. 1897. in-18 XVIII-330 p. Figures. (3 fr. 50).

[8° Th⁶¹. 303

Les faits. — Hypnotisme (école de la Salpêtrière). Suggestion (éc. de Nancy). Magnétisme (Paracelse, Fludd, Mesmer, Deleuze, de Rochas, etc...). Conditions physiques et physico-physiologiques. — Expériences du Colonel de Rochas, du Dr Luys, du Dr Richet, du Dr Baraduc, de Crookes, etc...

Autre édit :

Paris, 1000. fort pet. in-8°.

4354 bis GASPARIN (Agénor Etienne, comte de) homme politique et littérateur français né à Orange en 1810, mort à Genève en 1871. — L'Eglise selon l'Evangile.

Paris, Michel Lévy. 1878. 2 vol. in-12 (3 fr. 50)

[D². 14278

Etude intéressante du célèbre auteur des " *Tables Tournantes* " dont on connait la probité intellectuelle et le solide spiritualisme.

4355 *bis* GASPARIN (Cte Agénor de). — Le surnaturel.

Paris. S. D. 2 vol. in-8° (1 fr. 50)

4356 *bis* GASPARIN (Cte Agénor de). — Du Surnaturel en général et apocryphe.

Paris, 1892. 2 vol. in-18. (2 fr.).

4357 *bis* GASPARIN (Cte Agénor de). — Des tables tournantes, du surnaturel en général et des esprits par le comte Agénor de GASPARIN.

Paris, Dentu, 1854. 2 vol. in-12.

(R. 36058-05.)

Dans cet ouvrage utile à consulter pour l'étude du magnétisme, l'auteur essaie de démontrer que le phénomène des tables tournantes est d'une nature purement physique. Il étudie et explique avec le même rationalisme tous les faits analogues du passé : sorcellerie, possession, divination, baguettes divinatoires, etc... il manque à ce livre d'érudition, une bonne table des matières.

C'est la seule édition complète. L'ouvrage qu'on a réimprimé sous le même titre n'est que la première partie de celui-ci, c'est-à-dire pas tout à fait la moitié du Tome 1ᵉʳ.

(D. p. 155
(G-343 et 1400.

4358 *bis* GASPARIN (Cte Agénor de). — Les Tables Tournantes. 2ᵐᵉ édition.

Paris. C. Lévy. 1888. in-18 Portr. de l'auteur en front. (lith.). (2 fr.).

[8°R. 8521

La question. — Les faits. — Les objections. — Ouvrage terminé par une suite de lettres adressées au Journal de Genève, au Journal des Débats, à l'Illustration sur la " Certitude et importance du phénomène physique et absurdité du fait surnaturel "

Autre édit.

Paris. 1880. in-18.

Voir le N précédent.

4359 *bis* GASTINEAU (Benjamin). — Les Courtisanes de l'Eglise.

Paris, Barba.. 1870. in-12. (3 fr.)

[H. 14927

Théodora et Marozia. — Jeanne de Naples. — Lucrèce Borgia. — Marie-Magdeleine. — La Papesse Jeanne. — Etc.

4360 GASTINEAU (B.). — Monsieur et Madame Satan.

Paris, Chez tous les Libraires. 1864. in-12.

[D². 13535

Histoire de Messire Satan. — Foi Universelle des peuples en Satan. — Madame Satan. — Les Causes célèbres de la démonomanie. — Les Damnés de l'Église. — La tentation de Jésus par Marie Magdeleine. — La Terreur infernale. — Le Diable et les Théologiens. — Satan et la Révolution. — Satan et l'Humanité.

(Y-P-101

4301 GATHY (Aug.) de Hambourg. — Compte-rendu du banquet commémoratif de la naissance de Mesmer (118ème anniversaire) célébré le 23 Mai 1852 à Paris par Aug. GATHY de Hambourg.

Paris, Pommeret et Moreau, 1852. in-8°.

[Th² 25

Journal du magnétisme.

(D. p. 148

4302 GATIEN-ARNOULT (Adolphe Félix) philosophe et homme politique né à Vendôme (Loir-et-Cher) en 1800. Professa la Philosophie à Toulouse, et fut maire de cette ville. — Histoire de la Philosophie en France, par GATIEN-ARNOULT. Période Gauloise.

Paris, 1858. in-8° (10 fr.).

[R. 30073

Un des meilleurs ouvrages sur la Philosophie de l'ancienne Gaule et les Druides.

Pensées Philosophiques des Phéniciens, leurs Mystères et leurs Initiations. — Des Kimmris. — La Religion Druidique. — Organisation générale du Druidisme. — Religion Populaire, Mystères et Sagesse. — Le Druidisme en Irlande. — Doctrine des Mystères ou *Cabirisme*. — Classification et Explication du Symbolisme des Pierres Druidiques : Menhirs, Dolmens, etc. — Sur le Nom de la Divinité des Eaux *Javaux*. — Sur *Olen*, l'Hyperboréen. — Mystères des Bardes et Explication de toutes les Triades. — Etc.

4303 GAUBERT (E.). — La sottise espérantiste, avec un avant-propos de Rémy de Gourmont.

Paris, 1907. in-8° de 43 pp. (3 fr.).

4304 GAUDENCE DE LUQUES. — Mémoires de Gaudence de Luques, prisonnier de l'Inquisition, augm. de plusieurs cahiers qui avaient été perdus à la douane de Marseille, avec remarques de M. Rhedi, et des figures en taille-douce.

Amsterdam, 1753, 2 vol. in-12. (10 fr.).

4 vignettes de Le Lorrain, gr. par Fessard.

Autre édit.

S. L. 1746. 2 vol. in-12.

[Oa 18
(S-5383

4305 GAUDIN (L'abbé Jacques), né aux Sables d'Olonne en 1740, mort à la Rochelle en 1810. Membre correspondant de l'Institut, ex-oratorien juge et bibliothécaire de la Rochelle. — Les inconvénients du célibat des prêtres, prouvés par des recherches historiques.

S. L. 1790. in-8° (6 fr.).

« Cet ouvrage condamné et détruit est peu commun. »

(Bibliographie clérico-galante).

(G-344

4306 GAUDIN (Marc Antoine Augustin) physicien et Chimiste, né à Saintes (Charente-Inférieure) en 1804. Du Bureau des Longitudes. — L'Architecture du Monde des Atômes, dévoilant la Structure des Composés chimiques et leur Cristallogénie.

Paris, Gauthier-Villars, 1873. in-12. (4 fr.).

[R. 30991

Curieux ouvrage dont les remarquables figures rappellent les Pentacles Cabalistiques. L'Auteur prouve l'existence individuelle des Atomes, et en cela son livre est à rapprocher de ceux du Dr G. Le Bon, sur « la *Matière* ".

4307 GAUFRIDY, GOFREDI ou GOFRIDY (Louis Jean-Baptiste), curé de

Marseille, né à Beauvezet près Colmar, brûlé vif à Aix en Provence en 1611. — Arrest de la Cour de Parlement de Provence, portant condamnation Contre Messire Louys GAUFRIDY, originaire du lieu de Beau-Vezer-les-Colmaret, prestre beneficié en l'Eglise des Acoules de la ville de Marseille, convaincu de Magie et autres crimes abominables du dernier avril [mil] six cens onze.

Aix par Jean Tolozan, 1611, pet. in-8° de 13 pp. (12 fr.).

4368 GAUFRIDY. — L. GOFRIDI : dans *Nouv. Biographie générale* (DIDOT, 1858), XXI-72-3.

(O-1803)

4369 GAUFRIDY (sur Louis). — De la Vocation des magiciens et magiciennes par le ministere des demons, et particulierement des chefs de magie : à sçavoir de Magdelaine de la PALUD, Marie de SAINS, Louys GAUFRIDY, Simone DOURLET, etc ; item, de la Vocation accomplie par l'entremise de la seule authorité ecclésiastique, à sçavoir de DIDYME, MABERTHE, LOYSE, etc ; avec trois petits Traictez: 1) des merveilles de cet œuvre, 2) de la conformité avec les sainctes Escritures et SS. Peres, etc., 3) de la puissance Ecclésiastique sur les demons, de l'attention qu'il y faut avoir, des notes critiques pour discerner sous l'exorcisme le vray d'avec le faux.

Paris, Nicolas Buon, 1623, in-8° de près de 790 pp.

Vol. qui n'est pas commun. (Manque à la Bib. Nat.).

On trouve dans COLLIN DE PLANCY : *Dictionnaire infernal*, (II-e édit), art. GAUFRIDI ... la veille de Pâques le 11 avril 1611 ; confession qui valut le feu à Gaufridi. M. COLLIN DE PL., à cette époque voltairien, dit en parlant de ce pauvre diable, victime de la jalousie de Madeleine de LA PALUD : « Sans doute, il ne méritait pas d'être absous ; mais il fallait le condamner comme libertin et suborneur, et non comme sorcier. » Depuis que cet écrivain est devenu catholique exalté, il a perdu l'idée d'une opinion si pleine de mansuétude, et n'a pas soutenu cette opinion dans sa réimpression, sous le titre : *Dict. des sc. ...*, où l'art. est à peu près nul.

« J'ai indiqué ce volume comme anonyme dans le " Catalogue Spécimen de la
« Bibliothèque de M. le comte Ouvaroff
« (Moscou 1870). N° 1801, par ce qu'il
« l'est véritablement ; mais depuis, ...
« eu l'occasion de voir qu'il est joint
« comme seconde partie (quoique rien ne
« l'indique sur notre exemplaire) à
« l' " Histoire véritable et mémorable
« de ce qui c'est (sic) passé sous l'exorcis-
« me de trois filles possédées es pays de
« Flandre... mis en lumiere par Jean LE
« NORMANT, sieur de Chiremont, " Paris
« 1623. Il est donc vraisemblable que
« cette seconde partie est du même au-
« teur. " (Note de M. Auguste LA...
reproduite dans BARBIER, IV-1044).

(O-180.)

GAUFFRIDY (Louis).

Voir Bibliographie Yve-Plessis N° 1200-1270 ; p. 161-163 et aussi :

FONTAINE

LE NORMANT DE CHIRE-MONT.

MICHAELIS

ROSSET

4370 GAULLE (Charles de). — Les Celtes au XIX-e siècle : le réveil de la race.

Paris, 1903, in-8° de 124 pp. (1 fr. 50).

Les origines, les langues nationales, etc...

4371 GAULMYN (Gilbert) ou GAULMIN, Orientaliste, helléniste et poète né à Moulins en 1585, mort à Paris en 1665. Intendant du Nivernais et Conseiller d'Etat. Voir, sur ce savant, Frédéric Gotthilf FREYTAG : *Adparatus litterarius*... (I-233 et III-100 à 103) Lipsiae 1752-55, 3 vol. in-8°. — De Vita et morte Mosis, libri tres, Gilbertus GAULMYN Molinensis, ex M. S. exemplaribus Primus Hebraice edidit.

Parisiis, apud Tessanum | Toussaint

de Bray, 1628-1629. pet. in-8° de 900 p. etc. — et םב [59] f⁰ˢ paginés à l'orientale (15 fr.).

[A. 7600 (inventaire)

Curieux ouvrage kabbalistique en hébreu et en latin, publié par le célèbre Gaulmin, que Costar cite comme le plus grand linguiste qui ait été au monde: « Il possédait, dit-il, tous les idiomes parlés à la Tour de Babel. » C'est de lui que vient l'expression connue en jurisprudence sous le nom de *mariage à la Gaulmine*. — On raconte que le curé ayant refusé de les marier, il déclara en présence du prêtre, qu'il prenait une telle pour femme, et vécut dès lors avec elle, comme s'il avait reçu le sacrement.

L'auteur, (p. 369) rappelle sans autres détails qu'il a précédemment édité le *Nycteméron* d'Apollonius de Thyane. Serait-ce dans le recueil qu'il a donné de Michel Psellus, q. v. ?

4372 GAUME (Mgr Jean-Joseph), né à Fuans (Doubs) en 1802, mort en 1879. Prof. de Théologie à Nevers, Protonotaire apostolique, catholique militant. — L'eau bénite au dix-neuvième siècle.

Paris, Gaume, 1876, in-12. (2 fr. 25).

[D. 64472

4373 GAUME (Mgr.). — Histoire des Catacombes de Rome.

Paris, S. D. fort in-12 de 510-C pp. avec un grand plan et figures. (12 fr.).

Ouvrage important pour la connaissance du Symbolisme des premiers chrétiens et les études d'épigraphie. — Le Dictionnaire des signes qui le termine est des plus précieux, et constitue un document absolument remarquable. Le sens caché de certains signes tels que le bœuf, la colombe, le cerf, le paon, le coq, le cyprès, le chandelier à sept branches, le mystère du poisson, etc... y est élucidé complètement.

4374 GAUME (Mgr.), — Le signe de la croix au Dix-neuvième siècle.

Paris, Gaume, 1869. in-12. (2 fr. 25).

[D. 59761

Autre édition :

Paris, Gaume, 1878, in-18 de 419 pp. (5-ème édit).

[D. 65347

Ed. originale (?).

Ibid, Id. 1864, in-12.

4375 GAUMONT (Gabriel de). — La Vie et le Martyre de St-Denis Aréopagite, avec la Preuve, par Gabriel de Gaumont.

Paris, 1679.

— Addition au Livre Précédent, par le Même.

Paris, 1678. 2 vol. in-8°.

(S-5041

4376 GAURIC (Luc, en latin GAURICUS) Astrologue et prélat italien, né en 1476 à Gifoni (ancien Royaume de Naples), mort à Rome en 1558. Il fut évêque de Civita-Ducale, et pendant un temps, Astrologue préféré de la reine Catherine de Médicis.

Opera Omnia.

Basileæ, ex officina Henricpetrina, 1575. 3 vol. in-f°.

[V. 1900-1901
(L.

4377 GAURIC (Luc). — Lucæ Gaurici Tractatus Astrologiæ Judiciariæ Virorum et Mulierum.

Norimbergæ, J. Petreium, 1540, in-4°.

[V. 8778
(S-5441 b

4378 GAURIC (Luc). — Lucæ Gaurici Tractatus Astrologiæ, in quo agitur de Præteritis multorum hominum Accidentis per propria eorum genituras ad unguem examinatis. Quorum exemplis consimilibus unusquisque de media genethliacus vaticinari poterit de futuris, quippe qui per varios casus artem experientia fecit, exemplo monstrante viam.

Venetiis, apud Curtium Trojanum Navo, 1552, in-4" (20 fr.).

[V. 8783

Édition originale de cet ouvrage, l'un des plus curieux de l'Astrologie du Moyen-Age, et dans lequel GAURICUS, « astronome, astrologue éminent, devin très célèbre » qui fut protégé par les papes et les souverains, décrit nombre d'horoscopes de ces personnages, ainsi que celui de sa protectrice *Catherine de Médicis*, et celui, si fameux, du roi *Henri II*.

Avec une quantité de tableaux astrologiques.

(S-3442

4379 GAUTEREAU (Aug.). — Une Prédiction.

Paris, Cadot, 1847, in-8° (4 fr.).

Édition originale.

4380 GAUTHIER. — Nouvelle chimie du goût et de l'odorat, contenant les procédés pour préparer soi-même toutes espèces de liqueurs. Ou l'art du distillateur, du confiseur et du parfumeur mis à la portée de tout le monde.

Paris, Dentu, 1803, puis 1810, 2 vol. in-8° (4 fr.).

Orné de 10 planches et un frontispice gravé. — Ouvrage ayant mis à contribution le célèbre traité du P. Polycarpe Poncelet q. v.

4381 GAUTHIER (Aubin). — Boucherie chirurgicale réprimée, par Aubin GAUTHIER.

Paris, chez l'auteur, 1846, in-8°, 31 pages (2 fr. 50).

Pamphlet violent et curieux. On croirait en lisant le titre que l'auteur veut rendre responsable de quelques faits isolés tous les chirurgiens de la terre. C'est un des accès de colère et d'indignation d'Aubin GAUTHIER qui étonnaient ceux qui l'avaient lu, par l'air calme et froid avec lequel il ripostait à ses adversaires lors de discussions orales.

(D. p. 136

4382 [GAUTHIER (Aubin)]. — Étrennes magnétiques de 1846, à propos des congrès de Reims et de Paris en 1845, par une mouche parisienne, dégoûtée de congrès, de pain d'épice et de médecine.

Paris, Dentu et Bureau de la Revue magnétique, Novembre 1845, in-8°, 49 pages (2 fr. 50).

Cette brochure d'Aubin GAUTHIER est une critique spirituelle et amusante des congrès. Elle est très rare.

(D. p. 132

4383 GAUTHIER (Aubin). — Histoire du somnambulisme chez tous les peuples sous les noms divers d'extase, oracles et visions, examen des doctrines théoriques et philosophiques de l'antiquité et des temps modernes sur ses causes, sur ses abus, ses effets, ses avantages et l'utilité de son concours avec la médecine, par Aubin GAUTHIER.

Paris, Malleste, Dentu, Germer Baillière, 1842, 2 vol. in-8°, 455 et 446 pages (8 fr.).

[Tb⁸², 4

Excellent ouvrage, des moins communs; travail d'érudition. L'auteur a dû consulter un nombre considérable d'anciens auteurs qu'il a lus dans leurs textes autant que possible. Toute la partie relative à l'antiquité est longuement traitée (presque un volume et demi) tandis que le moyen-âge, la Renaissance, sont à peine ébauchés. L'histoire des divers peuples à ces deux époques, leurs mœurs et coutumes, les récits des voyageurs sérieux pouvaient fournir plus d'un renseignement précieux, les traités et livres de médecine également, mais l'auteur a sans doute reculé devant l'importance du travail qui eût exigé 5 ou 6 volumes au lieu de deux. Il termine par une lettre respectueuse au Pape Grégoire VI dans laquelle il demande l'approbation de son interprétation des livres bibliques en ce qui concerne le somnambulisme.

(G-1407 et 1708
(D. p. 124

4384 GAUTHIER (Aubin). — Introduction au magnétisme, examen de sa existence depuis les Indiens jusqu'à l'époque actuelle, sa théorie, sa pratique, ses avantages, ses dangers et la nécessité de son concours avec la médecine, par Aub. GAUTHIER.

Paris, Dentu et Germer Baillière, 1840, in-8°, 405 pages (4 fr.).

[Th⁸². 12

Ce livre est le premier ouvrage d'un auteur fécond et qui a beaucoup fait pour le magnétisme. Très érudit, les notes recueillies par A. Gauthier, sont précieuses.

Origine de la médecine. — Du Magnétisme dans l'antiquité et jusqu'à la Renaissance (Inde, Égyptiens, Hébreux, Gaulois, Romains, etc....) Pratique du Magnétisme, etc.

(D. p. 110
(G-1707

4388 GAUTHIER (Aubin). — Le magnétisme catholique ou introduction à la vraie pratique et réfutation des opinions de la médecine sur le magnétisme ; ses principes, ses procédés et ses effets par Aubin GAUTHIER secrétaire perpétuel de la société de magnétisme de Paris, auteur de l'Introduction au magnétisme et de l'Histoire du somnambulisme.

Bruxelles et Paris, 1844, in-8°, 252 pages (3 fr. 50).

En dépit du ton tranchant, de la trop grande personnalité de l'écrivain, les ouvrages d'Aubin Gauthier sont précieux et instructifs. Il sont consciencieusement faits et justifient leurs titres. Celui-ci contient une revue piquante des hommes, journaux, et faits magnétiques de la Belgique.

De la richesse des études magnétiques et somnambuliques. — Doctrines et procédés magnétiques de Mesmer, Puységur et Deleuze comparés. — Inexpérience et vanité des médecins qui se sont crus des savants en Magnétisme, parce qu'ils étaient docteurs en médecine, considérées comme cause de l'ignorance publique, etc...

(D. p. 128

4389 GAUTHIER (Aubin). — Réforme médicale : Compérage Magnétique réprimé, questions et observations d'ordre public sur la pratique du Magnétisme, du Mesmérisme et du Somnambulisme, considérée comme exercice de la médecine, etc....

Paris, 1846, in-8° de 33 pp. (2 fr.).

4387 GAUTHIER (Aubin). — Revue magnétique, journal des faits et des cures magnétiques et somnambuliques, des théories, recherches historiques, discussions scientifiques et progrès généraux du magnétisme en France et dans les pays étrangers sous la direction de M. Aubin GAUTHIER.

Paris, Rue Henri Mounier, 28, 1844, in-8°.

[T¹². 12

Collection Rare.

Le premier n° de ce journal est de Décembre 1844, il vécut deux ans. Il renferme bon nombre d'articles où l'érudition tient la plus grande place et aussi des notes violentes passionnées comme Aubin avait l'habitude d'en faire. Tous ceux qui ne pensaient pas comme lui étaient l'objet de sa causticité et de sa verve. Fort intelligent d'ailleurs et tenace, l'auteur obtint des lettres de félicitations des rois de France, de Prusse, du Pape, des divers archevêques auxquels il fit don de ses livres. Ce journal est plutôt une œuvre toute personnelle qu'une collection de faits d'actualité, il contient cependant quelques bons articles cliniques du docteur Desnous, de Rouen, de Bréa de Beauregard, etc. C'est dans la première année de la revue que l'on trouve ce joli lapsus : « La commission (du Buste de « Mesmer) s'engage à livrer *gratis* le « buste de l'illustre défunt à toute per- « sonne qui souscrira *pour dix francs.* »

(D. p. 130

4388 GAUTHIER (Aubin). — Traité pratique du magnétisme et du somnambulisme, ou Résumé de tous les principes et procédés du magnétisme, avec la théorie et la définition du caractère et des facultés des somnambules et les règles de leur direction, par Aubin GAUTHIER.

Paris, Germer Baillière, 1845, in-8°, 752 pages (4 fr.).

[Th⁸². 29

Traité complet dans lequel l'auteur a essayé de classer méthodiquement tout ce qui concerne l'application du magnétisme. Il y a plus de 250 chapitres distincts dans cet ouvrage, mais cette division considérable nuit plus qu'elle ne sert à l'étudiant. C'est d'ailleurs un ouvrage consciencieusement écrit, comme tous ceux de l'auteur, et bien que quelques parties soient aujourd'hui surannées, on peut le lire avec intérêt. Tout s'y trouve, même la magnétisation des plantes ; Aubin Gauthier n'était pas enthousiaste de la forme ; mais il l'était quant au fond. Il cite, entre autres, la cataracte parmi les maladies que le magnétisme peut guérir au moyen, dit-il, d'une magnétisation pollicarienne (?)

(D. p. 131

4389 GAUTHIER (Aug.) — Secrets de nos Pères recueillis par le Bibliophile Aug. GAUTHIER : l'art de prolonger la vie et de conserver la santé, d'après Hippocrate, Arnault de Villeneuve, Paracelse, Cornaro, etc.

Paris, Seré, 1852, in-12 (5 fr.).

(G-345

4390 GAUTHIER (le Dr L. P. Auguste) Médecin de l'Hospice de l'Antiquaille de Lyon. — Recherches historiques sur l'exercice de la médecine dans les Temples, chez les peuples de l'antiquité, suivies de Considérations sur les rapports qui peuvent exister entre les guérisons qu'on obtenait dans les anciens temples, à l'aide des songes, et le magnétisme animal et sur l'origine des hôpitaux, par L. P. Gauthier, D. M. P.

Paris, Baillière, 1833.

Lyon, Ch. Savy. [1843]. in-12 de X-264 p. (3 fr. 50).

[T³. 21

La Médecine exercée par les Prêtres dans les Temples Antiques. — Esculape adoré en Grèce comme le Dieu de la Médecine. — Corporations de Prêtres d'Esculape [les Asclépiades] dans lesquelles il fallait se faire initier. — Pythagore. — Médecine des Prêtres d'Egypte dans les Temples d'Isis, d'Osiris et de Sérapis. — Rapports qui existent, quant aux effets thérapeutiques, entre les pratiques auxquelles on soumettait les malades dans les Temples et les Procédés mis en usage par les Magnétiseurs. — Etc.

(G-345

Voir sur un sujet analogue :

DAUFRESNE (Dr Charles) : *Epidaure....*

4391 GAUTHIER (Louis). — La vie d'une âme. (3ᵐᵉ édit. rev. et aug.) Préface de Fr. Coppée de l'Acad. Fr. *Paris. S. D.* in-12.

Exposé plein de charmes, de pensées et réflexions d'une belle âme.

4392 GAUTIER (A.). — Philosophie Maçonnique. Discours prononcés aux Ten.·. d'instruction des Loges réunies de l'O.·. de Lyon, pendant le dernier trimestre de l'année 1848.

La Guillotière, 1849. in-8° de 300 pp. (env.) (12 fr.).

Ouvrage très rare. — Le F.·. A. Gauthier était un membre de la R.·. L.·. *Equerre et Compas.*

4393 GAUTIER (Dr Armand). — L'alimentation et les régimes chez l'homme sain et chez les malades. Deuxième édit. rev. et augm.

Paris. Masson et Cie, 1904. in-8° XIX-660 p. fig. (4 fr.).

[T²⁰. 90 A

Important ouvrage.

4394 GAUTIER (J.). — Du Massage, ou manipulation appliqué à la thérapeutique et à l'hygiène.

Le Mans, E. Monnoyer. in-12. 1880.

[Tc³. 208

4395 GAUTIER (Jules). — La Chirognomonie et la Phrénologie.

Paris, J. B. Baillière, 1883, in-16 (2 fr. 50).

[8° R. 5024

4396 GAUTIER (Jules). — Chiromancie et Chirognomonie (ou l'art de lire dans la main).

Paris, J. B. Baillière et fils, 1885, in-18. (2 fr. 50).

[8° R. 6972

4397 GAUTIER (René). — Les Vies et Miracles des Saints Pères Hermites d'Égypte, Scythie etc. par René Gautier.

Paris, 1027, in-8°. Figures.

(S-5015

4398 GAUTIER (Théophile) poète et littérateur né à Tarbes en 1811, mort à Neuilly sur Seine en 1872. Bibliothécaire de la Princesse Mathilde. — Avatar.

Paris, Lévy (Collect. Hetzel)1857, in-10.

[Y² 38035

Recueil de contes Kabbalistiques intéressants : échanges d'âmes, jettatura, etc.

4399 GAUTIER (Théophile). — La Comédie de la mort.

Paris, Desessart, 1838, in-8°. Frontispice par Louis Boulanger, gravé sur bois par Lacoste. (5 fr.).

Édition originale, rare.

4400 GAUTIER (Théophile).— Jettatura. — Compositions et gravures en couleurs de François Courboin.

[Paris]. Romagnol, Libr. de la Collect. des Dix, 1904, in-8°. (40 fr.).

[Réserve m. Y². 73

Luxueuse édition de ce conte intéressant, qui se trouve aussi généralement dans le recueil intitulé " Avatar ". Donne de curieux et précis détails sur cette influence involontaire et néfaste de certaines personnes.

Autre édition :

Bruxelles, Méline, 1857, in-16.

4401 GAUTIER (Théophile). — Le roman de la Momie.

Paris, Lemerre, 1803, in-18. (7 fr.).

De la Petite Biblioth. Littéraire.

Autres éditions :

(Originale). Paris, Hachette, 1858 in-12. (20 fr.)

Paris, L. Carteret, 1901, in-8°, 262 p. 42 fig. gravées.

[8° Y². 53677

4402 GAUTIER (Théophile). — Spirite. Nouvelle édition. Édition définitive.

Paris, Fasquelle, 1898, in-16, 236 p.

Nouvelle fantastique, mais parfaitement conforme à la Doctrine Spirite.

Autre édit.

Paris, Charpentier, in-16, 1877.
Paris, Charpentier, in-16, 1883.

[8° Y² 731
[8° Y² 14513

4403 GAUTRELET (R. P. Xavier). — La Franc-Maçonnerie et la Révolution.

Paris, 1872, in-8°. (5 fr.).

[H. 14643

Ouvrage de critique utile à consulter au point de vue de l'histoire et de l'action maçonnique sur le mouvement religieux.

GAUTRINUS (Gilbertus) pour GAULMYNUS. q. v.

De Vita et Morte Moysis...,

Donne (d'après ELIPHAS LÉVI, " Dogme et Rituel " II-411), le texte grec du " Nuctéméron " d'APOLLONIUS DE TYANE, suivant un ancien manuscrit.

GAUTRINUS est inconnu à la Bib. Nat^{le} — à FURET — et à tous les bibliographes. En revanche GAULMYN a donné une édition du *Nuctéméron* d'après ce qu'il affirme dans "*De Vita et Morte Mosis*". p. 309.

4404 GAVARRET (J.).—Les phénomènes psychiques de la vie physique biologique.

Paris, 1860, in-12.

Circulation de la matière et de la force. — Force vitale. — Vitalistes et animistes. — Veille et sommeil. — Régime alimentaire, etc...

4405 [GAVET (Daniel)]. — La magie maternelle. [par M. Daniel GAVET, payeur du Trésor à Amiens].

Paris, P. Houin, 1860, in-12. XXIX-253 pages. (6 fr.).

Le titre de ce livre indique bien ce que l'auteur a voulu traiter. Il s'agit du magnétisme d'intention, de dévouement, non de l'art et des procédés actuels.

« Véritable traité de magie peu connu
« basé sur la clé la plus absolue de l'oc-
« culte. — L'auteur a beaucoup fréquen-
« té Fabre d'Olivet, Eliphas Lévi, Agrip-
« pa, etc... Son manuel, d'une philoso-
« phie transcendante, contient des ex-
« traits précieux d'auteurs ignorés, et
« conduit à la possession de la maîtrise
« parfaite. (?) »

(D. p. 172)

4406 GAY (Jean), né à Paris en 1837, fils du suivant, établi libraire à Bruxelles et à Turin. Bibliographe. — Bibliographie des ouvrages relatifs aux pèlerinages, aux miracles, au spiritisme et à la prestidigitation, imprimés en France et en Italie.

Turin, Gay, 1876, pet. in-8° de 70 p. (2 fr.)

Tiré à 300 exemplaires.

4407 GAY (Jean). — Saisie des Livres prohibés faite aux couvent des Jacobins et des Cordeliers, à Lyon, en 1694. Edit. augm. d'un répertoire bibliographique.

Turin, Jean Gay, 1876, in-8° de 88 pp. (2 fr.).

[8° Q 27

Tiré à 300 exemplaires.

4408 [GAY (Jules)]. Bibliographe et éditeur, né à Paris en 1807. A été libraire à Paris, Bruxelles, Genève, Turin, Nice, San Rémo. — Bibliographie des ouvrages relatifs à l'amour, aux femmes, au mariage, et des livres facétieux, Pantagrueliques, Scatologiques, Satyriques, etc. Contenant les titres détaillés de ces ouvrages, les noms des auteurs, un aperçu de leur sujet, leur valeur et leur prix dans les Ventes, etc. Par M. le Comte d'I*** [Jules GAY, libraire-éditeur]

Quatrième édition entièrement refondue et mise à jour par J. LEMONNIER.

Paris et Lille, Lemonnyer, 1894, 4 vol. in-8° (ou 4°). (40 fr.).

[8° Q. 1013

Ouvrage estimé et très complet.

4409 GAYA (de). — Cérémonies nuptiales de toutes les nations.

Paris, Michallet, 1680, in-12 (4 fr. 50).

Réimpression faite sur l'édition originale :

Lille, s. d., in-18.

[G.2 580
[G. 14

4410 GAYET (Albert). — Antinoë et Sépultures de Thaïs et Sérapion. — Fantômes d'Antinoë. — Les sépultures de Leukyoné et Myrithis.

Paris, Société française d'éditions d'Art, 1902-04, 2 plaquettes in-4 à 95 et 99 pp. Avec 8 gr. hors t. dont 4 aquarelles et 65 gravures dans le texte (8 fr.).

Manque à la Bib. Nat.

Les sépultures de Thaïs et de Sérapion, de Leukyoné et Myrithis, ces 4 grandes figures énigmatiques, font l'objet principal de l'œuvre présente; les mystères de l'initiation isiaque y sont longuement décrits, et les mythes qui constituent la base de la religion égyptienne y sont analysés à l'aide des documents archéologiques. — Mais ce qui intéres-

... le plus le lecteur, c'est la partie consacrée à l'étude de la magie, et des manifestations du Kha ou double, le corps astral des occultistes. On y trouve la restitution presque intégrale du principal rituel d'évocations connu sous le nom de « Livre des Incantations au nome d'Oxirinque » et de nombreux documents inédits très importants pour l'étude de la kabbale.

4411 GAYET (Albert). — La Civilisation pharaonique.

Paris, Plon, Nourrit et Cie, 1907, in-12, VIII-335 p.

[8° O²g. 1105

4412 GAYET (Albert). — La sépulture de Myrithis et les origines de la magie gréco-romaine.

Paris, 1904, in-8° de 25 pp.

Avec 8 gravures dans le texte et h. t. représentant des bas-reliefs égyptiens. Contient le rituel d'évocations connu sous le nom de « Livre des Incantations du nome d'Oxirinque ».

4413 GAYOT DE PITAVAL (François). Jurisconsulte né à Lyon en 1673, mort à Paris en 1743. — Causes célèbres et intéressantes, avec les jugements qui les ont décidées ; recueillies par GAYOT DE PITAVAL.

La Haye, Neaulme, 1735-1746, 22 vol. in-12. (25 fr.).

Paris, Poirion, 1750-1752, 20 vol. in-12.

[F. 30768-817

Parmi les passages les plus intéressants à citer les suivants : le faux Martin Guerre, la Marquise de Brinvilliers, Louis Gaufridy brûlé comme sorcier à Aix en Provence, Urbain Grandier, Magdeleine Hosdoal accusée de sorcellerie, histoire de Marie Stuart, de Cinq Mars et de Thou, de Jeanne d'Arc, plaidoyers d'Ant. Arnaud et de Simon Marion contre les jésuites, hist. du différend de Furetière et de l'académie, hist. de M. de Montmorency tué comme rebelle, dissolution de mariage pour cause d'impuissance. Enfin au T. XX se trouve (pages 238/361) un très curieux article contre les Juifs et leurs « crimes ».

[S-2627
[G-1408

4414 GAYOT DE PITAVAL. — Causes célèbres et intéressantes... rédigées de nouveau par M. RICHER. Tome second contenant l'Histoire du procès de la Cadière contre le P. GIRARD.

Amsterdam, Michel Rhey, 1772, in-12. (3 fr.).

4415 GAYRAUD (l'abbé) curé de Veulette-sur-Mer (Seine-Inférieure). — Don Gilles, ou le Magicien du XIIIe siècle. Poëme en XIII Chants par l'abbé GAYRAUD...

Se vend au profit de l'Église de Veulettes.

Paris, P. Retaux, Rouen, Fleury, 1900.

[8° Ye. 5131

Curieuse légende mise en vers par un auteur fort versé en démonologie et en Kabbale. Don Gilles de VAGHANGOS né en 1190, en Portugal, florissait comme médecin, à Paris, au début du XIIIe siècle, sous Philippe Auguste. Après s'être lié (disent les Bollandistes), au démon par un pacte, il fut frappé de la grâce et mourut Dominicain, en odeur de sainteté. Béatifié le 9 mars 1748.

4416 GAYVALLET (Prosper). — Unité, Attraction, Progrès. Nouvelle conception philosophique de l'Univers.

Paris, 1901, in-12.

Autre édit. :

Bourgeon, imp. de F. Moulin, 1808, in-10.

[8° R. 15176

Possibilité de la Béatitude. — Ternaire suprême « INRI ». — Religions. — Imperfections de Dieu. — Psychogonie. — Démogonie, etc.,...

Dans ce livre de sociologie mystique, GAYVALLET étudie les sept manifestations du principe du Progrès, fait une curieuse exégèse du mot secret Inri, scrute la philosophie profonde du Jève et analyse cette expression, de St-Jean : " *Et le verbe s'est fait chair* ". L'auteur conclut à la nécessité d'un nouvel Évangile harmonisé avec les besoins de notre époque qui, lasse de théories décevantes, brûle d'en arriver aux faits.

4417 GAZIUS (Antonius) médecin de Padoue. — Florida corona quæ ad sanitatis hominum conservationem ac longævam vitam perducendam sunt pernecessaria continens. Ab Antonio Gazio Patauino medico doctissimo composita ✠.

[in fine] *Impressum Lugduni, per Gilbertum de Villiers, impensis honesti viri Bartholomei Trot, anno salutis. 1514, die XVII mensis Octobris* in-4°, gothique à deux colonnes de 8 ff. non chiff. et 150 ff. chiff. (45 fr.).

[Te**n** o

L'exemplaire ci-dessus coté est celui de « Joannes de MAYERNE TURQUET, parisiensis Medicus. 1572. »

4418 GEBER ou YEBER. Alchimiste illustre, de son vrai nom *Abou Moussah DJAFAR al Sofhi*. Il vivait sur la fin du VIII° siècle, mais on ne sait rien de sa biographie. — GEBERI Philosophi ac alchimistæ maximi, de alchimia libri tres.

Argentorati, Ioannis Grieuyug. r. 1531. in-f° de 60 ff° (20 fr.).

[Rés. R 1575

Très rare, orné de nombr. fig. sur bois.

4419 GEBER. — GEBRI arabis chimia sive traditio summæ perfectionis et investigatio magisterii immensis locis emenda, à Gaspare Hornio. Accessit ejusdem medula alchimiæ Gebricæ omnia edita à Georgio Hornio.

Lugduni Batavorum, apud Arn. Doude, 1668, pet. in-12. (15 fr.).

[R. 30821

GEBER, chimiste arabe de la fin du VIII° siècle a été le plus célèbre alchimiste du Moyen-Age.

4520 GEBER. — Commentaria über GEBERS Werke, wodurch aus den selbsten wie auch aus vielen anderen Schriftstellern Materia proxima Lapidis universalis sowohl als aller Particular-Arbeiten erwiesen wird : (herausgegeben von Joseph Ferd. Lederich).

Wien s. adr. 1762, gd. in-8° de XXVIII-509 pp.

Sur YEBER OU GEBER, consultez HOEFER : *Histoire de la Chimie* I, 321-40.

(O-00

4421 GEBER. — GEBERI curieuse vollständige chymische Schrifften, bestehen in der vier Büchern das Quecksilber, Schweffel, Arsenicum, Gold, Silber...., wie auch das Testament, Güldene Buch der dreyen Wörter Kalid Rachaidibi, und andere chymische Tractätgen.... : alles aus einem uhralten Mss. genommen, nach dem vorhandenen Exemplar in der Vaticanischen Bibliothec eingerichtet, mit gehörigen Figuren und Register versehen und an Tag gegeben von Philaletha.

Franckfürt und Leipzig, Hanss Philipp Rütschel, 1710. in-8° de XVI-288 pp. avec fig. s. bois dans le texte.

(O-00

4422 GEBER. — GEBERI des Königes der Araber, curieuse vollstandige chymische Schriften, worinnen in der vier Büchern das Quecksilber, Schwefel, Arsenicum, Gold..... wie auch das Testament, Güldene Buch der drey Wörter Kalfid Rachaidibi, und andere chemische Tractätgen..... alles aus einem uhralten Mscpt. genommen, nach dem vorhandenen Exemplar in der Vaticanischen Bibliothee eingerichtet.

Wienn, Johann Paul Kraus, 1751 in-8° de XXII-336 pp. avec 1 pl. grav.

On trouve dans ce vol. outre les écrits de Geber : Das Buch der dreyen Worter

4422 GEBER. — Des Königs GEBERS aus Hispanien Buch der Heyligkeit an seinem Sohn zu lieb..... darinnen das groste Secretum begriffen.... à la suite de *Correctorium alchimiæ Richardi Angli* (1581). fol. 137 verso st. Voy. à RICHARD.

(O-666

4423 GEBER. — Summa perfectionis Magisterii in sua natura ; libri investigationis Magisterii et Testamenti ejusdem GEBRI ac aurei trium verborum libelli et Avicennæ mineralium additio castigatissima.

Gdani, apud Tancken, 1682, in-12 (15 fr.).

[R 0571

Cet ouvrage du célèbre chimiste arabe, orné d'un curieux frontispice et de 9 planches de vases, fourneaux et cornues, gravées par Lang, renferme des recettes pour la préparation des divers sels. Il contient en outre cette célèbre formule de Geber (?) "on peut retirer un sel fixe des animaux, des oiseaux, des poissons.... Le sel retiré des cendres d'une taupe est propre à congeler le mercure et à transmuter le cuivre en or, et le fer en argent."

4424 GEBHARDT (Dr W.). — L'attitude qui en impose, et comment l'acquérir.

Paris et Leipzig, Librairie des Nouveautés médicales, s. d., pet. in-8° de 310 p. fig. (3 fr.).

Excellent livre de culture physique très recherché.

4425 GEBHARDT (Dr W.). — Comment devenir énergique ? Introduction complète à l'éducation personnelle pour acquérir énergie et activité.

Paris et Leipzig, Librairie des Nouveautés Médicales, 1900, in-8°, 278 p. fig. (3 fr.).

Très bon livre.— Cure des grandes passions par la volonté. — Pour régler le sommeil, l'activité intestinale : pour obtenir une tête libre. — Guérison des maladies. — L'école spéciale de la Volonté.

Deuxième édition :

Ibidem, Iidem, s. d. pet. in-8° de 280 p. fig. (7 fr.) 3 fr.

4427 GEBHART (Emile). — L'Italie Mystique ; histoire de la renaissance religieuse au moyen-âge.

Paris, 1890, in-12.

[8° K 2248

Joachim de Flore. — Exaltation du mysticisme Franciscain. — L'Evangile Éternel. — Jean de Parme. — Le Mysticisme, la philosophie morale et la foi de Dante, etc...

4428 GEBHART (Em.). — Moines et Papes, essais de psychologie historique.

Paris, Hachette, 1896, in-12. Edit. originale. (6 fr.).

[8° H. 6124

Un moine de l'an 1000 ; Sainte Catherine de Sienne ; les Borgias ; le dernier Pape Roi.

4429 GÉDÉON (Docteur). — La découverte de l'aimant cérébral, suivi de l'Electro-Magnétisme ou de la nouvelle Théorie scientifique, par aphorismes, basée principalement sur les sciences anatomiques et physiologiques.

Paris, 1896, in-12. (3 fr.).

De l'existence humaine. — Du mouvement éternel et de l'existence infinie. — Fluide électro-magnétique. — L'Hermaphrodisme infini. — Electrycônes, etc...

4430 GEERING (Adolphe). — Catalogue 212 de la Librairie ancienne de Adolphe GEERING, successeur de Félix SCHNEIDER, à Bâle... « *Livres provenant des biblioth. de la Baronne de*

Guldenstubbé. *Du comte d'Ourches*, » etc...

Bâle, l'Auteur, 1866.

(Y-P-1700)

4431 GEGRUENDETER Beweisz das der Gahney die wahre Minera Vitrioli philosophici sey.

Iena, Christ. Henr. Cuno, 1771, in-8° de 47 pp.

(O-1407)

4432 GEHEIME (Die) Naturlehre des hermetischen Wissenschaft zur Verfertigung des gebenedeyeten Steins der Weisen, nach dem System des edlen Sendivogii.

S. l., s. adres. (Leipzig), 1770, in-8° de 78 pp.

(O-1480-1400)

4433 GEHEIMNIS (Das) aller Geheimnisze ex Macrocosmo et Microcosmo, oder der gülden-Kreuszer mit ihrem drey Steinein der Wunder.

Leipzig, Adam Friedr. Böhme, 1788, in-8° de 104 pp.

(O-1580)

4434 GEHEIMNISSE aus der Geisterwelt, Magie und Alchimie Beleuchtet und in ihrer natürlichen Gestalt dargestellt : nebst Bemerkungen über physische und politische Gegenstände zur Widerlegung ungegründeter Meinungen und Vorurtheile, herausgegeben von einem Kosmopoliten.

Franckfurt am M., Andreas, 1793, in-8° de VI-352 pp.

(O-1700)

4435 GEHEIMNISZ (Das) der hermetischen Philosophie, in welchem die Verborgenheit der Natur und der Kunst, die Materie und Weise zu würken betreffende, von Steine der Weisen... ; aus der dritten... Lateinischen Ausfertigung Parisischen..... übersetzt.

Frankfurt und Leipzig, Fleischer, 1770, in-8° de 88 pp.

(O-15..)

4436 GEHEIMNISZ von dem Leben und Vermehrung aller Dinge, der keine Wahrheit der hermetischen Philosophie, nebst dem dazu gehörigen hermetischen Schlüssel, entworfen von einem Liebhaber d. Chymie.

Dresden und Leipzig, s. ad., 1738, in-8° de 70 pp.

(O-14..)

4437 GEISLER (Friedrich), de Freyberg. — Baum des Lebens, das ist gründlicher Bericht von wahrhaftige Auro potabili wie inglichem wahrbahren Stein der Weisen, oder grosen Elixir derer Philosophen, etc. aus der höchsten tReZney (sic) etc. durch Friedrich Gisziens von Freyberg aus Schlesien.

Breslau, Jacob Trescher, 1682, in-8° de 64 pp.

(O-14..)

4438 GEIST (Der) und das Wirken des ächten Freimaurer Vereins : ein Wort der Wahrheit für erleuchtete und menschenfreundliche Fürsten und Regierungen, zu Widerlegung der möglichst gegen diese Gesellschaft öffentlich ausgesprochenen Beschuldigungen.

Germanien (Bamberg, Kunz), 1818, in-8° de 104 pp.

(O-..)

4439 GEIST und Wahrheit, oder Religion der Geweihten : von dem Verfasser des Blick's in das Geheimnisz des rathschlusses Gottes über die Menschheit.

Strasburg, Joh. Heinr. Silbermann, 1816, in-8° de XVI-224 pp.

(O-..)

4440 GEISTER und Gespenster in einer Reihe von Erzählungen durch

4440 Ein nothwendiger Beitrag zu
Hofraths Jung genannt Stillings
Theorie der Geisterkunde. II-te wohl-
feile Ausgabe.

Basel, Samuel Flick, 1810. 2 vol.
in-8° de X-270, et 200 pp. rel. en 1
vol.

[O-1705

4441 GELASIO DI CILIA. — Thesaurus Benedictionum et Conjurationum
a Gelasio di Cilia.

Augustae Vindelicorum [Augsbourg]
1740. 2 vol. in-8°.

Manque à la Bib. Nat.

[S-3220

4442 GELEY (Docteur Gustave). médecin à Annecy, né à Montceau-les-
Mines en 1868. Il a écrit sous le
pseudonyme de GYEL. — GELEY (Docteur Gustave). — L'être subconscient. Essai de Synthèse explicative
des Phénomènes Obscurs de Psychologie normale et anormale.

Paris, 1905, in-12.

Phénomènes Psychiques inconscients :
sommeil. — Les Névroses et la Folie essentielle. — L'Hypnotisme. — L'Extériorisation de la Sensibilité. — Suggestion mentale. — Télépathie. — Le Mé-
diumnisme. Interprétation des cas de
Personnalités multiples. — De la Sug-
gestibilité. — La Philosophie Palingénésique. — Etc.

L'édition originale, sous le pseud. de
Docteur E. GYEL est de :

Paris, F. Alcan, 1899, in-8° de 191 p.

[S° R. 13501

4443 GELIN (H.). — Les oraisons populaires en Poitou.

Études de folklore et d'ethnographie.

Paris et Liguge. 1808. in-8° (1 fr.
25).

[Li²⁵ 252

4444 GELINEAU (Docteur E.). — Des
peurs maladives, ou phobies.

Paris. Soc. d'éditions scientifiques,
1904, pet. in-8°.

[T²². 43

Peur du sang, des espaces ouverts, des
pointes, de la saleté, etc... Astrophobie.
— Nécrophobie. — Syphilophobie. —
Démonophobie, etc...

4445 GEMMA FRIZON (Renerius). —
Régnier GEMMA, médecin et mathématicien néerlandais, surnommé FRI-
SIUS (*Le Frison*), naquit à Dockum
en Frise, en 1508 et mourut vers
1555 à Louvain, où il était professeur
à l'Académie.

4446 GEMMA FRIZON. — Cosmographia, sive descriptio universi orbis,
PETRI et GEMMAE FRISII, mathematico-
rum insignium, jam demum integritati restituta.

*Antuerpiae ex officina Joannis Wi-
thagii anno* 1584. in-4°. Nombreuses
figures sur bois. (50 fr.).

[V. 7462-7463

4447 GEMMA FRIZON. — GEMMAE
PHRISII medici ac mathematici. De
principiis Astronomiae et Cosmogra-
phiae : deque usu Globi ab eodem
editi ; de Orbis diuisione et insulis,
rebusque nuper inuentis. Opus nunc
demum ab ipso auctore multis in
locis auctum, ac sublatis omnibus
erratis integritati restitutum. Hic accessit Ioannis Schoneri de usu Globi
Astriferi opusculum.

Lutetiae, apud Gulielmum Cauellat,
1556, in-8° de 171 ff. fig. et lettres
ornées. (10 fr.).

[V. 20060

4448 GEMMA FRIZON. — Les principes d'astronomie et cosmographie,
auec l'vsage du globe. Le tout composé en latin par GEMMA FRIZON, et
mis en langage françois par M. Claude de Boissière, Daulphinois. Plus est
adiousté l'vsage de l'anneau astrono-
mic, par ledict GEMMA FRIZON ; et
l'exposition de la mappemonde, composée par ledict de Boissière.

A Paris, Chez Guill. Cauellat, à l'enseigne de la Poulle grasse, 1556. in-12. (15 fr.).

[V. 20660]

Orné de nombreuses figures sur bois et impr. en caractères italiques; ce livre eut beaucoup de succès en son temps.
Première édition française de cet ouvrage rare.
Voir aussi Apianus (Petrus) dont le Frison a édité la "Cosmographia".

4449 GEMME (Corneille) fils du précédent, médecin et astrologue hollandais, né à Louvain en 1535. — De arte cyclognomica, tomi III. Doctrinam ordinum universam, unaque philosophiam Hippocratis, Platonis, Galeni et Aristotelis in unius communissimae ac circularis methodi speciem referentes, quae per animorum triplices orbes ad sphærae cælestis similitudinem fabricatos, non medicinae tantum arcana pandit mysteria, sed et inueniendis constituendisque artibus ac scientiis cæteris viam compendiariam patefacit.

Antverpiæ, Chr. Plantini, 1569. in-4° Nombreuses figures sur bois. (20 fr.).

[R. 2775

4450 GEMME (Corneille). — De Naturæ divinis characterismis ; seu raris et admirandis spectaculis, causis, indiciis, proprietatibus rerum in partibus singulis uniuersi, libri II ; auctore D. Corn. Gemma.

Antverpiæ, ex officina Christophori Plantini, 1575, 2 parties in-8° de 220-284 pp. et un index, nombr. fig. (6 fr.).

[R. 12700-701

L'un des principaux ouvrages de Corneille Gemma.

4451 GENCE (J.-B.-M.). — Entretien sur les principes de la philosophie dans lequel des idées systématiques modernes en métaphysique sont discutées.

Paris, imp. Migneret, 1825 (1 fr. 50).

[Rp

Sur Claude de St Martin.

4452 GENCE (J. B. M.). — Notice biographique sur Louis Claude de Saint-Martin ou le philosophe inconnu.

Paris, 1er Septembre 1824, in-8° 28 pages (4 fr.).

[Ln²⁷

Pièce très rare ; réimpression, sous sa forme originale, de la notice faite pour la Biographie universelle où elle a été tronquée et défigurée.

4453 GENE. — Le dernier des alchimistes.

Paris, 1804, in-8° (2 fr.).

(Extr. de la Revue indépendante)

Histoire très curieuse ou l'on trouve un mot sur l'alchimie et son histoire.

4454 GENEBRARDUS ou GENEBRARD (Gilbert) archevêque d'Aix, hébraïsant fougueux ligueur, né à Riom en 1537, mort à Semur en 1597. Bénédictin et prof. d'hebreu au Collège Royal.

1) Gilb. Genebrardi, ad legenda et intelligenda Rabbinorum Commentaria liber.
Parisiis, Mart. Juvenis, 1563, in-4°.

[A

2) Symbolum Fidei Judæorum. Parisiis, 1569, in-8°.

3) Canticum Canticorum Salomonis cum Commentariis trium Rabbinorum.

Parisiis, Corbinus [1570
1585. in-8°.

[A 884
(S-2080-20

4455 GENER (Pompeyo). —

... le Diable. Histoire et philosophie de deux négations suprêmes. Précédé d'une lettre à l'auteur de E. Littré. (Contribution à l'étude de l'évolution des idées).

Paris, Reinwald, 1880, in-8° de XI-780 p. (8 fr.).

Manque à la Bib. Nat.

Savant ouvrage prodigieusement documenté et d'un puissant intérêt. Voici les titres des principaux chap. : la Mort et l'immortalité. — Inde. — Perse. — Egypte. — Phénicie. — Grèce. — Hébreux. — La Décadence. — Le Moyen-Age. — La Danse Macabre et le Dies Iræ. — La Renaissance et l'Espagne catholique. — La Révolution. — Le Démon. — Typhon — Ahriman. — Babylone. — Iaweh et Satan. — Le Tartare, les Démons et l'Art sacré. — Du mal selon la Gnose et selon l'orthodoxie. — Le Diable bestial et le pauvre Diable. — Le Sabbat et l'Alchimie. — Le Diable de la Renaissance aux temps modernes. — De l'idée du mal philosophiquement considéré. — C'est une véritable histoire du Diable et de l'idée du mal à travers les temps et chez les divers peuples, aussi complète qu'il est possible.

(G-1410)

GENLIS (Stéphanie Félicité Ducrest de St Aubin, Comtesse de). — Née près d'Autun, en Bourgogne en 1746, chanoinesse à 6 ans, épousée à 16 ans par le comte de Genlis (qui fut guillotiné pendant la Révolution) ; chargée de l'éducation des enfants de Philippe-Egalité, parmi lesquels Louis Philippe; adversaire des philosophes ; émigrée pendant la Révolution , logée à l'Arsenal et pensionnée par Napoléon, etc... Mme de Genlis publia ses mémoires à près de quatre vingts ans ; on leur a reproché d'être longs, et cependant, il faut y recourir pour bien saisir les transformations de la Société française pendant ces temps si divers qui vont du 18ème siècle à la Restauration et l'on y trouve des anecdotes et des biographies que l'on chercherait vainement ailleurs. Mme de Genlis mourut à Paris en 1830.

4456 GENLIS (Comtesse de). — Mémoires inédits sur le 18-ème siècle et la Révolution française depuis 1756, jusqu'à nos jours.

Paris, Ladvocat, 1825, 2 vol. in-8° (25 fr.).

[La33, 60

4457 GENLIS (Comtesse de). — Les Diners du baron d'Holbach, dans lesquels se trouvent rassemblés, sous leurs noms, une partie des gens de la cour et des littérateurs les plus remarquables du 18-ème siècle, par Mme la Comtesse de Genlis.

Paris, chez J. G. Trouvé, 1822, in-8° XX-532 p. (7 fr.).

[Z. 40434

Ouvrage rare, qui contient une réfutation de la doctrine des philosophes de la fin du XVIII-e siècle, que Mme de Genlis connut, Voltaire, d'Holbach, d'Alembert, Diderot, l'abbé Morellet, l'abbé Raynal, etc..., avec de nombreuses citations de leurs principaux ouvrages.

4458 GENLIS (Comtesse de). — Les sympathies, ou l'art de juger, par les traits du visage, des convenances en amour et en amitié.

Paris, Saintin, 1817, in-10. Orné de 32 planches représentant autant de physionomies, moitié hommes, moitié femmes. (6 fr.).

4459 GENSIUS (Jacobus). — Gensii Victimæ humanæ, complexa modos, Ceremonias, et Tempora quibus Diis immolabant, et Humanum sanguinem libabant.

Groningæ, 1675, in-12.

Très rare. Manque à la Bib. Nat.

(S-652)

4460 GENTIL (Albéric). — Alberici Gentilis I.C. Professoris regii, ad Tit. C. de Maleficis et Math. et cæter. similibus, Commentarivs. Item argumenti eiusdem, Commentatio.

Hanoviæ, apud Gulielmum Antonium, 1604, in-12. (10 fr.).

Manque à la Bib. Nat.

4401 GENTIL. (J. A.). — Initiation aux mystères secrets de la théorie et de la pratique du magnétisme rendue simple et facile quant à la pratique etc., suivie d'expériences inédites faites à Monte Cristo chez Alexandre Dumas, de la biographie de J. B. Marcillet, de la visite faite au somnambule Alexis par le général Cavaignac, par J. C. Gentil.

Paris, Robert, 1848, in-8° 100 pages (1 fr. 50).

[Th⁶³. 57

Brochure piquante elle contient bien tout ce qu'indique son titre.

(D. p. 141

4402 GENTIL. (J. A.). — Magnétisme et somnambulisme, manuel élémentaire de l'aspirant magnétiseur par J. A. Gentil.

Paris, Dentu, 1854, in-12, 202 pages. (2 fr. 50).

L'auteur qui a pratiqué et étudié sérieusement les faits du somnambulisme essaie de dégager le mystérieux de celui-ci en le rattachant a une philosophie consolante et libérale. Son livre est plutôt le résumé de ses méditations et de ses vues personnelles qu'un manuel élémentaire dans la simple acception du mot.

(D. p. 153

4403 GENTIL. (J. A.). — Magnétisme, Explication du phénomène de seconde vue et de soustraction de pensée, dont jouissent les somnambules lucides. Du magnétisme au point de vue de la thérapeutique. Marcillet, notice biographique par J. A. Gentil, membre de la Légion d'honneur.

Paris, Albert Frères (S. D.).

1ʳᵉ éd. (1847). in-8°

[Th⁶³. 184

2ᵉ éd. 1848.

(D. p. 140

4404 GENTIL. (J. A.). — Magnétisme. L'âme de la terre et des tables parlantes, par J. A. Gentil, chevalier de la Légion d'honneur, membre de la société philanthropico-magnétique de Paris.

Paris, l'auteur et Dentu, 1854, in-8°, 48 pages.

[Rp.

Extrait de l'*Union Magnétique*.

Analyse de l'ouvrage de Victor Hennequin.

(D. p. 155

4405 GENTIL. (J. A.). — Magnétisme, somnambulisme. Guide des incrédules par J. A. Gentil.

Paris, H. Hubert, 1852, in-18.

[Th⁶³. 202

Une deuxième édition augmentée d'un chapitre sur les tables parlantes:

Paris, Dentu, 1853, in-18 255 pages. (4 fr.).

Recherches magnétiques des objets perdus ou volés, de personnes disparues. — Consultations sur cheveux. — De l'extase. — Comment elle se produit. — Cartomancie, etc...

(D. p. 148

4406 GENTIL. (J. A.). — Orthodoxe magnétique. Catéchisme raisonné de l'aspirant magnétiseur, suivi d'un simple coup d'œil sur le triple électro-galvanique et du pilori du magnétisme, par J. A. Gentil, membre de la Légion d'honneur, etc.

Paris, L'Auteur et Dentu, 1855, in-8° 63 pages. (1 fr. 75).

(D. p.

4407 GENTY de BONQUEVAL. (J.) — Traité théorique et pratique de l'Electro-Homœopathie Sauter, ou nouvelle Thérapeutique guérissant d'après des principes certains les Maladies chroniques et aiguës, et même celles réputées incurables. Par M. J. G. de Bonqueval.

Montdidier, Imp. A. Radenez, 1885. [Paris, Jacques Lechevalier, 33 rue Racine]. in-8° de 420 p. 3 figures à la fin. (3 fr.).

[Fe.

Terminé par une liste des Dépositaires de ces curieux remèdes Homœopathiques dont l'efficacité dans certains cas est surprenante. Il y a même une liste des prix (p. 412). Les pages 323-408 sont occupées par un " *Catalogue* " des diverses maladies et de la manière de les traiter.

Singulier ouvrage.

Réimprimé (?).

Paris, 1804, in-8° figures. (3 fr.).

4468 GENU SOALHAT de MAINVILLE. — Le Chevalier Genu Soalhat de MAINVILLE, ou MAINVILLERS, ou MAINVILLIERS, est un personnage assez peu connu du XVIII° Siècle. Il mena une vie d'aventures, et entreprit de parcourir l'Europe à pied. Il mourut près de Dantzig vers 1776.

L'Homme Dieu, ou l'Univers seule familie, Poëme épique, par GENU SOALHAT Chevalier de MAINVILLE.

Londres, 1754, in-8°

(S-1721

4469 GENU SOALHAT. — Nouvelle Philosophie secrette, ou Abrégé et Plan systématique de l'Histoire universelle critique et raisonnée du Ciel et de la Terre, avant et depuis la formation du Monde visible, par GENU SOALHAT, chevalier de MAINVILLERS.

Londres aux dépens de l'Auteur, 752, in-8° (8 fr.).

Inconnu à la *Bibl. Nat*.

Le Chevalier se qualifie sur le titre d' " *Auteur absolument désintéressé et qui étant dans le sistème de la nouvelle Philosophie secrette, gémit de voir les hommes dupes des préjugés et de la partialité qui régnent dans les historiens.* "

On trouve dans ce singulier ouvrage un tableau " *des Opérations des Esprits rebelles, projetant la Circonférence du Cube à la Destruction de la Trinité.* "

(S-3247

4470 GEOFFROY L'AINÉ (Etienne-François), né à Paris en 1672, mort en 1731. Médecin, Chimiste et Académicien, fils d'un apothicaire. — Des Supercheries concernant la pierre philosophale : par Etienne François GEOFFROY aîné : dans *Mémoires de l'acad. des sciences* (de Paris) année 1722 ; Hist. 37-9, Mém. 61-70.

Une bonne analyse de ce Mémoire se trouve dans le *Journal des savans*, 1725, pp. 722-24 ; on y trouve encore une analyse de : *Examen des principes des alchymistes sur la pierre philosophale*, (par François POUSSE, doct. en médecine). *Paris, Daniel Jollet et Barth. Girin*, 1711, in-12, année 1711.

(O-577

4471 GEORGE (Martin). — Les mondes grandissants.

Marseille, chez l'auteur, 1885, in-12, (2 fr.).

Brochure peu commune.

(G-1411

GEORGE SAND. — Voir : DUDEVANT (Mme)

4472 GEORGIUS (Franciscus), ou François GEORGES, en Italien Francisco ZORZI, cordelier et théologien, né à Venise en 1460, mort en 1540. De la famille vénitienne des GIORGI, ou ZORZI. — Francisci GEORGII Veneti Minoritanæ familiæ, de Harmonia Mundi totius Cantica tria, cum indice eorum, quæ inter legendum adnotatu digna vis fuere, nunc recens addito.

Parisiis, apud Andream Berthelin... 1545, in-f° de 407 ff. fig. dans le texte. (18 fr.).

|A. 1569

Très rare ouvrage de Kabbale, du célèbre GEORGE de Venise. Il est mis à l'Index.

Voir sur cet auteur l'article ZORZI du *Dictionnaire des Sciences Philosophiques* de M^r Ad. FRANCK.

4473 GERANDO (Joseph Marie, baron de) philosophe, né à Lyon en 1772, mort en 1842. Sa philosophie n'est pas très estimée. — Histoire comparée des systèmes de Philosophie, considérés relativement aux principes des connaissances humaines.

Paris, A. Eymery, 2" édit. 1822, 4 vol. in-8" (14 fr.).

[R. 11864-867

Ouvrage assez estimé, écrit avec réflexion et impartialité. — Résurrection des doctrines grecques.— Ecole d'Alexandrie. — Marsile Ficin. — Pic de la Mirandole. — Doctrines mystiques. — Reuchlin. — Cornélius Agrippa. — Théophraste Paracelse. — Van Helmont. — R. Fludd. J. Bœhme. — P. Poiret. — J. Bodin. — Jér. Cardan.— Jordano Bruno.— Th. Campanella. — Bacon. — Spinoza. — de Beausobre. — Kant, etc...

4474 GÉRANDO (J. M. de). — Histoire de la philosophie Moderne, à partir de la Renaissance des Lettres, jusqu'à la fin du XVIII-e siècle.

Paris, 1858, 4 forts vol. in-8" (12 fr.).

Un des meilleurs ouvrages à consulter pour l'étude du néoplatonisme et des doctrines mystiques et kabbalistiques Marcile Ficin, Pic de la Mirandole, Reuchlin Georges Zorzi le Kabbaliste. Cornélius Agrippa, Théophraste Paracelse, Van Helmont, Robert Fludd, Jacob Bœhme, Pierre Poiret, Cardan, Campanella, Jordano Bruno, etc...

Autre édition :

Paris, 1847. 4 vol. in-8"

4475 GÉRARD (Révérend Père). — Extrait d'une lettre écrite au P. Pellerin supérieur de la maison de Montrouge par le R. P. Gérard, supérieur général de l'Ordre de la Charité.

La Rochelle, 1784, in-8" 2 Pages.

Guérison d'un soldat due au P. Gérard. Cette lettre très courte (deux pages), ainsi que la lettre de M. Clocquet et la cure du fils Kornmann, qui suivent, se trouvent dans le Recueil des pièces cité plus loin.

A en croire l'éditeur, ce ne serait qu'une réimpression, cependant je ne les ai jamais vues séparément.

(D. p. 25

4476 GÉRARD (J.). cent-garde. — L'art de se magnétiser ou de se guérir mutuellement par Gérard, cent garde.

Paris, Dentu, 1858, in-12.

[Te¹¹. 2

L'auteur a quitté l'état militaire pour se faire magnétiseur ; il a publié depuis plusieurs ouvrages que nous citons plus loin.

(D. p. 10

4477 GÉRARD (J.). — Guide du traitement magnétique et de ses conditions par Gérard.

Paris, l'Auteur, 1808, in-18, pages.

[Te¹⁹.

(D. p. 18

4478 GÉRARD (J.). — Le magnétisme appliqué à la médecine par Gérard.

Paris, l'Auteur, Dentu, 1864, in-12, 71 pages. (2 fr.).

[Te¹¹. 37

Médecine officielle et Magnétisme. — De la Lucidité. — L'existence du Magnétisme et les Matérialistes. — Les Magnétiseurs, etc...

(D. p. 170

4479 GÉRARD (J.).— Médecine vitale Réhabilitation du magnétiseur Mesmer, son baquet, sa doctrine, ses luttes et son triomphe par Gérard.

Paris, Librairie du Petit Journal, 1803, in-8" 35 pages (50 cent.).

C'est dans cette brochure datée de 180 que l'auteur indique les moyens qu'il compte employer pour faire triompher le magnétisme ; nous apprécions plus loin l valeur de ces moyens en même temps que leur auteur.

(D. p.

4480 GÉRARD (J.) cent garde. — Revue magnétique, journal des malades par J. Gérard.

Paris, 34 Rue de Poulbierre, 180 in-8".

[Manque à la Bib. N

Le premier N° de ce journal est d'octobre 1868. D'abord mensuel il est devenu bimensuel à partir du premier janvier suivant. Monsieur GÉRARD est aujourd'hui une individualité du monde magnétique ; cela n'a pas été sans peine ni déboires. Son instruction première a été nulle : les hasards de la vie l'avaient fait soldat ; mais il n'était pas de ceux qui, humbles, aiment à marcher au dernier rang. Il a de l'ambition et ne dédaigne ni les honneurs ni tout ce qui s'en suit. Beaucoup d'habileté, encore plus de hardiesse et pas mal d'intelligence naturelle au service d'une volonté énergique tel est le rédacteur de la Revue. Il le dit avec franchise : " Tous les moreax sont bons ; au fond *qu mc cropis bonnète homme* ". Ses divers ouvrages indiquent bien les tâtonnements successifs d'un homme qui cherche son chemin. L'homme pratique est plus heureux que l'écrivain ; il a tout ce qu'il faut pour réussir près de cette catégorie spéciale de malades qui la plupart s'adressent au magnétisme, au zouave Jacob et aux tables tournantes : de la jeunesse, de la bonne humeur, de l'assurance et une grande exactitude aussi bien pour les pauvres que pour les riches. Un petit journal disait de lui " *Qu'il lui serait beaucoup pardonné parce qu'il s'était beaucoup remué*." En effet si l'avenir dérange ses projets c'est que ce jour-là il aura voulu courir trop vite. Il faut ajouter pour être juste que M. GÉRARD est obligeant ; que ses portes sont toutes grandes ouvertes et qu'il ne cache ni ses efforts ni leurs résultats. Une commission de médecins studieux trouverait chez lui toutes les facilités possibles pour examiner après diagnostic sérieux ce qui revient au magnétisme ou au massage, frictions, à l'imagination des malades, à la bonne nature etc. dans les cures consignées dans son journal.

(D. p. 181

4481 GÉRARD (J.). — Maine de Biran. Essai sur sa philosophie. suivi de fragments inédits.

Paris. Baillière, 1876, in-8° (4 50).

4482 [GÉRARD (Jean Ignace Isidore)] dit GRANDVILLE. né à Nancy en 1803, mort à Paris en 1847. Fils d'un miniaturiste et lui-même célèbre. — Un autre monde. Transformations. Visions. incarnations. ascensions, locomotions, etc... Métamorphoses, zoomorphoses, lithomorphoses, métempsychoses et autres choses.

Paris. Fournier, 1844. in-8° (15 fr.).

Nombreuses figures sur bois dans le texte et planches h. t. en couleurs.

4483 GÉRARD (D' Jules). Mémoire sur l'état actuel du Magnétisme humain. (Sommeil magnétique. — Procédés. Polarité. — Hypnotisme. — Fluides. etc...).

S. L. 1880, in-8° (1 fr.).

[Td⁸⁵. 201

4484 GÉRARD (D' Jules). — La Grande Névrose, par le D' J. GÉRARD. Illustré par José Roy.

Paris. C. Marpon et E. Flammarion, S. D. [1885]. in-18 de V-518 p. Nombreuses et spirituelles illustrations de José Roy. Couv. ill. en Couleurs. (5 fr.). 5 fr.

[Td⁸⁵ 818

La couverture en couleurs de José Roy a été supprimée dans pas mal d'exemplaires et remplacée par une couverture imprimée monochrome. Les exemplaires à couverture en couleurs sont beaucoup plus recherchés parce que les vignettes amusantes de José Roy, dans le corps du volume, ont été aussi sévèrement diminuées de nombre dans l'édition expurgée. Du Système nerveux. — Force nouvelle. Le Moteur Keeley. — Transformation des Forces. — Portraits de Névrosés. — Névroses d'origine interne. — Traitement. — Etc.

4485 GÉRARD (D' Jules). — Guide de L'Hypnotiseur. illustrations de Adolphe le Roy.

Paris, 2ᵉ édit. 1891. in-12.

[Td¹¹. 159

4486 GÉRARD (D' Jules). — Magnétisme organique. Le magnétisme à la recherche d'une position sociale ; sa théorie, sa critique sa pratique. par GÉRARD. Précédé d'une lettre-préface de Victor Hugo.

Paris, Dentu et l'Auteur, 1806, in-18, 237 pages et portr. (2 fr.).

[R. 37141

Sériation des fluides. — Théorie des rebouteurs. — Comment agissent les courants. — Définition des maladies nerveuses. — Sacerdoce du magnétisme. — Thérapeutique du magnétisme. — Réhabilitation de Mesmer, etc...

4487 GERARD (Dr. Jules). — Nouvelles causes de Stérilité dans les deux sexes : fécondation artificielle comme moyen ultime de traitement.

Paris, Marpon et Flammarion, 1888, in-12. (5 fr. av. la couverture en couleurs de José Roy — autrement : 1 fr. 50).

Curieux volume enrichi d'une infinité de figures dans le texte aussi fines que spirituelles ; cet ouvrage fit sensation à son apparition et fut épuisé en peu de temps. (Stérilité latente, mécanique et constructionnelle. — Des tempéraments. — Rêveries solitaires — Sodome et Lesbos. — Fécondation artificielle, etc...)

Il a été publié sous deux couvertures illustrées différentes, l'une de José Roy, en couleurs, pleine d'esprit — mais un peu libre — et l'autre, infiniment moins recherchée, en une seule couleur, avec beaucoup moins de vignettes dans le corps de l'ouvrage.

4488 GERARD ou GIRARD DE CREMONE, littérateur, né à Crémone (Lombardie) vers 1114, mort en 1180. Célèbre traducteur. — Géomance astronomique povr sçavoir les choses passées, les présentes et les fvtvres. Traduite par le Sr. de SALERNE, où il a adjousté vne clef pour faire les figures et en juger facilement.

Paris, chez l'Auteur, 2me édit. 1602, in-12.

[V. 21850

Id.

Paris, chez l'autheur, 1601, in-8° (12 fr.).

(G- 1799 et 1800

4489 GERARD ou GIRARD de CREMONE. — Géomancie astronomique de GÉRARD de CRÉMONE povr savoir les choses passées, les présentes et les futures. Auec des observations nécessaires pour les médecins, les chirurgiens, chimistes, architectes, chasseurs, pescheurs, Jardiniers, etc. auec un secret pour multiplier le bled et toutes sortes de semences dans la terre. Traduite par le sieur de SALERNE.

Paris, chez l'auteur, 1669 ; Figures, in-12 (12 fr.).

Très rare ouvrage de ce savant italien. — L'enseignement de ses maîtres italiens ne le satisfit point et lui inspira le désir d'aller chercher des connaissances plus étendues et plus précises auprès des Maures d'Espagne, dépositaires et interprètes de l'héritage scientifique des anciens et il se rendit à Tolède. — Il traduisit AVICENNE et l'*Almageste* de PTOLÉMÉE.

Autre édition :

Paris, 1661, in-16.

(G-024

4490 GÉRAUD - BONNET. — Traité pratique d'hypnotisme et de suggestion thérapeutiques. Procédés d'hypnotisation simples, rapides, inoffensifs ; ... par M. GÉRAUD-BONNET... médecin à Oran.

Paris, 1905, in-18.

2me édition :

Paris, Jules Roussel, 1907, in-18 de 334 p.

4491 GERDY. — Discours sur le magnétisme par GERDY.

Paris, 1841, in-8°.

(D. p. 185

4492 GERDY. — Remarques sur la vision des somnambules par GERDY.

Paris, 1841, in-8°.

Extrait de journal.

(D. p. 185

4493 [GERLACH (Joh. Chr. Fried)].

Logen-Hierarchie, besonders in Bezug auf Krause's, Heldmanns und Gädicke's Freimaurer-Schriften ; nebst vierunddreizig Actenstücken (von Joh. Chris. Friedr. GERLACH).

Freiberg, Craz und Gerlach, 1810, in-8° de VIII-151 pp.

(O-233

4494 GERLACH (J. C. F.). — Sarsena oder Volkommene Baumeister.. IIter Theil, oder freymüthige Bemerkungen über den bey Kunz in Bamberg erschienen Sarsena. u. s. w. von einem noch lebenden Freymaurer dem Buchdrucker und Buchhändler Johann Christoph Friedr. GERLACH.

Freyberg in Sachsen, Craz und Gerlach, 1817, in-8° de 250 pp.

(O-325

4495 GERMAIN (A.). — De la médecine et des sciences occultes à Montpellier dans leurs rapports avec l'astrologie et la magie.

Montpellier, 1872, in-4° (0 fr.).

Plaquette curieuse et fort peu commune.

Autre édition (?)

Montpellier, Boehm fils, 1873, in-4°

(G-1412
(Y-P-802

4496 GERMAIN (Claude). — Abbildung der geheimen Filosofie ; eine ächte Vorschrift, den Stein der alten Weisen zu machen. von Claude GERMAIN ; dans *Neue alchym. Bibliothek* (1774). II. 1-re partie. 281-544.

La 1-re édit. latine a été publiée à Paris en 1673.

(O-1080

4497 GEROSA (Franc.). — La Magia transformatrice de l'humo à miglior Stato dialogo di Franc. GEROSA.

In Bergamo, Per Comino Ventura, in-4°.

[R. 37107
(S-2883

4498 GERSON (Jean CHARLIER, dit) théologien né à Gerson, près de Rethel en 1363 ; mort à Lyon en 1429. Chancelier de l'Université et de l'Eglise de Paris. — Tractatvs Iohannis Gersonis, cancellarii Parisiensis, contra superstitiosam dierum observationem, praesertim Innocentum.

S.l.[Parisiis]Ex Typographia Mich. Heringii. Anno M. DC.XXIV [1624]. in-8° de 8 ff. non chiffrés.

[Réserve R. 2439

4499 GERSONIUS (Johannes). — J. Gersonius. De pollutione Nocturnâ, an imperitâ celebrare, an non — De Beneficiis, à Guillelmo Perisiensi ; incipit Epistola Luciferi ad malos principes ecclesiasticos.

S. D., nom de ville, ni d'impr. Edition Gothique, sans chiffres ni réclames. [Vers 1470]. in-4°.

(S-1019

4500 GERVAIS, Archevêque de Reims. — De obitu Gervasii Remorum archiepisc. et liberatione animae ejus de manu Daemonum per beatos martyres Areopagitam Dionysium atque Nichasium ; tiré du ms latin 2447 de la Biblioth. du roi ; dans LEBŒUF-DERBESSOY (1752). T. I, par. I. 189-92.

(O-1751

4501 GERVAIS de LAPRISE. — Accord du Livre de la Genèse avec la Géologie et les monuments humains, sur les faits et les époques de la création et du déluge universel ; et sur le fait d'une révolution qui, par l'ordre divin, avait frappé à la fois tous les globes de notre monde planétaire, y avait éteint la lumière et la nature vivante, et ne finit qu'à l'époque où Dieu créa de nouveaux êtres sur la terre, quarante siècles avant l'ère chrétienne.

Paris et Caen, 1803-07, in-8° (0 fr.)

[A. 8915

2ᵉ partie. *Caen.*

[S. 27069]

Avec 2 pl. d'alphabets hiéroglyphiques chinois, persans, chaldaïques et samaritains.

Rare avec la " *Suite* ".

Ouvrage fort curieux qui contient une interprétation ésotérique remarquable et très détaillée des douzes signes du Zodiaque, et la signification philosophique des lettres de l'alphabet chaldéen.

4502 GESANGE für Freimaurer (für die Loge zur gekrönten Schlange in Görlitz).

Görlitz, C. G. Anton, 1811. in-8° de VI-VIII-322 pp.

(O-384)

4503 GESENIUS (G.). — Thesaurus philologicus criticus linguæ Hebreæ et Chaldeæ Veteris Testamenti.

Lipsiæ, 1829-53, 3 forts vol. gr. in-4° (20 fr.).

C'est le travail le plus considérable que l'on possède en fait de lexicographie hébraïque.

4504 GESNER ou GESSNER (Conrad) grand savant, médecin et naturaliste Suisse, né à Zurich en 1516, mort de la peste dans la même ville en 1505. C'est le premier membre illustre d'une famille de médecins, de savants et de Poëtes. Il représenta tout le savoir de son siècle. Son Trésor des Remèdes secrets est écrit sous le pseudonyme d'Evonyme Philiatre.

De omni rerum Fossilium genere, Gemmis, Lapidibus, Metallis, à Conrado Gesner.

Tiguri [Zurich] excudebat Iacobus Gesnerus, anno 1565. pet. in-8° de 95 pp.

[S. 19897]

Se trouve généralement joint à d'autres ouvrages du même, dans le même format.

(S-3239)

4505 GESNER (Conrad). — Gessneri de Rerum Fossilium, Lapidum, et Gemmarum maximè, Figuris et similitudinis Liber.

Tiguri [Zurich], 1505. in-8°

[S. 10901]

Ces deux ouvrages de titres très analogues sont réunis sous le même N° 3256 du Catalogue Sépher.

(S-3256)

4506 GESNER (Conrad). — Conradus Gesnerus, de Herbis Lunariis, cum descriptione Montis Pilati, à J. du Choul.

Tiguri [Zurich], 1555. in-4°

[S. 3491]
(S-3205)

4507 GESNER (Conrad). — Sanctus Epiphanius, de XII Gemmis, quæ erant in veste Aaronis, Iolo Hierosolantino interpretante, cum Carolo [lege " Conrado "] Gesnero.

Tiguri. [Zurich]. 1566. in-8°

(S-3256)

4508 [GESSNER (Conrad)]. — Evonymi Thesaurus de Remediis secretis liber physicus, medicus, et partim etiam chymicus et œconomicus in vinorum diuersi saporis apparatu, medici et pharmacopolis omnibus præcipue necessarius, etc…

S. L. N. D. [Tiguri]. 1550. in-12. (9 fr.).

[Tel". S. (

Curieux ouvrage de ce célèbre médecin de Zurich ; enrichi de figures sur bois : fourneaux, appareils, etc… Remarquable recueil de secrets de médecine d'alchimie, etc…

4509 [GESNER (Conrad)]. — Tresor des Remedes Secretz, par Evonyme Philiatre. Liure Physic, Medical, Alchymic et Dispensatif de toutes substantiales liqueurs, et appareil de vins de diuerses saueurs, necessaire à toutes gens principalement à Medicins, Chirurgiens et Apothicaires.

A Lyon, Chez Antoine Vincent M. D. LVII. [1557], pet. in-8° de 25 ff. n. c.-440 p.-3 f⁰ˢ n. c. A la fin : « A Lyon, chez la vefue de Balthazar Arnoullet. » (20 fr.).

Autre édit :

Lyon, Arnoullet, 1555, in-4°.

[T⁰ˢ. 10

De Destillation et de ses différences en general. — Du Bain-Marie en general et des Distillations qui se font en la vapeur de l'eau bouillante. — Des divers vaisseaux et instruments appartenans en la destillation. — Des Fourneaux. — De la Quinte-Essence des Remedes. — De la Quinte-Essence du Sang humain, d'œufz, de chair et de Miel. — Eau de Vie contre la Peste. — Eau de Sang de Porceau contre la Peste. — Or Potable. — Elixir de vie. — Des Eaux odorantes. Eaux destillees Cosmétiques. — L'Huylle comme est tiré hors des Drogues aromatiques ou Girofles. Noix Muscade. Satran. Macis et autres. — Des Vins faictits, mediquez et mixtionez, et se font en diuerses sortes.

4510 GESNER (Jean-Mathias) humaniste allemand, né à Roth en 1691, mort à Gœttingue en 1761. Professeur et bibliothécaire à l'Université de Gœttingue. —

Socrate et l'Amour grec (Socrates sanctus παιδεραστής). Dissertation de Jean-Mathias GESNER traduite en français pour la première fois, texte latin en regard, par Alcide BONNEAU.

Paris, Isidore Liseux, 1877, in-16, XVI-123 p. (o fr.).

[8° J. 114

Ouvrage singulier, à ranger avec ceux de PALLAVICINI et de DELPIERRE sur les aberrations homosexuelles grecques.

Son titre latin est : *« Socrates sanctus « pæderasta ; accedit carollarium de anti- « qua asinorum honestate. »*

4511 GESPRAECH über die Alchemie, zwischen einem Adepten und Chemisten vorgefallen.

Berlin, Aug. Mylius, 1776, in-8° de 40 pp.

(O-1508

4512 GESPRAECHE Maurerey betreffend nebst einem Anhange von Rosenkreuzern.

Leipzig, Paul Gott. Kummer, 1785, in-8° de XII-330 pp.

(O-1561

4513 GHIL (René). — Traité du Verbe avec avant-dire de Stéphane MALLARMÉ.

Paris, Giraud, 1886, in-4° de 32 pp. (7 fr.).

[4° Z. pièce 84

Edition originale très rare.

De la couleur en mots. — Orchestration des sons (p. 28). — Pages margées comme autant d'estampes (par Hector MINET, 1886, à la fin).

4514 GHIRARDELLI (Cornelio). —

Cefalogia Fisonomica, Diuisa in dieci Deche... Di Cornelio GHIRARDELLI Bolognese...

In Bologna, Presso gli Heredi di Euangelista Dozza e Cⁱ. 1670, in-4° de 628 pp. etc. portrait et fig. sur bois très curieuses, titre gravé. (10 fr.).

[V. 8861

Réédité :

Ibid., 1674, in-12 de 600 pp. figures.

Voir à *CORNELIO* Ghirardelli.

4515 GHOST-STORIES : collected with a particular view to counteract the vulgar belief in ghosts and apparitions, and to promote a rational estimate of the nature of phenomena commonly considered as supernatural.

London, Ackermann, 1823, in-8° 6 curieuses lithographies en couleurs (5 fr.).

4516 GIAVI (Victor). — Israël dans l'Histoire. — Réplique à M. Gustave Le Bon.

Paris, 1888, in-8°.

[8° H. Pièce. 424]

4517 GIBIER (Docteur Paul). — Physiologie transcendantale. Analyse des choses. Essai sur la science future, son influence certaine sur les religions, les philosophies, les sciences et les arts par le Docteur Paul Gibier.

Paris, Philadelphie, Madrid, Doin, J. B. Lippincott, Fuentes y Capdeville, s. d. [1889], in-12, 270 pp. (5 fr.).

[8° R. 9580]

L'ouvrage du doct. Gibier, aujourd'hui si recherché, est le fruit de longues expériences et de patientes recherches dans le domaine de la physiologie psychologique. — Il pose les jalons de la science de demain, qui renouera le fil interrompu de la connaissance antique. S'abstrayant de la Terre et s'élevant dans l'Univers avec les yeux de la pensée, partant de l'atome, il escalade par degrés immenses les hauteurs de l'immensité, afin d'obtenir une idée du Macrocosme. Puis, redescendant sur notre planète, il y fait l'anatomie du Microcosme, et étudie en lui le principe de la Vie, dont la démonstration expérimentale est l'objet principal de cet ouvrage. Les phénomènes psychologiques y sont minutieusement étudiés : hypnotisme, télépathie, dédoublement, matérialisation, etc... On y lira avec intérêt la relation de plusieurs expériences de Yoguisme et de spiritisme.

(G-1413)

4518 GIBIER (Dr Paul). — Le Spiritisme (Fakirisme occidental) étude historique, critique et expérimentale, par le Dr Paul Gibier.

Paris, Octave Doin, 1887, in-18, fig. (2 fr. 50).

[8° R. 7600]

Réédité :

Ibid., Id., 1890, in-18 de 308 p. 25 fig. dans le texte.

Paris, 1904, in-18.

De tous les ouvrages écrits sur le spiritisme, celui-ci est certainement le plus sérieux et le plus intéressant, autant par la variété des expériences rigoureusement contrôlées, que par l'explication scientifique et rationnelle qu'en donne le savant auteur. La doctrine spirite et les médiums, son origine. — Le spiritisme chez les Indiens de l'Amérique du Nord. — Le Fakirisme hindou. — Les fraudes en matière de spiritisme. — Expériences de W. Crookes avec Katie King, de Zœllner, de Slade, etc...

4519 GIBSON (William). — L'Église libre dans l'état libre.

Paris, 1907, in-12, (1 fr. 25).

La Révolution française a rompu la tradition ; le Présent et le Passé sont séparés par un abîme. Ce n'est plus en arrière qu'il faut regarder aujourd'hui, mais en avant en jetant les bases d'une nouvelle Église qui réalisera les " Nouveaux cieux et la nouvelle terre " de l'Apocalypse.

4520 GICHTEL (Jean-Georges). Mystique allemand, né à Ratisbonne en 1638, mort à Amsterdam en 1710. D'abord avocat à Spire. — Choix de pensées, traduites, colligées et précédées d'une vie de l'auteur par Paul Sédir.

Paris, Chacornac, 1902, in-8°, p. p. (1 fr. 50).

[8° R. Pièce 0141]

Deux cents pensées de J. G. Gichtel dont la plupart révèlent l'esprit profondément chrétien de l'auteur. — Contient la curieuse autant que surprenante vie de J. G. Gichtel.

4521 GICHTEL (J. G.). — Theosophia practica. — Courte ouverture et instruction sur les trois Principes et les trois Mondes dans l'homme, représentés en figures distinctes : comment et où ils ont leurs Centres respectifs dans l'homme intérieur ; d'après ce que l'auteur a trouvé en lui-même dans la contemplation divine, et qu'il a ressenti, goûté et perçu. Puis une description des trois genres

... ommes, selon le Principe ou l'Es-
pr.. dominant : où chacun peut voir
... ame dans un miroir sous quel ré-
... il vit : avec une instruction sur
... mbat de Michael et du Dragon,
... ce qu'est la véritable prière en es-
... et en vérité.

... aris, Channel, 1807, in-18 de 200
... et 2 ff. de table, 5 pl. en coul.
... 1 pliée.

[8º Z. 14010

Magnifique ouvrage du célèbre mystique et kabbaliste allemand ; il est enrichi de cinq pl. coloriées, rehaussées d'or
et d'argent, h. t. dont une se déployant
et représentant la constitution kabbalistique de l'homme et du Macrocosme. —
Cette œuvre est aussi savante que celles
de Jacob Bœhme.

Édition originale :

Erfde, 1722.

4522 GICHTEL (J. G.). — Eine kurze
Eröffnung und Anweisung der drey
Principien und Welten im Menschen,
in unterschiedlichen Figuren vorges-
tellt ; wie und wo eigentlich ihre
Centra im innern Menschen stehen ;
gleich sie der Autor selbst im göttlichen Schauen in sich gefunden, und
gegenwärtig in sich empfindet, sch-
mecket und fühlet. Sammt einer Beschreibung der dreyerley Menschen,
nach Art des in ihnen herrschenden
Principii oder Geistes. ... Nebst einer
Anweisung, was der Streit Michaels
und des Drachen auch was das wahre Beten im Geist und Wahrheit sey ;
abgemahlet und vorgestellet durch
Johann Georg Graber von Ringen-
hausen.
Johann Georg Gichtels von Regensburg, im Jahr Christi 1690. Neue
(IX ?) Auflage.

Berlin und Leipzig, Christ. Ulrich
Ringmacher, 1779, in-8º de II-VIII-
350 pp. avec 4 jolies fig. col. très bizarres, et 1 sphère col.

[R. 37558

C'est l'original en allemand de la traduction qui précède.

(0.50

4523 GIDE (Ch.). — Les Prophéties de
Fourier.

Nîmes, 1894, gr. in-8º (1 fr. 50).

[8º R. Pièce 5871

GIDEL (Charles-Antoine), né à
Gannat (Allier) en 1827. Professeur,
Conférencier, et proviseur du Lycée
Louis-le-Grand.

4524 GIDEL (Ch.) et Émile LEGRAND.
— Les Oracles de l'Empereur Léon le
Sage, expliqués et interprétés en Grec
vulgaire au XIIIᵉ Siècle et publiés
pour la première fois d'après les Manuscrits de la Bibliothèque Nationale,
par Ch. Gidel et Émile Legrand.

Paris, Extrait des " *Mémoires et
Notices* " in-8º de p. 150 à p. 192.
(3 fr.).

Tiré en grande partie du Mss Grec
929 de la Bib. Nat. (p. 403-421)

Voir aussi l'article *LEGRAND* (Émile).

4525 GIEDROYC (Prince Romuald).—
Quelques idées métaphysiques et morales tirées de l'étude de l'histoire.

Paris "*Ne se vend pas*", 1885,
in-4º de 68 pp. (6 fr.).

[Réserve. G. 1500

Dans cette œuvre splendidement impr.
l'auteur choisit cinq types royaux : Salomon, Auguste, Charlemagne, Louis XIV et
Louis II de Bavière, et trouvant en eux
même beauté, même magnificence, même dignité, même majesté, même compréhension du caractère royal, conclut à
la réincarnation d'une même âme dans
cinq personnalités successives.

Ouvrage sans doute d'un descendant
du prince Romuald Thadée Giedroyc, célèbre général Polonais (1750 † 1824).

4526 GIGOT-SUARD (L.). — Les mystères du magnétisme animal et de la
magie dévoilés ou la vérité sur le

mesmérisme, le somnambulisme dit magnétique et plusieurs phénomènes attribués à l'intervention des esprits démontrés par l'hypnotisme, par le docteur L. Gibot-Suard (de Levroux).

Paris, Labé, 1860, in-12 (2 fr. 50).

[R. 37208

Sommeil nerveux. — Méthode de Braid. — La magie expliquée. — Évocation, miroir magique et pacte de Du Potet. — Méthode des anciens Sorciers. — Extase — Hallucinations. — Divination. — Intuition. — Prévision, etc...

4527 GILARDIN. — Du surnaturel et du mysticisme.

Lyon, Vingtrinier, 1861, in-4° (3 fr. 50).

[R. 7340
(G-1414

4528 GILBERT (le Dr). — Mémoire en réponse au rapport de MM. les Commissaires chargés par le Roi de l'examen du magnétisme animal, par M. Gilbert, médecin.

Morlaix, 1784, in-4°, 26 pages. (2 fr.).

Critique du Rapport des Commissaires.

(D. p. 47

4529 GILBERT (Émile). Pharmacien, officier d'Académie. — Essai Historique sur les Talismans dans l'Antiquité, le Moyen-Age et les Temps modernes, par M. Émile Gilbert.

Paris, F. Sacy, 1881, in-8° de 88 p. et tab.

[Tel¹¹. 1003 C

Origine probable des Talismans. Historique. — Des Talismans proprement dits. — Talismans Métalliques. — Amulettes. — Des Pierres précieuses employées comme Talismans. — Talismans Végétaux et Animaux. — Talismans au Moyen-Age et à la Renaissance. — Influence de l'Astrologie judiciaire. — Talisman de Catherine de Médicis. — Les Talismans d'aujourd'hui. — Etc.

(Y-P-1053

4530 [GILBERT (Frédéric)] pseudonyme : Yveling RAMBAUD. — Le sauveur d'hommes par Yveling Rambaud et Debut de Laforêt avec préface de M. Georges Barral.

Paris, C. Marpon et E. Flammarion, 1884, in-8° XXXI-300 p. et tab. (4 fr. 50).

[8° Y²....

Véritable histoire (sous forme d'un sombre roman) de la fécondation artificielle, écrite d'après les données de M. G. Barral, à qui l'idée en fut suggérée par Claude Bernard.

4531 [GILBERT (Frédéric)] — Force Psychique, par Yveling Rambaud (*sic*).

Paris, Ludovic Baschet, 1886, in-4° de 52 p. et table, 15 curieuses et artistiques gravures, par Albert Besnard, gravées sur bois par Florian. (7 fr.).

[Fol. R. 108

Tiré à 500 ex. numérotés.

Séances Spirites du Médium William Eglinton, né le 10 juillet 1857 à Islington (Londres, N. W.). On retrouve (p. 9) la même apparition qui fait le sujet de la belle gravure de M. James Tissot reproduite, mais différemment présentée, dans le " Traité Méthodique ... " de M. Encausse. — Séance de Home. — Katie King. — Etc...

Bel ouvrage, recherché pour ses extraordinaires illustrations du peintre Besnard remarquablement gravées sur bois par Florian : apparitions et autres manifestations spirites.

(G-2027

4532 GILBERT (Frédéric). — Sorciers et Magiciens. Autrefois et aujourd'hui.

Moulins, H. Durond, 1895, pet. in-8° 263 p. (2 fr.).

L'Alchimie magique. — Le sorcier des campagnes. — Les incantations. — Médecine des Druides. — Le sorcier médecin et ses remèdes magiques. — Amulettes. — Recettes pour vivre 100 ans et

... . Mots magiques et cabalistiques. — ... ces. — Les Bergers sorciers. — ... andres. Etc...

4534 GILBERT (Guillaume) médecin et physicien anglais né à Colchester en 1540, mort en 1603. Médecin de la reine Elizabeth et de Jacques Ier. — Guill. Gilbertus, de Magnete Magneticisque Corporibus, et de magno Magnete Tellure.

Londini, Petrus Short, 1600, in-f°.

|R. 920
(S-3410 b

4535 GILBERT (Jean Emmanuel). — Aperçu sur le magnétisme animal ou résultats des observations faites à Lyon sur ce nouvel agent, par Jean Emmanuel Gilbert ancien professeur d'anatomie, de chirurgie et de botanique au Collège de médecine de Lyon, Conseiller aulique et médecin ordinaire de S. M. le roi de Pologne, ancien professeur de l'Ecole royale de médecine de Grodno, directeur des hôpitaux du Grand Duché de Lithuanie, professeur du Jardin royal de botanique de Grodno, professeur ordinaire d'histoire naturelle, de botanique et de matière médicale à l'Université de Wilna, etc...

Genève, 1784, in-8°, 70 pages. (3 fr.).

Cette brochure en faveur du magnétisme est écrite sous forme de lettres adressées à un de ses amis M. Prost de Royer. Ces lettres sont intéressantes et contiennent des faits bien observés. L'auteur raconte ses doutes et les expériences qu'il voulut tenter avant de se convaincre. Il cite des magnétisations faites sur des médecins dont l'un, épileptique, avait un accès chaque fois qu'il se soumettait à l'action d'un magnétiseur et dont l'autre d'une incrédulité aussi robuste que son organisation, fut sensiblement influencé et obligé de se rendre à l'évidence. Gilbert témoigne des faits sans se prononcer sur la théorie.

Ce médecin qui a joui d'une grande réputation de savoir et d'honorabilité, et qui par cette raison put conserver à Lyon ses positions de professeur au Collège de Médecine et de Médecin des Hôpitaux, en dépit des affaires politiques dans lesquelles il se trouvait engagé, s'est surtout signalé par sa persévérance à poursuivre le charlatanisme médical dans toutes ses formes, et il a écrit sur ce sujet en 3 vol. in-12, un ouvrage dont Haller fit des éloges. Du reste, Gilbert soutint d'une manière brillante en 1760 une thèse sur la puissance de la nature pour la guérison des maladies *(De natura medicatrice)*. Ces détails étaient utiles à donner en raison de sa défense du magnétisme. — La brochure du docteur Gilbert n'est pas citée dans les biographies Bayle, Dezeimeris, Hoefer, Didot, etc.

(D. p. 27)

4536 GILKIN (Iwan). — Stances dorées. Commentaire sacerdotal du Tarot.

Paris, Chamuel, Bruxelles, Lacomble, 1893, in-18 de 48 p. Avec 22 figures du Tarot. (2 fr.).

(G.-1415

4537 GILLIARD (C. J.). Maire de Mouchard, Jura. — Réflexions sur les sociétés secrètes et les usurpations. Ecueils et dangers des sociétés secrètes, par C. J. Gilliard.

Arbois, Imprimerie de Javel, 1823, 2 vol. in-8°. (20 frs.).

[*E. 4388 et o

Franc-Maç∴ Illuminés. — Vueishaupt. — Carbonari. — Bons cousins charbonniers, etc...

Première partie (seule parue).

4538 GILON (Ernest). — La Franc-Maçonnerie moderne.

Paris, Fischbacher, 1894, in-8°, (6 fr.).

Sincère apologie de la Fr∴ M∴. L'auteur cherche et réussit à donner à tous une idée juste de cette institution et à faire apprécier les services immenses qu'elle a rendus et est appelée à rendre encore à l'humanité. (?)

4539 GIN (Pierre Louis Charles) né à Paris en 1726, mort en 1807. Avocat et helléniste. — De la religion du vrai philosophe ou observateur impartial de la Nature. Contenant l'examen des systèmes des prétendus Sages du XVIIIe siècle et la preuve de la liaison des principes du Christianisme avec les maximes fondamentales de la tranquillité des Etats.

Paris, Hénée, 1806, 3 vol. in-8°. (6 fr.)

Autre édit :

Paris, Garnery, An XII-1804, in-8°.

[R. 37218
(G.-1417)

4540 GINÆCEVM CHIMICVM, seu congeries plvrivm Avthorvm qui in Artem Hermeticam de Lapide Philosophico scripserunt, quorum Tractatus nec in Theatro, aut alio volumine vsque adhuc simul impressi fuerunt. Volvmen Primvm.

Lugduni, apud Io. de Trevis, 1679, in-12 de 727 p. (Tome I, seul paru?) (18 fr.).

[R. 37219

Contient 21 traités, parmi lesquels :

Geber Summi Perfectionis magisterii. — Geber, Liber Investigationis Magisterii. — G. Hornii, Medvlla Alchimiæ. — J. Bracascini, Dialogus Gebri sensum explicans. — Olivervs de Olivervs, De Lapide Philosophorum et de Auro Potabile. — Avicennæ, De Mineralibus. — Mercuri, Profundissimum Lapidis Arcanum.

4541 GIRALDI CYNTHIEN (Jean-Baptiste) né à Ferrare vers 1504 mort au même lieu vers 1573. Professeur à Ferrare et Pavie. Célèbre auteur dramatique. — Dialogues philosophiques et très vtiles, italiens françois, touchant la vie ciuile. Contenant la novrriture du premier âge ; l'instruction de la ieunesse et de l'homme propre à se gouuerner soy-mesme ; ornez des tres excellens traitez des facultez de nos esprits, du Duel, du Destin, de la Prédestination et de l'immortalité de l'âme. Traduits des trois exellens dialogues italiens de Jean Baptiste Giraldi Cynthien, gentilhomme Ferrarois par Gabriel Chappuys Tourangeau.

A Paris, pour Abel L'Angelier, 1583, in-12, (7 fr.).

[R. 37221

Texte italien et traduction en regard.

(G-1418)

4542 GIRALDO (R. P. Mathias de), dominicain, ancien exorciste de l'Inquisition. — Histoire curieuse et pittoresque des sorciers, devins, magiciens, astrologues, voyants, esprits malins, sorts jetés, exorcismes, etc., depuis l'Antiquité jusqu'à nos jours. Rev. et augm. par Fornari.

Paris, Renault, 1846, gr. in-8°, (6 fr.).

[R. 37222

Ouvrage curieux orné d'un frontispice et de 4 gr. planches gravées sur bois (apparitions et scènes de sorcellerie) de Johannot, Janet-Lange, Andrew Best Leloir, etc.

(G-1419)

4543 GIRARD et GARREDI. — Les Messies Esséniens et l'église orthodoxe. Par les Esséniens du XIXe siècle.

Paris, Chamuel, 1893, in-18 de 400 pp.

Basé sur l'ouvrage de Ramel "Mort de Jésus".

Coins d'histoire éclairés par la tendresse d'amour, états d'âme un peu troubles par la haine : tel est ce livre curieux à feuilleter et que nous recommandons à ceux qui intéressent les religions et les systèmes philosophiques et qui cherchent de l'inédit sur les Esséniens.

Légende des Vedas. — Les Chastes et les Fils de Dieu. — Jésus n'est pas ressuscité. — Le Rite Essénien. — Le Dieu de la Bible et de l'Eglise. — Loi de Josué. — La Réincarnation. — Les dogmes Esséniens. — Le Trinôme essénien. — Culte Essénien enseigné par Jésus. — Jeanne d'Arc, le Messie Essénien du XVe siècle. — L'Inquisition. etc.

(G-1420)

4541 GIRARD (B). — Résumé philosophique sur l'origine des êtres, les diverses vocations de l'homme et la psychologie.

Paris, 1874, in-12.

[R. 37270]

Les époques de la création. — Manou. — Bouddha. — Les anges et les génies. — Moïse. — Goutama. — Après la mort, etc...

4545 GIRARD (J.). — Des tombeaux ou de l'influence des institutions funèbres sur les mœurs.

Paris, Buisson, an IX, in-12. (5 fr.).

[R. 18020]
(G.-1419)

4546 GIRARD (V.). — La transmigration des âmes et l'évolution indéfinie de la vie au sein de l'Univers.

Paris, Perrin, s. d., in-12. (5 fr.).

4547 GIRARD de CAUDEMBERG, ingénieur en chef des Ponts et Chaussées. — Le monde spirituel ou la science chrétienne de communiquer intimement avec les puissances célestes et les âmes heureuses, par Girard de Caudemberg, ancien élève de l'École Polytechnique.

Paris, E. Dentu, 1857, in-12 de IX-308 pp.

(6 fr.).

[R. 37279]

Dans son ouvrage si fouillé « Le Satanisme et la Magie, » Jules Bois étudie les dessous étranges de ce livre de Girard de Caudemberg, ancien élève de l'École Polytechnique, ingénieur en chef des Ponts et Chaussées, qui, durant de longues années, connut dans toute leur acuité troublante les ardeurs mystérieuses du succubat. — C'est en toute bonne foi que l'auteur raconte l'extase de ses nuits et indique les moyens qu'il mettait en œuvre pour entrer en relations intimes avec ses complémentaires de l'au delà. Écrit par un homme convaincu, l'ouvrage est remarquable, et occupant une des plus hautes fonctions administratives, *Le Monde Spirituel* est un de ces livres qui étonnent par leur hardiesse et en même temps par leur imperturbable sérénité.

(G-1039)

4548 GIRARD de CAUDEMBERG. — Rénovation philosophique, ou exposé des vrais principes de la Philosophie déduits de l'observation.

Paris, Gaultier-Laguionie, 1838, in-8° de 240 pp. (6 fr.).

[R. 37273]

1ʳᵉ partie (seule parue).

Dans son " *Monde Spirituel* ", Girard de Caudemberg renvoie en ces termes à sa " *Rénovation philosophique* ". Mais comment expliquer cette variété de sensations qui se différencient encore en nuances infinies dans chacun des modes que j'ai cherché à caractériser, et qui ne sont pourtant que les principaux? Ici, j'aurai besoin, de la part de mes lecteurs, d'une grande attention, car je vais faire usage entre l'âme et le corps, de ce principe de réciprocité dont j'ai déjà tiré un grand parti dans la « *Rénovation philosophique*. » — En effet, dans ce traité, vraiment transcendant, l'auteur aborde avec autorité les lois de l'occulte qui lui étaient familières et où il avait fait des explorations heureuses dont les résultats offrent le plus grand intérêt.

GIRARD de CRÉMONE. — Voir :
GERARD de Crémone.

4549 GIRARDIN (le docteur). — Lettre d'un Anglais à un Français sur la découverte du magnétisme animal et observations sur cette lettre par M. Girardin, médecin, secrétaire de la Société de l'Harmonie.

Paris, Bouillon, 1784, in-8°, 24 pages. (il y a une édition non signée en 11 pages). (3 fr.).

" Plus de soixante médecins dit l'auteur, croient au magnétisme, pourquoi écouter les huit qui n'y croient point ? M. Girardin qui est probablement l'auteur de la lettre, termine ses observations par cette phrase enthousiaste, mais peu scientifique : " L'Aigle (Mesmer) triomphera bientôt des friponneries des roitelets et des clameurs des dindons ".

(D. p. 41)

4550 [GIRARDIN]. — Observations adressées à MM. les Commissaires chargés par le Roi de l'examen du Magnétisme animal, sur la manière dont ils ont procédé et sur leurs rapports par un médecin de P...

Londres, se trouve à Paris, chez Royez, 1784, in-8°, 36 pages. (2 fr.).

(D. p. 41)

4551 [GIRARDIN]. — Observations adressées à MM. les Commissaires de la Société royale de Médecine nommés par le Roi pour faire l'examen du magnétisme animal sur la manière... (comme ci-dessus) par un médecin de P..., pour servir de suite à celles qui ont été adressées à la Faculté de Médecine et à l'Académie royale des sciences.

Londres, se trouve à Paris, chez Royez, 1784, in-8°, 17 pages, (2 fr.).

Ces deux brochures attribuées au Docteur GIRARDIN, sont datées la première du 18 Septembre, la deuxième du 7, ce qui est une erreur. Elles ont pour but de rectifier ce que disent les rapports des détails des traitements magnétiques examinés chez d'Eslon, des procédés de Mesmer, etc... Dues à un témoin oculaire elles sont écrites en de très bons termes.

(D. p. 41)

4552 GIRAUD (A.). — Alphabet des Signes Graphologiques.

Paris, s. d., in-18 jésus, (1 fr.).

Complément utile au *Dictionnaire* du même auteur.

4553 GIRAUD (A.). — Petit Dictionnaire de Graphologie.

Paris, s. d, in-18 jésus. Nombreux autographes. (2 fr.).

Ouvrage pratique et le premier de ce genre.

4554 GIRAUD (Claude-Marie) médecin et prêtre né à Lons-le-Saunier vers 1711, mort à Paris vers 1780. — Diabotanus ou l'Orviétan de Salins, poème héroïcomique traduit du Languedocien.

Paris, chez Delaguette, 1740, in-8°, (4 fr. 50).

[Ye. 1254]

Édition originale de cet ouvrage réimprimé sous le nouveau titre de la Triacade, ou l'Orviétan de Léodon."

4555 GIRAUD (Cl. Mar.). — La Triacade ou l'orviétan de Léodon. — La diabotanogamie ou les noces de Diabotanus. Poèmes héroïcomiques en 8 chants.

Paris, chez Merlin et à Genève, 1760, 2 vol. pet. in-8° (15 fr.).

[Ye 979-9795]

Avec deux beaux et curieux frontispices de Eisen gravés par De Ghendt. — Léodon n'est autre chose que Lons-le-Saulnier.

(G-350, 1802 et 1823)

4556 GIRAUDET (A.). — Mimique, physionomie et gestes. — Méthode pratique d'après le système de Fr. del Sarte pour servir à l'expression des sentiments.

Paris, Libr. imp. réunies, 1895, in-4° de 128 pp. planches. (28 fr.).

[Fol. V. 335]

Ouvrage curieux et intéressant orné de 34 planches composées de 250 fig. gr. en taille-douce d'après les dessins de G. le Doux. Portrait de l'auteur par Duez. Curieuse théorie du Tétraèdre rabattu. — Tableau du classement des physionomies (p. 18). — Notation rigoureuse de tous les gestes possibles.

4557 GIRAULT (F.). — Mlle Lenormand, sa biographie, ses prédictions extraordinaires, son commerce avec les personnages les plus illustres d'Europe, de la République, du Directoire, de l'Empire et de la Restauration jusqu'à nos jours ; la Chiromancie et la Cartomancie expliquées par la Pythonisse du XIX° siècle avec une introduction philosophique sur les sciences occultes mises en regard des sciences naturelles.

Paris, 1845, in-18. Fig. et fac-similés (4 fr.).

Les ouvrages concernant cette célèbre prophétesse sont aujourd'hui assez recherchés. — On sait que Mlle LENORMAND joua un rôle important sous la terreur ; elle essaya de sauver Marie-Antoinette et d'autres personnages, mais n'y réussit pas. — Elle prédit à Marat son assassinat par Charlotte Corday, à St-Just et à Robespierre leur mort violente dans l'année, ce qui se réalisa entièrement. — Enfermée à la " Petite Force " elle prédit à qq. dames la cessation de la Terreur et leur prochaine délivrance. — Pendant sa captivité, elle eut aussi des rapports avec Joséphine BONAPARTE ; cette dernière s'attacha à la Sibylle et la consulta très souvent.

4558 GIRGOIS (Dr H.). — L'occulte chez les Aborigènes de l'Amérique du Sud.

Paris, 1897, in-16. (2 fr.).

Cette brochure sert à élucider un point obscur dans l'Humanité c'est-à-dire l'existence et la destruction de la fameuse Atlantide. — L'auteur espère que cette preuve apportera un peu de lumière dans cette question troublante qui se rattache si sérieusement à tous les sanctuaires occultes.

4559 GIRON D'ARGOUT. — Prospectus d'un nouveau journal du magnétisme sous la direction de M. GIRON d'ARGOUT.

1843.

Prospectus et journal nous sont inconnus.

(D. p. 120

4560 [GIRY de ST-CYR (Abbé de)]. — Catéchisme et décisions de cas de conscience à l'usage des Cacouacs.

avec un discours du patriarche des Cacouacs, pour la réception d'un nouveau disciple.

A Cacopolis [Paris], 1758, petit in-8° viij-105 p. (3 fr.).

Ouvrage curieux, attribué aussi à J. N. MOREAU, Historiographe de France. Les " Cacouacs " sont les Philosophes, dont ce livre est une critique très vive.

Réimprimé :

Paris, 1828, in-12.

Cet ouvrage est généralement précédé d'un " Mémoire pour servir à l'Histoire des Cacouacs " avec un " Nouveau Mémoire " et un " Supplément à l'Histoire des Cacouacs ".

4561 GLAIRE (Abbé Jean-Baptiste). Orientaliste et Théologien, né à Bordeaux en 1798. Professeur d'hébreu à St-Sulpice, et à la Sorbonne. Mort à Issy en 1879. — Introduction historique et critique aux livres de l'ancien et du nouveau Testament.

Paris, 1869, 5 vol. in-8°. (6 fr.).

Autre édition :

Paris, 1841, 6 vol. in-12.

4562 GLANVIL (Joseph) Chapelain du roi Charles II d'Angleterre. — Sadducismus Triumphatus : or a Full and Plain Evidence concerning Witches and Apparitions, in two Parts The first treating of their possibility, the second of their real existence, by Joseph GLANVIL, Chaplain to king Charles II. Fourth edition, with additions.

London, 1726, in-8° (20 fr.).

[R. 37338
(O. P. C.

GLASER (Christophe) Personnage assez énigmatique, de la 2me moitié du XVII° siècle. C'était un chimiste distingué, né à Bâle, en Suisse, grand ami du surintendant Fouquet, et pour le compte duquel il était allé (au dire de la Brinvilliers), étudier à Floterce l'action des poisons italiens, alors célèbres.

Il fut démonstrateur au Jardin du Roi (Jardin des Plantes).

C'est lui qui fournit à la susdite Marquise de Brinvilliers, par l'intermédiaire de Ste-Croix, son amant, les poisons dont elle se servit.

Mais ici l'accord cesse entre les biographes : d'après les uns, il « *est mort quatre ans avant le procès de la Brinvilliers* » tandis que d'après les autres : « *ce procès le força de quitter la France après une assez longue détention à la Bastille* » (LAROUSSE).

D'après les premiers, il serait mort, en même temps que son associé Ste-Croix, dans un accident de laboratoire. Le fait semble possible pour Ste-Croix, car c'est grâce à sa mort que la justice découvrit la cassette renfermant les preuves de la culpabilité de la Marquise.

Il est douteux en ce qui concerne Glaser.

Mais ce n'est pas tout : GLASER fit toujours, dit-on, un secret de ses diverses découvertes, très réelles d'ailleurs : le Chlorate d'Arsenic et le Sous-nitrate de Bismuth, entre autres; on s'explique peu, dès lors qu'il les ait publiées sous forme de livre.

La clef de cette Énigme se trouve dans un ouvrage de Moyse CHARAS, collègue de Glaser, en sa qualité d'« *Apothicaire artiste du Roy en son Jardin Royal des Plantes.* » Dans la 1ʳᵉ page de la préface de sa « *Thériaque d'Andromachus* » (Paris, 1668, in-12), CHARAS dit textuellement, en parlant du *Traité de la Chymie* de GLASER :

« ... *J'aimay mieux le publier sous*
« *le nom de Christofle* GLASER, *que d'y*
« *faire voir le mien....* »

Moyse CHARAS n'est d'ailleurs pas le premier venu, et une telle affirmation, aussi nette, de sa part, peut être regardée comme la vérité.

C'est donc à son nom que nous avons décrit les quatre éditions de l'unique ouvrage connu portant le nom de Christofle GLASER : « *Traité de la Chymie, enseignant par une brief et facile méthode toutes ses plus nécessaires préparations.* » avec un T. orné et 2 Pl.

GLASER (Christophe)

Voir : *CHARAS* (Moyse).

4503 GLASER (J. Christ.). — Lettres trois demandes de M. le Comte de T*** touchant le Plagium Litterarium des Ingenieurs, le fameux dessein du Sieur Mimplet et l'utilité de l'Analyse dans le Génie, par J. Christ GLASER.

Dresde, 1730, in-4°, Figures.

(S-160 St pp)

4504 GLAUBER (Johann Rudolf) illustre alchimiste né à Karlstadt en 1604, mort à Amsterdam en 1668. Il résida à Vienne, Salzbourg, Francfort, Cologne, etc. Découvrit le « Sel admirable » (Sulfate de Soude). — Joh. Rud. GLAUBERI Annotatones, uber dessen Jüngst-herausz gegebenes (Continuatio Miraculi Mundi intitulirtes) Tractätlein, in welchen die darin begriffene Secreta, samb angezogenem Auro potabili vero, expliciret, und defendiret werden...: der misz günstigen Neidhammeler, Ignoranten, und Calumnianten ungewaschene freule Mänier darmit zu stopffen, jeder man täglichem zu guter Nachricht, durch den Authoren herausz geben.

Amsterdam, Joh. Janssen, 1656, in-8° de 39 pp.

[R. 12559]
(O-1205)

4565 GLAUBER (J. R.). — Apologetisive defensio J. R. Glauberi contre Chr. Farneri mendacia et calumnia.

Amsterdam, 1655, in-12 (5 ff.)

[R. 3730]
(G-343)

4566 GLAUBER (J. R.). — De

..rea sive auro potabili vero, was ..che sey, und wie dieselbe, von ... falschen und Sophistischen ... potabili zu unterscheiden und ...kennen, auch wie solche auff spagirische Weise zugerichtet und begehrt werde, und wozu solche in ... könne gebraucht werden. ...schrieben und an den Tag gegeben durch Joh. Rud. GLAUBERUM.

Gedruckt zu Amsterdam, s. adr. ...0, in-8° de 30 pp. (2 fr. 50).

[R. 12474
(O-1620

GLAUBER (Jean Rudolph.). — Joannis Rudolphi GLAUBERI, Colloquia Hermetica.

Amstelodami, J. Jansson, 1663, in-8°

[R. 37375

Traité rare et curieux, d'après l'abbé ... SAINT-DUPRESSOY.

(L-D

GLAUBER (J. R.). — Consolatio navigantium in qua docetur et deducitur, quomodo per maria peregrinantes a fame ac siti immo etiam morbis, qui longinquo ab itinere ipsis contingere possunt, sibi provideri, ac suppetiari liceat.

Amstelodami, apud Joannem Janssonium, 1657, in-8° (5 fr.).

[R. 37307
(G-353

GLAUBER (J. R.). — La consolation des navigants, dans laquelle est enseigné à ceux qui voyagent sur mer le moyen de se garantir de la faim et de la soif.

Paris, Jolly, 1659, in-8° (6 fr.).

[R. 12502

Traité d'alchimie fort rare.

(G-352 et 625

GLAUBER (Jean Rod.). — La description des nouveaux fourneaux philosophiques. Ou Art distillatoire, par le moyen duquel sont tirez les Esprits, huiles, fleurs et autres médicaments ; par vne voye aisée et auec grand profit, des végétaux, animaux et minéraux. Auec leur vsage, tant dans la Chymie, que dans la Médecine.

Paris, Jolly, 1659, 6 parties in-8° (12 fr.).

[R. 12491-12496
(G-354

4571 GLAUBER (Jean Rudolphe). — La description des nouveaux fourneaux philosophiques. Ou art distillatoire par le moyen duquel les esprits, huiles, fleurs et autres médicaments sont tirez des végétaux, animaux et minéraux, par une voye aisée et avec grand profit. Avec leur usage tant dans la chymie que dans la médecine. Traduit en nostre langue par le sieur Du Theil.

Paris, d'Houry et Jolly, 1659/74, 5 parties in-8° (12 fr.).

[R. 12503-12508

Annotations sur l'appendix de la cinquiesme partie des fourneaux philosophiqves où il est traité de plusieurs secrets inconnus et vtiles.

Paris, Jolly, 1659, in-8° (7 fr.).

(G-352 et 1421

4572 GLAUBER (J. R.). — De Elia Artista, oder Wasz Elias artista für einer sey, und wasz Er in der Welt reformiren, oder verbesseren werde, wann Er kombt ? nemblich die wahre spagirische Medicin, der alten aegyptischen Philosophen, welche mehr als tausent Jahr verlohren gewest, und Er wiederumb herfür ziehen, solche renoviren, und durch newe inventiones herzlich illustriren..... der edlen, und unbesudelten Reynen spagirischen Medicin Liebhabern zugefallen, beschrieben ; und an tag gegeben durch Joh. Rudolph GLAUBER.

Amsterdam, Job. Waesberge, 1668, in-8° de 71 pp.

[R. 12558]

Selon GLAUBER, ELIE l'artiste n'est qu'une figure symbolique.

(O-535)

4573 GLAUBER (Jean Rodolphe). — Furni novi Philosophici, sive descriptio artis distillatoriæ novæ ; nec non spirituum Oleorum, Florum, aliorumque Medicamentorum illius beneficio, facillima quadam et peculiari via e vegetalibus, animalibus et mineralibus conficiendorum et quidem magno cum lucro, agens, quoque de illorum usu tam chymico quam medico, edita et publicata in gratiam veritatis studiosorum.

Amstelodami, apud Joannem Janssonium, 1651, 5 parties in-12 (8 fr.).

[R. 37300-37365]

Enrichi de très curieuses figures h. et dans le texte représentant des fourneaux, des creusets, des cornues, des vaisseaux, etc.... à l'usage des philosophes hermétiques.

4574 GLAUBER (J. R.). Furni novi philosophici, oder Beschreibung einer neu-erfundenen Distillir-Kunst, auch was für Spiritus, Olea, Flores, und andere dergleichen vegetabilische, animalische und mineralische Medicamenten, damit auff eine sonderbare Weise gantz leichtlich, mit grossen Nutzen können zugericht und bereitet werden ; auch wozu solche dienen und in Medicina, Alchimia, und anderen Künsten können gebraucht werden..... an Tag gegeben durch Joann. Rud. GLAUBERUM.

Prag, Gaspar Wussin, 1700, in-8° de 102-216-76-124-56 pp. avec des pl.

Les cinq parties ne peuvent être séparées.

Autre édit. :

Amsterdam, J. Jabeln, S. d. 2 parties en un vol. in-8°.

[R. 12406-407]

Exempl. incomplet.

(O-1205)

4575 GLAUBER (J. R.). — Miraculum Mundi, oder ausztürliche Beschreiben der wunderbaren Natur, Art, und Eigenschafft des groszmächtigen Subjecti, von den alten Menstruum Universale oder Mercurius Philosophorum genannt, daduch die Vegetabilien, Animalien, und Mineralien gar leichtlich in die alterheilsamste Medicamenten...... allen Liebhabern der natürlichen Wunderwercken zugefallen beschrieben und an Tag gegeben, durch Johann Rudolph GLAUBERN.

Gedruckt zu Amsterdam, 1653, in-8° de II-105 pp.

[R. 1255?]
(O-1202)

4576 GLAUBER (J. R.). — Miraculum Mundi sive plena perfectaque descriptio admirabilis naturæ, ac proprietatis potentissimi subjecti, ab antiquis menstruum universale, sive Mercurius philosophorum dicti ; quo vegetabilia, animalia et mineralia facillime in saluberrima medicamenta, et imperfecta metalle in permanentia ac perfecta transmutari possunt.

Amsterodami, apud Janssonium, 1653, in-12 (10 fr.).

[R. 1255?]
(G-555)

4577 GLAUBER (J. R.). — Miraculi Mundi continuatio, in qua tota natura denudatur, et toti mundo indi ob oculos ponitur ; imo dilucide et aperti demoastratur, fieri posse, ut ex Sale, petræ omnium Vegetabilium Animalium et Mineralium summa Medicina paretur, ac ideo Sal petræ jure ac merito verum subjectum solvens, sive Menstruum Universale (rumpantur ilia omnib. Farnetianis Asinis) Miracula Divina manifestandi et Hermeticæ Medicinæ studiosos docendi gratia conscripta, etc...

Amstelodami, J. Jansson. 1658, in-12.

[R. 12522

Avec 2 curieuses fig. gr. et pliées représentant un hermétiste dans ses opérations.

4578 GLAUBER (Jean Rudolphe). — Jo. Rudolphi GLAUBER Miraculi Mundi pars altera. Adventus jamdudum prædicti ELIÆ ARTISTÆ magnificus describitur.

Amstelodami. J. Jansson. 1660, in-8°.

[R. 12531
(S-3386

4579 GLAUBER (J. R.). — Miraculi Mundi ander Theil, oder dessen Vorlängst geprophezeiten ELIÆ ARTISTÆ triumphirlicher ein Ritt, und auch was der ELIAS ARTISTA für einer sey ? nemlich der Weisen ihr Sal Artis mirificum, als aller Vegetabilien, Animalien und Mineralien höchste Medicin...; also ein herzlicher, glorioser, und triumphirender Monarch ist :

Elias artista, wenigen bekant,
Et Artis Salia, vielen genant.

Dieses alles durch die grosse Gnad und Barmhertzigkeit Gottes erfunden.... und wahr zu machen sich erbietet und darstelt. Joh. Rudolph Glauber.

Amsterdam. Joh. Jansson. 1660, in-8° de XX-114 pp.

(O-1206

4580 GLAUBER (J. R.). — Miraculi Mundi Continuatio, darinnen die gantze Natur entdecket, und der Weldt nackent und blosz vor Augen gelegt, auch kläherlich und ausführlich beweisen, und dar gethan wirt, dasz usz dem Salpeter aller Vegetabilien, Animalien und Mineralien höchste Medicin zu bereiten möglich... Durch Joh. Rudolph GLAUBER.

Amsterdam, Joh. Jansson. 1657, in-8° de 133 pp.

(O-1204

4581 GLAUBER (J. R.). — Explicatio tractatuli qui miraculum mundi inscribitur nuper editi.

Francofurti. 1656. in-12. (5 fr.).

[R. 12520
(G-353

4582 GLAUBER (J. R.). — Explicatio oder Uber dasz unlängst von Joh. Rud. GLAUBERN auszgebenes (Miraculum Mundi intitulirtes) Tractätlein auszführliche Erklärhung, zu bezeugung der Wahrheit und dienst der Kunst-liebenden durch den Authoren beschrieben und an Tag geben.

Amsterdam. Joh. Jansson. 1659, in-8° de 110 pp.

[R. 12519
(O-1203

4583 GLAUBER (J. R.). — Operis Mineralis ; ubi docetur separatio auri è silicibus, arena, argilla, aliisque fossilibus per sales spiritum, quæ alias eliquari nequeunt. Item Panacea sive Medicina Vniversalis antimonialis, ejusque usus.

Amstelodami, J. Jansson. 1659, in-12. (6 fr.).

[R. 12482-12484

4584 GLAUBER (J. R.). — La première [seconde et troisiesme] partie de l'Œuvre minérale, où est enseignée la séparation de l'or des pierres à feu, sable, argile, et autres fossiles, par l'Esprit de Sel, ce qui ne se peut faire par autre voye. Comme aussi vne panacée, ou médecine universelle, antimoniale et son vsage, etc... Mise en François par le sieur Dv Teil. 1647-1659.

Paris, Jolly. 1659, in-8°. (12 fr.).

[R. 12407-12409

Traité d'alchimie fort rare, traduction du précédent.

Idem :

Paris, d'Houry. 1674. (12 fr.).

(G-352 et 928

4585 GLAUBER (J. R. — Operis Mineralis oder vieler künstlichen und nützlichen metallischen Arbeitten Beschreibung. 1ᵉʳ Theil : darinn gelehret, wie man das Gold ausz den Kiszlingsteinen, Quärtzen, Sand, Erden und anderen armen Berg-Arten, welche sonsten mit nutzen nicht zu schmeltzen seyn, durch den Spiritum Salis extrahiren, und corporalisch machen soll... IIᵉʳ Theil : vom Ursprung und Herkommen aller Metallen und Mineralien, wie nemlich dieselbe durch die Astra gewircket, ausz Wasser und Erden ihren Leib nehmen, und in vielerley Gestalt formiret werden..... IIIᵉʳ Theil : darinnen unter der Explication über desz Paracelsi Büchlein, Cœlum Philosophorum oder Liber Vexationum genandt, der Metallen transmutationes in genere gelehret... durch Joannem Rudolphum GLAUBERUM.

Gedruckt zu Amsterdam, J. Jansson, 1751-52, 10 parties en 3 vol. pet. in-8° de 108, 70, et 184 pp. rel. ensemble. (10 fr.).

[R. 12523-12525
(O-1200

4586 GLAUBER (J. R.). — Pharmacopœa spagyrica sive exacta descriptio qua ratione ex vegetabilibus, animalibus et mineralibus, utilia, efficia medicamenta fieri præparatique possint.

Amsterodami, 1654-57, 3 parties, in-12. (6 fr.).

[Tel¹¹. 108
(G-353

4587 GLAUBER (Jean Rodolphe). — Prosperitatis Germaniæ, in qua de vini, frumenti, et ligni concentratione, eorundemque utiliore, quam hactenus, usu agitur. Mineralia per nitrum condensandi, aut concentrandi et in Metallica, ac meliora corpora mutandi modum et rationem complectens, etc...

Amstelodami, J. Jansson. 1656. 7 parties en un vol. pet. in-8° (4 fr.).

[R. 54810-5482

4588 GLAVBER (Iean Rvdolphe). — La teintvre de l'or, ov le véritable or potable : sa nature et sa différence d'auec l'or potable, faux et sophistique. Sa préparation spargique et son vsage dans la médecine.

Paris, Th. Jolly, 1659, in-8°. (6 fr.).

[R. 12500
(G-625

4589 GLAUBER (J. R.). — Traitté de la médecine vniverselle, ov le vray or potable.

Paris, Jolly, 1659, in-8°. (6 fr.).

[R. 12500

Traité d'Alchimie fort rare.

(G-352 et 625

4590 GLAUBER (J. T.). — Tractatus de natura salium, oder auszfürliche Beschreibung, deren bekanten Salien, unterscheiden Natur, Eigenschafft und Gebrauch, und absonderlich von einem, der Welt noch gantz unbekantem wunderlichen Saltze, dadurch alle verbreuliche Vegetabilische, Animalische und Mineralische Subjecta, sambt angehängtem Tractätlein de Signatura Salium, Metallorum, et Planetarum : ott dem Almächtigen zu ehren, und das Liecht der Natur dadurch zu vermehren, wohlmeinend beschreiben, und anTag geben, durch Joh. Rudol. GLAUBER.

Amsterdam, Joh. Jansson, 1658, in-8° de 120 pp.

[R. 12512
(O-1211

4591 GLAUBER (J. R.). — Tractatus de Signatura Salium, Metallorum et Planetarum, oder, Gründlicher unterzicht, wie, oder auff was weise man gar leichtlich, nicht allein der Salien, Metallen, und Planeten, sonden auch der Wörter, und Nahmen, ihre verborgene Kräfften, Bedeutung, Natur, und Eigenschafften, nicht aus Büchern oder Schrifften, sondern blosz und allein aus dehren Signatur, durch einem Circinum, und Quadranten, erlernen, und aus rechnen kan ; der wunderwercken Gottes, Liebhabern zu gefallen, beschrieben, und an Tag gegeben, durch Johan. Rudolph. GLAUBER.

Amsterdam, Joh. Jansson, 1658, in-8° de 14 pp.

[R. 12515
(O-1242

4502 GLAUBER (J. R.). — De Tribus lapidibus Ignium secretorum, oder von den drey alleredelsten Gesteinen, so durch drey secrete Feuer gebohren werden ; und erstlich von dem Lapide Philosophorum, welcher durch das secrete Feuer der Weisen, insgemein Ignis Artephij genandt bereitet wird... beschrieben und an Tag gegeben durch Joh. Rudolph GLAUBERUM.

S. l. ni adr., 1703, pet. in-8° de 96 pp.

Est-ce une nouvelle édition du Tractat de Igne secreto philosophorum, dont la première édition est de Amsterdam, 1666 ?

A la p. 86 commence Colloquium nuncupatorium, interloquutores Bonus et Lacinius.

(O-1240

4503 GLAUBER (J. R.). — Joannis Rud. GLAUBERI zweiter Appendix über den Siebenden Theil dessen spagyrischen Apotheken, darinnen von weiterem gebrauch unser secreten Salis Armoniaci, in verbesserung der geringeren Metallen... neben beygefügten Unterricht wie per Aquam Mercurialem bonis, nicht allein aus dem Golt, sondern auch Marte et Venere...

Amsterdam, Joh. Jansson, 1668, in-8° de 96 pp.

(O-1208

4504 GLEICHEN (Charles Henry, baron de), diplomate danois, d'origine allemande, né à Reinersdorf (Principauté de Bayreuth) en 1735, mort à Ratisbonne en 1807. — Souvenirs de Charles Henry Baron de GLEICHEN, Précédés d'une notice par P. Grimblot.

Paris, Léon Téchener, 1868, in-12, XLVIII-227 p. (4 fr.).

Très intéressants mémoires sur les principaux mystiques du siècle dernier.

Les Souvenirs du baron de Gleichen sont précieux pour l'étude de la société de la seconde moitié du XVIII° siècle. On y trouve des renseignements d'un vif intérêt sur le Masque de fer, Cagliostro, Lavater, Louis Claude de St-Martin, le Philosophe inconnu, les Convulsionnaires et l'Alchimie au XVIII° siècle.

(G-355

4505 GLEIZÈS (Jean-Antoine) qui a lui-même fixé ainsi l'orthographe et la prononciation de son nom, est né à Dourgne, Tarn, en 1773 et mort près de Mazères, Ariège, en 1843. Philosophe et très célèbre Végétarien, il était bon, bienveillant, et d'une inépuisable charité.

THALYSIE, ou la Nouvelle existence, par J.-A. GLEIZÈS.

Paris, L. Desessart, 1840-41-42, 3 vol. in-8° de 617, 301, 317 p. (18 fr.).

[R. 37370-81

Cet ouvrage capital de GLEIZÈS est très rare. Il contient l'exposé du Système philosophique de cet homme de bien :
« l'Homme n'est point animal de proie... le
« meurtre des animaux est la principale
« source de ses erreurs et de ses crimes »...
(I p. V-VI).

« La viande est athée, les Fruits ren-
« ferment la vraie religion, il est en ef-
« fet impossible de les porter à la bouche
« sans songer à Dieu et à sa Providence.
« Aussi paraît-il à la table de ceux qui
« s'en nourrissent, tandis qu'il est absent
« de celles des autres, comme l'annonce
« suffisamment le Cynisme effronté qui y
« règne... » (III-26).

Les « *Thalysies* » étaient les fêtes de Cérès de la Religion Mythologique.

Voir sur GLEIZES. ERDAN. *France Mystique*. II-206-223 et aussi l'étude de N. JOLY.

GLEIZES (sur J. A.). — Voir :
JACOB.
JOLY (N.).

4596 GLOBE (Le). Archives générales des sociétés secrètes non politiques publiées par une société de Francs-Maçons et de Templiers sous la direction principale du F.·. L. Th. Juge.

Paris. 1840-41. 3 vol. in-8°. (24 fr.).

Collection rare contenant 28 planches lithographiées. Portraits de L. Th. Juge, Cambacérès, Delille, Washington, l'Impératrice Joséphine, Napoléon 1er, etc. etc... Scènes historiques ou autres.

4597 GLOBE (Le), journal de la doctrine de Saint-Simon ; religion, science, industrie, association universelle.

Paris. origine 1824 (?) jusqu'après 1832. in-f°.

4598 GLORIA MUNDI, kleine Paradeis-Tafel. das ist : Beschreibung der uralten Wissenschaft des Lapidis philosophorum. autore anonymo.

Hof. Vierling. 1774. in-8° de XVI-107 pp.

(O-1206

4599 GLORIA MUNDI, sonsten Paradiesz-Taffel. das ist : Beschreibung der uhralten Wissenschafft. welche Adam von Gott selbst erlenet, Noä. Abraham, und Salomon. als eine der höchsten Gaben Gottes gebraucht.... nemlich de Lapide philosophico, authore anonymo...

Hamburg. Gottfr. Liebernickel, 1692. in-8° de XX-216 pp. avec 1 pl.

La première édit. est de Francfort-s.-M., 1648.

(O-1204

4600 [GLOWACKI (Alexandre)] sous le pseudonyme de BOLESLAS PRUS. — Le Pharaon. Roman historique de l'ancienne Egypte ; trad. du Polonais par C. Humiecka, avec 10 belles gravures égyptologiques h. t.

Paris. Charles Carrington. [1902]. in-8° de VIII-010 p. (5 fr.).

[8° Y²53700

Cet ouvrage fait revivre l'antique pays du Sphinx et des Pyramides, dans ses coutumes, ses mœurs, sa religion. — Le récit se place au XIe siècle avant J. C. sous RAMSÈS XIII. — Le temple d'Astarté. — Le prince Hiram. — Le Cirque. — Conte égyptien. — Entretien sur la vie d'outretombe. — Le Sphinx. — Les funérailles d'un Pharaon, etc.

4601 GNOSE (La). — Revue Mensuelle consacrée à l'étude des sciences Esotériques. Directeur : PALINGENIUS.

Paris. du 1er janvier 1909. in-8°.

Une des plus fortes des revues d'Occultisme contemporain.

4602 ΕΝΩΧ ΣΕΑΥΤΟΝ für jüngere Maurerbrüder ; als Manuscript gedruckt.

Gera. C. F. Haller. 5801 (pour les 2 prem. vol. et) *Hof. J. H. Mintzel*. 5809-13 (pour les deux derniers). 4 vol. pet. in-8° de XVI-142. VIII-214. VIII-160. et VI-180 pp.

Les deux derniers vol. ont un second titre : *Licht aus Osten eine nützliche, belehrende und unterhaltende Lecture für Freymaurer*. Tomes I et II.

(O-435

4603 GOBERT (A.), de Gonnelieu. — Du vrai et du faux Somnambulisme et du Magnétisme raisonné.

Paris, 1860, in-8°. (1 fr. 50).

4604 GOBINEAU (Joseph Arthur Comte de), né à Bordeaux en 1816. Diplomate et savant français. — La religion et les philosophes dans l'Asie centrale.

Paris, Didier, 1865. in-8° (8 fr.).

[O². 41..

même auteur a aussi publié un *Traité des Écritures cunéiformes* en 2 vol. in-8° (Paris, 1864) avec 18 tableaux.

4008 GOBINEAU de MONTLUISANT (Esprit). — Enigmes et hieroglifs physiques qui sont au grand portail de l'église cathédrale et métropolitaine de Notre-Dame de Paris ; avec une Instruction très-curieuse sur l'antique situation et fondation de cette église, et sur l'état primitif de la Cité. Le tout recueilli des ouvrages d'Esprit Gobineau de Montluisant, gentilhomme Chartrain, ami de la Philosophie naturelle et alchimique et d'autres Philosophes très-anciens ; par un amateur des Vérités hermetiques, dont le nom est ici en anagramme : Philovita. o. Uraniscus.

Dimitte corticem, et recipe nucem : tune tibi sic revelatur mysterium sophorum, et intelligitur omnis Sapientia.

Dans *Biblioth. des philosophes alchimiques*, IV. (1754). 307-303.

(O-1300

4000 GOBLET D'ALVIELLA. — Ce que l'Inde doit à la Grèce : des influences classiques dans la civilisation de l'Inde.

Paris, 1897. in-8° (2 fr. 50).

Les plus anciens monuments de l'Inde. École gréco-bouddhique.— Art d'écrire. Traditions populaires. — Krichnaïsme et christianisme, etc...

4007 GOBLET D'ALVIELLA. — La migration des symboles.

Paris, 1891. in-8° (0 fr.).

[8° H. 5645

4008 [GOECHHAUSEN (Ernest August. Anton von)]. — Enthüllung des Systems der Weltbürger-Republik : in Briefen aus der Verlassenschaft eines Freymaurers, wahrscheinlich manchem Leser um zwanzig Jahre zu spät publizirt (von Ernst August Anton von GOECHHAUSEN).

Rom. [*Leipzig. Göschen*]. in-8° de XVI-460 pp.

(O-490

4009 GOCLENIUS (Rudolf) érudit et philosophe allemand) né à Corbach vers 1547, mort à Marbourg vers 1628. Quelque temps membre, dit-on, de la Compagnie de Jésus. — Rodolphi GOCLENII Exercitationes Ethicæ.

Marpurgi, 1600 in-8°

(S-2810

4010 GOCLENIUS (R.). — Memorabilia experimenta et observationes Chiromantiæ, cum speciali judicio, hactenus a nemine visæ.

Marpurgi Cattorum, 1621. in-10 de 32 pp. 11 figures. —Très curieuse vignette-frontisp. sur bois au titre. (4 fr.).

4011 GOCLENIUS (R.). — Mirabilium naturæ liber, concordias et repvgnantias rerum in plantis animalibvs, animalivmque morbis et Partibus manifestans, nunc primo in lucem datus. Adiecta est in fine breuis et noua defensio magneticæ curationis vulnerum ex solidis principiis.

Francofurti, 1625. in-12. (12 fr.).

[T^tm 25

Dans ce curieux traité, l'auteur affirme la possibilité de guérir les blessures par le magnétisme.

4012 GOCLENIUS (R.). — Physiognomica et Chiromantica specialia hactenus tanquam secretissima suppressa, nunc vero primum velut publicum bonum, naturalis divinationis studiosis donata et in lucem emissa.

Marpurgi Cattorum, 1621. in-10.

Autres édit :

Francfurti. J. C. Unckelium, 1625. in-16.

[V. 21890

Hamburgi. J. Naumannum, 1661, in-16.

[V. 21892.

4613 GOCLENIUS (Rod.). — Rod. Goclenii Synarthrosis magnetica, opposita infaustæ Anatomiæ Jo. Roberti [lege Roberti] Jesuitæ.

Marpurgi, 1617. in-8°

[Te⁵⁶ 18

Autre exemp.

[R. 20940 (2)
(S-3309 b

4614 GOCLENIUS (Rod.). — Rod. Goclenii Morosophia Jo. Roberti Jesuitæ.

Francofurti, 1610. in-8°.

[Te⁵⁶ 20
(S-3309 b

4615 GOCLENIUS (R.). — Tractatus de Magnetica curatione vulneris, citra ullam et superstitionem et dolorem et remedii applicationem. Accesserunt venerandæ antiquitatis Periapta et Signaturæ, quibus, quousque et quantum sit habenda fides, simul indicatur. Lege intellige et recte judica.

Marpurgi, 1610, in-4°. (8 fr.)

Rare ouvrage de ce savant médecin allemand, un des plus anciens partisans de la médecine magnétique qu'a depuis pratiquée Mesmer. — C'est un des premiers ouvrages de médecine magnétique.

Autre édit :

Francofurti, Musculus et Pistorius, 1613. in-8°

[Te⁵⁵ 17

4616 GOCLENIUS (Rod.). — Rodolphi Goclenii, Tractatus de Portentosis ac Luxuriosis nostri Sæculi conviviis.

S. L. N. D. in-8°

(S-3338

4617 GOCLENIUS (Rod.). — Rod. Goclenii Urania cum geminis filiabus (?), Astronomia et Astrologia.

Francofurti, J. B. Bringerus, 1615 [puis 1621], in-8°.

[V. 18235
(S-3443

4618 GOCLENIUS (R.). — Urano-pie, Chiroscopiæ, Metoposcopiæ, et Ophthalmoscopiæ contemplatio, qua probatur divinationem ex astris lineisque manuum, fronte, facie et oculis nec impiam esse nec superstitiosam. Editio nova, cui accessit totius Physiognomici solida, ex causis et effectu demonstratio.

Francofurti, J. T. Schönwett, 1608, in-18 (18 fr.).

[V. 21886

Cet ouvrage, accompagné de figures explicatives, est du fameux médecin-physicien-théologien Goclenius, qui propage les doctrines de Paracelse, et fut renvoyé de l'Ordre des Jésuites pour avoir consulté la Voisin (?)

4619 GODARD (André). — Le Positivisme Chrétien.

Paris, Blond et Barral, 1901, in-8° 374 (p.) (4 fr.).

[S⁰ R. 2052

Spiritualisme rationnel et scientifique — Les sommeils de l'âme. — De la survie. — De l'immortalité. — De l'âme — L'occultisme ancien et actuel. — Phénomènes surnormaux. — De la prophétie — L'ésotérisme. — Cultes d'Asie. — La révélation mosaïque, etc...

4620 GODARD (Ch.). — Catéchisme des Bons cousins Charbonniers (BB CC. CH.) publié avec introduction et notes.

Besançon, imp. de P. Jacquin, 1890, in-8° de 50 pp. environ (4 fr.).

2 ex : [Lj⁵ 485
[Lk⁸, 8488

4621 GODARD (Charles). Agrégé de l'université. — L'Occultisme contemporain, ses doctrines et ses systèmes.

Paris, 1909, in-12 de 80 pp. (4 50).

Autre édition en 1907. *Paris,* in-12.

Excellent ouvrage exposant d'une fa-

... très concise tout ce qui touche à l'occultisme. — Histoire de l'Occultisme contemporain. — Doctrine de Saint-Martin, d'Éliphas Lévi, de Mad. Blavatsky, Pladan, Doinel et les Gnostiques, Papus, Barlet, Guaïta, Saint-Yves d'Alveydre, etc. — Théorie des Occultistes : Paracelse, Agrippa, Khunrath, etc ... — La Kabbale, les Nombres, Fabre d'Olivet. — Critique de la métaphysique occultiste. — Le Martinisme et la Rose ✠ Croix. — Influences du monde invisible d'après les principales traditions. — Bibliographie de l'Occultisme, etc... Nombreux tableaux h. t.

4622 [GODARD de BEAUCHAMPS] (Pierre François), né et mort à Paris (1680-1761). Auteur dramatique. — Histoire du prince Apprius [Anagramme de « Priapus »], extraite des fastes du monde depuis la création. Manuscrit persan trouvé dans la Biblioth. de Schah-Hussain... Traduct. fr. par M. Esprit, gentilhomme provençal, servant dans les troupes de Perse.

Imprimé à Constantinople [*Lyon*,] 1728, in-12, 74 p.

[Enfer 234]

Autre :

Ibid., 1729, in-12, 108 p. (15 fr.).

[Enfer 234]

A certains exempl. se trouve jointe la clef renversée des noms. Cet ouvrage serait, selon le Bibliophile Jacob, une satire libre contre le Régent et sa cour. L'imprimeur de cette édit. de 1728, qui est la première de toutes, fut, pour ce fait, banni de France.

4623 GODART. — La physique de l'âme.

Berlin, aux dépens de la Compagnie, 1755, in-12. (5 fr.).

[R. 0718

Ouvrage recherché.

Nature et lieu de l'âme. — Fonctions vitales. — La Génération. — Fonctions animales. — La mémoire. — Le sommeil. — Les Songes. — La métamorphose de l'homme, etc...

(G-626

4624 GODEFROY (M. N. P.). — La Cosmogonie de la Révélation ou les quatre premiers Jours de la Genèse en présence de la science moderne.

Paris, Sagnier et Bray, 1847, in-8° (3 fr.).

(G-1523

4625 GODEFROY-MÉNILGLAISE. — Mahaud, Comtesse d'Artois : accusation de Sortilège et d'Empoisonnement ; arrêt d'Absolution ; confédération des Nobles du Nord de la France, par M. de GODEFROY-MÉNILGLAISE, associé correspondant.

S. L. N. D. [*Mons ? vers 1875*], in-8° (1 fr. 75).

Se trouve aussi dans les *Mémoires de la Société Impériale des Antiquaires de France*, 3ᵉ Série, Tome VIII, Paris, 1865, in-8 — p. 181-230.

[Le⁶⁸.3
(Y-P-1596

4626 GODELMANN (Jean Georges) [ou GODELMANS]. — Johannis Georgij Godelmanni J. V. D. de Magis Veneficis et Lamiis recte cognoscendis et puniendis libri tres. His accessit ad Magistratum clarissimi et celeberrimi J. C. D. Johannis Althusij admonitio.

Francofurti, Nicolai Bassæi, 1591, in-4° (4 fr.).

Autre édit.

Noribergæ, 1676, 1 fort vol. in-12

4627 GODWIN (William). — Lives of the Necromancers ; or, an account of the most eminent persons in successive ages who have claimed for themselves, or to whom has been imputed by others, the Exercise of Magical Power.

London, 1876, in-12. (5 fr.).

Ouvrage intéressant.

4628 GODFREY JACK (Thomas). — Le serpent ancien, appelé (*sic*) le Diable et Satan, celui qui séduit toute la terre.

Sc. psych. — T. II. — 12.

Londres, 1802, in-10. (1 fr. 50).

(G-350)

4029 GOERRES (Jean Joseph de), publiciste révolutionnaire et philosophe mystique allemand né à Coblentz en 1710, mort en 1848. Editeur du journal le " *Mercure Rhénan* " et Académicien de Münich. — La mystique divine, naturelle et diabolique. Ouvr. traduit de l'Allemand par Ch. Ste Foi.

Paris,Poussielgue-Rusand, 1854-55 5 vol. in-8° (30 fr.).

[D. 30308

Autre édition :

Paris, Poussielgue Rusand, 1861-62, 5 vol. in-12.

Œuvre d'un intérêt capital, dans laquelle l'illustre écrivain et philosophe allemand sonde avec une pénétration merveilleuse les mystères les plus profonds de l'ordre surnaturel ; c'est le travail le plus beau et le plus complet qui ait jamais été fait sur la question. — On ne saurait en faire une meilleure analyse, qu'en reproduisant un extrait de la table des matières. Don des miracles. — Pouvoir sur les animaux. — Don de prophétie, de clairvoyance. — Pouvoir de discerner les esprits, de guérir les malades. — De l'extase. — Mystique spéculative des premiers temps du Christianisme : Saint-Denis l'Aréopagite. — Scot Erigène. — Les trois degrés de développement dans la mystique. — Pouvoir de faire des miracles. — Explication des phénomènes de l'extase magnétique. — Pouvoir de se rendre invisible.—Les stigmatisations.— Empire sur les éléments.— Actions à distance. — Faculté de pénétrer les corps. — Les Gnostiques. — Les Magiciens et les sorcières. — Grands procès de magie. — La légende diabolique. — Le poème de l'Edda. — La grotte des sibylles. — Les Ases. — La légende magique. — Simon le Magicien. — Le Magicien Héliodore. — L'enchanteur Merlin. — Le Dr Faust. — Les 4 tempéraments de l'Homme. — Rapports mystiques de la vie avec les astres. — Rapports mystiques avec le monde élémentaire. — Action des substances physiques sur l'organisme. — Le magnétisme vital. — Rapports mystiques de l'homme avec le monde végétal. — Botanique mystique des temps anciens. — Culte des plantes et des végétaux. — Rapports magiques avec le règne animal. — Puissance magique de l'homme sur certains animaux. Son application. — Des loups-garous. — Des vampires. — Le mauvais œil. — Incubes et succubes. — Rapports magnétiques.

L'édition originale allemande suivant LAROUSSE est de 1836-1842, 5 vol. in-8.

(G-350

4030 GOERRES (J. J. de). — Vie de Jeanne d'Arc, d'après les chroniques contemporaines. Trad. de l'allemand par L. Boré. 2-ème édit.

Paris, 1880, in-8°. (2 fr. 50).

[Lb²⁶.

4031 GŒTHE (Jean-Wolfgang), né à Francfort sur le Mein en 1749, mort à Weimar en 1832. D'abord avocat, puis illustre poète et premier ministre de Saxe-Weimar. — Faust. Nouvelle traduction complète, en prose et en vers, par GERARD [de Nerval]

Paris, Dondey-Dupré, 1835, pet. in-12. (10 fr.).

Cette trad. de Faust par G. de Nerval est des moins communes. Elle est ornée d'une eau-forte d'après Rembrandt.

4032 GOHIER (Urbain). — L'armée contre la Nation.

Paris, " *Revue Blanche* " 1898, in-12.

[Lb⁵⁷. 12232

Ouvrage anti-militariste qui eut un grand retentissement et fut poursuivi.

4033 GOHORY (Jacques) ou Jean (?) GOHORRI, savant, poète et alchimiste né à Paris, mort vers 1576. Prieur de Marsilly (à l'emplacement actuel du Jardin des Plantes). Traducteur des " *Occultes merveilles et secrets de la Nature par* LEVIN LEMNE, *Médecin Zirizéen* ". — Iaq. GOHORY, le solitaire — Livre de la fontaine perilleuse avec la charte d'amour autrement intitulé, le sang du verger. Œuvre très excellente de poésie antique conte-

... la Stéganographie des mystères secrets de la Science minérale Avec commentaire (sic) de I. G. P.

Paris, Ruelle, 1572, pet. in-8° (? fr.).

[Rés. Ye 1813
(G-357)

4035 GOIFFON (Joseph). — Harmonie des deux sphères celeste et terrestre ; ou la correspondance des étoiles aux parties de la terre.

Paris, Gaucau, 1731, in-12. (? fr.)
(G-358)

4036 GOIZET (Dr L.-H.). — La vie prolongée au moyen de la Méthode Brown-Séquard, par le Dr L. H. Goizet, de la Faculté de Paris, Fondateur de l'Institut de la rue de Berri.

Paris, Marpon et Flammarion, s. d., [1891], in-12, 350 p. (2 fr.).

[Te⁷. 253

Septième édition en 1893.

Expose d'une curieuse méthode par injection des Sucs Testiculaires extraits de divers animaux. Nombreuses observations assez singulières. Communication du Dr Brown-Séquard à la Société de Biologie, sur la puissance dynamogéniante... d'un liquide extrait des testicules d'animaux vivants, ou venant de mourir. — Le " l'accin Brown-Séquardien " rendu inoffensif. — Transport du vaccin. — Manière de faire les injections [hypodermiques]. — Du Dosage. — Des effets produits. — Les Suggestionnistes. — L'avenir de la Méthode. — Deuxième partie (p. 136-545). Observations sur des maladies diverses : Lèpre, Neurasthénie, Impuissance, Anémie, Ataxie locomotrice, Affections cardiaques, etc.

1630 GOLDMACHER - Catechismus in Frag und Antwort; zum Nutzen und Vergnügen aller derjenigen, welche in dessen Hospital krank darnieder liegen, lehrend,.... ; aufrichtig beschrieben von einem Liebhaber in Philadelphia.

Berlin und Leipzig, Christ. Ulrich Ringmacher, 1776, in-8° de VII-80 pp.

(O-1509)

4037 GOLLETI (Ant.). — Les œuvres médicinales de l'herboriste d'Attigna, contenant les remèdes choisis et les petits secrets.

Lyon, 1695, 3 vol. in-16, (5 fr.).

Ce recueil des « *secrets et recettes de l'herboriste d'Attigna* » est curieux et rare.

4038 GOMBERVILLE (Marius Le Roy de), poète, romancier, académicien né à Paris ou à Etampes vers 1600, mort en 1674. — La doctrine des mœurs, qui représente en cent tableaux la différence des passions et enseigne la manière de parvenir à la sagesse universelle.

Paris, Le Gras, 1688, in-12. (18 fr.).

Ouvrage curieux par les 104 figures gr. par Pierre Daret, qui avaient été faites pour les emblêmes d'Horace.

4039 GOMEZ (Quintin Lopez). — Magia Teurgica.

Barcelone, 1899, in-8°, (3 fr.).

La magie dans l'antiquité, la blanche et la noire, la cérémonielle et la goétie, etc... Les grimoires, les amulettes, les pantacles, etc... La magie de nos jours, l'entrainement, la pratique. — La magie thérapeutique. — Ouvrage très intéressant semé de curieuses figures hermétiques dans le texte.

4040 GONDAL (I. L.). — Du Spiritualisme au Christianisme : Surnaturel.

Paris, A. Royer et F. Chernoviz, 1899, in-12. (2 fr.).

[D. 84018

Le mystère. — La science parfaite. — Initiation divine. — Miracle. — Faits certains de miracle. — La Révélation, etc...

Le premier volume : " *La Provenance des textes* ", a paru :

Paris, Bloud. et Barral. 1868, in-4°.

[JA. 21207

4641 GONON (Benoit), né à Bourg en Bresse : de l'ordre des Célestins, ses livres sont en général curieux et très rares. — Histoires admirables et Etranges Aventures de plusieurs Rois, Empereurs, etc. par le P. Benoit Gonon.

Lyon, 1053, in-8°.

[G. 24053
(S-0070

4642 [GONTARD (J. A.)]. — Cours de chymie de Montpellier (tiré des discours du doct. Ant. Fizes); par J. A. G. D. M. [J. A. Gontard, doct. méd.].

S. l. n. adr., 1740, in-12 de VIII-101 pp.

(O-1385

4643 GONZALES (Ant.) — Rosa mystica o vida y muerte de Santa Rosa de S. Maria, virgen de la tercera orden de S. Domingo, natural de la ciudad de los reyes metropoli des reyno del Peru, etc...

Roma. Tinas, 1671, in-8°, nombreuses lettres ornées et une gravure. (40 fr.).

4644 GONZALES (Zeferino). — Historia de la Filosofia.

Madrid. 1874, 3 vol. fort in-8°. (15 fr.).

Autre édit.

Madrid. A. Jubera. 1886, 4 vol. in-8°.

[8° R. 7525

Le tome 1-er (XXXIX-485 p.) est entièrement consacré aux philosophies orientales et grecque ; le tome 2 (562 p.) à la philosophie chrétienne. — Raymond Lulle, sa vie, ses œuvres, sa philosophie; l'école mystique : Eckart, Jean Tauler, Suso, Ruysbrok, etc... la Kabbale, Maimonides. — Les philosophes juifs au XV siècle. — Abrabanel, Léon l'hebreu, etc... les Néoplatoniciens de la Renaissance, Ficin, Pic de la Mirandole, Reuchlin, Agrippa, Paracelse, Van Helmont, Weigel, Jacob Boeme, etc... le tome 3 (513 p.) Jordano Bruno, Campanella, Spinoza, Leibnitz, Kant, Schopenhauer, Darwin, Rosmini, Gioberti, etc...

Trad. française :

Paris, P. Lethielleux, 1890, in-8°, 4 vol.

[8° R. 10082

4645 GORDON et TRENCHARD. — L'Esprit du clergé ou le Christianisme primitif vengé des excès de nos prêtres modernes.

Londres, 1767, 2 vol. in-12. (6 fr.).

Ouvrage de critique acerbe où le clergé est vivement pris à partie, ainsi que le côté formaliste du culte. Suivant les auteurs, le christianisme n'a nul besoin de prêtres qui sont condamnés par l'évangile même. Ils établissent un curieux parallèle entre le Paganisme ancien et le sacerdoce moderne, et ils exposent le vrai christianisme dont ils développent la doctrine.

4646 GORGERET (P. M. E.). — Note sur le magnétisme et sur l'homéopathie, ou réponse à tout ce qui a été imprimé dans les journaux de Nantes contre le magnétisme et contre l'homœopathie, par P. M. E. Gorgeret, chevalier de la légion d'honneur, docteur en médecine.

Nantes, chez l'auteur. 1841, in-8°, 110 pages. (2 fr.).

[[1]

Cette brochure contient des faits de somnambulisme peu communs. L'on cite une édition de 155 pages qui m'est inconnue.

(D. p. 125

GORICHEM (Henri de) ou Gorichen ou encore Gorchen (voir aussi

(…). — Son Traité " De Superstitiosis quibusdam Casibus" se trouve dans le tome III du " Malleus Maleficarum " q. V.

Il appartenait à l'ordre des mineurs et fut vice-chancelier de l'Académie de Cologne. On lui doit plusieurs notables très rares, cités par Hain : N°s 7807, 7808, 7809-10, etc.

Son nom le plus habituel paraît être GORICHEM.

4647 GOSSELIN (Ch. R.). — L'antiquité dévoilée au moyen de la Genèse, rédit. augm.de la Chronologie de la Genèse et de la Théogonie d'Hésiode expliquée par la Genèse.

Paris, Egron, 1817, in-8°. (5 f.).

La théologie d'Hésiode est intégralement traduite à la fin de cet ouvrage, puis elle y est commentée dans ses rapports avec la Cosmogonie de Moïse. Avec 2 fig. grav. par Voisard, représentant les hémisphères célestes, Austral et Boréal.

Cet ouvrage peu connu, qui se recommande par l'originalité du sujet et son point de vue spécial, est encore précieux par son étude sur " l'identité d'origine et d'extraction de tous les peuples, démontrée par l'uniformité de leurs Zodiaques ".

Autre édition :

Paris, 1808, in-8°.

(G-300

4648 GOSSELIN (Guillaume). — Guillelmus Gosselinus, de Arte Magnâ, seu de Occultâ Parte numerorum, quæ Algebra et Almacabala dicitur.

Parisiis, A. Beys, 1577, in-8°.

|V. 20151
(S-3483 b.

Un autre (?) Gosselin de la même époque, Jean Gossein, né à Vire, mort à Paris en 1604 fut Bibliothécaire des rois Charles IX, Henri III et Henri IV. Il a publié quelques ouvrages de philosophie et d'astrologie parmi lesquels : la " Signification de l'Ancien jeu des chartes Pythagoriques ".

Paris, G. Corbin, 1582, in-16.

|V. 40498

4649 GOSSET. — Révélations cabalistiques d'une medecine universelle tirée du vin ; avec une manière d'extraire le sel de rosée et une dissertation sur les lampes sepulchrales.

S. l. 1735, in-12, (3 fr. 50).

Ce traité n'est que la seconde partie d'un ouvrage publié en 1735. La pagination commence à la page 57.

Autre édition :

Amiens, aux dépens de l'auteur, 1734, in-12, (10 fr.).

(G-301 et 1804

4650 [GOTTER (Frédéric Wilhelm)]. — Essai sur les NN. ou sur les inconnus (par Frédéric-Wilhelm GOTTER) avec cette épigraphe :

Gens aeterna est, in qua nemo nascitur. — Plinius.

S. lieu ni adr. (Berlin Stahlbaum), 1777, pet. in-8° de 147 pp. avec 5 fig. dans le texte.

Il y a une seconde édit. l'une a un errata corrigeant vingt fautes, ce doit être la 1re ; l'autre, dans l'errata, ne corrige que les deux dernières fautes, les autres n'existent pas dans le texte.

(O-397 et 398

4651 [GOTTER (F. G.)]. — Geschichte der Unbekannten ; avec cette épigraphe :

Gens aeterna est, in qua nemo nascitur. — Plinius. — [von Frid. Wilh. GOTTER; aus dem Französ].

S. l. n. adr. (Berlin, Stahlbaum), 1780, pet. in-8° de 158 pp. avec fig. dans le texte et sur le titre.

Il y en a une autre édit. de la même année, intitulée : Versuch über die N.N...

(O-400

4652 [GOUÉ (August Siegfried Frédérick von)]. — Bemerkungen über

Saint-Nicaise und Anti-Saint-Nicaise, nebst einem Anhang einiger Freymäurer-Reden, die Hierauf Bezug haben ; von dem Verfasser [August. Siegfr. Friederich von Goué] des Ganzen über die Maurerey der zugleich die Apologie dieses Buchs ankündiget.

Leipzig, Friedr. Gotth. Jacobäer, 1788, in-8° de X-104 pp. avec un tab.)

(O-480)

4053 [GOUE (A. S. F. von)]. — Notuma nicht ex-Jesuit über des ganze der Maurerey [von August Siegfrid Friedrich von Goué].

Leipzig. Friedr Gotth. Jacobäer, 1788, 2 vol. in-8° de XI.-264 ; et XII-204 pp. avec titre grav. et fig. col. au 1er vol.

(O-398)

GOUGENOT DES MOUSSEAUX (le Chevalier Henri-Roger) né à Coulommiers le 22 avril 1805 fut d'abord gentilhomme de la chambre du Roi Charles X. A la Révolution de 1830 il se retira à Coulommiers et s'adonna à des études archéologiques, religieuses et spirites. Sa mort survint à Coulommiers le 5 octobre 1878. [*Le Juif*, 2e édition, 1886 (p. IX-XI).]

4654 GOUGENOT DES MOUSSEAUX. — Le monde avant le Christ. Influence de la religion dans les Etats.

Paris, 1845, fort in-12 de XII-528 pp. (12 fr.).

[G. 24971]

« Le monde avant le Christ » est la première édition du célèbre ouvrage de Des MoussEaux : *"Dieu et les dieux"*. Cette édit. contient un chap. spécial qui n'est pas dans la suivante : Le Christ prouvé par les premiers monuments des peuples ou les Beth-el, occasion première de l'idolatrie. — La plupart des symbolistes ont ignoré que les tours des cathédrales, les deux colonnes placées à l'entrée de tous temples, comme celles de Jakin et Bohaz des Loges maçonniques, sont des représentations antiques de Bethel, mot qui signifiait Maison de Dieu. — Ajoutons que le savant rabbin Drach, ami de l'auteur n'a pas été étranger à la rédaction de cet ouvrage savant.

4055 GOUGENOT DES MOUSSEAUX. — Dieu et les dieux, ou un voyageur chrétien devant les objets primitifs des cultes anciens, les traditions et la fable : monographie des Pierres Dieux et leurs transformations, par le Chevalier R. Gougenot des Moussseaux.

Paris, Lagny frères, 1854, in-8°, 588 p. et 1 f. d'errata. (12 fr.).

[G. 24070]

C'est la réédition du grand ouvrage de cet auteur, et toute sa vie, il travailla à le remanier et à le compléter. Malheureusement, la troisième édition qu'il préparait est restée à l'état de Mss. entre les mains de M. Charles Chauviré de Bordeaux, qui a donné une réédition de *" Le Juif "* (voir plus loin).

Le Sabéisme. — Culte du Phallus. — Dieux Cabires. — Les Mystères de l'antiquité. — Les Druides et le gui des chênes. — Sacrifices et immolations. — Les Symboles. — Hermès Trismégiste, etc.

4056 GOUGENOT DES MOUSSEAUX. — Les hauts phénomènes de la magie, précédés du spiritisme antique.

Paris, Henri Plon, 1864, in-8°, XXXVIII-480. pp. (7 fr.).

[R. ?]

Un des ouvrages les plus recherchés du célèbre démonographe, pour son prodigieux assemblage de documents recueillis chez tous les peuples et dans tous les temps. — Les phénomènes magiques y sont envisagés sous tous les aspects : le vampirisme, la lycanthropie, l'incubat et le succubat y sont traités en des chapitres détaillés et fort étendus. On y trouvera notamment le récit des amours spirituelles de Gérard de Caudemberg, polytechnicien très connu, avec des entités de l'astral particulièrement suggestives.

4057 GOUGENOT DES MOUSSEAUX. — Le Juif, le Judaïsme et la judaïsation des peuples chrétiens.

Paris, Plon, 1860, in-8°, (7 fr.).

[A. 14006

Ouvrage des plus curieux et quoiqu'écrit avec peu d'impartialité, des plus intéressants à consulter. Il aurait d'ailleurs s'il faut en croire la préface de la seconde édition " à peu près disparu sous la pression énergique de l'or judaïque ".

Id.

Deuxième édition, préface de M. Charles Chauliac.

Paris, F. Wattelier, 1886, in-8°, XLIV-517 p. (9 fr.).

[A. 20273

Le plus rare des ouvrages de Des Mousseaux, et travail colossal sur la matière. Après avoir traité de main de maître l'origine de la tradition juive, ses altérations à travers les temps, disséqué le Talmud contenant suivant son expression "la doctrine cabbalistique qui est le dogme de la haute magie", fouillé profondément les antiquités bibliques et les traditions diverses, exposé en un mot l'essence de la doctrine judaïque et l'influence des Juifs dans le monde, l'auteur consacre une grande partie de son remarquable ouvrage à la Cabale, qu'il traite également avec une compétence hors ligne. En voici d'ailleurs les principales parties : Traditions orales de la synagogue antérieures aux livres bibliques. — La cabale divine, confiée aux docteurs et devenue corrompue. — La cabale magique, qui donne la connaissance des esprits de ce monde et gouverne tout être par la vertu des lettres, des mots et des nombres ; elle est la clef du monde invisible, le secret du spiritisme antique. — Toutes les religions sont issues de la Cabale, les associations maçonniques lui doivent leurs secrets et leurs symboles. — Le Zohar et le Talmud. — Les applications de la cabbale à la médecine et à l'astrologie. — Des Mousseaux était l'ami intime du célèbre Kabbaliste Drach, cette référence est le meilleur garant des sources où il a puisé.

Peu de temps après l'apparition de cet ouvrage l'auteur est mort, assez mystérieusement dit-on.

(G.-1423

4058 GOUGENOT DES MOUSSEAUX. — La magie au dix-neuvième siècle,

ses agents, ses vérités, ses mensonges par le Chevalier Gougenot des Mousseaux. Précédée d'une lettre adressée à l'auteur par le P. Ventura de Raulica, ancien général de l'ordre des Théatins.

Paris, Henri Plon, E. Dentu, 1860, in-8° de III-XX-430 p. (9 fr.).

[V. 40514

Autre édition :

Paris, 1864, fort in-8° (nouv. édit. augm.).

[V. 40515

Le savoir et la grande érudition de l'auteur mettent en évidence l'incontestable réalité des faits. Ce livre est à comparer à l'œuvre de Goerres. On lira avec intérêt le quatrième chap. qui renferme une étude sur le rôle mystique du sang. Le lecteur se rendra compte par lui-même que l'histoire moderne explique l'antiquité comme l'histoire ancienne donne la clef des modernes sacrifices.

(G-303-628-1805

4059 GOUGENOT DES MOUSSEAUX. — Les médiateurs et les moyens de la magie, les hallucinations et les savants ; le fantôme humain et le principe vital.

Paris, Henri Plon, 1863, in-8°, XV-447 p. (7 fr.).

[R. 37511

Monde magique. — Phénomènes cabbalistiques. — Art occulte. — Médecine magique. — Médecins sorciers des campagnes. — Sommeil divinatoire dans les Temples. — Moyens de la magie. — Magie magnétique, etc.

(G-304 et 627

4060 GOUGENOT DES MOUSSEAUX. — Mœurs et pratiques des démons ou des Esprits visiteurs du spiritisme ancien et moderne, par le Chevalier etc... Nouvelle édition entièrement refondue.

Paris, Henri Plon, 1865, in-8° de XL-430 pp. (7 fr.).

[R. 37512

— Ouvrage très documenté. — Ce que sont les démons. — Antiquité païenne. — Formes sous lesquelles les démons apparaissent. — Description des artifices démoniaques. — Histoire des manifestations spirites et démoniaques. — Possessions. — Obsessions. — Évocations. — Médiums. — Magie. — Miracles. — Les sacrements du diable. — Les Tables magnétiques ou oraculaires. — Philosophie du spiritisme, etc...

(G-305 et 027

4601 GOUGET (Abbé). — Histoire des Inquisitions, où l'on rapporte l'origine et le progrès de ces tribunaux, leurs variations et la forme de leur juridiction.

Cologne, Pierre Marteaux, 1750, 2 vol. in-12, 2 frontispices et 8 gr. planches, gr. en taille-douce. (15 fr.).

|H. 15174-175

4602 GOULART (Simon) théologien protestant, poète et traducteur, né à Senlis vers 1543, mort à Genève en 1628. Pasteur à Genève et Grenoble. — Fragmens de plusieurs Philosophes Stoïques, recueillis en un corps, avec un ample discours sur leur doctrine, par Simon Goulart.

S. l., in-8°.

(S-2072

4603 GOULARD (Simon). Senlisien. — Histoires admirables et mémorables de nostre temps. Recueillies de plusieurs autheurs, mémoires, et auis de diuers lieux.

Paris, Houzé, 1610, 2 vol. in-12. (12 fr.).

|G. 24073-24074

Recueil fort curieux.

(G-306

4604 GOULART (Simon). — Thrésor d'Histoires mémorables de nostre Temps, par Simon Goulart.

Genève, pour Samuel et Jacques Crespin. 1620-1628, 4 vol. in-8° (10 fr.).

[Rés. G. 2304-2305

Autres éditions :

Arras, Guillaume de la Rivière, 1604, in-12.

A Genève pour Samuel Crespin, 1670, 4 vol. in-12.

Cette dernière édit. est la meilleure et la plus complète des éditions de ce journal du célèbre théologien protestant.

Goulart y a rangé par ordre alphabétique tous les faits singuliers ou extraordinaires que la rumeur publique faisait circuler comme nouvellement arrivés. On y trouve toutes sortes d'histoires concernant aussi bien la médecine que la magie, les apparitions sataniques et les belles lettres.

(S-6074

4605 GOULD (Robert Freke). — Histoire abrégée de la Franc-Maçonnerie, traduite de l'anglais par Louis Lartigue.

Bruxelles, Paris, 1910, pet. in-8° de 407 p. (4 fr.).

[8° H. 7117

« L'éloge de la grande histoire du F:.
« Gould n'est plus à faire : voici vingt
« ans qu'elle a valu à son auteur d'être
« regardé comme le premier historien
« maçonnique du XIX° siècle. Malheureu-
« sement, il s'agit d'un ouvrage en six
« volumes in-4 qui n'est guère répandu
« sur le continent. A plusieurs reprises
« on avait sollicité le F:. Gould d'en
« donner une édition abrégée. C'est à
« cette demande que le présent volume
« est venu donner satisfaction. Il ne fau-
« drait pas croire, toutefois, qu'il s'agit
« d'un simple résumé. : sur bien des
« points c'est presque une refonte justi-
« fiée par l'introduction de documents et
« problèmes nouveaux. » (Cte Goblet
d'Alviella, G:. M:.).

La grande édition anglaise est de :

Londres, 1884-1887, 6 vol. in-4°

4606 GOULIANOFF (le chevalier de). — Archéologie Égyptienne, ou Re-

...ches sur l'Expression des signes hiéroglyphiques et sur les éléments de la langue sacrée des Egyptiens.

Leipzig, 1839, 3 vol. gr. in-8°. Fig. et tableaux hiéroglyphiques (14 fr.).

Méthodes Graphiques des Egyptiens. — Symboles énigmatiques. — Langue Sacrée. — Abraxas des Gnostiques. — Symboles Mystiques. — Allégories des couleurs. — Le Fils de l'Homme. — Lucifer. — La Mort. — L. Initiation. Etc.

4067 GOULIANOFF (le Chevalier de). — Essai sur les hiéroglyphes d'Horapollon et quelques mots sur la Cabale.

Paris, *Dufort*, 1827, in-4° (4 fr.).

(G-1424)

4068 [GOUPIL] ou [GOUPY ?]. — Quaere et Invenies.

Paris, *Ledoyen*, 1855, in-8° 203 pages (4 fr.).

[R. 47708-47709

Ouvrage dû à un magnétiseur spirite convaincu. M. Goupil, qui en a donné plusieurs éditions avec titres différents et légères variantes. L'auteur s'occupe un peu de tout : d'électricité végétale et animale de métempsychose et surtout de tables parlantes.

Création d'après l'Antiquité. — Révolution des Planètes. — Explication des Déluges. — Trinités. — Démons. — Paradis. — Métempsychoses. — Un principe, deux Génies. l'Enfer. — Jésus. — l'Homme. — Dieu. — Les Esprits.

(D. p. 152

4069 GOUPY. — Explication des tables parlantes, des médiums, des esprits et du somnambulisme par divers systèmes de cosmologie, suivie de la Voyante de Prévorst.

Paris, *Baillière*, 1860, in-8° 2 planches h. t. (6 fr.).

[R. 37530

Le même, ou peu s'en faut, que le précédent, sous un autre titre.

Abrégé de la théorie électrique de l'univers. — Création d'après l'antiquité. Révolution des planètes. — Le Christianisme. — Trinité. — Démon. — Métempsychose, etc...

4070 GOURIET (Jean-Baptiste), né à Paris en 1774, mort en 1855. Journaliste et romancier du genre sombre. — Les Charlatans célèbres, ou tableau historique des bateleurs, des baladins, des jongleurs, des bouffons des opérateurs, des Voltigeurs, des escamoteurs, des filous, des escrocs, des devins, des tireurs de cartes, des diseurs de bonne aventure, etc... depuis une haute antiquité jusqu'à nos jours.

Paris, 1819, 2 vol. in-8° (18 fr.).

Ouvrage intéressant. — Nicolas Flamel, grand alchimiste. — Prière pour obtenir la pierre philosophale. — César astrologue, nécromancien, devin, etc... Le Grand et le Petit Albert. — Corneille Agrippa (Philosophie occulte). Paracelse — Secret de faire de l'or. — Eau céleste pour prolonger la vie. — *Cagliostro*, *Digby*, *Mesmer*, comte de *St-Germain*, la *Voisin*, empoisonneuse et devineresse, etc...

4071 GOURIET. — Mesmer et Cagliostro.

S. L. [1811], in-8° (1 fr.).

GOURMONT (Rémy de), né au château de La Motte, à Bazoches-en-Houlme (Orne) le 4 Avril 1858. De la famille de Gilles de Gourmont, l'un des premiers imprimeurs Parisiens en caractères grecs et hébreux. Vers 1883, il entra à la Bibliothèque Nationale, où il demeura peu. Un des fondateurs du *Mercure de France*, il collabore surtout à de nombreuses Revues. C'est un auteur profondément artiste et érudit.

Voir sa Biographie (avec une excellente Bibliographie de ses Œuvres) par Quérlon (Pierre de).

4072 GOURMONT (Rémy de). — Le chateau singulier.

Paris, [*Mercure de France*] CIƆ. IƆ. CCC XCIV [1894], in-32 de 81 p. et table (6 fr.).

[8° Y². 48060

Édition originale, rare, tirée à petit nombre, ornements en bleu et rouge.

4673 GOURMONT (Rémy de). — Les Chevaux de Diomède, roman.

Paris, *Mercure de France*, 1897, in-18. (15 fr.)

[8° Y². 50756

Édition originale de ce roman des plus singuliers.

4674 GOURMONT (R. de). — Le Fantôme.

Paris, *Mercure de France*, 1893, in-12 de 115 pp. 2 pl. lith. de Henry de Groux. (8 fr.).

[8° Y² 47504

Tiré à 337 exempl. numérotés.

Hyacinthe et *Damase* dans l'amour mystique. " *Je la voyais s'en aller* "... — Je la voyais redevenir " *le fantôme qu'elles sont toutes* " (La fin).

(G.-1800

4675 GOURMONT (R. de). — Histoires magiques.

Paris, *Mercure de France*, 1894, in-12 de 199 pp. Orné d'un beau frontispice en lithographie de Henri de Groux. (12 fr.).

Tiré à 299 exemplaires. Manque à la Bibliothèque Nationale.

Étranges narrations, puissantes et bien dignes de leur titre, par un Maître styliste, un Mage, intuitif ou Initié.
Dix-huit Contes, parmi lesquels : Péhor. — Le Secret de Don Juan. — Les Yeux d'eau. — La Marguerite Rouge. — Le Magnolia. — Le Cierge adultère. — Le Faune. — Danaette. Etc.

(G.-1808

4676 GOVRMONT (Rémy de). — Le Latin mystiqve Les poètes de l'antiphonaire et la symboliqve av Moyen Age par Rémy de GOVRMONT : Préface de J. K. HVYSMANS. Miniatvre de Filiger.

Paris, *Édition de " Mercure de France "* 1892, in-8° (40 fr.).

[8° Yc. 624

1ʳᵉ édition rare. Ouvrage des plus recherchés, la seule possédant une miniature en couleurs de Filiger sur la couverture ; tirée à 220 exemplaires de souscription numérotés et signés par l'auteur.

COMMODIEN de Gaza. — HILAIRE, AMBROISE, DAMASE. — PRUDENCE. — SIDOINE APOLLINAIRE, ORIENTIUS, MARIUS VICTOR, CLAUDIEN MAMERT et FORTUNAT. — Époque Carlovingienne. — Les Séquentiaires. — HILDEBERT et ALAIN de LILLE. — MARBODE. — INNOCENT III et S. BONAVENTURE. — Histoire du Dies Irae. — du Stabat Mater. — THOMAS A KEMPIS. — Histoire du Bréviaire Romain.

(G.-1110

4677 GOURMONT (Rémy de). — Lilith.

Paris, *Mercure de France*, MCMI [1901], in-16 de 182 p. 1 f° et table (5 fr.).

[8° Yf. 1213

Édition originale, rare de cet intéressant Mystère Kabbalistique.

L'édition " pré-originale " a paru dans un N° de " *Essais d'Art libre* " de 1892, in-12, carré (2 fr.).

4678 GOURMONT (Rémy de). — Le Pélerin du Silence, orné d'un frontispice d'Armand Séguin.

Paris, *Mercure de France*, 1896, in-12 (15 fr.).

[8° Y². 50753

Édition originale. Recueil de six morceaux : Phénissa, le Fantôme, le Château Singulier, Le Livre des Litanies, Théâtre Muet, Le Pèlerin du Silence.

4679 GOURMONT (Rémy de). — Physique de l'amour. — Essai sur l'instinct sexuel.

Paris, *Mercure de France*, 1903, in-18 de 295 p. (7 fr.).

[Th¹⁸. 140

Édition originale.

Intéressante étude d'anatomie biologique au point de vue sexuel (p. 77).
Dimorphisme sexuel. — Les Organes de l'Amour. — Le Mécanisme de l'Amour. — La Parade sexuelle. — La Polygamie

— L'Amour chez les Animaux sociaux. La Question des aberrations.— L'instinct. — La Tyrannie du Système nerveux. — Bibliographie (p. 277-279).

4080 GOURMONT (Rémy de). — Promenades philosophiques. — Troisième série : Une science d'autrefois : la Phytognomonique. — Philosophie naturelle. — Religion et sociologie. — Psychologie. — Des pas sur le sable.

Paris, Mercure de France, 1909, in-12 344 p.

[8° R. 20079

François Bacon et J. de Maistre. — Sainte Beuve créateur de valeurs; le pessimisme de Léopardi, la logique d'un saint, les racines de l'Idéalisme, idées et paysages, la rhétorique, l'orthographe, etc...

Autre édition :

Paris, 1909, in-12.

4081 GOURMONT (Rémy de).— Théodat.

A Paris. Edition du Mercure de France, 1893, in-12 de 53 p. (7 fr.).

[Yth. 26400

Edition originale. Tirée à 290 exempl. numérotés et monogrammés par l'auteur. Couverture en or et couleurs décorée de trois lions.
Représenté au Théâtre Moderne (Direction Paul Fort) le 11 X^{bre} 1891.
Mystère de la fin du VIe siècle.

4082 GOURMONT (Rémy de). — L'Ymagier. Directeur : Rémy de Gourmont. Du n° 1, octobre 1894 au n° 8, décembre 1896.

Paris, 1894-96, 8 fasc. in-4° (28 fr.).

[4° V. 4080

Avec les couvertures de vol. Collect. complète, difficile à trouver en livraisons. — Cette curieuse et intéressante publication contient un nombre considérable de gravures sur bois, d'eaux-fortes, de gravures en couleurs, or et bronze, reproductions d'originaux de Dürer, Callot, Hans, Baldung, Toussaint Dubreuil, Lucas Cranach, Jean Cousin, etc... Reproductions de curieuses gravures sur bois, tirées d'anciens ouvrages français, allemands et flamands, de publications troyennes, d'images d'Epinal anciennes, etc.

4083 GOUT (Raoul). — L'Affaire Tyrrell. Avec la Traduction intégrale d'un Mémoire inédit du P. Tyrrell adressé au Général des Jésuites.

Paris. E. Nourry, 1910, gr. in-8° (7 fr. 50). Tiré à 500 exempl. tous numérotés.

[8° Nx. 5304

C'est l'Histoire de la carrière du célèbre Père George Tyrrell, de la Société de Jésus, et en même temps celle du Modernisme.

GOUY L'HOPITAL (sur). —

Voir :

HERNIER (L.)

4084 GOUZER (Dr). — Le Mécanisme de la Vie.

Paris, Georges Carré, 1894, gr. in-8° (3 fr.).

4085 GOYARD (Dr.). — Le Magnétisme contemporain. Braidisme. — Force vitale. — La vie manifestée. — Vitalisme physiologique, etc...

S. l. [1888], in-8° (1 fr.).

[Tb⁶³. 289

4086 GOYARD (Dr). — Le Magnétisme et la Médecine pratique.

Paris, 1888, gr. in-8° (1 fr. 50).

4087 GOYAU (Georges). — La Franc-Maçonnerie en France.

Paris, Perrin, 1899, in-18 VII-119 p. (1 fr. 50).

[Lb⁵⁷. 12405

Très intéressant opuscule de critique du mouvement maçonnique moderne.

4088 GOZLAN (Léon), né à Marseille en

1803, mort à Paris en 1866. Fils d'un armateur. Journaliste. Romancier, Auteur dramatique. — Une soirée dans l'autre monde. — L'homme pardonne, Dieu seul oublie

Paris, Michel Lévy, S. D. in-10. (3 fr.).

4689 GOZZOLI. — Oui, c'est le fils de Louis XVI !...

Paris, Juillet 1830, in-8°. (4 fr.).

[Ln^{27} 15078

Fort intéressant ouvrage, plaidoyer en faveur du duc de Normandie.

(G-779)

4690 GOZZOLI (A). — Le Prophète Vintras et les Saints de Tilly-sur-Seulles. — Un nouveau témoin de leurs turpitudes obscènes.

Caen, 1851, in-8° de 72 p. (15 fr.)

[Ld^{188}, 2]

Il est impossible de retracer ici les scènes lubriques racontées dans cet opuscule. — Tout ce qu'a dit GUAITA dans le « *Temple de Satan* » au sujet de VINTRAS, n'est que l'aleph des horreurs révélées par GOZZOLI et GEOFFROY. — Il est vrai qu'il n'avait jamais pu se procurer cette brochure tout à fait introuvable, qui fait la lumière complète et sans réticences sur les mystères orgiaques de « *l'Œuvre de la Miséricorde* ».

4691 GRAAL. — Le Roman du Saint Graal, publié pour la première fois d'après un manuscrit de la bibliothèque royale par Francisque MICHEL.

Bordeaux, 1841. *Prosper Faye,* in-12 de xviij-168 p. Tiré à 300 exemplaires et devenu rare. (10 fr.).

En vers de 8 syllabes.

[Rés. Ye. 4734

La Notice préliminaire résume tout l'ouvrage en 19 lignes ; c'est une légende tirée de l'évangile apocryphe de Nicodème. Joseph d'Arimathie s'empare (après la mort du Christ) du Calice (ou *Graal*) qui lui avait servi à célébrer la Cène, et y recueille les gouttes de sang tombant de ses plaies ; tel est le SAINT-GRAAL.

(G-911)

4692 GRABAU (Johann Friedrich, baron von). — I. N. I. Philosophische unvor-greiffliche, doch wohl gegründete Gedancken, über den uhralten Stein der Weisen, was selbiger sey nach seinem Subjecto, Materie und Wesen.... auf eine der treulichsten Art als vor dem Niemand der Welt entworfen von Johann Friedrich, Baron von GRABAU.

(*Magdeburg,* 1718). in-8° de 48 pp.

(O-1300)

4693 GRACIEN (Baltasar). — L'homme (*sic*) universel traduit de l'Espagnol

Paris, Pissot, 1723. in-12. (3 fr. 50).

[R. 37373

Traduction de J. de COURBEVILLE.

(G-1425)

4694 GRADE du compagnon, 28 pp. avec un pl.

"   "   1-er surveillant, 16 pp.

"   "   2-d surveillant, 16 pp.

(O-200)

4695 GRAESZE (Dr Johann Georg Theodor) Bibliothécaire de S. M. le Roi de Saxe. — Bibliotheca Magica et Pneumatica, oder Wissenschaftlich geordnete Bibliographie der wichtigsten in das Gebiet des *Zauber-, Wunder-, Geister-,* und sonstigen *Aberglaubens* vorzüglich älterer Zeit einschlagenden Werke... von Dr. Johann Georg Theodor GRAESZE...

Leipzig, Verlag von Wilhelm Engelmann, 1843. in-8° de IV-175 p. Tables d'Auteurs et de Sujets à 2 col. (12 fr.).

[Q. 5205

« Bibliographie systématique des prin-
« cipaux ouvrages traitant de la Supers-
« tition, surtout dans les temps anciens.
« Avec l'indication des Ouvrages relatifs

« ces matières qui se trouvent à la Bi-
« bliothèque publique de Dresde. »

Cet ouvrage est imprimé sur ligne entière, et en caractères tantôt allemands,
tantôt romains ordinaires. C'est une excellente bibliographie qui mentionne
quantité d'ouvrages presque absolument
inconnus.

Voir aussi au *Catalogue de la Bibliothèque Cardinal*, col. 972, la *Bibliographie
magique*, en allemand, par HAUBER en 3
vol. in-8

4006 GRAGNON (Célestin). — Du
traitement et de la guérison de quelques maladies chroniques au moyen
du somnambulisme magnétique, et à
propos de MM. Calixte Renaud, de
Bordeaux et Alexis de Paris, par Célestin GRAGNON.

Bordeaux, Ferret Fils, 1850, in-12
112 pages.

[Te³² 93

Ce petit livre contient un article de
Alexandre Dumas sur les expériences
faites chez lui à Saint Germain et une
lettre du professeur Jules Cloquet, qui ne
cache pas sa croyance aux faits magnétiques et somnambuliques.

[D. p. 108

4007 GRAINDORGE (André de) né à
Caen vers 1610, mort vers 1675. Médecin de Mgr de Rebé, Archevêque de
Narbonne. Sujet à des accès d'extase.
Frère de Jacques, seigneur de Pré-
mont. — Traité de l'origine des Macreuses par Feu Monsieur de Graindorge, docteur de la Faculté de Médecine de Montpellier, et mis en lumière par M. Thomas Malouin, docteur en l'Université de Caën.

A Caën, chez Jean Poisson, 1580,
pet. in-8° de 3 f. prélim. et 80 p. (50
à 60 fr. en bel exemplaire).

[S. 12463

Brunet, II-1692. Edition originale de
cet opuscule singulier autant que rare.

« Art VIII. — La 4° seule véritable,
« soutient que les Macreuses tirent leur
« origine des œufs, comme tous les au-
« tres Oyseaux. »

(Ros-1864

4008 GRAMONT (Scipion de), sieur
de Saint Germain.— De la natvre, qva-
litez prérogatives admirables dv
poinct. Où se voient plusieurs belles
et subtiles curiositez.

Paris, chez Michel Daniel, 1610,
in-8°. (12 fr.).

(G.-1427

4009 GRAND CALENDRIER (Le) Compost des Bergiers, composé par le
Bergier de la Grande Montagne.

Lyon, par Ant. Dolant, 1561, in-
4°. fig.

Nombreux spécimens d'ouvrages analogues, à la Bib. Nat¹⁰, parmi lesquels :

Cy est le compost et Kalédrier des
bergiers....

Paris, Guiot Marchand, M. cccc.
iiii xx et xvi [1496] in-4° goth. sign.
a-n (par 4 ?) très curieuse fig. sur
bois.

[Rés. m. V. 33
(SI-Y-1514

Attribué à Jean Taboürot, Chanoine
de Langres, oncle du Sieur des Ac-
cords.

— Le Kalen | drier des | bergiers.

[*Lyon, Claude Nourry, pour Jacques
Huguetan*, 1502] in-4° gothique, n.
c. sign. a-m (par 4 ?) curieuses fig.
s. bois.

[Rés. V. 1303

Autres éditions :

S. d.

[Rés. V. 1206

Paris, 1580.

[Rés. V. 1268

Genève, 1500.

[Rés. V. 273

Et sous les cotes :

[Réserve V. 274 à 279 inclus

Le Grand Compost et Calendrier des
Bergers.

Rouen, 1630, in-4º.

(S-3415)

4700 GRAND DÉTAIL (Le) exact et sans superflux, du grand massacre arrivé à Madrid, ville capitale de l'Espagne, ou il y a eu 114 têtes coupées, 780 personnes massacrées, et le corps du grand Inquisiteur écartelé et déchiré en morceaux par le peuple espagnol.

S. l. de l'impr. de Labarre. s. d. [fin du XVIIIe S.] in-8º de 8 pages. (3 fr. 50).

[Oc. 784

4701 GRAND DEVIN (Le) ou l'art de lire dans la pensée et de se communiquer mutuellement la sienne, sans s'écrire ni se parler.

Orléans. s. d., (1740). pet. in-8º, (3 fr.).

Curieux et amusant jeu de divination, dont le secret est expliqué sur la première carte.

4702 GRAND GRIMOIRE (le), avec la grande clavicule de Salomon, et la Magie noire, ou les forces infernales du grand Agrippa, pour découvrir tous les Trésors cachés, et se faire obéir de tous les esprits ; suivi de tous les arts magiques.

S. l. 1202 [sic]. in-12 (50 fr.).

L'édition la plus rare du Grand Grimoire, avec quelques figures cabalistiques sur bois.

« Edition ancienne du Grand Grimoire : « Elle est de toute rareté. On en a fait « de nombreuses réimpressions qui se « vendent elles-mêmes assez cher. Le dra-« gon rouge, dont on connait les nom-« breuses éditions n'est qu'une contrefa-« çon du présent grimoire. » (Note de St de Guaita).

Réimpressions modernes :

Avignon, vers 1840, in-18.

Nismes, chez Claude, 1823, in-16.

S. l. n. d. (vers 1800 ou 1820).

(G-367 et 368

4703 GRAND ITALIEN (Le), ou le trésor caché, découvert par le plus grand algébriste de l'Europe.

A Venise et se trouve à Lyon, chez Bernard, 1803. in-8º (15 fr.)

Orné de 80 vignettes sur bois. — Ouvrage le plus complet pour tenter la fortune ; où l'on a joint dans la liste générale des rêves, tous les mots contenus dans tous les autres livres de ce genre, leurs numéros correspondants aux choses rêvées, ainsi que les rêves du célèbre Oromasis (Cagliostro) et l'explication qu'il en a fait ; augm. de nouvelles cabbales, pour jouer soit à Paris, à Bruxelles ou Lyon, avec des réflexions propres à chacune des cabales... ; suivi d'un tableau de tous les tirages de la Loterie, depuis son établissement en 1758, sa suppression, et depuis son rétablissement jusqu'à ce jour.

4704 GRAND LIVRE DE LA NATURE (Le) ou l'Apocalypse philosophique et hermétique. Ouvrage curieux dans lequel on traite de la Philosophie occulte, de l'intelligence des hiéroglyphes des anciens, de la Société des Frères de la Rose-Croix, de la transmutation des métaux et de la communication de l'homme avec des êtres supérieurs et intermédiaires entre lui et le grand architecte. Vû par une Société de Ph...... Inc........ et publié par D....... Depuis I. jusqu'à l'an 1790.

Au midi et de l'impr. de la Vérité in-8º de 115 pp. (12 fr.).

[R. 3701o

« Œuvre d'un imbécile ou d'un mauvais plaisant. Le style sans être mauvais décèle, par la tournure des phrases, une plume étrangère à la France. » (LABARGUE).

« Rare et des plus intéressants. »(Cat. GUAITA).

Difficile de se faire une opinion juste de cet ouvrage au moyens de ces deux appréciations !

(O-691

(G-369 et 370

4705 GRAND LIVRE DE LA NATURE (Le) ou l'Apocalypse Philosophique et hermétique, ouvrage curieux dans lequel on traite de la Philosophie occulte, de l'intelligence des Hiéroglyphes des anciens, de la Société des Frères de la Rose † Croix, de la Transmutation des métaux, et de la communication de l'Homme avec des êtres supérieurs et intermédiaires entre lui et le grand architecte.

Réimpression de l'édition originale de 1700 devenue rarissime, avec des Variantes de Tacxi et augmentée d'une introduction par Oswald WIRTH.

Paris. Librairie du Merveilleux. (Dujols et Thomas), 1910, in-16, 113 p. (5 fr.).

|8° R. 23838

Cette œuvre qui nous semble pouvoir être attribuée à l'alchimiste illuminé DUCHANTEAU, contient le plus profond enseignement initiatique. — C'est la clef de PARACELSE, de SAINT-MARTIN, de VAN HELMONT, et de tous les auteurs qui ont écrit sur la philosophie hermétique. Ce qui augmente la valeur de cette nouvelle édit. (1910) c'est l'introduction magistrale du F∴ Oswald WIRTH déjà bien connu par ses travaux de premier ordre sur la Fr∴ M∴ initiatique et les sciences ésotériques, ainsi que les variantes de TACXIS. — L'introduction de WIRTH commente lumineusement tous les point obscurs de l'ouvrage et constitue à elle seule un vrai chef-d'œuvre.

4706 GRAND ŒUVRE (Le) dévoilé en faveur des personnes qui ont grand besoin d'argent. Par celui qui l'a fait.

Paris, 1779, pet. in-8° (6 fr.).

4707 GRAND ORIENT de France, Suprême Conseil pour la France et les possessions françaises. Constitution et règlement général de la fédération.

Paris, 1900, in-8°. (6 fr.).

Non mis dans le commerce.

4708 GRAND ORIENT (Le) et le suprême Conseil. Pièces relatives à la lutte entre ces [deux] obédiences publiées de 1827 à 1837.

in-8°.

Précis des Négociations faites par le Grand Orient de France auprès du Suprême Conseil du 33° et dernier degré pour la France.

Jubé. — Réponse aux questions adressées aux Maçons impartiaux d'Haïti.

De l'existence en France de deux autorités maçonniques prouvée par des documents historiques ou réfutation des prétentions du Grand Orient de France sur le rite Ecossais ancien et accepté.

4709 GRAND ORIENT. — Instruction pour le premier grade symbolique. Apprenti.

Paris, 1887, in-32. 52 pages.

Instruction pour le second grade symbolique. Compagnon.
Paris, 1887, in-32. 48 pages.
Instruction pour le troisième grade symbolique. Maître.
Paris, 1887, in-32, 36 pages.

(6 fr. les trois volumes).

Voir aussi à :

FRANC-MAÇONNERIE.

4710 GRANDCLÉMENT (P.). — Les anges et les temps présents.

Cannes, 1897, fort in-8° Nombreuses illustrations.

(4 fr.).

Dangers et ravages des Sociétés secrètes. — L'assassinat maçonnique. — Loges féminines de 1789. — La Fr∴ M∴ en Europe. — Le Palladisme. — Existence, immatérialité, excellence, beauté, multitude des Anges. — La Création et les fins dernières. — Relations des Anges dans le monde, etc...

4711 GRANDE LOGE Symbolique Ecossaise. Constitution judiciaire.

Paris, 1901, in-12, 36 pages. (2 fr.).

4712 GRANDE LOGE symbolique Ecossaise. Constitution votée par l'assemblée maçonnique constituante dans la séance du 23 août 1880.

Paris, 1880, in-8°. (4 fr.).

4713 GRANDE LOGE Symbolique Ecossaise. Constitution votée par l'Assemblée maçonnique constituante dans la séance du 23 août 1880.

Paris, 1880, in-8° (4 fr.).

4714 GRANDE LOGE Symbolique Espagnole. Rite national espagnol. Instructions pour le premier degré (grade d'apprenti...) et pour le troisième degré (Maître...) Deux fascicules.

Or∴ de *Paris*, s. d. (vers 1908). in-18 (5 fr.).

Non mis dans le commerce.

Le second fascicule contient une planche d'alphabet.

4715 GRANDES (Les) et effroyables merveilles vues le premier jour du mois de juin près la ville d'Authun, ville fort ancienne en le duché de Bourgogne, de la caverne nommée aux Fées et la declaration de la dite caverne, tant des Fées, Serènes, Géans et autres esprits : le tout vu par le Seigneur Dom Nicolle de Gauthières… et les temoignages de deux paysans lesquels lui firent ouverture de la dite caverne : trad. en français par D. de Ravières.

Rouen, 1582, in-8° de 54 pp. (4 fr.).

Réimpression

A Lyon, chez Louis Perrin, vers 1875-79.

Voir à Discours...

4716 GRANDES (Les) et merveilleuses choses naguères advenues de la ville de Bezanson [Besançon], par un tremblement de terre. [Sur l'imprimé à *Château-Salin, par Jacq. Colombiers*, 1564]; dans LENGLET-DUFRESNOY *Recueil de dissertations…* (1752) T. I. part. II. 1-4.

(O-1752)

4717 GRANDIER (Urbain) curé de Loudun, né à Rovères près de Sablé (Bas Maine), mort sur le bûcher à Loudun en 1634. Fils d'un notaire royal et élève des Jésuites. Principal teur et victime dans la possession de Loudun. — Traité du célibat des Prêtres.

Opuscule inédit, introduction et notes par Rob. Luzarche.

Paris, Pincebourde, 1866, in-8° (6 fr.).

[E. 996]

Avec une curieuse eau forte de Thy représentant le supplice d'Urbain Grandier.

(G-1438)

4718 GRANDIER (U.). — Factum pour maistre Urbain Grandier, prestre curé de l'Église Saint-Pierre du marché de Loudun, et l'un des chanoines de l'église Saincte-Croix du dit lieu; imprimé par Danjou dans les *Archives curieuses de l'hist. de Fr.*, II° série, tome V, pp. 291-71.

[D° 27]

Lettre du sieur Grandier, accusé de magie. Cette lettre inédite tirée du vol. de la Biblioth. royale, in-4° Z-ans. N° 1016, a été publiée par Danjou dans les Archives curieuses de l'hist. de Fr., II° série, tome V, pp. 261-71.

Édit. orig.

S. l., n. d., in-4°.

[Liv° 2060]

4719 GRANDIER (Urbain). — Jugement rendu par les commissaires deputés contre Urbain Grandier, prestre curé de l'église Saincte-Croix du dit lieu.

S. l. (Paris, 1634); réimprimé par Danjou dans les *Archives curieuses de l'hist. de Fr.* 258-90.

[D° 27]
(O-1807)

4720 GRANDIER (Urbain). — Relation véritable de ce qui s'est passé en la mort du curé de Loudun, bruslé tout

v. t. le vendredi 18 aoust 1634, par a. est de messieurs les commissaires députez par sa majesté, pour lui faire son procès sur le crime de magie, maléfice et sacrilège.

(Paris, 1734); réimprimé par Danjou et Cimber, dans les *Archives curieuses de l'hist. de Fr.*, 272-77.

On trouve un bon art. sur Urbain Grandier dans le *Dictionnaire infernal* de Collin de Plancy, II° édit. (1826), III, 184-191; inutile de dire que dans les ed. suiv. on ne trouve à peu près rien de bon. Mais ce qu'il y a de plus curieux dans cette II° édit. se trouve dans l'atlas joint à l'ouvr., atlas qui n'a pas été reproduit depuis ; ce n'est ni plus ni moins que les deux fac-similés du Pacte d'Urbain Grandier avec Lucifer et de celui des démons avec U. Grandier, *extrac tum ex infernis*, avec transcription, car il faut être diable pour pouvoir déchiffrer ce grimoire, et traductions. « Ces deux pièces dit M. Collin de P. nous viennent des archives de *Poitiers*, où elles étaient avant la révolution. »

M. Jules Garinet donne aussi dans son *Histoire de la Magie en France* (pp. 308-36), plusieurs pièces relatives au procès d'Urbain Grandier. Les personnes qui veulent avoir des renseignements sur toutes ces possessions et obsessions qui illustrèrent si tristement le XVII° siècle en France, peuvent consulter la *Bib. historique de France* du p. Lelong, I, 321-26 et IV, 269-70, environ 100 N-os.

(O-1808

4721 GRANDIER (Urbain) et la *Possession de Loudun*.

1) Interrogatoire de M° Urbain Grandier, Curé de Loudun.

Paris, 1634, in-8°.

[Lb³⁶, 3015

2) Relation de ce qui s'est passé aux exorcismes en présence de M. Poitiers.

S. l. 1635.

Autre édit.

Paris, J. Martin, 1935, in-8°.

[Lb³⁶, 3043

3) La Gloire de St-Joseph, victorieux des principaux démons de la possession de Loudun.

Paris, 1636, 3 ouvrages in-12 ou pet. in-8°.

(S-5235 b

4722 GRANDIER (sur Urbain). — Grandier (Urbain) dans P. Bayle : Dictionnaire historiq. et critiq., II, au mot : Grandier.

(O-1809

GRANDIER (Urbain). — Voir :

Bibliographie Yves-Plessis, : N°s 1284-1330; p. 105-171 et aussi :

AUBIN.
DUMAS (Alexandre).
LA MENARDAYE.
LEGUE.
PILLET DE LA MENARDIERE.
TRANQUILLE.

4723 GRANDMAISON (L. de). Soc. Jés. — Théosophe et Théosophie : le Lotus Bleu.

Paris, s. d., in-12, (1 fr.).

C'est au sujet de cette publication que parut la brochure : *La Cie de Jésus et la Théosophie réponse d'une catholique (et théosophe) aux articles du R. P. de Grandmaison*.

Paris, Bodin éditeur, in-8° (1 fr.).

GRANDPRÉ (J. de). — Voir :
BEAUJOLY.

GRANDVILLE (le Dessinateur). — Voir :

GÉRARD (Jean-Ignace-Isidore), dit.

4724 GRANDVOINET (le Docteur). — Esquisse d'une théorie des phénomènes magnétiques par le docteur Grandvoinet.

Paris, 1843, in-8°, 32 pages.

(D. p. 127

4725 [GRANDVOINET]. — Esquisse d'une théorie des phénomènes magnétiques par le docteur J. A. TEDINSGAROV, publiée par le Chevalier Brice Comte de Beauregard.

Paris, Dentu, 1843, in-8°, 52 pages (2 fr.).

TEDINSGAROV est l'anagramme de GRANDVOINET, médecin de Lyon ami et élève du docteur DESPINE père, il a été l'un des fondateurs de la Société de Magnétisme établie à Lyon. Il y a la même brochure portant le nom de l'auteur.

(D. p. 127

4726 GRANGE (Lucie). — La mission du nouveau spiritualisme. — Lettres de l'esprit Salem-Hermès : communications prophétiques.

Paris, l'auteur, 1890, in-8°.

[8° R. 14047

Ce livre traite de la fin secrète de la Vie, des âmes sœurs, de la recherche du paradis terrestre, etc... C'est aussi l'annonce de tout ce qui doit arriver en bien ou en mal.

4727 GRANGE (Lucie). — Petit livre instructif et consolateur. Manuel de spiritisme.

Paris, s. d. [1889], pet. in-16 de 65 pp. (1 fr. 50).

[8° R. 9101

4728 GRANGE (Hab. Lucie). — Le prophète de Tilly. — Pierre-Michel-Élie-Eugène Vintras.

Paris, Société libre d'éd. des gens de lettres, 1897, in-8°. (2 fr. 50).

[Ln²⁷. 44575

Marisiaque et le Sacrifice Provictimal. — Le Carmel. — Le miracle des hosties. — Jean-Baptiste successeur d'Élie. — La Chaîne des Prophètes. — Les prisons de Pierre-Michel. — L'œuvre de la Miséricorde. — Les ouvrages de Pierre-Michel Vintras. — L'Évangile Éternel. — Les tablettes d'Hénoch, etc...

4729 GRANGE (Lucie). — La Lumière Révélation du nouveau spiritualisme.

— Revue mensuelle publiée par Lucie GRANGE.

Paris, depuis l'origine, 1882 — 1900 (?), gr. in-8°. (30 fr.).

[4° R. 804

4730 GRANT (G. M.). — L'Orient et la Bible. Les Grandes Religions ; trad. de l'angl. par C. de Faye.

Paris, 1897, in-12. Nombreuses gravures.

Examen comparé des grandes religions. — Mahométisme. — Confucianisme. — Hindouisme. — Le Vedisme, le Boudhisme. — Démonolatrie, etc...

4731 GRAPHOLOGIE (La). Journal des Autographes. L'art de juger les hommes par leur écriture. [Titre actuel :] Organe officiel de la Société de Graphologie.

Paris, depuis 1871, pet. in-4°.

[4° V. 325

Les années 1871-1872 ne comptent que pour une seule dans la collection : le n° 1 de la deuxième année est du 1ᵉʳ Janvier 1873.

Publié d'abord par « M. Barthelemy MICHOS, gérant », 5, rue de Chanaleille, Paris.

Le créateur de la Graphologie est l'abbé Jean Hippolyte MICHON, q. v. qui y a abondamment collaboré.

4732 GRAS DU VILLARD. — Histoire de la pieuse bergère du mont Parménie, ou la vie de la sœur Louise, fondatrice de la Maison des Retraites de N. D. des Croix dans le diocèse de Grenoble ; précédée d'un abrégé historique de plusieurs autres établissements qui ont anciennement existé sur cette montagne.

Grenoble, 1754, in-12. (4 fr.) Figures sur bois.

Autre édition :

Grenoble, A. Arnauld, 1752, in-12.

[Ln²⁷. 9803

...rage curieux et peu commun sur ...haumaturge célèbre du Dauphiné ; de nombreuses guérisons eurent lieu à l'Armenie, après sa mort.

4733 GRASSET (Dʳ H.). — La Médecine Naturiste à travers les siècles. Histoire de la Physiothérapie. par le Dʳ H. GRASSET.

Paris, 1911, in-8° de 400 pp.

La Médecine naturiste d'Hippocrate. — La Médecine naturelle chez les romains aux premiers siècles de notre ère. — Les stations balnéaires chez les Romains, les Barbares et les Arabes. — Le Moyen-Age. — Etc.

4734 GRASSET (Docteur J.). — Professeur à l'Université de Montpellier. — Histoire d'une Hystérique hypnotisable. (Contribution à l'étude des attaques de sommeil spontanées et provoquées).

S. l., in-8° de 36 pp.

4735 GRASSET (Docteur). — L'Hypnotisme et la Suggestion par le Docteur GRASSET.

Paris, O. Doin, 1903, in-8°, 534 p. (3 fr.).

Professeur éminent, philosophe sérieux, croyant sincère, mais non crédule, le Docteur Grasset, universellement connu par ses travaux transcendants, n'a pas cru indigne de la Science d'étudier de près ce que le matérialisme officiel repousse de parti-pris, dans l'ivresse de son orgueil. Ses volumes de doctrine substantielle et d'expérience approfondie font un sage départ entre les théories échevelées d'un spiritualisme sans frein, et celles non moins décevantes des pyrrhoniens modernes. Ils sont indispensables pour aborder avec sécurité les troublants problèmes de l'occulte.

Autres éditions :

Paris, 1883, in-12.

[T²². 51 (42)

4736 GRASSET (Docteur). — L'occultisme hier et aujourd'hui. — Le merveilleux préscientifique par le Docteur J. GRASSET.

Montpellier, Coulet et fils, 1908, pet. in-8° de 471 p. (4 fr.).

[8° R. 22199

Définition et historique. — Difficultés que présente l'étude des phénomènes occultes. — Le magnétisme animal et l'hypnotisme. — Les mouvements involontaires inconscients : tables tournantes, pendule explorateur, cumberlandisme avec contact. — Les sensations et la mémoire polygonale. — Fausses divinations, etc...

4737 GRASSET (Docteur). — Le Psychisme inférieur.

Paris, Chevalier et Rivière, 1906, fort in-8°. Avec 9 fig. et 6 tableaux. (10 fr.).

[8° R. 20517

Professeur agrégé à la Faculté de médecine de Montpellier le Docteur Grasset a entrepris l'étude scientifique des phénomènes psychiques et occultes. Dans ce volume qui est une œuvre très haute, il démonte pièce par pièce les divers systèmes en présence pour y découvrir le secret des phénomènes qui ont enfin secoué les apathies officielles et bouleversé les théories académiques. La table tournante, la pendule explorateur, la baguette divinatoire, la lecture de pensées, le somnambulisme, le magnétisme, l'hypnotisme, le spiritisme, la volonté, etc.,.. y sont envisagés sérieusement et approfondis sans parti-pris. — Cet ouvrage se recommande par l'originalité de ses vues et a une grande valeur documentaire.

4738 GRASSET (Docteur) — Le roman d'une hystérique, histoire vraie pouvant servir à l'étude médico-légale de l'hystérie et de l'hypnotisme.

S. l. (1890), in-8°. (0 fr. 70).

Extr.

4739 GRASSET (Docteur). — Le Spiritisme devant la science par le Docteur GRASSET... Préface de Pierre Janet.

Montpellier, Coulet et fils. Paris, Masson, 1904, in-8°, XXIX-392 p. fig. (4 fr.).

[8° R. 18971

Histoire d'une maison hantée. — Historique du Spiritisme. — Les deux Psychismes, le Centre « O » et le « Polygone. »— Exposé et discussion des Tables tournantes, du Pendule explorateur, de la baguette Divinatoire, des Liseurs de Pensée, de la Cristallomancie. — Etude Scientifique du Spiritisme. — Table alphabétique des Matières et des Auteurs cités.

4740 [GRASSHOFF (Johann) ou GRASSEUS]. — Aperta Arca Arcani artificiosissimi, das ist : eröffneter und offenstehender Kasten der allergrössten und künstlichsten Geheimnüssen der Natur des grossen und kleinen Bauers (von Chortolassens, auch Condesyanus genannt, pseudonyme de Johann GRASSHOFF) : beneben der rechten und warhafftigen Physica naturali rotunda durch eine Visionem chymicam cabalisticam gantz verständlich beschrieben...

Breslaw, *Caspar Müller*, 1658, pet. in-8° de XIV-236 pp.

A la suite est relié : ein philosophischer Tractat...

La Physica naturalis rotunda commence à la p. 119.

La première édition est de Francfort, 1617.

[O-1207-1541-1542

4741 GRASSHOFF (J.). — Johannis GRASSEI alias Chortolassei dicti Arcana arcani artificiosissimi de summis Naturæ mysteriis, ex rustico majore et minore ejus constructa : dans Theatrum chemicum, VI (1661), 294-343.

Composé de : Introduction de l'Arca arcani, intitulée de Lapide philosophico in specie, pp. 294-311.

De Consensu Philosophorum, pp. 312-23.

Lilium inter spinas, pp. 323-33.

Praxis J. Grassei, pp. 333-43.

Sur le dernier feuillet se trouve une fig. cabalistique.

(O-1138-1139

4742 [GRASSHOFF (J.)]. — Dyas chymica tripartita, das ist : sechs hertzliche Teutsche philosophische Tractätlein, deren :

I. von an... noch im Leben ;

II. von mitlern Alters, und

III. von ältern Philosophis beschrieben Worden, nunmehr aber allen Filiis Doctrinae zu Nutz an Tag geben, und mit schönen Figuren gezieret, durch H. C. D. (Hermannus Condesyanus, Doctor Johannes GRASSHOFF).

Franckfurt am M. Lucas Jennis, 1625, in-4° avec un très gr. nombre de belles fig. gr. intercalées dans le texte.

Ce curieux recueil est divisé en trois parties.

Le premier Nochlebender, de 87 pp. contient

1) Ein güldener Tractat von philosophischen Steine.

2) Aureum seculum redivivum Hinr. Madathani.

Le deuxième Mittels Alters, de 117 pp. contient :

1) Basili Valentini vier Tractätlein von dem grossen Stäin...

2) Lambspring, das ist ein hertzlicher Teutsch Tractat.

Pour le détail de ces traités, voy. ces noms.

Le troisieme Alten Philosophen, contient

1) Ein deutscher Tractat anno 1433 beschrieben.

2) Liber Alze vom Philosophischen Steine, für 200 Jahren beschrieben.

(O-610 et 1540

4743 GRASSOT (L.). — La Lumière tirée du Chaos, ou Science Hermétique du Grand-Œuvre philosophique dévoilé.

Amsterdam, 1784, pet. in-18, (6 fr.).

[R. 37981

Traité hermétique, très rare et recherché des adeptes.

4744 GRASSOT, docteur en médecine de l'Université de Montpellier. — La philosophie céleste, où il est traité de Dieu, de la Nature, et de ses principes; de l'Union du Créateur aux Créatures, du rapport qui est établi entre le Microcosme (sic) et Macrocosme, du retour de toutes les Créatures à l'Unité leur principe par l'intermédiaire de l'Homme. Suivi de l'Apologie de l'œuvre hermétique.

Bordeaux, an XI. [ou An IX ?], in-8° (20 fr.). Frontispice cabalistique et tableau cosmologique dit « *Tableau Anamorphose*. »

Très rare.

La dernière partie de l'ouvrage forme un petit traité sur la pierre philosophale. On sent que l'auteur a lu Paracelse et probablement aussi Fabre d'Olivet et St Martin.

(G-371 et 1429

4745 GRATACAP (A). — Théorie de la Mémoire, thèse pour le doctorat.

Montpellier, 1860, in-8°. (3 fr.).

[R. 37685

4746 GRATAROL (Guillaume), médecin célèbre né à Bergame vers 1510. Docteur de l'Université de Padoue où il enseigna d'abord. Il se fit protestant et résida à Bâle, où il mourut vers 1568. — Guill. GRATAROLI. Opera.

Lugduni, 1558, in-12.

(S-3395 b

4747 GRATAROL (G.). — Guill. Grataroli. Mundi constitutionum et tempestatum Praedictiones certae et perpetuae.

Basileae, 1558, in-8°.

(S-3409 b

4748 GRATIEN DE SEMUR. — Traité des Erreurs et des Préjugés.

Paris, Levasseur, 1845, fort in-12 de 900 pp. env. (5 fr.).

[R. 37686

Ouvrage rempli de renseignements les plus curieux sur les sujets suivants : Astres et astrologues, la Lune, les géants et les nains, les revenants, les rêves, les comètes, les ondines et les follets, les hommes incombustibles, les pluies miraculeuses, les recettes infaillibles, les physionomistes, les lampes perpétuelles et Archimède, les chiromanciens et les tireurs de cartes, le grand Albert et Nostradamus, longévité attribuée à certains animaux, le magnétisme, les moyens secrets de plaire, la pierre philosophale, etc....

4749 GRATIOLET (P.). — De la Physionomie et des mouvements d'expression, suivi d'une notice sur sa vie et ses travaux et de la nomenclature de ses ouvrages par L. Grandeau.

Paris, Hetzel, S. D. [1882] in-12. Portrait.

[8° V. 5040

4750 GRATRY (R. P. Auguste-Joseph-Alphonse), né à Lille en 1805, mort à Montreux (Suisse) en 1872. Polytechnicien, Professeur en Sorbonne et Académicien. De la Congrégation de l'Oratoire. — Commentaire sur l'Evangile selon St-Mathieu.

Paris, 1865, 2 vol. in-8° (5 fr.).

4751 GRATRY (R. P.). — La connaissance de Dieu.

Paris, 1864, 2 vol. in-12 (7 fr.).

[R. 37698-37699

4752 GRATRY (R. P.). De la Connaissance de l'Ame.

Paris, 1861, 2 vol. in-12 (7 fr.).

[R. 37700-37701

Peu de personnes savent que l'éminent oratorien, ancien élève de l'Ecole Polytechnique, se livrait secrètement à des pratiques d'occultisme dont les troublants résultats auraient fait le succès et la gloire d'un adepte. Il était donc qualifié mieux que personne pour traiter de l'âme et de ses facultés. — Son livre de la "*Connaissance de l'âme*" est une étude profonde de notre moi mystérieux, et comporte des hardiesses philosophique, qui firent longtemps trembler l'Eglise au sujet de l'orthodoxie du célèbre auteur.

4753 GRATRY (R. P.). — Jésus-Christ, réponse à M. Renan.

Paris, 1804, in-10 (1 fr. 25).

[H. 14869

4754 GRATRY (R. P.). — Logique.

Paris, Douniol, 1855, 2 vol. in-8º (15 fr.).

[R. 37707-37708

Autre édition :

Paris, 1868, 2 vol. in-8º.

4755 GRATRY (R. P.). — Les Sophistes et la critique.

Paris, 1864, in-8º (3 fr. 50).

[R. 37723

La Critique et la vie de Jésus. — La Critique et la science de Dieu. — La Critique et la science du Christ. — L'École d'Alexandrie, etc....

4756 GRAVE (Charles Joseph de) ou DEGRAVE, jurisconsulte belge, né à Ursel (Flandre) vers 1736, mort en 1805. Auteur accusé d'extravagance. — République des Champs Elysées, ou Monde Ancien. Ouvrage dans lequel on démontre principalement : Que les Champs-Elysées et l'Enfer des Anciens sont le nom d'une ancienne République d'hommes justes et religieux, située à l'extrémité septentrionale de la Gaule, et surtout dans les îles du Bas-Rhin ; que cet Enfer a été le premier sanctuaire de l'Initiation aux Mystères et qu'Ulysse y a été initié ; que les Elysiens nommés aussi sous d'autres rapports, Atlantes, Hyperboréens, Cimmériens, etc.... ont civilisé les anciens peuples, y compris les Egyptiens et les Grecs, etc.... Ouvrage Posthume.

Gand, Imprimerie de Goesin Verbaeghe, 1806, 3 vol. in-8º d'environ 270 à 300 p. chacun (10 fr.).

Encore un auteur que Gust. BRUNET

classe dans sa Bibliographie des ouv. littéraires. Cependant, il ajoute : « Une « vaste érudition, fort intempestivement « déployée, s'étale dans cet amas de rê- « veries. » Ouvrage tiré à petit nombre et devenu fort rare. A côté de chap. intéressants, comme celui sur les Initiations des Anciens, on en trouve d'autres absolument bizarres, comme celui où l'auteur prétend qu'HOMÈRE et HÉSIODE sont originaires de Belgique !....

4757 GRAEVELL (M. F. C. W.) — Was musz der jenige, der von der Freimaurerei nichts andres weisz, als was davon allgemein bekannt ist, nothwendiger Weise davon halten ? von M. F. C. W. GRAEVELL.

Cottbus, Kühn und Kuusack, 1800, in-8º de II-102 pp.

Un premier titre porte : Wozu ist die Freimaurerei ? Und was ist von ihr zu halten ?

[O. 143

4758 GRÉARD (Vallery Clément Octave) né à Vire en 1828. Professeur Inspecteur d'Académie, Académicien. — De la morale de Plutarque.

Paris, L. Hachette, 1866, in-8º (3 fr. 50).

[R. 37710

Attitude vis-à-vis des Juifs. — De l'amour. — De l'amour conjugal. — De l'immortalité de l'âme. — Les Génies.— Les Oracles, etc....

GREATRAKES (Valentin) précurseur des Magnétiseurs modernes, né dans le Comté de Waterford, en Irlande, vers 1628, mort vers 1700. Il fit ses études au Collège de Dublin, puis exerça les fonctions de juge. Persécuté par l'évêque de Lismore il passa en Angleterre, où il continua à Londres ses surprenantes guérisons. Il mourut obscurément en Irlande.

Mentionné, avec portrait, dans CUTTEN : « Three thousand Years of Mental Healing. »

Voir aussi :

STUBBE (Henry).

4750 GREATRAKES (Valentine). — A Brief Account.... [Lettre à l'Hon. Robt Boyle, Esq.].

London, 1666, in-4°.

Le libellé du titre est incertain mais le document est mentionné dans la Bibliographie d'Allibone (Philadelphie, 1872, en 8° à 2 vol.) [Casier J. 438] 1-730).

4700 GREEN (H. S.). — Les directions et comment les calculer, avec une Préface par Alan Léo.

Paris, Publications Astrologiques. Léopold Miéville, 1910, in-12, cartonn., éditeur. (2 fr.).

C'est le N° 5 de la Série des *Manuels Astrologiques* tous de même format, formant un Cours gradué d'Astrologie.

Il existe en outre un Manuel hors série par Alan Léo : « *L'Astrologie exotérique et ésotérique* » Paris, 1905.

Les quatre autres N° sont

« *L'Astrologie de tout le monde* » et « *Ce qu'est un horoscope, et comment le lire,* » Paris, 1906 et 1907, par Alan Léo.

« *L'Analyse raisonnée de l'Astrologie* » par A. H. BARLEY, Paris, 1908.

« *L'Horoscope en détail,* » par Alan Léo et GREEN, Paris, 1909. Toutes publications de l'*École Anglaise d'Astrologie*, Section de Paris.

4701 GRÉGOIRE (Georges-Florent). — Les Livres des Miracles et autres opuscules, revus et collationnés et traduits pour la Société de l'Histoire de France, par H. L. BORDIER.

Paris, Renouard, 1857, 4 vol. in-8° (20 fr.).

4702 GRÉGOIRE (l'Abbé Henri), curé d'Embermesnil, puis évêque constitutionnel de Blois, Comte de l'Empire, Sénateur et Membre de l'Institut, né à Vého près Lunéville le 4 Déc. 1750; mort en 1831 à Paris. Janséniste et Gallican. MICHELET appelle « *Tête de Fer* » ce chrétien digne des premiers âges. — Histoire des Sectes religieuses qui sont nées, se sont modifiées, se sont éteintes dans les différentes contrées du Globe, depuis le commencement du siècle dernier jusqu'à l'époque actuelle. Par M. GRÉGOIRE, Ancien Évêque de Blois. Nouvelle édition....

Paris, Baudouin frères, 1828-1829, *Jules Labitte*, 1845, 6 vol. in-8° de 403, 512, 431, 512, 520 et 320 pp. avec trois planches hors texte : Grand-Maître des Templiers, Orateur Théophilantrope, Alphabet des Templiers, les deux premières en couleurs.

C'est la dernière édition de cet ouvrage particulièrement important au point de vue des recherches historiques et bibliographiques sur les mystiques de cette période ; il faut renoncer à citer tous les personnages souvent d'ailleurs parfaitement inconnus, qu'étudie l'abbé GRÉGOIRE dans son volumineux travail. Le Tome VI a été publié par CARNOT, 17 ans après les cinq premiers, et manque souvent.

Autres éditions :

Paris, Potey, 1810, 6 vol. in-8°.
[H. 14877-14878

Paris, 1814, 2 vol. in-8°.

Cette histoire est aussi particulièrement intéressante au point de vue des développement de la Franc Maçonnerie. Voici un résumé de son contenu.

T. I. — Fêtes de la Fédération et de l'Être Suprême. — Célébration du « *Décadi.* » — Histoire de la Théophilantropie depuis sa naissance jusqu'à son extinction. —— T. II. — Préadamites. — Illuminés d'Allemagne. — Société des Victimes : la mère MECHTILDE ; Antoinette BOURIGNON ; Catherine THÉO. — La baronne de KRUDENER. — La duchesse de BOURBON. — Chrétiens de S. Jean. — Camisards. Convulsionnaires. Farcinistes, etc. — Secte d'Avignon (PERNETY). — Théosophes martinistes. Mesméristes, etc. — Franc-Maçons : charbonniers et carbonari. — TEMPLIERS. —— T. III. — Basiléolâtrie. — Adulation envers Napoléon. — Sectes Judaïques. —— T. IV. — État des Églises Grecque et Russe. — Sectes Russes. Origénistes, ou Mutilés, etc. — Église Anglicane. Méthodistes. —— T. V. — Dissidents, Puritains. Swedenborgistes, Jérusalemites, etc. — Baptistes, Anabaptistes, Labadistes, Frères Moraves, Abrahamites, etc. —— T. VI. — Nouveaux ariens, Sociniens, etc. — Genève protestante et Protestants français. — Séparatistes du Zohar. — Secte des Incrédules. — Etc.

On y trouve des détails intéressants sur les Néo-Templiers de Fabre-Palaprat, le Léviticon, la hiérarchie et le cérémonial. Chose au moins singulière, des Evêques et des Prêtres éminents appartenaient à ces Loges Templières dont les Cérémonies se célébraient officiellement dans les Églises au début du XIX° Siècle. Cet ouvrage a été saisi par la Police en 1810, et rendu à son auteur vers le mois de Juin 1814.

4703 GRÉGOIRE (anc. évêque de Blois). — Histoire du Mariage des Prêtres en France, particulièrement depuis 1789.
Paris, Baudoin, 1820, in-8° (3 fr.).

4704 GRÉGOIRE (Joseph Aimable), ex-sous-chef du bureau des Cultes à la Préfecture de la Seine. — Les Quatre Vérités, ou le système de la vertu applicable à toutes les actions.
Paris, Dentu Berlandier, 1842, in-8° de 213 pp. (11me édit. la plus complète).

La 1re et 2me édit., publ. à 0 fr. 90.

La 3me, 4me et 5me à 0 fr. 75.

La 6me et suivantes « Prix invariablement fixé » : cart. 1 fr. 30, broché 1 fr. » (3 fr.).

[R. 37707

4705 GRELLETY (Dr). — Du Merveilleux, des Miracles et des Pèlerinages, au point de vue médical.
Paris, Baillière, 1876, gr. in-8° (3 fr.).

Science et religion. — Rôle de l'imagination. — Hallucinations. — Extases. — Hypnotisme. — Stigmatisations. — Simulation des maladies, etc....

4706 GRELLMANN. — Histoire des Bohémiens ou tableau des mœurs, usages et coutumes de ce peuple nomade. Suivie de recherches historiques sur leur origine, leur langage et leur première apparition en Europe.
Paris, Chaumerot, 1810, in-12 (0 fr.).

Arts et métiers des Bohémiens. — Maladies et enterrements. — Religion des Bohémiens. — Langage, sciences et arts. — Origine égyptienne des Bohémiens. — Les Bohémiens sont venus de l'Hindoustan, etc...

(G. 30

4767 GRELLOIS (Eugène). — Magnétisme animal, par Eugène Grellois.
Metz, Mayer Samuel, 1840, in-8°, 8 pages.

[Th°°. 148

Il s'agit d'une réponse à une brochure publiée en 1833.

(D. p. 120

4768 GRENDEL (Paul) Pseudonyme de M°° Bécour. — Blidie.
Paris, in-12 (?).

[N'est pas à la B. N.]

Roman philosophique, où le Spiritisme est pressenti. Lutte véridique entre deux savants.

4769 GRENDEL (Paul). — Fée Mab, par Paul Grendel. [M°° Bécour].
Paris, Société d'éditions littéraires, 1898, in-18.

[8° Y² 51109

4770 GRENIER. — Code récréatif des Francs-Maçons, poésies, cantiques et discours à leur usage.
Paris, Caillot, 1807, fort in-12 (4 fr. 50).

[H. 14887

4771 GREPPO (J. G. H.). — Essai sur le système hiéroglyphique de M. Champollion le Jeune et sur les avantages qu'il offre à la critique sacrée.
Paris, Dondey-Dupré, 1820, in-8° (5 fr.).

Application du système hiéroglyphique à l'écriture sainte. Des zodiaques égyptiens de Dendera et d'Esné.

(G. 1812

4772 GREVER (*Jodocus, ou Josse*) — Jodoci Greveri presbyteri Secretum

probatissimum et verissimum : dans
Theatrum chemicum (1613) III, 735-
...

(O-96)

4773 GREVIN (Iaqves), Poëte dramatique et médecin, ami de Ronsard, né à Clermont en Beauvoisis vers 1538, mort à Turin vers 1570. Médecin de Marguerite de France, duchesse de Savoye et Calviniste de religion. — Iaqves Grevin de Clermont en Beauvaisis, médecin à Paris. — Devx livres des venins auxquels il est amplement discouru des bestes venimeuses, theriaque, poisons et contrepoisons. Ensemble les œuvres de Nicandre, médecin et poëte grec, traduites en vers françois.

Anvers, Christofle Plantin, 1568-67. 2 ouvrages in-4° avec quantité de figures sur bois. (40 fr.).

[T¹⁰. 21
(G.-372 et 031
(S-3220

4774 GREVIN (Jac.). — Jac. Grevini, de Venenis Libri Duo, ex interpr. Iheremia Martin ; ejusdem de Antimonio Tractatus, eodem interpr.

Antverpiæ ex Offic. Christ. Plantini, 1571, in-4°. Figures.

[T¹⁰. 23
(St Y-1404

4775 GRIFFET (le P. H.). — Histoire des Hosties miraculeuses qu'on nomme le très saint sacrement du miracle qui se conserve à Bruxelles depuis l'an 1370 et dont on y célèbre tous les cinquante ans l'année jubilaire.

Bruxelles, 1770, in-8° (10 fr.).

Cet ouvrage contient 25 planches h. t. dont 7 doubles, gr. en taille-douce par Harrewijn, des plus curieuses au point de vue des costumes et une grande planche pliée gr. sur bois.

4776 GRILLANDUS (Paul). — Pauli Grillandi Castellionis, Tractatus duo de Sortilegiis et Lamiis, et excell. jur. utriusque J. Fr. Ponzinibii.

Francofurti, 1592, in-8° (10 fr.).

[R. 7954-055
(Ros.-4039
(S-5160

4777 GRILLOT DE GIVRY. — Aphorismes Basiliens, ou Canons hermétiques de l'esprit et de l'âme, comme aussi du corps mitoyen du grand et du petit monde. Nouvellement mis en lumière par Grillot de Givry.

Paris, in-8° de 8 p. (2 fr.).

Lumineux compendium d'alchimie tiré à 72 exempl. numérotés.

Indispensable à tout occultiste arrivé à un certain degré d'initiation : il réserve d'agréables moments à qui en connaît la clef ésotérique. Cette œuvre est attribuée à un moine du XVIᵐᵉ siècle. Basile Valenton (?)

4778 GRILLOT DE GIVRY. — Les villes initiatiques : I. Lourdes. — Etude hiérologique.

Paris, Chacornac, 1902, in-16, 372 p.

[8° H. 0597

L'Occident comme l'Orient a ses lieux saints. — Hermétiste consommé, théologien remarquable et de plus, savoureux styliste, M. Grillot de Givry vient d'écrire la monographie de quelques villes initiatiques d'Occident. La première parue est celle de Lourdes. L'auteur y sape les théories de l'auto-suggestion, et y révèle la conception des mystères de l'au-delà d'une manière vraiment originale.

4779 GRIMALDY, premier médecin du roy de Sardaigne et chef de l'Université de médecine de Chambéry. — Œuvres posthumes où sont contenus ses meilleurs remèdes avec une dissertation physique sur les sujets qui entrent dans la composition de ces remèdes.

Paris, Durand, 1745, in-12 (4 fr.)

[Te². 16
(G-373

4780 GRIMAUD (Gill.). — La Liturgie

sacrée où l'on explique toutes les cérémonies de la Messe avec leurs Mystères et leur antiquité, par Gill. GRIMAUD.

Lyon, 1666, in-4°.

(S-268

4781 GRIMOIRE DU PAPE HONORIUS, avec un recueil des plus rares secrets.

Rome, 1670. [Lille, vers 1840], in-32 (30 fr.).

[Rés. p. R. 180

Assez rare édition de ce grimoire de sorcellerie resté célèbre, accompagné de figures magiques et kabbalistiques, de pantacles et de talismans. — Ce livre, par ses signes et ses secrets relatifs à la Kabbale, est, pour l'initié, un véritable monument de sorcellerie et de magie noire.

Rome, 1787. 1 vol. in-16.

4782 GRIMOIRE, ou la magie naturelle.

La Haye, aux dépens de la Compagnie, s. d. [vers 1750], in-12. (20 fr.).

Grimoire paru vers le milieu du XVIII° siècle.

(G-632

4783 GRIMORIUM verum, vel probatissime Salomonis Claviculæ Rabini Hebraici in quibus tum naturalis secreta licet abditissima in promptu apparent, etc..... Traduit de l'Hébreu par PLAINGIÈRE jésuite dominicain, avec un recueil de secrets curieux.

Memphis, chez Alibeck l'Egyptien, 1517 (vers 1780), in-16, 10 planches hors-texte. (18 fr.).

Malgré son titre latin ce grimoire est entièrement rédigé en Français ; il porte d'ailleurs au verso du titre ce sous titre : « Les véritables clavicules de Salomon, » et est orné de 10 planches gravées hors-texte.

(G-1432

4784 GRIMORIUM VERUM (Vra. grimoire) ou les véritables clavicules de Salomon.

A Memphis, 1517, pet. in-12. (40 fr.).

Précieux et rare grimoire, enrichi de nombreuses pl. h. t. dont 3 grandes se déployant et représentant les plus extraordinaires pantacles magiques. Il contient une quantité de secrets que l'on ne trouve pas ailleurs.

4785 GROMIER (Emile). — Du magnétisme : qu'est-ce que le magnétisme ou étude historique et critique des principaux phénomènes qui le constituent, suivie de l'explication rationnelle qu'il convient d'en donner par le docteur Emile GROMIER, médecin de l'Hôtel Dieu de Lyon, médecin expert près des tribunaux.

Lyon et Paris, 1880, in-8°, 50 pages.

[Tb^d, 107

Travail fort intéressant qui a d'abord paru dans la revue de Lyon. Pour M. GROMIER le magnétisme est une branche de la physiologie et à ce titre a droit à l'examen des gens de science. L'auteur fort critiqué par ses confrères a très courageusement poursuivi son examen. Pour lui la volonté dans l'acte de la magnétisation, la transmission de pensées dans le somnambulisme sont les plus importants à considérer. Il examine les anciens magnétiseurs, les anciennes doctrines et les anciens procédés et se montre juste pour tous ; je ne saurais trop recommander son travail aux médecins et aux magnétistes sérieux.

(D. p. 141

4786 GROS. — Lettres critiques et philosophiques sur la Franc-Maçonnerie où l'on considère cette institution dans ses rapports avec la société civile et la religion : traduites du portugais et accompagnées de notes historiques.

Paris, 1835, in-8° de 400 pp. env. (15 fr.).

Travail sincère, écrit dans un

profondément maç∴ et rempli de documents des plus intéressants sur une foule de points peu connus de l'histoire secrète et de la constitution de la Fr∴ M∴

4787 [GROSIUS (Henningus). libraire Leipzig]. — Magica, seu de Spectris et apparitionibus spirituum, de magicis, diabolicis et incantationibus; de Miraculis, Oraculis, Vaticiniis, Divinationibus, prædictionibus, Visionibus, Revelationibus.... libri II. Ex probatis, et fide dignis historiarum scriptoribus diligenter collecti [per Henningum GROSIUM].

Islibiæ, cura, typis et sumptibus Henningi Grosij. 1597. in-4" (6 fr.).

[R. 7907
(S-5150 b

4788 GROSIUS (Hennigus). libraire à Leipzig. — Magica de spectris et apparitionibus spiritum, de vaticiniis, divinationibus, etc..

Lugd. Batavorum. apud Franciscum Hackium, A° 1656. in-16 de 11 f^s n. c.-636 p.-17 f^s n. c. d'Index. Titre gravé (6 fr.).

[R. 42515

C'est une compilation d'Histoires de Spectres et de Revenants empruntées à une foule d'auteurs dont un catalogue est donné après l'épitre dédicatoire. Un Index très détaillé termine le volume.

Cette édition de Leyde est jolie et assez rare. Motteloz la qualifie d'Elzévir dans son Catalogue.

(G-540)

4789 GROSSE (Das) Planeten-Buch welches aus dem Platone, Ptolomeo, Hali, Albumasar, Barlaam und Johann Königsperger aufs fleiszigste zusammengezogen benebst der Geomantie, Physiognomie und Chiromantie ; wie auch der alten Weiber Philosophie, und kleinen Cosmographie darinnen sicht unt was dem Menschen für Glück, Unglück, Reichthum, gute und böse Zeit begegnen kann Ingleichen...

Franckfurt am M. Heinr. Ludw. Bronner. 1800. in-8° de XVIII-412 pp. avec un gr. nombre de fig. s. b.

(O-1885)

4790 GROSZSCHEDEL (Johann Bapt.). — Trifolium Hermeticum, oder : hermetisches Kleeblat : I. von der allgemeinen Natur; II. von der besondern und der menschichen Kunst ; III. von der verborgenen und geheimen Weiszheit : in welchem das grosse Buch der Natur, in seinen dreyen Reichen, als nemblichen dem Animalischen, Vegetabilischen, und Mineralischen, aufgethan und erklärt wird ; nach Auszweisung eines jeden absonderlichen beygefügten Tittels an seinem Orth ; durch Johann Bapt.. GROSZSCHEDEL von Aicha.

Franckfurt am M. Jennisius, 1629. in-8° de X-200 pp.

[R. 27797

Ce vol. contient trois ouvr. ayant chacun un titre séparé, mais la pagination se suit ; ce sont :

I. Erleuterung desz allgewaltigen grossen Buchs der Natur, welches von dem allmächtigen Gott Schöpffer der Welt...

II. Gründlich-und wahrhafftiger wie bedes die Natur und Kunst...

III. Magiae naturalis declaratio, das ist Gründtlicher Bericht und Trewhertzige Wahrnung an all und jede Exorcisten der Magiae, Cabalae und Necromantiae...

(O-1079)

4791 GROSZE (Eine) Herzstärkung für die Chymisten ; nebst einer Dose voll gutes Niesepulver, für die unkuadigen Widersprecher der Verwandlungkunst der Metalle, im Kloster zu Oderberg, seit anno 1426 aufbehalten durach Hans v. Osten ; welche vor wenigen Monathen von einem Maurer, gesellen daselbst gefunden worden...

Berlin, Joh. Friedr. Vieweg. 1771. in-8° de XIV-108 pp. avec 2 pl. dont 1 grande.

(O-1495-1496)

4792 GROTIUS (Hugo) ou Hugues VAN GROOT, jurisconsulte, diplomate et littérateur, né à Delft en 1583, mort à Rostock en 1644. Emprisonné à Loevenstein pour cause politique, sa femme le fit évader dans une caisse censée contenir des livres. — Hugonis Grotii Opera omnia theologica.

Amstelodami, 1679. 3 vol. in-f°

(S-173)

4793 GROTIUS (H.). — Grotius de veritate religionis christianae.

Amstelodami, Ex officina elzeviriana, in-12. (2 fr.).

[D. 30858 *et quantité d'autres édit.*

4794 GROTIUS (H.). — De veritate religionis Christianae. Editio novissima, cum notulis Joannis Clerici. Libri duo.

Hagæ-Comitis, 1734. pet in-8° (3 fr. 50).

Le Premier livre contient l'ouvrage de Grotius en entier. Les notes de J. Le Clerc forment le second livre.

4795 GROTIUS (H.). — La vérité de la Religion Chrestienne, ouvrage traduit du latin [par MÉZERAY].

Paris, de l'imprimerie des Nouveaux caractères inventés par Pierre Moreau, M^e escrivain à Paris. S. D. [1644]. in-8° de 544 pp. (70 fr.)

Rarissime, à tel point que l'abbé d'Olivet et l'abbé Gouget dans leurs notices sur MÉZERAY ont mis cette traduction en doute. — BRUNET ne la connaissait pas (elle n'est citée que dans le supplément de Deschamps où il est dit qu'on exempl. en reliure moderne a été coté 150 frs. dans le catalogue à prix marqués de Gonzalès). C'est un livre réellement intéressant puisque, outre sa rareté, il offre la curiosité d'être entièrement impr. en beaux caractères d'écriture courante, ce qui fait qu'à première vue, on se demande si l'on a sous les yeux un imprimé ou un manuscrit.

Autre édit :

Amsterdam, Blaev, 1636, in-24.

[D. 30847

4796 GROTIUS (H.). — Traité de la Vérité de la Religion Chrétienne, trad. du latin de GROTIUS par P. le Jeune, augmenté des dissertations de le Clerc.

Amsterdam, E. J. Ledet et Cie, 1728. in-8°

[D. 30850
(S-502

4797 GROTIUS (H.). — Traité de la vérité de la religion chrétienne, trad. du latin de GROTIUS, par l'Abbé GOUJET.

Paris, 1754. 2 vol. in-12.

(S-450

4798 [GROUSSET (Paschal)], Journaliste français, membre de la Commune en 1871, né à Corte (Corse) en 1845. Pseudonymes : André LAURIE, Philippe DARYL, etc. — Les Romans d'Aventures, Atlantis. Par André LAURIE. Illustrations par Georges Roux.

Paris, Hetzel, S. D. [1895]. gr. in-8°. Orné d'un grand nombre de gravures sur bois, hors et dans le texte, d'après les dessins de Geoffroy, Bernett, Roux, Maillart, Atalaya, Félix Régamey, etc... (4 fr.).

[8° Y². 40820

Edition originale de ce Roman d'Aventures.

Un officier de marine, tombé à la mer dans l'Atlantique plonge jusqu'à l'Atlantide, où une jeune fille lui remet une bague avant de le renvoyer au jour au moyen d'un tonneau vide. Il retourne explorer les parages en cloche à plongeur perfectionnée, retrouve l'Atlantide, y retourne à nouveau en sous-marin, trouve une porte éclusée pour entrer, fait venir sa famille, etc.

Histoire vraiment extraordinaire.

4799 [GROUSSET (P.)]. — André LAURIE. — Les Exilés de la Terre. — I. Le Nain de Rhadameh.

Paris, S. D. gr. in-8°. Orné d'un grand nombre de gravures sur bois, hors et dans le texte, d'après les dessins de Geoffroy, Bernett, Roux, Maillant, Atalaya, Félix Régamey, etc.

H. Selene-company limited.

Paris, 1888, gr. in-8°

[4° Y². 1452

4800 [GROUSSET (P.)]. — André Laurie. — Le secret du Mage.

Paris, Hetzel, 1890, gr. in-8°. Orné d'un grand nombre de gravures sur bois, hors et dans le texte, d'après les dessins de Geffroy, Bernett, Roux, Maillart, Atalaye, Félix Régamey, etc... (4 fr.).

[4° Y². 48433

Réédité.

Ibid. Id. 1892, in-12.

4801 [GROUVELLE (Ph.)]. — Mémoires Historiques sur les Templiers, ou Éclaircissemens nouveaux sur leur Histoire, leur Procès, les Accusations intentées contre eux, les causes secrètes de leur Ruine ; puisés en grande partie dans plusieurs Monumens ou Ecrits publiés en Allemagne

Paris, Buisson, 1805, in-8° (8 fr.) Frontispice gravé représentant le Portrait de Jacques Molay dernier Grand-Maître, brûlé à Paris le 18 Mars 1315

[H. 11100

Cet ouvrage est l'un des plus curieux au point de vue de la doctrine et des pratiques secrètes des Templiers ; on y trouve l'histoire complète de leur procès, de leur condamnation, de leur puissance, de leurs ennemis ; le but originaire de leur institution, les singularités de leurs réceptions, etc...

4802 [GRUAU de la BARRE]. — Éliakim. — Les Visions d'Isaïe et la nouvelle Terre.

Rotterdam, 1854, in-8° (12 fr.).

Gruau de la Barre, fervent disciple de Vintras, consacra sa vie à la cause de Naundorff (Louis XVII).

4803 GRUBE (Hermann). — Hermanni Grube, de Ictu Tarantulae et Vi Musices in ejus curatione.

Francofurti, 1679. in-8°.

[Te⁶¹. 6
(S-3318 b

4804 GRUN (Karl). — Les esprits élémentaires.

Verviers, 1861, pet. in-8°

Intéressante monographie, description des esprits de l'eau, de l'air, des forêts, de la terre et du feu.

4805 GUACCIUS (Frater Fr. Mar). — Compendivm maleficarvm, ex quo nefandissima in genus humanum opera venefica, ac ad illa Vitanda conspiciuntur. His additus est Exorcismus potentissimus ad solvendum omne opus diabolicum, etc.

Mediolani, ex collegii Ambrosiani typographia. 1626. in-4° (6 fr.).

Avec beau frontispice en taille douce et un grand nombre de figures sur bois des plus curieuses. Ouvr. non cité par Brunet ni Graesse.

(S-3214
(G-374

GUAITA (Marie-Victor-Stanislas, marquis de), né à Nancy, ou au Château d'Alteville par Gisseltingen (Lorraine) en 1860, mort en ce même château d'Alteville le 10 Décembre 1897. D'une famille originaire d'Allemagne et venue en Italie avec Charlemagne, son grand père devint français comme soldat du premier Empire. Stanislas de Guaita, d'abord poète, fut ensuite invinciblement attiré par la Sainte Kabbale : il réunit la plus belle Bibliothèque des temps modernes sur ce sujet, et consacra dès lors sa vie à un admirable ouvrage, malheureusement resté inachevé, "*Le Serpent de la Genèse*" On dit que les poisons psychiques, cocaïne ou haschich ont abrégé ses jours.

4806 GUAITA (Stanislas de). — Discours initiatique pour une réception Martiniste. Tenue du 3-ème degré (contenu dans le " Franc - Maçon démasqué " N° de Janv. 1808) (1 fr.).

Ce magnifique discours est un véritable chef d'œuvre résumant sous une forme concise et dans un style des plus captivants, l'esprit du Martinisme et de la tradition occidentale. Il se retrouve également dans les " *Essais de Sciences Maudites. Au Seuil du Mystère* ". p. 151-159 de la 3ème édition (1895).

4807 GUAITA (Stanislas de). — Essais de Sciences Maudites. I. Au seuil du Mystère.

Paris, Chamuel, Geo. Carré, 1895 (3-ème édit.) fort in-8° de 230 p. et pl. pliées. (7 fr.).

Avec deux planches h. t. reproductions de l' "*Amphitheatrum...*" de Khunrath. St. de Guaita est un des auteurs les plus aimés des occultistes. — Il plane souvent à des hauteurs vertigineuses sans cesser d'être clair ; son style est calme et puissant et on sent en lui toute l'autorité du Maitre. — On l'a appelé justement " le digne continuateur d'Éliphas Lévi ". Dans ce remarquable ouvrage, on trouve une histoire philosophique de l'occultisme contemporain, avec l'exposition des diverses théories ; une analyse détaillée de la Rose-Croix Kabbalistique et de l'Amphithéâtre de Khunrath, avec l'interprétation qu'en donne Papus ; un discours initiatique pour une réception martiniste, véritable chef-d'œuvre d'éloquence où l'ésotérisme est scruté jusqu'en ses plus profondes racines, et des Notes sur l'Extase du plus grand intérêt. — L'ouvrage se termine par la traduction française de la Préface de Zanoni, le chef-d'œuvre de Bulwer Lytton, et qui est la clef indispensable pour arriver à la compréhension complète de l'ésotérisme rosicrucien que l'auteur a révélé dans sa grande épopée occultiste et idéaliste.

Autres éditions :

Paris, Carré, 1886, gr. in-8° de 32 p. (4 fr.)..

[4° R. 654

Édition originale excessivement peu connue et moins complète que les autres.

Paris, Carré, 1890, in-8° (6 fr.).

Cette édition, diffère un peu de l'édition de 1895, elle contient l'étude sur les 2 planches de Khunrath, des renseignements sur la constitution de deux sociétés secrètes, le Martinésisme et la R. se. Croix, ordres mystérieux qui se rattachent aux plus anciens centres de l'ésotérisme occidental ; un discours d'initiation à une réception martiniste, et enfin une étude capitale sur l'œuvre d'Albert Jounet, le *Royaume de Dieu*, ouvrage le plus profond qui soit paru récemment sur la Kabbale. — Depuis, Mr. Jounet a publié la *Clef du Zohar*, qui ne le cède en rien à son premier volume.

Autre édition :

Paris, Chacornac, 1902, in-8° (3 fr.).

4808 GUAITA (Stanislas de). — Essais de Sciences Maudites. II. Le Serpent de la Genèse. Première Septaine (Livre I). Le Temple de Satan (Ouvrage orné de nombreuses gravures) par Stanislas de Guaita.

Paris, Librairie du Merveilleux, [Chamuel], 1891, in-8° de 552 p. 22 planches hors texte. (35 fr.).

[8° R. 9030

Plan ésotérique du " *Serpent de la Genèse* ". — Catalogue des principaux ouvrages cités (p. 31-48). — Le Drame — Le Sorcier. — Œuvre de Sorcellerie. — La Justice des Hommes. — L'Arsenal du Sorcier. — Modernes Avatars du Sorcier. — Le Carmel d'Eugène Vintras et le Pontife actuel de la Secte. — Fleurs de l'Abîme. — Table des Gravures.

4809 GUAITA (Stanislas de). — Essais de Sciences Maudites. Le Serpent de la Genèse, Seconde Septaine. Livre II. — La clef de la magie Noire. (ouvrage orné de nombreuses gravures) par Stanislas de Guaita.

Paris, Chamuel, 1897, in-8° de 808 p. (40 fr.).

[8° R. 0030

Réimprimé :

Paris, Chacornac, in-8° de 808 p. avec 8 planches (16 fr.).

La *Clef de la Magie noire* est l'étude

...vaste et la plus complète qui ait jamais paru sur le grand agent magique. La lumière astrale, agent pantomorphe et convertible dont la connaissance peut donner accès dans l'édifice des sciences réprouvées, et ouvrir aussi le temple ...dans le sanctuaire " de la haute et divine Magie. — Dans un magnifique avant propos de près de 100 pp. de texte, véritable chef-d'œuvre de Kabbale, l'auteur étudie longuement les plus captivants problèmes de l'ésotérisme : Dieu, la Nature dans son essence, le Chûte de l'homme ou la sous-multiplication d'Adam-Ève, le Plan astral, la Réintégration rédemptrice, à la lumière des travaux de Fabre d'Olivet, Bœhme, Eliphas Lévi, etc. Il commente la TABLE D'ÉMERAUDE, résumé des traditions de l'antique Égypte, clef de l'alchimie. Avec les Mystères de la Solitude, il étudie la psychologie du sorcier, la faune de l'Astral : larves, élémentals, élémentaires, incubes et succubes. — La Roue du devenir est un commentaire de la dixième clef du Tarot : la Roue de fortune, dans lequel il élucide le problème du binaire ou de l'antagonisme, venant se résoudre dans le quaternaire, clef de la constitution occulte de l'homme, et les mystères des entités collectives ou égrégores, causes des grands phénomènes comme ceux de Lourdes. — La Force de la Volonté traite des ressources que l'on peut tirer de cette puissance latente en chacun de nous et qui peut accomplir les plus merveilleux prodiges : le Magnétisme, la Magie, la Fascination, la Lévitation, le Fakirisme, l'Envoûtement, et tous les phénomènes où les forces de la nature obéissent au Verbe humain. — L'Esclavage magique traite de la déchéance de l'âme et de son incarnation sur le plan physique. — Une belle page de St-Yves extraite du " Testament Lyrique " retrace les Mystères de la naissance. — La Mort et ses Arcanes, fournit à l'auteur l'occasion d'un chapitre superbe où il est question des principes constitutifs de l'Homme selon la doctrine kabbalistique et où tout le processus de la désincarnation est retracé ; il est question aussi du culte des Ancêtres si vivace en Extrême Orient, et du voyage cosmique des âmes d'après la mythologie et la tradition. — Le dernier Chap. Magie des transmutations expose les principes fondamentaux du grand œuvre des métamorphoses animales, de la Lycanthropie, la théorie hermétique du Loup-Garou, d'après Eliphas Lévi, les mystères de la Palingénésie. — L'ouvrage se termine par un Précis d'Alchimie qui peut remplacer avantageusement tout ce qui a été écrit sur la question, une précieuse bibliographie, et une table analytique des matières ; il est enrichi de pl. h. t. représentant : En route pour le Sabbat ; le Sabbat d'après Lancre ; les 3 Parques tissant l'avenir ; le Pacte ; la Montagne des Douleurs, le Grand Androgyne alchimique, etc... et une dizaine de très curieux dessins d'Oswald WIRTH. Cette œuvre unique est une véritable encyclopédie d'occultisme qui a sa place marquée dans toute bibliothèque sérieuse.

On sait de quelle rareté sont devenus les ouvrages de St. de Guaita. — Cette trilogie constitue tout ce qui a été publié de l'œuvre du savant Kabbaliste. — Ces volumes deviendront de plus en plus rares, car la famille de l'auteur s'oppose formellement à leur réimpression. Il serait téméraire de vouloir analyser une œuvre semblable à celle-ci où chaque page est une révélation, solidement étayée. Signalons tout particulièrement les émouvants chapitres consacrés aux grands procès de sorcellerie : Jeanne d'Arc, Gilles de Retz, Gaufridy, Urbain Grandier, etc... Le Procès des Templiers y est relaté dans tous ses détails, ainsi que celui de l'illuminé Jacques Cazotte. — L'inventaire de l'Arsenal du sorcier, contient l'horrifiante énumération des produits et instruments goétiques et magiques ainsi que les moyens employés pour la divination. — Le sixième chap. réserve surtout une surprise au lecteur ; il y trouvera sous ce titre : " Le Carmel d'Eugène Vintras et le grand pontife actuel de la Secte ", la révélation, avec preuves à l'appui d'une sodomie mystique, véritable œuvre de prostitution sacrée, qui fonctionnait naguère encore dans plusieurs villes de France. Dix-sept reproductions de superbes estampes anciennes et cinq compositions originales de O. Wirth, représentant : Le sorcier en proie aux 4 forces élémentaires ; le docteur Fauste dans son cercle, environné de démons ; l'évocation du Démon ; la leçon de Grimoire ; signatures diaboliques ; divers portraits de Cagliostro, Urbain Grandier, Agrippa, Saint-Martin, Cazotte, etc... viennent encore enrichir cette œuvre remarquable à tant de points de vue.

(G-1434)

4810 GUAITA (Stanislas de). — La Muse Noire : heures de Soleil.

Paris, Alphonse Lemerre, 1883, in-12, 167 p. (3 fr.).

[8° Ye. 505

Edition originale.

4811 GUAITA (Stanislas de). — Les Mystères de la Multitude et des êtres collectifs.

Paris, 1896, in-12 de 54 pp.

Cette étude magistrale roule principalement sur la question des égrégores et les mystères du plan astral. — Les chaînes magiques. — L'Œuvre occulte des Templiers depuis leur condamnation. — La Kabbale pratique. — La Théurgie. etc...

4812 GUAITA (Stanislas de). — Notes sur l'extase.

S. l. [1892], in-12. (0 fr. 75). (Extr.).

Se retrouvent dans le premier volume des " *Essais de Sciences Maudites* " : *Au seuil du Mystère*, p. 110-176 de la 3ᵉ édition (1895).

4813 GUAITA (Stanislas de). — Oiseaux de passage : Rimes fantastiques Rimes d'Ébène.

Paris et Nancy, Berger-Levrault. 1881, in-12 (7 fr.).

Très rare. Premier ouvrage du savant et regretté Kabbaliste ; sa vocation magique commence à poindre dans ce petit chef-d'œuvre.

Edition originale.

4814 GUAITA (Stanislas de). — Rosa Mystica. Fleurs d'oubli. — Choses d'art. — Remember. — Eaux-fortes. Pastels. — Petits poèmes.

Paris, Alphonse Lemerre, 1885, in-12, 270 p. (5 fr.).

[8° Ye. 885]

Edition originale, rare. — C'est le troisième ouvrage du court et délicieux bagage littéraire que nous a laissé GUAITA. Ce livre est un exquis recueil de poèmes ésotériques et kabbalistiques, où la tendance mystique s'épanouit.

4815 GUAITA (Stanislas de). — Catalogue de sa Bibliothèque occulte.

Paris, Librairie Dorbon, 1899, 8° de VI-200 pp. 7 pl. hors texte. (30 fr.).

[Manque à la Bibliothèque Nationale].

Avec un portrait de GUAITA gravé à l'eau-forte par Duran et 6 planches, absolument inédites.

La bibliothèque de Stanislas de Guaita est la plus complète qu'un amateur ait pu constituer dans le genre. Le présent catalogue comprend la description de 2.227 ouvrages d'occultisme, dont un grand nombre de manuscrits à miniatures de toute beauté. — La plupart de ces ouvrages étaient inconnus du monde occultiste avant GUAITA, et il a fallu la patiente sagacité et son esprit de chercheur acharné, doublé d'un amour profond de la cause, pour pouvoir mener à bien un semblable travail. — Beaucoup de livres mentionnés dans cette précieuse bibliographie comprennent des notices détaillées destinées à faire ressortir leur contenu et leur importance.

Ce Catalogue avait précédemment paru en quatre fascicules dans le courant de l'année 1899. Son titre complet était alors :

Catalogue de Livres et Manuscrits relatifs aux Sciences Occultes (Magie, Sorcellerie, Démonologie, Astrologie, Alchimie, Hermétisme, Cabbale, Magnétisme, Spiritisme, Sociétés Secrètes, Franc-Maçonnerie, Sciences Divinatoires, Grimoires, Philosophie, Science des Religions, Mysticisme, Théosophie, etc.) provenant des Bibliothèques de Paris et Alteville (Lorraine) de feu Stanislas de GUAITA. Auteur de : " *Au Seuil du Mystère* " — " *Le Temple de Satan* " — " *Clef de la Magie Noire* " etc. et dont la plupart portent, sur les feuillets de garde, des annotations de sa main ; en vente aux prix marqués à la *Librairie Dorbon... Paris*.

C'est cet important ouvrage qui est reproduit *intégralement* dans le présent Mémorial.

4816 GUAITA (sur Stanislas de). — Biographie du savant Kabbaliste. (Numéro de l'Initiation de Janvier

N° exceptionnel de 128 pages, consacré à la Mémoire de Stanislas de GUAITA.)

BARLET. L'Œuvre philosophique de Guaita. — PAPUS : L'œuvre de réalisation. — MARC-HAVEN . Le kabbaliste. — SÉDIR. L'œuvre de Guaita au point de vue occulte. — Em. MICHELET : L'artiste. JOLLIVET-CASTELOT : L'alchimiste. (Numéro très rare).

GUAITA (Sur Stanislas de). — Voir :

BARRÈS (Maurice), son biographe.

4817 GUBERNATIS (Angelo de), né à Turin en 1840. Philosophe et professeur, épousa en 1865 Sophie BEZOBRAZOFF, parente de BAKOUNINE. — Mythologie Zoologique, ou les légendes animales ; trad. de l'anglais par P. Regnaud, avec notice préliminaire par F. BAUDRY.

Paris, Durand et Pédone-Lauriel, 1874. 2 vol. in-8° (7 fr.).

[S-28000-28007

Les animaux de la terre dans l'Inde, dans les hymnes védiques, dans les traditions iranienne et touranienne, dans la tradition slave, dans les traditions germanico-scandinave et franco-celtique, dans les traditions grecque et latine. — Les animaux de l'air. — Les animaux de l'eau, etc...

4818 GUELLE (A. J.) — Notion première et fondamentale pour l'étude de la connaissance antique et occulte de la mathématique alchimique, harmonique et divine, en sanscrit la langue des Dieux, et autres langues, arts architecturaux, tables numériques, propositions géométriques, glyphes ou symboles variés. Par A.-J. GUELLE. " Opuscule 1 — 1 franc "

Paris, Librairie de l'Art Indépendant, 1900. in-8° de 26 pp. et table ; fig. et caractères devanagari (3 fr.).

Cet ouvrage singulier et des plus curieux a été retiré du commerce et détruit — Les exemplaires échappés au pilon sont très rares.

Notion première et fondamentale. — Avant-Propos. — Le nombre sacré des cycles de devenir, et sa relation en septénaire. — *A suivre* [Cet opuscule seul a paru].

4819 [GUÉNEBAULT (Jean)] antiquaire français, né à Dijon, où il mourut vers 1630. Docteur de Padoue. — Le Réveil de Chyndonas, prince de Vacies, Druydes Celtiques Dijonnois avec les cérémonies des anciennes sépultures... par I. G. D. M. D. [J. GUENEBAULT, Docteur Médecin Dijonnois].

Dijon, Imp. de C. Guyot, 1621, in-4°.

[Lj°. 192.

Réimprimé, avec le nom de l'auteur sous le titre de : " *Le Réveil de l'antique tombeau de Chyndonax...* "

Paris et Dijon (?), *J. Daumalle*, 1623, in-4° (55 fr.).

[Lj°. 193

Ouvrage curieux et recherché.

LAROUSSE donne l'anecdote relative au tombeau en question (VIII-1583).

(S¹ Y.-4341
(S-0537
(G-375

4820 [GUÉNOT-WINGER ancien vicaire de Ménilmontant]. — Révélations d'un curé démissionnaire : les Mystères du Cléricalisme, la Tyrannie et les Fourberies des Monseigneurs, la Moinaille, les nonnes cloîtrées, etc.. [par GUÉNOT-WINGER...].

Paris, 1871. in-8° (8 fr. la collection complète).

[Manque à la Bib. Na^le

Paru en livraison sous forme de journal.

4821 GUÉPIN (Dr Ange) médecin et publiciste né à Pontivy (Morbihan) en 1805. — Philosophie du XIXe S. :

Sc. psych. — T. II. — 14.

étude encyclopédique sur le Monde et l'Humanité.

Paris, Sandré, 1854, pet. in-8° (4 fr.).

[R. 37881
(G-376

4822 GUÉRANGER (le révérendissime Dom Prosper Louis Pascal) né le 4 avril 1805 à Sablé (Diocèse du Mans) ordonné prêtre à Tours en 1827, fixé à Solesmes en 1832; Abbé de Solesmes et Supérieur général de la Congrégation Bénédictine de France; mort à Saint Pierre de Solesmes le 30 janvier 1875. — Essai sur l'origine, la signification et les privilèges de la Médaille ou Croix de Saint Benoit.

Poitiers et Paris, Oudin, 1862, in-18 de VIII-154 p.

[D. 01082

Édition originale.

Il y a 6 éditions jusqu'en 1885 ; la 10ᵉ est de 100 p. Cet ouvrage a été traduit en allemand (*Einsiedeln, Laurent Hechl*, 1865, in-18 de XII-126 p.) et en Anglais (*London, Philip*, 1865, in-18 de VIII-142 p. puis encore : *London Burns and Oates*, 1880 in-18 de XXII-140 p.).

Cet ouvrage assez singulier, surtout pour les profanes en science psychique, est sévèrement pris à partie par Paul PARFAIT dans son " *Arsenal de la Dévotion* "(p. 163, etc.) Il n'en constitue pas moins une fort intéressante étude sur ce Talisman orthodoxe moderne.

4823 GUÉRIN (Mgr). — Dictionnaire des dictionnaires. — Encyclopédie universelle.

Paris, 7 vol. in-4° à 3 col. (no fr.)

4824 GUÉRIN. — (sous la direction de Mme Clémence GUÉRIN). Le progrès spiritualiste. Études sur le spiritualisme moderne ou doctrine des esprits. Première [et unique] année.

Paris, Ledoyen, 1864, in-8°, (3 fr. 50).

(G-135

4825 GUÉRIN (F. M. F.). — Astronomie indienne d'après la doctrine et les livres anciens et modernes des Brammes(sic) sur l'astronomie, l'astrologie et la chronologie : suivie de l'examen de l'astronomie des anciens peuples de l'Orient, et de l'explication des principaux monuments astronomico-astrologiques de l'Égypte et de la Perse.

Paris, imprimerie royale, 1847, in-8°, (5 fr.).

Astrologie ancienne. — Zodiaques divers. — Des chiffres indiens et arabes. — Astronomie des Chinois, des Arabes des Persans, des Coptes, des juifs, etc. — Astronomie des Chaldéens et des Indiens. — Du Dualisme, du Trithéisme, du Tétrathéisme et du Polythéisme chez les Orientaux. — De Mithra, de Bouddha et des Mystères Chrétiens. — Des Mitras et Talismans Mittriaques. — Etc.

(G-377

4826 GUÉRIN DU ROCHER (Pierre) Jésuite et Orientaliste, né près de Falaise en 1731, victime des massacres de Septembre 1792. Pensionné de Louis XVI. — Histoire véritable des temps Fabuleux, confirmée par les critiques qu'on en a faites, par l'abbé GUÉRIN, et de l'Hérodote historien du peuple hébreux sans le savoir par l'abbé BONNAUD.

Paris et Besançon, 1824, 8 vol. in-12, (12 fr.)

L'Égypte dévoilée. — Ce qu'il faut entendre par Thot-Pythagore et Ézéchiel. — D'après l'auteur, le premier aurait été le disciple du second. Éliphas Lévi qui a donné la figure des roues presque identiques de Pythagore et d'Ézéchiel, semblerait fortifier cette opinion. — La résumé, travail important et d'une érudition remarquable.

Autres éditions :

Paris, Gauthier, 1834, 5 vol. in-8°.

Paris, chez Pierre Berlou, 1776-79
1. in-8°.

Paris. 1776-1777. 3 vol. in-8°.
[G.11508-510

Besançon. 1838, 3 vol. in-8°.
[G. 24177-179

Avignon. 1841. 3 vol. in-8°.
[G.24180-182

4827 GUERMONPREZ (Fr.). — Gymnastique respiratoire pendant les mouvements.

Paris. J. Rousset. 1907. in-8° de 170 pp. 220 fig. dans le texte. (5 fr.).
[8° T¹⁶. 110

Renseignements bibliographiques. Curiosités de gymnastique médicale et scientifique.

Très peu de gens savent respirer ; il faut le leur apprendre ; et on n'y arrive pas, si l'on ne commence pas soi-même. Ce qui est nouveau c'est de faire comprendre à quoi bon la gymnastique respiratoire. — L'auteur le dit, et il ajoute où la pratique est difficile pendant les mouvements. — Il montre les arguments de la gymnastique suédoise, et il prouve qu'il faut apprendre à respirer par le nez. Sans négliger les usages d'autrefois, on constate la phase de transition qui met en parallèle la gymnastique aux agrès et celle des mains libres. Ce n'est pas pour le vain plaisir de changement que l'on sait désormais comment faire ; les mouvements des membres supérieurs contribuent directement aux bonnes respirations, mais on peut respirer avec méthode pendant les gestes des membres inférieurs et pendant les exercices d'équilibre ; mais ce ne sont plus les physiologistes qui peuvent guider le lecteur, ce sont les gymnastes. Il y avait une lacune pour organiser la vie en plein air, il manquait un livre bien fait et sincèrement pratique. — Il est désormais réussi avec ses gravures nombreuses et sa tournure alerte, énergique et française. [Prospectus.]

4828 GUERNE (Vicomte de). — Les Siècles morts. — L'Orient grec.

Paris. 1890-1893. 2 vol. in-8° (10 fr.).
[8° Ye. 2363

Magnifique poème ésotérique. — La Sibylle. — Les Esséniens. — Agnostos Theos. — La Révélation de Jean. — Le Temple éternel.

4829 GUERRIER (L.). — Madame Guyon, sa vie, sa doctrine, son influence d'après les écrits originaux et des documents divers.

Orléans. Herluison. 1881, in-8°, 315 p. et tab. (7 fr.)
[Ln²⁷ 32605

Thèse présentée à la Faculté des Lettres de Paris.

Ouvrage peu commun sur le Quiétisme et la fameuse controverse entre Bossuet et Fénelon.

4830 [GUERRIER DE DUMAST (Auguste Prosper François baron)] né à Nancy en 1796. Surintendant militaire, puis archéologue. — La Maçonnerie, poème en III chants, avec des notes historiques, étymologiques et critiques [par Aug. Prosp. Franç. Guerrier de Dumast].

Paris, Arthus Bertrand, 1820, in-8° de IV-XXXII-322 pp. avec 2 grav. et 7 vignettes allégoriques dans le texte. (10 fr.).

« Cette ouvrage d'un savant, d'un poète et d'un homme de talent, valut à l'auteur, sur le rapport de M. Lemaire professeur de poésie latine au Collège de France, une médaille d'or décernée par la Loge des Frères Artistes, où M. Guerrier de Dumast avait reçu la lumière, et dont il était l'orateur adjoint. » (J. Besuchet : Précis hist. de l'ordre de la F.·. M.·. II, 135). Depuis, le baron Guerrier de Dumast a pleuré ses erreurs et est devenu dit-on un fervent catholique ultramontain.

Son ouvrage est devenu très rare, la famille en ayant fait détruire presque tous les exempl. Les deux figures sont très curieuses : la première représente Néron dans les antres d'Eleusis, au moment où prêt à franchir la dernière enceinte, il est arrêté par une chaîne, et où sa vue est subitement frappée d'une effrayante fantasmagorie : la 2-ème offre les traits du généreux F.-. Léopold, prince de Brunswick, périssant, victime de son humanité dans un débordement de l'Oder.

(O-470

4831 [GUEGLER (Professeur)]. — Chemische Analyse und Synthese des Markus Lutz zu Laufelfingen ein alchymistischer Versuch von einem Mystiker des 19-ten Jahrhunderts [Professeur GUEGLER].

Lucern, Jol. Martin Anich, 1810, in-8° de 151 pp.

La dernière page est signée du nom de l'auteur.

(O-1431

4832 GUI (Bernard) né vers 1261 à Royères (H[te] Vienne). — Practica inquisitionis heretice pravitatis, auctore Bernardo GUIDONIS..... publié pour la première fois par le chanoine C. Douais, prof. à l'école de théologie de Toulouse.

Paris, Alphonse Picard, 1886, in-4° XII-370 p. et errata (7 fr.).

[E. 3533

La Pratique de B. Gui est d'une importance capitale pour l'histoire de l'Inquisition ; il résume systématiquement près de 100 ans de plein exercice et d'une active expérience dans le Midi de la France. Une partie est relative aux sectes hérétiques de son temps, dont il décrit les pratiques et les cérémonies.

4833 GUIBELET (Jourdain). — Examen de l'examen des esprits, par Jourd. GUIBELET.

Paris, Solr, 1631, in-8°.

[R. 37932
(S-2154

4834 GVIBELET (Iovrdain).—Trois discours philosophiques : le I. de la comparaison de l'homme avec le monde ; le II. du principe de la génération de l'homme ; le III, de l'humeur mélancholique ; mis de nouveau en **lumière**.

Evreux, Antoine le Marié, 1603,

fort. pet. in-8°, titre frontispice et planches (8 fr.).

[R. 3703

Ouvrage rare et curieux, cité par Brunet ; avec titre frontispice et 2 curieuses planches représentant l'une l'homme et la seconde la femme, gravées par L. Gaultier, et fort jolies comme exécution artistique.

4835 GUIBERT (Marquis de).—Résultat des opérations magnétiques de M. le Marquis de GUIBERT à Fontchateau commune de Tarascon.

Tarascon, Goudart, 1840, in-8°, 10 pages, (1 fr. 50).

Nous aurons à nous occuper de cet auteur qui avait établi chez lui une sorte de dispensaire magnétique, donnait des séances expérimentales, et fut lié avec les magnétistes célèbres de son temps.

[D. p. 20

4836 GUIDE des maçons écossais, ou Cahiers des trois grades symboliques du rite ancien et accepté. — Vénérable.

Edimbourg, 58.*.* (*Paris, Caillot,* 1819). 3 cahiers in-4° :

Vénérable (apprenti-maître) 60 pp.

Premier surveillant (apprenti-maître) 31 pp.

Second surveillant (apprenti-maître) 27 pp.

(O-532

4837 GUIDE des Maçons écossais ou cahier des Trois grades symboliques du rite ancien et accepté.

Edimbourg, 58.*.* (vers 1809), in-4°, (12 fr.).

Manuel à l'usage des Vénérables.

4838 GUIDE pratique des médecins guérisseurs.

Paris, Libr. des sc. psychoi., 1888, in-12, (1 fr.).

4840 GUIGNES (Chrétien Louis Joseph), sinologue né à Paris en 1759, mort en 1845. — Dictionnaire chinois et latin, publié d'après l'ordre de S. M. l'empereur et roi Napoléon le Grand.

Paris, Impr. Imp. 1813, très gros in-folio. (15 fr.).

L'ouvrage fut rédigé d'après un dictionnaire chinois latin du P. Basile de Glemona, dont le ms. appartient à la Bib. nationale.

4841 GUIGNES (Joseph de) orientaliste, académicien, père du précédent, né à Pontoise en 1721, mort en 1800. Professeur au Collège de France. — Recherches sur les philosophes appelés Samanéens.

Paris, 1753, in-4° de 32 pp.

Étude sur un système gnostique très curieux.

4842 GUIGNIAUT (Joseph Daniel) né à Paray le Monial (Saône-et-Loire) en 1794. Professeur et académicien. — De Ennio seu Mercurii mythologia commentatio ad litterarum et artium archælogiam pertinens.

Paris, 1835, in-8°.

Le même auteur a donné un grand ouvrage sur les " *Religions de l'antiquité* " *Paris*, 1825-51, 10 vol. in-8 et planches.

4842 [CUIGOUD-PIGALE (P.G.)]. — Le Baquet magnétique, comédie en deux actes, vers, par M. P. G**** (Cuigoud Pigale).

Londres et Paris, Gastellier, 1784, in-8°, 120 pages. (2 fr. 25).

Très spirituelle comédie.

(D. p. 57

4843 GUILLARD. — Table qui danse et table qui répond, par M. Guillard.

Paris, Garnier, 1854, in-12, 36 pages (50 cent.).

[Rp. 9214
(D. p. 154

4844 GUILLELMUS TECENSIS. — Guilielmi Tecensis, provincialis de ord. fratrum praedicatorum liber qui Lilium tanquam de Spinis evulsum appellatur; dans *Theatrum chemycum,* IV (1613), 1000-27.

(O-962

4845 [GUILLEMAIN DE SAINT-VICTOR (Louis)]. — Histoire critique des mystères de l'antiquité, et particulièrement chez les Égyptiens, avec des observations sur ce qu'elle était, ce qu'elle devint et ce qu'elle est; et des notes sur la philosophie, la superstition et les supercheries des Mages. Enrichie de remarques sur les historiens et sur la chronologie du monde.

A Hispahan, 1788, in-16. Frontispice. (5 fr.).

Attribué par M. Debeau (p. 76) à Guilemin de Gaminville. — Philosophie et hiéroglyphes des mages. — Origine des mystères. — Réception et initiation aux mystères. — Réception d'un initié. — A la fin, se trouve un supplément intitulé : Recherches historiques sur les initiations des premiers peuples du monde.

Autre édition :

Paris, Moutardier, an VII de la République, in-18.

(G-378

4846 [GUILLEMAIN DE SAINT-V.]. — Origine de la maçonnerie adonhiramite, ou nouvelles observations critiques et raisonnées sur la philosophie, les hiéroglyphes, les mystères, la superstition et les vices des Mages; précédée d'un chapitre sur l'Egypte ancienne et moderne; avec des remarques et des notes sur les historiens et la Chronologie du Monde [par L. Guillemain de Saint-Victor].

Helyopolis (Paris), s. d. 1787, petit in-18 ou in-12 de IV-164 pp.

Cette édition n'a pas d'épître dédicatoire, donc aucun nom ; les cahiers se comptent par 6 feuilles ; est-ce une édition différente de celle citée par Quérard?

Le même ouvrage a encore été publié sous ce même titre : Héliopolis, 1812, in-18 de IV-164 pp. Cette édition a été réimprimée ligne par ligne sur la précédente ; elle en diffère pourtant par un plus grand nombre de fautes et par quelques changements de peu d'importance.

Philosophie des mages. — Prêtres de l'antiquité. — Les mystères. Réception et initation aux mystères. — Epreuves et serments. — Initiés. — Sciences que possédaient les ministres des mystères. — Les Druides, etc.

(O-291.
(G-379-1437

4847 [GUILLEMAIN de SAINT-VICTOR] — Recueil précieux de la Franc Maçonnerie Adonhiramique par un chevalier de tous les ordres maçonniques, contenant les catéchismes des quatre premiers grades. Recueil précieux de la Franc Maçonnerie adonhiramique contenant les trois premiers points de la Maçonnerie écossaise. La vraie Maçonnerie d'adoption suivie du cantique maçonnique dédié aux dames.

Philadelphie, chez Philalèthe, 1783. 3 vol. in-12. (7 fr.).

Fort rare surtout avec la 3ᵉ partie qui se rencontre rarement.

Autres édit :

Philadelphie, chez Philalèthe, 1805. 2 vol. in-18.

[H. 10072-73

Avignon, Joly, 1810. 2 vol. in-18.

[H. 10774-75

Marseille, Senès, 1857, in-12.

[H. 19970
(G-1817

4848 [GUILLEMAIN de SAINT-V.]. — Recueil précieux de la Maçonnerie adonhiramite, contenant les trois points de la Maçonnerie écossaise, le chevalier de l'Orient et le vrai Rose Croix, qui n'ont jamais été imprimés, précédés des trois Elus, et suivis du Noachite ou le Chevalier Prussien, trad. de l'allem : enrichi d'un abrégé de l'histoire de ces grades dédié aux maçons instruits : par un Chevalier de tous les ordres maçonniques (Louis GUILLEMAIN de SAINT-VICTOR). (Nouv. édit).

Philadelphie (Paris) chez Philalèthe, rue de l'Equerre, à l'Aplomb, 1786. 3 vol. pet. in-12 de IV-413, IV-152 et IV-144 pp.(6 fr.).

[H. 11103-11105]

La 1ʳᵉ édition est de 1781. Il y en a au moins dix différentes. Le tome III est : *La vraie maçonnerie d'adoption*.

Frontispice gravé par le F∴ Louvion.

Curieux ouvrage à l'usage exclusif des Initiés et suivant ce qui s'observait dans les Loges régulières, présidées par les V∴ M∴, constituant le Gr∴ O∴ de France au XVIIIᵉ siècle.

(O-290)
(G-380

4849 [GUILLEMAIN DE SAINT-V]. — Recueil précieux de la maçonnerie adonhiramite contenant les catéchismes des quatre premiers grades, l'Ouverture et Cloture des différentes Loges, l'Instruction de la Table, les Santés générales ou particulières ainsi que les devoirs des premiers officiers en charge ; enrichi d'une infinité de demandes et de réponses symboliques, de l'explication des Emblèmes et d'un grand nombre de notes aussi curieuses qu'utiles.

Philadelphie, 1787. 2 tomes en 1, planches. (5 fr.).

Ouvrage orné de plusieurs gravures à l'eau forte.

4850 [GUILLEMAIN de SAINT-V.]. — La vraie maçonnerie d'adoption, précédée de quelques réflexions sur les Loges irrégulières et sur la société civile, avec des notes critiques et philosophiques ; et suivie de Cantiques maçonniques ; dédiée aux dames par

... Chevalier de tous les ordres maçonniques (GUILLEMIN de SAINT-VICTOR).

Philadelphie, chez Philalèthe, rue de l'Equerre à l'aplomb; 1787, in-18 de 144 pp. (7 fr.).

Autre édition.

Philadelphie, 1780.

Quérard dit que le fond de cet ouvrage a été pris dans l'Adoption ou la Maçonnerie des femmes (1775).

Il y a encore une édit. 1787 in-18 de 142 pp. Dans ces deux édit. de 1787, le faux-titre porte : Manuel des Franches-Maçonnes ou la Vraie Maçonnerie d'Adoption. L'épitre dédicatoire est signée G***.

Loges d'adoption ou des Dames. — Réception. — Grades. — Compagnonnage. — Maîtresse parfaite. Autel du feu et de la vérité. — Ornements et bijoux. — Recueil de couplets, romances, hymnes et cantiques maçonniques, etc...

(O-330
(G-1817, 8 et 9

4851 GUILLEMIN. — Autres Mondes, esquisses astronomiques.

Paris, 1802, in-12. Figures. (2 fr. 25).

L'infini dans le temps et dans l'espace. — L'infinité de la durée. — Mouvements des étoiles. — L'âge du soleil et des étoiles. — La vie dans les astres. — Mars, etc...

Autre édition :

Paris, 1802, in-12.

4852 GUILLET (J. E.). — L'amour et le Mariage selon le spiritisme, synthèse psychologique, donnant le sens ésotérique de la Genèse.

Paris, Libr. des Sciences spirites, 1888, in-18 de 250 pp. Tableaux. (3 fr.).

[8° R. 8414

Retiré du commerce, dit-on.

4853 GUILLOIS (Ambroise), né à Laval en 1796. — Essai sur les superstitions, par GUILLOIS, Curé au Mans.

Lille, E. Lefort, 1836, in-18. (2 fr.).

[R. 48001

Des Mots Kabbalistiques. — Des Amulettes. — Des Talismans. — De la Chiromancie, de la Rhabdomancie, de la Divination par les Songes. — Du Nombre 13. — Du Vendredi. — Du Sabbat. — Des Vampires, des Loups-Garous. — Des Compagnons du Devoir. — Etc.

(G-980

4854 [GUILLOIS (Marc-François)] gendre du poète Roucher, né à Versailles en 1774. Secrétaire général de l'Opéra à Paris. — Mlle A. LELIÈVRE. Justification des sciences divinatoires, précédée du récit des circonstances de sa vie qui ont décidé de sa vocation pour l'étude de ces sciences et leur application.

Paris, 1847, in-12. Figures. (5 fr.).

Prédiction. — Chiromancie. — Cartomancie. — Songes. — Somnambulisme. — Astrologie judiciaire. — Kabbale. — Métoposcopie. — Livre de Thot, etc...

Autre édition parue sous ce Titre : *Prophéties de la nouvelle Sibylle, et anecdotes curieuses, relatives à l'art divinatoire et à la vie de l'auteur.*

Paris, Garnier, 1848, in-12.

4855 GUILLON. — Entretiens sur le suicide.

Paris, Fournier jeune, 1830, in-8° (3 fr. 50).

[R. 38000

Passion du jeu. — Colère. — Abus des sens. Libertinage. — Dégoût de la Vie. — Remords. — L'amour. — Revers de fortune. — Patriotisme, etc...

4856 GUILLON (Félix). — Jean Clopinel, dit de Meung. — Le roman de la Rose, considéré comme document historique du règne de Philippe le Bel.

Paris, s. d., in-8°. (5 fr.).

Le « *Roman de la Rose* » est resté jusqu'à ce jour, un livre fermé comme l'Apocalypse. — Ainsi que AROUX l'a fait pour Dante, Félix GUYON s'est efforcé de pénétrer les arcanes de ce poème obscur. — On sent, ici encore, l'influence de ROSSETTI. — C'est toujours la même doctrine mystique de la « *Massenie* » terme qui correspond à notre maçonnerie moderne. — Suivant l'auteur, le « *Roman de la Rose* » est un violent pamphlet contre la papauté et une sorte de version voilée du non moins fameux « *Évangile Éternel*. »

4857 GUILLY (E. Paul). — La Nature et la morale.

Paris, 1884, in-12.

[8° R. 5754

Douleur des êtres. — Hypothèses mystiques. — La mort. — Les êtres animés. — Les séparations éternelles, etc…

GUIMET (Émile), voyageur et archéologue, né à Lyon en 1836. Fondateur du célèbre Musée des Religions qui porte son nom et qui fut d'abord installé à Lyon. Directeur de l'important recueil : « *Les Annales du Musée Guimet*. » M. GUIMET est Directeur à vie de son Musée.

4858 GUIMET (E.). — Le Dieu aux Bourgeons.

Mâcon, impr. de Protat frères, s. d. [1905], gr. in-8°, 8 pages. Illustré de 25 reproductions, dont 10 h. t. (5 fr.).

[O³a. 1130

Tirage à part d'une étude archéologique parue dans les comptes-rendus de l'Académie des Inscriptions et Belles-Lettres.

4859 MUSÉE GUIMET (Annales du). — Les Annales du Musée Guimet.

Paris, Ernest Leroux, 1880-1907, 36 vol. in-4°.

[O². 619

T. I, II, IV, VII et X. — Mélanges par E. Guimet, Ed. Naville, P. Regnaud, Chabas, Locard, L. de Milloué, Clermont-Ganneau, E. Lefébure, Max Müller, L. Feer, etc…

T. II. — Mélanges. (Voir le t. I).

T. III. — Le Bouddhisme au Thibet par De Schlagintweit.

T. IV. — Mélanges (11 pl.). (7 fr.). (Voir le t. I).

T. V. — Fragments du Kandjour, traduits par L. Feer. (10 fr.).

T. VI et XIX. — Le Lalita-Vistara, traduit par FOUCAUX.

T. VII. — Mélanges (6 pl.). (9 fr.).

T. VIII. — Le Yi-King, traduit par Philastre.

T. IX et XVI. — Les hypogées royaux de Thèbes par E. Lefébure.

T. X. — Mélanges. (Voir le t. I).

T. XI et XII. — La religion populaire des Chinois par De Groot.

T. XIII. — Le Ramayana par Schoebel.

T. XIV. — Essai sur le Gnosticisme égyptien par Amélineau.

T. XV. — Siao-Hio, la petite étude de morale de la jeunesse.

T. XVI. — (Voir le T. IX).

T. XVII et XXV. — Monuments pour servir à l'histoire de l'Égypte chrétienne, par Amélineau.

T. XVIII. — Avedana Cataka, traduit par L. Feer.

T. XIX. — (Voir le T. VI).

T. XX. — Textes Taoïstes traduits par C. de Harlez.

T. XXI, XXII et XXIV. — Le Zend Avesta, traduit par J. Darmesteter. [Voir DARMESTETER pour le détail].

T. XXIII.

T. XXIV (Voir le T. XXI et XXIII).

T. XXV. — Le Yi-King, traduit par Philastre.

T. XXVI : I. La Corée, par Chaillé-Long-Bey. — XXVI-II. Guide pour rendre propice l'Étoile qui garde chaque homme. — XXVI-III. L'exploration des ruines d'Antinoë, par Gayet (Planches). (7 fr. 50). — XXVI-IV : Recueil de talismans laotiens publiés par Lefèvre-Pontalis. (3 fr. 50).

T. XXVII. — Le Siam ancien, par Fournereau.

T. XXVIII et XXIX. — Histoire de la sépulture et des funérailles dans l'ancienne Égypte, par Amélineau.

T. XXX. — I. L'aile nord du Pylone d'Amenophis III à Karnak, par Legrain et Naville (6 fr.) — XXX - II. L'exploration des nécropoles gréco - byzantines d'Antinoé par A. Gayet. — XXX - III. Histoire de Thaïs, par F. Nau.

T. XXXI. — Si-Ling par E. Foussagrives. (12 fr.). (Voir Foussagrives).

4800 MUSÉE GUIMET (Biblioth. d'Études du Musée Guimet.

Paris, Ernest Leroux, 1880-1907, 22 vol. in-8°.

[O². 825

T. I. — Le Rig Veda, par P. Regnaud.

T. II. — Les lois de Manou, traduites par G. Strehly.

T. III. — Coffre à trésor... par de Milloué.

T. IV. — Recherches sur le Bouddhisme par Minayeff.

T. V et VI. — Voyage dans le Laos, par Aymonier.

T. VII. — Les Parsi par Ménant.

T. VIII. — Si-do-in-Dzou, traduit par L. de Milloué. — [Voir détail à Homyou Toki].

T. IX. — La vie future d'après le Mazdéisme par Sœderblom.

T. X et XI. — Histoire du Bouddhisme dans l'Inde, par H. Kern.

T. XII. — Bod-Youl ou Tibet par L. de Milloué.

T. XIII. — Le Théâtre au Japon par Bénazet. (6 fr.).

T. XIV. — Le rituel du culte divin journalier en Égypte, par A. Moret. (6 fr.).

T. XV. — Du caractère religieux de la royauté pharaonique, par A. Moret. (6 fr.).

T. XVI. — Le culte et les fêtes d'Aouis-Thammouz, par Ch. Vellay.

T. XVII et XVIII. — Le Népal, par Sylvain Lévi.

T. XIX. — Lévi (Sylvain). Le Népal étude hist. d'un royaume hindou. (7 fr.).

T. XX. — Les livres sacrés du Cambodge, par Ad. Leclère. (5 fr.).

T. XXI. (Sous presse).

T. XXII. — Essai de bibliographie Jaina, par A. Guérinot. (Planches hors texte. 15 fr.).

T. XXIII. — L'histoire des idées théosophiques dans l'Inde, par P. Oltramare. I. La théosophie brahmanique (10 fr.).

T. XXIV. — Études sur le calendrier égyptien, traduit par A. Moret. (5 fr.).

4801 MUSÉE GUIMET (Biblioth. de Vulgarisation du). — Bibliothèque de Vulgarisation du Musée Guimet.

Paris, Ernest Leroux, 1880-1907, 30 vol. in-12.

[O². 765

T. I.

T. II. — Précis de l'histoire des religions de l'Inde, par de Milloué.

T. III. — Les Hétéens, par H. Sayce.

T. IV. — Les symboles, les emblèmes et les accessoires du culte chez les Annamites, par G. Dumoutier.

T. V. — Les Yézidis, par J. Ménant.

T. VI. — Le culte des morts dans l'Annam et l'Extrême-Orient par Bouinais et Paulus.

T. VII. — Résumé de l'Histoire d'Égypte, par E. Amélineau.

T. VIII. — Le bois sec refleuri, roman coréen.

T. IX. — La Saga de Nial.

T. X. — Les castes dans l'Inde, par E. Sénart.

T. XI. — Introduction à la philosophie Vedanta, par Max-Müller.

T. XII, XIV, XXVI et XXVII. — Conférences faites au Musée Guimet par de Milloué.

T. XIII. — L'Évangile de Bouddha, par P. Carus.

T. XV, XVI, XVIII, XIX, XX et XXV. — Conférences du Musée Guimet, par Maurice Courant, Cartailhac, Salomon Reinach, Cagnat, Ph. Berger, D. Ménant, Gayet, Pottier, etc...

T. XVII. — Conférences par Émile Guimet au Musée Guimet.

T. XXI. — Les religions de la Gaule, par Ch. Renel.

T. XXIII. — Conférences au Collège de France de Ed. Naville.

T. XXIV. — Les religions orientales dans le Paganisme romain, par Cumont.

4862 GUIMET (Catalogue du Musée). — 1-ère partie : Inde, Chine et Japon, précédée d'un aperçu sur les Religions de l'Extrême-Orient et suivie d'un index des noms des divinités et des principaux termes techniques par L. de Milloué, direct. du Musée.

Lyon, 1883, in-12. Pl. en couleurs (2 fr.).

4863 GUIMET (Le Jubilé du Musée). — Vingt-cinquième anniversaire de sa fondation, 1879-1904.

Paris, Ernest Leroux, 1904, gr. in-8° de 172 pp. (3 fr. 50).

[O². 1003

Historique, listes de donateurs, bibliographie, etc...

4864 [GUINES (Gabrielle M... de)], qui a signé la préface. — Voyage d'une Femme chez les Démons. Ses Révélations. 50 Secrets divulgués. Réussite certaine pour les Entreprises, le Jeu et l'Amour. Invocation des Esprits, Moyens de conjurer les mauvais Sorts. — Chiromancie, Cartomancie, Horoscopes, Astrologie et autres moyens dévoilés pour lire dans l'Avenir.

S. l. En vente chez tous les Libraires et chez l'Auteur, 70 rue Montorgueil (Paris). Angers, Imprimerie Lachèse et Cie, in-12 de 160 p.

[8° R. 13500

Il y a un peu de tout dans ce singulier petit volume : le Zodiaque, les Pyramides, Merlin, la Lune, " Choses et autres " s'y coudoient avec l'Inquisition, les Contes populaires, le Marc de Café, etc. Beaucoup d'extraits : de Boyer d'Argens, Collin de Plancy, Eliphas Lévi, etc.

(Y-P-1130

4865 GUIOLLOT (Louis Denis). — Recherches médicales sur le somnambulisme par Louis Guiollot.

Paris, 1813, in-4° 41 pages.

(D. p. 84

4866 GUIRAUD (Baron Pierre Marie Thérèse Alexandre), né à Limoges en 1788 mort en 1847. Fils d'un riche industriel. — Philosophie catholique de l'Histoire, ou l'histoire expliquée.

Paris, 1839-1841, 3 vol. in-8 (18 fr.).

Sous ce titre aux dehors orthodoxes, le baron Guiraud publia à la fin de sa carrière, le grand ouvrage qu'il avait médité toute sa vie, et qui est une explication purement gnostique des lois de la création, de la chûte de l'esprit dans la matière et de son ascension douloureuse à travers les épreuves de l'existence. On remarquera que les œuvres de tous les grands théosophes ont été pour ainsi dire dictés par une voix d'en haut. Le baron Guiraud a écrit le sien sous la même inspiration mystérieuse. — Ses deux volumes sont révélateurs au plus haut degré. C'est une exégèse merveilleuse des mondes de l'esprit et de la matière la définition du mythe de Satan et du retour du relatif à l'absolu.

4867 GUIRAUD (P.). — La Conversion de Gaston Ferney, roman spirite.

Paris, E. Flammarion, 1897, in-12.

[8° Y² 50502

4868 GUISE (sur Claude de), abbé de Cluny, né vers 1540, mort vers 1612. Fils naturel du 1ᵉʳ duc de Guise, Claude de Lorraine. — Légende de Dom Claude de Guyse, abbé de Cluny, contenant les faits et gestes, depuis sa nativité jusques à la mort du Cardinal de Lorraine ; et des moyens tenus pour faire mourir le Roy Charles neufiesme, ensemble plusieurs Princes, grands Seigneurs et autres, durant ledit temps. [Attribué à Dosneau, et à Gilbert Regnault Sᵉ de Vaux].

S. l., 1581, pet. in-8° (75 fr.).

[Rés. Ln²⁷. 9465

Pamphlet sanglant d'une violence inouie contre les Guises. — Dom Claude de Guise y est accusé des vices les plus honteux et de crimes épouvantables. — La présente édition a été publiée par Gilbert Regnault, seigneur de Vaux.

Cluny, qui en a écrit l'épitre dédicatoire
et a fait à l'ouvrage des additions considérables. — L'auteur serait un nommé
Jean DAGONNEAU.

La 1ʳᵉ édition est intitulée : *Légende
de St Nicaise*, et date de 1574.

4869 GULDENE Rose, d. i. einfältige
Beschreibung des Allergrössesten von
dem Allmächtigsten Schöpffer Himmels und der Erden Jehovah, in die
Natur gelegten, und dessen Freunden
und Auserwehlten zugetheilten Geheimnisses, als Spiegels der göttlichen und natürlichen Weisheit, ans
Licht gebracht durch J. R. V. M.
D.

*Franckfurt und Leipzig, Job. G.
Esslinger*, 1707, in-8° de 88 pp.

Poésies alchimiques ; c'est le 1-er de
Fünff curieuse chym. Tractätlein.

(O-1479

4870 GULDENFALK (Siegmund Heinrich). — Die himmlische und hermetische Perle, oder der göttliche und
natürliche Tinctur der Weisen, herausgegeben von Siegmund Heinrich
GULDENFALK, als einem schüler hermetischer Geheimnissen.

Frankfurt und Leipzig, Fleischer,
1785, in-8° de VI-208 pp.

(O-1418-1419

4871 GULDENFALK (S. H.). — Sammlung von mehr als hundert wahrhaften Transmutations - geschichten,
oder ganz ausserordentlich merkwürdige Beyspiele von Verwandlung der
Metallen in Gold oder Silber, nebst
der Art und Weise wie damit verfahren worden ; gesammelt und herausgegeben von Siegmund Heinrich GULDENFALK.

*Frankfurt und Leipzig, Job. Georg
Fleischer*, 1784, in-8° de XXXVI-443
pp.

Contient l'historique de 112 transmutations.

(O-502

219

4872 GULDENSTUBBÉ (Bᵒⁿ L. de). —
La Morale universelle.

Paris, 1875, in-12

Révélation universelle de Dieu. — La
Société. — Meurtre, homicide, haine,
crimes et délits contre la société. — La
mort. — Immortalité et rétribution des
œuvres, etc...

4873 GULDENSTUBBE (Baron L. de).—
Pneumatologie positive et expérimentale : La réalité des esprits et le phénomène merveilleux de leur écriture
directe démontrés.

Paris, Franck, 1857, in-8° (5 fr.).

[R. 38057

L'extase chez les Indiens (p. 174). —
Pensées des Esprits (p. 266). — Curieuses écritures antiques ; César, Abaelardus
Marie-Antoinette, etc...

Autres éditions :

Paris, l'auteur, 1873, XL-512 p.
et IX pl. se dépliant.

[R. 38058

Paris, Libr. des Sciences psycholog.
1880, in-8°.

Cet ouvrage est moins un traité de spiritisme qu'une histoire très complète et
très richement documentée de ces phénomènes depuis la plus haute antiquité. —
Source du spiritualisme et des traditions
sacrées de l'antiquité.— Hiérarchie céleste suivant les Chinois, les Indiens, les
Perses. — Métempsychose. — Eschatologie. — Culte des Pitris ou des Mânes
des ancêtres. — L'inspiration. — L'Extase chez les Indiens, les Chinois et les
Perses. — Les lieux hantés et fatidiques,
etc... — L'ouvrage est enrichi de 15
belles planches hors texte reproduisant
les fac-similés d'écritures médianimiques
les plus extraordinaires.

(G-381

4874 GURNEY (Edmund) fils du Révérend John Hampden GURNEY ; né
près de Walton-on-Thames en 1847 ;
mort en 1888. — GURNEY (Edmund);
MYERS (Frederick W. H.) ; et PODMORE (Frank). — Phantasms of the Living.

London, Society for Psychical Researches, Trübner et C⁰ : 1880-1887. 2 vol. in-8⁰ de LXXXIII-573, et XXVII-733 pp. (15 fr.).

[S⁰ R. 7754

M. Myers est l'auteur de l'Introduction et de la " Note sur un Mode suggéré d'Interaction Psychique " ; c'est M. Gursey qui a rédigé tout le reste. Mais la collection, l'examen et les appréciations sont œuvre commune aux trois auteurs.

A la fin du Tome II se trouve l'annonce d'un III⁰ volume (?) " contenant les parties VIII et IX " dont le célèbre " Rapport sur les Phénomènes relatifs à la Théosophie " ; le Mahatma Koot Hoomi, etc., puis une X⁰ Partie finale. Je n'ai pu trouver ce Tome III mentionné dans aucune Bibliographie.

4875 GURNEY, MYERS et PODMORE. — Les hallucinations télépathiques. Traduit et abrégé des « Phantasms of the living » par L. Marillier. Avec une préface de Ch. Richet.

Paris, Alcan, 1891, in-8⁰. (7 fr.).

[Td⁸⁶ 013

Dans cet ouvrage, étude des hallucinations véridiques, les auteurs ont tenté de concilier ce qui est en apparence inconciliable, d'une part une précision rigoureuse dans la démonstration, d'autre part une audace extraordinaire dans l'hypothèse.

(G-1438

Autre édition :

Paris, 1905, in 8⁰ de XVI-395 pp. (4-ème édit.).

4876 GURTLER (Nicolas). — Nicolai Gurtleri, S. Theolo. Doct... Historia Templariorum...

Amsterdam, 1691, pet. in-8⁰ ou in-12.

4877 GUSMAN (Pierre). — Pompeï. — La ville. — Les mœurs. — Les arts. — Préface de M. Max Collignon.

Paris, L. H. May, s. d. [1899 ?], gr. in-4⁰ (20 fr.).

[Fol. j. 101

Première édition illustrée de tous les sins dans le texte et de 32 aquarelles de l'auteur.

4878 GUTIERRIUS (Johannes Lazarus). — Jo. Lazari Gutierrii, Opusculum de Fascino.

Lugduni, 1653, in-4⁰.

[R. 7011
[S-5208

4879 GUTTINGUER (Ulrich), poète et littérateur, né à Rouen en 1785, mort en 1866. — Esprit de St-Martin. Pensées choisies.

A Paris, chez Toulouse, 1830, in-16 (5 fr.).

Anthologie du Philosophe inconnu devenue rare.

4880 GUYBERT (Ph.). — Le Médecin charitable, enseignant la manière de faire et de préparer en la maison avec facilité et peu de frais, les remèdes propres à toutes maladies selon l'advis du médecin ordinaire. — Augm. d'un singulier préservatif contre la peste et de plusieurs autres remèdes tant pour les riches que pour les pauvres. Ensemble d'un estat des ustensiles et médicamens, tant simples que composez que l'on doit avoir chez soy, tant aux champs qu'à la ville.

Lyon, Benoist, 1649, 1 vol. pet. in-12 (10 fr.).

Edit. Originale :

Paris, Langlois, 1625, in-12.

[Te¹⁵. 98

Contient de nombreuses recettes médicales, discours de la peste, etc...

4881 GUYBERT (Ph.). — Toutes les œuvres charitables, sçavoir le Médecin charitable ; le prix et la valeur des médicamens ; l'apothicaire charitable ; les tromperies de Bezoard découvertes ; le choix des médicamens ; le traité du séné ; le discours de la peste ; le traité de la salgu...: la méthode agréable et facile pour se purger doucement et sans dégoust ; la manière d'embaumer les corps morts ; la manière de faire toutes sortes de gelées et la manière de faire diverses confitures, etc. etc...

Paris, 1000, fort in-8°.

Livre fort curieux contenant des secrets et des recettes de médecine ancienne. — L'auteur s'adressant au lecteur, s'exprime ainsi : " Je vous ay descrit familièrement en ce petit livret la manière de faire et de préparer en vostre maison les remèdes... ou si vous n'en voulez prendre la peine, les pourrez faire faire par vostre serviteur ou servante, comme il se pratique tous les jours en plusieurs bonnes maisons de Paris, et... Vous achèterez les médicamens chez les épissiers et droguistes... et les racines, herbes, semences, fleurs chez les herboristes au posteau des Halles, à la place Maubert ou autre lieu, le tout à bon marché", etc.

Autres édit :

Rouen, 1018, fort in-8°.

Paris, 1653, 880 pp.

Une autre en 1030 puis en 1632.

Rouen, *Amiot*, 1078, in-8°.

[Te¹⁵, 60 P.

4882 GUYNAUD (Balthasar) contemporain de Louis XIV. — La Concordance des prophéties de Nostradamus avec l'hist. depuis Henri II jusqu'à Louis le Grand ; la vie et l'apologie de cet auteur ; ensemble quelques essais d'explications sur plusieurs de ses autres prédictions, tant sur le présent que sur l'avenir, par M. [Balthazar] GUYNAUD, gouverneur des pages de la chambre du roi

Paris, Jacques Morel, 1693, in-12 d. XL-405 pp. avec le portr. de Nostradamus.

[Ye. 7377

Il y a une autre édit. 1709 de XL-419 pp. avec portr. (9 fr.).

(O-1869
(G-382

4883 GUYNAUD (Balth). — La Concordance des Prophéties de Nostradamus avec l'Histoire, par Guynaud.

Paris, 1712, in-12. Portrait de Nostradamus, (10 fr.).

Autre édit :

Paris, Morel, 1710, in-12.

[Ye. 7378
(S-3478
(G-1921

4884 GUYOMAR de la Roche Derrien. (Dr). — Etude de la vie intérieure ou spirituelle chez l'homme, recherches physiologiques et philosophiques sur le magnétisme, le somnambulisme et le spiritisme ; théorie nouvelle de la pensée, de l'extase, de la lucidité somnambulique et médianimique, rôle du cœur et du cerveau ; par le docteur Guyomar (de la Roche Derrien).

Paris, Adrien Delahaye, 1865, in-8°, 40 pages, (2 fr.).

[Th⁶⁴ 247

Extrait de l'Union magnétique. L'originalité de ce travail consiste dans l'étude d'une « vibration de la vie spirituelle (sic) » que l'auteur pense avoir constatée en auscultant le cœur des magnétisés et des somnambules et qui est indépendante du tic tac organique. Elle se déplacerait selon que le sujet approcherait mieux de l'extase et se ferait alors remarquer à la tête surtout à la région temporale. — Cette brochure est fort bien écrite, son auteur, mort aujourd'hui, était membre de la société de magnétisme de Paris. Jeune médecin spiritualiste le docteur GUYOMAR rattachait toutes ses idées théoriques aux textes bibliques et évangéliques. La vibration dont il nous a si souvent entretenus, pourrait être un simple fait physiologique ou un bruit physique encore peu étudié.

(D. p. 178

4885 GUYON (l'abbé). Histoire des amazones par l'abbé GUYON.

Paris, 1740, 2 vol. in-12.

(S-6404

4886 GUYON (Louis) seigneur de la NAUCHE, médecin français né à Dôle.

où il est mort en 1630. — Le cours de médecine en françois, contenant le miroir de beauté et santé corporelle et la théorie auec vn accomplissement de practique selon les principes tant dogmatiques que chimiques ; avec une infinité d'obseruations, secrets et expériences, et autres nouueautez anatomiques et spagyriques, par Lazare Meissonnier. (6ème édit) augm. d'un discours des maladies vénéneuses.

[Td¹. 18

Lyon, DeVille, 1675, in-4° (14 f.).

Avec des planches gravées d'anatomie et 202 figures représentant les plantes en usage dans la médecine de l'époque, réunies en un album à la fin du volume. L'édition originale (?) " *Miroir de la Beauté* " ... est de 1615 à *Lyon*.

4887 GUYON (Loys) de Dôle. — Les Diverses leçons de Loys GUYON, Dolois, sieur de la Nauche suivant celles de Pierre MESSIE et DU VERDIER.

Lyon, Cloquemin, 1613, in-12. (8 fr.).

4888 GUYON (Jeanne - Marie BOUVIER DE LA MOTTE, dame) illustre mystique née à Montargis (Loiret) en 1648 morte à Blois en 1717. Propagatrice du Quiétisme. — Œuvres Mystiques et poésies par Mme GUYON.

Cologne, 1716 et suiv. 8 vol. in-8°.

(S-1078

4889 GUYON (Mme). — Les opuscules spirituels. Nouvelle édition considérablement augmentée, de son rare " *Traité des Torrents* ", qui n'avait pas encore vu le jour, et d'une préface générale touchant sa personne, sa doctrine et les oppositions qu'on leur a suscitées.

Paris, 1790, 2 vol. in-8°. (18 fr.).

Inutile d'insister sur cette grande mystique qui remplit le XVIIIᵉ siècle de polémiques retentissantes. Dutoit-Mambrini la mettait au-dessus de Boehme lui-même.

Autre édition :

Cologne, chez Jean de la Pierre, 1704, in-16 front. gravé.

[D. 17780

4890 GUYON (Mme de la Mothe). — Œuvres (publiées par Dutoit-Mambrini].

Paris, 1790, 38 t. in-8°, (75 fr.).

Formant les œuvres complètes, sauf les 2 vol. intitulés : " *Opuscules spirituels* ". Détail : la Sainte Bible, 20 vol. — Discours spirituels sur divers sujets qui regardent la vie intérieure, 2 vol. — Justification de la doctrine de Mme de la Mothe Guyon, 3 vol. — Poésies et cantiques spirituels, 4 vol. — L'Ame amante de son Dieu représentée dans les emblèmes de Hermannus Hugo et dans ceux d'Othon Vænius. — Lettres chrétiennes et spirituelles, etc... enrichies de la correspondance secrète de M. de Fénelon avec l'auteur, 5 vol. — Vie de Mme de la Mothe Guyon, écrite par elle-même, 3 vol.

Avec le portrait de l'auteur, plusieurs frontispices ; quant au vol. " *L'âme amante de son Dieu* " il contient la reproduction des emblèmes de Hugo et de Otho Vænius.

4891 GUYON (Mme). — Le cantique des cantiques de Salomon, interprété selon le sens mistique et la vraie représentation des Etats intérieurs.

Lyon, Briasson, 1688, in-8°, (12 fr.).

[A. 0020

Ouvrage fort peu commun de la célèbre mystique.

4892 GUYON (Mme). — Correspondance secrète de FÉNELON avec Madame de LA MOTHE-GUYON.

Londres, 1768, fort in-12, CLX-050 pp. (7 fr.).

Rarissime ouvrage qui forme le tome V des *Lettres chrétiennes spirituelles* et parut longtemps après. C'est dans cette correspondance curieuse et intime que se recèlent les splendeurs mystiques du grand évêque et de la sublime théosophe. On y trouve, en outre des anecdotes intéressantes et de profonds commentaires de l'Évangile de Saint Jean.

4893 GUYON (Mme). — Moien court et très facile de faire oraison, que tous peuvent pratiquer très aisément et arriver par là dans peu de tems à une haute perfection. — Lettre du serviteur de Dieu, le R. P. Jean Falconi à une de ses filles spirituelles, où il lui enseigne le plus pur et le plus parfait esprit de l'Oraison.
Courte apologie pour le Moien court, etc....
Écrits sur les Michelins, ouvr. qui n'avait jamais été impr. jusqu'ici.
— Les Torrents Spirituels. Traités dans lequel sous l'emblème d'un Torrent, on voit comment Dieu par la voie de l'Oraison passive en Foi, purifie et dispose prochainement les âmes qui doivent arriver ici à une vie nouvelle et toute divine. — Sentence Persannes; dans le livre des Gutchendras code sacré des Sofis de Perse se trouvent ces beaux préceptes.

S. l. n. d., [vers 1750]. in-12.

Très rares traités mystiques de cette fameuse illuminée. — Ces Torrents qu'elle décrit, sont nos âmes, qui par leur pente naturelle ont hâte de retourner se perdre en Dieu. Ouvrage très recherché et presque introuvable de cette célèbre mystique qui eut à subir les rigueurs de la Bastille et de Vincennes pour son mysticisme exalté.

4894 GUYON (Mme). — Poésies et cantiques spirituels sur divers sujets qui regardent la vie intérieure, ou l'esprit du vrai christianisme.

Paris, 1790. 4 vol. in-8° (15 fr.).

Frontispice.

Autre :

Cologne, J. de la Pierre, 1722, 3 vol. in-8°.

[Ye. 25431-25433

4895 GUYON (Mme).—La vie et la justification de Mme Guyon, écrites par elle-même.
Cologne, 1720. 6 vol. in-8°.
[Ln²⁷. 9461
(S-1076

4896 GUYON (Mme). — La vie de madame De la Mothe-Guyon, qui contient toutes les expériences de la vie intérieure, depuis ses commencements jusqu'à la plus haute consommation, avec toutes les directions relatives.

Paris, 1790. 3 vol. in-12, (15 fr.).

Dutoit-Mambrini, le profond théosophe a porté sur cet ouvrage ce jugement que l'avenir a pleinement ratifié : « On ne trouve pas, même dans les plus profonds mystiques, une si douce et victorieuse onction et une si profonde pénétration des sens de l'Écriture les plus cachés et les plus hauts; ce sublime allié au simple, des descriptions si nettes et si pleines de tous les états à passer pour être purifié, des directions pour chacun de ces états, en un mot des directions complètes et uniques. » On trouve dans ces trois volumes des détails du plus haut intérêt sur les visions, l'extase, les paroles intérieures, les révélations, les ravissements et autres phénomènes merveilleux qui remplirent la vie de la grande Mystique.

4897 GUYON (Mme). — Le vieux et le nouveau testament par Mme Guyon.
Cologne, 1720. 20 vol. in-8°.

Autre édit.

Cologne, Jean de la Pierre, 1713-1715. 13 vol. in-12.
[A. 5909
(S-1077

GUYON (sur Mme) voir :
GUERRIER (L.) professeur au Lycée d'Orléans.

4898 GUYOT (Abbé). — Dictionnaire universel des erreurs et des schismes et hérésies.

Paris, 1847, in-8° (2 fr.).

4890 [GUYOT (Edme-Gilles)] géographe, philosophe et physicien né à Paris en 1706, mort en 1786. Directeur du Bureau général des Postes de France. — Tymoch. — Nouveau système du microscome, ou traité de la nature de l'homme, dans lequel on explique la cause du mouvement des fluides, le principe de la vie, du sang et des humeurs, la génération, etc...

La Haye, De Mereille, in-8° planches gravées h. t. (3 fr.).

4000 GUYOT (E. G.). — Nouvelles récréations physiques et mathématiques, contenant ce qui a été imaginé de plus curieux dans ce genre, et ce qui se découvre journellement ; auxquelles on a joint leurs causes, leurs effets, la manière de les construire, et l'amusement qu'on peut en tirer pour étonner et surprendre agréablement. Nouvelle édit. revue et augm. considérablement.

Paris, 1782, 4 vol. in-8°. (10 fr.).

Recueil infiniment plus complet que tous ceux parus depuis, y compris les ROBERT HOUDIN. — Orné d'un nombre considérable de planches qui dans certains exemplaires ont été coloriées à l'époque, d'une façon absolument parfaite.

Autre édition :
Paris, 1799, 4 vol. in-8°.

4001 GUYOT (Jean) Doct. en médecine. — Dictionnaire médicinal contenant la méthode sûre pour connaître et guérir les maladies critiques et chroniques par des remèdes simples et proportionnés à la connaissance de tout le monde et les remèdes particuliers qu'on distribue dans l'Europe comme secrets. — On y a joint les maladies des chevaux rangées par ordre alphabétique avec les remèdes propres à les guérir, tirés d'un cahier d'un des plus grands écuyers qui en ait vécu jusqu'à nous.

Paris, 1757, in-12. (9 fr.).

[Td². 14 A.

On trouve dans cet ouvrage un grand nombre de quantité de préparations galéniques et chimiques qui sont des grands secrets tels que la poudre de sympathie, l'eau sympathique, le sirop de longue vie, etc...

4002 GUYOT-DAUBÈS. — L'art de la mémoire, pour apprendre et retenir sans efforts, et ne jamais oublier. — Septième édition.

Paris, Bibl. d'Education attrayante, 1800, in-12, 252 p. (3 fr.).

[8° R. 1275.

La mémoire dans l'antiquité. — Pythagore et Simonide. — L'étude des nombres. — Mémoire visuelle et auditive. — Comment on peut retenir. — Procédés usuels. — L'art d'apprendre, etc...

Autre édit. en 1880.

4003 GUYOT-DAUBÈS. — Les hommes-phénomènes, force, agilité, dresse, par Guyot-Daubès.

Paris, Masson, 1880, gr. in-8°, illustré de 91 figures et 2 planches h. t. (3 fr. 50).

[Tb².

Hercules, coureurs, sauteurs, nageurs, plongeurs, gymnastes, équilibristes, disloqués, jongleurs, avaleurs de sabres, tireurs, etc...

4004 GUYOT-DAUBÈS. — Physiologie et hygiène du cerveau et des fonctions intellectuelles ; mémoire, raisonnement, calcul, enchaînement des idées, le travail cérébral, l'éducation, la fatigue mentale, le surmenage.

Paris, 1890, in-12. (2 fr. 50).

[Tb².

4005 GUYOT-DAUBÈS. — Savoir apprendre. — La méthode dans l'étude et dans le travail intellectuel. — Comment on prépare un examen.

Paris, Bibl. d'Education attrayante, 1880, in-12.

[8° R. 994.

GYEL (Dr E.). — Pseudonyme du Dr GELEY, q. v.

4906 GYCÈS. — Côté des Dames.

Paris, chez tous les libraires. 1887 pet. in-8° de 78 p. (20 fr.).

[Manque à la Bib. Nat.]

Ce singulier ouvrage n'a jamais été mis en vente ouvertement. On dit qu'il a été imprimé en Suisse. Son auteur Mme de *** est l'éditeur et dit-on souvent aussi le rédacteur des Mémoires fort connus, scandaleux et difficiles à trouver, d'un Comte fameux par la peinture qu'il donna des mœurs du Second Empire.

Le " *Côté des Dames* ", ainsi nommé par antiphrase, est une salle du " *Café de la Guerre* ", situé, paraît-il, en plein Paris, et où les individus de mœurs spéciales, de sexe masculin, attendent leur clientèle.

L'auteur prévient dans sa Préface qu'il ne fait que donner une série de portraits contemporains, dont les noms, connus pour la plupart, ne sont déguisés que juste assez pour être facilement déchiffrés. C'est un ouvrage du même genre que les *Féliatores*, par le Dr Luiz, q. v.

D'après la note qui précède, il serait possible que l'auteur de ce livre fut la comtesse de MAUSSABRY, qui a publié vers 1880 les *Mémoires secrets d'un Tailleur pour Dames*, sorte de complément aux scandaleux *Mémoires du Comte Horace de Viti-Castri*, sur la haute société du Second Empire.

4907 GYPENDOLE (Docteur Évariste de). — Onguent contre la morsure de la vipère noire.

Paris, Gaume frères, 1843. 1 vol. in-18 de 218 pp. (4 fr.).

[R. 58004]

Facétie philosophique et religieuse devenue assez rare. — C'est une très curieuse réfutation du philosophisme et des idées du jour.

On pense que ce pseudonyme voile l'abbé MARTINET.

4908 GYR (Abbé). — La Franc-Maçonnerie en elle-même, et dans ses rapports avec les autres sociétés secrètes de l'Europe, notamment avec le carbonarisme italien.

Paris, Liège, Lethielleux. 1859. in-8°. (7 fr.).

Ouvrage important, contenant l'histoire de la Fr∴ M∴ avec un grand nombre de citations des auteurs qui en ont traité. Les maçons templiers en Écosse et en Angleterre. Convent de Cologne. — Premières loges françaises. — Création du G∴ O∴ — Initiation de Voltaire. — La Maçonnerie et l'Illuminisme. — Congrès de Wilhemsbade. — Manifeste du duc de Brunswick. — Le jacobinisme. — Le Tugenbund, sa nature et son but. — Gruner, Fichte, Fries et Jahn. — La partie consacrée au Carbonarisme est des plus intéressantes, étant donné le peu de matériaux qui existent sur la question : Affinité entre la Charbonnerie et la Maçonnerie. — Société maç∴ de la Régénération européenne, des Adelphes et des Philadelphes introduisant la Charbonnerie en Europe. — Les cérémonies et les épreuves terribles de l'initiation carbonariste. — Les grades supérieurs, etc...

4909 GYRALDUS ou GIRALDI (Lilio Grégoire), mythologue, poète et érudit né à Ferrare en 1470, mort dans l'infortune en 1552. — Lilii Gregorii Gyraldi de Sepulchris et vario sepeliendi Ritu Liber.

Basileæ, 1539. in-8°.

Autre édit :

... De sepultura ac vario sepeliendi ritu libellus quem... edidit Johannes Faes.

Helmestadii. H.-D. Müller, 1676, in-4°.

[J. 4397
[S-0526

4910 H. V. — La Femme et la Philosophie spirite. — Influence des croyances philosophiques sur la situation de la femme dans l'antiquité, au moyen-âge et de nos jours.

Paris, 1870, in-12.

[R. 35708

Voici un extrait de la table des matières : Les femmes avant le Christ. — Les Grecques, les Pythies, les Médiums guérisseurs, les Messies. — Druides et Druidesses, etc.

HAATAN (Abel) pseudonyme de M. Abel THOMAS, q. v. HAATAN est le nom du Génie « qui cache les Trésors » dans la Sixième Heure du Nuctéméron d'*Apollonius de Thyane*. M. Thomas a été un moment pharmacien à Paris.

4911 HAB. — Prophètes et Prophéties.

Paris, Édité par la Direction de « La Lumière », 75, Bould Montmorency, 1883, in-18 de 237 p.

[8° R. 5555

Ouvrage spirite, du médium HAB. (Lucie GRANGE).
Pressentiments. — Prophéties, etc. — Quel est le meilleur inspiré. — Ce qui borne la clairvoyance, et comment s'altère la vérité. — Les deux plus grands révélateurs (Moïse et Jésus-Christ). — Ouvrages spirites. — Seconde partie. Communications médiumniques. — Luttes politiques et religieuses. — Le signal aux Travailleurs de Dieu. — Mélanges.

4912 HABERT (Pierre) né à Issoudun, mort vers 1590. Poète : d'abord professeur d'écriture, puis Conseiller du Roi, etc. On accuse ses ouvrages d'être peu intéressants. — Le Chemin de bien vivre, avec le Mirouër de vertu contenant plusieurs belles histoires et sentences morales, pour estre induit à vivre selon Dieu et vertu, le tout par ordre alphabétique. — Plus l'instruction de l'art d'escriture, la manière de bien choisir et tailler la plume, le papier, le parchemin, l'encre, et autres excellents secrets. Avec un nouveau stille de composer et dicter toutes sortes de lettres missives, quittances et promesses ; aussi la punctuation et accents de la langue françoise. Par Pierre HABERT, d'Ysoudun en Berry, suyvant les finances.

Lyon, P. Rigaud, 1610, in-19 (50 fr.)

Recueil en prose et en vers, composé de conseils et de sentences sous la forme de quatrains et de distiques, afin de les graver plus facilement dans la mémoire des écoliers ; l'édition est très rare, et non citée par Brunet.
Autres édit. : Paris, Claude Micard, 1587, in-8°.

[Rés. R. 2456

Rouen, Th. Reinsart (s. d.) in-8°.

[Rés. R. 2457

4913 HABICOT (Nicolas) anatomiste, né à Bonny dans le Gatinais vers 1550, mort à Paris vers 1624. Chirurgien de l'Hôtel-Dieu. — Anti-Gigantologie ou Discours contre la Grandeur des Géants, par Nicolas Habicot.

Paris, 1618, in-8°.

[Th°. 14

Voir dans Larousse (article HABICOT) une anecdote au sujet de la Découverte de prétendus ossements de géants, qui a donné lieu à une polémique entre cet auteur et un certain RIOLAN.

(S-5281 b

4914 HACHYCH (Le).

Paris, Librairie de Paulin, 1845, in-12 de 220 p. schémas. (5 fr.).

C'est une publication d'un Manuscrit trouvé (ou prétendu trouvé) sur le vapeur « Eurotas » faisant le service de Naples à Marseille. L'éditeur donne son adresse (p. 5) : 6 l'ἐρυανος, rue Paradis, 20 à Marseille.
Le « Hachych » dont il est question dans cet ouvrage se présente sous forme « d'une espece de foin, à feuilles palmées et dentelées sur les bords, mêlées de graines et de tiges brisées. » (p. 101) Est originaire d'Abyssinie, et s'emploie en infusion. L'ouvrage est une curieuse narration d'un rêve dû à cette drogue.

(G-1439

4915 HACK TUKE (le Dr). — Le Corps et l'Esprit. — Action du moral et de l'imagination sur le physique. Traduit de l'anglais par V. Parant, etc.

ris, 1880, in-8°. 2 planches.

[HACKEPANIUS (Theod.). — Theod. Hackepanius, Miscellaneorum Sacrum cum exercitatione de Cabala Judaïca.

Altdorp., 1699, in-8°.

[A. 7324
(S-3166

HACKS (Docteur Charles). Cet auteur, originaire, dit-on, de Bavière, fut l'associé de Léo Taxil dans l'inénarrable facétie du « *Diable au XIXe siècle* » publiée sous le pseudonyme de « Dr. Bataille. » — Ce Docteur, ancien médecin des Messageries Maritimes, est un personnage singulier, qui a continué sa carrière comme restaurateur à prix fixe, au N° 2 du Boulevard Montmartre (*La Vérité* du 6 Novembre 1899). — Précédemment, il dirigeait la « *Clinique St-Sulpice* », 83 rue de Rennes.

Il est fort malmené par Gaston Méry dans sa brochure *La Vérité sur Diana Vaughan*.... »

4917 [HACKS (Charles)]. — Le Diable au XIXe siècle ou les mystères du Spiritisme. La Franc-maçonnerie luciférienne par le Docteur Bataille. Révélations complètes sur le Palladisme, la Théurgie, la Goétie et tout le Satanisme moderne. Magnétisme occulte, Pseudo-Spirites et Vocates Procédants. Les Médiums Lucifériens ; la Cabale Fin-de-Siècle ; Magie de la Rose-Croix. Les Possessions à l'état latent ; les Précurseurs de l'Ante-Christ.

Paris et Lyon, Delhomme et Briguet, s. d. [1892-1895], 2 vol. in-4° de 804 et 000 p. Fig. (16 fr.).

[4° R. 1240

Avec de nombreux portraits et illustrations dans le texte. St. de Guaita (sur le compte duquel se trouve un long chapitre relatant ses « envoûtements criminels ») avait ajouté à son exemplaire un N° du journal « *Le Frondeur* » dans lequel Léo Taxil raconte la fumisterie du Palladisme et dit la vérité au sujet du Docteur Bataille et de Miss Diana Vaughan dont il était le propre inspirateur et qui servaient pour ainsi dire de prête-noms dans sa mystification qui dura 12 années.

(G-1139

4918 [HACKS (Docteur)]. — Revue mensuelle, religieuse, politique, scientifique. — Complément de la publication « *Le Diable au Dix-Neuvième Siècle.* »

Paris, 1894-96, 3 années formant 3 vol. gr. in-8° de 384-768-768 pages (29 fr.)

[4° R. 1256

Cette Collection complète de la revue du Docteur Bataille, est rare. A côté de nombreuses mystifications on y trouve une foule de travaux maçonniques philosophiques et de documents sérieux. — Signalons au hasard : L'Affaire Adriano Lemmi. — La Messe noire à Fribourg, par De La Rive. La Révélation de Baal-Zéboud, expliquant, dans le sens luciférien, la concordance entre le livre Apadno et la prophétie de Saint-Malachie. — L'alphabet du magisme palladique. La médaille de St-Benoit. — Les sociétés secrètes musulmanes dans l'Amérique du Nord, par Ricoux. — Trente-cinq années du G∴ O∴ de France.— La situation de M. J. Doinel, dans l'Occultisme et la Maçonnerie française. — Trois discours de J. Doinel : 1° Le symbolisme du nom d'Isis ; 2° Origine des Initiations ; 3° L'Ésotérisme du 3e grade. Le Calendrier du Palladium (très curieux). — Les Origines maç∴. — Les Songes lucifériens. — Légendes maç∴ par A. De La Rive. — Le mouvement anti-maçonnique. — Y a-t-il encore des Druides ?— Le mage Séptu et les miroirs magiques.— La démonologie des Pères de l'Église.— Papus et les apparitions de Tilly. — De la vertu des noms dans les exorcismes et la magie, par Ricoux. — Le Vaudoux à Haïti. — L'Angéologie hébraïque, etc...

4919 HACKS (Charles). — Le Geste.— Illustrations de Lanos.

Paris, E. Flammarion, successeur, S. D. [1892], gr. in-8° de 492 p. Nombreuses figures.

[4° R. 1056

Singulier ouvrage où l'on trouve des gestes favoris d'hommes célèbres, Napoléon, Gambetta, Thiers, à côté des « gestes » des Égyptiens dans leurs peintures murales. — Ceux des femmes — des Prédicateurs — des Mendiants. — La Méthode des Chinois et de leurs baguettes à manger (p. 166) avec 4 figures. — Le geste au Théâtre. — Le maquillage (p. 337).— Culture du geste (p. 340)— Deux planches de langage par signes des Peaux-Rouges (p. 412-13), etc.

4920 HADIN, Employé au Ministère des Finances. — Histoire du jeu de cartes du grenadier Richard, ou Explication du jeu de Cinquante-deux cartes, en forme de livre de prières, suivie de l'analyse de l'histoire sacrée et profane de la Mythologie, etc....

Paris, l'Auteur, 1811, in-12 de VIII-222 pages. (10 fr.)

[V. 21043

LAROUSSE reproduit cette anecdote à l'article « *Cartes* » (III-463).
Histoire du grenadier Richard MIDDLETON : 61 pp. de ses explications et le reste de notes et commentaires.
Commentaire philosophique extraordinairement curieux du jeu de cartes, cité au point de vue initiatique par la célèbre Mlle LENORMAND. — Il y a dans cet ouvrage, qu'on rencontre rarement, toute une théorie suggestive des nombres, et des notes précieuses, notamment sur l' « *herbe de l'or* » qui a des propriétés spécifiques pour rompre les charmes et les sortilèges, etc....

4921 HAECKEL (Ernest). — Les Enigmes de l'Univers. — Origine et descendance de l'homme. Développement de l'univers. — Commencement et fin du monde. — Science et Christianisme. — Fautes de la Morale Chrétienne. — Etat, Ecole et Eglise. — Solution des Enigmes de l'Univers.

Paris, Schleicher, S. D. [1903], in-8° de IV-400 p. (1 fr. 50).

[8° R. 10815

Commencement et fin du monde. — Croyance et superstition. — Science et Christianisme. — Notre vie, etc.

4922 HAECKEL (Ernest). — Histoire de la création des êtres organisés d'après les lois naturelles. — Conférences scientifiques sur la doctrine de l'évolution en général, et celle de DARWIN, GŒTHE et LAMARCK, en particulier, trad. de l'allemand, par Ch. Letourneau.

Paris, Reinwald, 1874, fort vol. in-8°. Illustré de 18 tableaux généalogiques, 15 pl. 19 gravures, et une carte en chromolithographie (10 fr.)

Autres éditions en 1877 :

Paris, Reinwald, fort in-8°.
Paris, Schleicher frères, 1908, in-8° X-601 p. fig.

[8° S. 12775

4923 HAECKEL (Ernest). — Les Merveilles de la vie. — Etudes de philosophie biologique pour servir de complément aux énigmes de l'univers.

Paris, Schleicher frères, S. D. [1907], in-8° XII-380 p. (1 fr. 50)

[8° R. 21213

4924 HAEN (Antonius de) ou Antoine VAN HAEN, médecin hollandais, né à La Haye en 1704, mort à Vienne, en Autriche, vers 1776. Un des meilleurs élèves de Boerhaave. Premier médecin de la reine Marie-Thérèse. — De magia liber.

Veneliis, Litteris Remondinianis, 1775, in-8° (4 fr.)

[R. 7811

« *Curieux et rare.* » (S. de G.)

Autre édition :

Paris, Didot, 1777, in-12.

(G.440

4925 HAEN (Antonius de). — De Miraculis Liber.

Francofurti, ex officina Eslingeriana, in-8° (4 fr.)

Autre édit. :

Paris, Didot, 1778, in-12.

4926 HAGECIUS AB HAGEK (Thaddeus). — Thad. HAGECII ab HAGEK, Aphorismorum Metoposcopicorum Liber.

Francofurti, 1584, in-8°.
[G. 11478
(S-3438

4027 HAGELGANSZ (Jean Georges). — Sphaera coelestis mystica, ex arithmologia ac metrologia sacra et repraesentata et demonstrata una cum Apologia sua, das ist : die Geheimnissvolle Himmels-Kugel, darinnen das unendliche Wesen Gottes, die drey-Einigkeit das Werck der Schöpfung, die Menschwerdung und Leiden Christi, auch Versammlung seiner Heiligen in der Zeit und Ewigkeit abgebildet der Grund derer in heil. Schrifft vorkommender geheimen Zahlen gezeiget.... nebst einer Schutz-Rede oder Vertheidigung dieser Vorstellung, entworffen von Johann Georg HAGELGANSZ.

Franckfurt am M., *Joh. Friedr. Fleischer*, 1739, in-8° de XVI-343 pp. avec 8 gr. pl. dont 4 col.

(O-108

4028 HAGELGANSZ (J. G.) — Sphaera infernalis mystica ex arithmologia ac metrologia sacra et repraesentata ac demonstrata, das ist : Höllisches Spinnewrai, darinnen das Geheimnisz der Boszeit, der Fall Lucifers, des Teufels Affenspiel in der Welt, und des Satans entwaffnete Match der Finsternisz abgebildet, die dahin zielende geheime Zahlen der H. Schrifft aufgelöset aus der Zähl- und Mesz-Kunst die besondere Chaldäische Bau-Kunst dargestellt.... Entworffen von Johann Georg HAGELGANSZ.

Franckfurt am M., *Joh. Friedr. Fleischer*, 1740, in-8° de XII-352-XIV pp. avec 5 gr. pl.

(O-109 et 1709

4029 HAGEN (J. de). — J. de HAGEN, Introductiones Apotelesmaticae in Chyromantiam.

Parisiis, 1522, in-4°.

(S-3458 b

4030 HAGER (Michel). — Antichristus sive oratio adversus stupendam calumniam hæreticorum nostræ ætatis, à Mich. HAGERO.

Friburgi Brisgoïæ, 1583, in-8°.

Édition précédente signée Michael, sans le nom « HAGER », ni lieu d'impression, en 1578 (S-573).

(S-1281

4031 HAGER (Michel). — Tractatus de singularitate Anti-Christi, auctore Michaele HAGER.

Ingolstadii, *David Sartorius*, 1580, in-8°.

(S-573

4032 HAHLED (Nathaniel Brassey). — Code des lois des Gentoux, ou règlements des Brames, trad. de l'Anglois d'après les versions faites de l'original, écrit en langue Samskrete.

Paris, *Stoupe*, 1780, in-4°. (5 fr.).

Ouvrage rare, avec des pl. de texte sanscrit et à la fin un vocabulaire des termes sanscrits, persans et bengalois.

4033 HAHNEMANN (Samuel-Chrétien-Frédéric), né à Meissen (Saxe) en 1755, mort à Paris en 1843. Créateur de l'Homœopathie, la médecine Psychique. — Exposition de la doctrine médicale Homœopathique, ou Organon de l'art de guérir ; trad. avec divers opuscules de l'auteur, et une trad. de la Pharmacopée homœopathique de Hartmann, par le Docteur Jourdan.

Paris, 1834, fort vol. in-8° (6 fr.)
[Te¹³⁴. 3

Autre édit. en 1837, fort vol, in-12.

4034 HAHNEMANN (S.). — Organon de l'art de guérir ; trad. par de Brunnow.

Paris et Lyon, 1832, in-8°. (4 fr.).
[Te ¹³⁴. 2

4035 HAHNEMANN (Docteur S.). —

Organon of the art of healing ; transl. by C. Wesselhoeft.
Philadelphia, 1886, gr. in-8°. (4 fr.).

Savant traité de médecine homéopathique en anglais.

4936 HAIG, CANTINI, et LÉVY (Docteurs). — Comment obtenir un cerveau lucide et de la clarté d'esprit.
Paris, s. d., in-8°. (3 fr. 50).

Manuel complet ayant pour but de vaincre la paresse de l'intelligence, le manque d'énergie, la faiblesse d'esprit, le trouble, la distraction, le découragement, la peur, la lassitude, la crainte de la folie et en général, tous-les affaissements de l'esprit et de l'âme.

4937 HAIMON. — Epistola HAIMONIS de quatuor Lapidibus Philosophicis materiam suam ex mineri mundo desumentibus ; dans *Theatrum Chemicum* (1661), VI, 497-501.

(O-1147

4938 HALBERT D'ANGERS. (Voir aussi ALBERT d'Angers). — La Cartomancie ancienne et nouvelle ou traité complet de l'art de tirer les cartes égyptiennes ou françaises, tarot, etc. par toutes les méthodes employées jusqu'à ce jour ; d'après Etteilla et les cartomanciens les plus célèbres; augmenté d'horoscopes pour les deux sexes, d'un cours de chiromancie suivant les doctrines d'Albert-le-Grand, Ptolémée, Avicène, Averroës, Platon, Gallien, Antiochus, Tibertus, Indaginès, Tricasse, Taisnier, Belot, Romphile, Cardan, Goclénius, Frœlichius, Déperucchio, Moreau et feue Madem. Le Normand, suivi de la Crânioscopie ou Phrénologie, par les docteurs Gall et Spurzheim ; de la Physionomie, par W. de la Colombière, des indiscrétions physionomiques de G. Lavater, terminé par les pronosties du docteur Melchisedech, sur la destinée de chaque personne, etc.
Paris, s. d. [1865], in-12. (3 fr.).
[V. 41297

Nombreuses figures.

Autres éditions :
Paris, 1872.
[V. 41268
Paris, 1847, in-12.

Orné de gravures, dont le dessin des mains de Napoléon et de Joséphine.

4939 HALBERT D'ANGERS. — Chansonnier complet et universel, contenant des chansons pour naissances, baptêmes, mariages, noces, réunions de famille, fêtes, assemblées d'amis, Chansons patriotiques.
Paris, 1840, in-12. (4 fr.).

Orné de nombreuses figures de rébus.

4940 HALBERT D'ANGERS.— La double clef des songes ou l'ancienne et la nouvelle interprétation d'onéiromancie réunies.
Paris, s. d. [1800], in-12. (2 fr.).
[V. 41303

Nombreuses figures dans le texte.

4941 HALBERT (Le Grand). (Voir aussi ALBERT le Grand et le GRAND ALBERT). La triple Clef des Songes, interprétation complète des rêves, songes, visions et apparitions, d'après les travaux des plus anciens philosophes et mages de l'antiquité ; etc.
Paris, s. d., in-12. Figures. (2 fr. 25).
[V. 41307

Jours heureux et malheureux. Horoscopes suivant les influences des planètes. Remèdes et Secrets. Signification des cartes par rapport aux songes. Divination par les cheveux, les yeux, les sourcils. Des sciences Occultes. Des Sorciers, etc.

4942 HALDAT DU LYS (Charles-Nicolas-Alexandre de), né à Beaumont (Lorraine), en 1770, mort en 1852. Descendant du père de Jeanne d'Arc. Médecin militaire puis Professeur à Nancy. — Deux mémoires sur le Magnétisme (Recherches sur l'Universalité de la force magnétique. Recherches sur l'appréciation de la force magnétique).

Nancy, Grimblot et Vve Raybois, s. d., in-8°. Figures. (1 fr. 50).

[Rp. 1348

4043 HALDAT (Docteur C. N. A. de). — Essai historique sur le magnétisme et l'universalité de son influence dans la nature par le docteur de Haldat.

Nancy, Imp. Grimblot et Veuve Raybois, in-8°.

[Thèse. 18
(D. p. 143

4044 HALDAT (Docteur C. N. A. de). — Exposition de la doctrine magnétique, ou traité philosophique, historique et critique du Magnétisme.

Nancy et Paris, Grimblot et Veuve Raybois, 1852, in-8°, avec 4 gr. pliées h. t. (3 fr. 50).

[R. 38124

4045 HALDAT (Docteur C. N. A. de). — Histoire du magnétisme dont les phénomènes sont rendus sensibles par le mouvement.

Nancy, Grimblot et Veuve Raybois, 1845, in-8°. Fig. (1 fr. 50).

[R. 38128

4046 HALDAT (Docteur C. N. A. de). — Recherche sur la centralisation de la force magnétique vers les surfaces des corps magnétisés.

Nancy, imp. Veuve Raybois, 1828, in-8° de 36 pp. Fig. (1 fr. 50).

[Rp. 2402

4047 HALDAT (Docteur C. N. A. de). — Recherches sur quelques phénomènes du magnétisme, le fantôme magnétique, et sur la diffraction complexe.

Nancy, Grimblot, Raybois et Cie, 1840, in-8° de 110 pp. 5 pl. gravées d'expériences magnétiques. (1 fr. 50)

[Rp. 2500

4048 HALIL-EL-MASRI. — L'interprète oriental des songes ; recueil complet de toutes les traditions orientales sur les songes, depuis Adam jusqu'à nos jours ; précédé d'un abrégé historique de la science des songes, de notes de tous genres et de termes arabes, à l'usage des orientaux.

Paris, 1878, fort in-12. (6 fr.).

Origine et progrès de la science des Songes en Occident et en Orient. — Des hommes qui s'occupèrent des songes. — En quoi consiste le songe. — Des songes vrais et des songes faux. — Réalisation des songes, etc...

4049 HALMA (Abbé Nicolas), mathématicien, érudit et archéologue né à Sedan en 1755, mort en 1828. Médecin adjoint au Génie Militaire. Professeur de Mathématiques et d'histoire. Bibliothécaire de Ste Geneviève. — Commentaire de Théon d'Alexandrie, sur le livre III de l'*Almageste* de Ptolémée : tables manuelles des mouvements des astres, traduites pour la première fois du grec en français, sur les manuscrits de la Bibliothèque du roi.

Paris, Bobée, 1822, in-4°. (4 fr.).

[V. 7024

Avec un grand tableau chronologique et une planche hiéroglyphique gravée et pliée.

4050 HALMA (l'Abbé). — Examen et explication du Zodiaque de Denderah comparé au globe céleste antique d'Alexandrie conservé au Palais Farnèse à Rome et quelques autres zodiaques égyptiens. — Supplément de l'examen et explication du Zodiaque de Denderah (Manque souvent).

Paris, Merlin, 1822. 2 ouvrages in-8°. Table chronologique et Pl. pliée. (4 fr. 50).

[V. 20067

4950 bis HALMA (l'abbé). — Examen et explication des Zodiaques d'Esné suivi d'une réfutation du mémoire sur le Zodiaque primitif et nominal des anciens Égyptiens.

, *Paris Merlin*, 1822, in-8°.

4951 HAMARD (Th. P. G.) — Expérience sur le magnétisme animal, thèse présentée et soutenue à la Faculté de médecine de Paris par Th. P. G. Hamard.

Paris, 20 janvier 1833, in-4°.

(D. p. 110

4952 HAMMER-PURGSTALL. (Joseph, baron ou vicomte von), célèbre orientaliste et archéologue, né à Gratz (Styrie) en 1774, mort en 1840. Il fit ses études au Collège Ste Barbe. Il hérita des comtes de Purgstall en 1837. Il existe une Autobiographie de lui publiée par sa fille. — Alchemie im Orient ; dans Allg. Encyclopädie, de Ersch et Gruber, II. 417.

4953 HAMMER (Joseph de). — Histoire de l'Ordre des Assassins, traduit de l'Allemand et augmenté de Pièces Justificatives par Hellert et de La Nourais.

Paris, 1833, in-8° (5 fr.)

Le plus important ouvrage consacré à cette Secte Musulmane qui se livre à toutes sortes d'excès sous l'influence du Haschisch.

Fondation de l'Ordre des Assassins et Règne du premier Grand-Maître, Hassan-Sabah. — Règne de son fils Mohammed. — Règne de Hassan II. — de Mohammed II. — de Dscheladdin Hassan III. — de Rokneddin-Karschah, dernier Grand-Maître des Assassins. — Conquête de Bagdad. — Chûte et Fin de l'Ordre des Assassins.

4954 HAMMER (Vicomte Joseph de). — Mithriaca, ou les Mithriaques. — Mémoire académique sur le culte solaire de Mithra, publié par J. Spencer Smith.

Caen et Paris, 1833, in-8° (12 fr.)

Chap. I. De l'origine et de la nature du culte et des mystères de Mithra. — Chap. II. Des rapports du culte de Mithra avec les systèmes religieux de la Perse. — Chap. III. Époque de l'introduction de ce culte dans l'Empire romain, son analogie avec les cérémonies chrétiennes. — Chap. IV. Des emblèmes du culte de Mithra. — Chap. V. Des cérémonies chrétiennes. — Chap. VI. Des emblèmes du culte de Mithra, etc...

Travail de la plus haute importance pour l'étude des anciens mythes et de la symbolique.

4955 HAMMER (Joseph de). — Mémoire sur deux coffrets gnostiques du Moyen Age, du cabinet de M. le duc de Blacas.

Paris, Dondey-Dupré, 1832, in-p de 33 pp. (4 fr.).

[L. 5811

Orné de 7 planches hors texte dessinées par J. Boilly et lithographiées, dont une pliée. (les mêmes que celles de Mignard sauf peut-être celle pliée.) M. de Hammer attribue les symboles aux *Ophites*, secte du Gnosticisme ; à ce dernier on doit le chandelier à 7 branches, le pentagone et la lettre G ; symboles devenus dans la suite F.·. M.·. — Étude sur le Baphomet, bahomid, Achomet (p. 13). Carafe, m. tarabe, (p. 25) et tant d'autres Magasin, mesquin et Abraxas, de " abrac " Je benis (note I) — En resumé, intéressant ouvrage sur les sectes primitives du christianisme.

4956 HAMON (L.). — Les Aboyeuses de Josselin ; Merlin l'Enchanteur, etc...

Rennes, 1880, in-12 planches (2 fr.).

[L.K°, 2008I

Curieuse étude sur de prétendues possédées.

4957 HAMONIC (Dr P.). — Des maladies vénériennes chez les Hébreux à l'époque Biblique.

Paris, 1887, in-8° (2 fr. 25)

[T.d.·. 938

4958 HANCARVILLE (Pierre François

[Hugues, dit d') antiquaire né à Nancy en 1719, mort en 1805. — Antiquités étrusques, grecques et romaines, ou les beaux vases étrusques, grecs et romains, et les peintures rendues avec les couleurs qui leur sont propres, gravées par F. A. David avec leurs explications, par d'Hancarville.

Paris, chez l'auteur, 1787, 5 vol. pet. in-4° planches. (90 fr.).

Ouvrage estimé, illustré de 1 titre-frontispice répété dans chaque volume, et de 500 gr. planches. h. t. gravées sur cuivre en noir ou couleur (quelques sujets libres).

4960 HANCARVILLE (d'). — Monumens de la vie privée des douze Césars, d'après une suite de pierres gravées sous leur règne.

A Rome, de l'Imprimerie du Vatican, 1786, in-8° (30 fr.)

[Enfer 012

Orné de 58 curieuses pl. dites *spintriennes*.

4961 HANCARVILLE (d'). — Monumens du culte secret des dames Romaines pour servir de suite aux monumens de la Vie privée des XII Césars.

A Caprée, chez Sabellus (Nancy, Leclerc), 1784, in-4° (50 fr.).

Avec frontispice gravé et 50 planches libres.

Rappelle un peu l'ouvrage de Famin sur le " *Musée Secret de Naples* ".

(G-237

4961 HANCOCK (H. Irving). — Jiu-Jitsu. Méthode d'entraînement et de combat qui a fait des Japonais les adversaires les plus redoutables du monde. Traduit par le chef d'escadrons d'Artillerie L. Ferrus, ancien élève de l'école des Langues Orientales, et le Capitaine d'artillerie J. Pessard. Avec dix-neuf Planches photographiques d'après nature.

Paris et Nancy, Berger Levrault, 1905, pet in-8° de xxvii-172 p. Planches. Couv. ill. (3 fr.).

[8° V. 32099

Remarquablement intéressant au point de vue du développement de l'endurance physique et aussi au point de vue du *Régime Végétarien.* Expose une excellente méthode rationelle pour corriger aussi bien la maigreur que l'obésité.

Histoire du Jiu-Jitsu. — Ce que mangent les Japonais. — Entraînements et Exercices. — Usage de l'Eau. — Maigreur et Obésité. — Coups préliminaires d'attaque et de défense. — Coups de Combat. — Ce que l'on peut apprendre seul ; comment acquérir l'agilité. — Conseils.

4962 HANDSCHRIFTEN für Freunde geheimer Wissenschaften zum Druck befördert von M. J. F. V. L.** K. K. A. R. I-ter Band.

Wien, A. Blumauer, 1794, in-8° de XVI-530 pp. avec 6 pl. grav. fort singulières, dont 1 double.

Divisé en six Abtheilung, dont les trois premières contiennent des articles bibliographiques et analytiques d'ouvrages : la quatrième Thesaurus selectus seu Medulla aurea et argentea Joannis Dee : et la sixième.... Lotterie Kabala Rottilio Benincasa.

(O-029

4963 [HANNAPIER (l'abbé C.-R.)]. — Tératoscopie du fluide vital de la mensambulance, ou Démonstration physiologique et psychologique de la possibilité d'une infinité de prodiges réputés fabuleux, ou attribués par l'ignorance des philosophes et par la superstition des ignorants à des causes fausses et imaginaires, par C.-R. H...

Paris, Denlu, 1821, in-8° 392 p. (10 fr.).

Id. chez l'auteur, 1822, in-8° 392 p. et errata.

[Tb⁴⁴. 119

« Ouvrage très curieux et devenu rare. « L'auteur était-il un Initié ? Ce qui est « certain c'est qu'il résout de la façon la « plus claire la plus simple et la plus cor-

« recte une notable part des problèmes
« mystérieux et toujours dans le sens des
« éléments esotériques. — Très remarqua-
« ble. Tout Eliphas Lévi est en germe
« dans cet ouvrage. » (S. de G.).

Ame-ambulante : somnambulisme ou
extase (p. 153). — Comparaison du res-
sort de montre (p. 61). — " *Mensam-
bule* " pour " *Somnambule.* "

(D. p. 96
(G-1441

4964 HANNOTIN (Emile). — La philosophie ancienne retrouvée ou connais-
toi toi-même.

Paris, Dentu, 1863, in-12. (3 fr.).

[R. 38174
(G-1442

4965 HANNOTIN (Emile). — Un progrès du Christianisme.

Paris, Ladrange, 1854, in-12 de
430 pp. (3 fr.).

[R. 38175

Ouvrage relatif au mouvement néo-
chrétien.

Réponse à la question : Qu'est-ce que
Dieu ? Réfutation de la morale de St-
Augustin, des Mystiques et de Fénelon.
— Des erreurs en morale de Port-Royal,
de Montaigne, etc...

4966 HANOTAUX (Albert Auguste
Gabriel), Diplomate, ancien Ministre et
Académicien, né à Beaurevoir (Aisne)
en 1853. Archiviste paléographe. — Les
villes retrouvées ; (Thèbes, Ninive,
Babylone, Troie, Carthage, Pompéi,
Herculanum).

Paris, Hachette, 1881, in-12. 75
gravures sur bois d'après les dessins
de P. Sellier, E. Théroud, etc...

Autre éd.

Ibid, id. 1885, in-16.

[8° G. 5161

4967 HANSEN (Dr). — Miraculeuses
Guérisons, opérées à Trèves, pendant
l'exposition de la Sainte-Robe de N.
S. J. C., en 1844. Traduit par M.
Veyland.

Nancy, S. D. in-12. (3 fr.).

4968 HANSFURTUS (J.). — J. Hansfurtus, de cognoscendis et medendis
Morbis, ex corporum cœlestium positione, cum notis J. Paulli.

Veneliis, 1584, in-4°

(S-1504

4969 HAPELIUS (Nicolaus Niger). —
Cheiragogia Heliana de Auro philosophico necdum cognito : unde jam
facile percipi potest tum opus uni-
versalissimum totius monarchiæ Chi-
micæ in Regno minerali tum omnes
in suo quiq. genere universales ejusdem Regni minerali Lapides, tinctur-
ve particulares ; accessit tractatus
Venceslai Lavinii Moravi de celo
terrestri, etc...

Marpurgi Cattorum, Hutweleker,
1612, in-12. (15 fr.).

Très rare ouvrage d'alchimie contenant
en outre *Disquisitio heliana de metalle-
rum transformatione*.

4970 HARAUCOURT (Edmond) poète
et romancier, né en 1857 à Bourmont
(Haute-Marne). Directeur du Musée
de Cluny. — L'Ante-Christ.

Paris, Académie des beaux livres,
1893, pet. in-4° (25 fr.).

Belle édition, illustrée à chaque page
de compositions décoratives par Eugène
Courbois, non mise dans le commerce.

4971 HARAUCOURT (Edmond). —
L'effort. — La Madone. — L'Ante-
Christ. — L'immortalité. — La fin
du Monde.

[*Paris*], *Publié par les Bibliophiles
contemporains, Ancienne imprimerie
Quantin*, [1894]. in-4° de 144 p. et 2
fos blancs gravures en coul. à chaque
page. (250 fr.).

[Réserve m. Y. 20

Recueil de contes remarquables. *L'Antéchrist* est particulièrement singulier et
d'un style pseudo-évangélique des plus
savoureux.

Publié pour les sociétaires de l'Académie des beaux livres, bibliophiles contemporains. Papier à encadrement filigrané au nom d'Edmond Haraucourt.

Tiré à 160 exempl. Ouvrage remarquable à tous les points de vue, l'un des plus beaux, en tout cas des plus originaux qui aient vu le jour depuis longtemps.

Nombr. planches en couleur par A. Lunois, E. Courboin, Carlos Schwabe, Alexandre Séon.

4072 [HARAUCOURT (Edmond)]. — Le Sire de Chambley. — La Légende des Sexes, poèmes hystériques et profanes. — Édition privée revue par l'auteur.

Bruxelles, 1883, in-8° (35 fr.).

[Rés. p. Ye 424

Le premier ouvrage de l'auteur.

C'est, dit Larousse, un recueil assez anodin, de forme très distinguée et annonçant un styliste, d'où le graveleux est soigneusement exclu.

Contrefaçon :

Bruxelles, 1803, in-4°

[Rés. m. Ye 44

4073 HAREL (Charles). — Ménage sociétaire, ou moyen d'augmenter son bien être en diminuant sa dépense, avec indication de qq. nouvelles combinaisons pour améliorer et assurer son avenir.

Paris, au bureau de la Phalange, 1830, in-8° (5 fr.).

[R. 38191

Ce livre se rapporte à l'une des faces de la théorie de Fourier : il expose les avantages immenses de la consommation en mode sociétaire. — Expériences de l'auteur sur le magnétisme et la phrénologie.

4074 HAREMBERT (Armand). — Le Droit Humain. Code naturel de la Morale sociale expliqué par la céphalométrie.

Paris, 1862, in-8° Fig. et pl. (5 fr.).

Organographie et céphalométrie. —

Gall, Spurzheim et Cubi y Soler. Les doctrines. — Magnétisme humain. — Tables tournantes, etc...

4075 HAREMBERT (Armand). — La Vérité, fusion du matérialisme et du spiritualisme, opérée par la connaissance simultanée du magnétisme et de la phrénologie et démontrée par l'application de la nouvelle organographie du crâne humain sur la tête de la célèbre empoisonneuse Hélène Jégado; par Armand Harembert auteur de la Nouvelle Organographie du crâne humain.

Paris, Dentu, 1853, in-8° de 50 pp. (2 fr.).

[R. 38192

Planche (crâne d'Hélène Jégado).

Hélène Jégado était une cuisinière bretonne qui fut exécutée en 1852, à l'âge de 48 ans, pour avoir commis quarante-trois empoisonnements successifs presque tous suivis de mort.

4676 HARENBERG (J. Chr.). — Ueber die innere Verfassung des Jesuiterordens, aus Harenbergs (J. Chr.) : Geschichte des Jesuiterordens und andern hieher gehörigen Schriften gezogen ; dans Ueber Geheime Wissenschaften (1787), II, 5-116.

(O-406

4077 HARLAN (Richard). — John Alexander Dowie.

Biographie d'un célèbre guérisseur mystique américain, mentionnée par Cutten " *Three thousand years of Mental Healing* ", p. 306, note. Je n'ai pas pu la retrouver ailleurs. Le portrait et une notice biographique de Dowie se trouvent dans l'ouvrage de Cutten.

4078 HARLEZ (Charles de). Orientaliste Belge né en 1832. Chanoine honoraire de la cathédrale de Liège et professeur de langues Orientales à l'Université de Louvain. — Avesta, livre sacré des sectateurs de Zoroastre, traduit du texte zend.

Liège, Grandmont-Donders [puis]

Paris, Firmin-Didot, 1875-76-77, 3 vol. in-8° (8 fr.).

|O². 540

Le tome I a paru d'abord à Liège, en 1875, puis les autres à Paris, chez Firmin-Didot.

4079 HARLEZ (C. de). — Avesta, livre sacré du Zoroastrisme, trad. du texte Zend, acc. de notes explicatives et préc. d'une introduction à l'étude d'Avesta et de la religion. 2ème édit. rev. et complétée.

Paris, Maisonneuve, 1881, in-4° (15 fr.).

|O². h. 280

4080 HARLEZ (C. de). — Les croyances religieuses des premiers chinois.

S. l. [Bruxelles 1888], in-8°.

[R. 23511-41

4081 HARLEZ (Ch. de). — Grammaire Pratique de la langue Sanscrite.

Paris, E. Leroux, 1878, gr. in-8° (3 fr. 50)

|8° X. 1187

4082 HARLEZ (Ch. de). — Manuel de la langue de l'Avesta. Grammaire, anthologie, lexique.

Louvain, Peeters, 1879, in-8° (8 fr.)

Réédité :

Paris, Maisonneuve, 1878, in-8°

|8° X. 1432

4083 HARLEZ (Ch. de). — La Siao Hio, ou morale de la jeunesse, avec le commentaire de Tchen-Siuen; trad. du chinois par C. de Harlez. [Tome XV des Annales du Musée Guimet].

Paris, 1889, in-4° de 400 pp. env. Carte de la Chine.

|O². 610 (15)

La Siao Hio, c'est-à-dire le petit enseignement, est un des livres les plus importants de la littérature chinoise ; ce n'est pas un livre pour les enfants, comme on le pourrait croire, mais le code moral de la Chine. L'ouvrage contient en appendice : Le mariage en Chine. — Cérémonies funèbres et deuils. — Culte et sacrifices. — Danse. — L'enseignement en Chine.

4084 HARLEZ (Ch. de). — Védisme, Brahmanisme et Christianisme. La Bible dans l'Inde et la Vie de Jezeus Christna, d'après Jacolliot ; la personnalité du Christ et le Docteur Marius.

Paris, s. d., in-12, (2 fr. 28).

|A. 20402

4085 HARPÉ (J.). — Explication du Plan de Dieu sur le mouvement universel et des destinées générales.

Paris, 1808, in-8° de 48 pp (2 fr.).

4086 [HARPRECHT (Johann)]. — Josaphat Friederich Hautnorthons Succus (lege Johann Harprecht), drifter Anfang der Mineralischen Dinge, oder von Philosophischen Saltz ; nebenst der wahren Praeparation lapidis et tincturae philosophischen ; darinnen die Sucher diesser grossen Geheimnüsz von philosophorum Werck eine solche Nachricht finden... dans Deutsches Theatrum chemicum de Fr. Roth-Scholtz (1728). I. 339-90.

La première édition est d'Amsterdam, 1650.

Voy. Fictuld : Probier-Stein, f. 904, qui appelle l'auteur Hautnorthon.

Selon Borrichius in Conspectu Chinicorum, numéro 55, Harprecht, dit Lenglet-Dufresnoy, est l'auteur de : Lucerna Salis Philosophorum... publié sous le nom de Michel Sendivog. Nous avons avancé et nous croyons la chose certaine que : Traité du Sel, III° principe des choses minérales qui se trouve à la suite de : Cosmopolite ou nouv. Lumière chymique (Paris 1691) est bien ce traité d'Harprecht.

(O-1213

4087 HARRIS (John), compilateur in-

glas (1607-1710), vice-président de la Société Royale de Londres. Précurseur des Encyclopédistes, avec son Dictionnaire universel des Arts, etc...
— Hermès, ou recherches philosophiques sur la grammaire universelle. Ouvrage traduit de l'anglois par Fr. Thurot, avec des remarques et des additions.

Paris, impr. de la République, an IV, in-8° de CXIX-415 p. fig. et tableaux. (10 fr.).

Ouvrage rare.

(G-384

4088 HARSU (Docteur de). — Recueil des effets salutaires de l'aimant dans les maladies.

Genève, 1782, 270 pages.

Cet ouv. contient un assez grand nombre d'articles presque tous relatifs à l'histoire du magnétisme. Ainsi

Pages 7 à 15 deux lettres du docteur Hell ;

Pages 15 à 22, lettre de Mesmer à M. Vazen ;

Pages 23 à 26, un avis au public par M. Bauer ;

Page 30 à 53, le discours préliminaire dont l'auteur est Mesmer, et que l'on cite comme ayant été imprimé à part : je ne l'ai jamais rencontré ;

Pages 160 et 171 analyse des fonctions du système nerveux par M. de La Roche, médecin.

Page 172 et 227, extrait du dictionnaire des merveilles de la nature par Sigaud de Lafond.

(D. p. 16

4089 HARTENBERGER (Docteur P.). — De l'élément psychique dans les maladies.

Nancy, 1895, in-8°. (2 fr.).

(G-1443

4090 HARTMANN (Karl-Robert-Edouard de), né à Berlin en 1842. — Philosophie de l'inconscient : Phénoménologie de l'inconscient, métaphysique de l'inconscient. — Traduite de l'allemand et précédée d'une introduction par D. Nolen.

Paris, Baillière, 1877. 2 vol. in-8° (40 fr.).

4091 HARTMANN (Franz). — La Magie Blanche et Noire, ou la Science de la Vie Terrestre et de la Vie infinie, contenant des Conseils Pratiques pour les Etudiants de l'Occultisme. Traduit sur la 4° édition anglaise par Mary M. H. Butler.

Paris, Art indépendant. [1905], in-8° carré, 444 p. Curieux Frontispice et Fig. dans le texte. (4 fr.).

[8° R. 20073

Du genre, en petit, de la « *Clef de la Magie noire* » de St. de Guaita. Contient : Le Monde de l'Astral et les moyens de communication avec les Etres qui le composent. — Les Adeptes. — L'Alchimie. — La Création. — La Chute. — Les 7 Principes. — Les 4 Plans. — Les Esprits Planétaires. — Les Démons. — La Sorcellerie. — La Psychométrie. — Les Incubes et les Succubes. — La musique des Sphères. — La Science des Nombres. — Les Gardiens du Seuil. — Les Visions. — La Mort et l'Au-Delà.— L'Occultisme Pratique. — La Lumière. — Les Vrais Rose ✝ Croix, et leurs Symboles, etc., etc.

En allemand, à la Bib. Nat.:

[8° R. 12877

4092 HARTMANN (Franz). — The principles of astrological Geomancy. The art of divining by punctuation, according to Cornelius Agrippa and others. With an appendix containing 2.048 answers to question.

London, 1889, in-8°. (6 fr.).

Œuvre sérieuse dans laquelle le célèbre auteur de la « *Magie blanche et noires* » donne les principes de la Géomancie astrologique à la lumière de tous les travaux anciens ou modernes qui ont été faits sur cette branche si intéressante de l'occultisme.

4093 HARTMANN (Franz). — The Secret Symbols of the Rosicrucians of the Sixteenth and Seventh Centu-

ries ; with a Treatise on the Philosophers' Stone, translated from the German, by Franz HARTMANN.
[Avant 1894]. (30 fr.).

Avec 27 pl. de « Symboles secrets, » coloriés à la main, et un vocabulaire de Termes Occultes.

(O. P. C.

4994 HARTUNG (Gaspar). — Gaspar HARTUNGS Tractat von der Bereitung desz gebenedeyten Steins ; dans Thesaurinella olympica aurea (1682) ; pp. 245-63 ;

(O-1108

4995 HASDEU (B. Petriceicu ?). — Sic Cogito : Ce e Vita ? Ce e Moartia? Ce e Omul ?

Bucuresci [Bucarest]. 1892. gr. in-4º. (4 fr.).

Bel ouvrage roumain artistiquement illustré, tiré seulement à 200 exempl. (Dumnedeu, nemurirea si destã inuirea. Somnul. Si sufletul.Telegrafia iubirii.Ipnotismul in Spiritism. Materialismul in Spiritism, etc...)

4996 HASIUS (Johann) de Memmingue (Allemagne), docteur en Médecine et en droit. — Prefatio laudatoria in Artem Chiromanticam [auctore Ioanne HASIO].

Impressum Augustæ [Augbourg ?] *per Ioannem Erffordianum*, anno Domini M D X V I I I I [1519]. in-4" Gothique signatures a-h par 4 folios Fig. s/bois. (60 à 80 fr.).

La souscription est suivie d'un privilège et précédée de vers de « Richardus EBREUES: « In laudem Ioannis Hasii Memmingensis. Artium, Iurium et Medicinarum doctoris, Chyromantiæ principi.s»

Rarissime ouvrage de Chiromancie.

(Ye-917

4997 HASOLLE (James). — Fasciculus Chemicus : or Chymical Collections. Expressing the Ingress, Progress, and Egress of the Secret Hermetick Science, out of the choicest and most famous authors. Whereunto is added, The 'Arcanum or Grand Secret of Hermetick Philosophy. Both made english by James HASOLLE Esquire.

London, printed by J. Flesher for Richard Mynne, 1650. in-12 de 24 fos, 208 pp. frontisp. gravé et horoscope dans le texte. (25 fr.).

Contient l'exposition des méthodes les plus secrètes pour obtenir la pierre philosophale. — La seconde partie, intitulée : Arcane ou le Grand Secret de l'hermétisme est particulièrement précieuse.

4998 HAUGER. — Examen de la doctrine de St Martin et de Boehme
(1 fr.)

(G-040

[HAUGWITZ (Graf Christ. Heinr. Carl von)]. — An meine Brüder (von Graf Christ Heinr. Carl von Haugwitz ?).

Breslau, Gottl. Löve, 1770. in-8", de 30 pp.

(O-404

4999 [HAUGWITZ]. — An unsere Brüder (von Graf C. H. C. von Haugwitz).

S. l. ni adr. [*Breslau, Löve*]. 1770. in-8" de 32 pp.

(D-405

5000 [HAUGWITZ]. — Hirten-Brief an die wahren und ächten Freymaurer alten Systems [von Christian Heinr. Carl. Graf von HAUGWITZ].

S. lieu ni adr. [*Leipzig. Böhme*] 1785. in-8" de VI-248 pp.

(O-1577-1578 et 1579

5001 [HAUGWITZ]. — Meine Gedanken über die zwey kleine freymaurerische Schriften : An meine Brüder und An unsere Brüder [von Graf C. H. D. von HAUGWITZ].

Berlin, G. J. Decker, 1780. in-8" de 63 pp.

(O-400

5002 HAUS (Ed.). — Le Gnosticisme et la Franc-Maçonnerie considérée dans son origine, son organisation, ses bases, son but, etc...

Bruxelles, Goemaere, 1875, in-8° jés. (10 fr.).

Les Gnostiques. — Clé des sociétés secrètes des Gnostiques et des Francs-Maçons. — La Sagesse ou la puissance intellectuelle, religieuse ou mystique et scientifique. — Avenir et destinées de la Franc-Maçonnerie, etc.

5003 HAUTE SCIENCE (La). Revue documentaire de la Tradition Ésotérique et du Symbolisme Religieux.

Paris, Art Indépendant, 1893 et 1894, 2 vol. in-8° (40 f. les 2 vol.).

[8° R. 12381 (1re année)

Contient de nombreux Textes rares et des Traductions de l'Hébreu, du Sanscrit, du Chinois, de l'Éthiopien, du Grec, etc.

Cette publication, unique en son genre a mis au jour, pendant ses deux années d'existence, les ouvrages ci-dessous énoncés : T. I. — Traité de la Petite Assemblée Sainte (du Zohar), traduit l'Hébreu par un Kabbaliste de la Tradition orthodoxe. — L'Upanishad du Grand Aranyaka, traduite du sanscrit par A. F. Hérold. — L'Antre des Nymphes de Porphyre traduit du grec par P. Quillard. — La Télépathie et le Néo-Spiritualisme, par Bernard Lazare. — La Magie et la Divination chez les Chaldéo-Assyriens, par A. Laurent. — Les Apocryphes éthiopiens, traduits par René Basset. — Traité des Dieux et du monde, de Salluste le Philosophe, traduit du grec par Formey. — Les Hymnes de Proclos, traduits du grec par L. Ménard. — Études sur les Origines du Christianisme, par Louis Ménard. — Le Livre de Jamblique sur les Mystères, traduit du grec, par Pierre Quillard. — L'Invariable Milieu (attribué à Confucius), trad. du chinois, par Abel Rémusat. — La Cosmogonie de Moïse, traduite de l'hébreu, par Fabre d'Olivet. — Exégèse biblique et Symbolique chrétienne, par Louis Ménard. — IVème livre de la Philosophie occulte d'Agrippa, trad. du latin par Jules Bois. — Tome II. — Le Tao et le Te de Laotseu, trad. du chinois par A. de Pouvourville (Matgioi). — IVème livre de la Philosophie occulte d'Agrippa (suite et fin). — Les Apocryphes éthiopiens (suite). — Apollonius de Tyane, par Alaster. — Le Livre de Jamblique (suite et fin). — Le Rig-Véda (premier Mandala), trad. du sanscrit par E. Burnouf. — De la Trinité, de la distinction et du nombre 2, Note sur la double série des nombres, par P. F. G. Lacuria. — Science écrite de tout l'Art hermétique par J. B. C. de la Monnerie. — Lettres d'un Mort, par Louis Ménard. — Nous n'énumérons pas l'énorme quantité de matériaux publiés en détail sous le titre " Glanes ". Avec la fin du second vol. tous les ouvr. en cours ont été terminés.

. (G-1444

HAUTEFEUILLE (Comtesse d'). — Anna Marie Caroline de Marguerye, comtesse d'Hautefeuille, née à Paris en 1788, séparée de son mari, le comte Eugène d'Hautefeuille, fut une illuminée du XIXème siècle. — Elle fréquenta Éliphas Lévi et les centres occultistes de l'époque, connus alors sous le nom de Familles Spirituelles. Très liée avec Scévole Cazotte, le fils de l'auteur du *Diable Amoureux*, elle eut communication des papiers intimes de sa famille, et fut initiée à certains secrets magiques de la vieille marquise de Sainte-Croix. Son volume est la seule histoire qu'on ait de Cazotte, et de son entourage mystique. Elle est fort curieuse, sincère et très émouvante. La physionomie pure du grand prophète et martyr de la Révolution y rayonne d'un bout à l'autre comme celle d'un saint.

5004 [HAUTEFEUILLE (Comtesse d')]. — Anna Marie. — La famille Cazotte.

Paris, Passard, 1847, in-8° de 330 pp. (0 fr.).

[Y². 14037

Curieux et intéressant ouvrage, roman historique sur Cazotte et sa fin : sa mise en liberté, puis sa mort : curieux speech du président qui le condamne (p. 294). — On y trouve, (p. 301) la fameuse prophétie de Cazotte qui fut initié par les Martinistes ; une notice sur le Philosophe inconnu, L. Cl. de St-Martin, etc..

Autre édition :

Paris, V. A. Waille ; A. René et Cie ; 1840, in-18, de 351 pp.

5005 [HAUTEFEUILLE (Comtesse d')]. — Anna Marie. — Le lys d'Israël.

Paris, Debécourt. 1830, 2 vol. in-8° (6 fr.).

[D. 37416

Edition originale. — Curieuse histoire de la vierge Marie sous forme de roman. — Avec des notes.

5006 [HAUTEFEUILLE (Ctesse Anna Marie d')]. — La science funeste, roman magnétique par Mme Anna Marie.

Paris, 1854, in-4° (2 fr.).

[Y². 1347

Roman qui rappelle celui de Frédéric Soulié.

(D. p. 154

5007 HAUTEFEUILLE (de) et SANTERRE. — Playdoyez sur les Magiciens et sur les Sorciers, tenus en la Cour de Liège, le 10 décembre 1675. Où l'on montre clairement qu'il ne peut y avoir de ces sortes de gens par de HAUTEFEUILLE et SANTERRE.

Sur l'imprimé à Liège, chez Jaques Persois, 1676, in-12 (12 fr.).

[R. 38230

Rare et curieux.

(G-033
(S-3258 B

5008 HAUTERIVE (E. d'). — Le merveilleux au XVIII-ème siècle. Sorcellerie et Magie. Théosophie et Spiritisme. Les Empiriques. Les Jansénistes. Les Martinistes. Mesmer, Saint-Germain, Cagliostro.

Paris, F. Juven, S. D. [1903], in-12 VI-264 p. (2 fr.).

[8° R. 18689

Recherché pour sa documentation spéciale sur la Franc-Maçonnerie, à laquelle l'auteur a consacré la meilleure partie de son volume. — Le Chap. VI fait admirablement ressortir la différence radicale de la F∴ M∴ d'autrefois avec celle d'aujourd'hui ; le Chap. VII énumère les différentes maçonneries d'imitation ; le chap. VIII. étudie la F∴ M∴ en Angleterre ; le Chap. IX est l'histoire pittoresque du Martinisme ; le Chap. X celle des Illuminés de Bavière et le rôle de la F∴ M∴ dans la Révolution. — Le Chap. XIII est une enquête savoureuse autour de St-Germain et Cagliostro, et le Chap. XIX lève un coin du voile sur la Maçonnerie Egyptienne. — Enfin, la sorcellerie la magie, les mystères, remplissent cet ouvrage de faits très curieux.

5009 HAUTTEVILLE (N. de). — L'Examen des Esprits, ou les Opinions curieuses, surprenantes et ridicules des Philosophes anciens, par N. de HAUTEVILLE.

Paris, C. Chenault (s. d.), in-4°

[R. 7034
(S-341)

5010 HAÜY (René Just) éminent minéralogiste né à St Just (Oise) en 1743, mort à Paris en 1822. Frère aîné de Valentin, l'éducateur des aveugles. D'abord professeur au collège du Cardinal-Lemoine, puis Académicien. — Exposition raisonnée de la théorie de l'électricité et du Magnétisme.

Paris, Vve Desaint, 1787, in-8° (3 fr. 50).

[R. 14205

5011 HAÜY (R. J.). — Traité des caractères physiques des pierres précieuses, pour servir à leur détermination lorsqu'elles ont été taillées.

Paris, Vve Courcier, 1817, in-8°
3 planches.

HAVEN (Marc) nom du Génie de la Dignité, première heure du Noctémeron d'APOLLONIUS de THYANE. Voir :

LALANDE (Dr Emmanuel).

5012 HAYEM (Arm.). — Œuvres posphones : vérités et apparences. Avec une lettre d'Al. Dumas.

Paris, Lemerre, 1801, in-12 Portrait de l'auteur gravé par Focillon. (? fr.).

[S° Z. 12085
(G.-1445

5013 HAYN (Hugo). — Bibliotheca erotica et curiosa Monacensis. Verzeichniss französischer, italienischer, spanischer, englischer, hollandischer und neulateinischer Erotica und Curiosa, von welchen keine deutschen Uebersetzungen bekannt sind. Zusammengestellt auf der Königl. Hof- und Staats-Bibliothek zu München, und mit bibliographischen Anmerkungen und Marktpreisen versehen von Hugo HAYN.

Berlin, 1889, in-10 (6 fr.).

[S° Q. 1403

Curieuse bibliographie, avec notes et prix.

5014 HEARN (Lafcadio). Littérateur et publiciste américain (bien que d'origine irlandaise par son père et grecque par sa mère), né à Leucadia, Santa Maura, dans l'Archipel Ionien. Il épousa en 1891 Setzu Koizumi, jeune japonaise de haut rang, et se fit naturaliser japonais. Il fut professeur à l'Université de Tokyo et mourut en Septembre 1904. — Kwaïdan ou Histoires et Études de Choses Étranges. Traduit de l'Anglais par Marc Logé.

Paris, Mercure de France, 1910, in-12, 304 p.

[S° Z. 17013

Étude biographique et portrait de Lafcadio HEARN.

Vieilles légendes japonaises et chinoises.

La légende de Mimi-Naschi-Hoichi. — L'histoire d'O-Teï. — A propos d'un Miroir et d'une cloche. — Le rêve d'Akinosuké. — Le secret de la Morte. — Horaï. — Trois études sur les insectes. Etc.

5015 HÉBERT (M.). — Le Pragmatisme. Étude de diverses formes anglo-américaines, françaises et italiennes et de sa valeur religieuse.

Paris, in-12 de 107 pp. (1 fr. 25).

Ch. I-er. Le pragmatisme de M. Pierce. — Les pragmatismes italiens. — Chap. II. Le pragmatisme de W. James. — Chap. III. L'humanisme de M. Schiller : la philosophie de MM. Le Roy et Poincaré. — Chap. IV. Les Précurseurs du pragmatisme : MM. Blondel et Bergson. Chap. V. Les diverses formes du pragmatisme religieux : Moralisme (Secrétan) ; Fidéisme (Ritschl et Menegoz) ; Symbolisme (Loisy, Le Roy, La Berthonnière, Tyrrell). — Le Pragmatisme de MM. Schiller et W. James.

5016 HEBERT (M. H. J.). — Recherches sur l'hypnotisme et ses causes suivies d'un discours prononcé dans l'assemblée des chirurgiens dentistes du mois de Décembre 1890 par M. H. J. Hébert, chirurgien dentiste.

Poissy, Impr. Arbieu, St Germain en Laye, l'Auteur, 1891, in-8° 41 pages.

[Tell. 54
(D. p. 175

5017 HEBERT de GARNAY (L. M.). — Petit catéchisme magnétique ou notions élémentaires du Mesmérisme par L. M. Hébert de Garnay.

Paris, Rue de Baujolais, Palais Royal, 1852, in-12, 30 pages.

[Th98. 15

Ce petit livre a eu plusieurs éditions françaises et étrangères.
C'est un succès qu'il mérite en raison de la clarté et de la simplicité avec lesquelles il est écrit.

(D. p. 148

5018 HECQUET (Philippe), médecin français, né à Abbeville en 1661, mort à Paris en 1737. Médecin des Carmélites de la rue St Jacques. — La cause des convulsions finie. Causa finita est.

S. l. [Paris, 1734], in-12. (6 fr.).

Sc. psych. — T. II. — 16.

Dans cet ouvrage, hardi pour l'époque, Hecquet se montre l'adversaire impitoyable des folies superstitieuses de son temps.

5019 HECQUET (Philippe). — De l'indécence aux Hommes d'accoucher les Femmes et de l'obligation aux femmes de nourrir leurs enfants. Pour montrer par des raisons de physique, de morale et de médecine que les mères n'exposeraient ni leurs vies, ni celles de leurs enfans, en se passant ordinairement d'accoucheurs et de nourrices.

Trévoux et Paris, 1708, in-18. (10 fr.).

[Te¹²³. 44

Édit. originale de cet ouvrage singulier souvent réimprimé.

5020 HECQUET (Ph.). — La Médecine, la Chirurgie et la Pharmacie des pauvres. Nouvelle édit. revue, corrigée et augm. de notes par Boudon.

Paris, David, 1740, in-12. (10 fr.)
Avec une vie de l'auteur et un catalogue raisonné de ses ouvrages. — Contient de curieuses recettes médicales et pharmaceutiques.

Autre éd. :

Paris, Vve Alix, 1742, 3 vol. in-12.

[Te¹⁷. 94

Paris, Clousier, 1742, 3 vol. in-12.

[Te¹⁷ 94 A.

5021 HECQUET (Ph.). — Le naturalisme des Convulsions dans les maladies de l'Épidémie convulsionnaire, démontré par la physique, par l'histoire naturelle et par les événements de cette œuvre et démontrant l'impossibilité du divin qu'on lui attribue.

A Soleure, chez Gymnicus, 1732, in-12. (6 fr.).

[Ld⁵. 1873

5022 [HECQUET (P.)]. — La Suceuse Convulsionnaire, ou la Psylle Miraculeuse [par P. Hecquet].

S. l. 1736, in-12.

[Ld⁵. 21..

Attribué à P. Hecquet par B...., d'après le Catalogue manuscrit de l'abbé Goujet. Curieuse histoire d'une Convulsionnaire de St Médard, qui guérissait les plaies par ce moyen répugnant, sans en être le moins du monde incommodée.

(Y.P.736

5023 HEDDÉ (Ph). — Compte rendu d'un mémoire sur le Magnétisme végétal, somnambulique et angélique, avec quelques Aphorismes magnétiques et somnambuliques, lu à la Soc. Acad. du Puy.

Paris, 1840, in-12 (0 fr. 75).

5024 HEDDÉ. — Essai sur le magnétisme vital et somnambulique par Heddé.

Paris, Baillière, 1847, in-18 (1 fr.)
(D. p. 35

5025 HEDELIN (François) abbé d'Aubignac, né à Paris en 1604, mort à Nemours en 1676. Précepteur du neveu de Richelieu et polygraphe. — Des Satyres, Brutes, Monstres, et Démons, par F. Hedelin.

Paris, Beou, 1627, in-8° (30 fr.).
[Rés. R. 2...

Ouvrage de la plus insigne rareté.

Id.

Paris, Liseux, in-12 (7 fr.).
[Rés. p. R. ...

Réimpression (tirée à 500 exemplaires sur papier vergé avec avant propos de Alcide Bonneau) de l'Édition fort rare de 1627.

(S-...
(G-380-387 et ...

5026 HEIDANUS (Abraham). — Abrah. Heidani, de origine erroris libri octo; additi sunt ejusdem Tractatus duo :

p... diatriba de Socianismo, alter à universà hodiernorum Pelagianorum doctrinâ judicium.

Amstelodami, 1678, in-4°.

(S-1328

5027 [HEIDECKE (B.)]. — Jacob Böhmens Schattenriss ; [von B. Heidecke], avec cette épigraphe :

Et mala quem scabies aut morbus regius urget.

Aut fanaticus error et iracunda Diana :

Vesanum teligisse timent fugiuntque poetam.

Qui sapiunt ; agitant pueri, incautique sequuntur.

Hic dum sublimis versus ructatur et errat...

Horat. d. A. P. v. 453.

Riga, s. adr., 1788, pet. in-12 de 68 pp.

L'ouvrage est signé, p. 68.

(O-55

5028 HEILIGTHUEMER aus dem Archiv der Tempelherren, oder die wahre Entstehung der Freymaurerei ; für Maurer und Nichtmaurer ...... Neue Ausgabe.

Berlin et Leipzig, s. adr. 1818, in-8° de 358 pp. avec 2 pl.

(O-480

HEILLY ou HEYLLI (Georges d')
voir :
POINSOT (Edmond Antoine).

5029 HEINDEL (Max). — Rosicrucian Cosmo-Conception, or Christian Occult Science. An Elementary Treatise upon Man's past Evolution, present Constitution, and future Development, by Max HEINDEL. Second Edition. Price One Dollar.

Seattle (Washington) Rosicrucian Fellowship ; Chicago (Illinois) M. A. *Donabue and C° S. D.* [1910], in-12 de 544 pp. 25 diagrammes et illustrations, dont qq. unes en coul.

Intéressant ouvrage sur la Doctrine des Rose ✝ Croix actuels.

Les Mondes Visible et invisible. — Les Quatre règnes de la Nature. — L'Homme et sa méthode d'Evolution. — La Réincarnation et la Loi de " *Conséquence* ". — Relation de l'Homme à Dieu. — La Voie d'Evolution. — La Période Terrestre. — Genèse du Système Solaire. — Evolution de la Terre. — Analyse Occulte de la Génèse. — Le Christ et sa Mission. — Développement futur et Initiation. — La Méthode pour acquérir la Connaissance directe. — Constitution du Globe et Eruptions Volcaniques.— Christian ROSENKREUZ et l'Ordre des Rosicruciens. — Etc.

5030 HEINIUS (J. Ph.). — Dissertationum sacrarum libri duo.

Amstelodami, 1736, in-4°.

Cet ouvrage contient une planche gravée représentant un Autel mosaïque.

(G-803

5031 HELCHER (Hans Heinrich). — Aurum potabile, oder Gold-Tinctur, dessen Praeparation dasz sie sicher, samt des Goldes Vortrefflichkeit und Analogie mit unsern Cörper, Würckung und Gebrauch curative so wohl als praeservative, nebst andern Medicamenten vor allerley Kranckheiten deutlich beschrieben, und auff viele Einwürffe ausführlich geantwortet wird von Hans Heinrich HELCHER.

Breslau und Leipzig, Joh. Herbord Kloss. 1718, in-8° de XXX-309 X pp. tiré format in-4°

[Te[131]. 147
(O-1635

5032 HELDMAN (Friedrich). — Akazienblüthen aus der Schweiz ; von Br. Fried. Heldman. I-ter Jahrgang.

Bern, L. A. Haller, 1819, in-24 de IV-207 pp. avec 5 pl. de musique.

(O-456

5033 HELDMANN (Friedrich). — Die Drey aeltesten Geschichtlichen Denkmale der teutschen Freimaurerbrüderschaft, sammt allegemeinen Geschichte der Freymaurerey, von Br. Friedr. HELDMANN.

Arau, H. S. Sauerländer. 5819, gd. in-8° de IV-588-VI pp. avec un titre gravé.

(O-225

5034 HELION. — Sociologie absolue. — Les principes, les lois, les faits, la politique et l'autorité.

Paris, Channel, 1804. in-8°. (2 fr.).

|8° R. 12499

Application des théories du Ternaire et du Quarternaire à la science sociale, générale, et en particulier à l'avenir prochain de la politique européenne. — Œuvre remarquable par la vigueur du raisonnement, l'élévation de la pensée et la concision du style.

5035 HELIOPHILUS A PERCIS. — Nova disquisitio de Helia artista Theophrasteo super metallorum transformatione, etc. auctore HELIOPHILO à PERCIS philo-chemico ; dans *Theatrum chemicum.* (1613). IV. 241-70.

(O-043

5036 HELIU (F.). — La loi unique et suprème.

Paris, galeries de l'Odéon, 1878. gr. in-8° (4 fr.).

(G-588

5037 HELLWIG (Christoph von). — Fasciculus unterschiedlicher alten raren und wahren philosophischen Schrifften vom Stein der Weisen, aus einem alten Lateinischen Manuscripto ins Teutsche übersetzet, nebst einer curiosen Epistel, von denen Duum Viris Hermeticis Foederatis, und einer Vorrede von einem wunderbaren vermischten uncorrosivischen Menstruo ex Macro- et Microcosmo die Metallen zu solviren, von Christoph von Hellwig.

Leipzig, und Bremen. Joh. Andr. Grimm, 1719. in-8° de XVI-... XVIII pp.

Contient des traités ou fragments de traités, au nombre de 12, de François Heckmann, maître Alaman, André Osyander, Gilbert patriarche de Constantinople, François Arnolphe de Lacques, Arnold de Villa Nova, Bernard Trévisan et d'auteurs anonymes, plus la Lettre indiquée.

(O-1346

5038 HELLWIG (Christ.). — L. Christoph Hellwigs, philosophische Briefe, in welchen enthalten I. was eigentlich der Lapis Philosophorum sey ? II. worinnen seine Materia bestehe, und wie sie müsse bereitet werden ? III. was man von denen Laboranten, Goldsuchern und insgemein von Alchimisten an Herren-Hoffen halten soll ? IV. von denen Schrifften Duum Virorum Hermeticorum Foederatorum. V. von Mercurial-Golde, und dessen Würckungen. VI. von etlichen sonderbaren Experimenten, als 1 von Mercurio vivo, 2 von einem Gold-haltigen gelben Metall...

Leipzig, Groschuff, 1712. in-8° de 110 pp.

(O-348

5039 HELLWIG (Johannes Otto). — Joh. Ottonis Hellwigii, das von den unverständigen überverstandene und dannenhero vergeblich-verwortene Hellwigische Subjectum des Steins der Weisen; welches hiemit philosphice gerettet und erkläret wird; nebst zweyen curiösen und nützlichen Schreiben vom Stein der Weisen.

Leipzig, Groschuff, 1710. in-8° de II-64 pp.

Finit à la p. 49; le reste du vol. contient : *Freundliches Sendschreiben...* et HELLWIG (L. Chrit.) *Sendschreiben vom Auro* qui commence p. 65.

(O-1345-1346-1347

5040 HELLWIG (Johannes). — Johannis Ottonis Lib. Bar. de Hellwig, Judicium de Duum-Viris hermetis fraternitatis, et horum Epistola Buccinato-
ria Secunda; einem Guten und vornehmen Freunde zugeschickt, und
nun ins Teutsche übersetzt, in Druck
gegeben von L. C. v. H. (L. Christoph von Hellwig); à la fin de *Fasciculus unterschiedlicher allen........
Schrifften*. (1719). 293-302.

Daté de *Cosmopoli*, Octobr. 1681

(O-1552

5041 HELMHOLTZ (Hermann - Louis
Ferdinand) Médecin de Berlin, né à
Potsdam en 1821. Professeur de médecine à Berlin et Heidelberg. — Théorie physiologique de la musique,
fondée sur l'étude des sensations auditives. — Traduit de l'allemand par
Guéroult avec le concours pour la partie musicale de Wolff.

Paris, Masson, 1868, fort in-8°,
figures dans le texte (15 fr.).

[V. 41506

Autre édition :

Paris, Masson, 1874, in-8° de 636
pp.

5042 HÉLOÏSE et ABAILARD. — Histoire des amours d'Abailard avec Héloïse.

*A Amsterdam, chez Pierre Chayer,
sur l'Dam*, 1700, in-12 de 340 pp.
(3 fr.).

Avec les infortunes, les lettres et réponses qu'ils se sont écrites pendant leur
retraite.

5043 HÉLOT (Dr Charles). — Le Diable dans l'Hypnotisme (Soustraction
hypnotique de la conscience. Hypnotisme médical. — Évocation du démon. Suggestion, etc....)

Paris, Bloud et Barral, 1899, in-
8° (1 fr.).

[8° R. 14046

Autre édition :

Paris, 1904, in-12.

5044 HÉLOT (Dr Charles). — Névroses
et possessions diaboliques.

Paris, 1897, in-8° de 3 ff. et 550
p. (7 fr.).

[Td⁸⁹. 1156

Ouvrage bien pensant du genre de Mirville, des Mousseaux, etc.
Le Dr Hélot qui s'est spécialisé dans
le traitement des maladies nerveuses d'allure démoniaque, était admirablement
bien placé pour aborder scientifiquement
le redoutable problème de l'occulte. Son
livre très courageux, admet l'intervention du plan invisible dans un grand
nombre de troubles psychiques, et il examine une foule de cas extraordinaires res-
sortissant à sa clinique privée où il a
surpris le maléfice en flagrant délit. La
partie de son livre où il traite des remèdes naturels, des remèdes spirituels, des
remèdes superstitieux, des exorcismes, est
fort curieuse. — Le Dr Hélot est partisan
décidé de l'antique cérémonial ; il en donne les définitions et les règles, en décrit
les effets et établit un départ entre l'exorcisme et l'hypnose.

5045 HELVETIUS (Jean Claude
Adrien) Médecin né à Paris en 1685,
mort en 1755. Médecin de Louis XV
et académicien. — Œuvres complètes
nouvelle édition corrigée et augmentée sur les manuscrits de l'auteur,
avec sa vie et son portrait.

Paris, Servière, 1795, 5 vol. in-8°,
(8 fr.)

5046 HELVETIUS philosophe célèbre,
fils du précédent, né à Paris en 1715,
mort en 1771. Fermier général et
ami de Voltaire, Diderot, Buffon, etc.
— De l'Esprit.

Paris, Durand, 1758, pet. in-4°,
(40 fr.).

[R. 2847

Edition originale. — Cet ouvrage fut
d'abord autorisé à la suite d'un rapport
favorable du censeur Tercier ; mais condamné par mandement de l'archevêque
de Paris, le 30 novembre 1758, puis par

la Congrégation de l'Index, le 31 janvier 1759, la permission accordée fut retirée. — Pour éviter des ennuis au censeur, l'auteur signa une rétractation dans laquelle il demanda le retrait des exemplaires, ce qui n'empêcha pas le Parlement de condamner l'ouvrage à être lacéré et brûlé ; cet arrêt fut exécuté le 10 février 1759. — Les qq. exempl. qui purent être retirés avant l'exécution de l'arrêt furent cartonnés en bon nombre d'endroits. Il en existe d'absolument complets du texte original, avec le privilège du roi. Très rares cependant en cet état.

Autres éditions :

Liège, 1774, 2 vol. in-8°.

Paris, Durand, 1709, in-8°.

Londres, 1774, in-8° de 84 pp.

Amsterdam, 1776, 2 vol. in-12.

Paris, Durand, 1768, in-8°.

Paris, Christian, 1843, in-12 de XVII-432 pp.

5047 HELVETIUS. — De l'homme, de ses facultés intellectuelles et de son éducation.

Londres, Société typographique, 1773, 2 vol. in-8° (3 fr. 75).

[R. 12281-12282

5048 HELVÉTIUS. — Le vrai sens du système de la nature.

A Londres, 1774, in-8° de 84 pp. (3 fr.).

[Rz. 3692

5049 HELVETIUS (Jean-Frédéric) médecin et alchimiste allemand, dont le vrai nom est SCHWEITZER né en 1625, mort à Gravenhaag (Hollande) en 1709. Médecin du prince d'Orange. Il est le grand-père de Jean Claude Adrien le médecin de Louis XV, et par conséquent l'arrière grand-père du philosophe et fermier général. C'est lui l'ancêtre de toute la lignée des HELVETIUS. — Microscopium physiognomiæ medicum, id est tractatus de physiognomonia, cujus non solum animi motus simul ac corporis defectus interni sed et congrua ii remedia noscuntur...

Amstelodami, apud Janssonio-Waesbergios, 1676, in-12 (10 fr.).

[T.P.

Portrait de Guillaume d'Orange.

(638)

5050 HELVETIUS (Jean Frédéric) — Johannis Friderici Helvetii Vitulus aureus quem Mundus adorat et orat, oder ein sehr curieuses Tractätlein in welchem das rare und wunderswme Werck der Natur in Verwandelung derer Metallen Historice ausgeführet wird.....; aus dem Lateinischen ins Hochteutsche übersetzet.

Francfurt, Phil. Wilh. Stock, 1726, in-8° de VI-08 pp. avec une pl.

La 1re édition latine est d'Amsterdam en 1667.

[R. 3833

La 1re édit. allemande est de Nuremberg, 1668.

[S-3384
[O-1221

5051 HÉLYOT (Pierre) dit le père Hippolyte, religieux du tiers ordre de St-François, né à Paris en 1660, mort en 1716. — Histoire abrégée et costumes coloriés des ordres monastiques religieux et militaires de l'un et de l'autre sexe, établis depuis l'origine du christianisme, par le R. P. HÉLYOT.

Paris, Parent Desbarres, 1838, 8 vol. gr. in-8° (?), (60 fr.).

[H. 5484-5491

Ouvrage curieux, orné de 100 pl. col. représentant plus de 300 costumes coloriés des différents habillements de ces ordres et de ces congrégations.

Les figures sont découpées et rapportées au milieu d'un encadrement.

L'édition originale est de Paris, 1714-1719, 8 vol. in-4° (175 fr.).

L'auteur mourut avant la fin de la pu

blication et les 3 derniers volumes sont de P. Maximilien Bullot.

L'édition de 1838 est donnée par Philipon de la Madeleine. Elle est beaucoup moins recherchée. Ce sont les mêmes planches qui ont servi pour les éditions de 1714, 1721, 1792 et 1838.

5052 HEMMING (Nicolas). — Admonitio de Superstitionibus magicis vitandis in gratiam sincerae religionis amantium, scripta a Nicolao Hemmingio.

[In fine] Hafniae [Copenhague] excudebant Johannes Stockelman et Andreas Gutterwitz, 1575, pet. in-8°. (8 fr.).

5053 HEMMINGA (S.). — Astrologiae ratione et experientia refutatae lib : continens breuem quand. Apodixin de incertitudine et vanitate astrologica, et particularium praedictionum exempla triginta ; nunc primum in lucem ed. contra Astrologos Cypr. Leovitium, Hier. Cardanum et Luc. Gauricum.

Antverpiae, Plantin, 1583, in-4°. (10 fr.).

Rare et curieux traité contre l'astrologie ancienne.

5054 HEMSTERHUIS (François), moraliste né à Groningue en 1720, mort à la Haye en 1790. — Œuvres philosophiques, de François Hemsterhuis.

Paris, Jansen, 1792, 2 vol. in-8°. (10 fr.)

|R. 11036-11037

Charmantes petites vignettes de Bulk

(G-1450

5055 HEMSTERHUYS (Fr.) le fils. — Lettre sur l'homme et ses rapports.
Paris, 1772, in-10 (10 fr.).

|R. 12258
(G-1449

5056 HEMSTERHUYS. — Sophyle ou de la philosophie.

Paris, 1778, in-12. (10 fr.).

|R. 13218
(G-1448

5057 HENIN de CUVILLIERS (Etienne Félix baron d') général français et littérateur né à Balloy (Seine et Marne) en 1755, mort en 1841. Fit la guerre de St-Domingue et devint maréchal de camp sous Louis XVIII. — Archives du magnétisme animal publiées par le baron d'Hénin de Cuvilliers, maréchal de camp, chevalier de l'ordre royal de la Légion d'honneur, membre de plusieurs sociétés savantes.

Paris, Barrois, mai 1820 à décembre 1822, 8 vol. in-8°, planches. (20 fr.).

|T^{42}, 3

Au lieu d'imiter les précédentes publications et d'en faire une œuvre d'actualité, l'auteur a préféré se borner presque exclusivement à des recherches sur le magnétisme dans l'antiquité et à l'exposition de nouvelles théories tout aussi difficiles à exposer qu'à soutenir ; le Baron d'Hénin a rencontré de vifs adversaires, jusque parmi ses collègues de la société du magnétisme de Paris dont il fut secrétaire, et on lui reprocha souvent la témérité et la confusion de ses écrits... Il oublia sans doute la pratique pure du magnétisme pour les explications philosophiques ; il y a néanmoins des renseignements dans la collection de son journal.

Extrait des tables au hasard Naissance de Michel Nostradamus. — Jésus Christ sujet aux faiblesses de l'humanité, hormis les défauts. — Opinion de Bossuet sur les deux natures : divine et humaine de Jésus-Christ. — Nécromanciens et sorciers, faussement accusés d'entretenir un commerce direct avec le Diable. — Sentence de mort de Marie Bucaille commuée en la peine du fouet et de la flétrissure. — etc. etc...

Cette publication contient en outre plusieurs planches très curieuses.

(D. p. 94
(G-1823

5058 HENIN DE CUVILLIERS (Etienne Félix baron d'). — Des comédiens et du clergé, suivi de réflexions sur le mandement de Mgr l'archevêque de Rouen.

Paris, 1825, in-12. (4 fr.).

Recherches curieuses sur : les fêtes des Fous, les frères de la Passion, la comédie chez les Jésuites, les danses du clergé, les processions scandaleuses, le refus de sépulture, etc...

5059 HENIN DE CUVILLIERS (d'). — Discours d'un orateur Franc-Maçon, sur la morale maçonnique Jésuitique. Turque ; le triple traité en faveur des Grecs ; la victoire navale de Navarin ; les hauts faits de la police de Paris ; la victoire de la rue Saint-Denis.

Paris, 1828, in-8° (3 fr. 50).

5060 HENIN DE CUVILLIERS. — Exposition critique du système et de la doctrine mystique des magnétistes, par le baron d'Hénin de Cuvilliers.

Paris, Barrois l'ainé, 1822, in-8°, 424 pages. (3 fr.).

[Th⁶³, 13

Extrait des *Archives du Magnétisme*.

Cet ouvrage concerne le système, les dogmes, la théorie et les doctrines mystiques des magnétiseurs ; c'est-à-dire de ceux qui croient à l'existence d'un fluide qui sortirait du corps humain. Superstition. — Magie. — Sortilèges. — Le magnétisme animal. — Art de jeter un sort homicide à l'aide de figures de cire (envoûtement). — Fascination. — Enchantements. — L'âme après la mort. — Vertus occultes. — Pythagore. — Incubes, etc...

5061 HENIN DE CUVILLIERS (baron de). — Journal de la Société du magnétisme animal à Paris par le baron d'Hénin de Cuvilliers.

Paris, 1818, in-8°, 60 pages.

[Th⁵⁶, 87

Il ne parut qu'un seul numéro de ce journal pendant le moment de la suspension de la *Bibliothèque du magnétisme*. La société ayant fait connaître à M. d'Hénin son intention de continuer la bibliothèque celui-ci qui était secrétaire de la Société arrêta la nouvelle publication.

(D. p. 01

5062 HENIN DE CUVILLIERS (Etienne Félix). — Le magnétisme animal fantaziéxoussique retrouvé dans l'antiquité, ou dissertation historique, étymologique et mythologique sur Esculape, Hippocrate et Gallien ; sur Apis, Sérapis et Osiris, et sur Isis ; suivie de recherches sur l'origine de l'alchimie. Seconde édition, revue, corrigée et augmentée.

Paris, Barrois, 1821, in-8°, (6 fr.).

(G-50

5063 HENIN DE CUVILLIERS (baron). — Le magnétisme animal retrouvé dans l'antiquité ou dissertation historique, étymologique et mythologique sur Esculape, Hippocrate et Gallien, sur Apis, Sérapis ou Osiris et sur Isis suivie de recherches sur l'alchimie, par M. le Baron d'Hénin de Cuvilliers.

Paris, Barrois, 1821, in-8°, 452 pages (4 fr.).

[Th.³² 10

Extrait des archives du magnétisme, 1ʳᵉ édition du N° précédent (?).

(D. p. 95

5064 HENIN DE CUVILLIERS (Baron d'). — Le magnétisme éclairé, ou Introduction aux Archives du magnétisme animal par le Baron d'Hénin de Cuvilliers, etc...

Paris Barrois, 1820, in-8°, 252 p. (2 fr.).

[Th⁵⁵, 114

Extrait des Archives du magnétisme.

Contient d'importants documents sur le magnétisme dans l'antiquité, chez les différents peuples, les philosophes et dans les temples.

(D. p. 94

5065 HENIN DE CUVILLIERS (Baron d'). — La morale chrétienne vengée, ou réflexions sur les crimes commis sous les prétextes spécieux de la gloire de Dieu et des intérêts de la

...ligion et observations historiques et philosophiques sur les faux miracles opérés par le magnétisme animal par le baron d'HÉNIN DE CUVILLIERS.

Paris, Borrois, 1821, in-8°, 510 pages. (4 fr.).

Trop prolixe ouvrage, dit M. DUREAU. Curieux et peu commun avec 2 gr. guérisons par attouchements. — Arrêts rendus contre les sorciers sous Louis XV. — Horreurs de l'Inquisition. — La médecine magnétique dans les temples de l'antiquité. — Les ex-voto. — Talismans et amulettes. — Exorcismes. — Prodiges de Pythagore, etc...)

(D. p. 95
(G-258

5006 [HÉNIN DE CUVILLIERS]. — Réponse aux articles du Journal des Débats, contre le magnétisme animal.

Paris, Dentu, 1816, in-8°, 24 pages (1 fr. 50).

Cette réponse est du baron d'HÉNIN DE CUVILLIERS. Plusieurs auteurs qui l'ont citée, l'indiquent comme publiée en 1817; l'exemplaire que nous avons vu porte la date de 1816. Elle a été reproduite ainsi que les articles qui en furent l'objet dans les *Archives du magnétisme*. T. VI.

(D. p. 87

5007 HENKEL. (Jean Frédéric) chimiste et minéralogiste né à Freyberg (Saxe) en 1679 mort en 1744. Conseiller des Mines. Ses ouvrages ont été traduits en français par le baron d'HOLBACH (Paris, 1757, 2 vol. in-4°). — Henkelius in Mineralogia redivivus, das ist: Henckelischer aufrichtig und gründlicher Anterricht von der Mineralogie oder Wiszenschafft von Waszern, Erdsäfften, Saltzen, Erden, Steinen und Ertzten, nebst angefügten Unterricht von der Chymia Metallurgica, wie selbigen der... Henckel, sowohl in der Mineralogie und Chymie gehaben scholaren discursive ertheilet, als auch der Nachwelt zum Dienst in Manuscripto hinterlaszen ; zum ansehnlichen Andenken ediret von einem dem Henckelischen Hause treu verbundensten in erübrigten Stunden (Johann Emanuel Stephani).

Dresden, Joh. Nic. Gerlach, 1747 in-8° de XIV-327 pp. avec 1 pl. symbolique.

(O-1373

5008 HENKEL. (J. F.). — Johann Friedrich HENKELS, kleine Mineralogische und Chymische Schrifften, auf Gutbefinden des Herrn Autoris, nebst einer Vorrede von den Bergwercks-Wiszenschafften zu Bermehrung der Cammeral-Nutzungen, und mit Anmerckungen herausgegeben von Carl Friedr. Zimmermann.

Dresden und Leipzig, Friedr. Hekel, 1744, in-8° de XLVIII-610-XLIV pp. avec 1 pl.

[R. 10138
(O-1372

5009 HENNEQUIN (Victor-Antoine), né à Paris en 1816, mort en 1854. Avocat, député, publiciste et singulier illuminé. — Sauvons le genre humain.

Paris, Dentu, 1853, in-12 (0 fr.).

[R. 38367

Ouvrage très rare de ce « fou exceptionnel » auquel ERDAN, dans sa *France Mystique* et G. BRUNET, dans ses *Fous Littéraires*, consacrent de longues notices. — Une excentricité entre mille : « L'em- « pereur Napoléon dernier sous-dieu pro- « tinu, a passé directement après sa mort « de la 1-re couche dans la 7-me mais, « il doit à partir de 1821 y passer 86 ans « comme femme avant d'exercer sa di- « gnité. » HENNEQUIN, était en outre adepte de FOURIER, et il déclare gravement que lorsque l'harmonie phalanstérienne sera établie sur notre globe, la vie humaine durera 144 ans tout au moins.

(G-592

5010 HENRY III de Valois, roi de France. — Histoire Véritable de la plus sainte partie de la Vie de Henry de Valois.

Paris, C. Michel, 1589, in-8°.

[Lb³⁴. 805

Les Prophéties merveilleuses.

Paris, A. du Breuil, 1580, in-8°

[Lb³⁴. 808

Rarissimes pièces sur la prétendue Sorcellerie d'Henry de Valois [Henri III roi de France].

(S-5712

Voir aussi les articles :

BOUCHER (Jean).
CHARMES...

5071 HENRY III de Valois, roi de France. — Les Sorcelleries de Henry de Valois, et les oblations qu'il faisoit au diable dans le bois de Vincennes. [réimprimé par Danjou et Cimber : dans *Archives curieuses de l'hist. de Fr.*, 1re série, XII, 485-91, sans la figure]

S. l. (Paris), *Didier Millot*, 1580 pet. in-8° de 15 p. (40 fr.).

[Lb³⁴. 811

Pièce introuvable et des plus curieuses.

Yve Plessis donne de nombreux renvois.

(Y-P-800
(O-1735
(G-983

5072 HENRY DE VALOIS. — Le même ; dans l'Estoile : *Journal de Henri III* (1744), III, 300 et suiv. avec la planche.

Les Ligueurs prétendirent trouver une preuve des sorcelleries auxquelles se livrait Henri III, dans la représentation saisie au bois de Vincennes d'une croix entre deux satyres, tenant chacun un vase de cristal. On a répondu que ces deux satyres figuraient des chandeliers ou des cassolettes. Nous avons sous les yeux la gravure du temps, et il nous paraît impossible de ne pas voir au moins un étrange oubli des convenances dans le choix bizarre, la nudité complète et la posture indécente de deux satyres auprès d'un signe que la coutume universelle est de placer entre deux anges adorateurs. Quant à la peau corroyée de l'enfant, si le lecteur admet cette seconde accusation, elle fortifiera la première. En tout cas il est inutile de faire observer que pour nous cela démontrerait simplement la faiblesse d'esprit de Henry III, c'est-à-dire un commerce imaginaire et non un commerce réel avec le diable. (Dxxxx)

(O-1736

5073 HENRI DE SAXE, disciple d'Albert le Grand. — Henrici de Saxonia, Alberti Magni Discipuli, Liber de Secretis Mulierum.

Augustæ Vindelicorum, 1498, in-4°.

Pour d'autres éditions de cet ouvrage, voir aussi à Albert le Grand.

(B

5074 HENRI de SAXE. — Tractatus Henrici de Saxonia, Alberti magni discipuli, de secretis mulierum, in Germania nunquam editus. Accessit insuper ejusdem de virtutibus herbarum lapidum quorumdam animalium, œconomique libellus.

Francfort, 1615, fort in-12, (4 fr.).

[R. 383.

Une des plus anciennes éditions du Grand Albert, de beaucoup préférable à toutes les éditions françaises venues après, car on y trouve quantité de secrets dont on n'aurait pas permis la publication en langue vulgaire. Le Traité des secrets relatifs aux femmes, entièrement basé sur l'influence des planètes, avec les savants commentaires de son élève Henri de Saxe n'existe d'ailleurs pas en français, et comprend, à lui seul 300 pages, où sont exposées les plus hautes sciences secrètes notamment au sujet des envoûtements et maléfices d'amour opérés par les femmes.

5075 HENRION (Charles), mort à Charenton en 1808. — Mémoires philosophiques du citoyen Henrion, Ancien membre du Point Central des Sciences, Arts et Métiers, où l'on trouve l'Origine des Sylphes, des Gnomes, des Salamandres, des Nymphes, la création des mousses ; le Développement des Germes végétaux ; le pas-

liberté et l'existence des Charmes ; la Nature dévoilée : — Principes généraux de Physique et de Métaphysique ; — Dieu ; — le Monde ;— des Erreurs ; — de la Vérité ; — quelques Histoires ; — des Vers ; — des Bêtises ; — du Sublime ; — des Folies ; — du Sens commun ; de la philosophie et beaucoup d'Amour.

Paris, chez Favre, s. d., in-32 (2 fr. 50).

Autres éditions :

Paris, l'Auteur ; Chemin ; Dentu, s. d. [vers 1700-05], in-8º de iv-106 p. (4 fr.).

[R. 38382

Singulier ouvrage ! De quoi n'est-il pas question, au petit bonheur, dans ses pages ?

5076 HENRION (Matthieu Richard Auguste, baron) magistrat et historien, né à Metz en 1805, mort en 1862. — Rédemption du genre humain, annoncée par les traditions et les croyances religieuses, figurée par les sacrifices de tous les peuples, etc... Traduit de l'allemand de B. J. Schmitt.

Paris, 1827, in-8º (6 fr.).

Ouvrage recherché pour sa grande érudition. — L'auteur y étudie le secret des hiéroglyphes, les livres d'Hermès, les rapports d'Osiris avec J. C.; les anciens Mystères, la mythologie des anciens peuples, etc... Les livres sibyllins. — En dehors de sa grande valeur intrinsèque, l'ouvrage est rare.

5077 HENRY (Ch.). — Introduction à la chimie, manuscrit inédit de Diderot, publié avec notice sur les cours de Rouelle et tarif des produits chimiques en 1758.

Paris, 1887, in-12. (1 fr. 75).

Tiré à petit nombre ; Curieuse théorie sur les anciens alchimistes ; Roger Bacon, Paracelse, Van Helmont, Zozyme, Basile Valentin, Albert le Grand, etc.....

5078 HENRY (J.).— L'Egypte Pharaonique, ou histoire des institutions des Egyptiens.

Paris, 1846, 2 vol. in-8º de 500 pp. gravures et tabl. et de 4 pl. h. t. représentant tous les dieux de l'Egypte. (10 fr.).

[Oªa. 42

Voici encore un ouvrage inconnu et qui mérite de prendre place parmi les plus sérieux, s'il n'est pas le meilleur sur le sujet. L'auteur s'est inspiré, pour l'élaboration de son œuvre, des travaux de Court de Gébelin, de Fabre d'Olivet, qu'il cite très souvent ; c'est dire toute l'importance de ce travail pour l'occultisme. — Cosmogonie des Egyptiens empruntée par Moïse. Théogonie. — Sabéisme. — Animaux sacrés.— Talismans. — Personnification des attributs divins. — Le Mythe d'Osiris. — Les 3 ordres de divinités égyptiennes. — Symboles Kabires. — Décans. — Sacrifices. — Fêtes d'Artés, d'Isis, des lampes, de Neith. — Procession des phallus. — Grande procession Isiaque. — Solennité des initiations. — Prêtresses. Science sacerdotale. — Magie. — Divination. — Symbolisme égyptien. — Cosmogonies comparées.— Époques d'Orphée de Thalès et de Pythagore. — Doctrine des nombres harmoniques. — Rapport des nombres avec l'univers et la musique, les saisons et les jours. — L'écriture antédiluvienne. — Origine commune des signes hiéroglyphiques des anciens. — Les trois méthodes d'écriture des Egyptiens. — Médecine. — Temples, etc...

5079 HENRY (Victor).— Les Religions des peuples civilisés. La Magie dans l'Inde antique par Victor HENRY.

Paris, Dujarric, 1904, in-18 de XXXIX-286 p.

[Oª k. 1103

Opérations, ingrédients et accessoires. — Divination. — Epousailles.— Charmes de longue vie. — Sacrements. — Cérémonies diverses. — Amulettes. — Exorcismes. — Charmes. — Rites expiatoires. — Imprécations. — Magie et Mythe. — etc...

Ouvrage très documenté.

Autre édition :

Paris, Nourry, 1909, in-12, XXXIX-286 p.

5080 HENRY (Victor). — Les Religions des peuples civilisés. Le Parsisme par Victor Henry.

Paris, Dujarric, 1905, in-18. XVII-303 p.

[O² h. 541]

Zoroastre et l'Avesta. — Théologie. — Démonologie. — Le plan de la création. — Magie. — Médecine. — Culte. — Culte des morts. — Les fins dernières. — Le Mithriacisme. — La Résurrection, etc...

5081 HEPP (Alexandre). — Paris patraque.

Paris, E. Dentu, 1884, in-12, 314 p.

[Li³. 055]

Assez insignifiant.

Tous hystériques. — Les ch... à enfants. — Dieu sur le trottoir. — Tout à la morphine. — La parisienne en corset. — Les nerfs de la sociale, etc...

5082 HERBELOT (Barthélemy d'). Orientaliste né à Paris en 1625, mort en 1695. Professeur de Syriaque au Collège de France. — Bibliothèque Orientale, ou Dictionnaire Universel, contenant généralement tout ce qui regarde la Connaissance des Peuples de l'Orient, par d'Herbelot [et A. Galland, auteur de la Préface].

Paris, 1697, in-f°.

[O² 254]

Supplément, par Visdelou et Galland.

Paris, 1780.

2 vol. in-f° (22 fr.).

Le plus remarquable des Ouvrages anciens sur l'Orientalisme. Se consulte toujours avec fruit, encore maintenant.

(St-Y-4074)

5083 HERBERT (Alfred). — Le libre examen de la vie de Jésus.

Paris, in-12. (4 fr.).

Volume bizarre, où l'auteur prétend que Jésus était le fils de Marcellus, fils d'Octavie, sœur d'Auguste, et de Julie, fille de César-Auguste. Virgile aurait été le précepteur de l'enfant et l'aurait initié aux secrets des anciens mystères. C'est pour lui qu'il aurait écrit la fameuse églogue, où il annonce ses grandes destinées. — Pour échapper au poignard de Brutus, il aurait été confié à Joseph et à Marie, et inscrit comme leur fils. On se demande où Herbert a puisé ces données étranges : elles sont originales dans tous les cas, et lèvent une piste nouvelle fort singulière.

5084 HERDER (J. G.). — Philosophie de l'histoire de l'humanité, trad. de l'all. par E. Tandel.

Paris, 1874. 3 vol. in-8. (18 fr.).

Instincts des animaux. — Les asiatiques. — Partie de la terre habitée par les beaux peuples. — Traditions et coutumes. Quel est le lieu de la terre où l'homme a été formé et quel est son berceau ? Traditions asiatiques sur la création de la terre et l'origine de l'espèce humaine. — De la plus ancienne tradition écrite. — Le Thibet. — L'Indostan. — Babylone. — Les Hébreux. — Les Egyptiens, etc...

5085 HERING (Dr C.). — Médecine homœopathique domestique : trad. augm. d'indications nombreuses et précédée de conseils d'hygiène et de thérapeutique générale, par le Dr L. Simon.

Paris, 1860, fort pet. in-8 (3 fr. 50).

[Te^lli. 14]

5086 HERMANT. — Histoire des hérésies, des autres erreurs qui ont troublé l'Eglise et de ceux qui en ont été les auteurs, depuis la naissance de Jésus-Christ jusqu'à présent. Avec un traité qui résout plusieurs questions générales touchant l'hérésie. Tiré du latin d'Alph. de Castro. 3me édit. augm.

Rouen, Besongne, 1728. 4 vol. in-12. Frontispice gravé par Scotin. (7 fr.).

(Géné)

5087 HERMANT. — Histoire des dé...

des Militaires et de Chevalerie, par Hermant.

Rouen, 1700, in-12.

(S-4087)

5088 HERMANT. — Histoire des Ordres religieux et des congrégations regulières et seculières de l'Église ; avec l'éloge et la vie en abrégé de leurs saints patriarches, et de ceux qui y ont mis la réforme ; la catalogue de toutes les maisons et couvents de France, le nom des fondateurs et fondatrices et les années de leur fondation.

Rouen, 1727. 4 vol. in-12. (7 fr.)

Ouvrage extrêmement curieux.

HERMAPHRODITES (L'Isle des).
Voir :
THOMAS D'EMBRY (Artus).

HERMÈS DÉVOILÉ. —
Voir :
CYLLANI.

5089 HERMÈS (L'). Journal du magnétisme animal par une société de médecins.

Paris, imp. Gueffier, Mars 1826, in-8° 3 pages prospectus.

Le Journal parut immédiatement après le prospectus.

Paris, imp. Mme Lévi, 1826, in-8° 4 vol. (30 fr.).

[T?. 4]

Il est riche de matériaux intéressants et sa rédaction est honnête et convaincue. Voici quelques uns des principaux articles de cette précieuse collection devenue fort rare.

Tome I : — Les débats importants qui eurent lieu à l'Académie de médecine à la suite d'une lettre du docteur Foissac, le premier rapport de M. Husson ; la nomination de la commission, etc ; divers faits de magnétisation à distance, une note de M. de la Tour sur l'insensibilité produite par le magnétisme ; un fait relaté par le docteur Defert, divers articles de Deleuze sur les moyens de constater la réalité du magnétisme ; une observation importante de somnambulisme due au docteur Picher-Grandchamp ; — II : Une biographie très complète et fort intéressante du docteur Bonnefoy, par Picher-Grandchamp, des faits de précision et de somnambulisme, des relations de cures, par les docteurs Joly, Dubouchet, Defert, etc., plusieurs articles importants de Deleuze, Comte L. d'Aunay, Chardel, etc. Ces deux premiers volumes sont suivis d'une table analytique fort bien faite due à M. Mialle. — III. Chev. Brice, De la puissance magnétique de l'œil ; diverses observations de MM. les docteurs Georget, Foissac, Ch. B. Dubouchet, Lambert, la duchesse de Bourbon etc. des articles de MM. Chardel, Deleuze, etc... le compte rendu de procès de somnambules etc.; des expériences curieuses de MM. Bl... et Lermier à l'aide du magnétoscope etc... — IV : Une polémique intéressante entre le docteur Vernois (aujourd'hui membre de l'Académie de médecine alors élève en médecine et feu Chardel ; plusieurs pièces de correspondance entre les docteurs Judel, Picher-Grandchamp, Comte Davaux, Laborie, élèves de Mesmer, le comte de Puysegur, etc., des articles de Deleuze, des cures nombreuses, des résultats des traitements magnétiques dus aux membres de l'ordre de Malte, lors de l'existence de la société de l'Harmonie à Malte, société fondée par le grand maitre le Bailli des Barres, élève de Mesmer, etc. Les quatre volumes de l'Hermès renferment des documents précieux et relativement encore inédits à consulter pour l'histoire du magnétisme.

(D. p. 100)

5090 HERMÈS TRISMEGISTE. — Mercurii Trismegisti Opera, latine Marsilio Ficino interpretante.

Tarcisii [Trévise] per Gerardum de Lisa, 1471. in-4° (70 fr.).

[Rés. R. 701, 702, 703]

De toute rareté ; première édition de cet auteur exécutée en lettres rondes.

5091 HERMÈS TRISMEGISTRE. — Contenta in hoc volvmine : Pimander. Mercurii Trismegisti liber de sapientia et potestate dei, Asclepius. Eiusdem Mercurij liber de voluntate diuina. Item Crater Hermetis a Lazarela Septempedano.

[In fine] : Parisiis in officina Henrici Stephani recognitoribus mèdasq. ex officina eluétibus Ioâne Solido Cracouiensi et Volgacio Pratensi, 1505.

? *Paris, Henri Estienne*, 1505, in-8° (18 fr.).

[Rés. R. 705 et 706

5002 HERMÈS TRISMEGISTE. — Il Pimandro di Mercurii Trismegisto tradotto de Tommaso Benci, in Lingua Fiorentina.

In Firenze, 1548, pet. in-8° (50 fr.)

[R. 6029

"Très rare, superbe édition" (Sep.).

(S-3111

5003 HERMÈS TRISMEGISTE. — Le Mercure Trismégiste, ancien Théologien, de la puissance et sapience de Dieu, avec un dialogue de Loys Lazarel intitulé le Bassin d'Hermès, trad. par Gab. du Préau.

Paris, 1549, in-8°

" Rare " dit Sepher.

(S-3110 b

5004 HERMÈS TRISMEGISTE. — Mercurii Trismegisti Pœmander, seu de potestate ac sapientia divina Æsculapii, definitiones ad ammonem regem, graecè et latinè.

Parisiis, Guillaume Morel, 1554, in-4° (10 fr.).

[R. 1562
(S-515

5005 HERMÈS TRISMEGISTE. — Deux Livres de Mercure Trismegiste Hermès, très ancien théologien et excellent philosophe, l'un de la puissance et sapience de Dieu, avecqu'un Dialogue de Loys Lazarel, poête chrestien intitulé le Bassin d'Hermès, le tout trad. de grec en françoys par Gabriel du Preau, natif de Marcoussis, près montl'hery.

Paris, E. Groulleau, 1557, pet. in-8° (40 fr.).

[R. 1710

5006 HERMÈS TRISMEGISTE. — Le Pimandre de Mercure Trismegiste nouvellement trad. de l'exemplaire grec restitué, en langue françoyse, par Françoys Monsieur de Foys de la famille de Candalle, à la Royne mere du Roy tres chrestien Henry troisième.

A Bourdeaux, par Simon Millanges, 1574, pet. in-8° (20 fr.).

Edit. latine.

Ibid. id. 1574, pet. in-8°

[R. 1503 et 1504

5007 HERMÈS TRISMEGISTE. — Le Pimandre de Mercure Trismegiste de la philosophie chrestienne, cognoissance du verbe diuin et de l'excellence des œuvres de Dieu. Traduit de l'exemplaire Grec auec collation de tres amples commentaires par François Monsieur de Foix, de la famille de Candalle, captal de Buchs, etc., euesque d'Aire, etc.

A Paris, chez Abel l'Angelier, 1587, in-f° (40 fr.).

Bourdeaux, par S. Millanges, 1579.

[Res. R. ?

L'édition de 1579 est en tous points semblable à celle portant la date de 1587 dont le titre seul a été remplacé et porte en son centre au lieu des armes de M. de Foix une vignette exécutée pour Abel l'Angelier.

(G-1012 et 1013

5008 HERMÈS TRISMEGISTE. — Hermetis Trismegisti Erkäntnüsz der Natur und des darin sich offenbahren den grossen Gottes, begriffen in 17. unterschiedlichen Büchern, nach griechischen und lateinischen Exemplaren in die hochteutsche Sprache ubersetzet ; nebetst vorgesetzter saltsahmer Nachricht und Beweisz von der Person und Genealogie Hermetis, dessen Medicin, Natur und Gottes-Gründe... verfertiget von Alethophilo.

Hamburg, Samuel Heyl, 1706, in-8° de LXX-142 pp. avec 1 pl.

(O-043 et 044

5000 **HERMÈS TRISMÉGISTE.** — Hermes Trismegists Poemander.... übersetzt... von D. Tiedemann.

Berlin, 1781, in-8°.

(O-177

5100 **HERMÈS TRISMÉGISTE.** — Des Hermes Trismegists wahrer alter Naturweg, oder : Geheimniz wie die grosze Universaltinctur ohne Gläser, auf Menschen und Metalle zu bereiten : herausgegeben von einem achten Freymäurer J. C. H.

Leipzig, Ad. Fridr. Böhme, 1782, in-8° de X-100 pp. avec 4 pl. symboliques.

(O-045 et 046

5101 **HERMÈS TRISMÉGISTE.** Traduction complète précédée d'une étude sur l'origine des livres hermétiques par L. MÉNARD. Ouvrage couronné par l'Institut.

Paris, Didier, 1867, in-12 (4 fr.).

[R. 38460

Idem.

Paris, Didier, 1887, in-12.

Œuvre de premier ordre. — C'est la seule traduction française des livres attribués à Hermès, qui, comme on le sait était le nom collectif d'une série de grands hiérophantes des universités ésotéristes de l'ancienne Égypte. — On y retrouve tous les éléments constitutifs de la Kabbale, de la Gnose et de toute la philosophie de l'antiquité. — Voici la liste des principaux livres traduits : Poïmandrès. — Discours universel d'Hermès à Asclépios. — Le Cratère ou la Monade. — La Clé (Hermès à son fils Tot). — De la renaissance et de la règle du silence. — Sermon secret sur la montagne. — Discours d'initiation. — Le livre sacré intitulé : La Vierge du monde. — Du soleil et des démons, etc...

Autre édit :

Paris, Didier, 1866, in-8° Édit. orig. en gr. format, la plus recherchée (10 fr.).

(G-634, 1452 et 1607

5102 **HERMES TRISMÉGISTE.** — La Table d'Esmeraude d'HERMES TRISMEGISTE, père des Philosophes, suivie du petit Commentaire de l'Hortulain philosophe dict des Jardins Maritimes, sur cette table, mis en françois par un gentilhomme du Dauphiné ; à la suite du *Miroir d'Alquimie* de Roger BACON (1557). 35-8-39-50 ; voy. BACON.

Édition de 1612 :

[R. 55241
(O-041 et 730

5103 **HERMÈS TRISMEGISTE.** — HERMETIS TRISMEGISTI Tractatus vere aureus, de Lapidis philosophi secreto in VII cap. divisus : nunc vero a quodam anonymo scholiis illustratus ; dans *Theatrum Chemicum,* IV (1613) 606-707.

Ou, à part :

Lipsiae, T. Schurer, 1610, in-8°

[R. 50301
(O-636

HERMES TRISMÉGISTE (sur), voir aussi :

KYBALION (The).

5104 **HERMETISCHE**(Der) Nord-Stern, oder getreuer Unterricht und Anweisung, wie zu der hermetischen Meisterschaft zu gelangen, nebst guthersiger Warnung und Ermahnung, wie sich vorhero jedermann wohl zu prüfen habe...... herausgegeben von J. J. F. sacr. caes. reg. M. C. C. Liebhaber des grossen Geheimnusz und wahren Weiszheit, nebst einem Anhang, handlend von der ewigen

Weiszheit oder Magia, und sechs Tractätlein Philippi Aureoli Theophrasti Bombast ab Hochenheim (Paracelse)......

Franckfurt und Leipzig, Kraus, 1771, in-8° de VIII-290 pp.

Le traité : Von der ewigen Weiszheit, oder Magia, remplit les pp. 101-34 ; les six traités de Paracelse remplissent le reste du volume.

(O-1498

5105 HERMETISCHE (Der) Philosophus oder Haupt-Schlüssel, derer zu der Chymie gehörigen Materien, Ursprung, und Herkommen aller Metallen und Mineralien...

Franckfurt und Leipzig, 1709, in-8° de XX-310 pp. avec 1 pl.

Recueil de huit traités alchimiques.

(O-616-700-705
904-1049-1243
1245-1270

5106 HERMETISCHER Rosenkrantz, das ist : vier schöne, auszerlesene chymische Tractätlein... ; allen Liebhabern dieser edlen Kunst zum besten aus dem Lateinischen ins Teutsche übersetzt...

Franckfurt am., Joh. Friedrich Fleischer, 1747, in-8° de 112 pp.

[R. 38400

Autre édit :

Hamburg, 1630, in-8°

[R. 38403
(O-1551

5107 HERMETISCHER Rosenkrantz, das ist : vier schöne, auszerlesene chymische Tractätlein, I. Artephi des uhralten Philosophi von der geheimen Kunst... II. : Johan. Garlandii seu Hortulani Compendium Alchimiæ, oder Erklärung der Smaragdischen Tafel Hermetis Trismegisti ; III. Arnoldi de Villanova Erklärung über den Commentarium Hortulani ; IV.

Bernh. Comitis Trevis absonderlicher Tractat vom Stein der Weisen.

Hamburg, Mich. Pfeiffer, 1755, in-8° de 110 pp.

C'est un petit recueil de quatre traités d'Artephius, d'Hortulan, d'Arn. de Villa Nova et de Bernard Trevisan.

(O-
754-905-1550

5108 HERMETISCHE Museum. Allen Liebhabern der wahren Weisheit gewidmet von dem Herausgeber.

Reval und Leipzig bey Albrecht und Compagnie, 1782-85, 3 vol in-12 de 102, 100, et 179 pp.

Cette collection contient neuf ouvrages.

(O-020-027-880-930
1140-1143-1344
1515-1522-1527

5109 HERMIER (L.) — Les faits extraordinaires de Gouy l'Hôpital. Apparitions et révélations en 1884. Seuls récits authentiques.

Paris, 1888, in-8° (?) 48 pp.

5110 HERMIER (L.). — Gouy l'Hôpital. La vérité sur les apparitions et les prophéties.

Paris, 1884, in-8° de 64 pp.

5111 HERMOGENES. — Des andächtigen Hermogenis Apocalypsis spagyrica et philosophica, oder wahrhafter und untrüglicher Weg zu höchsten Medicin, sowol auf menschliche als metallische Cörper zu gelangen ; wobey die gantze Operation in der Tabula Hermetis et Salomonis entworfen, wie auch die vielen schädlichen Ir- und Abwege der Sophisten, ungeschickter Laboranten und Gold-Köcher satsam gezeiget und entdecket worden.

Leipzig, Joh. Samuel Heinsius, 1730, in-8° de 224 pp. 1 gr. pl. pour la Tabula Salomonis et Hermetis.

(O-1307

5112 HERMOGENES. — Des aufrichtigen Hermogenis spagyrisches und philosophisches Brünnlein, oder : hauptwerck und essential-Punct der höchsten natürlichen Philosophiæ und Alchymiæ, so noch nie von einem Philosopho entdecket worden..., wie auch alle grosse Wirckungen und Tugenden welche in dieser centralischen Panacaea verborgen liegen, eröffnet, und durch die Application sowohl, als deren Gebrauch an den Tag gegeben wird, mit beygefügten Regno Sophorum político und Supplemento artificioso spagyrico.

Halle und Leipzig, Krug, 1741, in-8° de VIII-108 pp.

(O-1368)

5113 HERMOPHILE. — Le Pseautier d'Hermophile envoyé à Philalèthe ; dans *Bibliothèque des philosophes alchimiques* (1754), IV, 304-460.

(O-1175)

5114 HEROLD (A. Ferdinand). — Les Contes du Vampire. L'amour d'Urvaci. — L'Ascension des Pandavas. — Le fruit de l'immortalité. — La lépreuse et le mulet.

Paris, Mercure de France, 1891, in-18, (12 fr.).

Édition originale.

Id :

Ibid, Id, 1902, in-18 243 p.

[8° Y². 53344]

Contes Indous.

5115 HEROLD (A. Ferdinand). — L'Upanishad du Grand Aranyaka, traduit du Sanscrit par A. Ferdinand Hérold.

Paris, in-8° écu (5 fr.).

[O² k. 978]

5115 bis HEROLD (A. Ferdinand), Traducteur. — L'Anneau de Çakuntalâ, Comédie héroïque de Kalidasa.

Paris, Edition du Mercure de France, 1896, in-12, allongé de 158 p. et 4 ff. dont 2 blancs.

[8° Ya. 144]

Autres traductions de ce Drame célèbre, par MM. Chézy, Hippolyte Fauche, Abel Bergaigne et Paul Lehugeur.

5116 [HEROLD (C. F.)]. — Beleuchtungen der Truggestalten in Freymaurerischer Hülle (von C. F. Hérold) *Philadelphia, s. adr.* 1808, pet. in-8° de VIII-475 pp. avec un second titre et 1 fig. gr.

La fig. représente un religieux (jésuite) à genoux devant une tête de mort. La préface est signée C. F. Hérold. Klosz (N° 1976) ne donne pas le nom d'auteur, mais il renvoie à son N° 1957, où cet ouvrage est indiqué comme tome V de : *Der signalstern... aus dem Nachlasse des Hr. Brs. W.* (J. Christoph von Wöllner) ; ouvrage qui n'est, nous apprend-il qu'une compilation.

(O-318)

5117 HERON d'Athènes, ou Héron d'Alexandrie, né en cette ville, vers le IIᵉ Siècle avant J.C. — Spiritalium liber. A Frederico Commandino Vrbinate, ex græco nuper in latinum conversus.

Vrbini, 1575, in-4° (40 fr.).

[V. 6085 (1)]

Autre édit : (S. L.).

Ægidium Gorbinum, 1583, in-4°

[V. 7027 (4)]

Édition italienne :

Herone. Spiritali di Herone Alessandrino ridotti in lingua volgare da Alessandro Giorgi.

In Vrbino, apresso Bartholomeo, 1592, in-4°

[V. 6085 (3)]

Éditions latine et italienne originales du plus célèbre des ouvrages de Héron, celui où il décrit ses deux inventions, l'éolipyle, précurseur de la machine à vapeur, et l'ingénieux appareil pneumatique

Sc. psych. — T. II. — 17.

appelé " la fontaine de Héron ". Ce traité appartient moins à la science sérieuse qu'à la physique amusante : il renferme la description d'une série d'appareils destinés à manifester certains effets curieux de l'air et de l'eau.

Ornés d'un grand nombre de fig. sur bois.

D'autres ouvrages de Héron ont été commentés par le Colonel de ROCHAS. q. v.

5118 HERONO (le F∴ Nérard). — Les Quatre Grades véritables et uniformes de l'Ordre d'Adoption, ou Maçonnerie des Dames.

S. L. 1779, in-12. (4 fr.).

Réception d'Apprentive (sic) Maçonne. — Réception de Compagnonne Maçonne. — Réception de Maîtresse Maçonne. — Loge des Parfaites ou d'Elues.

5119 HERRIOT (Edouard) professeur de rhétorique au lycée de Lyon, né à Troyes en 1872. — Philon le Juif, essai sur l'école Juive d'Alexandrie.

Paris, Hachette, 1898, in-8° (7 fr. 50).

[S¹ R. 15093

Un des rares ouvrages que nous ayions sur Philon ; couronné par l'Institut.

VACHEROT, Jules SIMON, MATTER ont étudié l'Ecole d'Alexandrie en général, et l'on sait combien leurs ouvrages sont aujourd'hui recherchés. Edouard HERRIOT a concentré tous ses efforts sur l'Ecole juive d'Alexandrie, et son chef incomparable, Philon le juif. — Son livre " vrai chef d'œuvre " est l'histoire la plus complète qu'on ait d'un des plus admirables systèmes philosophiques de l'antiquité : la méthode de Philon, ses allégories, ses extases, son mysticisme, sa métaphysique sa doctrine du Logos, etc... y sont exposés avec une ampleur magistrale.

Le Judéo-Alexandrinisme avant Philon. — Vie de Philon le Juif. — Classement de ses traités, premier aspect de son œuvre. — Exposition de la philosophie de Philon. — Examen de la philosophie de Platon.

5120 HERSART DE LA VILLEMARQUÉ. — Mirdhinn, ou l'Enchanteur Merlin, son histoire, son œuvre, son influence, par le marquis HERSART DE LA VILLEMARQUÉ.

Paris, Didier, 1862 [1861]. t. s. XI-435 p. (10 fr.).

[Y² 17 8

Autres éditions :

Ibid. Id. même année, 1862.

Paris, A. Durand, 1862, in-1 (5 fr.)

Ambroise MARZIN ou MERLIN, fils sans doute, d'un magistrat romain et d'une druidesse, ou vestale, naquit probablement dans les montagnes d'Ecosse, vers 480 et fut regardé comme un grand magicien. — Ses prophéties sont célèbres et d'une excessive rareté. — M. de la VILLEMARQUÉ, rappelle l'énorme influence qu'elles eurent sur les événements du temps de Jeanne d'Arc, qui aurait été annoncée mille ans auparavant par Merlin, la Sibylle et Bède. — Aux pièces justificatives, l'auteur rapporte les prédictions de Merlin, recueillies dans divers manuscrits.

A rapprocher du MERLIN d'Edgar QUINET ; ce dernier se plaint d'ailleurs que le présent auteur lui ait volé son sujet (?) (II-201).

(Y-P—1028

5121 HERVE (François d'), Chevalier de St-Jean de Jérusalem. — Le Panthéon et Temple des Oracles ov préside Fortvne. Dedié au Roy. Par François D'HERVE, de l'ordre des Cheualiers de S. Jean de Hiérusalem Seigneur et Commandeur de Valcanville, Cantelon et Sauxetoupp.

A Paris, chez Denys Thierry, 1639, in-8°. (10 fr.).

[Ye. 7003

5122 HERVERDI (Joseph Ferdinand). — Joseph Ferdinand HERVERDI, M. D. in Rotterdam, Erklärung des numidischen Reichs. Ein Beytrag sur Geschichte der Alchymie.

Berlin, Arnold Weyer, 1783. in-8° de IV-124 pp.

(O-580 et 587

5123 HERVEY DE St DENYS (Marie-Jean .... on Marquis de)] né à Paris en 182.. littérateur, sinologue, académicien et Président de la Société d'Ethnographie de Paris, professeur de Chinois et Tartare-Mandchou au Collège de France. — Les rêves et les moyens de les diriger. Observations pratiques. [par le Marquis Marie-Jean-Léon d'Hervey St Denis].

Paris, Amyot, 1867, in-8° de 496 p. Couverture illustrée et frontispice, tous deux en chromolithographie et gravés. (12 fr.). [R. 38485

Sur l'exemplaire de la Bibliothèque Nationale cet ouvrage est attribué au "marquis d'Hervy " (?). En revanche, Larousse dans le premier Supplément de son Grand Dictionnaire le donne au marquis d'Hervey Saint-Denis (p. 951).

Ce très curieux livre résume savamment la Science des songes depuis l'Antiquité la plus reculée jusqu'à nos jours, et analyse tous les ouvrages de quelque importance qui ont paru sur le sujet. Outre de nombreuses anecdotes personnelles à l'auteur, on y trouve des instructions nettes et précises pour répéter les fort singulières expériences de l'auteur dans cette branche des Sciences Psychiques.

C'est une véritable Encyclopédie sur le sujet.

(G-1452

HERVEZ (Jean). — Pseudonyme de M. Raoul FEZE, q. v.

5124 HERVIER (le Père Ch.) docteur en Sorbonne, Bibliothécaire des Grands Augustins, etc. — Lettre du père Hervier aux habitants de Bordeaux.

Paris, 1784, in-8°, 4 pages (2 fr.).

Les habitants de Bordeaux seront plus heureux que ceux de Paris de la découverte du magnétisme, etc.

(D. p. 21

5125 HERVIER (le P.). — Lettre sur la découverte du magnétisme animal à M. Court de Gébelin censeur royal, etc., par le P. HERVIER, docteur en Sorbonne, bibliothécaire des Grands Augustins, etc.

Pékin, et se trouve à Paris chez Couturier, janvier 1784, in-8°, 48 pages. (2 fr.).

[Th⁶⁵. 13

De même que COURT DE GEBELIN, le P. HERVIER se rendit chez MESMER, en désespoir de cause, pour son propre compte. Le traitement magnétique lui réussit, et il devint bientôt l'un des plus chauds partisans de la nouvelle doctrine. Sa lettre que fit imprimer Court de Gebelin, fut lue par l'auteur à l'une des séances du Musée de Paris, sorte d'Athénée où avaient lieu des conférences ou plutôt des lectures, sur des sujets scientifiques et littéraires. Au dire de Court qui a écrit une préface de quatre pages, la lecture de cette lettre *"embrasa l'auditoire"*. Elle est du reste bien faite, enthousiaste et ne manque pas d'esprit. Le père Hervier rapporte dans ses notes une magnétisation faite sur un arbre qui aurait eu pour résultat de hâter son développement. Un petit nombre de magnétiseurs croient encore à la magnétisation des végétaux. Il avoue cependant plus raisonnablement que le magnétisme n'a rien de miraculeux qu'il ne ressuscite pas les morts et se borne à guérir promptement les maladies aigues, lentement les autres et qu'il ne guérit que par des crises [Note de M. Dureau].

(D. p. 19
(G-1824

5126 [HERVIER (le P.)]. — Théorie du Mesmérisme par Ch. H...

Paris, Royez, 1817, in-8°, 148 pages. (5 fr.).

[Th⁶⁸. 11

Cet ouvrage est du P. HERVIER, docteur en Sorbonne, l'un des premiers élèves et défenseurs de Mesmer.

(D. p. 89

5127 HERVIEUX de la BOISSIERE. — De l'esprit prophétique. Traité dans lequel on examine la nature de cet esprit, son objet spécial, les moyens par lesquels Dieu l'a communiqué et l'a fait reconnaître. Avec quelques réflexions sur les prophéties d'un ordre inférieur, et sur les faux prophètes.

Paris, Despilly, 1707. in-12. (4 fr.).

(G-936)

5128 HERVIEUX de la BOISSIÈRE. — Lettres à l'auteur du Traité des Miracles.

En France. 1767 2 vol. (10 fr.).

Puissance du démon sur la matière. — Les guérisons qu'il opère. — Simon le magicien. — Effets de la magie. — Miracles de colère et de justice des Thaumaturges. — Miracles des morts.

Très curieux ouvrage.

5129 HÉSIODE, poète grec, né croit-on, à Cumes, en Éolide, on ignore dans quel siècle. — Opera quæquidem extant omnia, Græce cum interpretatione Latina eregione, ut conferri a Græcæ linguæ studiosis citra negocium possint Basileæ ex officina Oporiniana.

Paris, 1564. in-8°. (5 frs).

Édition des œuvres complètes d'Hésiode. Les travaux et les jours. — La Théogonie, etc... Texte grec et trad. latine.

5130 HEURNIUS (Otth.) ou HEURNE peut-être fils du médecin hollandais Jean HEURNIUS (1543-1601). — Babylonica, Indica, Egyptia, etc. Philosophia primordia, auctore Otth. HEURNIO.

Lugduni Batavorum. 1619, in-12.

(S-2007

5131 HEURTEVYN (Barthelemy). — L'incertitude et tromperie des astrologues ivdiciaires.

Paris, Chevalier. 1619, in-8°, (8 fr.).

[V. 21820

Des mutations de religions. — De la naissance de l'Antechrist. — De plusieurs auxquels on auoit promis vne vie bien fascheuse et courte et l'ont eu longue. — De la ruine et perte de royaume et puissance pronostiquée et le contraire est arrivé. — De quelques mocqueries, punitions et morts diuerses arrivées à quelques astrologues, sans l'avoir par eux preueu. — Que le diable est autheur de l'astrologie iudiciaire, etc,...

Ouvrage très rare sur l'astrologie.

(G-567

5132 HEUSING. — Dissertation sur la Pierre philosophale ; dans Mémoires littéraires contenant..... trad. de l'anglais (par Einous, 1750) ; 121-54.

(O-562

5133 HIBBERT (S). — Sketches of the philosophy of apparitions or an attempt to trace such illusions to their physical causes.

Edinburgh. 1824. pet. in-8. (4 fr.).

Intéressant ouvrage relatif aux fantômes, à la démonologie, aux esprits, etc....

5134 [HICKEY (Baron Harden)]. — SANT PATRICE. — La Théosophie. Ouvrage orné de nombreuses gravures.

Paris. L. Sauvaitre. 1890. in-12 de X-233 p. et table. Figures. (2 fr.)

[S. R. 2280

Ouvrage assez insignifiant.

5135 HIEBNER (Israël). — Mysterium sigillorum, herbarum et lapidum, oder : vollkommenes Geheimniz derer Sigillen, Kräuter und Steine in der Cur und Heilung aller Krankheiten, Schäden, Leibes- und Gemüths-Beschwerungen durch unterschiedliche Mittel ohne Einnehmung der Artzeney in 4 Classen ordentlich abgetheilet.... durch Israel Hiebner von Schneebergk, anjetzo aber mit verschiedenen neuen curieusen Anmerckungen vermehret.

Franckfurt und Leipzig. Christ. Weinmann, 1735. in-4° de VI-178-XXIX pp. avec fig. dans le texte et 1 pl.

(O-1804

5136 HIÉROCLÈS, philosophe grec

néo-platonicien, qui vivait vers le milieu du Vᵉ siècle. — Les commentaires d'Hiéroclès sur les vers dorés de Pythagore, rétablis sur les mss. et trad. en Français avec des remarques par Dacier.

Paris. Rigaud, 1706. 2 vol. in-12 (10 fr.).

[R. 9051-9052

Excellent ouvrage d'un philosophe de l'école d'Alexandrie qui donne une exposition succinte mais complète des doctrines de Pythagore et étudie sa philosophie.

Voir aussi Dacier.

5137 HIÉROCLÈS. — Hieroclis Philosophi Commentarius in Aurea Pythagoreorum Carmina. Ioanne. Curterio interprete. Ex Bibliotheca D. Francisci Rupifucaldii Randani, Trenorchii Abbatis.

Parisiis. apud Nicolaum Nivellium CIƆ. IƆ. LXXXIII [1583]. in-16 de XXIII-247 p. [In fine] Excudebat Steph. Prevosteau. [Le titre est d'abord en grec puis en latin].

[R. 9037

Autre édition :

Londini, 1654. (6 fr.).

[R. 9039

Autre édition :

London, in-12. 1673.

[R. 9046

Hieroclis Philosophi de Providentia et Fato, graece et latine. cum notis Casauboni.

Londini, 1655, in-12.

Autre édition :

London, 1673, in-8°.

[R. 9047

(S. l. n. d.). in-8°.

[R. 9049
(S-2677

5138 HIGNARD (H.). — Des hymnes homériques.

Paris. 1864, in-8° de 300 pp. (6 fr.).

Très intéressant ouvrage, plein d'érudition et utile pour l'étude de la mythologie. — Témoignages anciens sur les hymnes homériques ; comment ces hymnes nous sont parvenus. — Hymnes à Pan et à Dionysus, à Aphrodite, à Hermès, à Apollon, à Déméter. — Développements étendus sur la philosophie grecque et les mystères anciens.

5139 HILD (J. A.). — Etude sur les démons dans la littérature et la religion des Grecs.

Paris. Hachette, 1881, in-8°. (5 fr.).

[8° R. 8692

Origine et signification du mot démon. —. Les démons dans les mystères dionysiaques et éleusiniens. — Les Evocations. — Le Démon de Socrate. — Démonologie platonicienne, etc...

(G-398

5140 [HILL (sir John)] né à Spalding ou à Peterborough. vers 1716, mort en 1775. Apothicaire, acteur et naturaliste. — Lucina sine Concubitu ; Lucine affranchie des Loix du Concours, traduit de l'Anglois de Johnson [par M. Moette].

Londres, 1750, in-8° de X et 57 pp.

[Tb¹¹. 45

Cette édition in-8° de 1750 (il y en a une autre antérieure, mais in-12, avec la même date) parut avec une permission tacite à Paris, sous la fausse indication « Londres ». Elle est très probablement due à E.-G. Colombe, dit « de Ste Colombe » qui la réédita ensuite non sans de nombreux avatars sous le Titre : « La femme comme on n'en connoit point », en 1786. Outre la première édition in-12 vraiment de *Londres* chez J. Wilcox, (48 pp.) qui peut être réellement due à Moet, et celle notée ci-dessus, ce même ouvrage a encore été réimprimé par Mercier de Compiègne en 1799. D'autres exemplaires, portant les dates de 1802 et de 1810 avec Frontispice, sont sans doute d'anciens volumes avec Titre de Relai.

(S-3350
(G-424

5141 HILLER (Louis-Henri) Pasteur à Erlangen. — Lud. Henrici HILLERI. Mysterium Artis Steganographicae.

Ulmæ. 1682. in-8°.

(S-3487 b

5142 HINDMARSH (B.). — Abrégé des principaux points de doctrine de la vraie religion chrétienne, d'après les écrits de Swédenborg.

Paris, 1820. in-8° (3 fr.).

5143 [HIPPEL (Théodor Gottlieb)]. — Freimäurerreden X ; avec cette épigraphe :

Visu carentem magna pars veri latet... Seneca. (von Théodor Gottlieb von HIPPEL).

Königsberg. Joh. Jacob Kanter. 1768. in-8° de 104 pp.

(O-357

5144 HIPPOCRATE. — Le plus grand médecin de l'antiquité, né à Cos, en 468 av. J.-C. mort vers 380. — Opera omnia quæ extant (*græce*). in VIII sectiones ex Erotiani mente distributa: nunc recens latina interpretatione et annotationibus illustrata Anutio Foesio authore : accedunt Palladii scholia græca, variæ lectt. græcæ, etc...

Francofurti, Adr. Wecheli hæred. 2 vol. in-f° (25 fr.).

[T²ª. 7

Texte grec et latin sur deux colonnes. Portr. d'HIPPOCRATE.

5145 HIPPOCRATE. — Œuvres, trad. en français sur le texte grec, d'après l'édit. de Foës, par Gardeil et de Coray. Traduction latine d'Anuce Foës.

Paris, Delahays, 1855. 2 vol. in-8° (10 fr.).

[T⁸³ 34

Autre édition :

Paris, 1697. 2 vol. in-12 (trad. par Mme DACIER).

Le médecin et helléniste français Anuce Foës est né à Metz vers 1528 et mort vers 1595. L'édition d'Hippocrate qu'il a donnée est considérée comme la meilleure. Seule l'édition moderne par M. Littré peut lui être comparée.

5146 HIPPOCRATE. — Les Aphorismes d'Hippocrate, avec le commentaire de Galien sur le premier livre, traduit du grec en français par I. Breche. Avec annotations sur ledit premier livre. Ensemble les Aphorismes de I. Damascène, médecin arabe, et un Epitome sur les trois livres des temperamens de Galien. Dernière édit. augm. des « *Fleurs du grand Guidon* », par maistre Iean Raoul, chirurgien.

Rouen, J. Cailloue, 1660. in-12 de 571 et 142 pp. (12 fr.).

Autres éditions :

Paris. J. Kerver. 1552. in-16.

[Td°. 1°

Lyon. T. Payan. 1557. in-16.

[Td°. 47 A

" *Huguetan*. 1605. in-12.

[Td°. 47 B

et quantité d'autres édit.

5147 HIPPOCRATE. — Aphorismi HIPOCRATIS, ex recognitione A. Vorstii. *Lugduni Batavorum, ex off. Elzev.* 1628. in-24. (3 fr.).

[Réserve Ed° 2°

Edition microscopique rare, texte grec et latin, avec un frontispice gravé.

5148 HIPPOCRATE. — Des airs, des eaux, des lieux. — Version littérale du grec, rédigée d'après le texte vulgaire par M. Magnan, médecin ordinaire du Roi, servant par quartier, docteur en l'Université et correspondant de la Société Royale des Sciences de Montpellier, du Collège et de l'Académie des Sciences, belles-lettres et arts de Marseille, correspondant de la Société royale de médecine. (Lex quidam omnia vincit.Hipp. de Gea).

[Paris, de l'impr. de Vve Hérissant, rue Neuve-Notre-Dame et se trouve rue Saint André des Arcs, n° 82. M. DCC.LXXXVII. [1787]. Avec approbation et privilège du Roi, in-8° (30 fr.).

[Te³. 9

Cette traduction dont nous transcrivons le titre littéralement est fort rare, et non mentionnée par Brunet. Cette édit. non citée, n'a probablement jamais été mise dans le commerce et les exempl. impr. aux frais de l'auteur ont dû être offerts à différentes personnalités, ce qui en explique la rareté.

HIPPOLYTUS REDIVIVUS. — Voir à l'initialisme S. I. E. D. V. etc.

5149 HIRAM. — Revue d'Études Symboliques et Initiatiques. Organe Français de la Grand Loge Swedenborgienne de France et du Rite National Espagnol. Directeur : Papus. Rédacteur en chef : Teder.

Paris, 13, rue Séguier, 1907-1908, 10 numéros in-8° de 8 pp. chacun (Mars 1907 à Décembre 1908). (5 fr.).

Tout ce qui a paru de cette revue.

5150 HIRMENECH. — Les Celtes et les monuments celtiques, leur origine certaine ; L'Atlantide et les Atlantes. — Les Basques.

Paris, E. Leroux, 1906, gr. in-8°, 112 p. (4 fr.).

[8° G. 8412

Savant ouvrage dans lequel l'auteur met au point l'histoire du continent disparu, dont les Celtes auraient été les habitants, sous le nom primitif d'Atlantes, au même titre que les Pélasges, les Ibères, les Aryas, les Armoricains, les Basques et les Juifs. — Aperçu mythologique. — Relation de [...]. — Les Telchines et Caïn. — Le déluge biblique et le cataclysme de l'Atlantide. — Manou. Ménès, Noé. — La guerre de Troie. — Les poèmes sanscrits. — L'Expédition des Argonautes. — Les sacrifices humains. — Étymologie du mot Atlantide.

5151 HISTOIRE abrégée du magnétisme animal.

Paris, 1782, in-8°.

Ouvrage cité par quelques auteurs, je crois à un faux titre.

(D. p. 19

5152 HISTOIRE admirable advenue en la ville de Thoulouse, d'un gentilhomme qui s'est apparu plusieurs fois à sa femme, deux ans après sa mort ; premièrement en forme naturelle ; puis en forme de corps mort, ayant esté recognu de plusieurs personnes, tant docteurs, conseillers, que médecins et autres.

S. l., 1623, in-8°. (2 fr. 50).

Réimpression à Lyon, chez Louis Perrin, vers 1875-76. Presques toutes ces réimpressions sont groupées à la Bibliothèque Nationale, avec le dépouillement de tous les titres in-extenso : *Diverses Pièces curieuses publiées par* Anat de Claunis, sous la cote :

[8° G. 72

5153 HISTOIRE admirable des effets merveilleux du tonnerre et foudre du ciel qui ont tué et blessé plusieurs personnes et bœufs estans à la campagne, près de Gyen, et Bonny-sur-Loyre, et un déluge innombrable d'eaües arrivé en mesme temps,au dit lieu.

S. l. 1633, in-8°. (2 fr.).

Réimpression à Lyon chez Louis Perrin, vers 1875-76.

5154 HISTOIRE admirable et véritable des choses advenues à l'endroict d'une Religieuse professe du Couvent des Sœurs noires de la ville de Mons en Hainaut, native de Sore sur Sambre, aagée de vingt cinq ans, possédée du maling esprit et depuis délivrée. Ladicte Histoire attestée par plusieurs Personnages Illustres, nommez en la fin d'icelle [Messire Loys de BERLLY-MONT, archevesque de Cambray. MM. F. BUISSERET, Docteur ès droits. N. GOUBILLE, licencié ès droits. G. HO-LOSIUS, Docteur en Théologie. J. MAIS-SENT, Chanoine à Mons. Michel BAUAY Chanoine d'Andenne, etc.]

Paris, chez Gilles Blaise, 1586. in-8° de 52 p. (10 fr.).

(S-3228)

5155 HISTOIRE apostolique d'Abdias, premier evesque de Babylon (sic) institué par les Apostres, tournée de Hébrieu (sic) en Grec par Eutrope, puis en latin par Iule Africain aussi cuesque et nouuellement traduitte en nostre vulgaire.

Paris, Belot, 1500, in-40. (15 fr.).

Martyrologe rare.

(G-401)

5156 HISTOIRE CURIEUSE... — I. Histoire curieuse de la Démission d'un Grand-Chancelier de l'Ordre du Temple, Grand-Comte Ministre de l'Ordre et Vénérable Doyen de la grande Maison Métropolitaine d'Initiation en l'An de l'Ordre DCCXVIII. et de N. S. J. le Christ, 1830.

II. Lettre aux soi-disans Membres du Conseil général d'administration de l'Ordre du Temple, faisant suite à l'histoire curieuse de la Démission d'un Grand-Chancelier de cet Ordre.

Paris, Ex Typis Militiæ Templi, 1837. 2 brochures in-8°. (0 fr.).

[Ld¹⁵⁷. 20

Documents pour l'Histoire et l'organisation des Néo-Templiers du XIX° siècle.

HISTOIRE D'APOLLONE de TYANE... — par :

ELLIES DU PIN.

5158 HISTOIRE de l'abolition de l'ordre des Templiers.

Paris, Belin, 1779. in-12. (5 fr.).

Défense de l'odre contre les accusations qui lui furent imputées.

(G-399)

5159 HISTOIRE de la CREATION tirée des Archives du ciel. Traduite de l'Espagnol.

Paris, 1815, in-8°. (0 fr.).

Cet ouvrage était primitivement en caractères célestes, il fut traduit ensuite en hébreu. Il est dit dans la préface que ce livre a été composé par ordre de Dieu même.

5160 HISTOIRE de la persécution des Vallées de Piémont.

Rotterdam, 1687, in-12.

(S-5289)

5161 HISTOIRE des Inquisitions où l'on rapporte l'origine et le progrès de ces tribunaux, leurs variations et la forme de leur juridictions.

Cologne, P. Marteau, 1750, 2 vol. in-8°. (15 fr.).

Tirée de différentes relations de Lillies DUPIN, J. MARSOLLIER, C. DELLON. A la fin se trouve un "*Discours sur quelques auteurs qui ont traité de l'Inquisition*" par l'abbé Goujet. Avec 9 fort intéressantes figures représentant différentes scènes de l'Inquisition, des supplices, des costumes etc.....

(G-1434)

5162 HISTOIRE des Vampires et des Spectres malfaisans, avec un Examen du Vampirisme. III° édit.

Paris, Masson, 1820, in-12 de IV-VIII-284 pp. avec 1 pl. (4 fr.).

Il y a eu la même année des titres renouvelés portant II° puis III° édit. L'exemplaire Ouvaroff broché portant sur la couverture 1-re édit.

Le vol. est terminé par l'art. *Vampire* (pp. 248-59) du *Dictionnaire philosophique* de VOLTAIRE; on trouve ensuite (pp. 260-78) de Quelques nouveautés sur les vampires, les spectres, les loups-garoux, etc. etc. contenant une courte analyse de 27 ouvr.

cet ouvr. ne serait-il pas de Collas de Plassy ?

(O-1785

5103 HISTOIRE doctrine et but de la Franc-Maçonnerie par un franc-maçon qui ne l'est plus.

Paris, 1858, in-10 X-173 p. (3 fr.).

Ouvrage critique utile à connaître et ayant une originalité propre.

5104 HISTOIRE (l') du diable de Laon, février 1565 ; dans *Archives curieuses de l'hist. de France*, 1re série, VI, 261-7.

Cette pièce relative à une fille nommée Nicole Aubry est tirée des mss. de la Biblioth. nationale de Paris.

(O-1890

5105 HISTOIRE du Saint Sacrement du Miracle, traduite du flamand de P. Casmeyer, par G. D. B. (Georges de Backer).

Bruxelles, 1720, in-8°.

D'après Barbier, on en citerait une autre édition de même date (1720) mais in-f. et avec planches par le même de Backer.

Le Cat. de l'abbé Sepher cite une édition in-12 à figures d'un livre de 1662 sur le même sujet (sans doute) (N° 5161.)

(S-5161

5106 HISTOIRE épouvantable de deux Magiciens qui ont été étranglés par le Diable la Semaine Sainte.

Paris, 1615, in-8°.

(S-3227 b

5107 HISTOIRE ESPOUVANTABLE et cruelle d'un jeune homme de Provence, lequel ayant tué sa mère, fust par punition divine estranglé du diable le 27 septembre 1621.

Lyon, 1621, in-8° (?) d'environ une douzaine de pages.

5108 HISTOIRE espouvantable et véritable arrivée en la ville de Soliers en Provence, d'un homme qui s'estoit voué pour estre d'Esglise et qui n'ayant accomply son vœu, le diable lui a couppé les parties honteuses, et couppé la gorge a une petite fille aagée de deux ans environ.

Paris, 1619, in-8° de 15 pp. (2 fr. 50).

Réimpression :

A Lyon, chez Louis Perrin, vers 1875-76.

5109 HISTOIRE et statuts de la très vénérable confraternité des Francs-Maçons tirés de leurs archives et conformes aux traditions les plus anciennes, approuvés de toutes les grandes loges et mis au jour pour l'usage commun des loges répandues sur la surface de la terre.

Francfort sur le Main, 1742, in-12, (20 fr.).

Frontispice gravé et plusieurs planches des airs notés des chansons maçonniques.

5170 HISTOIRE horrible et épouvantable de ce qui s'est fait et passé au faux-bourgs S. Marcel à la mort d'un misérable, qui a été dévoré par plusieurs diables transformez en dogues et ce pour avoir blasphémé le sainct nom de Dieu et battu sa mère. Imprimé nouvellement (vers 1640).

in-12, de 11 pages papier vergé. (2 fr.).

Réimprimé à *Arras, chez Schouteer* par les soins de *Marguerite* et *René Muffat de Menton*.

(G-329

5171 HISTOIRE lamentable d'une jeune damoiselle laquelle a eu la teste tranchée dans la ville de Bourdeaux pour avoir enterré son enfant tout vif au profond d'une cave, lequel au bout de six jours fust trouvé miraculeusement tout en vie et ayant reçeu le batesme rendit son âme à Dieu.

S. L., 1618, in-8°. (2 fr.).

Réimpression à *Lyon, chez Louis Perrin*, vers 1875-76.

5172 HISTOIRE mémorable et merveilleuse advenue à Villeneufve de Berc en Vivarets.... d'un homme de la religion prétendue réformée, blasphémant contre l'Eglise Catholique..... contenant tout ce qui s'est passé durant sa vie et après sa mort.

S. l. 1613. in-8° (2 fr.),

Réimpression à *Lyon, chez Louis Perrin*, vers 1875-76.

5173 HISTOIRE miraculeuse, advenue dans la ville de Genéve d'une femme qui a faict un veau.

Lyon. 1600. in-8°.

[Réserve G. 2859

5173 *bis* HISTOIRE miraculeuse, advenue en la Rochette, ville de la Maurienne en Savoye, l'an 1613 ; tiré de l'impr. à Paris 1613 ; dans Lenglet-Dufresnoy Recueil de dissert.... sur les apparitions (1752) T. I. partie II. 82-96.

(O-1759

5174 HISTOIRE miraculeuse d'une figure de la Vierge, Mère de Dieu ; et admirables effets d'icelle, nouvellement trouvée dans la forest de Bannelle.

S. l. 1637. in-8°.

[Lk² 17685

Réimprimé ensuite à *Lyon, chez Louis Perrin*, vers 1875-76.

5175 HISTOIRE MIRACULEUSE et admirable de la comtesse de HORNOC flamande, estranglée par le Diable dans la ville d'Anvers, pour n'avoir trouvé son rabat bien godronné, le quinziesme avril 1616.

Lyon, 1616. in-16 de 2 f⁵⁻⁹ p. (2 fr.).

[Réimpression faite à *Gand*, en 1886, à 150 ex.].

5176 HISTOIRE NOUVELLE et remarquable de l'esprit d'une femme, qui s'est apparue au faubourg Saint Marcel, après qu'elle a demeuré cinq ans entiers ensevelie : elle a parlé à son mari, lui a commandé de faire prier pour elle, ayant commencé de parler le mardi 11 décembre 1618 ; tiré de l'impr. à Paris, 1818 ; dans LENGLET-DUFRESNOY : *Recueil de dissertations* (1752) I partie II. 96-97.

(O-1759

5177 HISTOIRE nouvelle, merveilleuse et espouvantable d'un jeune homme d'Aix-en-Provence, emporté par le diable et pendu à un amandier pour avoir impiement blasphemé le Saint nom de Dieu et mesprisé la Sainte Messe ; deux siens compagnons estant demeurez sans aucun mal.

Paris, 1614. in-8° de 16 pp.

[Lk⁷-

Réimprimé ensuite à *Lyon, chez Louis Perrin*, vers 1875-76.

5178 HISTOIRE PRODIGIEUSE d'un gentil-homme, auquel le diable s'est apparu, et avec lequel il a conversé sous le corps d'une femme morte, advenue à Paris le premier de juillet mil six cens treize.

[*Paris, Fr. d. Carroy*, 10 f.], en la II° édit. : dans LENGLET-DUFRESNOY *Recueil de dissertations* (1752) T. I partie II.

(O-1759

5179 HISTOIRE prodigieuse et admirable arrivée en Normandie et pays de Mayne du ravage qu'y ont fait une quantité d'oyseaux estrangers et incognuz sur les fruicts et autres desdits pays et ont ruiné et infecté plusieurs villes et villages, mesmes sous

[...] mort de plusieurs personnes au grand estonnement du peuple.

S. l. 1618, in-8° (2 fr.).

Réimpression, à *Lyon*, chez *Louis Perrin*, vers 1875-76.

5180 HISTOIRE prodigieuse et pitoyable d'un jeune homme qui a tué et bruslé sa propre mère, au village de Nogent-sur-Marne, près Paris, avec la punition qui en a esté faicte.

S. l., 1611, in-8° (2 fr.).

Réimpression à *Lyon*, chez *Louis Perrin*, vers 1875-76.

5181 HISTOIRE prodigieuse et punition de Dieu espouvantable, naguères arrivée auprès de la ville d'Anduse au païs de Gévosdan, d'un homme de la religion prétendue qui vouloit travailler et faire travailler ses serviteurs le jour de la Feste Dieu.

Paris, 1618, in-8° de 11 pp. (2 fr.).

Réimpression à *Lyon*, chez *Louis Perrin*, vers 1875-76.

5182 HISTOIRE PRODIGIEUSE nouvellement arrivée à Paris, d'une jeune fille agitée d'un esprit fantastique et invisible, et de ce qui s'est passé en la présence des plus illustres personnages de ladite ville ; avec l'étrange et effroyable histoire de nouveau arrivée au bailly de la ville de Bonneval diocèse de Chartres.

Paris, V-e du Carroy, 1625 ;

[Lk⁷. 0553

Puis dans LENGLET-DUFRESNOY : *Recueil de dissertations...* (1752), I, part. II, 167-77.

(O-1700

5183 HISTOIRE VÉRITABLE d'une femme qui a tué son mary, laquelle après exerça des cruautez inouyes sur son corps ; exécutée à Soireau en Bourgogne.

Lyon, 1625, in-8° de 13 p. (1 fr. 50).

Réimpression de *Lyon*, par *Louis Perrin*, vers 1875-76.

5184 HISTOIRE VÉRITABLE de la gvérison admirable advenve et faicte par la bonté et miséricorde de Dieu tout puissant, tout à l'heure, à l'endroict d'vne femme nommée Nicole OBRY, femme de LOYS PIERRET, marchand demeurant à Vreuin, de long-temps privée de l'usage de la veuë et abandonnée des médecins et chirurgiens (comme estant incurable) à l'attouchement de la vénérable relique du chef de monsieur S. Iean Baptiste en la grande église d'Amiens le Dimenche (sic) dix neufiesme iour de may 1577.

A Paris, chez Nic. Chesneau, 1578.

Cette histoire est de Iehan BOULAESE, prêtre, professeur des Saintes Lettres hébraïques, pauvre perpétuel du Collège de Montaigut.

Voir notre article 1525, p. 221.

(G-1197

5185 HISTOIRE véritable des crimes horribles commis à Boulogne par deux moynes, deux gentils hommes et deux damoiselles sur le S. Sacrement de l'Autel qu'ils ont fait consumer à vne cheuvre et à vn Oye et sur trois enfans qu'ils ont fait distiller sur la lambique. Auec le récit de leur emprisonnement dans l'Inquisition de Rome pour leur estre fait et parfait leur procez.

Iouxte, la copie imprimée à *Paris*, 1634, in-4°. (10 fr.).

Pièce originale.

(G-1826

5186 HISTOIRES PRODIGIEUSES extraites de plusieurs Auteurs.

Anvers, 1549, in-8°.

Paris, *Vincent Sertenas*, 1560, in-4°.

[Rés. Y². 665

Paris, Vincent Sertenas, 1561, in-8°

[Rés. Y² 2977
(S-607)

5186 bis HISTOIRES PRODIGIEVSES extraictes de plvsievrs fameux authevrs, grecs et latins sacrez et profanes, divisees en quatre tomes : le premier par P. Boaistuau, le second par C. de Tesserant, le troisiesme par F. de Belle-Forest, et six par B. G. Plus sept histoires adioustées de nouueau Auec les pourtraicts de figures.

Paris, Jean de Bordeaux, 1581-82, 4 tomes, in-16.

Edition rare ornée de 65 figures sur bois de Jean Cousin.

Id.

Paris, Jérosme de Maruef, 1580-83, 5 tomes, in-16. (28 fr.).

(G-1455 et 1827

5187 HISTOIRE VÉRIDIQUE des miracles d'une sainte, fidèlement extraite d'un livre intitulé *Des guérisons opérées par Mme de* Saint-Amour, pour servir de commentaires à cette lumineuse brochure, suivie de quelques réflexions sur un nouvel écrit intitulé : " Point d'effet sans cause ".

Nantes, Hérault, 1828, in-8° 40 pages.

[Ln²⁷. 18220

En se reportant à l'article très complet de l'*Hermès,* signé Charpel, l'on connaitra bien cet incident. Indiqué par le *Journal de la Librairie.*

(D. p. 106

5188 HISTOIRE VÉRITABLE du magnétisme animal, ou nouvelles preuves de la réalité de cet agent tirées de l'ancien ouvrage d'un vieux docteur.

La Haye, 1785, in-8°, 16 Pages.

Badinage contre le magnétisme. Pantagruel et Panurge en font les frais, on n'a jamais su pourquoi, et l'auteur devait être bien embarrassé pour l'expliquer.

(D. p. 61

5189 HISTOIRE VÉRITABLE et MÉMORABLE de la grande cruauté et tyrannie faicte et exercée par un colonel signalé de l'Armée de Gallas lequel a tué, pillé, violé plusieurs paysans et paysannes, qui a esté emporté et mangé visiblement par les Diables et à la vue de beaucoup de personnes du pays d'Allemagne.

Jouxte la Copie imprimée à Aix en Allemagne, 1637, in-8° de 10 p. (2 fr.).

Réimpression de *Lyon, par Louis Perrin,* vers 1875-76.

5190 HISTOIRES VÉRITABLES arrivées en la personne de deux bourgeois de la ville de Charleville qui ont esté estranglez et emportez par le diable dans la dite ville.

Charleville, 1637, in-8° de 12 pp.

[Lk¹. 1850

Réimprimé à *Lyon, chez Louis Perrin,* vers 1875-76. (2 fr.50).

5191 HISTORIA DEORUM, Fatidicorumque Vatum Sibillarum, cum Dissertatione de Divinatione et Oraculis.

Francofurti, 1680, in-4° Figures.

(S-3508)

5192 HISTORIQUE de la Franc Maçonnerie à l'Orient de Besançon depuis 1764.

Paris, 1750, in-8° (10 fr.).

C'est l'histoire de toutes les loges de France Maçons qui ont existé à Besançon depuis l'an 1764 avec le compte-rendu des séances de chaque loge.

5193 HOBURG (Christian). — Postilla Evangeliorum mystica, das ist: verborgener Hertzenssafft aller Sontags und Fets-Evangelien durch gantze Jahr : in Andachten und Seelengesprächen, das Hertz in der Krafft Gottes zu reinigen, zu erleuchten, zu vereinigen, in Zeit und Ewigkeit : Publicirt von Christian Hoburg.

Amsterdam und Frankfort am

Mayen. Heur. Belkuys, und Christ. le Blon, 1003-05. 2 vol. in-fol. de VII-494. et IV-870-44 pp.

(O-77

5104 HOBURG (Christian). — Christian Hoburgs Theologia mystica, oder geheime Krafft-Theologia der Alten, in drey Theile abgefasset, als I. von dem Wege der Busse zu Gott, II. von dem Wege der Erleuchtung einer busziertigen Seelen, III. von dem Weg der Vereinigung mit Gott,... und einem Sendschreiben Johann Arnds an Erasm. Wolffartum von dem grossen Geheimnüsz der Menschwerdung des ewigen Worts.

Frankfurt und Leipzig, Joh. Nicol. Andreä, 1717, 3 Vol. in-8° de XXXII-224. 240, et 412-36 (pour la lettre de Arnd) pp. rel. en 1 vol.

La première édit. est de 1656.

Plusieurs des ouvrages d'Hoburg ont paru sous le pseudo. de Elie PRAETORIUS, ministre Livonien.

(O-75

5105 HOBURG (Christian). — Der unbekante Christus, das ist : gründlicher Beweisz, dasz die heutige so genante Christenheit in allen Secten, den wahren Christum nicht recht kennen, und derwegen in Lügen und nicht in Warheit sich nach Jhm Christen nennen,... aufgesetzet von Christian Hoburg.

Franckfurt, Sam. Müller, 1695, in-8° de VI-147-VI pp.

(O-76

5106 HOCHART (P.). — Etudes d'Histoire religieuse.

Paris, 1890, gr. in-8° de 420 p. (10 fr.).

Autre éd.

Bordeaux, 1888, in-8°.

[8° H. 5279

Œuvre richement documentée et précieuse pour l'étude des cultes païens, du Christianisme primitif et de la mythologie en général. — La palingénésie ou résurrection chez les Grecs. Pythagore et la métempsychose. — Le corps spirituel. La résurrection chez les Gnostiques. — La religion solaire dans l'Empire Romain. — Le 5-ème élément ou quintessence des platoniciens. — Les cultes païens. — Manifestation des confréries de Bacchus, de Mithra, d'Isis. — Mystères d'Adonis, d'Atys, de Bacchus, d'Osiris, de Baal. — Le Baptême du feu. — La croix signe mystique des Chrétiens et des initiés des cultes païens ; usage de ce signe dans l'antiquité. — Le Thau égyptien, perse et phénicien, emblème de Vénus, attribut de Diane et de Bacchus, talisman de J. César. — L'emblème solaire, ou Swastika, symbole du feu chez les Egyptiens et les Romains. — La Légende de la conversion de Constantin; il est mis au rang des dieux-astres par les païens. — Le crucifiement dans l'antiquité. — Origine du crucifix, etc...

5107 [HOCQUART]. — L'Art de juger de l'Esprit et du caractère des hommes sur leur écriture, dans lequel sont représentées les écritures autographes d'un grand nombre de personnages célèbres, tels qu'Elisabeth d'Angleterre, Marie Stuart, Louis Stuart, Louis XIV, Mazarin, Bossuet, Fénélon, Frédéric le Grand, Racine, Voltaire, Pascal, Mme de Maintenon, Mme de Sévigné, Mme Necker, etc...

Paris, S. D. [1826], in-16 (4 fr.).

Plusieurs des observations qu'il contient sont exposées sous une forme des plus parfaites. — C'est le premier ouvrage de graphologie pratique. — Il est enrichi de 24 pl. gr. d'écritures anciennes de diverses célébrités et d'un frontispice colorié.

Autre édition.

Paris, chez Saintin, 1812, in-16 de 52 p. et 24 planches.

[V. 21923

Ecritures de Louis XIV, Elisabeth d'Angleterre, Marie Stuart, Chateaubriand, Mmes de Sévigné, de Maintenon, de Genlis; Frédéric de Prusse, Voltaire, Rousseau, Boileau, Racine, Mazarin, de Retz, Franklin, d'Alembert, etc.

5108 HODIERNA. — Archimede redivido con la stradera del momento del dottor don Gio. - Battista Hodierna.
Palermo. 1644. pet. in-4" (10 fr.).

5199 HODIN (le docteur). — Histoire de l'Abolition de l'Ordre des Templiers. par le Docteur Hodin.
Paris, Belin. 1779. in-12. (5 fr.).

Bien que ne figurant pas dans le Catalogue de sa Bibliothèque, St. de Guaita possédait cet ouvrage et il existe un exemplaire portant de sa main la notice qui suit. " Cette Histoire des Templiers est très curieuse, très bien faite, et remplie notamment de détails assez peu connus."
C'est un des ouvrages les plus pondérés et sans doute le plus équitable qui ait été publié sur la question.

5200 HOEFER (Le Docteur Jean Chrétien Ferdinand) né à Dœschnitz (Thuringe) en 1811. D'abord soldat français, puis professeur et docteur en Médecine, naturalisé français après 1848, mort à Brunoy (S. et O.) en Mai 1878. — Histoire de la Chimie.
Paris, Revue Scientifique, L. Hachette, Fortin Masson et Cie. 1842. 1843. 2 vol. in-8° de X-510 et VIII-518 p. avec table analytique à la fin et 2 ou 3 fig. dans le texte (15 fr.).
[Rés. R. 2471-72

C'est vraiment une histoire de l'Alchimie, et la plus substantielle qui ait paru à ce jour. — L'auteur se livre à de minutieuses recherches sur tous les adeptes, même les plus obscurs, étudie leurs procédés, divulgue leurs arcanes, et remontant dans la nuit des temps, nous révèle le secret des mystères antiques, perpétués jusqu'à notre époque sous le couvert des sociétés initiatiques. Voici d'ailleurs un extr. de la table : Systèmes des philosophes grecs. — Pythagore et son école. — Aristote. — Platon. — Etude des poisons. — Pratique et théorie de l'art sacré.—Initiation.— Peines infligées aux parjures. — Mystères des planètes, etc... Mystères des nombres, des lettres, des plantes, des animaux. — La pierre philosophale. — Doctrine des Néoplatoniciens d'Alexandrie. — La Magie. — La Kabbale. — Hermès Trismégiste.— Zosime. - Pélage.— Olymp...re. — Synésius. — Epître d'Isis, f... d'Osiris, sur l'art sacré, à son fils H... — Marcus Graecus. — Albert le Grand. — Roger Bacon. — Vincent de Beauvais. Saint Thomas d'Aquin, Arnauld de Villeneuve, Pierre d'Albano, Raymond Lulle, Duns Scot, Jean de M..., Bernard de Trèves, Nicolas Flamel, Marsile Ficin, Trithème, Basile Valentin, Paracelse, Libavius, Bernard Palissy, Léonard de Vinci, Cardan, Porta, Blaise de Vigenère, Van Helmont, Rob. Fludd, Glauber, Becher, Lémery, Stahl, etc... Tous les systèmes des savants philosophes et hermétistes sont longuement analysés. Rose † Croix.— Moines alchimistes. — Alchimie des Egyptiens.— Caractères symboliques. — Opinions des philosophes anciens sur le principe des choses. — Vers hermétiques de Jean de Damas. — Songe d'un alchimiste. — par Zozime, etc...

Autre édition :
Paris, Didot frères. 1866-69. 2 vol. in-8°.
[R. 38600-070

5201 HOEFER (Ferdinand). — Histoire des Mathématiques depuis leurs Origines jusqu'au commencement du dix-neuvième siècle, par Ferdinand Hoefer. Deuxième édition.
Paris, Hachette, et Cie. 1870. pet. in-8° de III-602 p. (4 fr.).

Origines des Mathématiques. — Les Mathématiques dans l'Antiquité. — Chinois, Hindous, Chaldéens et Babyloniens, Phéniciens et Hébreux.—Egyptiens.— Les Mathématiques chez les Grecs. — Thalès, Démocrite, Pythagore, Ecole Platonicienne. — Les Mathématiques chez les Grecs depuis Euclide : Archimède, Eratisthène, Ctesibius, Héron, Philon de Byzance, Nicomède, Dioclès, Aristarque, Hipparque, Menelaüs et Ptolémée, Théon de Smyrne, Plotin, Porphyre, Jamblique, etc.— Période de transformation. — Ecoles Byzantine, Romaine, Arabe. — Le Moyen-Age. — Temps Modernes, — Dix-septième siècle. — Dix-huitième Siècle. — Etc.

5202 HOEFER (Ferdinand). — Nouvelle biographie Générale, depuis les temps les plus reculés jusqu'à nos puis avec les renseignements bibliographiques et l'indication des sources à consulter.

Paris, *Firmin Didot*, 1802-77, 46 colonnes in-8° (35 fr.).

[Salle de travail, casier G. 160-205

Cet ouvrage contient plus de 100.000 notices biographiques d'après les documents recueillis aux meilleures sources. — La partie bibliographique a été l'objet d'un soin particulier : les titres des ouvrages de chaque auteur sont donnés avec toutes les indications de date, format, publication, etc...
L'Édition originale est de 1852-1866.

5203 HOFFMANN (Ernest Théodore Guillaume), né à Kœnigsberg en 1776, mort à Berlin en 1822. Musicien, Dessinateur, et le conteur allemand le plus original de son siècle. On dit qu'il usait de stimulants alcooliques. — Contes d'HOFFMANN, précédés d'une notice sur la vie et les ouvrages d'HOFFMANN, par M. Ancelot.

Paris, *Lévy*, 1877, in-12 (4 fr.).

[8° Y². 1010

5204 HOFFMANN (E. T. A.). — Contes Fantastiques : traduction nouvelle ; précédée d'une Notice sur la vie et les Ouvrages de l'Auteur, par Henri Egmont, ornée de vignettes [hors texte] d'après les Dessins de Camille Rogier.

Paris, *Béthune et Plon*, 1836, 3 vol. in-8° (15 fr.).

Autres éditions :

Paris, *Renduel*, 1830, 7 vol. in-12, contenant :

Le Majorat ; Le Sanctus ; Salvator Rosa ; La vie d'artiste ; Le violon de Crémone ; Marino Falieri ; Le bonheur au jeu ; Le choix d'une fiancée ; Mlle de Scudéry ; Zacharias Warner ; Maître Martin ; L'église des Jésuites ; Maître Floh.

Paris, *Perrotin*, 1840, 4 vol. in-8°.
Paris, *Garnier frères*, 1843, in-12.
Paris, *Lavigne*, 1843, in-8°

Paris, *Charpentier*, 1860, in-12
Paris, *Charpentier*, 1872, in-12.
Paris, *Fasquelle*, S. D., in-12.
Leipzig, *Mac Hesses*, S. D. 4 forts vol. in-12.

(Y-P-1688

5205 HOFFMANN (E. T. G.). — Contes Nocturnes de Hoffmann. — Traduction par P. *Christian* [Christian Pitois]. Vignettes de GAVARNI.

Paris, *Morizot*, 1862, in-12 (4 fr.)

. Édition originale (?):

Paris, *Lavigne* [la couverture porte " Victor Lecou "], 1846, in-12 de XII-419 p. (5 fr.)

5206 HOFFMANN (François Benoît) né à Nancy en 1760, mort à Paris en 1828. Soldat, puis poète, auteur dramatique et critique. — Œuvres (Précédées d'une notice sur sa vie par L. Castel).

Paris, *Lefebvre*, 1831, 2ᵉ édit. 10 vol. in-8° (30 fr.).

[Z. 30101-111

Avec un portrait. — Ouvrage devenu peu commun contenant : T. I et II : Théâtre. — T. III : Mélanges en prose et poésies fugitives, 1 vol. — T. IV à IX : Polémique, divisée par ordre de matières savoir : Athénée de Paris : Cranologie : Magnétisme et somnambulisme ; médecine ; astronomie ; géologie ; géognosie ; géographie ; voyages ; politique et histoire. — Traité sur les Jésuites. — Littérature française et étrangère.

1ʳᵉ édit :

Paris 1820, 18 vol. in-8°

[Z. 30092-30110

5207 HOFFMANN (Frédéric) né en 1660 à Halle, où il est mort en 1742. Méd. du roi de Prusse Frédéric Guillaume et Doyen de l'Université de Halle. — Analyse parfaite des Eaux de la Fontaine du Basselter : avec une déduction exacte des vertus de l'eau de cette fontaine, située dans le bas Archevêché de Trèves : avec l'explication de la manière de s'en servir, pure ou mêlée avec le lait, pour dompter diverses maladies ; trad. de l'allem. par P. Th. Leveling Doct. méd.

Nancy, 1738, in-12 (4 fr.).

Rare traité sur la vertu médicinale de ces eaux qui eurent un succès énorme au XVIIIe siècle : les eaux de Basselter, situées près de Francfort-sur-Mein, étaient réputées pour les maladies de poitrine, les bronches, les poumons, etc...

5208 HOFFMANN (Frédéric). — Fredericus HOFFMAN, De Diaboli potentia in corpore.

Halæ Magdeb [urgi], 1737, in-4°
(S-3151)

5209 HOFRICHTER (L.). Magnétiseur public de Guérison. — Discours et expériments (sic) sur le Magnétisme vital et l'homme sensitif.

Dresde, 1880, in-8° (0 fr. 70).

5210 HOGGHELANDE (Théob. de) de Mittelburg. — Theob. de HOGHELANDE Mittelburgensis, de Alchimiæ difficultatibus : in quo docetur, quid facere quidq : vitare debeat veræ Chemiæ studiosus ad perfectionem aspirans ; dans *Theatrum chemicum* (1613), 1, 113-204.

La 1-re édit. est de *Colon. - Agripp.* 1604.

(O-547

5211 HOGGHELANDE (Th. de). — Theobald van HOGHELAND aus Mittelburg, Abhandlung von denen Hindernissen bey der Alchimie, darin gezeiget wird was ein Liebhaber dieser Kunst zu wissen, und zu meiden hat wenn er zur Vollkommenheit gelangen will ; aus dem Lateinischen in das Deutsche übersetzet.

Gotha, Christ. Mevius, 1749, in-8° de XXX-176 pp.

La 1-re édit. de cette traduction par Joachim Tankius est de Leipzig, 1604.

(O-548

[HOLBACH]. (Paul-Henri [Thiry], Baron d') célèbre Philosophe matérialiste et littérateur, né à Hedelsheim (Palatinat) en 1723 mort à Paris en 1789. Ses célèbres dîners l'ont fait nommer " le *maître d'hôtel de la Philosophie.*" D'abord simple traducteur (de HENKEL, de STAHL, entre autres) il donna postérieurement ses propres ouvrages, presque tous dirigés contre la religion catholique. Ses idées matérialistes et athées effrayèrent Voltaire lui-même. Il confiait ses manuscrits à M. NAIGEON qui les faisait imprimer par Marc-Michel REY d'Amsterdam et en surveillait l'apparition ; son anonymat était ainsi parfaitement respecté. Mais on ne possède pas la liste exacte de tous ses ouvrages.

5212 [HOLBACH (B^{on} d')]. — Le bon sens ou idées naturelles opposées aux idées surnaturelles.

Londres, 1772, pet. in-8° (S fr.)
[R-2071²
(G-236

5213 [HOLBACH (d')]. — Le bon sens ou idées naturelles opposées aux idées surnaturelles.

Londres, 1774, in-8° (0 fr.)

Cet ouvrage qui est un abrégé du Système de la nature figure dans l'Index romain et fut condamné en 1775. Maintes fois réimprimé sous le titre de " *Le bon sens du curé Meslier* ".

Autres éditions :

Paris, au Palais des Thermes de Julien, 1802, in-12.

A Rome, et se trouve à Paris, l'an de la Raison, 1792, in-8°

Londres, 1786, pet. in-8°

Bruxelles, 1820, in-8°.

Paris, Bouquelon, an I-et, 2 vol. in-18.

Paris, Guillaumin, 1850, in-12.

Paris, Libr. Anticléricale, 1880-81, 1 vol. in-12.

Paris, Marchands de nouveautés, 1814, in-12.

(G-1751)

5214 [HOLBACH (Baron d')]. — Le Christianisme dévoilé, ou examen des principes et des effets de la religion chrétienne par Boulanger [B^{on} d'Holbach].

En Suisse, 1796, in-12 (2 fr.).

[D² 8304

5215 [HOLBACH (Baron d')]. — La Contagion Sacrée, ou histoire naturelle de la superstition. Ouvrage traduit de l'angl.

Londres, 1798, 2 t. in-12 (12 fr.).

[D². 15104

Cet ouvrage est réellement de la composition du baron d'Holbach. C'est pour se soustraire, lui et ses amis, à tout genre de désagréments qu'il a annoncé dans l'avertissement l'avoir traduit de l'anglais de Jean Trenchard et Th. Gordon.

Autre édition :

Londres, 1770, in-12.

5216 [HOLBACH (Baron de)]. — De la Cruauté religieuse.

Londres, 1775, in-12 (12 fr.).

[D². 8305

Édition originale.

Cet ouvrage est rempli de curieuses anecdotes et de réflexions philosophiques sur les persécutions exercées au nom des religions, les cruautés de l'Inquisition, les exactions commises à l'instigation des pasteurs protestants, les questions oiseuses, ridicules ou indécentes de la théologie scholastique, les moyens employés par le clergé pour exciter les rois à la persécution, etc.).

5217 [D'HOLBACH (Baron)]. — Eléments de la morale universelle ou Catéchisme de la Nature.

Paris, de Bure, 1790, in-16 (3 fr. 50).

Charmante impression par De Bure de cet ouvrage rare du fameux athée.

(G-241

5218 [D'HOLBACH (Baron)]. — Essai sur les préjugés, ou de l'influence des opinions sur les mœurs et sur le bonheur des hommes. Ouvrage contenant l'Apologie de la Philosophie par Mr. D. M.

Londres, 1770, pet. in-8° (10 fr.)

[R. 20553

Cet ouvrage est souvent attribué à Du Marsais, à cause des initiales qui sont sur le titre. Il est en réalité dû au célèbre Baron d'Holbach et annoté par Naigeon.

Autres éditions :

Londres, 1777, in-12.
Paris, Niogret, 1822, in-18.

(G-242

5219 [HOLBACH (Baron d')]. — L'Esprit du Clergé, ou le Christianisme primitif vengé des entreprises et des excès de nos prêtres anciens et modernes, traduit de l'anglais.

Londres, 1797, 2 t. in-12 (20 fr.)

Cet ouvrage est la traduction de 54 petits traités publiés sous ce titre : « *The independant whig* » par John Trenchard et Thom. Gordon. — Cette traduction est due au Baron d'Holbach qui a refait l'ouvrage en partie et l'a « *athéisé*. »

5220 [HOLBACH Baron d')]. — Histoire critique de Jésus-Christ, ou analyse raisonnée des Evangiles.

S. L. N. D. [*Amsterdam, Marc Michel Rey* (?) vers 1770] 2 vol. in-8° (8 fr.)

[8° H. 6060

5221 [HOLBACH (Baron d')]. — De l'Imposture sacerdotale, ou recueil de pièces sur le clergé. Traduites de l'anglais.

Londres, 1777, pet. in-8° de 144 p. (3 fr. 50).

[D². 8368

Sc. psych. — T. II. — 18.

Tableau fidèle des Papes. — De l'insolence pontificale. — Sermon sur les fourberies et les impostures du clergé romain. — Le prétrianisme opposé au Christianisme, etc. ..

5222 [HOLBACH (Baron d')]. — La morale universelle, ou les devoirs de l'homme fondés sur sa nature.

A Amsterdam, Marc Michel Rey, 1776, 3 vol. pet. in-8° (9 fr.)

[R. 18596-598

Autres éditions :

Paris, Masson, 1820, 3 vol. in-8°.

[R. 38700-702

Tours, Letourney, 1792, 3 vol. in-8°.

L'un des plus curieux essais de morale purement rationnelle du 18° siècle.

5223 [HOLBACH (Baron d')]. — Réflexions impartiales sur l'Evangile par feu M. de Mirabaud, secrétaire perpétuel de l'Académie fr.

Londres, 1769, in-10 (5 fr.).

5224 [D'HOLBACH (Baron)]. — Système de la nature ou des loix du monde physique et du monde moral. Par M. Mirabaud, secrétaire perpétuel, l'un des Quarante de l'Académie française.

Londres, 1775, 2 vol. in-8° (25 fr.).

Ouvrage très rare qui, à l'époque de sa publication, eut un retentissement énorme et forme, selon l'expression de St. de Guaita « *le plus hautain manifeste du matérialisme.* » Le nom de Mirabaud fut mis là pour dérouter la curiosité.

L'auteur est le fameux philosophe, le Baron d'Holbach, qui par cet ouvrage attira sur lui les foudres de *la Congrégation de l'Index.*

Autres éditions :

Paris, Domère, 1822, 4 vol. in-18.
Londres, 1770, 1 vol. in-8°.
Londres, 1774, 2 vol. in-8°.

Londres, 1771, 2 vol. in-8°.

(G-24)

5225 [D'HOLBACH (Baron)]. — Système social ou principes naturels de la morale et de la politique. Avec un examen de l'influence du gouvernement sur les mœurs.

Londres, 1773, 2 vol. in-8° (5 fr.).

[R. 20274-276

Ouvrage devenu fort rare, et qui attira sur la tête de son auteur les foudres de l'autorité civile ainsi que de l'autorité religieuse qui le mit à l'Index. La plupart des ex. de cette édit. qui est l'originale, furent détruits.

Autre édit. :

Paris, Niogret, 1822, 3 t. en 1 vol. in-16.

(G-2)(

5226 [HOLBACH (Baron d')]. — Théologie portative, ou dictionnaire abrégé de la religion chrétienne, par M. l'abbé Bernier.

Londres [Amsterdam, M-M. Rey], 1768, in-12 (8 fr.).

[D². 8570

Edition originale de cet ouvrage curieux et rare, qui fut condamné à être brûlé par la main du bourreau, le 16 février 1770 comme blasphématoire, scandaleux et impie.

Peignot, dans son *Dictionnaire des livres condamnés au feu*, attribue cet ouvrage à Delaurens, l'auteur de la *Chandelle d'Arras.*

HOLBACH (Baron d'). — Voir : MESLIER....

Sur les Diners du Baron d'Holbach : GENLIS (Mme la Comtesse de).

5228 HOLBERG (Louis Baron de) poète dramatique et littérateur danois né à Bergen (Norvège) en 1684, mort en 1754. Recteur de l'Université de Copenhague. — Voyage de Nicolas Kli-

... dans le monde souterrain contenant une nouvelle téorie (sic) de la ... et l'histoire d'une cinquième ...narchie inconnue jusqu'à présent. Traduit du latin par De Mauvillon.

Copenhague et Leipsic, 1753. in-12 (10 fr.)

[Z. 17352]

Avec de fort curieuses gravures hors texte de Brühl qui par leur originalité et le sujet traité rappellent les figures dessinées par BINET pour la *Découverte australe* de RESTIF DE LA BRETONNE. L'ouvrage est comme les *Voyages de Gulliver* une satire violente des institutions sociales et politiques du temps, sous une forme romanesque.

(G-1456)

5229 HOLLAND (Georges Jonathan, baron) né à Rosenfeld (Würtemberg) en 1742, mort à Stuttgard en 1784. — Réflexions philosophiques sur le système de la nature.

Paris, Valade, 1773. in-8°.

C'est peut-être la meilleure réfutation des doctrines du baron d'HOLBACH.

Autre édit. :

Neuchatel, 1773. 2 t. in-12.

(G-402)

5230 HOLSTENIUS (Lucas) ou Luc HOLSTE, humaniste allemand, né à Hambourg en 1596, mort à Rome en 1661. Converti au catholicisme. — Lucæ HOLSTENII, Dissertatio de Vita Porphyrii.

S. l., in-8°.

[R. 1512 et R. 38027-928 (S-6800)

5231 HOLWELL (John Zephaniah) né à Dublin en 1711, mort dans le Middlesex en 1778. Médecin et Chirurgien principal à Calcutta, puis Commandant de la Place pendant la révolte du Nabab du Bengale. — Evénemens historiques intéressans, relatifs aux provinces de Bengale et à l'Empire de l'Indostan ; on y a peint la Mythologie, la Cosmogonie, les fêtes et les jeûnes des Gentous qui suivent le Shastah, et une dissertation sur la Métempsychose, dont on attribue faussement le Dogme à Pythagore ; trad. de l'angl.

Amst. et Paris, 1768, 2 t. in-8° (8 fr.).

Ce curieux et rare ouvrage est accompagné de 4 cartes pliées et 5 gr. pl. de divinités et d'antiquités hindoues.

5232 [HOLYWOOD (Jean de)] en latin, Johannes de SACRO BOSCO, moine anglais du XIII° siècle. Auteur du premier ouvrage d'astronomie publié en Occident au Moyen-Age. — Sphæra Ioannis de SACRO-BOSCO emendata. Eliæ Veneti Santonis scholia in eamdem sphæram, ab ipso authore restituta. Adiunximilis huic libro compendium in sphæram, per Pierium Valerianum Bellunensem et Petri Nonii Salaciencis demonstrationem eorum, quæ in extremo capite de climatibus Sacroboscius scribit de inæquali climatum latitudine, eodem Vineto interprete.

Lutetiæ, apud Gulielmum Cauellat, in-12, planches (15 fr.)

Ouvrage recherché. Compilation des traités de PTOLÉMÉE, d'ALFRAGAN et d'ALBATEGNIUS, ornée de figures et d'une pl. repliée gr. sur bois. — VINET, l'éditeur de ce traité de la *Sphère de Sacro Bosco*, fut principal du Collège de Bordeaux et compta parmi ses élèves, Michel de MONTAIGNE.

5233 [HOLYWOOD (John of). — La Sphère de Jean de SACRO Bosco, augmentée de nouveaux commentaires et figures servant grandement pour l'intelligence d'icelle : le tout mis de latin en français par Guillaume des Bordes, gentilhome Bourdelois.... lequel a adiouté plusieurs bonnes sentences et arguments à une préface qui est au comencement du liure, pour prouver que l'Astrologie est tres utile et necessaire au genre humain et qu'elle ne doibt estre mesprisée de l'homme chrestien.

A Paris, de l'imprimerie de Hiereosme de Marnef et Guillaume Cauellat, 1570, in-8° de 117 p. fig. sur bois, lettres ornées (40 fr.).

On ne trouverait peut-être pas un autre livre qui ait joui d'une aussi grande renommée dans les écoles du Moyen-Age que la Sphère de Jean de Holywood (en latin : Joannes de Sacro Bosco). Le traducteur, Guillaume Desbordes, naquit à Bordeaux dans la seconde moitié du seizième siècle.

5234 [HOLYWOOD (John of)]. — Textus | de · Sphæra Johannis de Sacro Bosco, | cum additione, quantum necessa | rium est, adjecta, novo commen | tario nuper edito, ad utilita | tem studentium philoso | phiæ academiæ illus | tratus. — [Au v° du titre :] Jacobi Fabri Stapulensis Commentarii in astronomicum Johannis de Sa | cro Bosco.... [A la fin] Impressum Parisiis, in pago Divi Jacobi, ad insigne Sancti Georgii, anno Christi, siderum conditoris | 1494 duodecima februarii, per... Vuoffgangum Hopyl.

[Paris, 1494], in-f° gothique cahiers a-c.

(Hain n°s 3971 et 14110).

[Réserve v1. R. 58

Édition de la Sphère de Jean de Sacro-Bosco, donnée par Jacques Lefèvre d'Étaples.

5235 HOLZHAUSER (Barthélemy). Mystique et prophète allemand né à Laugnau, près d'Augsbourg vers 1613, mort à Bingen en 1658. Curé de Tittmoningen et fondateur de la congrégation des Barthélemytes. — Des Bartholomäus Holzhauser geheime Visionen, wie er sie selbst im Jahre 1646 dem Kaiser Ferdinand III und dem Kurfürsten Maximilian von Bayern in lateinischer Sprache schriftlich übergeben hatte : in das Deutsch-übersetzt und mit Anmerkungen begleitet Neueste Auflage.

Bamberg, Göbhardt. 1799. in-8° de VIII-46 pp.

On trouve dans Lenglet-Dufresnoy Traité.... sur les apparitions, I 252-9, un chap. Examen de plusieurs livres d'apparitions et de révélations particulières, depuis le Livre du Pasteur par Hermas, jusqu'à Antoinette Bourignon et autres.

(O-1871)

5236 HOLZHAUSER (Barth.) — Interprétation de l'Apocalypse, renfermant l'histoire des sept âges de l'Église catholique et les grandes scènes de la fin du monde. Traduit du latin et continué par le chanoine de Wuilleret.

Paris, Vivès, 1850, 2 vol. in-8 (6 fr.).

5237 HOLZHAUSER (Barth.) — La véritable Prophétie du vénérable (Bartholomé) Holzhauser, ou le Rétablissement des Papes à Rome ; d'une fédération en Allemagne ; de la solennité du culte pour tous les catholiques français ; et de la paix dans l'Univers, après la déchéance de Napoléon Buonaparte, prédit vers le milieu du XVIIe s., ainsi que d'autres événements relatifs à la fin du XVIIIe ou au commencement du XIXe ; avec l'explication, par m. V*** (l'abbé Pierre-François Viguier).

Paris, Crapart, 1815, in-12 de IV-157 pp.

(O-1880)

5238 HOMBERGIUS (Gaspard). — De superstitiosis Campanarum pulsibus ad eliciendas preces quibus placentur fulmina, aut. Gasp. Hombergio.

Francofurti ad Mœnum, 1577, in-8°.

(S-2074)

5239 HOME (Daniel Dunglas), célèbre médium, était né à Édimbourg en 1833 et mourut à la Villa Montmorency, à Auteuil, le 21 juin 1886. — La Lumière et les Ombres du Spiritualisme, trad. de l'angl. par Henry la Luberne.

Paris, Dentu, 1883, in-16 IX-278 p. fig. géométr. à la fin.

[8° R. 4913

Savante étude sur le spiritualisme. M. Home a été un des plus grands médiums de son temps, et M. William Crookes affirme que tout ce dont il a été témoin a été produit par M. Home en pleine clarté. — L'auteur parle longuement du spiritisme français et dévoile les trucs de plusieurs médiums.

Croyances des peuples anciens : Assyriens, Chaldéens, Egytiens, Perses, Hindous, Chinois, Grecs, Juifs, Chrétiens. — Le spiritualisme moderne. — La doctrine d'Allan Kardec. — Les sceptiques et les preuves. — Les supercheries expliquées, etc...

5240 HOME (Daniel Dunglas). — Révélations sur ma vie surnaturelle. 5ᵉ édition augmentée du Récit détaillé de mes démêlés avec la Cour de Rome.

Paris, Didier, 1864, in-12, (4 fr.).

Autre édition :

Paris, Dentu, 1863, in-18, 337 p.

Dans cet ouvrage, il raconte ses phénomènes de fakirisme, de lévitation, d'extériorisation, de dématérialisation, etc...

HOME (Daniel Dunglas). — Voir : GARDY (L.).

5241 HOMME aux 33 têtes (L'). Mémoires posthumes du Franc Maçon Le Gobeur.

S. l. n. d. [vers 1880], in-16, Figures. (4 fr.).

5242 HOMME (L') créé à l'état de nature sous l'empire des lois générales.

Paris, 1891, in-8°. (2 fr.).

5243 HOMME (L') vainqueur des puissances infernales par les vrais secrets de la Magie Noire et des autres sciences occultes : et par les vrais secrets de l'influence et du pouvoir magnétique, de la domination réelle des volontés par l'hypnotisme, mis à la portée de tous.

Paris, impr. de Grésil, 1904, 2 vol. in-16, fig. (7 fr.).

[8° R. 21678

« Livre merveilleux, et en même temps Livre terrible (!)»[Préface]. Contient une infinité de Secrets magiques pour les hommes, pour les femmes et les jeunes filles, pour toutes les maladies, etc...

5244 HOMO. — Chez les psychiques, lutte chimérique du diable contre Dieu.

Paris, Chamuel, 1899, in-12. (0 fr. 25).

Cette brochure a été écrite à la suite de la démission de Mgr Méric, le Président de la Société des Sciences psychiques, parce que plusieurs membres de cette société étaient Martinistes.

5245 HONG-TYONG-OU. — Guide pour rendre propice l'Etoile qui garde chaque homme et pour connaître les destinées de l'année, traduit du Coréen par Hong-Tyong-ou et Henri Chevalier.

Paris, Ernest Leroux, 1897, in-4° de page 79 à p. 123. (5 fr.).

[O². 619

Tome XXVI, Partie II, des *Annales du Musée Guimet*. Curieuse astrologie Coréenne et méthodes de Divination parmi lesquelles une sorte de Géomancie : « *Consultation des bois* », p. 109.

5246 HONOFRIO (Fedele). — Pronostico calcolato l'anno 1610, e dura in perpetuo. Con alcuni fioretti d'Astrologia, ne quali si tratta della natura de dodeci segni celesti, e de Pianeti; etc... con altri bellissimi secreti a benefitio universale. Aggiuntoni di nuovo il modo di seminar gl'orti secondo la Luna.

In Ferrara, etc., 1611, in-18. (3 fr.).

Petite publication astrologique ancienne, avec tableaux et tables astrologiques.

5247 HONORIUS (le Pape). — Grimoire du pape HONORIUS [III], avec un Recueil des plus rares secrets.

Rome, s. adr., 1670. in-32 de 127 pp. avec des pl. impr. en rouge.

[Rés. p. R. 189

Voir aussi à :

GRIMOIRE.

(O-1713

5248 HONORIUS (le pape), — Grimoire du pape HONORIUS avec un recueil des plus rares secrets.

Rome, 1760.

Lille, 1840. in-16. (20 fr.).

« Introuvable au dire d'ELIPHAS LÉVI » (S. de G.). Avec une vignette sur le titre et 11 planches en couleurs. (9 feuillets non chiffrées d'additions,).

(G-1431

5249 HOPPS (John Page). — Dieu, le pessimisme et la science par John Page Hopps, traduit de l'anglais par Mad. J. Hamelin.

Paris. Bib. Chacornac, 1902, in-18, 97 p. (1 fr.).

[8° R. 18201

De la philosophie et du mysticisme, avec en outre la préoccupation constante de la première ligne à la dernière, de démontrer la réalité de l'au-delà, telle est l'œuvre de John Page Hopps, excellement traduite par Mad. J. HAMELIN.

5250 HORAPOLLE, ou HORAPOLLON. Ces Hiéroglyphes Egyptiens ont fait l'objet de nombreuses éditions ; parmi les meilleures, citons celle donnée par M. Conrad LEEMANS, de Leyde (*Leyde, 1835*, in-8°) ; voir aussi :

LENORMANT (Charles).
MARTIN (Jean).
ORUS APOLLO.
REQUIER (Jean-Baptiste).

HORDAL (Jean). jurisconsulte lorrain, né en 1552, mort en 1618, Professeur de droit à Pont-à-Mousson, et de la famille de Jeanne d'Arc.

5252 HORDAL (Joannes). Heroinæ nobilissimæ Joannæ Darc Lotharingæ vulgo Aurelianensis Puellæ historia ; ejusdem mavortiæ virginis innocentia a calumniis vindicata : authore Joanne HORDAL.

Pauli Mussi, apud Melchiorem Bernardum, 1612. pet. in-4°. 3 figures.

[Lb³⁷. 22

Difficile à trouver.

(S-5036

5253 HORIOU-TOKI. Supérieur du temple de Mitani-Dji. — SI-DO-IN-DZOU, Gestes de l'officiant dans les cérémonies mystiques des sectes Tendaï et Singon (Bouddhisme Japonais) commentaire de HORIOU-TOKI. Traduction de Kawamoura, avec introduction et annotations par L. de Milloué.

Paris, Ernest Leroux, 1899. in-8°, XIX-234 pp. XVIII pl. (8 fr.).

[O². 828

Annales du Musée Guimet, Biblioth. d'Etudes. T. VIII.

Innombrables figures dactylologiques (sceaux) avec leur index et caractères chinois et japonais.

C'est en réalité le *Manuel* du prêtre officiant dans les 4 principales cérémonies du bouddhisme ésotérique et mystique.— Avec un portr. par RÉGAMEY, de HORIOU-TOKI officiant, devant le Mandara du *Musée Guimet* le 13 nov. 1897.

5254 HORLACHER (Conrad).— Bibliotheca chemico-curiosa d. Mangeti enucleata ac illustrata, das ist : Kern und Stern der vornehmsten chymisch-philosophischen Schrifften, die in Mangeti Bibliotheca chem.-cur. befindlich seynd : welche mit sonderbaren Anmerckungen allerseits erläutert.. auch also in drey Classes abgetheilet und herausgegeben durch Conrad HÖRLACHERN.

Franckfurt, Wolffg. Michahell, 707, in-8° de XXXVI-422- XXIV pp.

C'est un résumé des notions renfermées dans les divers ouvrages publiés dans la *Bibliotheca Chimica* de MANGET.

On trouve dans le *Journal des savans*, 1705 pp. 499-504, une bonne analyse de l'ouvrage de MANGET.

(O-558

5255 HORN (Christophe). — Christophori HORNII Misnici de suro medico philosophorum, id est: de illo occulto, salutari, solari omnium mineralium, vegetalium et animalium corporum, spiritus Dialogus scholasticus : dans *Theatrum chemicum*, V (1622), 070-1001.

(O-050

5256 [HORNE (De)], médecin de la Comtesse d'Artois et du Duc d'Orléans. — Réponse d'un médecin de Paris à un médecin de Province, sur le prétendu magnétisme animal de M. MESMER.

Vienne et Paris, L. A. Delalain le jeune, libraire, rue Saint-Jacques, in-8°. 10 pages.

Cette brochure est attribué au docteur DE HORNE, ancien médecin de l'hôpital de Metz, médecin de la comtesse d'Artois et du duc d'Orléans. L'auteur ne nie pas ce qu'on appelait en ce temps là les prodiges de Mesmer, mais après avoir expliqué qu'ils sont le résultat d'une attitude de gêne, de la chaleur de la main de l'opérateur, de la prévention et de l'imagination de ceux qui se font palper, « il essaie de démontrer que ces merveilles sont dues à un composé électro-magnétique dont Mesmer s'empreint « au point de pouvoir transmettre et communiquer ce composé selon les besoins » et il appelle cela « une imprégnation de matières subtiles ! (sic). » Il faut avouer que l'hypothèse de DE HORNE est au moins aussi hardie que celle du fluide. Il annonce dans une note qu'un grand médecin chimiste va publier des expériences qu'il fait journellement sur les végétaux à l'instar de MESMER et par le procédé ci-dessus indiqué. Ce sera dit-il un magnétisme végétal. Mesmer, dans son précis historique (page 99) se moque agréablement de DE HORNE et proclame le nom du grand alchimiste (dit-il) inventeur du magnétisme végétal : ce devait être M. THOUVENEL.

(D. p. 10

5257 [HORNE (de).] — Lettre d'un médecin de Paris à un médecin de province.

Paris, 1784, in-8°, 10 pages. (3 fr.).

Cette lettre est attribuée par quelques auteurs au docteur DE HORNE, qui l'aurait écrite contre Mesmer. Ce ne peut être la même. Il s'agit de quelques lignes en faveur de Mesmer et de l'envoi de la copie d'une lettre de Mesmer à un médecin de la commission nommée pour examiner chez M. d'Eslon, la nature et les effets de la découverte du magnétisme animal. Cette lettre relate les curieuses conventions passées entre celui-ci et d'Eslon, conventions dans lesquelles l'intérêt matériel domine. Il y est dit entr'autres particularités que d'Eslon ne pourra traiter « que des malades en particulier et d'une manière isolée, sans appareils de boîtes ou d'autres machines à magnétisme animal. »

(D. p. 24

5258 HORNIUS (Georgius) ou Georges HORN, historien et géographe né à Greussen (Haut Palatinat), vers 1620, mort à Leyde en 1670. — Arca Mosis sive historia mundi quae complectitur primordia rerum naturalium omniumque artium ac scientiarum.

Lugd. Batav. ex officina Hackiana, 1668, in-10 (7 fr.).

Petit opuscule d'une grande rareté, s'ajoutant à la collection Elzévirienne.

(G-403

5259 [HORNOT (Ant.)]. — Traité raisonné de la Distillation ; ou la Distillation réduite en principes: avec un Traité des Odeurs. Par M. DÉJEAN, Distillateur. [pseud. de M. ANT. HORNOT].

Paris, chez Nyon fils ; Guillyn, M. DCC. LIII [1753], in-32 de X-484 p. et Catalogue. (4 fr.).

[V. 36146

De la Distillation. — Des Accidents qui peuvent arriver en distillant. — Comment on distille à l'Alambic ordinaire au Réfrigérant. — Ce qu'on distille. — Des Essences, des Eaux simples, des Phlegmes. — De l'Esprit de Vin, simple et rectifié. — De la connaissance des Fruits. — De la Connaissance des Plantes aromatiques et Vulnéraires. — De la Connaissance des Epices et des Grains. — De la Fleur d'Orange. — Des Couleurs et des Teintures de Fleurs. — Des Liqueurs compliquées. — Des Odeurs. — Des Huiles. — Des Essences. — Des Syrops.

Traité des Odeurs. Suite du Traité de la Distillation, par DÉJEAN, Distillateur.

Paris, chez la veuve Savoye, M. DCC. LXXVII [1777], in-12 de X-402 p. (5 fr.).

[V. 36130

Innombrables recettes d'ancienne parfumerie : Eau d'Ange, Eau de Cypre, Eau couronnée, etc.

5200 HOROSCOPE (L') du Roy.

S. l., 1623, in-12, 48 pages. (5 fr. 50).

Pièce fort rare intéressant l'histoire de la ville de Lyon écrite sans nul doute par un Lyonnais qui déclare au Roi Louis XIII que c'est à Lyon « qui s'estoit rendué à Henry le Grand la première aux remuements de la Ligue » qu'il fut conceu et qui demande pour cette ville la création d'un Parlement.

(G-1457

5201 HORST (George Conrad). — Von der alten und neuen Magie Ursprung, Idee, Umfang und Geschichte : als Ankündigung der Zauber-Bibliothek und Verständigung mit dem Publikum über diesz literarische Unternehmen von Georg Conrad HORST.

Mainz, Florian Kupferberg, 1820, in-8° de IV-84 pp.

(O-1078

5202 HORST (G.C.). — Zauber-Bibliothek, oder von Zauberei, Theurgie und Mantik, Zauberern, Hexen, und Hexenprocessen, Dämonen, Gespenstern, und Geistererscheinungen ; zur Beförderung einer rein-geschichtlichen von Aberglauben und Unglauben freien Beurtheilung dieser Gegenstände : von Georg Conrad HORST.

Mainz, Florian Kupferberg, 1825-26, 6 vol. in-8° de 400 à 450 pp. chaque avec fig. dans le texte.

[R.38749.754

GRAESSE a donné le détail du contenu de cet ouvr. dans sa *Bibliotheca magica*, pp. 131-32.

Cet ouvr. est une espèce de revue ou de magasin de la science infernale.

(O-1071

5203 HORSTIUS (Jacobus) ou Jacques HORST, sans doute fils du médecin allemand Jean Daniel HORST (1639-1685). — De Natura, Differentiis et Causis eorum, qui Dormientes, ambulant, auctore Jacobo HORSTIO.

Lipsiæ, 1603, in-12.

(S-3210

5204 HORTENSIUS MOMTFORTUS (Lambertius), ou Lambert HORTENSIUS, savant philologue et historien hollandais, né à Montfort en 1500, mort vers 1574. Son véritable nom est inconnu ; son surnom de " Hortensius " lui ayant été donné parce qu'il était fils d'un jardinier. Il fut préfet du Collège de Naarden (1572). —Lamb. HORTENSII MONTFORTII Tumultuum Anabaptistarum Liber.

Basileæ, 1548, in-4°.

[H.1132

Au dire de LENGLET-DUFRESNOY, il n'est pas de meilleur traité pour l'étude de *l'Histoire des Anabaptistes*.

(St-Y 1519

5205 HORTULAIN. — Fontani Hortulani Fata chymica, in Beschreibung der wahren und falschen Chymie, mit Beygefügten acht raren Tractatgen und zum Theil alten kostbaren Manuscriptis, bestehend : 1) in Übereinstimmung der grosz-und kleinen

w. it : 2) in Anzeigung : Woher die
Menschen ihre Signaturen genommen
und wodurch viele Künste und Wissenschaften erfunden worden ; 3)
stellet magische Sigill- und Bildun-
gen für, nach den Biblischen Namen
und Gegeneinanderhaltung des Ges-
tirns, mit der Signatur der Planeten
und den Beweisz, woher die Magische Bildnüss...

*Franckfurt am M., David Jacob
Caman*, 1737, in-4° de XIV-302 pp.
avec 1 frontisp. gr.

[R. 7007
(O-1306

5260 HORTULAIN. — Super Tabulam
Smaragdinam Hermetis commentatio :
joint à la *Tabula Smaragdina* :

Trad. en fr. et joint à la trad. fr.
de la *Table d'émeraude*.

Voir : *HERMES TRISMEGISTE*.

(O-692

5267 HOSTIUS (Georgius). — De cadaverum naturali Conservatione et
exenteratione, à Georgio Hostio.

Walek (Wittembourg ?), 1608.

(S-3309

5268 HOUEL (Nicolas) Apothicaire né
à Paris en 1520 mort en 1584. Fonda
la maison des apothicaires, devenue
en 1800 l'École de Pharmacie. —
Traité de la Thériaque et du Mithri-
date, par Nicolas Houel.

Paris, 1573, in-8°.

[Te^{let}, 1465

Traité de la Peste, par le même.

Paris, 1573, in-8°.

[Te^{let}, 62
(S-3377

5269 [HOUNEAU (Joachim)]. — Georges Bois. — Le miroir de Cagliostro.
Hypnotisme.

*Paris, Lib. Nouvelle, A. Bourdil-
liat*, 1860, in-18 de 100 pages, fron-

tispice gravé sur bois, couv. imp. en
bleu. (2 fr.).

(D. p. 173
(G-1150

5270 HOURWITZ (Zalkind), né en Lithuanie, en 1758. — Polygraphie ou
l'art de correspondre, à l'aide d'un
dictionnaire, dans toutes les langues,
même dans celles dont on ne possède
pas seulement les lettres alphabéti-
ques.

Paris, an IX, in-8°. (6 fr.).

Curieux.

5271 HOUSSAY (l'abbé), plus connu
sous son pseudonyme " l'abbé Julio"
est né à Cossé-le-Vivien (Mayenne) le
3 mars 1844. Aumônier militaire en
1870, puis vicaire de St-Joseph, à Paris ; fondateur en 1885 du Journal
" *La Tribune du clergé* ". A nouveau
Curé, en province, cette fois, de
Pont-de-Ruan, dans l'Indre et Loire.
C'est à cette époque qu'il traduisit
sous le nom de " *Secrets merveilleux*"
un vieux rituel : " *Le Bénédictional
Romain* ", jadis suivi par l'Eglise Catholique. En 1904, l'abbé Julio a été
consacré évêque et chef de l'église catholique libre de France par Mgr Pao-
lo MIRAGLIA, Evêque de l'Eglise Catholique indépendante d'Italie.

Voir FABRE des ESSARTS, *Les Hiérophantes* p. 277-285 et du même :
" *L'abbé Houssay* ".

L'abbé HOUSSAY est un des grands
guérisseurs modernes par la Prière.
Voir sur ce sujet ANTOINE LE GUÉRIS-
SEUR, " CHRISTIAN SCIENCE ", et EDDY,
nom de la fondatrice de cette dernière
secte.

Bien entendu, la *Formule* de la Prière
employée est entièrement indifférente, et
l'efficacité (incontestable et incontestée)
de ce genre de " traitement mental " provient de la Foi de l'Opérateur, et de son
entraînement Psychique préalable. La
valeur de tout recueil de prières est donc
passablement illusoire.

5272 [HOUSSAY (l'abbé)]. — Biographie

de Jean SEMPÉ, le magnétiseur mystique.

Vincennes, chez Jean Sempé, 1889. in-12, (3 fr. 50).

L'histoire du thaumaturge Jean SEMPÉ est tout simplement merveilleuse. — L'imagination la plus échevelée serait incapable de créer les situations extraordinaires où la Providence crut devoir placer cet homme étonnant en plein XIX° siècle. — Ses démêlés avec l'Eglise méritent aussi d'être connus, car la figure de Sempé est sortie de ces débats entourée d'une hiératique auréole [Dujols et Thomas.]

Guérison Miraculeuse. — Paul *Barraque.* — Fuite à Pau et départ pour Bordeaux. — Séjour à Cauterets. — Etrange Vision au Château Desparbasque. — Les Revenants du Château de Navailles. — Guérison d'une épileptique. — Guérisons à distance. — Une Possédée. — Jean guérit son avocat. — Lord Smith, Lord Delson, la baronne de Mesplède. — En route pour la Martinique. — Séjour à Bayonne. — Typhus et choléra. — Guérison d'une jeune fille espagnole. — Persécutions contre Marie Sempé. — A Biarritz. — A Bordeaux. — Les moines de Toulouse. — Paris. — Jean Sempé va achever sa mission — Les Prières de Jean Sempé.

5273 HOUSSAY (l'abbé). — L'Etincelle, Religieuse, Libérale, Organe de l'Union des Eglises. Directeur, l'abbé JULIO, 5 rue Vernier, Paris.

Paris, depuis 1808 [ou 1901 ?], gr. in-8°, (12 fr. par an).

[4° R. 1829

Publié actuellement à Pougny (Ain) ou près de Genève, à la " *Villa Étincelle* ". Aïre, n° 16.

Le N° du 1° janvier 1901 porte l'indication " 4° Année, n° 96 ", il semble continuer une publication antérieure sous un autre titre (?) par le même directeur.

Renseignements et annonces sur la " *Guérison Psychique* " etc...

5274 [HOUSSAY (Abbé)]. — Grands secrets merveilleux, pour aider à la guérison de toutes les maladies physiques et morales, par l'abbé JULIO,

successeur et biographe de Jean SEMPÉ.

Paris, Chamuel, 1800, fort vol. de plus de 600 pp. avec pl. coloriées h. t. représentant des pantacles et talismans, et 2 portraits. (15 fr.).

L'auteur fut un guérisseur célèbre dans toute la France ; son livre dont les premières éditions ont eu un succès énorme dans le monde entier, jouit de toute la faveur des spiritualistes, et ses formules ne sont pas sans intérêt pour le chercheur. — Signalons l'étude sur Jérôme Savonarole : la vie et le martyre de Jean Huss, par Fabre des Essarts, avec de nombreuses pl. représentant son supplice et son martyre.

Autre édition :

Vincennes, 1907. in-12 de 700 pp. env.

5275 [HOUSSAY (abbé)]. — Abbé JULIO. — Le Livre secret des Grands Exorcismes et Bénédictions. — Prières antiques, formules occultes, recettes spéciales, avec explication et application des signes et pentacles contenus dans les « *Grands Secrets Merveilleux,* » les « *Prières Liturgiques,* » « *Le Livre des Exorcismes* » et « *les Petits Secrets Merveilleux.* »

Vincennes, l'auteur, s. d. [1908], in-12 de 610 pp. 33 gravures h. t. (100 fr.)

« Recueil rare et précieux, ne devant être confié qu'aux personnes véritablement douées du Don de faire le Bien et de combattre le Mal sous toutes ses formes. »

Ce volume n'est pas en librairie, et l'auteur se réserve de le fournir à quiconque en est jugé digne.

Nous nous sommes expliqué ci-dessus sur la valeur de tout recueil de prières : elles ne valent guère que par la foi de celui qui les emploie saintement.

5276 [HOUSSAY (Abbé)]. — Abbé JULIO. — Prières liturgiques : invocations des Saints en toutes les circonstances de la vie.

Vincennes, 1907, in-12 de 050 pp. env. planches (10 fr.).

Contient plusieurs gravures h. t. portraits, supplice de J. Savonarole. etc... et un grand nombre de belles planches h. t. représentant de très curieux pantacles coloriés.

5277 [HOUSSAY (l'abbé)]. — Prières merveilleuses pour la guérison de toutes les maladies physiques et morales; par l'abbé JULIO, successeur et biographe de Jean SEMPÉ.

Paris, Chamuel. 1800, in-18. portraits et fig. (3 fr.).

[D. 84330

Autre édition :

Vincennes, l'auteur, 1902, in-16. (3 fr.).

Pour découvrir les criminels. — Pour guérir les maladies graves, les plaies invétérées, les brûlures. — Pour obtenir un heureux accouchement. — Pour préserver de la foudre. — Pour détourner les vengeances occultes. — Etc.

Nous répétons de nouveau que les Prières ne sont que l'expression des pensées élevées de leur auteur. Elles n'ont d'efficacité que si elles sont accompagnées de la génération de ces mêmes pensées, ce qui nécessite une Foi. ou Auto-suggestion profonde, jointe au pouvoir de se mettre soi-même dans l'état de vibration psychique nécessaire à l'émission des ondes actives et créatrices.

5278 HOUSSAYE (Arsène), de son vrai nom HOUSSET, né à Bruyères près Laon en 1815. Journaliste et administrateur de la Comédie Française. Écrivain, d'après LAROUSSE, fécond et superficiel. — Les destinées de l'âme.

Paris, C. Lévy. s. d. in-12. (3 fr.).

La recherche de l'inconnu. — Les sciences occultes. — Les hallucinés. — Les poètes et les philosophes. — Le tombeau. etc.

Intéressant ouvrage de l'écrivain bien connu.

(G-1458

5279 HOUSSAYE (Arsène). — Philosophes et comédiennes.

Paris, Lecou. 1851, in-12. (2 fr. 25).

[Z. 50035

Voltaire et Mlle de Livray. — Platon. — Mlle Gaussin. — Mme de Parabère. — Callot. — Proudhon, etc...

5280 HOUSSAYE (Henri) fils du précédent, né à Paris en 1848. — Aspasie, Cléopâtre, Théodora. 5-ème édit.

Paris, 1891. in-12.

[8° J. 5419

5281 HOUSSET, méd. de Montpellier. — Observations historiques sur quelques écarts ou jeux de la Nature, pour servir à l'histoire naturelle.

Neufchâtel. 1785, in-8°. (4 fr.)

Mém. sur une fille monstrueuse. — Mém. sur un enfant roué dont le corps formait sur le tronc deux gouttières. — Mém. sur un enfant né sans mâchoire supérieure. — Dissertation sur une grossesse de 31 ans. — Mém. sur un œuf trouvé dans un autre œuf. — Lettre sur la description de l'hermaphrodite Drouart. etc...

5281 bis HOUZEAU (J. C.) et LANCASTER (A.). — Bibliographie générale de l'Astronomie, par J. C. HOUZEAU. ancien directeur de l'Observatoire Royal de Bruxelles et A. LANCASTER, bibliothécaire de cet établissement.

Bruxelles, F. Hayez. 1882-1887-1889. 2 tom. en 3 vol. gr. in-8° (200 fr.).

[4° Q. 352

La section II de la Première partie du Tome I est consacrée à l'Astrologie (Imprimés et manuscrits).

Le Tome II paru en 1885 est fort rare. La Section " *Astrologie* " sus-mentionnée décrit de fort intéressants manuscrits anciens de la Bibliothèque Nationale à Paris, comme aussi de celles de Vienne, d'Oxford, du British Museum, etc.

5282 HOVELACQUE (Alexandre Abel).

linguiste et homme politique radical socialiste né à Paris en 1843. Président du Conseil municipal de Paris. — L'Avesta, Zoroastre et le Mazdéisme, par Abel Hovelacque.

Paris, Maisonneuve et Cie, 1880, gr. in-8° de 521 p. (12 fr.).

[8° Z. 200

IV° volume de " *Les Littératures de l'Orient* ". — Anquetil-Duperron et l'Avesta — Eugène Burnouf — L'Avesta et Zoroastre. — Les Divinités bienfaisantes. — Les divinités malfaisantes. — La Conception du Monde dans l'Avesta. — La Loi Mazdéenne. — La pureté Mazdéenne. — Les cérémonies du culte. — Morale de l'Avesta. — Table Analytique.

Autre ouvrage de même titre :

Paris, Maisonneuve, 1878, in-8° de 114 pp. et table.

[O²h. 317

Curieuse étude de critique hist. sur le Zend-Avesta, ses premiers traducteurs, Anquetil-Duperron, etc...
(Analyse l'ouvrage de ce dernier).

5283 HOVELACQUE (Abel) — La Linguistique.

Paris, 1879, in-12. (2 fr. 50).

Étymologie. — La faculté du langage articulé. — Tableau des trois couches linguistiques et des idiomes qui les représentent. La pluralité originelle et la transformation des systèmes de langues, etc.

5284 HOWEL (Jacques) ou, en anglais James, né à Brecknok (comté de Caermathen) vers 1594, mort vers 1660. Historiographe royal d'Angleterre. — Dendrologie, ov la Forest de Dodonne, par Jacques Howel, gentilhomme Breton-Anglois.

A Paris, aux despens de l'autheur, 1641, petit in-4°. (40 fr.).

[*E. 881, et
[Rés *E. 256

Volume singulier et fort rare. — Le sous titre indique quel est le sujet de cet ouvrage que le titre pourrait faire prendre pour un ouvrage de botanique. « La forest de Dodonne composée de plusieurs arbres mystérieux sous lesquels s'est discouru critiquement des plus mémorables occurences, négociations et traversées d'Espagne au Pays Bas et ailleurs depuis l'an 1660 jusques à présent. » C'est en quelque sorte un roman historique à clef dont les vrais noms sont dévoilés dans une table au commencement du volume. Avec un très beau portrait en pied gravé par H. Mélan et Abr. Bosse et 4 curieuses planches représentant différentes espèces d'arbres.

Oa 470?
O²h (F?)

5285 HROTSWITHA du Couvent de Gandersheim, née vers 930, morte vers l'an 1000. Sa vie est ignorée. — Théâtre de Hrotswitha, religieuse allemande du X-ème siècle, trad. pour la première fois en français, avec le texte latin revu sur le manuscrit de Munich, précédé d'une introduction et suivi de notes par Charles Magnin.

Paris, Benjamin Duprat, S.d., in-8°. (4 fr.).

[Yc 1007?

Intéressant ouvrage qui est un des plus curieux monuments de la littérature dramatique allemande.

Autre édit :

Œuvres dramatiques. Traduction littérale d'après le ms. de Munich, précédée d'une étude historique par C. Vellini.

Paris, 1907, in-12. (2 fr. 50)

5286 HUARTE (Juan) ou Huarte Navarro, médecin et philosophe espagnol né en Navarre, à St-Jean-Pied-de-Port vers 1530, mort vers 1600. On peut le considérer comme un lointain précurseur du phrénologue Gall. — Examen de ingenios para las sciencias donde se muestra la differencia de habilidades que ay en los hombres, y el genero de letras que a cada uno responde en particular. La quarta edicion de Muchos querida.

...post[e]dam, officina de Juan de Ra-
vesle[in] 1602, pet.in-12. (4 fr.)
[R. 38802]

5287 HUARTE (Juan). — L'examen
des Esprits pour les Sciences, par M.
J. Huarte.

Paris, R. Guignard, 1668.
[R. 38813-14]

Supplément à l'examen des Esprits
par le même.

Paris, 1634. 3 vol. in-12.
[R. 35404 *bis*]
(S-2635)

5288 HUARTE (Jean), médecin espagnol. — L'examen des esprits pour les
sciences. Où se trouvent les différences des esprits qui se trouvent parmy
les hommes, et à quel genre de sciences chacun est propre en particulier. Trad. par Fr. Savinien d'Alquié.

Amsterdam, 1672, in-12. Joli frontispice gravé. (6 fr.).

Autres éditions :

Paris, Lescuyer, 1619, fort in-12.
A Lyon par François Didier, 1580,
pet. in-8°.
[R. 38803]

Quels hommes et quelles femmes se
doivent marier ensemble pour avoir des
enfants. — Quelles diligences il faut apporter pour engendrer des garçons et
non des filles. — Le système de génération exposé par cet auteur est fort bizarre et les expressions les plus libres s'y
rencontrent fréquemment ; c'est un véritable traité de l'art de procréer les sexes
à volonté. L'œuvre se termine par d'excellents préceptes hygiéniques pour l'é-
ducation physique et intellectuelle des
enfants.

(G-404)

5289 [HUBER (Mlle Marie)] philosophe
et théologienne protestante née à Genève en 1694, morte à Lyon en 1753.
— Le Monde fou préféré au monde
sage, en 23 promenades de trois amis,
Criton philosophe, Philon avocat,

Éraste négociant. Nlle édit. augm. de
deux lettres.

Amsterdam, 1733, in-12. (8 fr.).

5290 HUBER (Mlle). — Le Système
des anciens et des modernes, sur l'é-
tat des âmes séparées du corps, par
Mlle Huber.

Londres, 1757, 2 vol. in-8°.
(S-3132)

5291 HUBERT (H.) et M. MAUSS, di-
recteurs adjoints de l'Ecole des Hautes Etudes. — Mélanges d'histoire des
religions.

Paris, 1900, in-8° (5 fr.).

Ce travail tout récent est consacré, en
grande partie, à l'origine des pouvoirs magiques dans les sociétés australiennes et
abonde à ce point de vue, en documents
très curieux, notamment sur les rites initiatiques. — Le traité sur la nature et la
fonction du sacrifice n'est pas moins intéressant, car on sait que le sacrifice fait
absolument partie de la magie cérémonielle.

5292 HUC (Evariste Régis) né à Toulouse en 1813, mort à Paris en 1860.
Ancien missionnaire apostolique en
Chine. — Souvenir d'un voyage dans
la Tartarie et le Thibet pendant les
années 1844, 1845 et 1846.

Paris, Gaume, 1857. 2 vol. in-8°
(6 fr.).

[O²r. 14]

Avec 2 cartes gr. en couleurs. — Ouvrage fort rare et fort estimé à cause des
curieuses constatations qu'il contient au
point de vue de l'occultisme. — Le P.
Huc est l'un des rares voyageurs qui pé-
nétrèrent jusqu'à Lhassa, la ville sainte du
Thibet. « Pour ce livre si loyal et si courageux, le missionnaire Huc obtint les
honneurs de l'index. » (St. de Guaita).

Autres éditions :

Paris, Le Clère, 1850, 2 vol. in-8°
et carte.

Paris, Le Clère, 1853, 2 vol. in-
12 de 440 et 518 p. carte (5 fr.).

Paris, Gamme, 1800 2 vol. in-12.
Paris, Gamme, 1858. 2 vol. in-12.
Paris, Gamme, 1878, 2 vol. in-12.

5203 HUC (Le Père). — L'Empire Chinois.
Paris. Gamme frères, 1857, 2 vol. in-8°

[O² n. 150 et A. B. C. D. et E. (5 autres éditions)

Cet ouvrage couronné par l'Académie Française, fait suite à l'ouvrage intitulé : *Souvenirs d'un voyage dans la Tartarie et le Thibet* ; il donne l'idée la plus exacte des mœurs chinoises.

Autres éditions :

Paris, Gamme, 1854, 2 vol. in-8° de XXIV-471 p. avec carte coloriée et 487 p.
Paris, 1862. 2 vol. in-12.

5204 HUC (le Père). — Le Christianisme en Chine, en Tartarie et au Thibet.
Paris, Gamme, 1857-58, 4 vol. in-8° Carte en couleur.

[O²n. 463

Cet ouvrage qui fait suite à "l'Empire Chinois" et aux "Souvenirs d'un voyage dans la Tartarie" n'offre pas moins d'intérêt et renferme de nombreux documents sur les anciennes religions de ces contrées et sur l'occultisme en général.

5205 HUCHEDÉ (P.). prêtre. — Histoire de l'Antechrist, ou exposé des événements certains et probables qui concernent sa personne, son règne, sa fin et son temps.
Paris. F. Girard. 1800. in-32. (4 fr.).

[D. 50244

C'est en 1912 que viendra l'apparition de l'Antéchrist dont le règne durera 45 ans et mourra en 1957. — Cette année sera la dernière année du monde.

5296 HUCHER (Eugène) conservateur du Musée archéologique du Mans. né à Sarrelouis (Lorraine) en 1814. — La Spirite, [roman parisien].
Paris. Librairie illustrée. 1887, in-12.

[S² Y². 11353

Très curieux roman vécu, fort émouvant, mais peu favorable au spiritisme.

5297 HUCHER (Eug.). — Le Saint-Graal, ou le Joseph d'Arimathie ; première branche des Romans de la Table ronde, publié d'après des textes et documents inédits.
Au Mans. 1877-78. 3 vol. in-12. (9 fr.).

Avec une planche représentant la première page du mss. du Mans.

5298 HUDSON (Thomson Jay). né à Windham, Portage County, Ohio, en 1834. Homme de loi. Journaliste, puis Examinateur Principal à la " Patent Office " de Washington. — The Law of Psychic Phenomena. A Working Hypothesis for the Systematic Study of Hypnotism, spiritism, Mental Therapeutics, etc. By Thomson Jay Hudson. Twelfth impression.
London, G. P. Putnam's sons. Chicago *A. C. McClurg et C°* 1010. in-8° de 409 p. (6 sh.).

Edition originale (?) en 1803.

Cet ouvrage est un des plus justement célèbres sur les Phénomènes psychiques et les lois qui les régissent.

L'auteur y expose avec une clarté et une logique parfaite le processus de la mentation humaine, et donne aux Écoles Magnétique, Hypnotique et Suggestive la place qui leur revient. Il explique nettement les phénomènes de fascination des animaux par les dompteurs : la cause réelle de la puissance individuelle du magnétiseur entraîné (qui est la faculté qu'il possède de s'auto-magnétiser en partie, de façon à avoir, pour ainsi dire, un " pied " dans le conscient et l'autre dans l'inconscient) ; la nécessité primordiale de la Foi, ou de la confiance, etc. Il expose en détail un excellent procédé télépathique de " Traitement d'absents à leur insu, pendant le sommeil naturel, procédé qu'il a appliqué avec succès dans plus de cent cas ainsi traités. Il applique à l'auto-suggestion sa théorie si limpide de la Suggestion et de la Contre-Suggestion, et éclaire d'un jour parfait le processus de tous les " Traitements Mentaux "

Cette première partie de l'ouvrage (jusqu'au chapitre XV, qui traite du Spiritisme) semble au dessus de toute objection ; mais à partir de ce chapitre XV, il y a lieu à quelques restrictions : tout Psychiste un peu avancé sait qu'on peut se représenter l'intellect humain comme composé du Champ de la Conscience, borné à sa limite inférieure par le Subconscient (instinct, habitude, passion), et à sa limite supérieure par le Superconscient (génie, extase, etc) ; or malheureusement l'auteur n'exerce pas cette distinction et nous offre dans son " subjective mind " un inconscient brut, mélange hétérogène du Subconscient et du Superconscient. Puis, page 336, ligne 11 à partir du bas, il a l'imprudence d'affirmer sans restriction que « les Adeptes Orientaux (Hindous) sont certainement ignorants des principes fondamentaux qui supportent la Science de l'âme et qu'ils ont encore à apprendre la Loi de la Suggestion. » Ceci, étant donné les jongleries bien connues de Fakirs même assez inférieurs, semble une affirmation étonnamment risquée.

Le livre se termine enfin par un essai d'explication des " Manifestations physiques du Christ " et des " Attributs de Dieu ", qui se ressentent malheureusement trop de l'absence de distinction dans l'Inconscient (signalée ci-dessus), pour présenter un bien grand intérêt à un Psychiste un peu éclairé. Voir plutôt sur ces sujets les ouvrages du Yogi RÂ-MA-CHARAKA.

Néanmoins, dans son ensemble, cette œuvre mérite pleinement sa haute réputation et est une de celles qu'il faut lire sur le sujet, au même titre, par exemple que le célèbre " Automatisme Psychologique " du Professeur Pierre JANET.

5299 HUE (Charles). — Le vrai et le faux magnétisme, ses partisans ses ennemis, thèse présentée à la Société de magnétisme de Paris, précédée d'un avant propos sur le fluide magnétique suivie d'aphorismes ou opinions de 60 docteurs médecins, praticiens, prêtres, et du Pape, sur le magnétisme et le somnambulisme, et de notions sur l'origine du magnétisme, sur la Société de magnétisme et sur un projet de dispensaire par Charles HUE, ex rédacteur gérant de la propriété agricole et commerciale et du Journal de Fécamp.

Paris, Germer Baillière, 1866, in-8° 103 pages.

(2 francs au profit du projet de dispensaire). Ce livre contient un grand nombre de renseignements utiles et de sages conseils.

(D. p. 180

5300 HUET (François), philosophe français né en 1815 mort en 1859. Professa la Philosophie à l'Université de Gand. Disciple de BORDAS — La Science de l'Esprit. — Principes généraux de Philosophie pure et appliquée.

Paris, Bruxelles, J. Chamerot, 1864, 2 forts vol. in-8° (9 fr.).

[R. 38840-850

Rejeté par l'Église catholique comme libre penseur, HUET a consacré vingt-cinq ans de sa vie à ce magnifique ouvrage de spiritualisme transcendant. — Il avait entrepris, avec son ami, le célèbre BORDAS-DEMOULIN, la régénération du Christianisme. — Cette campagne souleva des tempêtes et leur attira des inimitiés féroces. — « La religion de l'esprit, le Christianisme, la société de l'esprit, le platonisme, dit l'auteur, triompheront ensemble. Alors le progrès continu, qui manque encore au présent, qui manqua surtout au passé, luira enfin sur notre race consolée et sur des âges plus heureux. »

5301 HUET (J. M.). — Les Lois de la Nature dévoilées, ou Explication des lois simples, constantes et générales, établies par Dieu pour donner le Mouvement et la Vie dès l'instant où, après la création, il eut allumé le feu du soleil et divisé la Lumière d'avec les Ténèbres.

Londres, 1800, fort in-8° de 504 pp. (8 fr.).

L'auteur qui manie supérieurement l'analogie, expose dans cet ouvrage singulier des théories originales qui ruinent tous les systèmes acceptés, et semblent cependant d'une exactitude scientifique irréfutable, malgré leur étrange nouveauté.

5302 HUFELAND (Dr Christophe Guillaume) né à Langensalze (Thuringe) en 1762, mort en 1850. Professeur à Iéna, puis Médecin du Roi de Prusse et académicien de Berlin. — L'art de prolonger la vie humaine, trad. de l'Allem.

Lausanne, 1809, in-8° (3 fr.).

Moyens qui abrègent la vie, les excès, inoculation prématurée de la vieillesse, conservation des dents, la vieillesse et la manière de la traiter, etc...

Autres éditions :

Lausanne, Hignou, 1799, in-8°.

Paris, Méquignon, 1810, in-8°.

5303 HUGINUS a BARMA. — La Lumière des mercures extraite de Raymond Lulle.

S. l. n. d. in-12 (8 fr.).

(G-405)

5304 HUGINUS a BARMA. — Le Règne de Saturne changé en siecle d'or S. M. I. S. P., ou le Magistere des sages, qui a été tenu secret jusqu'à ce jour et que l'on publie maintenant en faveur des enfans de la science. On y a joint pour lui servir comme de pierre de touche, une suite de maximes... le tout traduit du latin d'Huginus a Barma par m. Pi. Th. An...

Paris, Pierre Derieu, 1780, pet. in-12 de 192 pp. avec emblèmes hermétiques gravés.

[R. 48572]

C'est selon l'éditeur, la traduction d'un ouvr. intitulé : Saturnia Regna in aurea saecula conversa publié d'abord à Paris en 1657, puis en 1769. Il y en a une version allemande faite par Jean Wolfig. Dienheim, dans Taeda Trifida Chimica, oder Dreyfache chymische Fackel (qui contient : 1° la Parole délaissée ; 2° le Regne de Saturne D'Huginus a B...; 3° le Testament chym. de Basile Val...; Nuremberg, 1674, in-8°. L'éditeur avoue que Lenglet-Dufresnoy ne l'a pas connu ; il y a peut-être de bonnes raisons pour cela.

(G-405 et 460)

5305 HUGO (Hermann) ou HU... érudit et Jesuite belge né à B...lles en 1588, mort de la peste à R...mberg en 1629. Aumonier d'Ambroise Spinola. — Pia Desideria emblematis elegiis et affectibus S. S. Patrum illustrata.

Antverpiæ, typis Henrici Aertsenii, 1628, in-18 (15 fr.).

Orné de 48 figures gravées sur bois par Christ. Sechem, d'après les dessins en taille-douce de l'édit. de 1624, ainsi que de merveilleux culs-de-lampe également gr. sur bois d'après Theodore de Bry.

5306 HUGO (Victor-Marie), illustre poète contemporain né à Besançon en 1802, fils du général comte Hugo, mort à Paris en 1885. — Le Pape.

Paris, Calmann-Lévy, 1878, in-8° (3 fr.).

Edition originale.

Autre édition.

Paris, Quantin, 1885, in-4. Edition spéciale pour les amateurs et artistes. (10 fr.).

5307 HUGO (Victor). — Religions et Religion.

Paris, 1880, in-8° (3 fr.).

Edition originale.

5308 HUGO de PALMA. — Theologia mystica, sive trivium sacrum, quod agit de triplici via animæ : purgativa, illuminativa, unitiva. Cum prælatione introductoria, appendice, seu clavi, editore A. Franc. de Montes.

Amstelodami, Fabotii, 1647, in-32.

... rare ouvrage. — Contenant un *traité de Jacob Boehme* « Metapsychica de terrestri et cœlesti mysterio, ex cognitione Mysterii Magni concepta, contemplatio » et orné de figures gr. sur bois et d'un tableau des principes universels.

3500 HUGONIN (F.). — Ontologie, ou Étude des lois de la Pensée.

Paris, 1856, 2 forts vol. in-8° (10 fr.).

Œuvre de philosophie transcendante très recherchée, qui échappe à une analyse brève et forme un bloc formidable impossible à morceler par titres et sous-titres. — On y trouve des pages magnifiques sur les essences, le verbe, lumière de nos âmes, les nombres, etc...

3510 HUGOUNENQ (Louis). — Traité des Poisons. Hygiène industrielle, chimie légale.

Paris, 1801, in-8° fig. (4 fr.).

[T[rès]. S[atisfaisant]. 85

3511 HUGUENY (Charles) médecin de Nancy (?). — Considérations Générales sur l'électricité, le calorique et le magnétisme, ou Essai élémentaire des phénomènes de l'existence physique et morale.

Strasbourg, 1842, in-8° (4 fr.).

3512 HUGUENY (Charles). Nouvelles Considérations sur les agents généraux moteurs de l'action universelle (électricité, magnétisme, calorique), dans comme éléments de la lumière.

Strasbourg, Silbermann, 1854, 5 vol. in-8°. Gr. pl. en couleurs.

[R. 38802-864

3513 [HUGUENY (Charles)]. — Système de la Nature. — Recherche des bases qui la constituent et des lois qui gouvernent l'univers physique et moral et l'homme en particulier, par un étudiant de 60 ans, C. H. [Ch. Hugueny].

Nancy, Imprimerie Berger-Levrault

et Cie, 1800, in-8° de XXX-128 pp., 3 planches pliées.

[4° R. 870

L'avertissement est signé Charles Hugueny.

Ouvrage curieux, contenant une planche coloriée représentant plus de 30 figures de dessins fantastiques et 2 fac-similés relatifs à la *Société Harmonique des Amis réunis de Strasbourg*, fondée par le marquis de Puységur le 22 Août 1785. L'un est une lettre de la Soc[iété] de France à celle de Strasbourg avec 6 ou 8 signatures et l'autre est la reproduction sur papier vergé de la " *Formule de l'Engagement* " des Initiés, avec leurs signatures : plus d'une soixantaine de noms. En outre M. Hugueny donne la Liste de tous les membres de cette société : fondateurs, initiés, correspondants. Intéressant pour l'Histoire du Mesmérisme. Le dernier document provient de la Bibliothèque du D[octeu]r Laurel, plus tard Doyen de la Faculté de Strasbourg.

3514 HUGUES (Ed.). — Antoine Court : Histoire de la Restauration du Protestantisme en France au XVIIIe siècle, d'après les documents inédits.

Paris, Léry, 1872, 2 vol. in-8° (14 fr.).

[La[tin]. 130

Antoine Court, né à Villeneuve de Berg, en 1696, père du célèbre Court de Gébelin, fut le restaurateur du protestantisme en France.

3515 HUGUET (Hilarion). — Institut dynamo-thérapique. Du somnambulisme médical ou esquisse de nososcopie dynamo thérapique par Hilarion Huguet, docteur en médecine, ex-interne des hôpitaux.

Paris, l'Auteur, 1857, in-12, 72 pages.

M. le Docteur Huguet ne craint pas de relater diverses cures dues à un somnambule nommé Charavet, bien connu par les séances qu'il donna sous la direction du docteur et qui devenu habile photographe est, dit-on, le lutteur masqué non

Sc. psych. — T. II. — 19.

moins célèbre des arènes de la Rue Lepelletier.

(D. p. 163)

5316 HUIT (Charles) philosophe, né en 1845. Professeur à l'Institut catholique de Paris. — De l'Authenticité du Parménide.

Paris, E. Thorin, 1873, in-8° (3 fr.).

[R. 38870

Le Parménide dont il est question dans cet ouvrage est un dialogue de Platon, dans lequel il expose le système de Parménidès, philosophe grec, du plus haut intérêt pour l'étude de la métaphysique.

5317 HUIT (Charles). — La vie et les œuvres de Ballanche.

Paris, Villc, 1904, in-8° VIII-370 p. portr. (4 fr.).

[Ln⁴⁵. 50114

L'ouvrage de M. Huit est à la fois une étude biographique et une étude philosophique, les œuvres de BALLANCHE y sont examinées avec beaucoup de précision, et il eût été difficile de mieux faire revivre l'écrivain, l'historien, le publiciste et le philosophe, que ne l'a fait l'éminent professeur.

5318 HUIT (Ch.). — La vie et l'œuvre de Platon.

Paris, Thorin, 1893, 2 vol. in-8° (15 fr.).

Savant ouvrage de philosophie critique.

5319 HULSIUS (Henricus). — Henr. Hulsius, de Vallibus Prophetis Sacris.

Amstelodami, 1701, in-8° (?).

(S-0540

5320 HUMANN (C.), avocat au Barreau de Paris. — La nouvelle Jérusalem, d'après les enseignements d'Emmanuel Swédenborg. — Ses progrès dans le monde, ses principes de droit divin et leurs applications sociales, par C. HUMANN...

Paris, au dépôt des Livres de la N^{lle} Jérusalem, 1880, in-12 de 336 p. (3 fr.)

[8° R. 1535

Contient une Bibliographie de SWEDENBORG (p. 311-315) avec les dates des diverses éditions anciennes. Résume la Doctrine de SWEDENBORG en un peu plus de cent pages. — Donne l'histoire des progrès dans le monde de la "Nouvelle Jérusalem". Et finalement les Principes du "Droit Divin moderne".

5321 HUMBERT (Abbé). — Rosine, l'extatique des Vosges, par l'abbé HUMBERT.

Épinal, 1851, in-8° 34 pages

Curieuse brochure devenue rare.

(D. p. 117

5322 HUMBOLDT (Friedrich Heinrich Alexander baron von), célèbre naturaliste et voyageur né à Berlin en 1769, mort au même lieu en 1859. — Cosmos. A sketch of a physical description of the universe, translated to the german by E. C. Otté.

New-York, 1851, 3 vol. in-8° (6 fr.).

5323 HUMBOLDT (F. A.) — Expériences sur le Galvanisme, et en général sur l'irritation des Fibres Musculaires et Nerveuses, de Frédéric Alexandre Humboldt, trad. de l'Allemand par J. Fr. N. Jadelot, médecin

Paris, Juchs An VII-1799 (De l'Impr. de Didot Jeune) in-8° de XLVI 550 p. et errata.

Avec 8 Pl. hors texte, gravées pliées. (5 fr.).

[Tb¹⁵. 12

Observations très détaillées sur le Galvanisme de Galvani, avec des membres de grenouilles. Conjectures sur le procédé chimique de la Vitalité. — Mort et Putréfaction.

HUMIERES (de), premier gentilhomme de la chambre du Roy. — La philosophie d'Amour. Dédié à Mademoiselle (sic) Henriette de Soisy.

Paris, Vitray, 1622, in-12. (15 fr.)

[R. 20060
(G-406

HUNAULT (François-Joseph), né à Châteaubriant (Bretagne) en 1701, mort à Paris en 1742. Médecin du duc de Richelieu. — Nouveau traité de Physique sur toute la nature, ou méditations et songes sur tous les corps dont la médecine tire les plus grands avantages pour guérir le corps humain ; et où l'on verra plusieurs curiosités qui n'ont point paru.

Paris, Didot, 1742, 2 vol.

[R. 13890-801

L'auteur, après avoir anatomisé les minéraux et les végétaux, donne la description du corps humain, par laquelle il montre le rapport des trois règnes entre eux, et il conclut que pour bien posséder la médecine, il faut avoir une connaissance parfaite des minéraux et des végétaux.

[HUPAY (J.-A.-V. d') d'Aix-en-Provence]. — Maison de Réunion pour la Communauté Philosophe dans la Terre de l'Auteur de ce Projet. Plan d'ordre Propre aux Personnes des deux Sexes, de tout âge et de diverses professions, pour leur faire passer dans des Communautés semblables, la Vie la plus agréable, la plus sainte et la plus vertueuse [par J. A. V. d'HUPAY d'Aix en Provence].

Suivi des Exemples des nouveaux Troglodytes, par M. de Montesquieu, des Moraves, article de l'Encyclopédie et d'une Institution de Vie Commune Religieuse et Philosophique, décrite par le P. Lami.

A Euphrate, chez les Associés frères Dumblers. Et à Utrecht, aux frais de la Maison commune des Moravites,

1770, in-8° de 238 p. et table, avec un " Plan Géométral de la Maison " et un grand tableau in-f°, tous deux hors texte et pliés. (6 fr.).

Manque à la Bibliothèque Nationale.

L'Auteur, ardent Disciple de SWEDENBORG fait entrer dans ce projet nombre d'idées chères à son Maître. Un des Systèmes les plus intéressants et les plus pratiques de Vie en commun un peu du genre de celui qui, sous le nom de " HOMELUX ", au Château des Mesnuls, près Montfort l'Amaury, vient d'être proposé au public (*Journal Officiel* du 11 Avril 1910).

Annonce Littéraire et Morale, qui a paru à Marseille, dès le premier jour de l'Année 1778, touchant la brochure du " *Projet de Communauté Philosophe* ". — Plan Géométral de la Maison. — Frontispice de la Maison de Réunion, orné de tous les Tableaux de la Vie Philosophique de Télémaque. — Invitation à des Couples philosophiques de se réunir dans la Maison de Campagne de l'Auteur. — Agrémens champêtres de la maison de Réunion. — Description de la Maison de Réunion et notamment du Laboratoire de la Communauté Philosophe. — Cérémonies des Mariages des Enfans de la Communauté. — Plan d'Education des Enfans de la Communauté Philosophe ; Modèle d'Education Nationale. — Chapelle Domestique et exercices de Religion de la Communauté Philosophe. — Ordre du Réfectoire et des Repas. — Loisirs, Fêtes, Bals et Spectacles de la Communauté Philosophe. — Ordre du Ménage de Campagne de la Maison de Réunion. — Maison de Repos pour les Vieux Parents des Epoux Philosophes. — De l'Importance et de l'Efficacité d'une Législation de Vie réglée et Commune pour les Sociétés Humaines. — Prière du Matin à l'Usage de la Communauté Philosophe. — Exemples indiqués sur le Titre, et Projets d'Estampes propres à orner ce Plan.

5327 HURET (J.). — Enquête sur l'Evolution littéraire ; conversations avec Renan, E. Zola, Guy de Maupassant, Huysmans, A. France, M. Barrès, J. Lemaître, Stéphane Mallarmé, P. Verlaine, J. Moréas, M. Maeterlinck, Leconte de Lisle, C. Mendès, Ed. Rod, Jos. Péladan, P. Adam, J. Bois, Papus, R. de Gourmont, Sully-Prudhomme,

Laur. Tailhade, M. Bouchor, etc.....

Paris, 1801, fort in-12. (3 fr.).

[8° Z. 13181

Les Psychologues. — Les Mages. — Symbolistes et Décadents. — Les Naturalistes. — Les Néo-réalistes. — Les Parnassiens. — Théoriciens et Philosophes, etc.

5328 HURET (J.). — Enquête sur la question sociale en Europe ; préf. de Jean Jaurès et Paul Deschanel.

Paris, Perrin, 1897, fort in-12. (2 fr. 50).

[8° R. 14183

Opinions de J. Guesde, baron Alph. de Rothschild, Bebel, P. Leroy-Beaulieu, Eug. Pereire, Lavroff, Cte de Mun, Solovief, etc... Capitalistes et prolétaires. — L'antisémitisme. — Théoriciens et chefs de secte, etc...

5329 HUSS (Jean) ou Jean de HUSSINECZ nom de la ville où il est né en 1373, périt sur le bûcher en 1415, comme hérésiarque. C'est le plus illustre précurseur du protestantisme.— La vraie Histoire de la vie de M. J. Huss, Ministre de Dieu en la ville de Pragues, contenant le sauf conduit qui lui fut donné, et la cruelle procédure faite contre lui, sa confession de foi, son constant martyre, etc...

S. l. 1565, in-8°.

Très rare.

(S-1404

5330 HUSS (J.). — Disputatio J. Huss quam absolvit, dum ageret Constantiæ, priusquam in carcerem conjiceretur.

Vitebergæ 1537, in-8° de 10 feuillets, compris le Frontispice.

(S-1405

5331 HUSS (J.). — Jo. Huss opuscula. S. d. in-4°.

Très rare.

(S-1403

5332 HUSSON (le Dr). — Opinion prononcée par M. HUSSON à l'Académie de Médecine séance du 22 Août 1837 sur le rapport de M. DUBOIS (d'Amiens) relatif au magnétisme animal.

Paris, 1837, in-8°, 11 pages (1 fr. 50).

En cette année 1837, un jeune médecin M. BERNA, offrit de montrer à l'Académie divers faits de somnambulisme magnétique. L'Académie nomma une commission dont M.DUBOIS fut le rapporteur. M. HUSSON a sévèrement répondu à ce rapport imprimé plus tard, que la commission avait outre passé son mandat qu'elle devait se borner à examiner et à rendre compte des expériences annoncées par M. BERNA, rien de plus. M. HUSSON ajouta que les expériences négatives faites devant la nouvelle commission ne détruisait en rien les faits positifs observés par la Commission de 1826. Son discours eut pour effet de limiter le vote de l'Académie aux seules expériences de M. BERNA.

(D. p. 11:

5333 HUSSON. — Rapport sur les expériences magnétiques faites par la Commission de l'Académie royale de médecine, lu dans les séances des 21 et 28 Juin, par M. HUSSON, rapporteur.

1831, in-8°, 66 pages.

C'est un tirage à 12 exemplaires seulement dudit rapport reproduit par le docteur FOISSAC, dans son livre publié en 1833. Je l'ai indiqué à cette place, parce que ce tirage ne porte pas de date mais la justification est la même ligne pour ligne, que celle du livre de M. FOISSAC. [DUREAU].

(D. p. 107

5334 [HUSSON]. — Rapport sur les expériences magnétiques faites par la commission de l'Académie royale de médecine, lu dans les séances des 21 et 28 Juin, distribué aux membres de l'Académie.

1831, in-4°, 81 pages.

Même rapport que ci-dessus, mais autographié. La question du magnétisme entre dans une nouvelle phase. Il faut se rappeler la lettre du docteur Foissac adressée à l'Académie en 1825, la commission nommée pour examiner la proposition de ce médecin, le rapport de cette commission, les discussions orageuses de janvier et février 1826, enfin la nomination d'une commission spéciale chargée d'examiner les phénomènes du magnétisme animal. Le rapport de cette commission dont le titre est ci-dessus est signé Bourdois de la Motte, président, Fouquier, Guéneau de Mussy, Guersent, Itard, J. J. Leroux, Marc, Thillaye, et Husson rapporteur.

Lecture faite l'Académie sur la proposition de M. Roux décida que le rapport serait autographié ; depuis, plusieurs membres parlèrent d'en commencer la discussion ; mais il n'en a rien été, et le rapport reste intact et complet tel qu'il a été lu. Nous verrons plus loin, lors du deuxième examen que fit l'Académie, qu'aucune des expériences de la commission de 1831 n'a pu être mise en cause.

(D. p. 107)

5335 HUSSON (C.).Pharmacien à Toul où il est mort en 1886. — L'Alimentation animale, ce qu'elle a été, ce qu'elle doit être, ce qu'elle devient, ce qu'elle produit, comment on la prépare : la viande, son histoire, son utilité, ses dangers, etc. .

Paris, Dumod, 1882, in-8°. 16 figures. (10 fr.).

[Te³¹. 100

5336 HUTCHINSON (William). — Der Geist der Mauerey in moralischen und erläuternden Vorlesungen : von Wilhelm Hutchinson aus dem Englischen übersetzt.

Berlin, Christ. Ludwig Stahlbaum 1780, gd in-8° de 220 pp.

(O-304

5337 HUTTEN (Ulric de) poète, théologien et homme politique allemand, né à Steckelberg (Franconie) en 1488 mort dans l'île d'Ufenan, sur le lac de Zürich, en 1523. Un moment lansquenet, puis réformateur militant. — De generibus ebriosorum, et ebrietate vitanda, cui adjecimus de Meretricum in suos amatores, et concubinarum in sacerdotes fide.

S. l. 1557, in-16 (20 fr.).

Edition très rare de ces dissertations curieuses et singulières.

5338 HUYGENS (Christian). Géomètre et Astronome, né à la Haye en 1629, mort en 1695. Académicien de Paris. — Christ. Hugenius Cosmotheoros, sive de terris cœlestibus earumque ornatu conjecturæ. —

Hagæ-Comitum. apud Moetjens, 1699, gr. in-8°. (8 fr.).

Ouvrage recherché du célèbre mathématicien et astronome Huygens, orné de 5 grandes planches gravées en taille-douce.

5339 HUYGENS (Ch.). — Traité de la lumière, où sont expliquées les causes de ce qui luy arrive dans la reflexion et dans la réfraction et particulièrement dans l'étrange réfraction du cristal d'Islande, avec un discours de la cause de la pesanteur.

Leyde, Van der Aa, 1690, pet. in-4°. Figures. (25 fr.).

Ouvrage peu commun de l'astronome inventeur des horloges à pendule, émettant la théorie des ondes, adoptée depuis.

5340 HUYSMANS (Joris-Karl), né à Paris en 1848, d'une famille de peintres hollandais, romancier naturaliste puis hagiographe. — A Rebours.

Paris. Charpentier, 1884, in-12. (18 fr.).

[8° Y². 8608

Edition originale. — Rare.

5341 HUYSMANS (J. K.). — L'Art moderne.

Paris. Charpentier, 1883, in-12. (7 fr.).

[8° V. 5786

Édition originale. Rare.

Autre édition :

Paris, Stock, 1902, in-12.

5342 HUYSMANS (J. K.). — La cathédrale.

Paris, P. V. Stock, 1898, in-18, (7 fr.).

[8° Y² 50886

Édition originale.

Portrait de l'auteur à l'eau-forte par Eug. Delatre et frontispice en couleurs de Pierre Roche sur parchemin églomisé.

5343 HUYSMANS (J. K.). — Certains — G. Moreau. — Degas. — Chéret. — Whistler. — Rops. — Le Monstre. — Le Fer, etc...

Paris, Tresse et Stock, 1889, in-12 (7 fr.).

[8° V. 21342

Édition originale.

5344 HUYSMANS (J. K.). — Le Drageoir à épices.

Paris, Dentu, 1874, in-12 carré de I-115 pp. et tableau.

[Y² 13108

Édition originale. — Composée d'un Sonnet et de XVIII contes. — IX : le Hareng Saur " Ta tête, ô hareng, flamboie comme un casque d'or "... (p. 49).

Cette édition originale, très rare et très recherchée vaut de 40 à 50 fr. ; elle se distingue par une légère différence de titre " à épices " au lieu de " aux épices " de l'édition suivante :

Paris, Libr. Générale, 1875, in-16 (25 à 30 fr.). Tirée à 500 ex. numérotés.

C'est l'ouvrage de début du célèbre romancier naturaliste, plus tard hagiographe.

5345 HUYSMANS (J. K.). — En route.

Paris, Tresse et Stock, 1895, in-12 de 400 p. (10 fr.).

[8° Y² 40286

Édition originale.

5346 HUYSMANS (J. K.). — Les foules de Lourdes.

Paris, P. V. Stock, 1906, in-18, 344 p. (7 fr.).

[8° Lk7 30146

Édition originale.

Dans les Foules de Lourdes, J.K Huysmans a décrit la vie des grands pèlerinages internationaux de passage dans cette ville, la face de kermesse et d'hospice de ces foules de malades en agonie et de pèlerins en fête, et aussi la face divine de ce sanctuaire, avec ses antécédents, les itinéraires que la Vierge suivit en France à notre époque, avant de venir s'y fixer, les miracles qu'elle y opère.

Ce livre dont le succès est considérable est comme une mise au point des opinions si diverses qui ont cours dans tous les camps, sur cette ville unique.

5347 HUYSMANS (J. K.). — Là-Bas.

Paris, Tresse et Stock, 1891, in-18 (10 fr.).

[8° Y² 45021

Édition originale et fort rare.

(6-149)

5348 HUYSMANS (J. K.). — L'Oblat.

Paris, Stock, 1903, in-12 de 448 p. (18 fr.).

[8° Y² 55207

Édition originale.

5349 HUYSMANS (J. K.). — Pages catholiques, préface de l'abbé Mugnier.

Paris, P. V. Stock, 1899, in-18 (3 fr.).

[8° Y² 44055

Édition originale. — De toute rareté.

5350 HUYSMANS (J. K.). — Sainte Lydwine de Schiedam.

Paris, P. V. Stock. 1901, gr. in-8°
de XXIII-347 p. ornements du texte
et pagination en rouge. (15 fr.).

[8° M. 11092

Édition originale, impr. à Hambourg,
ancienne maison J. F. Richter, avec une
fonte spéciale de caract. dessinés par le
graveur Georges Schiller.

C'est dans ce remarquable ouvrage que
l'ancien Romancier naturaliste se dévoile
à Hagiographe de talent.

5351 HUYSMANS (J. K.). — La Sorcellerie en Poitou. — Gille de Rais.

Paris, 1897. in-8° de 21 pp.
(1 fr.).

5352 HUYSMANS (J. K.). — Trois
églises et trois primitifs.

Paris, Plon Nourrit et Cie. 1908.
in-12 de 286 p. et 2 f^{ts} pour la table ;
texte orné en rouge. (5 fr.).

[8° Z. 17250

Édition originale.
La Symbolique de Notre-Dame de Pa-
ris. — Saint-Germain l'Auxerrois. —
Saint-Merry. — Les Grunewald du Mu-
sée de Colmar. — Francfort sur le Mein.
Notes.

HUYSMANS (J. K.). — Voir :

BELLEVILLE (l'abbé F.).

5353 HUZAR (Eug.). — L'Arbre de la
science.

Paris, Dentu, 1857, in-8° (6 fr.).

[R. 38018
(G.-1105

5354 HUZAR (Eug.). — La Fin du
Monde par la Science.

Paris, Dentu, 1855, in-12. (4 fr.).

[R. 38019

L'auteur conclut que selon lui : ce qui
a été sera et que l'orgueil de la science,

qui a été la cause de la chûte de l'homme dans le passé, sera encore cause de sa
chûte dans l'avenir.

5355 HYGINIUS, ou Hyginus (Caius
Julius), grammairien latin, né en Espagne dans le Ier siècle avant J. C.
D'abord esclave à Rome puis affranchi
par Auguste dont il resta le Bibliothécaire.

Hygini Aureum Opus.

Parisiis, 1514, in-4°. Figures.

[Rés. V.983
(S-3440

5356 [HYMMEN (Johann Wilhelm
Bern von)]. — Cinq Chansons maçonniques (dédiées au prince de Hes-
se-Darmstadt, par J. W. B. von Hymmen).

Berlin, Decker. 24 juin 1777. in-8°
de 16 pp.

(O-704

5357 [HYMMEN (Johann Wilhelm Bernhardt von)]. — Freymaürer-Biblio-
thek ; herausgegeben von Joh. Wilh.
Bern. von Hymmen).

Berlin Christian Ludw. Stahlbaum
(pour les prem. vol. ensuite pour le
tout).

Christ.Gottl. Schöne. 1782 à 1803.
8 parties in-8° de 200 a 250 pp. chacune, rel. en 4 vol.

Cette intéressante publication contient
de nombreux renseignements sur la littérature maçonnique.
Le tome II est dédié à Nicolas Iwano-
vitch Novikoff, directeur de la typo-
graphie de l'Université de Moscou ; le
III à Pierre Alexievitch de Tatischtschew
G.-M. de la loge des Trois Drapeaux
(Fahnen) de Moscou.

(O-243

HYPERCHIMIE (L'). — Voir :

JOLLIVET-CASTELOT.

5358 I. N. — La verge de Jacob, ou l'Art de trouver les Trésors, les Sources, les Limites, les Métaux, le Mines, les Minéraux, et autres choses cachées par l'usage du Bâton fourché. Par I. N.

A Lyon, chez Hilaire Baritel. M D CXCII [1692].

Autre édition :

Ibidem, Idem, 1693, in-12 de 13 folios liminaires, 137 p. et 1 folio table. — Frontisp. gravé.

[R. 55585]

Inconnu à Barbier. Vendu 4 fr. n 217 Vente Bourneville.

(S-3177 b)
(Ye-910)

5359 IATROMATHEMATICÆ, hoc est, accommodatæ ad Astrologiam, astrologico modo.

Argentorati (Strasbourg), 1542, in-12.

(S-3308)

5360 ICARIE. — Les Icariens d'Amérique (débute par une lettre de Cahet (gérant d'Icarie), datée de la Nouvelle-Orléans, février 1849).

Paris, Le Populaire, 1849, in-8° de 18 pp. (2 fr.).

Pièce rare.

Voir aussi CABET, auteur du roman philosophique et social « *Voyage en Icarie* » (1842) publié d'abord sous le pseudonyme de DEFRUIT, comme une traduction (supposée) de lord William CARISDALL.

5361 IDEA Chemiæ BOHMIANÆ adeptæ, das ist : ein kurtzer Abriss der Bereitung desz Steins der Weisen, nach Anleitung desz Jacobi Böhm, mit auch eine Schutz-Schrifft wegen Böhm, und seiner Schrifften.

Amsterdam, s. ad., 1690, pet. in-12 de 120 pp.

(O-1210)

5362 IDJIEZ (Victor). — Dissertation historique et scientifique sur la toxicité égyptienne, précédée d'un coup d'œil historique du magnétisme animal et d'un essai de bibliographie magnétique.

Bruxelles et Paris, 1844, in-16. (3 fr. 50).

5363 IDJIEZ (Victor). — Journal des magnétiseurs et des phrénologistes spiritualistes, par IDJIEZ.

Paris, in-8°, 4 pages.

Je ne connais que le prospectus de ce journal.

(P.-F.-18)

5364 IGNACE (Saint) de LOYOLA, fondateur de la Compagnie de Jésus, né au Château de Loyola (Guipuscoa) en 1491, d'une famille de vieille noblesse biscaïenne, mort à Rome en 1556. D'abord page du roi de Castille, Ferdinand V, puis pèlerin à N.D. de Montserrat, il fit une longue maladie à l'Hôpital de MANRESA. Après un voyage en Terre-Sainte, il étudia la Théologie à Barcelone et à Salamanque, puis vint à Paris, où, en 1534, dans l'abbaye de Montmartre, il fonda secrètement la Compagnie de Jésus ; elle ne fut approuvée du Pape Paul III qu'en 1540. St Ignace fut nommé Général de l'Ordre en 1541, béatifié en 1607 par Paul V, et canonisé en 1622 par Grégoire XV.

Exercitia Spiritualia Ignatii de Loyola.

Cum facultate superiorum.

Romæ, in Collegio Societatis Iesu, M. D. LXXVI [1576], in-32 de 280 p. et 4 folios d'index. (S. fr.).

Curieuse petite édition, d'ailleurs assez mal imprimée.

5365 IGNACE (Saint). — Esercitii spirituali di S. Ignatio di Loiola, fondatore della Compagnia di Giesu, con una bieve istruttione di meditare e usata da' medesimi esercitii...

Roma, Varese, 1667, in-8°, frontispice et 25 pl. (9 fr.).

5365 IGNACE (Saint) — Exercitia spiritualia. S. P. Ignatii Loyolæ.

Antverpie, 1669, in-8°.

Les « Exercices Spirituels » qui ont été publiés et traduits un nombre incommensurable de fois renferment toute la doctrine de l'éducation du « Magnétisme personnel », ou culture de la Volonté. St-Ignace, dans sa carrière, s'est fait remarquer par un développement extrême de cette faculté, et son livre n'est que l'enseignement des moyens qu'il a dû employer lui-même pour atteindre ce résultat. Malheureusement presque toutes les traductions modernes sont totalement défigurées par le zèle pieux des traducteurs, dans le but (total?) de leur donner un caractère exclusivement et uniquement dévot.

(S-600

5367 IKSMOKUL. Pseud. de ? — De omni Re Scibili : de toute Chose connaissable. (Pour les adversaires de l'Enseignement classique). Réflexions de l'Hermite Iksmokul.

Paris, Henri Jouve, 1898, fort in-8° de 640 p. et Errata. Avec un Plan Astral (4 fr.).

[8° R. 13050

Ouvrage singulier et intéressant.

Questions Philosophiques. — Existence de la Nature, de l'Esprit, de Dieu et de leurs Attributs. — Immortalité des Ames. — Nécessité de la Métempsychose. — Vertus et Venins. — Cosmogonie. — Quelques considérations Astronomiques : Tableau synoptique de notre Système Solaire. — Chaleur, Lumière, Énergie, Corps simples et composés, etc.

5368 IL EXISTE un principe incréé « Dieu » une émanation de ce premier principe : « l'esprit universel » et un être créé : « la matière. »

1787, in-8°, 4 pages.

Plaquette très rare.

(D. p. 73

5369 ILLUMINATUS Dirigens, oder Schottischer Ritter. Ein Pendant zu der nicht unwichtigen Schrift : Die neuesten Arbeiten des Spartacus und Philo in den Illuminaten Orden.... (Munich, 1788, in-8°).

S. l. ni adr. (München, Strobl), 1794, in-8° de 77 pp. avec 1 tabl. d'écriture symbol.

(O-507

5370 IMAGO, figura, seu representatio Anti-Christi Pessimi.

Édition gothique très ancienne, à deux colonnes, en vers, sans Date, nom d'Imprimeur, ni Ville, avec des figures « en » bois imprimées sur le verso de chaque page ; contient 14 feuillets in-f°, dont le premier ne contient que la figure, au recto et au verso, et le dernier 15 lignes à chaque colonne, et finit ainsi :

« *Cy finist la vie du mauluais Anti-Christ, selon l'Apocalypse, selon l'opinion des Saints docteurs.* »

S. l.

[Rés. D. 8100

(S-574

5371 IMBERT (Auguste). — Le Démérite des Femmes, par Auguste IMBERT. *Paris, Terry*, 1838, in-18. Frontisp. et Vignette en Lithog. (3 fr.).

Des Filles et de leurs Ruses. — Des Filles Publiques. — Des Courtisanes. — Du Concubinage. — De la Virginité et du Mariage. — Les Grisettes, les Modistes, etc.

5372 IMBERT-GOURBEYRE (Le Dr Antoine) professeur à l'École de Médecine de Clermont-Ferrand. — L'Hypnotisme et la Stigmatisation (Stigmatisation divine. Lois du sang. — Exsudations sanguines. Sueur de sang. — Catherine Emmerich. — Stigmatisation hypnotique, etc....)

Paris, Bloud et Barral, 1899, in-16, 63 p. (1 fr.)

[8° R. 14946

5373 IMBERT-GOURBEYRE (Dr). — De la mort de Socrate par la Ciguë, ou recherches historiques, botaniques, philosophiques, physiologiques et thérapeutiques sur cette plante.

Paris, 1875, in-8° (5 fr.).

La haute compétence de l'auteur est suffisamment établie pour n'avoir pas besoin d'insister sur la valeur de ce travail véritablement original et du plus vif intérêt.

5374 IMBERT-GOURBEYRE (Dr). — La Stigmatisation. L'extase divine et les miracles de Lourdes. Réponse aux libres-penseurs.

Clermont-Ferrand, L. Bellet, et Paris, Ch. Amat, 1898, 2 vol. gr. in-8° de XLI-570 et 576 p. (10 fr.).

[8° H. 6023]

Autre édition :

Clermont-Ferrand, L. Bellet, 1894, 2 vol. in-8°.

Cet ouvrage, d'esprit clérical, est le plus important publié sur la question. Stigmatisés du Brabant. — Ste Gertrude. Ste Lidwine. Cath. Emmerich. — Le cœur de Ste Thérèse. — Jeanne des Anges. — Ste Véronique Giuliani. — Marie de Jésus crucifié. — Louise Lateau. — Ste Marie Franç. des cinq Plaies. — Stigmates sanglants, lumineux, plastiques, de la flagellation, de la passion, parfumés, etc... Le mariage mystique. — Extases divine, humaine et diabolique, etc...

Donne une liste de plus de *trois cents* stigmatisés.

5375 IMBERT-GOURBEYRE (Dr). — Les Stigmatisées.

Paris, Palmé, 1873, 2 vol. in-12 (5 fr.).

Louise Lateau, de Bois d'Haine. — Sœur Bernard de La Croix. — Rosa Andriani. — Christine de Stumbele. — Palma d'Oria. — Examen de la thèse rationaliste ; liste historique des stigmatisés.

5376 IMBONATUS (Charles Joseph) Cistercien. — Bibliotheca Latina-Hebraica, sive de Scriptoribus Latinis qui, ex diversis Nationibus, contra Judaeos, vel de Re Hebraïca utcumque scripsere ; additis observationibus criticis, et philologico-historicis, quibus quæ circa patriam, ætatem, vita institutum mortemque auctorum consideranda veniunt, exponuntur, auctore et vindice P. Carolo Josepho Imbonato Mediolanensi. Cong. S. Bernardi Ord. Cistere Monacho.

Rome, 1694, in-f°.

[A. 705]

C'est la suite et le complément de l'admirable Bibliographie du P. Bartolocci et elle a les mêmes remarquables qualités d'érudition et de consciencieuses recherches. Sur la Kabbale.

Ouvrage rarissime qui n'existe même pas dans toutes les grandes Bibliothèques. C'est une bibliographie très complète d'ouvrages écrits en langue latine ayant trait à *la Kabbale* et à ce qui concerne le Judaïsme.

5377 IMITATION. — L'Imitation de Jésus-Christ, trad. en vers, par P. Corneille.

Paris, 1905, in-12. Fig. (3 à 7 fr.)

Autres éditions :

Paris, 1751, in-12.

Tours, Mame, 1870, in-32.

Paris, Gaume, S. D. (1840).

(S-020 b.)

5378 IMITATION DE JÉSUS-CHRIST. — Version rythmique d'après le texte original, suivie d'Homélies et de Méditations sur chaque chap., par l'abbé C. Albis de Cigala.

Paris, Desclée, [1900], in-32 de 500 pp. (3 fr.).

[D. 7325]

Cet ouvrage a apporté une véritable révolution dans la manière de lire l'Imitation. — On avait toujours cru que ce livre divin était en prose, or M. Albis de Cigala a démontré qu'il était en vers cadencés, à rythmes sonores, dans les manuscrits primitifs. — Il en a donné une édition conforme avec ce rare inédit « de n'avoir jamais ajouté un *étranger au texte : quelques-uns seulement, qui détruisaient le rythme et qui étaient les gloses ajoutées plus tard, ont été retranchés et mis en notes »* [voir plus loin dans les éditions latines].

M. ALBIN DE CIGALA a ensuite traduit rythmiquement en français, ce travail considérable, dans une langue suave et précise, à ce point que l'Académie Française lui a décerné le 24 Juin 1908, le « Grand Prix Janin » destiné à récompenser la meilleure traduction parue dans les trois ans. Les Homélies et les Méditations sont de « *petits bijoux littéraires et mystiques* » disait J. K. Huysmans.

S. S. Pie X, en agréant l'hommage du travail a écrit à l'auteur : « Je garde sur mon Bureau votre Imitation et c'est dans ce texte que je fais tous les jours ma lecture spirituelle. » Tous les lecteurs seront de l'avis de l'Académie et du Saint-Père. [Prospectus].

5579 IMITATION. — De Imitatione Christi, elegiaco versu juxtaposito fidelissime reddita, auctore Gasparo a VARADERIA.

Antverpiæ, Balthasar, 1673, in-12.

[D. 10108

On voit que l'idée de versifier l' « Imitation » n'est pas uniquement récente.

(S-923

5580 IMITATION. — Thomæ à Kempis. de Imitatione Christi, libri IV.

Antverpiæ, 1673, in-12.

Eadem :

Parisiis, 1513, in-8° gothique.

(S-924 et 924 bis

5581 IMITATION DE JÉSUS-CHRIST. — Libri quatuor de Imitatione Christi, In versiculos distributi, Juxta rythmum ex manuscriptis de promptum, cura et studio D^{ris} C. ALBINI DE CIGALA.

Paris, Desclée (?) 1906 (?), in-8° de 500 pp. (3 fr.).

C'est, en latin, l'ouvrage cité plus haut.

IMPOSTEURS (les trois). — Voir

TRAITÉ DES TROIS....

Et aussi :

VROES.
MERCIER (F. X.).

5582 IMPULSION (L') triomphante ou l'Attraction foudroyée par le Dieu de la Lumière.

Se trouve dans la planète de Mercure, chez les imprimeurs du Soleil, 1788, in-8°, 27 Pages (1 fr. 50).

Diatribe facétieuse contre le magnétisme.

(D. p. 75

5583 INCROYABLE (L') pour 1807. — Almanach des curieux : — petit livre très intéressant, contenant les principales prédictions de Nostradamus et du Mirabilis Liber sur notre Révolution, et sur les suites qu'elle doit avoir ; avec d'autres prédictions non moins merveilleuses, tirées de mémoires très authentiques.

Chalons-sur-Marne, in-18 (7 fr.).

5584 INDAGINE (Jean d') Pseudonyme, dit-on, du Docteur JÆGER de Nüremberg. — Astrologia naturalis Das ist : Gründlicher Bericht | wie man die Chiromancia | Physiognomia und Astrologia leichtlich erlehrn | und vermittelst derselben | einen jeden Menschen nach seiner Complexion und Eigenschaften erkennen | auch gewisse Nativiteten stellen | und von ihnne judiciren solle und was ein Medicus | ausz der Astrologia mit fleisz in acht zunehmen.

Strasburg, Laçari Zetzners, 1630, pet. in-8° (10 fr.).

Orné de curieuses figures sur bois de chiromancie, physiognomie, etc....

5585 INDAGINE. — Bifolium chemico-physico metalicum, bestehend in zwo besondern Abhandlungen deren die erste den Zink und Galmey, die andre aber den Arsenik, nebenst einigen Merkwürdigkeiten gründlich untersuchet; ausgefertiget und zu weiterer Untersuchung aus Licht gestellet, von I. L. ab Indagine (Jager) L. M.

Amsterdam und Leipzig, Joh. Schreuder, 1771, in-8º de XII-228 pp.

(O-1400)

5386 INDAGINE. — Chemisch-physicalische Nebenstunden, oder Betrachtungen über einige nicht gemeine Materien : allen richtig denkenden Chemisten gewidmet und an das Licht gestellet von dem Naturkundiger I. L. ab Indagine (Jaeger, zu Nurnberg).

Hof, Joh. Gottl. Vierling, 1780, in-8º de 210 pp.

(O-1411)

5387 INDAGINE. — Chiromancie et physiognomie par le regard des membres de Lhomme (sic) faite par Jean de Indagine. Plus dudit : la diffinition (sic) des faces, des signes, reigles astronomiques du jugement des maladies, lastrologie (sic) naturelle, la cognoissance de la complexion des hommes selon la domination des Planettes. Le tout mis en François par Ant. Du Moulin, Masconnois, valet de chambre de la Royne de Navarre.

Lyon, Jean de Tournes, 1549, in-8º.

[Rés. V. 2243]

« Edition originale française de l'Indagine de *Jean de Tournes*, beaucoup plus rare que la réimpression de 1571. Charmantes figures sur bois attribuées au Petit Bernard, de son vrai nom Bernard Salomon » (S. d. G.).

Id.

Rouen, Pierre l'Oiselet, s. d. (fin du XVIe siècle) in-12.

L'édition de Rouen est fort rare, elle est ornée d'un titre gravé sur bois d'un portrait d'Indagine et de nombreuses figures de chiromancie et de physiognomie. Le titre porte " phisiognomie ".

La Chiromancie et Phisionomie par le regard des membres de l'homme. Mises en Français par Ant. Du Moulin, Masconnois. Derniere edition reueue et corrigée de nouueau.

Paris, Aruoald Colinet, 1662, in-12 ou pet. in-8º (1.4 fr.).

[V. 21870]

Dernière édit. :

Paris, 1672, in-12.

(S-5480)

(G.-408 et 410)

5388 INDAGINE. — Introductiones apotelesmaticæ elegantes in Chiromanciam, Physionomiam, Astrologiam naturalem Complexiones hominum Naturas Planetarum, etc. [auctore Ioanne Indagine.]

Lugduni, apud Ioannem Tornæsium, 1583, in-8º, Figures.

[Rés. V. 512]

Autre édition :

Lugduni, 1556, in-8º, Fig., (10 fr.).

Autre edit :

Ursellis, C. Sutorium, 1603, in-8º.

[V. 21860]

(S. 5543 b et 5441 b)

5389 INDAGINE (J. ab). — Introductiones apotelesmaticæ in physionomiam, complexiones, hominum, astrologiam naturalem, naturas planetarum cum periaxiomatibus de faciebvs signorvm et canonibvs de ægritudinibus hominum : omnia nvsqvam fere eivsmodi tracta compendio quibus ob similem materiam accessit Gvlielmi Grataroli Bergomatis opuscula, et Pomponii Gavrici Neapolitani tractatus, de Symetriys, lineamentis, et physiognomia ejusque specibus, etc...

Argentorati [Strasbourg], Lazari

Id neri, 1630. in-12. (15 fr.).

[V. 21807

Orné de nombreuses figures gr. sur bois de mains, de physiognomonie et d'astrologie.

Ouvrage curieux et le plus recherché des livres de chiromancie et de physiognomonie.

Autre édition :

Ingestat Trebocorem, 1603. pet. in-8° (6 fr.).

5300 INDAGINE. — Memorabilia Bismuthi, dast ist chemisch-physicalische Abhandlung zu näherer Kenntnisz des annoch (sic) ziemlich unbekanten Minerals, welches Wiszmuth und Magnesia wie auch Antimonium commununi genennet wird : dem ist noch beygefüget un zu weiterer Untersuchung ans Licht gestellet von J. L. ab INDAGINE (JAEGER).

Nürnberg, Joh. Adam Stein, 1782, in-8° de 300 pp.

(O-1412

5301 INDAGINE. — Natürliche Stern-Kunst, oder gründlicher Bericht wie ausz Ansehen des Geflecht, der Hand und gantzer Gestalt des Menschen Wahrgesagt werden könne. Lateinisch beschrieben durch Johann von INDAGINE, in Teutsch übergesetzt und erklärt von Johann Friderich Hallmeyer der Stern-Kunst Liebhabern.

Strassburg, Simon Pauli, 1664. petit in-8° de 205 pp. avec fig. sur b. dans le texte.

(O-1850

5302 INDAGINE. — J. L. INDAGINE [JAEGER] L. M. philosophisch- und physicalische Abhandlungen über verschiedene Materien aus dem Reiche der Natur ; insonderheit die durch das unterirdische Feuer verursachte Revolution der **Erde** betreffend ; allen Liebhabern der **Naturwiszenschaft** zum weitern Nachdenken vorgelegt.

Nurnberg, Joh. Adam Stein, 1784, in-8° de 263 pp.

(O-1413

5303 INDAGINE. — Philososphisch- und physicalischer Zeitvertreib, in einigen sonderbaren Materien, zu weiterer Betrachtung in den Nebenstunden, für die Naturforscher, ausgefertiget und ans Licht gestellet von dem Naturkündiger J. L. ab INDAGINE [JAEGER], L. M.

Nurnberg, Johann Adam Stein, 1785, in-8° de 308 pp.

(O-1414

5304 INDAGINE. — Trifolium chemico-physico-salinum, oder, dreyfache chemisch-physikalische Abhandlung worinnen drey berühmte Salze, namentlich Salmiac, Salpeter, und Borax, nach ihrer Natur und Wesenheit, Namen und Erfindung, benebst einigen Merkwürdigkeiten, betrachtet werden : ausgefertiget von einem Kenner und Liebhaber chemischer Wahrheiten, der sich nennet Innocentius Liborius ab INDAGINE [JAEGER, zu Nürnberg].

Amsterdam und Leipzig, Joh. Schreuder, 1771, in-8° de XII-203 pp.

(O-1410

5305 INDEX (Congrégation de l'). — Le Grand Dictionnaire LAROUSSE (Article *Index*, IX-640) donne une intéressante liste abrégée, par ordre alphabétique, des ouvrages et auteurs les plus connus, mis à l'Index. — Catalogue des ouvrages mis à l'index contenant le nom de tous les livres condamnés par la cour de Rome, depuis l'invention de l'imprimerie jusqu'en 1825. Avec les dates, des décrets de leur condamnation.

Paris, Garnot, 1826. in-8° de LXI et 361 pp. (5 fr.).

Précédé de tous les décrets, règlements etc... concernant la *Congrégation de l'Index*.

Le *catalogue* en lui-même cite au moins 6.000 ouvrages.

5396 INDEX. — Index Auctorum et librorum qui ab officio S.Rom. et uniuersalis inquisitionis caueri ab omnibus... mandatur.

Romæ, ex off. Saluiana, Mens. Feb 1559. in-12 de 36 p. (40 fr.).

Très rare.

Ne pas confondre avec l'édition de *Janvier* de la même année.

(Ros-4784

5397 INDEX du Concile de Trente. — Index expurgatorius Librorum qui hoc Seculo prodierunt, vel Doctrinæ non sanæ erroribus inspersis, vel inutilis et offensivæ maledicentiæ fellibus permixtis, juxta S. Concilii Tridentini decretum; Philippi II iussu et auctoritate, atque Albani Ducis consilio ac ministerio in Belgia concinnatus, ao. 1571.

Antverpiæ, Chr. Plantin. 1571. in-4° de 8 f⁰ˢ-184 p. 4 p. (100 fr.).

[Q. 720

Edition originale et rarissime, avec l'édit du Roi en Hollandais. N'a pas été mise dans le commerce ; seules les personnes affiliées à la Congrégation de l'Index avaient le droit de posséder un exemplaire de cet ouvrage, et avec la permission de leur Evêque. Voir REUSCH, *'Der Index.* I-423 à 429.

(Ros-4785

5398 INDEX du Concile de Trente. — Index Librorum prohibitorum, cum regulis confect. per Patres à Trident. Sinodo delectos; auctoritate Pii IV primum editus, postea vero à Sixto V auctus, et nunc demum Clementis VIII iussu recognitus et publicatus ; instructione adjecta de exequendæ Prohibitionis, deque sincere emendandi, et imprimendi Libros ratione.

Romæ, et Bononiæ Joanno Rossii hæredium, 1596, pet. in-8° ou in-16 de 155 p.(9 fr.).

Autres éditions (toutes latines)

Rome et Milan, 1596. in-12.

Prague, 1599. in-8°.

Venise, 1597. in-12.

Turin, 1597. in-12.

(PEIGNOT. voy. le suivant).

(S-0706

(Ros-4701

5399 INDEX. — Index Librorum Prohibitorum et expurgandorum novissimus, pro Catholicis Hispaniarum Regnis Philippi IV... de Consilio Antonii à Sotomaior, Inquisitoris Generalis.

Juxta exemplar excusum *Madriti,* 1667. in-f°.

La première édition est de Madrid 1640. in-f° (PEIGNOT : *Dict... des livres condamnés au feu...* (I-203).

(S-0707

5400 INDEX. — Index Librorum Prohibitorum et Expurgatorum... juxta exemplar excusum Madriti apud Lud Sanchez.... Anno [1612]. cum appendice anni [1614].

[Inventaire. Q. 037

Genevæ, Jac. Crispinus, 1619. in-f° de une vingtaine de f⁰ˢ prélim. - 130 p. de Table alphabétique. 888 p. de texte à 2 col. — et 2 f⁰ˢ, le dernier d'errata (20 fr.).

Edition copiée sur celle de *Ludovicus Sancius, Typog. Regius",* 1614. Avec la célèbre marque des DE TOURNES sur le Titre : " *Quod tibi fieri non vis, alteri ne feceris ".* Contient au début une singulière table alphabétique. Curieux monument de la littérature de l'Inquisition d'Espagne, donnant autant que j'ai pu le comprendre, tous les passages à corriger dans toutes les œuvres incriminées.

Le Cat. Rosenthal. N° 4793. indique une autre édition.

Ibid. Id. 1620.

5401 INDEX librorum prohibitorum juxta exemplar Romanorum, jussu Sanctissimi Domini nostri editum. Accesserunt suis locis nomina eorum qui usque ad hanc diem damnati fuere.

Mechlinæ, Hanicq, 1838, in-12.

Intéressante liste des ouvrages mis à l'index, parmi lesquels se trouvent des ouvrages des plus fameux philosophes et écrivains tels que Voltaire, Robert Fiud, Swedenborg, Montfaucon de Villars, Swift, de Foë, Llorente, d'Argens, Pascal, J. Bodin, Boissard, d'Holbach, etc.

Autre édition :

Ibid. Id., 1855, in-12 de XLIX-303 p.

[Q. 4375
(G-1828

INDEX librorum prohibitorum.... Pour les ouvrages récents (depuis 1870) voir :

SLEUMER (Albert)

éditeur d'un " *Index Romanus* ", daté de 1909.

[8° Q. 3303

5402 INDICATION de la vraie religion, ou Manière indubitable de parvenir à connoître facilement ce qui est vrai selon Dieu, et de découvrir, en conséquence, si la croyance religieuse dans laquelle on a été élevé, ou dans laquelle on est présentement est la meilleure de celles qui existent dans le monde, tant pour son moindre malheur temporel que pour la gloire future et éternelle; suivie de la réfutation de nombre d'objections de l'esprit humain contre la révélation prophétique du Salut par Jésus-Christ de tout ce que Dieu a créé dans le principe. »

Paris, Gide fils, 1821, in-8° de XXIV-204 pp.

J'avoue que pour moi, cet ouvrage est inintelligible, et que je n'y ai pas trouvé ce que l'auteur promet. (Ladrague).

(O-174

5403 INGEBER (Johann).— Chiromantia, Metoposcopia et Physiognomonia curioso-practica, oder kurtze Anweisung wie man ausz den vier Haupt-Linien in der Hand, wie auch ausz den Adern auff der Hand, von desz Menschen Gesundheit und Kranckheit, Glück und Unglück, müthmäszlich judiciren oder urtheilen kan :.... Durch Johann INGEBERN.

Francfurt am M. GeorgHeinr. Ebrling, 1692, in-8° de IV-184 pp. avec gr. nombre de pl.

(O-1845

5404 INGÉNIEUX système de défense inventé par MM. les Membres de l'Académie de médecine, contre les continuels empiétements du magétisme.

S. l. n. d. [vers 1840], in-8°, (o fr.75).

5405 INITIATION (L'), revue philosophique indépendante des hautes études, Hypnotisme, force psychique, théosophie, kabbale gnose, franc maçonnerie, sciences occultes.

Paris, origine, octobre 1888 et paraît toujours, in-10.

[8° R. 8863

La plus intéressante revue sur les sciences occultes; comptant parmi ses collaborateurs : Papus, A. de Rochas, J. Lermina, Barlet, W. Crookes, G. Delanne, P. Sédir, Oswald Wirth, Ad. Franck, St. de Guaita, Juliette Adam, St-Yves d'Alveydre, Laurent Tailhade, Marc Haven, Dr Baraduc, Eug. Nus, E. Bosc, Decrespe, Jollivet Castelot, V. Charbonnel, Tolstoï, abbé Schnebelin, Camille Flammarion, Tabris, etc... etc... contenant aussi des études inédites posthumes de Eliphas Lévi, Wronski, Bulwer-Lytton, etc... Collection rare, principalement les premières années.

On trouve reproduits dans cette collection une quantité d'ouvrages curieux introuvables et de manuscrits inédits.

(G.-1820)

5406 INITIATION des F∴. Emile Littré, Jules Ferry, membre de l'assemblée nationale, H. Chavez, professeur de linguistique par le R∴ L∴ La Clémente Amitié, dans sa tenue solennelle du 8 juillet 1875.

In-18, 96 pages. (1 fr. 50).

5407 INJURIIS (De) quae haud raro novis nuptis per sparsionem dissectorum culmorum frugum, per injustam interpellationem ulterioris proclamationis, per ligationes magicas, inferri solent.

Quedlimburgi (Quedlimbourg), 1699, in-8°.

(S-5202)

5408 INSENSIBILITÉ produite au moyen du sommeil magnétique. Nouvelle opération chirurgicale faite à Cherbourg.

Cherbourg, Impr. Beaufort et Lecauf, 1846, in-8°, 8 pages.

Extrait du *Journ. de Cherbourg*.

(D. p. 135)

5409 INSTALLATION et travaux de la R∴ L∴ des disciples de Salomon.

Laurent, 1811, in-12, (4 fr. 50).

5410 INSTRUCTION du procès, et le moyen de bien réussir, d'y gagner toujours et d'y faire son salut.

Vennes [pour Vannes?], 1685, in-12.

Livre singulier.

(S-1038)

5411 INSTRUCTION pour les grades symboliques du Rite moderne. Nouvelle édition augmentée du discours historique du grade de Me. et d'un vocabulaire des principaux usités en Franc Maçonnerie.

Paris, Caillot, 1825, in-18 (1 fr.).

5412 INSTRUCTIONS des H∴ tels qu'ils se confèrent dans les chapitres de la correspondance du G∴ O∴ de France ; avec les discours analogues aux réceptions.

S. l. n. d., 1801, in-24 de 136 pp. (4 fr. 50).

Autre édition : en 1807.

(G-p.)
(O) 30

5413 INSTRUCTIONS des trois degrés symboliques écossais du Rit ancien et accepté.

Paris, Teissier et Schnut, 1842, in-18, (2 fr. 50).

5414 INTERMÉDIAIRE des Chercheurs et des Curieux. — Correspondance littéraire, historique et artistique, questions et réponses, trouvailles et curiosités, nouvelles des lettres et des arts.

Paris, origine 1804, 750 à 800 volumes in-8°. (650 à 700 fr. la collection complète).

L'intérêt de cette publication augmente avec l'accroissement de la collection contrairement à l'habitude. — Instrument de travail indispensable à qui que ce soit, l'Intermédiaire forme une encyclopédie universelle, où toutes les opinions sont discutées. — La collaboration de l'Intermédiaire est composée de tout le monde, de toutes les personnes compétentes en qq. matière que ce soit. — Outre le système questions et réponses, l'Intermédiaire publie de nombreux documents inédits.

5415 INTERPRETATIONES, seu Somnia Danielis Propheta revelata ab Angelo misso à Deo.

S. l. n. d. in-4° Gothique, sans chiffres, signatures, ni réclames.

(S-10)

5416 INTRODUCTION à la philosophie hermétique où l'on donne une juste idée des principes de cette Science, et de leur préparation.

Trévoux, s. adresse, 1720, in-8° de 72 pp.

Livre fort mal imprimé contenant l'explication des figures du livre du juif Abraham, telle que P. Arnaud, sieur de la Chevalerie l'a mise en tête des Figures hiéroglyphiques de Nicolas Flamel; cette explication est suivie d'un commentaire.

(O-700)

5417 IRÉNÉE (Saint) évêque de Tyr au V° siècle de notre ère. Favorable au Nestorianisme. — Œuvres de St-Irénée traduites par M. de Genoude.

Paris, 1838, fort in-8° de 11-007 pp. (12 fr.).

[C. 3002 (3)

Cet ouvrage est entièrement consacré au Gnosticisme. — Dans une préface de 70 p., M. de Genoude expose la doctrine gnostique, qui se trouve plus loin développée et discutée par Saint-Irénée. — Les systèmes de Valentin, de Marcus, de Simon le Mage, Saturnin, Basilide, Carpocrate, Cerdon et Marcion, Tatien, les Babéliotes, les Ophites et les Sétiens, etc., y sont reproduits au complet. — Saint Irénée est, d'ailleurs une des meilleures sources où il faut toujours remonter pour étudier le mouvement ésotérique des premiers siècles de l'Eglise.

5418 IRHOVIUS (G.). — De Palingenesia Veterum seu Metempsychosi sic dicta Pythagorica libri III quibus num Pythagoras animarum humanarum de corpore uno in aliud corpus crassum vel hominis, vel bruti, etc., transmigrationem adserviisse : atque hinc et carnibus, et fabis abstinuisse censeatur nec ne disquiritur. Dein an Ægyptii Chaldæi, Persæ, Druidæ, Germani, Getæ, Brachmanae, Empedocles, Plato, Pharisæi, aliique eandem tenuerint expenditur (?).

Amsterdam, 1733, pet. in-4°.

Un des livres les plus documentés sur la Metempsychose.

5419 IROË-GRECO. — La Véritable Magie Noire, ou le Secret des Secrets. — Manuscrit trouvé à Jerusalem dans le sépulcre de Salomon, contenant 45 talismans avec leurs gravures ainsi que la manière de s'en servir, et leurs merveilleuses propriétés ; et tous les caractères magiques connus jusqu'à ce jour. Trad. de l'Hébreu, du Mage Iroë-Greco.

Rome, 1750, in-18. (20 fr.).

Ouvrage sérieux, véritable traité de Magie pratique, basé sur la Kabbale et l'astrologie.

5420 ISAAC le HOLLANDAIS (Jean). — D. Magistri Joannis Isaaci Hollandi viri philosophia potissimum vero in arte chymica celeberrimi. Opera mineralia, et vegetabilia, sive de lapide philosophico, quæ reperire potuimus, omnia.

Arnhemii, apud Joan. Janssonium, 1616, in-12. (18 fr.).

Orné de petites figures sur bois.

5421 ISAAC le HOLLANDAIS. — Sammlung unterschiedlicher bewährter chymischer Schriften namentlich : Johannis Isaaci Hollandi Hand der Philosophen, Opus Saturni, Opera vegetabilia, Opus minerale, Cabala, de Lapide philosophico, nebst einem (Philosoph). Tractat von den Irrgängen derer Alchymisten, auctoris incerti. Neue und verbesserte Auflage, mit einem Verzeichnis derer in jeglichem Tractat befindlichen wichtigsten Materien vermehret.

Wien, Joh. Paul Krausz, 1773, in-8° de XVI-702 pp. avec un grand nombre de pl.

Le *Philosophischer Tractat* (voy. ce mot) se trouve pp. 335-400, après les *Opera vegetabilia*.

(O-815 et 1277

5422 ISIS und Osiris ; eine Stimme aus dem Thal Josaphat.

Leipzig, Joh. Friedr. Gleditsch, 1820, gd. in-8° de 107 pp. avec titre gravé.

La préface est signée G. F. F.

(O-378

5423 ISRAEL (R.). — Disputatio Cabalistica R. Israel, de anima.

Parisiis, Tussanus de Bray, 1635, in-8°

|A. 0589
(S-3166

5424 ITARD (Dr). — Rapports et Mémoires sur le Sauvage de l'Aveyron, l'idiotie et la surdi-mutité : avec une appréciation de ces rapports par Delasiauve, préface du Dr Bourneville. Éloge d'Itard, par Bousquet.

Paris, " Progrès Médical ", 1894; in-8° Port. du sauvage. (2 fr. 50).

[T^{eb}. 117

. Développement des facultés affectives, des fonctions intellectuelles et des sens.

— Éducation physiologique du sens auditif chez les sourds-muets, etc...

5425 IVANOFF (Prof. A.). [pseud. de Rosenfeldt ?]. — Diverses attitudes observées pendant le traitement par le massage des différentes maladies soignées par le Prof. Ivanoff.

S. L. N. D. in-12. (0 80).

IVES (le P.). Capucin, de Paris, voir :

YVES (le P.). Capucin etc.

5426 IZARN (Joseph). Médecin et professeur de Physique. — Des Pierres tombées du Ciel. Lithologie atmosphérique : l'état actuel de la Science sur les Phénomènes de Pierres de Foudre, Pluies de Pierres tombées du Ciel, etc. par Joseph Izarn...

Paris, Delalain, fils, 1803, in-8° VIII-421 p. et tableau plié. (10 fr.).

[R. 1281]

Dédié à Laplace.

5427 J. B. — Lettres sur le spiritisme écrites à des ecclésiastiques par J. B.

Paris, Ledoyen, 1864, in-8° (1 fr.)

5428 J. C. A. B. — Warum ist nicht mehr Bruderliebe und Freundschaft in der Welt ? eine maurerische Rede am Johannisfest 1781, in der Loge zur goldenen Krone in Stendal gehalten von dem Bruder J. C. A. B.

Stendal, D. C. Franz, s. d. in-8° de 25 pp.

(O-368

5429 J. G. D. M. F. M. — Relation apologique et historique de la société des Francs-Maçons ; par J. G. D. M. F. M.

Dublin, Patrice Odonoko. 1738. in-8° de 62 pp.

Traduit en allemand dans l'appendice de la traduction des *Constitutions*... de James Anderson. *Francfort*. 1762.

(O-300

5430 JABLOUSKI ou JABLONSKI (Paul Ernest), théologien et philologue né à Berlin en 1693 mort à Francfort sur l'Oder en 1767. Professeur de Philosophie, de Théologie et Académicien de Berlin. — P. Ernesti JABLOUSKI, Pantheon Ægyptiorvm, sive de Diis sorvm Commentarivs cum prolegomenis de Religione et Theologia Ægyptiorum.

Francofurti, 1750-1752. 3 vol. in-8° (7 fr.).

[J. 15023

Ouvrage capital, que l'on peut encore consulter avec fruit aujourd'hui.

(S-6511

5431 JABOUILLE DE ROYÈRE (F.). — Physiologie des passions humaines dans les divers âges de la vie sociale.

Paris, 1858, in-12 (2 fr. 50).

Désordres causés par le vice. — Appétits sensuels. — Maux occasionnés par la volupté dans les divers âges. — Suites fâcheuses des appétits sensuels, etc...

5432 JACHIN and Boaz, or an authentic Key to the door of Free-Masonry both ancient and modern ; calculated not only for the instruction of every new-made Mason ; but also for the information of all who intend to become brethren, containing...

London, printed for the Booksellers 1812, in-8° de 56 pp. avec 1 pl.

(O-313

5433 JACK (Thomas Godfrey). — Le serpent ancien, appelé le Diable et Satan, celui qui séduit toute la terre — Traduit de l'anglais par R. de Médina.

Londres. 1802, in-16. (1 fr. 50).

[D². 15772

5434 JACOB. — Esquisse Hermétique du tout universel, d'après la Théosophie Chrétienne. — Nouvelle édit. publiée avec préface explicative par Papus, et suivie de l'étude analytique d'un Athanor alchimique.

Paris, Chacornac. 1902, in-12. (3 fr.).

Tiré à petit nombre.

5435 JACOB. — Révélation Alchimique par les peintures d'un Poêle de Faïence. — Explication du poêle H. H. Pfau de 1702, exposé au musée des Arts-et-Métiers de Winterthour.

Paris. (1 fr.).

Seize reproductions au trait d'une finesse remarquable, sous enveloppe polychrome, représentant les planètes et leurs signes alchimiques. — L'auteur des "Esquisses du Tout Universel " a adopté pour leur explication une méthode fort claire : d'abord les légendes de chaque médaillon, puis le sens chimique, puis le sens hermétique — Ce classement permet de se rendre compte littéralement d'une interprétation alchimique et philosophique.

5436 [JACOB (Alexandre - André)],

pseud : ERDAN, est né à Angles (Vienne) en 1826. Son père, un paysan propriétaire, séduisit une petite ouvrière, sa mère. Il fit ses études d'abord au séminaire de Poitiers, puis à celui de St-Sulpice. — Au lieu d'entrer dans les ordres, il devint professeur, puis journaliste, puis à nouveau professeur. Sa carrière finit à Rome, comme journaliste correspondant du *Temps*, sous le pseudonyme d'AVERSOS. Il mourut en Septembre 1878.

Voir d'HYLLI : *Dict. des Pseudonymes Deutu.* 1887 (p. 141) et *Gazette anecdotique*, 3ème année, Tome II, (p. 226) (N° 20 du 31 Oct. 1878).

[L.¹³ c. 228

5437 [JACOB (Alex. André)]. — ERDAN. La France Mystique, tableau des excentricités religieuses de ce tems.

Paris, Coulon-Pineau, 33 *rue M*ʳ *le Prince, S.D.* [1855] (Édit. orig.). 2 vol. in-8° de XL-388 et de 500 à 852 pp.

[Réserve L.¹⁸⁶ d. 6

Rédigé en orthographe " *néographique* " système COULON-PINEAU.

Un arrêt de la Cour Impériale de Paris, en date du 11 oct. 1855 a ordonné la destruction de tous les exemplaires saisis chez l'éditeur.

Cet ouvrage est un des plus curieux qui ait été conçu dans le domaine de l'histoire de l'occulte. — Il contient 4 portraits h. t. de : Wronski, Towianski, Aug. Comte et Irving. Voici un aperçu des matières traitées : Les Swedenborgiens. — Les Tourneurs de Tables. — Les familles spirituelles de Coëssin. — L'Abbé Châtel. — Documents sur Pᵉ. Michel Vintras. — Madrolle. — L'ex-abbé Constant (Eliphas Lévi). — Les Frères Moraves. — Les Mormons. — Wronski et sa doctrine. — Les Mystiques polonais. — Ballanche. — Les Saint Simoniens. — Pierre Leroux. — Jean Reynaud. — Les Fouriéristes. — V. Hennequin. — De Tourreil et la religion fusionienne. — Le Positivisme de Aug. Comte. — Ch. Fauvety. — La religion Évadienne de Ganneau : avec une poésie et une lettre inédites d'Eliphas Lévi.

— Les systèmes de chacun des mystiques susnommés s'y trouvent exposés d'une façon complète. — Un long chapitre intitulé " La Part du Diable " contient les détails extraordinaires dans ce genre. Le sel, les crapauds et le balai des sorcières. — Les sorcières communiquant aux mages. — Le vent noué, les loups-garous, les vomissements diaboliques. — Les lutins de Berbiguier. — Les possédés. — Incubes et succubes. — Scènes de couvent au moyen-âge. — Le sabbat. — L'aiguillette nouée. — Supplices des sorciers. — Le Jésuite Delrio et la torture. — Bodin. — Manière de découvrir les sorciers. — Nicolas Remigius, etc...

Autre édition (2-ème).

Amsterdam, R. C. Meijer, 1858, 2 vol. in-12 de XXIII-204 p. et 548 p. (10 fr.).

Troisième édition :

Ibid. id. 1860, 2 vol. in-12, même collation.

(O-150
(O-122

5438 [JACOB]. — [Dans *La France Mystique*]. — *La Part du Diable*, chap. 5 à 8 du Livre I : Eudémons et Cacodémons de sa France mystique (1858. I. 80-145).

Les ouvrages de DEL RIO, BODIN, BERBIGUIER, etc. sont analysés ou du moins appréciés.

Les Swedenborgiens, chap. I du Livre I (Eudémons et Cacodémons de sa France mystique. I. 12-52).

(O-122, et 175

JACOB (Bibliophile).

voir :

LACROIX (Paul).

5439 JACOB (le Zouave), magnétiseur mystique français né à St-Martin-des-Champs (Saône et Loire) le 6 Mars 1828. Engagé volontaire au 7ᵉ Hussards en Afrique, puis musicien aux Zouaves de la Garde à Paris; il débuta comme magnétiseur vers 1860, et exerce encore actuellement en 1911. —

Charlatanisme de la Médecine, son ignorance et ses dangers dévoilés par le Zouave Jacob, appuyés par les assertions des célébrités médicales et scientifiques.

Paris, Ghio, 1877, in-8° (1 fr. 50)

5.440 JACOB (Le *Zouave*). — Conférences sur les erreurs et les dangers des enseignements et pratiques des sectes sacerdotales, médicales, magnétiques et hypnotiques par le Zouave Jacob ; d'après les témoignages écrits des plus grandes célébrités.

Paris, Chez l'auteur, 20 rue Montenotte (Etoile) S. D. [1887]. gr. in-8° de 140 p. (6 fr.).

[T²¹. 540

Historique plein d'érudition sur les Touchants, ou guérisseurs par l'imposition des mains. — L'auteur a dû se livrer à de très longues recherches, et son enquête verse aux débats les faits les plus étranges et les plus curieux que nul n'avait groupés si heureusement avant lui.

5.441 JACOB (le *Zouave*) — L'Hygiène naturelle, ou l'art de conserver sa santé et de se guérir soi-même.

Chez l'auteur, S. D. [1868]. in-12 de 104 p. (1 fr.).

[T⁰¹⁵ 480

Curieuses recettes populaires, médecine des simples, et conseils d'Hygiène, qui toutefois ne sont pas tous absolument recommandables.

——— Hygiène du Zouave Jacob.

Paris, Ghio, 1881, 2 vol. in-8° (4 fr.)

5.442 JACOB (le *Zouave*). — Les Pensées du Zouave Jacob, précédées de sa prière et de la manière de guérir soi-même ceux qui souffrent.

Paris, Chez l'auteur, 1868, in-12 de III-222 p. Portrait (3 fr.).

[R. 54800

Le Zouave Jacob, Spirite convaincu est un célèbre Théurge qui exerce encore à Paris de nos jours. — Il opéra sous le deuxième empire des guérisons extraordinaires qui émurent toute l'Europe. — Aujourd'hui encore, il obtient de véritables résurrections par l'assistance de l'invisible. A noter sa " *Vision Extatique* ", p. 217.

Ce Livre des Pensées n'est pas sans quelque lointaine analogie avec celui de " *La Révélation* " d'ANTOINE le GUÉRISSEUR, q. v. sorte de Spirite, également, du genre du Zouave JACOB.

5.443 JACOB (le *Zouave*). — Poisons et contre-Poisons dévoilés.

Paris, Godet Jeune, S. D. [1874]. in-18. (1 fr.).

5.444 JACOB (le *Zouave*). — Revue Théurgique, scientifique, psychologique, traitant spécialement de l'hygiène et de la guérison par les fluides et des dangers des pratiques médicales, cléricales, magnétiques, hypnotiques, etc... sous la direction du Zouave Jacob.

Paris, 20 rue Montenotte (Etoile) Mai 1888, Avril 1889, in-8° (6 fr.).

[T¹². 39

Collection complète de la première année, seule parue, de cette curieuse revue publiée par le célèbre Zouave JACOB.

5.445 [JACOBS] « *physicien prestidigitateur* » d'après d'HEILLY : son nom a paru dans les journaux au sujet du procès récent de Mᵐᵉ de CLARE, où il était cité comme témoin. — Dʳ ELY STAR. — L'astrologie, ou l'art de voir l'avenir. Avec figures et tableaux explicatifs.

Paris, E. Dentu, S. D. in-16 191 pp. (1 fr.).

L'Astrologie. — Le Zodiaque. — Les Planètes. — Microcosme. — Influence sur les âges. — Interprétation et érection d'un horoscope. — Table des ascensions. — Géomancie astrologique. - Sciences divinatoires antiques, etc...

5.446 [JACOBS]. — Dʳ ELY STAR. —

Cours d'astrologie. (L'astrologie dans l'antiquité. — La légende de l'Homme rouge. — Erection de l'horoscope. — Des morts violentes, de la fortune, des maladies, etc...).

Paris, s. d. in-18. (1 fr. 50).

Ce petit ouvrage du célèbre astrologue contemporain est très bien conçu et très clair ; c'est un résumé des principales théories contenues dans *l'Homme rouge* de Christian. La première partie est consacrée à l'Histoire de l'astrologie : on y parle de Cagliostro, de Balzac, d'Eliphas Lévi, etc... la seconde partie contient les procédés les plus pratiques pour dresser un horoscope d'après la méthode onomantique qui donne toujours de très curieux résultats.

5447 [JACOBS]. — Dr Ely Star. — Les mystères de l'être ; son origine spirituelle, ses facultés secrètes, ses pouvoirs occultes, ses destinées futures dévoilées. Spiritisme transcendantal. Magie cérémonielle. — Astrologie. — Signatures astrales. — Thérapeutique occulte, etc...

Paris, 1902, gr. in-8° de 400 pp. env.

Bel ouvrage, hautement initiatique, enrichi d'un portrait de l'auteur en frontispice, et d'un grand nombre de gravures. — Il constitue une précieuse encyclopédie d'occultisme et il traite savamment de toutes ses branches. — Description des Cieux supérieurs. — Les neuf cercles d'expiation. — La désincarnation. — Le trouble. — Au lendemain de la mort. — Genèse de l'esprit (Involution. Mariage et fusion des esprits. — Les mystères des nombres (40 p.).— Aperçus nouveaux sur le Tarot. — Genèse des forces et leur mystère. — Genèse des couleurs, et leurs harmonies. — La Physiognomonie expliquée par les Tattwas hindous. — Les types ovale, rond, triangulaire, apasique, carré.— La Chirognomonie. — Des signatures astrales. — Exposé général sur la magie. — Pages sombres (Magie noire). — Pages grises (Magie naturelle). — Pages brillantes (Magie de lumière). — Hygiène occulte. — Médecine occulte.— Vertus des lgemmes, etc. Nous ne saurions trop recommander la lecture de cette œuvre complète, claire et attachante.

5448 [JACOBS]. — Dr Ely Star. — Les mystères de l'horoscope. — Préface de Camille Flammarion ; lettre de Joséphin Péladan.

Paris, Dentu, 1888, in-12 de X-XII-385 pp. tableaux et figures. (10 fr.).

[S° R. 8845]

Illustré de 8 figures astrologiques dans le texte.

Curieux ouvrage du genre de *l'Homme rouge des Tuileries* de Christian Pitois (P. Christian). Astromancie kabbalistique. Un des plus recherchés à l'heure actuelle sur la question. — Présages fournis par les 12 signes du Zodiaque. — Explication des 36 décans et des hiéroglyphes astrologiques. — Signification des 12 maisons. — Vocabulaire astrologique. Manière pratique de dresser et d'interpréter un horoscope. — Les cercles kabbalistiques planétaires et de la Rose ✞ Croix. — L'alphabet des mages et sa valeur en nombres. — Horoscope de V. Hugo. — Indication des pays régis par les signes du Zodiaque et les Planètes. — Calendrier perpétuel. — Le Tarot : les arcanes majeurs et mineurs. — Tables des jours égyptiaques. — Signatures planétaires. etc...

5449 [JACOBS]. — Dr Ely Star — Les mystères du verbe. Études ésotériques sur la Vie, les Formes et les couleurs.

Paris, Bibliothèque Chacornac, 1909. in-8°, 174 p. et tab., frontisp. et planches en coul., figures comp. illust.

Ce 5-ème ouvrage du célèbre astrologue-Kabbaliste vient compléter heureusement la série de ses études ésotériques. Voici la liste des principaux sujets qu'il traite : La vie, la lumière. — Le nombre — Les Eléments. — Les Formes — l'alphabet naturel. — L'Ecriture des Etoiles. — La langue sacrée. — L'Enfant et le Verbe. — La Réforme de l'orthographe. Les pouvoirs de la pensée. — Pantacles et talismans.—Aphorismes philosophiques. Le pantacle de l'absolu. — Il est enrichi de belles planches coloriées hors texte.

5450 JACOBUS X*** (le Dr). — L'Amour aux colonies. — Singuliers physiologiques et passionnelles observées durant trente années de séjour dans les Colonies françaises par le Dr JACOBUS X***

Paris, Isidore Liseux, 1893, gr. in-8 (45 fr.).

[Enfer. 125

Tiré à 330 ex. Tous sur Hollande.

5451 JACOBUS X. (Doct.). — Le Marquis de Sade et son œuvre devant la science médicale et la littérature moderne.

Paris, Carrington, 1901, 1 fort vol. in-8 (20 fr.).

Tiré à 500 exemplaires numérotés sur papier de Hollande.

Fruit d'un labeur considérable, ce livre projette une lumière définitive sur un cas unique dans l'histoire des mœurs. — Les mémoires du temps, les archives de la Bastille, les archives de l'hospice de Charenton, tout a été lu, analysé, fouillé. En cette œuvre curieuse, l'auteur a travaillé en psychologue et en savant, sur une étonnante matière, et s'il a disséqué froidement son sujet, il rend compte de ses recherches en un style facile et souriant.

5452 JACOLLIOT (Louis) indianiste, philosophe et magistrat français, né à St-Étienne en 1800. Avocat, puis Juge à Pondichéry pendant 20 ans. — La Bible dans l'Inde : Vie de Iezeus Christna.

Paris et Bruxelles, Librairie Internationale Lacroix Verboeckhoven, 1869, puis 1873, 1875 etc., in-8° (5 fr.).

[O² k. 425

L'Inde civilisatrice du Monde. — Manou ! Manès ! Minos ! Moïses ! leur influence sur l'Égypte. — Minos et la Grèce. — Zoroastre et la Perse. — Pythonisses. — Zeus. — Iezeus. — Isis. — Jésus. — Genèse hindoue. — Légendes diverses. — Analogie de l'ancien testament avec les livres sacrés de l'Orient, etc...

(G- 1479 et 1830

5453 JACOLLIOT (L.). — Christna et le Christ : Lingam, Nara, Spiritus sanctus, Phallus, Priape, le cygne de Léda, la colombe de Marie.

Paris et Bruxelles, Lacroix Verboeckhoven, 1874, puis 1878, in-8°, (5 fr.),

[O² k. 020

Ouvrage très documenté et d'un grand intérêt. — Comparaison des traditions occidentales. — Essai sur les mythes religieux. — De l'interprétation mythologique. — L'Inde des Védas et de Manou. — Les Mentrams : pouvoir de la Prière. — Le mystérieux monosyllabe Aum. — Le symbolisme antique — Lingam, Nara, Spiritus Sanctus, etc...

(G-1471

5454 JACOLLIOT (Louis). — La Femme dans l'Inde. La femme aux temps védiques, aux temps Brahmaniques et dans l'Inde de la décadence.

Paris, Lacroix, 1877, in-8°, (5 fr.).

[O² k. 079

La femme aux temps védiques et brahmaniques. — Le rôle du Dieu-Mère dans la création. — Les épouses des Dieux. — La décadence religieuse. — Les castes inférieures. — La femme dans l'Inde moderne. — Hymnes du Rig-Véda. — Légendes diverses.

5455 JACOLLIOT (L.). — Les fils de Dieu.

Paris, Albert Lacroix, 1873, in-8° de 362 p. (4 fr.).

Autre édition :

Paris, 1875, [puis 1882], in-8°.

[D². 14935

L'Inde patriarche et védique. — Inde brahmanique. — Initiés et fanatiques. — Croyances et cérémonies. — Fakirs et Brahmes. — Jugement de Dieu. — Christnéus. — Émigrations indoues à travers le monde, etc...

(G-1473 et 1480

5456 JACOLLIOT (L.). — La Genèse de l'humanité : la terre et l'homme;

traditions hindoues et chaldéennes. la légende de la Genèse dans l'Inde.

Paris et Bruxelles, Lacroix, etc., 1870, in-8°. (5 fr.).

[8° G. 681

Autre édition :

Paris, 1870, in-8°.

Le titre de cet ouvrage indique nettement les trois stades principaux de l'évolution de l'idée religieuse ; c'est un des plus intéressants qu'ait écrits Jacolliot.

(G-1472, 1474 et 1832

5457 JACOLLIOT (Louis). — Genèse de l'Humanité. [II]. Fétichisme, Polythéisme, Monothéisme, par Louis Jacolliot.

Paris, Lib. Internationale, A. Lacroix et Cie, 1876, in-8° de 580 p. et table (4 fr.).

C'est le second volume de la " Genèse de l'Humanité ".

De la marche de la Tradition Indo-Asiatique. — Les traditions diluviennes dans l'Inde et chez tous les Peuples de l'Antiquité. — La légende d'Indra. — Le Déluge Chaldéen de l'époque d'Idoubar. — Le Déluge Hébraïque. — Etc.

5458 JACOLLIOT (L.). — Histoire des vierges. Les peuples et les continents disparus.

Paris, Bruxelles, Librairie Internationale, Lacroix Verboeckhoven, 1874, in-8°. (4 fr.).

Autre édition :

Paris, Lacroix, 1879, in-8°.

[S. G. 747

Traditions religieuses. — Le Panthéon Hindou. — Fakirs et Bayadères. — Cérémonies et Sacrifices. — Les Grandes Cérémonies du Culte. — Les Plantes sacrées. — Les Formules sacrées. — Le Panthéon Egyptien. — Des Illuminés et Démoniaques. — Les Génies Familiers. — Les Vierges créatrices. — Etc.

(G-1478, 1477 et 1831

5459 JACOLLIOT (Louis). — Histoire naturelle et sociale de l'Humanité. Le monde primitif, les lois naturelles, les lois sociales.

Paris, Marpon et Flammarion, Lacroix, s. d. [1884], 2 vol. in-8° de 600 et 587 p. (8 fr.).

[S° G. 8059

Forces de la nature. — La Genèse selon la science. — Le combat pour la vie. — La grande année sidérale et la périodicité des déluges. — La vie et la mort des astres. — Phénomènes anciens. — La Sommeil de la plante. — Les végétaux protecteurs de l'humanité. — Les origines et le secret de la vie.

(G-1833

5460 JACOLLIOT (Louis). — Les législateurs religieux : Manou, Moïse, Mahomet.

Paris, Lacroix, etc., 1876, in-8°. (5 fr.).

[O² L. 913

Traditions religieuses comparées des lois de Manou, de la Bible, du Coran, du Rituel égyptien, du Zend-Avesta des Parses et des traditions Finnoises.

(G-443, 1470 et 1477

5461 JACOLLIOT (Louis) — L'Olympe Brahmanique. — La mythologie de Manou.

Paris, 1881, in-8°. (5 fr.).

[O² L. 775

Brahma et la création. — Le nombre 7. — Le Linguam. — Indra Védique. — Yama dieu des enfers. — Les demi-dieux inconnus, etc.

5462 JACOLLIOT (L.). — Le pariah dans l'Humanité.

Paris, A. Lacroix et Cie, 1876, in-8°, 380 p. (5 fr.).

[O² L. 675

Le Pariah dans l'Inde. — Origine et mœurs des Pariahs. — Le Livre des Devoirs. — Littérature. Fables. Contes. Théâtre pariah. — La fin d'une race.

(G-1478

5405 JACOLLIOT (Louis). — Les Rois, les prêtres et les castes.
Paris, 1877, in-8° (5 fr.).
[O² k. 077

Mythologie et révélation. — Hymnes à l'Aurore, à Agni, à Indra. — Prière au grand Être. — Hymne à Brahma. — Louanges de Vichnou et de Siva. — La Genèse de Manou, etc...

5404 JACOLLIOT (Louis). — Le spiritisme dans le monde. L'initiation et les sciences occultes dans l'Inde et chez tous les peuples de l'antiquité. Avec un aperçu du spiritisme et du magnétisme au moyen-âge, jusqu'à nos jours.
Paris, Lacroix, 1875, in-8°. (5 fr.) (Édition originale).
[R. 50100

et :

Paris, Libr. Internationale, Lacroix, Verboeckhoven, 1870, in-8°, xvi p.

I. doctrine des Pitris et les sciences occultes dans l'Inde. — Doctrine philosophique des Initiés de l'Inde sur la cause première et le rôle des esprits dans le monde. — Comparaison de la doctrine de Pitris avec celle de la Kabbale hébraïque, de la philosophie de Platon, de l'école d'Alexandrie, de Philon, des Perses et du Christianisme, etc.

(G-1474, 1479 et 1480

5405 JACOLLIOT (Louis). — Les Traditions indo-asiatiques.
Paris, 1879, in-8°. (5 fr.).
[O² 524

Division et classification des langues. — Groupes divers. — Traditions indo-sémitiques. — Coutumes diverses. — Purification des brahmes et des lévites. — Sacrifices. — Magie. — La nombre sept. — Temple et bois sacrés. — Le mystérieux monosyllabe, etc.

5406 JACOLLIOT (L.). — Les Traditions indo-Européennes et Africaines.
Paris, Lacroix, 1876, in-8°. (5 fr.).
[O² k. 658

Quel est le type primitif des langues indo-européennes. — Sanscrit, langue-mère. — Étymologies diverses. — Traditions des Védas. — Traditions mythologiques et principaux Dieux des Védas, etc.

(G-1481

5407 JACOLLIOT (Louis). — Voyage au pays des Fakirs charmeurs.
Paris, Dentu, 1881, in-12. (3 fr.).
[O² k. 762

5408 — Voyage au pays du Hatschisch
Paris, 1885, in-18.
[O² k. 810.

5409 JACOLLIOT (L.). — Voyage aux ruines de Golconde et à la cité des morts. (Indoustan).
Paris, Dentu, 1875, in-8°. (5 fr.).
[O² k. 616

Relation d'un voyage des plus intéressants, rempli de détails sur les coutumes et les traditions des pays mystérieux traversés.

(G-1834

5470 JACOTOT (Jean-Joseph), célèbre éducateur, créateur de l'*Enseignement Universel*, né à Dijon, en 1770, mort en 1840, Professeur, Capitaine d'Artillerie, Sous-directeur de l'École Polytechnique et Lecteur à l'Université de Louvain. — Journal de l'Émancipation intellectuelle, etc., rédigé par plusieurs disciples de Jacotot, et publié par F. Jacotot, et F. V. Jacotot.
Paris, 1829-42, 6 vol. in-8°. (14 fr.).
[R. 50138-143

Ouvrage rare de ce fameux philosophe fondateur de la langue maternelle, ou véritable langue mère. — Ouvrage basé sur des principes métaphysiques.

5471 JACOTOT, Directeur de l'Institut des sourds-muets de Colmar. — Méthode analogisme, ou manière aussi agréable qu'efficace d'apprendre les langues, accompagnée d'un traité de mnémotechnie, etc...

Colmar, 1854, in-4°. (2 fr. 50).

5472 JACQUELIN (J. A.). — La Lyre maçonnique : étrennes aux Francs Maçons et à leurs sœurs pour l'an 5812 composé de Cantiques, Echelles d'adoption et couplets des FF∴ Antignac, Armand Gouffé, L. Brad, Brault, Brazier, Caignart de Mailly, Chazet, Delorme, Desaugiers, L. Dubois, etc.

Paris, 5812, in-12, frontispice et grav. (4 fr.).

Voici quelques-uns des sujets abordés dans ce volume : Puissance du nombre trois. — Profession de foi maçonnique faite par Vénus. — Idée des Rose-Croix de Cithère. — Echelle d'adoption. — Les Mystères. — Les Voyages. — La Lumière. — Le feu maçonnique. — Les Belles (Echelles d'adoption). — Après le devoir le plaisir. — Les trois planètes des F∴ M∴, etc... Tour à tour grivoises ou philosophiques, ces strophes ont, pour l'initié, une valeur symbolique d'où se dégage clairement la doctrine secrète de l'Ordre.

5473 JACQUEMIN (Emile). — La Polarité universelle, Science de la Création. — L'Homme, son organisation spirituelle, par Emile JACQUEMIN.

Paris, Journal« La Vie des Champs», 1867, Belgique : Everling, à Arlon. — Allemagne, Cohen, à Bonn-sur-le-Rhin. — Suisse, J. B. Bersischi, à Murist, Canton de Fribourg, in-8° de IV-488 p. (5 fr.).

Singulier ouvrage, à peu près inconnu. La Science de la Création. — Mathésis (De Toto). — Ontologie (De Entibus). — Règnes. — Règne Minéral. — Biologie (De Toto in Entibus). — Règne végétal. — Règne animal. — Organes génitaux. — L'Homme. — Coup d'œil sur les Destinées politiques et sociales de l'Europe.

5474 JACQUEMONT (l'abbé A.). — La Tunique sans couture de N. S. J. C. conservée dans l'église d'Argenteuil.

Lille, Desclée, 1894, in-18. Gravures et documents. (4 fr.).

[Lk⁷. 28001

Essai critique et historique.

JACQUERIUS (Nicolas). voir JACQUIER :

Flagellum hereticorum fascinariorum...

5475 JACQUES Ier D'ANGLETERRE, ou JACQUES VI D'Ecosse, né à Edimbourg en 1566, fils de Henry Darnley et de Marie STUART. Plus passionné pour la controverse que pour le gouvernement. — Demonologie, in forme of a dialogve. Divided into three books : written by the High and mightie prince, IAMES, King of England, Scotland, France and Ireland, defender of the Faith.

London, printed by Arnold Hatfield for Robert Waldgrave, 1603, in-4° de 4 ff. prélim. et 80 pp. (55 fr.).

5476 JACQUES Ier, Roi d'Angleterre — Jacobi primi, Angliæ Regis, Demonologia, hoc est adversus incantationem Magicam Institutio.

Hannoveræ (Hanovre), G. Antonius, 1604, in-12.

[R. 50007
(S-2214]

5477 JACQUES. — Le réveil d'initié, considérations sur la Franc-Maçonnerie.

Paris, in-12, (1 fr. 50).

Plaquette du plus grand intérêt contenant l'explication symbolique des principales allégories maç∴.

Pour l'auteur de cet intéressant ouvrage la col∴ J∴ est consacrée à un philosophe indien, qu'il considère comme le père de la Franc-Maçonnerie ; partant de là, il retrace l'histoire de la F∴ M∴ depuis la plus haute antiquité jusqu'à nos jours et en étudie à fond le symbolisme dans tous ses détails ; il propose d'importantes réformes à apporter à l'institution maç∴.

5478 JACQUES (Vte). — Aventure spirite, souvenirs de jeunesse.

Paris, Cerf, 1897, in-10.

[8° Y² 40217

5479 JACQUES (Abbé). — Le Révélateur des mystères, ou l'Antique cérémonial de Saint-Jean.

Lyon, 1840, gr. in-8°. (12 fr.).

Pièce des plus intéressantes.

5480 JACQUES (Jacques) poète français du XVII° siècle né à Embrun dans le Dauphiné, Chanoine de sa ville natale. — Le Faut Mourir, en vers Burlesques, par Jacques JACQUES et les excuses inutiles que l'on apporte à cette nécessité, augmenté de l'Avocat nouvellement marié et des pensées sur l'éternité.

Lyon, 1678, in-12 (8 fr.).

Autre édit.

Rouen, 1664, in-12.

[Ye. 8840

Dans cette espèce de danse des morts, l'auteur fait parler les gens de métiers et donne de curieux détails sur les mœurs du temps.

Autres éditions :

Lyon, *J. Couterot*, 1661, pet. in-12.

Rouen, *Machuel*, 1605, in-12.

[Ye. 8842

Lyon, 1702, in-12.

(S-3851

5481 JACQUET (A. J.). — Mémoire sur les moyens pratiques d'arriver à l'anéantissement de la puissance juive en France.

Paris, *Nouvelle Bibliothèque nationale*, s. d. [17 janvier 1897], in-18, (4 fr.).

[Lb⁵⁷. 12500

La Question judéo-maçonnique. — Page d'histoire peu connue. — La F∴ M∴ inspirée par l'esprit judaïque. Rôle de la F∴ M∴ au point de vue de la morale, de la religion, de l'action sociale, etc.

5482 JACQUETTE Médecin à Boulogne. — La Médecine des Esprits par l'Esprit humanitaire.

Paris, *Leymarie*, 1907, in-12. (0 fr. 25).

5483 JACQUEZ (E.). — Dictionnaire d'électricité et de magnétisme étymologique, historique, théorique, technique, avec la synonymie française, allemande et anglaise.

Paris, *Klincksieck*, 1887, in-8°. (10 fr.).

[8° R. 8244

Ouvrage recherché pour les deux vocabulaires, allemand français et anglais-français, des termes techniques, électriques et magnétiques.

5484 [JACQUIER]. — Deux mots sur le magnétisme animal et quatre sur autre chose, par un licencié ès sciences [JACQUIER].

Châlons, *Impr. Bouley Lambert*, 1840, in-8°.

(D. p. 144

5485 JACQUIER (Le F. Nicolas) de l'Ordre des Frères Prêcheurs. — Flagellum | Haereticor | rum fascina | riorvm. Avtore | F. Nicolao IAQVERIO ordinis | fr. Praedicatorum, et olim Haereticae pra | uitatis Inquisitore. | His recens accesservnt | : D. LAMBERTI DANAEI de Veneficiis, quos vulgo Sor- | tiarios vocant, Dialogi. | D. Ioachimi CAMERARII Pabebergensis, in Plutarchi | de Oraculorum defectu Epistola. | D. Martini de ARLES, S. Theologiae Professoris, Ca | nonici, etc. de Superstitionibus Tractatus. | Ioannis TRITHEMII de reprobis atq: Maleficis Qvae | stiones III ad Maximil I Imp. Rom. | Item | D. Thomae ERASTI de Strigibus Liber. | Summo studio et industriâ F. Ioan. MYNTZENBERGII ordinis Carmelitarum edita...

[In fine] Impressum Francofurti ad Moenum, apud Nicolaum Bassaeum, M. D. LXXXI [1581], in-8° de 604 p. etc. Marque d'imprimeur à la fin.

[E. 4018

À la tête du Traité d'Erastus "*De Lamiis*" se trouve la préface qui n'existe que dans cette première édition.

(S-2240)

5486 JACQUOT (F.). — Défense des Templiers contre la routine des historiens et les préjugés du vulgaire.

Paris et Nancy, 1882, in-8°. (3 fr.).

[8° H. 603
(G-056

5487 JAELL (Marie). — Les Rythmes du Regard et la Dissociation des Doigts. Avec 121 figures dans le texte.

Paris, Fischbacher, 1906, in-12 de 180 p. (1 fr. 50).

Les perceptions auditives et visuelles influencées par l'attitude des doigts. — Les deux rythmes évolutifs du regard et les déviations rythmiques multiples. — Les principes d'attraction dans le mécanisme des deux mains. — Les principes d'attraction dans les déplacements du regard. — Les perturbations rythmiques du regard et les illusions d'optique. — Les rythmes du regard et les groupements cristallins. — Les associations rythmiques du regard dans les parcours colorés. L'orientation visuelle et mentale dans les Arts. — La Structure des arbres et le Rythme de leurs balancements.

JAF et CAUFEYNON (Docteurs). — Voir :

FAUCONNEY (Docteur Jean).

5488 JAGNAUX (Raoul). — Histoire de la Chimie.

Paris, Baudry, 1891, 2 vol. gr. in-8°. (18 fr.).

[8° R. 11022

Figures dans le texte.

L'alchimie, constitution de la matière, le phlogistique, création de la chimie pneumatique, les grandes lois chimiques, etc....

5489 JAMBLIQUE philosophe grec, né croit-on à Chalcis mort vers l'an 333. Il vécut surtout en Syrie. Iamblichus de mysteriis Ægyptiorum, Chaldæorum, Assyriorum. Proclus in Platonicum Alcibiadem de anima atque dæmone. Proclus de sacrificio et magia. Porphyrius de divinis atque dæmonibus. Synesius Platonicus de somniis. Psellus de dæmonibus. Mercurii Trismegisti Pimander, etc...

Venetiis, in ædibus Aldi, mense novembri, 1516, in-f° ou in-4. (50 fr.).

[Rés. R. 4

Autre édition :

Lugduni, apud Joan. Tornaesium, 1552, pet. in-12.

Recueil fort rare et recherché.

Première édition :

Venetiis, mense septembri, MIID. In ædibus Aldi. [1497], in-f°.

[Rés. R. 1
[G-1402 et s.

5490 JAMBLIQUE. — De Mysteriis Egyptiorvm, nunc primum ad verbum de Græco expressus. Adject. de Vita et secta Pythagoræ Ploseuli, ab eod. Scutellio ex ipso Iamblicho collect.

Romæ, 1556, pet. in-f° (10 fr.).

[Rés. R. 737

Edition la plus estimée donnant de précieux documents sur l'hermétisme et le magisme qui fleurissaient chez les grands peuples de l'antiquité et en particulier chez les Orientaux. — Selon Jamblique, les animaux sont des instruments résonnants et leur âme est une harmonie.

5491 JAMBLIQUE. — Iamblichus de mysteriis Ægyptiorum, Chaldæorum, Assyriorum. Proclus in Platonicum Alcibiadem de anima, atque dæmone. Idem de sacrificio et magia. Porphyrius de divinis atque dæmonibus. Mercurii Trismegisti Pimander. Eiusdem Asclepius.

Lugduni, Aped Ioan. Tornaesium, 1570, in-12. (25 fr.).

[R. 9001

Édition fort rare de Jean de Tournes à Lyon.

(G-415

5402 JAMBLIQUE. — Jamblichus, de Mysteriis Ægyptiorum, Chaldæorum, Assyriorum.

Lugduni, J. Tornaesium, 1578, in-12.

[R. 39274

Réédition de la précédente par le même savant imprimeur.

(S-6548

JAMBLIQUE. — Traduction du Livre des Mystères voir :

QUILLARD (Pierre).

5403 JAMBLIQUE. — De Vita Pythagorica et protrepticæ orationes ad Philosophiam, lib. II. Nunc. hactenus visi : nunc vero, græce et latine prim. editi cum necessariis castigationibus et notis : additæ sunt in fine Theanus, Myæ, Melissæ et Pythagoræ aliquæ epistolia gr. et lat.

S. l. 1598, in-8°, (8 fr.).

[R. 1511

5404 JAMBLIQUE. — Jamblichus de Vitâ Pythagore, Græce, cum notis J. Arcerii Theodoreti.

S. l., 1678, in-4°.

[Rés. R 692
(S-0891

5405 JAMES (Dr Constantin) né à Bayeux (Calvados) en 1813. Professeur à l'Athénée Royal.—L'hypnotisme expliqué dans sa nature et dans ses actes. Mes entretiens avec S. M. l'Empereur Don Pedro sur le Darwinisme.

Paris, 1888, in-8°, 92 pages, (2 fr.).

Aliénation mentale.— Hypnotisme et magnétisme. — La Salpêtrière et ses prodiges. — Lourdes et ses miracles, etc...,

(G.-1835

5406 JAMES (Dr Constantin). — Toilette d'une romaine au temps d'Auguste et conseils à une Parisienne sur les cosmétiques.

Paris, Hachette, 1860, in-12. (3 fr.).

Peu commun et recherché pour la partie " cosmétique " qui occupe plus de la moitié du volume.

5407 JANET (Paul) philosophe français né à Paris en 1823. Docteur ès-lettres et professeur de philosophie. Académicien. — Les causes finales.

Paris, 1882, (2-eme édit.), fort in-8°. (4 fr.).

Œuvre considérable qui embrasse les vastes sujets compris dans la loi de finalité. Le principe, les faits, l'organe et la fonction, l'évolution, l'idée pure et l'activité créatrice, etc.... appendice très important sur l'induction, les causes finales, l'optimisme, Platon et les causes finales, etc....

Autre édition :

Paris, Germer Baillière, 1870, in-8° de 747 pp.

[8° R. 572

5408 JANET (Paul). — Essai sur la Dialectique de Platon.

Paris, 1848, in-8°. (4 fr.).

L'auteur se propose de faire connaître exactement le système de Platon, de le décrire dans toutes ses parties et sous toutes ses faces, non pas sous ce jour particulier qu'une école hostile, comme celle d'Aristote, ou trop souvent infidèle, comme celle de Plotin, a dû choisir de préférence, mais au grand jour de Platon lui-même et de ses dialogues les plus divers : le Phèdre et le Sophiste, la République et le Parménide, le Banquet, le Phédon et le Timée.

5409 JANET (Paul). — Essai sur le Médiateur plastique de Cudworth.

Paris, Ladrange. 1800. in-8° de 74 pp. et table : 4 pp. de catalogue (2 fr.)..

[R. 59209

Définit p. 48 le méd. plastique " *une sorte de vie à laquelle manque le sentiment.... une force sans conscience* "; c'est l'*Inconscient*, moins le mot.

5500 JANET (Paul). — Histoire de la philosophie morale et politique dans l'antiquité et les temps modernes.

Paris, 1858. 2 vol., in-8°, (20 fr.).

5501 JANET (Paul). — Histoire de la science politique dans ses rapports avec la morale.

Paris, Ladrange, 1872. 2 forts vol. in-8°. (30 fr.).

5502 JANET (Pierre) Professeur à la Sorbonne. — L'Automatisme psychologique. — Essai de psychologie expérimentale sur les formes inférieures de l'Activité humaine. 5-ème édit.

Paris, Félix Alcan. 1899. In-8° de XXI-496 pp. 11 figures, (5 fr.).

[8° R. 17100

Ouvrage absolument indispensable à connaître.

C'est le livre de base, le point d'appui d'innombrables ouvrages ultérieurs de MAXWELL, FLOURNOY, GRASSET, etc., rebelles (au moins en partie) à " l'*Influence des Esprits* ".

Il contient une magistrale étude de la " *Désagrégation psychologique* " ou destruction maladive de l'Unité du Moi.

Automatisme total. — Les Phénomènes Psychologiques isolés. — Automatisme partiel. — Les Actes subconscients. — Diverses formes de la Désagrégation Psychologique. — La faiblesse et la Force morales. — Etc.

5503 JANET (Pierre). — Névroses et idées fixes. T. 1-er : Études expérimentales sur les Troubles de la Volonté, de l'Attention, de la Mémoire, sur les émotions, les idées obsédantes, et leur traitement.

Paris, Félix Alcan. 1898, gr. in-8° 68 fig. (6 fr.).

[Td°°. 723

Autre édition :

Paris, 1904. in-8°

5504 JANET (Pierre). — Les obsessions et la Psychasthénie. I. Études cliniques et expérimentales sur les idées obsédantes, les impulsions, les manies mentales, la folie du doute, les tics, les agitations, les phobies, etc... Par le Dr Pierre JANET. — II. Fragments des leçons cliniques du mardi sur les états neurasthéniques, les aboulies.... les algies, les phobies, les tics... les folies du doute, les idées obsédantes, les impulsions.... par le Dr F. RAYMOND et le Dr Pierre JANET.

Paris, Félix Alcan, 1903, 2 vol. in-8°. XII-764 p. et XXIV-543 p. Gravures dans le texte. (20 fr.).

[Td°°. 723

Ouvrage du plus haut intérêt sur ce qu'Allan Kardec eut appelé des " subjugations " partielles.

5505 JANI. — Fast unumstösliche Grund-Regeln in der hermetischen Kunst, die Tinctur der Weisen zu bereiten.

Hamburg, s. n(om) d(r). 1771, in-5° de 28 pp.

La signature de la préface est Jani, sans aucun prénom.

(D-1 106

5506 JANIN (Jules Gabriel) littérateur et critique, né à Saint-Étienne en 1804. Académicien. Mort à Passy en 1874. — Le Marquis de Sade. — La Vérité sur les deux procès criminels du Marquis de Sade, par le bibliophile Jacob, le tout précédé de la Bibliographie des œuvres du marquis de Sade.

Paris, chez les marchands de nouveautés, 1834, in-12 de 62 p. (5 fr.).

[Ln²⁷. 26109

Orné d'un portrait médaillon et d'un portrait eau-forte en 2 états rouge et noir.

5507 JANIN (Jules-Gabriel). — La religieuse de Toulouse.

Paris, Michel Lévy, 1850. 2 vol. in-8° de 452 et 484 p. 71 pp. de préface (10 fr.).

[Y² 43853-4

Mlle Jeanne de Jussaud épouse Mr de Tair, Comte de Mondosville. — Celui-ci est assassiné hors Toulouse. — L'abbé de Ciros assiste ses derniers moments. — Mme de Mondonville dresse les Constitutions de la Congrégation des Filles de l'enfance de N.S. J. C. — Elle façonne son hôtel en couvent en deux ans de veuvage. — Louis XIV, puis Alexandre VII (I-250) approuvent. — La peste (I-272). — Guillemette de Prohenque (I-403) ; les Jésuites l'interrogent sur sa fuite (I-436). — La Verduron et Mr de St-Gilles (II-61). — Enlèvement de Mlle Marie d'Hortis (II-125). — C'est le marquis de St-Gilles qui a tué M. de Mondosville (II-216). — Confession de la Verduron (II-405) : sa mort (II-405). — Découverte de la presse clandestine et arrestation de Mme de Mondosville (II-474). — Elle est internée à Coutances (II-476).

5508 JANIN de COMBE - BLANCHE (Jean) médecin français né à Carcassonne en 1741, mort à Lyon en 1799. Docteur de Montpellier. — Réponse au discours de M. O'Ryan, agrégé au collège de médecine de Lyon sur le magnétisme animal, par M. Janin de Combeblanche, écuyer, Seigneur de Combe-Blanche, membre du Collège royal de chirurgie de Lyon, médecin oculiste de S. A. S. Mgr. le duc de Modène, et son pensionnaire, professeur honoraire de l'université de Modène. Membre des Académies des Arcades de Rome, de Dijon et de Villefranche. Correspondant de la Société royale de Montpellier et de la Société royale de médecine de Paris.

Genève, Lyon et Paris, 1784, in-8°, 10 pages, (2 fr.).

L'auteur défend le magnétisme et se défend lui-même des attaques dont il a été l'objet dans la brochure du docteur O'Ryan : Discours sur le magnétisme, etc..

(D. p. 48

5509 JANITOR PANSOPHUS, seu figura aenea quadripartita cunctis museum hoc intraeuntibus, superiorum ac inferiorum scientiam mosaico-hermeticam analytice exhibens.

Sine titulo [Francofurti, 1740]. 4 planches, in-4°. (10 fr.).

Planches anciennes, de la plus grande rareté.

(G-416

JANKOWSKI (Joseph). — Commentateur de :

PIC DE LA MIRANDOLE, q. v.

5510 JANNELLO (C.). — Tabulæ Rosettanæ Hieroglyphicæ et centuriæ rinogrammatum polygraphicorum Interpretatio per lexicographiam temurico-semiticam

Napoli, 1830, in-8° (4 fr.)

5511 JANNET (Claudio), collaborateur de Mgr Deschamps. — La Franc-Maçonnerie au XIXᵉ siècle. Etudes d'histoire contemporaine.

Avignon, Seguin, 1880. 1 fort vol. in-8°. (15 fr.).

5512 JANNET (Claudio). — Les précurseurs de la Franc-Maçonnerie au XVIᵉ et XVIIᵉ siècle.

Paris, Palmé, 1887. gr. in-8°. (7 fr.).

Traditions Manichéennes et Templières. — Spinoza et la Nova-Atlantis de Bacon. — La Confrérie des Rose ☩ Croix. —

Les Compagnonnages. — Le rôle des Juifs dans la Franc-Maçonnerie du XVIII° siècle. — La Fr∴ M∴ Orientale ou secte des Ismaëliens. — Statuts et lois des Frères de la Rose ✠ Croix d'après un manuscrit du XVIII° siècle, etc...

JANSENIUS (Sur). — Voir :
SÉCHÉ (Léon).
COLONIA (Le P. Dominique de).
RAPIN (R. P.).
BOUGEANT (le Père).

5513 JANT (Le chevalier Jacques de), historien, né à Dijon en 1620 mort en 1676. Chevalier de Malte et Conseiller d'État. — Prédictions tirées des Centuries de Nostradamus, qui vraysemblablement (sic) se peuvent appliquer au temps présent et à la guerre entre la France et l'Angleterre contre les provinces Unies. Avec l'explication des Médailles en François.

S. L., 1673, pet. in-8°, 5 planches représentant 7 médailles. (10 fr.).

[Ye. 24 485

Avec l'explication de quelques centuries de Nostradamus et une seconde partie avec titre spécial, intitulée : Prophétie de Nostradamus sur la longueur des jours et la félicité du règne de Louis XIV. « Petit opuscule qui, selon Nodier, restera un livre digne de la bibliothèque des meilleurs amateurs. » Avec une planche sur bois de médailles.

Certaines de ces prophéties sont tirées d'une ancienne Centurie qui fut ajoutée aux autres et dédiée au roi Henri IV par Vincent Sève de Beaucaire.

(G. 1482
(S-3479

5514 JASTROW (Joseph).—La Subconscience, par Joseph JASTROW, Professeur de Psychologie à l'Université de Wisconsin (États-Unis). Traduit de l'Anglais par E. Philippi, Licencié ès Sciences. Préface de M. le Docteur Pierre Janet, Professeur de Psychologie au Collège de France.

Paris, Félix Alcan, 1908, in-8° de XII-380 p. et 52 p. de Cat. (4 fr. 50).

La Subconscience dans l'état normal. — La répartition de l'Attention. — La Subconscience dans les états anormaux. — Considérations Théoriques. — Conception de la Subconscience.

5515 JAUBERT. — Les mystères de l'Au-delà. — Dialogues sur le catholicisme entre un croyant et un athée.

Paris, H. Daragon, 1910, in-8 de 223 p. (2 fr. 50).

[8° H. 7052

5516 JAUBERT (Étienne). — Éclaircissement des véritables Quatrains de Maistre Michel Nostradamus, conseiller et médecin des Roys Henri II, François II et Charles IX, grand astrologue de son temps et spécialement pour la connaissance des choses futures.

S. L., 1656, in-12, 17 n. n.

[Ye. 7370

Portrait de Nostradamus gravé par l'Armessin.

(G-1482

5517 JAULNAY (Ch.). — L'enfer burlesque ou le dixiesme de l'Énéide travestie et dédiée à Mademoiselle (sic) de Chevreuse. Le tout accommodé à l'histoire du temps.

Paris, 1649, in-12. (20 fr.)

(G-417

5518 [JAUNEZSPONVILLE (Pierre-Ignace)], né à Metz en 1750, mort à Paris, vers 1805. — Le Ruvarebohni (le Vrai Bonheur), réédité d'après un exemplaire échappé au pilon de la Haute Police Impériale, par Carle de Rash.

Paris, G. Fischbacher, 1884, 2 vol. in-18 de LIV-370 et 154 + 107 p. (4 fr. 50).

Réédition à petit nombre, assez rare, d'un curieux ouvrage de philosophie so-

..., pleine d'idées hardies, publié à Toulouse sous le Premier Empire.

L'ouvrage comprend : « *La Philosophie du Ruvarebohni... par feu P. I. J. S*** et Nicolas Buguet* » et le *catéchisme social ou Exposition familière des principes ... par feu M. P. I. J. S. »*.

La destruction policière de cet ouvrage avait été motivée par la mise en scène d'un certain « POSELANO, » anagramme de *Napoléon*.

3519 JAUSSIN (Louis-Amand), mort à Paris en 1767. Apothicaire militaire envoyé en Corse avec le Maréchal de Maillebois. — Ouvrage historique et Chymique où l'on examine s'il est certain que Cléopâtre ait dissous sur le champ la perle qu'on dit qu'elle avala dans un festin par JAUSSIN.

Paris, Moreau père, 1749. in-8°.
[O³ a. 168
(S-3402

3520 JAVARY (A.). — De la certitude.
Paris, 1847. in-8°. (3 fr.).

Analyse des idées. — Entendement humain. — Premières époques de la philosophie grecque. — Empirisme et scepticisme. — Kant. — Destinée humaine. — Religion et philosophie, etc...

3521 [JAYBERT (Léon)]. — De l'Adultère chez tous les Peuples. Étude par le chevalier AMOURST. [Léon JAYBERT].
Paris, en vente chez tous les libraires, 1803, in-18 de 138 p. (3 fr.).
[Réserve R. 2240

Curieux détails sur les peines et moyens de répression employés contre l'adultère chez toutes les peuplades du globe.

JEAN XXII (Jacques d'EUSE), pape d'Avignon, de 1316 à 1334. On le croit fils d'un cordonnier de Cahors. Chancelier du roi de Sicile ; évêque de Fréjus et Archevêque d'Avignon.

3522 JEAN XXII. — L'Élixir des philosophes, autrement l'Art transmutatoire, moult utile, attribué au pape JEAN XXII de ce nom, non encores veu, n'y imprimé par cy devant.

Lion, par Macé Bonhomme, 1557. in-16 ou très petit in-8° de 205 pp. à 21 lignes.

Ce vol. est composé de 2 traités, le premier est l'Élixir des Philosophes (pp. 7-150) avec fig. dans le texte ; le second l'Art transmutatoire, remplit le reste du du vol.

Cette édit. se joint à la petite Collect. d'ouvr. alchimiques dont le Miroir d'Alquimie de Roger Bacon forme la tête.

Autre édition :

S. l., [vers 1630], in-12. (25 fr.).
(S-3390 b
(O-787

JEAN XXII. — Voir :
VERLAQUE (Abbé).
OCKAM (Guillaume d').

———

JEANNE D'ARC (sur). — Voir Bibliographie Yve - Plessis, numéros 1224-1250 ; p. 157-160 et aussi :

AYROLES (Le P. J. B. J.).
BOUTET de MONVEL.
DUFAUX (Ermance).
DUMAND (L'abbé H.).
DUMAS (Alexandre).
DUNAND (Ph. H.).
FRANCE (Anatole).
HORDAL (Joannes).
JOLLOIS.
LE BRUN de CHARMETTES.
LEFRANC (Olivier).
LE NORDEZ (Mgr).
LUCE (Siméon).
MICHELET.
O'REILLY (E.).
SEPET (Marius).
WALLON (H.).

3523 JEANDRE (L.). — La Franc-Maçonnerie dans l'armée.

Paris, 1000, in-8°. (1 fr. 50).

Extr.

Le F∴ M∴ a joué en Europe, dans le monde militaire, un rôle important généralement ignoré. — Il y eut deux sortes de loges : les loges permanentes et les loges ambulantes ; l'auteur donne la liste de celles qui furent fondées en 1802 et 1803, et cite les noms des francs-maçons militaires les plus distingués.

5524 JEANNIN (abbé). — Eglise et fin de siècle.

Paris, Chamuel, 1801, in-12. (2 fr.).

[8° R. 10684]

Etudes contemporaines, anti-cléricales. Les études sur l'éducation au séminaire et l'hypocrisie des prétendus « pratiquants » en province sont à noter. (Décadence religieuse. — Etat religieux contemporains. — Libres penseurs. — Fanatisme. — Spéculation nobiliaire et charnelle. — Célibat et Prostitution. — Dogmes des religions anciennes. — Vierge mère. — Chute originelle. — Le Confessionnal, etc.)

5525 JEHAN (L. F.). — Dictionnaire apologétique, ou les sciences et la philosophie au XIXᵉ siècle, dans leurs rapports avec la révélation chrétienne.

[Paris], Montrouge, l'abbé Migne, 2 vol. gr. in-8° (4 fr.).

5526 JEHAN (L. F.). — Dictionnaire d'astronomie, de physique et de météorologie, ou exposé scientifique des lois générales qui régissent l'univers et des phénomènes qui en résultent soit dans le monde stellaire, soit par rapport au globe terrestre ; où l'on trouve décrits les systèmes planétaires météorologiques et physiques tant anciens que modernes, les progrès immenses des sciences physiques depuis un siècle et leur application aux arts mécaniques.

[Paris], Montrouge, l'abbé Migne, gr. in-8°. (4 fr.).

Cadran d'Achaz. — Astrologie. — Carrés magiques. — Zodiaque de Denderah. — Chaldéens. — Egyptiens. — Forces cachées. — Indiens. — Mages. — Mouvement perpétuel. — Pluies de sang, de soufre, d'animaux, etc... Ptolémée, Pythagore, etc...

5527 JEHAN (L. F.). — Dictionnaire de chimie et de minéralogie : chimie minérale, végétale et animale. — Théorie et pratique. — Vues philosophiques et histoire de la chimie ancienne, du moyen-âge et moderne. — Biographie des chimistes et alchimistes et analyse critique de leurs travaux. — Application à la médecine, aux arts, à l'industrie, à l'économie domestique.

[Paris], Montrouge, l'abbé Migne, gr. in-8°. (2 fr.).

5528 JEHAN D'ARRAS, romancier français du XIVᵉ siècle, né à Arras. Secrétaire du Duc de Berry, frère de Charles V. — MELUSINE.

[A la fin :] Cy finist l'hystoire de Melusine, nouvellement imprimée à Paris par Alain Lotrian, Et Denys Jhanot, imprimeurs et Libraires Demourans en la rue neufve nostre dame A lenseigne de lescu de France.

Pet. in-4° gothique de 94 feuillets à 2 col. Fig. s. bois. (100 fr.).

Imprimé à Paris vers 1525. Avec vignettes et grandes lettrines gravées sur bois. Celle du Vᵒ du dernier feuillet occupe toute la page et représente Lusignan regardant Mélusine qui prend son bain.

L'édition princeps de ce célèbre Roman de Chevalerie est de Genève, 1478, mais le manuscrit datait de 1387.

[Exposé 220, Vitrine XXIII]

M. Ch. BRUNET en a donné une excellente édition en 1854.

5529 JÉJALEL (H.), de son vrai nom HUGAND, Cartomancien, disciple et successeur d'ETTEILA [Alliette], qui exerçait son art à Lyon. (Voir MALLET DE ST-PIERRE). — Cartomancie, ou l'art de développer la chaîne des évènements de la vie. Récréations astrologiques, par le Livre de Thot.

Lyon, 1791, petit in-12 de 12 pp. (3 fr.).

5530 JÉJALEL (H.). — Faites mieux, j'y consens, ou les instructions d'Isis, divulguées par un électeur de la Commune de Lyon en l'année 1789.

S. l. 1789, in-8°.

[Manque à la Biblioth. Nationale]

Ouvrage rare du disciple et successeur d'Etteilla, accompagné du tableau gravé des Lames du Livre de Thot placé dans le temple du Feu à Memphis.

5531 JENNINGS (Hargrave) mort en 1800. — Phallicism ; Celestial and Terrestrial, Heathen and Christian ; its connection with the Rosicrucians and the Gnostics, and its Foundation in Buddhism. With an Essay on Mystic Anatomy. By Hargrave JENnings, Author of the " Rosicrucians ".

London, 1884, in-8°. Figures. (70 fr.). Rare et recherché.

[8° H.*5230 (O. P. C.

5532 JENNINGS (Hargrave). — The Rosicrucians, Their Rites and Mysteries, with Chapters on the Ancient Fire and Serpent-Worshippers, and Explanations of the Mystic Symbols represented in the Monuments and Talismans of the Primeval Philosophers. By Hargrave JENNINGS.

London, Nimmo, 1887. Third edition. 2 vol. in-8°. Plus de 300 figures et 12 pl. hors-texte. (35 fr.).

Cet ouvrage a encore été réédité, en 2 vol. même format, à un prix de publication moins élevé. Il est le fruit d'une étude de 28 années sur ce sujet et contient de nombreux détails sur Robert Fludd, dont le nom devrait, en réalité s'écrire " Flood ".

Edition originale :

Londres, 1870, in-8°.

[8° G. 5157

Les philosophes hermétiques. — Histoire mythique de la Fleur-de-Lys. — Le feu sacré. — Pierres et autres monuments des Druides. — Enquête sur la possibilité du miracle. — L'architecture des Rose ✝ Croix. — Interprétations cabalistiques par les Gnostiques. — Figures et talismans mystiques des Chrétiens. — Emblèmes du serpent.— Les Rose ✝ Croix et les anciens mystères : leurs traces découvertes dans les ordres de Chevalerie.— Symboles étranges des Rose ✝ Croix. — Cabbale profonde des Rose ✝ Croix. — Robert Fludd, le rose ✝ croix anglais.—Symbolisme de l'Arche de Noé. — Doctrines des Rose ✝ Croix. — Pouvoir de produire artificiellement l'or et l'argent.

(O. P. C.

5533 JENNINGS (Dr Oscar). — The Morphia Habit, and its voluntary Renunciation. A personal Relation of a Suppression after twenty-five years' Addiction. With Notes and additional Cases by Oscar JENNINGS, M. D. (Paris), Fellow of the Royal Society of Medicine.

London, Baillière, Tindall, and Cox.

Paris, Brentano, 1909, pet. in-8° de X-492 p. (9 fr.).

Intéressant ouvrage sur une méthode personnelle à l'auteur pour la guérison de la Morphinomanie, même dans des cas extrêmes.

5534 JESSENIUS A JESSEN (Johannes) ou Jean JESSEN, ou JESSENSKI, médecin hongrois né à Nagi-Jessen en 1566, Docteur de Wittemberg, Professeur à Prague, Médecin des Empereurs Rodolphe et Matthias. Promoteur de l'insurrection de Prague en 1618, il périt dans cette ville, sur l'échafaud, en 1621. — Jo. JESSENII à Jessen, Zoroaster, seu Philosophia de Universo.

Witteb. [*Wittemberg*], 1593, in-8° (?).

(S-3387 b

5535 JESUA Joab and die Wanderer im Thale Josaphat.

Philadelphia (*Leipzig, Beer*), 1496

(c.-à-d. 1790). pet. in-8° de 68 pp.

(G-109

JESUITES. — Voir :

SECRETA MONITA.
MONITA SECRETA.
SAUVESTRE.

5536 JÉSUPRET Fils. — Catholicisme et spiritisme.

Paris, Librairie des sciences psychiques, 1801, in-12. (1 fr.)

(G-1486

5537 JÉSUPRET (J.). — Le magnétisme animal, mis à la portée de tout le monde (Le surnaturel. — Le magnétisme du regard. — Somnambulisme. — Fascination magnétique. — Hypnotisme. — Magnétisme curatif, etc...).

Paris, 1883, in-16. (1 fr. 50).

JÉSUS-CHRIST (Sur). — Voir :

DESHAIRES (G.).
JACQUEMONT (Abbé A.).
LACHEVRE.
LEJEAL (G.).
NOTOVITCH (N.).
PELADAN (A.).
RAMEE (D.).
RENAN (E.).
SEPP (Dr J. N.).
STRAUSS (Dr. D. F.).

5538 [JEUDI]. — Die falschen Brüder oder die Wahrheit in einem hellern Lichte. Ein merkwürdiges wichtiges Werk, geschikt unmerklich zur Kenntnisz der in der Welt herrschenden Irrthümer, Miszbräuche und Vorurtheile zu führen [von JEUDI, aus dem Französ].

Berlin, Joh. Friedr. Unger, 1784, in-8° de 67 pp.

Quérard en cite une édit. française d'Amsterdam et Paris, et Klosz, N. 40, bn, une autre de 1784.

[D. 118

5539 [JEUNE (le Rev. Père B. P. MASSET, Prémontré de l'Abbaye d'Étival, en Lorraine. — Histoire critique et Apologétique de l'Ordre des Chevaliers du Temple de Jérusalem, dits Templiers, par B. P. J.

Paris, Guillot, 1789. 2 vol. in-4°. 1 fig. (15 fr.).

[H. 4813 et 14

Une des histoires les plus importantes et les plus estimées du célèbre Ordre des Templiers.

5540 JOACHIM (l'abbé) de FIORE, ou de FIORE, né dans le diocèse de Cosenza en Italie, vers 1140, mort vers 1204. De l'ordre de Cîteaux. Célèbre Prophète. — Abbas Joachim magnus propheta, Expositio in librum beati Cirilli de magnis tribulationibus et statu Sanctæ matris Ecclesie...... Item explanatio figurata et pulchra in Apocalypsim de residuo statu Ecclesie..... Item tractatus de antechristo magistri Joannis Parisiensis ordinis prædicatorum. Item tractatus de septem statibus Ecclesie devoti doctoris fratris Ubertini de Casali ordinis minorum. Item vita magni prophete abbatis Joachim. — Interpretatio preclara abbatis Joachim in Hieremiam prophetam.

Venetiis, per Bernardinum Benalium, 1525, 2 vol. pet. in-4°. figures (80 fr.).

Edition très rare des célèbres prophéties de l'abbé JOACHIM, que Brunet et ses continuateurs n'ont pas connue; elle est ornée de curieuses figures sur bois les plus remarquables, qui ont été attribuées à Marc Antoine RAIMONDI. Plus récemment on a cru pouvoir les attribuer à MANTEGNA.

Autre édition :

Impressum Venetiis per Lazarum de Soardis, 1516.... in-4° goth. de 76 ff. ch. à 2 col. nomb. fig. gr. sur bois

5541 JOACHIM (abbé). — Vaticinia sive prophetiæ Abbatis Ioachami et Anselmi episcopi Marsicani, cum imaginibus ære incisis. Qvibvs Rot. et oraculum Turcicum maxime considerationis adjecta sunt. Vna cvm præfatione et adnotationibus Pasch. Regiselmi.

Venetiis, apud H. Porrum. 1639, in-4° (35 fr.).

Ouvrage fort rare de prophéties imprimé partie en italien, et partie en latin. Orné d'un titre frontispice gravé et de 34 gravures sur cuivre, fort intéressantes, servant d'emblème et d'explication aux diverses prophéties de Joachim.

Autre édition :

Ibid. Id., 1589, (40 fr.).

Venetiis, apud J. B. Bertonum, 1600, in-8°.

(G-422 et 1487

5542 JOACHIM (Abbé). — Vaticinia sev prædictiones illvstrivm virorvm Sex tolis ære incisis comprehensa. De successione summum pontificum Romanor. Cum declarationibus et annotat. Hier. Ioannini.

Cruelia Bertoni, 1605, in-4° (35 fr.).

Ouvrage fort rare de prophéties, imprimé partie en italien, partie en latin. Orné de 5 portraits, et comprend 6 Rimes prophétiques gravées à pleine page.

D'autres éditions de ces célèbres prophéties ont été aussi données par Gregorius de Lauro, q. v.

(G-422 et 1487

5543 JOB (Eliachim). — Les mystères de l'avenir dévoilés.

Paris, Ledoyen, 1861, in-12. Avec plusieurs figures de chiromancie. (3 fr. 50).

(G-423

5544 JOCHNICK (W.). Professeur de Mathématiques à l'École supérieure d'Artillerie et du Génie Suédois. — Les Questions les plus importantes de l'humanité. — Esquisse de l'histoire de l'esprit, sur le rapport entre les Esprits libres et les esprits incarnés.

Stockholm et Paris, Ad. Bonnier et Librairie Spirite, s. d. [1881], 2 vol. in-8°, 108 et 101 p. diagrammes et tableaux pliés, hors texte. (3 fr.).

Très intéressant travail, surtout en ce qui concerne la question des Esprits.

Esquisse de l'Histoire de l'Esprit. — Des diverses espèces de Mondes Matériels. — La mission de Christ. — Sur le Rapport entre les Esprits libres et les Esprits incarnés. — Anges gardiens et Esprits protecteurs. — Songes. — Etc.

Deuxième partie : Le Suicide.

5545 JOCO SERIORUM Naturæ et Artis sive Magiæ naturalis Centuriæ tres ; accessit diatribe de prodigiosis Crucibus.

S. l. 1666, in-4°.

Manque à la Biblioth. Nat^{le}

(S-3195

5546 JODELET (Julien GEOFFRIN, ou JOFFRIN, ou selon d'autres, Julien BEDEAU, dit) célèbre acteur comique de l'Hôtel de Bourgogne, né vers 1590, mort vers 1660. Il fit un moment partie, dit-on, de la troupe de Molière. — L'eslite des plvs admirables secrets de ce temps, experimentez et approuvez pour la curiosité et recréation des beaux Esprits. Et mis en lumière par le sieur JODELET.

S. l., 1654, in-8°.

Recueil curieux et fort rare. Lire la très gaillarde, facétieuse et amicale Epistre dédicatoire, ou le sieur JODELET se donne tout entier au lecteur : « Bref, « moy, ma science, mon liuret, mon ex-« périence, ma ceruelle, trippes et bou-« dins (jusques à la m....) tout est à « vous. » (Note de S. de G.).

(G-1488

5547 JOFFRANCUS OFFRUSIUS. — JOFFRANCUS OFFRUSIUS, de Divinâ Astrorum facultate, in larvatam Astrologiam.

Parisiis, 1570, in-f° Figures.

(S-3465)

5548 [JOGAND (Maurice)]. — Marc Mario. — Drames et Mystères de l'Occultisme. Roman du merveilleux : *Le Pouvoir suprême*.

Paris, 1901, in-8° 336 p. et tab. 90 illustr. et couv. en couleurs. (3 fr.).

Le Pouvoir Suprême est l'exposé des mystères et de l'initiation de la Haute Magie, Dogme, Rituel et Cérémonial : c'est aussi une épopée dramatique, contemporaine de l'époque où les Mages d'Egypte représentaient le gouvernement hiérarchique. Ce drame emprunte à la grandeur même du sujet un intérêt puissant. Il peut être lu par tous, initiés, ou profanes. — De superbes illustrations donnent la vie aux scènes fantastiques et émouvantes de cet ouvrage.

Marc Mario est le pseudonyme de Maurice Jogand.

5549 [JOGAND-PAGÈS] (Gabriel Antoine) célèbre sous son pseudonyme de Léo Taxil, est né à Marseille en 1854 et mort dernièrement près de Sceaux (vers 1900). Elève des Jésuites puis de la Colonie Pénitentiaire de Mettray, il devint un fougueux anticlérical et publia les « *Amours secrètes de Pie IX* » sous le pseudonyme de A. Volpi. Fondateur de la Ligue Anti-Cléricale, et Franc-Maçon, il abjura néanmoins ses erreurs vers 1885 et reçut l'absolution du pape Léon XIII. De cette époque datent ses écrits anti-maçonniques, entachés toutefois, comme les autres d'ailleurs, d'une certaine duplicité.

Léo Taxil. — Les admirateurs de la lune et l'Orient de Marseille : Histoire amusante d'une loge de Francs-Maçons.

Paris, Téqui, s. d., in-12. (3 fr.).

Nombreux dessins de Méjanel, gravés sur bois par Rutzler.

5550 [JOGAND-PAGÈS]. — [Léo Taxil] — Les amours secrètes de Pie IX, nouv. édition contenant le procès Mastaï-Léo Taxil.

S. l. 1900, in-8° (2 fr. 50).

[8° Y² 10944

Contient de curieux et suggestifs détails sur les Carbonari d'Italie et l'initiation du Pape Pie IX à la Fr∴ M∴

5551 [JOGAND-PAGÈS]. — L'Anti-Clérical. Une fois (puis deux fois) par semaine. Rédacteur-Directeur : Léo Taxil.

Paris, de Mai 1879 à Juin 1882, 266 Nos in-4°.

[Le⁴ 150

La République Anti-Cléricale. Directeur politique : Léo Taxil.

Paris, 19 Mai — 28 Octobre 1882, 50 Nos in-4°. (Ensemble 40 fr.).

Avec de nombreuses gravures et portraits chargés. On y trouve les Romans à succès de Léo Taxil : Les Amours secrètes de Pie IX ; — La Religion du Crime ; — Les Maîtresses du Pape ; — Un Pape femelle ; — etc.

5552 [JOGAND-PAGÈS]. — Léo Taxil et Paul Verdun. — Les assassinats maçonniques.

Paris, Savine, S. D. [1889], in-12, IV-404 p. et tab. (3 fr. 50).

[8° H. 5138

Les auteurs rangent parmi les crimes maçonniques, les assassinats de la Princesse de Lamballe, de Philippe Egalité, du czar Paul Iᵉʳ, du duc de Berry, etc…

5553 [JOGAND-PAGÈS]. — Léo Taxil. — Calotte et Calotins. — Histoire illustrée du Clergé et des Congrégations.

Paris, Libr. anticléricale. S. D., 3 vol. gr. in-8°. Nombr. illustrations (8 fr.).

[4° H. 51

5554 [JOGAND-PAGÈS]. — Léo Taxil. — La chasse aux corbeaux (Évangile des processions. Une pincée de miracles. — M. Dieu embêté par Veuillot. — Silence aux Germiny ! — Les égarés d'une religieuse. — Onze hectares de paradis à vendre. — La Science et la Religion, etc....)

Paris, Biblioth. anticléricale, 1879, in-12 (2 fr.).

[Ld¹. 7017

5555 [JOGAND-PAGÈS]. — Léo Taxil. — La clique noire. — Excommunication de L. Taxil. — La République anti-cléricale. — Le R. P. J. Simon, capucin. — Nomenclature des maisons occupées par des congrégations non autorisées, etc....

Paris, 1880, in-12 (2 fr.).

5556 [JOGAND-PAGÈS]. — Léo Taxil. — Compte-rendu du procès intenté à Léo Taxil par le comte Mastaï neveu du Pape Pie IX. — Plaidoyer de M. Delattre.

Paris, 1882, in-12 de 72 pp. 3 portraits.

Curieux et rare.

5557 [JOGAND-PAGÈS]. — Léo Taxil. — Les conversions célèbres.

Paris, Tolra, 1891, in-12 (2 fr. 50).

[8° H. 5588

Citons dans les temps modernes les conversions de : Th. Ratisbonne, le P. Lacordaire, abbé Bautain, le Père Gratry, L. Veuillot, Schouvaloff, les cardinaux Newman et Manning, P. Féval, Littré, etc....

5558 [JOGAND-PAGÈS]. — Léo Taxil. — La corruption fin de siècle.

Paris, S. D. [1891] fort in-18 (4 fr. 50).

[8° R. 10154

La Prostitution. — Le Proxénétisme. — Le Sadisme. — Le Saphisme. — La Police dite des mœurs, etc...

5559 [JOGAND-PAGÈS]. — Léo Taxil. — Le Culte du grand Architecte : Solennités diverses des Temples maçonniques (baptêmes de louveteaux, mariages maçonniques, pompe funèbre, banquets, etc.... Cérémonies des Carbonari et des Juges Philosophes.— Liste complète des Loges et Arrière-Loges de France, etc...).

Paris, Letouzey, 1886, in-12 (2 fr. 50).

5560 [JOGAND-PAGÈS]. — Léo Taxil. — Le Diable et la Révolution.

Paris, S. D. [1895], fort in-8° (6 fr.).

Le diable ! c'est la Franc-Maçonnerie : l'épouse de Satan : dit l'auteur dans sa lettre-préface au Pape. Et c'est sur cette idée que tout l'ouvrage va se dérouler ; mais, toute thèse à part, il y a tout un côté ignoré de l'histoire qu'on lira avec intérêt. — Voltaire, Rousseau, Condorcet initié auprès de Swedenborg, y sont d'abord l'objet d'études étendues ; puis toute la pléiade de maç∴ sortis de la L∴ des Neuf Sœurs, les Jansénistes, les Convulsionnaires, les Prophétesses diaboliques (sic) (Suzette Labrousse, dont l'histoire est très détaillée), Cl. de Saint-Martin et ses disciples, l'évêque Pontard, l'abbé Fauchet, Chaumette, Fouché, les Jacobins, Vadier, Sénar y sont aussi longuement critiqués. — C'est un des ouvrages les plus documentés sur l'influence des sociétés secrètes dans la Révolution française. — Quoique converti au moment où il écrivit cet ouvrage, la plume de l'auteur aime à fouiller les situations les plus scabreuses et s'y montre assez peu soucieuse de la décence.

5561 [JOGAND-PAGÈS]. — Léo Taxil. — La Franc-Maçonnerie dévoilée et expliquée. — Édition populaire résumant les plus complètes révélations.

Paris, Letouzey, S. D., in-12 (3 fr.).

[8° H. 1798

Sous le pseudonyme de Léo Taxil, Gabriel Jogand-Pagès, ancien membre de la Loge « Les Amis de l'Honneur Français » du G∴ O∴ de France, divulgue la plupart des secrets de la maçonnerie sous prétexte de la combattre. — PAPUS, dans une brochure parue il y a quelques années a répandu la lumière sur cette fameuse mystification. — Quoiqu'il en soit, les ouvrages de Léo TAXIL renferment une quantité de documents toujours intéressants à consulter.

5502 [JOGAND-PAGÈS]. — Léo TAXIL. — La France maçonnique et Supplément. — Liste alphabétique des Francs-Maçons, noms, prénoms, professions et domiciles. (25.000 noms dévoilés).

Paris, Téqui, S. D. [1888-1889], 2 vol. in-12 (4 fr.).

[Lb⁵⁷. 0511

5503 [JOGAND-PAGÈS]. — Léo TAXIL. — Les Frères Trois-Points.

Paris. S. D. 2 vol. in-12 (5 fr.).

Effectif sommaire de la Maç∴ universelle. — Organisation de la Maç∴ en France. — Rites français, Ecossais et de Misraïm et Gr∴ Loge symbolique. — Rose † Croix.— Secrets maç∴ —Rôle politique et social de la Secte. — Infamies. — Epreuves et initiations. — Comment finira la Fr∴ M∴ etc...

5504 [JOGAND-PAGÈS]. — Léo TAXIL. — Les Jocrisses de Sacristie (Casier judiciaire de la cléricanaille. — Le Bouffe-Jésus, moniteur officiel des Syllabusons et des Vaticanards. — Congrès des cléricaleux, etc.)

Paris. 1879. in-12 (2 fr.).

5505 [JOGAND-PAGÈS]. — Léo TAXIL. Liste des Francs-Maçons ,sénateurs, députés, hommes politiques, fonctionnaires, agents d'administrations et autres personnages officiels.

Paris, S. D., in-12 (0 fr. 75).

5506 [JOGAND-PAGÈS]. — Léo TAXIL. — Les Mystères de la Franc-Maçonnerie dévoilés.

Paris, Letouzey et Ané. S. D., in-12 de 803 pp. 100 gravures dans le texte (10 fr.).

[4° H. 119

Rien de plus complet n'a été écr. sur la Franc-Maçonnerie. — Tout est passé en revue, tout est exposé avec une netteté et une précision dont personne n'a approché jusqu'à ce jour. — Ce qui rend cet ouvrage parfait, c'est l'accompagnement du texte par des dessins explicatifs, rendant d'une manière irréprochable la physionomie de tous les incidents mystérieux les plus saillants des Loges et Arrière-Loges.

Les loges de la Maçonnerie bleue Loge des apprentis et des compagnons chambre du milieu ou loge des maîtres — Les Chapitres ou la Maçonnerie rouge. Le chapitre des Maîtres parfaits, le Conseil des Elus ou Grand-Chapitre, la Voûte de Perfection, le Grand Conseil, le Souverain Chap., les Aréopages, la Maçonnerie noire : le Collège ou Conseil du Liban, la Cour, La Grande Loge. — La Direction suprême ou la maçonnerie blanche : le Noviciat, le Souverain Tribunal, le Consistoire ou Grand Campement, le Suprême Conseil. — La Maçonnerie forestière ou Carbonarisme : Initiation et mystères. — La Maçonnerie d'adoption. — La Maçonnerie palladique. — Banques androgynes. — Cérémonies diverses. — Solennités d'atelier. — Les tenues blanches. — Rites maç∴ Gnostiques, Ophites, Manichéens, Albigeois, Lucifériens, Templiers, Ismaéliens, Assassins, Sociniens, Francs-Juges, les Frères de la Rose † Croix, etc...

5507 [JOGAND-PAGÈS]. — Léo TAXIL. — Les Mystères des Séminaires. — Les livres secrets des confesseurs dévoilés aux pères de famille.

Paris. Libr. anti-cléricale. L'auteur 35, rue des Ecoles. 1883. gr. in-8°. 630 p. avec 20 portraits chargés d'évêques et abbés, hors texte, par H. DEMARE (9 fr.)

Seule édit. complète. Les livres contenus dans cet ouvrage sont : Les Diaconales. — Guide manuel secret des confesseurs. — Compendium ou abrégé de la doctrine des Conciles sur tous les cas de conscience et notamment sur le devoir conjugal. — Pieuses exhortations ou la Clef d'or offertes aux nouveaux confesseurs, pour aider à ouvrir le cœur fermé de leurs pénitentes. — Mœchialogie pour l'instruction des jeunes confesseurs. — Les manuels secrets. — Exhortations adressées aux personnes impures, aux inbertins, aux adultères, aux sodomistes, aux onanistes. — Cours de luxure par le P. Debreyne. — De la Bestialité. — De la Sodomie, etc....

5568 [JOGAND-PAGÈS]. — Léo Taxil. — Nos bons Jésuites, étude vécue de mœurs cléricales contemporaines ; notes et croquis du Pays noir.

Paris, Société Parisienne d'Édit., 1902, in-12 de XXI-612 p. et tabl. (2 fr.).

[8° Y² 21043

5569 [JOGAND-PAGÈS]. — Léo Taxil. — Pie IX franc-maçon.

Paris, Téqui, 1892, in-8°. Accompagné d'une planche contenant 4 curieux portraits (5 fr.).

[8° H. 5096

5570 [JOGAND-PAGÈS]. — Léo Taxil. — Prêtres, Miracles et Reliques ; compte-rendu complet du procès de la brochure « A bas la calotte ». — Voleurs de cadavres. — Miracles abrutissants. — Une cuite. — A 20 sous la place en paradis. — Éventrons les femmes. — Mais châtiez-les donc, etc....

Paris, 1879, in-12 (2 fr. 50).

[8° Fn. 3

Fut l'objet d'un procès devant la Cour d'Assises de la Seine.

5571 [JOGAND-PAGÈS]. — Léo Taxil. — Les Procès des éditeurs de Saint-Sulpice.

Paris, chez l'auteur. s. d., [1892], fort. vol. in-16 (5 fr.).

[8° Fn³. 1023

Les exemplaires de ce retentissant procès d'auteur contre éditeur, ont été détruits avec soin.

5572 [JOGAND-PAGÈS]. — Léo Taxil. — La prostitution contemporaine, étude d'une question sociale.

Paris, Librairie populaire, (1883),

gr. in-8°, 480 p. 8 fig. h. t. (10 fr.).

[8° R. 7883

L'exemplaire de la Bib. Nat. est incomplet des planches et des pages 49-64.

L'auteur éditeur fut condamné à 15 jours de prison et 200 fr. d'amende relativement à 3 de ces gravures (Proxénétisme ; prostituées ; Sadisme ; passions monstrueuses ; Tribadisme ; Pédérastes, etc....)

5573 [JOGAND-PAGÈS]. — Léo Taxil. — Révélations complètes sur la Franc-Maçonnerie. — Les Frères Trois Points.

Paris, s. d., [1885], 2 vol. in-16, (8 fr.).

Cet ouvrage est un de ceux de Léo Taxil qui contient le plus de documents — Il reproduit in extenso les Constitutions, Statuts et règlements et révèle d'une façon complète, d'après les rituels mêmes, les principales cérémonies mystérieuses des Loges et Arrière-Loges maçonniques.

——— Révélations complètes sur la Franc-Maçonnerie. — Le Culte du Grand Architecte.

Paris, s. d., [1886] in-16.

[8° H. 5066

5574 [JOGAND-PAGÈS]. — Léo Taxil. Révélations complètes sur la Franc-Maçonnerie. — Les Sœurs Maçonnes. La Franc Maçonnerie des dames et ses mystères ; entière divulgation des cérémonies secrètes des loges de femmes ; les Apprenties, les Compagnonnes, les Maîtresses, les Maîtresses parfaites, les Sublimes Ecossaises, les Chevalières de la Colombe, les Fendeuses, les Nymphes de la Rose, etc.. Banquets, amusements et cantiques des maçonnes.

Paris, Letouzey et Ané, s. d., [1886], in-18 (4 fr.).

[8° H. 5097
(G-1005

5575 [JOGAND-PAGÈS]. — Léo Taxil.

— Le Vatican et les Francs-Maçons. — (Recueil complet de tous les actes apostoliques du Saint-Siège contre la Franc-Maçonnerie depuis Clément XII, jusqu'à Léon XIII, et accompagné d'un exposé historique explicatif).

Paris, s. d., [1886], in-16, (2 fr.).

[8° H. 5148

5576 [JOGAND-PAGÈS]. — Léo TAXIL. — La vie de Jésus.

Paris. Libr. anti-cléricale, s. d., [1884]. in-18 (6 fr.).

[8° H. 862

Orné d'un grand nombre de dessins comiques par Pépin.

5577 [JOGAND-PAGÈS]. — Léo TAXIL. — Y-a-t-il des femmes dans la Franc-Maçonnerie.

Paris, Lyon. s. d.. [1891], in-12, Portr. et scènes maç... (4 fr.).

[8° H. 5689

Cet ouvrage contient les rituels des Loges et arrière-Loges de Dames, les biographies et les portraits des principales sœurs maçonnes de Paris, la nomenclature, ville par ville, des loges de femmes existant actuellement en France. Les preuves de l'existence de la maçonnerie féminine et tous les secrets du rite palladique ou spiritisme maçonnique lucifèrien, révélés par la reproduction des rituels du grand-maître Albert Pike.

5578 JOHANNES A MATRE DEI (P. Fr.) — Adumbratio Liberorum muratorvm seu Francs-Massons (sic) vi cujus eorum societas, origo, Ritus, Mores, etc. deleguntur. Autore P. Fr. Johanne a Matre Dei, etc.

Madriti [Madrid], apud A. Marin, 1751. in-12, (10 fr.).

De la plus grande rareté.

Précieux ouvr. à consulter pour étudier les origines gnostiques de la F∴ M∴. L'auteur y parle des anneaux maçonniques qui s'y trouvent gravés, usage peu connu et tombé en désuétude, mais qui n'en a pas moins une grande importance au point de vue des traditions occultes. La philosophie mystérieuse des nombres y est aussi examinée, ainsi que plusieurs points de la doctrine secrete de l'ordre.

JOHNSON. — Voir :
HILL. (sir John).

5579 JOHNSON (G.). — Lexicon chymicum cum obscuriorum verborum et rerum hemeticarum tum phrasium Paracelsicorum, in scriptis ejus et aliorum Chymicorum, passim occurentium, planam explicationem continens.

Londini. 1660, in-12.

Complété par le suivant :

5580 JOHNSON (G.). — Lexicon chymicum continens vocabula chymica in priore libro omissa.

Londini, 1660, in-12. (les deux parties : 9 fr.).

5581 JOHNSON (Samuel) théologien né dans le comté de Warwick en 1649 mort en 1703. Recteur de Cowingham (Essex) puis Chapelain de Lord William Russell. — Julien l'Apostat, ou abrégé de sa vie, avec une comparaison du papisme et du paganisme, et une autre idée générale du papisme avec un petit traité de l'Antéchrist.

S. l. [Hollande]. 1688, pet. in-12. (7 fr.).

Ce pamphlet, dirigé principalement contre le Dr Hicks et le duc d'York qui s'était fait catholique, valut à son auteur d'être dégradé de la prêtrise et fouetté depuis Newgate jusqu'à Tyburn. On dit qu'il reçut dans ce parcours 517 coups d'étrivières. Après la Révolution de 1688, on déclara cette condamnation illégale et le Roi Guillaume III pensionna le malheureux auteur.

5582 JOIRE (Dr Paul). Professeur à l'Institut Psycho-Physiologique de Paris. Président de la Société Universelle d'Etudes Psychiques. — La Contagion hystérique et les crises par imitation.

S. l., [1802], in-8° (o fr. oo).

Extr.

5583 JOIRE (Dr Paul). — Les Phénomènes psychiques et supernormaux. — Leurs observations, leur expérimentation.

Paris, *Vigot frères*, 1909, in-8° de 470 pp. avec 22 figures. (4 fr. 50).

[8° R. 22753

Les phénomènes psychiques en général. — Rêves anormaux. — Phénomènes observés chez les orientaux. — Phénomènes de lucidité, motricité et dédoublement observés chez les fakirs ou sorciers orientaux. — Maisons hantées, etc...

5584 JOIRE (Dr Paul). — Précis historique et pratique de Neuro-Hypnologie, études sur l'hypnotisme et les différents phénomènes nerveux, physiologiques et pathologiques qui s'y rattachent : physiologie, pathologie, thérapeutique, médecine légale.

Paris, 1892. fort in-12. (3 fr. 50).

Sommeil. — Rêves. — Hallucinations. — Sorciers. — Névrose. — Hystérie. — Démoniaques et convulsionnaires. — Braidisme. — Fascination. — Somnambulisme. — Viol dans l'hypnotisme. etc...

5585 JOIRE (Dr Paul). — De la simulation hystérique.

S. l., [1893], in-8°. (o fr. 60).

(Extrait).

5586 JOIRE (Dr Paul). — Traité de Graphologie scientifique ; la connaissance de l'homme par son écriture. — Manifestations extérieures de l'homme. — Physionomie. — Chiromancie. — Classification. — Intuitifs et déductifs, etc...

Paris, *Vigot frères*, 1906, in-16, 220 p. fac similé. (4 fr.).

[8° V. 31341

5587 JOIRE (Dr Paul). — Traité de l'Hypnotisme expérimental et thérapeutique. Ses applications à la Médecine, à l'éducation, à la psychologie, par le Dr Paul Joire, Professeur à l'Institut Psycho-physiologique de Paris, Président de la Société universelle d'Etudes psychiques. Avec 44 figures démonstratives.

Paris, *Vigot frères*, 1908, pet. in-8° de 1 f°-456 p. Figures. (3 fr.).

[8° Te¹³. 237

Ouvrage très intéressant. Non seulement il contient une étude approfondie des Méthodes les plus modernes de l'Hypnotisme, mais encore il se termine par un mémoire sur le STHÉNOMÈTRE, appareil inventé par l'auteur pour l'étude de la Force Nerveuse extériorisée (autrement dit du Magnétisme animal.)

Intérêt et Utilité de l'Hypnotisme. — Etats Hypnotiques. Léthargie. Catalepsie Somnambulisme. — De la *Suggestion*. — Des méthodes à employer pour produire l'Hypnose. — De la suggestion mentale. — De l'Hystérie. — Traitements par la Médication Hypnotique. — Traitement de l'Alcoolisme. — L'Hypnotisme et les Maladies incurables. — Le Trac des Artistes et son traitement par la Méthode Hypnotique. — L'Hypnotisme et la Suggestion dans l'étude des Arts. — Etude d'une Force nerveuse extériorisée au moyen d'un appareil nouveau : le STHÉNOMÈTRE. — Méthode pour l'emploi de l'Hypnotisme.

5588 JOLIBOIS (E.). — La diablerie de Chaumont ou recherches historiques sur le grand pardon général de cette ville et sur les bizarres cérémonies et représentations à personnages auxquelles cette solennité a donné lieu depuis le XV-ème siècle, contenant les mystères de la nativité de la vie et de la mort de M. Saint-Jean-Baptiste.

Paris, *Teckener*, 1838, in-8°. (7 fr.).

Avec un grand plan de Chaumont au XVII° siècle. — Intéressant ouvrage devenu rare contenant un précis historique sur l'église de Chaumont, les origines des fêtes du Pardon, les Mystères, la Course des diables, etc...

5589 JOLIET (Charles). — Les Pseudonymes du Jour.

Paris, Dentu, 1884, in-18 de XI-248 pp. et tabl.

Edit. originale :

Ibid. id., 1867.

[8° Q. 751

Avec table générale à la fin, genre du d'Heylli (Dict. des Pseudonymes) mais moins développé, plus sec.

5590 JOLIVAT (J). — Découverte de la religion scientifique. — Ce que nous avons été sûrement hier. — Ce que nous serons certainement demain.

Bruxelles, 1789, in-18. (3 fr.).

L'Ontologie de la science de l'être. — Démonstration scientifique de la vie éternelle.

5591 JOLLIVET-CASTELOT (F.), Directeur de l' " Hyperchimie " ; Secrétaire général de l'Association Alchimique de France, Délégué spécial du Suprême Conseil de l'Ordre Martiniste. — Comment on devient alchimiste. Traité d'hermétisme et d'art spagirique, basé sur les clefs du Tarot. Préface de Papus.

Paris, Chamuel, 1897, in-12 de XXIII-417 pp. 4 portraits (A. Poisson, Papus, Strindberg et T. Tiffereau) et figures (4 fr.).

Cet ouvrage du plus savant alchimiste moderne est un des meilleurs traités de Kabbale et d'Hermétisme qui aient vu le jour ; il peut remplacer avantageusement tout ce qui a été écrit sur la matière. — Il est impossible d'analyser une œuvre semblable en qq. lignes : chaque page a sa raison d'être, et tout s'y enchaîne d'une façon méthodique et superbe. — Contentons-nous de citer les principaux chap. qu'elle contient : L'Alchimie et la Kabbale. — Le Tarot ; Septénaire des principes. — L'Alchimie kabbalistique. — Le Tarot alchimique. — Principaux Hermétistes. — Comment on devient adepte. — Le Septénaire des Lois. — Ascèse Magique vers l'adeptat.

— Entraînement. — Laboratoire. — Correspondances magiques. — Catéchisme de l'alchimiste. — Statuts des Philosophes Inc. — L'Alchimiste et la Religion. — L'Alchimie initiatique. — Le Souffleur(sorcier de l'alchimie). — Esquisse des Sanctuaires Hermétiques de l'Ancienne Egypte. — Le septénaire des faits. — Preuve de l'Unité de la Matière. — La pierre philosophale. — Les Gamahés. — Théories et recettes anciennes et modernes. — Appareils, Instruments et Produits. — Bibliographie alchimique générale.

~ (G-1480

5592 JOLLIVET-CASTELOT. — L'hylozoïsme, l'alchimie, les chimistes unitaires. Introduction de P. Sédir.

Paris, Chamuel, 1800, in-18. (2 fr.).

[8° R. 13503

Ouvrage sérieux et utile contenant la bibliographie des principaux alchimistes, ainsi que les théories les plus accréditées.

5593 JOLLIVET-CASTELOT (F.). — L'Idée alchimique.

Paris, 1900, in-12.

Avec tableaux synthétiques

5594 JOLLIVET-CASTELOT (F.). — Le Livre du trépas et de la Renaissance.

Paris, Chacornac, 1903, in-18, 258 p. (2 fr. 50).

[8° R. 20212

Ce petit livre étrange, sensuel et mystique, religieux et empreint de poésie, n'est destiné qu'à un nombre restreint de personnes rêveuses, délicates et raffinées. — Sous forme de roman ésotérique où apparaît la figure symbolique et jolie de Violette, il s'attache à traduire les voix mystérieuses et révélatrices de la nature vivante, divine, emportée vers un éternel Devenir et un développement sans fin.

Plusieurs nouvelles spiritualistes font suite à ce récit évocateur : l'Initiée ; l'Hiérodoule ; l'Astre des Morts ; Conte alchimique ; les Saisons ; le Lac des Regrets ; Suzanne. L'auteur a simplement tenté de fixer en ce volume les manifestations esthétiques de l'Ame de la Matière avec laquelle notre être se rencontre, se confronte et se confond, puisque l'Unité constitue le Principe même de la Conscience universelle.

5505 JOLLIVET-CASTELOT (F.). — Nouveaux Evangiles. — Le Christianisme Libéral. — La Tradition occulte. — Métaphysique de l'Hermétisme. — L'Europe et la Chine. — Finis Latinorum.

Paris, Chacornac, 1905, in-12. (3 fr. 50).

[8° R. 20213

Ces " *Nouveaux évangiles* " n'ont pas la prétention de dogmatiser. Ils présentent simplement, sous forme de fiction ésotérique les symboles et les théories, les doctrines et les hypothèses du spiritualisme palingénésique. — Le Messie de l'Humanité, conçu surtout d'après les idées buddhiques, est censé vivre au sein de notre société contemporaine, anxieuse et sceptique. — Il passe en jetant des paroles qui seront sans doute, la " Vérité " de demain. — Le style en est suave captivant et hautement initiatique ; en voici d'ailleurs le plan : Naissance, jeunesse et débuts du Messie. — Sur les incarnations buddhiques et messianiques. — Le Salut et la Prière. — Sur la véritable Ascèse magique. — Sur la Foi, puissance du Mage. — Sur la constitution de l'Homme. — Sur les Réincarnations, l'Evolution des Etres, la chaine humaine. — Sur l'Esotérisme des cultes et la religion universelle, etc. Le reste de l'ouvrage est d'un intérêt tout aussi grand.

5506 JOLLIVET-CASTELOT. — Les Nouveaux Horizons de la Science et de la Pensée. — L'Hyperchimie. Rosa-Alchemica. — Revue mensuelle d'avant-garde scientifique et philosophique. Organe de la Société alchimique de France. Directeur : Fr. Jollivet Castelot.

Paris, origine 1896, paraît encore. (100 fr.).

[8° R 19698

Collection complète, très rare.

5507 JOLLIVET-CASTELOT. — La Science alchimique. — Ouvrage orné de nombreuses gravures.

Paris, Chacornac, 1904, in-16 de XIX-358 pp., fig. (5 fr.).

[8° R. 21006

Cet ouvrage complète heureusement " Comment on devient alchimiste ". — Il est précieux autant par sa riche documentation que par l'esprit méthodique et large qui y domine. — En voici les principales lignes : La Méthode de l'Hermétisme. — Le Symbole alchimique. — La Synthèse et l'Evolution alchimiques. — Le Positivisme et le Monisme alchimique. — Le Grand Œuvre. — La Pierre. — La Chrysopée. — L'Alchimie mystique et religieuse. — L'Or potable. — La médecine spagirique. — Les Textes alchimiques. — La vie des Métaux. — La Stéréochimie et son vrai fondateur. — L'Origine polydrique des espèces. — Précis de l'Histoire générale de l'Alchimie. Bibliographie alchimique, etc...

5508 JOLLIVET-CASTELOT, FERNIOT (P.) et REDONNEL (P.). — Les Sciences maudites ; sous la direction de JOLLIVET-CASTELOT, Docteur en Hermétisme... Paul FERNIOT et Paul REDONNEL avec la collaboration de MM. Ch. BARLET, J. DELASSUS, V. E. MICHELET, PAPUS, Dr ROZIER, SATURNINUS, SÉDIR, etc...

Paris, Edition de la Maison d'art, 1900, gr. in-8°. 7 f^{ts} n. c. — 202 p. et la Table, impression en couleurs sur papiers blanc, bleu et rouge. (5 fr.).

[4° R. 2255

Ouvrage enrichi d'un nombre considérable de fig. en noir et en couleurs, h. et dans le texte, portraits, etc... (L'Occultisme contemporain en France. — Magie et sorcellerie. — Incantation par les démons divins. — L'Astrologie. — La Kabbale. — L'Alchimie. — La médecine occulte. — L'astral. — Chiromancie, etc...)

Les illustrations, hors et dans le texte, au nombre de plus de 120, contiennent les portraits des principaux maîtres de l'Occultisme : Agrippa, Bacon, Fabre d'Olivet, de Guaita, N. Flamel, Eliphas Lévi, L. Lucas, Papus, Nostradamus, Sédir Wronski, Saint-Martin, etc... et de curieuses reproductions de gravures anciennes, telles le Sabbat de Ziarnko, la Messe Noire de l'abbé Guibourg, les Figures d'Abraham Juif, les 12 sceaux de la Pierre Cubique, la Clef Apocalyptique ou les 12 sceaux de St-Jean, etc....

5599 JOLLIVET-CASTELOT (F.). — Sociologie et Fouriérisme.

Paris, Daragon, 1908, in-18 de 232 p. Portraits de C. Fourier et tableau. (2 fr. 50).

[8° R. 22252

M. JOLLIVET-CASTELOT a pensé effectuer un travail utile en résumant, en commentant et en adaptant aux vues de notre époque le socialisme fouriériste qui repose essentiellement sur le principe de l'Association et de l'Attraction.

On trouvera dans ce petit volume, aussi clair que substantiel, l'analyse complète des géniales idées de Fourier, et l'on verra quelles applications progressives il est possible d'en faire à la Société moderne, dont l'évolution rapide vers un Socialisme rationnel n'est plus discutable.

5600 JOLLIVET-CASTELOT. — La Synthèse de l'or. — L'unité et la transmutation de la matière.

Paris, Daragon, 1909, in-12. (1 fr.).

5601 JOLLIVET-CASTELOT (F.). — La vie et l'âme de la matière; essai de physiologie chimique; études de Dynamochimie.

Paris, 1894, in-12. (4 fr. 50).

La grande question de l'origine et de la constitution de la matière qui a de tout temps passionné le monde, est résolue ici de main de maître. — Voici la liste des principaux chap. composant cette œuvre si intéressante : l'Univers anatomique. — La Transmutation des corps et des métaux. — Essais de transmutation d'argent et d'or. — La Chanson de l'Onde. — Spiritisme minéral. — Réintégration cristalline. — Calcination. — L'attraction expliquée par l'électricité (Théorie nouvelle), etc...

5602 JOLLOIS (Jean Baptiste Prosper) ingénieur et antiquaire né à Brin-l'Archevêque (Bourgogne) en 1776, mort en 1842. Polytechnicien, puis fit la campagne d'Égypte. Erigea le monument de Jeanne d'Arc à Domrémy. Président de la Société des Antiquaires de France. — Histoire abrégée de la vie et des exploits de Jeanne d'Arc, surnommée la Pucelle d'Orléans, suivie d'une notice descriptive du monument érigé à sa mémoire à Domrémy, de la chaumière où l'héroïne est née, des objets antiques que cette chaumière renferme, et de la fête d'inauguration célébrée le 18 septembre 1820.

Paris, Didot, 1821, gr. in-fol. Frontispice et 11 planches.

5603 JOLY (Abbé) ancien curé de Selles et du Bec, Magnétiseur à Rouen (70 Boulevard Beauvoisine), vers 1850. — L'an 1849. Succès nouveau d'une grande importance et inouï de nos jours, obtenu par le magnétisme spirituel, par M. l'Abbé JOLY, ou la Clé mystérieuse. (Prix : 50 cent.).

Rouen, Havre, Pont-Audemer, etc. tous les libraires, s. d. [1849], in-8°

[Th^{gie}. 169

Imp. Vve A. Surville, rue des Bons Enfants 46-48.

Cette brochure nous est inconnue. Elle se trouve indiquée au catalogue de la Bibliothèque [Nationale] de la Rue de Richelieu. [Note de M. Dureau].

(D. p. 144

Histoire de Mme Marthe HARDY, extatique, qui employait une clef pour proférer ses oracles, et pouvait à distance, allumer ou éteindre une bougie par sa seule volonté. (p. 11).

5604 JOLY (Abbé). — Lettre de M. l'abbé Joly à tous les malades sur le magnétisme.

S. l. 1854, in-8°

Nous ignorons si cette lettre dont le journal L'UNION MAGNÉTIQUE a publié des extraits a été imprimée. Nous n'en connaissons que des copies à la main. Va-

vant pas sous les yeux l'ouvrage du même auteur (voir plus haut) nous ne pouvons vérifier s'il s'agit d'un extrait dudit ouvrage.

(D. p. 159)

5605 JOLY (Gabriel). — Trois anciens traictez de la philosophie naturelle : 1° Les sept chapites (sic) dorez, ou bien les sept sceaux Égyptiens et la Table d'esmeraude d'Hermès Trismegiste. 2° La response de Bernard conte (sic) de la Marche Treuisane, à Thomas de Boulongne. 3° La Chrysopée de Ian Aurelle Augurel.

Paris, Hvlpeav. 1626.- 2 part. pet. in-8° (20 fr.).

[R. 52862
(G.-425

5606 JOLY. (H.) — L'imagination, étude psychologique.

Paris. 1877, in-12. Eaux-fortes. (2 fr. 25).

Le Somnambulisme. — L'Extase. — L'Hallucination. — Le Rêve. — Faibles d'esprits. — Crédules. — Passionnés. — Rêveurs. etc...

5607 JOLY (Dr J. B.) né à Crozet, près Lapacaudière (Loire) en 1862. — Histoire de la Circoncision. Étude critique du manuel opératoire des Musulmans et des Israélites. [Thèse, par le Dr J. B. JOLY].

Paris, Henri Jouve. 1895. in-8° de 97 pp. (44 fr.).

[Th. Paris 1393

Le nom scientifique de l'opération est : " Périthomie " ou " Péritomie ". L'auteur renvoie à un ouvrage Américain par P. C. REMONDINO : History of Circumcision from the earliest times to the present.

San Diego (California) 1891.

Bibliographie d'une cinquantaine d'ouvrages, à la fin.

5608 JOLY (le R. P. M.). — Histoire Critique et Apologétique de l'Ordre des Chevaliers du Temple de Jérusalem, dits Templiers. par le R. P. M. JOLY.

Paris, 1789, 2 vol. in-4° de près de 400 p. chacun. (20 fr.).

Travail considérable basé sur des documents de premier ordre. C'est une réfutation des erreurs de DUPUY, et une réhabilitation de la Mémoire de l'Ordre du Temple.

5609 JOLY (Le Dr N.) Docteur ès Sciences, Docteur en Médecine de la Faculté de Paris, professeur titulaire de Zoologie et d'Anatomie comparée à la Faculté des Sciences de Toulouse, etc., etc. — J.-A. Gleïzès et le Régimes des Herbes. Étude biographique, Littéraire et Physiologique, par M. N. JOLY, Docteur... etc.

Toulouse. Imprimerie de A. Chauvin. 1856, in-8° de 22 p. (1 fr.).

Extrait de la " Revue de l'Académie de Toulouse ". Livraison de Septembre 1856, (III-183) :

[Z. 28704

Intéressante brochure sur le Rénovateur du Végétarisme en France, Jean Antoine Gleïzès. né à Dourgne (Tarn) le 26 Décembre 1775. Élève distingué du Collège de Sorèze, Gleïzès suivit un moment les cours de la Faculté de Montpellier, mais ne continua pas sa médecine. et se retira pour toute sa vie dans son domaine de La Nogarède, près Mazères, (Ariège). Gleïzès était le frère aîné du Colonel Joseph-Antoine-Auguste GLEIZES. dont la biographie a été également publiée par le Prof. JOLY : Toulouse. Ch. Douladoure. 1865. in-8° de 28 pp. :

[Ln²⁷. 22873

On y trouve quelques renseignements supplémentaires sur la famille de notre auteur.

5610 JONAS. — Lettre de JONAS à M. Ledru. connu sous le nom de Comus.

S. l. 19 Juillet 1782, in-8° 16 pages. (1 fr. 25).

Sur le fluide universel.

(D. p. 17

5611 JONES (Sir W.). — Sacontala,

ou l'anneau fatal, drame trad. de la langue Sanskrit en Anglais et de l'Anglais en Français par le cit. A. Bruguière. Avec des notes et des explications abrégées du système mythologique des Indiens.

Paris, Treuttel et Wurtz, 1803, in-8° (6 fr.).

" Célèbre drame sanskrit des plus cu-
" rieux au point de vue littéraire et très
" intéressant surtout lorsqu'on sait en
" dégager le sens ésotérique " (S. de G.)

(G-426)

5612 JONGLEURS MODERNES (Les). S. l. 1784.

Il s'agirait d'une pièce de théâtre ; elle m'est inconnue et ne se trouve pas dans le catalogue Soleinne. On a sans doute confondu avec les *Docteurs Modernes*.

(D. p. 57

5613 JONSTONIUS (Johannes) ou Jean JONSTON, naturaliste Polonais, né à Sambter (Grande Pologne) d'une ancienne famille Ecossaise, vers 1603. Mort en 1775, dans la basse Silésie. — Idea universæ medecinæ praticæ, libris XII absoluta.

Veneliis, 1647, in-12 (4 fr.).

L'édition originale est d'Amsterdam, 1644.

5614 JONSTONIUS (Johannes). — Thaumatographia naturalis, in decem classes distincta, in quibus admiranda...

Amstelodami, apud Joannem Janssonium, 1665, in-16 de 495 pp. avec frontispice. (6 frs).

5615 JORDANUS (Gregorius). — Prophetiæ seu Vaticiniæ XIV, Tabellis expressæ de Horrendis Calamitatibus Orbi Terrarum impendentibus, de Eversione Imperii Turcici, etc. operâ Greg. JORDANI.

S. l. 1591, in-4° oblong. Figures.

(S-3470 (bis)

5615 *bis* JORDANUS (Hieron).— Hieronymus JORDANUS, De eo quod Divinum est ac Supernaturale, in morbis humanis.

Francofurti, 1651, in-4°.

(S-3504)

5616 JORDELL. (D.). — Catalogue annuel de la Librairie Française donnant la Nomenclature de tous les Livres Français parus en France pendant les années 1807-08.

Paris, Per Lamm, 1807-08, 2 vol. in-8° (8 fr.). (Cart. de l'éditeur).

Dans la Salle [Casier J. 254-256

Le Catalogue de Mr D. JORDELL est la continuation, à partir de 1886, du Catalogue d'Otto LORENZ qui avait paru en 11 volumes de 1840 à 1885. Le Tome XII (période de 1886 à 1890) n'a paru qu'en 1892. La Publication continue toujours.

5617 JOSEFOWICZ (P. de). — Les métamorphoses du principe de la pensée, ou essai d'une explication scientifique de la Création ex nihilo ; suivi d'un appendice sur la création suivant la Genèse ; nouv. trad. exacte du texte hébreu.

Paris, 1880, in-8. (3 fr. 50).

Voie lactée. — Ce que c'est que le monde. — Quatre âges persans. — L'âge du monde. — But de l'existence des êtres. — Idée des Indiens et des Egyptiens sur Dieu. — Magnétisme et Spiritisme. — Philosophie et Plotin, etc.

5618 JOSÈPHE (Flavius), historien Juif né à Jérusalem vers 37 après J.C. mort à Rome vers 97 à 100. De race Sacerdotale. — Histoire de la guerre des Juifs contre les Romains. — Réponse à Appion, martyre des Machabées. Avec ce que Philon a escrit de son ambassade vers l'empereur Caïus Caligula. — Traduit du grec, par Arnauld d'Andilly.

Paris, P. Le Petit, 1670, in-f° (6 frs).

5619 JOSÈPHE (Flavius). — Histoire des Juifs, écrite sous le titre des antiquités judaïques, traduite sur l'original grec, reveu sur divers manuscrits par Monsieur Arnauld d'Andilly.

Paris, Pierre Le Petit, 1667, 2 vol. in-f°. (12 fr. 50).

Illustré de vignettes, d'entêtes, culs de lampes et figures dans le texte, gravées sur cuivre.

5020 JOSÈPHE (Flavius). — Histoire des Juifs, traduite sur l'original grec reveu sur divers manuscrits, par M. Arnauld d'Andilly.

Amsterdam, 1681, fort in-f° (20 fr.).

Nombreuses illustrations.

5021 JOSEPHUS WESTPHALUS. — Josephus Westphalus von der Goldtinctur der Weisen aus den Metallen; mit Anmerkungen von F... ; dans Neue alchym. Bibliotek de Schröder (1774) II, 2-e partie, 3-130.

(O-1198

5022 JOSTES (Franz). — Meister Eckhardt und seine Jünger ungedruckte. Texte zur geschichte der deutschen Mystik.

Freiburg, 1895, in-4° (7 frs).

5023 JOUARD. — Des monstruosités et bizarreries de la nature, principalement de celles qui ont rapport à la génération, de leurs causes, de la manière dont elles s'opèrent, etc... avec des réflexions philosophiques sur les monstrueux et dangereux empiètements des sciences accessoires, telles que la chimie, la droguerie, etc... sur la vraie médecine, etc...

Paris, Albert, 1806-7, 2 vol. in-8° (9 frs).

5024 JOUAUST (A. G.).— Histoire de la Franc-Maçonnerie.

Paris, s. d., in-16 de 140 pp. (4 fr.).

Cette petite histoire de la Fr∴ M∴ est fort bien faite et devenue difficile à trouver : elle est remplie de remarques critiques, fort justes et contient le résumé très concis des travaux des plus savants historiens maç∴, tels que Rebold, Findel, Clavel, Mounier, etc.

5025 JOUAUST (A. G.). — Histoire du Grand Orient de France.

Paris, Teissier, 1865, in-12, (10 fr.).

Contenant 2 pl. de sceaux et cachets et 3 pl. de fac-similé de signatures.

5026 JOUBERT (Laurent), célèbre médecin, né à Valence (Dauphiné) vers 1520, mort à Lombers (Languedoc), vers 1583. Docteur de Montpellier. Chancelier de l'Université, Médecin de Henri III et du roi de Navarre. — Première et seconde partie des Erreurs Populaires touchant la Médecine et le régime de santé refutez et expliquez par Laurent JOUBERT. Avec deux catalogues de plusieurs autres erreurs ou propos vulgaires qui n'ont esté mentionnez en la première et seconde édition de la première partie. Item deux autres petits traictez concernans les erreurs populaires auec deux Paradoxes du mesme autheur.

Rouen, P. Calles, 1601, in-8°. Rare. (20 fr.).

[T²¹ 43 A.

Autre édition (« la dernière ») :

A Lyon, chez P. Rigaud, 1608, 2 vol. pet. in-12.

[T²¹ 42 A.

Cet ouvrage devait contenir 6 parties, mais Joubert dégoûté par les attaques auxquelles l'exposèrent l'inconvenance de sa dédicace à Marguerite de Navarre, la nouveauté et la hardiesse de ses opinions et la licence de son style, ne donna pas suite à son projet.

(S-3368

5027 JOUBERT (Laurent). — Traité du ris, contenant son essance, ses causes et mervelheus essais, curieusement recerchés, raisonnés et obserués par Laurent JOUBERT, Chancelier et luge

Sc. psych. — T. II. — 22.

de l'Université en Médecine de Monpelier. Item la cause morale du Ris de Democrite, expliquée et témoignée par Hippocras. Plvs vn Dialogue svr la Cacographie française avec des annotacions sur l'Orthographie.

Paris, Chesneav, 1579. in-8°. Portrait de l'Aut. gravé sur bois. (60 fr.).

[T(?)]

Ouvrage recherché, principalement à cause du singulier. traité sur la Cacographie dans lequel l'auteur expose un curieux projet de réforme de l'orthographe. D'ailleurs, ainsi qu'on en peut juger par le titre que nous donnons d'une façon absolument exacte, Laur. Joubert a mis ce projet en application et son Traité du Ris qui d'ailleurs est intéressant, est aussi fort curieux à cause des singularités orthographiques qu'on y rencontre.

(S-3314
(G-427

5628 JOUFFROY (de). — Dictionnaire des erreurs sociales, contenant l'aperçu historique des diverses sectes révolutionnaires, le précis de leurs doctrines, le récit de leurs attentats contre la religion et les pouvoirs politiques, etc...

Paris, 1852, 1 fort vol. in-4°. (8 fr.).

Ouvrage rare et peu connu, malgré son importance, contenant la nomenclature de toutes les sectes et sociétés secrètes du monde : Albigeois, Carbonari, Chevaliers écossais, Fouriérisme, Illuminés majeurs et mineurs, Illuminisme allemand, Jacobinisme, Manichéisme, Martinisme, Sociétés secrètes, Franc-Maç°., Templiers, Théophilanthropes, etc.

5629 JOUKOWSKY (Edouard). — Judaïsme. — Traduit du polonais.

Paris, 1886, gr. in-8°. (6 fr.).

[A. 20267

Travail important, contenant toute l'histoire pittoresque du Judaïsme ; son esprit, ses mœurs, ses coutumes, etc... Le polythéisme depuis Abraham jusqu'à la captivité de Babylone. — Le T(?). — La Thora. — Les sectes juives. Réchabites, Prosélytes, Sadducéens, Esséniens. Naryiens. Gaulonisiens. Talmudistes, La Cabale, etc.

JOUNET (Albert). — Albert Jounet qui a souvent signé du pseudonyme d' « *Alber* Jhouney » est né à Marseille en 1860.

5630 [JOUNET (Albert)]. — Alber Jhouney. — L'âme de la Foi.

Paris, in-8°. (0 fr. 50).

[8° R. Pièce 4708
(G-418

5631 [JOUNET (Albert)]. — Alber Jhouney. — L'apport Messianique.

Paris, 1904, in-12. (0 fr. 50).

5632 [JOUNET (Albert)]. — Alber Jhouney. — But et programme idéals du Congrès de l'Humanité et de l'alliance universelle.

St-Raphaël, 1901. in-8° de 8 pp. (1 fr.).

5633 [JOUNET (Albert)]. — Alber Jhouney. — Les camps de concentration. Poème.

Saint-Raphaël (Var), l'auteur, 1902. in-8°. 7 p. (0 fr. 60).

[8° Ye Pièce 0058

5634 [JOUNET (Albert)]. — Alber Jhouney. — La conception de Dieu et les rapports de Dieu et de l'homme dans le Christianisme, comparés aux autres grandes religions du monde et dans la religion Catholique comparés aux autres formes du christianisme.

Paris, 1909, in-4°. (1 fr.).

[4° R. Pièce 1200

5635 [JOUNET (Albert)]. — Alber Jhouney. — La Clef du Zohar. — Eclaircissements et unification des mystères de la Kabbale.

Paris, 1909, in-8° de 234 pp.

Nombreux caractères hébraïques et gravures dans le texte. (6 fr.).

Voici la liste des matières contenues dans cette belle œuvre : La Siphra Dzénioutha (avec commentaires). — Synthèse kabbalistique. — Les Séphiroth divines, morales et génératrices. — Théologie et Cosmogonie. — Origine et développement de l'âme. — La Nature. — Le grand Arcane. — Les Correspondances, la Magie et le Psychisme. — Les Ternaires d'évolution. — L'Alchimie. — La Kabbale chrétienne, etc...

5036 [JOUNET (Albert)]. — Alber JHOUNEY. — Décentralisation littéraire.

St-Raphaël (Var), imp. de V. Chailan, 1902, in-8°, 15 p. (0 fr. 50).

[8° Z. Pièce. 1254

5037 [JOUNET (Albert)]. — Alber JHOUNEY. — Dieu de Beauté.

Paris, 1898, in-16 jés. (1 fr.).

5038 [JOUNET (Albert)]. — Alber JHOUNEY. — Dieu vainqueur de l'Enfer. — Théorie catholique du salut final de tous les hommes et de tous les Anges.

Saint-Raphaël, 1902, in-8° de 30 pp. (1 fr. 50).

[D. 72381

5039 [JOUNET (Albert)]. — Alber JHOUNEY. — La doctrine catholique et le corps psychique.

Paris, 1890, in-18. (0 fr. 50).

[8° R. Pièce 8951

5040 [JOUNET (Albert)]. — Alber JHOUNEY. — Les éléments de l'harmonie contemplés sommairement dans la vie contemporaine et dans l'histoire.

St-Raphaël, 1901, in-8°.

5041 [JOUNET (Albert)]. — Alber JHOUNEY. — Entrevue du Tzar et de l'Empereur d'Allemagne ; ce qu'ils auraient dû dire.

Paris, 1890, in-8°. (0 fr. 50).

(G-418

5642 [JOUNET (Albert)]. — Alber JHOUNEY. — Esotérisme et Socialisme. — La Philosophie occulte et la Science moderne. — Le Christ ésotérique. — Les Phénomènes spirituels.

Paris, 1893, in-8°. (5 fr.).

Bel ouvrage, contenant des vues profondes et intéressantes à un très haut degré sur les matières qu'énonce le titre. — Il examine successivement les théories des principaux occultistes anciens et modernes, et solutionne la majeure partie des problèmes que peut se poser l'esprit humain pour ce qui est du domaine de l'ésotérisme.

5643 [JOUNET Albert)]. — Alber JHOUNEY. — L'Etoile sainte.

Paris, Jouaust, 1884, in-4° de 45 pp. (2 fr.).

[4° Ye Pièce 78

5644 [JOUNET (Albert)]. — Alber JHOUNEY. — L'étoile sainte. Les lys noirs.

Paris, Comptoir d'édition, 1890, pet. in-8°. Portrait de l'auteur. (3 fr. 50).

Recueil de poésies mystiques. — Entre tous les poètes mystiques, Albert Jounet est incontestablement l'un des meilleurs, sinon le plus grand. — Le Lecteur peut, à son gré, ranger ce poète avec les plus suggestifs dans l'ordre exotérique, ou avec ses pairs dans l'ordre ésotérique.

Autre édition :

Paris, Chacornac, 1905, in-18, 249 p. portr.

[8° Ye. 6465
(G-419

5045 [JOUNET (Albert)]. — Alber JHOUNEY. — La Fédération générale anticollectiviste et le pouvoir populaire permanent.

Paris, 1906, in-8°, (0 fr. 50).

5646 [JOUNET (Albert)]. — Alber Jhouney. — La Fête de la Sainte Trinité, devenue la plus solennelle des fêtes chrétiennes.

S. d., in-8°.

5647 [JOUNET (Albert)]. — Alber Jhouney. — Sanctissimæ Trinitatis festum supra omnia festa christiana factum solemnissimum.

Paris, in-8° (0 fr. 50).

5648 [JOUNET (Albert)]. — Alber Jhouney. — Idées politiques.

St-Raphaël, chez l'auteur, 1902-1903, in-8° 336 p. (4 fr. 50).

[Lb⁵⁷. 13560

Recueil d'articles politiques parus dans St-Raphaël Journal en 1902.

5649 [JOUNET (Albert)]. — Alber Jhouney. — Jésus-Christ d'après l'Evangile. — Réfutation du livre de Strada " *Jésus et l'ère de la Science* ".

St-Raphaël, impr. V. Chailan, 1900, in-8° 410 pp. et supplément aux errata. (4 fr.).

[8° H. 6479

Profond ouvrage de christianisme ésotérique réfutant l'argumentation de Strada contre les splendeurs de l'Evangile, dont ce dernier ignore le sens merveilleusement profond et l'idéalisme le plus pur. — Il se divise en trois parties : 1° la vie de Jésus ; 2° la doctrine et l'âme de Jésus; 3° la divinité de J. C. Dans la 1-ère partie, il examine les événements, dans la seconde, les idées et les sentiments, dans la troisième l'essence

5650 [JOUNET (Albert)]. — Alber Jhouney. — Le livre du Jugement. — La Création. — La Chûte.

Paris, 1889, gr. in-8° (5 fr.).

Poésies d'un pur lyrisme.

La Création: Ensoph, Jod, Heva. Œlohim, Sacrifices, Eden ; Chûte. La Révolte des Anges, la seconde Genèse, l'Ame, la Liberté, Harmonies du monde, la Nébuleuse, la Terre, Révolte et Fatalité, Dieu, Nations Premières. la Vie et l'âme âgée. te. Satan. Archanges, la Naissance de l'Antéchrist. l'âme dans l'Enfer. — Regret. L'Enfer sincère, l'Antéchrist.

5651 JOUNET (Albert). — Le Livre du Jugement, Hymne III : la Rédemption.

Paris, Comptoir d'éditions, 1895, in-8° de 303 p. (6 fr.)

L'épopée initiatique et le symbole de Christ universel : l'Initiation du Christ, etc....

(G-120

5652 [JOUNET (Albert)]. — Alber Jhouney. — La Photographie de la Pensée et la Polarité.

A propos du Biomètre.

Vœu proposé au nom de l'Alliance Universelle, et raisons à l'appui.

Paris. 3 opuscules in-8°. (0 fr. 50).

5653 [JOUNET (Albert)]. — Alber Jhouney. — Principes généraux de Science psychique.

St-Raphaël, Var. l'auteur. 1898. in-10, (0 fr. 50).

[8° R. Pièce 7717

5654 [JOUNET (Albert)]. — Alber Jhouney. — La question d'Alsace-Lorraine et la question Romaine, se résolvant l'une par l'autre.

St-Raphaël, 1903. in-8°.

5655 [JOUNET (Albert)]. — Alber Jhouney. — La question sociale : Les Harmonistes.

St-Raphaël, l'auteur. 1898. in-8°. (0 fr. 50).

[8° R. Pièce 7083

5656 [JOUNET (Albert)]. — Alber Jhouney. — Le royaume de Dieu. — Dieu le créateur de l'Homme. — Prières et symboles messianiques. — Le Grand Arcane. — Les Nombres. — Les Ames. — La Science du Christ l'Initiation. — La Régénération. — Le mystère de la volonté de Dieu. — Les Mages. — Le Jugement de la Terre. — Le Jugement dernier. — Etc...

Paris, Carré, 1887, gr. in-8° de 80 p. Vignette cabalistique sur le titre. (4 fr.).

Livre de Kabbale du premier ordre. — Le volume contient enclose toute la substance théologique et dogmatique de la Kabbale basée sur le Zohar, dont il est la clef absolue. — " Le Royaume de Dieu " est conçu et exécuté sur le patron métaphysique du Système de l'Emancipation, contre lequel s'appuie tout l'échafaudage de la Kabbalah ; il est divisé en chapitres correspondant chacun à l'une des 10 Séphiroth. — Quiconque voudra aborder fructueusement la Kabbale, approfondir le Zohar et le sens de toute la tradition Egypto-Chaldéenne, Hermès et Ezéchiel, etc... doit commencer par lire les pages vraiment révélatrices du " Royaume de Dieu " qui est une œuvre de grand écrivain et d'Initié.

(G-421)

5657 [JOUNET (Albert)]. — Alber Jhouney. — La Triade, le Ternaire et la Trinité.

Paris, 1902, in-8°.

[4° R. Pièce 1380

5658 [JOUNET (Albert)]. — Alber Jhouney. — L'Union des Eglises d'Orient et d'Occident.

Paris, 1902, in-8°. (0 fr. 50).

5659 [JOUNET (Albert)]. — Alber Jhouney. — Vœux et motions, adressés aux Congrès de l'Humanité.

Paris, 1902, in-8°, (0 fr. 50).

JOUNET (Alb.). — Voir :

BELLOT (Etienne) (son biographe).

5660 JOURDAIN (Ch.). — La Philosophie de St-Thomas d'Aquin.

Paris, 1858, 2 vol. in-8°, (15 fr.).

Cet ouvrage contient une étude sur les progrès de la philosophie scholastique jusque vers le milieu du XIII-ème siècle, une analyse des ouvrages publiés sous le nom du docteur angélique et qui renferment l'expression irrécusable des pensées de St-Thomas d'Aquin et l'influence de sa doctrine jusqu'au XVII-ème siècle; l'ouvrage se termine par des appréciations sur cette admirable doctrine.

5661 JOURDAN (Le Docteur). — L'Eau de la Salette et le Rationalisme.

Paris, 1858, in-10 212 p. (4 fr. 50).

Opuscule sur la Salette : Origine de l'eau de la Salette ; sa composition chimique ; maladies incurables guéries par son application ou son usage, conversions remarquables qu'elle a déterminées. — L'auteur traite en même temps du rôle de Mlle de Lamerlière et des opposants au miracle.

5662 JOURNAL du MAGNÉTISME, rédigé par une Société de magnétiseurs et de Médecins, sous la Direction du Baron Du Potet.

Paris, depuis 1845, in-8° puis in-12.

C'est le plus vaste recueil sur le magnétisme. Il permet d'étudier sérieusement l'Histoire de cette manifestation dans les temps modernes. Il comprend vingt volumes jusqu'en 1861 seulement.

Un moment interrompu ce Journal a été repris et publié régulièrement, en petit format, par M. Hector Durville, le magnétiseur bien connu.

5663 JOURNAL für Freymaürer, als Manuskript gedruckt für Brüder und Meister des Ordens, herausgegeben von den Brüdern der □ zur wahren Eintracht im Orient von Wien, 1-sten Jahrgan.

Wien ; Christ. Fried. Wappler, 5784, 4 trimestres ou vol. in-8° de 256, 200 (et 2 pl. de mus.) 252, et 254 pp. ; avec une pl. en tête de chaque vol. représentant des sceaux de loges.

Le IV-e vol. est terminé (pp. 203-32) par une Bibliographie maçonnique de l'année, avec analyses ; puis vient la Table analyt. des 4 vol.

Contient des art. fort intéressants ; mais il serait utile d'avoir la clef des signatures.

(O-245

5664 JOURNET (J.). — Documents apostoliques et prophéties.

Paris, 1858, in-12, (3 fr. 50).

Très curieux ; précédé de la liste des souscripteurs : " *Le genre humain reconnaissant* ". Journet était un disciple de Fourier.

5665 JOUVENCEL (P. de). — Genèse selon la Science ; les déluges ; géologie.

Paris, 1862, in-12, avec 106 figures (2 fr. 50).

Théorie des preuves. — Le règne de la Mer. — Fin du chaos. — Les derniers déluges. — Traditions, etc...

5666 JOUVIN. — Solution et Eclaircissement de Quelques Propositions de Mathématiques, entre autres de la Duplication du Cube et de la Quadrature du Cercle. [*Par* Jouvin *qui a signé l'Epître.*]

Paris, J. Langlois, 1058, in-4° de 4 ff. liminaires, 76 p. et 1 planche.

[V. 6263
(S-3483

5667 JOUX (Pierre de). — Théologien protestant Suisse, né à Genève en 1752, mort à Paris en 1825. Collaborateur de Court de Gébelin. Converti plus tard au Catholicisme. — Ce que c'est que la franche maçonnerie, 1° considérée relativement aux objections que l'on élève contre elle ; 2° envisagée dans ses rapports généraux avec la société ; 3° vue en elle-même, autant que le permet le mystère qui doit l'environner.

Genève, an X-1802, in-8° (5 fr.).

(G-428

5668 JOZWIK (Albert). — Dissertation sur le magnétisme animal, thèse soutenue à la Faculté de Paris le 13 août 1834 par Albert Jozwik, médecin de la Faculté de Varsovie.

Paris, Didot, 1834, in-4°, 12 pages.

Cette thèse contient quatre faits de clinique magnétique.

(D. p. 100

5669 JUDAS (A. C.). — Sur l'écriture et la langue Berbères dans l'antiquité et de nos jours.

Paris, Pillet, 1863, in-8° de 50 pp. (4 fr.).

(G-42

5670 JUDEL (Dr) médecin de Montpellier. — Considérations sur l'origine, la cause et les effets de la fièvre, sur l'électricité médicale, et sur le magnétisme animal, par M. Judel, docteur médecin de la Faculté de Montpellier, ancien médecin en chef d'un hôpital militaire, ex-législateur au conseil des anciens.

Paris, Treuttel et Wurtz, Caban, 1808, in-8°, 149 pages. (2 fr. 50).

Ecrit en faveur du magnétisme.

(D. p. 81

5671 JUDEX. — De quelques condamnations littéraires, à propos d'un livre sur la flagellation.

Paris, Charles Carrington, 1902, in-16, (3 fr.).

[Manque à la Bib. Nat.]

Tiré à petit nombre sur Hollande.

5672 JUDGE (W. Q.). — Epitome des doctrines théosophiques. Traduit par M. A. O.

Paris, 1802, in-12. (1 fr. 50)

Autre édition :

Ibid. Publications théosophiques, 1900, in-12 de 38 p.

[8° R. P. 5507
(G-150

5073 JUGE (F. G.). — La régénération physique de l'homme et de la femme et celle des animaux domestiques ou la vie désormais continuée dans l'individu comme dans l'espèce.

Paris, Lechevallier, 1886. in-12 avec trois héliogravures.

(2 fr. 50).

Longévité proportionnelle aux destinées. — Les théogonies, les religions et les rêveries mystiques expriment sous la forme des superstitions et des pratiques étranges, la continuité indéfinie de la vie individuelle dans le ciel ou sur la terre, etc...

(G-1401

5074 JUGE (L. Th.). — Hiérologies et Biologies.

Paris, Delauchy, 1859-40. gr. in-8° Avec 7 portr. de Washington, Voltaire, Molay, etc... et 3 figures, le tout lithographié hors texte. (12 fr.).

[H. 5549 et
[Rés. Z. 1742

Très intéressant recueil sur la F∴M∴ contenant entr'autres : Essai philosophique sur le but que se propose l'initiation secrète. — Initiation secrète. — Initiation de Voltaire. — Examen de 3 manuscrits des XII° et XIII° siècles, contenant les anciens règlements secrets qui furent maintenus en vigueur dans l'Ordre du Temple jusqu'au XIV° siècle. — De la chanson considérée comme auxiliaire des initiations secrètes non politiques. — Etat actuel de la Franche-Maçonnerie en Allemagne. — Histoire de l'Ordre du Temple. — Notice sur Washington, grand Maitre de l'Ordre maç∴ aux Etats-Unis en 1797. — Persécutions et encouragements à la Franche-Maçonnerie, et..

5075 JUGEL (Johann Gottfried). — Dicta philosophica, oder General-Physik dieser sichtbaren Welt, von der Generation aller Dinge aus der wahren Prima Materia, besonders aber der Geschöpfe in mineralischen Reich der Creaturen auf- und Untergang, wie auch deren Verherrlichung daraus zu erkennen ;... nach einer sechs und zwanzig jährigen Untersuchung, aus lauter natürlichen Erfahrungen dargestellet, von Johann Gottfried Jugel.

Breslau, Joh. Ernst Meyer, 1764, in-8° de 318 pp.

(O-1401

5076 JUGEL (J. G.). — Gründliche Nachricht von dem wahren metallischen Saamen, oder prima Materia Metallorum, wie aus derselbe das gantze mineralische Reich seinen Ursprung hat ; nach eigener Erfahrung geprüfet, durch ordentliche Würckungen der Natur bestätiget, und auf ein vorher noch unbekannte Art der Welt mitgetheilet, durch Joh. Gottfried Jugel.

Leipzig und Zittau, Joh. Jacob Schöp, 1754, in-8° de VII-184 pp.

(O-1402

5077 JUGEL (J. G.). — Philosophische Unterredung zwischen dem fliegenden Mercurium und einem gemeinen Schmeltzer worinnen gantz volkommen und gründlich gezeiget und gewiesen wird, das sonst noch nie entdeckte und zu der grossen Welt-Oeconomie höchst benöthigte wahre und natürliche geheime Röst- und Schmeltz-Wesen, alle flüchtige und subtil metallhaltige Ertz- und Berg-Arten, den erforderten Umständen nach, mit ihren dazu gehörigen Beschickungen zu zeitigen und figiren ;... Zur gründlichen Erkäntnisz der wahren Natur, zu Erforschung ihrer Heimlichkeiten, und Erhebung des edlen Bergbaues in allen Landen, durch eigene Experimente entdecket, von Johann Gottfr. Jugel.

Berlin, 1745 [d'après Heinsius], in-8° de 254 pp. avec 1 pl.

(O-1405

5078 JUGEL (J. G.). — Johann Gottfried Jugels Physica-mystica und Physica sacra sacratissima. Eine Offenbarung... der uns unsichtbaren magnetischen Anziehungskraft aller naturlichen Dinge ; und eine heilige Betrachtung der Grundeinsicht wie sich die allerhöchste Einheit in die Vielheit offenbaret hat, und aus dieser wieder in die Einheit gehen soll ; zu Lob und Preisz des höchsten einigen Gottes.

Berlin und Leipzig, George Jacob Decker, 1782, in-8° de 267 pp.

(O-1403

5079 JUGEL (J. G.). — Johann Gottfried Jugels Physica-Subterranea, oder Bewegungskraft der elementischen Wirkungen, die auf und in unserm mineralischen Erdboden verrichtet werden ; ein Opus aller seiner gefundenen geheimen Einsichten in das dreyfache grosze Naturreich, das Unsichtbare sichtbar, und das Unbegreifliche begreiflich und vorstellig zu machen, welches er nach einer 46 Jahrigen Naturforschung...

Berlin und Leipzig, George Jacob Decker, 1783, gr. in-8° de XVI-552 pp.

(O-1404

5680 JUGEL (J. G.). — Das redende Orakel, in seiner Natursprache, welches das Gegeinmisz der wirkenden Natur im mineralischen Reiche entdecket, um dadurch zu nahern Erkenntnissen und Nutzen desselben zu gelangen ; in dreyzehen Versuchen aus überzeugenden Naturerfahrungen bewiesen...... von Johann Gottfried Jugel..

Leipzig, Joh. Paul Krausz, 1773, gd. in-8° de XVI-432 pp.

(O-1399

5681 [JUGEL (J. G.)]. — Von der Scheidung der vier Elementen aus dem ersten Chaos, und wie nach deren eingepflanzten Liebe eines in dem andern unaufhörlich seine Würkung verrichtet, aus deren Qualitaten so vielerley Ausgeburten in allen dreyen Reichen zu Tage gebracht werden,

zusamt, wie die Quinta Essentia solcher Wurkung der Mercurius Universalis, als die Prima Materia aller geschaffenen Dinge.... allen Liebhabern natürlicher Geheimnisse zu einem grund ihrer Erkenntnisz geleget von J. G. J. [Johann Gottfried Jugel,] einem emsigen Erforscher derselbigen.

Berlin, Joh. Andreas Rüdiger, 1744, in-8° de XIV-348 pp. avec 1 pl.

(O-1400

JULEVNO. — Astrologue Moderne.

Voir :

EVNO (Jules).

5682 JULIEN le PHILOSOPHE (l'Empereur) ou Flavius Claudius JULIANUS Empereur Romain, né le 9 Novembre 331, et mort le 26 juin 303. Il fut élevé au milieu de troubles de toute nature par l'Evêque Arien Eusèbe, et l'Eunuque Scythe Mardonius grand admirateur d'Hésiode et d'Homère. Ses études se terminèrent à Constantinople, puis à Pergame, sous le Néo-Platonicien Edésius, disciple de Jamblique. Enfin ce fut Maxime qui initia Julien aux Secrets de la Théurgie, dans le Temple de Diane, à Ephèse. Exilé à Athènes, Julien y vécut en étroite amitié avec St Basile et St. Grégoire de Nazianze. Il fut Gouverneur des Gaules, et proclamé Empereur à Lutèce même. Sa mort survint dans un combat contre les Perses : il fut frappé à la poitrine d'un javelot de cavalier Perse et mourut ainsi, à 33 ans, en discourant de l'excellence de l'âme avec les Philosophes Maxime et Priscus L'histoire de sa mort est, il est vrai, tout autrement contée par les Historiens Chrétiens ; mais la légende du " *Tu as vaincu, Galiléen* " ne paraît pas vraie.

JULIANI Imperatoris, Opera quæ extant Omnia (gr. et lat.) à P. Martinio et C. Cantoclaro latinè facta et aucta.

Parisiis, D. Duval, 1583, pet. in-8°.

|X. 16062

Première édition des Ouvrages réunis de l'Empereur Julien, dit le Philosophe ou par d'autres. " l'Apostat ".

(St Y-1061

5083 JULIEN LE PHILOSOPHE (l'Empereur). —

1) Juliani imperatoris Opera Omnia graece et latine, edente Dion. Petavio.

Parisiis, Seb. Cramoisy. 1630, in-4°.

[Rés. X. 1040
(St Y-1062
(S-2092

2) Juliani Imperatoris Opera, gr. et lat., ex editione Ezechielis Spanheimii.

Lipsiæ, 1696, in-f° (24 liv. ; 48 en gd papier, dit FOURNIER).

5084 JULIEN LE PHILOSOPHE. — Œuvres complètes de l'Empereur Julien traduites pour la première fois de grec en français, accomp. d'argumens et de notes et précédées d'un abrégé hist. et crit. de sa vie par R. Tourlet.

Paris, Tillard, 1821, 3 vol. in-8° (7 fr. 50).

[Z. 32291-32293

5085 JULIEN LE PHILOSOPHE. — Œuvres complètes, traduction nouvelle, précédée d'une étude sur Julien, par Eugène TALBOT.

Paris, Plon, 1863, fort in-8°. Portrait. (5 fr.).

[Z. 32294

Le Mysticisme, le Sabéisme, la Théurgie jouent un grand rôle dans la vie de Julien, qui abandonna le christianisme pour remettre en honneur les sciences magiques. — Son étude sur le " Roi Soleil ", la " Mère des Dieux ", ses " Lettres à Jamblique " et autres Alexandrins révèlent l'élévation de sa philosophie aussi bien que les mystérieuses pratiques auxquelles il voua sa vie.

JULIEN LE PHILOSOPHE (sur). Voir :
LAMÉ (Emile).
JOHNSON (Samuel).

JULIO (l'Abbé). — Voir :
HOUSSAY (l'abbé).

5686 JULLIARD (Mlle Isabelle). — Une Possédée en 1862, par Mlle Isabelle JULLIARD.

Paris. E. Dentu, 1862, in-12 de 177 p. et 1 f° de catalogue. (2 fr.).

|Y². 44526

Curieuse étude sur le magnétisme animal et les maladies psychiques.
Le " Horla " — à part son nom — ne serait peut-être pas une invention sans fondement de Guy de MAUPASSANT.

(Y-P-663

5687 JULLIEN (Marc Antoine), dit DE PARIS, né à Paris en 1775, mort en 1848, fils de Marc Antoine JULLIEN de la Drôme, conventionnel Montagnard. Littérateur et homme politique. Commissaire des guerres sous Napoléon et l'un des fondateurs du " Constitutionnel ". — Esquisse d'un essai sur la philosophie des sciences, contenant un nouveau projet d'une division générale des connaissances humaines par M. Marc Antoine JULLIEN, de Paris, Chevalier de la Légion d'honneur....

Paris, Baudoin — Eymery — Delaunay, 1819, in-8° de 64 pp. gr. tableau in-f° plié.

[R. 39745

Extrait des Annales Encyclopédiques, cahier du mois de Décembre 1818.

Intéressant essai sur la Classification des Connaissances Humaines. — Cite les œuvres analogues de l'Encyclopédie, de P. T. LANCELIN (Abrégé du tableau synoptique des Connoissances humaines, dans " Introduction à l'Analyse des Sciences du même, Paris, Firmin Didot, An XI-

1803, 3 vol. in-8°). — DESTUTT-TRACY (Elemens d'Idéologie). — Et enfin la sienne, avec Tableau.

5688 JULLIEN (Marc-Antoine). — Essai sur l'Emploi du Tems, ou Méthode qui a pour objet de bien régler sa Vie premier moyen d'être heureux ; destinée spécialement à l'usage des Jeunes Gens ; par Marc-Antoine JULLIEN, de Paris, Chevalier de la Légion d'Honneur, Membre des Académies Royales des Sciences, de Turin...... Fondateur Directeur de la Revue Encyclopédique. Quatrième édition.

Paris, Dondey-Dupré père et fils, MDCCCXXIX [1829], in-8° de 490 p. Frontisp. allégorique gravé par Hocquart jeune. Diagramme hors texte, p. 451, et tableaux dans le texte. (4 fr.).

Autre édit. :

Paris, F. Didot, 1810, in-8°

[R. 3545 et 21176

Très curieux et intéressant ouvrage d'éducation personnelle. La Méthode de l'auteur se réduit à CINQ conditions, qui sont résumées p. 117-122. Il expose les Méthodes analogues de FRANKLIN, imitée d'une coutume Pythagoricienne (p. 138), etc...

Exposition de la Méthode. — Application de la Méthode. — Modèle du Mémorial Analytique. — De l'Agenda Général. — Du Biomètre, ou Mémorial Horaire. — Méthode particulière de Lectures. — Appendices : Exposé de quelques Principes, ou Vérités fondamentales ; Méthode de LOCKE ; de FRANKLIN ; Quelques Pensées et Fragments détachés sur le Prix, et l'Emploi du Tems.

JUNCTIN DE FLORENCE (François) ; en Italien, GIUNTINI, ou GIUNTINO ; en Latin : JUNCTINUS.

Illustre et érudit astrologue, Docteur en Théologie et Aumônier de François de Valois, dernier frère de Henri III. Né vers 1522 à Florence, mort à Lyon, vers 1590. Sa vie fut agitée : il fut successivement Provincial de l'Ordre des Carmes, converti au Protestantisme qu'il abjura ensuite, correcteur d'imprimerie chez les Junte et enfin, dit-on, prêteur sur gages. On raconte qu'il périt écrasé par sa bibliothèque.

Nous lui devons une édition de l'*Apotélesmatique* ou *Quadripartit* de PTOLÉMÉE de Péluse, enrichie des plus érudits commentaires, et nombre d'autres ouvrages d'Astrologie.

5689 JUNCTIN (François). — Commentarium in tertium et quartum capit. sphaerae mundi Joannis de Sacro Bosco.

Lugduni, P. Tinghium, 1577, in-12 (15 fr.).

[V. 20012

Traité illustré de nombr. fig. sur bois du célèbre astrologue.

Voir aussi HOLYWOOD (nom anglais de Johannes de SACRO BOSCO).

5690 JUNCTIN DE FLORENCE. — De Divinatione Qvae fit per Astra, Diversvm ac discrepans Dvorvm Catholicorvm sacrae Theologiae Doctorvm iudicium ; scilicet Francisci IVNCTINI Florentini, ac Ioannis LESSÆI Belloliani Professoris Louaniensis. Item Divi THOMÆ AQUINATIS Lucij Bellantij Senensis Physici, ac Marsilij FICINI Philosophi, de eadem Diuinatione, Sententia.

Coloniæ apud Ludouicum Alecterium et hæredes Iacobi Soteris, Anno M.D.LXXX [1580], pet. in-8 de 7 f^os n. c.-158 p. Marque d'imp. sur le titre. (12 fr.).

[V. 21783

Commence par l'Extrait de la Somme de St-THOMAS ; puis la Réponse de Lucius Bellantius (?) à PIC DE LA MIRANDOLE, ensuite la Défense de JUNCTIN ; et enfin le Discours de Jean de LESS (né à Bailleul, Hainaut, en 1541, mort à Louvain en 1593 ; Professeur de Théologie à Louvain). Termine par l'opuscule de Marsile FICIN.

(S 3113

5691 JUNCTIN DE FLORENCE. —
Κλαυδίου Πτολεμαίου Πηλουσίου, τῶν Ἀστρολόγων πρώτου, ἢ μαθηματικῆς ἢ ἀποτελεσματικῆς Τετράβιβλον.
Speculum Astrologiæ, universam Mathematicam Scientiam, in certas classes digestas complectens : Auctore Francisco JUNCTINO, sacræ Theologiæ Doctore.

Lugduni, 1581, 2 vol. in-f°.
Bibliothèque Ste-Geneviève : [V. 143

Contient entre autres :

Cl. PTOLEMAEUS : Quadripartit. (Graecè et lat.). — Centiloquium HERMETIS. ALMASSORIO proposit. De Pestilentia ac Corruptione Aeris. — Etc.

Autre édit. :

Lyon, P. Tinghi, 1583, 2 vol. in-f°.

[V. 1903-1904

Cité dans " *l'Histoire de la Magie* " de CHRISTIAN (V. PITOIS), p. 9-12.

5692 JUNCTIN DE FLORENCE.— Specvlvm Astrologiæ, vniversam Mathematicam Scientiam in certas classes digestam, complectens. Autore Francisco IVNCTINO Florentino S. T. D. [Sacræ Theologiæ Doctor] ac Eleemosynario ordinario Serenissimi Principis Francisci Valesii, Christianiss. Francorum, ac Poloniæ Regis fratris vnici, Andegauensis Ducis, etc.

Accesserunt etiam Commentaria absolutissima in duos posteriores QUADRIPARTITI PTOLEMAEI libros, innumeris obseruationibus referta, et certissimis aphorismis (quatenus ex Siderum positione liceat Christiano more aliquid coniicere) ex probatissimorum Astrologorum scriptis depromptis insignita... Omnia sub censurâ sanctæ Ecclesiæ Catholicæ Romanæ.

Lugdvni in Officina Q. Phil. Tinghi Florentini : Apud Simphorianum Beraud. M. D. LXXXIII [1583].

Cvm Privileg. Cæs. Maiest. et Reg. Christian.

2 forts in-f° de : Tome I, 3 f° n. c. — 1313 p. à 2 col. Portrait de Junctin sur le titre (sur bois). Lettres ornées, figures sur bois et Tableaux dans le texe. Tome II :...

[V. 1903-19

Cet ouvrage est un des plus célèbres et le principal monument de l'Astrologie ancienne. Nous n'insisterons pas sur la curiosité de ce fait que son auteur est un Docteur en Théologie, et qu'il soumet son Œuvre de façon absolument explicite à " *la Censure de la Sainte Eglise Catholique Romaine* ". Voici un abrégé de ce qu'il contient :

Tome I. — Defensio honorum Astrologorum...— PTOLEMAEI Quadripartiti lib. primus et secundus [Graecè et Latinè]. — PTOLEMAEI Centiloquim. — Hermetis Centiloquim. — Tractatus Ivdicandi Reuolutiones...

Tome II. — Canones... Georgii PEURBACHIJ. — Tabulæ Nicolai COPERNICI. — Commentaria in Sphæram Ioannis de SACRO BOSCO.— AMERICI VESPUCIJ... Navigationes... — De Solis et Lvnæ Eclypsibus Tractatus. — Annotationes in Cometis...

5693 JUNCTIN. — Francisci JUNCTINI Florentini, Tractatio de Cometarum causis, etc.

Lipsiæ, 1580, in-8°.

[V. 19144
(S-3429

5694 JUNCTIN (François). — Franc. JUNCTINI, Tractatus judicandi Revolutiones Nativitatum.

Lugduni apud Hæredes J. Juntæ, 1570, in-8°.

Junctin était correcteur de l'imprimerie où a été édité cet ouvrage.

(St Y-1365

5695 JUNDT (A.).— Les Amis de Dieu au XIV-ème siècle.

Paris, 1879, fort vol. gr. in-8°. (10 fr.).

Manque à la Bib. Nat.

Le Livre épistolaire et les Écrits des

Johannites.— Le Livre des deux hommes. — Le Livre des Neuf Roches. — Les diètes divines. — Tendances religieuses des Amis de Dieu. — Documents relatifs à Tauler, etc...

5696 JURY magnétique. Statuts.

Paris, 1847, in-8°, 8 pages.

Cette institution a pour but de récompenser ceux qui ont le mieux servi les études magnétiques par leur pratique ou par leurs ouvrages ; on a justement critiqué autrefois la clause qui obligeait les récompensés à payer leur vie durant une cotisation annuelle, puisqu'ils devenaient malgré eux membres du jury. Mais cette clause n'existe plus et le jury composé d'hommes tout à fait indépendants peut rendre des services réels à la science, s'il maintient des programmes de concours et suit avec soin les hommes qui étudient le magnétisme en cherchant à le dégager des erreurs et des exagérations dont on s'est plu à l'entourer.

(D. p. 138

5697 JUSSERAND (J. J.). — Les Anglais au moyen-âge. — L'épopée mystique de William Langland, par J. J. JUSSERAND.

Paris, Hachette et Cie, 1893, in-12 275 p. Orné d'une vue de Malvern.

[8° Yk. 582

Etude sur un très curieux poème mystique écrit en vieil anglais. — Edouard III d'Angleterre. — Richard II. — Analyse du « Piers Plowman » [Pierre le Laboureur]. — Les trois versions du poème. — Le nom de l'auteur, sa vie, son caractère. — La Société religieuse. — L'Art et le langage de Langland. — Place de Langland dans la littérature mystique. — Extraits des Visions.

5698 [JUSSIEU (Antoine-Laurent de)], né à Lyon en 1748, mort à Paris en 1837. Docteur en médecine, Professeur de Botanique au Jardin du roi, Académicien et directeur du Muséum. — Rapport de l'un des commissaires chargés par le roi de l'examen du magnétisme animal.

Paris, Veuve Hérissant, 17 septembre 1784, in-4°, 51 pages.

[Tb⁵⁵ 53

Et in-8°, 70 pages. (3 fr.).

L'on sait que M. de JUSSIEU, nommé membre de la commission, se sépara de ses collègues et ne voulut point signer leur rapport, et l'on ne peut nier qu'il n'ait examiné et rendu compte des faits en homme indépendant et ami du progrès scientifique. Il n'adopte pas sans doute la théorie du fluide, mais il ne croit pas avec la commission que l'imagination seule soit suffisante pour expliquer les faits magnétiques. Il s'occupe attentivement de la chaleur animale, etc. Dans tous les cas, loin de regarder la discussion comme close, il laisse le champ libre à l'étude. Par toutes ces considérations, son travail mérite l'attention.

De Jussieu était du nombre des commissaires chargés par le roi, et comme les faits lui avaient paru offrir des preuves certaines de l'action du Magnétisme, il refusa de joindre sa signature à la leur.

(D. p. 37

5699 JUSTE (Le) Effet du jugement de Dieu arrivé à Clérac, ville huguenote, en Guyenne, à l'ouverture du tombeau d'un père jésuite martyrisé à la trahison dernière.

Paris, 1628, in-8° de 17 pp. (2 fr.)

5700 JUSTE (La) punition de Lycaon Florentin surnommé Marquis d'Ancre.

Paris, Dallin, 1717, pet. in-8° de 8 pp. (4 fr.).

Pamphlet très violent contre le Maréchal d'Ancre « *qui faisait servir la chair humaine aux passans.* »

(G-430

5701 JUSTICE (O.). — Les muses du macadam.

Paris, librairie internationale. Toulouse, impr. de Caillol et Baylac, in-8°, 343 p. Edition originale. (4 fr. 50).

[Ye 247⁰⁰

Quelques curieux poèmes philosophiques et franc-maçonniques à la fin. — Le Jour des Morts. — Rédemption. — Arlequin. — Songe d'une Nuit d'Eté. — La Paix. — Les Hirondelles d'hiver.— L'Antéchrist. — Les Gaités du cœur. — Troisième partie (p. 249) : Peut-être. — Numero Deus impare gaudet.— Verbum. — Transsubstantiation. — Le Fils de l'Homme. — Rédemption. — Les parfums de Madeleine. — Les Larmes. — Christ est ressuscité.

(G-43 1

5702 JUSTIN LE PHILOSOPHE (Saint), Philosophe, Docteur chrétien et martyr, né à Sichem (Samarie) vers 114, martyrisé à Rome, vers 155. Stoïcien, péripatéticien, pythagoricien, platonicien et enfin chrétien, il voyagea en Asie, en Egypte, et enseigna à Rome. — Œuvres, traduites par M. de Genoude.

Paris. 1838. 2 forts vol. in-8° (8 fr.).

[C. 3992

Célèbre philosophe platonicien converti au Christianisme. — Justin est une lumière de la nouvelle doctrine sans rien renier de son passé. Pour lui, en effet, le Christianisme n'est pas une rupture violente avec la science profane, mais l'achèvement et le perfectionnement de cette science. — Un critique du XIX° siècle a prétendu qu'on trouve chez Justin des signes évidents d'un Christianisme qui aurait été en vigueur avant le Concile de Nicée, et qu'il aurait professé avec tous les Chrétiens instruits de son temps. — Il ne nous appartient pas de discuter ce point de vue curieux, mais il est intéressant de le signaler aux ésotéristes. — Ces deux volumes renferment en outre le Livre du Pasteur Hermas et la célèbre épître catholique de Saint Barnabé.

5703 KABBALA DENUDATA. — Voir :
KNORR DE ROSENROTH.

[A. 2862

5704 KABBALA DENUDATA. — Le Zohar. Traduction française de H. Chateau, avec lettre-préface de Papus.

Paris, Chamuel, 1895, in-8°. (5 fr.

[A. 21078
(G-433

5705 KABBALA divina C._L. Psalmorum.

S. l. n. d., in-12.

« Livre très curieux et rare. » (Sep.).

(S-3105

5706 KABBALISTISCHER Lichtstral zu Beleuchtung mistischer Universalhauptgrundzahlen nebst ihrem geheimen Berstand und Aufschlusz, um vergangene, gegenwärtige und zukünftige Dinge zu ersforschen. Zwote Auflage. Herausgegeben von Rittig Edlen von Flammenstern...

Augsburg, 1788, in-8° de 15 pp. avec 1 fig. cabalistique sur le titre.

(O-1704

KABBALE (sur la). — *Bibliographie* : voir :

BARTOLOCCI.
BASNAGE.
BUXTORF.
ENCAUSSE : « La Kabbale », Paris, 1892.
IMBONATI.
WOLF.

5707 KADIR (du Couvent de Kanvallana.) — L'Inde Mystérieuse dévoilée, par KADIR, du Couvent de Kanvallana.

Bombay, imprimerie royale et impériale, s. d., [1909], in-16 de 142 p. couv. ill. (4 fr.).

L'Avant-Propos est daté : « 1er janvier 1909. »

Curieux ouvrage écrit par un Hindou échappé du Couvent de Kanvallana, où il était né, et résidant maintenant à Saint-Quentin (Aisne). Il nomme Miss Yopasly comme sa libératrice.

Ses procédés magnétiques et hypnotiques sont curieux et assez peu connus. Il indique de bonnes méthodes pour la culture du Magnétisme personnel.

De l'Occultisme. — Magnétisme historique, théorique et pratique. — Rites et Pratiques pour la production des sorts et des Envoûtements. — Education respiratoire. — Adeptat. — Etc.

5708 KAHREL (Herm. Frid.) — Theologia naturalis tum contemplativa tum activa sive moralis, aut. Herm. Frid. KAHREL.

Francofurti, 1702, in-8°.

(S-802

KAMA SOUTRA. — Voir :
LAMAIRESSE (E.), traducteur.

5709 KAMMENTHALER (J.). — L'oracle chez soi, contenant tous les moyens de connaître l'avenir par les lettres magiques, par les cartes, par le marc de café, par les lignes de la main, suivi du langage symbolique des fleurs et pierres précieuses.

Paris, Libr. des Publ. Populaires, 1907, in-12. (2 fr. 50).

5710 KANNE. — Sämundis Führungen, ein Roman aus der Geschichte der Freien Maurere im 1-en Jahrh.

Nürnberg, 1816, in-8°.

(O-447

5711 KANT (Emmanuel), Célèbre philosophe allemand, fondateur de l'école Idéaliste, né à Kœnigsberg en 1724, mort au même lieu en 1804. Fils d'un sellier de famille écossaise. Professeur de Métaphysique à l'Université de Kœnigsberg. — Critique de la raison pure. Seconde édit. en français, traduite sur la première édition allemande ; contenant tous les changemens faits par l'auteur dans la seconde édit., des notes et une biographie de Kant, par J. Tissot.

Paris, Ladrange, 1845, 2 vol. in-8° (20 fr.).

Mis à l'index en 1827.

Autres éditions :

Paris, 1905, in-8°.

Paris. Ladrange. 1835, 2 vol. in-8°
[R. 39841-42

Paris, Ladrange, 1836, 2 vol. in-8°
Paris, Germer Baillière, 1869, 2 vol. in-8°.
Paris, Ladrange, 1864, 2 vol. in-8°

5712 KANT (Emmanuel). — Critique du Jugement, suivie des observations sur le sentiment du beau et du sublime.

Paris, 1846, 2 vol. in-8° (20 fr.).
[R. 39847-48

5713 KANT (Emmanuel). — De la puissance de l'esprit, par la seule volonté de maîtriser ses sentiments maladifs.

S. l. n. d., in-8° de 20 pp. (1 fr. 50).

(Extrait d'une revue).

Publié avec des notes par C. V. Hufeland.

5714 KANT (Emmanuel). — La Religion dans les limites de la raison ; trad. de l'allem. par J. Trullard, avec une lettre d'Edgar Quinet.

Paris, 1841, in-8°. (7 fr.).
[R. 39857

Coexistence du mauvais et du bon principe dans l'homme. — Origine du mal dans la nature humaine. — La croyance religieuse pure. — Du culte de Dieu dans une religion quelconque, etc.

Autre édition :

Paris, 1842, in-12 de 106 pp.

5715 KANT (Emmanuel). — Théorie de Kant sur la religion dans les limites de la raison, ouvrage traduit de l'allemand par le Docteur Lortet. Précédée d'une introduction par Fr. Bouillier.

Paris et Lyon, 1842, in-12. (3 fr.).
[R. 39858

5716 KANT (Emmanuel). — Traité de pédagogie. — Traduct. J. Barni.

Paris, 1886, in-18. (1 fr.).
[8° R. 7006

KANT (sur Emmanuel). — Voir:
BARNI (J.).
RUYSSEN (Th.).

KARDEC (Allan). — Voir :
RIVAIL.

5717 KARPPE (S.). — Etudes sur les origines et la nature du Zohar, précédée d'une étude sur l'histoire de la Kabbale, par S. Karppe.

Paris, Félix Alcan, 1901, in-8° de X-604 pp. fig. Nombreuses gravures. (9 fr.).
[A. 21496

Ouvrage de première main, le plus sérieux et le plus érudit sur la question.— On ne saurait mieux en donner une juste idée qu'en reproduisant les titres des principaux chapitres.— Les sources de l'histoire du mysticisme juif. — Le Talmud. — La matière première. — Les Anges. — La loi sexuelle. — Mysticisme des noms et des lettres. — Notions d'Astrologie. — Les Esséniens. — La Mercabah. — Le livre d'Hénoch. — Le Sépher Yetzirah. — La Kabbale et la Tradition. — Le Traité de l'Emanation. — Le Bahir. — Le Livre de l'Intuition. — Le Zohar, sa constitution, sa méthode allégorique. — Les Séphiroth. — Symbolisme du corps humain. — La métaphysique du Zohar et Philon. — Le symbolisme des couleurs. — L'Ethique du Zohar. — Le Péché originel. — La Trinité. — Physiognomonie et Chiromancie. — Astronomie et Astrologie. — Alchimie. — Mythique. — Philon et le Zohar. — L'Allégorisme chez les Stoïciens, chez les Juifs, dans les traductions de la Bible, dans certains apocryphes, dans le VI° livre des Machabées, etc. — Les règles de l'allégorisme philonien et coup d'œil sur la doctrine de Philon, etc... L'ouvrage est enrichi d'une table alphabétique.

5718 KASTNER (Adolphe). — Analyse des traditions religieuses des peuples indigènes de l'Amérique.

Genève, 1840, in-8°. Pl. et carte. (12 fr.).

5719 KASTNER (Adolphe). — Concordance de l'Ecriture sainte, avec les Traditions de l'Inde.

Louvain, 1845, in-8° (6 fr.).

Monosyllabe sacré des Hindous. — Esotérisme du nom mystérieux du Créateur : AUM. — Les Anges, la Création, le Déluge. — La Magie et les Augures. — Traditions du Mexique, etc. — Belle étude sur les religions comparées.

5720 KASTNER (Georges-Eugène-Frédéric), physicien français, né à Strasbourg en 1852, fils du compositeur Jean-Georges Kastner. Mort en 1882. — Les Flammes chantantes. Théorie des vibrations et considérations sur l'Electricité.

Paris, 1876, in-12. (5 fr.).

[R. 30958

Œuvre de haute science. — La nature, dit l'auteur, procède d'un seul et unique principe : la vibration, ou infinie vie, ou mouvement infini, ou force infinie. — Tout descend de l'infini supérieur vers l'infini inférieur, par ses vibrations rapides ou lentes, grandes ou petites. — Tous les corps sont composés d'infinis supérieurs et d'infinis inférieurs. Ces brefs aperçus disent la hauteur de cette œuvre.

L'auteur est inventeur du *Pyrophone*, instrument de musique dont le son est donné par des flammes.

5721 KASTNER (Jean-Georges), compositeur et écrivain, père du précédent, né à Strasbourg en 1811, mort à Paris en 1867. Vice-président de l'Association des Artistes-Musiciens.

— Les Sirènes. Essai sur les principaux mythes relatifs à l'incarnation, les enchanteurs, la musique magnétique, le chant du cygne, etc. considérés dans leurs rapports avec l'histoire, la philosophie, la littérature et les beaux-arts. Suivi de : le Rêve d'Oswald ou les Sirènes, grande symphonie dramatique vocale et instrumentale.

Paris, Brandus et Dufour, Jules Renouard et Cie, 1858. 12 planches lithographiées et musique notée. (12 fr.).

(G-403

KATIE KING (Manifestation spirite célèbre par les études de W. CROOKES) — Voir :

UN ADEPTE.

5722 KAUFFMANN et CHERPIN. — Histoire philosophique de la France maçonnique, ses principes, ses actes ses tendances.

Lyon, Cherpin, 1850, in-8° de 500 pp. env. Avec 4 planches gravées sur acier. (25 fr.).

Ouvrage très rare, non mis dans le commerce, considéré comme le plus important et le mieux fait sur l'histoire philosophique de la Fr∴ M∴ à travers les siècles. Aucun point n'est laissé dans l'ombre et la documentation sérieuse, comme l'étude approfondie des constitutions et du symbolisme maçonniques, qui en sont l'objet en font un travail de premier ordre, indispensable à posséder pour toute bibliothèque sérieuse.

(G-430

5723 KAZWINI (Mohammed-Ben-Mohammed). — Extrait du Livre des merveilles de la nature et des singularités des choses créées. Traduit par A. L. Chézy.

Paris, impr. impériale, 1805, in-8° (6 fr.).

(G-457

5724 KEIL (Christoph Heinrich). — Compendiöses doch volkommenes philosophisches Hand-Büchlein, das ist : philosophische Grund-Sätze zur Universal-Tinctur auf Menschen und Metallen, womit alle wahre Philosophi so von der Welt bis hieher gewesen sind, übereinstimmen, als welches der wahre Grund alle philosophische Bücher gründlich zu verstehen, und die höchste Medicin zu machen ; mit grossen Fleisz zusammen getragen von Christoph Heinrich Keil. Dritte Auflage.

Hof, Joh. Gottl. Vierling, 1768. in-8° de 175 pp. avec 1 pl.

(O-1397-1398)

KELEPH - BEN - NATHAN. —

Voir :

DUTOIT-MAMBRINI.

5725 KELLEY (Edward). — Edovardi Kellaei, Buch von dem Stein der Weisen, an dem Röm. Kayser Rudolphum II, anno M. D. XCVI, in lateinischer Sprache geschrieben, hernach in die Deutsche übersetzet : nun aber nebst einer Vorrede von dem Leben und Schrifften Kellaei zum Druck befördert durch Fr. Roth-Scholtz : dans Deutsches Theatrum chemicum (1732). III, 733-800.

(O-941-942)

5726 KELLNER (David). — Erneuert-verbessert- und vermehrte, sehr nützlich und erbauliche Scheide-Künst, worinnen enthalten die rechte Art und Weise, wie man die vermischte Metalla, sonderlich Gold und Silber, künstlich von einander Scheiden und bringen soll, dasz jedes absonderlich pur und rein erhalten, und recht genutzet werden könne ; der heutigen curieusen Welt, sonderlich aber den chymischen Laborantem..... durch D. David Kellnern.

Chemnitz, Conrad Stösseln und Sohn, 1727, in-8° de VIII-164-IV pp.

(O-1362)

5727 KELLOGG (Doctor J. H.), célèbre Médecin Naturiste Américain, l'un des « leaders » du mouvement végétarien moderne. Directeur médical du Sanatorium de Battle Creek, Michigan, le plus grand du monde, dit-on.

The Home Book of Modern Medicine. [*Précédemment intitulé :*] « The Home Handbook of Modern Medicine. » By J. A. Kellogg. M.D.

Battle Creek (Michigan), Modern Medicine Company, s. d. in-8° de plus de 1700 p. avec figures, planches en noir et en couleurs, découpées ou non. (21 shill.).

C'est le Type du Livre de Médecine de famille Américain, comme sont le BILTZ, ou le PLATEN en Allemagne et en France.

L'auteur est un des Médecins naturistes les plus avancés de notre époque et préconise beaucoup l'emploi abondant des noix de toute espèce dans l'alimentation.

5728 KELLOGG (Doctor). — The Living Temple. By Dr. J. H. Kellogg, M. D. (Medical Director of the Battle Creek Sanitarium, Michigan, U. S. A.) [*Également intitulé :*] The Miracle of Life [dans la seconde édition].

Battle Creek (Michigan) Good Health Publishing C°, 1904, in-8° de 574 p. illustrations en noir et en couleurs. (0 shil.).

L'édition originale (« Living Temple ») est de 1903. Ibid., id. in-12 de 568 p.

The Miracle of Digestion. — The Digestive Organs, etc. — Dietetic Sins. — Eating for Disease. — The Selection of Food. — The Natural Way in Diet. — The Daily Ration. — Balanced Bills of Fare. — What to do in case of Sudden Illness or Accident. — *The Breath of Life*. — Proper Breathing, etc. — The Clothing of the Temple. — Clothing Materials. — The Brain and the Nerves. — Rational Mind Cure. — The *Battle Creek Health Movement*. — Etc.

Avec une vue du célèbre Sanatorium Américain de *Battle Creek* dont l'auteur est le Directeur médical.

Sc. psych. — T. II. — 23.

5729 **KELLOGG** (Mrs E. E.), femme du précédent.— Science in the Kitchen. By Mrs E. E. Kellogg, M. A.

S. l., in-8° de 487 p. (8 shill.).

Ouvrage réellement scientifique sur les substances alimentaires et leurs propriétés diététiques ; on y trouve 800 recettes qui sont le résultat des expériences patientes de Mrs Kellogg au Sanatorium de *Battle Creek*.

5730 **KENILWORTH** (Walter Winston). — Psychic Control Through Self-Knowledge. By Walter Winston Kenilworth.

New-York, R. F. Fenno et C°, 1910, in-8° de 240 p. (2 dollars).

Traité complet et profond d'Ontologie, de l'Essence de l'Être, qui s'adresse à ceux qui veulent cultiver leurs pouvoirs Psychiques.

5731 **KEPLER** ou **KEPPLER** (Jean), célèbre astrologue et astronome, né à Margstatt, près Weil (Wurtemberg), en 1571, mort à Ratisbonne en 1630. D'abord garçon de cabaret, puis cultivateur et professeur de Mathématiques à Graetz, en Styrie. Successeur de Tycho-Brahé comme Astronome ou plutôt Astrologue de l'empereur Rodolphe II.

Opus posthumum de Astronomiâ lunari.

S. l., 1634, in-4°.

(S-3248

5732 **KEPLER**. — J. Kepleri Dissertatio cum nuncio sidero, nuper ad mortales misso a Gal. Galileo.

Pragæ, 1610, in-4°.

(S-3248

5733 **KEPLER** (sur). — Mart. Hortensi Responsio ad additiunculam J. Kepleri.

Lugduni Batavorum, 1631, in-4°.

(S-3248

5734 **KÉRATRY** (A. H.).— Inductions morales physiologiques. — Seconde édition revue et augm.

Paris, 1818, in-8° de XIV-407 pp. (3 fr. 50).

De Dieu ; du Néant ; de l'Être matériel ; de l'Être spirituel ; de l'Être ou âme unie au corps. — De la question de l'immortalité. — Examen de la doctrine de Pythagore et de la transmigration des âmes, etc...

5735 **KERCKRINGIUS** (Théodore) ou KERCKRING, médecin Hollandais, né à Amsterdam, mort à Hambourg en 1693. Condisciple de Spinoza. — Commentarius in currum triumphalem antimonii Basilii Valentini a sanitate donatum.

Amstelodami, sumpt. Frisii, 1671, in-16. (10 fr.).

Autre édition :

Amstelodami, Wetstenius, 1685, in-12.

[Tch.]

Commentaire fort rare, avec figures, sur le célèbre alchimiste Basile Valentin et son ouvrage « *Currus triumphalis antimonii* » où il relate sa découverte de l'antimoine ainsi que celle de nombreuses préparations intéressantes : préparation des caractères d'imprimerie, guérison du mal de Naples, etc., etc. Publié par le célèbre Kerckring, dont les connaissances secrètes étaient très étendues. — Parvenu à la maîtrise, il faisait de l'or au moyen de l'antimoine. — Il n'existe de ce traité aucune traduction française.

(Ga.)

5736 **KERDANIEL** (Edouard L. de).— Les animaux en Justice. Procédures en excommunication.

Paris, Daragon, 1908, in-8° de 41 p. (1 fr. 50).

[D.]

On ne se bornait pas, au moyen-âge, à brûler les sorciers ; on en arrivait à voir des démons sous les espèces animales et on leur fit des procès en règle suivis de condamnations, excommunications et supplices. — Cette brochure retrace ces aberrations du fanatisme et de l'ignorance et constitue un document très curieux.

5737 KERDANIEL (Edouard L. de). — Recherches sur l'Envoûtement.

Paris, Chamuel, 1898, in-12 de 72 pp. (2 fr.).

[8° R. 15178

5738 KERDANIEL (E. L. de). — Sorciers de Savoie.

Annecy, 1900, in-12. (1 fr. 50).

Non mis dans le commerce. — Curieuse étude sur la doctrine démoniaque et les procédures instruites autrefois contre les Sorciers de la Savoie.

5739 KERLECQ (Jean de). — L'Envoûtement. Carnet de l'Abominable, par Jean de KERLECQ.

Niort, imp. Chiron.

Paris, « Revue Internationale », S. D. [1900], in-16 de 288 p., portrait de J. de Kerlecq. (3 fr. 50).

[8° Y². 57453

Roman qui, malgré son titre, n'a aucunement trait à la Magie Noire. Son intrigue rappelle un peu : « *le Sang* », Roman Magique de Noël KOLBAC, q. v. Dans les deux cas, il s'agit d'un homme passionné pour une vierge folle qui lui est cruellement infidèle ; et il finit par l'assassiner pour rompre l'attirance invincible qui l'attache à elle.

5740 KERMOR (Paul). — Le Livre des Prophéties, ou recueil des prophéties les plus curieuses connues jusqu'à ce jour et particulièrement celles ayant rapport aux temps actuels. — Passé, présent et futur, Prophéties de Blois, du solitaire d'Orval, du P. Souffrant, etc.

Rennes, 1870, in-12. (4 fr.).

5741 KERNER (Docteur Justinus). — La voyante de Prévorst, traduction par le Docteur Dusart.

Paris, Chamuel, 1900, in-8°, XLII-260 p. Portraits de la Voyante (p. XIII) et du Docteur Kerner (p. XIX). (4 fr.).

[8° M. 11303

Cet important ouvrage, traduit en français par le docteur Dusart sous la direction du Colonel de Rochas, est la meilleure histoire de la célèbre voyante. Il est précédé d'une introduction par le Docteur Kerner relative à la « Vie intérieure » de l'Homme. — Parmi les sujets nombreux qui sont abordés dans cette œuvre, mentionnons particulièrement les suivants : Processus de l'état psychique de la Voyante. — Les fonctions nerveuses externes et leurs rapports avec le monde physique. — Ce que la voyante apercevait dans les yeux humains. — Vision par le creux épigastrique. — L'esprit protecteur. — Extériorisation du corps fluidique. — Les formules magiques de la voyante. — Ses guérisons. — Ses visions. — La sphère solaire et la vie de la sphère. — Révélations sur le mélange intime du monde des esprits avec celui que nous habitons. — Du pouvoir des amulettes de la Voyante, etc.

5742 KERNER (Docteur Justinus). — — Die Seherin von Prevorst. — Erössnungen über das innere Leben de Menschen und über das Hereinragens einer Geisterweld in die unsere.

Stuttgart, 1838, in-8°. Nombreuses pl. h. t. et 2 portraits. (6 fr.).

Autre édition :

Stuttgart, J.-G. Cotta, 1829, 2 vol. in-8°.

[Tb⁶⁴ 130

Cette édition allemande de « *La Voyante de Prévorst* » est plus estimée que la traduction française qui a été abrégée.

5743 KERRIAS (Al.). — Le Spiritisme dévoilé.

Philippeville, in-8°, 1866. (3 fr.50)

5744 KERVILER. — Bachet de Méziriac. Etude sur sa vie et ses écrits.

Paris, 1880, in-8°, (1 fr.).

5745 KETMIA VERE. — Der Compasz der Weisen, von einen Mitverwandten der innern Werfassung der ächten und rechten Freymäurerey beschrieben ; herausgegeben mit Anmerkungen, einer Zueignungsschrift und Vorrede, in welcher die Geschichte dieses erlauchten Ordens, vom Anfang seiner Stiftung an deutlich und treulich vorgetragen, und die Jrrthümer einiger ausgearteter französischer Freymäurer-Logen entdeckt werden, von KETMIA VERE.

Berlin und Leipzig, Christ. Ulr. Ringmacher, 1779, in-8° de 380 pp. avec 1 gr. pl.

Voy. Klosz (G) : Bibliogr. der Freimaur., N° 2645, qui ne pas porte KETMIA VERE dans sa table des auteurs.

(O-1549)

5746 KETTELER (Baron Em. de). — Un catholique peut-il être franc-maçon ?

Paris, 1865, in-8° (1 fr. 50).

5747 KHUNRATH (Henri) ou KUNRATH, célèbre alchimiste et kabbaliste, né à Leipzig vers 1560, mort à Dresde vers 1605. Médecin à Hambourg et à Dresde. — Amphitheatrvm sapientiæ æternæ solivs veræ, christano kabbalisticvm, divino magicvm, necnon physico-chymicvm, tertrvnum, catholicon : instructore Henrico Khvnrath lips., theosophiæ amatore fideli et medicinæ utriusque doct. Hallelu-lah ! Hallelu-lah ! Hallelu-lah ! Phy diabolo.

Hanoviæ [Hanau] excndebat Guilielmus Antonius, 1609, 2 parties in-f°. (80 fr.).

[R. 904

« Il est très rare de trouver cet ouvra-
« ge complet aussi bien de texte que de
« gravures. La Planche qui représente
« Khunrath entouré de ses ennemis (dé-
« guisés en oisons bridés et en insectes
« d'Enfer) — cette planche étonnante
« qui est un véritable Callot, par antici-
« pation, — manque dans presque tous
« les exemplaires. Il en est de même pour
« les 2 tableaux synoptiques de Kabbale
« synthétisée. H. Khunrath, théosophe de
« l'école de Paracelse, fut un des plus
« grands initiés des temps modernes.
« Tout porte à faire croire et nul de ceux
« qui l'ont connu n'en doutaient, qu'il
« possédait la Pierre philosophale, etc.
« etc. » (S. de G.)

(G-404)

5748 KHUNRATH (H.) — Amphithéâtre de l'éternelle Sapience, traduit pour la 1ʳᵉ fois du latin en français sur l'édition de 1609.

Paris, Chacornac, 1808, 2 vol. gr. in-8°, planches (20 fr.).

[4" Z. 245

Le Tome II doit contenir 12 planches. C'est la première traduction française de l'ouvrage précédent.

5749 KHUNRATH (H.) — La Clef mystérieuse de la Sagesse éternelle, Chrétienne et Kabbalistique, divine et magique, universelle Tri-Unité (1609) — Nouv. édition, comprenant : 1° la reproduction en gravure des 12 planches originales ; 2° la mise en ordre de ces planches ; 3° la clef et l'explication de chaque figure, par Papus et Marc Haven.

Paris, Chacornac, 1909, in-fol. 12 planches (8 fr.)

[4" Z. 1215

C'est une seconde édition de la traduction de l'Amphitheatrum.

Ouvrage des plus précieux pour l'étude de la Haute Kabbale et de l'Alchimie. — Cette publication, avec commentaires des douze planches, constitue toute l'œuvre symbolique de Khunrath ; elle retrace les mystères de l'ascension de l'âme sur l'échelle de l'Initiation, enseignant la sublime grandeur de la Vérité et aussi son effrayante simplicité. — Cette œuvre fut le drapeau autour duquel bataillèrent les Rose † Croix de 1610, contre les savants officiels, les ignorants et les craintifs d'alors. — L'œuvre de KHUNRATH est identique à celle de Cl. de Saint-Martin, aussi les auteurs ont-ils eu l'heureuse idée de mettre en parallèle chacune des planches de Khunrath avec le livre de

St-Martin correspondant à l'idée générale de la figure et au degré initiatique qui en est l'objet.

5750 KHUNRATH (Henricus). — Confessio de chao physico-chemicorum catholico : in quo catholice habitat Azoth sive materia prima mundi h. e. Mercurius sapientvm : vbi Magnesiæ (subjecti videlicet Lapidis Philosophorum catholici) conditiones fideliter recensuntur. Hallelu-lah ! Hallelu-lah! Hallelu-lah ! Phy Diabolo, etc...

Argentorati, apud Dolhopff. 1699, in-12 (12 fr.).

(G-430

5751 KHUNRATH (H.) — Magnesia catholica philosophorum, das ist : höheste Nothwendigkeit in Alchymia, auch mögliche Ueberkommung, augenscheinliche Weisung, und genugsame Erweisung catholicher verborgener Magnesiæ...... von Henrico Khunrath, wolgegründet gestellet und herfür gegeben anno 1599.....

[In fine :]

Magdeburg, bey Johan. Rölcker, 1599, in-8° de 190 pp.

(O-973

5752 KHUNRATH (H.). — Magnesia catholica philosophorum, oder eine in der Alchymie höchst nothwendige und augenscheinliche Anweisung, die verborgene catholische Magnesia des geheimen Universalsteins der ächten Philosophen zu erlangen ; von Heinrich Khunrath..... Neue, von den Sprach- und Drückfehlern gesäuberte Auflage.

Leipzig, Ad. Friedr. Böhmen, 1784, in-8° de VIII-112 pp.

La 1re édition est de Magdebourg, 1599 quoiqu'en dise le Beytrag z. Gesch. der Chemie, qui à la p. 579, indique l'année 1588; mais à la p. 295, cet auteur cite l'année 1599.

(O-974

5753 KHUNRATH (H.) — Medullæ destillatoriæ et medicæ, das ist : der aus den Geheimnissen der Natur hervorgesuchten unschätzbaren und höchst bewährten Destillier und Artzeney-Kunst ; erster Theil, darinnen vorgestellet, wie der Spiritus Vini durch Mittel seines hinter ihm verlassenen Saltzes, auch die allerköstlichen Olitäten Spiritus, Salia und der dergleichen, aus mancherley Animalibus, Mineralibus und Vegetabilibus ...—Ander Theil, allwo, nebst vorhergehenden nützlichen Unterricht von der Destillir-und Artzney-Kunst, viele andere auserlesene, und bewahrte köstliche Sachen, von Nutzbarkeit der destillirten Wasser, Salien, Olitäten, aus den fürnehmsten Kräuten, aus Lorbeeren, Oelbaum, Omessen, Krebsen, Getreidig, Edelgesteinen, it von Terra Sigillata, Tinctura Corallorum, von den Viperen, Theriac, Mithridat, ... zum Druck hinterlassen von Conrado Khunrath.... und in vielen Stücken vollkommen vermehret von L. C. H. P. T.

Franckfurt und Leipzig, Joh. Herbord Kloss, 1703, 2 vol. in-4° avec 1 frontisp. grav.

(O-1118

5754 KHUNRATH (H.) — Quaestiones tres per-utiles, haud-quaquam prætermittendæ, nec non summe necessariæ, cum curationem, tum præcautionem absolutam, perfectam et veram arenæ, sabuli, calculi, podagræ gonogræ, chiragræ, aliorumq; morborum tartareorum microcosmi seu mundi minoris, hominis puta, concernentes : das ist :.... Henrici Khunrath.

Leipzig, Th. Schürer, 1607, in-8° de XXVII ff. non chiff.

(O-1596

5755 KHUNRATH (Henri). — Von Hylealischen, das ist : pri-materialischen, catholischen, oder algemeinen natürlichen Chaos der naturgemessen Alchymiæ und Alchymisten ; wiedere holete, vernewerte und wolvermehret-Naturgemesz Alchymisch und Rechtlehren de philosophische Confessio oder Bekentnus Henrici KHUNRATH....

[In fine] *Magdeburg, durch Andreas*, 1559, in-8º de XXIV-470 pp.

(O-975)

5756 KHUNRATH (H.) — Alchymisch philosophisches Bekenntnis vom universellen Chaos der naturgemässen Alchymie, von Heinrich Khunrath ; mit beygefügter Warnung und Vermahnund an alle wahre Alchymisten. Neue von den deutschen Sprachfehlern ohne Verletzung des Sinnes gesäuberte, und mit des Verfassers Anmerkungen versehene Auflage.

Leipzig, Adam Friedr. Böhme, 1780, in-8º de 348 pp.

(O-976)

5757 KHUNRATH (H.) — De igne Magorum Philosophorumque secreto externo et visibili, das ist : philosophische Erklärung des geheimen, äuszerlichen, sichtbaren Glut- und Flammenfeuers der uralten Weisen und andrer wahren Philosophen ; von Heinrich KHUNRATH ; nebst Johann Arndts philosophisch kabalistischen Judicio über die vier ersten Figuren des groszen Khunrathischen Amphitheaters. Neue und mit Anmerkungen versehene Auflage.

Leipzig, Ad. Friedr. Böhme, 1783, in-8º de 109 pp.

La première édition est de Strasbourg, 1608.

[R. 39905]

Le travail de J. Arndt sur l'Amphitheatrum æternæ sapientiæ de Khunrath, dont la 1ʳᵉ édit est de Magdebourg. 1608 commence à la p. 91.

(O-977)

5758 KHUNRATH (H.) — Hochnützliche, unumgängliche, und gar nothwendige drey Fragen die gründliche, vollkommene und wahrhaffte Curation oder Genesung, sowohl auch Præcaution oder Verhütung..... Zipperleins und anderer Tartarischen Microcosmi der Kleinern Welt oder des Menschen betreffend, Henrici KHUNRATH Lipsensis ; ehemals gedruckt in Leipzig bey Thomas Schürer, 1607.

Frankfurt und Leipzig, J. G. Fleischer, 1788, in-8º de 38 pp.

(O-978)

5759 KHUNRATH (Henri). — Wahrhafter Bericht vom philosophischen Athanor und dessen Gebrauch und Nutzen, von Heinrich KHUNRATH ; wegen seiner überaus groszen Seltenheit nach der dritten im J. 1615 zu Magdeburg, im Verlag des Verfassers gedruckten Ausgabe.....

Leipzig, Adam Friedr. Böhme, 1783, in-8º de 58 pp. avec 1 planche (4 fr.)

L'Athanor philosophique est aussi difficile à connaître que la matière première. — Khunrath le grand initié, enseigne ici sa forme et sa composition.

(O-980)

5760 KIENER (F. Joseph, 30° ...). — Le berceau historique des mystères de la Franc-Maçonnerie, ou tableau de l'histoire ancienne et moderne.

Paris, 1800, gr. in-8°. Portrait en frontispice (4 fr.)

5761 KIMON. — La politique israélite. Politiciens, journalistes, banquiers : le Judaïsme en France : étude psychologique.

Paris, 1889, in-12 (2 fr. 50).

[Lb⁵⁷. 11692]

La société israélite dans la société aryenne. — Les démons du banquier juif : démons de la cupidité, de la ruse et de la volupté. — Les sociétés frauduleuses. — La corruption. — Mission du Judaïsme, etc.

5762 KINGSFORD (Anna), née à Stratford, Essex, en 1846, morte en 1888. Doctoresse en médecine de la Faculté de Paris. Célèbre végétarienne et mystique. — De l'Alimentation Végétale chez l'homme (Végétarisme), Thèse pour le Doctorat en Médecine... soutenue le 22 Juillet 1880... par Madame Algernon KINGSFORD, née [Anna] BONUS.

Paris, A. Parent, 1880, gr. in-8° de 88 pp.

[Th. Paris, 1038

5763 KINGSFORD (Anna). — Astrology Theologised. The Spiritual Hermeneutics of Astrology and the Holy Writ. Being a Treatise upon the Influence of the Stars on Man and on the Art of ruling them by the Law of Grace. Reprinted from the ORIGINAL OF 1649.

With a prefatory Essay on Bible Hermeneutics, by Anna KINGSFORD, M. D. Paris.

Avant 1894, 15 fr.

Illustrations sur bois. Reliure d'éditeur vélin blanc.

(O. P. C.

5764 KINGSFORD (Anna). — Intelligences astrales et hygiène psychique.

S. l., [1890], in-12 (0 fr. 50).

5765 [KINGSFORD (Anna) ET MAITLAND (Edouard)]. — The Perfect Way, or the Finding of Christ.

London, 1882, in-4° (anonyme)

Nouvelle édition (avec le nom des auteurs).

London, 1886, puis 1887, in-8°.

[D². 15302

Célèbre ouvrage, traduit en français.

5766 KINGSFORD (Anna) et MAITLAND (Edouard). — La voie parfaite ou le Christ ésotérique. Ouvrage traduit de l'anglais avec une préface d'Ed. Schuré.

Paris, Alcan, 1892, gr. in-8° de I-XV-335 pp. (3 fr.).

[8° R. 10658

Le plus bel ouvrage qui ait été fait sur le Christ ésotérique; c'est aussi la restauration du système original qui était la base de toutes les religions.— Le Kalpa, Sabbat et Nirvâna. — Le Sphinx. — La Planète et son rejeton. — La quadruple nature de l'existence soit dans le macrocosme, soit dans le microcosme, due aux différenciations de la polarisation de la substance universelle. — Les sept esprits de Dieu.— La " Nature ".— La Marie céleste, ses caractéristiques et ses symboles. — Les noms divins. — Les Christs : pourquoi ils sont appelés Soleils dieux. — Le planisphère zodiacal. —L'Esotérisme de la Bible ou hiéroglyphe de l'histoire de l'âme. — La sphère de l'Astral, ses quatre cercles et leurs habitants respectifs. — Le côté occulte des sacrifices.—Effets pernicieux de l'usage du sang.— Le Symbole de la Croix à travers le monde. — L'Anima Mundi, ou âme du monde. —La Chute et la Rédemption au point de vue ésotérique. — L'Esotérisme des Evangiles et de l'Apocalypse. — La Kabbale et l'Hermétisme. — Hymne à la Planète-Dieu. — Fragments du Livre d'or de Vénus. — Hymne d'Aphrodite. — Hymne à Hermès. — Le secret de Satan, etc...

Comme on le voit, ce livre est aussi un traité de haute Kabbale.

5767 KIRCHENHOFFER (H.). — The Book of Fate, formerly in the possession of Napoleon, late Emperor of France, and now first rendered into english from a german translation of an ancient egyptian manuscript, found in the year 1801, by M. Sonnini, in one of the royal tombs, near Mount Libycus, in Upper Egypt.

London, Arnold, 1824, in-8°, avec une grande planche gravée contenant les questions à poser à l'oracle et les indications hiéroglyphiques des planètes et 32 tableaux doubles, ornés chacun d'une vignette. (12 fr.)

KIRCHER (Athanase) de la Cie de Jésus, célèbre érudit allemand né à Geyssen, près de Fulde en 1602, mort à Rome en 1680. Ce grand savant était à la fois Physicien, Mathématicien, Orientaliste, Cabbaliste et Philologue. Il professa le grec à Coblentz ; la Philosophie, les Mathématiques, les Langues Orientales à Würtzbourg; se retira un moment à Avignon dans la maison de son ordre; professa encore les Mathématiques à Vienne et à Rome, puis acheva ses jours dans la retraite entièrement occupé par ses immenses travaux d'érudition. Il possédait une mémoire prodigieuse. Sa " Restitution de la Langue Égyptienne ", était estimée du grand Champollion et tous ses ouvrages sont dignes de fixer l'attention des travailleurs.

5768 KIRCHER (Athanase). — Athanasii Kircheri Arca Noe in tres lib. dig. I. De Rebus quæ ante Diluvium. II. De iis quæ ipso Diluvio ejusq. duratione. III. De iis quæ post Diluvium à Noëmo gesta sunt ; etc...

Amstelodami, 1675, in-f° Figures et planches. (28 fr.).

[A. 1375

Ouvrage des plus curieux, enrichi de pl. gr. sur cuivre h. t. d'une remarquable beauté d'exécution, et de nombreux bois. — A remarquer principalement les planches représentant la construction de l'Arche ; chaque couple d'anim. dans leurs cabanes respectives; l'embarquement; les deux grandes vues du Déluge ; les terres submergées ; la vue du Paradis terrestre, etc.

(S-0544

5769 KIRCHER (Le R. P. Athanase). — Kircheri Arithmologia sive de abditis Numerorum mysteriis, qua origo antiquitas et fabrica numerorum exponitur ; abditæ corumdem proprietates demonstrantur; fontes superstitionum in Amuletorum fabrica aperiuntur ; deniq; post Cabalistarum, Arabum, Gnosticorum, aliorumq; Magicas impietates detectas, vera et licita numerorum Mystica significatio ostenditur.

Romæ, 1665, in-4°. (20 fr.).

[V. 9916

Un des plus curieux ouvrages de ce prodigieux savant, traitant des nombres mystérieux, magiques, cabalistiques, gnostiques, mystiques, etc.,.. enrichi de figures sur bois et d'un frontispice fort curieux, gr. à clef. Comme tous ses ouvrages, ce livre est basé sur des principes occultes. — C'est l'un des rares ouvrages donnant les propriétés mystiques et cabalistiques des nombres.

5770 KIRCHERUS (Athanasius). — Ars magna Lucis et Umbrae in X libros digesta, quibus admirandae Lucis et Umbrae in mundo atque adeo universa natura, vires effectusque uti nova, ita varia novorum reconditoriumque speciminum exhibitione ad varios mortalium usus panduntur.

Amstelodami, apud Janssonium, 1671, in-f°. (30 fr.).

[V. 1534

Autre édition :

Romæ, 1646, fort in-f°.

[V. 1535

De horologiis astronomicis catholicis. Conjugium gnomonicæ et physicæ sive gnomonica physico astrologica. — Magia lucis et umbræ. — Magia parastatica sive de representationibus rerum prodigiosis, etc... Avec un frontispice, un superbe portrait, un tableau intitulé " Horoscopivm catholicvm societat. Iesv, " et de nombreuses figures sur bois et en taille douce.

(G-1850

5771 KIRCHER (Le R. P. Athanase). — Athanasi Kircheri Ars Magna Sciendi, qua nova et universali methodi per artificiorum combinationum contextum de omni re proposita plurimis et prope infinitis rationibus disputari, omniumque summaria quædam cognitio comparari potest.

Amstelodami, 1669, gr. in-fol. fig. et pl. (18 fr.).

[Z.333

Un des bons ouvrages de ce savant père jésuite, accompagné de curieuses gravures sur bois et sur cuivre, hors et dans le texte.

5772 KIRCHER (Athanase). — D. P.

Cabale Saracénique et Ismaëlite, ou ce qui est la même chose, de la philosophie hiéroglyphique et superstitieuse des Arabes et des Turcs, trad. en Français par TABRIS.

Paris, le traducteur, s. d. [1895], in-8° de 62 pp. Grand frontispice replié représentant des pentacles, talismans et sceaux en arabe. *In fine*: Achevé d'imprimer.... le 15 juin 1895, par Arrault et Cie à Tours, pour le compte de Jean TABRIS. (10 fr.).

Très intéressant traité de Kabbale, enrichi d'une grande pl. se déployant et représentant des fig. de talismans, carrés magiques, zodiaques, etc... — Alphabet mystique des Arabes Sarrazins. — Des noms divins employés par les Mahométans, de leur propriété et de leur efficacité. — Des Noms divins et des nombres par lesquels ils se manifestent pour l'appropriation des 7 planètes et des 12 signes du zodiaque. — Confection et usage des Talismans. — Des nombres. — De la diverse transformation des noms et des lettres et différentes figures. — Le Grand Talisman, etc..

Tiré à 100 ex. seulement.

5773 KIRCHER (le R. P. Athanase). — China monumentis qua sacris, qua profanis, nec non variis naturæ et artis spectaculis aliarumque rerum memorabilium argumentis illustrata.

Amstelodami, Janssonium, 1667. in-fol. Nombr. fig. gr. (30 fr.).

[Rés. O² n. 18

Cet ouvrage possède encore aujourd'hui une certaine valeur scientifique, à cause de la foule de notices géographiques et archéologiques qu'il renferme. — Les cartes et figures ont été faites sur les études de savants missionnaires jésuites.

5774 KIRCHER (le R. P. Athanase).— La Chine illustrée de plusieurs monuments, tant sacrés que profanes et de quantité de recherches de la Nature et de l'Art.... avec un dictionnaire chinois et français, lequel est très rare, et qui n'a pas encore paru au jour. — Traduit par F. S. Dalquié.

Amsterdam, 1670, in-fol. illustré de 2 portraits de l'auteur, d'un frontispice, de 16 pl. et de 53 figures. (25 fr.).

[O² n. 20

Traduction du précédent.

5775 KIRCHER (Le R. P. Athanase). — Ath. KIRCHERI Iter Extaticum Cœleste, quo Mundi opificium, id est, Cœlesti expansi, siderumq; tam errantium, quam fixorum natura, vires, proprietates, singulorumq; compositio et structura, ab infimo Telluris globo usq; ad ultima Mundi confinia, per ficti raptus integumentum explorata, novâ hypothesi exponitvs ad veritatem, etc... Secunda editio.

Herbipoli (*Wurtzbourg*). 1660, fort in-4° avec 12 curieuses pl. gr. et un front. sur lequel est représenté le P. Kircher. (12 fr.).

[V. 6466

Suivi de Decatum problematum, aliorumq. titulorum mathesis Cæsaræ.

5776 KIRCHER (Athanase). —Iter extaticum cœleste, quo mundi opificium id est, Cœlestis expansi, siderumque tam errantium, quam fixorum natura, vires, proprietates, singulorum que compositio et structura, ab infimo telluris globo, etc... Ipso auctore annuente, à P. Gasp. SCHOTTO. — Accessit Iter extaticum terrestre, et synopsis mundi subterranei.

Herbipoli, 1671, fort in-4° figures. (25 fr.).

[V. 6465

De nombreuses figures ornent cette promenade à travers les astres et jusqu'au centre de la terre.

5777 KIRCHER (Athanase). —Latium id est, nova et parallela Latii tum veteris tum novi descriptio. Quam quæcumque vel Natura, vel veterum Romanorum ingenium admiranda effecit, geographico historico-physico ratiocinio, juxta rerum gestarum,

Temporumque seriem exponitur et enucleatur.

Amstelodami, 1671, in-fol. fig. et pl. (10 fr.).

|J. 1221

Curieux ouvrage enrichi de nombr. fig. h. et dans le texte, gravées sur cuivre.

5778 KIRCHER (Athanase). — Athanasii Kircheri Fvldensis Bvchonii, e Soc. Iesv. Magnes siue De Arte Magnetica. Opvs Tripartitvm Qvo Præterquam qvod vniversa Magnetis Natura eiusque in omnibus Artibus et Scientijs vsus noua methodo explicatur, e viribus quoque et prodigiosis effectibus Magneticarum, aliarumque abditarum Naturæ Motionum in Elementis, Lapidibus, Plantis et Animalibus elucescentium multa hucusque incognita Naturæ Arcana per Physica Medica, Chymica et Mathematica omnis generis experimenta recluduntur.

Romæ. Ex Typographia Ludouici Grignani. MDCXLI [1641]. in-4° de 14 f⁰ˢ-916 p.-8 f⁰ˢ n. c. Frontispice Figures et Planches dont certaines à mouvements. (20 fr.).

|S. 5243

L'édition originale de ce curieux ouvrage serait d'après Larousse : de 1640, in-4° (?).

5779 KIRCHER (Athanase). — Athanasii Kircheri Magnes, siue de arte magnetica opvs tripatirtvm, quo præterqvam qvod universa magnetis natvra, eisvsqve in omnibus artibus et scientijs vsus noua methodo explicetur, e viribus quoque et prodigiosis effectibus magneticarum, etc... Editio secunda multo correctior, aliarumque abditarum naturæ motionum in elementis, lapidibus, plantis, animalibus elucescentium, multa hucusque incognita naturæ arcana, per physica, chymica, et mathematica omnis generis experimenta recluduntur.

Coloniæ Agrippinæ. 1643. in-4. front. fig. et pl. (20 fr.).

|S. 5244

Ouvrage de la plus grande rareté plustré d'un très beau frontispice de 20 planches gravées hors texte et de nombreuses figures sur bois dans le texte.

(G-H)

5780 KIRCHER (Athanase). — Magnes sive de Arte Magnetica, qvo vniversa Magnetis Natura ejusque in omnibus Scientiis et Artibus usus, noua methodo explicatur : ac præterea e viribus et prodigiosis effectibus Magneticas, aliasq: abditorum Naturæ motionum in Elementis, Lapidibus, Plantis, Animalibus, elucescentium, multa hucusque incognita Naturæ arcana, per Physica, Medica, Chymica et Mathematica omnis generis experimenta recluduntur.

Romæ. 1654. fort in-fol. (20 fr.).

|S. 1288

Un des remarquables ouvr. de Kircher il est enrichi d'un nombre considérable de fig. et de pl. gr. hors texte, sur cuivre et sur bois. — Les figures : « Kalendar. magneticum, Astrolabium magn¹, Artis et naturæ coniugium » etc... sont fort curieuses. — Le Chap. qui traite du magnétisme musical est remarquable.

5781 KIRCHER (Le R. P. Athanase). — Magneticum naturæ regnum, sive disceptatio physiologica de triplici in natura rerum magnete, juxta triplicem ejusdem naturæ gradum digesto, inanimato, animato sensitivo. Ad inclytum virum Alex. Fabianum novi orbis Indigenam.

Amstelodami. Jansson a Waesberge, s. d. pet. in-12, curieux frontispice. (12 fr.).

|S. 2008

5782 KIRCHER (Ie R. P. Athanase). — Magneticum Naturæ regnum, sive disceptatio physiologica de triplici in Natura rerum Magneti, juxta triplicem ejusdem Naturæ gradum digesto

Inanimato, Animato, Sensitivo, qua occultæ prodigiosarum quarundam motionum vires et proprietates ; etc...

Romæ, *J. de Lazaris*. (1667), in-4º (5 fr.).

[S. 3245

KIRCHER tente de démontrer un grand nombre de phénomènes par le Magnétisme.

5783 KIRCHER. — Athanasii KIRCHERI Mundus subterraneus in duodecim libros digestus ; quo divinum subterrestris mundi opificium, Ergastariorum Naturæ in eo distributio, verbo " παντάμορφον " Protei regnum, universæ denique Naturæ Majestas et divitiæ summa rerum varietate exponantur; abditorum effectuum causæ acri indagine inquisitæ demonstrantur: cognitæ per Artis et Naturæ conjugium ad hvmanæ vitæ necessarium usum vario experimentorum apparatu nec non novo modo et ratione applicantur.

Amstelodami, *apud J. Janssonium et E.Weyerstraten*, 1665. 2 tomes in-fº. Nombreuses cartes, figures, gravures et portrait du pape Alexandre VII, hors et dans le texte. (25 fr.).

[S. 1250-1251

Le plus curieux des nombreux ouvrages de ce savant. — Ce monde souterrain est plutôt un monde kabbalistique en raison des êtres fantastiques dont il peuple l'intérieur du globe. — Un long chap. traite d'alchimie, des Frères Rose ┼ Croix et de la Magie.

Autre édit.

Amstelodami, 1678. 2 vol. in-fº.

[S. 1254-1255
(G-1496

5784 KIRCHER (Le R. P. Athanase). — Athanasii KIRCHERI Romani Collegii Societ. Jesuz. Museum celeberrimum, cujus magnum antiquariæ in Statuarum imaginum, picturamque partem, etc...

Amstelodami, 1678. in-fº, (8 fr.)

Très curieux: contient une quantité de fig. h. et dans le texte, sur cuivre et sur bois, d'hiéroglyphes, d'idoles, d'instruments de musique anciens, de mathématiques, de machines, d'optique, hermétique, horlogerie, etc... *Mundi subterranei fructus* " Hermetica experimenta de Oracula Delphica. Etc.

Autre édition sous ce titre :

Musveum Kircherianum, sive Musesum a P. Athanasio KIRCHERIO in Collegio Romano Societatis Iesu jam pridem incoeptum, nuper restitutum, auctum, descriptum, et iconibus illustratum.... a P. Philippo Bonanni....

Romæ, *G. Placbi*, 1709, in-fol.

[V. 5211 et
[Rés. V. 050

5785 KIRCHERUS. — Athanasius KIRCHERIUS Fuldensis, Mvsvrgia vniversalis, sive ars magna consoni et dissoni in X libros digesta, Quæ universa sonorum doctrina et Philosophia, musicæque tam practicæ scientia, summa varietate traditur: admirandæ consoni et dissoni in mundo adeoque vniversa natura vires effectusque vti noua ita peregrina variorum speciminum exhibitione ad singulares vsus tum in omni pœne facultate tum potissimum in philologia, mathematica, physica mechanica, medicina, politica, metaphysica, theologia, aperiuntur et demonstrantur.

Romæ ex typographia hæredum F. Corbelettii, 1650, 2 tomes in-fº, (35 fr.).

[Rés. V. 590-591

Accompagné d'un très beau portrait, de deux frontispices allégoriques et de nombreuses planches gravées sur cuivre représentant pour la plupart des instruments de musique, ainsi que de figures sur bois dans le texte et de musique notée.

Le neuvième livre traite entre autres de

la guérison par la musique des morsures de la Tarentule.

(G-1837

5786 KIRCHER (Athanase). — Obeliscus Ægyptiacus nuper inter Isæi Romani rudera effossi interpretatio hieroglyphica.

Romæ, 1666, in-fol. (8 fr.).

[Z. 486

Très curieux, enrichi de figures mystérieuses et hiéroglyphiques sur bois et sur cuivre, hors et dans le texte.

A joindre au Sphinx Mystagoga.

5787 KIRCHER (Athanase). — Athanasii Krcheri Obeliscvs Pamphilivs, hoc est, interpretatio noua et hucusque intentata Obelisci hieroglyphi, etc... in quo post varia Ægyptiacæ, Chaldaicæ, Hebraicæ, Græcanicæ antiquit. doctrinæque quà sacræ, quà Profanæ monumenta, veterum tridem Theologia, hieroglyphica...

Romæ, L. Grignani, 1650, in-fol.

[Z. 481

5788 KIRCHERUS (Athanasius). — Œdipus Ægyptiacus. Hoc est vniversalis hieroglyphicæ Veterum doctrinæ temporum iniuria abolitæ instavratio. Opus ex omni Orientalum doctrina sapientia conditum, nec non viginti diuersarum linguarum authoritate stabilitum.

Romæ, ex typographia Vitalis Mascardi, 1652-53, 4 vol. in-f°. (110 fr.).

[Z. 482-485

« De tous les ouvrages du père Kircher « celui-ci est le plus savant et le plus re- « cherché. L'édition de 1652 est la seule « qui ait été publiée et les exemplaires « qui en sont devenus fort rares ont beau- « coup augmenté de prix dans le com- « merce. » (De Burf, Bibliographie). Ouvrage très rare et très recherché orné de quantité de planches gravées hors texte et de figures sur bois reproduisant des obélisques et des pyramides, donnant l'interprétation occulte des hiéroglyphes.

(G-1407

5789 KIRCHER (Le R. P. Ath.). — Phonurgia nova, sive conjugium mechanico-physicum, Artis et naturæ Paranympha Phonosophia concinnatum, qua universa sonorum natura, proprietas, vires, effectuumque prodigiosorum causa noua et multiplici experimentorum exhibitione enucleantur, Instrumentorum Acousticorum, Machinarumq: ad Naturæ prototypon adaptandarum, tum ad sonos ad remotissima spatia propagandos, tum in abditis domorum recessibus per occultioris ingenii machinamenta clam palamve sermocinendi modus et ratio traditur, tum denique in Bellorum tumultibus sigularis hujusmodi Organorum usus et praxis per novam Phonologiam describitur.

Campidonæ [Kempten], per Rudolphum Dreherr, 1673, in-f° (25 fr.)

[V. 2803

Curieux ouvrage sur l'acoustique, le son et les instruments de musique à vent, enrichi d'un très grand nombre de fig. sur cuivre et sur bois, h. et dans le texte très curieuses et singulières.

Le Frontispice est par Félix Cheurier portrait de l'Empereur Léopold.

(G-1838

5790 KIRCHER (Le R. P. Athanase). — Prodomus Coptus sive Ægyptiacus cum linguæ Coptæ, sive Ægyptiacæ, Quondam Pharaonicæ, origo, ætas, vicissitudo, inclinatio : tum hieroglyphicæ litteraturæ instauratio vt per varia variarum eruditionum interpretationumque difficillimarum specimina, ita noua quoque et insoliti methodo exhibentur.

Romæ, 1636, in-4°. (18 fr.).

[X. 1858

5791 KIRCHER (Le R. P. Ath.). — Prophetia Apocalyptica S. Jeannis Apostoli accvrate, breviter, et clare explanata : Mundo præcipitante ad

catum, prout ex multorum, quae hic
propheta sunt, impletione colligere
licebit. — Catalogum rerum, quae
prophetantur etc....

Coloniæ, 1676, in-4°. pl., (10 fr.).

|A. 3386

Cette interprétation de l'Apocalypse de Kircher est presque inconnue et est fort rare. — La deuxième partie possède un frontispice de toute beauté, gravé.

5702 KIRCHER (Le R. P. Ath.). — Scrutinium. Physico-Medicvm contagiosæ Luis quæ Pestis dicitur. Qvo origo, causæ, signa, prognostica Pestis, nec non insolentes malignantis Naturæ effectus, etc... vna cvm appropriatis remediorum Antidotis noua doctrina in lucem eruuntur.

Romæ, 1658, in-4° (5 fr.).

|Td⁵⁵. 98.

Contient des remèdes secrets pour la peste et autres maladies.

5793 KIRCHER (le R. P. Athanase). — Sphinx Mystagoga, sive diatribe Hieroglyphica, qua Mumiæ ex Memphiticis Pyramidum adytis erutæ, etc...

Amstelodami, 1676, in-f°. (12 fr.).

|O³ a. 452

Curieuses figures mystérieuses hors et dans le texte. — D'après Eliphas Lévi, cet ouvrage contiendrait la clef hiéroglyphique des alphabets sacrés dont Moïse fit le grand secret de sa Kabbale et qu'il apprit des Égyptiens.

5794 KIRCHER (le R. P. Athanase). — Table des Hiéroglyphes des Egyptiens, où sont décrits en général les caractères des hommes, selon le tème de leur naissance et suivant les impressions qu'ils reçoivent de la position où se trouve le zodiaque. C'est le Père Kirker qui a obtenu le manuscrit qui étoit écrit en langue Copthe, il l'a traduit en français, et n'en a fait présent qu'à la personne qui a fait faire ces planches en cuivre. — Cet habile astrologue convient que, quoiqu'on ne puisse pas établir une connaissance aussi parfaite sur ces tables que sur un thème d'astrologie judiciaire, fait exprès sur chaque personne ; cependant elles contiennent un fond de vérité auquel on doit avoir assez de confiance.

S. l. n. d. (XVII° siècle). pet. in-4° (40 fr.).

Très curieux et très rare ouvrage entièrement et naïvement gravé en taille douce et comprenant un titre et 35 pl. représentant chacune une ou plusieurs figures, avec les explications en dessous.

5795 KIRCHER (Le R. P. Athanase). — Turris Babel. Sive Archontologia qua Priscorum post diluvium hominum vita, mores rerumque gestarum magnitudo. Turris fabrica civitatumque extructio, confusio lingarum et inde gentium transmigrationis, cum principalium inde enatorum : diomatum historia, etc.

Amstelodami, 1679, in-f°. (18 fr.)

|A. 1375

Turris Babel est peut-être le plus curieux ouvrage de ce prodigieux savant ; il est enrichi de 12 gr. pl. hors texte, 13 fig. dans le texte, et figures d'hiéroglyphes, le tout gravé et d'une rare beauté. — A remarquer les planches, les figures de la Tour de Babel qui est admirable, les vues de Babylone et de Ninive, le palais et l'arc de Sémiramis, les Pyramides mystérieuses d'Égypte, le Labyrinthe de Thèbes, le Colosse et la rue de Rhodes, et la planche du Speculum Geneatheologicum sive theotechnica Hermetica qui est des plus curieuses.

5796 KIRCHER (sur le R. P. Ath.). — Physiologia Kircheriana experimentalis qua summa argumentorum multitudine et varietate, naturalium, rerum scientia per experimenta physica, mathematica, medica, chymica, musica, magnetica, etc..,

Amstelodami, ex off. Janssonio-

Waesbergiana, 1680, in-fol. figures, (20 fr.).

[R. 963

Curieux et peu commun. — Résumé de la vaste collect. des ouvrages de KIRCHER, par un de ses disciples. — Avec de nombreuses fig. sur bois.

5797 KERCHMAJER (Georges-Gaspard) érudit allemand, né à Uffenheim (Franconie), vers 1635, mort en 1700. Professeur d'éloquence. — De Basilico, Unicornu, Phœnice, Behemoth, Leviathan, Dracone, Araneo, Tarantula et Ave Paradisis, dissertationes aliquot.

Wittebergiæ [Wittemberg], in officina Fingeliana, 1669, in-12. (6 fr.)

[S. 12853
(G-639

5798 KIRCHMANN (Jean), antiquaire, né à Lübeck, en 1575, mort en 1643. Directeur du Gymnase de Lübeck. — Joan. Kirchmanni, de Annulis Liber.

Lugduni Batavorum, 1672, in-12.

(S-6583

5799 KIRCHMANN. — Johann Kirchmann Lubecensis, de funeribus Romanorum libri quator cum appendice, Accessit et Funus parasiticum Nicolai Rigaltii.

Lugduni Batavorum, apud Hackios, 1602, in-12 (6 fr.).

Rare et recherché pour les très belles figures de ROMAYN qu'il contient.

(G-1498
(S-6531

5800 KIRK (Robert), le Révérend, pasteur d'Aberfoyle, en Ecosse, mort en 1692. — La République Mystérieuse des Elfes, Faunes, Fées, et autres semblables, Traité montrant les principales Curiosités, telles qu'on les voit encore de nos jours, parmi divers gens du peuple d'Ecosse ; singularités pour la plupart propres à cette Nation, par Robert KIRK, Ministre à Aberfoyle, 1691. Traduit de l'Anglais, par R. Salvator.

Paris, Bibliothèque de la Haute-Science, 1806, in-8° écu ou in-16 de V-63 p. sans table. (2 fr.).

[8° R. 13874

Edition anglaise : Longman et Co. 1815, sur un manuscrit de 1691 (p. V.) Curieuse étude des Mœurs des Elementaux ou « Elémentals » et des procédés pour conférer la seconde vue (p. 20), avec des cheveux de mort et une bonne congestion cérébrale. — Puis des récits de visions, etc... rapportés par Lord Tarbott (p. 30).

Somme toute, très curieux ouvrage écrit par un personnage mystérieux. — Walter Scott, se faisant l'écho des habitants de l'Ecosse, dit que l'auteur apparaissait souvent après sa mort et qu'il conversait avec les siens. — Ce livre traite de la constitution et des pouvoirs des êtres habitant le plan astral.

5801 [KIRWAN (C.)]. — Jean d'ESTIENNE. — Le Déluge biblique et les races antédiluviennes.

Bruxelles, 1885, in-8° de 90 pp. (2 fr.).

Universalité absolue. — L'existence des races non-noachides constatée par Moïse, etc.

——— Comment s'est formé l'Univers...

Paris, 1878, in-8°.

[8° R. 9042

5802 KLAPROTH (Henri-Jules), célèbre orientaliste, né à Berlin en 1783 mort en 1835. Le plus grand linguiste de son temps. — Lettres sur la découverte des hiéroglyphes acrologiques. adressée à M. Goulianoff.

Paris, 1827, in-8° de 43 p. (3 fr.).

5803 KLAPROTH (H. J.). — Seconde lettre sur les hiéroglyphes, adressée à M. de S.

Paris, 1827, in-8° de 48 pp. (3 fr.).

5804 [KLEFECKER (Johann)]. — Das Fundament der Lehre von Stein der Weisen, oder des üraltesten Philosophi Hermetis Trismegisti Tabula Smaragdina, welche Tafel bisher von den meisten für ein unauflöslich Räzel gehalten worden ; dieselbe hat nunmehro in Teutscher Sprache... erkläret, und darum sich genennet, Pyrophilus [Johann KLEFECKER].

Hamburg, Conrad König, 1736, in-4° de 132 pp.

A la page 116 de l'exemplaire Ouvaroff, sous ce pseudonyme Pyrophilus, on trouve écrit Klefecker hamburgensis ; Weiss (Biogr. univ. Michaud) confirme cette assertion en disant qu'un Catalogue de vente attribue à Johann Klefecker ce livre singulier. L'exemplaire Ouvaroff, imprimé sur beau papier de Hollande, est chargé de notes. Ajoutons encore que de la p. 117 à 132, il y a un autre opuscule avec titre particulier intitulé : Abgenothigte Beylage, gehörig zu dem Tractat. betitult : das Fundament... 1736. Il y a encore diverses pièces reliées, à la suite, dont une du même auteur, sur le Mouvement perpétuel contient une lettre à lui adressée commençant par : Monsieur K...

(O-1369

5805 [KLEFECKER (Johann)]. — Pyrophili Zusatz, worin der Abdruck des Briefes, welchen der W. Hönigl. Preuszische hochverordnete Joh. Gust. Reinbek, zwölf Tage vor seinem Absterben an den Pyrophilum geschrieben hat entalten ist, sowol die Copernicanische Meynung, als auch die Existenz des Lapidis Philosophorum betreffend...

Hamburg, Johann Georg Piscator, 1741, in-4° de VIII ff. non chiffrés.

(O-1370

5806 [KLEUKER (J. Fr.)]. — Μαγικον oder das geheime System einer Gesellschaft unbekannter Philosophen, unter einzelne Artikel geordnet, durch Anmerkungen und Zusätze erläutert und beurtheilt, und dessen Verwandtschaft mit altern und neuern Mysteriologien gezeigt; von einem Unbekannten des Quadratscheins, der weder Zeichendeuter noch Epopt ist [J. Fr. KLEUKER].

Franckfurt und Leipzig. (Hanover Helwing), 1784, 2 parties in-8° ensemble, de XX-364 pp.

(O-191

5807 KLINKOSCH, professeur de Médecine à Prague. — Lettre sur le magnétisme animal et l'électrophore à M. le Comte de KINSZYKY.

S. l., 1776.

KLINKOSCH, professeur de médecine à Prague, soutient les assertions du docteur Ingenhouz, brouillé alors avec Mesmer. Sa lettre a paru dans les Actes des Savant de Bohême T. II. Elle a été tirée à part et répandue à Vienne. Les Annales du magnétisme la placent parmi les ouvrages français. Ce ne serait alors qu'une traduction, les actes des savants de Bohême étant assurément en allemand.

(D. p. 8

5808 KLOSZ (Georg) Doctor Medicus. — Bibliographie der Freimaurerei und mit ihr in Verbindung gesetzten geheimen Gesellschaften. — Systematisch zusammengestellt, von Georg KLOSZ. Dr Med.

Frankfurt-am-Main, Johann David Sauerländer, Paris, Frédéric Klincksieck, 1844, in-8° de XIV-432 p. (30 fr.).

[Q. 5368

Intéressant catalogue d'une biblioth. maç... comprenant 5381 numéros.

Complété par FINDEL. q. v.

5809 KNEIPP (Mgr Sébastien) Camérier secret de S. S. Léon XIII : Curé de Wœrishofen en Bavière. Il est né le 17 mai 1821 à Stephansried, dans la paroisse de Ottobeuren, en Bavière et mort le 17 juin 1897 dans sa cure de Wœrishofen, Diocèse d'Augsbourg.— Atlas végétal des Plantes Médicinales citées dans « *Ma Cure d'eau* » par Sébastien KNEIPP, curé à Wœrishofen en Bavière, contenant la Description et la Phototypie de ces Plantes, ainsi que de quelques autres d'un usage fréquent parmi le peuple. Traduit de l'Allemand par M. de Q. de L. Edition II (41 Phototypies en couleurs).

Kempten (Bavière). J. Kösel ; Paris, Lethielleux, 1894. in-12 de XIX p. 41 pl. et leur explication vis à vis. (3 fr.).

Intéressant résumé des principes de la Médecine des Simples, par des disciples d'un célèbre Médecin Naturel.

5810 KNEIPP (Seb.). — Comment il faut vivre. Avertissements et Conseils s'adressant aux Malades et aux Gens bien portants, pour vivre d'après une hygiène simple et raisonnable et une Thérapeutique conforme à la Nature. Huitième édition. Avec un Supplément : Manière de pratiquer les Applications d'eau à Wörishofen sous le contrôle de M. l'abbé Kneipp.

Kempten (Bavière), Jos. Kœsel ; Paris, Lethielleux ; Bruxelles... ; Fribourg, B. Veith, 1898. in-10 de XII-385-15 p. et 11 folios de curieux catalogues à la fin. (2 fr.).

Intéressant ouvrage, rempli d'anecdotes et d'observations prises sur le vif par le célèbre Médecin Naturel.
Index alphabétique à la fin.
Edition de 1891 (Ibid-id-do).

[Te¹⁷ 393

5811 KNEIPP (Séb.). — Ma Cure d'Eau pour la Guérison des Maladies et la Conservation de la santé, par Séb. Kneipp, Curé de Wœrishofen, Camérier du Saint-Père et Commandeur de l'Ordre du Saint-Sépulchre.

Paris, Victor Retaux ; Bruxelles, Oscar Schepens ; Strasbourg, Impr. de l'Alsacien ; s. d. in-16 de XII-484 p. etc. (2 fr.).

Bains et Lotions. — Pharmacie, Simples, etc. — Maladies et leur Traitement.

Autre éd. :

Strasbourg, 1890, in-16.

[Te¹⁵ˣ 98

5812 KNEIPP. — Mon Testament — Conseils aux malades et aux gens bien portants.

Kempten (Bavière) Jos. Kœsel ; Paris, Lethielleux, etc., 1895. in-16 de 4 folios 494 p. et annonces, Front, Portr. de Mgr Kneipp et du R. P. Bon. Reilé. Planches hors texte. (2 fr.).

Exposé du Système de Médecine Naturelle Kneipp, avec des photographies des diverses parties de la méthode.

KNEIPP (sur l'abbé). — Voir :

SANDOZ (Docteur Fernand) qui décrit la Cure Kneipp dans sa Thèse : « *Introduction à la Thérapeutique Naturiste* » (p. 100-114).

5813 KNIGHT (Richard Payne). — Le culte de Priape et ses rapports avec la théologie mystique des Anciens. Suivi d'un essai sur le culte des pouvoirs générateurs durant le Moyen Age. Traduit de l'anglais par E. W.

Bruxelles, J. J. Gay, 1883. in-8° (45 fr.).

[Rés. J. 500

Très rare, avec les 41 curieuses planches hors texte.

Détail sur les amulettes phalliques et sur le côté psychopathique et sexuel du Sabbat.

(G-807
(Y-P-1055

5814 KNIGHT (W.). — Vox Stellarum; or the Voyce of the Stars ; being a brief and easie Introd. to the Knowledge of the Number, Names and Characters of the Planets and Signs, aspects and Anticions. The division of Heaven and How to erect a figure Thereof, either by a Table of Houses or by Tables of Right and Oblique Ascensions and exact and true Descriptions of the Planets and Signs, with the Countries, Cities or Towns under them, etc... by W. Knight.

London, 1681, in-12. Thèmes Astrologiques. (10 fr.).

5815 KNORR DE ROSENROTH (Christian), érudit allemand, né à Alt-Rauden (Silésie) en 1636, mort en 1689. Conseiller et chancelier du Comte de Sulzbach. — Kabbala denudata, seu Doctrina Hebraeorum transcendentalis et metaphysica atque theologica. Opus antiquissimae Philosophiae Barbaricae speciminibus refertissimum...

Sulbaci et Francofurti, 1677-84, 3 vol. in-4° Frontisp. et fig. cabalistiq. hors texte. (80 à 150, voire même 200 fr.)

[A. 2803

Extrêmement rare et recherché, certains exemplaires contiennent à la fin du Tome I un traité paginé à part : « Liber « seu Porta Cælorum in quo Dogmata « Cabbalistica Philosophice proponuntur « et cum Philosophia Platonica conferun-« tur, autore R. Abraham Cohen Irira, « Lusitano. ».

C'est peut-être encore aujourd'hui le travail le plus complet, le plus exact, et le plus sérieux sur la Kabbale.

Voir, pour un appendice à cet ouvrage « Adumbratio Kabbalæ »...

(S-3104 b
(G-432-1490

5816 KOEPPEN (Ch. Fred.). — Crata Repoa, ou Initiations aux anciens Mystères des Prêtres d'Égypte, traduit de l'Allemand et publ. par le F. Ant. Bailleul.

Paris, 5821, in-8°. (10 fr.).

[H. 20001

Crata Repoa était une société antique et mystérieuse qui avait son siège à Thèbes et était dirigée par les prêtres égyptiens.

Cet ouvrage étant dû à la collaboration de trois auteurs se retrouve encore aux noms Bailleul et Ragon.

5817 KOFFSKY (Vincent). — Fratris Vincentii Koffskhi... Mönchs des Prediger Ord. Hermetische Schriften, denen wahren Schülern und Nachfolgern unserer geheimen spagirischen Kunst zum Nuz beschrieben und hinterlaszen den 4-ten Octobr. Ao. Domini MCCCCLXXVIII. Zwey Theile.

Nürnberg, Joh. Adam Stein, 1786, in-8° de VIII-120 pp. avec fig. sur bois dans le texte.

La première édition me semble être de Dantzig, 1681.

(O-878

5818 KOFFSKY (Vincent). — Tinctur Wurtzel, und auch Materia prima, desz gebenedeyten uhralten Steins der Weisen, durch fratrem Vincentium Koffsky ; dans *Thesaurinella olimpica aurea*..... (1682) pp. 52-68.

(O-879

5819 [KOEHLER]. — Versuch einer konsequenten Beantwortung der Frage : ziemt es einem Prediger, Maurer zu werden ? von A. K. Z. K. [Köhler].

Guben, Adolph Tischer, 1814, in 8° de IV-162 pp.

(O-440

5820 KOLBAC (Noël) Pseudon. de ? Né à Paris, en 1850. — Le Sang. — Roman magique. — Préface de Jehan Soudan.

Paris, Marpon et Flammarion, 1888, in-18, V-331 p.

[8° Y². 45184

L'intrigue de ce roman a été reprise sur une autre variante par M. Jean de Kerlecq, q. v.

5821 KOPKEN (Balthazar). — Sapientia Dei, in mysterio crucis Christi abscondita ; die wahre Theologia mystica oder ascetica, aller Gläubigen A. und N. Test. aus der heynischen Philosophia Platonis und seiner Nachfolger, durch Balthasar Köpken ; nebst D. Phil. Jacob Speners Vorrede.

Halle, Wayse, 1700, 2 vol. in-8°

de LXXXVIII (pour l'art. de Spener), 176, et 143 pp.

(O-84

5822 KOPP (Hermann). — Die Alchemie in älterer und neuerer Zeit. — Ein betrag zur Culturgeschichte.

Heidelberg. 1886; 2 vol. in-8° (10 fr.).

[8° R. 7801

5823 KORAB d'ORZESKO ou d'ORDESKO (le prince Calixte) Polonais. — Guide pour les égarés. (Life in a Nutshell) ou le Livre du Prince KORAB. Tous droits de traduction et de reproduction réservés pour tous les pays Volume II. Quatrième édition. (La 3ᵐᵉ édition, qui date de la fin de décembre 1904, corrigée).

S. l., 1900, in-4° de 8 p. et de 105 à 595 p. puis 32 p. (7 fr.).

Édition de 1904, 2 vol. in-8° paginés 105 à 840.

[8° Z. 16828

Dans la Table des Matières (p. 105), on lit : " *Vol. I... Ce volume a été supprimé.*" Le présent volume comprend (d'après la Table) les volumes II à V.

C'est une des plus étranges choses qui aient jamais affronté l'impression. Il y a de tout dans ce livre, qui pourrait ne pas être sans quelque utilité pratique s'il comportait une bonne table détaillée des matières. On y trouve *Vie Morale combinée avec l'existence matérielle* et à la fin, l'étonnante histoire de la façon dont l'auteur ne reçut pas son titre de prince de la cour Pontificale, bien qu'il eût payé d'avance :

Cet opuscule, à part, est coté :

[Ln²⁷. 50730

5824 KOREFF. — Lettre d'un médecin étranger à M. Deleuze par KOREFF, docteur médecin.

Paris, 1825, in-8°.

Extrait de l'*Instruction pratique* de DELEUZE. C'est dans cet opuscule que l'on trouve la première mention de la « Suggestion relayée » ou « Cran d'arrêt psychique. »

(D. p. 184

5825 KORNDORFFER (Bartholamaeus) — Bartholomäi KORNDOFFERS, Beschreibung wie die Edelhesteine nicht allein von ihren gifftigen Influentien corrigirt, sondern auch wie sie nach geschehener Correction zu Nutz vor vielerley Kranckeiten dem Menschen adhibiret werden konnen ; dans *Deutsches Theatrum chemicum* (1730). II, 567-618.

La 1-re édition latine est de : 1633.

(O-1160

5826 KORNMANNUS (Henricus) ou KORNMANN, jurisconsulte allemand, né à Kirchayn (Hesse), mort en 1620. Avocat à Francfort. — Enucleata questiones complectentes perjucundum Tractatum de Virginum statua: Jure.

Norimbergæ, Ziegeri, 1670, in-18. (5 fr.)

5827 KORNMANN (Henric.). — Henr. KORNMANNI ex Kirchajna, De Miraculis Mortuorum, opus novum et admirandum in decem partes distributum.

Typis Ioannis Wolffii, 1610. pet. in-8° ou in-12.

Curieux et recherché.

(S-018
(G-1500

5828 KORNMANN (Henri). — De Miraculis Vivorum, seu de singularibus Proprietatibus, Virtutibus Hominorum Vivorum Liber, auctore Henrico KORNMANNO.

Francofurti Typis viduæ Matthæi Beckeri, 1614, in-8°. (3 fr.).

Curieux et recherché.

(S-3250
(S-1498

5829 KORNMANNUS (Henricus). ex Kirchaina Chattorum. — I Sibylla Trig-Andriana seu de virginitate, virginum statu et jure. Tractatus novus et jucundus. — II Linea amoris sive commentarius in versiculum glossæ; visus, colloquium, convictus, oscula factum; in Juliam de adulteriis.— III De annulo triplici : usitato, sponsalitio, signatorio.

Hagæ-Comitum. [*La Haye*]. 1654, in-16. (8 fr.).

Autre édition :

Coloniæ, Marteau, 1765. in-12.

(S-5346
(G-442

5830 KORNMANNUS (Henricus). — Opera curiosa in tractatus quatuor distributa, quorum I Miracula vivorum; II Miracula mortuorum; III Templum Naturæ historicum, in quo de Natura et miraculis elementorum, ignis, aeris, aquæ et terræ disseritur; IV Quæstiones enucleatæ de Virginum statu ac jure.

Francofurti ad Moenum, 1694, in-12. (6 fr.).

Dans ce volume sont seulement compris les deux premiers traités *De miraculis vivorum mortuorumque*.

(G-1502

5831 KORNMANNUS (Henricus). — Templum Naturæ historicum, in qvo de Natura et Miracvlis qvatvor elementorum, ignis, aeris, aquæ, terræ, ita disseritur, vt...

Darmbstadii (sic) *Iob. Iac. Porssio* in-8°. (10 fr.).

Curieux et recherché.

(G-1500

5832 KORNMANNUS (H.). — Tractatus duo absolutissimi, qvorvm prior Linea Amoris, sive commentarius in versicul. gl. Visus, colloqvium, convictus, oscula, factum, ad 1. Juliam de adulteriis, Posterior de Annulo triplici, usitato, sponsalitio et signatorio.

Francofurti ad Mœnum. 1696, in-12. (10 fr.).

(G-640

5833 KORNMANNI tractatus qvartvs continens nucleatas quæstiones de Virginum statu ac jure.

Francofurti ad Mœnum. 1696, in-12, (5 fr.).

(G-640

5834 KORNTHAVER (Job). — Drey auszerlesene Tractat von der Pest. I. Aur. Theophrasti Paracelsi cum Commentariis Jobi KORNTHAVERI, darinnen und damit auch etlicher fürnemer innerlicher und eusserlicher Kranckheiten und Schäden Cura, so beydes inner und ausserhald der Pest den Menschen begegnen mögen.... II. Rolandi Capellutii chrysopolitani philos. Parmensis, von Curir- und Heylung der pestilentzischen Beulen und Geschwären.... III. Caroli Widemanni, med. Augustani, darinnen bewehrte Mittel zu der Pest und allerhand Zufäll beschrieben werden...

Franckfurt, Job. Beyer 1640, in-4° de 136 pp.

Le commentaire de KORNTHAUER remplit les 103 premières pages. Relié avec Fünff underseh. Tractätlein..... sur lequel ces trois traités sont annoncés. Les moyens curatifs appartiennent en grande partie à la médecine métallique.

(O-1602-908

5835 KORTUM (Karl Arnold). — Karl Arnold KORTUM Verteidiget die Alchemie gegen die Einwürfe einiger neuen Schriftsteller besonders des Herrn Wieglebs.

Duisburg, Helwing, 1789, gr. in-8° de IV-360 pp.

(O-1428

KOSTKA (Jean). — Voir :
DOINEL (Jules Stanislas).

5836 KOURILSKY (Dr M.). — De la polyurie hystérique (physiologie pathologique; anatomie pathologique; étiologie; symptômes; diagnostic; traitement; etc...)

Paris, 1870, in-4°, (2 fr.).

5837 KRAEMER (H.). — L'Univers et l'Humanité. Histoire des différents systèmes appliqués à l'Étude des Forces de la nature. Utilisation des forces naturelles au service des peuples. Ouvrage publié par H. KRAEMER.... Préface d'Edmond PERRIER. Traduction Schalek de la Faverie.

Paris, Bong et Cie, s. d., [1904-5-6-7], gr. in-8°, fig. pl. en noir et en couleurs, fac similé, (70 fr.).

[4" R. 1890

Ouvrage de très haut intérêt, renfermant d'innombrables reproductions des gravures anciennes de KIRCHER, AGRICOLA etc. Des plus remarquables pour l'histoire des Sciences naturelles en général.

5838 KRAFFT-EBBING (Le Dr R. von) professeur à l'Université de Vienne. — Psychopathia Sexualis; avec recherches spéciales sur l'Inversion sexuelle; traduit de l'allemand par Emile Laurent et Sigismond Csapo.

Paris, Geo Carré, 1895, gd in-8° de VIII-595 p. (17 fr.).

[Td⁸⁸. 54]

La vie sexuelle aux diverses époques de la civilisation, — Sensualité et extase religieuse. — Le Fétichisme Physiologique. — Fétichisme religieux et érotique. — Les caractères psychiques comme fétiches. — Le Sens sexuel. — La Flagellation comme excitant des sens. — La Secte des Flagellants. — Entraves psychiques — Épilepsie. — Folie érotique. — Satyriasis. — Nymphomanie. — Hystérie. — Les délits sexuels. — Exhibitionnistes.— Masochisme et servitude sexuelle. — Mémoires d'un uraniste.— Nécrophilie.— Inceste. — Etc...

5839 KRAUS (Dr F. X.). — Le Crucifix blasphématoire du Palatin. — Considérations nouvelles sur cette image, trad. de l'allemand avec notes et appendice.

Paris, 1870, in-8° de 30 pp.

5840 KRAUSE (Karl Christian Friedrich) — Die drei ältesten Kunsturkunden Freimaurerbrüderschaft, mitgetheilt, bearbeitet und in einem Lehrfragstücke urvergeistiget; von dem Bruder Karl Christian Friedrich KRAUSE.

Dresden, s. a., 1810-21, 2 vol. gr. in-8° en 4 parties de IV-32-CLXXXIV, IV-484 (avec 2 pl.) II-XVI-472, et 1 pl. en tout 3 pl. symboliques, rel. en 2 vol.

(O-321

5841 KRAUTERMANN (Val.). — Der accurate Scheider und kunstliche Probierer, welcher gründlich zeiget und beschreibet I. Die Erzeugung der Metallen und Mineralien insgemein... II. Was Scheiden und Probieren sey, auch wie solches vorzunehmen... III. Die Schmeltzung und Probierung allerhand guter und geringer Ertze.... IV. Zum Probieren dienliche Mittel und Wege, als Probier-Wagen, Gewichtes Capellen,......; alles mit besondern Fleisz zusammen getragen... ausgefertiget von Val. KRAUTERMANN.

Franckfurt und Leipzig, Ern.Luda. Niedten, 1717, in-8° de XIV-318-IX pp.

(O-1350

5842 [KRESTSCHMANN (Christ. Gottfr.)]. — Neues alphabetisches Verzeichniss unter gesetzmätiger Arbeit bekannt gewordener stehender und nicht mehr stehender Freymaurer-Logen nebst einem Anhange einiger maurerischer Gedanken und Merkwürdigkeiten auch einer kurzgefassten Postnachrist durch Europa für reisende Brüder Freymaurer (von Chr. Gottfr. KRESTSCHMANN).

Leipzig, Wilh. Gottl. Sommer. 1790; pet. in-8° de VIII-243 pp.

En 1790, Moscou avait 2 loges fr-m : Kieff, 1 ; St-Pétersbourg 6.

(O-267.

KRIJANOWSKY (Mlle W., médium). — Voir :
ROCHESTER (J. W.).

5843 KROPOTKINE (le Prince H.). — Paroles d'un révolté ; publié, annoté et accompagné d'une préface par Elisée Reclus.

Paris, 1885, in-12. (2 fr. 50).

[8° R. 6873

La décomposition des états. — Nécessité de la Révolution. — La Guerre. — La commune. — L'esprit de révolte, etc...

5844 KROPOTKINE (Prince H.). — La Conquête du pain ; préface par E. Reclus.

Paris, 1892, in-12. (2 fr. 50).

Nos richesses. — L'aisance pour tous. — La communion anarchiste. — L'expropriation. — Le travail agréable. — Le salariat collectiviste.

Editions en anglais :

(1906, in-8°).

[8° R. 21900

Et en espagnol :

(Patterson (N. J.), 1899, in-16) :

[8° R. 17263

5845 KRUDENER (Barbe-Julie de WIETINGHOFF, baronne de) née à Riga (Livonie) en 1764, morte à Karazou-Bazar (Crimée) en 1824. Célèbre et romanesque mystique, femme de Burkhard Alexis Constantin baron de Krüdener, diplomate russe. Après la mort de son mari elle fut en relations avec les frères Moraves, conseilla l'Empereur Alexandre de Russie et se rendait dans les terres de la princesse Golitzin en Crimée quand elle mourut en voyage. — Der lebendige Glaube des Evangeliums, dargestellt in dem öffentlichen Leben der Frau von Krüdener. Begleitet mit der von Ihr an die Theologen (Empeytas ? de Genève) in Luzern gehaltenen Anrede über den Hohen Beruf des Priesters.

S. l. (Ulm) ni adr., 1817, petit in-8° de IV-43 pp.

Il a été fait à une époque postérieure une couverture formant un premier titre notre exempl. porte en bas : Beschmutze und aufgeschnittne Exemplare werden nicht mehr zurük genommen. Ce soin est confirmé par un petit Catalogue imprimé des écrits de mad. de Krudener et de sa mission, au nombre de 4, sur lequel cette plaquette est portée au prix de 21 fr.

(O-171

5846 KRUDENER (Mme de). — Valérie. Roman avec une notice par M. Sainte-Beuve.

Paris, Olivier, 1837, 2 vol. in-8°, (6 fr.).

(Edit. orig.).

Frontispice et eaux-fortes de Leloir et un fac-similé d'une lettre de Madame de KRÜDENER.

Autre éditions :

Paris, Charpentier, 1840, in-12.
Paris, Quantin, 1878, in-8°.
Paris, Jouaust, 1884, in-18.

5847 KRUDENER (sur Mme de). — Mad. la baronne de KRUDENER ; par mad. L. BOVELDIEU d'AUVIGNY dans LECANU (l'abbé) : *Diction. des Prophéties* (1852) I, 1195-1208.

La partie bibliographique est inexacte.

Le meilleur des nombreux articles, écrits sur mad. de KRUDENER, est celui que m. X. MARMIER a donné dans la *Nouvelle revue germanique*, XIV (1833), 195-216. Il est le seul qui ait analysé les écrits religieux de cette dame et qui ait consulté les écrivains allemands qui s'en sont occupés. Il se trompe pourtant en lui attribuant l'écrit : *le Camp des Vertus*, à la revue et à la fête donnée dans la plaine des Sablons, près de Paris, en 1815 à l'armée russe ; MAHUL : (Annuaire nécrologique, 1825 p. 363) aurait pu le renseigner ; c'est le 10 sept. 1814 que l'Empereur Alexandre passa la revue non seulement de ses troupes, mais de presque toute l'armée coalisée, assisté de l'Empereur d'Autriche et du Roi de Prusse. Les troupes se déployèrent en un immense carré dans la plaine des Vertus, en bas du mont Aimé, sur lequel se voient des ruines attribuées à un château fort dans lequel la reine Blanche se serait réfugiée pendant la minorité de St-Louis. Cette cérémonie attira un immense concours de spectateurs venus de tous les côtés, et notamment des villes voisines. Un de mes compatriotes (de Châlons-s.-M.) m'a, dans mon enfance, raconté les fêtes religieuses, militaires et autres, qui eurent lieu dans cette circonstance.

(O-173

KRUDENER (sur Mme de). — Voir :

CAPEFIGUE.

EYNARD (Charles).

LACROIX (P. L.-).

MEISEL (Heinrich).

5848 KRUPTADIA. — ΚΡΥΠΤΑΔΙΑ. (Kruptadia). Recueil de documents pour servir à l'étude des traditions populaires.

Heilbronn, Henninger frères, Paris Welter, 1883 - 1899. 6 vol. in-12 av. pl. titre noir et rouge (Vendu, bien relié, 136 fr. en vente publique (juin 1910).

[Réserve p Y² 147

Les tomes I à IV, ne sont tirés qu'à 135 et 200 exemplaires numérotés ; les tomes V et VI ne sont pas numérotés.

Étrange collection des contes les plus égrillards de tous les pays connus, près desquels ceux de LA FONTAINE, de BOCCACE et de la REINE DE NAVARRE ne sont qu'histoires pour jeunes filles. Les mots crus y sont en toutes lettres et il y a dans l'ouvrage des Glossaires pour s'y reconnaître au milieu de tout les patois, et n'en rien perdre, ce qui serait dommage.

On y trouve des chansons galantes populaires de tous les pays avec la musique notée.

Collection vraiment unique.

5849 KUHNE (Louis) célèbre médecin naturel allemand né vers 1840. — La nouvelle science de guérir, basée sur le principe de l'unité de toutes les maladies et leur traitement méthodique, excluant les médicaments et les opérations conformément à ce principe. — Manuel et conseiller des personnes bien portantes et des malades. — Traduction française par A. Reyen.

Leipzig, Kuhne, s. d. in-8° avec un portrait gravé sur acier et plusieurs figures. (3 fr. 50).

5850 KUHNHOLTZ (H.) Bibliothécaire et professeur agrégé de la faculté de médecine de Montpellier. — Analyse apologétique et critique de la brochure du docteur J. A. Tedinganov [GRANDVOINET], intitulée : Esquisse d'une théorie des phénomènes magnétiques par H. KUHNHOLTZ, bibliothécaire et professeur agrégé de la Faculté de médecine de Montpellier.

Paris et Montpellier, 1843. in-8°, 15 pages.

L'opinion des professeurs de Montpellier sur le magnétisme peut se résumer ainsi au point de vue théorique :

« Certaine influences matérielles, vitales et psychologiques sont autant d'éléments constitutifs fournissant tous trois leur contingent à l'acte magnétique complet. »

(D. p. 127

5851 KUHNHOLTZ (H.).—Du magnétisme et du somnambulisme artificiel par le docteur H. KUHNHOLTZ, bibliothécaire et professeur agrégé de la

Faculté de médecine de Montpellier.

Montpellier, 1840, in-8°, 37 pages, (2 fr.).

Intéressante brochure comme toutes celles du même auteur.

(D. p. 121

5852 KUHNHOLTZ (H.). — Paris et Montpellier sous le rapport de la philosophie médicale ou réflexions sur la réplique en trois articles de M. L. Peisse à M. le professeur Lordat, par H. Kuhnholtz, bibliothécaire.

Montpellier et Paris, 1843, in-8°, VIII-66 pages.

Très rare.

2° Edition.

Il s'agit nous a-t-on dit, des expériences dont fut témoin le professeur Lordat et qu'il n'avait point hésité à faire connaître; elles lui valurent d'amères critiques auxquelles répond Mr Kuhnholtz.

(D. p. 127

5853 KUENEN (A.). — Histoire critique des livres de l'ancien testament, trad. par A. Pierson, avec une préface de Ernest Renan.

Paris, Lévy, 1866. 2 vol. in-8°. (12 fr.).

5854 KUENEN (A.). — Religion nationale et religion universelle. — Islam Israélitisme, Judaïsme et Christianisme, Buddhisme, Traduit du Hollandais par Maurice Vernes.

Paris, Leroux, 1884. gr. in-8°, (4 fr.).

[8° H. 819

5855 KUNCKEL (Johann). — Johann Kunckels von Löwenstern.... Collegium physic-chymicum experimentale, oder Laboratorium chymicum, in welchem deutlich und gründlich von den wahren Principiis in der Natur und denen gewürckten Dingen, sowol über als in der Erden, als Vegetabilien, Animalien, Mineralien, Metallen, wie auch deren wahrhaften Generation, Eigenschaften und Scheidung, nebst der Transmutation und Verbesserung der Metallen... (aus der Verfassers hinterlassener Handschrift) mit einem vollständigen Register und Vorrede herausgegeben [von D. Joh. Caspar Engelleder]. Dritte Auflage.

Hamburg, Gottfr. Richter, 1738, in-8° de XXX-737-XXXVII pp.

La 1-re édit. est de Hambourg, 1716.

(O-1220

5856 KUNCKEL (Johann). — Königliche hermetische Special-Concordanz, worinnen sie, samt dero gantzem Fundament, bestehe, nach der Abtheilung, wie der Conspectus Capitum et Contentorum so stracks auf dem andern Blate ausweiset und anzeiget, samt derselben Ehren-Rettung oder einem gnugsam fundirten Sentiment, dasz die Concordanz aus den Büchern der Philosophorum nicht nur möglich und richtig zu machen sey, sondern auch die unrechten von den wahren Philosophis gantz wohl und leichte zu unterscheiden; alles auf Anleitung Johann Kunckel von Löwensterns sel.; seines a. 1716 durch Joh. Gaspar Engelleder, herausgeben Laboratorii chymici, und zwar in specie desselben 42 Capitels...

Breslau und Leipzig. Mich. Hubert, 1824, in-8° de 704 pp)

(O-1327-1328

5857 KURSER aber doch hinlänglicher Auszug der aller merkwürdigsten und wichtigsten in dreyen Hauptmaterien und Abtheilungen zusammen gezogenen Stellen aus den Schriften des in Ternario Sancto hocherleuchtet gewesen und nun in der Glorie seyenden Jacob Böhms,... II-te vermehrte Auflag.

Franckfurt und Leipsig. s. adr,, (Esclinger), 1800, in-8° de 296 pp.

(O-42

5858 KURZE, belehrende Geschichte der Lehren und Meinungen vom tausendjährigen Reiche; nebst den merkwürdigsten dahin gehörigen Ereignissen und Schicksalen ihrer Bekenner und Lehrer, und mehreren für unser Zeitalter wichtigten Prophezeihungen, ingleichen einer bisher noch ungedruckten merkwürdigen, im Jahr 1660 aufgezeichneten, in dem Kloster E. in Fr. gefundenen Vision des P. Ildefons. II-te vermehrte Auflage.

Leipzig, Industrie-Comtoir. 1807. in-8° de de 64 pp. avec une planche col. fort curieuse.

Die merkwürdigsten Prophezeihungen aus den christlichen Jahrhunden, oder Geschichte der Lehren... Zweites Bänd., nebst einer philosophischen Einleitung un der Prophezeihung des Engländers Francis Moore auf das Jahr 1807. II-te Auflage.

Leipzig, Industrie-Comtoir, s. date. in-8° de XXII-58 pp. avec 5 pl.

Contient XVII prédictions fort curieuses, dont celles de Cazotte, Joachim, Christiana Poniatowitzsch, etc.

Drittes und letztes Bänd.

Leipzig, Industrie-Comtoir, in-8° de IV-110 pp.

Contient XVIII prédictions.

(O-1878)

5859 KURTZE (Eine) Handleitung zum himmlichen Rubin vom philosophischen Stein und seiner Heimlichkeit.

Berlin, s. adr. 1746, in-8° de 56 pp.

(O-1301)

5860 KYBALION, terme grec « dont le sens exact est perdu depuis plusieurs siècles » (p. 21). — The KYBALION. A Study of the Hermetic Philosophy of Ancient Egypt and Greece. By Three Initiates.

Chicago, The Yogi Publication Society, s. d. [1908] pet. in-8° de 223 p. (6 fr. 50).

Fort intéressant ouvrage sur l'ancienne doctrine des Mages, et qui se joint à la Collection des ouvrages philosophiques du « Yogi RAMACHARAKA. »

C'est un exposé et commentaire des *Sept Lois Hermétiques* du grand Hermès Trismégiste : La Loi du Mentalisme du grand Tout (le Tout est intellect). — La Loi de Correspondance (ce qui est en haut est comme ce qui est en bas). — La Loi de Vibration (la Vie est le mouvement, et est universelle). — La Loi de Polarité (Tout a son contraire). — La Loi de Rythme (Oscillations pendulaires universelles). — La Loi de Cause et d'Effet (Karma des Hindous). — La loi de Genre (Manifestation universelle des Principes masculin et féminin). — Le dernier chapitre esquisse les innombrables applications pratiques de ces grandes Lois.

5801 L. Freymaurer. — Lieder aus und nachdem Englischen. Ein Anhang zu jedem Maurerischen Liederbuche.

S. l. ni adresse, 1814, in-8° de X-102 pp.

(O-386

5802 L. A. (Dr). — Quelques réflexions sur l'Hypnotisme et le Magnétisme, par le Dr L. A.

Paris, Masson, 1880, in-12. (1 fr. 25).

(G-2018

L. C. P. D. V. [Le Comte P. De Vaudreuil]. — Voir :

RIGAUD DE VAUDREUIL. (le comte Pierre Louis).

5803 L... P... — Phénomènes ultra magnétiques par L. P...

S. l. 1855.

Nous ignorons si cet ouvrage a été mis en vente.

(D. p. 149

5804 L. P. D. V. — Considérations sur les Sciences, les Arts et les mœurs des anciens, par L. P. D. V.

Paris, 1840, in-8°, (4 fr.).

Contient d'excellentes notes ésotériques et d'intéressantes explications des tables de l'antiquité, de la philosophie des anciens, etc... A certains points de vue, ce volume complète l'ouvrage si recherché de Dutens sur : " l'Origine des découvertes "...

5805 L. V. D. F. — Etudes sur les idées et sur leur union au sein du Catholicisme, par L. V. D. F.

Paris, 1842, 2 vol. in-8°, (8 fr.).

Ouvrage fort curieux, où le mysticisme Boehme, Saint-Martin, etc... sont examinés avec complaisance. — Très imprégné de doctrine hermétique, cet ouvrage est un véritable travail d'initié de très grande valeur, encore qu'il n'ait été étiqueté par aucun occultiste de marque, parce qu'inconnu de nos contemporains.

5866 LABADIE (Jean), mystique français né à Bourg-en-Guyenne en 1610, mort à Altona en 1074. Elève des Jésuites, après avoir été directeur d'un couvent de Bernardines, il se fit protestant et pasteur à Montauban, Genève et Middelbourg. Fondateur du Labadisme, secte mystique. Voyez sur Jean Labadie, les *Mémoires* de Nicéron XVIII, 300-418, et XX, 140-09. — Declarations-Schrifft, oder eine Nähere Erklaerung der reinen Lehre und des gesunden glaubens Johannis de Labadie, Petri Yvon, Petri du Lignon, pastores, Henrici Schluter, Petri Schluter predigers ; neben unterschiedlich-vielen andern Gläubigen.

Herfordt, Laurentz Autein, 1671, in-8° de 148 pp.

(O-69

5867 LABADIE (Jean). — Le véritable Exorcisme, par J. de Labadie.

Amsterdam, Elzévir, 1667, in-8°,

(S-3226

5868 LABAUME-DESDOSSAT (Jacques François de) poète et Chanoine de la Collégiale d'Avignon, né à Carpentras en 1705, mort à Paris en 1750. — La Christiade ou le Paradis reconquis pour servir de suite au Paradis perdu de Milton.

Paris, Lambert, 1752, in-12, (6 fr.).

Orné d'un frontispice de Aveline. C'est le plan de la *Christiade* qui parut l'année suivante et fut condamnée par arrêt du Parlement.

On y voyait Madeleine essayant de séduire le Christ.

(G-450

5869 LABBEY (Dr T.). — La phrénologie et le Jésuitisme, ou Discussion physiologique entre un médecin et un disciple de Loyola.

St-Lô, 1843, in-8°, (2 fr. 50).

Des rêves : ils sont le résultat d'un sommeil partiel des appareils nerveux encéphaliques ; causes qui déterminent les rêves. — Tous les animaux rêvent ; Théories médicales des jésuites d'Avignon. — Etc...

5870 LA BEAUCIE (Albert). — Les Grands horizons de la vie ; abrégé de psychologie moderne, preuves expérimentales.

Paris, Leymarie, 1900, in-12 de 238 pp. (2 fr.).

[8° R. 17000

5871 LA BEAUCIE (Albert). — Les Nouveaux horizons scientifiques de la vie. — Théorie et pratique du psychisme expérimental.

Paris, 1907, in-12. (2 fr.),

Ce traité synthétique de Spiritualisme est une œuvre positive, basée sur les contributions scientifiques de la psychologie moderne. — Les procédés d'expérimentation qui sont décrits dans cette œuvre sont aussi le fruit d'une longue expérience et d'une connaissance scientifique approfondie des phénomènes.

L'Ame et son évolution. — L'incarnation. — La désincarnation. — La Force psychique. — Phénomènes de survie. — Apparitions. — Matérialisations. — Vision au verre d'eau. — Apports. — Extériorisations. — Les effluves. — Magnétisme humain et spirituel. — Télépathie. — Les Esprits. — Les Médiums. — La vie supérieure. — Maisons hantées. — Ecriture directe. — Phénomènes visuels. — Magnétisme curatif. — Rêves. — Pressentiments, etc...

5872 LA BELLIERE (C. de) Sieur de la Niolle. — La Fisonomia con ragionamenti, ò lo specchio per vedera le passioni di chiaschcduno.

Paris, Coxterol, 1664, in-16, Fig. sur bois. (5 fr.).

5873 LA BELLIERE (C. de). — Physionomia rationalis, seu fulgidum sidus quo tenebris obsitæ passiones humanæ, in quolibet deteguntur.

Lugduni, 1666, in-12. (6 fr.).

Rare.

5874 LA BELLIERE (C. de). sieur de la Niolle. — La physionomie raisonnée ov secret curieux pour connaitre les inclinations de chacun par les règles naturelles.

Paris, Coxterol, 1664, in-12. (6 fr.).

Curieux et rare. Divisé en une quantité de chap. indiquant toutes les manières de reconnaitre : le tempérament. l'esprit. la mémoire, le courage, la libéralité. l'avarice, l'inconstance, la modestie, la gourmandise, la malice, etc.

(G. 4)

5875 LABERTHONNIERE (Le Père L.). — Essais de philosophie religieuse. par le P. L. LABERTHONNIÈRE.

Paris, P. Lethielleux, s. d. [1903], in-16. XXXI-330 p. (20 fr.).

[8° R. 18577

La philosophie est un art. — Le dogmatisme moral. — Eclaircissements sur le dogmatisme moral. — Le problème religieux. — L'Apologétique et la méthode de Pascal. — Théorie de l'éducation. — Un mystique au XIX° siècle.

5876 LABLÉE (Jacques), né à Beaugency (Orléanais) vers 1751, mort en 1841. Fonctionnaire des Armées de la République. Littérateur fécond, en général léger. — Tableau chronologique et historique des ordres de chevalerie institués chez les différents peuples, depuis le commencement du IV-ème siècle.

Paris, 1817, in-12. (8 fr.).

Ouvrage fort curieux et donnant une liste complète des ordres et des plus bizarres associations mystiques, avec les règles, les vœux, serments, décorations, etc... Les chevaliers du Cygne institués par Elie ; Chevaliers du Chien et du Coq ; de la Table ronde ; de la Genette du

Chardon ; du Bain ; de la Bête morte ; de l'Amarante ; de la Fidélité, etc....

5877 LA BOESSIERE-THIENNES (Le Marquis de) de Lombise, Hainaut. (Belgique). — Dieu en Trois Personnes déclaré par la Raison. Etude philosophique par le Marquis de la Boessière-Thiennes, Docteur en philosophie et Lettres. Edition unique, tirée à deux cents exemplaires numérotés.

Rome, Fr. Pustet, Editeur pontifical. Paris, P. Lethielleux. Anvers, imprimerie Bellemans frères. 1903, in-8° de X-191 p. table et marque d'imprimeur avec un Atlas séparé de XXII planches dessinées par Eugène Tremsal, gravées par Jean Malvaux et imprimées par Bellemans frères.

Le titre de l'Atlas est : *Recueil de Dessins composés par le Marquis de la Boessière-Thiennes, Docteur en philosophie et Lettres, pour servir d'une manière intuitive à l'étude du livre publié par lui sous le titre suivant : Dieu en Trois personnes Déclaré par la Raison*.

Rome et Paris, les mêmes. 1903, in-8°.

Intéressante étude, avec l'« Imprimatur » du Vatican, sur le Ternaire Divin. Les figures géométriques sont des études de rapports de Sphères et d'intersections de plans qui ressemblent assez à une Rose ✝ Croix à 3 dimensions. Enfin les figures 11 à 20 sont une étude sur le *Triangle* et ses dérivés mystiques. De la manière la plus ingénieuse, l'auteur passe des Deux aux Trois dimensions et engendre le Tétraèdre.

Ouvrage de fort belle exécution typographique.

5878 LA BOETIE (Estienne de) Magistrat et écrivain français né à Sarlat (Dordogne) en 1530, mort à Germinac près Bordeaux, en 1563. Ami de Montaigne.— De la servitude volontaire, ou le Contr'un avec les notes de M. Coste et une préface de F. De La Mennais.

Paris, Daubrée, 1835, in-8° de 149 pp. (5 fr.).

LA BOETIE (Sur). — Voir : *PAYEN* (Dr J. F.).

5879 LABONNE (Dr Henry) né à Montgivray (Indre) en 1853. Chargé de Mission aux Iles Fœroë.— Comment on se défend contre les maladies nerveuses. — La lutte contre la neurasthénie, les névroses, la morphinomanie, les vertiges, etc...

Paris, Société d'éditions scientifiques s. d. [1900], in-16 de 44 pp. avec 4 fig. dans le texte. (1 fr.).

[T^{er} 50

5880 LABORDE (Dr J. V.). — Les tractions rythmées de la langue, par le Dr J. V. Laborde.

Deuxième édition.

Paris, Félix Alcan, 1897, in-16 de VIII-558 p. Planches dont 1 pliée, en 3 couleurs. (2 fr.).

[T^{er}. 77. A

Historique et description du Procédé. — Tractions rythmées de la langue dans les asphyxies toxiques, dans les accidents chloroformiques, dans les cas de mort apparente à la suite de trachéotomie, etc. — Mécanisme physiologique des Tractions linguales démontré par l'analyse expérimentale. — Instructions relatives aux secours à donner aux Noyés et Asphyxiés, etc. — Technique du Procédé. — Etc.

5881 LABORDE (Comte Léon de). — Recherches sur ce qu'il s'est conservé dans l'Egypte Moderne de la Science des Anciens Magiciens, par Léon de Laborde.

Paris, J. Renouard et Cie. 1841, in-4° de 23 p. (7 fr.).

La Couverture imprimée ne porte que « Recherches sur la Magie Egyptienne ». Opuscule, tiré à 25 exemplaires, qui n'est cité ni par Lorentz ni par le « *Journal de la Librairie* ». C'est une réimpression d'un article de la « *Revue des Deux*

Mondes " d'avril 1833. Il est reproduit dans le " *Coup d'œil sur la Magie au XIX⁰ Siècle* " de P. Marin q. v.

(Y-P-875)

5882 [LA BRETENIERE (de)] Conseiller au Parlement à Besançon. — Extrait du Journal De ce qui s'est passé concernant le Somnambulisme magnétique de Mme ··· [de La Bretenière].

S. l. [Paris? 1786], in-8° de 28 p. sans titre ni faux titre. (1 fr.).

C'est une des innombrables brochures auxquelles a donné lieu le Mesmérisme à ses débuts. Celle-ci est datée (p. 15) " *A Besançon, le 12 février 1786*. " D'après les notes mss d'un exemplaire, le Magnétiseur aurait été M. le Chevalier Durand.

Quant au sujet, c'est une relation de faits curieux : " Présensations " guérisons quasi-miraculeuses etc., comme il s'en est tant rencontré depuis.

5883 LA BROSSE (Guy de) médecin et botaniste, né à Rouen, mort vers 1641. Médecin de Louis XIII, et créateur du Jardin des Plantes. De la nature, vertu et vtilité des plantes. Diuisé en cinq liures dont vn traicté général de la chimie contenant son ordre et ses parties montrant qu'elle est science, etc... etc.

Paris, Rollin Baragnes, 1628, in-8° (15 fr.).

Frontispice gravé par Michel l'Asne avec les portraits d'Hippocrate, Dioscoride, Théophraste et Paracelse.

Ouvrage terminé par " *Dessin d'un jardin royal* " pour la culture des plantes médecinales à Paris. Où est amplement déduit la raison de sa nécessité, et quel bien il peut apporter au public.

(G-443)

5884 LA BROSSE (Jean). — Tractatvlus accuratissimus de compositione Sulphuris et Menstrui vegetabilis, seu auro potabili secundum intentionem Raym. Lulli magnati cuidam anno 1545 per celeber. med. et philos. Gallum (Joannem) De La Brosse dedicatus; dans *Theatrum Chemicum* (1661, VI, 288-93).

(O-1397)

5885 LABROUSSE (Clotilde Suzanne Courcelles de, dite Suzette) née à Vauxain (Périgord) en 1747, morte à Paris en 1821.Mystique et "Sainte" de l'Eglise constitutionnelle de France. Emprisonnée par le Pape au fort St-Ange, elle fut délivrée par les Français en 1798. — Recueil des ouvrages de la célèbre Mlle Labrousse du bourg de Vauxains, en Périgord, actuellement prisonnière au château St-Ange à Rome. — On y a joint deux lettres très intéressantes concernant sa détention.

Bordeaux, Brossier, 1797, in-8°. (14 fr.).

Recueil curieux des prophéties et des énigmes de Mlle de Labrousse, qui furent publiées par Pierre Pontard, évêque constitutionnel.

LABROUSSE (sur Suzette). — Voir :

MOREAU (Chr.).

5886 [LABRUNIE (Gérard)] dit de Nerval. Littérateur français né à Paris en 1808, mort au même lieu en 1855. Fils d'un médecin militaire de la Grande Armée. Il fut soigné dans la maison du Dr Blanche, puis se donna la mort par pendaison dans la rue, aujourd'hui disparue, de la Vieille-Lanterne (quartier de l'Hôtel de Ville). — La Bohême galante.

Paris, 1856, in-12, (2 fr. 50). (1⁰ édit).

[Y². 58086]

La Bohême galante. — La Main enchantée. — Le monstre vert. — Mes Prisons. — Les Nuits d'Octobre. — Promenades et Souvenirs, etc...

La " Main enchantée " est un conte curieux.

5887 [LABRUNIE]. — Gérard de Nerval

VAL. — Faust et le second Faust de Gœthe.

Paris, Michel Lévy frères, 1867, in-12.

Contient un choix de ballades et de poésies de Gœthe, Schiller etc.... traductions précédées d'une notice par Théophile Gautier.

5888 [LABRUNIE]. — Gérard de Nerval. — Les illuminés ou les précurseurs du socialisme : Le Roi de Bicêtre, (Raoul Spifame). Histoire de l'abbé du Buquoy. Les Confidences de Nicolas (Restif de la Bretonne). Jacques Cazotte. Cagliostro. Quintus Aucler, récits et portraits.

Paris, Lecou, 1852, in-12. VII-354 p. et tabl. (10 fr.).

[R. 44822

Edition originale. — Intéressantes études sur Cagliostro, Cazotte, Restif de la Bretonne, etc...

(G-700

5889 [LABRUNIE]. — Gérard de Nerval. — Les Illuminés.

Paris, 1868, in-12, (8 fr.).

Ce volume, où l'étude de l'illuminisme est fort poussée et fourmille de traits pittoresques est extrêmement recherché pour les longs extraits de la Thréicie, de Quinte Aucler devenue introuvable.

5890 [LABRUNIE]. — Gérard de Nerval. — Souvenirs d'Allemagne. Lorély.

Paris, 1860, in-12. (3 fr.). (1-re édit).

La Forêt noire. — L'opéra de Faust : Gœthe. — La Prométhée. — Lohengrin (de Wagner). — Schiller.

5891 [LABRUNIE]. — Gérard de Nerval. Scènes de la vie orientale. VIII : l'Anti-Liban. Gérard de Nerval. [LABRUNIE] dans la *Revue des Deux Mondes*, 15 oct. 1847.

Reproduit dans ses *Scènes de la vie orientales* (*Voyage en Orient*, III-e édit.

1851 ou 1862) article Correspondance de l'Anti-Liban. Gérard de Nerval nous fait connaître que les Francs-Maçons descendent de l'Orient, des Druses du Liban. Il le démontre d'une manière assez plausible : mais quelle créance accorder à ce charmant esprit qui rêvait tout éveillé. (LADRAGUE).

(G-218

5892 [LABRUNIE]. — Gérard de Nerval. — Voyage en Orient. 8e édit. revue et augm. d'une préface nouvelle par Th. Gautier.

Paris, Charpentier, 1875, 2 t. en 1 vol. in-12. (3 fr. 50).

Autre édition :

Paris, Charpentier, 1875. 2 vol. in-12, (3e édit.)

5893 LA BUCAILLE (Marie Benoist dite Sœur Marie de). — Voir : Bibliographie Yve-Plessis, nos 1302-1406, p. 178-180.

La Bibliothèque de Cherbourg possède en manuscrit la Sentence et condamnation de Marie Bucaille, prononcée à Valognes, le 28 janvier 1699. (*Sorcellerie*).

LA CAILLE (Denise de). — Voir :

LE POT (Laurent).

5894 LA CARQUILLADE (Pierre de) Médecin astrologue. — Pronostique et prévoyance des choses rares et estranges démonstrées par les corps et influences célestes desquelles nous sommes menacez, durant les années 1588, 1589 et 1590, par Maistre Pierre de la Carquillade, médecin astrologue...

S. l. 1588, in-8°.

Réimpression :

A Lyon, chez Louis Perrin, vers 1875-76. (2 fr. 50).

5895 LACASSAGNE (Jean Alexandre Eugène) né à Cahors en 1843. Professeur au Val de Grâce puis à la Faculté de Lyon. — Bibliothèque de Criminologie : I. Vacher l'Eventreur et les Crimes sadiques. II. L'Affaire Gouffé.

Lyon, A. Storck, 1890. 2 vol. in-8°, IV-314 p. et ? Port. Fig. et Fac-similés (5 fr. les deux).

[Tf³. 123

Contient en outre : Tome I : — Le vagabondage en France par A. Bérard. — Les Transformations de l'impunité par G. Tarde. — Le Marquis de Sade et le Sadisme, par le Dr Marciat. — Les Crimes Sadiques.

5896 LACHAISNES-Pierre (J.B.). — Procédé pour mesurer la tête humaine, en trouver les proportions et la dessiner ressemblante depuis sa grandeur réelle jusqu'à la plus petite dimension ; et Méthode pratique et théorique pour prendre les Signalements, Observations Physiologiques, Physionomiques, Physiognomoniques, d'après Lavater, Gall, Esquirol, Virey, Orfila, etc... par J. R. LACHAISNES-PIERRE peintre en miniature.

Paris, l'auteur, Bachelier, Dentu, 1846. in-8°. XVI-254 p. 5 pl. lithogr. pliées représentant 82 fig. (4 fr.).

[V. 45302

Procédé de dessin basé sur l'emploi d'un " *verre à carreaux* " sorte de réticule multiple.

LA CHAMBRE (Le Sieur de). — Voir :

CUREAU DE LA CHAMBRE (Marin).

5897 LA CHAPELLE (l'abbé de) mathématicien, physicien et académicien de Lyon et de Rouen, né vers 1710. Mort à Paris en 1792. L'inventeur du " Scaphandre " ou bateau-homme. — L'art de communiquer ses idées, par de LA CHAPELLE.

Paris, 1763, in-12.

(S-3506

5898 LA CHAPELLE (l'abbé de). — Le Ventriloque, ou l'Engastrimythe.

Londres, 1772. 2 vol. in-12 de 572 p. (5 fr.).

[V. 45303-45304

Autre édition :

Londres, 1771. 2 vol. in-12.

D'après l'auteur, les Démons sont étrangers à ce phénomène (!)

(S-3280

5899 LA CHASTRE (René de). — Le Prototype ou tres parfait et analogique exemplaire de l'Art chimicq, a la Phisique ou Philosophie de la science naturelle, contenant les causes, principes et demonstrations scientifiqs de la certitude du dit Art ; par René de LA CHASTRE, gentilhomme Berroyen.

Paris, Jean Anth. Joallin, 1620, in-8° de II-136-XIV pp. (10 fr.).

Contient les principes fondamentaux du " *Grand œuvre* ".

(O-1102

5900 LACHATRE (M.). — Histoire de l'Inquisition. — Les couvents et les Jésuites dans les pays catholiques : France, Espagne, Italie, depuis son établissement, 1208, jusqu'à la chûte du pouvoir temporel des Papes, 1870.

Paris, s. d., in-12, (3 fr. 50).

Les couvents. — La lèpre monacale. — Les Jésuites, leurs constitutions, leurs attentats et leurs crimes : Monita Secreta. — Les Crimes de l'Eglise. — Crimes des Papes ; mystères d'iniquité de la Cour de Rome, etc...

5901 LACHATRE (M). — Histoire des Papes ; crimes, meurtres, empoisonnements, parricides, adultères, incestes, depuis Saint-Pierre jusqu'à Grégoire XVI. — Histoire des saints, des martyrs, des Pères de l'Eglise, des ordres religieux, des conciles, des cardinaux, de l'Inquisition, des schismes et des grands réformateurs. —

Crimes des rois, des reines et des empereurs.

Paris, 1842, 10 vol. gr. in-8° (30 fr.).

Rare et curieux ouvrage orné de 94 planches dont 45 en couleurs, gravées par Boilly, Lafond, Drouard, etc..., d'après Bourdet, de portraits, costumes, scènes historiques, etc...

5902 LACHATRE (M). — Histoire des Papes, mystères d'iniquités de la Cour de Rome, crimes, mœurs, empoisonnements, parricides, adultères, incestes, débauches et turpitudes des pontifes romains, depuis St-Pierre jusqu'à nos jours. — Crimes des rois, des reines et des empereurs.

Paris, s. d. 3 vol. in-4°, en 250 livraisons, avec 50 pl. gr. sur acier, et un gr. nombre de gravures dans le texte. (12 fr.).

5903 LACHATRE (M). — Le Livre secret des prêtres. — Traité de Chasteté par le Rév. P. R. Louvel. — Examen critique des propositions émises par les fakirs mitrés. — Dialogue sur les galanteries de la Bible. — Vilenies et autres saloperies des livres saints ; commentaires. — Après les poisons, les antidotes, remèdes efficaces pour combattre la peste noire. Philosophie nouvelle, le Spiritisme. Exposition des doctrines politiques et sociales de la démocratie.

S. l. n. d., in-12, (6 fr.).

Ouvrage rare de ce savant et fougueux anticlérical.

5904 LA CHAVE (Clément de). — La magicienne des Alpes.

Paris, Havard. 1861, in-12. (3 fr.).

(G-448)

5905 LA CHAVE (Clément de). — Siamora la druidesse, ou le spiritualisme au XVe siècle par M. de LA CHAVE.

Paris, Librairie parisienne. 1860, in-12 de XII-X-256 p .(4 fr.).

[Y² 46206

Comme " Le magnétiseur " de Frédéric Soulié et " Ursule Mirouet " de BALZAC, ce roman a pour fonds des faits de somnambulisme.

L'action se passe sous Louis XI. Siamora finit sur le bûcher à Grenoble, de par l'Inquisition. Ouvrage ignoré d'un occultiste inconnu, contemporain d'Eliphas Lévi qu'il devait vraisemblablement approcher. « Une lueur providentielle m'avait éclairée dans mes lectures, dit l'auteur en présentant son livre, et m'avait montré, soit chez les auteurs anciens, soit chez les auteurs modernes, partout ce mot aimer, d'où découle le Spiritualisme : partout ce prodige de l'âme. — Ce mystère fait son chemin : le spiritualisme plus ou moins dévoilé, souvent sans nom, ou plutôt la Science Antique, la Magie, le secret, le mystère tour à tour renié, bafoué, persécuté, proclamé, marche, marche sans jamais s'arrêter. Il nous importe de signaler cette marche mystérieuse et puissante de ce Grand Principe qui nous enveloppe d'une force magique ". A travers une ingénieuse et touchante fiction, l'écrivain fait revivre toute la science secrète à laquelle il se propose d'initier le lecteur.

5906 LACHÈVRE. — Seule fixation mathématique de la date de la mort du Sauveur, d'où sont déduites celles de son baptême et de sa naissance.

Paris, 1839, pet. in-8°. (2 fr.).

Pièce rare et curieuse.

5907 LACHÈZE (Pierre). — La fin des Temps, ou l'accomplissement de l'Apocalypse et des anciennes prophéties d'Isaïe, de Jérémie, de Daniel, d'Habacuc, d'Abdias, de Joël et de Zacharie.

Paris, Debécourt. 1840, in-8° (3 fr.).

Curieux ouvrage sur l'accomplissement de l'Apocalypse, ce livre scellé de St-Jean cette extase écrite, comme le dit Balzac, et qui contient tous les secrets kabbalistiques du dogme de J. C. Il est écrit hiéroglyphiquement avec l'aide des nombres. " La fin des fins est pour l'an 1900, selon Daniel et Habacuc, 1896, selon St-Jean ". — Heureusement!... Ceci n'empêche que le livre est curieux pour ses commentaires et ses interprétations.

5908 LACHÈZE (Pierre). — Le retour des Juifs, ou l'accomplissement de tous les anciens prophètes Isaïe, Jérémie et Baruch, Ezéchiel et Daniel, Michée, Aggée, Zacharie et Malachie, manifestée par l'Apocalypse.

Paris, Lagny, 1846. in-8°. (3 fr.).

Orné d'un plan.

5909 LACHÈZE (Pierre). — Le système du monde d'après Moïse, précédé d'une chronologie et de recherches sur la question de la Pâque, et contenant des découvertes sur la lumière zodiacale; édit. augmentée d'une discussion sur Laplace et Cuvier et d'un questionnaire sur les principes de cosmographie, les divers calendriers, les zodiaques d'Égypte, les éclipses, les marées et l'inclinaison des orbites.

Paris, Palmé, 1860. in-8°. (3 fr. 50).

Orné de plusieurs tableaux chronologiques et de 4 planches cosmographiques.

5910 LACINIUS (Janus) ou Jean Lacinio, alchimiste italien né dans la Basilicate, et vivant au XVI° siècle. Moine cordelier. — Pretiosa Margarita novella de thesauro ac pretiosissimo philosophorum lapide collectanea ex Arnoldo, Rhaymundo, Rhasi, Alberto, Michaele Scoto, par Janum Lacinium nunc primum in lucem edita.

Venetiis, apud Aldi filios, 1546. in-8°, fig. sur bois (50 fr.).

[Rés. R. 2491

Lacinio, frère cordelier, célèbre alchimiste, découvrit dans une bibliothèque de Padoue un manuscrit de Pierre Boni, alchimiste italien du XVI° siècle ; il s'occupa de le compléter par des extraits des plus fameux traités d'Alchimie.

5911 LACINIUS (Janus). — Pretiosa margarita novella de thesauro ac pretiosissimo philosophorum lapide per Janum Lacinium. Artis huius divinæ typus et methodus : collectanea ex Arnaldo, Rhaymondo, Rhasi, Alberto et Michaele Scots.

Venetiis, Aldus, 1557. pet. in-8°. (20 fr.).

[Rés. R 2402

Figures cabbalistiques.

Autre édition de cet ouvrage recherché.

5912 LACINIUS. — Pretiosa Margarita novella de Thesauro Philosoph. lapide per Janum Lacinium Calabrum.

Petit poëme allemand extrait de l'ouvrage de Lacinius. IV° pièce de *Alchymia Vera, das ist...* (1604):

(O-800

5913 LACINIUS. — Pretiosa Margarita oder neuerfundene Köstliche-Perle, von den unvergleichlichen Schatz und höchst-kostbahren Stein der Weisen, in sich haltend den eigentlichen Grund-Risz und Lehr-Arth dieser göttlichen Kunst, ingleichen andere aus dem Arnoldo, Rhaymundo, Rhasi, Alberto und Michaels Scoto zusammen gelesene Schrifften, durch Janum Lacinium aus Calabria, zum erstenmahl in latinischer Sprache, mit... Pauli Tertii und des Raths zu Venedig, anno 1546, herausgegeben..... in das teutsche übersetzet... von Wolffgang Georg Stollen.

Leipzig, Joh. Friedr. Braun, 1714. in-4° de XXIV-468-XXXVI pp. avec fig. gr. dans le texte.

(O-803

5914 [LA CODRE DE BEAUBREUIL.] — Philosophie. — De l'immortalité de la sagesse et du bonheur, ou la vie présente et la vie future. Traité de philosophie pratique, par D. L. C. D. B. (de La Codre).

Paris, J. Renouard, 1853, 2 vol. in 8°. (4 fr.).

Les titres des Tomes I et II diffèrent : le I. porte : " *Immortalité. Bonheur* " seulement.

Signé DE LA COMBE " Caen le 15 juillet 1851 (II p. 464).

Cours complet et très élevé de philosophie, traitant de l'immortalité, du bonheur, de la prudence, du courage, de la sincérité, cosmologie morale (hypothèses), de l'Éther, etc...

5915 LACOMBE. — Nicolas Flamel, 1350-1418; par Fr. LACOMBE ; dans ses *Bourgeois célèbres de Paris*, (1852). 100-216.

M. LACOMBE a reproduit presqu'en entier l'art. consacré à Flamel par CLAUDE VIGNON (mad. Noémie CONSTANT, femme du célèbre occultiste Éliphas LÉVI) dans les *Chercheurs d'or au Moyen âge*, feuilleton de l'*Assemblée Nationale*, 30 décembre 1851.

M. LACOMBE (p. 215) montre une fois de plus qu'il est bon de vérifier ses citations sur l'ouvrage même ; il dit : « Paul Lucas les a rencontrés (Flamel et Pernelle) dans son voyage en Grèce. Ce savant apprit de leur propre bouche comment ils avaient été rajeunis en pleine vieillesse et guéris en pleine agonie, par l'usage de l'élixir parfait ou médecine de l'ordre supérieur.... » Or à Bournous-Bachy, un dervis des Usbecs, grand alchimiste, dit à Paul Lucas, qu'il a laissé, il n'y a pas trois ans, N. Flamel et Cl. Pernelle sa femme, aux Indes et que c'est un de ses plus fidèles amis. Pour plus de détails voy. le Voyage de P. LUCAS dans la Grèce... Chap. XII (pp. 79). On peut aussi voir sur cette prétendue longévité, FIGUIER : *l'Alchimie et les Alchimistes* (pp. 227-28) qui abrège Paul Lucas.

Paul LACROIX (bibliophile Jacob) a aussi écrit sa légende sur Nicolas Flamel, dans le Grand Œuvre, IIe série de ses *Soirées de W. Scott à Paris*, (I. 55-73). Selon lui, après l'enterrement supposé, Flamel s'enfuit en Suisse où il fut assassiné par deux Juifs.

(O-558)

LACOMBE (Mme). — Voir :

PYTHONISSE.

5915 bis LA COSTE (Bertrand de), aventurier et visionnaire français du XVIIe siècle, colonel d'artillerie dans l'armée du Duc de Brandebourg, qui se fixa ensuite à Hambourg. Il fut d'abord ami puis ennemi de la célèbre voyante Antoinette BOURIGNON lors de son séjour en cette ville.

Une indication insuffisante du Catalogue SEPHER (N° 3425 b.) nous avait fait d'abord attribuer les ouvrages de cet auteur à « BERTRAND, » dans notre N° 1080 page 155 : les ouvrages en question sont de Bertrand de LA COSTE.

1) Le Réveil Matin fait par Monsieur BERTRAND pour Reveiller les prétendus scavans Matematiciens de l'Académie Royale de Paris, etc.

A Hambourg imprimé par Bertrand, libraire ordinaire de l'Académie de Bertrand, où il se vend, 1674.

2) Ne trompez plus personne ou Suite du Réveil-Matin.... où les curieux trouveront de quoy se divertir et s'instruire.

Hambourg, 1675.

3) Le monde désabusé ou la Demonstration des deux lignes moyennes proportionnelles par *Bertrand de LA COSTE*, colonel d'Artillerie au service de la République de Hambourg.

Hambourg, 1675.

4) Ce n'est pas la mort aux rats ny aux souris, mais c'est la mort des matematiciens de Paris, et la demonstration de la trisection de tous les triangles, par *Bertrand de LA COSTE*.

Hambourg, 1676.

4 parties pet. in-8°, portrait de l'auteur, 3 planches à l'eau-forte et nombreuses figures de mathématiques dans le texte. (30 fr.).

Ouvrage extrêmement rare de ce mathématicien mystique, à idées au moins bizarres.

5916 LA COTE (Félix). — Budhasvamin, Brhat. Kathaclokasamgraha I-IX. Texte sanscrit accompagné d'une trad. française avec notes.

Paris, 1908. in-8° (12 fr.).

[8° O² k. 1311. A.

5917 LA COTE (Félix). — Essai sur Gunadhya et la Brahtkatha.

Paris, 1908, in-8° (4 fr.).

[O² k. 1323

5918 LACOUR (Louis). — Le Parc-aux-Cerfs du Roi Louis XV. Étude historique. Seconde édition augmentée.

Paris, Meugnot, 1859. plaq. in-12 (5 fr.).

5919 LACOUR (Pierre) Peintre, Archéologue et Kabbaliste français né à Bordeaux en 1778. Directeur de l'École de peinture de Bordeaux. — Æloïm ou les dieux de Moïse.

Bordeaux, Teychency, 1839, 2 vol. in-8° de 400 pp. env. chacun. (20 fr.).

[A. 20739

Ouvrage fort documenté sur les origines de la religion et de la langue hébraïques, avec un tableau synoptique et 26 planches lithographiées, hors texte.

Ce bel ouvrage, dont Papus s'est servi dans plusieurs endroits de son " Traité méthodique de science occulte" pour l'interprétation Kabbalistique des noms divins, constitue un travail formidable d'érudition et profondément initiatique au vrai sens du mot. L'œuvre de Lacour se dresse en face de celle de Fabre d'Olivet avec laquelle elle peut rivaliser tant par son originalité propre que par la richesse de sa documentation et la solidité de sa charpente. — Une telle œuvre est impossible à analyser succinctement, car chaque page peut fournir matière à d'intéressantes citations. L'auteur présente tout d'abord le premier chapitre de la Genèse comme le programme de six actes cosmographiques que l'on jouait devant les initiés dans les mystères de l'Égypte. Après avoir retracé l'histoire du Pentateuque, écrit par Moïse initié chez les prêtres égyptiens, il entre dans l'étude approfondie de la langue hébraïque, analyse ésotériquement les principaux noms qui se trouvent dans le Pentateuque et scrute les mystères des différents alphabets primitifs. — La pluralité des Dieux selon le système de Moïse. Traduction de la Genèse selon le sens intime mot à mot, suivant la méthode de Fabre d'Olivet avec commentaires très étendus. — Explication des hiéroglyphes et des symboles de l'antiquité, etc... Ajoutons que le savant archéologue était très lié avec Fabre d'Olivet et qu'il travailla longtemps avec lui, pour l'élaboration des grands ouvrages qu'il a publiés.

(G.-440

5920 LACOUR (P.). — Essai sur les Hiéroglyphes Égyptiens.

Bordeaux, Brossier, 1821, in-8°, xl-200 p. 14 pl. en taille douce et nombr. fig. (25 fr.).

[X 26001

Cet ouvrage très rare, qui ne fut d'ailleurs tiré qu'à 300 exempl. porte l'épigraphe suivante " Sunt hebraïcis similia Ægyptorum ænigmata". L'auteur s'est surtout proposé de prouver l'étymologie hiéroglyphique de la langue hébraïque qu'il croit être la langue sacrée des anciens prêtres de l'Égypte avant Moïse, employée par eux pour conserver la clef des hiéroglyphes primitifs.

On croit assez généralement que le pseudonyme de Louis Mure Lacour (q. v.) voile M. Pierre Lacour.

5921 LACROIX. — Pérou.

Paris, Didot, 1843, nombreuses figures dans le texte de Gaucherel, Vignier, Lemaître, etc... (1 fr. 50).

5022 LA CROIX (Frère). — Le progrès du Jansénisme.

Quiloa, 1753, in-12. (6 fr.).

Contient de nombreux détails sur les convulsionnaires et les miracles opérés sur le tombeau du diacre Paris.

(G-450

5023 LACROIX (Henry) Canadien. — L'Homme et sa chûte.

Paris, Librairie des Sciences psychologiques, 1891, in-16, IV-82 p. (0 fr. 75).

[8° R. 10369

L'auteur dit, avec juste raison, que l'histoire de l'homme ou la connaissance de soi-même, est la chose la plus importante, et pour arriver à ce savoir il faut rentrer en soi-même.

5024 LACROIX (Henry). — Spiritisme américain : Mes expériences avec les esprits.

Paris, Lib. des Sciences psychologiques, 1880, in-12, 280 p. 14 portr. dont celui de l'auteur et 1 vignette. (2 fr. 50).

[8° R. 9223

Curieuses relations d'expériences de médiumnité et de visions dans l'astral.
Cet ouvrage singulier a été fort ridiculisé, même parmi les occultistes.

5025 LA CROIX (Jean-François de) (qu'il ne faut pas confondre avec le conventionnel du même nom et de la même époque) est un fécond compilateur de la seconde moitié du XVIIIe siècle, dont la vie est ignorée. — Dictionnaire historique des cultes religieux établis dans le monde depuis son origine jusqu'à présent. Ouvrage dans lequel on trouvera les différentes manières d'adorer la divinité que la révélation, l'ignorance et les passions ont suggérées aux hommes dans tous les temps ; l'histoire abrégée des Dieux et demi-Dieux du Paganisme et celle des religions chrétienne, judaïque, mahométane, chinoise, japonaise, indienne, etc... leurs sectes et hérésies principales... le précis de leur dogmes et de leur croyance.

Paris, Vincent, 1770, 3 vol. in-12.

Rare.

Jolies figures hors texte. 4 planches gravées en tailles douce.

Id.

Versailles, Lebel, 1820, 4 vol. in-8° (10 fr.).

(G.-1504 et 1841

5026 [LACROIX (Paul)] littérateur et érudit connu sous le pseudonyme de BIBLIOPHILE JACOB, né à Paris en 1807. Bibliothécaire de l'Arsenal. — La Chambre des poisons. Histoire du temps de Louis XIV, par le Bibliophile Paul L. JACOB.

Paris, Victor Magen, 1839, 2 vol. in-8°, 335 et 381 p. plus les 2 tables (6 fr.).

[Y². 43582 et 3

Reconstitution de ces Scènes de Magie Noire qui eurent Paris pour théâtre et le futur Régent, et autres grands personnages pour acteurs; noter un chapitre sur la Messe Magique; un autre, intitulé " le Savant " concerne l'Alchimiste Guillaume HOMBERG, médecin du Duc d'Orléans.

5927 [LACROIX (Paul)]. — Curiosités de l'Histoire des arts par P. L. JACOB, Bibliophile.

Paris, 1858, in-12, (6 fr.).

Renferme une longue et très savante étude sur les cartes à jouer, les tarots et leur allégorie mystique. — Les cartes étaient suivant Paul LACROIX, le " jeu de chevalerie ", jeu symbolique qu'il fallait savoir interpréter et demandait toute une initiation. — Ces interprétations n'ont pas été signalées par les divers auteurs qui ont écrit récemment sur le Tarot.

5928 [LACROIX (Paul)]. — Bibliophile JACOB. Curiosités de l'histoire des

croyances populaires au Moyen Age.
Paris, Delahaye, 1895, in-12 (3 fr. 50).

Superstitions. — Le juif errant. — Les Démons de la nuit. — Les sorciers et le Sabbat. — Le Bœuf gras. — Des origines du mal de Naples. — Etc.

Peu commun.

(G-410

5929 [LACROIX (Paul)].— Bibliophile JACOB. — Curiosités des sciences occultes.

Paris, Garnier, 1885, in-12. (4 fr.).

Autre édition :

Paris, Delahays, 1862, in-12.

Alchimie.— Médecine chimique et astrologique.— Talismans, amulettes, baguette divinatoire, secrets d'amour, sorcellerie, magie, cartomancie, etc...

Très intéressant et sérieux ouvrage contenant q. q. fig. sur bois. Il est excessivement documenté, et contient d'importants extraits d'Agrippa, et d'autres auteurs, ainsi que des formules de magie inédites, tirées des Manuscrits de la Biblioth. de l'Arsenal. 140 p. sont consacrées à l'Alchimie.

(G-412, 702 et 1468

5930 [LACROIX (Paul)]. — Bibliophile JACOB. — Curiosités infernales : diables, bons anges, fées, elfes, possédés et ensorcelés, etc.

Paris, Garnier. 1880, fort vol. in-12. (3 fr.).

Le démon, ses métamorphoses, signes de la possession. — Sabbat. — Les unions charnelles : incubes et succubes. — Pactes. — Les bons anges. — Le royaume des fées. — Les ensorcelés. — Lycanthropes. — Loups-garous. — Sortilèges. — Le monde des esprits. — Follets et lutins. — Gnomes. — Esprits des mines. — Gardes des trésors. — Esprits familiers. — Prodiges célestes. — L'empire des morts. Ames en peine. — Lamies et lémures. — Revenants, spectres et larves. — Fantômes, Vampires. — présages, avertissements.

(G-411

5931 [LACROIX (Paul)]. — Bibliophile JACOB.— Curiosités théologiques. — Récits apocryphes relatifs à des personnages de l'ancien testament. — Légendes. Miracles. Superstitions. Sacrements. Prédicateurs bizarres. Idées singulières chez divers peuples anciens et modernes. Brahmanes. Bouddhistes. Africains. Mahométans. Opinions relatives à l'autre monde. Diable. Visionnaires. Mormons. Rabbins, Livres religieux remarquables par leur étrangeté, etc...

Paris, s. d., in-12 (3 fr. 50).

Ouvrage rempli de documents extrêmements intéressants.

5932 [LACROIX (Paul)]. — Pierre DUFOUR [Paul LACROIX]. — Histoire de la Prostitution chez tous les Peuples du Monde, depuis l'antiquité la plus reculée jusqu'à nos jours.

Paris, Seré, 1851-1853. 6 vol. in-8°.

[R. 34274-34279

Tome III : Druidisme, Fées, Incubes.— Tome V : Vauderie, Sorcellerie, Démons Etc.

(Y-P-024

5933 LACROIX (P. L.). — Madame de Krüdener, ses lettres et ses ouvrages inédits ; étude historique et littéraire.

Paris, 1880, in-12. (2 fr. 50).

Curieux ouvrage sur cette célèbre mystique et illuminée russe, qui était un disciple de St-Martin le Philosophe inconnu.

5934 [LACROIX (Paul)]. — L'Oneirocritie, ou l'art d'expliquer les songes, suivi du dictionnaire des songes par le Bibliophile JACOB.

Paris, Delahaye, 1859, in-18. (4 fr.).

Autre édition :

Paris, Delahaye, 1850, in-24.

5035 [LACROIX (Paul)]. — Le Bibliophile Jacob. — Recherches bibliographiques sur les livres rares et curieux.

Paris, 1880. in-8°, (12 fr.).

Tiré à 26 exempl.

5036 [LACROIX (Paul)]. — Recherches historiques sur les maladies de Vénus dans l'antiquité et le moyen-âge ; avec avant-propos.

Bruxelles, 1883. in-12. (7 fr.).

[T.d¹³ 000

Maladies secrètes et honteuses des anciens. — La luxure asiatique à Rome. — Enchanteurs et charlatans. — Superstitions religieuses. — Pèlerinage et invocation. — Matthiole et Paracelse. — La Bestialité. — Drogues. — Les empiriques, les antidotaires et les pharmacopoles, etc...

5037 [LACROIX (Paul)]. — Paul Lacroix. — Les secrets de nos pères. — La cryptographie ou l'art d'écrire en chiffres.

Paris, 1858. in-32. (3 fr.).

Origine de la cryptographie. — Règles et procédés. — Diverses sortes d'écriture. — Livres à clef. — Du déchiffrement. — Écritures occultes, etc...

5938 LA CROIX DU MAINE (François Grudé, sieur de) en latin CRUCIMANIUS illustre bibliographe né au Mans en 1552, mort en 1592, à Tours, assassiné par des fanatiques. — La Bibliothèque du Sieur de La Croix du Maine, qui est un catalogue général de toutes sortes d'Autheurs, qui ont escrit en François depuis cinq cents ans et plus jusques à ce jourd'huy.

Paris, Abel l'Angelier, 1584, in-f°. Portr. sur bois.

[Rés. Q. 18

Édition originale d'un ouvrage célèbre.

LA CROZE.

Voir :

VEYSSIÈRE DE LA CROZE.

5939 LACTANCE (Firmin). ou Firminus LACTANTIUS, écrivain chrétien mort à Trèves vers 325, à un âge avancé. Il fut professeur de belles lettres et avocat, puis gouverneur des fils de l'empereur Constantin. — Opera quæ extant, cum selectis variorum commentariis. — Operâ et Studio Servatii Gallæi.

Lugduni Batavorum, 1660, fort in-8°, orné d'un frontispice gravé (6 fr.).

5940 LACTANTIUS (Firmin.). — Divinarum institutionum. — De Ira Dei. De Opisicio Dei. Epitome in libros suos. Liber acephalos. Carmen de : Phœnice. Resurrectione dominica. Passione Domini. Omnia ex castigatione Honorati Fasitelii.

Lugduni apud Joan. Tornæsium, 1548, fort in-16, (5 fr.).

Autre édition :

En 1567, in-16 (édition rare).

5941 LACTANCE (Firmin). — Des divines institutions contre les religions et erreurs des gentils et idolâtres, nouvellement revu et corrigé.

Chez Jean Bailleul, 1581, pet. in-12, (5 fr.).

5942 LACURIA (l'abbé Paul François Gaspard) né à Lyon en 1806, mort à Oullins en 1890. Grand artiste profond penseur et célèbre mystique. — Les Harmonies de l'Etre exprimées par les nombres, ou les lois de l'Ontologie, de la Psychologie, de l'Ethique, de l'Esthétique et de la Physique expliquées les unes par les autres et ramenées à un seul Principe.

Paris, Comptoir des Impr. réunis, 1847, 2 pl. hors texte. 2 vol. in-8°, (25 fr.).

[R. 40294-95

Édition originale, beaucoup plus complète que la réimpression. — Cette œuvre magnifique est la plus profonde et la plus complète que nous possédions sur les Nombres et la haute philosophie ésotérique.

5943 LACURIA (P. G.). — Les harmonies de l'être exprimées par les nombres. Edition nouvelle publiée par les soins de René Philipon.

Paris, Chacornac, 1899, 2 vol, in-8º, avec 2 pl. de fig. géométriques (12 fr.).

[8º R. 15740

Réimpression d'un ouvrage de haute philosophie, que l'auteur a mis 40 ans à refondre entièrement.

LACURIA (Sur). — Voir :

SERRE (Joseph) son biographe.

5944 LADAME (Dr). — Procès criminel de la dernière sorcière, brûlée à Genève le 6 avril 1852, publié d'après des documents inédits et originaux conservés aux archives de Genève.

Paris, Progrès médical, Delahaye et Lecrosnier, 1888, in-8º (3 fr.).

[8º R. 8640

5945 LADEVI. — Réfutation du matérialisme, et démonstration du spiritualisme par la physiologie et psychologie.

Paris, Bordeaux, 1858 in-8º (2 fr. 25).

La doctrine matérialiste d'après Cabanis, Volney, d'Holbach, Dupuis, Helvetius, Voltaire, etc... Double vie de relation et d'assimilation, etc...

5946 LA DIXMERIE (Nicolas Bricaire de) littérateur flamand, né à La Motte d'Assencourt (Champagne) en 1731, mort en 1791. — Contes philosophiques et moraux. Nouv. édit corr. et augm.

Londres, 1868-69, 2 vol. in-12 (3 fr.).

Autre édition :

Londres, Couret, 1769, 3 vol. in-12.

L'édition originale est de 1765, 2 vol. in-12.

5947 LA DIXMERIE (De). — Éloge de Voltaire, prononcé dans la L:. Maçonnique des Neuf-Sœurs, dont il avait été membre.

Genève, 1779, in-8º. (4 fr.).

5948 LA DIXMÉRIE (de). — La Sibyle (*sic*) Gauloise, ou la France telle qu'elle fut, telle qu'elle est, et telle à peu près qu'elle pourra être. Ouvrage traduit du Celte et suivi d'un commentaire qui renferme des détails très curieux sur les mœurs et l'histoire des évènements et personnages les plus considérables.

Londres, 1775, in-8º joli frontispice allégorique gravé par Patas d'après Desrais, avec les portraits des principaux Bourbons, entr'autres ceux de Marie Antoinette et de Louis XVI alors tout jeunes. (5 fr.).

Autre édit :

Londres, 1761, in-8º.

Il y aurait eu deux Jeanne d'Arc.

Ouvrage rare, dans lequel apparait la mission de la Druidesse et où l'on remarque un fort curieux commentaire sur Jeanne d'Arc ; à l'époque il courut le bruit que Jeanne d'Arc s'était échappée de sa prison, et qu'on avait brûlé une aventurière vraiment coupable.

(G-1509

LADRAGUE (Auguste), né à Châlons-sur-Marne, Bibliographe connu, Bibliothécaire du comte Alexis Ouvaroff, à Poretchié, près Mojaisk (Russie). C'est lui qui a rédigé le célèbre *Catalogue Ouvaroff*, justement estimé par tous les bibliographes. Il a également donné sous le pseudonyme de Av. Iv. Tcherpakoff une rectification et addition aux " Fous littéraires " de Pierre Gustave Brunet, lequel auteur avait largement puisé dans le *Catalogue Ouvaroff* pour composer son livre, et ne l'avait pas toujours fait avec un parfait discernement.

5040 [LADRAGUE (A.)]. — Les fous littéraires. Rectifications et additions à l'essai bibliographique sur la littérature excentrique, les Illuminés, Visionnaires, etc. de PHILOMNESTE JUNIOR [Gustave Brunet], par Av. Iv. Tcherpakoff.

Moscou, Librairie W. G. Gautier ; Pont des Maréchaux; maison Torielsky, 1883, in-16 de 89 p. (7 fr.).

Manque à la Bibliothèque Nationale.

Curieux et intéressant ouvrage, qui se joint aux " Fous littéraires " de Gustave Brunet. Voir plus haut ce que nous disons à ce sujet.

5050 LADVOCAT. — Nouveau sistème (sic) de philosophie établi sur la nature des choses connües par elles-mêmes; mis en parallèle avec l'opinion des anciens philosophes sur les premiers principes de la Nature, etc...

Paris, Le Breton, 1728, in-12. (5 fr.).

(G-643

5051 LAFAGE (Doct J.). — Hygiène privée générale. Nervosisme au XIXe siècle.

Paris, 1882, in-18. (2 fr. 50).

[Te¹². 65

Puberté nerveuse chez le jeune homme ou la jeune fille. — Influence du massage. — Phénomènes nerveux de la grossesse. — Influence de l'onanisme sur le système nerveux. — Hygiène des névroses. — Hystérie. — Hystéro-épilepsie.

5952 LAFAIST. — Dissertation sur la philosophie atomistique.

Paris, 1833, in-8°, (3 fr.).

Le but de cet ouvrage est de reconstruire à l'aide de textes positifs l'un des systèmes philosophiques les plus célèbres de l'antiquité.

5953 LAFAVRYE (Mlle de). — Idées de physique ou résumé d'une conversation sur la cause des sensations avec la composition de la poudre de sympathie, ouvrage dédié aux dames de Paris par Melle de La Favrye.

Paris, chez Gastellier, 1787, in-8°, 111 pages.

En faveur du magétisme.

(D. p. 71

5954 [LA FAVRYE (Mlle de)]. — Rêves d'une femme de province sur le magnétisme animal ou essai théorique et pratique sur la doctrine à la mode.

Londres et Paris, 1785, in-8°, 42 pages, (2 fr.).

Brochure sérieuse en dépit du titre; l'auteur commente les 27 propositions de Mesmer dont il partage presque toujours les opinions; il donne de bons conseils aux magnétiseurs sur l'emploi prudent et réservé des procédés en usage.

(D. p. 02

5955 LAFAYE (Georges). — Histoire du Culte des Divinités d'Alexandrie (Sérapis, Isis, Harpocrate, et Anubis) hors de l'Egypte depuis les origines jusqu'à la naissance de l'Ecole Néo-Platonicienne.

Paris, Thorin, gr. in-8° (6 fr.)

[8° Z. 1212 (33)

5956 LAFFERT (Professeur). — Was ist Freimaurerei ? erörtert vom Professeur Laffert.

Berlin, beim Verfasser, 1822, in-8° de 16 pp.

(O-461

5957 LAFFINEUR (J.). — Hydraulique et Hydrologie souterraine et superficielle, ou traité de la Science des sources, de la création des fontaines, etc...

Paris, 1882, in-12. Figures (2 fr. 50).

[8° V. 2005 (B. 18).

5958 LAFFITTE (Pierre) né à Beguey (Gironde), en 1823. — Cours de Philosophie première.

Paris, Bouillon, 1889-1894. 2 vol. in-8° (7 fr. 50).

[8° R. 9596

I. Théorie générale de l'entendement.
II. Des lois universelles du monde.

5959 LAFFITTE (Pierre). — Les Grands Types de l'Humanité. — Appréciation systématique des principaux agents de l'évolution humaine.

Paris, Leroux, 1875, 2 vol. gr. in-8° (10 fr.)

5960 LAFFITTE (Pierre). — Le Faust de Gœthe.

Paris, E. Pelletan, 1899, in-8° de 106 pp. (8 fr.).

[8° Yh. 678

Orné de vignettes sur bois par Bellery Desfontaines et H. Vogel. Les majuscules sont en caractères gothiques et imprimées en rouge.

5961 LAFFITTE (Pierre). — Les Grands Types de l'Humanité : le Catholicisme, St-Paul, St-Augustin, Hildebrand, St-Bernard, Bossuet.

Paris, Société Positive, 1897, fort in-8° (5 fr.).

[G. 25251 bis

5962 LA FOLIE (Louis-Guillaume de) chimiste français, né à Rouen en 1739, mort en 1780. Célèbre par ses recherches sur les Teintures. — Le Philosophe sans prétention, ou l'homme rare. Ouvrage physique, chimique, politique et moral, dédié aux savants.

Paris, Clousier, 1775, in-8°.

Ouvrage rempli d'imagination, son auteur était physicien et chimiste distingué. Orné d'un frontispice signé L. S. inv. et C. Boissel, sculp. représentant un aéroplane, qui servit à un habitant de Mercure pour descendre sur notre planète où il expose ses idées, fort nouvelles pour l'époque, et que le temps a réalisées en grande partie, telles que : Ne pourrait-on pas inoculer des remèdes salutaires, puisqu'on inocule des germes pestilentiels, etc.

L'auteur a également écrit « Sur le Magnétisme » un Mémoire lu à l'Académie de Rouen.

5963 LAFONT (G. de). — Les Grandes Religions. — Le Buddhisme. — Précédé d'un essai sur le Védisme et le Brahmanisme. Préface du Sar Péladan.

Paris, Chamuel, 1895, in-18 de XXXVI-274 p. (2 fr.)

[O² m. 148

Cet excellent livre est le résumé de tous les volumineux ouvrages écrits sur la question, tels que ceux de Burnouf, Oldenberg, Max Müller, Rémusat, etc... Dégagé des formules scientifiques, tout en restant fidèle à la pensée des maîtres, il fait une histoire aussi complète que possible du Bouddhisme, de ses origines, de sa doctrine et de ses transformations. En outre, de nombreuses citations de textes, tirées des meilleures traductions des grands ouvrages sacrés de l'Orient, permettent au lecteur de se faire une juste idée de ces chefs-d'œuvre de l'esprit humain.

5964 LAFONT (G. de). — Les Grandes Religions. — Le Mazdéisme et l'Avesta. Préface d'Emile Burnouf.

Paris, Chamuel, 1897, in-8°, XII-374 p. (2 fr.)

[O² h. 488

Suivant le même ordre d'idées que dans le précédent ouvrage, c'est-à-dire se fondant sur les travaux de nos érudits indianistes et donnant des extraits des traductions réputées, l'auteur fait l'historique du Mazdéisme et montre les

prunts qu'ont faits à la religion des Iraniens le Judaïsme et le Christianisme.
(Œuvre spécialement recommandée.

5965 LAFONT-GOUZI (G. G.) — Traité de magnétisme animal considéré sous le rapport de l'hygiène, de la médecine légale et de la thérapeutique, par G. G. Lafont-Gouzi, professeur à l'école de Médecine de Toulouse.

Toulouse, Senac, l'Auteur, 1839, in-8°. 176 pages (2 fr.).

L'auteur pense « que le magnétisme est insalubre, immoral et subversif des droits de l'homme... Il lui oppose trente siècles de malédiction. Le magnétisme ouvre la porte à toutes les passions fougueuses. »

On croit rêver en lisant un semblable ouvrage émanant d'un médecin, d'un professeur et qui porte pour étiquette Traité de magnétisme !!

(D. p. 117

LAFONTAINE (Charles). Célèbre Magnétiseur et écrivain, né en 1803, sans doute à Vendôme, Loir et Cher; mort à Genève vers 1888. C'est à la suite de Séances données par ce Magnétiseur en Angleterre que Braid découvrit l'Hypnotisme (!) — Lafontaine était d'une famille noble ; son grand-père et son oncle étaient morts sur l'échafaud en 1793.

5966 LAFONTAINE (Charles). — L'Art de magnétiser, ou le magnétisme animal considéré sous le point de vue théorique, pratique et thérapeutique par Ch. Lafontaine.

Paris, Germer-Baillière, 1847, in-8° (4 fr.)

[Tb.³ 35

Ce livre qui a eu une deuxième édition en 1852 et une 3ᵐᵉ en 1860, est plutôt un recueil de faits, un résumé d'observations, qu'un ouvrage didactique. L'auteur partisan de l'émission d'un fluide spécial, combat néanmoins le merveilleux et le surnaturel et fait partie de l'école qui cherche à propager le magnétisme par la voie expérimentale.

C'est un des meilleurs traités que l'on puisse conseiller à toute personne voulant pratiquer le Magnétisme.

Autres éditions :

Paris, Alcan, 1880, in-8°.

Paris, 1899, 1 vol. in-8°, XII-314 p.

Paris, 1905, 1 vol. in-8°.

(D. p. 140

(G-1507

5967 LAFONTAINE (Ch.) — Eclaircissements sur le magnétisme, Cures magnétiques à Genève par Ch. Lafontaine, auteur de l'Art de magnétiser.

Genève, de Chateauvieux, Paris, Germer-Baillière, 1855, in-12, VI-150 pages (2 fr.).

Le Magnétisme considéré par les corps savants et les médecins. Le Magnétisme chez les peuples anciens. Avicenne, Paracelse, Crollius, Lemnius, Van Helmont, Kircher, Pythagore, etc.... Fluide vital.— Cures magnétiques, etc....

(D. p. 159

5968 LA FONTAINE (Charles de). — Mémoires d'un Magnétiseur, suivis de l'examen phrénologique de l'auteur par le Dʳ Castle.

Paris, Baillière, Genève, l'auteur, 1867, 2 vol. in-12 de 383 et 400 p. (6 fr.).

[Ln²⁷. 38394

Très intéressants souvenirs de ce grand magnétiseur.

5969 LA FONTAINE (Jehan de), Philosophe hermétique, né à Valenciennes en 1381. Il fut Mayeur, ou échevin de sa ville natale. — La Fontaine des amoureux de Science, composée par Jehan de La Fontaine, de Valenciennes en la comté de Hainault, l'an 1413 ; dans le Roman de la Rose, édition de Lenglet-Dufresnoy, t. III (1735), 259-94.

A la suite, se trouve : *Ballade du Secret des philosophes*, 295-96.

Autre édition de Méon, t. IV (1814), 245-90, avec la Ballade.

Autre édition :

Paris, *Poulet Malassis et de Broise*, 1861, in-16 de 93 p. et tabl. (catalogue à la fin) (2 fr. 50) 3 fr.

[Ye. 7359

Tiré à 355 exempl. et devenu rare. — Ce traité écrit sous une forme légère, est une savante révélation des mystères de l'Hermétisme. L'introduction de 40 pp. qui précède ce livre est une curieuse histoire de la philosophie hermétique.

(G-1842

(O-824-825

LA FONTAINE (Jean de). — Voir aussi :

MEUNG (Jean de).

5970 LA FONTAINE CHAMPMESLÉ. — La Coupe Enchantée. — Préface de G. d'Heylli. — Appendice sur les origines de la pièce.

Paris, *Librairie des Bibliophiles*, 1884, in-12 (4 fr.)

Tiré à 60 exempl. numérotés sur papier Whatman.

5971 LA FOREST. Chirurgien Pédicure de sa Majesté. — L'Art de soigner les pieds, contenant un traité sur les cors, verrues, durillons, oignons, engelures, les accidents des ongles et leur difformité. — Un chapitre sur la manière de soigner les pieds des soldats en garnison et dans les mouvements.

Paris, *chez l'auteur*, 1788, in-12. Planches (3 fr.)

Excroissances cutanées. — Cure radicale des cors. — Meilleurs spécifiques et émolliens. — Verrues. — Durrillons, Engelures. — Ongles des mains et des pieds. — Toilette des pieds. — Bains de pieds et de propreté, etc...

5972 LA FOREST (N. J.). — Philosophie. — Histoire de la Philosophie ancienne, par N. J. Laforet.

Bruxelles, Devaux, 1866-67. 2 vol. in-8° (5 fr.).

La Chine, l'Inde, la Grèce. — École italique, école atomistique, école sceptique, les grands philosophes de l'antiquité, etc...

5973 LAFORGE (Lucien) et X*** — Le Taro Sacerdotal, reconstitué d'après l'Astral et expliqué pour ceux qui savent déjà, par Lucien Laforge et X***

Paris, 1010 (?).

1 Album de 25 cent. de haut sur 12 1/2 de large, 22 planches coloriées à la main (15 fr.)

Tiré à 200 exemplaires signés et numérotés. Reliure d'éditeur.

Un des nombreux Jeux de Tarots récemment publiés, et disposé de manière à pouvoir être employé à la pratique de la Cartomancie.

5974 LA FOUGÈRE (de). — Le Paraclet, Avènement du Libérateur.

Paris, Chamuel, 1898, in-12. 104 p. 2 pl. pliées hors texte (2 fr. 50).

Ouvrage mystique à peu près inconnu.

5975 [LA GARAYE] (Claude Toussaint Marot, comte de) Chimiste et philanthrope français né à Rennes en 1675, mort en 1755. D'abord mousquetaire, il se retira ensuite dans ses terres et transforma son château de La Garaye en une sorte d'hôpital pour les malheureux.

Sa vie, et celle de sa femme font le sujet du livre « *Les époux charitables* » par l'abbé Carron (Rennes, 1782, in-8°; réimprimé en 1852). —

Chymie hydraulique pour extraire les sels essentiels des végétaux, animaux et minéraux, avec l'eau pure, par M. L. C. D. L. G. [Claude Toussaint Marot, Comte de La Garaye].

Paris, J. Thomas Herissant, 1740, in-12 de XVI-390 pp. avec 2 pl. gr.

[R. 40353

Cet ouvrage n'est pas alchimique, mais ce n'est pas non plus de la chimie comme on la comprend maintenant.

(O-1380

5076 LA GARAYE (Cte de). — Chymie Hydraulique, pour extraire les Sels essentiels des Végétaux, des Animaux et des minéraux, par le moyen de l'eau pure. Par M. le Comte de La Garaye, Pensionnaire du Roi, Maître en Pharmacie, ancien Apothicaire-Major de l'armée Saxonne et de l'Hôtel des Invalides...
A Paris, chez Didot le Jeune, 1775, in-12 de xxj-512 p. 1 f° de table. (4 fr.).

[R. 40354

Cette édition donnée par le grand Parmentier, ne comporte pas de planches.
Des Mixtes et de l'Utilité qu'il y a d'en séparer les parties médicinales. — Inconvénient de la Chymie ordinaire pour tirer les principes efficaces des Médicamens. — De la Possibilité d'extraire les parties Médicinales du Mixte, sans feu. — Du Dissolvant de la nouvelle Chymie. — De la préparation du Dissolvant et d'une Eau d'épreuve. — Manière de faire l'eau d'épreuve. — Du Laboratoire. — Bâtiment pour la Trituration. — Manière de triturer. — De l'Infusion. — De la Filtration. — Du Repos. — De l'évaporation. — De la Crystallisation ou Coagulation. — Préparation du *Quinquina*. — Sel essentiel par la Trituration. — Du lait. — Sel de lait. — Des Métaux. De la Dissolution de l'Or et de son Sel Essentiel. — Teinture d'Or. — De l'Analyse. — Analyse des Végétaux par la Chimie ordinaire. — Analyse du quinquina par la Nouvelle Chymie. — De l'utilité des Sels Essentiels dans la Chirurgie. — Parallèle du Sel de Quinquina en substance. — Etc...
Les procédés de l'auteur présentant des analogies curieuses avec ceux de l'Electro-Homéopathie, du comte Mattei, par exemple. Les soins apportés à la trituration dans l'eau y jouent un rôle très important.

5077 LAGARDELLE (Docteur). — L'épilepsie délirante, au point de vue clinique et médico-légal.

Draguignan et Paris, 1878, in-8°. (2 fr. 50).

Folie épileptique. — Epilepsie ou idiotie. — Monomanie. — Hypocondrie. — Démence, etc.

LA GERVAISAIS (Nicolas Louis Marie Magon, Marquis de), littérateur français né à St Servan en 1765, mort à Versailles en 1838. D'abord carabinier, puis ami platonique de la princesse Louise Adélaïde de Bourbon, il écrivit un nombre considérable de factums singuliers. Ballanche a publié en 1834 (in-18), sa correspondance avec la princesse de Bourbon.

Voir :

DAMAS-HINARD...

5078 L'AGNEAU (David), né à Aix en Provence vers 1500, mort vers 1660. Alchimiste et Médecin conseiller du Roi. — Harmonie mystique, ou Accord des Philosophes chymiques, avec les Scholies sur les plus difficiles passages des autheurs allegués, desquels les noms sont ès pages suyvantes ; le tout par le s. [David] L'Agneau, d'Aix-en-Provence, conseiller et méd. ord. du roy ; trad. par le sieur Veillutil [pseudo. de L'Agneau].
Paris, Melchor Mondière, 1636, in-8° de XVIII-482-XX pp. avec 1 pl. représ. deux cœurs arcano-mystiques.

[R. 40372

Traité alchimique fort curieux et rare avec une double planche gravée d'écussons hiéroglyphiques.

(O-1241

(G-451

5079 L'AGNEAU (D.). — Davidis Lagnei d. Med. Harmonia seu Consensus philosophorum chemicorum magno cum studio et labore in ordinem digestus ; dans *Theatrum chemicum*, IV (1613), 798-910.

La première édition est de :

Paris, 1611.

[R. 40374

Brunet dit de 1621.

Ce traité est suivi d'un Epitaphium chemicum, et d'un Arcanum philosophorum en vers latins.

(O-1240

5980 LAGRANGE (C.). — Exposition critique de la méthode de Wronski pour la résolution des problèmes de mécanique céleste.

S. l. n. d. (1881), in-4°. (4 fr.).

Curieux exposé des théories mathématiques d'Hoëné Wronski.

Autre édition :

Bruxelles, 1882, in-4°.

[R. 23511 (44)

5981 —— Démonstration élémentaire de la Loi suprême de Wronski.

Bruxelles, 1886, in-4°.

[R. 1215 Hb. 47

5982 LAGRANGE (Ch.). — Sur la concordance qui existe entre la loi historique de Brück, la chronologie de la Bible et celle de la grande pyramide de Chéops ; avec une interprétation nouvelle du plan prophétique de la Révélation.

Bruxelles, 1893, gr. in-8°. (8 fr.).

Ouvrage excessivement curieux, basé en grande partie sur les nombres et enrichi de quatre grandes planches se déployant. L'auteur ayant trouvé le symbolisme des Pyramides d'Egypte en tire des rapprochements avec les fameuses lois de Brück qui sont reconnues à l'heure actuelle comme étant du domaine de l'Occultisme pur ; il en fait l'application à chacune des prophéties de l'Apocalypse.

5983 LA GRANGE (Marquis E. de). — La Prophécie du Roy Charles VIII par Maitre Guilloche Bourdelois, publiée pour la première fois, d'après le Ms. unique de la Bibliothèque Impériale par le Marquis de la Grange, Membre de l'Institut, et de l'Académie de Bordeaux.

Paris, Académie des Bibliophiles, M. D. CCC. LXIX [1869], in-12 de LIX-82 p. et errata puis 2 folios de Catalogue. (4 fr.).

[Ye. 23886

Tiré à 250 exemplaires, dont 100 hors commerce.

Prophétie rimée, dans le genre des Quatrains de Nostradamus.

5984 LAGRANGE (Docteur Fernand). — La Médication par l'exercice, par le D' Fernand Lagrange, Lauréat de l'Institut et de l'Académie de Médecine, Médecin consultant à Vichy. Avec 62 figures dans le texte et une carte coloriée hors texte.

Paris, Félix Alcan, 1894, in-8° de XV-580 p. fig. et pl. (5 fr. 50).

[Te⁷ 307

Très intéressant ouvrage sur ce genre de médication malheureusement assez peu employé, qui substitue une hygiène appropriée aux médicaments habituels et nuisibles.

Les effets Thérapeutiques de l'Exercice. — De l'Exercice actif. — De l'exercice passif. — De la Fatigue en thérapeutique. — L'indication de l'exercice en thérapeutique. — Les Moyens d'Exercices. — La Gymnastique Suédoise. — Les exercices libres. — Le Cure de Terrain. — L'application du Traitement. — Les Maladies de la Nutrition par excès d'épargne. — Les Maladies du Système nerveux. — Les affections des Voies respiratoires. — Maladie de l'Appareil Circulatoire. — Etc.

5985 LA GRANGE (Fréd. de). — Le grand Livre du Destin. Répertoire général des sciences occultes d'après Albert le Grand, N. Flamel, Paracelse, R. Bacon, Corneille Agrippa, Etteilla, Mme Lenormand, Gall, Lavater, etc. 3° édit. précédée de la

Prophétie du solitaire Dorval et contenant l'art d'expliquer les songes, de tirer les cartes et de dire la bonne aventure.

Autres éditions :

Paris, Lavigne, 1848, in-8°.

Paris, Dentu, s. d.

(G-452, 1508 et 1843

5986 LA GRASSERIE (R. de). — Les Principes Sociologiques de la Criminologie, avec une Préface par Lombroso.

Paris, V. Giard et Brière, 1901, in-8°. VII-442 p. (4 fr.).

[8° R. 13407

5987 LAGRÉSILLE (Henry), né à Nantes en 1860. — Métaphysique mathématique : Essai sur les fonctions métaphysiques : Morphologie de l'âme, par Henry LAGRÉSILLE.

Paris, Veuve Dunod, 1898, in-16. (1 fr. 50).

[8° R. 15297

5988 LAGRÉSILLE (H.). — Quel est le point de vue le plus complet du monde ? et quels sont les principes de la Raison universelle.

Paris, Berger-Levrault, 1897, in-16. (1 fr. 50).

[8° R. 14576

5989 [LA GRÉZIE (Bertrand de)]. — Le magnétisme animal dévoilé par un zélé citoyen français.

Genève, 1784, in-8°, 36 pages. (2 fr.).

Brochure contre Mesmer. L'auteur est M. Bertrand de LA GRÉZIE. Il a voulu essayer de magnétiser et n'a rien produit et il veut dessiller les yeux de ses compatriotes.

Il n'est pas médecin, dit-il, mais il s'est mis à apprendre la médecine à l'effet de prolonger ses jours. Malade, il s'est rendu chez Mesmer, qui, après l'avoir magnétisé sans succès appréciable, lui a fait prendre de la crème de tartre. Une purgation suivit, et l'auteur ne peut la pardonner à Mesmer. Tous les magnétiseurs sont des charlatans. A l'en croire ils tuent leurs malades. Cela posé, il admet qu'un individu bien portant, en qui le fluide électrique surabonde, peut communiquer cette surabondance aux individus qui n'en ont pas autant, et à l'aide de conducteurs, dit-il, le fluide électrique d'une personne peut passer dans le corps d'une autre...

C'est au moins aussi fort que la théorie du fluide de Mesmer et l'on ne comprend plus le dédain de l'auteur. Il y a dans ce pamphlet des protestations d'« *amour de la patrie et du monarque* » qui font penser au sieur BRACK. C'est le même esprit et le même style emphatique.

(D. p. 29 et 33

5990 LA HODDE (Lucien de). — Histoire des sociétés secrètes et du parti républicain de 1830 à 1848. Louis-Philippe et la Révolution de Février. Portraits, scènes de conspirations, faits inconnus.

Paris et le Mans, Julien Lanier et Cie, 1859, in-8° de 511 p. (4 fr.).

[Lb³¹ 71

Souvenirs fort intéressants d'un agent de la police secrète, si l'on en croit V. Hugo, qui consacre à ce personnage dans *les Misérables* une longue note que M. de Guaita a transcrite de sa main sur un feuillet de garde de son exemplaire.

(Les Bohèmes. — Les Bandits. — La Charbonnerie. — Tableau des Sociétés populaires. — Ordre de bataille des Sociétés secrètes. — Tribunal secret. — Détails secrets, etc...).

(G-453

5991 LAINCEL (Louis de) médium. — Les diables démasqués.

Paris, 1864, in-12 de 103 p. Figures. (2 fr.).

5992 LAINÉ. — L'Apocalypse éclairée par la Révélation de la Salette.

Paris, s. d., in-16. (1 fr.).

5993 LAIR (Pierre Aimé). — Essai sur les combustions humaines produites par un long abus des liqueurs spiritueuses.

Caen, Paris. Gabon, an VIII-1800, in-12 de 100 pp. sans table. (3 fr.).

[Td³¹ 307

Tiré à 130 exemplaires.

Suite de récits de « *combustions* » radicales d'alcooliques. — Des plus curieux. — L'eau est impuissante à éteindre le corps enflammé, mais l'incendie ne se propage jamais. — Huit « Observations générales » (p. 37) : 1° Ne se produit que sur les alcooliques. — 2° Des femmes.— 3° Agées. — 4° Allumage accidentel (non spontané). — 5° Extrémités du corps épargnées. — 6° L'eau éteint mal ou pas du tout. — 7° L'incendie ne se propage pas. — 8° Résidu de cendres grasses et fétides et suie onctueuse, puante et très pénétrante.

Autre édition :

Caen, 1823, in-12 de 64 p. tiré à 150 ex. (3 fr.).

5994 LAISNE (Marius), professeur d'éloquence parlée. — L'action oratoire comprenant l'animation de la voix, de la physionomie et du geste, ouvrage utile à ceux qui se destinent à la tribune, à la chaire, au barreau, à l'art dramatique, et à l'usage des académies et des maisons d'éducation.

Paris, 1867, fort in-12. (3 fr.).

5995 LAISNÉ (Napoléon). Né à Paris, en 1818. — Gymnastique pratique contenant la description des exercices, la construction et le prix des machines. Préface par Barthélemy Saint-Hilaire.

Paris, Hachette, 1870, in-8°. Nombreuses figures et 9 planches. (4 fr.).

5996 LAJARD (Félix). — Introduction à l'étude du culte public et des mystères de Mithra en Orient et en Occident.

Paris, Imprimerie Royale, 1847, in-4°. (2 fr.).

(G-13..

5997 LAJARD (Félix). — Observations sur l'origine et la Signification du Symbole appelé la Croix Ansée.
Paris, 4 pl. (4 fr.).

5998 LAJARD (Félix). — Recherches sur le culte du Cyprès pyramidal chez les peuples civilisés de l'antiquité.

Paris, Impr. Imp. 1854, in-4° de 370 pp. planches. (25 fr.).

Ce travail, d'une riche documentation intéresse l'étude de la Mythologie comparée et des religions anciennes et notamment la cosmogonie chaldéenne et le culte de Mithra, l'Egypte, etc...

5999 LALANDE (Dr Emmanuel) né à Nancy le 24 décembre 1868, et QUENAIDIT.— Deux ex-libris maçonnique et cabalistique par le Dr E. LALANDE et QUENAIDIT.

Le Pré St-Gervais (Seine) A. Saffroy, 1905, gr. in-8° de 10 p. (3 fr.).

2 figures.

[4° Q. Piece 300

6000 LALANDE (Dr E.) — Faculté de médecine de Paris, Année 1896. Thèse n° 135 pour le Doctorat en médecine présentée et soutenue le jeudi 30 janvier 1896 à une heure par Emmanuel LALANDE né à Nancy le 24 décembre 1868.

Arnaud de Villeneuve, sa vie et ses œuvres.

Paris Chamuel, 1896, in-4° de 108 p. et table. Portrait d'Arnaud de Villeneuve, et planche du Microcosme de Robert Fludd, hors texte. (5 fr.).

[Th. Paris 1427

Le Dr LALANDE, avec toute l'autorité qu'on lui sait a donné dans ce livre les meilleures biographies du célèbre philosophe hermétiste Arnaud de Villeneuve ; on y trouve l'analyse de ses œuvres complètes : Cosmologie, Anatomie, Physiologie, Thérapeutique, Sciences Hermétiques, Philosophie, Religion, etc... L'ouvrage est orné d'un beau portrait et d'une grande planche hors texte représentant l'homme ou Microcosme au milieu de l'Univers ou Macrocosme.

Plus qu'un héros et presque un demidieu, ARNAUD de Villeneuve appartient à la légende. La doctrine alchimique compte dans ce livre d'exquises pages, et il y est fait un exposé très clair et très complet de l'hermétisme

Cette Thèse de Doctorat en Médecine a aussi été publiée sous le nom mystique de Marc HAVEN (Nom du Génie de la Dignité, de la Première Heure du *Nuctéméron d'Apollonius de Tyane* ‧ ELIPHAS LÉVI. *Rituel*, II-417).

6001 LALANDE (Joseph Jérôme LE FRANÇAIS de) astronome né à Bourg en Bresse en 1732, mort à Paris en 1807. Élève des jésuites et Franc-maçon de marque. — Bibliographie astronomique avec l'histoire de l'astronomie depuis 1781, jusqu'à 1802.

Paris, Imprimerie de la République 1803, in-4° (30 fr.).

Excellent ouvrage toujours consulté, avec la table ajoutée par M. Cotte.

6002 LA LANDE (J. J. L. de). — Catalogue des livres composant la Bibliothèque de feu M. Joseph Jérôme LE FRANÇOIS DE LALANDE professeur d'Astronomie au Collège de France, place Cambrai.

A Paris, chez MM. Leblanc ; Mérault, 1808, in-8° de xij-218-31 p. et 1 f° d'ordre des vacations. Portrait de La Lande, au trait, en frontispice. (5 fr.).

[Δ. 13123

Avec table des auteurs cités, à la fin. L'exemplaire de la Bibliothèque nationale porte les prix d'adjudication ajoutés à l'encre. Ce catalogue est remarquable par le choix des Ouvrages scientifiques anciens qui le composent : Hautes sciences en général et astronomie en particulier.

On y trouve aussi une bibliographie chronologique des ouvrages de LA LANDE luimême (p. vij-x).

Ce Catalogue a été réédité en 1888.

Ibid. in-8° (3 fr.)

6003 LALANNE. — Curiosités des traditions, des mœurs et des légendes.

Paris, Paulin, 1847, in-12, (3 fr.).

Épreuve de l'adultère. — Culte des anges déchus. — Procès contre les animaux. — Antechrist. — Crime de bestialité. — Épreuves diverses. — Illuminés. — Inquisition. — Jésuites. — Sectes chrétiennes, — Traditions sur les Templiers. — Vaudois au XV-ème siècle.

(G-454

6004 LALLART (C.). — Essai sur l'hypnotisme, nouvelle découverte précédé d'explications sur le magnétisme et le somnambulisme par C. Lallart.

Soissons, impr. Lallart, 1864, in-8°, 24 pages.

(D. p. 178

6005 LALLEMANT (J.). — J. LALLEMANT exterarum feré omnium Gentium Anni Ratio cum Romano collata.

Parisiis, 1571, in-8°.

(S-3412

6006 LALLIÉ (Norbert). — Choses de Russie. La lutte du Tsarisme et du Nihilisme. Les contes populaires slaves...

Lyon, E. Vitte, 1895, in-8° (3 fr.).

[8° M. 8870

Les sociétés secrètes occupent une partie du volume, mais le côté le plus intéressant est le Folklore russe, où le merveilleux joue un grand rôle.

6007 LA LUZERNE (César Guillaume Cardinal de) constituant, ancien évêque de Langres, pair de France, théologien, né à Paris en 1738, mort en 1821. — Dissertation sur les prophéties.

Paris, Périsse, 1855, in-8°. (3 fr.).

Autres éditions :

Paris, 1810, fort in-12.

Lyon, 1842, in-8°.

6008 LA LUZERNE (G. de). — Dissertations sur la spiritualité de l'âme et sur la liberté de l'homme, suivies des dissertations sur la loi naturelle et sur la révélation en général.

Paris et Lyon, 1862, in-8°, (2 fr. 50).

6009 LAMAIRESSE (E.) ancien ingénieur en chef des établissements français dans l'Inde. — Chants populaires du sud de l'Inde. Traduction et notices par E. Lamairesse. Système religieux et philosophique de l'Inde. Des cérémonies du culte, etc...

Paris, Lacroix, 1868, in-12. (3 fr. 50).

6010 LAMAIRESSE (E). — L'Empire chinois et le Bouddhisme en Chine et au Thibet.

Paris, G. Carré, 1894, in-12, 440 p. (3 fr. 50).

M. Lamairesse est un ancien ingénieur des établissements français dans l'Inde, et sa connaissance profonde de ces mystérieux pays donne à son jugement un grand poids. — Cet ouvrage forme avec les trois autres : « L'Inde avant le Bouddha » « L'Inde après le Bouddha » « La vie du Bouddha » une véritable encyclopédie sur la religion et les coutumes de l'Inde ; ils sont considérés comme ce qu'il y a de mieux fait sur ces questions. Néanmoins ces volumes sont indépendants les uns des autres ; mais il est nécessaire de les connaître tous, si on veut avoir l'ensemble du sujet.

6011 LAMAIRESSE (E.). — L'Inde avant le Bouddha.

Paris, G. Carré, 1892, in-12, 325 p. (2 fr.).

[O² k. 082

6012 LAMAIRESSE (E.). — L'Inde après le Bouddha.

Paris, G. Carré, 1892, in-12, 404 p. (2 fr.).

[O² k. 004

6013 LAMAIRESSE (E.). — Le Kama Soutra. Règles de l'Amour de Vatsyayana (Morale des Brahmanes). Traduit par E. Lamairesse.

Paris, Georges Carré, 1891, in-8 (0 fr.).

[Rés. O² K 038

C'est la première édition de cet ouvrage réimprimé depuis :

[Paris] en vente chez tous les libraires [s. d.], in-8°, XXXII-290 p. (4 fr.).

A tort ou à raison, cette réimpression est moins estimée que l'édition originale. Littérature érotique de l'Inde. — Diverses sortes d'Unions sexuelles. — L'Amour permis et l'amour défendu. — Des Caresses et Mignardises. — Des différentes manières de se tenir et d'agir dans l'Union Sexuelle. — Le Harem Royal. — Courtage d'Amour. — Catéchisme des Courtisanes. — Le Mysticisme érotique dans l'Antiquité. — Etc...

(G-434 et 5

6014 LAMAIRESSE (E.). — Le Prem Sagar. Océan d'amour. Théologie hindoue. Traduit par E. Lamairesse, traducteur du Kama Soutra.

Paris, chez tous les libraires, [G. Carré], s. d. in-8°, XLIX-346 p. (4 fr.).

[O² k. 001

Travail original et d'un grand intérêt. — Le Krishnaïsme jusqu'au premier Sagar. — Légende de Parikshit, etc...

est toute une histoire des plus substantielles de la mythologie hindoue, faite avec une érudition peu commune.

6015 LAMAIRESSE (E.). — Rauzat-us-safa (Jardin de Pureté). Bible de l'Islam. Théologie Musulmane, ou l'Histoire Sainte suivant la Loi Musulmane, par l'Historien Persan MIRKHOND, traduite de l'anglais par E. LAMAIRESSE.

Paris, chez tous les libraires, s. d., in-8° (4 fr.).

L'ouvrage de Mirkhond initie clairement et sous une forme anecdotique et poétique à tout ce que le Coran expose dogmatiquement et avec une sécheresse rebutante pour le profane. On y retrouve sous des formes nouvelles les récits de la Bible : Adam et Ève, Noé, Abraham, Salomon, etc.

6016 LAMAIRESSE (E.). — La vie du Bouddha, suivie du Bouddhisme dans l'Indo-Chine.

Paris, Carré, 1893, in-12, 288 p. (2 fr. 50).

[O² m. 127

Ouvrage fort documenté, donnant une biographie complète du Bouddha et une étude sur les événements généraux et les circonstances particulières qui ont préparé la vocation de Gautama.

6017 LAMARCK (Jean Baptiste Pierre Antoine de MONET, chevalier de) naturaliste français, Académicien, né à Bazentin, Picardie, en 1744. Mort en 1829. D'abord militaire, puis professeur au Muséum. — Recherches sur les causes des principaux faits physiques etc... avec une planche.

Paris, Maradan, 1797, 2 vol. in-8° (15 fr.).

[R. 12889-12890

Cet ouvrage du célèbre LAMARCK, « dont les travaux sont si vivement recherchés depuis que les théories de Darwin l'ont remis en lumière » est d'une très grande valeur scientifique. — Le tome I, après une étude approfondie de la matière, est presque entièrement consacré au feu principe distingué de la lumière, et à ses propriétés physiques ; le tome II, roule sur les affinités chimiques (ou la sympathie occulte), le principe vital ; l'essence des choses.

6018 LAMARE. — Des magiciens, des sorciers, des devineurs et des pronostiqueurs ; dans son *Traité de la police* liv. III, titre VII, tome I, 464-75.

[O-1083

6019 LA MARTINIÈRE (Pierre Martin de), médecin chimique. — L'empirique charitable enseignant comme l'on peut connaître les maladies les plus communes qui affligent le corps humain, tant par leurs signes qu'accidens et la manière de les guérir. Avec cinq méthodes assurées pour connoistre les cause des maladies, par le pouls, par le sang, par les urines ; et les deux autres pour se conserver en santé par le cours des temps, des saisons et par le régime de vivre.

Paris, 1667, in-10 (6 fr.).

[Td³⁰. 110 A.

1ʳᵉ édit :

Rouen, 1665, in-12.

[Td³⁰ 119

Ouvrage rare de ce fameux médecin alchimiste, Opérateur du Roy, avec son portrait finement gravé.

6020 LA MARTINIÈRE (de), médecin et opérateur ordinaire du Roy. — Tombeau de la folie, dans lequel se voit les plus fortes raisons que l'on puisse apporter pour faire connoitre la réalité, et la possibilité de la Pierre Philosophale et d'autres raisons et expériences qui en font voir l'abus et l'impossibilité.

Paris, chez l'auteur, s. d. [vers 1660], in-12 (10 fr.).

[R. 40431

Comparaison des chercheurs de la Pierre Ph. aux faux Anges. — De quelle pierre philosophale ont eu connaissance Hermès Trismégiste, Salomon, Pytagore (sic) R. Lulle, Albert le Grand, St-Thomas d'Aquin et Arnauld de Ville-Neufve. Abus du feu de Bazile Valentin. — Récit du bonheur de Nicolas Flamel et des impostures qu'il nous a laisseez par écrit. Récit des premières aventures de l'auteur et comme il a travaillé à la recherche de la Pierre Philosophale, etc... Avec un portrait de l'auteur.

Cet ouvrage des plus curieux est loin d'être commun... La présente diatribe contre les souffleurs est bourrée d'anecdotes piquantes, elle amuse le lecteur à l'égal d'un roman.

(G-455 et 1510

LA MARTINIERE (Antoine Augusten Bruzen de). — Voir :
BRUZEN DE LA MARTINIERE.

6021 LA MAZELIÈRE (Marquis de). — Essai sur l'évolution de la civilisation indienne.

Paris, Plon, Nourrit, et Cie, 1903 2 vol. in-16. pl. et carte. (4 fr. 50).

[O² k. 1151

I. L'Inde ancienne et au Moyen-Age.— II. L'Inde moderne.

6022 LA MAZELIÈRE (Marquis de). — Moines et Ascètes indiens. Essai sur les Caves d'Ajanta et les Couvents Bouddhistes des Indes. Ouvrage accompagné de gravures d'après des photographies.

Paris, E. Plon, Nourrit et Cie, 1898, in-12 de II-300 p. et tab. 10 photograv. hors texte (table p. 307) (2 fr.).

[O² k. 1055

Les Caves d'Ajanta. — L'Inde avant le Bouddhisme. — Le Bouddha. — L'Hinayana. — Les Vijaras d'Ajanta. — Le Mahayana. — Les Monastères d'Ajanta. — La vie civile et religieuse au temps du Mahayana. — Ajanta au septième siècle. — Décadence du Bouddhisme : Religion hindoue. — Caves d'Ellora.

6023 [LAMBERG (Max. de)]. — Tablettes fantastiques ou bibliothèque très particulière pour quelques païs et pour quelques hommes. Par l'auteur du Mémorial d'un Mondain.

Dessau, 1782, in-4°. (8 fr.).

(G-1521

6024 LAMBERT, du Comité hébraïque de Bordeaux. — Histoire des Histores.

Paris. 1838, in-8°. (10 fr.).

Ouvrage rare d'un disciple direct de FABRE D'OLIVET qu'il cite à chaque page de son livre. (Création. — Adam, homme collectif. — Déluge partiel. — Noé, être collectif. — Formation des langues. — L'Inde et l'Egypte, grands foyers de civilisation, etc...)

6025 LAMBERT (G.). — Alchimie.
Paris. in-8° raisin (3 fr.).

Annoncé dans le dernier catalogue (1910) de la Librairie de l'Art Indépendant.

6026 LAMBERT (Gustave). — Etude sur Augustin CHABO, auteur de la Philosophie des Religions comparées.

Paris, 1861, in-8° de 400 pp. (8 fr.).

Augustin CHABO, dit le Voyant, fut un des premiers occultistes du XIX° siècle. On ignore, généralement qu'ELIPHAS LEVI lui a fait des emprunts importants, en particulier pour son Dogme et rituel de la Haute Magie. Gustave LAMBERT donne, dans ce volume, toute la philosophie ésotérique du célèbre Basque, et expose dans tous ses détails les mystères des Voyants drapés d'ombre et continuateurs inconnus des traditions antiques.

6027 LAMBERT (P.). — Mœurs et superstitions des néo-calédoniens.

Paris, s. d., in-4° de 368 pp. illustrations.

6028 LAMBERTUS (D.). — Voir :
MONTFORT : Tumultuum Antibaptistarum, Liber Unus.

6029 LAMBILLY (Ph. Aug. de).— L'Eglise et les prophètes, ou la Vision des Temps. Nouveau commentaire sur l'Apocalypse.

Nantes, 1867-68, 2 forts vol. in-8° (8 fr.).

L'auteur prétend expliquer dans cet ouvrage, le " Mystère de Dieu " renfermé dans l'Apocalypse. — Il se déclare millénariste, c'est-à-dire partisan du règne du Saint-Esprit. — Ce commentaire se distingue des autres du même genre par une érudition remarquable.— Ph. de Lambilly a exploré tous ceux qui l'ont précédé dans cette voie, et notamment le célèbre Newton dont il cite des extraits fort suggestifs. — Entre autres révélations curieuses, signalons celles relatives à Gog et à Magog qu'il identifie avec les peuples Thibétains dirigés par le le grand Lama, qui préparait un grand mouvement dont la diffusion des idées théosophiques semble être le prélude. — Bien qu'écrit à un point de vue tout différent, l'ouvrage de M. de Lambilly, rempli de vues larges est digne de figurer à côté du travail de BERTET.

6030 LAMBSPRING. — LAMBSPRING, das ist : ein herzlicher Teutscher Tractat vom philosophischen Steine, welchen für jahren ein Adelicher Teutscher Philosophus so Lampert Spring geheiszen, mit schönen Figuren beschrieben hat ; dans *Dyas chymica tripartita* (1625), 83-117.

Ce sont 15 grande fig. et frontispice gravés, accompagnés d'explications en vers allemands.

(O-981

6031 LAMÉ (Émile). — Julien l'Apostat, précédé d'une étude sur la formation du Christianisme.

Paris, Charpentier, 1861, in-12, (5 fr.).

[8°J. 5433

Dans cette œuvre de haute envolée, Émile Lamé, démontre que l'Empereur Julien fut un des plus grands théosophes connus, un des esprits les plus chrétiens qui aient été, un frère des Pères de l'Église par ses connaissances supérieures de la théologie et de la Mystique. — Après avoir, dans une introduction de plus de 200 pp. examiné l'histoire du Verbe et l'évolution du christianisme, il entre en plein dans son sujet. Voici quelques titres de chap. de ce curieux volume. — Julien se fait initier par Maxime aux secrets de la théurgie : mer de feu, danse miraculeuse, hymne orphique, Miroir magique où Julien se voit empereur. — Discours de Maxime sur les origines de la théurgie. — Julien assiste aux grands mystères d'Éleusis : ce que ces mystères étaient devenus au VI-ème siècle, Bacchus est, comme le Christ, le Verbe incarné. — Julien évoque les dieux supérieurs. Il est transporté dans le ciel hellénique. — Un ange annonce à julien la mort de Constance. — La mort de Julien. — Son dernier entretien philosophique avec Priscus et Maxime sur la vie future (morceau magnifique). — Attis et l'amour mystique ou la Semaine sainte de l'Hellénisme. — Le cinquième corps ou corps divin. — Discours sur le Roi-Soleil. — Les anges et les concepts, etc...

6032 LA MÉNARDAYE (de). — Examen et discussion critique de l'histoire des diables de Loudun et de la possession des religieuses Ursulines, et de la condamnation d'Urbain GRANDIER.

Paris, Debure, 1747, in-12. (8 fr.).

(S-3233
(G-644 et 1512

Autre édition :

Liège, Everard Kintz 1749, in-12. (5 fr.).

Fort curieux traité critique sur l'une des plus célèbres possessions dont il soit fait mention dans l'histoire de la sorcellerie en France.

(G-1512

6033 LAMENNAIS (l'abbé Félicité-Robert de), philosophe et mystique, né à St-Malo en 1788, mort à Paris en 1854. — Amschaspands et Darvands.

Bruxelles, 1843, in-16. (4 fr.).

Sur la lutte des bons et mauvais génies.

Édition originale : Condamnée par la Congrégation de l'Index.

Id. :

Paris, Paguerre, 1843, in-8°
(G-456 et 1844)

6034 LAMENNAIS (F. de). — Paroles d'un Croyant.

Bruxelles, 1842, pet. in-12, (2 fr.).

Œuvre d'un caractère prophétique et d'une lecture très attachante.

6035 LAMENNAIS (F. de). — De la religion (Dogme primordial. — Des prophéties divines. — Religion avant Jésus-Christ. — Du Christianisme, etc...).

Bruxelles, 1841, in-24. (1 fr. 50).

LAMENNAIS, traducteur : Voir : BLOIS (Louis de).

6036 LA MESNADIERE (Jules de). — Raisonnemens sur la natvre des esprits qvi servent aux sentimens.

Paris, 1638. in-16. (7 fr.).

Sur les couleurs. — État des enfants dans le ventre de la mère. — Différence des Esprits. — Les Esprits faits de sang. — Esprits influens. — Esprits qui restent après la mort. — Les Songes. — Des marques de naissance et de leur couleur. — Sentimens des pierres précieuses. — Les Sympathies, etc.

6037 [LA MESNADIERE (de)]. — Traitté de la Melancholie, sçavoir si elle est la cavse des Effets que l'on remarque dans les Possédées de Loudun. Tiré des réflexions de M. [de la MESNARDIÈRE], svr le discovrs de M. D. [DUNCAN].

A la Flèche, Martin Goyot, Gervais Laboé, 1635, in-4"; 3 f⁰ˢ, n. c. — 131 p. — 2 f⁰ˢ, en gros caractères.

[Td⁸⁶. 13

Rarissime et très recherché.

(S-3234 b

LA METTRIE (J. Offroy de). — Voir :

OFFROY DE LA METTRIE (J.).

6038 LAMEY (Dr). — Joh. Reuchlin. — Biographie.

Pforzheim, in-10 de 95 pp. Portrait de Reuchlin. (2 fr.).

6039 LA MONNERIE (de). — Odes sacrées selon l'esprit des Pseaumes, par M. de LA MONNERIE.

Amst., 1740, in-12.

(O-1322 bis

6040 LA MONTAGNE (Jean de), pasteur, né vers 1590. — La Papesse Jeanne, ou Dialogues entre un Protestant et un papiste prouvant manifestement qu'une femme nommée Jeanne a été pape de Rome... traduit de l'Anglois de Cooke, par J. de LA MONTAGNE.

Sedan, 1633, in-8°.

(S-4880

6041 LA MONTJOIE (P. de). — L'Emondeur des Bois et les Saints Guérisseurs, avec les Légendes des Rives de l'Orne (1840-1847).

Flers, 1898, in-4".

Le Grand Grimoire de Vassy. — Le Vieux Guérisseur de Saint-Philibert. — Le Philtre d'Amour. — La Guérison du Jeteur de Sorts. Etc.

(Y-P-1030

6042 [LAMOTHE-LANGON] (Etienne-Léon, baron de). littérateur, né à Montpellier en 1786, mort en 1864. Sous-préfet de Toulouse, Doyen des Jeux Floraux. — Le Comte de Saint-Germain et la Marquise de Pompadour Par Mme D***

Paris, Lecointe, Lequien et al. 1834 2 vol. in-8° de 410-390 p. (15 fr.).

[Y² 23550

Curieux et intéressant. — Séance de Magie royale : Fin dramatique pour fille de la Marquise, et le fils de St-Germain (II-96).

Ouvrage rare, sur ce fameux thaumaturge qui fut lié intimement à la Pompadour, même à Louis XV. — Il prétendait avoir plus de 2000 ans et avoir connu Jésus-Christ, et disait posséder un élixir qui perpétuait sa vie. — Il fut, d'après Cagliostro, le Grand-Maître de la Maçonnerie, et ce dernier disait avoir reçu l'initiation de lui.

6043 LA MOTHE LE VAYER (François de), Magistrat et philosophe, né à Paris en 1588, mort en 1672. — Du sommeil et des songes, par M. de LA MOTHE LE VAYER (tiré de ses *Opuscules ou petits Traités*) 10-46.

(O-1832

6044 LA MOTTE (Jeanne de Luz, de SAINT-RÉMY, de VALOIS, comtesse de), née à Fontète (*Champagne*) en 1756, descendante d'un fils naturel de Henri II, morte à Londres en 1791. — Mémoires justificatifs de la comtesse de VALOIS de la MOTTE. Écrit (sic) par elle-même.

S. l. 1789, in-12 (3 fr. 50).

La meilleure édition de ces Mémoires sur l'affaire du Collier, ornée d'un beau portrait de la comtesse, de la figure représentant la Scène du bosquet, et contenant les preuves de noblesse de Mme de la MOTTE et la correspondance de la Reine et du Cardinal de ROHAN.

(G-457

6045 LA MOTTE (Comtesse de). — Mémoires justificatifs de la Comtesse de Valois de la MOTTE, écrits par elle-même.

Londres, 1789, in-8° de 202 pp. (4 fr.).

[Rés. Ln27. 11288 B.

Curieux et rare ouvrage sur Cagliostro, sur ses escroqueries, son charlatanisme à Paris, et surtout sur son rôle dans l'Affaire du Collier.

6046 LA MOTTE (Comtesse de). — Mémoire pour dame Jeanne de St-Rémy de Valois, épouse du Comte de LA MOTTE.

Paris, 1786, in-8°. (2 fr. 50).

Pièce rare sur l'Affaire du Collier de la Reine et la complicité de Cagliostro.

6047 LA MOTTE (Comtesse de). — Vie de Jeanne de S. Remy de Valois, ci devant Comtesse de LA MOTTE, contenant un Récit détaillé et exact des événements extraordinaires auxquels cette dame infortunée a eu part depuis sa naissance et qui ont contribué à l'élever à la dignité de Confidente et Favorite de la Reine de France ; avec plusieurs particularités ultérieures, propres à éclaircir les transactions mystérieuses, relatives au Collier de diamans, à son emprisonnement, et à son évasion presque miraculeuse, etc... etc... Écrite par elle-même.

Paris, Garnéry, an 1-er, 2 vol. in-8°. (15 fr.).

[Ln27. 11294 et 11294 A.

Autobiographie très rare et fort intéressante, faisant suite aux Mémoires justificatifs.

(G-458

6048 LAMOTTE (G.). — Action des Esprits dans l'Histoire.

Paris, Vrayet de Surcy, 1866, in-12. (2 fr. 25).

Abrégé raisonné du second mémoire de M. de MIRVILLE sur le même sujet.

6049 LA MOTTE LE NOBLE (de). — Les Sexes des Esprits, par M. de LA MOTTE LE NOBLE.

A Rouen, de l'imprimerie d'Antoine Maurry, M. DC. LXXVI [1676], pet. in-8° de 4 fos-90 p. (6 fr.).

Singulier opuscule peu connu, mélangé de prose et de vers, dans ce goût :
  J'appelle
  Esprit femelle
Et nomme ainsi l'Esprit dont la condition
Est la soumission...

Tout le texte est agrémenté de ce genre de rimes.

6050 LA MOTTE SAGE (X.) Président du " New York Institute of Science " de Rochester (Etat de New York). Un des Maîtres de la célèbre école hypnotique de Rochester. — Un cours par correspondance sur le magnétisme Personnel, Hypnotisme, Mesmérisme, Calmant magnétique, Thérapeutique suggestive, Psycho - Thérapeutique, etc... Cours supérieur, traitant des mêmes sujets.

New-York " New York Institute of Science " 1900, 2 vol. in-4° et in-8° de 81 et 31 p. figures (12 fr.).

1re partie seule :

[Te¹⁵ 231

Ce célèbre cours de magnéto-hypnotisme fut traduit dans toutes les langues, au prix minimum de 30 fr. — C'est un résumé des meilleurs théories et procédés mis en action pour obtenir ces troublants phénomènes et mis à la portée de tous. — De nombreuses et intéressantes gravures viennent encore rehausser l'intérêt et rendre plus compréhensible cet important ouvrage d'occultisme pratique.

L'Ouvrage de M. Filiatre, sur les mêmes sujets contient, entre autres choses toute la matière de ces deux cours.

6051 LAMPSAQUE. — La Légende Joyeuse ou les Cent et une Leçons de Lampsaque.

A Londres, chez Pynne, 1749, (8 fr.).

Frontispice et Vignette.

Cette édition assez rare est entièrement gravée.

Les Bons contes. Trois cents leçons de Lampsaque.

S. l. 1760.

Réimprimé à :

Bruxelles, 1882, in-8° à 200 ex. (10 fr.).

Ouvrage rare et extrêmement licencieux.

A Londres, chez Pynne, s. d., in-32.

[Enfer 001

A Londres, chez Pynne, 1751, in-16.

[Enfer 000

A Londres, chez Pynne, 1760, in-8°.

[Enfer 002

6052 LAMY (R. P. Bernard). — Traité historique de l'ancienne Pâque des Juifs, où l'on examine à fond la question célèbre si J. C. N. S. fit cette Pâque la veille de sa mort et ce que l'on en a cru.

Paris, 1693, in-12 (6 fr.).

Curieux pour l'étude des coutumes et des traditions hébraïques et la savante érudition qu'on y rencontre relativement aux cérémonies de l'antiquité.

6053 LAMY (H.). — Unité de la matière. Nouvelle théorie chimique basée sur le calcul et confirmée par l'expérience. 1-re partie [seule parue].

Clermont-Ferrand, 1871. in-8° de 351 pp. (6 fr.)

LANA-TERZI (le P. François) Jésuite et physicien italien. — voir : *LANIS* (Tertius de).

6054 LA NAUZE (de). — Histoire du calendrier égyptien (L'année vague des Egyptiens. L'année solaire des Egyptiens ou année Alexandrine, l'année lunaire égyptienne).

S. l. (1743), in-4° (2 fr.).

(Extr. *Mém. Acad. Inscript.*).

6055 LA NAUZE (de). — Remarques sur l'Antiquité et l'origine de la Cabale.

S. l. [1736], (1 fr. 25).

(Extr. *Mém. Acad. Inscriptions*)

6056 LANCELIN (Charles). — L'Au-delà et ses problèmes. Thème magique et clavicules.

Paris, s. d., in-12 (3 fr. 50).

Livre hardi, étrange, impressionnant, de l'auteur de la remarquable *Trilogie de Shatan*.—L'occultisme y est envisagé sous ses deux aspects: théorique et pratique.— Au point de vue de la réalisation, il peut être considéré comme un précieux formulaire de magie, car il traite de l'Envoûtement, des Maléfices du sang, de la divination par les miroirs, des philtres, de la Yoga, etc... Pour ceux qui préfèrent s'en tenir à la doctrine, sans recourir à l'expérience, l'ouvrage abonde en considérations élevées, et en documents originaux de grande valeur.

6057 LANCELIN (Charles). — Histoire mythique de Shatan. De la légende au dogme. Origines de l'idée démoniaque, ses transformations à travers les âges, son état actuel, son avenir.

Paris, H. Daragon, 1903, in-16, 224 p. tableaux et fac similé, (7 fr.).

[8° R. 18806

Deux tableaux synthétiques et un autographe du diable. Dans son " *Temple de Satan* " qu'on s'arrache aujourd'hui, Guaita n'a pas tout dit et ne pouvait tout dire. — Il avait laissé dans l'ombre certains côtés du problème qui devaient tôt ou tard venir à la lumière. — Avec une érudition prodigieuse, Charles Lancelin a reconstitué toute l'anatomie de ce vieux mythe et, à l'aide de matériaux, le plus souvent inédits, il a écrit l'histoire la plus complète, et parfois la plus libre du satanisme, avec ses rites impurs, ses sacrifices sanglants, ses cérémonies stercoraires. — Pour ceux qui n'ont pas l'ouvrage de Guaita, difficile à trouver, le livre de Lancelin le remplacera dans une certaine mesure; pour les autres, il sera un complément indispensable des travaux du grand occultiste en leur révélant certains aspects de la question que le maître avait cru devoir déguiser, ou tout au moins, ajourner à une époque plus opportune. — Inutile d'ajouter que le Satanisme contemporain a donné lieu à l'auteur de faire des révélations intéressantes sur certaines vésanies spéciales.

6058 LANCELIN (Charles). — Le Ternaire magique de Shatan. — Envoûtement, incubat, Vampirisme.

Paris, H. Daragon, s. d., [1905] in-8°, avec planches radiographiques (7 fr. 50).

Le Ternaire magique, forme le tome II de l'Histoire mythique de Shatan. — Il initie le lecteur aux mystères de l'envoûtement, de l'incubat, du succubat et du Vampirisme traités à fond. Ceux qui doutent des forces magiques dont peut disposer l'homme, n'ont qu'à lire ces pages remplies de témoignages scientifiques et littéralement effrayants. — Le sacrifice du sang, entre autres chap. saisissants, fera courir un frisson dans le dos du plus intrépide. — L'assassinat magique du duc d'Orléans, fils aîné du roi Louis Philippe, les drames lugubres de la Cour d'Autriche, du Portugal et certaines familles historiques, dont l'auteur révèle la source ténébreuse, suffiraient à justifier le succès de ce livre, si important à d'autres points de vue et qui dépasse en intérêt tout ce qui a été décrit par Guaita.

6059 LANCELIN (Charles). — La Sorcellerie des campagnes.

Paris, 1910 (?), in-8° avec 9 gravures et une planche : la Table d'Emeraude.

Les Origines. — La pseudo-sorcellerie. — La Sorcellerie fruste. — La Sorcellerie de Magnétisme. — La Sorcellerie de Goétie. — La Sorcellerie des Bohémiens. — Physiologie du Sorcier des campagnes. — Les Œuvres de la Sorcellerie rurale. — Conclusion. — Appendice : De quelques remèdes de Sorcellerie rurale.

6060 LANCI (Michelangelo) Fanese. — Paralipomeni alla illustrazione delle sacra scrittura (*cabale*).

Paris, Dondey-Dupré, s. d., 2 vol. in-4°, T. I, 384 p. T. II, 405 p. (25 fr.)

Tiré à 125 exemplaires.

6061 LANCI (Michelangelo), Fanese.— La Sacra Scrittura illustrata.

Roma, Société typogr. 1827. gr.

in-4°, 964-17-VII pp. Planches gravées.

Très rare, entièrement détruit dit-on.

(Cat. Olschki 100 fr.)

M. A. Laxer a rapproché les hiéroglyphes égyptiens des symboles de la Bible. — Le Tétragramme en particulier n'a jamais été aussi profondément expliqué que par lui. — Ses ouvrages ayant paru non orthodoxes ont été détruits par sa famille dès sa mort.

6062 LANCELLOTTI (Carl). — Der brennende Salamander, oder Zerlegung der zu der Chimie gehörigen Materien, so das ist ein Wegweiser oder Unterricht sich ein allen Arbeiten der Scheid-Kunst zu üben : benebenst den aufgeweckten Chimisten, sammt bey gefügter Anleitung von Erwehlung des Vitriols ; in Druck gegeben durch Carl Lancelot, erst aus dem Italiänischen ins Holländische, nun aber aus der Holländischen in die hochteutsche Sprache übersetzet durch J. L. M. G.

Franckfurt am M. Joh. Haasz, 1684 in-8° de XIV-385-IX pp. avec 4 pl.

(O-1002

6063 LANCRE (Pierre de) Magistrat, né à Bordeaux mort vers 1630. Commissaire extraordinaires des sorciers du Labourd (Pays Basque). — L'incrédulité et mescréance dv sortilege plainement convaincve. Ov il est amplement et curieysement traicté de la vérité ou illusion du sortilege, de la fascination, de l'attouchement, du scopelisme, de la diuination, de la ligature ou liaison magique, des apparitions, et d'vne infinité d'autres rares et nouueaux subjects;

Paris, Nic. Buon, 1622, in-4°. portrait gravé de Louis XIII. (60 fr.).

[R. 7788 et
[Z. Payen 1044
(S-5200 b
(G-459

6064 LANCRE (Pierre de). — Tableau de l'inconstance des mavvais anges et demons ov il est amplement traicté des sorciers et de la sorcellerie. Livre tres vtile et necessaire, non seulement aux Iuges, mais à tous ceux qui viuent soubs les loix chrestiennes, avec un discours contenant la procédure faicte par les inquisiteurs d'Espagne et de Nauarre, à 53 magiciens, apostats, Iuifs et sorciers, en la ville de Logrogne en Castille, le 9 nouembre 1610, en laquelle on voit combien l'exercice de la iustice en France est plus iuridiquement traicté, et auec de plus belles formes qu'en tous autres empires, royaumes, republiques et estats : par Pierre de Lancre.

Paris, Jean Berjon, 1612, in-4° de XXXVI (non chif.) 595 pp. avec 1 fig. du Sabbat par le graveur polonais J. Ziarnko. (50 fr.).

[R. 8828

Les pp. 567-68 sont doubles dans l'exemplaire Ouvaroff. Le texte est terminé à un de ces exempl. à la ligne 25e par : ont des maléfices. Sur l'autre exempl., il reprend à la ligne 25e par : qui me fait conclure, et continue sur la p. 569 ; la p. 570 est blanche.
Les exemplaires à doubles cartons sont rares.
Livre curieux, l'un des plus recherchés sur les procès de sorcellerie.

(O-1060

Autres éditions :

Paris, Nicolas Buon, 1612, in-4°.

Cette édition paraît être la même que la précédente elle comporte également des cartons aux pages 567-570.

(50 fr.).

(G-460-461-15

.... Reueu, corrigé et augmenté de plusieurs nouuelles observations et responses et autres choses notables.

Paris, Nicolas Buon, 1623, in-4° avec la planche de Ziarnko.(50 fr.)

(G-

Paris, Nicolas Buon, 1613, in-4°
avec la planche du Sabbat.

[R. 7790
(S-3150 b

A Paris, chez Nicolas Buon, M.
DC.XXII [1622], in-4° de 52-841 p.
et 5 p⁰⁰ n. c. Port. de Louis XIII par
Léonard Gaultier.

6065 LANCRE (Pierre de). — Tableau
de l'inconstance et instabilité de toutes choses, par Pierre de LANCRE.

Paris, V⁰ᵉ l'Angelier, 1610, 2ᵉ édit.
in-4°.

[R 7789

1ʳᵉ édit :

Paris, V⁰ᵉ l'Angelier, 1607, in-
4°.

[R 40586
(S-2874

LANCRE (Pierre de). — Voir :
COMMUNAY.

6066 LANDES [Diocèse de Bayeux]
(Possession de.) — Mémoire justificatif de la conduite du sieur HEURTIN,
curé de Landes.

S. l. (8 fr.).

6067 LANDES (Possession de). — Mémoire justificatif pour la possession
de huit personnes de la paroisse des
Landes, diocèse de Bayeux.

Le Pour et le Contre de la possession des filles susdites.

S. l. 1737, 3 vol. in-8°.

Une autre édition (ou la même ?)
(paru s. l. n. d.

(S-3230 b

6068 LANDES (Possession de). — Le
Pour et le Contre de la possession des
filles de la paroisse de Landes, diocèse de Bayeux. [par l'abbé G. PORÉE
et DUDONET, médecin].

Antioche [Rouen], 1738, in-8° (6
fr.).

6069 LANDES (Possession de). — Réponse de l'auteur de l'examen de la
possession de Landes à la lettre de
Monsieur De..., P. A. P. D. N. pour
servir de suite au Pour et Contre.

Antioche [Rouen], 1739.

LANDES (Possession de). —
Voir :

YVE-PLESSIS *Bibliographie*, Nᵒˢ
744-761 (p. 93-95).

Et aussi :

PORÉE (l'abbé Charles-Gabriel).
CARACCIOLI (le marquis).

6070 LANDON (Em.). — Le spiritualisme dans la pensée, l'art et l'amour.
Essais philosophiques et littéraires.

Paris, Didier, 1872, in-12. (2
fr.).

De la source de la Pensée, de l'art et
de l'amour. — Leur étude au moyenâge, au XVIIᵉ-ème siècle, et au XIXᵉ-ème
siècle, dans la Philosophie et la littérature intime.

(G-1515

6071 LANDOR (A. H. Savage). —
Voyage d'un anglais aux régions interdites, pays sacré des Lamas, traduit par E. Jacottet.

Paris, Hachette et Cⁱᵉ, 1899, gr.
in-8° de 251 p. Orné de 129 grav. et
d'une carte. (6 fr.).

[O² m. 170

L'auteur a été accusé de nombreuses
inexactitudes dans son récit. Quelqu'intéressant que soit son ouvrage, il ne faut
donc pas s'y fier sans réserves.

L'original anglais est de :

London, W. Heineman, 1898, 2
vol. in-8°.

[O² m. 169

6072 [LANDRESSE (C. de)]. — Le Cri
de la nature, ou le magnétisme au
jour ; ouvrage curieux et utile pour

les personnes qui cherchent à étudier les causes physiques du magnétisme ainsi que les phénomènes qui s'y rapportent, par M. C. D. L. (C. de LANDRESSE).

Londres, et se trouve à Paris chez les marchands de nouveautés, 1784, in-8°, 40 pages.

L'auteur a été guéri par le magnétisme chez le docteur d'Eslon, il a magnétisé lui-même et, reconnaissant, il veut instruire le public. Il n'admet pas d'ailleurs que le magnétisme soit un secret, etc.

(D. p. 30

6073 LANDREY (J.). — Tératologie ou Discours des signes et prodiges, par lesquels Dieu nous a de tous temps menacé, accompaigné de plusieurs instructions chrestiennes et advertissemens aux catholiques, contre les fausses assertions des calvinistes de nostre temps.

Clermont, B. Durand, 1663, petit in-8° (10 fr.).

Livre curieux et très rare.

De la variété des comètes. — Les comètes sont présages de malheur. — Du tremblement de terre. — De l'année climatérique. — De la fausse astrologie. — De Mahomet et de Luther, etc.

6074 LANDSPERG (Baron de). — Cure magnétique ou guérison d'une épilepsie opérée en 1787, par M. le Baron de LANDSPERG.

Strasbourg, 1818, in-8° 20 pages.

(D. p. 91

LANDUR (Nicolas) né à Metz le 22 août 1837, mort à Paris, le 2 juin 1886, Docteur en médecine, licencié ès-sciences physiques, ès-sciences mathémathiques, était disciple de WRONSKI. La mort vint le surprendre au moment où il mettait la main à un grand ouvrage sur la philosophie, médité pendant de longues années.

6075 LANDUR (N.). — Exposition abrégée de la philosophie absolue de Wronski.

Paris, impr. d'Aubusson, 1857, in-8° de 126 p. (3 fr. 50).

[R. 405...

6076 LANDUR (N.). — Recherche des principes du savoir et de l'action.

Paris, 1865, in-12 de 126 pp. (10 fr.).

Du savoir. — Inventaire et critique de ce que l'on sait dans les sciences. — De l'Univers dans son ensemble et de la condition de l'homme. — Des relations sociales. — Les Grands Philosophes ; dans ce chap. on lira avec intérêt et profit l'étude sur Wronski et Jacob Boehme. — D'après lui, Wronski aurait indécemment pillé Boehme, et bien d'autres encore, sans en faire l'aveu loyal. — Quant à Boehme, LANDUR le met au-dessus des plus grands penseurs, et il affirme que les traductions de ses œuvres sont plus que fautives, et que les versions de Saint-Martin, notamment sont émaillées de contre-sens. — Quoiqu'il en soit, la brochure de Landur, est un travail très haut et très puissant dans sa concision.

6077 LANE (Docteur Henry Edward) du Kosmos Hygienic Institute, 702 N. Clark Street, Chicago, Illinois. U. S. A. — Diagnosis From the Eye. A new art of diagnosing with perfect certainty from the Iris of the Eye the normal and abnormal Conditions of the organism in general and of the different organs in particular. A Scientific Essay for the Public and Medical Profession by Henry Edward LANE, M. D. With original Illustrations.

Chicago (Illinois) Kosmos Publishing C°.

London (England) L.N. Fowler and C° s. d. [1904], in-8° de 150 p. et 12 ff. de catalogue. (2 dollars ou 8 shill.)

Curieux et intéressant ouvrage traitant de Diagnostic général par l'inspection des signes de l'œil, un peu comme la chiromancie médicinale le fait par inspection des signes de la main. Cette science *nouvelle* semble dater de 1880 avec le Hongrois Ignaz Peczely, qui le premier a publié que le bleu était la couleur normale de l'œil pour les races Caucasiques et que le traitement allopathique des maladies était la principale cause des couleurs foncées de l'iris. Les autres auteurs sur ce sujet sont les Docteurs August Zoeppitz de Stuttgard, Emil Schlegel, de Tübingue, et l'homœopathe suédois Nils Liljequist.

Le présent ouvrage du Dr Henry E. Lane est également publié en langue allemande par C. Lentze, 12 Grassi Strasse, Leipzig (Allemagne).

D'après sa théorie, la couleur normale de l'Iris dans la race Caucasique est le *Bleu* qui s'observe d'ailleurs chez la plupart des nouveaux nés. Les tentatives médicales allopathiques de suppression des maladies de peau produisent soit des anneaux foncés autour de la pupille et de l'iris, soit des taches rondes qui noircissent de plus en plus. Toutes les drogues, la vaccine, le sérum, les opérations chirurgicales, laissent dans l'iris des traces décrites par l'auteur : colorations, anneaux, nuages, etc.

L'auteur donne aussi la correspondance entre les régions de l'iris et celles du corps qui l'influencent : pour cela il divise l'iris en 7 zones concentriques et en 56 secteurs. Certains organes n'influencent qu'un seul œil par exemple le cœur se manifeste seulement à gauche de la pupille de l'œil gauche (ou coté externe) vers le premier tiers du rayon de l'iris, à partir de la pupille.

L'estomac, le tube digestif, occupent tout le tour immédiat de la pupille, avec des indications très détaillées dans l'ouvrage.

L'appareil respiratoire (bronches, poumons, etc.) se reflète dans les deux yeux à la fois, dans deux secteurs situés à droite et à gauche de la pupille et limités vers le bas par un diamètre horizontal de l'iris. Les poumons correspondent au secteur orienté vers l'extérieur ; la trachée, les bronches et le larynx, au secteur orienté vers l'autre œil.

L'auteur propose une sorte de série de signes conventionnels pour représenter en dessin agrandi l'état des iris, et donne de nombreux exemples. Enfin l'ouvrage se termine par des Préceptes sur la méthode de guérison naturelle (par l'eau, genre Kneipp), sur l'alimentation fruitarienne, les bains de soleil, etc.

Les auteurs anciens qui se sont occupés de l'" Ophthalmoscopie " sont : Fuchsius. q. v. (p. 108 surtout) — Porta — Polemon — Aristote — Adamantius — Rhasès — Albert le Grand — Etc.

6078 LANG (Andrew). — Les mystères de l'Histoire. Traduits de l'anglais par Teodor de Wizewa.

Paris, Perrin, 1907, in-16 VIII-351 p.

[8° G. 8468

Le masque de fer. — La double existence de Jacques de la Cloche (1665-1669). Gaspard Hauser (1828-1833). L'Anonymat d'Escovedo (1571). Le mystère de Compden (1660). Saint Germain l'Immortel (1747-1760). La conspiration de Couvrie (1600). — L'aventure d'Elizabeth Conning (1753). — Le spectre de Fisher (1826). L'imbroglio de Shakespeare Bacon.

6079 LANG (A.). — Mythes, cultes et religion. Traduit par L. Marillier avec la collaboration de A. Dirr.

Paris, Alcan, 1896, fort in-8°. (7 fr.).

[8° H. 6125

Précédé d'une introduction par L. Marillier.

6080 LANG (A.). — La Mythologie, traduit de l'Anglais par Léon Parmentier, ancien élève de l'école normale supérieure de Liège.

Paris, 1886, in-12. (4 fr.).

[8° G. 5592

Andrew Lang s'est placé au premier rang des Mythologistes. — Son ouvrage a fait une profonde sensation. — Adversaire de Max Müller, « il a fait de larges brèches à cette grande muraille dans laquelle les mandarins de la mythologie prétendue comparée voulaient enfermer nos recherches et montré que la mythologie doit reposer sur l'étude des croyances et des légendes de l'humanité tout entière. » L'analyse des mythes indous, égyptiens, grecs, scandinaves et l'index alphabétique des noms divins, assignent à cet ouvrage, en dehors de sa savante critique, une place prépondérante parmi les meilleurs écrits du genre.

Autres ouvrages sur la Magie, etc. (en anglais). voir Cat. Gén. de la Bib. Nat.: [8° R. 18025, etc.

6081 LANGDON. — L'avenir. — Révélation sur l'Eglise et la Révolution.

Bruxelles, 1870, in-12. (4 fr. 50).

6082 LANGE (Samuel Gottlieb). — Des Brs LANGE gründliche und ruhige Widerlegung einer vom Herrn Vogel herausgegebenen und sehr ungründlich und unruhig abgefaszten Schrift betitelt ; Actenmässige Darstellung der Streitigkeit der Loge Tempel der Wahrheit u. S. W.

S. l. Gedruckt für Maurer, nebst einem Schlüssel, 1808, pet. in-8° de 52-11 pp.

(O-231

6083 LANGE (S. G.) — Enthüllung der sogenannten Grossen Landes ☐ aller F. M. von Deutschland zu B. (Berlin) : in einer Reihe von Aufsätzen vom Br. (Samuel Gottlieb) LANGE. Manuskript für Maurer, nebst einem Schlüssel.

S., l. ni odr. (Berlin). 1808, 2 parties pet. in-8° de 132, et 93 pp.

Chaque partie a un titre séparé

I-te Abtheilung : Beitrage zur Kenntnisz einer unachten F. M. in R. und ihres Anführers des Brs V ; oder Enthüllung des Benehmens der Gr. L. L. von D. zu B. bei streitigkeiten, ihrer Gerechtigkeitsliebe und Gerechtigkeitspflege.

II-te Abth. : Beitrage sur Kenntnisz der Inconsequenzen, Widersprüche und Unredlichkeiten der Gr. L. L. a F. v. D : z. B. ; oder Enthüllung dieser L. L. zu B. als einer unrechmässigen unfähigen und unredlichen maurerischen Behörde.

(O-230

-6084 LANGE. — Traité des Vapeurs, par LANGE.

Paris. Veuve Denis Nion, 108 , in-12.

[Td 85 50
(S-3312 b

6085 LANGELOTH (Joel). — Joel LANGELOTTS. Send-Schreiben an die hochberühmte Naturae Curiosos ; Von Etlichen in der Chymie ausgelassenen Stücken durch welcher Anleitung nicht geringe biszher aber für unwesentliche gehaltene Gegeinmüssen wohlmeinend eröffnet, dargethan und erwesen Werden ; dans Deutsches Theatrum chemicum de F. ROTH-SCHOLTZ (1730), II, 381-400, avec 2 pl.

L'édition latine de cette lettre paru à Hambourg, 1672.

(O-1605

6086 [LANGEN (Johann)]. — Aula Lucis, oder : das Hausz desz Liechts, durch S. N., einem der Kunst zu dieser Zeit beflissenen in Englischer Sprache beschrieben, und nunmehr den Liebhabern derselbigen zu gefallen in hochteutsche Sprache übersetzt durch. J. L. (Johann LANGEN) M. C.

Franckfurt, Gottfr. Liebernickel, 1666. Pet. in-8° de 38 pp.

(O-1500

6087 LANGIUS (Attribué à J. P.). — Democritus ridens sive de campis recreationum honestarum, cum exorcismo melancholiae.

Coloniae, apud A. Bingium, 1649, pet. in-12 (7 fr.).

Recueil célèbre, bizarre et amusant.

6088 LANGHANS (Daniel) médecin de Berne. — L'art de se traiter et de se guérir soi-même, dans les maladies les plus ordinaires et les plus dangereuses : trad. de l'all.

Paris, 1768, 2 vol. in-12, (5 fr.).

Ouvrage curieux. — Daniel Langhans, célèbre médecin de Berne, s'est surtout attaché à décrire d'une manière exacte les principales maladies et leurs ca et les remèdes qu'elles demandent. Nombreuses recettes fort réputées.

LANGLET DU FRESNOY. — Voy. :
LENGLET DU FRESNOY.

6080 LANGLOIS (A.). — Monumens littéraires de l'Inde, ou mélanges de littérature sanscrite, contenant une exposition rapide de cette littérature, qq. trad. jusqu'à présent inédites, et un aperçu du système religieux et philosophique des Indiens, d'après leurs propres livres.

Paris, Lefèvre, 1827, in-8° (4 fr.).

6090 LANGLOIS (A.). — Rig Veda, ou livre des Hymnes, traduit du sanscrit par A. LANGLOIS, deuxième édition avec un index par Ph. Ed. Foucaux.

Paris, Maisonneuve, 1872, in-4°. (9 fr.).

6091 LANGLOIS (J. B.). — Histoire des Croisades contre les Albigeois, par J. B. LANGLOIS.

Rouen, 1703, « -- ».

(S-5298

6092 LANGLOIS (P.). — Discours des Hieroglyphes Ægiptiens. Emblèmes, devises, Armoiries, par P. LANGLOIS.

Paris, 1584, « -- ».

(S-6586

6093 LANIS. S. J. (P. Franciscus Tertius de) ou LANA-TERZI, physicien italien, de la Société de Jésus, né à Brescia en 1531, mort en 1581. On l'appelle aussi le père LANA, et il est célèbre par ses inventions bizarres. — Magisterii naturæ et artis, opus physico-mathematicum in quo occultiora naturalis philosophiæ principia manifestantes, etc... a P. Francisco Tertio de LANIS.

Brixiæ [Brescia], 1684-1692, 3 vol. in-fol. Planches. (60 fr.).

Ouvrage curieux, recueil des innombrables inventions de ce physicien de génie qui ne dédaignait pas les secrets des alchimistes.

Orné de 57 planches, représentant une quantité de machines (à remarquer entre autres la figure et la description d'un aérostat).

6094 LANJUINAIS (Comte J. de). — La Bastonnade et la Flagellation Pénales, considérées chez les peuples Anciens et chez les Modernes.

Paris, 1825, in-16, de 40 p. (3 fr.).

Recueil de Documents anciens et Modernes sur la Flagellation.

6095 LANOE (Georges). — Le Roman Celtique. — L'Arc-en-Ciel. — Traité de Fr∴ M∴ Ecossaise et de symbolique religieuse.

Paris, 1900, in-16 de 108 pp. (1 fr. 25).

L'auteur montre ici une érudition approfondie et un sens du symbolisme qui l'apparie à Vaillant et à Ragon. — C'est un manuel bourré de notions rares et qui a le mérite encore plus rare de fournir une clé générale à l'étudiant ès-sciences cosmogoniques.

6096 LANSBERGUE ou LANSBERGHEN, ou LANSBERGHE de MEULEBEECKE (Philippe de), mathématicien belge né à Gand en 1561, mort en 1632. Pasteur à Anvers et à Teyoes (Zélande).

Phil. Lansbergve. — Les Tables Perpetuelles des Movvements Célestes costruictes et accordantes avec les Observations de tous les Temps.

Middelbourg, Zacharie Roman, 1634, in-fol.

[V. 1811

Theories Novvelles, vrayes et propres des Movvements Célestes ; ensemble le calcul de chacun des Movvements par la Doctrine des Triangles.

Middelbourg, Zacharie Roman, 1634, in-fol.,

[V. 1811

Tresor d'Observations Astronomiques.

Middelbourg, *Zacharie Roman*, 1634. in-fol., 3 traités pet. in-f°. Tableaux et Figures. Ensemble : 14 fr.

[V. 1811

6097 **LANTIN DE DAMEREY.** — Supplément au Glossaire du Roman de la Rose contenant des notes critiques historiques et grammaticales ; une Dissertation sur les auteurs de ce roman ; l'analyse du poème ; un discours sur l'utilité du glossaire ; les variantes restituées sur un Ms. de M. le Président Bouhier de Savigny ; et une table des Auteurs cités dans cet ouvrage.

Dijon, 1737, in-12. (10 fr.).

Ce Supplément est fort rare, et forme le complément indispensable à l'édition de 1735 du *Roman de la Rose*, donnée par LENGLET-DUFRESNOY.

6098 **LANZONIUS** ou **LANZONI** (Joseph), médecin italien né à Ferrare en 1663, mort au même lieu en 1730. Professeur de Philosophie.—Josephi LANZONII Tractatus de Balsamatione Cadaverum.

Genoæ, 1696, in-12.

(S-3375 b

LA PARAZ. — Voir :
CHARVOZ.

6099 **LAPASSE** (Vicomte de). — Essai sur la conservation de la vie.

Paris, Masson, 1860, in-8° de VIII-488 pp. (10 fr.).

[T^{cl1} 301

Très remarquable ouvrage.

Curieuses formules claires d'alchimie moderne, de médecine spagyrique : Or potable (p. 403) genre Cagliostro. — Succino-phosphate d'or (p. 400). Le formulaire occupe 44 pages : 399 à 443. Traité de médecine Rose ✞ Croix. — Le vicomte de LAPASSE fut initié à Palerme par le prince BALBIANI, dernier disciple de CAGLIOSTRO. — Il est avéré que l'auteur de ce traité, guérissait par ses préparations spagiriques, l'épilepsie, l'hystérie, la phtisie, les rhumatismes, etc. Cet ouvrage comprend trois parties distinctes : la partie philosophique qui est une admirable étude sur le composé humain d'après les théories alchimiques ; la partie historique, résumé de ses pérégrinations intellectuelles dans l'occulte, la partie médicale proprement dite, et qui contient ses formules mystérieuses. — Détail digne de remarque : le Père LACORDAIRE suivit longtemps la médication de M. de LAPASSE, célèbre à Toulouse par les miracles de son or potable.

6100 **LAPASSE** (Vicomte de). — Hygiène de Longévité. — Guérison des migraines, maux d'estomac, maux de nerfs et vapeurs par le Vicomte de LAPASSE. Première suite à « l'*Essai sur la conservation de la vie.* »

Paris, Garnier Frères, Victor Masson et fils, 1861, in-18 de XXI-170 p. et tab. (1 fr. 75).

Continuateur de CAGLIOSTRO, dont les secrets lui avaient été transmis, avec l'initiation, par le dernier disciple du grand thaumaturge, le Rose ✞ Croix LAPASSE poursuit dans ce volume les révélations précieuses commencées dans son « *Essai sur la conservation de la vie.* » Les théories du vicomte de LAPASSE sont depuis quelque temps redevenues l'objet d'études passionnées.

6101 **LA PERRIÈRE** de Roiffé (Jacques Charles François de) physicien français, né à Surgères (Saintonge) en 1694, mort à Paris en 1776. — Nouvelle Physique Céleste et Terrestre, par de la PERRIÈRE.

Paris, 1766, 3 vol. in-12.

(S-101 Supp.

6102 **LAPIS** animalis microcosmicus, oder : die höchste Artzney, aus der kleinen Welt des menschlichen Leibs, sampt einem Tractätlein vom Urin oder Harn des Menschen.

Strasburg, Georg. Andr. Dolhoff, 1681, pet. in-8° de XVI-80 pp.

(O-1171

6103 LAPIS mineralis, oder: die höchste Artzney, aus denen Metallen und Mineralien, absonderlich dem Vitriolo.

Straszburg, Georg Andr. Dolhopff, 1681, in-8° de VI-110 pp.

(O-1273)

6104 LAPIS vegetabilis, oder : die höchste Artzney, aus dem Wein, auch andern Erden, gewächsen ; sambt dem zehenden Buch der Archidoxen Philippi Theophr. Paracelsi.

Straszburg, Georg Andr. Dolhopff, 1681, pet in-8° de IV-92 pp.

(O-1272)

6105 LAPLACE (Pierre-Simon, marquis de) né à Beaumont-en-Auge (Calvados) en 1749, mort à Paris en 1827. Illustre Géomètre, Astronome, Académicien, Ministre de l'Empire et Sénateur. — Essai philosophique sur les probabilités.

Paris, 1814, in-8° (5 fr.).

Calcul des probabilités. — De l'espérance. — Des jeux. — Multiplication indéfinie des évènements. — Recherche des phénomènes et de leurs causes. — Tables de mortalité et durées moyennes de la vie, des mariages, etc...

Cinquième édition :

Paris, Bachelier, 1825, 1 vol. in-8° de IV-270 pp.

6106 LAPLACE (Marquis de). — Exposition du Système du Monde.

Paris, Impr. du Cercle social, an IV (1795), 2 vol. in-8° (8 fr.)

6107 [LA PORTE]. — L'Esprit de l'Encyclopédie ou choix des articles les plus curieux, les plus agréables.... par M. l'abbé de La Porte.

Genève, 1771, 7 vol. in-12 (10 fr.)

Autre édit. :

Paris, Vincent, 1758, 5 vol. in-12.

(S-4534)

6108 LAPORTE (Antoine), écrivain, libraire et bouquiniste sur les quais de Paris, né à Meymac (Corrèze) en 1835. — Bibliographie contemporaine. — Histoire littéraire du XIXᵉ siècle, manuel critique et raisonné de livres rares, curieux et singuliers, d'éditions romantiques, d'ouvrages tirés à petit nombre, de réimpressions d'auteurs anciens, etc... depuis 1800 jusqu'à nos jours, avec l'indication du prix d'après les catalogues de vente et de libraires.

Paris, Widwey, 1884-89, 7 vol. in-8° (25 fr.)

[8° Q. 563

De A à Hugo inclus. — Tout ce qui a paru de cette intéressante bibliographie, complément indispensable de Brunet, Quérard, Barbier.

6109 LAPORTE (Ant.) — Le Naturalisme, ou l'immortalité littéraire : Emile Zola, l'homme et l'œuvre.

Paris, Antoine Laporte, 1894, in-18 (4 fr. 50).

[Ln²⁷. 42128

(Suivi de la bibliographie de ses ouvrages et de la liste des écrivains qui ont écrit pour et contre lui).

6110 [LAPORTE, abbé Joseph de] d'abord jésuite, né à Belfort en 1713, mort en 1779. Compilateur. — Nouvelle bibliothèque d'un homme de goût ou tableau de la littérature ancienne et moderne.

Paris, Des Essarts, 1798, 4 vol. in-8° (8 fr.)

Excellent ouvrage, dans lequel on trouve un jugement sommaire sur les ouvrages principaux parus avant 1797, l'indication des meilleures éditions, etc... C'est l'ouvrage de Chaudon remanié et augmenté.

6111 LA POTERIE (Docteur Elie de). — Examen de la doctrine d'Hippocrate sur la nature des êtres animés, sur le principe du mouvement et de la vie, sur les périodes de la vie humaine, pour servir à l'histoire du magnétisme animal, par M. Elie de LA POTERIE, docteur régent de la Faculté et membre de la Société Royale de Médecine, ancien inspecteur des hopitaux militaires, premier médecin de la marine au département de Brest.

Brest, chez R. Malassis, 1785, in-8°, 88 pages (3 fr.)

L'auteur, nous l'avons dit plus haut, est un partisan sincère du magnétisme de Mesmer, mais son ouvrage ne contient pas un mot de la doctrine et des procédés du médecin allemand. Il est cité ici en raison de son titre et de l'examen du fluide universel qui est le fond de la brochure.

(D. p. 60
(G-1824

6112 LAPPONI (Dr Joseph). Médecin de leurs Saintetés Léon XIII et Pie X. — L'Hypnotisme et le Spiritisme. Etude Médico-critique.

Paris, Perrin et Cie, 1907, in-12 de IV-290 p. (1 fr. 50).

[8° R. 21133

L'Hypnotisme. — L'Hypnotisme dans l'Antiquité. — Mesmer et ses précurseurs. — Cagliostro. — Braid. — Spiritisme. — Le Spiritisme dans l'Antiquité. — Le Spiritisme en Egypte, aux Indes, chez les Hébreux. — Les faits propres de l'Hypnotisme. — Le Grand et le Petit Hypnotisme. — Suggestion. — Les faits propres au Spiritisme. — Analogies et différences entre les Phénomènes de l'Hypnotisme et ceux du Spiritisme. — Nature de l'Hypnotisme et du Spiritisme. — Effet des pratiques de l'Hypnotisme et du Spiritisme. — Etc.

6113 LARCHER (Louis-Julien). Compilateur et typographe né à Chamont près Senlis (Oise) en 1808, mort à Corbeil en 1865. Dirigea l'exécution du Grand Dictionnaire Larousse. — La Femme jugée par les bonnes langues dans tous les temps et dans tous les pays.

Paris, 1859, in-12 (2 fr. 50).

6114 LARCHER (Louis-Julien). — La Femme jugée par les grands écrivains des deux sexes, ou la Femme devant Dieu, devant la nature, devant la loi et devant la société. — Riche et précieuse mosaïque de toutes les opinions émises sur la femme, depuis siècles les plus reculés jusqu'à nos jours..... Nouvelle édit. entièrement refondue et considérablement augmentée. — Avec une introduction de M. Bescherelle aîné.

Paris, 1854, gr. in-8° avec 18 planches hors texte (12 fr.)

6115 LARCHER (Pierre Henri) savant helléniste français, né à Dijon en 1726, mort en 1812. Académicien et professeur de Littérature grecque à la Faculté des Lettres. — Mémoire sur Vénus.

Paris, Valade, 1775, in-12 (8 fr.)

Ouvrage estimé et rare.

6116 LARCHEY (Etienne-Lorédan) né à Metz en 1831. Bibliothécaire à l'Arsenal. — Almanach des noms, contenant l'explication de 2,800 noms propres.

Paris, Strauss, 1881, in-18 de 78 pp. (2 fr. 75).

[8° X. 1704

6117 LARCHEY (Lorédan). — Dictionnaire des noms, contenant la recherche étymologique des formes anciennes de 20.200 noms relevés sur les Annuaires de Paris.

Paris, aux frais de l'auteur. Impr. par Berger-Levrault à Nancy, 1880, in-12 XXIV-511 p. (15 fr.)

[8° X. 1543

Curieux et érudit travail ; devenu d'une extrême rareté.

6118 LARENAUDIÈRE (de). — Mexique et Guatemala.

Paris, Didot, 1843, in-8° (2 fr.)

Nombreuses figures hors texte de Gaucherel, Vignier, Lemaitre, etc.

(G-645

6119 LARGENT (A). — La vie de Sainte-Thérèse méditée.

Paris, 1884, in-12 (2 fr. 50).

Curieuse étude ascético-mystique sur cette extatique et visionnaire célèbre. (L'agonie intérieure. — Apparitions. — Les plaies du Christ. — Vision intellectuelle. — La Transverbalisation. — L'Extase, etc...)

6120 LARGERIS (Maurice) Pharmacien à Villiers-sur-Marne, Membre de la Société Végétarienne de France. — Brahm. Trilogie panthéistique : Substances, Evolutions, Dissolutions. Par Maurice Largeris.

Paris, Art indépendant, 1900, in-18 Jésus (3 fr.)

[8° Ye. 5074
[8° Ye. 5028

6121 LARGERIS (Maurice). — Les effluves : voix des sens, voix de l'esprit, union avec l'être [en vers].

Paris, Chamuel, 1897, in-18 (2 fr.)

[8° Ye. 3453

Poésies sur les doctrines panthéistes de l'Inde.

6122 LARGERIS (Maurice). — Le Jardin Mystique, poésie.

Paris, Art Indépendant, in-18 jésus (2 fr. 50).

6123 LA RIVE (l'abbé A. C. de). — La Femme et l'enfant dans la Franc-maçonnerie universelle, loges d'adoption, triangles lucifériens, baptêmes de louveteaux, reconnaissances conjugales, pompes funèbres maçonniques.

Paris, Lyon, Delhomme et Briguet, 1894, in-8°, VIII-747 p. couv. illust. Figures et portraits dans le texte. (7 fr. 50).

[8° H. 3962

Origines des LL. féminines. — Voltaire aux Neuf-Sœurs. — Ordre du Palladium. — Cagliostro. — Illuminés. — Ateliers d'Extrême-Orient. — Eliphas Lévi. — Maç∴ Androgyne aux Etats-Unis. — La Messe noire, etc...

(G-1517

— Le Juif dans la Franc-Maçonnerie.

Paris, A. Pierret, 1895, in-18.

[Lb⁵⁷. 11538

6124 LA RIVEY (P. de). — Pronostication générale pour dix ans, par P. de la Rivey.

Troyes, 1630, in-8°.

(S-3474 (pour 75)

6125 LARMANDIE (Léonce de). — Aventure Hermétique. I. Un Essai de Résurrection.

Paris, Chacornac, 1907, in-12, 72 p. (1 fr. 50).

L'Essai de Résurrection qui pourrait voisiner avec l'*Valdemar*, d'Edgard Poe et l'*Eva* de Villiers De l'Isle Adam, n'est pas une fantaisie pure et simple. — Trois grands médecins, à la fois très savants et très hermétistes, avaient tenté de ramener à la vie un corps à eux livré comme cadavre. — Ces messieurs auraient obtenu pendant quelques heures des phénomènes terrifiants gardés secrets. — A la suite de ces communications, M. de Larmandie a écrit ces suggestives et effrayantes pages qui indiquent sans doute une voie nouvelle à la science.

6126 LARMANDIE (Léonce de). — II. L'Appel du Fantôme.

Paris, Chacornac, 1908, in-12, 110 p. (1 fr. 50).

C'est *la suite de la terrible expérience* de " l'Essai de Résurrection ". Il s'agit d'une matérialisation réellement obtenue. — C'est l'au-delà descendu sur la terre avec son cortège d'épouvante et de frissons.

6127 LARMANDIE (Léonce de). — III. L'Amour astral.

Sc. psych. — T. II. — 27.

Paris, Chacornac, 1909, in-12, 110 p (1 fr. 50).

L'auteur eût pu mettre en épigraphe : *Luxuria regnat imperat* ! Une passion exacerbée par la subtilité et la violence des courants fluidiques, clôt cette œuvre en appliquant des conceptions numériques pythagoriciennes à l'esthétique générale. Précédé de la Lettre de M. Em. Burnouf, sur la restitution de la Trilogie d'Eschyle (Prométhée porteur du feu, etc...)

——— Eoraka. Notes sur l'Esotérisme, par un Templier de la R ✠ C ✠ C ✠

Paris, Chamuel et Cⁱᵉ, 1891, in-12 103 pp.

[8° R. 10786

6128 LARMANDIE (Léonce de).— Magie et Religion. — Notes sur l'Esotérisme.

Paris, 1898, in-12. (3 fr.).

Volume fort recherché pour le parallèle que l'auteur établit entre la religion et la magie. — L'occulte catholique, dégagé des langes du formalisme, y resplendit lumineusement, et si la Magie reconquiert, dans ces pages, le crédit qu'elle avait perdu auprès d'une orthodoxie étroite, la religion y retrouve d'autre part la justification de ses rites, l'explication de ses miracles.

6129 LARMANDIE (Léonce de). — La Montée du Ciel, Premier degré. Le Sentier des Larmes par Léonce de LARMANDIE (Novembre 1892).

Paris, " Art Indépendant ", 1895 in-18 jésus (3 fr.).

[8° Z. 14118

La Montée du Ciel. " Deuxième degré ". Le Chemin de la Croix, par Léonce de LARMANDIE.

Paris, Chamuel, 1896, in-18. (3 fr.).

[8° Z. 14118

L'âme a une faculté métaphysique qui la fait émerger du gouffre.

6130 LARMANDIE (Léonce de). — La montée du ciel. " Troisième degré ". Au-delà, par Léonce de LARMANDIE.

Paris, Chamuel, 1896, in-18, (3 fr.).

[8° Z. 14118

L'Epopée se termine ici dans l'apaisement de la vie ésotérique et de la volonté propre subordonné aux concepts divins.

6131 LARMANDIE (Léonce de). — Notes de Psychologie contemporaine.— Entr'acte idéal. — Histoire de la Rose ✠ Croix.

Paris, Bibliothèque Chacornac, 1903, in-18, 176 p. (2 fr.).

[8° R. 18580

De 1892 à 1897, à l'appel du Sar Péladan et de ses pairs, au grand ébahissement du public « où se mêlèrent des sentiments divers, dont le moindre fut l'admiration,» 170 ouvriers d'art se préoccupant de montrer autre chose que le coloriage et de la maçonnerie, se prouvèrent créateurs d'idéal. — C'est l'histoire de cette manifestation remarquable que Léonce de LARMANDIE raconte non seulement avec talent, mais avec passion, et son livre intéresse à la fois le lettré, l'artiste, le savant, l'historien, le philosophe et l'industriel.

6132 LARMANDIE (Léonce de). — Notes sur la Philosophie ésotérique par un Templier de la Rose ✠ Croix.

Paris, 1891, in-12. (6 fr.).

Ce bel ouvrage devenu très rare, et à l'heure actuelle très recherché, est un excellent compendium d'Esotérisme au vrai sens du mot, écrit dans un style superbe. — L'auteur définit le mot Esotérisme par Doctrine cachée, sens intime des symboles.— Voici qq. titres de chap. de cette œuvre remarquable : La haute magie. — L'Esotérisme kabbalistique et bouddhique. — La Franc-Maçonnerie. — La révélation et l'initiation. — Opérations théosophiques. — Les Mystères.— Le Nirvâna. — Les Séphiroth, et les chœurs des Anges.— Symboles du Christianisme ésotérique. — La force psychique. — Le monde astral. — Les forces élémentaires. — Les miracles. — Physique ésotérique. — Théorie dynamique de la matière.

LAROCHE (Sophie). — Voir : EYMARD.

6133 [LA ROCHE du Maine. Marquis de Luchet]. — Essai sur la secte des Illuminés [par le marquis de Luchet].

S. l. ni adr., 1780, pet. in-8° de II-XVI-147 pp. Édit. fort mal impr., sur le titre, un fleuron représentant un portique avec une arcade à côté. (3 fr. 50).

(O-511 et 1591
(G-1873

6134 [LA ROCHE DU MAINE, marquis de LUCHET]. — Essai sur la Secte des Illuminés [par le marquis de Luchet].

Paris. s. adr., 1780, in-8° de XXXII-250 pp.

Sur le titre : fleuron représentant un temple grec.

(O-512
(G-520, 529, 602 et 663

6135 [LA ROCHE DU MAINE...] — — Essai sur la Secte des Illuminés. [par le marquis de Luchet].

Paris, s. adr., 1789, gd in-8° de II-XV-127 pp. (7 fr.).

Sur le titre : fleuron représentant une lyre penchée surmontée d'un oiseau et environnée de fleurs.
Édition originale, dit G. Klosz , Bibliographie der Freimaurerei (1844), 200, N° 2075. Cet écrivain cite encore une édit. de 1789, in-8° de XXIV-176 pp. fleuron : quatre gerbes liées avec une trompette allée au centre.
Quérard (France litt. V. 386, et Supercheries, III. 273) dit : " un amateur (feu M. Lerouge) avait comparé ces trois édit. et avait reconnu qu'elles n'en formaient véritablement qu'une seule rajeunie au moyen de titres nouveaux. " Or de ces trois édit. il n'en cite qu'une de 1789, sans lieu ni adresse, puis la III° augmentée par Mirabeau, sans lieu ni adr. 1789.

Cette III° édit. est ainsi annoncée dans le Catalogue de P. Morgand, N° 72 : III-e édit. faite sur la II-e et augmentée par M. de Mirabeau. Paris 1792, in-8°

Je ne puis rien dire de l'édit. prétendue augmentée par Mirabeau, car je ne l'ai pas vue ; mais ce que je puis assurer, c'est que feu M. Lerouge s'est trompé, car voici trois exemplaires d'éditions différentes, avec la date de 1789, qui se trouvent dans la bibliothèque de M. le Comte Ouvaroff ; Klosz en indique un IV° d'une manière irrécusable; et j'en indique une V-e qui est en ma possession. Cinq édit. avérées changent beaucoup la valeur de la note de défunt Quérard.
Cet ouvr. a été plusieurs fois attribué à l'abbé Barruel, d'ultramontaine mémoire, notamment en dernier lieu, par M. Le Boys des Guays : Nouvelle Jérusalem, V-e année, p. 77 et suiv. M. Le Boys des Guays réfute M. de Beaumont-Vassy (Les Suédois depuis Charles XII, et Swedenborg ou Stokolm en 1776), qui dit-il a été induit en erreur par un passage de l'Essai sur la secte des Illuminés de l'abbé Barruel.

(O-513
(G-664

6136 [LA ROCHE DU MAINE...]. — Mémoires authentiques pour servir à l'histoire du comte de Cagliostro [par le marquis de Luchet].

S. l. (.....) 1785. (Édition originale). in-8° de 91 pp. (8 fr.).

Rhapsodie sans grande valeur, tableaux licencieux qui n'ont pas même le mérite d'être bien peints. Pourtant tout est loin d'être faux dans cet opuscule, car une partie des scènes qui y sont décrites, sont généralement connues.

« Libelle fort licencieux, mais d'une
« haute curiosité, et trop souvent véridi-
« que, plein de révélations très curieuses
« et où l'on trouve toutes les fureurs de
« la Grande Révolution prédites à 4 ans
« de distance. » (St. de Guaita).

(O-519
(G-528

6137 [LA ROCHE DU MAINE, Marquis de Luchet]. — Olinde, par l'auteur des Mémoires du Vte de Barjac.

Londres, 1784, 2 t. in-16 (2 fr.).

6138 LA ROCHEFOUCAULD (Aymar F. de). — Palenque et la Civilisation Maya, avec des croquis et indications à la plume par l'auteur.

Paris, Leroux, 1888, in-8°. (5 fr.).

[Pd. 357

6139 [LA ROCHEFOUCAULD (Comtesse A. de)]. — Comtesse Mélusine. — L'Initiée, ou de la Régénération de l'atavisme psychique.

Paris, Librairie Antisémite, 1902, fort in-12 de X-814 p. (2 fr. 50).

[8° Y². 53438

« Que ce livre, » dit l'auteur, « n'aille « pas effarer les âmes catholiques. — Il « y est question de Plérôme, d'Eons, de « Gnose, d'une certaine Sophia, etc...... « Ces mots expriment... des idées-princi- « pes au sens platonicien. » Malgré cette précaution oratoire, l'ouvrage n'en demeure pas moins hétérodoxe, et sent fortement le roussi : mais c'est un geste puissant et courageux en même temps qu'une belle envolée philosophique sur tous les plans.

On y trouve annoncé sur le faux-titre : « Du même auteur, La EM-AGESSE, 1896 Paris, Léon Vanier. » Cet ouvrage a paru anonyme, et nous le donnons ci-après :

6140 [LA ROCHEFOUCAULD (Comtesse A. de)]. — La Magesse.

Paris, Léon Vanier, 1800, in-18, jésus de 91 p. (4 fr.).

[8° Y² 49011

Cet ouvrage est de la Comtesse A. de La Rochefoucauld : il contient annoncé comme devant paraître, du même auteur l' " Initiée ", qui précède.

(Pen. p. 180

6141 LAROCHEMACÉ (de). — Etudes sur le culte druidique et l'établissement des Francs et des Bretons dans les Gaules.

Rennes, 1858, in-8°. (2 fr. 25).

6142 LAROMIGUIÈRE (l'abbé Pierre) philosophe né à Livignac-le-Haut (Aveyron) en 1756, mort à Paris en 1837. Professeur de philosophie à Lavaur, Toulouse, Tarbes, etc. Académicien à 77 ans. — Discours sur la langue du raisonnement.

Paris, Brunot Labbé, 1811, in-8°. (7 fr.).

(G-1306

6143 LAROMIGUIERE. — Leçons de philosophie, ou essai sur les facultés de l'âme.

Paris, 1820 (2-ème édit.). 2 vol. in-8°. (4 fr.).

Autre édition :

Paris, Brunot-Labbé, 1823. 2 vol. in-8°.

6144 LAROMIGUIERE. — Leçons de philosophie sur les principes de l'intelligence, ou sur les causes et les origines des idées.

Paris, 1820. 2 vol. in-8°. (7 fr.).

Autres éditions :

Paris, Brunot-Labbé, 1833. 2 vol. in-8°.

Paris, 1844, 2 vol. in-12 (Première édit. posthume).

6145 LA RONCIÈRE. — Emile François Guillaume Clément de la Roncière le Noury, officier et administrateur français est né à Bréda (Hollande), en 1804, fils d'un général, frère aîné de l'amiral du même nom. Il fut fonctionnaire colonial de l'Empire. — Procès complet d'Emile-Clément de La Roncière, lieutenant au 1ᵉʳ Régiment de Lanciers, accusé d'une tentative nocturne de Viol sur la personne de Marie de Morell, avec le Texte en entier des Lettres anonymes produit et publié pour la première fois.

Paris, Ch. Maurier, 1835. 2 parties in-8° de 194 et 140 p.

[8° F. 3-291-(1704-5)

C'est l'histoire du témoignage d'une

jeune fille hystérique qui s'était imaginé — ou avait imaginé — toute une scène de viol. Malgré l'invraisemblance de son histoire, elle fit condamner LA RONCIÈRE. Cette demoiselle du meilleur monde (fille s'il me souvient bien d'un Général commandant une Ecole Militaire) avait en outre la manie de s'écrire à elle-même et à ses parents d'odieuses lettres anonymes. Curieux à étudier au point de vue des Obsessions et Subjugations.

6146 LA RONCIÈRE (sur l'Affaire). — Stéphane ARNOULIN.—L'Affaire LA RONCIÈRE. Une Erreur judiciaire en 1835.

Paris. Paul Ollendorff. 1890, in-18 de 424 p. couv. ill. du portrait de Marie de MORELL, paru dans le " Charivari " du 26 juillet 1835.(1 fr. 50)

[8° F. 3. n. 1199

6147 LA ROQUE (A. de). — La médecine pratique.

Paris. s. d., in-8° (?). 448 pp. 89 fig. et pl. (3 fr.).

Notions d'anatomie et de physiologie ; histologie élémentaire. — Fonctions. — Appareils. — Organes, fonctions de nutrition, fonctions de relation.— Fonction de reproduction. — Principales maladies avec leur traitement. — Hygiène. —Thérapeutique. — Nombreuses formules.

6148 LA ROQUE (A. de). — Les plantes médicinales. — Notions élémentaires de botanique ; caractères généraux des végétaux, grandes divisions du règne végétal ; classification, etc. Description, caractères, usage, emploi des plantes les plus communes de nos pays ; récolte ; conservation ; doses à employer. — Plantes utiles et plantes nuisibles.

Paris, in-8°, 62 fig. explicatives dans le texte. 52 pl. h. t. coloriées en trichromie et 71 planches en couleurs d'après nature (3 fr.).

6149 LA ROQUE (Gilles André de). — Traité de l'Origine des Noms et Surnoms, par Gilles André de la Roque.

Paris, 1681, in-12.

Rarissime.

(S-6.472

6150 LAROUSSE (Pierre - Athanase), grammairien, lexicographe et écrivain français, né à Toucy (Yonne) en 1817, mort à Paris en 1875. D'abord professeur, puis libraire à Paris, et éditeur du Grand Dictionnaire, monument encyclopédique le plus remarquable du XIXe siècle. — Grand Dictionnaire Universel du XIXe siècle Français, Historique, Géographique, Mythologique, Bibliographique, Littéraire. Artistique, Scientifique. etc.

Paris, Administration du Grand Dictionnaire, s. d. [1865], 15 vol. in-4° à 4 colonnes.

Premier supplément :

Ibid. Id. s. d. [1878], 1 vol. in-4° à 4 col.

Deuxième supplément :

Ibid., Id. s. d. [1890], in-4° à 4 col.

(Publié à 650 fr. D'occasion : 275 à 300 fr.).

La plus complète des Encyclopédies usuelles françaises. Contient au total environ 24.500 pages.

6151 LAROUSSE. — Revue encyclopédique. Recueil documentaire universel et illustré, publié sous la direction de Georges Moreau.

De l'origine 1891 au 15 décembre 1905, (160 fr.).

C'est à proprement parler le LAROUSSE de l'actualité. — Tous les sujets y sont traités, littérature, beaux-arts, histoire, science, etc... Tous les évènements de quelque importance qui se sont passés pendant ces 12 années y ont leur place. C'est aussi un véritable musée iconographique : Il contient en effet plus de 20000 gravures d'une exécution irréprochable : dessins originaux et reproductions photographiques de toute nature : portraits, tableaux, statues, monuments, autographes, vues, gravures anciennes, etc...

6152 LARREY (Isaac de) historien français né à Montivilliers (Seine-Inférieure) en 1638, mort en 1719. Protestant et avocat. — Histoire des Sept Sages par de LARREY, avec des Remarques par le Baron de Beaumarchais.

La Haye, Jean Van Duren, 1734, 2 vol. in-12 frontispice.

Edition originale :

Rotterdam, 1713-1716, 2 vol. in-8°. (3 fr.).

(S-0895)
(S'Y-1036 (5))

6153 LARRIERE (Noël de). — Vie de Messire Antoine ARNAULD, docteur de la maison et société de Sorbonne.

Paris, Sigismond d'Arnay, 1783, in-8° (10 fr.).

Biographie rédigée sur les mémoires de l'abbé de BELLEGARDE et ornée d'un beau portrait d'Arnault gravé par Massard d'après Champagne. — A la suite de la Vie, se trouvent 2 autres parties aussi importantes, l'une de Pièces justificatives, l'autre « *Table générale des matières contenues dans la collection des œuvres de Messire Antoine* ARNAULD. »

6154 LARRIEU (F). — Gui Patin, doyen de la Faculté de médecine de Paris, sa vie, son œuvre, sa thérapeutique (1601-1672).

Bourges, 1889, in-4°. (2 fr. 50).

[T^s. 32

Les études médicales au XVIIe siècle. — Procès de Renaudot et des apothicaires contre Gui Patin. — L'Antimoine. — Thérapeutique de Gui Patin, etc...

6155 LARROQUE (Patrice). — Examen critique des doctrines de la Religion chrétienne.

Paris, 1860, 2 forts vol. in-8°, figures. (8 fr.).

L'examen critique des doctrines de la Religion chrétienne, provoqua la destitution de l'auteur qui occupait une des plus hautes fonctions académiques. — Œuvre d'un libre penseur déterminé, ce volume constitue, en effet, un violent réquisitoire. — Remontant très loin dans le passé, Larroque va jusqu'aux racines de la croyance messianique, scrute le mythe de la Trinité, et entrant dans les secrets des rabbins, examine la Kabbale, ses rapports avec son sujet et donne hors-texte, une belle planche reproduisant cinq figures kabbalistiques. — Inutile de dire que cet ouvrage est à l'index.

Divinité de Jésus. — Miracles et prophéties. — Résurrection des corps. — Formation du premier couple humain. — Arbre de la Vie et de la Science du bien et du mal. — Les animaux amenés devant Adam. — Longévité des premiers hommes. — Circoncision. — La polygamie chez les Hébreux. — Sodome et Gomorre. — Marques de virginité. — Nombres. — Formules cabbalistiques. — Guérisons miraculeuses de Jésus, opérées à distance. — Morts ressuscités. — Diverses espèces d'Eunuques.

6156 LARROQUE (Patrice). — Rénovation religieuse.

Paris, 1804, in-12, (2 fr.).

Travail fait dans un esprit des plus larges et tendant à réformer la vieille organisation religieuse pour la mettre en harmonie avec les connaissances actuelles.

LARUDAN (l'abbé). — Les francs-maçons écrasés : suite du Livre intitulé : l'Ordre des francs-maçons trahi.

Voir :

PERAU.

6157 LA SALLE (de). — La Balance naturelle ou Essai sur une loi universelle, appliquée aux Sciences, aux arts et aux moindres besoins de la vie commune.

Londres, 1788, 2 vol. in-8°. (10 fr.).

Ce livre, imprimé aux frais de HÉRAULT DE SÉCHELLES, n'annonçait pas moins que le système du monde et en nous apprenant que tout va et vient en vertu d'une loi universelle.

Ce livre en 4 chap. d'ailleurs pleins de verve et d'idéal est écrit avec une sorte d'enthousiasme.

Azaïs y a pris son " Système des Compensations ".

6158 LA SALZEDE (Dr de). — Lettres sur le magnétisme animal, considéré sous le point de vue physiologique et psychologique.

Paris, 1847, in-12 (2 fr. 50).

6159 LASCOVIUS (Petrus). — Petri Lascovii de Homine magno illo in Rerum Naturæ Miraculo et partibus ejus essentialibus Liber.

Wirtembergæ.(Wurtemberg), 1585, in-8º.

(S-3343 b

6160 LA SERRE (le Sr de). — L'entretien des bons esprits sur les vanitez du monde.

A Brusselles, chez Fr. Vivien, 1631, in-12, avec un frontispice macabre superbement gravé, une vignette sur le titre et trois curieuses figures dont une avec un portrait d'Albert de Berghes.

De la vanité de la noblesse, — des richesses, — des maisons de plaisance, — des habits, — des portraits et statues. — Des sciences, de la beauté, etc..

(G-648

6161 LASNIORO (Jean de). — Joannis de Lasnioro, discipuli Antonii de Florantia Tractatus secundus aureus de Lapide philosophorum; dans *Theatrum chemicum* (1613), IV, 657-62.

(O-049

6162 LASSAIGNE (Auguste). — Mémoires d'un magnétiseur contenant la biographie de la Somnambule Prudence Bernard par Auguste Lassaigne précédés d'une introduction sur la magie magnétique par H. Delaage.

Paris, au salon Lassaigne, Dentu, Baillière, 1851, in-8º 157 p. 2 portraits lithographiés. (2 fr.).

Ouvrage orné des portraits de Prudence et de Lassaigne.

Magie magnétique. — Voluptés célestes produites par le magnétisme sur les somnambules. — Procédés pour magnétiser, de Mesmer, Puységur et Deleuze. — Phénomènes merveilleux de vision somnambulique, etc.

(D. p. 147

6163 LASSERRE (Henri). Paul Joseph Henri Lasserre de Monzie est né à Carlux (Dordogne) en 1828, fils d'un ancien chirurgien major de la Marine. Il mourut aux Bretoux, dans le Périgord, en 1900. Atteint à un certain moment d'une maladie d'yeux, il fut un des premiers " miraculés " c'est-à-dire guéris, de Lourdes. — Bernadette, Sœur Marie-Bernard.

Paris, Palmé, 1879, in-12, portr. et en-têtes gr. (3 fr. 50).

6164 LASSERRE (H.). — Le Curé de Lourdes, Mgr Peyramale, par H. Lasserre.

Paris, Bloud et Barral, [1897], in-12, orné d'un portrait. (2 fr. 25).

(Ln^{27} 45029

6165 LASSERRE (Henri). — Les épisodes miraculeux de Lourdes. Le miracle de l'Assomption. Le menuisier de Lavaur. — Mademoiselle de Fontenay. La neuvaine du curé d'Alger. Les témoins de ma guérison.

Paris, Palmé, 1885, in-12, (3 fr. 50).

[Lk^7 15076 bis

6166 LASSERRE (Henri). — Le miracle du 16 septembre 1877.

Paris, Palmé, 1878, in-12, (2 frs 50).

6167 LASSERRE (H.). — Notre Dame de Lourdes.

Paris, Palmé, 1860, in-12, avec un portrait de l'auteur (un des premiers malades guéris à Lourdes). Orné d'encadrements sur bois à chaque page, avec scènes, portraits, vues, etc... la plupart dûs à Yan D'argent.

Autre édition :

Paris, 1878, in-4°.

4° éd.

Paris, 1885, in-4°.

[Lk⁷ 15076]

6168 LASSERRE (H.). — Notre Dame de Lourdes. Épisodes miraculeux de Lourdes.

Paris, Sanard, 1893, 2 vol. pet. in-4° illustrés d'une quantité de gravures, dont 2 en couleurs.

[Lk⁷ 15076]

6169 LASSERRE (H). — De la réforme et de l'organisation normale du suffrage universel.

Paris, Palmé, 1873, in-12. (2 fr.).

Plus que jamais à l'ordre du jour.

6170 LASSERRE (H). — Les serpents, étude d'histoire naturelle et de politique.

Paris, Victor Palmé, 1863 [1862], in-16 de 204 pp. (8 f.).

[L³ⁿ b. 1275]

Ouvrage singulier et peu commun. La vraie philosophie de la nature. — Le suffrage universel appliqué à la création. — Les révolutionnaires et les sophistes. — Philosophie de la Gueule. — Des injures et de la digestion. — L'alchimie et la mort. — Moyen infaillible de détruire les serpents, etc...

Le Serpent comme symbole du mal. — Les révolutionnaires et les sophistes personnalisés par les reptiles (p. 53). — Dans tous les Serpents... la gueule s'ouvre beaucoup... (p. 59).

Applique les traités "d'Herpétologie" (science des Serpents) à la politique, non sans esprit, mais sans beaucoup de profondeur. — Cite Daudin (continuateur de Buffon), Cuvier, Lacépède, Schlégel... jusqu'à Palisot-Beauvois (?). Sept pages d'Epilogue en vieux français.

LASSERRE (Henri). — Voir :

LAUBAREDE (son biographe).

6171 LASSIZE (H. de). — Catalogue des Livres rares, Manuscrits et imprimés composant la Bibliothèque de M. H. de Lassize.

Paris, L. Potier, 1807, in-8° VII, 310 p. (8 fr).

Catalogue de 2.395 N°ˢ dont beaucoup importants pour les Sciences occultes. Son auteur, le libraire L. Potier, dit : " L'amateur qui l'a formée (cette collection) s'était proposé de rassembler les œuvres des hommes qui, en religion, en philosophie, en politique, ont cherché des Voies Nouvelles, et tout ce qui peut éclairer l'Histoire des Réformes accomplies ou tentées par eux ".

On y trouve 54 ouvrages de Savonarole, toute une série de Wronski, des livres peu connus, par Campanella, Knorr de Rosenroth, Raymond Lulle, Georges l'Apôtre, etc.

6172 LASTEYRIE (Ferdinand Charles Léon, comte de) archéologue et homme politique né à Paris en 1810, mort en 1879. Élève de l'Ecole des mines et académicien. Description du Trésor de Guarrazar, accompagnée de recherches sur toutes les questions archéologiques qui s'y rattachent.

Paris, Gide, 1860, in-4° 4 pl. en couleur et fig. dans le texte. (6 fr.).

6173 LASTEYRIE (F. de). — L'Electrum des anciens était-il de l'émail ? Dissertation sous forme de réponse à M. Jules Labarte.

Paris, Didot, 1857, in-8° de 78 pages. (2 fr.).

6174 LA TAILLE DE BONDAROY (Jean de) poète français né à Bondaroy près

Pithiviers, vers 1540 mort vers 1608. Protestant et soldat du roi de Navarre. —La Geomance abrégée de Jean de LA TAILLE DE BONDAROY pour savoir les choses passées, présentes et futures. Ensemble le blason des Pierres précieuses, contenant leurs vertus et propriétez.

Paris, 1574, in-4°. (25 fr.).

Fort rare. Encadrement sur bois au titre, et le portr. de l'auteur, gravé en médaillon sur bois au verso, lettres ornées, nombreuses figures et tableaux.

6175 LATASTE (Dom Louis) de la Congrégation de St-Maur. — Lettres théologiques aux Ecrivains, deffenseurs des convulsions et autres prétendus miracles du tems, par le R. P. Dom Louis LATASTE, religieux de la Congrégation de Saint Maur...

Avignon, Marc Chave, 1730, 2 vol. in-4° (6 fr.).

LATEAU (Sœur Louise) stigmatisée et mystique belge, née à Bois d'Haine (Hainaut) en 1850, morte au même lieu en 1883, d'une famille d'ouvriers et membre du Tiers Ordre de St François d'Assise.

Voir :

VAN LOOY (Henri).
BOENS (H.).
IMBERT-GOURBEYRE (Dr).
WARLOMONT (Dr).
CLAUCH-AI-LARSENAL.
LEFEBVRE (Dr).
ROHLING (Dr A.).

6176 LATENA (N. V. de) Conseiller maître honoraire à la Cour des Comptes. — Etude de l'Homme. Troisième édition.

Paris, Michel Lévy, 1859 [1858]. gr. in-8° de XX-532 p.

La première édition est de :

1854, in-8°.

la seconde de :

1856, in-12.

De l'homme sensitif. — De la Femme. — De l'Amour. — De l'homme intelligent. — De l'Esprit et de l'influence du corps sur l'Esprit. — De l'imagination. — De l'Homme Moral. — Des divers états de l'âme. — Des défauts et des vices. — De l'Homme Social. — Du Gouvernement.— Etc.

6177 [LA TIERCE (de)]. — Histoire, obligations et statuts de la très vénérable confraternité des Francs-Maçons tirez de leurs archives et conforme aux traditions les plus anciennes, approuvez de toutes les grandes loges et mis au jour pour l'usage commun des loges répandues sur la surface de la Terre (par le fr. de la TIERCE).

Francfort-s-le-Meyn, François Varrentrapp, 1742. in-12 de XXX-283 pp. avec front. et pl. de musique grav. (8 fr.).

Frontispice gravé par Remhardt.
Edition originale.

(G-1518
(O-270 et 271

6178 [LA TIERCE]. — Histoire des Francs Maçons contenant les obligations et statuts de la très vénérable confraternité des Francs-Maçons tirez de leurs archives et conformes aux traditions les plus anciennes approuvez de toutes les grandes loges et mis au jour pour l'usage commun des loges répandues sur la surface de la Terre [par le fr. de LA TIERCE].

A l'Orient, chez G. de l'Etoille, entre l'Equerre et le Compas, vis-à-vis le Soleil couchant, 1745, 2 vol. in-12 de XII-311, et XII-322 pp.

Le tome I de cette réimpression contient les matières de l'ouvrage primitif moins les chansons.

Klosz : N° 138, dit que ce n'est qu'une traduction.

(S-5385
(O-272

6179 LATOMIA in Nucleo, ou la quintessence de la Franc-Maçonnerie sur des documents fournis par un ancien Rose-Croix.

Bruxelles, 1874, in-8°. (3 fr.).

6180 LATOUCHE (Aug.), chanoine d'Angers. — Dictionnaire Hébreu initiant à la connaissance de toutes les langues.

Rennes, 1843, in-8° (6 fr.).

(G-1519)

6181 LATOUCHE (Aug.). — Dictionnaire Idéo-Etymologique Hébreu.

Paris, 1836, in-8° de 130 pp. (6 fr.).

Cet excellent dictionnaire contient une quantité de mots hébreux avec leur signification la plus profonde, et complète fort bien celui qu'a donné Fabre d'Olivet, dans son ouvrage sur la langue hébraïque.

6182 LATOUCHE (Aug.).— Panorama des Langues. — Clef de l'Etymologie.

Paris, 1836, gr. in-8° de 144 pp. (4 fr.).

Rare ouvrage du plus savant hébraïsant du XIX-ème siècle.

6183 LA TOUCHE-TRÉVILLE. — Les révélations bibliques. Découverte d'un cinquième évangile.

Paris, 1900, in-8°.

Avec gravures représentant des fragments de papyrus coptes.

6184 LATOUR (Abbé). — La fin du monde en 1921.

Toulouse, 1871, in-8°. (2 fr. 50).

6185 LA TOURRETE (A. de). — Bref Discovrs des admirables vertvs de l'Or Potable; auquel sont traictez les principaux fondements de la Médicine, l'origine et cause de toute Maladie, et quels sont les medicaments les plus propres à leur guerison... par de La Tourrete. Avec une Apologie de la très vtile Science l'Alchimie, tant contre ceux qui la blament, qu'aussi contre les Faussaires, Larrons et Trompeurs qui en abusent, par le mesme Autheur.

Lyon, Roussin, 1575, 2 parties in-8° (12 fr.).

[Te¹³¹, 6

6186 LA TOURETTE (Dr Gilles de), ancien interne de la Salpêtrière. — Documents satiriques sur Mesmer.

S. l., [*Paris*], [1889], in-8° (3 fr.).

Manque à la Bibliothèque Nationale.

Recueil iconographique de 13 curieuses reproductions hors texte de rarissimes gravures satiriques du XVIII-ème siècle sur Mesmer et sa doctrine, provenant de la collection particulière du professeur Charcot, avec texte explicatif.

6187 [LA TOURETTE (Gilles de)]. — Nouveaux documents satiriques sur Mesmer.

S. l. n. d. (1891), (1 fr.).

3 curieuses reproductions phototypiques de rarissimes pièces du XVIII-e S. sur Mesmer et ses expériences magnétiques, avec texte explicatif.
Sans doute la suite du précédent.

6188 LA TOURETTE (Gilles de). — L'hypnotisme et les états analogue au point de vue médico-légal. Les états hypnotiques et les états analogues, les suggestions criminelles, cabinets de somnambules et sociétés de magnétisme et de spiritisme, l'hypnotisme devant la loi. Préface du Docteur H. Brouardel.

Paris, Plon, Nourry et Cie, 1887, in-8° XV-534 p. (4 fr. 50).

[Te¹³, 81

Autre édition :

Paris, 1889, in-8°.

De Mesmer à Braid. — Puységur et le Somnambulisme artificiel. — Charcot et l'hypnotisme scientifique. — Somnambulisme naturel et pathologique. — Le viol en léthargie hypnotique et en somnambulisme. — L'hypnotisme et l'accouchement. — Crimes et délits par suggestion...

Avec 47 curieuses figures.

(G-1416)

6189 LA TOURETTE (Gilles de). — La Nutrition dans l'Hystérie.

Paris, 1890, in-8°, (2 fr. 75).

6190 LA TOURETTE (Dr Gilles de). — Traité clinique et thérapeutique de l'Hystérie, d'après l'enseignement de la Salpêtrière. Hystérie normale ou interparoxystique. Préface du Dr J. M. Charcot.

Paris, 1891, fort in-8° (5 fr.).

[Td⁸⁵ 880.

Avec 40 curieuses figures.

6191 LATZ (G.). — Philosophie des nombres : les nombres comme Arcanes (l'Unité, le binaire, le quaternaire, le ternaire, le quinaire, le sénaire ; des couleurs des arcanes).

S. l., [1903], in-12. (1 fr.).

Extrait.

6192 LAU (T. L.). — Méditations philosophiques sur Dieu, le Monde et l'homme.

A Königsberg, aux dépens des parents de l'auteur, 1770, in-12, (5 fr.).

" Excessivement rare " (S. de G.).

Edition latine :

[S. l.], 1717, in-8°.

[R 25708
(G-1520)

6193 LAUBARÈDE (Etienne). — Henri Lasserre, l'Homme, l'Ecrivain, l'Œuvre, par Etienne LAUBARÈDE.

Paris, Dentu, 1901, in-12 de XVI-443 p. Portrait, autographe et vue (2 fr.).

[Ln²⁷ 47911

Paul Joseph Henri LASSERRE DE MONZIE, né à Carlux, Dordogne, en 1828, fils d'un ancien chirurgien-major de la Marine, miraculeusement guéri d'une maladie des yeux par N. D. de Lourdes, mourut aux Bretoux dans le Périgord en 1900.

LAUDE ou LAVDE (Grégorius de). Voir :

LAURO (Gregorius de).

6194 LAUGEL (Aug.). — Les Problèmes de la Nature.

Paris, Baillière, 1864, in-12, (3 fr. 50).

[R. 40979

6195 LAUGEL (Aug). — Les Problèmes de la Vie.

Paris, Baillière, 1867, in-12, (1 fr. 75).

6196 LAUGEL (Aug.). — Pythagore, sa doctrine et son histoire d'après la critique allemande.

S. l., (1864), in-8°, (1 fr.).

Extr.

6197 LAUGEL (Aug.). — Science et Philosophie.

Paris, 1863, in-12, (2 fr.).

[R. 40980

Etude des rapports existant entre la science et la philosophie.

6198 [LAUGIER (le Dr)]. — Parallèle entre le magnétisme animal, l'électricité et les bains médicinaux. Médecine nouvelle, ou l'art de conserver la santé et de guérir les maladies les plus rebelles par une voie douce et commode et très efficace, qui réunit tout à la fois l'utile et l'agréable. (On a joint à cet essai l'expédient le plus convenable pour tirer un meilleur parti qu'on ne l'a fait jusqu'à présent, de l'électricité, du magnétisme animal et des autres remèdes connus) par M. L... [LAUGIER] docteur en médecine de l'Université de Montpellier... connu pour avoir fait passer la peste en 1769, à Marseille.

Paris, Morin, 1785, in-8°, 91 pages.

L'auteur ne manque pas de vanité, et sa brochure n'est qu'un prétexte pour prôner les bains médicinaux. Dans sa seconde partie, il parle « de guérir les maladies les plus rebelles (sic) par les exercices mécaniques agréables, tels que les bains médicinaux (naturellement), la musique, la danse et autres, inconnus jusqu'à présent (sic). »

(D. p. 59

L'AULNAYE (de). — Voir :
DELAULNAYE.

6199 LAUNAY (Adrien). — La salle des Martyrs du Séminaire des Missions étrangères, par Ad. LAUNAY.

Paris, Téqui, 1900, in-12, (1 fr. 50).

[Ld¹⁵. 30

Nombreux autres ouvrages sur les Missions étrangères au Cat. Gén. de la Bib. Nat.

6200 LAUNAY (L. de). — Un alchimiste au XIIIᵉ siècle : Albert le Grand.

Paris, Revue scientifique, 1889, in-8° de 20 pp. (2 fr. 25).

Tiré à petit nombre, non mis en vente.

6201 LAUPTS (Dr). — Tares et Poisons. Perversion et Perversité sexuelles. Une enquête médicale sur l'Inversion. Le roman d'un Inverti-né. Le procès Wilde. La Guérison et la Prophylaxie de l'Inversion, par le Dr LAUPTS. Préface par Emile ZOLA.

Paris, Georges Carré, 1896, in-8° de 372 p. (6 fr.).

[Td⁸⁶. 722

Fort intéressante et instructive étude sur ces sujets scabreux, traités avec beaucoup de tact par l'auteur. On y trouve l'histoire du célèbre procès d'Oscar Wilde et des détails fort curieux et très peu connus, en même temps que très précis, sur ces aberrations. L'auteur à certains moments est même contraint de se réfugier dans le latin, pour s'exprimer en toute netteté.

Une enquête sur l'Inversion Sexuelle. — Une Observation-Type d'un Inverti-né Féminiforme. — Une Observation-Type d'un Inverti Paidophile : Oscar Wilde. — L'inversion devant les Philosophes et les Savants contemporains. — Résultat de l'Enquête. — Questionnaire sur l'Inversion et le Suicide.

6202 LAURENCE (J.). — Les destinées du Moi.

Paris, Société d'éditions littéraires, 1901, in-12, XVI-197 p. (2 fr. 50).

[8° R. 17185

La molécule vitale. — Dieu l'inconnaissable. — Hypothèse d'une pénalité. — Les sept conditions du bonheur. — l'Homme, etc...

Autre ouvrage au Cat. Gén. de la Bib. Natⁱᵉ :

[8° R. 13973

6203 LAURENS (J. L.). — Essais historiques et critiques sur la Franc-Maçonnerie : ou recherches sur son origine, son système et sur son but. Contenant l'examen critique des principaux ouvrages tant imprimés qu'inédits qui ont traité ce sujet ; et la réfutation apologétique des imputations faites à cette société.

Paris, Chomel, 1806, in-8°, (7 fr.).

6204 [LAURENS (J. L.)]. — Vocabulaire des Francs-Maçons, suivi des Constitutions générales de l'ordre de la Franche-Maçonnerie, d'une Invocation Maçonnique à Dieu, et de quelques pièces de poésie inédites. Ouvrage indispensable à tout Maçon... recueilli et mis en ordre par des Francs-Maçons [c. à d. par J. L. LAURENS].

Paris. Nepveu, Petit, Martinet, s. d. [1805], in-12 de IV-VI-47-119 pp. (6 fr.).

Attribué souvent à E. F. Bazot qui a fait seulement quelques corrections et additions à cet ouvrage. (A. A. Barbier).

Idem :

Paris, Petit. 1808, pet. in-8°.

(O-314
(G-465 et 1848

6205 LAURENT (A.). — La magie et la divination chez les Chaldéo-Assyriens. Nombreuses traductions de Textes Cunéiformes.

Paris, Art indépendant, 1804, in-8° écu. (2 fr.).

[8° R. 1:930

Cet ouvrage extrêmement intéressant relate une quantité de cérémonies, de conjurations, avec les formules, dirigées contre les influences de toute nature des démons et des esprits inférieurs. — Toute une série de ces mauvais esprits est énumérée dans les plus vieilles formules magiques accadiennes, et leurs influences nuisibles sur les hommes y sont exposées et décrites de toutes les manières. — C'est un véritable traité complet et très sérieux, puisqu'il ne contient que des formules authentiques de conjurations et d'incantations. — Formules d'invocations. — Conjurations et talismans. — Amulettes. — Œuvre des sorciers et des exorcistes. — Recettes magiques pour la guérison des maladies. — Formules d'imprécations. — Évocation des morts. — La partie de l'ouvrage consacrée à la divination est non moins intéressante. — Interprétation des songes. — Présages et prodiges. — Les Augures. — Procédés de divinations par les flèches et autres, etc...

6206 LAURENT (Cam.). — Curiosités révolutionnaires.

Charleroi, 1907, gr. in-8° de 737 pp. (6 fr.).

Seconde édition trois fois plus importante que la première parue en 1901. — Journaux et pamphlets de la Révolution.

— La Franc-Maçonnerie et les Juifs dans la Révolution. — Les princes lorrains et les princes français. — Illusions d'Anacharsis Cloots. — L'Évêque d'Autun. — Les massacres de septembre. — Marat inconnu, les journaux de Marat. — Le Duc d'Orléans. — Robespierre pontife. — Les vainqueurs de Thermidor. — Statues, démolitions et maisons célèbres. — La Guillotine. — Quiberon. — Sur Moreau, Pichegru, Bernadotte et les conspirateurs contre Napoléon. — Sur Waterloo. — Les Conventionnels en exil. — L'annexion de la Belgique. — L'accent flamand de Théroigne de Méricourt. — Le Culte de la Raison en Belgique. — St-Just à Charleroi. — La fin du Jacobinisme, etc.

6207 LAURENT (le F.·. Ch.). — Loge le Mont Sinaï. Les droits de la femme. Droits politiques. Rapport.

Paris, 1886, in-8° de 16 pp. (1 fr. 50).

[Lb³⁹. 6607

6208 LAURENT (Dr Emile) né à Dierry St-Julien, Aube, en 1861. — L'Amour morbide : étude de psychologie pathologique.

Paris, 1801, in-8° (3 fr.).

[Td⁸⁰ 597

L'Amour morbide dans l'Antiquité. — L'Amour morbide chez les dégénérés supérieurs. — Les érotomanes. — L'amour fétiche. — Les amoureux des enfants. — Etc..

6209 LAURENT (Dr Emile). — Les Bisexués. Gynécomastes et Hermaphrodites.

Paris, Georges Carré, 1894, in-8°, 233 p. 10 planches hors texte. (4 fr.).

Très intéressante étude sur ces phénomènes généralement peu connus et dont on se fait souvent une idée assez fausse.

Les efféminés. — Les eunuques. — La castration chez la femme. — La masturbation et la pédérastie. — L'hermaphrodisme à travers les âges. — Les tribades. — Différenciation des sexes, etc...

6210 LAURENT (Dr Emile). — Hallucinations collectives suggérées.

S. I. [1892], in-8°. (0 fr. 50).

Extr.

6211 LAURENT (Dr Emile). — Le Nicotinisme, Etude de psychologie pathologique.

Paris, 1893, in-12, 10 port. h. t. (3 fr. 50).

[Tf20. 136 (2)

Parmi les curieuses pages de ce travail, l'étude sur les propriétés psychiques du tabac attire particulièrement l'attention; mais le traitement du nicotinisme et de l'alcoolisme par la suggestion mérite une mention spéciale, et consacre une fois de plus la valeur scientifique de la médecine occulte.

6212 LAURENT (Dr Emile). — La médecine des âmes (24 juin 1894)

Paris, A. Maloine, 1894, in-32, 113 p. texte encadré rouge.

[T21. 629

Comment il faut choisir son médecin. — La Médecine spirituelle. — La Prière au point de vue Thérapeutique.

6213 LAURENT (Dr Emile) et Paul NAGOUR. — L'occultisme et l'amour.

Paris, Vigot frères, 1902, in-18, 245 p. (3 fr. 50).

[Td116 33

Ouvrage sérieux et des mieux faits sur cet intéressant sujet et qui n'a rien de commun avec les recettes de charlatans trop souvent débitées sous le couvert de l'occultisme. — Un mot sur l'occultisme. — Les Religions et l'Amour. — L'Amour et les Anges. — Satan et l'Amour. — Les Envoûtements. — Les philtres. — L'Astrologie, les Rêves, la Musique et l'Amour, etc...

6213 bis LAURENT (Dr Emile). — Les suggestions criminelles. Viols. Faux et captations. Viols moraux, les suggestions en amour. Gabrielle Fenayrou et Gabrielle Bompard.

Lyon et Paris, Storck et Société d'Editions scientifiques, 1891, gr. in-8° 56 p. 5 portraits de criminels: Eyraud, Troppmann, etc. (2 fr. 50).

[Te14. 14°

Les Suggestions criminelles au Congrès de l'Hypnotisme. — Le Viol pendant l'état de somnambulisme. — Les Crimes réalisés par suggestion pendant la période de somnambulique. — Les accouchements pendant le somnambulisme provoqué, substitution d'enfants. — Les Rapts d'enfants par suggestion. — Etc...

6214 LAURENT (H.). — Du somnambulisme naturel; thèse présentée et soutenue à la Faculté de Médecine de Paris, le 16 mai 1844, pour obtenir le grade de docteur en médecine

Paris, 1834, in-4° de 24 pp. (2 fr.)

6215 LAURENT (P.). — Introduction au magnétisme animal par P. LAURENT, suivie des principaux Aphorismes du Dr Mesmer dictés par lui à l'assemblée de ses élèves, et dans lesquels on trouve ses principes, sa théorie et les moyens de magnétiser.

Paris, Lange-Lévy, 1848, in-8°. (1 fr. 25).

(D. p. 120

6216 LAURENT (P.). — Système des passes magnétiques, ou ensemble des procédés de magétisation, par P. LAURENT.

Nantes, impr. Forest, 1845, in-8° (1 fr. 25).

Cette brochure sans date, est en partie dit-on du docteur CRSPC de Grenoble.

(D. p. 133

6217 LAURENTIUS (And.). — De Mirabili Strumas Sanandi Vi, solis Regibus Galliæ divinitùs concessà, auctore And. LAURENTIO.

Parisiis, 1609, in-8°.

(S-5570

LAURIE (André), pseudonyme de Paschal GROUSSET, q. v.

6218 LAURO (Gregorius de). — Gregorius de LAVDE, alias de LAVRO. Magni diviniqve prophetæ Ioachim abbatis sacri Cisterciensis ordinis monasterii Floris, Hergasiarvm alethia apologetica, sive Mirabilivm veritas defensa.

Neapoli, apud Nouellum de Bonis, 1660, 2 parties in-f°. (18 fr.).

[H. 1533

La deuxième partie de cet ouvrage contient les 30 prophéties si célèbres, condamnées au Concile de Latran, de l'abbé Joachim, avec leur interprétation. Chacune de ces prophéties est illustrée d'une grande figure sur bois.

(G-1521

6219 LAURO (Gregorius de). — Vaticinorum magni prophetas B. Joannis Joachim de Romanis pontificibus historica et symbolica explicatio. Avctore Gregorio LAURO.

Neapoli, typis Nouelli de Bonis, 1660. in-fol. (12 fr.).

C'est une édition séparée de la seconde partie de l'ouvrage précédent.

Livre très rare et très recherché pour ses 30 grandes figures sur bois, l'un des plus curieux de son époque. — Les Prophéties de Joachim furent condamnées au Concile de Latran, en 1215. — Livre intéressant au plus haut degré par ses gravures sibyllines d'une prescience souvent stupéfiante. — GUAITA dans son " Temple de Satan " en donne une description et reproduit la figure XIX " Confusio et Error Viciabitur " prophétie relative à la Révolution française et à la chûte de la royauté et de la puissance ecclésiastique.

(G-1521

6220 LAURO (Greg. de). — Vita B. Ioannis a Caramola, Tolosani, conversi Sagittariensis monasterii.

Neapoli, typis Nouelli de Bonis, 1660, in-f° (20 fr.).

(G-1521

LAUSANNE (de). — voir :
SARRAZIN DE MONTFERRIER.

6221 LAUTRÉAMONT (le comte de), né vers 1850. Son véritable nom serait paraît-il, : Lucien DUCASSE. — Les Chants de Maldoror par le comte de Lautréamont. (Chants I, II, III, IV V, VI).

Paris et Bruxelles, en vente chez tous les libraires, 1874, in-12 de 332 p. (3 fr.).

Autres édit :

Paris, imp. de Bralitant, Quesnoy et Cie, 1868, in-8°

[Ye 20608

Paris, L. Genonceaux, 1800, in-16.

[8° Ye 2658

Paris, 1880, in-12.

L'Edition originale parue en 1868, est introuvable.

Dans cet ouvrage extraordinaire, le comte de Lautréamont (?) narre les étranges visions que lui procurèrent l'opium et la morphine. Il mourut d'ailleurs atteint de folie, victime de ces dangereux narcotiques. Quoi qu'il en soit, l'ouvrage est intéressant et mérite d'être lu à plus d'un titre.

Analysé par Léon BLOY dans *« la Plume »* du 1ᵉʳ Sep. 1890.

6222 LAVAL (Antoine de) sieur de BELAIR né en 1550, mort en 1631. Maître des Eaux et Forêts du Bourbonnais et premier géographe du roi. — Desseins de professions nobles et pvbliqves, contenans plusieurs traités divers et rares : avec l'histoire de la maison de Bovrbon. Iadis dediez av fev-roy Henry IIII, et maintenant au très chrétien et très puissant roy de France et de Navarre Lovis XIII. Avtrefois proposés an forme de leçons paternelles, pour avis et conseils des chemins du monde, à son fils. De nouveau reveu, corrigé et augm. des problèmes politiques avec vne table bien particulière pour tout le cors de l'œuvre. Edition seconde,

Paris, chez la Vve Abel l'Angelier, 1612, in-4°.

[Lm³ 118 A

1ʳᵉ édit :

Paris, chez la Vve Abel l'Angelier, 1605.

[Lm³ 118

3ᵉ édit :

Paris, chez la Vve Abel l'Angelier, 1633.

[Lm³ 118 B

(20 fr.).

Ouvrage rare contenant des aperçus curieux sur les philtres, breuvages, charmes, sortilèges, anneaux magiques et autres fascinations diaboliques en amour et un « Examen des almanachs, prédictions, présages et divinations, où est découverte à nud la vanité, l'impiété et le mansonge, les contrariétés absurdes et la détestable imposture de toute sorte de divination et de la fausse astrologie, qu'il apelet ludiciaire, par les impossibles maximes de l'art même ». — Des peintures convenables avs basiliqves et palais dv Roy, même à sa gallerie du Louvre à Paris. — Discovrs sur l'interpretation des éloges, devises, emblèmes et inscriptions de l'Arc Triomfal, érigé à l'Entrée du Roy an sa ville de Moulins le 26 septembre 1595. — Etc.

6223 LAVALLÉE (Joseph de) marquis de Bois-Robert, né près de Dieppe en 1747, mort à Londres en 1816. D'abord militaire. — Histoire des Inquisitions religieuses d'Italie, d'Espagne et de Portugal, depuis leur origine jusqu'à la conquête de l'Espagne.

Paris, Richomme, 1809, 2 vol. in-8° de 400 et 415 pp. avec de curieuses figures par Marcet et Tourcaty. (8 fr.)

Ouvrage dans lequel on trouve l'exposé des principes généraux de l'Inquisition, de sa composition, de sa législation, de son régime intérieur, de ses tortures secrètes, de ses cérémonies publiques. — Contient aussi la reproduction des sceaux, de la bannière, des croix que l'on suspendait au col des condamnés.

6224 LA VALLIÈRE (Louis César de la Baume le Blanc duc de) petit neveu de la maitresse de Louis XIV, né à Paris en 1708, mort en 1780, illustre bibliophile. Sa bibliothèque était au château de Montrouge. — Catalogue des livres de la bibliothèqve de feu M. le duc de La Vallière, contenant les manuscrits, les premières éditions, les livres imprimés sur vélin et sur grand papier, etc...

Paris, 1783-89, 9 vol. in-8°, portrait d'après Cochin, et pl. reproduisant des gravures et impressions très anciennes. (35 fr.)

[Rés. Q. 880-017

Sous ces cotes sont compris deux ex. annotés et interfoliés.

Le plus important des Catalogues de ventes de l'ancien régime, cité par tous les bibliophiles posterieurs. — Terminé par une Table des noms des auteurs, graveurs, peintres, écrivains, et des titres de leurs ouvrages.

Autre édition :

Paris, De Bure, 1767, 2 vol. in-8°.

[Rés. Q. 887-888

Les 6 derniers volumes de ce catalogue (publiés en 1788-89) forment le catalogue du fonds principal de la Bibliothèque de l'Arsenal.

(S-0800

6225 LA VALLIÈRE (Françoise Louise de La Baume le Blanc Duchesse de) Grand'tante du précédent, célèbre par son intimité avec Louis XIV, née à Tours en 1644, morte au couvent des Carmélites de Paris en 1710. — Lettres de madame la duchesse de La Vallière, morte religieuse carmélite, avec un abrégé de sa vie pénitente [par l'abbé Lequeux].

Paris, Boudet, 1766, in-12. (5 fr.).

Portrait.

6226 LA VALLIERE (Mme de). —

flexions sur la Miséricorde de Dieu, par Mad. de LA VALLIERE.

Paris, 1681, in-12. (15 fr.).

Autre édition :

Paris, Lavoye, 1744, in-18.

Illustrée d'un portrait et de 2 figures gravées par Duflos d'après Cochin.

(S-982

6227 LAVALLIERE (Duchesse de). — La vie de la duchesse de LAVALLIERE, où l'on voit une relation curieuse de ses Amours et de sa Pénitence, par...

A Cologne, chez Jean de la Vérité, 1695, in-12. (8 fr.).

Petit livre très rare.

Frontispice gravé.

6228 LAVATER (Jean Gaspard) illustre physiognomoniste et philosophe, né à Zurich en 1741, mort au même lieu en 1801, Pasteur à Zurich. — Œuvres posthumes de LAVATER. Souvenirs pour des voyageurs chéris, publiés sur le manuscrit de l'auteur et précédés d'une notice (par L. Bellet).

Paris, Librairie universelle, 1820, in-24, portr. lith. de Lavater. (3 fr.).

[R. 41085

6229 LAVATER (Gaspard). — L'art de connaître les Hommes par la Physionomie, par Gaspard LAVATER. Nouvelle édition corrigée et disposée dans un ordre plus méthodique, précédée d'une notice historique sur l'auteur ; augmentée d'une exposition des Recherches ou des opinions de La Chambre, de Camper, de Gall, sur la Physionomie. Avec une histoire anatomique et physiologique de la face, et des articles nouveaux sur les caractères des Passions, des Tempéraments et des maladies, par M. Moreau, docteur en médecine. Suivie du système de Le Brun, de Porta, sur le rapport de la figure humaine avec celle des animaux et sur l'expression et les caractères des passions, etc. etc.

Ornée de plus de 600 gravures, dont 80 coloriées et exécutées sous l'inspection de M. Vincent, peintre, Membre de l'Institut.

Paris, chez L. Prudhomme, éditeur 1806, 10 vol. gr. in-8° de 3 à 400 p. chacun (45 fr.).

[V. 8874-8883

Autres éditions :

Paris, Depélafol, 1820, 10 vol. in-8°.

[V. 44025-44029

Paris, Depélafol, 1835, 10 vol. in-8°.

Le Tome X, la Table des matières, est rédigée par M. Sue.

L'édition de 1806 est considérée la meilleure ; c'est le premier tirage des planches.

6230 LAVATER. — Correspondance avec l'impératrice Marie de Russie sur l'avenir de l'âme.

Paris, Librairie internationale, 1808, in-8° (4 fr.).

(G-466

6231 LAVATER. — Essai sur la physiognomonie, destiné à faire connaître l'homme et à le faire aimer.

La Haye, 1781-1784, 4 vol. pet. in-fol. (25 fr.).

[V. 1015-1018

Edition originale, ornée d'une quantité de planches gravées hors et dans le texte par les meilleurs artistes de l'époque. Dans les éditions postérieures, le format a été réduit de moitié et les graveurs n'eurent pas la même maîtrise.

6232 LAVATER des dames (le), ou l'art de connaître les femmes sur leur physionomie.

Bruxelles, Walhen, 1822, in-16 (15 fr.).

Sc. psych. — T. II. — 28.

Belle édition, dans laquelle se trouve, à la fin, un essai sur les moyens de procréer des enfants d'esprit. — Orné de 30 pl. gravées, dont 28 col. de physionomies féminines.

6233 LAVATER moral (le).

Paris, Janet, s. d. [1830], in-18. (4 fr.).

[R. 41084

Illustré de 7 figures en couleurs gravées sur acier et des plus intéressantes pour les costumes de l'époque qu'elles représentent.

6234 LAVATER. — Nouveau LAVATER complet, ou réunion de tous les systèmes pour étudier et juger : I. les hommes et les jeunes gens. II. les dames et les demoiselles. Connaitre et distinguer leur caractère, leur genre d'esprit, leurs qualités physiques et morales, leurs défauts, leurs goûts, passions les plus secrètes, pénétrer leurs pensées les plus mystérieuses, leurs désirs, leurs inclinations, leurs finesses, leurs ruses et leurs intrigues, leur sévérité ou leur fausseté dans les affaires et relations d'intérêt, d'amour ou d'amitié. De plus leur disposition à devenir des hommes célèbres, des grands criminels, leurs penchants à l'oisiveté ou au travail, à la probité à la gourmandise ou à la sobriété, etc.. Le tout précédé d'une notice sur Lavater et des preuves de l'infaillibilité des systèmes énoncés dans cet ouvrage. — Études, jugements et connaissances sur un grand nombre d'observations recueillies dans la société et les divers systèmes émis dans les ouvrages publiés par Cabanis, Porta, Spurtzheim, Gall, Broussais.

Paris, Terry, 1838, 2 vol. in-16, (18 fr.).

Edit. illustrée de 69 curieuses fig. en couleur, h. t. tant de femmes et d'hommes que d'animaux et de 2 gr. pl. pliées représentant des études des divers systèmes.

Autre édition :

Paris, Terry, 1842, 2 vol. in-16.

6235 LAVATER et CHAUSSIER. — Nouveau manuel du physionomiste et du phrénologiste, ou les caractères dévoilés par les signes extérieurs.

Paris, Roret, 1838, in-18, orné de 4 grandes planches. (3 fr.).

[V. 2078

6236 LAVATER. — La physiognomonie ou l'art de connaître les hommes d'après les traits de leur physionomie, leurs rapports avec les divers animaux, leurs penchans etc... Traduction nouvelle par H. Bacharach. Précédée d'une notice par F. Fertiault.

Paris, 1841, in-4°. (10 fr.).

Autre édit :

Paris, 1845, in-4°.

[V. 8884

Avec le portrait de Lavater par Stober et 120 planches bien gravées representant près de 500 physionomies.

(G-1850

6237 LAVATER (Ludov.) théologien protestant suisse, né à Kybourg en 1527, mort à Zurich en 1586. Premier pasteur de la Ville de Zurich. — De Spectris, lemuribus et magnis atque insolitis fragoribus, variisque præsagitionibus, quæ plerunque obitum hominum, magnas clades, mutationesque imperiorum præcedunt, liber unus in tres partes distributus. Authore Ludov. LAVATER Tigurino. Editio secunda.

Lugduni Batavorum, apud Hen. Verbiest, 1659, in-12, (4 fr.).

[R. 41081

Autres éditions :

Genevæ, apud E. Vignon, 1575, pet. in-8°.

Genevæ, apud Evstathiem Vignon, 1580, in-8°.

Genevæ, Anchora Crispiniana, 1570, in-8°.

Lugduni Batavorum, apud Jord Lu- chtmans, 1687. pet. in-12.

Livre curieux et rare sur les Spectres, lémures, etc, dûs aux démons, les apparitions des fantômes, des esprits diaboliques et familiers et les accidents merveilleux qui précèdent souvent la mort et la suivent quelquefois.

6238 LAVATER. — Trois livres des Apparitions des Spectres, esprits, fantosmes, prodiges et accidens merveilleux qui précedent souuentes fois la mort de quelque personnage renommé, ov un grand changement ès choses de ce monde. Composez par Loys LAVATER, traduits d'aleman en françois ; conferez, reveus et augmentez sur le latin ; Plus trois questions proposées et résolües par M. Pierre Martyr, excellent théologien, lesquel conviennent à ceste matière ; traduites aussi de latin en françois avecques lesquels nous auons de nouveau et à la fin de cest œuvre ajouté un brief discours sur le fait de la magie et quel pouvoir les magiciens et sorciers peuvent avoir d'invoquer, faire apparoir et assuietir les esprits. — Le tout recueilli de la Démonomanie de M. Bodin, et autres divers livres tant grecs que latins.

Zurich, impr. de Guillaume de Marescy, 1581, 2 part. pet. in-8° avec planches (20 fr.).

[Rés. R. 2502

La 1ʳᵉ édit. est de 1571, à *Paris*.

[R. 41082

La trad. de cet ouvrage a été faite par J. B. Müller sur le livre de Lavater « De spectris lemuribus », etc...

(S-3157
(G-467 et 1522

6239 LAVATER (Rodolphus). — Rod. LAVATER, de Descensu J. Christi ad Infernos.

Francofurti, 1610, in-8°.

(S-42 Supp.

6240 LA VAUDERE (Jane de) femme de lettres, née à Paris en 1860, morte vers 1906 ou 7. — L'Amante du Pharaon.

Paris, Flammarion, s, d., in-12, (2 fr. 50).

Edition originale.

Autre :

Illustrations d'Atamian.

Paris, J. Tallandier, s. d. [1905], in-18, 286 p. fig. couv. ill.

[8° Y² 56458

6241 LA VAUDERE (Jane de). — Les Androgynes.

Paris Flammarion, s. d. in-12, (2 fr. 50).

Edition originale.

Autre :

Paris, A. Méricant, s. d. [1903], in-12, 289 p. pl. en noir et couv. en coul.

[8° Y² 54016

6242 LA VAUDERE (Jane de). — Les Courtisanes de Brahma.

Paris, E. Flammarion, s. d. [1903] in-16, 300 p. (2 fr.).

Edition originale.

[8° Y² 53993

6243 LA VAUDERE (Jane de). — Evocations. Poésies.

Paris, Ollendorff, 1893, in-12, (2 fr.).

Edition originale.

[8° Ye 3271

6244 LA VAUDERE (Jane de). — Le mystère de Rama. Roman magique.

Paris, E. Flammarion, s. d. [1901] in-18 312 p. (2 fr. 50).

Edition originale.

[8° Y² 53162

— Les prêtresses de Mylitta. Roman Babylonien.

Paris, Flammarion, s. d., in-12, (2 fr. 50).

Edition originale.

Autre :

Ibid., A. Méricant, s. d. in-18. 548 p. pl. couv. ill.

[8° Y² 56300

6245 LA VAUDERE (Jane de). — Les Sataniques.

Paris, P. Ollendorff, 1897, in-18 (2 fr. 50).

[8° Y² 50398

Edition originale,
Etude sincère et remplie de vérités.

— La Sorcière d'Ecbatane... préface par un esprit.
Paris, E. Flammarion, s. d., in-12 (2 fr.).

Edition originale.

Autre :

Ibid, Id. 1906. in-16. XIX-255 p.

[8° Y² 55558

6246 LAVAUX (Eug.). — Nouveau système du monde ou les premières forces de la nature.

Paris, 1876. in-8° avec 15 planches en couleurs. (3 fr.).

(G-1523

6247 LAVERTUJON (André Justin) né à Périgueux en 1827, écrivain et homme politique. — Petits essais de religion et d'histoire.

Paris, 1899, in-8° (5 fr.).

Renferme une belle étude sur le Gnosticisme et les Gnostiques. Le dossier de Priscillien. — L'ascétisme et les ascètes, de la signification philosophique du miracle, etc.

6248 LA VICOMTERIE de SAINT SAMSON (Louis de), littérateur et conventionnel né en 1752, mort en 1809. Employé dans la régie du timbre sous l'Empire. — Les crimes des papes depuis St-Pierre jusqu'à Pie VI.

Paris, Bureau des Révolutions de Paris, 1792. in-8° frontispice color. et figures. (4 fr.).

— Les crimes des rois de France, depuis Clovis jusqu'à Louis XVI. Nouv. éd. augm. des derniers crimes de Louis XVI.

Paris, Petit, 1791, in-8°, front. gr. et fig. (6 fr.).

Réquisitoire formidable, roi par roi, dû à un conventionnel.

6249 [LAVIE (le président J. Ch. de)]. — Abrégé de la République de Bodin.

Londres, Nourse, 1755. 2 vol. in-12. (5 fr.).

1ʳᵉ édition peu commune.

LA VILLIROUET (de). — Voir :
MOUESAN de LA VILLIROUET.

6250 LAVINIUS (Wenceslas). — Traité du ciel terrestre de Vincéslas Lavinius de Moravie ; dans Biblioth. des philosophes alchimiques, (1754). 500-69.

S, l. n. d., [1672]. in-12, (4 fr.).

(O-027

6251 LAVOCAT. — Procès des Frères et de l'Ordre du Temple, d'après des pièces inédites publiées par M. Michelet et des documents imprimés anciens et nouveaux par M. Lavocat.

Paris, Plon, 1888, in-8°. (8 fr.)

[Lb⁴¹ 59

Ouvrage important sur le fameux procès des Templiers. Après avoir retracé l'histoire de l'origine de l'Ordre, l'auteur aborde les péripéties de l'arrestation et du Jugement des Templiers.

6252 LAVOISIER (Antoine Laurent) né à Paris en 1743, guillotiné en 1794. Fermier général et illustre chimiste. — Œuvres. Mémoires de chimie et de physique, publiés par les soins du Ministre de l'Instruction publique.

Paris, Impr. nationale, 1862-1892 4 forts vol. in-4°. (50 fr.).

6253 LAVOISIER. — Traité élémentaire de chimie, présenté dans un ordre nouveau et d'après des découvertes modernes.

Paris, 1789, in-8° de 653 pp. orné de 13 pl. h. t. (10 fr.).

6254 LAVY (R. P.). — Les anges par le R. P. LAVY.

Paris, P. Lethielleux, 1890, in-16 (2 fr. 50).

[D. 84325

L'Existence des Anges. — La nature des Anges. — La Faculté des Anges. — L'épreuve des Anges. — Les hiérarchies angéliques.

6255 LAW (William) théologien anglais, né en 1686, mort en 1761. Mystique et précepteur de Gibbon. — L'Esprit de la Prière. Traduit pour la première fois du latin en français par Paul Sédir. [Y. Le Loup].

Paris, s. d., in-8° (1 fr. 50).

L'auteur donne à la prière un pouvoir extraordinaire auquel Dieu lui-même soumet son excellence divine. — C'est le thème de la révolte des anges et du rachat de l'homme écrit pour les mystiques exclusivement.

6256 LAW (William). — The Grounds and reasons of christian regeneration, or the New-Birth, offered to the Consideration of christian and deists : by William LAW. IV-th edit.

London, W. Innys and J. Richardson, 1756, in-8° de VI-07 pp.

Autre édit :

London, W. Innys, 1739, in-8°.

[D² 8823
(O-48

6257 LAW (William). — The Spirit of prayer, or the Soul rising out of the vanity of time into the riches of Eternity ; by W. LAW, IV-th edit. revised and correct. by the author.

London, W. Innys and J. Richardson, 1758, 2 parties, in-8° de 101 et 204 pp.

Avec une liste de 13 ouvrages du Rev. W. Law.

The third Edition:

London, W. Innys, 1752-1753, 2 vol. in-8°.

[D² 8823
(O-49

6258 LAW (William). — The Spirit of Love, being an appendix to the Spirit of prayer in a letter to a friend, by Will. LAW.

London, W. Innys, 1752, in-8° de II-03 pp.

(O-50

— The second part of the Spirit of Love. in dialogues ; by Will. LAW.

Ibid. Id. 1754, in-8° de II-248 pp.
[D² 8823
(O-51

6259 LAW. — The Way to divine knowledge : being several Dialogues between Humanus, Academicus, Rusticus and Theophilus. As preparatory to a new edition of the Works of Jakob Behmen, and the right use of them ; by William LAW.

London, W. Innys, 1752, in-8° de 258 pp.

[D² 8823
(O-52

6260 [LAWRIE (Alex.)]. — Geschichte

der Frei-Maurerei aus authentischen Quellen nebst einem Berichte über die Grosze Loge in Schottland von ihrer Stiftung bis auf die gegenwärtige Zeit, und einem Anhange Original-Papieren [von Alex. LAWRIE] Edinburg, gedruckt durch Al. Lawrie und Comp.... [1804, in-8°]. In das Deutsche übersetzt vom C. F. A. Burkhardt, mit erklärenden berichtigenden und erweiternden Anmerkungen und einer Vorrede von C. Ch. F. Krause.

Freiberg, Craz und Erlach, 1810. in-8° de X-XXVIII-382 pp.

(O-217)

6261 LAZAIRE (E). — Etude sur les vestales, d'après les classiques et les découvertes du forum.

Paris, Palmé, 1890, in-12, (3 fr. 50).

6262 LAZARE (Bernard), né à Nimes, en 1865. — La Télépathie et le nouveau spiritualisme.

Paris, 1893, in-16, (2 fr. 50).

[8° R. Pièce 5551

Les écrits spéciaux sur la télépathie sont peu nombreux. — Si le sujet a été traité incidemment dans certains volumes il a rarement fait l'objet d'une étude spéciale. — La brochure de Bernard Lazare comble donc une lacune, et apporte une note très personnelle dans cette question si passionnante.

6263 LAZEU (Emile). — L'Abeille maçonnique, ou choix de sages maximes, pensées et définitions morales tirées des écrits des philosophes de tous les peuples, de tous les âges et de toutes les religions, recueil offert aux Francs-Maçons et à leur famille.

Paris, 1860, in-4°, (3 fr.).

1-re livraison contenant les 500 premières maximes ou pensées.

6264 LAZZARETTI (David), le prophète italien d'Arcidoso (Toscane). — Le Réveil des peuples. Œuvres diverses du prophète italien, David Lazzaretti, précédées d'une communication d'une religieuse de Bretagne. 2e partie.

Paris, Ghio, 1874-1878.

[Lb⁵⁷ 4887

Manifeste aux peuples et aux princes chrétiens, suivi d'opuscules inédits du même auteur et de documents justificatifs relatifs à son procès.

Se trouve à l'Ermitage de Monte-Labaro (Toscane), 1876.

[8° R. 540

Le livre des fleurs célestes, lequel fait connaitre divers changements prochains dans l'ordre civil et politique et dans l'ordre religieux.

Monte-Labaro, 1876.

[D. 04402

Justification juridique. Partisans de Loigny, réjouissez-vous !

St-Malo, s. d., 14 pp.

Réflexions sur le silence de S. S. Léon XIII, à l'égard de Loigny et du fait signalé de son emprisonnement dans un cachot pendant toute une année.

St-Malo, s. d., 8 pp.

Rapport présenté par les deux pèlerins de Loigny (Xaé et Glénard) à Rome.

St-Malo, 1893.

XAÉ. — Compte-rendu de la délivrance de SS. Léon XIII, emprisonné dans les cachots du Vatican de Pâques 1892 à Pâques 1893.

St Malo, 1894, 24 pp. etc...

20 autres brochures sur Loigny.

1 vol. in-12, (35 fr.).

Ce recueil comprenant 3 ouvrages du fameux visionnaire italien LAZZARETTI et 54 brochures publiées par des défenseurs de cette curieuse affaire de Loigny serait certainement impossible à former maintenant.

LAZZARETTI (David) prophète italien. — Voir aussi à :
COLLIN DE LA BERTE.

6265 LEA (Henri Charles). — Histoire de l'Inquisition au Moyen-Age. Ouvrage traduit sur l'exemplaire revu et corrigé de l'auteur, par Salomon Reinach précédé d'une introduction historique de P. Fredericq.

Paris, 1900-1902, 3 vol. in-12 (6 fr. 50).

Autres éditions et tomes séparés :

Paris, 1890, in-18, XL-631 pp. (Tome I).
[8° H. 6457

Paris, 1901, in-18, portr. (Tome II).
[8° H. 6457

6266 LEA (Henry Charles). — Léo Taxil, Diana Vaughan et l'Eglise romaine. Histoire d'une Mystification. Prix o fr. 50.

Paris, en dépôt à la Société nouvelle de Librairie et d'édition, 1901, in-8° de 27 p. (0 fr. 50).
[Ld¹. 9124

Amusante et instructive histoire de cette facétie de LÉO TAXIL qui prit fin le 19 avril 1897 à la salle de la société de Géographie, où TAXIL arriva froidement et déclara qu'il était le créateur du Palladisme et de Diana VAUGHAN, et que tous les détails publiés n'avaient jamais existé que dans son imagination. Malheureusement, quand faut-il croire ce que dit un menteur ?

LEABAR GABALA. — Voir :
LIZERAY (H.).
[N° 430

6267 LEADBEATER (C. W.) célèbre membre de la Société Théosophique. — Les Aides invisibles. Traduit de l'anglais.

Paris Publications théosophiques. 1902, in-18 jésus 149 p. (2 fr.).
[8° R. 17834

Leur existence, exemples contemporains, expérience personnelle. — Un ange. — Un incendie. — Naufrages et catastrophes, parmi les morts. — Au-delà. — Matérialisation et répercussion. Etc.
Ouvrage excellent.

6268 LEADBEATER (C. W). — L'autre Côté de la mort par C. W. LEADBEATER.

Paris, Editions théosophiques, 1910 in-12 de 450 p. (4 fr.).
[8° R. 23885

Fausses idées sur la mort. — L'évidence de la Survie. — Apparitions. — L'Eveil sur le Plan Astral pendant le Sommeil. — Le Pourquoi de la Vie Terrestre. — Incidents de la Vie en Astral. — Les Formes-Pensées. — Les Aides invisibles. — Visites Astrales. — Lieux hantés. — De l'attitude à avoir devant un Fantôme. — Phénomènes Spirites. — Explications de tous les phénomènes occultes. — L'Evolution durant la Vie Céleste. — Comment on développe la Clairvoyance. — Doctrine de l'Enfer. — Etc.

6269 LEADBEATER (C. W.). — De la Clairvoyance. Traduit de l'anglais par La Garnerie.

Paris, Publications théosophiques, 1910, in-12. (3 fr.).

Traité complet de Clairvoyance.

Ce qu'est la Clairvoyance. — Clairvoyance simple complète. — Clairvoyance simple partielle. — Clairvoyance dans l'Espace, volontaire. — Clairvoyance dans l'Espace, semi-volontaire. — Clairvoyance dans l'Espace, involontaire. — Clairvoyance dans le Temps : le Passé. — Clairvoyance dans le Temps : l'avenir. — Méthode de développement.

6270 LEADBEATER (C. W.). — Echappées sur l'Occultisme, par C.W. LEADBEATER. Traduit de l'anglais.

Paris, Art indépendant, 1909, gr. in-18 jésus. 433 p. tab. etc. (3 fr.).
[8° R 25015

6271 LEADBEATER (C. W.). — Une Esquisse de la Théosophie (la Divinité, le Composé humain, la Réincarnation, la Mort, le Passé de l'homme et son avenir, etc...)

Paris, 1903, in-16, 92 p. (1 fr 25).

[8° R. 18350

La divinité. — Le composé humain. — La Réincarnation. — La Mort. — Etc.

6272 LEADBEATER (C. W.). — L'Homme Visible et Invisible. Exemples de différents types d'Hommes tels qu'ils peuvent être observés par un Clairvoyant exercé, par C. W. Leadbeater. Avec un Frontispice, trois Diagrammes et vingt-deux illustrations coloriées. Traduit de l'Anglais.

Paris, Publications théosophiques, 1903, in-8° de 2 ff.-131 p. 26 planches en couleurs. (8 fr. 50).

[8° S. 18409

Ouvrage du plus grand intérêt et assez peu connu.

Les plans de la nature. — Clairvoyance. — L'Ame collective animale. — Les Etats de conscience de l'Homme. — Comment l'Homme évolue. — Ce que nous montrent ses corps. — Les couleurs, leur signification. — Le Sauvage. — La Personne ordinaire. — Emotions soudaines. — Conditions plus stables du Corps Astral. — L'Homme développé. — L'Aura de Santé. — Le Corps causal de l'Adepte, etc.

6273 LEADBEATER (C. W.). — La Pensée. Sa puissance. Son emploi.

Paris, Editions théosophiques, 1910 in-12. (1 fr. 20).

[8° R. Pièce. 12330

Trad. de l'anglais par Gaston Revel.

6274 LEADBEATER (C. W.). — Le Plan Astral. — Premier degré du Monde invisible, d'après la Théosophie. (Traduit de l'anglais).

Paris, Publications théosophiques, 1899, in-18 jésus de VI-156 p. et tal. (1 fr. 50).

[8° R. 15875

Autre édition :

Paris, 1900, in-12 de 170 pp.

6275 LEADBEATER (C.W.) — Le Plan Mental. Traduit de l'anglais.

Paris, Publications théosophiques, 1900, in-18 de 172 p. (1 fr. 50).

[8° R. 20234

6276 [LEADE (Jane)]. Mystique anglaise, née en 1623, morte en 1704. Veuve d'un riche négociant, fondatrice du culte de la « Sophie » et de la « Société des Philadelphes. » Elle possédait, dit-on, le pouvoir d'auto-magnétisation, ou de Voyance Volontaire. — Mysterium magnum, oder : der durch die Gnade Gottes gefundene sicherste und unbetrüglichste Weeg den Lapidem Philosophorum, oder so genannten Stein der Weisen zu bereiten ; aus besonderer Freundschafft von einem Wahren Adepto [Dr. Poordetsch] communiciret [et] redigirt von Johanna Leade]..

S. l., 1740, in-8° de 28 pp.

(O-1304

6277 LEADE (Jeanne). — La mystique judéo-chrétienne : Le Messager céleste de la paix universelle. Traduit pour la première fois par P. Sédir. [Y. le Loup].

Paris, Chamuel, 1894, pet. in-8° de 48 p. (3 fr.).

[8° R. 11603

St. de Guaita fut l'initiateur de P. Sédir en la sainte Kabbale.

Intéressant ouvrage de cette illuminée, fondatrice de la Société des Philadelphes. — Elle était voyante et ses écrits sont des amplifications du mysticisme chrétien.

(G-571

6278 LEAR (Fanny) ou Mrs Hattie Blackford, aventurière américaine. —

Fanny Leak. — Le Roman d'une Américaine en Russie, accompagné de Lettres originales.

Bruxelles, Lacroix, 1875, in-12. (8 fr.).

[Pz. 296

Ce sont les amours de l'Auteur et d'un Prince de la Famille impériale de Russie, neveu du Tzar, avec leur Correspondance. Cet ouvrage a été longtemps racheté, pour le détruire, par l'Ambassade Russe à Paris.

LE BAILLIF (Roch). Sieur de La Rivière, Médecin Spagyrique et Alchimiste français, né à Falaise, mort à Paris en 1605. Fils d'un réfugié protestant de Genève. Médecin du Parlement de Bretagne, puis premier Médecin du roi Henri IV, après la mort de Dalibourt. Roch Le Baillif a tiré l'Horoscope du roi Louis XIII à sa naissance. Il était un fervent Paracelsiste. On dit qu'il se convertit au catholicisme avant de mourir.

6279 LE BAILLIF. — Le Demosterion de Roch Le Baillif Edelphe, médecin spagiric auquel sont contenus trois cens aphorismes latins et françois ; sommaire véritable de la médecine Paracelsique, extraicte de luy en la plus part, par ledict Baillif.

Rennes, pour Pierre le Bret. 1578, pet. in-4° de XVI non ch. 190 pp. avec 2 tabl.

[Te¹³¹ 17

Contient : 1) Epistre dedicatoire en laquelle sont contenues la déclaration des principes, des choses et de la médecine, avec interprétation de ses colonnes et abus, pp. I-21.

2) Trois cens aphorismes... 22-108.

3) Brief Recueil de ce qui est par conjurations (qu'ils appellent) en la médecine hors la création d'icelle et du profit qu'on peut en tirer: ensemble une briefve division de Magie. 110-19.

4) Dictionariolum declarans verborum significationem, quorum in re spagyrica usi sunt philosophi, 120-59.

5) Tableaux (2 pliés). L'un sur les vingt huit phases de la lune, l'autre sur les conjonctions des planètes.

6) Petit traité de l'antiquité et singularités de Bretagnes armorique, en laquelle se trouve bains curans la Lepre, Podagre, Hydropisie, Paralisie, ulceres et autres maladies par Roch le Baillif... natif de Fallaize. 1577.

Ce dernier traité a un titre séparé, quoique la pagination se suive.

(St.Y-1508
(O-1504
(S-3297
(G-468

6280 LE BAILLIF. — Premier Traicte de l'homme et son essentielle anatomie, avec les Elemens et ce qui est en eux ; de ses maladies, medecine, et absoluts remedes és tainctures d'or, corail et antimoine, et magistere des perles et de leur extraction ; par Roc Le Baillif, sieur de la Riviere.

Paris, pour Abel l'Angelier. 1580, in-8° de 62-VIII ff.

[Ta⁹ 52
(O-1505

6281 LEBAILLY - GRAINVILLE (François) Métaphysicien Lyonnais. —

I. Adresse à l'intelligence humaine. Science positive. Découverte d'une mesure commune à toutes les existences possibles.

Paris, Renouissenel Jobanneau, 1835 in-4° de 16 p. couv. chamois (0 fr. 50).

II. — 2-ème Adresse à l'intelligence humaine.— Indication sur le merveilleux ; émises (sic) par François Lebailly-Grainville.

Paris, Renouissenel Jobanneau, 1835 (15 nov.), in-4°, 16 p. (1 fr.).

III. Circulaire Trinité Principe. — Paris, le 1ᵉʳ Germinal., correspondant au 21 mars 1834...

Paris, Garnier, 1834, 4 pp. in-4°.

IV. Trinité Principe. — Compendium. Possibilité, Probabilité, Evidence, Verité.

*Qui postest capere
capiat.*

Paris, Mme Huzard (Née Vallat la Chapelle), 1833, in-4° de 2 ff., 158 p. 1 f° d'errata (15 fr.).

[R. 7809-11]

Contient un papillon autographe de l'auteur p. 37 (: cette page est répétée deux fois (dans l'ex. de la Bibl. Nat), avec une fig. (7 cercles entrelacés) différente sur les deux feuillets. Il faut en outre : 1 pl. en coul. h. t. (3 cercles entrelacés), 1 gr. tabl. in-f° replié, intitulé : *Trinité-Principe-Compendium-Supplément*.

Voici ce que dit de ce livre le Dr Mure dans sa Philosophie absolue : « Le métaphysicien Lyonnais LEBAILLY GRAINVILLE est l'auteur d'un ouvrage rarissime intitulé *Trinité Principe* avec un grand tableau trinitaire qui se déploie et une image de la Trinité imprimée et coloriée à la main sur les deux côtés de l'estampe. Le tout constitue un livre exceptionnellement curieux. »

(G-1525)

6282 LEBAS. — L'Obélisque de Luxor. Histoire de sa translation à Paris, description des travaux auxquels il a donné lieu. Avec un appendice sur les calculs des appareils d'abattage, d'embarquement, de halage et d'érection. Suivi d'un extrait de l'ouvrage de Fontana sur la translation de l'obélisque du Vatican.

Paris, Carilian-Gœury, 1839, gr. in-8°. Avec 15 gr. pl. (7 fr.).

Voir aussi l'ouvrage du capitaine VERNINAC de St Maur.

6283 LEBAUD de NAUS (Le V∴ F∴ Claude-Etienne). — Lyre maçonne pour les travaux et les banquets à l'usage de l'ancienne V∴ T∴ J∴ et T∴ P∴ Loge Française la royale Yorck de l'Amitié à l'O∴ de Berlin.

Berlin, 1780, in-8° (4 fr.).

Recueil de chants maçonniques avec musique notée.

(G-1853)

6284 [LE BAULD DE NAUS (Cl. E)]. — Discours pour le jour anniversaire de la naissance de S. M. le roi de Prusse, prononcé le 24 janvier 1778, par le R. F. orateur le B... de N... [Cl. Et. LE BAULD de NAUS], dans la loge de Royale Yorck de l'Amitié.

Berlin, Decker, (1778), in-8° de 10 pp.

(O-343)

6285 [LE BAULD DE NAUS (Cl. E.)]. — Discours prononcé le 5 sept. 1777 [par LE BAULD de NAUS] à l'occasion de la visite et déclaration que firent à la loge la Royale Yorck de l'Amitié les illustres et respectueux frères C. d'O... et B. d. Pl... (Comte d'Okenstierne et baron de Plommenfeldt), députés du S.... Ch.... des Hauts G... de la grande loge de Suède etc, etc. etc.

S. l. (Berlin, Decker), 1777, in-8° de 13 pp.

Signé le F. le B... d. N... orateur.

(O-344)

6286 [LE BAULD DE NAUS]. — Discours prononcé pour la célébration du jour anniversaire de la naissance de S. M. le roi de Prusse, prononcé le 24 janvier 1770, dans la loge la Royale Yorck de l'Amitié ; par le Fr. LE BAULD de NAUS, ancien orateur de cette loge et son représentant auprès de toutes les loges justes et régulières.

Berlin, Decker, in-8° de 10 pp.

(O-340)

6287 LE BAULD DE NAUS. — Ode prononcée le 24 juin 1778, à la solennité de la fête de la St Jean, dans la loge Royale Yorck de l'Amitié ; par le R. F. LE BAULD de NAUS, ex-orateur de cette loge, en prenant congé et faisant ses adieux à ses R. F.

Berlin, Decker, 1778, in-8° de 13 pp.

(O-347)

6288 LEBÈGUE CLAVEL. — Les Meneurs du Grand-Orient. Jugés d'après leurs œuvres ou leçons de grammaire, de géographie, d'histoire et même de morale à l'usage de ces Messieurs.

Paris, 1827, in-8°.

6289 [LEBER (Ch.)]. — Des magiciens, des sorciers et des devins chez les Français (d'après divers auteurs); dans LEBER (Ch.). : *Collection des meill. dissertations* (1826); XI. 82-121.

(O-1680

6290 LEBLANC (Docteur) chirurgien-major du régiment de la Fère, infanterie. — Extrait de deux cures comprises dans l'énoncé de celles faites par des membres de la Société harmonique des Amis réunis à Strasbourg, tome second des annales de cette société, par M. LEBLANC, docteur en médecine et chirurgien major du régiment de la Fère, infanterie.

Strasbourg, 1787, in-8°, 40 pages.

En faveur du magnétisme.

(D. p. 72

6291 LEBLANC (G. A.) — La femme et la franc-maçonnerie.

Fontenay-aux-Roses, 1891, in-8° de 16 pp. (2 fr.).

6292 LE BLANC (Th. Prosper). — Etude sur le Symbolisme Druidique.

Paris. Téchener, 1840, in-12. Avec 5 pl. symboliques.

[La² 83

Sorciers, Nains, Fées. — Druidesses nues, prenant forme de Bêtes.— Etc.

(Y-P-918

6293 LE BLANC (Théodore). théologien protestant. Ministre à la Rochelle, vers la fin du XVIIᵉ siècle. Mort à Altona. — Principes contre les Sociniens où l'on défend les premiers fondemens de la Religion chrétienne par Théodore LE BLANC.

Hambourg. 1719, 2 vol. in-8°.

(S-1320

6294 LE BLANT (Edmond), Membre de l'Institut. — De l'ancienne croyance à des moyens secrets de défier la torture.

Paris, 1892, in-4° (1 fr. 25).

[4° F. Pièce 707

Curieuse étude sur la sorcellerie dans l'antiquité et en particulier dans l'ancienne Rome, à l'époque des martyrs chrétiens.

6295 LE BLANT (Edm.). — Recherches sur l'accusation de magie dirigée contre les premiers chrétiens.

Nogent-le-Rotrou. 1869, in-8°, de 36 pp. (3 fr.).

Nombreuses autres pièces intéressantes au Cat. Gén. de la Bibl. Nat.

6296 LEBLOIS (L.). — Les Bibles et les Initiateurs religieux de l'Humanité.

Paris, Fischbacher, 1883-89, 6 vol. gr. in-8°, fig., pl. et cartes (20 fr.).

[8° H. 5061

Important travail sur l'histoire des religions contenant des figures, des planches et des cartes.

6297 LEBLOND (J. B.). — Recherche de la Vérité. — Le Soleil est le premier mobile du mouvement ; la gravitation lui est subordonnée comme loi secondaire.

Paris, 1811, in-8° de 28 pp.

6298 LE BON (Dr Gustave) né à Nogent-le-Rotrou (Eure et Loire) en 1841 ou 42. Docteur en médecine. Voyageur, savant Physicien et Philosophe. Auteur des plus remarquables découvertes sur la constitution de la Matière. — La Civilisation des Arabes.

Paris, Firmin Didot, 1884. gr. in-8° avec 10 chromolithographies, 4 cartes et 366 gravures sur bois, dont 70 gr. h. t. (70 fr.).

[O² g. 46

6299 LE BON (Dr Gustave). — Les Civilisations de l'Inde.

Paris, Firmin Didot, 1887, in-4° de VII-743 p. avec table des pl. et des chap. 7 chromos, 2 cartes, 350 gravures (60 fr.).

[O² K. 885

C'est le meilleur ouvrage qui ait jamais été écrit sur l'Inde.

6300 LE BON (Dr Gustave). — L'Evolution de la Matière. Edition revue et corrigée.

Paris, Ernest Flammarion, 1905, in-18 de 389 p. av. 62 fig. photog. au laboratoire de l'auteur. (2 fr.).

[8° R. 20013

Bibliothèque de Philosophie Scientifique.

L'auteur met en lumière l'*Energie Intra-Atomique* continuellement libérée par l'Evolution constante de la Matière, et engendrant les principales Forces de la Nature. Il étudie ce qu'il nomme la « *Lumière Noire* » ou les radiations invisibles à l'œil (Rayons X, Radium, etc.).

Ouvrage du plus haut intérêt.

Les Idées nouvelles sur la Matière. — L'Energie Intra-Atomique et les Forces qui en dérivent. — Le Monde de l'Impondérable. — La Dématérialisation de la Matière. — Le Monde intermédiaire entre la Matière et l'Ether. — Le Monde du Pondérable : Naissance, Evolution et Fin de la Matière. — Recherches Expérimentales de l'Auteur.

6301 LE BON (Dr Gustave). — L'Evolution des Forces. Avec 42 figures photographiées au Laboratoire de l'Auteur.

Paris, Ern. Flammarion, 1907, in-16 de 380 pp. 42 figures (2 fr.)

[8° R. 21417

« *Biblioth. de philosophie Scientifique.* » — Véritable suite à « *l'Evolution de la Matière,* » du même auteur. — Bien curieuses vérifications de la Doctrine des Mages et des Voyants (Michel de Figanières, entre autre dans sa « *Clé de la Vie,* ») Extraordinairement curieuses expériences (p. 114) sur l'électricité : — sur la photographie (p. 212). — Phosphorescence (p. 223-97).

Les Bases Nouvelles de la Physique de l'Univers. — Les Grandeurs irréductibles de l'Univers. — Le Dogme de l'Indestructibilité de l'Energie. — La Conception Nouvelle des Forces. — La Dématérialisation de la Matière et les Problèmes de l'Electricité. — Les Problèmes de la Chaleur et de la Lumière. — Les Problèmes de la *Phosphorescence*. — La *Lumière Noire*. — Les Forces d'Origine inconnue et les Forces Ignorées. — Tables très complètes.

6302 LE BON (Dr Gustave). — L'Homme et les Sociétés, leurs origines et leur histoire. — I. L'homme, développement physique et intellectuel. — II. Les sociétés, leurs origines et leur développement.

Paris, Rothschild, 1879-1881, 2 vol. in-8°, 180 gravures (75 fr.).

[8° G. 816

Ouvrage rare.

6303 LE BON (Dr Gustave). — La Naissance et l'Evanouissement de la Matière.

Paris, Mercure de France, 1908, in-16 de 79 p. (0 fr. 75).

[8° Z. 17305

Collect. « *Les hommes et les idées.* »

6304 LE BON (Dr). — Lois Psychologiques de l'Evolution des Peuples, par Gustave Le Bon. Septième édition.

Paris, Félix Alcan, 1906, in-18 de 186 p. (1 fr. 50).

« *Bibliothèque de Philosophie Contemporaine.* »

Les Caractères Psychologiques des Races. — L'Histoire des Peuples comme conséquence de leur Caractère. — Comment se modifient les Caractères Psychologiques des Races. — La Dissociation du Caractère des Races et leur Décadence.

Autre éd. :

Paris, 1894, in-18.

[8° R. 12210

6305 LE BON (Dr Gustave). — Psychologie des Foules, par Gustave Le Bon.

Paris, Félix Alcan, 1895 in-12 de VII-200 p. (1 fr. 50).

[8º R. 13100

« Bibliothèque de Philosophie Contemporaine. »

C'est le Complément des « Lois Psychologiques de l'Évolution des Peuples. » Ouvrage singulier et extrêmement intéressant.

L'Ame des Foules. — Les Opinions et les Croyances des Foules. — Classification et Description des diverses catégories de Foules.

6306 LE BON (Dr Gustave). — Les Premières Civilisations.

Paris, Flammarion, 1889, pet. in-4º (7 fr. 50).

[4º G. 307

Ouvrage illustré de 443 figures, comprenant 333 reproductions, 41 restitutions, 60 photogravures et photographies d'après nature ou d'après des documents authentiques.

6307 LE BON (Dr Gustave). — Psychologie et Socialisme.

Paris, Alcan, 1898, in-8º (4 fr. 50).

[8º R. 15747

6308 LE BON (Dr Gustave). — La Vie. — Psychologie Humaine appliquée à l'Hygiène et à la Médecine.

Paris, J. Rothschild, 1874; in-8º de 611 p. 339 fig. sur bois (10 fr.).

[Th². 208

Origine de la Vie ; Éléments des Organes. — Recettes et Dépenses des Organes. — Production et Dépense des Forces dans les Organes. — Relations de l'Organisme avec le Monde extérieur. — Reproduction, Développement et Fin des Êtres.

LE BON (sur le Dr Gustave). — Voir :

GIAVI (Victor).

6309 LEBOUCQ (le Père). — Associations de la Chine. Lettres du P. Leboucq. Missionnaire au Tché-Ly-Sud-Est, publiées par un de ses amis.

Paris, F. Wattelier, S. D., [1880], in-12 de XIII-310 p. (4 fr.)

Les Sociétés secrètes en Chine. — Société du Nénuphar Blanc : serment, hiérarchie, promesses, etc. Dogme, culte et pratiques. Espérances. — Tsai-Ly-Hoei : Société du Vrai, de l'Idéal. — Sociétés religieuses : Les Taï-Chan-Hoei. Les Chiang-Houo-Hoei. — Confrérie de Pluton. — Sociétés malfaisantes.

6310 LE BOUTHILLIER DE RANCÉ (Armand-Jean) célèbre réformateur de la Trappe, né à Paris en 1626, mort à Soligny-la-Trappe, près Mortagne, en 1700. — De la Sainteté et des Devoirs de la Vie Monastique [par l'abbé de Rancé].

Paris, 1683, 2 vol. in-4º.

Le célèbre fondateur de la Trappe interdit aux Moines toutes les Sciences et presque toute autre lecture que celle de l'Écriture Sainte. Son livre a soulevé une polémique entre lui et le P. Mabillon, et fit le sujet de trois autres ouvrages, Nºˢ 528-530 du Cat. de St-Ylié.

(StY-527
(S-986.

6311 LE BOUTHILLIER DE RANCÉ. — La Vie de Dom Armand Jean Le Bouthillier de Rancé, par le P. le Nain.

S. L., 1715, 3 vol. in-12.

(S-5102

6312 LE BOYER (Profʳ J.). — Traité complet du Calendrier, considéré sous les rapports astronomique, commercial et historique.

Nantes, 1822, in-8º (2 fr.)

6313 LE BOIS DES GUAYS (J. F. E.), écrivain et Mystique français, né à Châtillon-sur-Loing (Loiret) vers 1805 mort en 1864. Juge au Tribunal de St-Amand (Cher), puis ardent disciple de Swedenborg.. — L'Apocalypse dans son sens spirituel, d'après l'Apocalypse révélée et l'Apocalypse expliquée d'Emm. Swédenborg, suivie du sens spirituel du 24ᵉ chap. de Matthieu d'après les Arcanes célestes du même auteur.

Saint-Amand (Cher) à la librairie de la Nouvelle Jérusalem, 1841-85 [sic] in-8º (5 fr.)

(A. 9614
(G-1526

•6314 LE BOYS des GUAYS. — Index méthodique ou table alphabétique et analytique de ce qui est contenu dans les Arcanes célestes d'Em. Swédenborg.

St-Amand, 1863. 2 vol. in-8º (10 fr.)

(G-1527

•6315 LE BRETON (Jean) Médecin de la Faculté de Paris. — Les Clefs de la philosophie spagyrique, qui donnent la connaissance des principes et des véritables opérations de cet art dans les Mixtes des trois genres ; par feu M. Le Breton, méd. de la faculté de Paris.

Paris, Claude Jombert, 1722. pet. in-8º ou gr. in-10 de VIII-398 pp. (12 fr.)

Traité d'Alchimie fort recherché des Adeptes qui veulent passer de la spéculation à la réalisation. — Le processus intégral du Grand-Œuvre s'y trouve révélé en une série de clefs précieuses, indispensables pour le philosophe et le médecin qui veulent devenir maîtres en Hermétisme.

Autre édition :

Paris, Jombert, 1725. in-18.

(O-1315
(G-469 et 1528

•6316 LE BRETON (Jean). — La deffense de la vérité touchant la possession des religievses de Louviers.

Evreox, de l'impr. episcopale de Nic. Hamillon, 1643. in-4º de 25 pages (25 fr.)

Une des pièces les plus rares sur les possédées de Louviers.
Réimprimée comme Pièce VIII à la suite de l' « *Histoire de Magdeleine Bavent* » (v. ce dernier nom) à *Rouen, par Desbois*, in-4º, 1878.

(G-470

6317 LE BRETON (P.). — La Résurrection du Christ.

Paris, s. d., in-12, (1 fr. 25).

L'auteur s'est appliqué à étudier la valeur des témoignages qui attestent la Résurrection du Christ, et s'est efforcé de rendre cette étude accessible au grand public.

6318 LE BRUMENT (H. E.). — Quelques observations de somnambulisme naturel et de somnambulisme artificiel, présentées et soutenues à la Faculté de Paris par H. E. Le Brument.

Paris, 9 avril 1835, in-4º.

Thèse fort intéressante, difficile à trouver aujourd'hui.

(D. p. 110

6319 LE BRUN (Charles) le plus célèbre des peintres français du règne de Louis XIV, premier peintre du Roi, né à Paris en 1619, mort au même lieu en 1690. — Les Caractères des Passions, par Le Brun.

S. d., in-12.

(S-2800

6320 LEBRUN (Charles). — Dissertation sur un traité concernant le rapport de la physionomie humaine avec celle des animaux.

Paris, 1806, in-fº, (25 fr.).

Très beau portr. de Lebrun et 37 planches.

6321 LEBRUN (le P. Pierre) théologien français, né à Brignolles (Var) en

1601, mort en 1729. De la Congrégation de l'Oratoire. Professeur de Philosophie et de Théologie. — Explication des Cérémonies de la Messe, par P. Lebrun.

Paris, 1716, 4 vol. in-8° fig. (8 fr.).

Ouvrage curieux et peu commun.

(S-295)

6322 LE BRUN (le R. P. Pierre). — Histoire critique des pratiques superstitieuses qui ont séduit les peuples et embarrassé les sçavants. Avec la méthode et les principes pour discerner les effets naturels d'avec ceux qui ne le sont pas.

Paris, Delaulne, 1732-37, 4 vol. in-12. Frontispice de Coypel gravé par Cochin. (20 fr.).

[G. 32737-39

Spectre sorti du sang humain, Phantomes qui paraissent dans les cimetières.— Femme qui accouche de plusieurs lupins en Angleterre.— Usage de l'Aiman (sic) pour se parler de loin. — Plan d'un traité des sortilèges. — Etc. etc.

Mine précieuse de matériaux de toute sorte, embrassant les sciences occultes dans leur diverses manifestations. — Révélation de plusieurs secrets de Trithème. — Plan d'un traité des sortilèges. — Erreurs des Talismans. — Pourquoi les anciens peuples s'en sont servi ; leur origine. — Les moyens de détourner la grêle avec le sang.—Vertu du corail contre la foudre. — Les Juifs guérisseurs au moyen d'un anneau. — Le Pater de sang. — La Transplantation des maladies. — Moyen bizarre et superstitieux de faire pleuvoir. — La Sorcellerie des Bergers. — Les Noueurs d'aiguillette. — Le Purgatoire de St-Patrick. — Les mystères des sociétés de Compagnonnage et les épreuves du moyen-âge. — Les frères de la Rose-Croix, etc… Le Traité du P. Lebrun se compose de 3 vol. On y joint un tome IV, qui est un supplément publié cinq ans plus tard par l'abbé Granet. — Ouvrage abondant en recherches de tout genre, habilement distribuées et élucidées par un spécialiste renommé.

Autres édit :

Paris, de Nully, 1702, fort in-12.

Paris, 1750-51, 4 vol. in-12.

[G. 32721-724

Amsterdam, Bernard, 1732-33, 3 vol. in-8°. (18 fr.).

Les meilleures éditions sont celles de 1732-37 et 1750-51, en quatre volumes in-12.

(G-1529 et 30)

6323 LEBRUN (le P. Pierre). — Lettres qui découvrent l'illusion des philosophes sur la Baguette et qui détruisent leurs systèmes.

Paris, Boudot, 1693, in-12, (5 fr.).

Figures gravées.

Sur la découverte des voleurs et des vols. — Découverte des eaux et des métaux. — Anges et démons. — Divination par des baguettes qui se remuaient sans qu'on y touchât. — Pratiques superstitieuses, etc…

En somme très intéressant ouvrage sur la Baguette divinatoire qui se trouve aussi en appendice à l'ouvrage précédent.

(G-471)

6324 [LE BRUN et THIERS]. — Superstitions anciennes et modernes, préjugés vulgaires qui ont induit les peuples à des usages et à des principes contraires à la religion (avec des remarques par J. F. Bernard).

Amsterdam, J. F. Bernard, 1743, 2 vol. in-f°, (20 fr.).

Curieux chap. sur : les pratiques observées en l'honneur de St-Hubert pour se préserver de la rage ; de l'attouchement des rois de France pour guérir des écrouelles, de l'usage de la baguette, etc…

6325 LE BRUN de CHARMETTES (Philippe Alexandre) historien et préfet, né à Bordeaux en 1785, mort vers 1850. — Histoire de Jeanne d'Arc, surnommée la Pucelle d'Orléans, tirée de ses propres déclarations, de 244 dépositions de témoins oculaires et des manuscrits de la Bibl. du roi et de la Tour de Londres.

Paris, A. Bertrand, 1817. 4 vol. in-8°, portr. de Jeanne d'Arc et 7 figures. (14 fr.).

6326 LE CAILLE (F...) Rapport sur les droits du G.·. O.·. 1827.

Paris, 1827, in-12.

6327 LE CAMUS (Abbé). — La Théologie populaire de N. S. J. C.

Paris, 1892, in-16. (3 fr.).

Conférences prêchées à Paris.

6328 [LE CAMUS (Antoine)] médecin et poète français né à Paris, en 1722, professeur de l'Université. — Abdeker, ou l'art de conserver la beauté.

L'an de l'Hégyre, 1168 (1754-56), 4 vol. in-12. (20 fr.).

[Y² 6805-6808

Vade-mecum de la coquette du siècle dernier avec quantité de curieuses recettes de toilette et d'anecdotes orientales légèrement contées. Les tomes III et IV qui parurent deux ans après les deux autres volumes sont très rares. Avec 2 frontispices gravés et 4 ravissants titres ornés de Pasquier.

Traité complet sur la beauté. — Cet ouvrage est la traduction d'un manuscrit arabe que Diamantes Ulasto, médecin de l'ambassadeur turc, apporta à Paris en 1740.

(G-472

6329 LE CAMUS (Dr Antoine). — Médecine de l'Esprit, où l'on cherche 1° le méchanisme du corps qui influe sur les fonctions de l'âme ; 2° les causes physiques qui rendent ce méchanisme ou défectueux ou plus parfait ; 3° les moyens qui peuvent l'entretenir dans son état libre, et le rectifier lorsqu'il est gêné.

Paris, Gaveau, 1769, 2 vol. in-12 (6 fr.).

[T¹⁹. 39 et
[Tb⁸⁸ 71

6330 LECANU (l'abbé). — Baguette divinatoire ; dans LECANU (l'abbé): Dictionnaire des prophéties et des miracles (1852). I, 521-31.

(O-1816

6331 LECANU (l'abbé). —. Dictionnaires des prohéties et des miracles, comprenant : 1° Les Prophéties et les Miracles relatés dans les Saintes écritures ; 2° les Prophéties et les Miracles, vrais ou faux, conservés par l'histoire... ; 3° la Biographie des plus fameux Thaumaturges anciens et modernes ; 4° l'Art de la Thaumaturgie et de la Prophétie avec ses différentes branches telles que l'Astrologie, la Cabale, la Divination, la Magie Blanche et Noire, l'Illumination et ses divers moyens... suivi du tableau général des Prophéties bibliques, et d'une Table analytique et raisonnée de tout l'ouvrage... par M. l'abbé LECANU, du Clergé de S. Germain l'Auxerrois.

S'imprime et se vend chez J. P. Migne éditeur, au Petit Montrouge, 1800 et 1855, 2 vol. in-4° (à 2 colonnes), de 1208 et 1284 colonnes (14 fr.).

De la célèbre collection de l'abbé MIGNE " Éditeur de la Bibliothèque du Clergé " en 2000 volumes in-4° (deux mille volumes).

Cette édition porte au v° du faux-titre une curieuse notice sur les efforts vraiment remarquables de l'abbé MIGNE pour ne donner que des éditions absolument correctes. Il renouvelle la tradition d'offrir une prime (o fr. 10 c.) par faute qu'on lui signalerait.

Toute édition postérieure à ces corrections intensives *doit porter cet avis important au verso du faux titre.*

On peut donc reconnaître du premier coup d'œil si un exemplaire d'édition MIGNE est de bonne, ou de moins sûre, édition.

6332 LECANU (l'abbé). — Histoire de Satan, sa chûte, son culte, ses manifestations, ses œuvres, la guerre qu'il fait à Dieu et aux hommes. Magie, possessions, illuminisme, magnétisme, esprits frappeurs spirites, etc... Démonologie artistique et littéraire, association démoniaque, imprégn tion satanique ou le sacrement du diable.

Paris. Parent-Desbarres, 1861, in-12 (6 fr.).

[R. 41187

Ce livre fut retiré du commerce et en partie détruit; les documents y sont précis et exacts. — Les Possessions. — Exorcismes. Charmes et enchantements. — Extase naturelle et satanique. — Devins et magiciens. — Le Sortilège et la magie. — La Kabbale. — Gnosticisme et manichéisme. — Les Sorciers. — Les Envoutements. — Les Rose-Croix. — Martinisme. — Fr∴ M∴ mystique et hermétique, etc...

(G-475

6333 LECANU (l'abbé). — Histoire de Satan, sa chute, son culte, ses manifestations, ses œuvres, la guerre qu'il fait à Dieu et aux hommes. Magie possessions, illuminisme, magnétisme, esprits frappeurs, spirites, etc. Démonologie artistique et littéraire ; association démoniaque, imprégnation satanique ou le sacrement du diable.

Paris, Féchoz et Letouzey, 1882, in-8° (5 fr.).

Réimpression du précédent.

(G-1534

6334 LECANU. — Illuminés ; dans LeCANU (l'abbé) : Dictionnaire des prophéties. (1852), I, 848-60.

(O-514

6335 LECANU. — Saint-Germain ; dans LECANU (l'abbé) : Dictionnaire des prophéties. (1854) II, 842-49.

(O-1570

6336 LECANU. — Ste Brigitte et ses révélations ; dans LECANU (l'abbé) . Dict. des Prophéties, (1, 373-77).

Prédictions de Cazotte ; 427-32.

Mirabilis liber. Notice sur ce livre (1854), II, 54-62.

Prophéties sur le nombre des papes jusqu'à la fin du monde 489-513, avec fig.

Analyse curieuse de trois ouvr. 1° Liber prophetarum ; 2° un recueil corrigé et commenté par les soins de Theophraste Paracelse et ensuite de Paul Scaliger, impr. à Cologne, 1571 ; 3° un ouvrage de Jérôme Joannini imprimé à Venise, Jean-Bapt. Bertoni, 1600. Malheureusement m. l'abbé ne donne pas les titres de ces deux derniers ouvrages.

(O-1877

6337 LECANU. — Songes fatidiques ; dans LECANU (l'abbé) : Dict. des prophéties. (1854), II, 1030-45.

(O-1820

6338 LECANU (Louis) médium spirite. — Le Flambeau du Spiritisme.

Versailles, Paris, l'auteur, 1860, in-8°, 424 p. (4 fr. 50).

[R. 41185

6339 LE CARON (Loys) dit Charondas jurisconsulte français né à Paris en 1530, mort en 1617. Il a pris son surnom d'un célèbre législateur grec du VI° siècle av. J. C. — De la Tranquilité d'Esprit. Livre singvlier plvs vn Discovrs sur le Procès criminel faict à vne Sorcière condamnée à Mort par Arrest de Parlement et executée au Bovrg de la Nevfville le Roy, en Picardie. Auec ses Interrogatoires et Confessions. Traictez grandement necessaires povr le Temps present. Extraict des Discours philosophiqves de L. [Loys] CHARONDAS LE CARON, Parisien.

Paris, Iacques du Puys, 1588, in-8°.

[R. 18255

Paris, 1588, A. Sittart, in-8°.

[R 18257
(Y-P-1508

6340 LE CAT (Claude Nicolas) célèbre chirurgien né à Blérancourt (Aisne) en 1700, mort en 1768. Chirurgien de l'Archevêque de Rouen. Chirurgien en chef de l'Hôtel-Dieu de la même ville et Fondateur de l'Académie de Rouen. — Traité de la couleur de la peau humaine en général, et de celle des nègres, par M. LE CAT.

Amsterdam, 1765, in-8°.

[Th¹⁹. 4
(S-3272 b

6341 LE CAT (Doct. en méd). — Traité des sens.

Amsterdam, Wetstein, 1744, in-8°, (5 fr.).

Avec 10 pl.

6342 LE CAT (Dr. en méd.). — Traité des sensations et des passions en général, et des sens en particulier.

La Théorie de l'Ouïe. Supplément à cet article du Traité des Sens.

Paris, Vallat-la-Chapelle, 1767-68, 3 vol. in-8° portr. et pl. pliées. (10 fr.).

[Th⁵⁴. 2

Intéressant ouvrage d'un véritable précurseur de Mesmer.

Orné d'un portr. 2 front. 6 vignettes en en-têtes et 31 pl. Cet ouvrage riche en observations curieuses, renferme notamment une étude très documentée sur le *"fluide animal"*. L'auteur en démontre les propriétés bénéfiques ou maléfiques, suivant les passions qui agitent le sujet. Il cite, à l'appui de sa thèse, des faits prodigieux que l'on ne rencontre pas ailleurs et qui sont basés sur ses expériences personnelles. — A signaler entre autres singularités, les moyens employés pour dissoudre l'esprit venimeux à propos de la rage ; l'atmosphère hostile qui entoure les vivisecteurs ; les merveilleux effets de la poudre de sympathie du Dr DIGBY, la guérison des loupes, au moyen d'un linge ayant essuyé le visage d'un pendu, etc...

Le célèbre professeur n'avance rien à la légère, et ses assertions sont de la plus rigoureuse authenticité.

6343 LE CÈNE (Ch). — De l'état de l'homme après le péché et de sa prédestination au salut. Où l'on examine les sentimens communs, et où l'on explique ce que l'Ecriture Sainte nous en dit.

Amsterdam, Desbordes, 1684, in-12. (6 fr.).

(G-174

6344 LECERF (Dr J.). — Essai sur la symptomatologie de la Morphinomanie.

Paris, 1895, in-4°. (2 fr.).

Période d'initiation. — Troubles de la vie de relation et de la vie génito-urinaire, etc...

6345 LECHAT (Henri) et DEFRASSE (Alphonse). — Epidaure. Restauration et Description des Principaux Monuments du Sanctuaire d'Asclépéion.

Paris, Quantin, 1895, in-f° (60 fr.).

[Fol. J. 155

70 reproductions dans le texte et 13 pl. h. t. à l'héliogravure et en couleur.

6346 LE CLERC. — La médecine aisée où l'on donne à connaître les causes des maladies internes et externes, et les remèdes propres à les guérir. — Avec une petite pharmacie commode et facile à faire par toute sorte de personnes.

Paris, 1752, in-12. (8 fr.).

Rare et remarquable par sa simplicité.

Au commencement du livre se trouve la table alphabétique de tous les remèdes cités dans cet ouvrage.

Autres édit :

1690, in-12.

[Te¹⁷ 85

1719, in-12.

[Te¹⁷ 85 A

1720, in-12.

[Te¹³ 85 B

6347 LE CLERC (Daniel) médecin suisse né à Genève vers 1652, mort en 1728. Docteur à Valence. — Histoire de la médecine, où l'on voit l'origine et les progrès de cet art, de siècle en siècle ; les sectes qui s'y sont formées ; les noms des médecins, leurs découvertes, leurs opinions et les circonstances les plus remarquables de leur vie. — Nouvelle édition, revue corr. et augm. par l'auteur en divers endroits, et surtout d'un plan pour servir à la continuation de cette histoire depuis la fin du siècle II° jusqu'au milieu du XVII°.

Amsterdam, 1723, in-4° (15 fr.).

[T¹. o

Orné d'un frontispice, d'une vignette sur le titre et de 7 pl. gravées sur cuivre h. t. représentant Apollon, le Centaure Chiron, portraits d'Esculape, d'Hippocrate etc… Ouvrage particulièrement intéressant pour les renseignements qu'il donne sur les origines de la médecine, de la magie, de la chimie médicale et métallique, des amulettes, des horoscopes, de l'alchimie, etc…,

Zoroastre et Hermès, inventeurs de la médecine. — Isis. — Mélampe, berger, devin et médecin. — Druides anc. docteurs des Gaulois. — Charmes et Amulettes. — Pythagore et les anciens médecins philosophes. — Hippocrate. — Celse. — Secte pneumatique. — Galien. — Médecine chimique. — L'Alchimie. — Arn. de Villeneuve. — Albert le Grand, Raym. Lulle, Roger Bacon, Bas. Valentin, Paracelse. — Médecins magiciens. — H. C. Agrippa, etc…

6348 LE CLERC (Jean), Théologien et pasteur, frère du précédent, né à Genève en 1657, mort à Amsterdam en 1736. — L'incrédulité, ou l'on examine les motifs et les raisons générales qui portent les incrédules à rejeter la religion chrétienne. Avec deux lettres où l'on en prouve directement la vérité.

Amsterdam, Mortier 1714, in-12. (4 fr.).

Les deux lettres sont respectivement intitulées : De la Sincérité des apôtres et Des miracles.

6349 LE CLERC (Jean). — Pneumatologia cui subjecta est Thomæ Stanleii Philosophia orientalis. Opus philosophicorum, tomus II.

Amstelodami, 1710, in-12, (3 fr.).

De Chaldæis. — De Persarum philosophis. — De Sabæorum philosophis. — In quo Chaldaïca Zoroastris ejusque discipulorum oracula…

6350 [LE CLERC (Jean)]. — Parrhasiana, ou pensées diverses sur des matières de critique, d'histoire, de morale et de politique. Avec la défense de divers ouvrages par M. L. C. [(Jean) Le Clerc] par Théodore Parrhase.

Amsterdam, 1701, 2 vol. in-12. (6 fr.).

Th. Parrhase est le pseudonyme de Jean Le Clerc. — On trouve dans le premier volume un détail curieux des ouvrages de Le Clerc, avec une réponse vive aux savants qui les avaient attaqués.

Autre édit. (1°) en 1699, in-12.

6351 LE CLERC (Jean). — Reflexions sur ce qu'on appelle le bonheur et malheur, en matière de loteries et sur le bon usage qu'on peut en faire.

Amsterdam, 1730, in-12.

6352 LE CLERCQ (Chrestien), missionnaire Récollet, français, né dans l'Artois vers 1630, mort en 1695. — Nouvelle relation de la Gaspesie, qui contient les mœurs et la religion des sauvages Gaspesiens Porte Croix, adorateurs du soleil et d'autres peuples de l'Amérique septentrionale, dit le Canada, par Chrestien Le Clercq, missionnaire Récollet, gardien du Couvent de Lens en Artois.

Lyon, chez Thomas Amaubry, 1692, in-12. (14 fr.).

Petit ouvrage fort rare et aussi recherché que l'ouvrage de Charlevoix sur les mêmes peuplades.

(G-1531

6353 LECLERCQ (Julien), auteur dramatique, disciple d'Eugène Ledos, le physionomiste. — Le caractère et la main.

Paris, J. Juven. s. d., in-16. 266 p. fig. et couv. ill. (2 fr. 50).

[8° R. 19709

Orné de 30 photographies de mains célèbres, 66 documents, schémas, graphiques, etc.

6354 LECLERCQ (Julien). — La Physionomie, visages et caractères : 85 portr. contemporains d'après les principes d'Eug. Ledos.

Paris, Charles [ou Larousse]. s. d. [1896], in-8°, 312 p. couv. ill. en rouge. (3 fr. 50).

[8° V. 26338

Curieux et intéressant.

Avec 85 portraits et fig. dans le t. analysés.

A cause de ses révélations sensationnelles ou intimes sur qq. célébrités actuelles, ce volume fut dit-on retiré du commerce.

Portraits et jugements physiognomoniques sur :

Sadi-Carnot. — Eugène Ledos. — Dumas fils. — Félix Faure. — Général Boulanger. — Sar Péladan. — Flammarion. — Maeterlinck. — Edison. — Guillaume II. Rochefort. — Richepin. — Crispi. — Berthelot. — Léon XIII. — Léopold II. — Pasteur. — Drumont. — Bismarck. — Déroulède. — Zola. — Pierre Loti. — Aurélien Scholl. — La Reine Victoria. — Mme de Bonnemains. — Séverine. — Sarah Bernhardt. — Augusta Holmès. — Gyp. — Maud Gonne. — Réjane. — Jane Hading. — Emma Calvé. — Cléo de Mérode.

Portrait de l'auteur et jugement par E. Ledos, p. 169.

6355 LECLÈRE (Adhémar). — Le Bouddhisme au Cambodge.

Paris, gr. et fort in-8° de XXXI, 556 pp. Figures. (12 fr.).

Cosmogonies Buddhiques : l'origine première des choses. — Les Mondes, les Astres, les Paradis, les Enfers. — Destruction de la Terre et reconstitution. — Les Habitants de l'Univers. — Les Bienheureux, les Damnés, les Spectres, les Animaux, les Géants, les Tévodas, gardiens du Monde, les Ennemis des hommes, etc... — Ontologie Buddhique : les élémens de l'Etre, les formations, les renaissances. — Les Bases de la doctrine : Le Préas luig et l'Atma, la transmigration, le Karma, ou fruit des œuvres. — La Doctrine Buddhique : Les quatre Vérités. — La Douleur, son origine, moyens de la supprimer. — Le mal, les huit sentiers, le précepte, la prière, l'extase, etc..... — Le Culte : les fêtes religieuses, les jours saints. — L'intervention en faveur des morts. — L'Architecture, la Statuaire, l'iconatrie. — Les Temples de Buddha, ses statues, objets du culte, l'arbre de la Science, etc...

Curieuses fig. h. t. : les vingt paradis, les Préas-bat, zodiaques Cambodgiens, etc...

Ouvrage de la plus haute importance pour l'étude du Buddhisme.

6356 LECOCQ (Ad.). — Empiriques, somnambules et rebouteurs beaucerons.

Chartres, 1862, pet. in-8°. (5 fr.).

6357 LECOMPTE (Jules-Albert). — Les Gamahés et leurs Origines... par J. A. Lecompte, avec 22 croquis de l'Auteur.

Paris, Librairie Initiatique, 1905, in-10, 50 p. 11 pl. hors texte. (2 fr.).

[8° R. 20027

Curieux et intéressant opuscule.

Gamahés dits Prophétiques. — Gamahés des frayeurs ou des exaltations (Les Gamahés, dans ce cas sont des Figures dessinées ou en relief, produites par l'Extériorisation et la Projection subite de la « Force Psychique » par l'homme, l'Animal, ou la Nature). — Amulettes. — Abraxas. — Etc.

9358 [LECOMTE (François Denis)]. — F. Dionys. — L'Ame, son existence, ses manifestations.

Paris, 1869, in-12. (2 fr. 25).

La Révélation et les choses naturelles. — Ame et Matière. — L'âme n'a pas de sexe. — La Fatalité. — Pratiques honteuses. — Incarnations successives. — Dogmes religieux progressifs. — La marche divine, etc...

9300 LECONTE DE LISLE (Charles Marie), né à l'Ile Bourbon en 1820. Savant poète français. — Hésiode. Hymnes orphiques. Théocrite. Bion. Moskhos. Tyrtée. — Odes anacréontiques.

Paris. Lemerre. s. d.. in-8°. (4 fr).

9301 LECOQ MADELEINE. — Explication du Calendrier des Hébreux et des Romains. par Lecoq Madeleine.

Paris, 1727. in-12. (3 fr.).

(S-4720

9302 LE COUTEULX DE CANTELEU (le comte J. H. E.). — Les Alchimistes et leurs croyances ; dans son : les Sectes et Sociétés secrètes (1863), 59-74.

(O-566

9303 LE COUTEULX. — Des Croisades au Commencement du XVIIIe s.; par Le Couteulx de Canteleu, chap. III de son : les Sectes et Sociétés secrètes (1863), 75-100 ; Documents, 257-72.

(O-477

9304 LE COUTEULX. — Les Sectes et sociétés secrètes politiques et religieuses : essai sur leur histoire depuis les temps les plus reculés jusqu'à la Révolution française : par le comte J. H. E. Le Couteulx de Canteleu.

Paris. Didier et Cie. 1863, in-8° de 271 pp. avec 4 pl. d'alphabets de Francs-Maçons, Illuminés, Rose-Croix, Templiers. Alchimistes, etc. (8 fr.).

[G. 25670

Chap. I des Sociétés secrètes, politiques et relig. avant J. C. — Chap. II de la venue du Christ à l'époque des Croisades. — Ch. III des Croisades au commencement du XVIIIe s. — Ch. IX les Sociétés secrètes au XVIIIe s. et leur œuvre . Pièces justificatives.

Ouvrage superficiel et pourtant l'auteur cite un grand nombre d'ouvrages et de mss. qui auraient pu lui servir pour faire un travail plus sérieux et plus complet. P. I. de la préface. l'auteur dit : « Ai-je bien mis. d'ailleurs, toute l'impartialité si nécessaire déjà dans tout travail historique, mais si difficile dans des questions qui passionnent aussi facilement que celle-ci... "On peut répondre hardiment: Non !

La grande légende. — Les prêtres égyptiens. — Initiations antiques. — Croyances des Chrétiens d'Orient. — Fondation de l'Ordre du Temple. — Les Assassins. — Condamnation de l'ordre du Temple. — Les Albigeois. — Les Francs Juges. — La charte de transmission des Templiers. — La Fr∴ M∴ en France et en Angleterre. — Cromwell. — Les Stuarts. — Le duc de Choiseul. — Le duc de Chartres et le G∴ O∴ — Martinez Pasqualis. — Swédenborg. — Schœpfer et Kolmer. — Weischaupt et les Illuminés. — Saint-Germain. — Cagliostro. — Cazotte. — La Révolution.

L'ouvrage se termine par les « Palingénésies des Mystères » et le système de la « Stricte Observance » du Baron de Hundt.

(O-196
(G-475

9305 LECOUTURIER (H.). — La cosmosophie et le socialisme universel.

Paris. chez l'auteur, 1850. (4 fr.).

(G-1532

6306 LECTOR (Lucius). — Qu'est-ce qu'un conclave ? L'entrée au Conclave, à l'intérieur du Conclave, les opérations électorales. le scrutin. à l'issue du Conclave, la tiare et le siège apostolique.

Paris, P. Lethielleux, s. d. [1903], in-16, 108 p. fig. (1 fr. 50).

[8° H. 6620

6367 LECUY (l'abbé J. B.). — Gaufridi (Louis) ; par l'abbé J. B. Lécuy ; dans *Biogr. univ.* (MICHAUD, 1816), XV, 584-75.

(O-1802

6368 LE DAIN (Alfred). — L'Inde antique, par Alfred LE DAIN.
Paris, Chamuel, 1897, in-18. (3 fr. 50).

[O² k. 1001

La Doctrine secrète des Initiés dans l'antiquité. — Légende de la Tour de Babel. — Les civilisations mystérieuses au centre de l'Asie. — Culte védique du feu. — Origine de l'Eucharistie. — Origine de la Trinité.

C'est en 350 pp. toute l'Inde dévoilée, jusque dans ses plus obscures profondeurs.

6369 LE DANTEC (Félix). — Les Influences ancestrales.
Paris, E. Flammarion, s. d.[1905] in-12, VI-300 p. (3 fr.).

[8° R. 20208

Les divers points de vue dans l'étude de la vie. — Le point de vue chimique. — Le point de vue mécanique. — Les reproductions sexuelles. — Les caractères psychiques.

6370 LEDESMA (Antoine de). — Du Chocolate, Discours curieux, par Antoine de LEDESMA, traduit par René Moreau.
Paris, imp. de S. Cramoisy, 1643. in-4°.

[S.4231
(S-3328

6371 LEDOS (Eugène-Claude-François) célèbre physiognomoniste, né et mort à Paris (1822 et ?). — Les criminels et la criminalité, avec une planche de 15 dessins de l'auteur grav. par Jeannot.

Paris, Librairie des Sts-Pères [1908], pet. in-8°, V-207 p. pl. (2 fr. 50).

[8° Tf³. 28.

Publié par M. Gabriel Ledos.

6372 LEDOS (Eugène). — Traité de la Physionomie humaine : I. Harmonie entre l'âme et le corps. — Les tempéraments simples et les tempéraments composés. — Les types géométriques et les types idéaux, applications et fig. — Analyse des traits du visage. etc... Étude des types féminins. — Les passions et les criminels.

Paris, H. Oudin, 1894, in-8° de VII-441 pp. 110 dessins de l'auteur. (12 fr.)

[8° V. 25481

Curieux ouvrage, avec étude des cinq tempéraments: bilieux, sanguin, nerveux lymphatique et mélancholique : des cinq formes de visage : carré, rond, ovale, triangulaire (la pointe en bas), conoïde (la pointe en haut).

Rapports aux types planétaires, y compris la Terre, etc..

6373 LEDOS (Eugène). — Traité de la Physionomie humaine. — Ouvrage orné de 132 dessins de l'auteur, gravés par A. Jeannot. Nouvelle édit. augm.

Paris [Garnier], Librairie des Sts-Pères. 1905, 2 vol. in-8° de XI-IV-345 p. avec 100 à 150 figures de types humains (8 fr.).

[8° V. 30080

Œuvre générale et d'une science prodigieuse qui laisse loin derrière elle tout ce qui a été écrit sur le sujet. — Ledos a été un des plus grands occultistes du siècle.

6374 LEDOS (Eugène). — Les Types physionomiques associés et les phénomènes psychiques, mystiques, extatiques, stigmatisés, voyants, la st..

gestion, la possession, les évocations, les fantômes, etc...

Paris, Annales bibliog. et littéraires [1903], in-16, III-310 p. (4 fr.).

[8° V. 29806

Complément du Traité de la Physionomie humaine.

Portrait de l'auteur. — Types qui s'attirent, se repoussent ou se modifient. — Types au point de vue social. — Le surnaturel, etc...

L'Octave mineure du Clavier Physionomique. — Les Types Géométriques. — Les Types planétaires. — Les Mystiques, les Exotiques, les Stigmatisés. — Les *Nombres*, leur Symbolisme, etc. — De la Triplicité humaine. — De quelques Pouvoirs propres à l'Homme. — Voyance. — Suggestion et Obsession. — Possession. — De l'Atmosphère individuelle. — De l'Homme après la mort. — De l'Ame. — De l'Homme.

6375 LEDRAIN (E.). — Histoire d'Israël. Avec un appendice par J. Oppert.

Paris, Lemerre, 1879-82. 2 vol. in-16 (4 fr.).

[8° H. 428
(G-470

6376 LEDRU (Charles), né à Bullecourt (Pas-de-Calais), en 1801. — A M. Renan : Biographie de Jésus philosophe. Charles Ledru, avocat de Jésus-Christ Dieu fait homme.

Paris, Vrayet de Surcy. 1864. in-8°. (2 fr. 50).

6377 LEEMANS (Conrad). Archéologue Directeur du Musée d'Antiquités de Leyde né à Zalt-Bommel (Gueldre) en 1809. Égyptologue distingué, à qui on doit entre autres une édition des Hiéroglyphiques d'Horapollo (Leyde 1835). — Papyri graeci musei antiquarii publici Lugduni Batavi. Regis augustissimi jussu edidit, interpretationem latinam, annotationem, indicem et tabulas addidit C. LEE-MANS Musei antiquarii Lugduni Batavi Director.

Lugduni Batavorum. Hazenberg. 1843, in-4° 6 gr. pl. h. t. en fac-s. (3 fr.).

[4° Z. 342

Tome II :

Leide, au Musée et chez E. J. Brill 1885, in-4° VIII-310 p. 4 planches.

Tiré à 150 exemplaires.

C'est la publication de Manuscrits d'Alchimie grecs maintes fois cités dans les ouvrages de M. BERTHELOT (*Introduction à l'étude de la Chimie*, p. 3, entre autres).

6378 LEFEBURE (Eug.). — Le Mythe Osirien. Les yeux d'Horus ; Osiris.

Paris. Vieweg. 1874-75 (18 fr.).

Ouvrage entièrement autographié publié à 40 francs.

(G-1854

6379 LEFEBVRE (Le R. P.). — De la folie en matière de religion.

Paris, 1866, in-8°. (4 fr.).

6380 LEFEBVRE (Dr F.). — Louise Lateau de Bois d'Haine, sa vie, ses extases, ses stigmates. Étude médicale.

Louvain, 1873, in-12 (3 fr.).

6381 LEFÈVRE. — La Matérialisation de l'Éther.

Paris, H. Daragon, 1908, in-8°. (1 fr. 50).

D'après l'auteur de ce savant opuscule, la vie n'est ni une faveur, ni un châtiment : elle est l'inéluctable conséquence de la formation de la matière : elle n'a d'autre raison d'être et d'autre but qu'elle-même. — Dans l'ensemble du mécanisme universel, elle est un effet et une cause et ne dépend d'aucun tribunal. — Cette thèse est soutenue avec des arguments solides et appuyée sur la Carbogénèse.

6382 LEFÈVRE (A.). — Religions et Mythologies comparées.

Paris, 1878, fort in-12. (3 fr.).

La naissance des Dieux. — La Science des Religions. — Les animaux symboliques. — La mythologie populaire. — Les idées religieuses et cosmogoniques d'Hésiode. — La vie future d'après Homère. — Croyances et légendes de l'antiquité. — Les Dieux de l'ancienne Rome. — L'Épopée Finnoise. — Le Buddhisme ancien et moderne. — Mesmérisme et spiritisme, etc.

6383 LEFÈVRE (André). — Confidences d'un ancien croyant.

Paris, Chamuel 1892, in-12 de 150 p. (1 fr. 50).

6384 LEFÈVRE (André). — Les Gaulois, origines et croyances.

Paris, Schleicher frères, s. d. in-12 14 fig. (3 fr.).

[8° G. 7738

L'éminent professeur à l'École d'Anthropologie y traite supérieurement des Druides, du druidisme et du sacerdoce gaulois. La mythologie gauloise y occupe une place importante, ainsi que les croyances de la Grande-Bretagne et de l'Irlande. — Des notes d'une érudition savoureuse terminent l'ouvrage; on y remarquera celle relative au « Saint-Graal » et à la « Table ronde. »

6385 LEFORT (Ed.). — Le Type Criminel d'après les Savants et les Artistes.

Lyon, Storck. s. d. in-8°. 20 pl. hors texte (4 fr.).

6386 LE FÈVRE (François), médecin français né à Bourges, mort en 1569. Docteur régent de l'Université de sa ville natale. — Secrets et Mystères des Juifs, traduit du Grec, par François le Fèvre.

Paris, 1557. in-24

(S-5443

6387 LEFÈVRE (Jules), Ancien Élève de l'École Normale Supérieure, agrégé des Sciences. — Examen scientifique du Végétarisme.

Paris, Société Végétarienne de France, 1904. in-8° de 103 p. (2 fr. 50).

[T^{el} c. 222

Intéressant ouvrage sur l'antiquité et la nécessité du régime végétarien.

Gleizès et la renaissance végétarienne. — Le nécrophagisme. — Physiologie alimentaire. — Doctrine végétarienne. — Alimentation du moteur humain. — La maladie et le régime alimentaire, etc..

6388 LEFÈVRE (Nicolas), chimiste français né dans les Ardennes, mort à Londres en 1674. Protestant. — Chymischer Handleiter und güldnes Kleinod, das ist : richtige Anführung, und deutliche Unterweisung, so wol, wie man die chymische Schrifften, welche von chymischer Wissenschaft ins gemein handeln, recht verstehen als, wie man, nach ihrer Ordnung, solche chymische Kunst, durch würckliche Operation, leicht und glücklich practiciren, die Vegetabilia, Animalia, und Mineralia... : zum gemeinen Nutzen, und Beförderung menschlicher Gesundheit, aufgesetzt, und verfertiget, durch N. (Nicolas) Le Febure.

Nürnberg, Christ. Endter. 1676, in-8° de XXXIV-867-XLVIII pp. avec des pl.

Lenglet-Dufresnoy qui indique (III, 4) la 1-re édition fr. de 1660, fait le plus grand éloge de cet ouvrage dont il nomme l'auteur Nicolas Le Fevre, et dont il a publié une édition très augmentée.

(O-1224

6389 LE FÈVRE-DEUMIER (Jules Alexandre) né et mort à Paris (1797-1857). Docteur en médecine de Breslau, poète et romancier. — Études biographiques et littéraires, (Paracelse, Anne Radcliffe, Jérôme Vida, le Chevalier Marino).

Paris, 1854, (5 fr.).

Le chapitre, fort long, consacré à PARACELSE, fournit à ce biographe inconnu l'occasion d'entrer de plein pied dans le domaine de l'occulte. — On se demande où il a puisé les étranges aperçus dont il émaille son étude. — Après avoir donné Saint Jean l'évangéliste pour un « *apôtre d'Hermès* » (sic) il fixe un moment l'Apocalypse et déclare sur un ton singulier peut-être à dessein: «l'Apocalypse ! c'est surtout ce livre-là qu'il faut feuilleter et refeuilleter, si l'on veut savoir ce que c'est que la médecine magique. Ce que l'on peut prédire à coup sûr, c'est que le premier sceau de ses visions théurgiques ne sera jamais levé, à plus forte raison le septième. » L'érudit biographe donne des extraits du traité des maladies invisibles, la recette de la véritable archée (?) le procédé d'Incola Franceus pour obtenir la pierre philosophale, des paragraphes importants des Archidoxes, et s'occupe en passant d'Agrippa, Raym. Lulle, l'abbé Trithème et autres magistes célèbres. — On devine que l'auteur est très familier avec ces doctrines ; mais il est évident qu'il redoute l'ironie de son siècle.

6390 LE FEVRE DEUMIER (J.). — Les Martyrs d'Arezzo.

Paris, Didot, 1885, 2 vol. in-8°, (6 fr.).

Intéressant roman historique dont le fond est la vie de SPINELLO, ce peintre italien né et mort à Arezzo (1323-1415) qui, après avoir peint Satan sous une forme hideuse, en fut si effrayé qu'il en devint fou et en mourut.

6391 LEFORT (Hor.). — L'erreur latine, ses causes, ses effets en France sur l'enseignement, les arts et sur l'esprit public.

Paris, Carré, 1891, in-12. (0 fr. 50).

[S' R. Pièce 5084
(G-1533

6392 [LE FOUR] du LOIRET. — Histoire abrégée du sacrilège, chez les différents peuples et particulièrement en France, avec notes hist. sur les Persécutions religieuses et leurs victimes.

Paris, 1825, in-8°, (4 fr.).

Nombreuses ordonnances royales, Louis XIV et les jésuites. Nombreuses opinions des membres des chambres des Pairs et des Députés avec notes très curieuses.

6393 [LEFRANC]. — Sténographie musicale ou Méthode simplifiée pour l'Enseignement, la lecture et l'écriture de la Musique et du Plain-Chant [par LEFRANC].

Paris, in-8°, pl. (2 fr. 50).

6394 LEFRANC (Abel). — La Détention de Guillaume POSTEL au Prieuré de St Martin des Champs (1562-1581).

Nogent le Rotrou, 1801, in-8° Pièce de 20 p.

[La couverture porte : *Paris*, 1892]
[Ln^{27}. 40660

Extrait de l'*Annuaire Bulletin de la Soc. de l'Hist. de France* (T. XXVIII, Année 1891).

Importants renvois biographiques en note, p. 1. — Voir surtout le « *Dictionnaire de Chaufepié* (Jacques Georges) :

Amsterdam, Z. Chatelain, 1750-56 4 vol. in-f° :
[G. 1033-36

Sur la mort de Guillaume POSTEL, voir le ms. fr. 23969 de la Bib. Nat. (note p. 15). — Testament de Postel (p. 18).

6395 LE FRANC (abbé François) né à Vire vers 1720. Massacré au couvent des Carmes, à Paris en 1792. Supérieur des Eudistes de Caen. — Conjuration contre la religion catholique et les souverains, dont le projet fut conçu en France pour être exécuté dans l'univers.

Paris, Crapart, 1792, in-8°. (12 fr.).

Ouvrage qui achève de démasquer les Francs-Maçons et de confondre les philosophes et les sectaires de tous les genres. — Réfutation des ouvrages de MM. Dupuis, Lalande, Volney et Bonneville.

6396 LEFRANC (Abbé), supérieur des Eudistes de Caen. — Le voile levé pour les curieux, ou histoire de la Franc-Maçonnerie depuis son origine jusqu'à nos jours.

Liège, 1826, in-8° de 624 pp. (5 fr.).

Ouvrage peu commun.

Exposé complet de l'histoire de la Maçonnerie depuis ses lointaines origines jusqu'à la Révolution française. — L'auteur fut massacré pendant les journées de septembre 1792, dans le couvent des Carmes.

Des Sociétés secrètes en général. — Conjurations contre les souverains. — Les Frères illuminés de la Rose-Croix. — Des illuminés visionnaires. — Des Martinistes. — Le G.·.O.·. de France. — Des Sociétés secrètes en Espagne : communeros, anilleros, carbonari, etc… Des Sociétés secrètes en Italie. — Institutions et statuts de la secte des Sublimes maçons parfaits. — Des Sociétés secrètes en Russie, etc… Les systèmes philosophiques de Swédenborg et de Cl. de St-Martin sont étudiés longuement dans cet ouvrage.

(G-477

Autres édit. :

Paris, 1816, in-8°.

Paris, 1792, gr. in-8°.

6397 LEFRANC (Olivier). — Vie intérieure de Jeanne d'Arc.

Paris, Poussielgue, 1900, in-12, (8 fr.).

[L.b²⁰ 418

3 portraits anciens.

6398 LE FRANCOIS (Michel). — Le plan maçonnique.

Lille, J. Calpin, 1905, in-8° 144 p. (3 fr.).

[8° L.b³⁷ 13807

Rare.

Enseignement primaire. — La Franc-Maçonnerie et la femme. — La Franc-Maçonnerie et la liberté, etc. etc.. Cérémonies, mariages maç.·., la Délation et la Politique. — L'Eglise et la F.·. M.·. Le Judaïsme et la F.·. M.·.

6399 LEGENDE du séminariste, mystère nocturne (tirée des Veillées amusantes. Saulces-Moulin (Ardennes), 1840 in-12) ; dans DOUHET (J. de) : Dictionnaire des Légendes (1855), 1307-312.

Messe servie à un prêtre revenant.

(O-1782

6400 LEGENDES. — Légendes populaires. — Cagliostro.

Paris, Martinon, s. d., gr. in-8° (3 fr.).

Les Templiers. Ill. de A. Roy.

Paris, G. de Gonnet. s. d. gr. in-8°. (5 fr.).

Le Grand Albert. Illus. de Nanteuil.

Paris. G. de Gonnet. s. d. gr. in-8°. (3 fr.)

6401 [LE GENDRE, marquis de SAINT AUBIN (Gilbert Charles)] historien, né à Paris en 1688, mort en 1746. Conseiller au Parlement, puis Maître des Requêtes. — Traité de l'opinion ou mémoires pour servir à l'histoire de l'esprit humain.

Paris. De Bure, 1733, 6 vol. in-12. (12 fr. 50).

Le Tome VI est formé par une table des chapitres, une table des noms propres, une table des matières et une table des auteurs cités. — Les tomes III et IV traitent exclusivement des démons, de la divinité, magie, cabale, oracles, sibylles, songes, présages, médecine ancienne, chimie, astrologie judiciaire, etc…

6402 LE GENDRE (Gilbert Charles). — Traité historique et critique de l'opinion.

Paris. Briasson, 1741-1758, 6 vol. in-12. (20 fr.).

Ainsi que le dit l'auteur : « Ce sont différents traités sur les objets les plus curieux des sciences » et citer qq. chap. de cet ouvrage est en faire ressortir l'intérêt: Belles-lettres et histoire de la philosophie, de la morale, des loix et des coutumes, de la politique, de l'histoire et de la chronologie, de la géométrie, de la physique, et de l'astronomie, de la chimie, de l'histoire naturelle et des arts, des sciences occultes, de l'astrologie judiciaire, de la magie, de la Cabale, etc...

6403 LEGENDRE. — Traité historique et critique de l'opinion. Tome IX : Des Sciences Occultes.

Paris, 1758, in-12, (6 fr.).

Divisé en 9 chap. Astrologie. — Divinations. — Magie. — Cabale. — Oracles. — Sibylles. — Augures. — Présages. — Songes.

6404 LE GENDRE (Gilbert Charles). — Des Songes ; par m. (Gilbert Charles) Le Gendre marquis de St Aubin (extrait de son *Traité de l'Opinion*) 180-222.

(O-1837)

6405 LE GENDRE, Marquis de St Aubin (Gilb. Charles). — Liste des principaux auteurs qui ont traité des Esprits, démons, apparitions, songes, magie et spectres. (Même ouvrage 223-95).

(O-1838)

6406 LEGER (Jean) historien né à Ville-Sèche (Vallée de St-Martin) en 1615 mort à Leyde vers 1670. Pasteur de St Jean-Val-Lucerne. — Histoire Générale des Eglises Evangéliques des Vallées de Piémont, ou Vaudoises, divisée en deux livres, dont le premier fait voir incontestablement quelle a esté de tous temps leur discipline et le second traite généralement de toutes les plus considérables persécutions qu'elles ont souffertes, sur tout dès que l'Inquisition a commencé à régner sur les chrétiens jusques à l'an 1604, par Jean Léger.

Leyde, Carpentier, 1669, in-8° figures. (50 fr.).

[H. 1876-1877

Ouvrage important et fort rare.

(S-5202

6407 LEGRAN (Alexandre). — Divulgations des vrais secrets de la Magie noire ; les Sortilèges de la Science et les Pratiques Occultes dévoilées.

Paris, *Andréal*, 1808, in-12. (3 fr. 50).

[8° R. 10143

Le «Sanctum Regnum», ou véritable Manière de faire les Pactes. — Charmes et Philtres d'Amour. — Charmes et Contre-Charmes. — Les Herbes magiques et leurs préparations. — La Verge foudroyante. — Etc.

6408 LEGRAN (Alexandre) — Divulgations sensationnelles des vrais Secrets de la Magie Noire, de l'Influence et du Pouvoir, de la Domination des Volontés, de la Puissance et des Succès, de la Grandeur et de la Fortune. Traité expérimental et pratique des Sciences Occultes. L'Initiation au rituel de la Haute Magie ; les Pactes Sataniques et les Œuvres Démoniaques. Les Forces Spirituelles et Infernales soumises à la Volonté humaine.

Paris, s. d., [1904], in-12, Fig. et Pantacles magiques. (4 fr.).

6409 LEGRAND (A.). — Les bons Génies et leurs travaux.

Paris, 1867, in-8° de 684 pp. (8 fr.).

Ouvrage symbolique de toute beauté : Génies des Airs ; Génies de la Terre. — Le monde aux Enfers. — L'initiation du Géant. — L'âme errante, etc... C'est l'épopée de l'homme déchu remontant à la lumière par l'épreuve des ténèbres et retrouvant enfin sa primitive splendeur.

6410 LEGRAND (Emile). — Collection de Monuments pour servir à l'étude de la langue Néo-Hellénique. N° 5. Nouvelle série.

Athènes, librairie André Coromilas 1875.

Les Oracles de LÉON LE SAGE. La Bataille de Varna. La Prise de Constantinople. Poèmes en Grec vulgaire publiés pour la première fois d'après les manuscrits de la Bibliothèque Nationale par Émile LEGRAND.

Paris, Maisonneuve et Cie, 1875, in-4° à double titre comme ci-dessus de 112 pp.

Collection complète :

[Z. 18090-18718

Semble un tiré à part d'un mémoire publié sous le nom de GIDEL q. v. Donne le texte grec des morceaux indiqués sur le titre, détails sur les manuscrits, etc.

6411 LEGRAND D'AUSSY (Pierre Jean Baptiste) érudit né à Amiens en 1737 mort à Paris en 1800. Membre de l'Institut. — Histoire de la vie privée des français, ou tableau des mœurs, caractères coutumes et usages de nos ancêtres, ouvrage orné de 10 pl. h. t. représentant un grand nombre d'objets curieux.

Paris, 1817, in-12 (0 fr.).

Fêtes de l'âne. — Fête des Fous. — Chevaliers de la Table ronde. — Druides. — Cérémonies du Guy. — Mithra, la mythologie gauloise. — Œufs de Pâques. — Ordalies. — Usages religieux. — Les Juifs (traits anecdotiques). — Excommunications contre les chenilles, les mulots et les rats. — Nécromanciens, etc...

6412 LEGRAND d'AUSSY. — Vie d'Apollonius de Tyane précédée d'une notice historique sur Legrand d'Aussy par Levesque.

Paris, Collin, 1807, 2 vol. in-8°, (10 fr.).

Orné d'un portrait. — Le plus rare des ouvrages sur ce philosophe grec.

6413 LEGRAND DU SAULLE (Dr Henri) médecin de l'hôpital de Bicêtre (service des aliénés) né à Dijon en 1830. — Le Délire des Persécutions.

Paris, Plon, 1871, in-8°. (4 fr.)

Autre édition : En 1873, avec, à la fin, en appendice, un chap. de 35 pp. sur : l'état mental des habitants de Paris pendant les événements de 1870-71.

6414 LEGRAND DU SAULLE (Dr). — La Folie devant les Tribunaux.
Paris, Savy, 1864, in-8° (5 fr.).

[Tf^{os} 75

Depuis les Romains jusqu'à nos jours.

6415 LEGRAND du SAULLE (Dr). — Les Hystériques, état physique et mental, actes insolites, délictueux et criminels.

Paris, Baillière, 1883, in-8° (4 fr. 50).

[Td^{ss}. 612

6416 LEGRAS DE ST-GERMAIN. — L'Art de trouver des trésors réels dans les campagnes, dans les bruyères, les landes, les marais et toutes terres vagues et incultes.

Bruxelles, 1811, in-8° (4 fr.).

« Avec un plan d'une nouvelle administration et l'indication d'une eau céréale fécondante par le moyen de laquelle on peut cultiver sans chevaux ni bœufs, sans fumier et sans labour. »

6417 LEGUÉ (Dr Gabriel) né à Bonnétable (Sarthe). — Médecins et Empoisonneurs au XVIIe Siècle.

Deuxième mille.

Paris, G. Charpentier et E. Fasquelle, 1895, in-12 de VI-280 p.

[T^{21}. 606

La médecine au temps de Molière. — Les Apothicaires au XVIIe siècle. — Christophe Glazer. — Nicolas Lemery. — Médecins et grandes Dames. — Les Poisons. — La Marquise de Brinvilliers. — La Messe Noire. — La Voisin. — La mort de Madame. — L'Autopsie de Madame.

6418 LEGUÉ (Docteur Gabriel). — La Messe Noire.

Paris, Eugène Fasquelle, 1903, in-12 de 330 pp.

[8° Y² 54302

Roman sur la Voisin et la Montespan.

6419 LEGUÉ (Docteur Gabriel). — Urbain Grandier et les possédées de Loudun. Documents inédits de Ch. Barbier.

Paris, Ludovic Baschet, 1880, in-4° (7 fr.)

Tiré à 500 exemplaires et épuisé : Portrait gravé d'après l'original de E. Grasset daté de 1627 ; plusieurs fac-simile d'autographes et reproductions d'une ancienne estampe grossièrement gravée sur bois et intitulée : « Portraict représentant av vif l'execution faite à Loyden en la personne de Vrbain Grandier. »

Autre édit. :

Paris, Charpentier, 1884, in-12.

[Lb³⁶. 3736

Cet ouvrage, dont l'érudition et l'impartialité projettent un peu de clarté sur la sombre tragédie de Loudun, tire un vif intérêt des pièces qui y sont annexées. Ce sont plusieurs lettres fac-s. de Grandier, du gouverneur de Loudun, de Jeanne d'Estièvre, de Laubardemont, de Madeleine de Brou, et même du diable Asmodée !

(G-1535

6420 LEGUÉ et GILLES DE LA TOURETTE (Docteurs). — Bibliothèque Diabolique : Sœur Jeanne des Anges, supérieure des Ursulines de Loudun (XVIIᵉ siècle) ; autobiographie d'une hystérique possédée, d'après le manuscrit inédit de la biblioth. de Tours. Préface du Professeur Charcot.

Paris, Delahaye et Lecrosnier, 1886, in-8° (4 fr. 50).

Orné de 2 fac-similé d'autographes.

L un des volumes les plus intéressants de la *Bibliothèque Diabolique* du Dr Bourneville.

Savant ouvrage, dans lequel on voit chez la supérieure des Ursulines la « *passion hystérique* » se développer, se dérouler avec tout le cortège d'accidents nerveux caractéristiques qui appartiennent au grand type d'affection.

6421 LE HEURT (Matthieu) Théologien franciscain, né au Mans en 1561, mort en 1620. — La Philosophie des Esprits, par Matthieu le Heurt.

Poitiers, 1612, in-8°.

[R. 34597
(S-3143 b

6422 LEIBNITZ (Godefroy-Guillaume) philosophe et mathématicien né à Leipzig en 1646, mort en 1716. — Œuvres de Locke et Leibnitz, contenant : L'Essai sur l'Entendement humain ; l'éloge de Leibnitz par Fontenelle ; le Discours sur la conformité de la Foi et de la Raison ; l'essai sur la bonté de Dieu, la liberté de l'homme et l'origine du mal.

Paris, 1830, in-8° de 700 p.(env.) (8 fr.)

6423 LEIBNITZ. — Réfutation inédite de Spinoza, précédée d'un mémoire par Foucher de Careil.

Paris, 1854, in-8° (4 fr.)

(G-478

6424 LEIBNITZ. — Système de Théologie ou Exposition de la Doctrine de Leibnitz sur la religion, publié pour la première fois d'après le texte original.

Louvain, 1845, in-8° (2 fr. 50).

6425 LEINODE (A). — Ma vie et mes pensées.

Paris, Impr. de Ducessois, 1837, in-8° (2 fr. 50).

Recueil d'études philosophiques : Philosophes. — Chimistes, Cujas Physiologiste, Prêtre, Pairs, Peuple, Riche, Chiffonnière, Rois, Ecrivains, Savants, Lois de la société, etc...

6426 LEITUNGS-FADEN (Der) zu dem chymischen und alchymischen Labyrinth, um sicher darinnen zugehen, durch das Licht der Erfahrung, alle Hand-Arbeiten und Griffe die in dieser Kunst erfordert werden, mit neuen schönen Erfindungen, und einigen sehr nützlichen Geheimnissen versehen, auch alle definitiones begreiffende. Dem öffentlichen Druck übergeben durch den aller hier beschrieben Arbeiten durch zwanzig Jährige Erfahrung practicirten und gereiseten Pilgram : dans SCHRÖDER (F. J. W) : *Neue Sammlung der Bibliothek für.... Chemie* (1776), II. 2me partie, 1-74.

(O-150)

6427 LEJEAL (G.)—Jésus l'Alexandrin. Le Symbole de la Croix. — Etudes historiques.

Paris, Maisonneuve, 1901, in-8° (4 fr.).

6428 LE JEUNE DE FRANCQUEVILLE. — Le Miroir de l'Art et de la Nature, par LE JEUNE de Francqueville.

Paris, 1692, in-8°. Figures.

(S-3487)

6429 LE LARGE DE LIGNAC (Abbé Joseph-Adrien) philosophe né à Poitiers vers 1710, mort à Paris en 1762. Oratorien. — Lettres à un Américain sur l'Histoire, naturelle, générale et particulière de M. de Buffon.

Hambourg, 1751, 3 vol. in-12 (7 fr.)

Ce recueil, considéré comme le plus savant des écrits de l'auteur, a trait : aux principes hypothétiques de Buffon; à la construction et la cause du mouvement des planètes, la construction de la surface de la terre, l'origine des coquillages fossiles, l'idée de la construction animale, l'histoire naturelle de l'homme, les observations faites par Needham, etc....

6430 LE LARGE DE LIGNAC (Abbé Joseph-Adrien). — Présence corporelle de l'homme en plusieurs lieux, prouvée possible par les principes de la bonne philosophie : lettres où, relevant le défi d'un journaliste hollandais, on dissipe toute ombre de contradiction entre les merveilles du Dogme catholique de l'Eucharistie et les notions de la saine philosophie.

Paris, Royel, 1764, in-12 (6 fr.)

Ouvrage posthume publié par M. J. Brisson.

Ouvrage fort curieux et très recherché d'un des plus grands métaphysiciens du XVIIIme siècle « L'âme, dit-il, n'a point de présence locale, elle n'est placée nulle part, elle n'a point d'aspects, elle ne peut être ni environnée, ni contenue. — Elle a cependant une espèce d'immensité.» — Basé sur la théorie du « *Corps préexistant* » ce travail est une contribution vraiment savante à l'étude de l'occulte.

(G-504 et 640)

6431 LELARGE [baron] de LOURDOUEIX (Jacques Honoré) né au Château de Beaufort (Creuse) en 1787, mort en 1860. Journaliste à la « *Gazette de France.* » — Les Folies du Siècle, Roman Philosophique par M. de Lourdoueix. Deuxième édition, ornée de sept Caricatures.

Paris, Pillet, 1818, in-8°. Avec 7 planches au trait (4 fr.).

J. E. LEROUGE a publié dans « *l'Hermès, ou Archives Maçonniques* » une critique des « *Folies du Siècle* » en ce qui concerne la Franc-Maçonnerie.

La première édition, de la même année, a paru sans le nom de l'auteur.

(O-407)

6432 LELARGE DE LOURDOUEIX (H. de). — De la vérité universelle, pour servir d'introduction à la philosophie du verbe.

Paris, 1838, in-8° (4 fr.).

Ouvrage philosophique d'une grande portée, orné de deux tableaux h. t. dont l'un représente le tabl. figuré des connaissances humaines.

6433 LE LEU (Louis). — Le Docteur GRUBY. Notes et Souvenirs. Édition spéciale, contenant 3 Portraits, une Vue et deux Autographes.

Paris, P.-V. *Stock*, 1908, in-18 de XI-285 p. Portr. (5 fr.).

[8° Ln²⁷. 53733

« Biographie Balzacienne » dit le Catalogue « de ce Médecin d'origine hon« groise que l'Univers consulta et qui « était resté pour tout le monde comme « le type le plus déconcertant de l'ori« ginalité la plus énigmatique. »

Le Dr David GRUBY était, paraît-il, né à Kis-Ker, comitat de Bacs, dans le Sud de la Hongrie, le 20 Août 1810, et appartenait à une famille de juifs allemands dont le nom original était sans doute « GRUBER. » D'autres autorités donnent 1813 ou 1814 comme date de sa naissance. Il fut reçu docteur à Vienne en 1839, et autorisé à exercer en France en 1854, à la suite d'une plainte en exercice illégal de la médecine. On le trouva mort dans son appartement le 14 Novembre 1898, âgé par conséquent d'environ 88 ans. Il repose dans le cimetière Saint-Vincent, contigu à l'église de St-Pierre de Montmartre.

6434 LE LIÈVRE (Docteur). — Le Vitalisme en Médecine, ou : Étude des lois de la vie humaine par le Dr LE LIÈVRE.

Paris, 1888, in-8° de 100 pp. (2 fr. 50).

6435 LELIÈVRE (Dr Marcel) ancien interne des hopitaux du Hâvre. — De l'Exercice illégal de la Médecine en Bretagne. Les Guérisseurs, Dormeuses et rebouteurs du Pays Breton.

Paris, Bonvalot Jouve, 1907, in-8° de 71 pp. (2 fr.).

[Th. Paris, 1958

Rien de bien nouveau. Bibliographie d'environ vingt-cinq ouvrages à la fin.

LE LORRAIN. — Voir : VALLEMONT (Abbé de)

6436 [LELOUP (Y.)] mystique contemporain, plus connu sous son pseudonyme de Paul SÉDIR, emprunté au « *Crocodile* » poème « *épique-magique* » de Louis Claude de SAINT-MARTIN. — Paul SÉDIR. — Le Bienheureux Jacob Boehme, le cordonnier Philosophe. Relation véridique de sa Vie et de sa Mort, de ses Œuvres et de ses Doctrines, d'après les Récits d'Abraham Frankenberg, des Drs Cornélius Weissner et Tobias Kober, de Michel Curtz et du Conseiller Hégénisius, suivi d'un Vocabulaire de Terminologie.

Paris, *Bibliothèque Chacornac*, 1901, in-18 de 40 p. Portrait de Böhme (1 fr.).

Cette biographie complète et succincte du théodidacte ne laisse rien à désirer. — Avec autant de sagesse que d'impartialité, et sans se départir un seul instant de sa respectueuse admiration, Paul Sédir, a mis au point l'exaltation et la réelle sublimité de Jacob Boehme. — Avis donc à ceux qui disent fou et à ceux qui disent sublime, le cordonnier-philosophe.

6437 [LE LOUP (Y.)]. — Paul SÉDIR. — Bréviaire Mystique.

Paris, 1910, in-8° carré (10 fr.).

Cet ouvrage n'est pas un Traité didactique, mais un Manuel de Méditations. — Il ne se rattache à aucune Religion en particulier : il s'adresse à tous les Hommes de Bonne Volonté.

6438 [LE LOUP (Y.)]. — P. SÉDIR. — Commentaires sur l'Évangile.

Paris, 1908-1909, 2 vol. in-8° (8 fr.).

C'est ici le plus beau commentaire ésotérique et mystique qui ait été fait sur l'Évangile. — Correspondances hermétiques des Évangiles. — Les initiations occidentales. — La Rose-Croix. — L'initiation christique. — La lettre, le nom, le nombre. — Constitution occulte de l'Univers. — Commentaires kabbalistiques des Évangiles. — La parthénogénèse. — Gnosticisme. — Symbolisme de la naissance du Verbe. — Rites anciens. — Les Mages. — Définition et fonctions du Verbe. — Les Mystères. — Commentaires de Jacob Bœhme sur l'Évangile. — La Prière. — Le Pater selon J. Bœhme. — La Thérapeutique. — Ontologie spirituelle. — Explication des diverses Paraboles, etc...

6439 [LE LOUP (Y.)]. — P. Sédir. — Conférences sur l'Évangile. I. De la naissance à la vie publique de N. S. J. C. II. La vie publique de N. S. J. C. III. (sous presse).

Paris, Beaudelot, 3 vol. in-8°. (3, 4 et 7 fr.).

[A. 22070

Importante étude mystique de l'Évangile par le plus qualifié des occultistes modernes.

Depuis 2.000 ans, des exégètes nombreux et de tous les pays se sont appliqués à extraire des Évangiles l'esprit vivifiant des enseignements qu'ils renferment. Malgré l'immense labeur absorbé par cette tâche, des esprits d'élite devinant, comme d'instinct, les trésors que recèle toujours ce livre sublime, ont continué à puiser à cette source d'intarissable lumière. Sédir est un de ceux-là, un des rares, pour qui l'Évangile est par excellence le livre des suprêmes initiations. C'est à cette noble prédilection de l'auteur qu'il faut attribuer, sans aucun doute l'originalité de ses aperçus, l'imprévu de ses commentaires, et à ses récits, majestueux dans leur simplicité, des clartés qui ne s'éteignent pas. Le Tome II est la continuation magistralement exposée du domaine moral le plus vaste. — Les grandes divisions comprennent : les Béatitudes, la Morale du Christ, la Prière, la Maison spirituelle, Q., questions du Maître et des Disciples, le Royaume de Dieu et la Puissance.

6440 [LE LOUP (Y.)]. — Paul Sédir. — La Création, théories ésotériques.

Paris, Édition de " Malines ". 1898, in-8° (3 fr).

[8° R. 15512

Non mis dans le commerce.

Dans cette brochure, l'auteur étudie d'abord l'Homme et l'Univers, le Moi et le Non-Moi. — Muni de ces données élémentaires, il les utilise à une classification des philosophies. — Ensuite Sédir donne un court aperçu des théories hindoues et Bouddhistes. — Puis il interroge les cercles vivants et invisibles des diverses traditions antiques sur la perfection des théories religieuses édictées par leurs livres sacrés et termine par l'étude des quatre théories suivantes : celles des prophètes, des alchimistes, des magiciens et des théosophes, dont les doctrines types sont respectivement celles de la Cabbale, de l'Alchimie, de Pythagore et des Brahmes.

6441 [LE LOUP (Y.)]. — P. Sédir. — Éléments d'Hébreu, cours de première année professé à l'École libre des Sciences hermétiques, session 1899-1900, avec une lettre-préface de Papus.

Paris, l'Initiation. 1901, in-16, 45 p. fig. (1 fr.).

[8° X. Pièce 1457

Savante brochure de P. Sédir, indispensable à toute personne qui s'occupe un peu activement des Sciences Occultes. — C'est plus ou moins qu'une introduction à la grammaire hébraïque en ce sens qu'il y a une plus large place à l'historique des caractères hébreux qu'à l'exposé sec et un peu aride des lettres et des mots. — Des aperçus très intéressants et inédits se trouvent de la première page à la dernière de cette remarquable brochure.

Autre éd.

Paris. 1901, in-8°.

6442 [LE LOUP (Y.)]. — P. Sédir. — Essai sur le Cantique des Cantique.

Angoulême, imp. de L. Coquemard s. d. in-8° 20 p.

[A. 22044

Révélation des mystères de l'union des deux pôles complémentaires sur tous les plans, avec un art exquis, une pénétration sublime. — Sédir a passé en revue les interprétants du Cantique des Cantiques. — Nous le recommandons à tous nos lecteurs, certains qu'ils y trouveront des lumières spirituelles qui les charmeront.

6443 [LE LOUP (Y.)]. — Paul SÉDIR. — Le Fakirisme indou. Thaumaturgie populaire ; théorie brahmanique de l'homme astral, entraînements occultes, leurs dangers, magnétisme transcendant.

Paris, Chacornac, 1900, in-8° (3 fr. 50).

Ceci est le premier ouvrage, publié en français, qui dévoile les mystères d'un art jalousement gardé par les initiés orientaux. — Les lecteurs sont nombreux qui ont lu des relations plus ou moins étranges sur les fakirs et sur les prodiges que ces derniers produisent. — Dans ce livre-ci, complet en ce qui y est mentionné ou relaté, l'auteur, ayant eu en sa possession des renseignements de toute authenticité, expose clairement la vérité sur ces entraînements si délicats.

6444 [LE LOUP (Y.)]. — P. SÉDIR. — Histoire des Rose ✠ Croix.

Paris, Librairie du XX° siècle, 1910, in-18 XV-312 p. table et errata. Orné de deux illustrations (p. 190 et 207). (4 fr.).

Les sociétés secrètes. — Les prédécesseurs des Rose ✠ Croix. — Origine des Rose ✠ Croix. — Symbolisme de la Rose ✠ Croix. — Règles de l'Ordre. — Les Rose ✠ Croix du XV° siècle à nos jours. — Notices Biographiques. — L'initiation Rosi ✠ crucienne.

6445 [LE LOUP (Y.)]. — Paul SÉDIR. — Initiations : la Rencontre, les Tentations, l'Adepte.

Paris, Beaudelot, 1908, in-12, 120 p. (2 fr.).

[8° Y² 56735

Roman initiatique de premier ordre, délicieusement écrit.

6446 [LE LOUP (Y.)]. — Paul SÉDIR. — Lettres magiques.

Paris, 1903, in-8° de 100 p. (1 fr. 50).

Cet excellent ouvrage, fort bien écrit, est un roman d'initiations orientales contenant la description de nombreuses pratiques occultes.

6447 [LE LOUP (Y.)]. — P. SÉDIR. — Les Incantations. — Le Logos humain. La Voix de Brahma. — Les sons et la lumière Astrale. — Comment on devient enchanteur.

Paris, Chamuel, 1896, in-12 de 220 p. et tab. Orné de nombreux dessins hors et dans le texte. (3 fr.).

[8° R. 14053

Edition originale de ce petit traité extrêmement substantiel et concis qui révèle toute une partie très peu connue de la magie pratique ; on y trouve une étude originale et suggestive sur les formes et les couleurs des sons, de la lumière invisible. — Le sujet abordé par l'auteur est d'un intérêt capital pour tout initié, car on sait que l'Incantation est d'une utilité considérable dans le domaine de la magie pratique. — L'étude des fameux Mantrams hindous y est poussée à fond tant au point de vue théorique que pratique. — La Kabbale occupe aussi une large part dans ce bel ouvrage qui est un véritable chef-d'œuvre de l'occultiste le plus versé dans la tradition hindoue.

Réédité :

Paris, 1902, in-12.

6448 [LE LOUP (Y.)]. — Paul SÉDIR. — La médecine occulte.

Paris, Beaudelot, 1910, in-18. (2 fr.).

[Te¹³¹. 182

Ce petit livre se compose de 21 articles qui passent en revue toutes les méthodes thérapeutiques. — La chirurgie, l'allopathie, le spagyrisme, les dynamothérapies, le magnétisme, les thérapeutiques psychiques, magiques, pneumatiques, sont indiquées par leurs caractères essentiels ; leurs lacunes sont aussi énumérées et l'auteur découvre, en terminant, sa préférence prévue pour la théurgie, c'est-à-dire pour la médecine mystique.

6449 [LE LOUP (Y.)]. — Paul SÉDIR. — Les miroirs magiques. — Divination, clairvoyance de l'astral, évocation, l'Urim et le Thummim, miroirs des Bhattahs, des arabes, de Nostradamus, de Swedenborg, de Cagliostro, etc...

Paris, Chamuel, 1895, in-16, (1 fr. 50).

Excellent résumé des divers procédés mis en action pour obtenir la clairvoyance. — L'auteur est d'une compétence indiscutable pour les matières qu'il traite.

Réédité :

Paris, Chacornac, 1907, in-18 de 64 p.

6450 [LE LOUP (Y.)]. — Paul SÉDIR. — La mystique Judéo-Chrétienne : II Les Tempéraments et la Culture Psychique, d'après Jacob Boehme. Préface de Papus.

Paris, Chamuel, 1894, in-18, Pièce (1 fr. 50).

[8° R. 11093 (G-2113)

6451 [LE LOUP (Y.)]. — SÉDIR. — Les Plantes magiques. Botanique occulte. Construction secrète des végétaux. Vertus des simples. Médecine hermétique. Philtres. Onguents. Breuvages magiques. Teintures. Arcanes. Elixirs spagiriques.

Paris, Bibl. Chacornac, 1902, in-18 178 p. (3 fr.).

[8° R. 17910

Savant ouvrage sur la matière, peut-être le meilleur de tous. — Le règne végétal. — L'homme et la plante. — Petit dictionnaire de botanique. — Table bibliographique.

Réédité :

Paris, Chacornac, 1907, in-18 de 101 p.

6452 [LE LOUP (Y.)]. — Paul SÉDIR. — Des rêves, théorie, pratique, interprétation.

Paris, 1900, in-16, (1 fr. 50).

Ce petit manuel est le premier où l'on trouve l'exposition du rêve, d'après la doctrine hermétique : il est clair, suggestif ; chaque mot y a sa valeur et son intention ; les conseils de l'expérience y abondent, il possède une unité : on sent qu'il est écrit par une intelligence synthétique, qui sait ramener tous les sujets à à leur point de vue central.

6453 [LE LOUP (Y.)]. — Paul SÉDIR. — Les Tempéraments et la culture psychique d'après Jacob Boehme. 2e édition refondue et augmentée.

Paris, in-8°. (1 fr.).

Résumé clair et concis de tout le code pratique enseigné par le célèbre voyant. — Il constitue dans tous ses détails une initiation excellente pouvant être suivie par tous les occidentaux sans avoir besoin d'entraînements compliqués et dangereux.

6454 [LE LOUP (Y)]. — Paul SÉDIR. — Urim et Thumin (Thèse de licence pour l'Ordre Kabbalistique de la Rose ✝ Croix) avec une grande planche se déployant.

Paris, 1892, in-8°.

6455 LE LOYER (Pierre) ou LE LOIER, démonologue français né à Huillé (Anjou) en 1550, mort en 1634. Lauréat des Jeux Floraux de Toulouse. Conseiller au Présidial d'Angers. — Pierre LE LOYER, conseiller au siège présidial d'Angers. Edom, ov les colonies Idumeanes. Colonies d'Hercvle Phénicien et de Thyr.

Paris, Nic. Beon, 1620, 2 parties in-8°. (25 fr.).

Rare.

(G-1538

6456 LE LOYER. — Discours et Histoire des spectres, visions et apparitions des esprits, anges, demons et âmes, se montrans visibles aux hommes, divisez en VIII livres, esquels par les visions merveilleuses et prodigieuses apparitions avenues en tous siècles, tirées et recueillies des plus célèbres autheurs tant sacrez que profanes, est manifestée la certitude des spectres et visions des esprits : et sont baillées les causes des diverses sortes d'apparitions d'iceux, leurs effects, leurs differences, et les moyens pour recognoistre les bons et les mauvais, et chasser les démons Aussi est traicté des Extases et ravissemens ; de l'essence, nature et origine des ames, et de leur estat apres le deceds de leur corps : plus des magiciens et sorciers, de leur communication avec les malins Esprits : ensemble des remedes pour se preseruer des illusions et impostures diaboliques par Pierre Le Loyer, conseiller du roy au siege presidial d'Angers. II.e édit.

Paris, Nicolas Buon, 1605. in-4° de XIV ff. le dernier blanc, 970 pp. XX ff. (45 fr.).

Cette édit. est la II.e. La I.re d'Angers : 1586 ne contient que IV livres.

[R. 7829-7830

P. L. (Paul Lacroix) a donné une notice sur cet ouvrage. (*Bulletin du Bibliophile.* 1871, 228-29). à propos de l'édit. de Paris, N. Buon, 1608, qui porte l'indication de II.e édit. rev. et augm. mais il fait judicieusement observer que cette édit. de 1608 devrait être indiquée comme III.e, puis qu'entre celle-ci et la première se trouve celle de 1605.

(G-479, 650 et 651
(O-1784

6457 LE LOYER. — Discours des Spectres, Visions, Apparitions d'Esprits, par le P. Le Loyer. 2e édition revue et corrigée.

Paris, Nicolas Buon, 1608, in-o°.

[R. 7828 et 6640

C'est en réalité la Troisième édition.

Autre édit,

Nic. Buon, 1695. in-4°.

(S-3156 h

6458 LE LOYER (Pierre). — Méditations théologiques et Récréations spirituelles sur le Cantique de la Vierge Marie par Pierre Le Loyer.

Paris, 1614, in-4°.

(S-898

6459 LELUT (Louis François) médecin français né à Gy, Haute-Saône, en 1804. Médecin de Bicêtre, de la Salpétrière et Académicien. — L'amulette de Pascal, pour servir à l'histoire des hallucinations.

Paris, J. B. Baillière, 1846, in-8°, XVI-371 p. (6 fr.).

Avec fac-simile de l'écrit trouvé dans le pourpoint de Pascal après sa mort.

L'auteur range Pascal au nombre des aliénés (!).

6460 LELUT (F.). — Le démon de Socrate, specimen d'une application de la science psychologique à celle de l'histoire.

Paris, Trinquart, 1836, in-8° (7 fr.).

Edit. originale.

Autre édit. en 1856, in-12.

L'auteur range également Socrate au nombre des aliénés (!).

Biographie psychologique de Socrate, absolument nouvelle, pleine de remarques curieuses et étayée sur d'importants éclaircissements qui terminent l'ouvrage sous les titres suivants : Des hallucinations au début de la folie. — Observations sur la folie sensoriale. — Recherches des analogies de la folie et de la raison.

(G-482

6461 LELUT (F.). — Mémoire sur le somnambulisme par F. Lelut de l'Institut.

Paris, Didier, 1852. in-8°.

Travail qu'il faut lire, quelle que soit l'opinion que l'on soutienne sur les effets du somnambulisme et leurs causes.

(D. p. 148

6462 LELUT (F.). — De l'organe phrénologique de la destruction chez les animaux.
Paris, Baillière, 1838, in-8°, (2 fr. 50).
[Thèse 1]

6463 LELUT (F.). — La Phrénologie, son histoire, ses systèmes et sa condamnation.
Paris, Delahays, 1858, in-12, (2 fr.).
2 pl. lith.

6464 LELUT (F.). — Physiologie de la pensée. Recherche critique des rapports du corps avec l'esprit.
Paris, Didier, 1862, 2 vol. in-8°. (7 fr.).

Action du système nerveux dans ses rapports avec le fluide électro-magnétique. Mémoire sur le sommeil, les songes et le somnambulisme, etc...

(G-1530)

6465 LELUT (F.). — Qu'est-ce que la phrénologie ou essai sur la signification et la valeur des systèmes de psychologie en général et celui de Gall en particulier.
Paris, 1836, in-8°. (3 fr.).
[Thèse 4]

6466 LELUT (F.). — Rejet de l'organologie phrénologique de Gall et de ses successeurs.
Paris, Fortin, Masson, 1843, in-8° 2 pl. lith. (4 fr.).
[Thèse. 73]

Savant ouvrage sur le système organologique et cranioscopique des phrénologistes.

LELUT (sur F.). — Voir : CHAUVET (Emm.).

6467 LE MAISTRE (Edmond), Prouençal, mathematicien très expert. — Advertissement et presage fatidique pour les six ans contenant au long la prediction des signes celestes pour les ans 1578, 1579, 1580, 1581, 1582 jusques et comprins l'an 1583, an de conjonction de planettes merueilleuses et espouvantables en leur signification. Auec vne instrvction pour chacune année, nécessaire pour tous œconomistes, laboureurs et autres menagers : le tout preueu selon la science astronomique.
A Paris pour Iean de Lastre, 1578, pet. in-8°, (40 fr.).

[Rés. p. V. 280]

Plaquette rarissime.

(G-483)

6468 LE MAISTRE DE SACY (Isaac Louis) Théologien né à Paris en 1613 mort en 1684. Illustre janséniste. — Les enluminures du fameux almanach des PP. Jésuites intitulé la Déroute et la confusion des Jansénistes ou triomphe de Molina Jésuite sur S. Augustin. Avec l'onguant (sic) pour la brulure ou le secret d'empescher aux Jésuites de bruler les livres. [par J. BARBIER d'Aucour].
Liège, J. Lenoir, 1683, in-12.

Très intéressant ouvrage avec 2 curieux frontispices gravés dont un representant l'expulsion des jansénistes. — Avec la réponse du Grand ARNAULT « Réponse à la lettre d'une personne de « condition touchant les regles de la « conduitte (sic) dans la composition de « leurs ouvrages pour la deffense des Ve- « ritez combattues ou de l'Innocence ca- « lomniée. »

(G-1540)

6469 LE MAISTRE DE SACI. — Les Nombres, traduits en français, avec l'explication du sens littéral et du sens spirituel tirée des Saints Pères et des auteurs ecclésiastiques.
Paris, Desprez, 1697, in-12 (5 fr.).

(G-1541)

6470 LEMAITRE (François Elie *Jules*) de l'Académie Française, poëte et critique, né à Vennecy (Loiret) en 1853. Professeur au Hâvre, à Besançon, Grenoble, etc. — La franc-maçonnerie par Jules LEMAITRE, de l'Académie.

Paris, A. Lerel, 1899, in-18. (1 fr. 50).

[8° H. 0372

L'esprit maç∴ — Qq. documents sur la F∴ M∴ — L'évolution de la F∴ M∴ et l'Armée, l'affaire Dreyfus, l'Étranger, etc...

6471 LE MAITRE de Claville. — Traité du vrai mérite de l'homme, considéré dans tous les âges et dans toutes les conditions ; avec des principes d'éducation, propres à former les jeunes gens à la vertu, par M. LE MAITRE de Claville.

Liège, Cobbelle, 1740. 2 vol. pet. in-8°. (3 fr.).

Frontispice.

6472 LE MALTUS. — Traité de la Guerre, contenant l'usage de l'Artillerie et le Traité des Feux de Joye, par LE MALTUS.

Paris, 1040, in-4°. Figures.

(S-3408

6473 LÉMERY (Louis), chimiste, né et mort à Paris (1677-1743). Elève et continuateur de son père Nicolas Lémery, Médecin du Roi, Académicien, etc. — Traité des aliments, où l'on trouve la différence et le choix que l'on doit faire de chacun d'eux, les bons et mauvais effets qu'ils peuvent produire, les principes en quoi ils abondent, le temps, l'âge et le tempérament où ils conviennent et une dissertation sur la nourriture des os.

Paris, 1705, in-12. (5 fr.).

[Tc[av] 20

Ouvrage estimé, souvent réédité, contenant d'intéressants chap. sur le vin, la bière, le chocolat, le thé et le café...

Autre édition :

Paris, 1755, 2 forts in-12.

6474 LÉMERY (Nicolas), célèbre médecin et chimiste né à Rouen en 1045, mort à Paris en 1715. Protestant et disciple de Christophe GLAZER. Il se fit catholique à la Révocation de l'Edit de Nantes. — Cours de chymie, contenant la manière de faire les opérations qui sont en usage dans la médecine, par une méthode facile avec des raisonnements sur chaque opération, pour l'instruction de ceux qui veulent s'appliquer à cette science.

Paris, 1696, in-8°. (8 fr.).

Très rare et très recherché, c'est le meilleur cours de chimie que nous ayions. On trouvera dans ce traité, non seulement la description des principaux remèdes chimiques par une méthode courte et facile, mais aussi des raisonnements sur plusieurs phénomènes qui suivent les opérations. L'auteur traite des minéraux, des végétaux et des animaux. Contient en outre, un portr. de Lemery et 8 pl. h. t. en taille-douce. — La huitième est l'explication des plus communs caractères chimiques ; à la fin, se trouve une table des vertus des remèdes décrits dans le livre.

Autres éditions :

Paris, 1675, in-18.
Paris, 1713, in-8°.
Paris, 1756, in-4°.
Paris, 1724, fort in-8°.
Paris, 1701, in-8° de 830 pp.
Paris, 1730, fort in-4°.

6475 LEMERY (Nicolas). — Nouveau recueil des plus beaux secrets de médecine, pour la guérison de toute sorte de maladies, augm. d'un nouveau recueil de recettes et d'expériences, etc...

Paris, Lambert, 1740, 4 vol. in-12 (15 fr.).

Très curieux.
Les premières éditions de ce recueil

étaient attribuées à M. D'EMERY. Voir notre numéro 3552, T. II, p. 10.

6476 LÉMERY (Nicolas). — Pharmacopée universelle, contenant toutes les compositions de pharmacie qui sont en usage dans la médecine, leurs vertus, leurs doses, les manières d'opérer les plus simples et les meilleures. Avec un Lexicon pharmaceutique, plusieurs remarques nouvelles et des raisonnements sur chaque opération.

Paris, d'Houry, 1725, fort in-4°. (12 fr.).

[Te^146 114

6477 LÉMERY (Nicolas). — Traité universel des drogues simples, mises en ordre alphabétique, où l'on trouve leurs différens noms, leur origine, leur choix, les principes qu'elles renferment, leurs qualitez, leur étimologie, et tout ce qu'il y a de particulier dans les animaux, dans les végétaux et dans les animaux.

Paris, d'Houry, 1723, fort vol. in-4°. Illustré de 15 pl. h. t. gravées. (12 fr.).

Autre édition :

Paris, 1760. in-4° de 884 pp.

6478 LEMNE (Levin) ou LIVIN LEMMENS en latin LEMNIUS, philosophe hollandais, naquit à Zirickzée (Zélande) en 1505, et mourut dans la même ville en 1568. Son latin se fait remarquer par sa pureté et son élégance. Disciple de Conrad GESNER il fut médecin, puis chanoine dans sa ville natale.

6479 LEMME (Levin), médecin Zirzéen. — Les occvltes merveilles et secretz de natvre, avec plusieurs enseignements des choses diuerses, tant par raison probable, que par coniecture artificielle : exposées en deux liures, de non moindre plaisir que profit au lecteur studieux. Nouuellement traduictes de latin en françois par Jacq. Gohory. Auec deux tables.

Paris, Galiot du Pré, 1567, in-8°.

[T^21 30

Paris, Galiot du Pré, 1574, in-8°. (35 fr.).

[T^21 30 A.
(S-3107
(G-484 et 652

6480 LEMNE (Levin). — De Miraculis Occultis Naturae Libri IV. Item de vita cvm animi et corporis incolvmitate recte instituenda, liber vnus. — Illi quidem iam postremum emendati et aliquot capitibus aucti, hic vero nunquam antehac editis.

Francofurti, 1640, in-12. (5 à 20 fr.).

Autres éditions :

Antuerpiæ, C. Plantinus, 1574, fort pet. in-8°.

[T^21 29

Antuerpiæ, C. Plantinus, 1593, in-8°.

[T^21 29 A.

Francofurti, I. Wechelius, 1593, in-16.

[T^21 29 B.

Francofurti, I. Rhodius, 1604, in-16.

[T^21 29 C.

Francofurti, W. Hofmanni, 1628, in-16.

[T^21 29 D.
(S-3395 b.

6481 LEMNE (Levin), médecin de Zirizée. — Les secrets miracles de natvre et divers enseignements de plusieurs choses, par raison probable et artiste coniecture expliquez en deux liures.

Lyon, Iean Frellon, 1566, in-8°. (25 fr.).

[T^21 30 B.

Cette traduction est d'Ant. du Pinet. La présente édition de Lyon, Frellon, 1566, est extrêmement rare. C'est d'ailleurs l'édition originale du traité de Lemne. On fait volontiers erreur sur ce point les catalogues de librairie donnent couramment pour telle l'édition parue l'année suivante à Paris: 1567, sous un titre un peu différent.

Réimprimé à Orléans, 1568, p. in-8°.

(G-1543
(S(Y-1100

6482 LEMOINE (Albert). — L'aliéné devant la philosophie, la morale et la société.

Paris, Didier, 1863, in-12. (2 fr.)

6483 LEMOINE (Alb.). — Du sommeil au point de vue physiologique et psychologique.

Paris, Baillière, 1855, in-12. (3 fr.).

Ouvrage couronné par l'Académie française.

Du rêve. — Facultés de l'âme pendant le sommeil. — Somnambulisme. — Extases mystiques, etc.

6484 LEMOINE-MOREAU (E.). — Découvertes d'un Ane savant dédiées à l'Académie des Sciences de Paris, par LEMOINE-MOREAU, un des auteurs du « Courrier de Lyon. »

Paris, E. Dentu, 1862, plaq. in-12 de 36 p. Nombr. fig. dans le texte. (1 fr.).

[Rp. 4449

Très curieux mémoire d'un précurseur du Cte de TROMELIN, cité par LERMINA, Magie Pratique (p. 190). — P. 35, l'auteur signe : E. LEMOINE. Vaudevilliste, promu « au grade d'Ane savant... »

Fort intéressant pour l'étude des « Moteurs à fluide humain » qui ne sont pas aussi récents qu'on pourrait l'imaginer.

6485 LEMONNIER (Pierre-Charles), astonome né à Paris, en 1715, mort en 1799. Astronome de Louis XV et Professeur au Collège de France. — Lois du magnétisme.

Paris, 1776.

Il n'est point question de magnétisme animal dans le livre de l'astronome LEMONNIER qui a ce titre. Il s'agit du magnétisme minéral.

(D. p. 8

6486 LEMONNIER (Camille). — L'hystérique, roman.

Paris, 1885, in-12.

[8° Y² 7816

Première édition de ce curieux roman, basé sur les phénomènes de l'hystérie et des névroses, par un puissant romancier contemporain.

6487 LEMONNIER (Camille). — Le Possédé. Etude passionnelle.

Paris, 1890, in-18.

[8° Y² 43840

6488 LE MONNIER (Léon). — Les stigmates de St-François.

S. l. n. d., in-18 de 16 pp.(2 fr.).

L'auteur prétend que les stigmates de ST-FRANÇOIS ont été l'œuvre ou l'effet de l'imagination de Frère ELIE, son vicaire, et conclut à cette hypothèse.

6489 [LE MOYNE(Nicolas-René-Désiré)] ingénieur, élève de l'Ecole Polytechnique né en 1799. Il a écrit sous le pseudonyme de MEDIUS. — MEDIUS. — Baronnie d'Asile, ou ménage sociétaire pour 30 à 120 travailleurs hommes ou femmes d'au moins 35 ans. Devis et code de ce minime conglobat humain, féodal et charitable.

Paris, 1842.

—— Calculs agronomiques et considérations sociales. Travail d'ingénieur sur l'agriculture actuelle, problème de l'extinction de la mendicité.

Paris, s. d., 2 vol. in-8°. (5 fr.).

[R. 41531

6490 LEMPEREUR (Constantin) ou L'EMPEREUR, orientaliste Hollandais né à Oppyck, dans le XVIIe siècle. Professeur d'Hébreu à Leyde. — 1) Talmudis Babylonici Codex Middoth, sive de Mensuris Templi, opera Const. LEMPEREUR.

Lugduni Batavorum, Elzevir, 1630.

2) Clavis Talmudica.

Lugduni Batavorum, Elzevir, 1634 2 ouv. in-4°.

[Rés. A. 5306
(S-2135-36
(S-Supplém. 182

6491 LENAIN — La Science cabalistique ou l'art de connaître les bons génies qui influent sur la destinée des hommes; avec l'explication de leurs talismans et caractères mystérieux, et la véritable manière de les composer, suivant la doctrine des anciens mages Egyptiens, Arabes et Chaldéens, recueillie d'après les auteurs les plus célèbres qui ont écrit sur les Hautes Sciences.

Amiens, chez l'auteur, 1823, in-8° (8 fr.).

[R. 41534

Réimpression :

Paris, 1909, *Libr. du Merveilleux*, in-8° avec 2 tab. h. t. dont l'un se déployant et représentant les rapports des 72 génies avec les nations, et une grande quantité de caractères hébraïques. Préface de Papus. (5 fr.).

Cette réimpression est soignée et minutieusement corrigée sur l'édit. originale de 1823. Ce précieux manuel de kabbale est peut-être ce qui a été écrit à la fois de plus clair et de plus pratique sur la question. Il est indispensable pour comprendre les œuvres de Fabre d'Olivet, de Lacuria, de Quintus Aucler, d'Agrippa, etc... Il contient l'explication ésotérique des noms de Dieu et leurs secrets ; la manière d'extraire de la Bible les noms des 72 anges, etc...

(G-485 et 653

6492 LENGLET (E. G.). — Introduction à l'Histoire, ou recherches sur les dernières révolutions du Globe et sur les plus anciens peuples connus.

Paris, 1812. in-8°. (6 fr.).

Connaissances, traditions, opinions et fables communes aux peuples de l'Asie. — Les mythologies grecque et latine sorties de l'Inde, preuves philologiques. — Nos origines, cent trente sept pages de notes précieuses et trois pl. se dépliant dont une pour la généalogie des Dieux, ajoutent encore à l'intérêt de ce volume.

6493 LENGLET-DUFRESNOY (Nicolas) Prélat et érudit français né à Beauvais en 1674, mort en 1755, d'un singulier accident : s'étant endormi en lisant près du feu, il y tomba, et succomba à ses brûlures.

— Catalogue des auteurs de la philosophie hermétique ou chimie métallique. T-e III de son *Histoire de la Philosophie hermétique*, 1742.

De peu de valeur maintenant. [Note de M. LADRAGUE].

(O-541

6494 LENGLET-DUFRESNOY. — Histoire de Jeanne d'Arc, Vierge, héroïne et Martyre, par l'abbé LENGLET-DUFRESNOY.

Paris, 1753. in-12.

Edition originale.

(S-5619

6495 LENGLET DU FRESNOY. — Histoire de Jeanne d'Arc, dite la Pucelle d'Orléans.

Amsterdam, 1775, 3 parties in-12. (8 fr.).

Amsterdam, 1759, in-12.

Très curieux ouvrage au début duquel, l'auteur fait cette déclaration surprenante sous sa plume : « De croire que cette fille ait eu des visions, des apparitions, des révélations, je n'en crois rien. » A la fin de la seconde partie, se trouve une importante bibliographie des ouvrages et manuscrits français et étrangers sur la Pucelle.

(G-1516 et 1846

6406 [LENGLET-DUFRESNOY]. — Histoire de la philosophie hermétique, accompagnée d'un catalogue raisonné des écrivains de cette science ; avec le véritable Philalethe, revû sur les originaux [par l'abbé LENGLET-DU-FRESNOY].

Paris, Coustelier, 1742, 3 vol. in-12 de XXIII-480—XXXII-420-300, et XXII-432-IV pp. (25 fr.).

[Rés. R. 2512-2514 avec notes ms. de l'auteur.

Autre exemp.

[R. 41540-542

Le 1er vol. contient : Histoire de la philos. hermét, 1-458 — Chronologie des plus célèbres auteurs de la philos. herm. — Le 2e vol. Discours préliminaire ou Histoire des transmutations métalliques, 120 pp. — Œuvres du Philalete (Entrée au Palais... Expériences sur les préparations du Mercure philos... Epître de G. Ripley commentée.... Règles pour se conduire), pp. 2-541. — Remarques sur les différences entre les diff. édit. de ces ouvrages.— T-e III. Catalogue des auteurs de la philosophie hermétique ou Chimie métallique.

Cet ouvrage est curieux, mais malheureusement rédigé sans méthode. Le Catalogue n'est ni raisonné, ni rédigé avec soin ; et l'on peut adresser à LENGLET-DUFRESNOY pour le travail bibliographique, comme pour tous ceux qu'il a publiés, le reproche de n'avoir pas assez mis d'attention dans la rédaction de ses titres. En un mot, il faut, en se servant de cet ouvrage, ne pas oublier qu'on ne peut le faire que faute d'un autre.

[Ladrague].

Autre édit :

Paris, Barrois, 1744. 3 vol. in-12.

Tome III seulement.

[R 41543
(S-3378
(O-550-1158-1172

6497 LENGLET-DUFRESNOIS. — L'Imitation de Jésus Christ, trad. par LANGLET DU FRESNOIS.

Paris. 1731, in-12.

(S-026

6408 LENGLET-DUFRESNOY. — Recueil de dissertations anciennes et nouvelles sur les apparitions, les visions et les songes ; avec une préface historique et un Catalogue des auteurs qui ont écrit sur les esprits, les apparitions, les songes et les sortilèges ; par m. l'abbé LENGLET-DU-FRESNOY.

Avignon et Paris, Jean Noel Leloup, 1751-1752, 4 parties in-12, (20 fr.).

[R. 41546-547

Parmi ces dissertations, à citer les relations d'apparitions survenues au Monastère des Religieuses de St. Pierre de Lyon, à Belac en Limousin, au faubourg St. Germain, au château de Lusignan en Poitou, de l'apparition de la mère Angélique Arnaud, abbesse de Port Royal, la conférence de Luther avec le Diable, les grandes et merveilleuses choses advenues à Besançon par un tremblement de terre, etc... etc...

Histoire très documentée de tout ce qui touche à ces troublants phénomènes. — La question des songes y est particulièrement développée. — L'ouvrage contient aussi une précieuse bibliographie et un index de tous les noms et mots cités.

Contient la réédition de pièces rarissimes du moyen-âge sur la Sorcellerie, les apparitions, les visions, etc... arrivées dans toutes les parties de la France : l'Esprit qui apparut au monastère des Religieuses de Saint-Pierre à Lyon (1528) — Des visions et prodiges nocturnes qui ont souvent prédit le jour de la mort. — Apparition d'un Esprit dans la rue des Ecouffes en 1663. — Sur l'évocation des morts. — Sur la possession des corps et sur l'infestation des maisons par les démons. — Le Prince du Sommeil où est enseignée l'Oniromancie, ou art de deviner par les songes. — Traités sur la Magie, les Sorciers, les Sortilèges, Possédés exorcisés. — Procédures contre les sorciers et leur punition, etc...

(S-3158 b
(O-1742
(G-1544

6499 LENGLET-DUFRESNOY.—Traité historique et dogmatique du secret inviolable de la confession. Où l'on montre quelle a toujours été à ce sujet la doctrine et la discipline de l'église avec la résolution de plusieurs difficultez qui surviennent tous les jours sur cette matière.

Paris, Hochereau, 1715, in-12, (4 fr.).

6500 LENGLET-DUFRESNOY.—Traité historique et dogmatique sur les apparitions, les révélations particulières avec des observations sur les Dissertations du r. p. dom Calmet, sur les Apparitions et les revenans ; par m. l'abbé LENGLET-DUFRESNOY.

Avignon et se trouve à Paris, J. N Leloup, 1751. 2 vol. in-12 de IV-XLII 408, et IV-VIIV (?) -44 pp. avec 1 pl. (10 fr.).

[R. 41548-41549

Le 1-er vol. contient les chap. I à X avec les preuves ; le X est consacré à plusieurs livres de révélations ; vient ensuite un Discours hist. sur la conversion de Constantin, par l'abbé LESTORCQ. Dans le 2-e vol. le chap. XI est consacré aux Révélations de MARIE D'AGRÉDA, et le XII à l'ouvrage de dom CALMET : puis viennent : Remarques sur la prétendue délivrance de l'âme de Trajan par les prières de S-t Grégoire le gr. ; Extrait de l'Huetiana touchant les broncoloques et les tympanites des îles de l'archipel ; Dissertation sur l'apparition de Samuel à Saül ; Pièces (dix) concernant la vie de la Ste Vierge, dont MARIE d'AGRÉDA (dont la première, la lettre publiée anonyme en 1696) ; Dissertation hist. sur la vision de Constantin, par le p. DU MOULINET ; Retour des morts ou Traité pieux,... ; enfin Lettre de MOLLINGER à m. Schœpfflin. Cet ouvrage de Lenglet-Dufresnoy était composé depuis cinquante cinq ans (vers 1696), lorsqu'il se décida à le publier à l'occasion de l'ouvrage de dom CALMET.

C'est la première édition du « *Recueil de Dissertations anciennes..* »

(O-1737

LENGLET-DUFRESNOY (Sur).— voir :

MICHAULT (J. B.)

6501 LENGLET-MORTIER et VANDAMME. — Nouvelles et véritables étymologies médicales tirées du Gaulois.

Le Quesnois et Paris, 1857, in-8° (3 fr. 50).

Étymologies des mots médecine, médicament, guy, sang, mort, vétérinaire, etc...

Ouvrage peu connu, assez fréquemment démarqué : voir DAVINSON, *Le Gui et sa philosophie*, par exemple.

6502 LENOIR (Al.). — Essai sur le Zodiaque circulaire de Denderah.

Paris, 1822, in-8° (3 fr.).

(G-1859

6503 LENOIR. — Explication d'un manuscrit Égyptien.

Paris, Hacquart. 1812. in-8°, 9 planches pliées hors texte. (5 fr.).

(G-1859

6504 LENOIR (Alexandre). — La Franche-Maçonnerie rendue à sa véritable origine, ou l'Antiquité de la Franche Maçonnerie prouvée par l'explication des mystères anciens et modernes ; par m. Alexandre LENOIR.

Paris, Fournier, 1814, in-4° de VIII-304 pp. avec 10 pl. grav. sur les dessins de Moreau jeune.

Le frontispice est le même que celui de l'Atlas de l'Origine de tous les cultes de DUPUIS ; des 10 pl. il y en a deux grandes in plano Système hiéroastronomique... des peuples anciens et Planisphère iconologique des signes et de leurs décans ; deux in-fol. Procession en l'honneur d'Isis d'après Apulée Métamorphoses et Epreuves par les Quatre éléments d'après TERRASSON : *Sethos*.

(O-522

6505 LENOIR (Alexandre). — Nouveaux essais sur les hiéroglyphes ou figures symboliques et sacrées des Egyptiens et des Grecs utiles à l'intelligence des monuments mythologiques des autres peuples.

Paris, Nepveu. 1809-21, 4 vol. in-8°. (16 fr.).

Orné de 87 planches gravées au trait d'après des bas reliefs et des papyrus. Rare avec le supplément qui manque souvent car il a paru 11 ans plus tard que les autres volumes.

Cet ouvrage traite des monuments égyptiens, de l'explication des fables égyptiennes, de la Table isiaque, des divinités égyptiennes, des Dieux de la Grèce et de Rome, des phénomènes célestes et terrestres dont il ne reste que les figures, etc... Livre précieux pour l'étude du symbolisme antique.

(G-1861

6506 LENOIR (A.). — Nouvel essai sur la table isiaque.

Paris, 1809, in-8°. 2 planches (4 fr.).

(G-1859

6507 LENOIR (Alexandre). — Nouvelle explication des hiéroglyphes des figures symboliques et sacrées des Egyptiens et des Grecs, utile à l'intelligence des monuments mythologiques des autres peuples.

Paris: Musée des monuments français, 1809-10, 2 vol. in-8°. (12 fr.).

Orné de 74 planches gravées hors texte et reproduisant des originaux anciens

(G-1860

6508 LE NORDEZ (Mgr). — Jeanne d'Arc racontée par l'Image, d'après les sculpteurs, les graveurs et les peintres.

Paris, Hachette et Cie, 1808, in-4° de IV-394 p. et tab. Publié en 20 livraisons à 1 fr. 16 pl. hors texte et 312 fig.

Remarquable iconographie de cette grande Mystique.

6509 LE NORDEZ (Mgr). — Les septante paroles de Jeanne d'Arc, recueillies et commentées par Mgr Le Nordez.

Paris, Lelarge, in-12. 8 fr.

[Ln^{27}.38027

Nombreuses gravures h. et dans le texte.

LE NORMAND (Marie-Anne Adélaïde), née à Alençon en 1772, morte à Paris en 1843. Célèbre Voyante et Prophétesse. Son père, un drapier, la fit élever chez les Bénédictines. Elle fut ensuite lingère à Paris, puis s'installa comme " *Sibylle* " rue de Tournon. Elle fit d'innombrables prédictions aux personnages en vue de son époque. ROBESPIERRE, l'Impératrice JOSÉPHINE etc. On lui doit de nombreux ouvrages.

6510 LENORMAND (Mlle). — Arrêt suprême des Dieux de l'Olympe en faveur de Mme la duchesse de Berry et de son fils. L'ombre du Prince de Bourbon Condé à son filleul le Duc d'Aumale d'Orléans.

Paris, Mlle Lenormand, 28 février 1833, in-8°. (7 fr.).

Rare.

(G-1545

6511 LE NORMAND (Mlle). — Mémoires historiques et secrets de l'impératrice Joséphine Marie Rose Tascher de la Pagerie, première épouse de Napoléon Bonaparte ; plus l'intérieur de la main de l'homme extraordinaire, etc... Edit. augm. de plus de 300 notes inédites et suivie des derniers souvenirs de Napoléon Bonaparte à l'Ile Ste-Hélène.

Paris, Doudey-Dupré. 1827, 3 vol. in-8°, orné de 8 portr. gravures et fac-simile. (25 fr.).

6512 LENORMAND (Mlle). — L'ombre de Henri IV au Palais d'Orléans.

Paris, Le Normand, 1831, in-8°. (3 fr. 50).

Curieux ouvrage de la célèbre Mlle Lenormand ; contient cinq feuillets des « *Tablettes prophétiques de Jorad* » qui sont la suite de la célèbre Prophétie apocryphe « d'Olivarius », dont Mlle Lenormand serait le véritable auteur.

6513 LE NORMAND (Mlle). — L'ombre immortelle de Catherine II au tombeau d'Alexandre Ier.

Paris, 1820, in-8° de 68 pp. Frontispice gravé au trait. (3 fr.).

6514 LE NORMAND (Mlle).— Le Petit homme rouge au château des Tuileries. La vérité à Holy Rood. Prédictions, etc.

Paris, Mlle Lenormand, 1831, in-8°, (4 fr. 50).

Ouvrage peu commun.

(G-1540 et 1803

6515 LE NORMAND (Mlle). — La Sibylle au tombeau de Louis XVI.

Paris, chez l'auteur, 1816, in-8°, Frontispice gravé, (2 fr. 50).

6516 LENORMAND (Mlle). — Souvenirs de la Belgique, cent jours d'infortune, ou le Procès mémorable, avec un portr. de Mlle Lenormand.

Paris, l'auteur, 1822, fort in-8° (5 fr.).

Histoire très mouvementée des infortunes de la Pythonisse, qui raconte sa vie et défend sa réputation contre les injustices dont elle fut victime vers la fin de sa carrière.
La Sybille fut arrêtée à Bruxelles en 1821, sous l'accusation d'avoir énoncé qq maximes mal sonnantes dans la Sibylle au Congrès d'Aix-la-Chapelle, d'avoir des entretiens avec le génie Ariel, et autres diableries du même genre. Condamnée à un an de détention et à une forte amende par le tribunal de Louvain, elle fut remise en liberté par suite d'un jugement de la Cour sup. de Bruxelles.

6517 LENORMAND (Mlle). — Les Souvenirs prophétiques d'une Sibylle sur les causes secrètes de son arrestation, le 11 décembre 1809 ; par m-elle M. A. [Marie-Anne-Adélaïde] LENORMAND.

Paris, l'auteur, 1814, in-8° de VI-X-596 pp. avec une pl.

Souvenirs fort rares de la célèbre cartomancienne suivis de notes sur les plus anciens ouvrages occultes.

Précieux ouvrage pour l'étude de l'occulte. — On y trouve des pages sur la magie, de la plus haute importance et principalement sur le maniement des Grimoires. — Mlle Le Normand qui était une très grande initiée, révèle dans cet ouvrage les pratiques qu'il faut employer pour faire un usage efficace du Grimoire du Pape Honorius, et fournit des renseignements de la plus grande valeur sur les Clavicules, l'Enchiridion, les Tablettes théocratiques, etc...Le commentaire philosophique du jeu de cartes du soldat Richard est une pièce des plus remarquables de ce volume fort riche d'ailleurs à tous les points de vue.

—— Les oracles sibyllins, ou la suite des Souvenirs prophétiques; par M-elle M. A. Lenormand.

Paris, l'auteur, 1817, in-8° de 250 pp. avec 4 pl. (6 fr.).

Malgré ses soi-disant rapports avec Joséphine et Napoléon, ce dernier n'en fit pas moins arrêter Mlle Lenormand accusée de s'être immiscée dans la politique. Robespierre l'avait déjà précédemment fait mettre sous les verrous, en 1794.
Ce volume, comme « *Souvenirs prophétiques* » est bourré de documents et d'érudition. — Il contient une longue et savante théorie de l'horoscope, la table des génies suivant le philosophe Palingène, leurs noms et l'esprit des éléments qui les indiquent, des notes curieuses sur la doctrine de Pythagore, les charmes et ligatures, la chiromancie, une biographie surprenante de Cagliostro que Mlle Lenormand aurait connu en 1800 à Paris, et qui ne serait donc pas mort à Rome, dans les cachots de l'Inquisition, comme le veut la chronique,..

(G-1547 et 1804
(O-1850-1853

6518 LE NORMAND (Mlle). — La Sibylle au congrès d'Aix-la-Chapelle, suivi d'un Coup d'œil sur celui de

Carlsbad : ouvrage faisant suite aux Oracles sibyllins, avec des notes politiques, historiques, philosophiques, cabalistiques, etc. ; par Mlle M. A. LENORMAND.

Paris, l'auteur, 1819, in-8° de IV-310 pp. avec 7 fig. (4 fr.).

(O-1852-1853)

6519 LENORMAND (Mlle). — Pièces diverses.

Paris, vers 1815, in-8°, avec fig.

I. Anniversaire de la mort de la Princesse Joséphine.
II. L'ange protecteur de la France au tombeau de Louis XVIII.
III. Manifeste des Dieux sur les affaires de la France.
IV. Apparition de S. A. R. la feue reine à Mme la duchesse douairière d'Orléans et à son fils Louis-Philippe Ier.
V. Révélations.
VI. L'ombre du Prince de Bourbon-Condé, etc... Révélations.

Chacun de ces ouvrages est illustré d'une figure.

LENORMAND (sur Mlle).— Voir :

BRETEAU.
GIRAULT.

6520 LENORMAND (Charles) archéologue et historien, né à Paris en 1802, mort à Athènes en 1859. Académicien et professeur au Collège de France. — Commentaires sur le Cratyle de Platon.

Athènes, 1861, in-8°. (5 fr.).

En étudiant Platon, M. Lenormant avait été frappé de trouver dans un de ses dialogues le développement complet sous un voile transparent et la réfutation au nom des lois de la morale éternelle des idées qu'il considérait comme le fondement même des religions mystiques de la Grèce et particulièrement de celles des mystères d'Eleusis qui en étaient la plus célèbre et la plus savante expression. — Ce dialogue était le Cratyle, où jusqu'ici tous les commentateurs n'avaient vu qu'un informe essai de philosophie du langage et d'étymologie.

6521 LENORMANT (Charles). — Quaestionem cur Plato Aristophanem in Convivium induxerit tentavit C. Lenormant. Parisinus.

Parisiis, Firmin Didot, 1838, in-4°. (7 fr.).

Fort rare, orné d'une pl. gravée et de 3 vignettes curieuses.

6522 LENORMANT (Charles). — Recherches sur l'origine, la destination chez les Anciens et l'utilité actuelle des Hiéroglyphes d'Horapollon.

Paris, 1828, in-4°. (7 fr.).

Thèse devenue fort rare.

6523 LENORMANT (François) archéologue et historien, fils du précédent né à Paris en 1835. Sous bibliothécaire de l'Institut, puis Académicien, mort en 1883. — La divination et la Science des présages chez les Chaldéens.

Paris, Maisonneuve, 1875, in-8°, 236 p. (8 fr.).

A côté de leur fameuse Astrologie, les Chaldéens se formèrent une science des présages et de la divination, en observant les coïncidences entre les événements historiques ou les fortunes humaines et les faits de tout genre qui, dans la nature terrestre, pouvaient être pris comme des signes ou des présages.

6524 LENORMANT (François). — Essai sur la propagation de l'alphabet phénicien dans l'ancien monde.

Paris, Maisonneuve, 1872, 2 vol. gr. in-8°. (6 fr.).

[X. 5060-5070

Tome 2, La 1-ère livraison ornée de 21 pl. serait la seule parue (?).

6525 LENORMANT (François). — Essai sur un document mathématique chaldéen, et à cette occasion sur le système des Poids et Mesures de Babylone..

Paris, Lévy, 1868, gr. in-8°, (8 fr.).

6526 LENORMANT (François). — Etudes accadiennes. — Tome 1-er. — Grammaire. Introduction grammaticale, restitution des paradigmes, répertoire des caractères, additions.
Paris, Maisonneuve, 1873, 3 livraisons in-4°. (0 fr.).

6527 LENORMANT (François). — Les Sciences Occultes en Asie. La Magie chez les Chaldéens et les Origines Accadiennes, par François LENORMANT.
Paris, Maisonneuve et Cie, 1874, in-8° de X-362 p. et 1 f°. (7 fr.).

[O² d. 125

La Magie et la Sorcellerie des Chaldéens. — Grande Litanie en vingt huit formules contre l'action des Démons, les maléfices, les maladies et autres malheurs. — Formules diverses. — Le grand recueil magique de la Bibliothèque de Ninive. — La Démonologie Chaldéenne. — Histoire de la possession de la princesse de Bakhten sur la Stèle Egyptienne de Ramsès XII. — La Médecine n'est qu'une branche de la Magie. — Lilith chez les Hébreux. — Rites de purification. — Conjurations par les Vertus des Nombres. — Le Nom mystérieux et Tout Puissant qui est le Secret du Dieu Ea. — Images Talismaniques. — Comparaison de la Magie Egyptienne et de la Magie Chaldéenne. — L'Egypte et la Chaldée sont pour l'Antiquité les foyers d'origine de la Magie. — La religion Chaldéo-Babylonienne et ses doctrines. — Systèmes religieux des Livres Magiques d'Accad. — Les Religions et la Magie des peuples Touraniens. — Le peuple d'Accad et sa Langue. — Les Touraniens en Chaldée et dans l'Asie Antérieure. Etc.

6528 LENORMANT (Fr). — Chaldean Magic, its origin and development; transl. from the french. With considerable additions by the author and notes by the editor.
London, Bagster, [1878], fort in-8°. (5 fr.).

[O² d. 152

Un bel index facilite l'étude de ce sa-

vant ouvrage, traduction en anglais du précédent.

6529 LENORMANT DE CHIREMONT. — De la vocation des magiciens et magiciennes par le ministère des démons et particulièrement des chefs de magie : à sçavoir de Magdelaine de la Palud, Marie de Sains, Louys Gaufridy, Simone Dourlet, etc… Item, de la vocation accomplie par l'entremise de la seule authorité ecclesiastique à sçavoir de Dudyme, Maberthe Loyse, etc… Auec trois petits traictez : I. Des merveilles de cet œuvre. II. De la conformité avec les Sainctes Ecritures et SS. Pères etc… III. De la puissance Ecclesiastique sur les démons, de l'attention qu'il y faut auoir, des notes critiques pour discerner sous l'exorcisme le vray d'auec le faux, le tout extrait des mesmes mémoires.
Paris, Olivier de Varennes, 1623, 8°. (18 fr.).

[Rés. M. 1000

Bien que portant la mention « seconde partie » sur le titre cet ouvrage est parfaitement complet en lui-même. Il parut à la suite d'un autre ouvrage intitulé : Histoire véritable de trois filles possédées és païs de Flandres (le N° suivant).

(G-1548

6530 LE NORMANT DE CHIREMONT. — Histoire véritable, mémorable de ce qui s'est passé sovs l'exorcisme de trois filles possédées és païs de Flandre, en la descouverte et confession de Marie de Sains, soy disant Princesse de la Magie ; et Simonne Dourlet complices et autres. Ov il est avssi traité de la police du Sabbat, et secrets de la Synagogue des magiciens et magiciennes. De l'Antechrist et de la fin du monde. 2 parties. De la vocation des magiciens et magiciennes par le ministère des démons : et particulièrement des chefs de magie à sçauoir de Magdelaine de La Palud, Marie de Sains, Loys Gaufridy, Simone Dourlet, etc.,.

Paris, Bwon, 1623. 2 vol. in-8°. (50 fr.).

[Rés. M. 999

Ouvrage de démonologie des plus curieux et de la plus insigne rareté.

Le tome II qui est inconnu à BRUNET, est presque introuvable, d'autant plus qu'il porte un titre différent du tome I, ce qui déroute les amateurs et bibliographes. Voir le n° précédent.

(S-3227
(G-487 et 488

LÉON HÉBREU rabbin et Kabbaliste espagnol ou portugais. — Voir : *ABARBANEL*.

6539 LÉON DE MODÈNE célèbre Rabbin, né et mort à Venise en 1571 et 1655. Il en dirigeait la synagogue. De son vrai nom JUDA ARIEH. — Cérémonies et coustumes qui s'observent aujourd'huy parmy les Juifs. Trad. de l'Italien de LÉON DE MODÈNE, Rabin de Venise. Avec un Supplément touchant les sectes des Caraïtes et des Samaritains de nostre temps, par Don Ricared SCIMEON. Troisième édition reveue, corrigée et augmentée d'une seconde partie qui a pour titre " Comparaison des Cérémonies des Juifs et de la discipline de l'Eglise avec un discours touchant les différentes Messes, ou Liturgies qui sont en usage dans tout le Monde », par le sieur de SIMONVILLE. Suivant la Copie à Paris.

A la Haye, chez Adrian Moetjens 1682, in-12 de 190 p. (15 fr.).

Autre édit :

Paris, L. Billaine, 1681, in-12.

[8° H. 5044

Du Dormir et des Songes. — De la Pureté. — Des Bénédictions. — Des Synagogues. — Des Prières. — Des Sacrificateurs et des Lévites. Du Langage, de la Prononciation et de l'Ecriture. — De leurs Etudes et de leurs Académies. — De l'Origine et du Contenu de la Ghemara ou Talmud. — De la création des Rabbins, de leur Autorité et des Excommunications. — Des Serments et des Vœux. — De leur Commerce et usure. — Des Viandes toujours défendues et de leur façon de manger. — Du Jour du Sabbat. — Fêtes de Pâques, de la Pentecôte, d'Elul, du Chipur, des Tentes, de Hanuca, ou des Lumières, du Purim. — Du Mariage. — De la Circoncision. — Du Rachapt des Premiers Nez. — Des Hérétiques Juifs. — — Des Devinations et Sortilèges. — Des Esclaves. — De la Mort et de la Sépulture. — Des cérémonies mortuaires. — Du Paradis, du Purgatoire et de l'Enfer. — De la Métempsychose. — Etc.

Petit ouvrage rare de ce célèbre rabbin vénitien dont le vrai nom était JUDA ARIEH. — Cette traduction française est des plus recherchées à cause de Richard SIMON. (Don Ricared Scimeon).

Autre édition :

Paris, 1674, in-16.

6540 LÉON LE SAGE. Né en 865, mort en 911. — Empereur de Constantinople, fils de Basile Ier le Macédonien et père de Constantin Porphyrogénète ; a régné de 886 à 911. Auteur d'un Livre d'Oracles dont les fragments subsistants ont été publiés par MM. GIDEL et Émile LEGRAND.

LAMBECIUS a aussi donné une édition de ces dix sept Oracula dans la Collection Byzantine du Louvre (1655, in-f°).

Voir le présent Manuel aux mots : *GIDEL*. *LEGRAND* (Émile). *VATICINIUM*.

6541 LÉON PINELO ou PINELLO (Antonio de) historien espagnol de l'Amérique, né vers la fin du XVIe siècle. Elevé à Lima. Historiographe des Indes, mort croit-on vers 1675. — Question moral si el Chocolate quebranta el ayuno eclesiastico, por Antonio de LEON PINELO.

En Madrid, 1636.

(S-3328 b

6542 LÉON XIII (Joachim-Vincent, comte PECCI) né à Carpineto (diocèse d'Anagni) en 1810. — Lettre encyclique de Sa Sainteté Léon XIII. pape par la grâce de Dieu, aux patriarches, primats, archevêques et évêques de l'univers catholique.

Malines, in-8°, 40 pages. (1 fr. 25).

Rare.

Curieuse lettre relative à la Maçonnerie.

6543 LÉONARD (Docteur). — Magnétisme, son histoire, sa théorie, son application au traitement des maladies, mémoire envoyé à l'Académie de Berlin par le Docteur LÉONARD.

Paris, Duvignau, 1854, in-12, 76 pages. (2 fr.).

L'Académie de Berlin venait de mettre au concours la question du magnétisme.

(D. p. 110
(Gr. p. 44

6544 LEONARDUS (Camillus). — Camilli LEONARDI speculum lapidum, cui accessit Sympathia septem Metallorum D. Petri Arlensis de Scudalupis.

Parisiis, C. Sevestre, 1610, in-8°, (14 fr.).

(S. 20380

Ouvrage enrichi d'un titre et de 2 portr. gr. sur cuivre, par Thomas Le Leu. - L'ouvrage d'Arlensis célèbre astrologue italien, est des plus rares car presque tous les exemplaires furent supprimés à l'époque, pour ne pas divulguer les grands secrets qu'il renferme. Avec une curieuse figure sur bois, représentant 7 bagues de 7 métaux avec leurs pierres influentes.

(S-3172

6545 LEONIDAS (Professor). Hypnotiseur Américain de Chicago. — Stage Hypnotism. A Text Book of Hypnotic Entertainments. By Professor LEONIDAS.

London, The Psychic Research C°, s. d., in-8° de 149 p. Nombreuses figures dans le texte.

Aussi intéressant qu'amusant ; décrit en détail les procédés américains des Hypnotiseurs de théâtre.

6546 LEOUZON-LEDUC. — Le Glaive runique ou, la lutte du paganisme scandinave contre le christianisme, etc... traduit du suédois, suivi de notes historiques, mythologiques et littéraires et précédé d'un essai sur l'établissement et la destinée du Christianisme dans tous les pays du monde.

Paris, Bray, 1846, fort in-8°, (4 fr.).

La lutte de l'Odinisme (ou la religion d'Odin) contre les envahissements du christianisme est un fait historique très peu connu. — Ce volume nous initie aux anciens mystères du Nord, et par ses Sagas symboliques, nous fait pénétrer les secrets de l'ancien culte scandinave.

6547 LE PELLETIER. — Déisme et système universel. Théogonie (Dieu, Anges, Univers) ; Cosmogonie (Atomes, Fluides, Esprits) ; Socialisme (Morale, Culte, Législation).

Paris, Ladrange, 1844, in-12 (4 fr.).

6548 LE PELLETIER (A). Éditeur et Commentateur de Nostradamus (q.v.) — Le cycle universel.

Paris, impr. de Le Pelletier, 1852, in-12, de XI pp. (1 à 4 omis) - 5 à 207 pp. (4 fr.).

[R. 41586

Ouvrage singulier et peu commun.
Étude philosophique. Synthèse et Exégèse de l'Écriture Sainte presque entièrement composée de citations, le plus souvent orthodoxes malgré Hermès Trismégiste, le Zohar, le Zend-Avesta, les Lois de Manou, le Bhagavata Purana, Fabre d'Olivet, etc...

(G.402

6549 LEPELLETIER (Edm). — Émile Zola, sa vie, son œuvre avec un portrait en héliogravure d'après Lieure et un autographe.

Paris, Mercure de France, 1908, in-8°, (4 fr.).

[8° Ln²⁷, 54231]

6550 LE PELLETIER (Jean) né à Rouen. — L'Alkaest ou le Dissolvant universel de Van-Helmont, relevé dans plusieurs traitez qui en découvrent le Secret ; par le sieur Jean Le Pelletier, de Rouen.

Rouen, Guill. Behourt ; Laurent d'Houry, à Paris, 1706, in-12 de II-266-VI pp. (5 fr.).

[Te¹³¹. 145]

La 1-re (?) édition serait de 1704. Elle est presque toujours jointe à " l'Art de volatiliser.. les Alcalis ".

C'est un ouvrage curieux et fort estimé, selon Lenglet-D ; composé d'un choix d'Articles pris dans les œuvres de Philalèthe, de Ripley, de George Starkey, etc ; à partir de la p. 189. on trouve de ce dernier l'ouvr. suiv. : *Liquor Alkaest ou Discours touchant le dissolvant immortel de Paracelse,* etc.

Suite du traité de l'Alkaest, ou l'on rapporte plusieurs endroits des ouvrages de George Starkey qui découvrent la manière de volatiliser les Alcalis, et d'en préparer des remèdes Succédanées ou approchans (sic) de ceux que l'on peut préparer par l'Alkaest.

Rouen, G. Behourt, 1706, in-12. (10 fr.).

(O-1618
(G-1551 et 1552

6551 LE PELLETIER (J.) de Rouen. — L'Art de la manière de volatiliser les alcalis et d'en préparer des remèdes succédanées ou approchant de ceux que l'on peut préparer par l'Alkaest, tirés des ouvrages de Starkey.

Rouen, 1786, in-12. (5 fr.).

Fréquemment joint à " l'Alkaest ".

(G-492

6552 LE PELLETIER (Jean), de Rouen. — Dissertations sur l'arche de Noé, et sur l'hémine et sur la livre de S. Benoist. Dans l'une on examine plusieurs questions curieuses, dont la décision prouve la matière, la capacité, la figure ou disposition de cette arche, le nombre des animaux et la quantité des provisions qu'on y renferma, la durée et la vérité du déluge universel et dans l'autre on démontre que cette Hémine et cette Livre ont été de la capacité et de la pesanteur de 20 onces romaines.

Rouen, Besongne, 1700, in-12. (5 fr.).

Avec 4 figures en taille douce.

Curieux ouvrage orné de 3 pl. représentant : l'arche de Noé flottant, son plan géométral et sa coupe !

(G-654

6553 LEPELLETIER de la Sarthe (Docteur René Jacques). né au Mans en 1790, mort au même lieu en 1880. — Le magnétisme éclairé par l'expérience et réduit aux faits rigoureusement démontrés par A. Lepelletier de la Sarthe, docteur médecin.

Le Mans, Monnoyer, 1841, in-8°, 31 pages. (1 fr. 50).

Discours fort bien écrit, sorte d'introduction à l'étude du magnétisme.

6554 LEPELLETIER de la Sarthe. — Du système social, ses applications pratiques à l'individu, à la famille, à la société, dans l'intérêt du bien être, du bonheur et de la civilisation des peuples.

Paris, Guillaumin, 1855, 2 vol. in-8° (10 fr.)

Etude positive, raisonnée, pratique, de l'homme, de la famille, de la société.

6555 LEPIN (Abbé M.). — Evangiles canoniques et évangiles apocryphes. par M. Lepin.

Paris, Bloud, 1907, in-16, 225 p. (1 fr. 75).

[8° R. 14946

Sc. psych. — T. II. — 31.

Le Protévangile de Jacques. — Evangile de la Nativité de Marie.— Evangile arabe de l'Enfance. — L'Evangile selon les égyptiens. — L'Evangile selon les Hébreux. — Théorie de M. Harnack, etc...

6556 L'ÉPINOIS (H. de). — Les pièces du procès de Galilée, précédées d'un avant-propos.

Paris et Rome, 1877, in-8°. (2 fr. 50).

6557 L'ÉPINOIS (H. de). — La question de Galilée, les faits et leurs conséquences.

Paris, 1878. (2 fr.).

6558 LE PLONGEON (Dr Augustus) archéologue américain. — Queen Moo and the Egyptian Sphinx.

Avant 1895, 75 illustrations (25 à 30 fr.)

6559 [LE POT (Laurent)]. — Histoire véritable arrivée de notre tems, touchant les conjurations faites à Denise LA CAILLE, possédée du Diable, avec les Actes et procès-verbaux faits par l'ordre de l'Evêque de Beauvais.

Paris, Billaine, 1623, in-8°.

(Y-P-040)
(S-3229)

6560 LEQUEN D'ENTREMEUSE. — Sirius. — Aperçus nouveaux sur l'origine de l'idolâtrie. — Introduction.

Paris, Didron, 1852, in-8°. Avec 2 pl. h. t. de reproductions d'idoles anciennes. (3 fr. 50).

6561 LEQUIER Ancien élève de l'Ecole polytechnique.— La recherche d'une première vérité ; fragments posthumes.

Saint-Cloud, 1865, fort in-8°. (20 fr.).

Tiré à 120 exempl., non mis dans le commerce.

6562 LEQUINE (F.). — Mesmérisme à l'aide d'un bassin et d'un ventilateur inventé par F. LEQUINE.

Paris, l'auteur, 1850, in-8°, 4 pages.

Modification au baquet de MESMER. Il fallait une foi bien robuste pour revenir à un procédé complètement abandonné. [Dureau].

(D. p. 14)

6563 LERICHE (l'Abbé). — Etudes sur les possessions en général, et sur celle de Loudun en particulier, précédées d'une lettre adressée à l'auteur par le T. R. P. VENTURA de Raulica.

Paris, Plon, 1859, pet. in-12. (3 fr.).

Des Possessions.— Ouvrages en faveur et contre la possession. — De l'hystérie. — L'Encéphalite. — Connaissance de l'intérieur. — Contorsions. — Elévations en l'air, etc... Opinion d'un prêtre intéressante à connaître.

6564 LERMINA (Jules-Hippolyte), homme de lettres, né à Paris en 1830. Un moment libraire à Paris. — A brûler; conte astral ; Préface par Papus.

Paris, Chacornac, 1889, in-8°. (2 fr.).

[8° Y². 42770

Paru d'abord dans les Nos d'origine de « L'Initiation », d'Octobre 1888 à Mai 1889 (Nos 1 à 8).

Dans ce conte astral, l'auteur éclaire et dévoile au mieux les obscures données de l'Esotérisme hindou.

(G-1553)

6565 LERMINA (Jules). — Magie passionnelle. La deux fois morte.

Paris, Chamuel, 1895, in-18 jés. (1 fr.).

[8° Y². 49255

Nouvelle riche en émotions. — L'auteur, dont la logique serrée a fort intéressé en plusieurs de ses œuvres, arrive ici à donner à des conceptions abstraites tout l'attrait poignant de la réalité.

6566 LERMINA (Jules). — L'Elixir de vie, conte magique ; préface de Papus.

Paris, Georges Carré. 1890, pet. in-8°, IX-54 p. (1 fr.).

[8° Y². 45707

Curieuse exposition de cette thèse que la vie peut s'infuser mystérieusement d'un être à l'autre, secret redoutable de l'Elixir de Vie des anciens Alchimistes et des Initiés de l'Orient. — C'est l'exposé d'un point très peu connu du magnétisme occulte.

6567 LERMINA (Jules). — L'Envoûteur.

S. l. (1892). in-12. (0 fr. 80). Extr.

6568 LERMINA (Jules). — Histoire de la misère ou le prolétariat à travers les âges.

Paris. 1869. in-12. (3 fr.).

La faute d'Adam. — Le brigandage. — L'oisiveté. — L'esclavage. — Riches, pauvres, esclaves. — Le mythe messianique. — Jésus. — Oiseux, truands et mendiants. — La Jacquerie. — Les Saints-Simoniens. — Communisme. — etc...

6569 LERMINA (Jules). — Histoires incroyables.

Paris, Boulanger. s. d. [1880]. in-8°. Dessins d'Amédée Denisse. (8 fr.).

[8° Y². 42949

6570 LERMINA (Jules). — La Magicienne.

Paris, Chamuel, 1892, in-16, 384 p. Dessin inédit de C. Lefèvre.

[8° Y². 46513

La Magicienne est une œuvre des plus originales ; par la hardiesse de ses hypothèses, l'auteur attire les regards vers les espaces invisibles. — Ce livre est le manuel de la magie maternelle et conjugale.

6571 LERMINA (Jules). — La Science occulte. — Magie pratique. — Révélation des mystères de la Vie et de la Mort.

Paris, Kolb, s. d. [1890], in-12, X-274 p. (5 fr.).

[8° R. 9947

Intéressant ouvrage assez rare, dans lequel l'auteur passe en revue toutes les branches de l'occultisme théorique et pratique. — Constitution de l'Univers et théories occultistes, bouddhiques, théosophiques sur ce sujet. — Constitution de l'homme d'après la Théosophie et la Kabbale. — Le Corps astral et ses manifestations. — Les Elémentaux, les Elémentaires ou désincarnés. — Le Karma. — Histoire succincte de l'Occultisme contemporain..

Nous ne pouvons trop conseiller ce volume aux personnes qui veulent connaitre les principaux phénomènes invoqués par les partisans actuels de l'occultisme en faveur de leurs doctrines ainsi que les théories des diverses écoles dans leurs rapports avec les données toutes récentes de l'évolution.

6572 LERMINA (Jules). — Le secret de Zippélius.

Paris, s. d. in-18. (2 fr.).

Joli roman d'une lecture attachante ; les pérégrinations d'un alchimiste en forment le sujet principal.

6573 LERMINA (Jules). — Ventre et cerveau.

Paris. 1893. in-8° de 36 pp. (1 fr.).

Etude de sociologie analytique où l'auteur se plait à démontrer ce truisme aveuglant : qu'avant toutes choses, l'homme doit développer, 1° ses forces, 2° son esprit. — Le reste vient ensuite et par surcroit.

6574 LERMONTOFF (Mikhaïl-Iouriévitch), célèbre poète russe, né à Moscou en 1814, tué en duel dans le

Caucase en 1841. Officier des Hussards de la Garde.

Voir sur cet auteur : E. DUCHESNE. Michel Iourewitch LERMONTOFF, sa vie et ses Œuvres, Paris, Plon. 1910, in-8°. (7 fr. 50).

— Le Démon, Légende d'Orient, traduit du russe par B. DETRAUX.

Paris, Ch. Unsinger. 1862, in-8°.

[8° Ym. 63

Roman Russe, en vers. Chef d'Œuvre de LERMONTOFF.

Autre édition :

Traduction de S. Biram.
Paris, 1899, in-12.

Il existe une Traduction en vers anglais :

The Demon : A Poem by Michael LERMONTOFF. Translated from the Russian by Alex. Condie STEPHEN.

London, Trübner and Cⁱᵉ. 1875. in-8° de 85 p. et 1 f. de Notes. Frontisp. en Autotype.

Saint-Yves d'Alveydre en possédait un exemplaire.

(Y-P-1772

6575 LE ROUGE (Dom). religieux de l'abbaye royale de Trisay. — Principes du cultivateur, ou essais sur la culture des champs, des vignes, des arbres, des plantes les plus communes et les plus ordinaires à l'homme, avec un traité abrégé des maladies des cultivateurs, de leurs enfants, de leurs bestiaux, et des remèdes pour les guérir.

Fontenay, 1773, 2 vol. in-12. (10 fr.).

Le second volume est entièrement occupé par les recettes contre les maladies qui sont souvent fort curieuses.

6576 LE ROUGE (J. B. N.). — Traité dogmatique sur les Faux-miracles du temps, en réponse aux différents écrits faits en leur faveur.

S. l., 1737, in-4° (25 f.).

Sur les miracles en général et sur les Convulsionnaires et le diacre Pâris en particulier.

6577 LEROUX. — La Franc-Maçonnerie sous la 3-ème République, d'après les discours maç⸫ prononcés dans les loges par les FF⸫ Brisson, Jules Ferry, Albert Ferry, Le Royer, Floquet, Andrieux, Clémenceau, Emmanuel Arago, de Hérédia, Caubet, Anatole de la Forge, Paul Bert, etc...

Paris, s. d., 2 vol. in-12 de 450 p. environ (8 fr.).

6578 LEROUX. — Lettre à l'auteur de la Gazette d'agriculture.

Paris, 1777.

L'auteur de cette lettre est un médecin de Vienne, qui fut l'un des premiers disciples de Mesmer dans cette capitale. Mesmer lui donne le titre de docteur en médecine et chirurgien d'état des armées impériales et royales. Sa lettre paraît être sincèrement écrite. Elle contient quelques cures. M. Leroux, qui était venu à Paris avec Mesmer et lui servit souvent d'intermédiaire avec les corps savants, se sépara de son maître en mai 1778 « par des motifs étrangers au fond de mon système » écrit MESMER dans son Précis historique. M. Leroux modifiait d'ailleurs la théorie et les procédés de Mesmer, et disait faire de l'électricité médicale. Je n'ai jamais rencontré l'article de M. LEROUX en brochure et doute de son existence.

(D. p. 8

6579 [LEROUX (Jean)], curé de Louvicamp, Diocèse de Rouen.—La clef de Nostradamus Isagoge ou Introduction au véritable sens des Prophéties de ce fameux Auteur, avec la Critique. Touchant les sentiments et Interprétations de ceux qui ont, ci-devant, écrit sur cette Matière. Ouvrage très curieux, et même très utile à toutes les Personnes qui veulent lire ou étudier avec progrès ces sortes de Prophéties. Par un solitaire. (Jean LEROUX *curé de Louvicamp, Diocèse* de

Rouen. Sa signature se trouve à la p. 161).

Paris, Pierre Giffart. 1710. in-12. (6 fr.)

[Rés.Ye. 1702

Ouvrage utile pour l'étude des Prophéties de Nostradamus.

(S-3478 b.

6580 LEROUX (Pierre), philosophe, publiciste et homme politique, né et mort Paris (1798-1871). Polytechnicien et St-Simonien célèbre. — Du christianisme et de son origine démocratique.

Paris, Boussac. 1848. fort in-16. (3 fr.).

Fond métaphysique de toutes les religions. — Les Indiens, les Égyptiens, les Grecs, etc...

6581 LEROUX (Pierre). — Doctrine de l'Humanité. De la Ploutocratie ou gouvernement des Riches

Paris, Boussac, impr. de Pierre Leroux, 1848. in-12. (2 fr.).

6582 LEROUX (Pierre). — Doctrine de l'Humanité. D'une religion nationale, ou du Culte.

Paris, Boussac. 1846. in-16. (2 fr. 50).

6583 LEROUX (Pierre). — De l'Egalité.

Paris, Boussac, 1848. in-8° (4 fr.)

Essai historique où se trouve exposée la vraie définition du droit, où l'on explique le progrès du genre humain vers l'égalité depuis les anciens jusqu'aux modernes.

6584 LEROUX (Pierre). — De l'Humanité, de son principe et de son avenir ; où se trouve exposée la vraie définition de la Religion, et où l'on explique le sens, la suite, et l'enchaînement du Mosaïsme et du Christianisme.

Paris, 1840, 2 vol. in-8°. (10 fr.).

Autre édition :

Paris, Perrotin, 1845, 2 vol., in-8° (10 fr.).

Le grand ouvrage de Pierre Leroux : c'est le plus beau plaidoyer en faveur de la fraternité entre les hommes, Jean Reynaud l'appelait l'un des plus beaux livres du siècle. — Dans son ouvrage P. Leroux développe également des théories pythagoriciennes et bouddhistes : il connaissait à fond la Cabbale et la puissance des nombres.

Livre très curieux, très érudit et d'un spiritualisme plus avancé qu'on ne saurait le croire. L'auteur connaît et apprécie hautement les chefs-d'œuvre de Fabre d'Olivet. Il est curieux de voir, seul ou à peu près, Leroux invoquer à l'appui de ses théories, cet immense génie universel, inconnu du plus grand nombre, méconnu de tous.

(G-495

6585 LEROUX (Pierre). — Job, drame en 5 actes, avec prologue et épilogue par le Prophète Isaïe, retrouvé, rétabli dans son intégrité, et trad. littéralement sur le texte hébreu.

Grasse et Paris, 1866, fort vol. gr. in-8°. (6 fr.).

Cet ouvrage, après 30 siècles, fut arraché à l'ésotérisme et à la doctrine secrète par Pierre Leroux qui le dédia à la Franc-Maçonnerie : quand on connaîtra les liens secrets qui unissent la Maç∴ au prophète Isaïe on verra qu'il était naturel qu'il en fût ainsi. — En ce merveilleux poème est écrite la passion de l'humanité elle-même.

Autre édition sous ce titre : Le véritable livre de Job.

Genève, 1867, gr. in-8°.

Nouv. édit. précédée d'un avertissement et d'une table des mutilations qui ont rendu jusqu'ici ce livre impénétrable.

6586 LEROUX (Pierre). — Malthus et les économistes, ou : y aura-t-il toujours des pauvres ?

Paris, Boussac, 1849. in-12. (3 fr. 50).

Les Juifs rois de l'époque. — Le Veau d'or. — Les Malthusiens et le massacre annuel des innocents. — L'idéal ou la Communion, etc...

6587 LEROUX (Pierre). — Réfutation de l'Eclectisme, où se trouve exposée la vraie définition de la philosophie, et où l'on explique le sens, la suite et l'enchaînement des divers philosophes depuis Descartes.

Paris, 1841, in-12. (3 fr. 50).

LEROUX (Sur Pierre). — Voir :

RAILLARD (C.).
LEROUX (Louis Pierre) fils.

6588 LEROUX fils (Louis-Pierre), fils du précédent. — Pierre LEROUX, fondateur de la Doctrine de la Perfectibilité et du Progrès continu, de la Doctrine, de l'Humanité, de la Doctrine de la Solidarité humaine, du Circubes, ou l'homme reproducteur de sa subsistance, et du Socialisme ; né à Paris, le 17 avril 1797, mort à Paris, le 12 avril 1871 (articles biographiques de G. Sand, L. Pierre-Leroux, Théodore de Banville, Erdan, Anatole de la Forge, etc...)

Chateauroux, 1806, in-8°. (1 fr. 50).

6589 LEROUX DE LINCY (Adrien-Jean Victor), archéologue et bibliographe, né et mort à Paris (1806-1869). Bibliothécaire à l'Arsenal. — Le livre des légendes. Introduction.

Paris, Silvestre, 1836, in-8°. (4 fr.).

6590 LE ROY (Mgr. Alexandre). — La religion des primitifs.

Paris, P. Bauchesne, 1909, in-12, (3 fr. 50).

Etude sur l'histoire des religions. Nombreuses planches h. t.

]8° G. 8700

6591 LEROY (Berthe). — Les Matrones, Mères-Abbesses et Entremetteuses Fin-de-Siècle. — Mémoires de Berthe LEROY (Maison Mystère), racontés par elle-même.

Bruxelles, Kistemaeckers, 1895, in-12. (4 fr.).

]8° Y² 57000

Edition originale de ce singulier ouvrage.

6592 LEROY (E. B.). — Interprétation psychologique des visions intellectuelles chez les mystiques chrétiens.

Paris, s. d., in-8°. (2 fr.).

6593 LEROY (Louis) en latin REGIUS, né à Coutances, mort à Paris, vers 1577. Professeur de Grec au Collège de France. — Loys LE ROY dict REGIVS. De la vissicitvde ov variété des choses en l'Vnivers et concurrence des armes et des lettres par les premières et les plus illustres nations du monde depuis le temps où a commencé la ciuilité et mémoires humaines jusques à présent.

Paris, à l'Oliuier de Pierre l'Huillier, 1583, in-8°. (25 fr.).

]R. 41700

(G.1554

LEROY-BERRIER, Professeur américain de Magnétisme Personnel, etc. — Voir :

BERRIER (Leroy).

6594 LESAGE (Etienne GUIBOURG dit). — Interrogatoire de LESAGE (prisonnier à Vincennes), tiré des papiers trouvés à la Bastille , dans le Conservateur... de François de NEUFCHATEAU (1800), t. 312-20.

Il s'agit du prêtre englobé dans l'affaire de la Voisin, sorcière et empoisonneuse, brûlée en place de Grève, le 22 fév. 1680. M. WEISS (Biogr. Univ. art. Voisin) appelle ce prêtre Etienne GUIBOURG COEUVRET dit LESce ; notre interrogatoire l'appelle Adam Coburet dit Lesage.

(O-1703)

6595 LESCLACHE (Louis de). Professeur de Philosophie et Grammaire. Né vers 1020, près de Clermont-Ferrand. — Abrégé de la Philosophie en tables. — La science générale expliquée en tables.

S. l. n. d. [Paris. 1050], 3 parties en 1 vol. in-4°. (30 fr.).

[R. 1935

Avec 3 front. de Chauveau. — Ouvrage composé d'une suite de tableaux entièrement gravés par Richer.

LE SCOPIT. — Voir :

SCOPIT (Le) : membre d'une secte d'eunuques russe et bulgare, fondée par Sélivanoff vers 1770.

6596 LESCURE (Mathurin François Adolphe de). littérateur né à Bretenoux (Lot) en 1833. — Mademoiselle de Cagliostro.

Paris. 1878. in-12. (3 fr.).

[8° Y² 2052

M. de Lescure s'est surtout attaché à mettre en relief les petits côtés de l'histoire, et ses sources, toujours originales, sont souvent très neuves. Le célèbre Cagliostro eut-il une fille ? C'est aux érudits à résoudre ce nouveau problème parmi tant d'autres dont s'émaille la mystérieuse carrière du fameux Rose ✠ Croix. Quoiqu'il en soit, tout un côté inconnu de l'existence du F∴ Illuminé s'y trouve mis au grand jour ; mais, roman ou histoire, c'est bien le livre le plus émouvant qui ait jamais été écrit sur ce personnage extraordinaire.

6597 [LE SESNE DE MENILLE D'ESTEMARE (Abbé Jean-Baptiste)]. né au château de Ménilles, près d'Évreux en 1682. mort à Rhynwick, près d'Utrecht en 1771. Célèbre janséniste. — Premier Gémissement d'une âme vivement touchée de la destruction du saint monastère de Port-Royal des Champs.

Deuxième Gémissement d'une âme vivement touchée de la destruction du saint monastère de Port-Royal des Champs.

Troisième Gémissement d'une âme vivement touchée de la destruction du saint monastère de Port-Royal des Champs.

S. l.. 1739. in-12. (4 fr.).

6598 LESPÈS (Antoine-Joseph-Napoléon) dit Léo Lespès, né le jour même de la bataille de Waterloo, le 18 juin 1815. à Bouchain, Nord. Son père était chef de bataillon. Plus connu sous son Pseudonyme de Timothée Trimm.

Timothée Trimm. — Histoire authentique et complète de tous les Moyens de lire l'Avenir employés à toutes les époques depuis les Temps Bibliques jusqu'à nos jours.

Paris. 1892. in-10. (3 fr.).

Clef des Songes. — Les Tarots Chiromanciques. — Le Marc de Café. — L'aiguille Magique. — Les Prophéties dans l'Antiquité. — Voyants et Révélateurs. — Les Ombres. — L'Astrologie. — Le Livre de Thot. — Etc.

6599 L'ESPINASSE-LANGEAC (Marquis de). — Historique des Apparitions de Tilly-sur-Seulles. Récits d'un Témoin.

Paris. E. Dentu. 1901. in-8° de 408 p. Frontisp. en Photogravure. (2 fr. 50).

[Lk⁷ 55507

Il ne s'agit point dans cet ouvrage du célèbre prophète Vintras. La petite localité de Tilly semble prédestinée aux manifestations surnaturelles et cette fois, il s'agit d'apparitions de la Vierge, principalement à Louise Polinière et Marie Martel.

Tilly, un mot sur son Histoire. — Les Visions de l'Ecole Congréganiste. — Les premiers Visionnaires. — Louise Polinière. — Marie Martel. — Paul Guérard. — La Basilique. — La Fondation Durand. — Notes et Documents.

6600 L'ESPRIT (A.) employé à la Préfecture de la Seine. — Histoire des chiffres et des 15 premiers nombres, au point de vue historique, scientifique et occulte.

Paris, Ch. Mendel, 1803, in-12, 147 p. figures hiéroglyphiques. (2 fr.).

[8° V. 27007

Livre curieux plein de remarques inédites, d'observations mystérieuses sur les nombres, leurs combinaisons, leurs noms, leurs influences, leurs figures, chez les différents peuples, leur rôle dans l'histoire et leur portée philosophique.

6601 L'ESPRIT (Maistre Laurent). — Le passe temps de la fortune des dez ingénieusement compilé pour response de vingt questions par plusieurs coustumièrement faites et désirées sçavoir. Les vingt questions sont spécifiées en la Roue de Fortune, au fueillet (sic) sequent.

Paris, Sevestre, 1534, in-4°. Titre orné, 20 portraits de rois, tableaux ou Roues de Fortune, le tout gravé sur bois.

(G-400

6602 LESSER (Frédéric-Chrétien) théologien et naturaliste allemand né à Nordhausen en 1692, mort en 1754. — Théologie des insectes, ou Démonstration des Perfections de Dieu dans tout ce qui concerne les insectes traduit de l'allemand, avec des remarques de M. Lyonnet.

Paris, 1745. 2 vol. in-8°. (8 fr.).

Œuvre théosophique qui a joui d'une grande vogue en Allemagne, avant la Révolution. — On y trouve les chap. suivants : De l'usage et de l'utilité des insectes dans la théologie ; De l'utilité et de l'usage des insectes dans la médecine. Des prodiges au sujet des insectes. — *Ce livre, dit le traducteur, n'est pas composé pour les dames. — Le style en est sérieux; il entre souvent dans des discussions philosophiques sur des matières que, par bienséance, elles affectent d'ignorer.*

6603 [LESSING (Gotthold Ephraïm)], littérateur dramatique et philosophe né à Kamenz, Saxe, en 1729 mort en 1781. — Entretiens sur la Franc Maçonnerie, par un Philosophe bien digne d'en être [Gotthold Ephraïm Lessing, traduit de l'allem.].

S. l. ni adr., [Rotterdam, Haacke] 1780, pet. in-12 de 82 pp. avec une vignette sur le titre.

Il y a des exemplaires gd. pap. fort de Hollande.

(O-403

6604 [LESSING]. Ernst und Falk. — Gespräche für Freymäurer [von Gotth. Ephraïm Lessing].

Wolffenbuttel, s. adr. 1778, [1790] pet. in-8° de 03, et 61 pp.

(O-401

—— De la IIe partie (Fortsetzung), il existe une 1-re éd. s. l., 1780, même pagination, mais d'un caractère un peu plus gros.

(O-402

6605 LESSIUS (le R. P. Léonard) savant Jésuite Italien. — Leon. Lessius, de Anti-Christo et ejus Precursoribus.

Antverpia, 1611, in-8°.

(S-48, Supp.

6606 LESSIUS (Léonard). — Les noms divins, ouvr. trad. du latin, par le P. Marcel Bouix.

Paris, 1882, in-12, (2 fr.).

[D. 00838

De l'Être et de Celui qui Est. — De l'immortalité de Dieu. — De l'incompréhensibilité de Dieu. — De Dieu. — Illuminateur et lumière. — Des perfections divines, etc...

6607 LESSIUS et CORNARO. — I De la sobriété et de ses avantages, ou le vrai moyen de se conserver dans une parfaite santé, jusqu'à l'âge le plus avancé. II De la vie sobre et réglée, ou l'art de vivre longtemps dans une parfaite santé.

A Salerne, et se trouve à Paris, chez Cailleau, 1782, in-12. XII-312 pp. (4 fr.).

[Te¹¹ 84 C.

Célèbres traités sur l' « *Art de vivre longtemps.* »

Rare traduction de deux fameux traités anciens sur l'économie de la vie, d'après les anciens philosophes et notamment d'après Pythagore. — Suivie du dialogue de Cardan sur la manière de prolonger la vie.

6608 LESSIUS (R. P. Léonard). — Le vray moyen de conserver la vie et santé, ensemble l'intégrité des sens, entendement et mémoire, jusques à l'extrême vieillesse. — Avec le traité du sieur Lovys Cornare, Venitien, seruant à mesme fin, traduit par le mesme Lessius d'Italien en latin. — Tres utiles à tous amateurs d'estudes et autres fonctions de l'âme, à fin d'y vaquer avec facilité et vigueur, et fort plaisans à lire. Approuvez par des fameux Docteurs en medecine. L'vn et l'avtre traduit du latin en françois par un chanoine de l'Eglise métropolitaine de N. Dame de Cambraï.

Imprimé à Cambrai, par Iosse Laurent, imprimeur Juré, 1633, in-12, (12 fr.).

Edition très rare.

6609 LESSIUS (Léonard). — Le Vrai Régime de vivre, pour la conservation de la santé du corps et de l'âme, traduit du latin de Léon. Lessius, par Sébastien Hardy.

Paris, 1640, in-8°.

(S-3325 b

6610 LE SUEUR (Jacques). — Les Masques arrachés. Histoire secrète des Révolutions et contre-révolutions du Brabant et de Liège, contenant les vies privées de Van der Noot, Van Eupen, le Cardinal de Malines, la Pineau, l'Evêque d'Anvers, Mme Cognau et autres personnages fameux.

Amsterdam, 1790-91, 2 vol. in-16, (12 fr.).

Cet ouvrage irrévérencieux de Le Sueur, espion de la Police de Paris, est farci d'anecdotes libres sur le clergé et autres personnalités notables du XVIII° siècle. L'auteur y raconte comment il fut affilié à la secte des illuminés par un dignitaire de l'Eglise. — Il semblerait ressortir de ce singulier document que l'Illuminisme est d'inspiration jésuitique et anti-Romain seulement en apparence. — La cérémonie d'initiation racontée par Le Sueur ne se trouve reproduite dans aucun rituel ancien ou moderne, et aboutit à des scènes orgiaques imitées de l'antique qui témoigneraient d'une Maçonnerie beaucoup moins sévère que les mystères anciens d'où elle semble tirer son origine.

6611 LESUEUR (Jean-Baptiste Cicéron) architecte membre de l'Institut, Grand Prix de Rome, né à Claire Fontaine, près Rambouillet, Seine et Oise, en 1794. — Chronologie d'Egypte.

Paris, Imp. Nat. 1848, fort in-4°, (6 fr.).

[Oa³. 111

Ouvrage des plus intéressants avec de nombr. reproductions d'hiéroglyphes dans le texte, et 13 pl. repliées h. t.

Imprimé aux frais de l'*Académie des inscriptions* qui l'a couronné en 1846.

Rectification des Trois Livres de Manéthon. — Parallèle de Manéthon et des Auteurs Grecs. — Canon chronologique des Rois d'Egypte, avec leurs cartouches hiéroglyphiques (p. 300-331) : depuis la 1ʳᵉ «*Dynastie Divine* » jusqu'à Alexandre le Grand.

6612 LESUIRE (Robert Martin). Lecteur de l'Infant de Parmes puis professeur, né à Rouen, en 1737, mort à Paris en 1815. — La courtisane amoureuse et vierge, ou mémoires de Lucrèce écrits par elle-même, rédigés par le C. Lesuire.

Paris, 1802, 2 vol. in-12, (12 fr.).

[Y² 48831-48832

Orné de 2 fig. de Huot, gr. par de

Mouchy. — L'imagination déréglée de LESUIRE se donnait carrière dans ses romans semi-historiques. — Voici qq. titres de chap. du présent : Entrée au Lupanar ; Dîner avec Linguet ; Mirabeau ; d'Alembert ; Lucrèce au sérail ; Madame d'Orléans, etc...

6613 LETELLIER (C. L. A.). — Cours complet de langue universelle, offrant en même temps une méthode facile et sûre pour apprendre les langues et pour comparer en qq. mois toutes les littératures mortes et vivantes. Grammaire, 1 vol. Application de la théorie du langage. Lettres-Sciences, 2 vol.

Caen. 1852-55. 3 forts vol. in-8°. (10 fr.).

Ouvrage complet en 3 volumes.

6614 LETRONNE (Jean Antoine) érudit archéologue, né et mort à Paris (1787-1848). Directeur de l'Ecole des Chartes. Professeur au Collège de France. Académicien. — Analyse critique des représentations zodiacales de Dendéra et d'Esné : 1°. que ces représentations ne sont point astronomiques ; 2°. que les figures, autres que celles des signes du zodiaque ne sont pas des constellations ; 3°. que le zodiaque circulaire de Dendera n'est point un planisphère soumis à une projection quelconque.

Paris, orné de 4 pl. en couleurs. (o fr.).

6615 LETRONNE. — Examen archéologique de ces deux questions : 1° La Croix ansée égyptienne a-t-elle été employée par les Chrétiens d'Egypte pour exprimer le monogramme du Christ ? — 2° Retrouve-t-on ce Symbole sur des monuments antiques étrangers à l'Egypte ?

Paris, Imp. royale, 1846. (2 fr. 50).

Ext. des Mém. de l'Acad. des Inscriptions.

[Casier M. 283

6616 LETRONNE. — Nouvelles recherches sur le calendrier des anciens Egyptiens, sa nature, son histoire et son origine.

Paris. 1863. in-4° de 154 pp. (3 fr.).

[V. 15859

6617 LETRONNE. — Observations critiques et archéologiques sur l'objet des représentations zodiacales qui nous restent de l'Antiquité à l'occasion d'un zodiaque égyptien peint dans une caisse de momie qui porte une inscription grecque du temps de Trajan.

Paris, Boutland. 1824. in-8°. (4 fr. 50).

Avec une pl. de hiéroglyphes se déployant.

Intéressant pour l'Astrologie, la Mythologie et le symbolisme hiéroglyphique.

6618 LETRONNE. — Les Papyrus grecs du musée du Louvre et de la Bibliothèque impériale, publié, préparé par M. Letronne, exécuté par MM. W. Brunet de Presle et E. Egger.

Paris, Impr. Imp. 1866. in-4° (10 fr.).

[J. 6083

6619 LETRONNE. — Recherches critiques, historiques et géographiques sur les fragments d'Héron d'Alexandrie, ou du système métrique égyptien considéré dans ses bases, dans ses rapports avec les mesures itinéraires des Grecs et des Romains, et dans les modifications qu'il a subies depuis le règne des Pharaons jusqu'à l'invasion des Arabes, ouvrage posthume revu et mis en rapport avec les principales découvertes faites depuis, par A. J. H. Vincent.

Paris, Impr. Nat., 1851. in-4° de 500 pp. (5 fr.).

[V. 158578

Avec 16 tabl. cartes et pl. h. t. et nombr. fig. dans le texte. — Notions sur les mesures anciennes. — Mesures astronomiques employées par l'Ecole d'Alexandrie. — Système métrique égyptien. — Mesures égyptiennes, romaines et grecques. — Les Pyramides. — Hérodote — Héron et Ptolémée. — Géodésie égyptienne. — Les mesures à Byzance, etc...

6020 LETRONNE. — La Statue vocale de Memnon, considérée dans ses rapports avec l'Egypte et la Grèce, étude historique faisant suite aux recherches pour servir à l'histoire de l'Egypte pendant la domination des grecs et des romains.

Paris, Impr. Royale, 1833, in-4°. (5 fr.).

[Rés. Z. 1310

Tiré à 200 exemplaires, dont 100 seulement mis en vente.

6021 LETTRE à M. Judet sur le magnétisme animal.

Paris, 1784.

Citée par M. Mialle, ne paraît pas avoir été tirée à part.

(D. p. 55

6022 LETTRE à M. l'abbé de L... sur les véritable effets de la Baguette de Jacques AYMAR.

Paris, 1694, in-12.

(S-3177 b

6023 LETTRE à M. Mesmer sur la forme du comité de l'Harmonie.

Paris, 3 mai 1785, in-8° 4 pages.
(D. p. 66

6024 LETTRE à un magistrat de province sur l'existence du magnétisme animal.

Paris, 1785, in-8°, 32 pages.

En faveur du magnétisme.

(D. p. 67

6025 LETTRE adressée aux rédacteurs des Affiches du Dauphiné sur une cure opérée par le magnétisme animal.

Lyon, 8 octobre 1786, in-8°, 24 pages.

Favorable aux idées nouvelles, cette lettre est datée du 8 octobre.

(D. p. 67

6026 LETTRE d'un Indien.

Paris, 1792.

Prophétie (citée par M. Mialle). — Sur le Magnétisme Animal.

(D. p. 77

6027 LETTRE d'un Mathématicien à un abbé, où l'on fait voir : 1° que la matière n'est pas divisible à l'infini; 2° que parmi les estres créez, il ne sçauroit y en avoir d'infinis en nombre ni en grandeur; enfin que les métaphysiciens qui pensent autrement abusent des mathématiques et de leurs démonstrations, lorsqu'ils s'en servent pour appuyer leurs opinions.

SECONDE LETTRE d'un mathématicien. La matière réduite à ses justes bornes par la vraie métaphysique et les mathématiques.

TROISIÈME LETTRE d'un mathématicien, contenant la solution de plusieurs difficultez métaphysiques et mathémathiques, qu'on pourrait proposer contre les indivisibles de la matière.

Paris, Jombert, 1737, 3 ouvr. in-12, ensemble (4 fr. 50).

6028 LETTRE de l'autre monde au Journal de Paris.

Paris, 1784.

Sur le magnétisme animal.
Ne doit pas avoir été tirée à part. Elle est relative à COURT DE GEBELIN suivant divers auteurs.

(D. p. 53

6029 LETTRE de M... à un curé de ses amis contre l'incrédulité de ceux qui nient les possessions de nos jours.

S. l. n. d., in-12. (5 fr.).

(G-1282

6030 LETTRE première [et seconde

lettre] à Madame D... sur des inquiétudes au sujet de la mort de son époux, et sur l'envie qu'elle a que son ombre lui apparoisse pour l'instruire de l'autre vie.

Paris, Hérissaut, 1746-47. 2 parties in-8" (4 fr.).

Curieuses lettres. Inconnues à Barbier. Manquent à la Bib. Nat¹⁰.

(G-1865

6631 LETTRE première adressée amicalement à M. Rey le fils, élève en chirurgie au sujet de son discours inaugural prononcé dans la soirée du 4 Décembre 1787 au bureau de l'Hôtel Dieu de Lyon en présence du consulat, des administrateurs de cet hopital, du collège royal de chirurgie, de nombreux citoyens etc... par un auditeur impartial.

S. l., 1787. In-8". 10 pages (2 fr.).

Très rare.
Critique très vive et fort plaisante; l'auteur parle aussi d'un premier discours prononcé le même jour par un autre chirurgien de la même ville,discours qui lui parut plus raisonnable. L'on peut conclure de ce nouveau document que l'histoire du magnétisme à Lyon ne manque pas d'intérêt.

(D. p. 73

6632 LETTRE MISTIQVE tovchant la conspiration dernière. Avec l'ovvertvre de la Caballe ministérielle des Iésuites, reuellée par songe à vn gentilhomme des troupes du conte (sic) Mavrice escrite à Frère Jean Boucher.

A Leiden, 1602. in-12 (12 fr.).

[Ld³⁹. 38 bis

Opuscule singulier, de la plus grande rareté, ironiquement dédié à Jean Boucher le fameux curé-ligueur, apologiste des assassins de Henri III et de Henri IV. — Avec une figure naïvement gravée sur bois.

Edition différente :

Leiden, 1603. in-8".

[Ld³⁹. 38
(G-655

6633 LETTRE Philosophique à l'occasion du prétendu Diable de la rue du Four en 1748.

S. l. n. d. [Paris, 1748]. In-4".

Inconnue à Barbier.

(S-3235 b

6634 LETTRE sur la Phantasmologie.

S. L., 1705. in-12.

Inconnue à Barbier.

(S-2154

6635 LETTRES ÉGYPTIENNES et Angloises, ou correspondances historique, philosophique, critique et littéraire sur des sujets peu communs entre un sage égyptien et un savant anglois.

Amsterdam, 1742. in-12 (10 fr.)

Savant ouvrage rempli de recherches hermétiques. — De la vertu des noms, de leur puissance magique. — Des abraxas gnostiques et de leur signification. — De la vertu des talismans, etc....

6636 LEUPOLDUS Ducatus Austriæ. — Compilatio LEUPOLDI Ducatus Austriæ filio (?), de Astrorum Scientiâ, continens Decem Tractatus.

Augustæ Vindelicorum [*Augsbourg*] 1480. in-4" Gothique à Figures sur bois.

[Rés. V. 1317

Incunable de toute rareté.

(S-3439

6637 LEUSDEN (Johannes) né à Utrecht en 1624, mort au même lieu en 1699. Professeur d'Hébreu à Utrecht. — Philologus Hebræus, continens quæstiones hebraicas quæ circa Vetu Testamentum Hebræum fere moveri solent. — Philologus Hebræo-Græcus generalis, continens quæstiones hebræo-græcas, quæ circa Novum Testamentum Græcum fere moveri solent.

Basileæ, apud Thurnisios fratres, 1730, in-4° (6 fr.).

Autre édit. :

Ultrajecti. Meinardus. 1657. in-4°.
[A. 3520

Ouvrages rares et intéressants sur les coutumes et cérémonies des anciens Hébreux et sur le Vieux et le Nouveau Testament, avec des planches gravées représentant les vêtements sacrés et les fêtes religieuses des Israélites.

La vingt-sixième dissertation de ce savant ouvrage est entièrement consacrée à la Kabbale et aux Kabbalistes ; la vingt-septième traite des noms de Dieu en hébreu. — Un très important chap. donne l'explication complète de la Massora. — Livre remarquable qui jouit d'une grande réputation auprès des spécialistes et dont nous ne pouvons qu'indiquer les grandes lignes.

(G-497

6638 LEUSDEN (J.). — Tractatus Talmudicus ; Pirke Abhoth ; sive capitula patrum ; una cum versione hebraïca duorum capitum Danielis.

Ultrajecti. 1665, in-4° (8 fr.).
[A. 2813

Texte hébreu et latin.

6639 LEUSSE (P. de). — Mors Janua Vitæ. — Étude sur la vie future. — Croyances des divers peuples à la vie future. — Chine, Égypte, Hébreux, Mazdéisme, Gaulois, Mahométans, etc....

Strasbourg, 1880, in-8° de 100 pp.

6640 LEUTERBREUVER (R. P. Christophe) de l'Ordre de S. François. — La Confession coupée, ou la Méthode facile pour se préparer aux confessions particulières et générales..... de l'Invention du R. P. Christophe Leuterbreuver..., de l'ordre de St-François... avec un traité des péchés les plus communs des personnes mariées......

Paris, Th. de Hansy, 1751, in-12 (6 fr.).
[D. 41855

Idem :

Paris. Théodore de Hansy, 1739, in-12. 44-188 p.

Curieuse méthode, dans laquelle tous les péchés imaginables sont placés à la suite les uns des autres, sur des languettes pouvant se lever en l'une de leurs extrémités, « de façon que, sans rien é-
« crire, on lève chaque article dont on
« veut se confesser, et à l'instant ou a-
« près la confession le tout se remet et
« confond avec les autres péchés comme
« il étoit auparavant. »

6641 LEVACHER DE LA FEUTRIE (A. F. Thomas) né près d'Évreux en 1739, mort en 1824. Docteur de Caen, puis Docteur-Régent à Paris. — L'École de Salerne, ou l'art de conserver la santé, en vers latins et françois, avec des remarques ; recueillies, augmentées et publiées par LEVACHER DE LA FEUTRIE.

Paris, 1782, in-12 de 408 p. (6 fr.).

6642 LEVEL (Abbé). — A tous les Francs-Maçons du Monde, Lumière et Vérité, ou réponses aux doctrines maçonniques exposées par J. M. Ragon.

Bar-le-Duc. 1875, in-8° de 400 pp. (4 fr.).

Ce curieux et intéressant travail n'est autre chose que la réfutation du Cours philosophique et interprétatif des initiations anciennes et modernes de RAGON, qui est l'ouvrage fondamental pour l'étude du symbolisme initiatique. — Quoiqu'il en soit, cette œuvre mérite l'attention des initiés et peut fournir matière à une intéressante controverse. — Citons au hasard qq. titres de chap. . Pourquoi les païens ont inventé les Mystères. — Il n'est pas vrai que les prêtres païens égyptiens conservaient pure la religion des anciens patriarches. — Moïse n'a pas été chercher le Décalogue dans les mystères égyptiens. — La religion des Juifs ne venait pas des Mystères égyptiens et le judaïsme ne devait pas être remplacé par la F∴ M∴ Considérations sur le Temple de Salomon et sur les croyances judaïques. — Du Symbolisme. — Les croisés sont-ils devenus Gnostiques et Manichéens ? Du serment maç∴. Du Communisme. — Les schismes maç∴. La Révolution de 1793, et celle de 1830, par les Maçons. — Temps fabuleux de l'histoire maç∴.—Ce que valaient les mystères de Bacchus, d'Eleusis, de Mithra.— Le droit de vie et de mort. — Epreuves terribles des initiés.—Prière maç∴.— Des processions. — Origine du langage. — Quelles sont les vérités maç∴.— Sur l'origine des Temples. etc….

6643 LEVEQUE (Nic.) ex-rabbin et sacrificateur à Metz et à Reims. — Erreurs des Juifs en matière de religion.

Paris, Blaise, 1828, in-8°.

6644 LÉVÊQUE (Eug.). — Les Mythes et les Légendes de l'Inde et de la Perse dans Aristophane, Platon, Aristote, Virgile, Ovide, Tite-Live, Dante, Boccace, Arioste, Rabelais, etc..

Paris, Belin, 1880, in-8° de 600 pp. environ (10 fr.).

Cette œuvre, aux proportions vastes, et d'une érudition peu commune, est une mine inexplorée de richesses précieuses. — L'auteur, en une centaine de pages serrées, nous révèle le mythe secret de l'Atlantide, l'ésotérisme du sixième livre de l'Enéide : l'allégorie du Rameau d'Or, etc…. remplit 90 pp. ; le Discours de Pythagore, la Théorie des Transmigrations, les mythes sur la destinée des âmes, la doctrine secrète des poèmes de Dante, Boccace, etc…… constituent un ensemble transcendant qui distance de beaucoup tout ce qui a été écrit jusqu'ici sur ces sujets.

6645 LEVESQUE (J. Ph.). — Aperçu général et historique des principales Sectes Maçonniques, qui ont été les plus répandues dans tous les pays ; suivi de notices intéressantes sur les Ordres des Chevaliers du Désert et des Chevaliers Scandinaves.

Paris, Caillot, 1821, in-8° de 210 pp. (10 fr.).

Aperçu historique sur la F∴ M∴ Précis historique du rite de Misraïm. — Ordre des Templiers. — Sociétés hermétiques. — Frères initiés de l'Asie. — Les Illuminés du Zodiaque. — Frères noirs.— Les Elus-Coëns (ou Martinézisme). — Frères de la Rose-Croix d'or. etc….

(O-333

6646 LEVESQUE (J. Ph.). — Le Valduonegro, ou les Frères du poignard invisible, suivi des Ruines de Dirckenfeld, ou le tribunal des frères noirs. — Histoires du XVIme siècle.

Paris, Locard et Davi, Lecointe et Pougin, 1834, in-8° de XV-334 p. et 2 feuillets lith. donnant 27 « *signes* » des Frères du poignard invisible et des Frères noirs…. (10 fr.).

[Y². 49038

6647 LEVESQUE de POUILLY (Louis-Jean) Administrateur et Moraliste, né à Reims en 1691, mort en 1750. Académicien. Son frère Jean, est connu sous le nom de POILLI ou POUILLY DE BURIGNY, q. v. — Théorie des sentiments agréables.

Paris, Debure, 1774, Front. et 2 planches, in-8° (5 fr.).

[R. 10669

Autre édit. :

Paris. 1748, in-12.

[R. 10068

Paris, David, 1749, in-12.

[R. 52310

L'édition de 1774 est la meilleure, car elle renferme outre les matières contenues dans les précédentes un éloge de l'auteur qui était Lieutenant Général de la Ville de Reims et l'explication qu'il a donnée d'un monument antique découvert dans cette même ville.

(G-650 et 1866

LEVI (Eliphas). — Voir : CONSTANT (l'abbé A. L.),

6648 LEVILLAIN (Dr F.). — Hygiène des gens nerveux, précédée de notions générales et élémentaires sur la structure, les fonctions et les maladies du système nerveux.

Paris, F. Alcan, 1901, in-18 (2 fr. 50). Nombreuses illustrations.

3ᵉ édition :

Ibid. Id., 1906, in-18.

[Td⁸⁵. 853 A.

LEVITIKON.... voir :

FABRE-PALAPRAT (Bernard-Raymond).

6649 LEVY (Albert). — Curiosités Scientifiques, par Albert LEVY.

Paris, Hachette, 1880, in-8°, figures curieuses.

2ᵉ Édition :

Ibid. Id., 1884, in-8° de 224 p. figures.

[8° R. 5705

Curiosités des Nombres. — Un et Deux; les Trois Grâces ; les Furies ; les Parques; les Normes. — Les Sorcières de Macbeth. — La Trimourti. — Les Quatre Éléments ; le Pentagramme. — Abracadabra. — Le Nombre 7. — Le Nombre 14 et la Maison de Bourbon. — Le nombre 28 et la guerre néfaste de 1870. — Les Almanachs : jours fastes et néfastes. — Les Horoscopes, Sorciers, Astrologues. — L'Enchanteur Merlin, Matthieu Laensberg, Nostradamus. — Les Envoûtements. — Etc.

6650 LEVY (Louis-Germain). Docteur ès-lettres, Rabbin de l'Union libérale israélite. — Une religion rationnelle et laïque (La Religion au XX-ème siècle).

Paris, s. d., in-12 de 113 pp.

La Religion devant la Science. — Le Judaïsme devant les affirmations de la conscience moderne. — Conclusion. — Essai de déduction méthodique des principes fondamentaux du Judaïsme.

Autre édition :

Dijon, l'auteur, 1904, in-8° de 75 pp.

[8° R. 19082

Autres ouvrages intéressants du même au Cat. Gén. de la Bib. Natᵉ.

6651 LEVY (Dr Paul-Émile), ancien interne des Hôpitaux de Paris. — L'Éducation rationnelle de la volonté, son emploi thérapeutique. Préface du Dr BERNHEIM. Cinquième édition.

Paris, Félix Alcan, 1905, in-12 de II-278 p. (2 fr. 50).

[Tᵉ¹¹ 205 A

Édition originale (?) :

Paris, Alcan, 1898, gr. in-8°. (Thèse). (3 fr.).

[Tᵉ¹¹. 205

Ouvrage du plus haut intérêt.

Nécessité d'une Médecine Psychique. — La Loi fondamentale de la Psycho-Thérapie. *Toute idée est un acte à l'État naissant.* — De l'Auto-Suggestion. — Du Recueillement. — La Gymnastique Psychique. — L'Hétéro-Suggestion. — L'hygiène Morale. — *La Volonté.* — Applications pratiques : Habitude de fumer ; Insomnie ; Troubles divers, digestifs, sexuels, etc.

6652 LEVY (Raphaël). — Un Tanah. — Vie et enseignements d'un rabbin juif au II-ème siècle.

Paris, 1883, in-8° de 166 pp. (2 fr. 50).

[8° H. 700

Il s'agit du Rabbi MÉIR.

6653 LÉVY-BING (L.). — La linguistique dévoilée.

Paris, 1880, in-4°. (7 fr.).

La langue universelle. — L'origine du langage. — Langues sémitiques, aryennes touraniennes. — Découverte du sanscrit. — Alphabétisme, etc..

6654 LEWIS (Mathieu-Grégoire), romancier et dramaturge anglais, né en 1773, mort en 1818. Ami de Byron et de Walter Scott. — Le Moine. Par Mathieu-Grégoire LEWIS. Traduit de l'Anglais [par J. M. DESCHAMPS, J. B.

D. Després, Benoit, et P. B. de La-
mare].

Paris, Maradan, 1797, 4 vol. in-
12.

[Y² 40086-40088

Roman à passages vraiment diaboliques et qui fit beaucoup de bruit dans son temps.

Réédité :

Ibid. Id., 1819, 3 vol. in-12.

L'édition originale anglaise est de 1795, 3 vol. in-12.

(Y-P-1087

6655 LEYMARIE (Mme Marina P. G.), femme de M. Pierre Gaëtan Leymarie, né vers 1823, l'un des accusés. — Procès des Spirites, édité par Mme G. Leymarie.

Paris, se trouve à la libr. Spirite, 1875, in-8° de 256 pp. Avec un feuillet cartonné : « *A son Excellence M. Dufaure, Ministre de la Justice (France)* » et signé : « Ed. Buguet. » (Manque à l'exempl. de la Bibl. Nat^{le}).

[8° F³. (2810)

Curieux procès d'« *escroquerie spirite.* » — Avec les lettres des nombreux mystifiés (?)

Un digne pendant des Procès de Sorcellerie du Moyen-Age, avec heureusement l'horreur en moins : mais l'étroitesse d'esprit est bien la même et les procédés pour obtenir des « *aveux* » prouvent que, moins la torture, de ce côté-là encore, les Inquisiteurs ont fait école.

LEYSZNICH (Petrus de). — Voir: *APIANUS* (Petrus).

6656 LI-TAI, ou LIP-TAY, ou LI PTAY ou encore LIPTAY (A. B. de), Docteur en Médecine des Etats Unis (Michigan), ancien médecin major au Chili, né en Chine (?) Auteur de plusieurs ouvrages singuliers et violents. — Le mystère posthume. — Causeries médicales sur la mort et la survie par Li Tay Docteur en médecine de Mi-Chi-Gan, ancien Major au Chi-Li.

Paris, Schleicher frères, 1901, in-12 de 192 p. (2 fr.).

La Genèse de l'Ame. — D'Illusion en Illusion. — La Vie et la Mort simultanées. — La Vie après la Mort. — La Vie éternelle. — La Résurrection terrestre. — La mort temporaire. — La mort quotidienne. — L'Énigme de la Vie expliquée par le Mystère de la mort. — Les Ames tronquées. - La Vie inconsciente. — La vie Apsychique. — Nirvâna ante Mortem.

6657 LI-TAI. — Pour et contre Malthus. La préservation sexuelle. La Prolétarisation nationale. La Sainte Inquisition Bérengiste. La liberté de la Presse existe-t-elle sous la troisième République libertaire, égalitaire, fraternitaire ? Referendum pro veritate et libertate (R. s. v. p.) par Li Tay Docteur en médecine des EE. UU. (sic), ancien médecin major, etc. Pornographe (Promotion Bérenger).

Paris, A.-B. de Liptay et Cie, Publications Athéologiques, 1909, in-16 de 304 pp. (1 fr. 50).

L'auteur est un libre penseur original et militant.

6658 LI-PTAY (Dr.). — Le Néant. L'Incombustibilité de l'âme. Le Bourbier de feu et de soufre. Le dogme de la Résurrection. La croyance en une survie. Le mystère de l'au-delà. La mystification dévoilée. La réponse de la science positive. Thèse [*supposée*] de Doctorat en théologie soutenue par le candidat orthodoxe A. B. Li Pty, missionnaire in partibus fidelium, réfutée par l'avocat du diable canonique Dr. LI PTAY, professeur de mythéologie Judéo-Chrétienne. Deuxième édition considérablement augmentée de l'Incombustibilité de l'âme.

Paris, A. B. de Liptay et Cie, Publications Athéologiques, 1909, in-16 de 57 pp. (0 fr. 20).

Opuscule bizarre.

6659 LIBAVIUS (Andreas), médecin et alchimiste allemand, né à Halle, mort à Cobourg en 1616. Directeur du Gymnase de Cobourg. — Analysis confessionis fraternitatis de Rosea Cruce, pro admonitione et instructione eorum qui, quid indicandum sit de ista nova factione, scire cupiant.

Francofurti, 1615, pet. in-fol.

Ouvrage très rare, du plus sage et plus fécond disciple de Paracelse : composé lors de sa querelle contre les frères de la Rose ✝ Croix.

6660 LIBAVIUS (Andreas). — D. O. M. A. — Defensio et declaratio perspicua alchymiæ transmutatoriæ, opposita Nicolai Guiperti Lothar. ph. med. expugnationi virili, et Gastonis Clavei jurisc. Nivernat. Apologiæ, contra Erastum male sartae et pravae : ita concinnata ut facile pateat etiam vulgaribus physicis Alchymiam ex veræ sapientiæ.... opera et studio Andreæ Libavii.

Ursellias, ex off. Corn. Sutorii, sumpt. P. Kopffii, 1604, in-8° de XXIV-604-XXIV pp.

[R. 41021

Libavius est le premier qui ait parlé de la transfusion du sang, mais il ne paraît pas qu'il en ait tenté l'épreuve.

(O 581

6661 LIBAVIUS (Andreas). — Examen philosophiæ novæ, quæ veteri abroganda opponitur. — In quo agitur de modo discendi novo : De veterum auctoritate ; De Magia Paracelsi ex Croilio ; De philosophia viuente ex Seurino per Johannem Hartmannum ; De philosophia harmonica magica Fraternitatis de Rosea-Cruce.

Francofurti, P. Kopffii, 1615, pet. in-fol.

[R. 993

Ouvrage très rare, du plus sage et plus fécond disciple de Paracelse : Composé lors de sa querelle contre les Frères de la Rose ✝ Croix.

6662 LIBAVIUS (André). — Andreæ Libavii pars prima, in quâ de Abstrusioribus in Philosophiâ, Medicinâ, Chymiâ, etc... disseritur.

Francofurti, 1690, in-8°.

(S-3304 b

6663 LIBER (Dom). — Le Faux miracle du Saint-Sacrement à Bruxelles, 2-ème édit. considérablement augm. d'après des documents inédits.

Bruxelles, 1874, in-8° (5 fr.).

Ouvrage contenant quantité de documents sur la Belgique au XIV° siècle.

Avec 2 fac-simile.

LIBER MIRABILIS. — Voir : LIVRE ADMIRABLE.

6664 LIBER Novem Judicum in Judiciis Astrorum.

Venetiis, 1509, in-4°.

Très rare.

(S-3430 b

6665 LIBOIS. — L'Encyclopédie des dieux et des héros sortis des qualités des quatre élémens et de leur quintessence, suivant la Science hermétique par M. Libois.

Paris, Vve Duchesne ; Pissot, 1773, 2 vol. in-8° de VIII-584, et IV-602 pp.

(O-554

6666 LICETUS ou Liceti (Fortunio), érudit et médecin italien né à Rapallo près Gênes vers 1577, mort à Padoue vers 1657. Professa la Philosophie à Pise, Bologne, etc.

1) Fortunatus Licetus, de Animâ subjecto corpori nil tribuente, deque feminis Vitâ, et Efficientiâ primariâ in Formatione Fœtûs.

Patavii, 1631.

2) De Animâ ad Corpus physicè non propensa, Dialogus.

Sc. psych. — T. II. — 32.

Utini (Udine). 1637.

3) De Animarum coextensione corpori libri duo.

Patavii. 1616.

3 parties in-4°.

(S-3354 b

6667 LICETVS (Fort.). — Hieroglyphica sive antiqua schemata Gemmarum anvlarivm, quæsita, moralia, politica, historica, medica, philosophica et sublimiora, etc…

Patavii. 1653. in-fol. (10 fr.).

Ouvrage fort curieux de ce célèbre médecin du XVIIe siècle auteur d'un fameux traité des *Monstres* ; il est accompagné d'un portr. de l'auteur et de plus de 60 fig. d'emblèmes hiéroglyphiques dans le texte, le tout finement gravé sur cuivre.

6668 LICETUS (Fortunius). — De Monstrorum causis, natura et differentiis libri duo… Secunda editio correctior, auctior, et iconibus aeneis monstrorum præcipuorum illustrata. Autor Fortunius LICETUS Genuensis….

Patavii, apud Paulum Frambottum 1634, in-4°. Nombr. et curieuses fig. sur cuivre. (12 fr.).

6669 LICETUS (Fortunius). — Fortunius LICETUS de Monstris.

Patavii (Padoue. 1668), in-4° Figures.

(S-5281 b

6670 LICETUS (Fort.). — De Ortu Animæ, libri Tres.

Francofurti, 1606, in-12.

(S-3355

6671 LICETUS (Fortunatus). — Fortunati LICETI, de spontaneo Viventium Ortu, Libri IV.

S. l., 1618.

De his qui diù vivunt sine Alimento. Libri IV.

Patavii. 1612, 2 parties in-f°.

(S-3354

6672 LICHTENBERGER (H.). — Richard Wagner, poète et penseur.

Paris, F. Alcan. 1898. (6 fr.).

[8° M. 10598

Idées philosophiques de Wagner. — L'évolution pessimiste. — Les Fées. — Wagner et Gœthe. — L'évolution naturelle de l'homme. — La doctrine de la régénération. — Le mélange des races. — Les erreurs de la Science. — Mysticisme de Wagner, etc…

6673 LICHTENBERGER ou Jean de LICHTENBERG, né à Brunswick vers 1458. On ignore son véritable nom de famille : « LICHTENBERG » n'est que la traduction en allemand de « CLAIRMONT » colline d'Alsace sur laquelle ce mystique habitait. Il fut Astrologue et Prophète. Voir aussi notre n° 6685.

Pronosticatio Jo. LICHTENBERGERS.

In Vico Umbroso. 1488, in-4°, Gothique (?).

(S-69 Supp.

6674 LIÉBEAULT (Dr Ambroise Auguste), né à Farrières (Meurthe) en 1823, mort en 1901. Illustre Hypnotiseur, chef de *l'École de Nancy*, justement opposée aux théories du Dr CHARCOT.

Etude sur le zoomagnétisme.

Paris. Masson. 1883. in-8°, 29 pages. (1 fr. 50).

(G-1807

6675 LIÉBEAULT (Dr A. A.). — Extériorisation de la Force Neurique, ou Fluide Magnétique. Deuxième édition avec notes biographiques, un Portrait et 3 lettres inédites de l'auteur.

Paris, Libr. du Magnétisme, s. d. [1910], in-8°.

Réimpression du n° précédent, sous son titre primitif.

Brochure intéressante par ce fait que le *Fondateur de l'Ecole hypnotique de Nancy* y reconnaît formellement l'existence du *Fluide des magnétiseurs*.

Le contenu de cette brochure avait dû paraître en 1883 dans le *Journal du Magnétisme* sous le titre ci-dessus, puis, impatienté des retards apportés à sa publication, le Dr Liébault reprit son manuscrit à M. Durville et le publia sous le titre d'*Etude sur le Zoomagnétisme*.

6676 LIÉBEAULT (Dr. A. A.). — Du sommeil et des états analogues considérés surtout au point de vue de l'action du moral sur le physique par A. A. Liébault (sic), docteur en médecine.

Nancy, Grosjean. Paris. V. Masson, 1866, in-8° 535 pages. (6 fr.).

L'auteur est un psychologue. « Il n'étudie pas seulement, nous disait-il, le mécanisme apparent et tout externe des phénomènes de la vie, il s'occupe surtout du pouvoir intime et formateur de ces phénomènes : la pensée. » L'attention concentrée du sujet est pour lui la cause déterminante des effets du sommeil magnétique. M. Liébault admet la plus grande partie des faits du magnétisme animal et son livre contient un bon nombre d'observations intéressantes, que le lecteur soit ou ne soit pas fluidiste.

(D. p. 170
(G-502

Idem.

Paris. Doin. 1886, in-12.

[Te¹⁴. 116

6677 LIEBEAULT (Docteur A. A.). — Thérapeutique suggestive, son mécanisme. Propriétés diverses du sommeil provoqué et des états analogues, par le Dr A.-A. Liébault.

Paris, Oct. Doin, 1891, in-12 de VII-305 p. et table. (4 fr.).

[Te¹¹ 140

L'auteur, une des lumières de l'*Ecole de Nancy* est assez souvent — mais à tort — considéré comme le créateur de la « *Suggestion*. » Ce titre revient plutôt au Docteur Durand de Gros, q. v.

(G-502

6678 LIEBAULT (Jean) Dijonnois. — Jean Liébault, né à Dijon, en 1535, mort à Paris en 1596. Il épousa la savante Nicole Estienne, fille du célèbre imprimeur Charles Estienne, qui le préféra à Jacques Grévin. Il fut Médecin et agronome.

6679 LIEBAULT (Jean). — Quatre livres secrets de médecine et de la philosophie chimique. Esquels sont descrits plusieurs remèdes singuliers pour toutes les maladies. Traictées bien amplement les manières de distiller eaux, huiles et quintes essences de toutes sortes de matières, préparer l'antimoine et la poudre de mercure, faire les extractions, les sels artificiels et l'or potable, par Jean Liébault, Dijonnois.

Rouen, Behourt, 1628, pet. in-8°. Figures sur bois. (12 fr.).

[Te¹³¹ 3. C.

Autres éditions :

Paris, 1579, in-8°.

[Te¹³¹ 3

Rouen, P. Callet, 1616, in-8°.

[Te¹³¹ 3 B
(G-501
(StY-1410

6680 LIEBAULT (Jean). — Secrets de Médecine et Philosophie chimique, divisés en IV livres, esquels sont descrits plusieurs remèdes singuliers pour toutes maladies, tant internes qu'externes, du corps humain, etc...

Rouen, L. Oyselet, 1643, in-12, (16 fr.).

[Te¹³¹. 4

Précieux recueil de toutes sortes de remèdes secrets, très efficaces pour les maladies les plus rebelles. On y trouve plusieurs manières de préparer l'or potable suivant les méthodes de Raymond Lulle, de Paracelse, etc... l'huile d'or de Gesner, l'or de vie ou poudre de soleil, l'huile d'argent, la médecine fournie par Dieu pour garder la vie des hommes en estat de vivre longtemps et ayant en soy une infinité de merveilleuses vertus occultes, etc.

Autre édition :

Lyon, 1616, in-12.

6681 LIEBAUT (Jean). — Thresor des Remedes secrets pour les maladies des Femmes, pris du latin, et faict françois.

Paris, Jacques du Puys, 1585, pet. in-8º. (20 fr.).

[Te¹⁹ 4

Première édition de ce livre estimé.

6682 LIEBAUT (Jean). — Trois Livres de l'Embellissement du Corps humain, pris du latin de M. Jean Liebaut, docteur et médecin à Paris et faict en français.

Lyon, 1595, in-16. (15 fr.).

Recueil recherché de recettes pour la fabrication des huiles odorantes, essences, parfums, etc.

Autre édition :

Paris, J. Du Puys, 1582, in-8º.

[V. 44086
(S-3373 b
(G-657

6683 LIECHTENBERGERS (Voir le Nº 6673). — Pronosticatio Iohannis Liechtenbergers, iam denuo sublatis mendis, quibus scatebat pluribus, quam diligentissime excussa. Anno 1528 (In fine) : Excusum (sic) est hoc prognosticum impensis Petri Quentel, civis Coloniensis, mense Ianuario, anno 1528.

Pet. in-8º. (80 fr.). (Vendu 20 fr. à la Vente Yéméniz, mai, 1867).

Très rare. Avec 45 figures sur bois intéressantes et nombreuses lettres ornées. Il y a à la fin du volume un feuillet blanc avec une figure au verso.

Autre édition :

Coloniæ, Petrus Quentel, 1526, in-4º.

[Rés. R. 1429
(G-503
(Y-P. 942 à 4

6684 LIECHTENSTEIN (P.). — Albohazen Haly filii Aben-Ragel, scriptoris arabici, de iudiciis astrorvm libri octo, doctorum aliquot virorum opera in latinum sermonem conuersi. Accessit hvic operi hac demum editione Compendium duodecim domorum cælestium ex clarissimis et uetustissimis authoribus, scilicet Messahalla, Aomare, Alkindo, Zaele, Albenait, Dorotheo, Jergi, Aristotele et Ptolemæo, collectum.

Basileæ, ex officina Petrina, s. d. (1551), in-fol. (40 fr.).

[V. 1804

Traité arabe d'astrologie judiciaire par Haly, fils d'Abenragel.

Autre édition :

Basileæ, ex officina Henricpetrina, 1571, in-fol.

[V. 1802

6685 LIEDER der g. u. v. Loge Hygea verfasst grössten Theils von einigen Mitgliedern derselben und herausgegeben von J. Sch. M. v.

St Pétersbourg, 1780, in-8º de 48 pp.

(O-387

6686 LIÉGEOIS (Jules) savant professeur, né à Damvillers (Meuse) en 1833. Professeur de droit à Nancy, puis Membre de l'école Hypnotique de Nancy, et collaborateur de M. Liébault. Mort en Août 1908 dans un accident d'automobile, près Bains-les-Bains (Vosges). — Hypnotisme téléphonique, suggestion à grande distance.

S. l., 1886, in-8°. (o fr. 60).

Extr.

6087 LIEGOIS (Jules). — De la suggestion et du somnambulisme, dans leurs rapports avec la jurisprudence et la médecine légale.

Paris. Doin, 1889, in-12 de 758 pp. (4 fr. 50).

[Te¹⁴ 111

6088 LIÉGEOIS (Jules). — Un nouvel état psychologique.

S. l., 1888, in-8°. (o fr. 50).

Extr.

6089 LIGHT ON THE PATH. A Treatise written for the personal use of those who are ignorant of the Eastern Wisdom, and who desire to enter within its Influence. With Notes, and 45 pages of commentary by the Author.

London, etc. Reeves and T., 1885, in-12. (2 fr.).

Autre édition en 1895.

L'Opuscule mystique le plus remarquable peut-être de toute la Littérature de la Société Théosophique.

Traduit en Français sous le Titre : « La Lumière sur le Sentier, » voir plus loin.

(O. P. C.

LIGNAC (Abbé Lelarge de). — Voir :

LELARGE DE LIGNAC (Abbé J. A. de).

6090 LILLIE (Arthur). — Buddha and early Buddhism.

London, Trübner, 1881, in-8°, figures.

6091 LILLIE (Arthur). — Buddhism in Christendom, or Jesus the Essene.

By Arthur Lillie, author of " Popular Life of Buddha ".

London, etc. Kegan-Paul, 1887, in-8°, figures. (25 fr.).

[O². m. 96
(O. P. C.

6092 LILLY (William C.) fameux astrologue anglais né à Diceworth vers 1602, mort vers 1681. Astrologue de Charles 1ᵉʳ d'Angleterre. — An easy and plain Method teaching how to judge upon Nativitys. The rectification of a Nativity, by the trutine of Hermes, animodar or by accidents. A Brief way of judgement, declaring these general accidents which in a natural course depend upon the signification of the Twelve Houses of Heaven. The effects of Directions, Revolutions, Profections and transits ; the exact measure of time in directions.

S. l. n. d., [1647], in-4°; (12 fr.).

Ouvrage fort rare de ce célèbre astrologue anglais, dont les livres sont introuvables ; accompagné de figures.

6093 LIMBORCH (Philippe de) théologien né à Amsterdam en 1633 mort au même lieu en 1712. Pasteur, puis professeur de Théologie. — Philip. à LIMBORCH. Historia Inquisitionis, cui subjungitur Liber Sententiarum Inquisitionis Tolosanæ, ab anno Christi 1307 ad annum 1325.

Amsterdam, H. Welstenius, 1692 in-f°, portrait et planche, (16 fr.).

[E. 396
(S-5367

6094 [LIMOJON sieur de St-Didier] (le Chevalier Alexandre Toussaint de) Alchimiste français né à Avignon vers 1630, mort vers 1689. Diplomate en Hollande. — Der Hermetische Triumph oder der Siegende philosophische Stein, ein Tractat völliger und verständlicher eingerichtet, als einer iemals biszher gewesen, handelnde von der hermetischen Meisterschaft, hierbevor in frantzösischer Sprache gedruckt..., ins Teutsche versetzt. Andere Auflage.

Leipzig und Görlitz, Joh. Gottlob Laurentio, 1707, in-8° de 224 pp.

Uralter Ritter-Krieg, das ist ein alchymistisch kurtzliches Vespräch... est d'après l'édition de Leipzig, 1604, en regard se trouve la traduction : l'Ancienne guerre des chevaliers... par Limojon de St-Didier.

(O-1153-1154

6695 [LIMOJON DE St-DIDIER]. — Lettre d'un Philosophe, sur le secret du Grand Œuvre, écrite au sujet des Instructions qu'Aristée [lisez ARISLÉE] à (sic) laissées à son fils touchant le Magistere philosophique: Le nom de l'auteur [Al. Touss. de LIMOJON, sieur de Saint-Didier] est en latin dans cet anagramme : *Dives sicut ardens*.

Paris, Laurent d'Houry, 1688, in-12 de 62-10 pp. [R.26754

La 1re édit. est de

La Haye, A. Moetjens, 1686. [R.49822

La lettre va jusqu'à la page 41 ; on trouve ensuite (pp. 42-62) : *Verba Aristei patris ad filium,* latin-fr ; les 10 pp. annexées à la brochure renferment : *la Lumière des Mercures,* extraite de Raym. LULLE.

(G-405
(O-715-783-1148

6696 [LIMOJON DE St-DIDIER]. — Le triomphe hermétique, ou la Pierre philosophale victorieuse. Traité plus complet et plus intelligible qu'il y en ait eu jusques ici, touchant le Magistere hermetique [par Alex. Toussaint de LIMOJON co-seigneur de Venasque et de Saint-Didier].

Amsterdam, Henry Wetstein, 1699 in-12 de XIV-153 pp. avec 1 pl. symbolique gravée, (8 fr.).

La *Biographie universelle* (Michaud) dit : LIMOJON de St-Didier auteur de cet ouvrage ; c'est une erreur qui saute aux yeux. LENGLET-DUFRESNOY déclare que LIMOJON n'a fait que recueillir ces différents traités :

Contient : *L'ancienne guerre des chevaliers ou Entretien de la Pierre des philosophes avec l'or et le mercure. — Entretien d'Eudoxie et de Pyrophile sur l'ancienne guerre des chevaliers. — Lettre aux vrays disciples d'Hermès contenant 6 principales clefs de la philosophie secrète.*

Autres éditions : [R3.3564
4R.52827

Amsterdam, 1708, pet. in-8°. [R.52828
Amsterdam, J. Desbordes, 1716, in-12. [R.52829

(G-1555
(O-1150-1151-1152

6697 LIMOUSIN (Ch. M.). — La Kabbale littérale occidentale : les 32 voies de la Sagesse du " Sepher letzirah " expliquées par l'alphabet latin.

Paris " Nouvelle Revue ", 1807, in-8° de 32 p. (4 fr.).

[A. 21240

L'auteur conclut que la Kabbale est d'origine occidentale et qu'elle a été transportée toute faite dans le Judée de Palestine. — L'Alphabet hébreu serait l'Alphabet latin dérangé car le classement alphabétique, le hiérogramme qui contient la clef de la valeur idéographique des lettres, des 32 voies merveilleuses de la sagesse, n'existe que dans cet alphabet.

6698 LIMOUSIN (G.˙. Ch.˙.). — Le Symbolisme des Grades de Chevalier Rose-Croix et de Grand-Chevalier Qadosch (sic).

Paris, s. d., in-8° de 28 pp. (3 fr.).

Pages de haute initiation d'un Rose ✝ Croix et K.˙. pénétré de la philosophie occulte de ses grades dont il développe éloquemment le savant ésotérisme d'après les plus pures traditions de l'ordre.

6699 LINAND (Barthélemy). — L'abstinence de la viande, rendue aisée ou moins difficile à pratiquer, ou régime de vie avec lequel on peut prévenir ou rendre moins grande les incommoditez qui surviennent à ceux qui font maigre, par le ménagement des tempéramens, le choix et le bon usage des alimens maigres simplement apprêtez, etc ..

Paris, Bienfait. 1700. in-12, (6 fr.).

[Te²². 3

Ouvrage intéressant, préconisant l'alimentation végétarienne.

6700 LINDEN (Diederich Weszel). — Diederich WESZEL LINDEN vier chemische medicinische Abhandlungen als : I. vom Ursprunge der mineralischen Wasser ; II. Anmerkungen über des Hrn. von Wellig Opus magocabbalisticum ; III. Von besondrer Kraft der Mistel gegen die Epilepsie [von Joh. COLBATH]. IV. neue Art. den tollen Hundes Bisz, und die Hydrophobie zu curiren [von Robert JAMES]; von dem Verfasser auss dem Englischen übersetzt und erläutert; auf neue, und mit chemisch-physikalischen Beyträgen des [Johann Ludw.] ab INDAGINE, herausgegeben.

Amsterdam und Leipzig, Joh. Schreuder, 1771. in-8° de VIII-272 pp.

Il y a encore un second titre plus abrégé, avec la date de 1772.

(O-1045

6701 LINDER (Jo.). — Jo. LINDER, de Venenis in genere et specie.

Lugduni, 1708. in-12.

(S-3221

6702 LINDINGER. — De Ebraeorvm veterum arte medica, de Daemone et daemonicis.

Servest, 1774. pet. in-8°. (3 fr.).

6703 [LINDNER (Friedrich Wilhelm)]. — Mac-Benac, er lebet im sohne ; oder : das Positive der Freimaurerei zum gedächtnisz der durch Luther wiedererkämpften evangelischen Freiheit [von Friedrich Wilhelm LINDNER] II-te verbesserte und stark vermehrte Auflage.

S. l. m adr. [Leipzig]. 1818. gd in-8° de X-113 pp.

La 1-re édition est de 1818, elle est anonyme comme celle-ci.

Dans l'art. consacré à Mad. de KRUDNER. (Annuaire nécrol. par LESUR, 1825. p. 336, on lit : « Un jeune théologien nommé LIEDNER dont elle fit la conquête à l'occasion de Entretiens avec Mad. de Krudner par Krug (Leipzig, 1818) publia en faveur de ses opinions, un livre intitulé Macbenac. »

(O-450

6704 LINDNER. — Mac-Benac, er lebet im Sohne, oder : das Positive der Freimaurerei : zum Gedächtnisz der durch Luther wiedererkämpften evangelischen Freiheit ; von Friedr. Wilh. LINDNER. II-te verbesserte und stark vermehrte Auflage.

Leipzig. C. H. Reclam. 1819. gd. in-8° de XVIII-278 pp.

(O-451.

6705 LINGUET (Simon Nicolas Henri) avocat né à Reims en 1736. mort à Paris en 1794. — Essai philosophique sur le monachisme.

Paris, Pierson, 1775. in-12. (3 fr. 50).

Etude curieuse sur les moines, leurs us et coutumes, leurs règles. Chap. très intéressant sur les moines mendiants et prêcheurs.

Autre édit :

En 1770, in-8°.

6706 LINGUET, avocat. — Lettre de l'auteur de la découverte du magnétisme animal à l'auteur des réflexions préliminaires pour servir de réponse à un imprimé ayant pour titre Sommes versées etc... par M. LINGUET, avocat.

Paris, 1786, in-8°, 26 pages.

(D. p. 08

6707 LINTHAUT (Henry de) Sieur de Mont-Lion, docteur en médecine. — Commentaires sur le Trésor des Trésors de Christophe de GAMONT. Revu et augm. par l'auteur.

Lyon, Morillon, 1610, in-12, orné de 6 miniatures symboliques. (9 fr.).

[R. 42008
(G-507

6708 LIONNET (Jean). — L'Évolution des Idées, chez quelques-uns de nos contemporains. — Zola. Tolstoï. Huysmans. Lemaître, Barrès, Bourget. Le Roman catholique.

Paris. Perrin, 1903, in-10. XII-283 p. (3 fr.).

[8° Z. 15900

—— Deuxième série : Brunetière. Taine. Renan. P. et V. Margueritte... Bloy, Huysmans... Wells.

Paris. Perrin, 1905, in-16.

[8° Z. 15900

6709 LIOUBOW (Génia). — L'art divinatoire : les visages et les âmes. Préface par Edouard Drumont.

Paris. Flammarion, s. d. [1903], in-8° de XV-532 pp. fig. et portr. (5 fr.).

[8° R. 18482

Ouvrage le plus complet sur la science des physionomies, où l'image souligne le texte et l'explique heureusement. — Pour celui qui possède pleinement les théories de l'auteur l'être humain n'est plus une énigme indéchiffrable, mais un livre ouvert et dangereusement indiscret. Correspondance avec toutes les têtes d'animaux (114-174). Abondante analyse des visages contemporains et autres. (200-528) parmi lesquels nombres de rois, empereurs et princesses. — Loubet (306). — Drumont (325). — Gyp (357). — Jaurès (378). — Flammarion (386).— Rochefort (412). — Gaston Méry (434). — Tolstoï (473). — D'Annunzio (497).

— Jean Lorrain (506), tout un poème !— Béranger le sénateur (514). — Cinq ou six actrices, et enfin Liane de Pougy et la princesse Ghika (522) avec tous leurs portr. curieusement commentés.

6710 [LIOY (Félix)]. — Histoire de la persécution intentée en 1775 aux Francs-Maçons de Naples, suivie de pièces justificatives, [par le fr. Félix LIOY].

Londres. s. adr. 1780, in-8° de 127 pp.

(O-234

6711 LIPSIUS (Justus) ou *Joest* LIPSE, philologue et humaniste belge. Né à Isque ou Isca (Brabant) en 1547, mort à Louvain en 1606. Luthérien converti au catholicisme. — De cruce libri tres ad sacrum profanumque (sic) historiam utiles. Una cum notis.

Amstelodami. sumptibus Andreæ Frisii, 1670, in-12, 10 f^(os) 240 p. et 11 f^(os) de tab. planches. (15 fr.)

Traité de la Croix orné d'un frontispice gravé par Bloteling et de 17 figures dont 6 grandes se dépliant représentant les diverses formes de la croix, soit au point de vue symbolique soit comme instrument de supplice.

Autres éditions :

Antverpiæ, J. Morelus, 1595, pet. in-8°.

Antverpiæ, ex officina Plantiniana B. Moreti, 1629, in-4°.

(G-1402

6712 LIPSE (Juste). — Justi Lipsi Poliorceticon, sive de Machinis, Tormentis, Telis, libri V.

Antverpiæ, Plantin, 1596, in-4°.

(S-3408

6713 LIRON (D.). — Singularités littéraires, par D. LIRON.

Paris, 1738, 4 vol. in-12.

(S-0090

6714 LISMON (Z.). — Jeu des 78 Tarots Egyptiens, ou livre de Thot avec un volume explicatif « *Art de tirer les cartes* » par Julia Orsini.

Paris, chez les marchands de nouveautés, s. d., in-16. (12 fr.).

6715 LISZT (l'abbé Franz) pianiste hongrois né à Reiding en 1811, mort à Bayreuth en 1886. — Des Bohémiens et de leur musique en Hongrie.

Paris, Fischbacher, Leipzig... 1881, gr. in-8° (12 fr.).

[8° M. 2334

6716 LITTRÉ (Maximilien Paul Emile) Philosophe, Philologue et homme politique né à Paris en 1801, mort en 1881. Célèbre positiviste. — La Science au point de vue philosophique.

Paris, 1873, fort vol. in-12. (3 fr.).

Le Cosmos. — Ampère et l'électro-magnétisme. — Les hommes fossiles. — Science de la vie. Physiologie psychique. — Hypothèses positives, etc...

6717 LITURGIE de la nouvelle église annoncée et signifiée dans l'Apocalypse par la Nouvelle-Jérusalem.

Chartres et Paris, 1856, in-12. (5 fr.).

Terminé par un important recueil de psaumes, d'hymnes et de cantiques.

6718 LIVRE ADMIRABLE (le) [Attribué à F. Bacon] renfermant des prophéties, des révélations et une foule de choses étonnantes, passées présentes et futures.

Paris, E. Bricon, 1831, in-12. (4 fr.).

[R. 41020

Seule traduction que l'on ait du célèbre *Mirabilis Liber qui prophetias revelationesque*...

Le présent ouvrage se divise en trois traités. — Le premier parle d'astrologie, des constellations célestes et renferme qq. chap. communs aux prophéties. — Le second traite de l'état futur de l'église tant au spirituel qu'au temporel. — Le troisième parle de la situation annuelle et de l'état ordinaire du peuple...

On y trouve toutes les prophéties qui avaient cours au XVIe siècle, notamment celles de l'abbé JOACHIM DE FLORE, JÉROME DE FERRARE (SAVONAROLE), Jean de ROQUETAILLADE, le célèbre prophète auvergnat, et grand nombre d'autres fort curieuses et peu connues. — Outre sa très grande rareté ce recueil a le précieux avantage de ne pas avoir été élaboré frauduleusement comme tant d'autres, dans des vues intéressées.

(G-658 et 1556

6719 LIVRE de l'Avenir (le), ou le sorcier des salons.

Paris, s. d., in-8° de 60 pp. (5 fr.).

6720 LIVRE (Le) de toutes les Prophéties et Prédictions : passé, présent, avenir.

Paris, 1801, in-16 (2 fr. 25).

Prédiction d'Orval. — Proximité de la fin du monde. — Prédiction de Jérôme Botin. — Prédiction de P. Tune, philosophe et astrologue. — Prédiction d'Olivarius. — Prophétie de Cazotte. — La croix de Migné, Martin de Gallardon, etc....

Autre édition :

Paris, Maison, Lyon, Chambet aîné, 1842, in-16 de 301 p. (2 fr.).

6721 LIVRE DES PRODIGES (Le) ou histoires et aventures merveilleuses et remarquables de spectres, revenans, esprits, fantômes, démons, etc. dont les faits sont rapportés par des personnes dignes de foi.

Paris, Pillot, 1804, in-16 (5 fr.).

Peu commun et curieux.

Avec une gravure ultra-fantastique en tête.

Autres éditions :

Paris, Masson, 1821, in-12.

Paris, 1808, in-16.

Livre portant en devise : « Mon but est d'amuser et non pas d'effrayer. »

(G-659

6722 LIVRE MAGIQUE (Le). Histoire des Évènements et des personnages surnaturels, contenant des détails sur la Démonologie, l'Astrologie et la Chiromancie ; sur les Lutins, les Fantômes, les Spectres, le Sabbat, les Maléfices, les Talismans, les peines et les supplices de l'Inquisition, etc....

Ouvrage composé d'après les plus célèbres Démonographes et Cabalistes: les deux Albert, Etteilla, Cagliostro, Langlet-Dufresnoy, Lavater, Salgues, etc....

Paris, Corbel aîné, 1835, in-12 XX-244 p. 4 lithographies (5 fr.)

6723 LIVRE MERVEILLEUX (Le), contenant en bref la fleur et substance de plusieurs Traitez, tant des Prophéties et Reuelations qu'anciennes Croniques faisant mention des faicts de l'Eglise universelle, comme de Seismes, Discords et Tribulations qui doibvent advenir à l'Eglise de Rome, et d'un temps auquel on ôtera et tollira aux gens d'Eglise et Clergé leurs biens temporels tellement qu'on ne leur laissera que leur vivre et habit nécessaire. Meme aussi est faict mention des souuerains, euesques et papes qui après regneront et gouuerneront l'Eglise et spécialement d'un Pape qui sera appelé pasteur angelique; et d'un Roi de France, nommé Charles Sainct homme.

Lyon, par Benoist Rigaud, 1572, in-12 de 55 p. (15 fr.).

[R. 42100

Autre édition :

Paris, Thibaud Renault, 1505, in-8°.

[R. 42101

Le Livre merveilleux qui n'est pas une Traduction du « *Mirabilis Liber* » et avec lequel il ne faut pas le confondre, constitue le plus ancien recueil de prophéties en langue française que l'on connaisse, bien que son excessive rareté en ait fait un livre à peu près inconnu. — Ces prophéties *qui se rapportent à notre époque actuelle*, annoncent la venue d'un Roy d'Aquilon qui s'appellera Frédéric, troisième empereur, jusques au temps d'un Pape qui sera nommé Pasteur Angélique et de Charles Roy de France, empereur futur après le troisième Frédéric ci-dessus nommé. Nous ne suivrons pas les Voyants jusqu'au temps marqué pour ce qu'ils considèrent comme la Fin du Monde, nous bornant à signaler, avec la vaticination de l'abbé de Cambrezi, la Pronostication du Ciel qui termine le volume. — On y trouve un curieux calcul au moyen duquel on peut prévoir les époques de grandes révolutions, changements de dynasties, etc.... C'est ainsi que d'après cet ouvrage imprimé peu après 1550, on attendait une nouvelle monarchie à partir de l'an 1584. — Or, l'avènement des Bourbons avec l'accession au trône de Henri IV, en 1589, semble justifier cette sorte de comput astrologique fort singulier. — Un détail qui a son prix pour ceux qui s'occupent de l'avenir : les prophéties de cet ouvrage, vu leur date, sont absolument intègres, et n'ont subi aucune altération intéressée.

6724 LIVRES APOCRYPHES de l'ancien Testam. en lat. et en françois, avec des notes pour servir de suite à la bible de M. de Sacy.

Paris, 1742, 2 vol. in-12.

(S-103

6725 LIZERAY (Henri) né à St-Pétersbourg, de parents français, en 1844. — Æsus. — Eros ou l'Amour, premier principe de Pythagore, occupe surtout les Gaulois. — Le Roman d'Amadis, le Paradis Perdu de Milton, cosmogonie. — La Philosophie pythagoricienne retracée sur le portail de Notre Dame. — Le partenaire de Pythagore en sociologie, etc....

Paris, Vigot frères, 1902, quatre parties in-16 (2 fr.).

[8° R. 18020

6726 LIZERAY (Henri). — L'Amour.— Acte du Monde. [Suite d'Æsus].

Paris, Vigot frères, 1903, in-16 44 p. (2 fr.).

[8° R. 18020

Volume intéressant au plus haut point. — La Puissance Amoureuse. Explication des Triades des Bardes. — Cosmogonies de Plotin et des Pérates. — Cosmogenèse. — Orphée ou Ogmius.

6727 LIZERAY (Henri). — Catéchisme de l'Athée.

Paris, 1801, in-16 (1 fr.).

[8° R. Pièce. 5444

Dans cette étude se trouvent exposées des idées les plus singulières et les plus curieuses sur l'existence d'un Dieu.

6728 LIZERAY (Henri). — Le druidisme restauré.

Paris, Leroux, 1885, fort in-8° (15 fr.).

Manque à la Bib. Nat¹ᵉ.

Savante étude sur ce sujet si peu connu et dont voici les principaux aspects : Règne d'Uranus, de Saturne, de Jupiter et de Bacchus. — Science hyperboréenne. — Les Samothraces, les Galates, les Gnostiques. — La Kabbale chaldéenne. — Le Livre d'Adam. — Traditions irlandaises, gauloises, etc.... Les monuments celtiques. — Les Francs et leurs Dieux, etc....

(G-147

6729 LIZERAY (Henri). — Leabar Gabala. — Livre des Invasions, trad. de l'irlandais pour la première fois par H. Lizeray et William O'Dwyer.

Paris, 1884, gr. in-8° (5 fr.).

[No. 430

Curieux ouvrage contenant toutes les traditions philosophiques et religieuses, les cosmogonies et mythologies des anciens Celtes et des Druides. — Tous les débris bardiques ont été conservés dans ce vieux recueil historique de l'antique Irlande.

Le Leabar Gabala, rédigé en 1631, retrace l'histoire des six colonies que les civilisations du continent ont jetées successivement sur la terre d'Irlande, de l'an 957 à 1684, av. J. C. L'introduction offre un intérêt scientifique des plus soutenus.

6730 LIZERAY (Henri). — Les Traditions nationales retrouvées.

Paris, 1892, in-8° (1 fr. 25).

[Lit. Pièce. 57

Savante étude sur le Celtisme et le Druidisme (Le peuple Atlante. Etymologie des mots Atlantes. — Origine, langue et religion des Francs, etc....)

6731 LIZERAY (Henri). — La Trinité chrétienne dévoilée.

Paris, chez l'auteur, 1887, in-8° de 32 pp. (1 fr. 25).

[8° R. Pièce. 3779
(G-508

6732 LIZERAY (Henri). — Réponse aux objections soulevées par la Trinité chrétienne dévoilée.

Paris, chez l'auteur, 1888, in-8° de 36 pp. (1 fr. 25).

(G-509

Voir en outre au Catal. Gén. de la Bib. Nat¹ᵉ.

6733 LLORENTE (Juan Antonio) prélat et avocat espagnol, né en 1750, mort à Madrid en 1823. Dépositaire des Archives de l'Inquisition après son abolition. Conseiller du roi Joseph et exilé avec lui à Paris. — J. Ant. Llorente, ancien secrétaire de l'Inquisition de la Cour. — Histoire critique de l'Inquisition d'Espagne, depuis l'époque de son établissement par Ferdinand V, jusqu'au règne de Ferdinand VII, tirée des pièces originales des archives du Conseil de la Suprême et de celles des Tribunaux subalternes du Saint Office. Traduit de l'espagnol par Alex. Pellier.

Paris, Treuttel, et Wurtz, 1817-18. 4 vol. in-8° (20 fr.).

[Oc. 102

Joli portrait de l'auteur gravé par Blanchard et blason, contenant de curieux renseignements sur les différents procès intentés par l'Inquisition soit à un point de vue religieux (principalement contre les hérétiques et Sorciers), soit à un point de vue politique.

(G-510 et 1868

6734 LLORENTE, Ancien secrétaire de l'Inquisition. — Histoire abrégée de l'Inquisition d'Espagne, précédée d'un discours sur cette histoire, par M. le Comte de Ségur.

Bruxelles, Larrosse, 1858, in-8° (0 fr.).

Orné de figures.

6735 LLOYD (J. William) Naturiste, Sociologue et Poète Américain, né à Westfield (New Jersey) en 1857. Cité par le Dr. Bucke dans son ouvrage : « *Cosmic Consciousness.* » —

Dawn Thought. By J. William Lloyd.

Wellesley Hills (Massachussetts) Mangus Press, 1900, in-8°.

Ouvrage écrit à la suite de l'accession de l'auteur à la « *Conscience Cosmique* » et qui en contient l'irréfutable évidence. (Bucke).

6736 LOCATELLUS, ou LOCATELLI (P.). — P. Locatelli Conjurationes Potentissimae et efficaces ad expellendas et fugandas aereas Tempestates.

Brixia (Brescia), 1628, in-16.

(S-3186 b

6737 LOCQUES (Nic. de) alchimiste et médecin spagyrique du roy. — Cours pratique où il est traité des opérations suivant la doctrine de Paracelse.

Paris, Marcher, 1665, in-8° (4 fr.).

(G-511

6738 LOCQUES (Nic. de). — De la fermentation où on void ce qui se passe intérieurement dans les mouvements divers des substances. Avec le traitté du sang et les propositions de la chymie résolutive.

Paris, Marcher, 1605, in-8° (4 fr.).

(G-511

6739 LOCQUES (Nic. de). — Propositions tovchant la physique résolvtive.

Paris, Marcher, 1665, in-8° (4 fr.).

(G-511

6740 LOCQUES (Nic. de). médecin spagyrique de Sa Majesté. — Les rvdiments de la philosophie natvrelle tovchant le système dv corps mixte : 1° Covrs théoriqve, où sont clairement expliquez les préceptes et les principes de la chymie, qui ont esté jusques icy cachez des anciens Philosophes.

Paris, Marcher, 1665, in-8° (10 fr.).

Savant ouvrage d'Alchimie et de médecine hermétique. — L'auteur y traite de la science de l'occulte et du manifeste de l'or potable, des plus rares secrets de la nature, et donne les formules du Diacellatesson, du purgatif spécifique, et autres de Paracelse, ainsi que du Grand Alcahest.

(G-511

6741 LOCQUES (Nic. de). — Les vertvs magnétiques dv sang, de son vsage interne et externe et pour la guarison (sic) des maladies.

Paris, Le Gentil, 1604, in-8°, (4 fr.).

(G-511

6742 LODIEL (Désiré). — Les phénomènes télépathiques et le secret de l'Au-delà.

Paris, s. d., in-12, (1 fr.).

LODOIK. — Voir :

DIVONNE (le Comte L. de).

6743 [LOEN (S. E. de)]. — Das Geheimnusz der Verwesung und Verbrennung aller Dinge, nach seinen Wundern im Reich der Natur und Gnader Macro et Microcosmice, als die Schlüssel : dadurch der Weeg zur Verbesserung eröffnet.... [von S. E. de LOEN]. Zweyte und mit vielen curiösen Observationibus vermehrte Auflage.

Franckfurt am M., Joh. Friedr. Fleischer, 1733, in-8° de 109 pp.

La dernière page est terminée par une grav. sur bois représentant un cercueil couvert d'un drap mortuaire.

Voy. *Bertrag z. Gesch. der chemie*, 675, qui cite une édit. de 1771, sans citer les antérieures.

Voy. FICTUIN *Probier-Stein*, I, 82-3. Ce dernier dit qu'un certain CROS s'en prétendait l'auteur : mais il déclara que ses prétentions sont fausses, et pense que le véritable auteur est S. E. de LOEN, résident du roi de Prusse à Francfort.

(O-1456-1457

6744 LOEVE-VEIMARS (François-Adolphe baron), littérateur et historien né à Paris en 1801, d'une famille israélite allemande, mort à Paris en 1854. Converti au christianisme. Consul à Bagdad et à Caracas. — Le Népenthès Contes, nouvelles et critiques.

Paris, Ladvocat, 1833, 2 vol. pet. in-8°. (7 fr.).

Edition originale. — La Maréchale de Mailly ; Une soirée chez Madame de Sévigné, etc...

6745 LOEVE-VEIMARS. — Précis de l'histoire des Tribunaux secrets dans le Nord de l'Allemagne, contenant des recherches sur l'origine des cours wehmiques, sur leur durée, leur influence, l'étendue de leur Juridiction et leurs procédures inquisitoriales.

Paris, Carez, 1824, fort vol. in-12 (7 fr.).

Nombreux renseignements sur les sociétés secrètes.

6746 LOEWENTHAL (Ed.). — Le Cogitantisme, ou la religion scientifique basée sur le Positivisme spiritualiste.

Paris, 1885, in-8°, (o fr. 75).

[8° R. Pièce 5498

Curieuse étude philosophique sur la libre-pensée déiste.

6747 LOGE ROUGE (La) dévoilée à toutes les têtes couronnées. Nouvelle édition seule avouée, avec des additions.

Juillet 1790, in-8° de 18 pp. (5 fr.).

[Lb^{39}. 3723

« Cette pièce contre les Illuminés est « de toute rareté. Publiée en 1790, elle « est prophétique, au même titre que « l'Essai sur la secte des Illuminés du « Marquis de Luchet, etc. etc... » (Note de St. de Guaita).

(G-512

6748 LOGIA sive Oracula ZOROASTRI, ex Platoniorum libris collecta.

S. l. n. d. in-12.

(S-3187

6749 LOGOTHETE (Isidore Charisie).— Theologia christiania in numeris, das ist : sonderbare Darstellung, wie die fürnehmsten Haupt-Stücke christlicher Gottes-Gelehrtheit, als nähmlich die Lehre von Gott und dessen Hger. Drey-Einigkeit, von den guten und bösen Engeln, von dem nach Gottes Bilde geschaffenen und durch die Sünde verderbten Menschen, von der Wiederbringung in Christo, von den Abfall des Antichrists.... zum Dienst der Weizheit-Liebenden deutlichst entworffen von Isidoro Charisio LOGOTHETA, philyro-politano. Gedruck zum ersten mahl im Jahr Christi, 1702...

Berlenburg, Joh. Jacob Haug, 1734 in-4° de XIV-76 pp. avec un gd. nombre de pl. mystico-mathématiques.

(O-102

6750 [LOHRBACH (Comte de)]. — Die theoretischen Brüder, oder zweite Stuffe der Rosenkreutzer und ihrer Instruction das erstemahl ans Licht herausgegeben von einem Profanen [Graf von Löhrbach in München] ; nebst einem Anhang aus dem dritten und fünften Grad, als Probe. Neue Auflage.

Athen (zur Zeit der Aufklärung, 1785, und blos neuer Titl.) 1789. in-8º de 279 pp. plus le titre sur papier bleu, avec 2 gr. planches.

(O-1588

6751 LOISEL. (Docteur A.). — Recueil d'opérations chirurgicales pratiquées sur des sujets magnétisés par A. Loisel, docteur en médecine à Cherbourg.

Cherbourg, Beaufort et Lecoffre, 1845, in-8º 24 pages.

(D. p. 185

6752 LOISEL (A.). — Observation concernant une jeune fille de dix-sept ans amputée d'une jambe à Cherbourg le 2 octobre 1845, pendant le sommeil magnétique, par A. Loysel, docteur en médecine.

Cherbourg, Typ. Beaufort et Lecauf, 1845, in-8º, 23 pages.

L'une des premières grandes opérations tentées en France, à l'aide du magnétisme et couronnée de succès. Chaque exemplaire de cette notice doit contenir la signature autographe de l'opérée Marie d'Abanel et des témoins : docteur Loysel docteur Gibon, Durand et Daragon, professeurs de l'Université, Delante, directeur des lits militaires.

(D. p. 134

6753 LOISELEUR - DESLONGCHAMPS (Auguste Louis Armand), fils du botaniste, né à Paris en 1805, mort en 1840. Orientaliste, traducteur des lois de Manou. — Amarakocha ou vocabulaire d'Amarasinha, publié en sanscrit avec une traduction française, des notes et un Index.

Paris, Imp. Royale, 1839-45. 2 vol. in-8º (10 fr.).

6754 LOISELEUR-DESLONGCHAMPS. — Essai sur les fables indiennes et sur leur introduction en Europe, suivi du roman des Sept Sages, en prose, publié pour la première fois par Leroux de Lincy pour servir d'introduction aux fables des XIIᵉ, XIIIᵉ et XIVᵉ siècles, publiées par Robert.

Paris, Techener, 1858, in-8º. (5 fr.).

Contient également une analyse et des extraits de *Dolopathos*, poème français du XIIIᵉ siècle, par Herbers.

6755 LOISELEUR -DESLONGCHAMPS. — Manava-Dharma-Sastra. - Lois de Manou, comprenant les institutions religieuses et civiles des Indiens ; traduites du sanscrit et accompagnées de notes explicatives, par A. Loiseleur Deslongchamps.

Paris, Levrault et Crapelet, 1830-33, 2 vol. in-8º. (5 fr.).

6756 LOISELEUR- DESLONGCHAMPS. — Manava-Dharma-Sastra. — Lois de Manou, comprenant les institutions religieuses et civiles des Indiens suivies d'une notice sur les Védas ; trad. du sanscrit et accompagnées de notes explicatives par A. Loiseleur-Deslongchamps.

Paris, Garnier, s. d., in-12 (2 fr. 50).

6757 LOISELEUR- DESLONGCHAMPS· (Jean-Louis-Auguste) né à Dreux en 1775, mort à Paris en 1849. Célèbre botaniste, père du précédent. — Histoire du Cèdre du Liban.

Paris, Huzard, 1837, gr. in-8º de 66 pp. (2 fr. 50).

6758 LOISSON de GUINAUMONT. — Somnologie magnétique, ou recueil de faits et opinions somnambuliques pour servir à l'histoire du magnétisme humain, par Loissos de Guinaumont, ancien député.

Paris, Germer Baillière. Saguier et Bray, 1846, in-8° 324 pages. (5 fr.).

Ce livre est d'un homme de bonne foi mais quelque peu enthousiaste. La croyance de l'auteur dans les dictées des somnambules est extrême. Celui dont il reproduit un traité composé dans cet état est M. Victor Dumez, aujourd'hui médecin.

(D. p. 137

6759 LOISY (l'abbé Alfred), né le 28 février 1857 à Ambrières (Champagne). Célèbre moderniste et professeur d'Histoire des Religions au Collège de France. — Autour d'un petit livre.

Paris. A. Picard et fils, 1903, in-16, XXXVI-290 p. Édition originale. (5 fr.).

[D. 85303

Enlevé dès son apparition, ce volume plein de bravoure, « à quelque point de vue qu'on se place », fit un bruit énorme et passa de mains en mains. — Il est impossible de connaître ce qu'on appelle maintenant le Modernisme, sans avoir lu les ouvrages de critique de l'abbé Loisy. — « Autour d'un petit livre » est un défi jeté à l'Église de justifier son dogme par des arguments solides. — L'auteur, « avec le calme de la force » a placé la question religieuse dans le domaine scientifique en demandant sa solution au libre examen.

6760 LOISY (Alfred). — Études évangéliques par Alfred Loisy.

Paris, A. Picard et fils, 1902. gr. in-8°. XIV-333 p. (10 fr.).

[A. 21618

Les « *Paraboles de l'Évangile* » qui forment les 100 premiers pages de ce volume, n'ont pas été réimprimées dans le « *Quatrième Évangile.* »

6761 LOISY (Alfred). — L'Évangile et l'Église, par Alfred Loisy.

Paris, A. Picard et fils, 1902. in-16, XXXIV-234 p. (12 fr.).

[D. 85150

Édition originale.

Ouvrage rare de cet éminent exégète, censuré et interdit par la Cour de Rome, en ces derniers jours ; ce volume actuellement bouleverse tout le monde catholique, c'est le manifeste éclatant de l'école historique en exégèse. — Les théories de ce livre atteignent gravement les vieux dogmes du Catholicisme : la Révélation primitive, l'authenticité des faits et des enseignements évangéliques, la Divinité et la Science du Christ, la Résurrection, l'institution divine de l'Église, les Sacrements etc...

Autre édition :

Paris, Bellevue, 1904, in-12.

6762 LOISY (Alfred). — Les Évangiles synoptiques.

Paris et Ceffonds près Montier-en-Der (Haute-Marne), chez l'auteur, 1907-1908, 2 vol. in-8°, (22 fr.).

[A. 22017

6763 LOISY (Alfred). — Lendemains d'Encyclique.

Paris, E. Nourry, 1908, in-8°. (4 fr.).

6764 LOISY (Alfred). — Le Quatrième Évangile. Introduction. Traduction et Commentaire.

Paris. A. Picard et fils, 1903, in-8° de 900 p. (50 fr.).

[A. 21702

Le livre le plus recherché du grand Moderniste.

LOISY (Sur Alfred). — Voir :

PERRAUD (Cardinal).

DETREZ (Alfred) auteur de sa biographie et bibliographie.

6765 LO-LOOZ (Robert de) Tacticien et Physicien belge, né près de Liège en

1730 mort à Paris en 1786. — Recherches sur les influences solaires et lunaires, pour prouver le magnétisme universel, etc. (Tome 1ᵉʳ).

Paris, 1788, in-8°, XII-320 pages, planches et figures.

[R. 13081-083

Ce titre choisi pour exciter la curiosité des magnétisants a besoin d'être plus développé pour donner une idée de l'ouvrage : Histoire de la création avec la clef des grands phénomènes de la nature. Dans le second volume on offre deux perspectives intéressantes à la marine : 1° une méthode simple et facile de trouver les longitudes en mer ; 2° deux spéculations pour puiser au milieu de l'océan de l'eau douce comme dans une rivière intarissable. Le second volume ou seconde partie porte pour titre la rubrique portée sur le numéro suivant.

(D. p. 75

6766 LO-LOOZ (Robert de). — Recherches physiques et métaphysiques sur les influences célestes, sur le magnétisme universel et sur le magnétisme animal dont on trouve la pratique de temps immémorial chez les Chinois.

Londres et Paris, Couturier, 1788 in-8°, 148 pages, planches et figures (les planches sont rarement jointes au volume.) (4 fr.).

[R. 13082

C'est dans ce deuxième volume que l'auteur s'occupe du magnétisme animal, notamment pages 31 à 91. Il prétend avoir connu le magnétisme avant Mesmer et aurait fait part à celui-ci de ses recherches. Mesmer, dit-il, n'a pas répondu à ses lettres. L'ouvrage entier est une œuvre de métaphysique embrouillée, il est question de tout « de l'électricité centrifuge de la Lune. » Les traces du magnétisme chez les Chinois sont connues de la plupart de nos lecteurs. L'anecdote de T. Amyot citée par l'auteur l'est peut-être moins. Nous la reproduirons autre part. [Dureau].

(D. p. 75

6767 LOMBARD (A.) aîné. — Les dangers du magnétisme animal et l'importance d'en arrêter la propagation vulgaire, par A. LOMBARD aîné.

Paris, Dentu et Bailleul, 1819, in-8°, 148 pages. (2 fr. 50).

L'auteur est guidé par un bon sentiment mais il est prolixe.

(D. p. 62

6768 LOMBARD (Jean). — L'Agonie, préface de Octave Mirbeau.

Paris, Savine, 1888, in-12, (8 fr.).

[8° Y² 41943

Édition originale.

Autre édition :

Paris, Paul Ollendorff, 1901, in-8° de XI-423 p. Front. et 3 triptyques en chromolithographie, par A. Leroux. Fig. dans le texte. (3 fr.).

[8° Y². 53100

Extraordinaire et remarquable Roman antique : Rome à l'époque du règne d'ELAGABALUS (Héliogabale). — Intéressants passages sur le Rite de la Pierre Noire, les Prêtres du Soleil, les Rites des premiers chrétiens : la Communion du Sang, etc. Œuvre qui mériterait d'être plus connue.

6769 LOMBARD (Jean). — Byzance. — Préface de Paul Margueritte. — Illustrations de A. Leroux.

Paris, Paul Ollendorff, 1901, in-12 de VIII-403 pp. nombr. gr. et pl. h. t. Couv. ill. (3 fr.).

[8° Y² 52073

De la même collection que le précédent.

Livre étrange, faisant ressortir les mœurs et les coutumes de l'ancien Orient avec une netteté de détail, une couleur et une intensité qui étonnent, le tout dû à un surprenant don de vision.

6770 [LOMBARD de LANGRES] (Vincent) littérateur, né à Langres vers 1765, mort à Paris en 1830. — Des sociétés secrètes en Allemagne et en d'autres contrées : de la secte des illuminés, du tribunal secret, de l'assassinat de Kotzebue, etc.

Paris, Gide, 1819, in-8°. (7 fr.).

[M. 33820

Contient une foule de documents importants, principalement sur les Illuminés. — Rapports de la Fr∴ M∴ avec l'Illuminisme. — Cromwell franc-maçon. — Des F∴ Initiés de l'Asie (ce sont les Mahatmas des Théosophes). — De l'association dite de Saint Joachim. — Des idéologues. — Des mystiques et des Théosophes. — Madame de Krudener. — Des sociétés bibliques. — Cagliostro et Mesmer. — Auto-da-fé de Warthbourg. — Nocturnales de Berlin. — Oubliettes de Ruel. — De la croyance aux esprits et de la vision de Charles VI. — Tribunal secret. — Procédure des Francs-Juges et modes d'exécution. — Livre de sang, etc.

(G-513

6771 LOMBARD de LANGRES (sur). — La vérité sur les Sociétés Secrètes en Allemagne, à l'occasion de l'ouvrage ayant pour titre : « Des Sociétés secrètes en Allemagne et en d'autres contrées : de la Secte des Illuminés ; du Tribunal secret ; de l'assassinat de Kotzebue, etc » par un ancien Illuminé.

Paris, 1819, in-8°. (10 fr.).

Comme l'indique son Titre, cet ouvrage est un complément du précédent. Les Illuminés en Bavière. — Origine de la Maçonnerie. — Du Jésuitisme. — Des Sociétés qui se servent de l'Harmonica. — Du *Tugenbund*, son organisation militaire et politique. — Des Idéologues. — De l'Enseignement Mutuel et des Sociétés bibliques. — Etc.

6772 LOMBROSO (Césare) Professeur, Médecin et criminologiste italien, né à Venise, en 1836, mort en octobre 1909. — L'anthropologie criminelle et ses récents progrès.

Paris, Fél. Alcan, 1890, in-12, 10 fig. (6 fr.).

3ᵐᵉ édition
Ibid. Id. 1896, in-18.

[Tf³. 126 B.

6773 LOMBROSO (Cesare). — Études de Sociologie. Les Anarchistes, par Cesare Lombroso, trad. Hamel et Marie.

Paris, E. Flammarion, s.d., [1897] in-12 de 258 p. (2 fr.).

[8° R. 14282

6774 LOMBROSO et FERRERO. — La Femme criminelle et la prostituée par C. Lombroso et G. Ferrero, traduction de l'Italien par Louise Meille.

Paris, F. Alcan, 1896, in-8° (15 fr.).

[8° R. 14348

6775 LOMBROSO (César). — L'homme criminel. — Criminel-né, fou moral épileptique. — Étude anthropologique et médico-légale. — Traduit sur la IVᵉ édition italienne par MM. Régnier et Bournet, et précédé d'une préface du Dr Ch. Létourneau.

Paris, Alcan, 1887, in-8° et atlas in-8° de 32 planches. (10 fr.).

[Tf¹⁴. 95

Portraits de criminels, tabl. de criminalité.

6776 LOMBROSO (César). — L'homme de génie. Traduit sur la 5ᵉ édit. italienne par Colona d'Istria et Calderini, orné de 15 pl. dans le texte.

Paris, Schleicher, 1905, in-8°. (7 fr.)

Autre :

Paris, 1889, in-8°.

[8° R. 9587

6777 LOMBROSO (César). — Les Palimpsestes des Prisons.

Lyon, Storck, 1894, in-8°, figures. (6 fr.).

[Tf³. 123

6778 LOMBROSO (Dr César). — Le Spiritisme et la Psychiatrie, explication psychiatrique de certains faits spirites.

Sc. psych. — T. II. — 33.

6779 LOMEIER (Jean), érudit et Pasteur, né à Zutphen en 1636, mort en 1699. — De Veterum gentilium lustrationibus syntagma.

Ultrajecti, [Utrecht], 1681, in-4°, front. gr. (5 fr.).

Diabolus aemulatus veri Dei nomen. opera. Gentilium religio superstitio. Deorum nomina incerta et occulta. Damnatus. Sacrilegium. Signa in coelo. Symbolum provid. divinæ. Oracula Diabolica consulta à Græcis. Romanis. Monstra, prodigia, miracula. præsagia. augura. etc. Diabolus serpens. Magia. Lustrat magiæ. Ara subterranea, etc.,

6780 LONG (H.). — Essai sur le magnétisme animal, thèse présentée et soutenue par H. Long.

Montpellier, 1850, in-8° de 70 p.

Thèse signalée par divers auteurs.

(D. p. 111)

6781 LONGECOURT (Mme la marquise de). — Supplément au n° 25 du Journal de Paris, lettres à M. Thouret, docteur de la Société de médecine de Paris par Mme la Marquise de LONGECOURT.

Paris, 29 mars et 18 avril 1785, in-4°, 2 pages.

En faveur du magnétisme.

(D. p. 66)

6782 LONGEVILLE HARCOVET (de). — Histoire | des personnes | qui ont vécu plusieurs siècles | et qui ont rajeuni : | avec | le Secret | du rajeunissement. | Tiré d'Arnauld de Villeneuve. | Par Monsieur de LONGEVILLE | HARCOVET.

Paris, Vve Charpentier, Laurent le Comte, M. DCC. XV [1715], in-12 de [X] f⁰ˢ-343 pp. [X] f⁰ˢ. (7 fr.)

[Te¹¹. 158

Médecine spagyrique. A la fin. (p. 274) Méthode d'Arnauld de Villeneuve pour opérer le Grand Œuvre du Rajeunissement ; curieux.

(S-3495
(G-515

Autre édition :

...et des règles pour se conserver en santé et pour parvenir à un grand âge.

Paris, Carpentier, 1716, in-12.

(G-1558

6783 LONGIN (César). — Cæsaris LONGINI : Trinvm magicvm sive secretorum magicorum opus. Continens :

I. — De magia naturali, artificiosa et superstisiosa.

II. Theatrum Naturæ præter curam magneticam et veterum sophorum sigilla et imagines magicas...

III. — Oracula Zoroastri et mysteria mysticæ philosophiæ Hebræorum, Chaldæorum, Ægyptiorum, Persarum, Orphicorum et Pythagoricorum. Access. nonnulla Secreta Decretorum, et mirabilia mundi. Cum tractatu de proprii cuiusque nati dæmonis inquisitione.

Francofurti. Editum a Cæsare Longino. 1629, in-12. (7 fr.).

|R. 52816-817
(G-1025
(S-3187

Autre édition :

Francofurti, 1663, in-12. (7 fr.).

(G-514

6784 [LONGUE (L. P. de)]. — Les Princesses Malabares, ou le célibat philosophique. Ouvrage intéressant et curieux avec des notes historiques et critiques.

Andrinople, chez Thomas Franco, 1734, in-12. (20 fr.).

Ce singulier ouvrage tour à tour attribué à LENGLET DUFRESNOY et à QUESNEL fut poursuivi et condamné à être brûlé par décret du Parlement du 31 décembre 1734. Ce traité « où le libertinage se mêle à l'impiété » est en réalité un livre à clefs dont DRUJON donne les vrais noms (pages 809/811 des Livres à clefs).

(G-1557

LOOS (Onésime-Henri de), Alchimiste Français, né à Sedan en 1725, mort à Paris en 1785. Outre le « Diadème des Sages, » il aurait encore composé une apologie de Nicolas FLAMEL : « Flamel vengé, » restée manuscrite.

6785 [LOOS (O. H. de)]. — Le Diadème des sages, ou démonstration de la nature inférieure ; dans lequel on trouvera une analyse raisonnée et critique en ce qui concerne l'Hermétisme) du Livre des erreurs et de la vérité (de L. C. de SAINT-MARTIN) une Dissertation étendue sur la médecine universelle (hermétique), avec une Allégorie sur cette matière, trad. pour la première fois de l'original anglais : la fausseté du Système du S-r (Frederic) MEYER sur l'Acidum Pingue, ainsi qu'un éclaircissement sur la Végétation, qui donnera des preuves suffisantes contre les erreurs qui se sont glissées à ce sujet, par Phylantropos, citoyen du monde [Onésime Henri de Loos].

Paris, Merigot aîné ; Lesclapart, 1781, in-12 246 pp.

[R. 11599

On trouve à partir de la p. 223 : Allégorie sur la Médecine universelle (*Recette de l'Ambroisie servie à la Table des Dieux aux noces du Ciel et de la Terre*), trad. sur l'original Anglo-Saxon de la Bibliothèque du prince Anglo-Saxon, qui n'a jamais été traduit ni copié.

Recherché pour la dissertation critique qu'il contient sur le célèbre ouvrage du théosophe Cl. de St Martin : Des erreurs et de la vérité.

Œuvre aussi élevée que celle de Boehme. — Tabl. Microcosmique. — La Progression quaternaire. — Les qualités ocultes. — L'unité d'action dans les Principes. — Des causes temporelles du Ternaire universel (F∴ M∴) — Le livre de l'Homme, son nouvel empire, ses vrais ennemis. — Le pouvoir humain. — De la guérison des maladies. — Pluralité des mondes. — Le Nombre quaternaire. — La Langue universelle. — Propriétés du chiffre universel. — Recette de l'Ambroisie, etc.

(O-1424
(G-516 et 1559

6786 [LOOS (O. H. de)]. — Des Schmuck der Weisen, oder gründliche Darstellung der physischen Unterwelt ; enthaltend, eine beurtheilte Zergliederung des Buches von dem Irrthümern und der Wahrheit;... von Philantropos (O. H. de Loos), einem Weltbürger, übersetzt von F. v. Z.

Wien, Rudolph Graffer, 1782, in-8° de 207 pp.

Allegorie uber die Universal Arzney commence à la p. 184.

(O-1425

6787 [LOOS (O. H. de)]. — Allégorie sur la médecine universelle traduite sur l'original anglo-saxon de la bibliothèque du prince anglo-saxon, qui n'a jamais été traduit ni copié. [titre intérieur] Recette de l'Ambroisie servie à la Table des Dieux, aux noces du ciel et de la terre. — Allegorie über die Universall-Arzney, übersetzt....

Francfurt und Leipzig, Joh. Georg Fleischer. 1788, in-8° de 31 pp.

C'est une édit. française et allemande de l'*Allegorie* comprise dans les deux N°s précédents.

Texte français au verso, allemand au recto.

Le titre courant : *le Diadème des Sages, — der Hauptschmuck der Weisen*.

(O-1426

6788 LOPEZ DE EZQUERRA (J.). — Lucerna Mystica pro directoribus animarum quæ omnia prorsus difficilia et obscura quæ in dirigendis spiritus evenire solent mira dexteritate clarificat quæq; cuncta ad scientiam mysticam necessaria, rerumq; supernat. quidditates ubicationes, causæ, ac effectus breviter et compendiose clarescunt, etc...

Venetiis 1758, in-4° (5 fr.).

6789 [LOPOUKHIN (le Sénateur Ivan, ou Jean)] mystique et franc-maçon russe. — Cathéchisme moral pour les vrais F. M. [par le sénateur Jean LOPOUKHIN].

[*Paris*]. 1790, in-24 de 16 pp.

Cette trad. française a d'abord été imprimée à Moscou.

Le même a été imprimé dans le *Chevalier spirituel*, ouvrage de LOPOUKHINE que je ne connais pas, j'ignore même s'il est écrit en russe ou en français.

Le même à la suite de: *Quelques traits de l'Eglise intérieure* (1799 et autres édit).

Ce petit ouvrage en devenant : *Exposition abrégée du caractère et des devoirs du vrai chrétien, tirée de la parole de Dieu et disposée par demandes et par réponses*, a subi des changements et des additions considérables.

(O-395

6790 [LOPOUKHIN]. — Les Fruits de la Grâce, ou les Opuscules spirituels de deux Fr. M. (Francs-Maçons, Jean LOPOUKHIN et le prince Nic. REPNINE) du vrai système...

S. l. (Moscou), 1790, in-12.

(O-206

6791 [LOPOUKHINE]. — Les Fruits de la Grâce, ou les opuscules spirituels de deux F. M. (francs-maçons) du vrai système, dont le but est le même que celui des vrais chrétiens (par le sénateur Jean LOPOUKHINE et le prince Nicolas REPNINE) ; avec cette épigraphe :

Le but principal de nôtre (*sic*) S. Ordre n'est autre que celui même du vrai Christianisme.

Ep. past. aux vrais F. M. de l'anc. Syst.

S. nom de ville. [*Moscou ou St-Pétersbourg*] 1790, in-12 de 120 pp.

On trouve pp. 67-90, *Révélations faites au Fr. C...*

Malgré son titre, cet ouvrage ne concerne pas la Franc-Maçonnerie proprement dite : il y est plutôt question de mysticisme, quoiqu'un des deux auteurs juge sévèrement SWEDENBORG : en général, ce sont les idées martinistes, ou plutôt *Saint-Martinistes*, qui dominent dans cet ouvrage.

(O-155

6792 [LOPOUKHINE]. — Les Fruits de la Grâce, ou Opuscules spirituels de deux amateurs de la Sagesse : *avec cette épigraphe :*

Personne ne peut voir le royaume de Dieu, s'il ne naît de nouveau. Il faut naître encore une fois. Jean, ch. III, v. 3. 7.

S. n. d. v. [*Moscou ou St-Pétersbourg*] 1790, in-12 de 120 pp.

Edition entièrement pareille à la précédente : elle n'en diffère que par le titre.

(O-156

6793 [LOPOUKHINE]. — La Présence de Dieu [par Jean LOPOUKHINE].

S. l., s. adr., s. d. in-24 de 144 pp.

Impression parisienne de la fin du XVIII° s. ou du commencement du XIX°. Nous ignorons si cet édit. est antérieure ou postérieure à celle qu'indique, dans le *Bulletin du Bibliophile belge*, XI (1855) 112, M. Serge POLTORATZKY. Cette dernière est de *Moscou, typogr. de l'Université : Rüdiger et Claudi*, 1799, in-18 de 166 pp. On trouve quelques renseignements sur LOPOUKHINE, NOVIKOFF et l'école martiniste de Moscou, dans KRASINSKI : *Histoire religieuse des peuples slaves*, p. 276 et suiv.

[(O-160

6794 [LOPOUKHINE]. — Quelques traits de l'Eglise intérieure, de l'unique chemin qui mène à la vérité et des diverses routes qui conduisent à l'erreur et à la perdition. On y a ajouté un Tableau abrégé du caractère et des devoirs du vrai Chrétien : [avec cette épigraphe :]

« Le temps va venir où vous n'a-
« dorerez plus le Père ni sur la mon-
« tagne, ni dans Jérusalem, — mais
« où les vrais adorateurs adoreront
« le Père en esprit et en vérité. » (St
Jean, IV, 21-23).

Trad. du russe [de Jean LOPOUKHINE, par l'auteur lui-même].

Saint-Pétersbourg, de l'imp. impériale, 1790, in-12 de 124 pp.

Il y a des exempl. gd papier vélin, format in-8°. L'original russe, composé de 1789 à 1791, a été imprimé pour la première fois à *St Pétersbourg* en 1798 et réimprimé de nouveau dans la même ville, en 1801, avec le tableau allégorique : *Le Temple de la Nature et de la Grâce* pour frontispice. — *L'Exposition abrégée du caractère et des devoirs du vrai Chrétien* qui termine l'ouvrage est un remaniement du Catéchisme moral pour les vrais F∴ M∴.

Il y en a une édit. de *Paris*, 1801. Cette édit. est accompagnée du tableau allégorique *le Temple de la Nature et de la Grâce*, composé par LOPOUKHINE.

C'est un des plus beaux et des plus profonds ouvrages de mystique que nous possédions : il a pour but de faire connaître la véritable Église évangélique, sanctuaire du plus pur Ésotérisme.

Autre édit.

En 1810, in-8° de 151 p.

Et encore :

« Réimprimé en fac-similé de l'é-
« dition de 1801, sous les presses de
« E. Tagand, de Lyon, pour quel-
« ques amis de la vérité. Tirage à
« 200 exemplaires numérotés. —
« Lyon, le 25 avril 1901 ».

Lyon, imp. de E. Tagand, 1901, in-8° de 144 pp. planche pliée, à la fin du volume. (6 fr.).

Le même sur l'édit. de 1799.

Moscou, imp. de N. S. Vsevolojsky, 1810, in-8° de 151 pp.

L'édit. de cette nouvelle édit. l'a fait procéder d'une Notice hist. sur cet ouvrage, qui nous a beaucoup servi : elle avait servi précédemment au nouvel éditeur du *Dictionnaire des auteurs russes du métropolitain Eugène* (édition POGODINE, Moscou, 1845).

Les *Quelques traits* ont été trad. en allemand par le doct. EWALD, et cette traduction imprimée en 1803 et 1804, dans son ouvrage périodique : *Christliche Monatschrift*. Cette même trad. d'EWALD a été réimprimée séparément à *Nuremberg* en 1809.

(G-517)
(O-157 et 158)

6705 [LOPOUKHINE].—Einige Züge der innern Kirche mit Anmerkungen die Prüfung zu eleichtern [von Johann LOPOUKHIN, aus dem Französ. durch Johann Ludvig EWALD].

Nürnberg, Raw, 1809, in-8° de II-72 pp.

LOPOUKHINE a fait paraître un Tableau allégorique représentant le Temple de la Nature et de la Grâce. Ce Tableau a été donné la première fois à Paris, en 1801, avec *Quelques traits de l'Église intérieure*; il se trouve encore comme frontispice dans la réimpression russe de cet ouvrage, faite à St-Pétersbourg en 1801 ; mais ces deux éditions ne dépassent pas un format restreint et ne contiennent que le centre. Il n'est pas de même pour une III° édit. gravée à Moscou, feuille in-plano, avec l'explication en russe. La IV° et dernière édit. a été fort bien gravée à Londres (Henry Corbould del. — James Mitan sculps.), feuille in-plano, avec explication en français. Les citations et indications dans le Tableau sont en latin.

Ce Tableau, me disait une personne compétente, est aussi utile pour la recherche du grand œuvre que pour l'étude de la mysticité ; ce qui n'a rien d'étonnant, tout alchimiste étant mystique, et presque tous les mystiques penchant vers les croyances alchimiques.

(O-159)

LOQUE NOIRE. (La)... — Voir : *UN RÉDACTEUR DE L'ANTI-*

MAÇON, pseudonyme probable, mais non certain, de Jules Stanislas DOINEL.

6796 [LORAMBERT]. — L'art de connaitre l'avenir, par la chiromancie, les horoscopes, les divinations anciennes, le marc de café, etc... par Johannès TRISMEGISTE.

Paris, Laisné, 1843, in-18. Front. et 101 fig.

6797 LORD (Henry). — Histoire de la religion des Banians, contenant leurs loix, leur liturgie, leurs tribus, leurs coutumes et leurs cérémonies, tant anciennes que modernes, recueillie de leurs Bramanes et tirée du Livre de leur Loy qu'ils appellent Shaster. Avec un traité de la religion des anciens Persans ou Parsis, extrait du Zvndava-Staw qui contient toutes les cérémonies superstitieuses qui sont en usage parmy eux, et particulièrement celles de l'adoration du Feu.

Paris, de Ninville, 1667, in-12. (8 fr.).

[Rés. O² k. 382

Très curieux et rare.

(G-518 et 1869)

6798 LORDAT (le Professeur). — Réponse à la lettre de M. le Docteur Cazaintre sur un cas de transposition des sens par le professeur LORDAT.

Montpellier, 1827, in-8°, 30 pages.

Extrait des *Ephémérides médicales de Montpellier*. Le Professeur LORDAT aujourd'hui plus que nonagénaire (il est né en 1773) apporta au magnétisme l'appui de son talent et de son honorabilité incontestables. Plusieurs faits importants dits de transposition des sens ont été constatés par lui et rédigés sous ses yeux. Le procès-verbal de l'un d'eux se trouve reproduit dans l'*Union Magnétique*, année 1865.

(D. p. 101

6799 LORETTE (Triomphe de), et de sa prodigieuse Tradition, par un ancien Pèlerin de septembre, 1875.

Paris, 1907, in-12 de 60 pp.

6800 LORIAH (Isaac). — Traité des révolutions des âmes. Trad. pour la première fois en français, par Edgard Jéguet, et précédé d'une introduction par SÉDIR. [Y. LE LOUP].

Paris, 1905, in-12 de 420 pp. (10 fr.).

Tiré à 150 exempl. non mis dans le commerce, numérotés et paraphés par l'auteur de l'introduction. Ce magnifique ouvrage de haute Kabbale, est indispensable pour celui qui veut approfondir les mystères cachés dans les livres de l'Ancien Testament, dans le Sépher Yetzirah et le Zohar.

6801 LORIAUX (H.). — L'autorité des Evangiles. Questions fondamentales.

Paris, Emile Nourry, 1907, in-12, de 154 p. (2 fr. 50).

[8° H. 6056

Tiré à 500 exempl.

C'est peut-être la brochure la plus serrée sur la Vie de Jésus et la certitude des Quatre Evangiles. Critique sereine des fondements essentiels du Christianisme.

6802 LORRIS (Guillaume) de et MEUNG (Jehan de). — Le « Roman de la Rose » : revu sur plusieurs éditions et sur quelques anciens manuscrits ; accompagné de plusieurs autres ouvrages, d'une préface historique, de notes et d'un glossaire.

Amsterdam, J. F. Bernard, 1735. 3 vol. in-12. (30 fr.).

[Rés. Ye. 4118-4120

Excellente édition de ce curieux et célèbre ouvrage donnée par LENGLET-DUFRESNOY: le *Roman de la Rose* est un livre profond, sous une forme légère : c'est une révélation aussi savante que celle d'APULÉE, des Mystères de l'Occultisme; Jehan de MEUNG a caché dans cet ouvrage la clef des Mystères de la philosophie hermétique. Cette édition contient de plus : *le codicile de maistre Jean* de

Meung ; le Testament de maistre Jean de Meung ; les Remontrances de nature à l'Alchimiste errant : Testament attribué à Arnauld de Villeneuve : Petit traicté d'Alchimie, intitulé le Sommaire philosophique de Nicolas Flamel ; la Fontaine des amoureux de Science, composée par Jean de la Fontaine, de Valenciennes ; Ballade du secret des Philosophes.

Pour le supplément à cette édition, voir Lantin de Damerey.

Autre édition :

Paris, Didot, 1814, 4 vol. in-8°.
Paris, Delarue, 1878, pet. in-4°.
Paris, Firmin Didot, 1864, 2 vol. in-12.

6803 LORRIS (Guillaume de), et MEUNG (Jehan de). — Le « Roman de la Rose. » Édition accompagnée d'une traduction en vers, précédée d'une introduction, notices historiques et critiques ; suivie de notes et d'un glossaire, par Pierre Marteau.

Orléans, Herluison, 1878-1880, 5 vol. pet. in-12. Figures. (150 fr.).

[Ye. 32356-32359

6804 LOTH (Arthur). — Le Miracle en France au xixᵉ siècle.

Paris, Desclée, 1895, 55 gravures hors et dans le texte.

6805 LOTUS (le) Revue des hautes études théosophiques tendant à favoriser le rapprochement entre l'Orient et l'Occident. Sous l'inspiration de H. P. Blavatsky.

Paris, Carré, 1887-89, 2 années in-8°. (40 fr.).

[8° R. 8474

Collection très rare et complète de mars 1887 à mars 1889 (24 nᵒˢ) avec les deux appendices (Bulletin de l'Isis branche française de la Société Théosophique) de Juin et Août 1888.

(G-1560

6806 LOTUS BLEU. — Revue Théosophique française, paraissant mensuellement. — Nº 1, mars 1890, d'abord in-12, puis gr. in-8°. (200 fr. la collection complète).

[8° R. 10010 et 4° R. 1084

Voici la liste des principaux articles qu'elle contient, liste néanmoins forcément incomplète. La clef de la Théosophie (Mme Blavatsky). — Magie blanche et noire (F. Hartmann). — La Théorie des Tatwas (Guymiot). — Les Cycles (Amaravella). — La mort et l'Au-Delà (A. Besant). — Le secret du comte de Saint-Germain (Léclaireur). — Le Plan astral. — Les rêves (Leadbeater). — Satanisme et Luciférianisme (Dr Pascal). — L'homme et ses corps (A. Besant). — Incidents de la vie du Comte de St-Germain (Cooper-Oakley). — La Clairvoyance (Leadbeater). — Les mystères antiques (Leadbeater). — Les sources cachées de la vraie Franc-Maçonnerie (Cooper Oakley). — La loi de la destinée (Dr Pascal). — Apollonius de Tyane (Mead). — Vers dorés de Pythagore. — Ésotérisme des Pyramides (Sinnett), etc...

6807 LOTUS ROUGE (Le) Revue des Hautes-Études Théosophiques, sous l'inspiration de H. P. Blavatsky : Religion philosophique et Cosmosophie Orientale. Sciences supra-sensibles. Yoguisme. Hypnotisme. Fakirisme. Thérapeutique fluidique. Archéologie des Religions. Littérature Astrale. Etc.

Paris, de Mars 1887 à mars 1889. 24 numéros in-8°. (45 fr.).

Le même que notre nº 6805 ?

Collection complète de cette publication remarquable, qui n'eut que deux années d'existence. Elle eut pour collaborateurs des Savants, des Littérateurs et des Théologiens de toutes les contrées.

6808 LOUANDRE (Ch.). — La sorcellerie.

Paris, Hachette, 1853, in-16, 146 p. (3 fr.).

La Magie dans l'Antiquité. — But de la sorcellerie. — Alchimie. Instruments et outils de la sorcellerie : miroir, armes, bagues, baguette, poudres, breuvages. — Envoûtements, sabbat, procès de sorcellerie.

(G-600

6809 [LOUBERT] (Abbé J. B.), ancien vicaire de St-Etienne du Mont à Paris. — Le magnétisme et le somnambulisme devant les corps savants la cour de Rome et les théologiens par l'abbé J. B. L. [LOUBERT], prêtre, ancien élève en médecine.

Paris et Londres, Germer-Baillère, 1844, in-8°, 702 pages, (5 fr.).

[Tb⁴¹ 173

Ouvrage recherché, il est le plus complet en ce qui concerne le point de vue spécial traité par l'auteur. L'Abbé LOUBERT examine et discute non seulement les consultations et décrets de Rome, de l'Église, l'opinion du clergé, mais aussi les débats des Académies, les théories des magnétistes les plus distingués; son livre fourmille de textes cités, d'aperçus originaux, de renseignements. Il est sévère même pour ses amis, affirme hautement ses croyances. On peut ne pas partager les idées de l'Abbé LOUBERT mais on reconnaît en lui l'homme de bonne foi, honnêtement convaincu, décidé à ne pas se laisser imposer ce qui lui semble en contradiction avec les faits, avec ses croyances.

(D. p. 129

6810 [LOUBERT (Abbé J. B.)]. — Défense théologique du magnétisme humain, ou le magnétisme est-il superstition, magie ? Est-il condamné à Rome ? Les magnétiseurs et somnambules sont-ils en sûreté de conscience; peuvent-ils être admis à la participation des sacrements ? par M. l'abbé J. B. L..... [LOUBERT] prêtre, ancien élève en médecine.

Paris, Poussielgue-Rusand, 1846, in-12, 330 pages (3 fr.)

Rare.

L'auteur fut quelque peu persécuté par le clergé pour avoir pris la défense du magnétisme, de même que son premier ouvrage lui attira la critique des magnétiseurs.

(D. p. 130

6811 [LOUBERT (Abbé)]. — Quelques mots sur la médecine.

Paris, 1837.

Brochure attribuée à l'abbé LOUBERT, ancien vicaire de Saint-Etienne du Mont.

(D. p. 113

6812 LOUCELLES (le F.·. de). — Histoire générale de la Franc-Maçonnerie en Normandie, 1739 à 1875, par le F.·. de LOUCELLES.

Dieppe, 1875, in-8° (5 fr.).

Très peu commun ; manque à la Bib. Nat⁶.

6813 LOUIS (Dom), ex bénédictin du couvent de St-Denis. — Le ciel ouvert à tout l'Univers.

S. l., 1782, in-8° (3 fr. 50).

Ouvrage très violent contre l'Eglise contenant des chap. dans le genre de celui-ci : « *L'état de prêtre, de moine, de religieuse est contraire à la religion et à l'humanité.* »

(G-519

6814 LOUIS (Ant.). — Essay sur la nature de l'Ame où l'on tache d'expliquer son union avec le Corps et les loix de cette union.

Paris, Osmont, 1747, in-12 (4 fr.).

(G-1563

6815 LOUIS (Ant. ?). — Lettres sur la Certitude des Signes de la Mort, par Louis.

Paris, 1752, 1 ou 2 vol. in-12.

(S-115 Supp.

6816 LOUIS (Dr Eugène Victor Marie) né à St-Rémy-en-Bouzemont (Marne), le 1ᵉʳ Mai 1873. — Faculté de Médecine de Paris. Année 1898. N° 111. Thèse pour le Doctorat en Médecine... soutenue par Eugène-Victor-Marie Louis....

Les Origines de la Doctrine du Magnétisme Animal : MESMER et la *Société de l'Harmonie*.

Paris, Sté d'éditions Scientifiques, 1898, in-8° de 56 p.

[Tb⁶¹. 305

Thèse intéressante sur l'Histoire des Origines du Mesmérisme, avec une page de Bibliographie à la fin.

Le Début de Mesmer à Vienne et à Paris. — Les Procédés magnétiques de Mesmer. — Mesmer et Deslon : la Doctrine de Mesmer est publiée : exposé de cette Doctrine. — Mesmer et le Gouvernement ; il repousse les propositions de celui-ci. — Mesmer et la Société de l'Harmonie. — Le Mesmérisme et les Corps Savants. — Mesmer et le Public : sa fuite ; ses dernières années. — Les Sociétés Magnétiques dans les Provinces : les frères Puységur : découverte du Somnambulisme. — Conclusions. — Bibliographie.

6817 LOUISE (Th.). — Conseil des troubles, ou Conseil de Sang. — Sentences : Valenciennes, 17 et 20 janvier, 8 mars, 1568.

Valenciennes, 1870, in-8° (7 fr.).

Série de procès pour sorcellerie et hérésie intentés au XVI° siècle dans les Pays-Bas. — Tiré à 150 exempl. numérotés.

6818 LOUISE (Th.). — De la sorcellerie et de la justice criminelle à Valenciennes (XVI° et XVII° S.).

Valenciennes, 1861, pet. in-8° (9 fr.).

Initiation et maléfices. — Le Sabbat. — La Justice. Les exécutions criminelles. — Procès de Ph. Polus et de Catherine, sa fille. — Procès d'Arn. Defrasnes, dite la Royne des Sorcières. — Curieuses lithographies hors texte, représentant le Sabbat, des scènes de sorcellerie, une cour de Justice, etc...

(G-520 et 661

LOURDES (Miracles de). — Voir :

ARTUS (E.)
BACKER (F. de)
BARBE (D.)
BERNADETTE Soubirous.
BOISSARIE (Docteur)
BOULX (Le P. Marcel)
BOYER-D'AGEN.

DARRAS (Abbé E.)
DIDAY (Dr P.)
LASSERRE (Henri)
NORIAGOF (Dr.)
PERRODIL (Ed. de)
VINCENT (Dr.)
ZOLA (Emile)

LOURDOUEIX. — Voir :
LELARGE DE LOURDOUEIX.

6819 LOUVET (Placide). — Pélerinage maçonnique.

Angoulême, 1848, in-8° de 56 p.

Le F. Louvet était un ex-orateur de la R. L. *L'Etoile de la Charente*, O. d'Angoulême.

6820 LOVE (G. H.). — Du Spiritisme [ou Spiritualisme ?] rationnel à propos de divers moyens d'arriver à la connaissance et de ceux qui ont été plus particulièrement employés par G. H. Love, Ingénieur.

Paris, Didier, 1862, in-8° VIII-447 pages (6 fr.).

Intéressant ouvrage.

De l'intuition. — Gradation des êtres. — Occupations de l'âme pendant le sommeil et après la mort. — De l'inspiration. — Monde d'êtres invisible à l'homme terrestre. — Vision d'un fait à distance. — De l'extase. — L'Astrologie. — L'Alchimie. — Magnétisme. — Hypnotisme, etc....

(D. p. 175
(G-1564 et 1870

6821 LOVY (Jules) journaliste. — Magnétisme et Somnambulisme, par Jules Lovy.

Paris, Vinchon, 1852, in-8°.

Brochure très rare de ce spirituel journaliste.

(D. p. 148

6822 LOVY (Jules). — Souvenirs des

banquets de Mesmer, Toasts et chansons par Jules Lovy.

Paris, Dentu, 1860, in-12, 72 pages.

Recueil de couplets fort spirituels en faveur des idées mesmériennes.

(D. p. 174

6823 LOYS (C. de). — Harmonie des prophéties avec quelques évènements du temps passé et plusieurs du tems présent qui nous découvrent ceux qui ne sont pas loin d'arriver.

Lausanne. Avril et May, 1774, in-8°. (7 fr.).

Curieux et peu commun.

(G-1871

6824 LUCAS (Louis) né en 1816, mort en 1863, d'après le Traité Méthodiques des Sciences Occultes de PAPUS (p. 1001). — L'Acoustique nouvelle, ou essai d'application d'une méthode philosophique aux questions élevées de l'acoustique, de la musique et de la composition musicale. Préface par Th. de BANVILLE, et suivi du Traité d'Euclide et du Dialogue de Plutarque sur la Musique.

Paris, l'auteur, 1854, in-12 (20 fr.).

Manque à la Biblioth. Nat^{le}.

C'est la seconde édition de « Une révolution dans la Musique » (voir plus loin).

6825 LUCAS (Louis). — La Chimie nouvelle appuyée sur des découvertes importantes qui modifient profondément l'étude de l'électricité, du magnétisme, de la lumière, de l'analyse et des affinités chimiques, avec une histoire dogmatique des Sciences physiques.... par Louis Lucas.

Paris, édité par l'Auteur, 1854, in-12, 524 p. 1 pl. h. t. à la fin (20 fr.).

[R. 42326

Coup d'œil général sur l'histoire des causes premières. — Manière d'entendre les Anciens. — Idéalisme. — Matérialisme. — Loi de la sériation, ou polarisation. — Constitution des corps. — Du Phlogistique. — Guide des corps en chimie. — Des tonalités générales. — Des dissolvants, ou menstrues, au point de vue chimique. — Théorie réelle de l'affinité ou successions des combinaisons chimiques. — Bases probables de l'analyse chimique. — Tonalisation des couleurs. — Nouveau baromètre ou véritable dynamomètre.

On trouvera dans cette belle œuvre, les données les plus sérieuses et les plus intéressantes sur l'Alchimie.

6826 LUCAS (Louis). — La médecine nouvelle basée sur des principes de physique et de chimie transcendantales, et sur des expériences capitales qui font voir mécaniquement l'origine du principe de la Vie, par Louis Lucas.

Paris, E. Dentu, F. Savy, 1862-63, 2 vol. in-12 de 499 et 252 pp. (25 fr.).

[T°. 178.

Les ouvrages de Lucas, sont devenus d'une extrême rareté. — A la lueur des théories occultistes anciennes et modernes, l'auteur expose tout un système de médecine, partant du principe de la plupart des maladies qui est le déséquilibre du corps astral dans ses rapports avec le corps physique. — L'Etude du principe de la vie organique y est poussée à fond, et de la manière la plus lumineuse. — L'abstinence et le jeûne y sont aussi longuement analysés dans leur mécanisme, et toutes les théories des anciens hermétistes ayant trait à la médecine y sont l'objet des plus judicieuses investigations. — Cette œuvre remarquable intéresse l'occultisme au premier chef.

6827 LUCAS (Louis). — Une révolution dans la musique. Essai d'application à la musique d'une théorie philosophique. Ouvr. précédé d'une préface par Th. de Banville, et suivi du Traité d'Euclide et du Dialogue de Plutarque sur la musique.

Paris, Paulin et Lechevalier, 1849,

in-16 de XXX-326 pp. musique dans le texte (20 fr.)

[V. 45324

Première édition introuvable du remarquable ouvrage de L. Lucas, réédité 5 ans plus tard sous le titre d'*Acoustique nouvelle*.

Métaphysique de l'Harmonie pure. — Métaphysique de la Mélodie pure. — De l'inversion des centres attractifs. — Des consonances et dissonances. — Observations particulières sur l'accord de quinte diminuée. — Sur les formules appellatives de notre gamme. — Des tons relatifs. — Des modulations. — Des quartes. — Des notes de passage. — Etc.

(G-523

6828 LUCAS (Louis). — Le roman alchimique ou les deux baisers.

Paris, Michel Lévy, 1857, in-12 (20 fr.).

[Y². 40750

Édition originale très rare.

Correspondance de deux frères brésiliens qui s'occupaient beaucoup d'alchimie et que Lucas a mis en ordre. — On y trouve des aperçus nouveaux sur toutes les questions occultes, sur la musique et même des données sur l'avenir général du monde.

Autre édition :

Paris, Adolphe Delahays, s. d., in-12 de 353 p. et tab.

(G-524 et 525

6829 LUCAS (Docteur Prosper). — Du jugement par Commission de l'Académie R. de médecine des questions renfermées sous l'expression complexe magnétisme animal par le docteur Prosper Lucas.

Paris, 1857, in-8°.

(D. p. 184

6830 LUCE (Siméon). — Jeanne d'Arc à Domrémy. — Recherches critiques sur les origines de la Mission de la Pucelle, accompagnées de pièces justificatives.

Paris, Champion, 1886, gr. in-8°.

[Lb²⁸. 230

6831 LUCERNA Salis philosophorum. Hoc est delineatio nuda desiderati illius principii miseralium Sendivogliani sive salis pontici quod est subjectum omnis mirabilitatis et academia unica veterum sapientum nec non clavis artis Gebricæ etc...

Amstelodami, H. Betkinm, 1658, in-8°, (25 fr.).

LUCHET (Marquis de). — Voir :

LA ROCHE DU MAINE Marquis de Luchet.

6832 LUCINE. — Les Causeries de Lucine. Études de Psychologie Sexuelle. Préface du Docteur Minime. [Dr Lutaud].

Paris, Lucien Gougy, s. d., [1907] in-18. Texte encadré rouge, Vignettes sur bois. (8 fr.).

Tiré à 500 ex. — Le Désir. — Illusions perdues. — Chasteté. — Virginité morale. — Coquetterie Génitale. — Le Baiser. — Féminité. — Blasphèmes. — Frottements et Frôlements. — Vêtement Féminin. — Sensations sexuelles. — Le Rêve. — Etc.

6833 LUCIPIA (Louis). — L. Lucipia, membre et ancien président du Conseil du G∴ O∴ de France, ancien président du Conseil municipal de Paris, etc...

Paris, s. d., in-16 de 44 p. portr. (1 fr.).

6834 LUCIUS, écrivain Grec, originaire de Patras, en Achaïe et qui vivait pense-t-on, vers le II° siècle, sous l'Empereur Antonin. — La Luciade ou l'âne de Lucius de Patras [trad. par Courier], avec le texte grec.

Paris, de l'impr. de Bobée, 1818,

in-12, 1 front. et 9 fig. anonymes. (20 fr.).

Cet ouvrage célèbre a été imité par Lucien, Apulée et Machiavel. C'est le prototype des romans magiques.

Il en existe une charmante petite édition, illustrée de miniatures lithographiées en or et couleur par Poirson :

Paris, Quantin, 1887, in-32 de XXII-131 p. texte encadré d'un portique en bleu (12 fr.).

[8° Z. 1895

Petite collection des chefs d'œuvres antiques.

(O-1815

6855 LUCRÈCE, en latin Titus Lucretius Carus illustre poète latin, né vers 95 av. J. C. Il vécut sous Marius et Sylla. — T. Lucretii Cari, de Rerum Natura libri sex ; cum notis integris et selectis var. doct. virorum ; curante Sigeb. Havercampo, qui et suas et Abr. Preigeri adnotationes adjecit ; acc. interpretatio Th. Creech variæ lectiones et indices.

Lugduni Batavorum, apud Jansonios Van der Aa : 1725, 2 vol. in-4°, 1 front. gr. h. t. et nombr. pl. (20 fr.).

6856 LUDOLF (Hieronymus). — Die in der Medicin siegende Chymie bestehend in aufrichtiger Mittheilung derer in Bereitung der wichtigsten Medicamentorum mit Nutzen gebrauchter chymischen Handgriffe. I-tes bis VII-des Stück... dargethan von D. Hieronymo Ludolf.

Erfurt, Joh. Heinr. Ronne, 1743, 40-46-54-47-48 et 49, 7 broch in-4° de 38, VI-32, VI-32, VI-32, 40, 36, et II-36 pp, avec des pl. gravées.

Toutes ces dissertations roulent sur la médecine chimique, à l'exception de la dernière, qui traite des différentes espèces de vins : vins d'Espagne, d'Italie, de Hongrie, de Champagne, Bourgogne, etc. La IV° dissertation est d'une seconde édition.

(G-1642

6857 LUDOLF (H.). — Zugabe zu der in der Medicin noch immer und immer siegenden Chymie, worin gezeiget wird : wie eine Tinctura Antimonii in Pulver zu verwandeln ; wie die allerbeste erdhafte Mittel zu bereiten : wie die Naphtas aus dem Küchensalze zu verfertigen.... alles aus physicalischen und chymischen Gründen und Erfahrungen bewiesen von Hier. Ludolf.

Erfurt, Joh. Heinr. Ronne, 1750, in-4° de IV-92-VIII pp.

(O-1643

6858 LUDOLF (H.). — Hieron. Ludolfs vollständige und gründliche Einleitung in die Chymie, darin nicht allein alle chymische Arbeiten deutlich gezeiget und gründlich erkläret, sondern auch zu derselben Erläuterung die wichtigsten Versuche aus der Pharmacie, Metallurgie und Alchimie, nebst allen Vortheilen treulich ausgeführet worden.

Erfurt, Joh. Heinr. Ronne, 1752, gd in-8° de XXII-1104-XII pp. avec le portr. de l'auteur et 20 pl.

[R. 42357
(O-1301

6859 LUIZ (Dr) pseud. de [Paul Devaux]. — Les fellatores, mœurs de la décadence.

Paris, Union des Bibliophiles, 1888 in-12 de 229 p. et table. (7 f.).

[Enfer 109 et 111

Très rare. Livre saisi, poursuivi et condamné.

Cet ouvrage qui a trait à une aberration spéciale de l'Homosexualité masculine, dévoile tout un côté peu connu des turpitudes contemporaines. Il y est question du « *Café de la Guerre* » déjà mentionné à l'article Gygès, et le Chapitre XI. p. 201 est consacré à une étude des plus malveillantes sur Rachilde. Son ouvrage « *Monsieur Vénus* » et sa personnalité y sont malmenés.

Stanislas de Guaita commentait ainsi le Titre de cet ouvrage « *Dicitur* Fella-

TOR *quiscunque ore strupratur, mentulas osculando.* »

(G-529)

6840 LUKEN (Henri). — Les Traditions de l'Humanité, ou la Révélation primitive de Dieu parmi les païens.

Paris, 1862. 2 forts vol. in-8° (12 fr.).

Très bon ouvrage sur ces matières abstraites, où la Kabbale occupe une large part. — Origine du Paganisme et des diverses religions. — Monothéisme primitif de tous les peuples. Adam Cadmon (sic) ou le Macrocosme. — Multiplication mythique du premier homme. —Traditions du Paradis. — Des causes qui ont altéré la tradition de la chûte de l'homme. — Tradition des Perses, des Indiens, des Chinois, des Grecs, des Romains, des Germains, des Egyptiens, des Nègres, des régions polaires, des Iroquois, des Américains, etc... — Origine de la Magie et de l'Idolâtrie. — Les Géants. — Les époques mythiques. — Traditions sur le Messie. — Croyances de tous les peuples — Chûte des Anges. — Le Serpent, symbole des Génies, etc...

6841 LULLE (Raymond) célèbre alchimiste et mystique espagnol né à Palma (Ile de Majorque) en 1235, martyrisé en Afrique, à Bougie, en 1315. D'abord courtisan puis Missionnaire indépendant. Béatifié en 1419. — Arbor scientiæ venerabilis et Cœlitus illuminati patris Raymundi Lulli maioricensis.

Lugduni, Pillehotte. 1635, pet. in-4°. (20 fr.).

[R. 7803

Autres édit.

Barcinouis, Posa, 1482, in-fol.

[Rés. Z. 207

S. l., 1515, in-4°.

[Z. 3760
(S-3379

6842 LULLE (Raymond). — Ars Brevis. — Résumé et abrégé du grand art. Traduit pour la première fois du latin en français.

Paris, Chacornac, 1901. in-10 jés. (3 fr.).

[8° Z. 14619

(De la *Biblioth. Rosicrucienne*).

L'ardeur que l'auteur met à prouver l'infériorité et l'illogisme de l'Islamisme, en faveur des mystères de la religion catholique, est telle que tous ceux que passionnent les religions doivent lire cet opuscule de ce grand écrivain aussi érudit qu'original.

6843 LULLE (Raymond). — Ars Magna generalis et ultima.

Parisiis, 1517. in-8° (?).

Autres édit :

Francofurti, I. Saurii, 1596. in-8°.

[Z. 18995

Barcinouis, Posa. 1501, in-fol.

[Rés. Z. 268
(S-3379.

6844 LULLE (Raymond). — L'art de Raymond Lulle, éclairci par Julius Pacius.

Paris. E. Julliot. 1619, in-12.

[R. 42374.
(S-3381

6845 LULLE (Raymond). — Le grand et dernier art de M. Raymond Lvlle M° ès arts liberaux et très illustre professeur dans la sacréet héologie. — Fidellement traduict de mot à autre par le sieur de Vassy, conseiller du Roy ès baillages et preuostez d'Aualon en Bourgongne.

Paris, Boullanger, 1634, fort vol. in-8°. (25 fr.).

[R. 42376

6846 LULLE (Raymond). — Opvscvlvm Raymondinvm de auditv Kabbalistico, siue ad omnes scientias introductorium, nunc denuo editum.

S. l., 1601, pet. in-8°. (28 fr.).

Le plus rare et le plus recherché des ouvrages de Raymond Lulle, avec une vignette naïvement gravée sur bois et des figures hors texte. Ad. Franck dans son ouvrage sur la Kabbale consacre un long article à R. Lulle et à cet opuscule.

Autres édit. :

S. l. n. d., in-8°.

[Rés. R. 2618

Argentorati, 1651.

Parisiis, apud Æ. Gorbinum, 1578 in-16.

[V. 29200
(G-530
(S-3161

6847 LULLE (Raymond). — Brevis illuminati doctoris magistri Raymundi Lulli, Via.

Parisiis, 1508, in-16.

(S-3161

6848 LULLE (Raymond). — La Clavicule ou la Science de Raymond Lulle avec toutes les figures de rhétorique, par le Sieur Jacob et la vie de Lulle par Colletet.

Paris, 1655, in-8°. (12 fr.).

Idem :

Paris, Le Cointe, 1653, in-8°.

Ouvrage de R. Lulle qu'il ne faut pas confondre avec la *Clavicule de la Science hermétique*, du même auteur, ni avec son *Art de Mémoire*, que l'on trouve dans les œuvres de J. Belot.

(G-665
(S-3380 b
(St-Y-1481

6849 LULLE (Raymond). — Raymundi Lulli Clavicula et Apertorium, etc. dans *Theatrum chemicum*.

Et aussi :

[R. 8037
(O-767

6850 LULLII (Raymvndi) doctissimi et celeberrimi philosophi liber, qui Codicillus, seu vade-mecum inscribitur, in quo fontes Alchimicæ artis et reconditioris philosophiæ traduntur, antehac nunquam impressus.

Coloniæ, apud hæredes Arnoldi Birckmanni. 1563, in-12. (50 fr.).

Rarissime.

(G-531
(S-3379

6851 LULLE (Raymond). — Codicillus seu vade-mecum, quo fontes alchimicæ artis ac philosophiæ reconditioris uberrime traduntur. Secunda editio in qua innumerabiles loci multorum exemplarium collatione restituuntur, et multa prius omissa supplentur.

Coloniæ, apud Heredes Arnoldi Birchmanii, 1572, in-12 de 248 pp. (40 fr.).

Autre édit :

Rothomagi, J. Berthelin, 1651, in-8°.

[R. 42378

6852 LULLE (Raymond). — Le Vade-Mecum, ou Abrégé de l'art chimique touchant la transmutation des Métaux, et la vraye pierre des philosophes : extr. des œuvres du très docte et très vénérable Raymond Lulle.

Paris, 1627, pet. in-8° (12 fr.).

6853 LULLE (Raymond). — Le fondement de l'artifice universel de Raimond Lulle, traduit en français par R. L. sieur de Vassy.

Paris, 1632, Figures.

Traité de Raimond Lulle de la Recherche du Sujet, et du Prédicateur. S. l. In-12.
[R. 42375
(S^tY-1480
(S-2607

6854 LULLO (Raimundo). — Glosa sopra Raimundo Lullo, e sopra la Turba Filosofica, per prodursi oro e Argento, mediante la Natura, e l'Arte ; dilvcidate dal nob. D. Scipione Severino Nap.

Venetia, 1684, in-12. (6 fr.).

Rare édit. ital. du XVIIe siècle.

6855 LULLE (Raymond). — Raymondi Lulli, Mercuriorum Liber, cum Practica Magiæ naturalis.

Coloniæ Agrippinæ, 1567, in-8°.
(S-3197 b

6856 LULLE (Raymond). — Raimundi Lulli Proverbia ; ejusdem Philosophia Amoris.

Parisiis, J. Badius et J. Parvus, 1516, in-4°.
[Rés. Z 956
(S-3379

6857 LULLE (Raymond). — Rhetoricorum Raimundi Lulli, nova Evulgatio.

Parisiis, Petrum Billaine, 1638, in-4°.
[X-3268
(S-3627

6858 LULLE (Raymond). — De secretis naturæ sive quinta essentia libri duo. His accesserunt Alberti Magni summi philosophi, De mineralibus et rebus metallicis libri quinque. Quæ omnia solerti cura repurgata rarum naturæ studiosis recens publicata sunt per magistrum Gualtherum H. Ryff, Argentinensem medicum.

Venetiis, apud Petrum Schœffer, 1542, pet. in-8°. (30 fr.).
[R. 42365

6859 LULLE (Raymond). — El sistema cientifico Luliano. Ars magna exposicion y critica por D. Salvador Bové.

Barcelona, 1908, in-8° de 600 pp. (10 fr.).

Œuvre définitive pour la connaissance des doctrines Lulliennes que l'Espagne vient de remettre en honneur et qu'on étudie passionnément en ce moment tra los montes. — Toute la philosophie mystique et hermétique se trouve développée dans ce gros volume qui a la prétention de dire le dernier mot sur le Bienheureux Illuminé.

6860 LULLE (Raymond). — Testament de Raimond Lulle, Philosophe très savant et très fameux, qui renferme en deux livres tout l'Art chimique et son Abrégé de l'Art de la Transmutation de l'Ame des Métaux. — De plus son dernier Testament avec ses autres ouvrages contenus en la seconde partie du livre. — Dernière édition, tirée des manuscrits et des plus fidèles exemplaires, corrigés avec la dernière exactitude par les soins de sieur M. Rault de Rouen. 1665.

Paris, pet. in-fol. de 171 pp. fig. (14 fr.).

Très curieux manuscrit recopié le 28 avril 1889, sur une copie de 1753, par Rémi Pierret, ouvrier cordonnier et concierge, 12 passage de Ménilmontant, à Paris. — Ce fameux cordonnier qui fut le maître de l'Alchimiste Albert Poisson, possédait une des plus belles collections connues en livres et manuscrits d'Alchimie. — Ce présent recueil donne, en français des traités de Raymond Lulle, qui n'avaient pas encore été traduits.

6861 LULLE (Raymond). — Raymundi Lulli, Tractatus de Conservatione Vitæ Liber Secretorum, seu Quintessentiæ.

Argentorati, Laz. Zetzner, 1616, in-12.

[T^{e10} 50

Le Catalogue Sépher donne la date 1606.

(S-3381)

6862 LULLE (Raymond). — Traité de la Raison, où l'on voit son origine, etc. et quelle est l'utilité qu'on peut retirer du Traité de la Clef des Secrets de la Nature, composé par Raymod Lulle, où il est prouvé qu'il est possible de faire de l'or et de l'argent et de composer les Pierres précieuses, traduit par Montarcis.

Paris, 1678, in-4°.

Autre édit. :
Paris, F. Le Cointe, 1668, in-8°.

[R. 54098
(S-3381 b)

6863 LULLE (Raymond). —

1) — Philosophiæ XII Principia.
Parisiis, Badius, 1518, in-4°.
[Rés. R. 1435

2) — Logica Nova.
S. l., 1518 in-4°.

3) — De Alchymiâ, Magiâ naturali, de Decretis Naturæ.
Norimbergæ, 1546.

4) — Alchymia, ex Gebri sententiâ, et Raimundi Lullii Mysteria.
Norimbergæ, 1548, in-4°.

5) — Opera quæ ad Inventionem ab ipso Artem pertinent.
Argentorati, L. Zetzner, 1651, in-8°.
[Z. 10001
(S-3379)

6864 LULLE (sur Raymond). — Henrici Cornelii Agrippæ, in Artem Lulliam Commentaria.

Salingiaci, [Solingen] J. Soler, 1538, in-8°.

[R. 26110

Edition originale.

(S-3279 b)

6865 LULLE (sur Raymond). — Joannis Henrici Alstedii, Clavis Artis Lullianæ, et verè Logices duos in Libellos tributa.

Argentorati, L. Zetzneri, 1633, in-8°.

[R. 26397

Autres édit.
Argentorati, L. Zetzneri, 1600, in-8°.

[R. 0396 (ou 20396 ?)

Ibid., Id., 1652, in-8°.

[Z. 10001 (2)
(S-3380)

6866 LULLE (sur Raymond). — Bernhardi de Lavinheta opera omnia quibus tradit artis Raymundi Lullii compendiosam explicationem et ejusdem applicationem ad : logica, rhetorica, physica, medica, metaphysica, theologica, ethica, juridica, problematica. Edante J. H. Alstedio.

Coloniæ, sumpt. Laz. Zetzneri, 1612, fort in-8°. Figures. (20 fr.).

[R. 41095

6867 LULLE (sur Raymond). — Jordani Bruni Nolani, de Specierum Lulliano Scrutinio. Henrici Cornelii Agrippæ in Artem Raimundii Lullii Clavis Artis Lullianæ, à J. Alstedt.

Argentorati (Strasbourg) L. Zetzner, 1652, in-8°.
[Z-10001-10002

Voir les numéros qui précèdent.

(S-3379)

6868 LULLE (sur Raymond). — L'esprit de Raymond Lulle avec un Catalogue de ses ouvrages.

S. l. n. d., in-12.

(S-3382)

6860 LULLE (sur Raymond). — Lullius redivivus denudatus, oder neubelebter und gründlich-erklärter Lullius, durch seine vier und dreyszig weltbekannte Kunst-Proben oder experimenten ; nunmehr aus dem Lateinischen in unser teutsche Muttersprach übersetzet, mit Erklärung des Dunklen erörtert...

Franckfurt und Leipzig, Krausz, 1771, in-8º de 230 pp.

La 1ʳᵉ édit est de :

Nürnberg, 1703.

(O-1493

LULLE (sur Raymond). — Voir : *ANDRE* (Marius). *PERROQUET* (le R. P.).

6870 LUMEN IN CŒLO. — La conscience sociale de l'humanité, solutions immuables et définitives de toutes les grandes questions religieuses et sociales qui divisent actuellement l'humanité, par un homme qui a la Science infuse signant : LUMEN IN CŒLO.

Paris, Chamuel, 1892, in-18 IV-34 p. (1 fr.).

[8º R. Pièce 5180

L'Ame sociale. — Les Représentants du Principe divin. — L'Athéisme. — Gouvernement athée — La Conscience Publique. — Avénement de la Vérité. — Les Pharisiens. — Le Règne de Dieu.

En 50 Questions et Réponses.

6871 LUMIERE (La). Révélation du nouveau spiritualisme. — Revue mensuelle publiée par Lucie GRANGE.

Paris, 1897-1900, 31 fasc. gr. in-8º (4 fr.).

[4º R. 804

LUMIÈRE (la) d'Egypte.... — Voir :

[*BURGOYNE*].

6872 LUMIÈRE (La) sortant par soi-même des Tenebres, ou veritable theorie de la Pierre des Philosophes, écrite en vers italiens, avec un commentaire ; le tout trad. en françois par D. L. (...) II-ᵉ édit. rev. et augm. de *CLIII Aphorismes chymiques*.

Paris, Laurent d'Houry, 1692, in-12 de XXII-336 pp. sans les *Aphorismes*. (9 fr.).

Edition originale :

Paris, d'Houry, 1687, in-12.

(O-1285
(G-1874

—— C. LIII Aphorismes chymiques, auxquels ont peut facilement rapporter tout ce qui regarde la Chymie ; mis en ordre par les soins et le travail de l'Hermite du Fauxbourg. Nouvellem. trad. du latin en fr. par m. S. C. R.

Paris, Laurent d'Houry, 1692, in-12 de 33 pp.

Réuni à Lumière *sortant par soi même des Tenebres*, sur le titre duquel il est indiqué.

(O-1288

6873 LUMIÈRE (la) sortant par soi-même des Tenebres, poëme en III chants sur la composition de la Pierre des Philosophes, trad. de l'italien avec un commentaire ; dans *Biblioth. des philosophes chimiques*, T. III (1741), 322-522.

Le poème n'a que onze pp. les 188 autres sont remplies par le commentaire.

(O-1286

6874 LUMIÈRE SORTANT... — Das aus der Finsternisz von sich selbst Hervorbrechende Licht, in drey Italienischen Gesängen nebst seiner auslegung,... aus dem Französischen übersetzt von C. F. K. m. d. et p. p.

Longensalza, Joh. Christ. Martini, 1772, in-8º de XIV-250 pp.

Traduction allemande du même ouvrage.

(O-1287)

6875 LUMIÈRE sur le Sentier. Traité pour l'usage personnel de ceux qui, ne connaissant pas la Sagesse Orientale, désirent en recevoir l'influence ; Transcrit par M. C. [Mabel COLLINS], membre de la Société Théosophique. [Traduit de l'anglais par F. K. GABORIAU].

Paris, Carré, 1887, très petit in-8° de 45 p. (1 fr.).

[8° R. Pièce 3831

Réédité :

Paris, Publications théosophiques, 1909, in-32 col. (1 fr. 50 cartonné).

Petit opuscule tout à fait remarquable, et qui n'est pas sans quelque rapport avec le célèbre « *Manuel* » d'ÉPICTÈTE.

(G-553 et 1566)

6876 LUNIER (Dr.). — Examen médico-légal d'un cas de monomanie instinctive, affaire du sergent BERTRAND.

Paris, 1849, in-8° de 31 pp. (1 fr.).

Ce BERTRAND fut arrêté, dans un cimetière, pour avoir violé des sépultures.

6877 LUPIUS (Jacob). — Schatzkammer der Natur : Gründliche Erklärung dreyer grossen Geheimnüssen, und erstlichen, die Extractio der Spiritualischen Mumiæ des Menschen und anderer Thier, etc..; zum andern, von dem grossen Mysterio Magico, des Baums Erkentnüsz Gutes und Böses,...; zum dritten, sonderbares jedoch, natürliches Arcanum: durch Träume etwas zu erfahren, von newen ans Liecht gebracht durch Jacobum LUPIUM.

S. l. n. adr., 1651, pet. in-8° de 76 pp. avec 2 fig. gr. s. bois dans le texte.

(O-1082)

LUTAUD (le Docteur), né à Mâcon en 1847. Plus connu sous son pseudonyme : « Docteur MINIME. »

6878 [LUTAUD (Dr)]. — La médecine anecdotique, historique, littéraire. Recueil à l'usage des médecins, chirurgiens, apothicaires, érudits, curieux et chercheurs, publ. sous la direction du docteur MINIME.

Paris, Roussel, 1906, 3 vol. in-8°, 125 estampes, reprod. et fac-similes (35 fr.).

Recueil extrêmement curieux d'histoires médicales souvent fort gauloises contenant aussi de nombr. reproductions de pièces anciennes singulières dont on ne connait que de rarissimes exemplaires, telles que la série des estampes sur la Prostitution à Venise au XVI-e siècle, le poème de Bretonnay sur la Génération de l'homme ; le célèbre ouvrage de Sébastien Colin intitulé : « Déclarations des abus et tromperies que font les apothicaires, » qui n'a jamais été réimprimé depuis le XVI-e siècle... etc...

6879 [LUTAUD (Dr)]. — Dr MINIME. — Le Parnasse Hippocratique. — Recueil de poésies fantaisistes, tirées de différents auteurs plus ou moins drolatiques, sur des sujets hippocratiques de genres divers hormis le genre ennuyeux. 50 illustr. de Robida.

Paris, A. Maloine, 1896, in-8° fig. et pl. (5 fr.).

[8° Ye 4051

Edition originale de ce recueil de pièces désopilantes, illustr. de 50 dessins de Robida, intercalés dans le texte, ou tirés h. t.

6880 LUTHER (Martin) réformateur religieux né à Eisleben en Saxe (1483) mort au même lieu en 1546. Son père était mineur. — Récit de la conférence du diable avec LUTHER, fait par LUTHER même, dans son livre *de la Messe privée et de l'Onction des prêtres* (latin fr.) ; avec des *Remarques sur cette conférence,* par M. l'abbé de CORDEMOY ; sur l'impr. à Paris, Christ.

Remy, 1701, dans LENGLET-DUFRESNOY : *Recueil de dissert... sur les apparitions* (1752), I, part. II, 193-288.

La première édition de cette *Conférence* est de 1681 ; elle a été réfutée par Gui-Louis de SECKENDORF, dans : *Dissertatio historica et apologelica pro doctrina Lutheri de Missa*. Jenæ, 1686, in-4°. On trouve l'analyse de cette dissert. dans BAYLE : *Nouvelles de la republ. des lettres*, janv. 1687, art. III.

(O-1769

6881 LUTHEREAU (J. A.). — Jobard, directeur du musée d'industrie belge par J. A. LUTHEREAU.

Paris, 1861, in-8° 64 pages.

Extrait de la *Célébrité*.

(D. p. 175

6882 LUTTERBACH (P. dit F.). — Révolution dans la marche, ou 500 moyens naturels et infaillibles pour trouver le confortable dans les différentes manières de marcher ; user sa chaussure selon sa volonté, ne pas la déformer, éviter les cors aux pieds ; ne pas se fatiguer en marchant ; ne pas se crotter, redresser par la marche la démarche des boiteux. Y compris jeux et exercices hygiéniques pour les personnes délicates de tous âges ; conserver la vue, et lui donner la force de soutenir l'éclat du soleil sans la fatiguer.

Paris, Pigoreau, Moreau, 1850 [1851], in-12 de 707 pp. (6 fr. 50).

[Tc¹⁶. 16

Singulier traité de gymnastique générale « *de plancher* » entre mêlé d'extraordinaires recettes « *pour se décrotter* » au milieu de refrains et de chansons ; puis pour se cirer, toujours en mouvements gymnastiques. Il y a de tout dans ce long et bizarre ouvrage. — L'auteur donne les noms les plus curieux aux exercices qu'il préconise : « *le fil de l'équilibre* » « *le gouvernail circulaire* » « *le mani-pompe* » « *l'égrugette* » la « *frétillette* », etc...

6883 LUTTERBACH (P. dit F.). — Science nouvelle pour entretenir la beauté ou améliorer les traits du visage, rien que par sa propre nature.

Paris, 1853, in-12 de 60 pp. (2 fr.).

6884 LUTZELBOURG (Comte de). — Dieu, l'homme et la nature. Tableau philosophique d'une somnambule par M. le comte de LUTZELBOURG.

Londres, 1788, 2 parties (4 fr. 50).

De l'homme. — Du Magnétisme. — De la crise ou sommeil magnétique. Avec le supplément contenant : Le magnétisme spirituel et physique ou renseignements sur la manière de magnétiser.

(G-1567

6885 LUTZELBOURG (Comte de). — Extrait du Journal d'une cure magnétique par M. le Comte de LUTZELBOURG.

Strasbourg, 1786, in-8°, 65 pages (2 fr.). 1-re édition.

(D. p. 69

6886 [LUTZELBOURG (Comte de)]. — Extrait des journaux d'un magnétiseur attaché à la Société des amis réunis de Strasbourg, avec des observations sur les crises magnétiques connues sous la dénomination de somnambulisme magnétique [par M. le Comte de LUTZELBOURG].

Strasbourg et Paris, 1786, in-8°, 2° édit. 165 p. (3 fr.).

La première édition de cet ouvrage n'avait été tirée qu'à très peu d'exemplaires distribués aux amis de l'auteur élèves fervents du marquis de Puységur.

(D. p. 69

6887 LUTZELBOURG (Comte de). — Nouveaux extraits des journaux d'un magnétiseur depuis 1786 jusqu'au mois d'avril 1788, par M. le Comte de LUTZELBOURG.

Strasbourg, 1788, in-8°, 99 pages (2 fr.).

C'est la suite aux extraits mentionnés ci-dessus.

(D. p. 74

6888 LUTZELBOURG (Comte de). — Faits et notions magnétiques, par M. le Comte de Lutzelbourg.

Strasbourg, 1788, in-8°, 32 pages.

(D. p. 74

6889 LUYS (Docteur Jules Bernard), médecin aliéniste et hypnotiseur français né à Paris en 1828. Médecin de la Salpêtrière et de la Charité. — Applications thérapeutiques de l'Hypnotisme : leçons cliniques, faites à l'hôpital de la Charité.

Paris, 1889, in-8° (1 fr. 25).

[Te¹¹. Pièce 125

6890 LUYS (Dr J.). — Le cerveau et ses fonctions.

Paris, Baillière, 1878, in-8°. (3 fr. 50).

Autre édition :

Paris, Baillière, 1882, in-8°.

6891 LUYS (J.). — Les émotions chez les sujets en état d'hypnotisme. Etudes de psychologie expérimentale faites à l'aide de substances médicamenteuses ou toxiques impressionnant à distance les réseaux nerveux périphériques.

Paris, Baillière, 1887, in-8°. Avec 28 curieuses photographies montées hors texte sur bristol. (4 fr.).

Excellent ouvrage du fondateur de l'Ecole magnético-hypnotique de la Charité. — Symptomatologie.— Action des verres colorés. — Transmission à distance des émotions d'un sujet à un autre. — Actions de différentes substances médicamenteuses ou toxiques agissant à distance, etc...

(G-1568

2ᵐᵉ édition :

Ibid. Id., 1888, in-18.

[8° R. 10894 (1)

6892 LUYS (Dr J.). — Leçons cliniques sur les principaux phénomènes de l'Hypnotisme dans leurs rapports avec la pathologie mentale.

Paris, 1890, in-8°, 13 pl. (5 fr.).

[Te¹⁴. 123

L'auteur montre les rapports intimes qui relient les phénomènes de l'hypnotisme, à ceux de la pathologie mentale, en faisant voir que chez les hypnotisés on peut développer expérimentalement les principaux éléments morbides des psychoses, et créer à volonté chez eux des illusions, des hallucinations sensorielles viscérales, des conceptions délirantes, et même des impulsions expérimentales irrésistibles sous forme de suggestions.

6893 LUYS (Dr J.). — Recherches sur le système nerveux cérébro-spinal, sa structure, ses fonctions et ses maladies.

Paris, Baillière, 1865, in-8°, 40 pl. en couleurs. (4 fr.).

6894 LUYS (Dr J.). — Traité clinique et pratique des maladies mentales.

Paris, 1881, gr. in-8°, fig. et planches en coul. (8 fr.).

Excellent ouvrage, très important, illustré de 27 fig. dans le t. et de 10 pl. col. et photomicrographiques.

Morphologie. — Sensibilité des éléments nerveux. — Etat de sommeil des centres nerveux.— Phénomènes physico-chimiques de la vie des cellules cérébrales. — Illusions et hallucinations. — Manies. — Troubles d'ordre psychique et de la motricité, etc...

6895 LUYS (Dr) et ENCAUSSE (Dr).— Du transfert à distance à l'aide d'une couronne de fer aimanté, d'états névropathiques variés, d'un sujet à l'état de veille sur un sujet à l'état hypnotique.

Clermont, 1891, in-8° (o fr. 75).

[Te⁶⁴. Pièce 351

Le Docteur ENCAUSSE, collaborateur du Dr LUYS, est plus connu sous son pseudonyme de PAPUS.

6896 LUZAC (Elie), philosophe et jurisconsulte hollandais né à Noordwick près Leyde, en 1723, mort en 1796. Libraire-imprimeur et avocat. — Elie Luzac fils. L'homme plus que machine. Ouvrage qui sert à réfuter les principaux argumens sur lesquels on fonde le matérialisme.

Gottingue, chez l'auteur, 1755, in-12. (12 fr.).

« Petit livre curieux et point commun.» (S. de G.).

(G-1569

6897 LYALL (Sir A.). — Etudes sur les mœurs religieuses et sociales de l'Extrême-Orient.

Paris, Thorin et Fontemoing, 1885-1908, gr. in-8°. (18 fr.).

[8° F. 3811 (3)

Curieux chap. sur l'origine des mythes divins dans l'Inde, la sorcellerie et les religions païennes, la formation des clans et des castes dans l'Inde, etc.

6898 LYAT (S. de). — A ceux qui doutent. — Etude néomystique destinée aux personnes qui ont des doutes sur nos croyances.

Paris, Dumoulin, 1894, in-8°. (2 fr. 50).

[D. 83901

LYCANTHROPIE. — Voir Bibliographie d'YVE-PLESSIS Nos 972-982 et aussi :

PRIEUR (F. Claude).
NINAULD (I. de).

LYCOSTHENES. — Voir :

WOLFFHART, dont c'est le nom " grécisé ".

LYTTON (Lord Bulwer). — Voir:
BULWER-LYTTON.

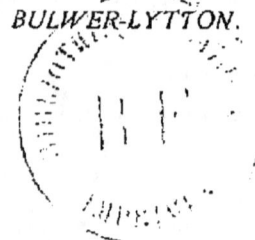

FIN DU TOME SECOND

Contraste insuffisant

NF Z 43-120-14

www.ingramcontent.com/pod-product-compliance
Lightning Source LLC
Chambersburg PA
CBHW051357230426
43669CB00011B/1680